CB130007

Organização

Mauricio Godinho Delgado

Ricardo Macedo de Britto Pereira

Valéria de Oliveira Dias

Alline Bessa de Meneses

Simone Soares Bernardes

Yuli Barros Monteiro Rodrigues

DEMOCRACIA, SINDICALISMO E JUSTIÇA SOCIAL

Parâmetros Estruturais e Desafios no Século XXI

2022

EDITORA JusPODIVM

www.editorajuspodivm.com.br

EDITORA *Jus*PODIVM
www.editorajuspodivm.com.br

Rua Canuto Saraiva, 131 – Mooca – CEP: 03113-010 – São Paulo – São Paulo
Tel: (11) 3582.5757
• Contato: https://www.editorajuspodivm.com.br/sac

Copyright: Edições *Jus*PODIVM

Diagramação: Ana Paula Lopes Corrêa *(aninha_lopescorrea@hotmail.com)*

Capa: Ana Caquetti

D383 Democracia, Sindicalismo e Justiça Social: Parâmetros estruturais e desafios no século XXI / Mauricio Godinho Delgado ...[et, al.] – São Paulo: Editora Juspodivm, 2022.

1.008 p.

Bibliografia.
ISBN 978-85-442-3921-6

1. Sindicalismo. 2. Direito Coletivo. 3. Democracia. I. Delgado, Mauricio Godinho. II. Pereira, Ricardo Macedo de Britto. III. Dias, Valéria de Oliveira. IV. Meneses, Alline Bessa de. V. Bernardes, Simone Soares. VI. Rodrigues, Yuli Barros Monteiro. VII. Título.

CDD 342.640981

Todos os direitos desta edição reservados a Edições *Jus*PODIVM.

É terminantemente proibida a reprodução total ou parcial desta obra, por qualquer meio ou processo, sem a expressa autorização do autor e das Edições *Jus*PODIVM. A violação dos direitos autorais caracteriza crime descrito na legislação em vigor, sem prejuízo das sanções civis cabíveis.

DEMOCRACIA, SINDICALISMO E JUSTIÇA SOCIAL

Parâmetros Estruturais e Desafios no Século XXI

abdr ASSOCIAÇÃO BRASILEIRA DE DIREITOS REPROGRÁFICOS
Respeite o direito autoral

APRESENTAÇÃO

O presente livro é parte das pesquisas, estudos e diálogos acadêmicos desenvolvidos pelo Grupo de Pesquisa Interinstitucional sobre Sindicalismo, liderado pelo Prof. Dr. Maurício Godinho Delgado (coordenador) e pelo Prof. Dr. Ricardo Macedo de Britto Pereira (vice-coordenador), sendo composto por professores e alunos do Programa de Mestrado em Direito das Relações Sociais e Trabalhistas do UDF, em Brasília-DF, e também por professores e pesquisadores de diversas outras universidades brasileiras e estrangeiras, tendo registro no CNPq.

O Grupo de Pesquisa "Sindicalismo" (UDF/CNPq) vem realizando diversas atividades e estudos sobre o Direito Coletivo do Trabalho e, em especial, sobre o sindicalismo como elemento de estruturação da Democracia nas sociedades ocidentais e os desafios que o movimento sindical tem enfrentado e precisa superar no mundo contemporâneo.

Isso porque as entidades sindicais e seu movimento social, apesar de deterem um papel de relevo nas relações de trabalho, fundamental para a consolidação e o aprimoramento da Democracia e da cidadania, no contexto atual, de regressão política e institucional e de uma complexa e veloz modificação das relações de trabalho na sociedade, estão perdendo seu espaço e enfrentando questionamentos sobre sua atuação e relevância. A par disso, os estudos sobre o sindicalismo e suas entidades componentes se tornam ainda mais necessários sob a inspiração do Constitucionalismo Humanista e Social e de seu paradigma do Estado Democrático de Direito, uma vez que a ideia de democratização, inclusão e participação não mais se restringe à sociedade política, porém igualmente à sociedade civil, inclusive em sua dimensão socioeconômica.

Sob tal perspectiva, este livro reúne artigos de membros do Grupo de Pesquisa sobre Sindicalismo (UDF/CNPq) e também de pesquisadores dedicados ao estudo das instituições democráticas, do movimento sindical dos trabalhadores e do Direito Coletivo do Trabalho, mesmo que externos ao Grupo de Pesquisa mencionado. Estes estudos discutem e analisam, de forma ampla, diversos aspectos concernentes ao sindicalismo, envolvendo também as experiências internacionais, especialmente aquelas que possam agregar reflexões em favor da melhor compreensão dos desafios que se abatem sobre o assunto no Brasil.

No tocante ao sistema sindical brasileiro, os estudos abrangem desde a sua construção e importância histórica até os problemas e desafios, relevantes e profundos, que atualmente se revelam ao sindicalismo.

Alguns destes artigos já foram publicados anteriormente, porém foram escolhidos para compor esta coletânea em razão da qualidade e atualidade das análises e discussões sobre o sindicalismo apresentadas nos textos e por abordarem temas que integram o espírito e o objetivo dessa obra.

A obra, como dito, selecionou alguns escritos de articulistas estrangeiros que discutem sobre modelos sindicais internacionais e trazem interessantes experiências de sindicalismo vivenciadas em outros países, o que certamente contribui para a reflexão sobre como outras culturas jurídicas têm enfrentado os desafios sindicais e sobre aspectos que poderiam ser aprimorados no modelo brasileiro.

A presente obra foi estruturada em quatro partes, que juntas totalizam 44 capítulos, escritos isoladamente ou em conjunto, totalizando mais de 65 articulistas, entre brasileiros e estrangeiros – alguns deles participantes de diversos textos coletivos.

A Primeira Parte, sob o título *Parâmetros Introdutórios*, é integrada por textos que acentuam o papel estrutural do sindicalismo tanto no sistema capitalista como também na construção e aperfeiçoamento da Democracia na história contemporânea.

A Segunda Parte, sob o título *A Trajetória do Sindicalismo, da Negociação Coletiva e das Greves: Parâmetros Comparativos*, é composta por artigos que apresentam análises históricas, sociológicas, políticas e jurídicas do sindicalismo e de suas entidades integrantes, no Brasil e em outros países como Alemanha, Espanha e Argentina. Busca-se, ao longo das análises, demonstrar a importância do sindicalismo na construção e manutenção da Democracia, indicando igualmente caminhos de enfrentamento dos contemporâneos desafios que se antepõem a esse movimento social e suas entidades participantes.

A Terceira Parte, sob o título *Sindicalismo na Matriz do Estado Democrático de Direito*, trata do sindicalismo e entidades sindicais brasileiras após a promulgação da Constituição Federal de 1988. Discute sobre os relevantes avanços democráticos promovidos no sistema sindical brasileiro pela Constituição da República e alterações normativas subsequentes. Também discorre sobre a crise multidimensional brasileira, ocorrida após 2016, e seus impactos no sindicalismo.

A Quarta Parte – a mais extensa de todo o livro –, ordenada sob o título *Sindicalismo no Horizonte do Presente e do Futuro: Antigos e Novos Desafios*, trata da crise do sindicalismo acentuada após 2016, incluindo os antigos problemas e novos desafios que se apresentam às entidades sindicais brasileiras e que têm dificultado a sua organização, atuação e empoderamento. Aborda também o sindicalismo frente a outros fatores contemporâneos, como a retomada da política antissocial e antissindical pelo Estado brasileiro, as novas morfologias do trabalho e reestruturação produtiva, a par do advento da pandemia da Covid-19.

Agregue-se que os vários artigos aqui reunidos resultaram na construção de uma obra diversificada que permite visualizar e discutir sobre múltiplas dimensões do sindicalismo e das entidades sindicais. Trata-se, portanto, de uma relevante contribuição para as reflexões e pesquisas em torno das temáticas do Direito Coletivo do Trabalho, as quais permanecem essenciais para compreender as configurações e a relevância do sindicalismo e suas entidades componentes na contemporaneidade.

Por fim, cabe registrar o profundo agradecimento dos organizadores aos diversos articulistas que colaboraram com os relevantes estudos integrantes desta obra e, também, à docente, pesquisadora e jurista, Dra. Aldacy Rachid Coutinho, Professora Titular de Direito do Trabalho na UFPR, pelo brilhante prefácio que honrou este livro coletivo.

Brasília, 2º semestre de 2021 e 1º semestre de 2022.

Mauricio Godinho Delgado

Ricardo Macedo de Britto Pereira

Valéria de Oliveira Dias

Alline Bessa de Menezes

Simone Soares Bernardes

Yuli Barros Monteiro Rodrigues

Organizadores

PREFÁCIO

Outrora seria supérfluo sustentar que o sindicalismo se desvela como uma das mais impactantes expressões e manifestações da democracia no campo laboral. Atualmente é não somente oportuno, como imprescindível, máxime diante de movimentos globais que enfraquecem ou aniquilam democracias frágeis.[1]

A democracia proporciona dignidade, traz respeito: "com o tempo, a vida em um Estado democrático seguro promete a seus cidadãos uma oportunidade de compartilhar as vantagens materiais da estabilidade, a prosperidade da paz".[2] No combate ao aniquilamento da democracia liberal, teríamos que (i) diminuir a desigualdade e cumprir as promessas da modernidade de elevação do padrão de vida, com uma distribuição de renda e bens mais igualitária; (ii) repensar o significado do pertencimento a um Estado-nação e sentir que pertencemos a ele, o que pressupõe antes termos um projeto (sempre coletivo) de nação; e (iii) resistir ao impacto aniquilador da tecnologia, pela via da internet e das mídias sociais.[3] Os sindicatos encontram aqui parte da sua razão de ser, podendo participar ativamente da construção e efetividade de um projeto de nação e na redução das desigualdades, além de combater os efeitos nocivos – sem contudo resistir – do avanço tecnológico no ambiente laboral. Poderia ser, quem sabe, um verdadeiro "guardião da democracia" em prol de maior justiça social.

Não por outra razão, então, o esforço empreendido pelos 6 organizadores que reuniram 65 autores em torno de 44 capítulos, distribuídos em 4 partes, para enfrentar os parâmetros estruturais e os desafios no século XXI, é meritório em múltiplos aspectos; porém um, sobremaneira, merece destaque e reconhecimento, invocando um indeclinável agradecimento: o desafio assumido e enfrentado na academia, traduzido em ciência e materializado em pesquisa ora liderada pelo Mestrado em Direto do UDF.

1 As democracias podem entrar em colapso pela via do autoritarismo, que quebra a reserva institucional. LEVISTSKY, Steven; ZIBLATT, Daniel. Como as democracias morrem. Rio de Janeiro: Zahar, 2018.

2 RUNCIMAN, David. Como a democracia chega ao fim. São Paulo: Todavia, 2018, p. 181.

3 MOUNK, Yascha. O povo contra a democracia. São Paulo: Companhia das Letras, 2019, p.33-34.

Sendo pesquisa, *prima facie*, a investigação presentificada como descoberta por "curiosos"[4] que rompem o confortável conformismo de um senso comum teórico, somente encontraria ela viabilidade em um espaço múltiplo e aberto como o de uma universidade, exatamente onde se realiza o cultivo do conhecimento e desponta o desenvolvimento do saber conectado com a realidade social.

Afinal, a ciência é pensamento em evolução e, portanto, uma teorização não opinativa, aqui disposta sobre o mundo do trabalho. Trazida ao deleite dos leitores, desnuda-se tal esforço, traduzido na obra coletiva, em uma busca incessante para construir caminhos e viabilidades para a justiça social. No direito e por juristas; rejeitando a democracia sem direitos e os direitos sem democracia.[5]

Há quem aponte para a fragilidade sindical como ponto fraco da legislação trabalhista, como no modelo francês ou para a força do modelo alemão por conta de sindicatos poderosos e representativos.[6] Mas não há quem ouse negar o impacto de certo e específico modelo de organização sindical e a sua atuação na condição do trabalhador para a rede de proteção social.

Pontuo, assim, a magnitude da obra e a notabilidade dos juristas-autores na justa medida em que compartilho com Otto Kahn-Freund uma sua confissão professada na obra "Il lavoro e la legge" a respeito das relações sindicais: "Le leggi che governano le relazioni sindacali costituiscono una dele più importante branche dell'ordinamento giuridico; una branca che costituisce le fondamenta legali di quel sistema che permette ad assai larga maggioranza di persone di guadagnare e di regolare le proprie condizioni di vita. **Non dovrebbe essere considerato nemmeno come un giurista – teorico o pratico – chi non abbia insegnato o professato i principi propri di questo settore** dela legge" (grifo nosso).[7]

Sobretudo nestes tempos que testemunham a reforma legislativa trabalhista e que atualmente colhem seus frutos, a organização sindical desponta no espaço público republicano como valoroso instrumento político e jurídico. Enquanto sujeitos ativos e comprometidos eles, sindicatos atuam no conflito em luta pela defesa dos interesses que restam da classe dos trabalhadores e contra o retrocesso revelador do apagamento histórico das conquistas. Trazer à análise a questão sindical é, pois, incentivar a assunção desse protagonismo do coletivo e do público no direito.

Que novos ventos então soprem para os sindicatos, essa "unión natural de los hombres para a justicia", como sustenta Mario De La Cueva.[8] A presença do

---

4 Na pedagogia da autonomia, pelos saberes necessários à prática educativa, ensinar exige pesquisa, exige curiosidade: "O exercício da curiosidade a faz mais criticamente curiosa, mais metodicamente 'perseguidora' do seu objeto. Quanto mais a curiosidade espontânea se intensifica, mas sobretudo, se 'rigoriza', tanto mais epistemológica ela vai se tornando". FREIRE, Paulo. Pedagogia da autonomia. 31 ed. São Paulo: Paz e Terra, 1996, p. 87.

5 MOUNK, Yascha. O povo contra a democracia. São Paulo: Companhia das Letras, 2019, p. 47-124.

6 PIKEYTY, Thomas. Às urnas, cidadãos. Rio de Janeiro: Intrínseca, 2018, p. 179.

7 KAHN-FREUND, Otto. Il lavoro e la legge. Milano: Giuffrè, 1974, p. 6.

8 DE LA CUEVA, Mario. Un nuevo derecho mexicano del trabajo. Mexico: Editorial Porrua, 1991, t.2, p. 251.

sindicalismo é a expressão de permanência de um interesse geral que suplanta a via do individualismo. Manifestação de resistência. Nascido como resposta à desigualdade decorrente do liberalismo econômico, aponta para a formação de uma comunidade pela união em solidariedade em um processo dialético.

Na complexidade dos interesses em jogo, a simples preservação e manutenção de organizações sindicais ativas é desde logo uma conquista histórica. Vive-se a tentativa de ocultação dos conflitos entre trabalho e capital pelo enaltecimento de um consenso nunca possível, como se o pensamento único, próprio da ideologia neoliberal, representasse uma pacificação social ao invés de uma repressão dos desejos. O sindicato assegura a visibilidade para os interesses conflitantes e dá voz para as demandas.

A participação dos sindicatos é ainda da ordem da imperatividade na construção dos marcos regulatórios, porquanto se traduz em mecanismo de resistência à exploração e destruição de direitos, de uma parte, e de avanço nas condições sociais, econômicas e conquistas jurídicas, por outra.

Preservar o sindicato é bloquear processos de cooptação do trabalho pelo capital e assim suplantar qualquer "crise de identidade" do trabalho que se projeta na perda dos referenciais de pertencimento dos trabalhadores. O ato de nomear é constitutivo do lugar ocupado pelo sujeito trabalhador, sendo marcado pela alteridade. Dizer-se "colaborador" ou mesmo "empreendedor" aponta para um horizonte social e jurídico que nega o assalariamento como condição de entrada na cidadania regulada protetiva. Não se trata, então, apenas de uma forma de autorreferência, senão um lugar ao mesmo tempo real e simbólico previsto para o mundo do trabalho. Um lugar destituído de proteção, um rechaço ao Estado como regulação. A opção pela "liberdade" que rejeita o assujeitamento é desalento, questão de subsistência ou necessidade de sobrevivência; talvez apenas oportunidade de renda e não opção de modelo de vínculo. O sindicalismo pode ser o amparo como estratégia de resposta aos jogados à própria sorte, principalmente nos momentos de "azar". O lugar da fala dos sindicatos constrói, portanto, a própria subjetividade da classe trabalhadora.

Pressuposto da expressão da autonomia como garantia de exercício de sua função estará a atuação pela preservação da cidadania trabalhadora, ou seja, ter direito a ter direitos, que é absolutamente incompatível com processos precarizantes, movimentos desregulamentadores, tentativas de fragmentação das relações jurídicas e pautas flexibilizantes. O "capital humano" nunca traduz uma "humanização" do capital, nem a transformação da pessoa-força de trabalho em meios de produção. Apenas e tão somente oculta a propriedade de si mesmo e a vulnerabilidade do viver.

A perda de referibilidade da organização sindical como espaço para canalizar os movimentos reivindicatórios da classe trabalhadora corrobora e comprova o impacto nefasto de fenômenos como o da externalidade do trabalho, o desemprego e a informalidade, vertente obscura da ilegalidade.

Diante de tais circunstâncias, os trabalhadores não almejam um sindicalismo assistencialista, de mutualidade, como fora nos primórdios do seu nascedouro, nem Estados paternalistas ou governos de concessões, como mitificado no direito do trabalho. Diante das metamorfoses do trabalho, é imprescindível um sindicalismo de ação política (não da política partidária), reivindicatório, participativo e transformador. É a proposta da adoção de um princípio político do "comum", conforme Dardot e Laval,[9] vinculada à ação política coletiva que aponta para novas formas democráticas; o sindicato pode e deve sintetizar essa coletivização da experiência para enfrentar o desalento ou o sentimento de desesperança.

Runciman prenuncia ao enfrentar o fim da democracia que "a democracia é a guerra civil sem o combate armado. A democracia fracassa quando as batalhas simbólicas se transformam em combates de verdade".[10] A resposta passa por sair do imobilismo, enfrentar, lutar, gritar mais alto. Recusar a distopia como um pesadelo; sonhar a utopia como possibilidade. Jamais permanecer como espectadores de um possível desastre jurídico e humanitário.

A assunção da missão dos sindicatos, com liberdade e autonomia, garantirá a participação na construção e consolidação de espaços democráticos no mundo do trabalho, em uma incessante busca da realização da justiça social. Para inscrever na história.

Congratulações aos autores pela obra; aos leitores, mãos à obra.

En la lucha de clases
todas las armas son buenas
piedras
noches
poemas

Paulo Leminski

Aldacy Rachid Coutinho

Professora Titular de Direito do Trabalho na UFPR aposentada

[9] DARDOT, Pierre; LAVAL, Christian. Comum: ensaio sobre a revolução no século XXI. São Paulo: Boitempo, 2017.

[10] RUNCIMAN, David. Como a democracia chega ao fim. São Paulo: Todavia, 2018, p. 20.

SUMÁRIO

Parte III
SINDICALISMO NA MATRIZ DO ESTADO DEMOCRÁTICO DE DIREITO

Parte I

PARÂMETROS INTRODUTÓRIOS

CAPÍTULO 1

O SINDICALISMO NO SISTEMA CAPITALISTA E NA DEMOCRACIA: PAPEL ESTRUTURAL

Mauricio Godinho Delgado[1]

I. INTRODUÇÃO

O presente artigo objetiva analisar as interconexões entre capitalismo e sindicalismo e suas entidades componentes, a par das interconexões entre sindicalismo e Democracia.

Para tanto analisa, primeiramente, o surgimento do sistema capitalista, desde as suas primeiras manifestações na Inglaterra dos séculos XVI até XVIII, passando pela Revolução Industrial, que se espalha para a Europa Ocidental nas primeiras décadas do século XIX, a par de também para os Estados Unidos da América, ao menos nos estados do nordeste e norte daquele novo país.

Menciona o texto também a correlação que existe entre o capitalismo emergente na Europa Ocidental com as economias extrativistas e escravagistas criadas, pelos próprios europeus, nas Américas, a par do domínio de países, pelos europeus, capitaneados especialmente pela Inglaterra, também em regiões da África e da Ásia.

Perpassa o artigo pela mundialização do sistema capitalista aprofundada desde a segunda metade do século XX, com repercussões nas primeiras décadas do século XXI.

---

1 Doutor em Filosofia do Direito (UFMG) e Mestre em Ciência Política (UFMG). Ministro do Tribunal Superior do Trabalho (TST). Magistrado do Trabalho há mais de 33 anos. Advogado até novembro de 1989. Professor Titular do UDF e de seu Mestrado em Direito das Relações Sociais e Trabalhistas. Coordenador do Grupo de Pesquisa sobre Sindicalismo, no Mestrado em Direito do UDF, registrado no CNPq. Ex-Professor da UFMG (1978-2000) e ex-Professor da PUC-Minas (2000-2012). Autor de livros e artigos em Direito Constitucional, Direito do Trabalho, Direito Processual do Trabalho, Direitos Humanos Sociais e Ciência Política.

Nesse quadro o texto examina o surgimento do sindicalismo nos países de capitalismo central, no interior da primeira fase do sistema socioeconômico e durante a sua evolução histórica. Indica que a estruturação do movimento sindical, não obstante as inúmeras e poderosas adversidades por ele sofridas, evidenciou um papel decisivo no estabelecimento de determinados limites à exploração capitalista estabelecida nesses países, de maneira a atenuar ou superar a dominação e a espoliação sem peias característica da primeira fase do sistema econômico.

De igual sorte o artigo também faz a conexão entre o surgimento do movimento sindical e de suas entidades componentes no processo de construção da Democracia em terras ocidentais, inicialmente também nos países de capitalismo central.

Demonstra o estudo que o fenômeno democrático, em sua estrutura e dinâmica contemporâneas, não seria realizável e compreensível sem a percepção do papel cumprido pelo movimento sindical no interior dessas sociedades e economias.

O estudo faz parte das pesquisas e reflexões realizadas no Mestrado em Direito das Relações Sociais e Trabalhistas do UDF, em Brasília-DF, onde este autor atua, integrando-se a projeto de pesquisa e a grupo de pesquisa organizados em torno do assunto naquele profícuo ambiente acadêmico.

II. O PAPEL DO SINDICALISMO NO SISTEMA CAPITALISTA

O presente item II deste artigo analisa o papel do sindicalismo e das entidades sindicais no sistema capitalista, atuando como veículos de organização e representação dos trabalhadores nos diversos nichos da economia e da sociedade. Nesse cenário, o sindicalismo é direcionado ao diálogo, resistência e/ou influência de natureza coletiva perante o empresariado e as demais instituições, no plano da sociedade civil, especialmente de seu mercado econômico e de trabalho, mas também perante o Estado, suas instituições e as autoridades públicas.

Para tanto, o texto examinará, em seu subitem 1, a estruturação do sistema capitalista e da própria classe trabalhadora no contexto de sua formação histórica original, que ocorreu, essencialmente, na Europa Ocidental, e também em determinados estados componentes dos EUA, especialmente os do norte e do centro daquele país.

No subitem 2, passará à análise das diversas funções que as entidades sindicais e o movimento sindical desempenham no sistema capitalista, tendo como foco preponderante, por ora, o exemplo oriundo dos países de capitalismo originário, especialmente situados na Europa Ocidental, embora com nítida aplicação nas demais partes do globo, especialmente na América Latina e, por consequência, no Brasil.

1. A Estruturação do capitalismo e da classe trabalhadora no contexto do sistema socioeconômico originário

O sistema capitalista surge na Europa Ocidental entre o século XVI e o século XVIII, espraiando-se para diversos países europeus ao longo do século XIX e também para diferentes estados integrantes dos EUA, especialmente os do nordeste e norte, igualmente neste mesmo século.

Nos cem anos subsequentes, no século XX, tornou-se, sem dúvida, um sistema mundial, atingindo os diversos quadrantes do globo. Nesse extenso lapso temporal, reuniu, com clareza, algumas de suas características mais distintivas, no tocante à sua formação e também ao seu desenvolvimento e mais recente configuração.[2]

Citem-se algumas dessas características distintivas as quais não ocorreram, nem ocorrem, necessariamente, em seu conjunto, no exato mesmo país, região ou marco temporal: no início, uma atividade comercial intensa, espalhando-se pelo ocidente europeu e se concentrando em enormes cidades mercantis da Itália, Holanda e Inglaterra, por exemplo; uma subsequente e contínua unificação das regiões europeias em torno dos Estados Nacionais, facilitando a geração da realidade e do conceito de um mercado econômico nacional; ainda em suas épocas iniciais, o surgimento de uma política pública estatal típica desses novos Estados Nacionais europeus, que se estende, essencialmente, desde o século XV até o

2 A análise da formação histórica do sistema capitalista, a partir da experiência histórica europeia, particularmente, no início, a britânica, e, logo em seguida, já no século XIX, a europeia também continental, a par da norte-americana, foi extraída com suporte em diversas fontes bibliográficas, que realizam importantes pesquisas e reflexões sobre esse sistema econômico. Citem-se, ilustrativamente, observada a ordem alfabética dos autores: CATTANI, Antonio David (Org.); HOLZMANN, Lorena (Org.). **Dicionário de Trabalho e Tecnologia**. Porto Alegre: UFRGS, 2006; DE DECCA, Edgar; MENEGUELO, Cristina. **Fábricas e Homens** – a revolução industrial e o cotidiano dos trabalhadores. 5. ed., São Paulo: Atual, 2009; DELGADO, Mauricio Godinho. **Capitalismo, Trabalho e Emprego** – entre o paradigma da destruição e os caminhos de reconstrução. 3. ed. São Paulo: LTr, 2017; DELGADO, Mauricio Godinho. **Curso de Direito do Trabalho**. 19. ed. São Paulo: LTr, 2020; DOBB, Maurice. **A Evolução do Capitalismo**. Tradução Manuel do Rêgo Braga. 9. ed. Rio de Janeiro: LTC, 2015; FREEMAN, Joshua B. **Mastodontes** – a história da fábrica e a construção do mundo moderno. Tradução Pedro Maia Soares. São Paul: Todavia, 2019; HARARI, Yuval Noah. **SAPIENS** – uma breve história da humanidade. Tradução Janaína Marcoantonio. 36. ed. Porto Alegre: L&PM, 2018; HOBSBAWN, Eric J. **A Era das Revoluções, 1789-1848**. 41. ed. Rio de Janeiro/São Paulo: Paz e Terra, 2019; HOBSBAWN, Eric J. **Da Revolução Industrial Inglesa ao Imperialismo**. Tradução Donaldson Magalhães Garschagen. 6. ed. Rio de Janeiro: GEN/Forense Universitária, 2016; HUNT, E. K.; LAUTZENHEISER, Mark. **História do Pensamento Econômico** – uma perspectiva crítica. 3. ed./10. tir. Rio de Janeiro: Elsevier, 2013; HUNT, E. K. & SHERMAN, Howard J. **História do Pensamento Econômico**. Tradução de Jaime Larry Benchimol. 26. ed./3. reimpr. Petrópolis: Vozes, 2017; INIKORI, Joseph E. **Africans and the Industrial Revolution in England** – a study in international trade and economic development. New York: Cambridge, 2009; REZENDE FILHO, Cyro de Barros. **História Econômica Geral**. 10. ed. São Paulo: Contexto, 2016; SWEEZY, Paul *et al.* **A Transição do Feudalismo para o Capitalismo**. Tradução Isabel Didonnet. Rio de Janeiro: Paz e Terra, 2004; WILLIAMS, Eric. **Capitalismo e Escravidão**. 1. ed./2. reimpr. São Paulo: Companhia das Letras, 2012.

século XVIII, a qual passa a estimular mais firmemente o comércio do respectivo país, especialmente para o exterior, por meio da política econômica denominada mercantilista; no contexto desse cenário, o fortalecimento de uma cada vez mais rica classe empresarial, voltada à busca incessante da produção, circulação, distribuição e acumulação de bens e riquezas e à criação de novas formas de atuação econômica e política.

Citem-se também: a decomposição incessante do antigo sistema produtivo feudal europeu, seja pelo êxodo da população campesina para as cidades, seja pela crescente subordinação da produção artesanal e manufatureira tradicionais a empreendedores capitalistas surgidos; um processo de urbanização crescente, criando cidades populosas, com uma massa de trabalhadores disponíveis para o recrutamento pelas novas formas produtivas criadas pelo capitalismo. Mais do que isso, uma crescente classe trabalhadora destituída de meios de produção e desvinculada dos laços servis que a atavam ao sistema produtivo feudal europeu; em síntese, neste caso, um enorme conjunto disponível de trabalhadores juridicamente livres, embora extremamente pobres.

Aponte-se, ainda, com especial ênfase, um pouco mais à frente, já no século XVIII, a estruturação de um novo modelo de produção distinto e mais abrangente do que o artesanato e a manufatura, consistente na **fábrica** (ou, na famosa expressão de Marx, a "grande indústria"), que deu origem ao novo e poderoso segmento industrial da economia, originado especialmente a partir da Inglaterra.

Indiquem-se, por fim, o surgimento de correntes de pensamento favoráveis às atividades comerciais e industriais capitalistas, em contraponto à ideologia dominante no feudalismo, que era adversa às ideias de lucro, de juros, de produção, circulação e acumulação de riquezas, todas elas típicas e dominantes no cotidiano do novo sistema econômico em estruturação e de sua classe empresarial dirigente, a burguesia. Essas novas ideias passam pelas reformas religiosas protestantes deflagradas a partir do século XVI, na Europa (e pela posterior adaptação da Igreja Católica Romana ao capitalismo e seu ideário), como também pelo advento do racionalismo no pensamento filosófico e político e, mais à frente, pelo despontar e afirmação do liberalismo (seja o econômico, seja o filosófico, seja o político).

Evidentemente que atividades comerciais pujantes já haviam sido encontradas em diversas outras fases históricas passadas, até mesmo na Idade Antiga, quer no oriente, quer no ocidente, sem que, por correlação, se pudesse falar na presença do sistema socioeconômico capitalista nessas experiências históricas específicas remotas. Do mesmo modo, o trabalho livre, subordinado e oneroso também já existia antes do advento do capitalismo, embora fosse meramente residual nas sociedades históricas anteriores, não tendo correlação, igualmente, com a presença do capitalismo em tais realidades socioeconômicas passadas. Ademais, enormes centros urbanos também existiram em períodos históricos precedentes ao sistema capitalista, sem que se pudesse inferir qualquer correlação sólida entre os dois fenômenos em tais épocas antigas.

A distinção que parece marcante, pois, na Europa Ocidental dos séculos XVI em diante, foi a ampla presença de diversos fatores tradicionais, já vivenciados na história (atividade comercial intensa; segmento socioeconômico amplo, diversificado, próspero e crescente vinculado à direção e dominância de tais atividades mercantis; segmento social relevante de trabalhadores livres, aptos a serem conectados às novas atividades produtivas), em conjugação com a ampla presença, igualmente, de fatores novos, típicos de um novo sistema socioeconômico em estruturação.

Entre esses fatores novos, citem-se, por exemplo, a presença de políticas públicas incisivas de estímulo ao novo sistema econômico, quer por meio do mercantilismo, em um primeiro momento – que durou alguns séculos, como visto –, quer por meio do liberalismo, em um segundo momento; o incentivo estatal e do novo ideário surgido em favor das diversas atividades econômicas do novo sistema em formação, seja no campo da produção dos bens – agora compreendidos como mercadorias, isto é, bens para o mercado –, seja no campo de sua circulação, seja quanto à sua distribuição, seja no tocante às atividades de suporte e incentivo ao novo sistema, como, ilustrativamente, as atividade de financiamento e as atividades e obras infraestruturais; a formação de um largo espectro de trabalhadores livres, mas destituídos de riqueza e de poder, aptos a serem conectados, ainda sem direitos e proteções, ao novo sistema econômico; o surgimento da indústria, por meio da revolução industrial deflagrada na Inglaterra no século XVIII e, em seguida, espraiada para outros países europeus e alguns estados componentes dos EUA.

A partir do século XIX, o capitalismo já se mostrava um sistema muito bem caracterizado, complexo e diferenciado em face de qualquer outro sistema socioeconômico anterior, tendendo à mundialização cada vez mais rapidamente (fato que ficaria mais pronunciado ainda durante o século XX). Sua força motora irá subordinar economias ao largo do globo, especialmente as então denominadas economias coloniais (na África, na Ásia e nas Américas), que extraíam ou produziam matérias primas minerais e mercadorias agropecuárias para a exportação e funcionamento dos países capitalistas líderes desse sistema na Europa e nos Estados Unidos da América, grande parte das vezes mediante a utilização do trabalho escravo.

Tempos depois, já no século XX, esse processo de produção de mercadorias primárias para os países centrais capitalistas se estenderia também para outros países capitalistas emergentes em diversas partes do globo terrestre. De todo modo, as economias coloniais, ditas periféricas, igualmente davam consistência ao capitalismo originário despontado – dito central -, na qualidade de centro produtor e exportador de matérias primas, conforme exposto, além de mercado consumidor dos bens produzidos pela indústria crescente europeia e norte-americana.

A criação da indústria capitalista pela denominada Revolução Industrial (hoje considerada a primeira grande revolução tecnológica do sistema capitalista) teve papel muito importante na caracterização, evolução e crescimento do capitalismo. Teve papel muito importante também na estruturação de uma classe trabalhadora ampla e concentrada em grandes nichos geográficos específicos – as cidades industriais surgidas a partir da Inglaterra e, posteriormente, características do capitalismo na Europa, EUA e, mais à frente, em todo o globo terrestre.

Com a subsequente generalização do sistema capitalista aos países europeus e aos EUA, ainda na primeira fase do sistema capitalista, o modo de organização de todo o sistema socioeconômico foi se amoldando às peculiaridades tipicamente capitalistas, atingindo os setores financeiro, comercial, de logística, extrativo mineral, agrário, etc. O uso da força de trabalho subordinada e assalariada se amplia, os métodos de organização do sistema laboral no interior das empresas, à base de uma crescente distribuição de tarefas e de uma disciplina concentrada e vertical, se generalizam, ao passo que a produção de bens e serviços para o mercado se torna a pedra de toque de funcionamento de todo o sistema econômico.

Evidentemente que, no cenário das colônias e, em seguida, nos novos países independentes das Américas, Ásia e África, a lógica capitalista era muita mais crua e despótica. Assim, o mesmo sistema que alardeava o liberalismo econômico, político e jurídico na Europa, nos séculos XVIII e XIX, e, até mesmo, nos EUA, convivia, cinicamente, com um regime privado repressivo da força de trabalho, à base da escravidão imposta à população negra trazida coercitivamente de países africanos. Registre-se que esse ignóbil, violento e estúpido regime repressivo de força de trabalho durou vários séculos nas dezenas de países que o adotaram dentro do ciclo histórico de criação e crescimento do capitalismo. Nessas regiões e países coloniais e escravistas (ou em parte deles, pelo menos – como no caso dos EUA), se estruturaram economias e sociedades essencialmente extrativistas, de pura e simples exploração dos recursos naturais e da pessoa humana trabalhadora escravizada, com marcas institucionais, políticas e culturais segregacionistas, excludentes e racistas que iriam se preservar, ainda que indiretamente, até mesmo em pleno século XXI em diversos desses países (vide, por exemplo, grande parte do sul dos EUA e grande parte da história excludente de vários países latino-americanos, inclusive, lamentavelmente, o Brasil). Esse sistema extrativista mineral e monocultor agrário, gerando produtos primários dos trópicos para entrega na Europa e em outros países capitalistas, era parte integrante da formação e crescimento do novo sistema capitalista, embora seus teóricos europeus, naquela época, hipocritamente, jamais aceitassem tal vinculação.[3]

A classe trabalhadora que se forma no processo de estruturação do sistema capitalista originário, em sua base europeia e do norte dos EUA, embora se torne, nas economias tipicamente industriais, o segmento mais numeroso da população envolvida no mercado de trabalho, não consegue apresentar, em suas primeiras décadas de convivência e enfrentamento perante o sistema capitalista emergente, uma clara compreensão da lógica de operação do sistema e, ainda mais relevante, uma clara estratégia de enfrentamento eficaz em face de sua força opressiva e desigual.

Essa fase originária somente começaria a ser superada a partir do século XIX, especialmente no contexto das experiências trabalhistas ocorridas na Europa Ocidental.

2. O papel do sindicalismo e das entidades sindicais de trabalhadores no sistema socioeconômico capitalista

A crescente população de trabalhadores e trabalhadoras que foram inseridos no sistema produtivo capitalista europeu passou por uma fase inicial de intensa espoliação e exploração, sem quaisquer direitos e garantias, envolvendo, inclusive, mulheres e, até mesmo, crianças nesse processo produtivo despótico então estruturado. Jornadas muito alargadas – há registros de práticas corriqueiras superiores a 13/14 horas de trabalho ao dia –, salários miseráveis, disciplina fabril implacável, o mais absoluto unilateralismo de poder em todas as fases contratuais existentes, ausência de qualquer proteção e garantias contra doenças e acidentes do trabalho no curso do contrato, ausência de qualquer proteção ao emprego, etc.

---

3 Sobre essa forte vinculação entre os sistemas econômicos repressivos e despóticos estruturados nas Américas – à exceção de algumas colônias inglesas do nordeste do futuro EUA –, caracterizados pela extração mineral e produção monocultora agrária, à base da força de trabalho submetida à escravatura, especialmente da população negra trazida da África, e o sistema capitalista nascente e em desenvolvimento na Europa, consultar, ilustrativamente, os seguintes estudos: BLACKBURN, Robin. **The Making of New World Slavery** – from the Baroque to the Modern, 1492-1800. London/New York: 2010; DOBB, Maurice. **A Evolução do Capitalismo**. Tradução Manuel do Rêgo Braga. 9. ed. Rio de Janeiro: LTC, 2015, p. 201-223; HOBSBAWN, Eric J. **A Era das Revoluções, 1789-1848**. 41. ed. Rio de Janeiro/São Paulo: Paz e Terra, 2019; HOBSBAWN, Eric J. **Da Revolução Industrial Inglesa ao Imperialismo**. Tradução Donaldson Magalhães Garschagen. 6. ed. Rio de Janeiro: GEN/Forense Universitária, 2016, p. 1-44 e 125-145; HUNT, E. K. & SHERMAN, Howard J. **História do Pensamento Econômico**. Tradução de Jaime Larry Benchimol. 26. ed./3. reimpr. Petrópolis: Vozes, 2017, p. 165-180; HARARI, Yuval Noah. **SAPIENS** – uma breve história da humanidade. Tradução Janaína Marcoantonio. 36. ed. Porto Alegre: L&PM, 2018; INIKORI, Joseph E. **Africans and the Industrial Revolution in England** – a study in international trade and economic development. New York: Cambridge, 2009; REZENDE FILHO, Cyro de Barros. **História Econômica Geral**. 10. ed. São Paulo: Contexto, 2016; TOMICH, Dale W. **Pelo Prisma da Escravidão** – trabalho, capital e economia mundial. Tradução Antonio Pádua Danesi. São Paulo: EDUSP, 2011; WILLIAMS, Eric. **Capitalismo e Escravidão**. 1. ed./2. reimpr. São Paulo: Companhia das Letras, 2012.

Em suma, um cenário de agressividade e exploração amplas nas primeiras fases de evolução do sistema capitalista.[4]

Nesse primeiro período, a classe trabalhadora ainda não havia conseguido encontrar os mecanismos necessários e eficientes para a sua defesa, proteção e enfrentamento dos desafios trazidos pelo sistema econômico e social capitalista, com as suas fórmulas exploratórias dominantes de contratação e gestão da força de trabalho.

Embora a ideia de reunião, agregação e organização coletiva dos trabalhadores já tivesse surgido no início do século XVIII – há registro de organizações sindicais de trabalhadores no começo do referido século, na Inglaterra, ainda que com epítetos diversos (associação; liga; cooperativa, etc.) –,[5] o fato é que ainda não se encontrava bem formulada qualquer estratégia de enfrentamento eficiente dos enormes problemas antepostos aos trabalhadores nesse período. Vários fatores atuavam nessa direção.

De um lado, os direitos de reunião e de associação, especialmente o de associação de caráter sindical, ainda não eram autorizados, pela ordem jurídica, aos trabalhadores em qualquer país europeu, prevalecendo, ao invés, a tendência à criminalização das atividades sindicais e de vários aspectos dos movimentos sindicalistas (greves; manifestações; etc.). A Inglaterra eliminou a descriminalização das atividades sindicais apenas na década de 1820 (cem anos após o surgimento do sindicalismo no país), por meio dos *Tolerations Acts*. Diferentemente desse

---

4. É bastante ampla e consolidada a pesquisa científica e histórica sobre esse período inicial do sistema capitalista na Europa Ocidental, inclusive com a intensa exploração da força de trabalho na respectiva fase do sistema socioeconômico, que foi caracterizada pela ausência de uma política trabalhista protetiva e civilizatória em relação a trabalhadoras e trabalhadores. Citem-se, a título de ilustração, as seguintes obras: DE DECCA, Edgar; MENEGUELO, Cristina. **Fábricas e Homens** – a revolução industrial e o cotidiano dos trabalhadores. 5. ed., São Paulo: Atual, 2009; DELGADO, Mauricio Godinho. **Capitalismo, Trabalho e Emprego** – entre o paradigma da destruição e os caminhos de reconstrução. 3. ed. São Paulo: LTr, 2017; DELGADO, Mauricio Godinho. **Curso de Direito do Trabalho**. 19. ed. São Paulo: LTr, 2020; DELGADO, Mauricio Godinho. **Direito Coletivo do Trabalho**. 7. ed. São Paulo: LTr, 2017; FREEMAN, Joshua B. **Mastodontes** – a história da fábrica e a construção do mundo moderno. Tradução Pedro Maia Soares. São Paul: Todavia, 2019; GOMES, Orlando; GOTTSCHALK, Elson. **Curso de Direito do Trabalho**. 5; ed., Rio de Janeiro/São Paulo, 1972, p. 2-25; HARARI, Yuval Noah. **SAPIENS** – uma breve história da humanidade. Tradução Janaína Marcoantonio. 36. ed. Porto Alegre: L&PM, 2018; HOBSBAWN, Eric J. **A Era das Revoluções, 1789-1848**. 41. ed. Rio de Janeiro/São Paulo: Paz e Terra, 2019; HOBSBAWN, Eric J. **Da Revolução Industrial Inglesa ao Imperialismo**. Tradução Donaldson Magalhães Garschagen. 6. ed. Rio de Janeiro: GEN/Forense Universitária, 2016, p. 1-44 e 125-145; HUNT, E. K. & SHERMAN, Howard J. **História do Pensamento Econômico**. Tradução de Jaime Larry Benchimol. 26. ed./3. reimpr. Petrópolis: Vozes, 2017, p. 165-180; RUSSOMANO, Mozart Victor. **Princípios Gerais de Direito Sindical**. 2. ed. Rio de Janeiro: Forense, 2000.

5. Em suas pesquisas, por exemplo, o jurista Mozart Victor Russomano situa no ano de 1720 – há mais de 300 anos atrás, portanto – o exemplo do primeiro sindicato na história, estruturado na Inglaterra, consistente na associação dos mestres e alfaiates. Para o autor, este seria o "'ponto de partida das 'trade unions' britânicas", que se propagariam pelo país daí em diante. RUSSOMANO, Mozart Victor. **Princípios Gerais de Direito Sindical**. 2. ed. Rio de Janeiro: Forense, 2000, p. 17.

país pioneiro, os demais países europeus somente seguiram essa tendência democrática mais de quatro décadas depois, e mesmo assim, paulatinamente, ao longo da segunda metade do século XIX.[6]

De outro lado, no contexto dessa política pública hostil ao sindicalismo, as pressões e violências contra os trabalhadores também ocorriam no ambiente empresarial, açuladas pelo caráter absoluto que se conferia ao poder empregatício no quadro da ordem jurídica e política da época – o liberalismo então originário.

Desse modo, em meio a essa ambientação geral gravemente adversa, prevaleciam também entre os trabalhadores mais resolutos algumas ideias e estratégias que se mostrariam claramente ineficazes a médio e a longo prazos, embora fossem aptas a demonstrar, no curto prazo, a existência de uma nítida revolta em vista da superexploração socioeconômica das pessoas que viviam do trabalho inerente a esta fase inicial do capitalismo.

Essas estratégias ineficientes foram, por exemplo, as seguintes: fórmulas de atuação do tipo insurrecional, voltadas ao enfrentamento físico do poder privado e do poder político dominantes, por vezes com uso da própria violência; igualmente a estratégia de quebra de máquinas, em protesto às péssimas condições de trabalho vivenciadas nas fábricas capitalistas; somem-se a isso as estratégias do socialismo utópico, que propunham o afastamento dos trabalhadores e suas famílias da sociedade capitalista hostil, em busca da construção longínqua de experiências societárias mais livres e de convivência mais civilizada; por fim, a estratégia anarquista, caracterizada por ser muito combativa e mobilizadora, porém sem um projeto real de solução para os problemas concretos colocados em desafio, uma vez que considerava qualquer forma de poder organizado um potencial instrumento de opressão.[7]

Tempos após o surgimento do capitalismo, da deflagração e generalização de sua primeira revolução tecnológica (também denominada de Revolução Industrial) e do próprio surgimento das entidades sindicais obreiras, atingidos já os meados do século XIX, os trabalhadores alcançam maior clareza a respeito dos veículos e das estratégias de enfrentamento das condições laborais adversas ofertadas pelo sistema capitalista. Com isso, passam a alcançar importantes e crescentes vitórias em sua busca de melhores condições de trabalho e de vida na sociedade e economia capitalistas.[8]

---

6 Em DELGADO, Mauricio Godinho. **Direito Coletivo do Trabalho**. 7. ed. São Paulo: LTr, 2017, p. 156-159, há uma mostra dessa evolução histórica, envolvendo vários países europeus, indicados por fontes bibliográficas diversas pesquisadas. Mais à frente, ainda neste subitem 2, elas serão todas especificadas.

7 A respeito dessas estratégias pouco eficazes de atuação – embora muitas vezes respeitáveis e, muitas vezes, até heroicas –, consultar, por exemplo, DELGADO, Mauricio Godinho. **Curso de Direito do Trabalho.** 19. ed. São Paulo: LTr, 2020, p. 97-127.

8 A respeito dessa virada na compreensão dos trabalhadores sobre o sistema socioeconômico capitalista e, inclusive, o sistema político que o protegia, com a sua excludente ideologia liberal originária,

Essas estratégias e veículos mais eficientes são os seguintes, por exemplo: a compreensão mais firme e clara, pelos obreiros, acerca da importância da organização coletiva dos trabalhadores, por intermédio especialmente das entidades sindicais, de maneira a não somente resistirem, com eficiência, às pressões desfavoráveis do poder econômico, como também alcançarem, via negociação coletiva trabalhista, direitos e garantias no próprio ambiente empresarial. Além disso, também por intermédio das mesmas entidades sindicais, igualmente passarem a conseguir pressionar, com maior eficiência, o próprio Estado e suas instituições em favor da criação de diplomas normativos e políticas públicas harmônicas aos interesses dos grandes contingentes de pessoas que vivem de seu trabalho. Em síntese, solidifica-se a confirmação da descoberta da ação coletiva, por meio das entidades sindicais, como veículo eficiente para conferir solidez e maior eficiência às lutas trabalhistas em favor de melhores condições de vida e de trabalho.

Solidifica-se, igualmente, a clareza sobre a necessidade da pressão coletiva também sobre a sociedade política – ao invés da pressão apenas no plano econômico e profissional específico -, como meio de conquista de novas regras jurídicas estatais aptas a superarem o padrão unilateral precedente, ou seja, regras jurídicas mais democráticas e favoráveis à grande maioria da população, em especial às enormes camadas que vivem do trabalho no interior do sistema econômico capitalista.

Já neste instante os trabalhadores e suas lideranças passam a perceber que o Direito não tem de ser, inapelavelmente, um simples instrumento de dominação, exclusão, desigualdade e barbárie – tal como foi durante milênios e séculos -, podendo se transformar, ainda que em parte, também em um instrumento de civilização, de busca de práticas mais igualitárias e democráticas, em suma, um instrumento de justiça social.

Historicamente tais percepções e clarezas tornaram-se hegemônicas no seio dos trabalhadores na virada da metade do século XIX, na Europa Ocidental, particularmente a partir dos anos de 1846 a 1848, datas em que se conjugam diversos acontecimentos de grande impacto, todos na mesma direção das estratégias e veículos progressistas acima indicados. Trata-se do movimento cartista, na Inglaterra; da revolução de 1848, na França; do lançamento do manifesto comunista, de Marx e Engels, também no ano de 1848. São eventos paradigmáticos, indicadores da mudança de chave na forma de pensar e agir dos trabalhadores no sistema trabalhista.

Aliás, não é por outra razão que o ano de 1848, no ocidente europeu, também significa um ponto de virada no advento da Democracia na história ou, pelo menos, na clareza quanto à rota de construção de uma sociedade efetivamente democrática no mundo contemporâneo, com uma Democracia multidimensional,

---

consultar, igualmente, o mesmo texto já mencionado: DELGADO, Mauricio Godinho. **Curso de Direito do Trabalho**. 19. ed. São Paulo: LTr, 2020, p. 97-127.

abrangente de diversas dimensões e facetas relevantes na estrutura da economia e da sociedade históricas.

Não por outra razão, o sindicalismo alcança grandes vitórias após esse momento diferenciado, passando a conquistar, política e juridicamente, o direito de reunião e de associação sindical em diversos países europeus. Em um processo histórico sucessivo nas últimas décadas do século XIX, citem-se, ilustrativamente: a Grã Bretanha, em 1859, com o *Molestation of Workmen Act*, diploma normativo ainda mais favorável do que os *Toleration Acts*, da década de 1820; a Alemanha, em 1869, deixa de considerar delito as coalizões de trabalhadores; a Dinamarca, em 1874, estabelece o reconhecimento do direito de livre associação sindical; a França, em 1884, consolida o direito de associação sindical; a Espanha e Portugal, em 1887, aprovam também esse mesmo avanço democrático; a Itália, em 1889, igualmente deixa de considerar delito as coalizões de trabalhadores; na Bélgica, tal avanço se consolida em 1898.[9]

Nesse processo de vitórias sindicais, trabalhistas e populares acontecidas na segunda metade do século XIX no ocidente europeu, há que se considerar também outra descoberta importante efetivada pelos trabalhadores e seu respectivo movimento sindical: a necessidade de os obreiros estruturarem, em cada país, partido(s) político(s) estreitamente vinculado(s) aos interesses específicos dos trabalhadores e trabalhadoras, além de seus interesses mais amplos, no sentido do avanço democrático e da justiça social, respeitada sua composição social interna coerente com esse novo ideário.

E, de fato, no continente europeu, a partir da segunda metade do século XIX, se constroem diversos partidos de extração trabalhista, sejam socialistas, social-democratas, comunistas ou estritamente trabalhistas, todos com forte inserção na classe trabalhadora e um ideário programático bastante progressista. Mencionem-se, por ilustração, pela ordem cronológica de sua criação, os seguintes partidos que iriam alcançar, desde o início do século XX até os dias atuais, em seus países, enorme importância política, institucional, social e cultural: Partido Popular Socialista, da Dinamarca, instituído em 1871; Partido Social-Democrata, da Alemanha, criado em 1875; Partido Socialista Operário Espanhol, da Espanha, criado em 1879; Partido Trabalhista, da Noruega, instituído em 1887; Partido Social-Democrata, da Áustria, criado em 1888; Partido Social-Democrata, da Suécia, instituído em 1889; Partido Social-Democrata, da Finlândia, criado em

---

9 Citando-se, pela ordem cronológica dos avanços democráticos, os seguintes países e respectivos autores como fonte bibliográfica: Inglaterra: GOMES, Orlando; GOTTSCHALK, **Curso de Direito do Trabalho**. 5. ed. Rio de Janeiro: Forense, 1972, p. 475; também RUSSOMANO, Mozart Victor. **Princípios Gerais de Direito Sindical**. 2. ed. Rio de Janeiro: Forense, 2000, p. 17; Alemanha: NASCIMENTO, Amauri Mascaro. **Compêndio de Direito Sindical**. 2. ed. São Paulo: 2000, p. 42; Dinamarca, França, Espanha e Portugal: GOMES, O., e GOTTSCHALK, E. loc. cit.; Itália: NASCIMENTO, A. M., ob. cit., p. 42; Bélgica: GOMES, O., e GOTTSCHALK, E., loc. cit.

1899; Partido Trabalhista, da Grã Bretanha (Reino Unido), instituído em 1900; Partido Socialista, da França, criado em 1905.[10]

No sistema capitalista, portanto, mostra-se bem claro que as entidades sindicais de trabalhadores e o sindicalismo cumprem papel estrutural de enorme relevância. Vamos a algumas de suas funções estruturais mais significativas.

Em primeiro lugar, o sindicalismo e suas entidades cumprem a função cardeal de buscar elevar as condições de contratação e gestão da força de trabalho no sistema socioeconômico, em agregação às conquistas já efetivadas (se for o caso) por diplomas normativos do Estado.

O exercício dessa função sindical se faz por intermédio de um diálogo contínuo com o poder econômico e seus representantes na respectiva categoria ou segmento empresarial, além dos demais empregadores constituídos em instituições sem fins lucrativos. Nesse cenário, o sindicalismo faz uso dos instrumentos clássicos apresentados pelo Direito Coletivo do Trabalho para o cumprimento desse objetivo, tais como, ilustrativamente, a negociação coletiva trabalhista, a greve, as campanhas de mobilização da categoria e de divulgação na comunidade, as organizações nos locais de trabalho, as ações judiciais, entre outros mecanismos.

Em segundo lugar, as entidades sindicais e o movimento sindical, de maneira geral, ostentam também função precípua na resistência à precarização trabalhista, em sentido amplo, tanto aquela advinda das práticas empresariais como aquela decorrente de políticas públicas antissociais, especialmente em conjunturas adversas no plano da economia e da política institucional na história de cada país.

Essa função é muito relevante, apresentando, ademais, certa complexidade. É que ela exige do sindicalismo não apenas o adequado manejo dos instrumentos institucionais, sociais, econômicos e jurídicos postos à sua disposição pelo Direito Coletivo do Trabalho, como também a aptidão de bem se articular com outros segmentos sociais e institucionais, de maneira a empoderar a sua atuação nesses momentos de ataque ao patamar civilizatório mínimo já consolidado na comunidade trabalhista em que atua.

Em terceiro lugar, o sindicalismo e suas entidades cumprem a função cardeal de aperfeiçoar a distribuição de renda na economia e na sociedade capitalistas, evitando que tal dinâmica fique simplesmente ao sabor e tendência do mercado

---

10 As informações sobre partidos políticos progressistas em alguns relevantes países europeus foram retiradas da *Wikipedia*, via Google, na internet, com acesso no dia 28.02.2022, entre 14:00/14:50 horas. Esclareça-se que se destacaram, por país, neste texto, apenas os partidos de esquerda mais longevos e historicamente mais influentes, ostentando participações significativas em diferentes períodos e mandatos no respectivo governo do país. Mas não se desconhece – e nem se negligencia – a existência de outros partidos progressistas em todos os países mencionados, além de em outros países da Europa. Pontue-se, ademais, que alguns desses partidos especificados foram produto de fusões entre anteriores partidos progressistas – fato que pode fixar sua data de criação em momento histórico um pouco mais remoto ainda.

econômico. O empoderamento das pessoas que vivem do trabalho, por meio de sua inserção nas empresas e instituições, com o acompanhamento e conquistas do sindicalismo, garante, em seu conjunto, maiores ganhos e proteções à sua vida profissional, com consequências positivas não somente para os indivíduos como também para as microcomunidades em que eles se inserem, como a família, o bairro, a cidade, etc.

O Presidente norte-americano Franklin Delano Roosevelt, nas décadas de 1930/40, percebeu isso com muita clareza e sabedoria, impulsionando o sindicalismo nos EUA a partir de seus mandatos no governo federal, como fórmula decisiva para a elevação das condições de trabalho, renda e vida da grande maioria da população daquele país então devastado por gravíssima crise econômica desde 1929. Como bem observa o historiador norte-americano Joshua Freeman, "o New Deal e seus equivalentes nos estados propiciaram apoio simbólico e prático aos trabalhadores que tentavam se sindicalizar"[11] Nesse quadro, em decorrência da política pública sindical e trabalhista do governo Roosevelt, a filiação a sindicatos saltou de 3,6 milhões de obreiros "no início da Grande Depressão para 10,5 milhões em 1941, atingindo 14,8 milhões em 1945; aproximadamente um em cada três trabalhadores não agrícolas portava uma carteira sindical".[12]

Em quarto lugar, o sindicalismo e as entidades sindicais, com a sua existência e atuação, amenizam o unilateralismo do exercício do poder empresarial no mundo do trabalho, pontuando, no cotidiano das empresas e instituições, a necessidade de se visualizar também a perspectiva dos trabalhadores no ambiente laboral.

Com isso, aspectos relacionados à saúde, ao bem-estar, à civilidade, além da agregação de benefícios materiais e imateriais, se tornam mais comuns e recorrentes.

Em quinto lugar, o sindicalismo e as entidades sindicais, com a sua existência e atuação, diminuem, em alguma medida, o unilateralismo de perspectivas na sociedade civil, ao realizarem certo contrabalanceamento ao domínio de narrativas expostas por inúmeras e poderosas fontes de comunicação social prevalecentes, tais como, por exemplo, os diversos meios de comunicação de massa (usualmente controlados pelo poder econômico em grande parte das sociedades e economias capitalistas).

A propósito, não há como se falar em Democracia sem a atenuação desse processo de dominância avassaladora da perspectiva econômica empresarial no âmbito da sociedade política e suas instituições; e essa atenuação, em grande

[11] FREEMAN, Joshua B. **Mastodontes** – A história da fábrica e a construção do mundo moderno. Tradução de Pedro Maia Soares. São Paulo: Todavia, 2019, p. 172.

[12] FREEMAN, J. B. Ob. Cit., p. 178.

medida, é concretizada pela presença e atuação históricas feitas pelo sindicalismo e respectivas entidades sindicais.

III. O PAPEL ESTRUTURAL DO SINDICALISMO NA DEMOCRACIA E NO ESTADO DEMOCRÁTICO DE DIREITO

Embora a palavra democracia seja de origem grega, oriunda da prática e obras filosóficas escritas no século V a. C., especialmente na Atenas de cerca de 2.500 atrás, estando, em seguida, presente em obras de diversos autores da Antiguidade Clássica (como o historiador Políbio, de Roma, por exemplo) e mesmo em textos de fases históricas posteriores, antes do século XIX d. C., a verdade é que, naqueles tempos, não existia, efetivamente, o fenômeno democrático na acepção que ele adquiriu na contemporaneidade.[13]

É que, na Idade Antiga, na Idade Média e mesmo na Idade Moderna, quer no ocidente, quer no oriente, não existiam sistemas de organização da sociedade política e da sociedade civil fundados nos princípios amplos da liberdade, muito menos da igualdade, da participação igualitária e ampla dos indivíduos e grupos sociais nas diversas esferas de poder, da cidadania estendida às diferentes camadas da população, a par de outros princípios e métodos de organização e gestão social e política hoje considerados fundamentais a um sistema minimamente democrático.

Entre esses princípios, regras e métodos essenciais à concepção contemporânea de Democracia, mencionem-se, ainda que apenas ilustrativamente, os seguintes: o respeito às liberdades e direitos individuais, sociais e públicos de expressão, de reunião, de locomoção, de organização temporária e/ou permanente, inclusive em instituições próprias, de participação nas instâncias públicas de poder, entre outros aspectos; o respeito às liberdades individuais e sociais de organização, reivindicação, atuação, negociação e, em alguma medida, de participação em instâncias sociais de poder que envolvam o trabalho massivo de pessoas humanas, conjunto que é sintetizado, em geral, nos princípios da liberdade sindical, da autonomia das entidades sindicais e do sindicalismo, a par das garantias sindicais; o real equilíbrio de poderes institucionalizados na sociedade política, dividindo-se, com freios e contrapesos, claramente, pelo menos, os poderes executivo, legislativo e judiciário; a existência de mandatos temporários e eletivos nos postos diretivos centrais dos poderes executivos e legislativos, com

13 Nesta linha, DELGADO, Mauricio Godinho, por exemplos em dois textos componentes do seguinte livro dual: DELGADO, M. G.; DELGADO, G. N. **Constituição da República e Direitos Fundamentais** – dignidade da pessoa humana, justiça social e Direito do Trabalho. 4. ed. São Paulo: LTr, 2017. Os textos individuais mencionados na respectiva obra são: Constituição da República, Estado Democrático de Direito e Direito do Trabalho. Ob. cit., p. 33-48; por fim, Democracia, Cidadania e Trabalho, Ob., cit., p. 94-107.

eleições livres, isentas e periódicas; a participação ampla, livre e segura da população adulta nas diversas esferas de poder, especialmente o político; a liberdade como um conceito largo e abrangente, atingindo as dimensões individuais, coletivas, sociais e públicas; a busca relevante do cumprimento do princípio da igualdade no plano socioeconômico, por intermédio de distintos e convergentes meios; o respeito efetivo ao poder das maiorias, ao invés de apenas das elites; uma sistemática abrangente de proteção jurídica e institucional aos interesses relevantes dos grandes grupos populacionais destituídos de poder e riqueza particulares, mediante os denominados direitos sociais; a proteção jurídica e institucional às minorias. Estes são alguns dos principais aspectos imprescindíveis a um sistema democrático no sentido contemporâneo.

Ao inverso, naqueles períodos históricos remotos – bem como em inúmeros países e regiões hoje ainda existentes –, prevaleciam sistemas repressivos da força de trabalho, como a escravidão e a servidão, os quais subjugavam a grande maioria da população; prevalecia também um sistema normativo que viabilizava o exercício incontrastável do poder, pelo detentor de riquezas e dos meios de produção, sobre os trabalhadores e trabalhadoras, mesmo que livres, juridicamente, sem instituições e instrumentos diversificados hábeis a inviabilizar tal tradição e prática de dominação e exclusão; prevalecia também uma ordem institucional e jurídica que vinculava os direitos e prerrogativas centrais da sociedade política e da sociedade civil à riqueza ou à propriedade ou a algum outro restritivo aspecto inerente, em essência, a estritas elites socioeconômicas ou estamentais dominantes; prevalecia também uma ordem jurídica que excluía e coisificava as mulheres, suprimindo-lhes a capacidade civil, excluindo-as de qualquer forma ou canal de exercício de poder e lhes subordinando, regra geral, a algum homem, seja o pai, seja o marido, seja a outro provedor – isso, caso não se tratasse de mulher escrava ou estrangeira, a qual não possuía qualquer mínima proteção jurídica e institucional. As crianças e adolescentes, a par das pessoas com deficiência, não possuíam qualquer *status* protetivo na ordem sociojurídica. Os estrangeiros, por sua vez, também eram completamente marginalizados, salvo relações e proteções tópicas e excepcionais de caráter pessoal que alcançassem na respectiva sociedade; inexistiam as liberdades e direitos individuais, sociais e públicos inerentes ao fenômeno democrático no sentido contemporâneo.

Em síntese, as estruturas de Estado e de sociedade política existentes eram ora simplesmente despóticas, construídas em torno do monarca (nas palavras de hoje, em torno dos ditadores e/ou das ditaduras) e, no máximo, de seus vassalos nobres; ora se constituíam em estruturas um pouco mais regradas e consensuadas entre a monarquia e a restrita elite da nobreza. Em síntese, ou se tratava, na verdade, de uma monarquia despótica, ou de uma monarquia aristocratizada, ou de figuras autocráticas e/ou elitistas similares. Todos os demais segmentos da sociedade eram excluídos do sistema político, institucional e deliberativo das respectivas entidades estatais. Mais do que isso, o caráter despótico do Estado reproduzia-se na sociedade, avalizando o exercício autoritário de poder no âmbito das relações privadas, ao menos em face de escravos, servos, grande parte dos trabalhadores livres, mulheres, crianças e adolescentes, estrangeiros, pessoas com deficiência etc.

Isso quer dizer que se falar em sistema ou em ambiente democráticos no âmbito das relações públicas ou das relações privadas nessas experiências históricas fortemente excludentes e autoritárias consiste hoje, no mínimo, em uma imprecisão de análise ou, se for o caso, em uma manifesta incompreensão científica acerca daquele tipo de realidade histórica.

Dessa maneira, o conceito contemporâneo de Democracia é eminentemente multidimensional, abrangendo as diversas esferas e tipos de exercício de poder tanto na sociedade política (o Estado e suas instituições) como na sociedade civil (o campo das pessoas e instituições privadas e sociais).[14]

Nesse quadro, a Democracia, em seu sentido amplo e contemporâneo começa a se construir, efetivamente, apenas em meados do século XIX, no momento em que setores sociais destituídos de riqueza e de poder, pela primeira vez na História, começaram a alcançar vitórias reais no sentido de sua inserção na sociedade política e de também participação, em alguma medida, nas diversas esferas de poder da sociedade civil. Esse processo de vitórias foi crescente, conforme exposto no subitem 1, retro, passando claramente pela estruturação e desenvolvimento do sindicalismo e de suas entidades sindicais componentes.

Por essas razões é que se pode falar que o sindicalismo e suas entidades ostentaram, sem dúvida, um papel estrutural na construção da Democracia ocidental, a partir do século XIX, bem como preservam esse papel fundamental no contexto da manutenção e no aperfeiçoamento do padrão democrático de estruturação do Estado e da sociedade civil no mundo atual.

Por isso também é que se pode afirmar que o sindicalismo e suas entidades ostentam um notável papel político na sociedade democrática, por serem fundamentais instituições e mecanismos de organização, representação, reivindicação e atuação dos setores populares destituídos de riqueza e de poder, em comparação com a potência avassaladora das elites socioeconômicas no interior do sistema capitalista e que se manifesta cotidianamente tanto no âmbito da sociedade civil como no âmbito da sociedade política.

---

14 DELGADO, Mauricio Godinho. Constituição da República, Estado Democrático de Direito e Direito do Trabalho. *In* DELGADO, M. G.; DELGADO, G. N. **Constituição da República e Direitos Fundamentais** – dignidade da pessoa humana, justiça social e Direito do Trabalho. 4. ed. São Paulo: LTr, 2017, p. 33-37. Igualmente, DELGADO, Mauricio Godinho. Democracia, Cidadania e Trabalho. *In* DELGADO, M. G.; DELGADO, G. N. **Constituição da República e Direitos Fundamentais** – dignidade da pessoa humana, justiça social e Direito do Trabalho. 4. ed. São Paulo: LTr, 2017, p. 94-99.

Sem o sindicalismo e as entidades sindicais, dentro de um sistema capitalista denso, múltiplo e organizado, ter-se-á apenas, em inúmeros assuntos e questões de caráter social e econômico embora de enorme interesse público e, inclusive, de forte interesse da grande maioria da população que vive do seu trabalho –, essencialmente apenas a visão particularíssima do poder econômico, ou seja, somente uma perspectiva unilateral e enviesada de compreensão e de propostas sobre esses assuntos e questões. Isso porque essa visão particularíssima, enviesada e unilateral consubstancia aquela que tende a ser divulgada, constantemente, de maneira repetida e intensa, pelos meios de comunicação de massa, uma vez que estes são de propriedade e controlados, com disciplinado exclusivismo, por esse mesmo poder econômico ao longo de todo o território do país e do Estado.

Em síntese, não há democracia real, substantiva e multidimensional, em determinado país e Estado, sem a presença de associações estruturadas na sociedade civil com efetiva autonomia, especialmente quando formadas por setores socioeconômicos destituídos, em princípio, de riqueza e poder na lógica original do sistema capitalista; não há democracia caso essas associações não possam, com liberdade, poder e eficiência, manifestar a sua visão sobre os grandes temas econômicos e sociais da comunidade, de maneira a propiciar uma melhor e mais abrangente compreensão desses temas; não há democracia verdadeira caso não se estruture, na sociedade civil e na sociedade política, uma real cidadania inclusiva para todos, ao invés de, essencialmente, para as elites e suas visões específicas arquitetadas.

É importante destacar que essa percepção mais ampla do fenômeno democrático já era enfatizada por alguns teóricos da Democracia no século XX, inclusive nos EUA, embora o subsequente advento do ideário neoliberal tenha buscado diminuir e/ou sufocar tais democráticas e mais abrangentes percepções. Nessa linha, o clássico autor Robert A. DAHL, arrola, entre outros aspectos, como pontos essenciais para uma verdadeira democracia, a necessária presença de associações independentes, autônomas, aptas a veicularem interesses diversos na sociedade e a propiciarem a veiculação de uma "informação alternativa", de maneira a permitirem a construção, no seio da população, de um "entendimento esclarecido" sobre os diversos temas de relevância para os grupos sociais e para o conjunto da comunidade.[15]

[15] DAHL, Robert A. **Sobre a Democracia.** Tradução Beatriz Sidou. 2. reimpr. Brasília: UnB, 2016, p. 111-113 c./c. p. 98-105 (a edição original em língua inglesa foi divulgada em 1998). O cientista político norte-americano Robert Dahl (1915-2014) formou suas concepções sobre o fenômeno democrático já fora do período histórico da hegemonia do liberalismo primitivo – fortemente excludente, como se sabe -, que vigorou nos EUA até 1929, ano de início da grande depressão que lançou no desemprego e na miséria milhões de norte-americanos, destruindo também o vigor da economia capitalista naquele país por significativo período. Professor de Yale por cerca de 40 anos, desde 1946, produziu suas mais importantes obras na fase em que o liberalismo tradicional ainda se encontrava desprestigiado mesmo nos EUA (décadas de 1930 até a década de 1970), além de antes do advento da nova vertente política,

Em síntese, não há democracia real, substantiva e multidimensional, em determinado país e Estado, sem a presença de associações estruturadas na sociedade civil com efetiva autonomia, formadas por setores socioeconômicos destituídos, em princípio, de riqueza e poder na lógica original do sistema capitalista; não há democracia caso essas associações não possam, com liberdade, poder e eficiência, construir e disseminar sua visão sobre os grandes temas econômicos e sociais da comunidade, gerando, como diz Robert DAHL, "informação alternativa"; não há democracia verdadeira caso não se estruture, na sociedade civil e na sociedade política, uma real "cidadania inclusiva". Como aponta Robert DAHL, é fundamental que haja um "entendimento esclarecido", pela população, dos assuntos e questões decisivas da vida social e política, ao invés, conforme se percebe inúmeras vezes, uma mera informação manipulada e unilateral sobre esses assuntos e questões.[16]

No Estado Democrático de Direito (ou Estado de Direito Democrático) estruturado pelo novo Constitucionalismo Humanista e Social de após a Segunda Grande Guerra, na Europa Ocidental documentos constitucionais da França (1946), da Itália (1947) e da Alemanha (1949), seguidos pelos documentos constitucionais de Portugal (1974) e da Espanha (1976), chegando ao Brasil com a Constituição de 1988, esse papel do sindicalismo e das entidades sindicais é ainda mais proeminente.

É que a concepção de Estado Democrático de Direito (ou de Estado de Direito Democrático), inerente a esse novo constitucionalismo, envolve três dimensões imbricadas, que não se concretizam, entre outros aspectos, sem a existência e a participação de um sistema sindical sólido, atuante e representativo. Essas dimensões – que formam o tripé conceitual do Estado Democrático de Direito – são a pessoa humana, com a sua dignidade; a sociedade política, necessariamente

---

econômica e filosófica eminentemente desagregadora denominada "neoliberalismo". Essa feliz coincidência histórica e profissional na vida do autor certamente influenciou as suas concepções científicas, permitindo-lhe vislumbrar uma necessária dimensão mais ampla para o fenômeno democrático. Sobre os dados da biografia de Robert A. DAHL, consultar: **Wikipedia**, a enciclopédia livre. Acessada, via plataforma *Google*, em 30.04.2020, entre 13:30 hs/13:53 horas.

16 Neste último parágrafo harmonizamos a visão teórica de Robert A. Dahl com a nossa visão também ampla de Democracia – no caso agregando, entre as instituições intermediárias, independentes e autônomas, as entidades sindicais e o sindicalismo. A respeito, DAHL, Robert A. **Sobre a Democracia**. Tradução Beatriz Sidou. 2. reimpr. Brasília: UnB, 2016, p. 111-113 c./c. p. 98-105. A respeito, igualmente, DELGADO, Mauricio Godinho. Constituição da República, Estado Democrático de Direito e Direito do Trabalho. *In* DELGADO, M. G.; DELGADO, G. N. **Constituição da República e Direitos Fundamentais** – dignidade da pessoa humana, justiça social e Direito do Trabalho. 4. ed. São Paulo: LTr, 2017, p. 33-48. Igualmente, DELGADO, Mauricio Godinho. Democracia, Cidadania e Trabalho. *In* DELGADO, M. G.; DELGADO, G. N. **Constituição da República e Direitos Fundamentais** – dignidade da pessoa humana, justiça social e Direito do Trabalho. 4. ed. São Paulo: LTr, 2017, p. 94-107.

estruturada de modo democrático e inclusivo; e a sociedade civil, também necessariamente estruturada de modo democrático e inclusivo.[17]

Isso porque a centralidade da pessoa humana no sistema socioeconômico e na ordem jurídica, decorrente da primeira dimensão do Estado Democrático de Direito, ostenta diversas facetas, inclusive – e com grande importância -, as facetas econômicas e profissionais, as quais, em boa medida, recebem inequívoco reforço oriundo do sindicalismo e das entidades sindicais.

De outro lado, o caráter inclusivo e democrático da sociedade política passa pela permeabilidade do Estado e das políticas públicas aos interesses não apenas do poder econômico, porém, na mesma medida, dos setores populares vinculados ao mundo do trabalho. E, para isso, torna-se imprescindível a presença e o diálogo constantes com o sindicalismo e com as entidades sindicais.

Por fim, o caráter inclusivo e democrático da sociedade civil – esta, composta pelo universo da vida privada e social, com as suas inúmeras instituições e dinâmicas, inclusive o mercado econômico capitalista – somente pode ser alcançado caso exista, na realidade envolvente, um sindicalismo sólido, muito bem estruturado, atuante e representativo, como veículo para fazer ouvir as perspectivas, necessidades, reivindicações e proteções ao largo segmento das pessoas que vivem do trabalho.

IV. CONSIDERAÇÕES FINAIS

Este artigo procurou analisar as interconexões entre o sistema socioeconômico capitalista e as entidades sindicais e seu movimento específico, conhecido como sindicalismo.

Buscou também estudar as interconexões entre a Democracia, na amplitude com que se conhece o fenômeno contemporaneamente, e o movimento sindical e suas entidades integrantes.

No primeiro intento, centrou seu foco no surgimento do sistema capitalista, consideradas desde as suas primeiras manifestações na Inglaterra dos séculos XVI até XVIII, culminando com a experiência substantiva da denominada Revolução Industrial, ocorrida entre o século XVIII, no mesmo país, até as primeiras décadas do século XIX. Pontuou, logo a seguir, a propagação do novel sistema socioeconômico para outros países europeus ocidentais e também para os Estados

17 Esse tripé conceitual estruturador do Estado Democrático de Direito está lançado em DELGADO, Mauricio Godinho. Constituição da República, Estado Democrático de Direito e Direito do Trabalho. **Revista LTr** – Legislação do Trabalho. v. 10, São Paulo: LTr, outubro de 2011, p. 1159-1171. Igualmente: DELGADO, Mauricio Godinho. Constituição da República, Estado Democrático de Direito e Direito do Trabalho. *In* DELGADO, M. G.; DELGADO, G. N. **Constituição da República e Direitos Fundamentais** – dignidade da pessoa humana, justiça social e Direito do Trabalho. 4. ed. São Paulo: LTr, 2017, p. 33-58.

Unidos da América, ao menos, em um primeiro instante, nas regiões do nordeste e do norte deste novo país.

O texto menciona também a correlação que existe entre o capitalismo emergente na Europa Ocidental com as economias extrativistas e escravocratas criadas, pelos próprios europeus, nas Américas, a par do domínio de países desse continente, capitaneados pela Inglaterra, também em regiões da África e da Ásia. Embora este não fosse o objetivo do presente estudo – mas, seguramente, merecedor de outra análise específica –, ele deixa registrado que o sistema capitalista mostrava, desde seu começo, duas faces e dimensões: aquelas características dos países pioneiros ou recém agregados ao sistema, em sua modalidade industrial desenvolvida, ao lado da face e dimensão imposta aos países periféricos interconectados ao sistema dominante, em um contexto e formato de mais crua e severa exploração e miséria.

Em seu foco de análise proposto, o texto passa a examinar o paulatino surgimento do sindicalismo nos países de capitalismo central, no interior da primeira fase do sistema socioeconômico capitalista e durante a sua evolução histórica. Nesta análise, indica que a estruturação do movimento sindical, embora hostilizada por inúmeras e poderosas adversidades, teve papel decisivo no estabelecimento de determinados limites à exploração capitalista estabelecida nos países de capitalismo central, de maneira a atenuar a dominação e a espoliação sem peias característica da primeira fase do sistema econômico. Esse papel seria mantido nas fases posteriores do sistema socioeconômico nesses países desenvolvidos, especialmente na Europa Ocidental, até culminar com a estruturação, particularmente depois da Segunda Grande Guerra, em meados do século XX, com um modelo de organização da sociedade política e da sociedade civil muito mais igualitário e respeitoso do que o tradicional, que passou a ser conhecido pelo epíteto de Estado de Bem-Estar Social.

De igual sorte o artigo também faz a conexão entre o surgimento do movimento sindical e de suas entidades componentes no processo de construção da Democracia em terras ocidentais, inicialmente também nos países de capitalismo central.

O texto evidencia que o estudo que o fenômeno democrático, em sua estrutura e dinâmica contemporâneas, não seria realizável e compreensível sem a percepção do papel cumprido pelo movimento sindical no interior dessas sociedades e economias.

Conclui o artigo pelo papel verdadeiramente estrutural do sindicalismo e de suas entidades componentes tanto no sistema socioeconômico capitalista como na configuração do fenômeno democrático, com a sofisticação e aprofundamento que alcançou depois da Segunda Grande Guerra, no denominado Constitucionalismo Humanista e Social, responsável pelo modelo do Estado Democrático de

Direito (ou Estado de Direito Democrático), mais bem concretizado no âmbito do Estado de Bem-Estar Social.

V. REFERÊNCIAS BIBLIOGRÁFICAS

1. Artigos e Livros

BLACKBURN, Robin. **The Making of New World Slavery** – from the Baroque to the Modern, 1492-1800. London/New York: 2010.

CATTANI, Antonio David (Org.); HOLZMANN, Lorena (Org.). **Dicionário de Trabalho e Tecnologia**. Porto Alegre: UFRGS, 2006.

DAHL, Robert A. **Sobre a Democracia**. Tradução Beatriz Sidou. 2. reimpr. Brasília: UnB, 2016.

DE DECCA, Edgar; MENEGUELO, Cristina. **Fábricas e Homens** – a revolução industrial e o cotidiano dos trabalhadores. 5. ed., São Paulo: Atual, 2009.

DELGADO, Mauricio Godinho. **Capitalismo, Trabalho e Emprego** – entre o paradigma da destruição e os caminhos de reconstrução. 3. ed. São Paulo: LTr, 2017.

DELGADO, Mauricio Godinho; DELGADO, Gabriela Neves. **Constituição da República e Direitos Fundamentais** – dignidade da pessoa humana, justiça social e Direito do Trabalho. 4. ed. São Paulo: LTr, 2017.

DELGADO, Mauricio Godinho. Constituição da República, Estado Democrático de Direito e Direito do Trabalho. **Revista LTr** – Legislação do Trabalho. v. 10, São Paulo: LTr, outubro de 2011, p. 1159-1171.

DELGADO, Mauricio Godinho. Constituição da República, Estado Democrático de Direito e Direito do Trabalho. *In* DELGADO, M. G.; DELGADO, G. N. **Constituição da República e Direitos Fundamentais** – dignidade da pessoa humana, justiça social e Direito do Trabalho. 4. ed. São Paulo: LTr, 2017.

DELGADO, Mauricio Godinho. **Curso de Direito do Trabalho**. 19. ed. São Paulo: LTr, 2020.

DELGADO, Mauricio Godinho. Democracia, Cidadania e Trabalho. *In* DELGADO, M. G.; DELGADO, G. N. **Constituição da República e Direitos Fundamentais** – dignidade da pessoa humana, justiça social e Direito do Trabalho. 4. ed. São Paulo: LTr, 2017.

DELGADO, Mauricio Godinho. **Direito Coletivo do Trabalho**. 7. ed. São Paulo: LTr, 2017.

DOBB, Maurice. **A Evolução do Capitalismo**. Tradução Manuel do Rêgo Braga. 9. ed. Rio de Janeiro: LTC, 2015.

FREEMAN, Joshua B. **Mastodontes** – a história da fábrica e a construção do mundo moderno. Tradução Pedro Maia Soares. São Paul: Todavia, 2019.

GOMES, Orlando; GOTTSCHALK, **Curso de Direito do Trabalho**. 5. ed. Rio de Janeiro: Forense, 1972.

HARARI, Yuval Noah. **SAPIENS** – uma breve história da humanidade. Tradução Janaína Marcoantonio. 36. ed. Porto Alegre: L&PM, 2018.

HOBSBAWN, Eric J. **A Era das Revoluções, 1789-1848**. 41. ed. Rio de Janeiro/São Paulo: Paz e Terra, 2019.

HOBSBAWN, Eric J. **Da Revolução Industrial Inglesa ao Imperialismo**. Tradução Donaldson Magalhães Garschagen. 6. ed. Rio de Janeiro: GEN/Forense Universitária, 2016.

HUNT, E. K.; LAUTZENHEISER, Mark. **História do Pensamento Econômico** – uma perspectiva crítica. 3. ed./10. tir. Rio de Janeiro: Elsevier, 2013.

HUNT, E. K. & SHERMAN, Howard J. **História do Pensamento Econômico**. Tradução de Jaime Larry Benchimol. 26. ed./3. reimpr. Petrópolis: Vozes, 2017.

INIKORI, Joseph E. **Africans and the Industrial Revolution in England** – a study in international trade and economic development. New York: Cambridge, 2009.

NASCIMENTO, Amauri Mascaro. **Compêndio de Direito Sindical**. 2. ed. São Paulo: 2000.

REZENDE FILHO, Cyro de Barros. **História Econômica Geral**. 10. ed. São Paulo: Contexto, 2016.

RUSSOMANO, Mozart Victor. **Princípios Gerais de Direito Sindical**. 2. ed. Rio de Janeiro: Forense, 2000.

SWEEZY, Paul *et al.* **A Transição do Feudalismo para o Capitalismo**. Tradução Isabel Didonnet. Rio de Janeiro: Paz e Terra, 2004.

TOMICH, Dale W. **Pelo Prisma da Escravidão** – trabalho, capital e economia mundial. Tradução Antonio Pádua Danesi. São Paulo: EDUSP, 2011.

WILLIAMS, Eric. **Capitalismo e Escravidão**. 1. ed./2. reimpr. São Paulo: Companhia das Letras, 2012.

2. Outras referências captadas na internet

WIKIPEDIA. Consulta à **Wikipedia**, a enciclopédia livre. Tema diversificado, mas convergente Partidos Políticos na Europa Ocidental: Trabalhistas, Socialistas, Sociais-Democratas, Comunistas. Acesso via plataforma *Google*, na internet, efetuado no dia 28.02.2022, entre 14:00/14:50 horas.

WIKIPEDIA. Consulta à **Wikipedia**, a enciclopédia livre. Tema: biografia de Robert A. DAHL. Acesso via plataforma *Google*, em 30.04.2020, entre 13:30 hs/13:53 horas.

CAPÍTULO 2

SINDICATOS: DESAFIOS NO SÉCULO XXI

MAURICIO GODINHO DELGADO[1]

Sumário • I. Introdução – II. Desafios ao sindicalismo na contemporaneidade: fatores externos e internos – III. Desafios ao sindicalismo na contemporaneidade: fatores essencialmente externos – IV. Desafios ao sindicalismo na contemporaneidade: fatores essencialmente internos – V. Considerações finais – Referências bibliográficas.

I. INTRODUÇÃO

O presente artigo objetiva analisar os mais relevantes desafios enfrentados pelas entidades sindicais e pelo próprio sindicalismo, no sentido mais amplo, na atualidade do século XXI.

O propósito do estudo é destacar aqueles obstáculos e desafios que ostentam, na história do sindicalismo ocidental, maior amplitude de verificação e impacto, sem desmerecer os óbices nacionais, regionais ou locais específicos que seguramente também afetam o movimento sindical e suas entidades componentes.

Para cumprir os seus objetivos, o artigo examina desafios antigos, atuantes na história do sindicalismo desde o seu nascimento, na Inglaterra do século XVIII, perpassando, a partir de então, a sua vivência em diversos países ocidentais. No entanto, tais obstáculos e desafios antigos somente interessam ao presente estudo caso continuem a se manifestar, de modo importante, nas experiências recentes do movimento sindical ocidental.

Postas estas premissas, este texto encontrou 10 grandes obstáculos e desafios que se antepõem, com muita relevância, aos sindicatos e ao sindicalismo na presente fase histórica.

Por razões estritamente metodológicas e pedagógicas, o texto divide esses 10 obstáculos e desafios enfocados em dois grandes grupos: os fatores externos

[1] Doutor em Filosofia do Direito (UFMG) e Mestre em Ciência Política (UFMG). Ministro do Tribunal Superior do Trabalho (TST). Magistrado do Trabalho há mais de 33 anos. Advogado até novembro de 1989. Professor Titular do UDF e de seu Mestrado em Direito das Relações Sociais e Trabalhistas. Coordenador do Grupo de Pesquisa sobre Sindicalismo, no Mestrado em Direito do UDF, registrado no CNPq. Ex -Professor da UFMG (1978-2000) e ex-Professor da PUC-Minas (2000-2012). Autor de livros e artigos em Direito Constitucional, Direito do Trabalho, Direito Processual do Trabalho, Direitos Humanos Sociais e Ciência Política.

ao sindicalismo, embora sobre ele atuantes, ao lado dos fatores internos ao próprio sindicalismo, ainda que envoltos no contexto mais amplo da sociedade que o cerca.

As reflexões aqui alinhavadas se aplicam à realidade da história do Direito do Trabalho e do sindicalismo no Brasil, embora sejam inferidas também a partir de experiências históricas externas à realidade brasileira, sejam antigas sejam mais recentes.

Para fins meramente expositivos, tomaram-se como equivalentes duas expressões que não são, de fato, referenciadas à exata mesma realidade social e profissional: trata-se das expressões "sindicalismo" e "movimento sindical". Elas, contudo, aqui comparecem no sentido específico de sindicalismo, ou seja, um fenômeno mais amplo e genérico do que a simples agregação de entidades sindicais específicas.

As reflexões ora expostas são produto de estudos realizados e publicados pelo autor nas últimas três décadas, pelo menos, como parte de suas pesquisas realizadas em três instituições muito importantes em sua vida de pesquisador, professor e escritor: o Programa de Pós-Graduação em Direito da Faculdade de Direito da UFMG; o PPGD da PUC-Minas e o PPGD do UDF. Também receberam influência importante de sua vivência nos estudos em Ciência Política, igualmente na UFMG, antes de seu ingresso na Faculdade de Direito da mesma universidade. No conjunto, se trata de mais de 44 anos de Magistério Superior.

Entre essas influências fundamentais cabe destacar a rica experiência de Magistrado do Trabalho, seja como Juiz Substituto, Juiz Titular, Desembargador do TRT de Minas Gerais e, por fim, Ministro do Tribunal Superior do Trabalho, perfazendo mais de 32 anos de Magistratura.

A todas essas instituições e a todos os seus integrantes, este autor se mostra profundamente grato.

II. DESAFIOS AO SINDICALISMO NA CONTEMPORANEIDADE: FATORES EXTERNOS E INTERNOS

A História do Capitalismo na contemporaneidade evidencia que o sindicalismo e as entidades sindicais de trabalhadores ostentam, desde o século XVIII, na Inglaterra, e posteriormente nos demais países europeus e americanos que ingressaram no sistema capitalista, um papel fundamental na busca e conquista de melhores condições de trabalho e de vida pelas pessoas humanas nesse sistema econômico e social.

Nessa medida, o movimento sindical e suas entidades têm tido uma função histórica decisiva, que mescla tanto a aptidão para conquistas e avanços econômicos, sociais, profissionais e, até mesmo, políticos em cenários propícios da evolução do capitalismo no mundo ocidental como a aptidão para a resistência em momentos de refluxos civilizatórios.

Em alguns países – como, por exemplo, a própria Inglaterra e a Suécia –, o sindicalismo e o sistema empresarial, ao lado de outras forças sociais e políticas convergentes, conseguiram estruturar uma ordem jurídica trabalhista, no plano da sociedade civil, inclusive com forte reconhecimento pelo Estado, baseada, principalmente na norma coletiva negociada, sem prejuízo da importância histórica, nesses mesmos países, de diplomas estatais aprovados ao longo do tempo no sentido também progressista.

Em outros países, ao inverso, despontou, desde a segunda metade do século XIX ou principalmente a primeira metade do século XX, um Direito do Trabalho com maior teor de normas estatais protetivas e concessoras de direitos e garantias, embora também preservando uma clara relevância da negociação coletiva trabalhista no interior da sociedade civil.

Nessas duas modalidades democráticas de estruturação do Direito do Trabalho no mundo ocidental, o papel das entidades sindicais e do próprio sindicalismo, em geral, foi profundamente decisivo e paradigmático.[2]

O mesmo ocorreu na História da Democracia no ocidente, desde que considerado o fenômeno democrático como algo complexo, sofisticado, eminentemente participativo e inclusivo de distintos segmentos sociais, inclusive, em significativa medida, dos setores populacionais que vivem do trabalho na respectiva economia e sociedade.

Afinal, a construção do fenômeno democrático na contemporaneidade somente se compreende caso se tome em consideração o papel decisivo das entidades sindicais de trabalhadores nessa dinâmica histórica construtiva – a qual ganhou mais força, como visto, a contar do século XIX e dos períodos históricos posteriores –, contribuindo para moldar um fenômeno até então inusitado na

[2] Sobre alguns traços relevantes da evolução do sindicalismo e do Direito do Trabalho na Europa Ocidental, a par dos padrões paradigmáticos de sistemas trabalhistas no mesmo continente, embora sempre respeitadas as peculiaridades nacionais, consultar, por exemplo: AVILÉS, Antonio Ojeda. **Derecho Sindical**. 8. ed. Madrid. Tecnos, 2003; BRITO FILHO. José Cláudio Monteiro de. **Direito Sindical**. 5. ed. São Paulo: LTr; DÄUBLER, Wolfgang. **Direito do Trabalho e Sociedade na Alemanha**. São Paulo: LTr/Fundação Friedrich Ebert/ILDES, 1997; DELGADO, Mauricio Godinho. **Curso de Direito do Trabalho**. 19. ed. São Paulo: LTr, 2020; DELGADO, Mauricio Godinho. **Direito Coletivo do Trabalho**. 7. ed. São Paulo: LTr, 2017; NASCIMENTO, Amauri Mascaro. **Compêndio de Direito Sindical**. 6. ed. São Paulo: LTr, 2009; RUSSOMANO, Mozart Victor. **Princípios Gerais de Direito Sindical**. 2. ed. Rio de Janeiro: Forense, 2000; THOMPSON, E. P. **A Formação da Classe Operária Inglesa** – a árvore da liberdade. Vol. 1, 12. ed. Rio de Janeiro: Paz e Terra, 2012; . THOMPSON, E. P. **A Formação da Classe Operária Inglesa**. Vol 2 – a maldição de Adão. 1. ed. Rio de Janeiro: Paz e Terra, 2012; . THOMPSON, E. P. A **Formação da Classe Operária Inglesa** – a força dos trabalhadores. Vol. 3. 5. ed. Rio de Janeiro: Paz e Terra, 2012; VIANNA, Luiz Werneck. Sistema Liberal e Direito do Trabalho. *In* **Estudos CEBRAP**, São Paulo: CEBRAP, n. 7, jan.-mar. 1974, p. 115-149.

vivência humana histórica, pois garantidor de poder e de melhores condições de vida e de trabalho para largos segmentos populacionais anteriormente excluídos do sistema institucional de poder e de riqueza das sociedade civil e política de alguns países ocidentais.[3]

Infelizmente, contudo, na evolução histórica do sindicalismo e das entidades sindicais foram antepostos enormes obstáculos para esses movimentos sociais e profissionais e suas instituições específicas – desafios, em grande medida, antigos, mas que se preservam na atualidade, dependendo da conjuntura ou do formato autoritário ou menos democrático do respectivo país.

Os mais importantes desses desafios, tanto os antigos – desde que sejam caracterizados por sua presença, mesmo que eventual, ainda nos dias atuais –, como os eminentemente contemporâneos, constituem o objeto central do presente artigo científico.

Este texto divide tais desafios e/ou fatores em externos e internos. Tal tipologia se constrói em face da circunstância de se tratar de fatores e desafios que apresentam uma origem e influência diversa, seja aquela oriunda de fora do sindicalismo e suas entidades, seja a oriunda ou com importante influência do próprio sindicalismo e suas entidades sindicais.

No caso dos fatores e desafios externos, trata-se de medidas, condutas, situações, contextos criados e/ou sob influência determinante de agentes sociais, econômicos, políticos e institucionais exteriores ao movimento sindical e suas entidades componentes. São fatores ou desafios, portanto, que surgem, por exemplo, das políticas públicas adversas adotadas pelo Estado, das condutas adversas seguidas pelo empresariado ou determinadas empresas, das posturas hostis assumidas por outros agentes de poder fortemente controlados ou harmônicos aos interesses exclusivistas do poder econômico (como a *mass media*, ilustrativamente), a par de outros agentes, fatores ou situações similares.

Registre-se que não se está falando, necessariamente, em fatores e agentes exclusivamente externos, mas preponderantemente externos, uma vez que, no interior do movimento sindical e de suas entidades, pode haver, sim, é claro, simpatias e apoios a tais perspectivas, políticas públicas e/ou condutas adversas. Afinal, como já comprovado pelo cientista social e filósofo francês, Michel Foucault, toda relação de poder depende não apenas de quem o está exercendo

---

3 Sobre essas correlações, a par dos textos mencionados nas duas notas de rodapé imediatamente anteriores, consultar ainda o a seguinte artigo: DELGADO, Mauricio Godinho. Democracia, cidadania e Trabalho. *In* DELGADO, Mauricio Godinho; DELGADO, Gabriela Neves. **Constituição da República e Direitos Fundamentais** – dignidade da pessoa humana, justiça social e Direito do Trabalho. 4. ed. São Paulo: LTr, 2017, p. 94-107.

com preponderância, mas também daqueles sobre quem esse poder está sendo exercido.[4]

Nas reflexões expostas no presente artigo, a partir de diversos estudos sobre o sindicalismo e suas entidades integrantes, tem-se percebido que se trata, principalmente, de 7 (sete) fatores ou desafios externos negativos influentes sobre o sindicalismo, inclusive no período contemporâneo da História.

Esses fatores e desafios externos serão examinados no item III deste artigo científico.

No caso dos fatores e desafios internos, trata-se de medidas, condutas, situações, contextos criados e/ou sob influência determinante do próprio movimento sindical e suas entidades componentes, por dizerem respeito, essencialmente, ao seu modo de compreensão da sociedade política e da sociedade civil, bem como às suas estratégias de organização e de atuação.

Registre-se que não se está falando, necessariamente, em fatores e agentes exclusivamente internos, mas preponderantemente internos, os quais, de maneira geral, estão submetidos, mais diretamente, ao exercício de poder interno a esse movimento social e suas correspondentes entidades integrantes. Mas, sem dúvida, que tais fatores e desafios podem ostentar, igualmente, correlações com o contexto externo ao sindicalismo e suas entidades específicas.

Nas reflexões realizadas por este autor, a partir da vasta bibliografia citada neste texto, percebe-se que se trata, principalmente, de 3 (três) fatores ou desafios internos negativos influentes sobre o sindicalismo, inclusive no período contemporâneo da História.

Esses fatores e desafios internos serão examinados no item IV do presente artigo acadêmico.

III. DESAFIOS AO SINDICALISMO NA CONTEMPORANEIDADE: FATORES ESSENCIALMENTE EXTERNOS

A identificação desses sete fatores externos ao sindicalismo e suas entidades, aptos a gerar enormes desafios à existência, organização e atuação desse importante movimento social e profissional e suas entidades integrantes, não esgota, é óbvio, a análise dos impasses e dificuldades do sindicalismo e suas entidades componentes ao longo da história da sociedade ocidental, inclusive nas últimas décadas e diante dos desafios próprios ao recentíssimo século XXI.

Entretanto parece bem claro que esses sete desafios e fatores ora especificados estão inegavelmente situados entre os mais poderosos enfrentados pelo

4 FOUCAULT, Michel. **Microfísica do Poder**. Rio de Janeiro: Graal, 1989, p. 7-8 e 183. Igualmente, FOUCAULT, Michel. **Vigiar e Punir**. Petrópolis: Vozes, 1991.

movimento sindical e suas entidades no período contemporâneo da História do Capitalismo e da Democracia no ocidente.

1) O primeiro relevante fator que tem, ao longo da história do capitalismo e da Democracia, provocado derrotas severas ou crises no sindicalismo e nas entidades sindicais representativas dos trabalhadores consiste nas políticas públicas antissindicais elaboradas e mantidas pelos Estados nacionais nos primeiros momentos de surgimento do sindicalismo e, depois, especialmente – inclusive na atualidade –, durante os refluxos autocráticos muito comumente ocorridos no mundo ocidental.

Tais políticas públicas podem, evidentemente, chegar a inviabilizar a existência das próprias entidades sindicais ou o exercício de suas funções precípuas, a par de tornarem uma temeridade pessoal o indivíduo se filiar ou atuar em entidades sindicais de trabalhadores. Flagrantemente antidemocráticas, tais políticas inviabilizam ou reprimem severamente a organização sindical dos trabalhadores e a atuação coletiva de suas respectivas entidades no contexto da economia e da sociedade.

Sem dúvida, os regimes políticos autoritários ostentam especial tendência a reprimirem fortemente as organizações e atividades sindicais, criando inúmeras barreiras, limitações e perseguições a tais entidades e seus participantes. A propósito, na história do sindicalismo, os países europeus – os mais avançados, do ponto de vista democrático, na história do sindicalismo – somente reconheceram, de maneira geral, as entidades sindicais, assegurando-lhes garantias e prerrogativas de atuação a partir da segunda metade do século XIX, à exceção da Inglaterra, a qual deu esse importante passo 50 anos antes, na década de 1820, por intermédio dos *Toleration Acts*.[5]

No início do século XX, com o denominado Constitucionalismo Social, inaugurado pela Constituição do México, de 1917, e da Alemanha, de 1919, passando a conferir patamar constitucional aos direitos trabalhistas e previdenciários, é que os princípios da liberdade sindical e da autonomia dos sindicatos começaram a ser explicitamente incorporados por documentos constitucionais, criando-se uma ambientação jurídica mais democrática em face do sindicalismo.

Essa ambientação mais favorável ao movimento sindical foi também instigada pela criação, em 1919, pelo Tratado de Versalhes, da OIT, tendo como alguns de seus pilares fundamentais os princípios da liberdade de associação, da liberdade sindical e da autonomia das entidades sindicais. De fato, a Organização Internacional do Trabalho, em seus primeiros 20 anos de existência (1919-1939), aprovou mais de 60 convenções internacionais do trabalho e mais de 60 recomendações internacionais do trabalho, conferindo *status* de Direito Internacional do

5 DELGADO, Mauricio Godinho. **Direito Coletivo do Trabalho**. 6. ed. São Paulo: LTr, 2017, p. 156-159.

Trabalho a diversos princípios, garantias e regras do Direito Coletivo do Trabalho (a par do Direito Individual do Trabalho, é claro).

Mesmo assim, as ditaduras surgidas na Europa no século XX perseguiram ou restringiram severamente o sindicalismo e as entidades sindicais, fazendo *tabula rasa* dos princípios internacionais coletivos do trabalho da liberdade de associação, da liberdade sindical e da autonomia das entidades sindicais, com os consectários revezes aos direitos coletivos e individuais trabalhistas. É o que se passou tanto nas ditaduras mais conhecidas do ocidente europeu, como o fascismo, na Itália, o salazarismo, em Portugal, o nazismo, na Alemanha, e o franquismo, na Espanha, bem como na ditadura mais conhecida do oriente europeu, ocorrida na União Soviética.

Na América Latina, lamentavelmente, os regimes ditatoriais sempre foram comuns e reiterados, apontando sua violência institucionalizada para as entidades sindicais de trabalhadores, além de suas lideranças e práticas coletivas em defesa dos direitos trabalhistas. Só entre a década de 1950 e a década de 1990, inúmeras ditaduras surgiram (ou tiveram continuidade) na América Latina, inclusive no Brasil (aqui, entre 1964 a 1985), todas perseguindo atrozmente o sindicalismo, as entidades sindicais e suas lideranças mais combativas.[6]

Com isso, fica claro que, de maneira geral, uma dinâmica de refluxo autoritário ocorrida no país tende a reverberar, negativamente, nos princípios da liberdade sindical e da autonomia das entidades sindicais e do sindicalismo, com efeitos perversos sobre esse importante movimento social e democrático.

2) O segundo fator relevante que tem, ao longo da história do capitalismo e da Democracia, provocado derrotas severas ou crises no sindicalismo e nas entidades sindicais representativas dos trabalhadores consiste, igualmente, na adoção de políticas públicas antissindicais elaboradas e mantidas pelos Estados nacionais mesmo em períodos políticos que não são considerados manifestamente

6 Apenas para se ter uma ideia de como os regimes autoritários podem devastar o sindicalismo e suas entidades, no caso brasileiro, por exemplo, a cientista política Argelina Cheilub Figueiredo, em estudo realizado a partir de informações oficiais publicadas no Diário Oficial da União, elencou 536 (quinhentas e trinta e seis) intervenções em entidades sindicais brasileiras, com o afastamento das respectivas diretorias ou diversos de seus dirigentes, estritamente no período de sete anos de pesquisa, envolvendo a fase inicial da ditadura, entre 1964 e 1970. Nesta lista apurada pela cientista não se contam, portanto, as inúmeras prisões de dirigentes sindicais e/ou cassações de mandatos parlamentares e de direitos políticos de sindicalistas efetivadas com base em Atos Institucionais ou outras decisões políticas e administrativas no período entre abril de 1964 e março de 1985 (data em que terminou o regime autocrático no Brasil), não se contando também quaisquer eventos dessa natureza ocorridos no período entre 1971, inclusive, até início de 1985. Relembre-se que as intervenções sindicais sequer necessitavam, nessa época, serem concretizadas com base nos Atos Institucionais, podendo ser feitas diretamente pelos então Delegados Regionais do Trabalho, situados em cada Estado da Federação, com suporte em simples dispositivos da CLT vigorantes na época. FIGUEIREDO, Argelina Cheibub. Intervenções Sindicais e o "Novo Sindicalismo". **DADOS** – Revista de Ciências Sociais. Rio de Janeiro: IESP-UERJ, n. 17, 1978, p. 135-155.

ditatoriais. Ou seja, infelizmente, mesmo durante regimes que não configuram francas e inequívocas autocracias, têm despontado, em alguns países, políticas públicas severamente antissindicais, criadas e implementadas de maneira direta ou indireta.

Dois exemplos ilustram bem este segundo curioso e sinistro fator.

De um lado, a vitória eleitoral conservadora na Inglaterra, em 1979, inaugurando uma dominância neoliberal de, aproximadamente, 17 anos, até 1997, naquele importante país capitalista, de consistente tradição democrática. Trata-se do período governamental de Margareth Thatcher, entre 1979 a 1990, imediatamente seguido pelo governo de John Major, entre 1990 a 1997. Alçados ao poder político institucional, os neoliberais arquitetaram, de imediato, severa política pública de restrição ao sistema e práticas sindicais, desde a aprovação do *Employment Act*, de 1980, até outras medidas legais e administrativas que minaram o poder do sindicalismo nos anos seguintes – embora o sindicalismo britânico se tratasse de um sistema construído desde o século XIX, alcançando amplo sucesso também durante várias décadas do século XX. A autora Sayonara Grillo Silva, em minuciosa pesquisa à base de textos britânicos e europeus, assim sintetiza o período cinzento enfrentado pelo movimento sindical nessa época:

> Em 1979, com a ascensão do governo conservador ao poder na Inglaterra, registrou-se a objeção governamental frontal ao *closed shop*. Os conservadores obtiveram a aprovação parlamentar do *Employment Act* (1980), contendo a mais severa e restritiva legislação relativa ao *closed shop*, inclusive instituindo a exigência de 80% de aprovação pelos trabalhadores atingidos, considerando-se as abstenções e ausências como votos contrários à sua adoção. No mesmo momento, foram suprimidas certas imunidades sindicais conquistadas ao longo do século.[7]

Os novos governantes conservadores ingleses (Thatcher, nos primeiros 11 anos, depois Major), seguindo rigorosamente os cânones neoliberais e se apresentando como parâmetros inovadores, implacáveis e extremistas para as lideranças conservadoras e neoliberais ocidentais, inverteram, segundo Sayonara Grillo, a centenária e consolidada lógica do abstencionismo legislativo em matéria trabalhista e sindical no país, "efetuando inúmeras intervenções estatais com o objetivo de diminuir o poder sindical, afetando seus fundos econômicos e a autonomia coletiva, enfraquecendo a regulação coletiva do trabalho". [8]

A propósito, a partir do "inverno do sindicalismo" inaugurado no governo Thatcher, os analistas iriam perceber que, assumindo o poder, os neoliberais,

---

[7] SILVA, Sayonara Grillo Coutinho Leonardo da. **Relações Coletivas de Trabalho** – configurações institucionais no Brasil contemporâneo. São Paulo: LTr, 2008, p. 60.

[8] SILVA, Sayonara Grillo. Ob. cit., p. 60.

onde quer que fosse, as restrições jurídicas e institucionais ao sindicalismo e ao Direito do Trabalho passariam a se mostrar agressivas e dominantes.[9]

De outro lado, desponta também o exemplo norte-americano, ainda que não característico de todos os estados componentes daquela federação. De fato, nos EUA, tornou-se recorrente na segunda metade do século XX e anos posteriores, até a atualidade – depois de enfraquecidos os incentivos sindicais promovidos pelo Governo Franklin Delano Roosevelt, no contexto do *New Deal* –, o surgimento de diplomas legais em distintos estados componentes dos EUA (leis estaduais, portanto) com claro intuito antissindical – e que não têm sido considerados inconstitucionais pela Suprema Corte.

O autor João Renda Leal Fernandes, que realizou ampla pesquisa científica sobre o sistema sindical e trabalhista dos EUA, aferiu a existência de 27 (vinte e sete) estados que aprovaram leis que liberam os trabalhadores para laborarem em empresas e estabelecimentos sindicalizados (isto é, entidades e locais que ostentam pactuações coletivas sindicais específicas), sem que tenham de se filiar aos sindicatos ou recolher qualquer contribuição sindical agendada. Ora, como as cláusulas de *union shop* e de *agency shop* são consideradas válidas nos EUA, isso significa que as leis estaduais esterilizam essa validade com respeito ao respectivo estado federal, desmontando ali a lógica já relativamente frágil do sistema sindical naquele país.[10]

Ainda nos EUA, a Suprema Corte tem entendido que, no contexto de tentativa de organização de um sindicato em um estabelecimento ou uma empresa, esta também ostenta o direito de se manifestar contrariamente à pretendida inserção sindical, sem que tal ato configure conduta antissindical (o que, dentro dos cânones da OIT e do Constitucionalismo Humanista e Social, seria simplesmente um escândalo). Com isso, o poder econômico, segundo o autor João Renda Leal Fernandes, tem promovido, ao longo das décadas, impressionantes e caríssimas campanhas para persuadir os trabalhadores sobre os "malefícios" da sindicalização.[11] Embora tal prerrogativa aberta pela Suprema Corte ao poder econômico não tenha caráter absoluto – podendo, em alguns casos, conforme a agressividade e a natureza ou o conteúdo da tática utilizada, ser considerada conduta desleal –, o fato é que tal permissivo tem se mostrado relevante instrumento para desestimular o sindicalismo de trabalhadores naquele país. Nesse quadro fortemente negativo ao sindicalismo, consultorias antissindicais tornaram-se um riquíssimo negócio nos EUA, segundo João Leal Fernandes.[12]

---

9 A respeito da agressiva política trabalhista do governo Thatcher e seu sucessor, John Major, consultar a excelente análise de Sayonara Grillo, já destacada nas notas de rodapé imediatamente anteriores.

10 FERNANDES, João Renda Leal. **O Mito EUA** – um país sem direitos trabalhistas?. São Paulo: Juspodivm, 2021, p. 161-167.

11 FERNANDES, João Renda Leal. Ob. cit., p. 156-161.

12 João Renda Leal Fernandes demonstra largo acervo de ricas consultorias antissindicais no sistema empresarial norte-americano. Ob. cit., p. 156-161.

Conforme se percebe, tais diplomas e interpretações jurídicas ferem de maneira frontal, a concepção dominante no Direito Internacional do Trabalho e no Constitucionalismo Humanista e Social sobre os princípios da liberdade sindical e da autonomia das entidades sindicais, inclusive a Declaração Universal de Direitos Humanos, da ONU, de 1948, e diversas declarações e convenções internacionais da OIT. O fato é que, atrelado a uma concepção constitucional liberalista primitiva, oriunda do século XVIII, a par de um positivismo jurídico bastante vetusto e restritivo, o Direito dos EUA acaba por ostentar manifesta e ampla agressividade contra o sindicalismo de trabalhadores naquele país.

Naturalmente que essas peculiares construções normativas e compreensões interpretativas norte-americanas evidenciam a fragilidade do princípio democrático e do princípio da igualdade, em sua dimensão substancial, no sistema jurídico dos EUA, além de seu parco apreço pelos princípios internacionais da liberdade sindical e da autonomia das entidades sindicais – fatos comprovados, inclusive, pelo baixo índice de ratificações das Convenções Internacionais de Direitos Humanos Sociais, especialmente da OIT, pelos Estados Unidos da América – apenas 14 Convenções Internacionais da OIT foram ratificadas até o ano de 2021, entre as 190 existentes, menos de 10%, portanto.[13]

3) O terceiro relevante fator que tem, ao longo da história do capitalismo e da Democracia, provocado derrotas ou severas crises no sindicalismo e nas entidades sindicais representativas dos trabalhadores consiste nas estratégias políticas e institucionais cuidadosamente arquitetadas pelas correntes neoliberalistas (ou ultraliberais), que despontaram vigorosamente a partir da década de 1970 no mundo ocidental. Tais correntes, quando assumem o poder político-institucional nos diversos países do globo, especialmente no ocidente e, com maior agressividade, nos países com parcas força e tradição democráticas – tal como ocorre com os países da América Latina e do Caribe –, buscam implementar, com rapidez, rigorosas políticas públicas antissociais e, inclusive, antissindicais, visando senão a extinção mas, pelo menos, o inequívoco enfraquecimento do sindicalismo e de suas entidades organizativas componentes. É o que claramente ocorreu, por exemplo, no Brasil, logo em seguida à derrubada, pelas forças ultraliberais, do governo de centro-esquerda recém empossado em 2015: aprovou-se em 2017

[13] Fonte: International Labour Organization – NORMLEX Information System on International Labour Standards – Ratifications for United States of America. Informação capturada do sítio oficial em língua inglesa da ILO (OIT), em 01.05.2002, via internet (Google), entre 10:50 hs e 11:10 hs. A propósito, as enormes fragilidades, limites e contradições do sistema jurídico e institucional norte-americano com respeito a uma concepção efetivamente ampla e abrangente de Democracia já foram apontadas, ainda que em parte, por autores norte-americanos clássicos, tal como Robert A. DAHL, a saber: **A Constituição Norte-Americana é Democrática?** Tradução Vera Ribeiro. 2. ed. Rio de Janeiro: FGV, 2015. No campo trabalhista e sindical, contudo, essas fragilidades, limites e contradições são, porém, simplesmente dantescas, embora bastante convenientes ao pensamento ultraliberal e conservador ao longo do planeta.

reforma trabalhista bastante agressiva (Lei n. 13.467/17) que, entre outras medidas antissociais, arquitetou mais de dez regras firmemente antissindicais, com impacto avassalador sobre o sindicalismo de trabalhadores nesse importante país latino-americano.[14]

Tais exemplos ocorrem em diversos países da América Latina ao longo de sua história dos últimos 50/60 anos, ou seja: governos ultraliberalistas gerando, de imediato, políticas firmemente antissociais e antissindicais.[15]

4) O quarto relevante fator que tem, ao longo da história do capitalismo e da Democracia, provocado derrotas ou crises no sindicalismo e nas entidades sindicais representativas dos trabalhadores consiste nas crises econômicas do capitalismo, especialmente quando deflagram (o que costuma ser a sua regra geral) profundo e renitente desemprego no seio do mercado de trabalho.

De fato, o sistema capitalista, desde o seu nascimento, tem por característica ostentar uma dinâmica econômica e social claramente cíclica, com períodos de crescimento e avanços econômicos, alternados com períodos de atenuação e refluxos, os quais podem desaguar em crises econômicas caracterizadas pela estagnação ou, até mesmo, pela derrocada de partes significativas ou do próprio conjunto das atividades da economia. É o que se passou em distintas fases do século XIX, ao longo do século XX e, até mesmo, durante as poucas décadas vividas já no século XXI.

Os fatores causais das crises econômicas podem ser diversos, embora grande parte das vezes derivados das contradições inerentes à lógica interna do próprio sistema econômico; em alguns casos, porém, elas decorrem de razões externas

[14] Estudo minucioso sobre os preceitos da Lei n. 13.467/2017, inclusive todos aqueles que atingiram severamente a estrutura e a dinâmica das entidades sindicais e do próprio sindicalismo, encontra-se em: DELGADO, Mauricio Godinho; DELGADO, Gabriela Neves. **A Reforma Trabalhista no Brasil** – com os comentários à Lei n. 13.467;2017. 2. ed. São Paulo: LTr, 2018.

[15] Sobre a estratégia política e institucional que tem orientado esse direcionamento ultraliberalista avassalador ao longo do planeta, especialmente nos países ocidentais, sintetizada na expressão "doutrina do choque" que Naomi Klein atribui, entre outros, às construções políticas e estratégicas do economista Milton Friedman – conhecido líder intelectual do neoliberalismo -, consultar o minucioso estudo de KLEIN, Naomi. **The Shock Doctrine** – the rise of disaster capitalism. New York: Henry Holt and Company, 2007. Por outro lado, um estudo amplo sobre a experiência disruptiva neoliberal em diversos países latino-americanos, a par da resistência também das lideranças conservadoras tradicionais dessa região ocidental às políticas progressistas e respeitadoras dos princípios democráticos da liberdade sindical e da autonomia das entidades sindicais, entre outros aspectos antissociais, consultar também: DELGADO, Mauricio Godinho (Org.); PORTO, Lorena Vasconcelos (Org.). **A América Latina e o Estado de Bem-Estar Social** – características, obstáculos e desafios. São Paulo: Tirant Lo Blanch, 2021. A obra conta com 16 artigos, elaborados, individualmente ou em conjunto, por 23 autores latino-americanos, norte-americanos e europeus, sobre os enormes obstáculos que as ideias progressistas do Estado de Bem-Estar Social enfrentam nos diversos países latino-americanos, grande parte delas fustigadas pelas investidas neoliberalistas que são muito fortes e influentes nesta região do planeta.

à dinâmica do sistema, aptas, contudo, a afeta-lo com gravidade e, às vezes, por significativo tempo.

Uma das mais terríveis consequências das crises econômicas da economia capitalista é a rápida e severa elevação das taxas de desemprego, comprometendo drasticamente a renda e o bem-estar da população trabalhadora e de suas famílias. Ora, dependendo do contexto histórico específico vivenciado, tais circunstâncias podem enfraquecer bastante o sindicalismo, uma vez que o alto desemprego abate o vigor psicológico das pessoas afetadas, sua capacidade econômica de contribuir para as entidades sindicais, sua compreensão acerca dos fatores responsáveis pelos malefícios que as abatem, a par da própria capacidade de organização e pressão do sindicalismo. Se não bastasse, o elevado desemprego torna mais barato o valor do trabalho humano, elevando o poder unilateral de contratação e gestão trabalhistas do segmento empresarial, ao passo que acirra a competição e o individualismo entre os próprios trabalhadores em busca de sua premente subsistência.

Aprofundando esses efeitos já tão deletérios percebidos ao longo da história do sistema socioeconômico generalizado, no mundo ocidental, a partir dos séculos XVIII e XIX, despontou, nas últimas décadas, sob direção da fase recente do "capitalismo de finanças" – e com clara contribuição da denominada "doutrina do choque" –, o manejo, pelos setores capitalistas dominantes, especialmente em países de parca tradição democrática (embora não apenas neles), do desemprego como estratégia político-ideológica para afastar obstáculos à realização de reformas ultraliberais nas sociedades política e civil, objetivando, entre outros aspectos, a diminuição do valor trabalho e a concentração de renda e riqueza na economia.[16]

Essa utilização do desemprego como estratégia de dominação já havia sido notada pelo economista Michal Kalecki em estudo divulgado nos anos 1940.[17] Contudo, essa utilização específica foi mais bem sistematizada em estudos econômicos e políticos posteriores, passando a ser manejada como política pública corrente nas décadas deflagradas a partir da crise econômica dos anos de 1970, momento histórico em que o ultraliberalismo passou a ganhar força e influência em diversos países do mundo ocidental.[18]

---

16 A "doutrina do choque", atribuída às construções políticas e estratégicas lideradas pelo economista Milton Friedman, com suporte na análise diversificada de experiências históricas precedentes e contemporâneas, foi minuciosamente estudada por Naomi KLEIN, em sua famosa obra, **The Shock Doctrine** – the rise of disaster capitalism (New York: Henry Holt and Company, 2007).

17 KALECKI, Michal. Os Aspectos Políticos do Pleno Emprego. **Political Quartely**. V. 14, 1943, p. 347-356.

18 A respeito dessa estratégia perversa – embora eficiente, para os objetivos ultraliberais – de utilizar o desemprego como veículo para quebrar a capacidade de organização, resistência e reivindicação dos trabalhadores, consultar, além da clássica obra de Michal Kalecki, retro referenciada, o texto de DELGADO, Mauricio Godinho. O Desemprego como Estratégia no Capitalismo de Finanças. **Revista Direito das Relações Sociais e Trabalhistas**. Brasília: UDF, vol. 3, n. 1, jan.-jun. 2017, p. 125-137.

O caso brasileiro recente ilustra, com perfeição, o uso dessa estratégia político-ideológica no sentido de elevar rapidamente e manter em patamares estratosféricos os níveis de desemprego como ferramentas eficientes e perversas para desorganizar a sociedade civil e, especialmente, a classe que vive do trabalho. A partir de dados oficiais do IBGE, os autores Mauricio Godinho Delgado, Luiz Gustavo Alves e Meilliane Vilar Lima demonstram que os índices de desemprego foram firmemente diminuídos desde 2003 até 2014, durante o período de governo de centro-esquerda existente no País, à época; mas sofreram impulso célere e acentuado a partir da derrubada desse governo por uma fronda ultraliberalista, a qual, desde o início (2016 – data da derrubada política e institucional) catapultou os níveis de desocupação para mais de 10%, os quais têm se mantido neste alto patamar até o presente momento (maio de 2022).[19]

De fato, segundo os três autores, as taxas de desemprego caíram de 10,9%, em dezembro de 2003, para níveis cada vez mais baixos, até atingirem menos de 5% em 2011, assim se mantendo até dezembro de 2014, embora sofrendo um agravamento, para 6,9%, em dezembro de 2015 – tudo ainda dentro do mencionado governo de centro-esquerda posteriormente derrubado. Entretanto, a contar do governo ultraliberal que assumiu em maio de 2016, a taxa de desemprego passou, em dezembro deste mesmo ano, em poucos meses de gestão, para o patamar estratosférico de 12%, mantendo-se acima de 10% por cerca dos seis/sete anos seguidos, até 2022 (data deste artigo: maio de 2022).[20]

5) O quinto relevante fator que tem, ao longo da história do capitalismo e da Democracia, provocado derrotas ou crises no sindicalismo e nas entidades sindicais representativas dos trabalhadores consiste nas mudanças de estruturação do sistema capitalista que envolvam fórmulas de contratação e/ou de gestão da força de trabalho, seja por razões tecnológicas, organizacionais, competitivas ou congêneres, provocando dificuldades e impasses nas estratégias consagradas de organização e atuação do movimento sindical em face do poder econômico.

O sistema capitalista, conforme se sabe, tem se caracterizado por constantes e crescentes mudanças tecnológicas, as quais alteram diversas facetas do sistema, inclusive as relações de trabalho. É o que se passou desde a primeira revolução tecnológica do capitalismo – conhecida como Revolução Industrial, ocorrida, pioneiramente, na Inglaterra, ao longo do século XVIII e início do século XIX.

---

19 DELGADO, Mauricio Godinho; ALVES, Luiz Gustavo de Souza; LIMA, Meilliane Pinheiro Vilar. O Estado Democrático de Direito e o Objetivo Constitucional da Busca do Pleno Emprego. **Revista Magister de Direito do Trabalho**. Ano XVIII, N. 106, Jan.-Fev. 2022, p. 25-26.

20 DELGADO, M. G.; ALVES, L. G. de S.; LIMA, M. P. V. Loc. cit. Os três autores demonstram, ainda, que a mantença contínua de elevada taxa de desemprego no País provoca efeitos desagregadores no conjunto do mercado de trabalho, aumentando os graus de informalidade, de contratações precárias e de perda generalizada de direitos trabalhistas e sociais, comprometendo, sem dúvida, de forma relevante, a capacidade de organização e defesa dos trabalhadores, em geral, com vistas a seus direitos e interesses profissionais e econômicos. Ob. cit., p. 5-31.

Após esta primeira revolução tecnológica capitalista, despontou a segunda revolução tecnológica, entre a segunda metade do século XIX e a primeira metade do século XX, com origem principalmente no ocidente europeu e nos EUA. Mais à frente, depois da Segunda Grande Guerra, surge a terceira revolução tecnológica capitalista, que segue até a virada do século XX para o século XXI. Por fim, atinge-se a denominada Revolução 4.0, que se deflagrou neste século XXI, embora com fincas em diversas mudanças iniciadas no século imediatamente anterior. Como visto, no conjunto, são quatro revoluções tecnológicas principais do capitalismo, todas afetando o sistema de organização da produção e do trabalho (o sistema empresarial, portanto) e as próprias relações de trabalho.

A partir da terceira revolução tecnológica, iniciada logo após o término da Segunda Guerra e se estendendo até o início do século XXI, e também a contar da quarta revolução tecnológica do capitalismo, característica do século em andamento (usualmente denominada Revolução 4.0), passou-se a detectar e a insistir, no âmbito dos estudos acadêmicos e do pensamento crescente – senão dominante – no mundo ocidental, sobre o surgimento de relações de trabalho absolutamente inusitadas, inteiramente fora dos marcos de incidência das regulamentações normativas trabalhistas e dos parâmetros de estruturação e desenvolvimento das entidades sindicais. É como se o Direito do Trabalho e o sindicalismo, a partir das últimas décadas, tivessem se tornado velhos, obsoletos, inadequados, ingressando, por consequência, em irreprimível processo de definhamento.[21]

Não se nega o impacto das duas últimas revoluções tecnológicas e, especialmente, da Revolução 4.0 na estruturação do sistema produtivo, circulatório e distribuidor de bens e serviços de caráter capitalista e, por consequência, também no universo das relações laborais. Tais mudanças, por óbvio, criam novos desafios para o sindicalismo e suas entidades componentes; porém, de forma alguma, fazem desaparecer o papel histórico fundamental das entidades sindicais e do movimento sindical como instrumentos de aperfeiçoamento do sistema capitalista, evitando que se torne puro e simples engenho anti-humanista, antissocial e predador, sem quaisquer considerações com as garantias e direitos dos segmentos sociais que vivem do trabalho – a classe que vive do trabalho, na feliz expressão do sociólogo Ricardo Antunes –, os quais compõem, a propósito, a larga maioria da população dos

---

[21] É bastante ampla a bibliografia sobre essas duas últimas revoluções tecnológicas capitalistas. Citem-se, para simples ilustração, dois livros pessimistas quanto à continuidade do trabalho, do emprego, do sindicalismo e do Direito do Trabalho, em face de supostas razões "estruturais" do sistema econômico, especialmente as tecnológicas. No final do século XX, RIFKIN, Jeremy. **O Fim dos Empregos** – o declínio inevitável dos níveis dos empregos e a redução da força global de trabalho. São Paulo: Makron *Books*, 1995. Já na segunda década do século XXI, PISTONO, Federico. **Os Robôs Vão Roubar seu Trabalho, Mas Tudo Bem**: como sobreviver ao colapso econômico e feliz. São Paulo: Portfolio-Penguin, 2017.

países capitalistas, sejam os desenvolvidos, sejam os chamados emergentes, sejam os subdesenvolvidos.[22]

Muito menos tais inovações e avanços tecnológicos eliminam o papel civilizatório e democrático que o sindicalismo e suas entidades têm na estruturação e dinâmica da sociedade política e da sociedade civil e, por decorrência, na estruturação e dinâmica da Democracia.

Sem o sindicalismo e suas entidades integrantes, quem vai, afinal, organizar e brandir os direitos, garantias e avanços em favor da classe que vive do trabalho, qualquer que seja o seu formato em nichos específicos e diferenciados do sistema produtivo e do mercado laboral? Os trabalhadores isoladamente considerados? O próprio empresariado? Os meios de comunicação de massa – os quais, historicamente, somente atuam a partir das perspectivas do poder econômico, reverberando narrativas depreciadoras dos direitos e garantias trabalhistas?

Seguramente que não; na verdade, apenas o sindicalismo e suas entidades componentes é que ostentam o papel histórico firme e contínuo de pontuarem as perspectivas, visões e interesses do mundo do trabalho, buscando equilibrar, de alguma maneira, a força organizativa e multidimensional do poder econômico na sociedade capitalista.

Evidentemente que ajustes podem ser feitos tanto no campo do Direito Individual do Trabalho como no campo do Direito Coletivo do Trabalho, em vista dos nichos empresariais e laborais em que as modificações organizacionais e tecnológicas tenham sido muito significativas. Porém, não há dúvida de que todos esses ajustes devem ocorrer no sentido inclusivo e democrático, sem comprometer o papel civilizatório do Direito, em geral, e do Direito do Trabalho, em especial, no século XXI. Não tem sentido se retroceder aos séculos XVIII ou XIX (ou, no caso brasileiro, à Primeira República – 1989-1930), no campo social e humanista do Direito, apenas em vista do singelo fundamento de se estar diante de impactantes avanços tecnológicos do sistema capitalista.[23]

---

22 A expressão "classe que vive do trabalho", brandida por Ricardo Antunes, enfrenta com muita argúcia e amplitude o debate às vezes estéril sobre as limitações das antigas expressões como proletariado ou operariado, pois abrange não apenas os empregados situados em qualquer setor da economia, como também os trabalhadores não empregados, realizando, ademais, aceno relevante àquelas pessoas humanas que, embora marginalizadas do sistema socioeconômico (como os desempregados, os "desalentados", os informais, etc.), também necessitam do trabalho remunerado e protegido para alcançarem razoável identidade pessoal, profissional, social e econômica, a par de garantirem razoável segurança e qualidade de vida para si e suas famílias. A respeito, mencionem-se, por exemplo, duas obras do renomado autor: ANTUNES, Ricardo. **Adeus ao Trabalho?** Ensaio sobre as metamorfoses e a centralidade do mundo do trabalho. 16. ed. São Paulo: Cortez, 2015; ANTUNES, Ricardo. **Os Sentidos do Trabalho**. Ensaio sobre a afirmação e a negação do trabalho. 2. ed./3. reimpr. São Paulo: Boitempo, 2015.

23 A mantença – ao invés do abandono – do papel civilizatório do Direito na estrutura e na dinâmica da economia e da sociedade nesta fase da quarta revolução tecnológica do capitalismo, é o tema enfrentado, inclusive, pelo seguinte recente estudo: DELGADO, Mauricio Godinho; BITTENCOURT, Renata O.

6) O sexto relevante fator que tem, ao longo da história do capitalismo e da Democracia, provocado derrotas ou crises no sindicalismo e nas entidades sindicais representativas dos trabalhadores consiste na atuação conjugada dos diversos sistemas de informação, comunicação e propaganda antissociais estruturados na Idade Contemporânea, perante os quais o movimento sindical ostenta, na larga maioria dos países, parcos mecanismos eficazes de contraposição.

De fato, desde o início do sistema capitalista, os meios de comunicação de massa considerados clássicos que foram despontando (inicialmente apenas os impressos, como jornais e revistas; posteriormente, já na primeira metade do século XX, o rádio; por fim, desde a segunda metade do século XX, a televisão e outros meios telemáticos de comunicação), estes meios se caracterizaram por serem controlados, em sua ampla maioria, pelo poder econômico privado, com residual participação dos setores populares em seu controle.

Ora, sendo estruturas e ferramentas de comunicação de propriedade e controle do poder econômico, obviamente que irão direcionar as suas temáticas, perspectivas e abordagens firmemente dentro do arco de interesses do poder econômico. Nessa medida, usualmente, ao longo dos séculos, essas estruturas e ferramentas têm tendido a propagar uma visão negativa do sindicalismo, da relação de emprego, dos movimentos sociais trabalhistas e dos respectivos direitos laborais conquistados em cada período histórico.

Esse sistema privado complexo, sofisticado e abrangente de informação, comunicação e propaganda ideológica (embora, é claro, tais meios de comunicação de massa não se resumam a apenas isso) cotidianamente tem sido um poderoso adversário do sindicalismo, de suas entidades componentes e dos próprios direitos trabalhistas, que não ostentam a possibilidade real de estruturar um contraponto tão amplo, sólido e eficaz em decorrência das limitações econômicas e financeiras dos movimentos sociais urbanos e rurais, inclusive do próprio sindicalismo.

Com o surgimento do Constitucionalismo Social, a partir da segunda década do século XX, e principalmente do Constitucionalismo Humanista e Social, a contar do término da Segunda Grande Guerra, surgiu uma concepção mais abrangente e profunda de Democracia, com o conceito de Estado Democrático de Direito (ou Estado de Direito Democrático), apto a determinar que também a sociedade civil – ao invés de apenas o Estado e suas instituições – devem seguir o princípio democrático e o caráter inclusivo desse novo paradigma

---

Caciquinho; INACIO, Hillary Christine P. Há Limites Civilizatórios para as Transformações Tecnológicas da Revolução 4.0 com Impacto nas Relações Sociotrabalhistas?. **Revista Direito das Relações Sociais e Trabalhistas**. Brasília: UDF, v. 7, n. 2, jul.-dez. 2021. Sobre esse desafio em especial, a par dos impactos das revoluções tecnológicas no sistema capitalista e nas relações laborativas, consultar também RODRIGUES, Priscila Lauande. **Direito do Trabalho** – as relações de trabalho na quarta revolução tecnológica. Rio de Janeiro: Lumen Juris, 2020.

constitucional.[24] Com isso, em certas realidades mais efetivamente democráticas, tal como ocorre em determinados países realizadores do Estado de Bem-Estar Social (e do Estado de Direito Democrático), situados no centro e no norte da Europa Ocidental, há uma preocupação em não se permitir o oligopólio da informação pelo poder econômico privado, mantendo-se redes de rádio e televisão estatais e públicas, aptas a disseminaram informações e análises menos enviesadas do que as provindas dos meios de comunicação de massa de propriedade e controle do poder econômico.

A par disso, ali atuam corretamente, em conjugação e certa harmonia, os princípios da liberdade e da igualdade, no plano da liberdade de expressão e da liberdade de imprensa – ao contrário do que ocorre nos países latino-americanos, por exemplo. Mediante esta necessária conjugação de princípios internacionais e constitucionais (como os da liberdade e da igualdade), os meios de comunicação de massa, mesmo quando estritamente privados, submetem-se ao dever jurídico, em grandes temas que dividem a sociedade (como as questões sociais, trabalhistas, previdenciárias, ambientais, etc.), de abrirem espaço ao contraditório no interior de suas programações, ao invés de manipularem unilateralmente sua bateria de programas e informativos em benefício exclusivo apenas da visão própria ao poder econômico privado.

Ora, dentro da concepção de Estado Democrático de Direito, o caráter democrático e inclusivo das instituições componentes da sociedade civil tem de ser cumprido e observado, com o respeito não somente ao princípio da liberdade, mas também com respeito ao princípio da igualdade, devendo ambos atuar conjugadamente. Tal direcionamento constitucional faz com que mesmo os rádios, as televisões, os jornais e revistas privados tenham de assegurar um nível razoável de contraditório na divulgação de suas informações, ao invés de as tratarem como mera manipulação de visões, ideologias e fatos específicos em benefício do poder econômico.[25]

---

24 Para compreender esse conceito novo e mais sofisticado – a par de muito mais democrático, inclusivo e eficiente – de Democracia e de Estado Democrático de Direito, consultar o texto de DELGADO, Mauricio Godinho. Constituição da República, Estado Democrático de Direito e Direito do Trabalho. *In* DELGADO, M. G.; DELGADO, G. N. **Constituição da República e Direitos Fundamentais** – dignidade da pessoa humana, justiça social e Direito do Trabalho. 4. ed. São Paulo: LTr, 2017, p. 33-58. Consultar também: DELGADO, M. G.; PIMENTA, J. R. F.; NUNES, Ivana. O Paradigma do Estado Democrático de Direito: estrutura conceitual e desafios contemporâneos. **Revista Jurídica Unicuritiba**. Eletrônica. Curitiba: UNICURITIBA, v. 2, 2019, p. 485-515.

25 O conceito de Estado Democrático de Direito (ou de Estado de Direito Democrático), com seu caráter amplo e inclusivo, abrangente até mesmo da sociedade civil e suas instituições componentes, está exposto, conforme dito, em: DELGADO, Mauricio Godinho. Constituição da República, Estado Democrático de Direito e Direito do Trabalho. *In* DELGADO, M. G.; DELGADO, G. N. **Constituição da República e Direitos Fundamentais** – dignidade da pessoa humana, justiça social e Direito do Trabalho. 4. ed. São Paulo: LTr, 2017, p. 33-58.

Aliás, essa conjugação e harmonização dos princípios da liberdade e da igualdade, no Estado Democrático de Direito, é parte constitutiva essencial do Constitucionalismo Humanista e Social e, inclusive, da Constituição da República Federativa do Brasil.[26]

Em síntese, conforme exposto anteriormente por este autor,[27] os meios de comunicação de massa privados têm, igualmente, de se harmonizar ao conceito constitucional de Estado Democrático de Direito, ao invés de serem mero instrumento enviesado e unilateral de propaganda das estritas visões e interesses do poder econômico privado:

> Com relação aos meios de comunicação de massa tradicionais, oriundos de período mais remoto, anterior ao século XX (revistas e jornais), ou oriundos do próprio século XX (rádio e, posteriormente, televisão), poderão se mostrar mais democráticos na medida em que expressem, equitativamente, manifestações de pensamento provindas dos diversos segmentos da sociedade civil, além do próprio Estado. Ao invés, poderão se afastar de sua caracterização democrática caso se estruturem de maneira monopolista ou olipolista, expressando, essencialmente, apenas o pensamento inerente a uma agenda própria das forças dominantes do mercado econômico e cultural.[28]

No tocante à *internet*, criação tecnológica generalizada há poucas décadas atrás – especialmente a contar dos anos 1990 e, mais fortemente, desde o início do novo século –, ela ainda tem se mostrado bastante pulverizada e, dessa maneira, significativamente muito mais democrática do que os meios de comunicação de massa tradicionais (televisões, rádios, jornais e revistas).

De todo modo, as mais poderosas redes sociais (*Facebook, Instagram, Twitter, WhatsApp* e *Youtube*, por exemplo) são controladas firmemente pelo poder econômico oligopolista privado, sendo também dotadas de alto poder de manipulação e direcionamento da denominada "opinião pública", não permitindo, por essa primeira razão, altas pretensões democratizantes caso não se coloquem tais redes igualmente sob o influxo do Estado Democrático de Direito.

Ainda assim, o fato é que a *internet*, ao permitir a estruturação menos onerosa de canais, *blogs*, *sites*, veículos de comunicação interpessoal e/ou social, a par de outros mecanismos tecnológicos congêneres – sendo, regra geral, todos abertos e acessíveis a quaisquer segmentos da sociedade –, ela tem, realmente,

---

26 A propósito dessa conjugação entre esses dois princípios constitucionais (liberdade e igualdade), consultar, por exemplo, o estudo sobre o princípio da igualdade em sentido material na seguinte obra: DELGADO, Mauricio Godinho. **Princípios Constitucionais do Trabalho e Princípios de Direito Individual e Coletivo do Trabalho**. 5. ed. São Paulo: LTr, 2017, p. 84-89.

27 DELGADO, Mauricio Godinho. Constituição da República, Estado Democrático de Direito e Direito do Trabalho. *In* ob. cit., p. p. 47.

28 DELGADO, M. G. Loc. cit.

propiciado espaço relevante para a geração, a divulgação, o debate e as análises estruturadas sob perspectivas mais humanistas e sociais, diminuindo, em alguma medida, o vazio democrático existente, na seara comunicativa, em países caracterizados por estruturas institucionais e sociais democráticas menos sólidas – como típico da América Latina e, neste sentido, também do Brasil.

Não obstante essa natureza mais inclusiva e democrática da *internet*, em comparação com os meios de comunicação de massa clássicos, o fato é que ela também pode ser profundamente desequilibrada e enviesada em decorrência, em segundo lugar, da atuação do poder econômico, desde que este passe a financiar, legal ou ilegalmente, grupos e iniciativas antissociais e antidemocráticas no contexto dos diversos veículos midiáticos existentes na própria *internet*. A esse respeito, por exemplo, o *tsunami* de *blogs*, *sites* e canais novos criados no Brasil, nos vários veículos da *internet*, com financiamento empresarial privado nacional e/ou internacional, a partir da primeira década do século XXI, usualmente em uma clara direção unilateral harmônica à perspectiva ultraliberalista de análise, tudo comprova os riscos antidemocráticos desse desequilíbrio e enviesamento propiciados pela atuação e intervenção do poder econômico privado.

Igualmente, em terceiro lugar, mencionem-se as frondas de *fake news* que contaminam corriqueiramente a *internet*, como clara e perversa estratégia de atuação política e ideológica, evidenciando, da mesma maneira, tais riscos democráticos.

Em suma: todos esses três aspectos de risco democrático percebidos no mundo virtual demonstram que, mesmo nesse novo campo telemático e computadorizado de informação, diálogo e comunicação, se torna imprescindível a presença de mecanismos institucionalizados de preservação da democratização da *internet* e de seus veículos telemáticos e digitais próprios, como instrumentos relevantes para a garantia real do Estado Democrático de Direito no respectivo país e sociedade.

7) O sétimo relevante fator que, ao longo da história do capitalismo e da Democracia, tem provocado derrotas ou crises no sindicalismo e nas entidades sindicais representativas dos trabalhadores, consiste nas condutas antissindicais adotadas pelo poder econômico em distintos contextos de existência do movimento sindical, quer de modo direto, quer de modo indireto.

As condutas antissindicais realizadas pelo poder econômico, sejam diretas ou indiretas, existem desde o nascimento do capitalismo e do movimento sindical. Posta como data inicial dessa conjugação de dinâmicas socioeconômicas (tanto do sistema capitalista como também do sindicalismo) a fase inaugurada no século XVIII, na Inglaterra, as condutas antissindicais empresariais, em um primeiro momento, foram respaldadas pela ordem jurídica monárquica e, logo em seguida, de caráter liberal primitivo, sendo ambas manifestamente contrárias à organização coletiva dos trabalhadores e aos direitos individuais e sociais trabalhistas (os quais sequer existiam nos primórdios do sistema capitalista, conforme se sabe).

Nesta fase inicial do capitalismo mantinham-se colocados na ilegalidade os movimentos sociais, em especial o sindicalismo e suas entidades componentes, tudo constituindo uma autorização implícita ou explícita para o exercício, pelo poder econômico, de um despotismo avassalador sobre pessoas e organizações trabalhadoras.

Ultrapassada esta fase inicial do novo sistema econômico, a ordem jurídica passou a reconhecer, a contar de momentos distintos do século XIX, o movimento sindical e suas entidades integrantes, em conformidade com a experiência histórica específica dos diversos países europeus. Isso atenuou as práticas antissindicais, embora não as tenha eliminado na história do movimento sindical no mundo ocidental.

O surgimento do Constitucionalismo Social, na segunda década do século XX, a par da criação da OIT, no ano de 1919, foram fatos que conferiram certa legitimidade e poder, em alguma medida, às entidades sindicais, dado que o novo paradigma constitucionalista e as convenções internacionais da OIT passaram a enfatizar a necessidade de cumprimento dos princípios da liberdade e da autonomia sindicais, com o consequente combate institucional às práticas antissindicais privadas.

Porém, como visto nos tópicos anteriores, entre os avanços normativos e institucionais ocorridos nesta fase inicial do século XX e a observância real de tais novos princípios internacionais e do Constitucionalismo Social uma lamentável distância muitas vezes se mostrou pronunciada em diversos países ocidentais.

A par disso, a evolução histórica em cada país se dava de modo específico, às vezes sem qualquer influência relevante do novo constitucionalismo surgido e da emergência da própria OIT. Um expressivo exemplo desse distanciamento se encontra no Brasil da Primeira República, que não mostrou qualquer sensibilidade para tais avanços sociais ocorridos nos campos jurídicos e institucionais mencionados.

Repita-se, com ênfase: afinal, quanto mais autocráticas se mostrarem a estrutura e a dinâmica de certo Estado e respectiva sociedade, mais serão efetuadas práticas antissindicais nas políticas públicas e na iniciativa privada.

Com o avanço do constitucionalismo ocidental, logo em seguida à Segunda Grande Guerra, despontando o novíssimo e sofisticado Constitucionalismo Humanista e Social, aperfeiçoou-se o bloco normativo de proteção ao sindicalismo e suas entidades componentes. Entretanto, mais uma vez, isso não impediu o surgimento de refluxos e afrontas na prática histórica de diversos países.

Nesta fase mais recente, em especial a partir dos anos 1970, mesmo em países desenvolvidos do ponto de vista econômico, institucional e social – como os EUA, por exemplo –, pululam inúmeras práticas antissindicais, especialmente nas regiões em que a ambientação democrática se mostra rarefeita e claramente contraditória (como grande parte dos estados do Sul dos Estados Unidos da América, a propósito).[29]

Na América Latina, lamentavelmente, o hábito arraigado de práticas antissindicais já é centenário, provindo desde o século XIX quando se estruturaram as primeiras indústrias e setores de serviços mais modernos inerentes à economia capitalista, a qual se caracterizava, até então, como predominantemente rural, seja na dimensão agrária, seja na dimensão extrativista mineral. Nesta parte do globo, as violências no exercício do poder privado se mostraram ainda mais acentuadas, em face da tradição escravocrata característica de vários países e economias do continente americano, a qual perdurou por vários séculos, incorporando-se à estrutura e à dinâmica do Estado e das instituições sociais e particulares. Aliás, em alguns países, infelizmente, traços nítidos dessa tradição escravocrata ainda perduram.[30]

Tais violências no exercício do poder privado resultantes da estrutura, dinâmica e hábitos escravagistas se somaram a fórmulas políticas e institucionais de exercício do poder, aqui instaladas, mediante as quais se delegava aos dirigentes econômicos e políticos locais uma larga margem de atuação despótica, em todas as esferas de exercício de poder (especialmente a familiar, a econômica, a social e a política, entre outras), isso desde que essas elites dominantes e firmemente empoderadas garantissem o apoio aos governos regionais e centrais existentes. É o que se verificou, claramente, por exemplo, no Brasil, quer no período imperial (1822-1889), quer no período da Primeira República (1889-1930).[31] Na verdade, até mesmo na Segunda República, logo em seguida à Revolução de 1930, esse sistema de poder despótico no âmbito local se manteve relativamente hígido, mediante o pacto político implícito de suporte ao Governo Vargas (1930-45), sedimentado por intermédio da garantia de não extensão da legislação trabalhista ao campo brasileiro – pacto que se preservou até o início dos anos 1960.[32]

Ainda em períodos mais recentes, situados depois da Segunda Grande Guerra, a América Latina manteve-se como região de renitentes práticas despóticas,

---

29 Sobre as restrições ao sindicalismo de trabalhadores nos EUA, consultar, ilustrativamente, FERNANDES, João Renda Leal. **O Mito EUA** – Um país sem direitos trabalhistas? Salvador: Juspodivm, 2021, p. 82-94 e 129-180 e 291-296.

30 A respeito dessas viscissitudes decorrentes da formação escravagista de grande parte dos países americanos e suas influências danosas até os dias atuais, consultar, por exemplo, a seguinte obra: DELGADO, Mauricio Godinho (Org.); PORTO, Lorena Vasconcelos (Org.). **A América Latina e o Estado de Bem-Estar Social** – características, obstáculos e desafios. São Paulo: Tirant lo Blanch, 2021.

31 Está-se adotando como parâmetro histórico de análise apenas o período deflagrado pela independência do Brasil e dos demais países latino-americanos, ocorrido nas décadas iniciais do século XIX. Evidentemente que no período anterior, de caráter colonial, o exercício despótico do poder era a marca inapelável de, praticamente, toda a sociedade e economia colonizadas.

32 Apenas no último ano do Governo João Goulart – embora sendo este líder político herdeiro de Vargas –, é que se rompeu esse pacto político implícito, por intermédio da aprovação do Estatuto do Trabalhador Rural (Lei n. 4.214/63), vigorante desde dois de junho de 1963, estendendo a legislação trabalhista para o campo brasileiro. Não por mera coincidência, menos de um ano depois, em abril de 1964, este governo seria derrubado por um golpe de estado.

inclusive antissindicais, por parte de segmentos da elite econômica privada e/ou autoridades estatais. Isso é atestado oficialmente pela Organização Internacional do Trabalho, por intermédio de seu Comitê de Liberdade Sindical – CLS, instituído pouco mais de três décadas após a fundação da OIT. Ilustre-se, por exemplo, que, na comemoração dos 70 anos de existência do CLS da OIT, ocorrida em 2021 (órgão interno existente desde 1951), os autores Ana Virgínia Moreira Gomes e Anil Verma detectaram que essa região do mundo ocidental, integrada por mais de 20 países – embora conte com apenas cerca de 10% da população mundial –, representou mais da metade dos casos de alegada violação concreta aos princípios da liberdade e autonomia sindicais examinados pelo Comitê de Liberdade Sindical em todos os seus 70 anos de atuação.[33] Grande parte dos casos diz respeito a violências institucionais, grupais ou individuais contra o sindicalismo em geral e suas iniciativas, entidades sindicais específicas, a par de líderes do sindicalismo e militantes sindicais.[34]

Observe-se que mesmo esses alentados e minuciosos dados da OIT não esgotam o assunto em questão, uma vez que supõem a necessidade de denúncias levadas à entidade internacional trabalhista – o que pode não ocorrer em determinados casos concretos.

Analisando-se a situação brasileira, segundo os mencionados autores, o país surge, ao longo da história do CLS, "com o menor número de queixas. Apesar de um aumento na década de 1970, durante a ditadura militar, houve uma diminuição a partir da década de 1980 e uma estabilização deste".[35] De fato, as conquistas democráticas e sindicais alcançadas com o final da ditadura, em 1985, e com a Constituição de 1988, logo a seguir, certamente criaram um ambiente propício para o avanço do sindicalismo e das entidades sindicais no Brasil, conferindo maior consistência à prática dos princípios da liberdade sindical e da autonomia das entidades sindicais, desde então – ao menos até 2016.

De todo modo, os autores pontuam que a presença de um ramo do Poder Judiciário especializado nas questões individuais e coletivas trabalhistas, caracterizado pela Justiça do Trabalho, no Brasil, pareando com o sistema sindical, pode ter tido influência positiva na presença de menor número de casos no tocante à realidade do País.[36]

De toda maneira, tais dados não têm a aptidão de obscurecer o dramático impacto das diversas políticas públicas antissindicais impostas na vida real, de

---

33 GOMES, Ana Virgínia Moreira; VERMA, Anil. O Comitê de Liberdade Sindical da OIT e a América Latina: 70 anos de história. **Revista do Tribunal Superior do Trabalho**. Brasília: TST/São Paulo: LEX, ano 88, n. 1, jan.-mar.-2022, p. 242-262.

34 GOMES, Ana Virgínia Moreira; VERMA, Anil. Loc. cit.

35 GOMES, Ana Virgínia Moreira; VERMA, Anil. Ob. cit., p. 255.

36 GOMES, Ana Virgínia Moreira; VERMA, Anil. Loc. cit.

uma única e concentrada vez, pela Lei da Reforma Trabalhista de 2017, logo após a derrubada do governo de centro-esquerda no ano imediatamente anterior. Tal diploma normativo, como visto, a partir de um conjunto de regras de Direito Coletivo do Trabalho, Direito Individual do Trabalho e Direito Processual do Trabalho – totalizando mais de 10 regras adversas ao sindicalismo e suas entidades componentes[37] -, enfraqueceu sobremaneira as organizações sindicais e todo o sindicalismo brasileiro, inclusive as centrais sindicais, tornando frágil a capacidade organizativa e de resistência dos sindicatos perante os respectivos empregadores no País, regra geral, além de perante o próprio Estado e suas políticas públicas.

IV. DESAFIOS AO SINDICALISMO NA CONTEMPORANEIDADE: FATORES ESSENCIALMENTE INTERNOS

A identificação dos fatores internos ao sindicalismo e suas entidades, aptos a gerar enormes desafios à existência, organização e atuação desse importante movimento social e profissional e suas entidades integrantes, constitui procedimento também importante no contexto da análise dos impasses e dificuldades do movimento sindical e suas entidades componentes ao longo da história do mundo ocidental, inclusive nas últimas décadas e diante dos desafios próprios ao recentíssimo século XXI.

De todo modo, mostra-se claro que esses três desafios e fatores ora especificados sofrem influência, inegavelmente, do ambiente externo ao sindicalismo vivenciado no respectivo país ou região. Evidentemente que, em se tratando de uma ambientação inóspita, em face da convergência dos sete fatores externos já demonstrados, a superação dos obstáculos internos tenderá a ser ainda mais desafiante.

1) O primeiro relevante fator interno que tem, ao longo da história do capitalismo e da Democracia, provocado derrotas ou crises no sindicalismo e nas entidades sindicais representativas dos trabalhadores consiste na dificuldade estratégica, percebida no interior do próprio sindicalismo, de instituir e/ou preservar caminhos, meios e alternativas de ampliação e unificação dos trabalhadores, enquanto classe que vive de seu trabalho, independentemente das divisões profissionais, socioeconômicas, políticas, ideológicas, de gênero, raciais e/ou étnicas, entre outras, existentes em seu campo humano de organização e representação.[38]

---

[37] Sobre as diversas regras integrantes da Lei n. 13.467, de 2017, especificamente desfavoráveis ao sindicalismo brasileiro, consultar, por exemplo, DELGADO, Mauricio Godinho; DELGADO, Gabriela Neves. **A Reforma Trabalhista no Brasil** – Com os comentários à Lei n. 13.467/2017. 2 ed. São Paulo: LTr, 2017.

[38] A expressão "classe que vive do trabalho" é brandida, como exposto, pelo sociólogo Ricardo Antunes para se referir ao largo universo de pessoas que, no capitalismo, se insere no sistema socioeconômico fundamentalmente a partir de seu trabalho, circunstância decisiva para identificá-la de maneira específica, não obstante as diferenças existentes nas relações laborais contemporâneos desse sistema econômico e social. A respeito, citem-se, ilustrativamente, duas obras seminais do autor, a saber: AN-

Ora, as entidades sindicais e o sindicalismo, de maneira geral, consistem em organizações coletivas criadas para permitirem a atuação coletiva dos trabalhadores perante os seus empregadores e o próprio Estado, de maneira a potenciarem a sua força, solidez, eficiência e influência, em contraponto à atuação isolada de cada trabalhador representado. Nesse quadro, interessa às entidades sindicais e ao conjunto do sindicalismo a ampliação de suas bases representadas, ao invés de seu enfraquecimento, dispersão e pulverização.

Em alguns países, o sindicalismo encontrou a solução adequada para este desafio mediante a incorporação, entre as suas bases representadas, dos mais diferentes segmentos profissionais, todos englobados na representação sindical de entidades poderosas, aptas a bem enfrentarem os embates e os diálogos perante o poder econômico, na sociedade civil, e perante o poder político, na sociedade política. A situação contemporânea da Alemanha ilustra bem esse exemplo, pois lá os sindicatos já não se estruturavam por categorias profissionais, porém mediante um critério organizativo mais amplo, o ramo empresarial de atividades. É o que descreve, a propósito, o autor germânico Wolfgang Däubler, referindo-se à presença de enormes e muito representativos e poderosos sindicatos nacionais de trabalhadores, com seções localizadas nas mais relevantes cidades daquele país.[39]

Com os desafios trazidos ao sindicalismo alemão – bem como ao movimento sindical de outros países europeus – em face das alterações nas formas de organização das empresas e das próprias relações de trabalho, a partir das últimas décadas do século XX e início do século XXI, tudo aprofundado pela crise econômica capitalista de 2007-2008, a maior organização sindical da Alemanha, a DGB, buscou caminhos de agregação de outros segmentos de trabalhadores sob o seu leque sindicalista protetivo, alargando, sobremaneira, as suas bases representadas. É o que demonstram dois outros autores germânicos, em estudo recente, Heiner Dribbusch e Peter Birke, ao abordarem essa conjuntura atual do sindicalismo naquele país e as estratégias mais incisivas e eficientes de alargamento do arco de representação de tais entidades.[40] Os autores demonstram que, com seus novos enfoques e caminhos de atuação, as entidades sindicais estudadas conseguiram

TUNES, Ricardo. **Adeus ao Trabalho?** Ensaio sobre as metamorfoses e a centralidade do mundo do trabalho. 16. ed. São Paulo: Cortez, 2015 (a edição original da obra é de 1995); ANTUNES, Ricardo. **Os Sentidos do Trabalho**. Ensaio sobre a afirmação e a negação do trabalho. 2. ed./10. reimpr. São Paulo: Boitempo, 2015 (a edição original da obra é de 1999).

39 DÄUBLER, Wolfgang. **Direito do Trabalho e Sociedade na Alemanha**. São Paulo: Fundação Friedrich Ebert/ILDES/LTr, 1997, p. 55.

40 DRIBBUSCH, Heiner; BIRKE, Peter. Los Sindicatos en Alemania: Desafíos en una época de transiciones (Parte 1). **Revista Direito das Relações Sociais e Trabalhistas**. Brasília: UDF, vol. 6, N. 2, maio-agosto 2020. Também DRIBBUSCH, Heiner; BIRKE, Peter. Los Sindicatos en Alemania: Desafíos en una época de transiciones (Parte 2). **Revista Direito das Relações Sociais e Trabalhistas**. Brasília: UDF, vol. 6, N. 3, setembro-dezembro 2020.

estancar a perda de trabalhadores e, até mesmo, em certos casos, recuperar uma significativa pujança ainda que em fase de forte crise capitalista e sindical.[41]

O exemplo alemão é inspirador, podendo auxiliar na busca de caminhos para a superação de desafio semelhante anteposto ao sindicalismo no Brasil. Porém, deve-se reconhecer que há limitações importantes para a pura e simples transposição do modelo tedesco para as terras brasileiras. De um lado, as entidades sindicais daquele país são de caráter e dimensão nacionais, com representações ou seções regionais ou locais – o que, provavelmente, seria de difícil acolhimento na cultura jurídica e social brasileira, formada à base, essencialmente, de sindicatos municipais ou plurimunicipais, embora com algumas entidades estaduais (sindicato de professores, por exemplo, em certos estados) e outras, embora poucas, de caráter realmente nacional (aeronautas, por exemplo).

Porém a estratégia de agregação pode, sim, ser aprendida, em alguma medida, pela experiência brasileira, uma vez que aqui a síndrome da desagregação e da pulverização organizacionais se mostra como um dos maiores problemas do sindicalismo no Brasil.

Chegando-se à realidade brasileira, desse modo, e se centrando no tópico da ampliação da representatividade dos sindicatos do País, percebe-se que, no contexto brasileiro, sequer se torna necessária a realização de alterações constitucionais (as quais são mais complexas e difíceis, além de, para os setores populares, também despontarem como bastante arriscadas, conforme se sabe). Ou seja, os avanços necessários podem ser obtidos mediante simples adaptação do texto da própria CLT.

Mencione-se, por exemplo, o conceito de categoria profissional, que constitui o núcleo de representação dos sindicatos de trabalhadores, segundo a Constituição de 1988 (art. 8º, II, III e IV). Ora, esse conceito se encontra na lei ordinária, na CLT, especialmente em seu art. 511, a par de outros preceitos correlatos (que teriam de ser adaptados, evidentemente); ele não se encontra no interior da Constituição de 1988. O dispositivo legal (art. 511, CLT) classifica as categorias profissionais em dois tipos, a saber: a categoria profissional propriamente dita (que, em uma reforma legislativa progressista, poderia passar a ser denominada como "categoria profissional padrão" ou algo similar), tipificada no § 2º do art. 511; e a categoria profissional diferenciada, envolvente de profissões e funções diferenciadas, que é tipificada no § 3º do art. 511 da CLT.

Com as mudanças no processo produtivo e nas formas de organização do trabalho nas últimas décadas, tais conceitos têm de ser alargados, a fim de que passem a dar conta dessas inovações estruturais ocorridas na economia e na sociedade, em benefício da melhor, mais ampla e bem mais sólida organização

41 DRIBBUSCH, Heiner; BIRKE, Peter. Loc. cit.

coletiva dos trabalhadores. Não somente se pode alargar, em certa medida, o conceito de categoria profissional padrão (mudança que já traria significativa contribuição ao objetivo de ampliar a representação das entidades sindicais), como também aperfeiçoar o conceito de categoria profissional diferenciada. A par dessas duas alterações, seria importante se instituir um terceiro tipo jurídico, que seria a "categoria profissional por agregação". Este terceiro (e novo) tipo jurídico permitiria, com tranquilidade e segurança, aos trabalhadores não representados ou sub-representados se vincularem a um sindicato profissional sólido, pujante, bem estruturado, com relevantes traços de proximidade de interesses, tudo mediante manifestação coletiva formal dos trabalhadores no sentido da agregação.

Com esses ajustes (e sem se correr o risco político e jurídico de uma reforma constitucional no Parlamento e de uma resistência jurisprudencial, no Poder Judiciário), alargam-se as possibilidades de representação dos sindicatos de trabalhadores, tornando-os aptos a representarem, com amplitude e eficiência, vastos grupos de trabalhadores que, hoje, não conseguem se encaixar nos tipos jurídicos tradicionais da legislação sindical.

Outra alternativa seria a jurisprudência se mostrar mais sensível aos princípios constitucionais e internacionais imperativos na República Federativa do Brasil que reconhecem a importância dos sindicatos e do sindicalismo no Estado Democrático de Direito, inclusive na sociedade civil, aí incluído o sistema econômico. A partir dessa maior sensibilidade, poder-se-ia adotar o princípio da agregação no exame nas disputas relativas à representatividade sindical, reforçando-se as entidades do sindicalismo, ao invés de se promover ou chancelar a sua pulverização e enfraquecimento. Não é o que tem ocorrido, entretanto, lamentavelmente, na jurisprudência dos tribunais superiores brasileiros, tanto do TST, como do STF, que se firmou em favor do princípio da especialização no exame dessas disputas intersindicais. Entretanto, aqui também, a pertinente mudança legislativa poderá, de toda maneira, interferir nesse imbróglio e afastar, explicitamente, essa restrição interpretativa.

Evidentemente que, no caso brasileiro, após a avalanche de medidas antissindicais implementadas pela reforma ultraliberalista de 2017, mediante a Lei n. 13.467/17, é risível falar-se em aperfeiçoamento do sindicalismo no País sem a revogação ou, pelo menos, a modificação de diversos preceitos desse dantesco diploma normativo. Entre esses dispositivos desfavoráveis às entidades sindicais – que chegam a mais de 10 regras jurídicas –, desponta, com certeza, a não regulação da contribuição negocial prevista pela Lei das Centrais Sindicais (Lei n. 11.648, de 31.03.2008), em seu art. 7º, como meio de superação das falhas da antiga contribuição sindical obrigatória dos anos 1930/40, que era extensível a todos os sindicatos, porém sem a exigência de que deflagrassem e cumprissem uma agenda frutuosa de negociação coletiva trabalhista em prol de seus trabalhadores representados. Perversamente, em seu intuito antissindical, a Lei n. 13.467/2017 transformou o processo de extinção da velha contribuição social de 80 anos atrás em uma cáustica dinâmica de pauperização drástica de todo o sistema sindicalista brasileiro.

Nesse quadro – e considerada a arraigada restrição com que a jurisprudência do STF e do TST tem tratado o assunto do custeio sindical no Brasil –, deve-se articular, nessa nova regulação jurídica, os preceitos da CLT concernentes à nova contribuição negocial (os quais podem se situar entre os arts.578 até 610 da Consolidação, com nova redação, obviamente) com os dispositivos constitucionais diretamente vinculados ao tema. Tais dispositivos constitucionais encontram-se tanto no art. 8º, IV, da CF ("a assembleia geral fixará a contribuição que, em se tratando de categoria profissional, será descontada em folha, para custeio do sistema confederativo da representação sindical respectiva, **independentemente da contribuição prevista em lei**" – grifos acrescidos), como também no art. 149, *caput*, da mesma Constituição, a saber: "Compete exclusivamente à União instituir **contribuições sociais**, de intervenção no domínio econômico **e de interesse das categorias profissionais ou econômicas**, como instrumento de sua atuação nas respectivas áreas, observado o disposto nos arts. 146, III, e 150, I e III, e sem prejuízo do previsto no art. 195, § 6º, relativamente às contribuições a que alude o dispositivo" (grifos acrescidos ao original).

Com essa cuidadosa articulação de regras constitucionais com regras legais, a natureza jurídica dessa nova contribuição será, efetivamente, parafiscal, por ser este o único caminho de a jurisprudência dos tribunais superiores aceitar a extensão da parcela a todos os membros da categoria profissional, no caso de CCTs, ou a todos os empregados da empresa, no caso de ACTs. Porém tal parcela contributiva, mesmo sendo parafiscal, não se confundirá com a antiga contribuição sindical obrigatória oriunda dos anos 1930/40. É que ela deverá, sim – segundo a sua norma legal reguladora –, ser expressamente pactuada por CCT ou por ACT (uma hipótese excluindo a outra, evidentemente, com respeito aos mesmos trabalhadores atingidos), mediante a clássica negociação coletiva trabalhista (Convenção Coletiva ou Acordo Coletivo do Trabalho). Em consequência, deverá ser aprovada por assembleia geral sindical de trabalhadores e inserida em documento coletivo negociado com conteúdo amplo e diversificado, dirigido às partes coletivas pactuantes, inclusive aos trabalhadores da respectiva categoria (CCT) ou empregados da respectiva empresa (ACT).

A nova contribuição negocial mais ainda irá se distanciar da antiga contribuição sindical obrigatória provinda das décadas de 30/40 porque não favorecerá, indistintamente, a todos os sindicatos – especialmente os sindicatos de mero carimbo e sem representatividade efetiva –, porém somente àquelas entidades que tiverem a organização, a potência, a estratégia e a representatividade de celebrarem negociação coletiva trabalhista, mediante um dos dois instrumentos coletivos negociados aceitos no Direito do Trabalho do País (CCT ou ACT). É óbvio que o instrumento coletivo pactuado deverá conter garantias e direitos diversificados em favor dos respectivos trabalhadores, ao invés da simples cláusula estipuladora da contribuição sindical negocial.

2) O segundo relevante fator interno que tem, ao longo da história do capitalismo e da Democracia, provocado derrotas ou crises no sindicalismo e nas entidades sindicais representativas dos trabalhadores consiste na dificuldade estratégica, percebida no interior do próprio sindicalismo e suas entidades integrantes, de criar e preservar caminhos, meios e alternativas de democratização de suas entidades sindicais, de maneira a incrementar a sua representatividade real (ao invés da estritamente formal – que é também importante). Ou seja, considerada a sua base profissional representada, as entidades sindicais têm demonstrado dificuldades na incorporação crescente dos largos segmentos que compõem a sua respectiva base, inclusive as grandes maiorias populacionais, como as mulheres, a população negra e os jovens. Além disso, têm demonstrado dificuldades quanto à incorporação também das minorias populacionais, como as pessoas com deficiência, a população LGBTQUI+ e os povos originários, entre outros segmentos populacionais.

Está-se falando da incorporação não apenas na militância e vivência sindicais, porém igualmente nas direções das entidades sindicais.

Ou seja, o tema da Democracia sindical mantém-se como uma conquista a ser efetivada ou completada na história do sindicalismo no Brasil.

Tudo isso significa que, independentemente da reforma legislativa necessária para se ultrapassar o primeiro obstáculo interno mencionado acima (além dos demais já debatidos neste texto), o fato é que as próprias entidades sindicais ostentam, sim, a aptidão de promoveram voluntariamente políticas sindicais no sentido da busca de maior inclusão de trabalhadores em seu interior e em suas direções políticas e administrativas, sejam, ilustrativamente, as mulheres, sejam os/as componentes da população negra, sejam os integrantes da população jovem – exemplos de três grupos populacionais enormes na demografia brasileira, mas que não têm tido o necessário espaço em grande parte das entidades sindicais, inclusive em suas direções. Não há qualquer justificativa consistente para a não democratização do sindicalismo e de suas entidades integrantes mediante a incorporação das diversas parcelas que demarcam as características da população do País.[42]

---

42 Registre-se, por justiça, que a primeira e maior central sindical do Brasil, a CUT, passou a adotar, desde cerca de 30 anos atrás, em 1993, pioneiramente, o critério de cotas mínimas para cada sexo nas direções sindicais. Tempos depois, em 2012, essa mesma central sindical aprovou a diretriz da paridade entre homens e mulheres nas direções sindicais, a qual passou a ser concretamente implementada desde o congresso nacional subsequente da entidade central, ocorrido em 2015, depois de ter também sido aprovada por diversas direções regionais em distintos estados brasileiros. Sobre essa evolução, consultar GODINHO DELGADO, Didice. La Construcción de poder sindical com paridad de gênero

Evidentemente que se deve também abrir espaço para as minorias, como as pessoas com deficiência, a população LGBTQUI+, os povos originários, entre outros segmentos, pois esta é uma decorrência do Estado Democrático de Direito lavrado pela Constituição de 1988.

Contudo, não incorporar as grandes maiorias, como as mulheres, a população negra e os jovens é, simplesmente, um comportamento de pura e simples irracionalidade.[43]

3) O terceiro relevante fator interno que tem, ao longo da história do capitalismo e da Democracia, provocado derrotas ou crises no sindicalismo e nas entidades sindicais representativas dos trabalhadores consiste na dificuldade de compreensão, pelas próprias entidades sindicais, do papel do Direito também como potencial instrumento de civilização, ao invés de ser – tal qual ocorrido durante milênios na História – simples instrumento de estratificação, exclusão e barbárie. Essa injustificável incompreensão gera uma letargia e ineficiência na atuação política e jurídica dessas entidades ou, inacreditavelmente, uma ingenuidade em se associar a iniciativas manifestamente antissociais das reformas jurídicas propostas pelas elites antissociais do respectivo país.

Conforme se sabe, antes do advento da Democracia contemporânea, "reiterava-se certa característica comum ao Direito, praticamente em todos os seus segmentos: o viés de confirmar e sedimentar situações fáticas de desequilíbrio de poder reguladas por suas regras".[44]

Essa estruturação e direcionamento lamentáveis do Direito – embora não fossem os únicos a o caracterizar ao longo da História –, eram, sem dúvida, as características largamente predominantes das ordens jurídicas antigas e medievais, incrustando-se, por consequência, no imaginário de todos os segmentos e forças sociais, inclusive aqueles que sofriam a injustiça e a violência sufragadas pela ordem jurídica:

> Efetivamente o Direito, em seus distintos segmentos, corroborava a desigualdade de poder existente na vida social, nas inúmeras e mais relevantes manifestações dessa desigualdade. Relações de propriedade, de trabalho, familiares, de gênero, de poder político etc. Tratava-se, de certo modo, de um Direito da Desigualdade – instituidor,

– El caso de la Central Única de Trabajadores de Brasil. **Nueva Sociedad/Friedrich Ebert Stiftung**. NUSO, Octobre 2017.

43 Sobre o tema dos desafios trazidos ao sistema sindical de trabalhadores no Brasil, consultar também a seguinte importante obra: MENEZES, Alline Bessa de. **Sistema Sindical Brasileiro** – desafios e perspectivas. Rio de Janeiro: Lumen Juris, 2022, p. 89-183.

44 DELGADO, Mauricio Godinho. Funções do Direito do Trabalho no Capitalismo e na Democracia. *In* DELGADO, Mauricio Godinho; DELGADO, Gabriela Neves. do Trabalho. **Constituição da República e Direitos Fundamentais** – dignidade da pessoa humana, justiça social e Direito do Trabalho. 4. ed. São Paulo: LTr, 2017, p. 75-80.

avalista e reprodutor da desigualdade no plano da sociedade civil e da sociedade política.[45]

Até então, era inevitável que os trabalhadores e suas organizações coletivas, submetidos ao moinho unilateral e incessante do sistema capitalista, enxergassem o Direito e as ordens jurídicas, a par das instituições encarregadas de sua interpretação e aplicação, como meros instrumentos de repressão, desigualdade e injustiças.

Entretanto, mais recentemente na História, em particular a partir da segunda metade do século XIX, os setores dominados passaram a internalizar a compreensão de que lhes era fundamental não apenas escapar daquela rede sistematizada de dominação, injustiças e violência, mas também alterar a ordem jurídica e institucional dominante, a partir de sua perspectiva especifica de interesses, valendo-se do Direito, cada vez mais, como um instrumento de libertação, progresso social, justiça social, civilidade e igualdade. É o que passa a acontecer com a organização de diversas dimensões dos setores populares, sejam os trabalhadores – estes mediante as entidades sindicais e, mais à frente, pelos partidos políticos de composição obreira -, sejam os indivíduos pobres e excluídos, em geral (aqui integrados também pelos trabalhadores), por intermédio de movimentos sociais de resistência e busca de conquistas – como os diversos movimentos cívicos reivindicatórios de direitos políticos, a par dos partidos políticos populares, logo em seguida –, sejam as mulheres, mediante não apenas os movimentos trabalhistas e populares mencionados, como também os movimentos cívicos sufragistas, em especial os feministas.[46]

Todos esses movimentos e organizações despontaram ou se fortaleceram, na Europa Ocidental, em primeiro lugar, e logo em seguida em outras partes do mundo, na direção da busca da mudança do caráter excludente e exploratório do Direito e das respectivas ordens jurídicas nacionais. Importantes vitórias foram alcançadas no século XIX, consolidadas pela criação de novos campos normativos essencialmente vinculados aos setores populares, como o Direito do Trabalho

---

45 DELGADO, M. G. Loc. cit.

46 Nesta linha, ilustrativamente, dois textos do mesmo autor: DELGADO, Mauricio Godinho. Constituição da República, Estado Democrático de Direito e Direito do Trabalho. *In* DELGADO, Mauricio Godinho; DELGADO, Gabriela Neves. do Trabalho. **Constituição da República e Direitos Fundamentais** – dignidade da pessoa humana, justiça social e Direito do Trabalho. 4. ed. São Paulo: LTr, 2017, p. 33-48; DELGADO, Mauricio Godinho. Funções do Direito do Trabalho no Capitalismo e na Democracia. *In* DELGADO, Mauricio Godinho; DELGADO, Gabriela Neves. do Trabalho. **Constituição da República e Direitos Fundamentais** – dignidade da pessoa humana, justiça social e Direito do Trabalho. 4. ed. São Paulo: LTr, 2017, p. 75-80. Consultar também o estudo seminal da economista e cientista política Célia Lessa, especialmente em sua primeira parte, denominada "Premissas" (p. 5-57) sobre a construção e correlações importantes do *Welfare State* nos países desenvolvidos: KERSTENETZKY, Célia Lessa. **O Estado de Bem-Estar Social na Idade da Razão** – a reinvenção do Estado Social no Mundo Contemporâneo. Rio de Janeiro: Elsevier, 2012, p. 5-57.

e o Direito da Seguridade Social. Tais vitórias foram consolidadas, no início do século XX, com a superação do velho e excludente Constitucionalismo Liberal, originário das revoluções burguesas do século XVIII, dando origem ao Constitucionalismo Social da segunda década do século XX. Na mesma senda se inscreve também a criação da Organização Internacional do Trabalho, em 1919, pelo Tratado de Versalhes.

Esse processo de avanço progressista dentro do Direito e das instituições estatais e da sociedade civil se alargou logo depois do final da Segunda Grande Guerra, com a estruturação do novo Constitucionalismo Humanista e Social, construído com suporte nos novos documentos constitucionais do ocidente europeu, em particular a Constituição da França (1946), da Itália (1947), da Alemanha (1949) e, tempos depois, de Portugal (1976) e da Espanha (1978). Esse novo paradigma constitucionalista somente chegou ao Brasil por intermédio da Constituição de 1988, conforme se conhece.

Nesse quadro contextual, tornou-se inconsistente, senão ingênuo, continuar a enxergar a ordem jurídica como simples instrumento de dominação, exclusão e opressão, ao invés de se passar a compreender, racionalmente, a necessidade de se moldar o Direito para que seja também inclusivo, democrático, igualitário e progressista, quer no âmbito da respectiva Constituição, quer no âmbito dos documentos legais existentes no respectivos Estado e sociedade.

Entregar a atuação jurídica apenas aos setores dominantes, no suposto de a organização profissional, social e política dos trabalhadores ser elemento suficiente para lhes garantir a Democracia, a igualdade e as conquistas econômicas, sociais, profissionais e cívicas, é manter postura válida – e inevitável – na primeira metade do século XIX nos países desenvolvidos, porém ineficiente, ingênua e atrasada em qualquer lugar do mundo ocidental, tanto o desenvolvido quanto o emergente ou o do terceiro mundo.

É necessário conhecer e internalizar os princípios e regras humanistas e sociais da Constituição da República, para enfatizá-los em diplomas legais igualmente progressistas e sociais, inclusive de reforço da organização e atuação coletivas dos trabalhadores, em moldes que afastem, inclusive, as conhecidas resistências institucionais, inclusive do Poder Judiciário, a esses princípios e regras constitucionais democráticos e progressistas.

Em síntese, manter-se perfilado à vetusta concepção de que o Direito é simples instrumento de dominação, desigualdades e injustiças, nos dias atuais, recusando-se a colocar a legislação no sentido firmemente contrário a essas distorções antidemocráticas, é contribuir, sem dúvida alguma, para a manutenção de um quadro institucional e societário de dominação, injustiças e desigualdades.

V. CONSIDERAÇÕES FINAIS

O presente estudo procurou discorrer sobre os dez principais desafios encontrados pelas entidades sindicais e pelo sindicalismo, de maneira geral, na contemporaneidade, tomando como parâmetro sua história no mundo ocidental e, inclusive, na realidade brasileira.

O texto procurou evitar desafios pontuais, embora relevantes, como, por exemplo, o fechamento de uma grande fábrica em uma isolada cidade do interior de um país ou região, fazendo desaparecer o polo produtivo central do respectivo município e, com isso, comprometendo até mesmo a existência do sindicato de trabalhadores correspondente.

Preferiu eleger fatores gerais, com recorrente impacto na evolução histórica do sindicalismo ocidental.

Dividiu tais fatores gerais em externos e internos, contabilizando o número de sete dentro do primeiro grupo ao lado do número de três dentro do segundo grupo de fatores.

Externos são aqueles fatores que não dependem essencialmente da atuação das entidades sindicais, embora possam ser por elas influenciadas. Internos, por sua vez, são fatores que dependem, em grande medida, da atuação das próprias entidades sindicais e do sindicalismo, embora também tenham correlações com a ambientação externa que os cercam.

O objetivo do estudo foi o de fornecer um conjunto de dados, exemplos e reflexões que viabilizem um melhor conhecimento sobre o contexto em que se situa o sindicalismo, especialmente naqueles casos em que as crises despontam com maior recorrência e impacto na dinâmica desse importante movimento social e democrático de representação de interesses dos trabalhadores e trabalhadoras na sociedade capitalista.

Com tal análise espera-se que a ciência possa ofertar caminhos e alternativas consistentes para o aperfeiçoamento não só do próprio sindicalismo, como também do Estado Democrático de Direito erigido como marco pelo Constitucionalismo Humanista e Social incorporado pela Constituição de 1988.

REFERÊNCIAS BIBLIOGRÁFICAS

ANTUNES, Ricardo. **Adeus ao Trabalho?** Ensaio sobre as metamorfoses e a centralidade do mundo do trabalho. 16. ed. São Paulo: Cortez, 2015.

ANTUNES, Ricardo. **Os Sentidos do Trabalho**. Ensaio sobre a afirmação e a negação do trabalho. 2. ed./3. reimpr. São Paulo: Boitempo, 2015.

AVILÉS, Antonio Ojeda. **Derecho Sindical**. 8. ed. Madrid. Tecnos, 2003.

BRITO FILHO. José Cláudio Monteiro de. **Direito Sindical**. 5. ed. São Paulo: LTr.

DAHL, Robert A. **A Constituição Norte-Americana é Democrática?** Tradução Vera Ribeiro. 2. ed. Rio de Janeiro: FGV, 2015.

DÄUBLER, Wolfgang. **Direito do Trabalho e Sociedade na Alemanha**. São Paulo: LTr/ Fundação Friedrich Ebert/ILDES, 1997.

DELGADO, Mauricio Godinho. Constituição da República, Estado Democrático de Direito e Direito do Trabalho. *In* DELGADO, M. G.; DELGADO, G. N. **Constituição da República e Direitos Fundamentais** – dignidade da pessoa humana, justiça social e Direito do Trabalho. 4. ed. São Paulo: LTr, 2017, p. 33-58.

DELGADO, Mauricio Godinho. Democracia, Cidadania e Trabalho. *In* DELGADO, Mauricio Godinho; DELGADO, Gabriela Neves. **Constituição da República e Direitos Fundamentais** – dignidade da pessoa humana, justiça social e Direito do Trabalho. 4. ed. São Paulo: LTr, 2017, p. 94-107.

DELGADO, Mauricio Godinho. **Curso de Direito do Trabalho**. 19. ed. São Paulo: LTr, 2020.

DELGADO, Mauricio Godinho. O Desemprego como Estratégia no Capitalismo de Finanças. **Revista Direito das Relações Sociais e Trabalhistas**. Brasília: UDF, vol. 3, n. 1, jan.-jun. 2017, p. 125-137.

DELGADO, Mauricio Godinho. **Direito Coletivo do Trabalho**. 7. ed. São Paulo: LTr, 2017.

DELGADO, Mauricio Godinho. Funções do Direito do Trabalho no Capitalismo e na Democracia. *In* DELGADO, Mauricio Godinho; DELGADO, Gabriela Neves. do Trabalho. **Constituição da República e Direitos Fundamentais** – dignidade da pessoa humana, justiça social e Direito do Trabalho. 4. ed. São Paulo: LTr, 2017.

DELGADO, Mauricio Godinho. **Princípios Constitucionais do Trabalho e Princípios de Direito Individual e Coletivo do Trabalho**. 5. ed. São Paulo: LTr, 2017.

DELGADO, Mauricio Godinho; ALVES, Luiz Gustavo de Souza; LIMA, Meilliane Pinheiro Vilar. O Estado Democrático de Direito e o Objetivo Constitucional da Busca do Pleno Emprego. **Revista Magister de Direito do Trabalho**. Ano XVIII, N. 106, Jan.-Fev. 2022, p. 25-26.

DELGADO, Mauricio Godinho; BITTENCOURT, Renata O. Caciquinho; INACIO, Hillary Christine P. Há Limites Civilizatórios para as Transformações Tecnológicas da Revolução 4.0 com Impacto nas Relações Sociotrabalhistas? **Revista Direito das Relações Sociais e Trabalhistas**. Brasília: UDF, v. 7, n. 2, jul.-dez. 2021.

DELGADO, Mauricio Godinho; DELGADO, Gabriela Neves. **Constituição da República e Direitos Fundamentais** – dignidade da pessoa humana, justiça social e Direito do Trabalho. 4. ed. São Paulo: LTr, 2017, p. 94-107.

DELGADO, Mauricio Godinho; DELGADO, Gabriela Neves. **A Reforma Trabalhista no Brasil** – com os comentários à Lei n. 13.467;2017. 2. ed. São Paulo: LTr, 2018.

DELGADO, Mauricio Godinho; PIMENTA, José Roberto Freire; NUNES, Ivana. O Paradigma do Estado Democrático de Direito: estrutura conceitual e desafios contemporâneos. **Revista Jurídica Unicuritiba**. Eletrônica. Curitiba: UNICURITIBA, v. 2, 2019, p. 485-515.

DELGADO, Mauricio Godinho (Org.); PORTO, Lorena Vasconcelos (Org.). **A América Latina e o Estado de Bem-Estar Social** – características, obstáculos e desafios. São Paulo: Tirant Lo Blanch, 2021.

DRIBBUSCH, Heiner; BIRKE, Peter. Los Sindicatos en Alemania: Desafíos en una época de transiciones (Parte 1). **Revista Direito das Relações Sociais e Trabalhistas**. Brasília: UDF, vol. 6, N. 2, maio-agosto 2020.

DRIBBUSCH, Heiner; BIRKE, Peter. Los Sindicatos en Alemania: Desafíos en una época de transiciones (Parte 2). **Revista Direito das Relações Sociais e Trabalhistas**. Brasília: UDF, vol. 6, N. 3, setembro-dezembro 2020.

FERNANDES, João Renda Leal. **O Mito EUA** – um país sem direitos trabalhistas? São Paulo: Juspodivm, 2021.

FIGUEIREDO, Argelina Cheibub. Intervenções Sindicais e o "Novo Sindicalismo". **DADOS** – Revista de Ciências Sociais. Rio de Janeiro: IESP-UERJ, n. 17, 1978, p. 135-155.

FOUCAULT, Michel. **Microfísica do Poder**. Rio de Janeiro: Graal, 1989.

FOUCAULT, Michel. **Vigiar e Punir**. Petrópolis: Vozes, 1991.

GODINHO DELGADO, Didice. La Construcción de poder sindical com paridad de gênero – El caso de la Central Única de Trabajadores de Brasil. **Nueva Sociedad/ Friedrich Ebert Stiftung**. NUSO, Octobre 2017.

GOMES, Ana Virgínia Moreira; VERMA, Anil. O Comitê de Liberdade Sindical da OIT e a América Latina: 70 anos de história. **Revista do Tribunal Superior do Trabalho**. Brasília: TST/São Paulo: LEX, ano 88, n. 1, jan.-mar.-2022, p. 242-262.

INTERNATIONAL LABOUR ORGANIZATION. NORMLEX – Information System on International Labour Standards – Ratifications for United States of America. Informação capturada do sítio oficial em língua inglesa da ILO (OIT), em 01.05.2002, via internet (Google), entre 10:50 hs e 11:10 hs.

KALECKI, Michal. Os Aspectos Políticos do Pleno Emprego. **Political Quartely**. V. 14, 1943.

KERSTENETZKY, Célia Lessa. **O Estado de Bem-Estar Social na Idade da Razão** – a reinvenção do Estado Social no Mundo Contemporâneo. Rio de Janeiro: Elsevier, 2012.

KLEIN, Naomi. **The Shock Doctrine** – the rise of disaster capitalism. New York: Henry Holt and Company, 2007.

MENEZES, Alline Bessa de. **Sistema Sindical Brasileiro** – desafios e perspectivas. Rio de Janeiro: Lumen Juris, 2022.

NASCIMENTO, Amauri Mascaro. **Compêndio de Direito Sindical**. 6. ed. São Paulo: LTr, 2009.

PISTONO, Federico. **Os Robôs Vão Roubar seu Trabalho, Mas Tudo Bem**: como sobreviver ao colapso econômico e feliz. São Paulo: Portfolio-Penguin, 2017.

RIFKIN, Jeremy. **O Fim dos Empregos** – o declínio inevitável dos níveis dos empregos e a redução da força global de trabalho. São Paulo: Makron *Books*, 1995.

RODRIGUES, Priscila Lauande. **Direito do Trabalho** – as relações de trabalho na quarta revolução tecnológica. Rio de Janeiro: Lumen Juris, 2020.

RUSSOMANO, Mozart Victor. **Princípios Gerais de Direito Sindical**. 2. ed. Rio de Janeiro: Forense, 2000.

SILVA, Sayonara Grillo Coutinho Leonardo da. **Relações Coletivas de Trabalho** – configurações institucionais no Brasil contemporâneo. São Paulo: LTr, 2008.

THOMPSON, E. P. **A Formação da Classe Operária Inglesa** – a árvore da liberdade. Vol. 1, 12. ed. Rio de Janeiro: Paz e Terra, 2012.

THOMPSON, E. P. **A Formação da Classe Operária Inglesa**. – a maldição de Adão. Vol. 2, 1. ed. Rio de Janeiro: Paz e Terra, 2012.

THOMPSON, E. P. A **Formação da Classe Operária Inglesa** – a força dos trabalhadores. Vol. 3. 5. ed. Rio de Janeiro: Paz e Terra, 2012.

VIANNA, Luiz Werneck. Sistema Liberal e Direito do Trabalho. *In* **Estudos CEBRAP**, São Paulo: CEBRAP, n. 7, jan.-mar. 1974, p. 115-149.

Parte II

A TRAJETÓRIA DO SINDICALISMO, DA NEGOCIAÇÃO COLETIVA E DAS GREVES: PARÂMETROS COMPARATIVOS

CAPÍTULO 3

LOS SINDICATOS EM ALEMANIA: DESAFÍOS EN UMA ÉPOCA DE TRANSICIONES[1]

Heiner Dribbusch[2]
Peter Birke[3]

1. INTRODUCCIÓN

Este documento se encuadra en una serie de presentaciones referidas a la estructura y política de los sindicatos alemanes que iniciamos en 2012. La versión actualizada y ampliada ofrece, por un lado, una introducción a la estructura de la política sindical, la representación de intereses y la cogestión en las empresas, así como a cuestiones fundamentales de la política de organización sindical en general y a nivel de las empresas, en particular. Revisa asimismo la evolución de los nuevos conceptos de organización (*Organizing*) que se constatan a partir de 2012 y la nueva composición social y política de las huelgas, que se puso de manifiesto sobre todo en los conflictos de 2015. Desde las versiones de 2012 y 2014 se agregaron algunos aspectos novedosos que toman en cuenta la incidencia de nuevos desafíos políticos y económicos imposibles o al menos difíciles de percibir en su totalidad en 2014. Esto vale por ejemplo para el impacto de las nuevas corrientes migratorias y las tendencias racistas y derechistas en el mundo del

1 Artigo publicado originalmente pela Friedrich-Ebert-Stifumg Library (Spanish version), em abril de 2019. Disponível em: http://library.fes.de/pdf-files/id/ipa/15438.pdf, abril de 2019. Texto em espanhol publicado, com autorização, originalmente na Revista Direito das Relações Sociais e Trabalhista. Brasília: UDF, Volume 6, Número 2, Maio/Agosto, 2020 (1ª parte) e Volume 6, Número 3, Setembro/Dezembro, 2020 (2ª parte) e, em sequência, no presente livro coletivo. Disponível em: https://publicacoes.udf.edu.br/index.php/relacoes-sociais-trabalhista/issue/archive.

2 Director del Departamento de Política Salarial y Sindical del Instituto de Investigaciones Económicas y Sociales (WSI) de la Fundación Hans Böckler.

3 Asistente científico del Instituto de Sociología de la Universidad Georg August de Gotinga, Alemania.

trabajo y en las empresas. Por el otro lado, la contribución se ocupa de los retos fundamentales de la política laboral y salarial, como por ejemplo la cuestión del trabajo. Posteriormente, el texto ofrece una descripción más detallada de algunos problemas específicos y de los posicionamientos sindicales ante el desarrollo tecnológico de las fuerzas productivas (digitalización e Industria 4.0), sin pretender un análisis exhaustivo de la evolución en el escaso espacio disponible. El texto concluye con un resumen sucinto de las cuestiones estratégicas que a nuestro juicio revisten mayor importancia.

2. CONDICIONES POLÍTICAS Y ECONÓMICAS GENERALES

2.1. La situación política en el otoño de 2018

En las elecciones federales del 24 de septiembre de 2017, el partido Alternativa para Alemania *(Alternative für Deutschland,* AfD) se convirtió en el primer partido en actuar en el extremo derecho del espectro político que logra acceder al Parlamento federal, el *Bundestag,* desde el período legislativo 1949-1953. Con el 12,6 por ciento de los votos, el AfD obtuvo el tercer puesto, después de los partidos de gobierno, la Unión Demócrata-Cristiana (*Christlich Demokratische Union,* CDU), la Unión Social Cristiana (*Christlich Soziale Union,* CSU), y el Partido Social Demócrata de Alemania *(Sozialdemokratische Partei Deutschlands,* SPD).

Esta tendencia se consolidó en las elecciones a nivel de los estados federados entre la segunda mitad de 2017 y fines de 2018. Al concretar resultados porcentuales de dos dígitos la AfD ingresó a los parlamentos de los estados de Baviera y Hesse y cuenta ahora con representaciones parlamentarias en todos los parlamentos estatales de Alemania. De esta manera se acentúa el giro a la derecha a nivel nacional, cuyas causas se aducen a menudo, en la opinión algo simplista de algunos comentaristas políticos, al debate sobre la migración actualmente en curso. Sin embargo, la crisis de los grandes partidos mayoritarios de antaño, el SPD y la CDU/CSU, encierra otras dimensiones que se reflejan también en la aparición de otros debates políticos (política de vivienda, política de tránsito, crisis de representación).

En las elecciones de Baviera y Hesse el incremento de los votos del partido Los Verdes llamó poderosamente la atención. En ambos estados federados Los Verdes lograron atraer votos del SPD y de los partidos de la Unión, convirtiéndose así en la segunda fuerza política. Gracias a un creciente caudal de votos, el partido liberal FDP logró su representación en ambos parlamentos, al igual que el partido de izquierda *Die Linke,* que consiguió una leve mejora.

Desde la perspectiva sindical, las constelaciones parlamentarias inestables resultantes son problemáticas, porque las opiniones favorables a los sindicatos se ven cada vez más marginadas en los parlamentos, mientras se fortalece el perfil de las posturas antisindicales. Antes de la presencia de la AID, el FDP había sido el partido más distanciado de los sindicatos. Pero desde 2017, el *Bundestag* cuenta con la presencia de la AID como un partido que agita abiertamente contra los sindicatos.[4] Esta afirmación vale para los dos alas del partido, la neoliberal y la social nacionalista. A nivel federal, el SPD y *Die Linke,* los partidos de mayor cercanía programática con los sindicatos, ni siquiera llegaron a una aprobación de 30% en 2017. Esta tendencia se profundizó en las elecciones a nivel de los estados federados de 2018. Ante la posibilidad de que se formara un gobierno sin el SPD, aunque con participación del FDP – que repetidas veces se había manifestado en contra de los sindicatos en el pasado – y de Los Verdes, cuya política industrial fue evaluada críticamente, por lo menos en parte, luego de los comicios legislativos federales la dirección de los sindicatos alemanes se pronunció a favor de la continuación de la gran coalición (Frese 2018).

Cuadro 1 – Resultados de las elecciones legislativas federales de 2017 y 2013, totales y afiliados sindicales

Resultados de las elecciones legislativas federales de 2017 y 2013, totales y afiliados sindicales

	CDU/CSUSPD		Linke	Greens	FDP	AfD
Resultados electorales, 2017	33,0	20,5	9,2	8,9	10,7	12,6
Afiliados sindicales, 2017	24	29	12	8	7	15
Resultados electorales, 2013	41,5	25,7	8,6	8,4	4,8	4,7
Afiliados sindicales 2013	33	36	11	8	3	5

Incidió en esta opción la perspectiva de un acceso político asegurado al Ministerio de Trabajo y Asuntos Sociales bajo la dirección del SPD, pero también la expectativa de dar continuidad a la política industrial llevada a cabo por la gran coalición desde el año 2013, que daba cabida a los sindicatos (cfr. Kern 2018). La DGB evaluó como bueno en términos generales el pacto de coalición firmado por la Unión y el SPD en 2018 *(Einblick* 2018). Se celebró la intención de volver al financiamiento paritario del seguro de salud, así como también el acuerdo de estabilizar el nivel de las jubilaciones a largo plazo. En cambio, criticó la continuación de las políticas de ahorro de los años anteriores, cuya promoción contó con el respaldo explícito del SPD..

En las encuestas a boca de urna que se hicieron el día de las elecciones, inmediatamente después de emitirse el voto, 14 por ciento de las y los votantes declararon ser integrantes de un sindicato.[5] Entre los afiliados, el SPD continuó

4 Sobre las consecuencias de esta evolución para la política sindical, v. también la Sección.

5 El *Forschungsgmppe* Wahlen (FGW), un instituto de opinión con sede en Mannheim, realiza encuestas a boca de urna exhaustivas periódicas que sirven de base para el análisis del comportamiento electoral de determinados grupos de votantes.

siendo el partido más votado en 2017 con el 29 por ciento de los votos, pero la comparación con el año 1998, cuando el 56 por ciento de los afiliados votó al SPD, revela la gravedad del descenso en curso. El panorama mejora apenas, si se suma el porcentaje de los votos recibidos por *Die Linke*, porque este partido absorbe apenas una pequeña parte de los votos perdidos por el SPD. Preocupa el buen resultado de la AfD, incluso entre afiliados sindicales: Con el 15 por ciento de los votos, ese partido logró incluso un resultado por encima de la media. Hace tiempo que no caben dudas de que la afiliación sindical no inmuniza contra el voto a favor de candidatos de extrema derecha.

Las elecciones legislativas en los estados federados antes y después de los comicios federales de 2017 confirmaron esta evaluación en grandes rasgos.

2.2. Las condiciones macroeconómicas

Después de la crisis financiera de 2008-2009, la economía alemana ha logrado una recuperación duradera. La caída del crecimiento económico sufrida en 2009 constituyó un hecho de una gravedad, que no se ha repetido. Desde 201O la economía alemana se ha caracterizado por un continuo crecimiento. A diferencia de otros países de la Unión Europea (UE), el producto bruto interno (PBI) crecerá en 2018 por noveno afio consecutivo (Comisión Europea 2018). Los datos del mercado de trabajo parecen reflejar esta tendencia.

Cuadro 2 - Tasa de desempleo en Alemania, 1992–2017

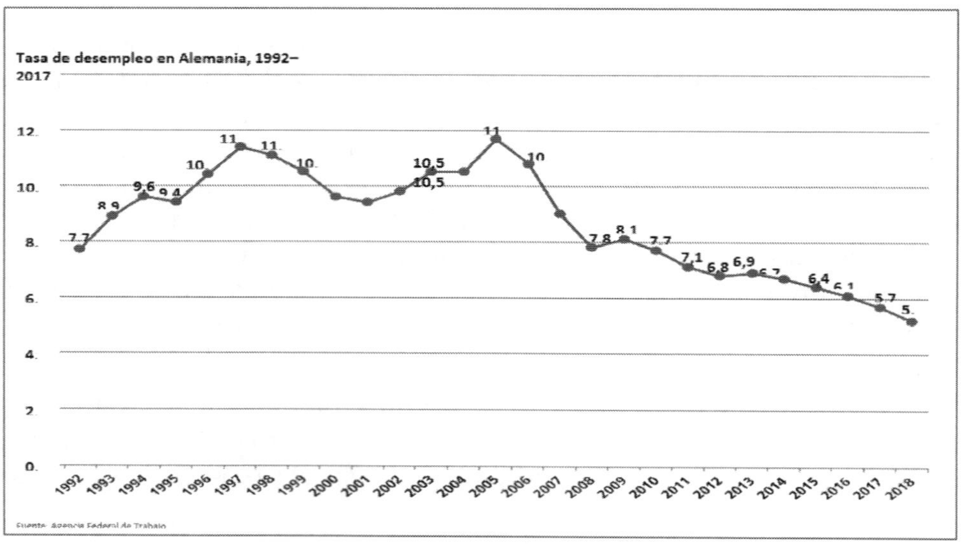

Si bien en 2017 la Agencia Federal de Trabajo (BA, por su nombre en alemán) seguía registrando un promedio de 2,5 millones de desocupados, esta cifra se ubica 900.000 por debajo de la registrada en 2017, el año de la crisis. La tasa de desempleo de 2017 alcanzó 5,7 por ciento, el nivel más bajo desde 1991. La desocupación registrada se ha reducido a algo más de la mitad desde su punto más alto en 2005 (v. cuadro 1). Y en el contexto de la Unión Europea (UE 28), las personas desocupadas registradas en Alemania en 2017 llegaron a la mitad del promedio de la UE, con la segunda tasa de desocupación más baja jamás registrada (Lübker/Schulten 2018, 403). En el verano de 2018 el número de trabajadores formales y la tasa de empleo alcanzaron un nivel récord. En junio de 2018 el número de trabajadores afiliados a la seguridad social se ubicó en cerca de 32,9 millones de trabajadores, el nivel más elevado desde la unificación alemana, lo que equivale a un crecimiento de 4,7 millones de personas en comparación con el año crítico de 2009.

En cambio, se registró entre 2009 y 2017 una reducción em 400.000 del número de trabajadores dependientes con remuneraciones bajas, para ubicarse en 4,9 millones de personas en total.[6]

Aun teniendo en cuenta que las estadísticas no reflejan el subempleo en su totalidad, al representar solamente a los desocupados registrados, cabe recordar que en 2018 Alemania tenía la segunda tasa más baja de desempleo de la UE, detrás de República Checa (Eurostat 2018). Sin embargo, un empleo remunerado no equivale a una garantía de bienestar. Según datos de la Agencia Federal de Trabajo correspondientes a marzo de 2018, alrededor de 1,2 millones de personas con empleo percibieron, además de su remuneración, el subsidio de desempleo de la categoría 2 (subsidio de desempleo de segunda clase, llamado »Hartz IV«).[7] En 2014, el sector de bajos salarios, que se define como el sector de personas ocupadas con un ingreso inferior a dos tercios del salario medio nominal, era de 22,5 por ciento, uno de los guarismos más altos (Eurostat 2016), aproximadamente 2,5 veces más alto que el Dinamarca y el de Francia. Otro indicador importante del bienestar personal aparte del ingreso, el patrimonio, permite constatar que, de acuerdo con estimaciones conservadoras, en 2014 el 10 por ciento de los hogares más ricos concentraron el 60 por ciento del patrimonio, mientras el 20 por ciento de menores ingresos no tenían ningún patrimonio (Grabka/Westermeier 2014). Desde 2010, la brecha entre las remuneraciones y los patrimonios se ha ensanchado (Spannagel 2018). El problema se agrava por el aumento explosivo de los precios, y más específicamente de los alquileres, en las grandes ciudades y áreas metropolitanas. El impacto de la fuerte escasez de viviendas que acompaña esta evolución se siente incluso en las capas medias, aunque afecta sobre todo a personas en zonas con altos índices

6 En el caso de un empleo con baja remuneración la persona empleada percibe una remuneración mensual no superior a 450 euros (en 2009 el umbral mínimo se ubicaba en 400 euros al mes).

7 Agencia Federal de Trabajo, Estadísticas, *Enrerbsfahige Leistungsbe – rechtigte (ELB) am Arbeitsmarkt*, informe correspondiente a junio de 2018.

de pobreza. Tanto las organizaciones caritativas como los sindicatos advierten periódicamente sobre las secuelas que esta pobreza ya no tan "nueva" tendrá en la estructura de la participación individual y la democracia (por ejemplo, Der Paritätische Wohlfahrtsverband 2017).

En parte, la polarización de los ingresos es también el resultado de la precarización de las relaciones de trabajo. Luego de la desregulación de 2002, el trabajo temporal experimentó un fuerte incremento y alcanzó su pico histórico preliminar en 2017, con 1,03 millones de personas ocupadas. Más de 90 por ciento de las y los trabajadores temporales tienen un empleo con cobertura de seguridad social. El porcentaje total del trabajo temporal llega apenas al 3 por ciento de todas las personas ocupadas. Sin embargo, este valor agregado esconde una distribución muy desigual. A menudo las empresas manufactureras emplean entre 10 y 20 por ciento de personal temporal, y en algunos casos hasta la mayoría del personal. Además, en 2017 aproximadamente 3,2 millones de personas ocupadas tenían un contrato por tiempo limitado (Hohendammer 2018). Y con una participación del 8,3 por ciento en las relaciones de trabajo en 2017, los contratos por tiempo limitado también alcanzaron su nivel más alto hasta el momento. La limitación tiene un impacto particularmente fuerte en la contratación de nuevo personal, caso en el que el porcentaje de contratos limitados alcanzó el 44 por ciento en 2017, un valor que se ha mantenido casi constante desde mediados de la primera década de 2000.

En su resumen, el informe de distribución del Instituto de Ciencias Económicas y Sociales (WSI, por su nombre en alemán) correspondiente al año 2018 llega a la conclusión de que Alemania se sigue caracterizando por altos niveles de desigualdad social (Spannagel 2018), con una pobreza duradera que contrasta con la riqueza consolidada.

3. EL PAISAJE SINDICAL

La Constitución alemana – la Ley Fundamental – garantiza la libertad de asociación. Los trabajadores tienen el derecho de unirse para formar sindicatos, nadie debe ser impedido de afiliarse. La afiliación tiene carácter voluntario. A diferencia de Bélgica o algunos países escandinavos, los sindicatos alemanes no intervienen en el pago del subsidio de desempleo o de jubilaciones o pensiones del Estado.

Las relaciones laborales en Alemania se caracterizan por el sistema dual de representación de los intereses, en el que la política laboral y salarial es competencia exclusiva de las asociaciones empresariales, las empresas y los sindicatos. A nivel de las empresas, los comités de empresa independientes, elegidos por los trabajadores y formalmente independientes de los sindicatos, cumplen un papel clave en la defensa de los intereses de los trabajadores de la empresa.[8] La relación entre los sindicatos y los comités de empresa surge del hecho de que los miembros de los comités integran en su mayoría un sindicato (Greifenstein ua. 2017), al tiempo que intervienen en las decisiones sobre política laboral y salarial y organización de sus respectivas organizaciones.

A finales de 2018, aproximadamente 7,8 millones de personas pertenecían a un sindicato. Estas afiliaciones se distribuyen fundamentalmente en tres centrales de envergadura muy variada que compiten entre sí, así como en organizaciones sindicales independientes, sin afiliación a ninguna central.[9] La Confederación de Sindicatos Alemanes (DGB, por su nombre en alemán), fundada en 1949, es la central sindical por lejos más importante del país. A finales de 2018, los ocho sindicatos miembros de la DGB contaban con casi seis millones de afiliaciones, equivalentes a 75 por ciento de todas y todos los sindicalistas. Le sigue la Federación Alemana de Funcionarios y Unión Salarial (DBB), generalmente conocida como Federación de Funcionarios, con 1,3 millones de afiliaciones. La Confederación Cristiana de Sindicatos (CGB) es la central menor, y contaba, según sus datos, con 271.000 afiliaciones en 2016. Según estimaciones del WSI, las organizaciones sindicales sin afiliación a ninguna de las centrales sumaron aproximadamente 280.000 miembros en conjunto.

Desde 1945 prevalece el principio de sindicato unitario en Alemania, debido a que la división política del movimiento sindical fue considerada una de las causas que posibilitaron su destrucción casi sin resistencia por los nacionalsocialistas en 1933. No existen vínculos formales entre los sindicatos miembros de la DGB y de la DBB con un determinado partido político, tampoco reciben financiamiento de partido alguno. No obstante, históricamente los sindicatos afiliados a la DGB mantuvieron una relación más cercana al SPD. Esta relación entró en crisis en 2003, cuando el gobierno formado por socialdemócratas y verdes encabezado por el canciller federal Gerhard Schröder aplicó fuertes recortes al seguro de desempleo y fomentó activamente el sector de salarios bajos, contra la voluntad de la DGB.

Este distanciamiento entre el SPD y los sindicatos de la DGB coadyuvó en 2005 a la fundación del partido *Die Linke*, que contó con el respaldo activo de una minoría relevante del movimiento sindical, sobre todo de ver.di [servicios] e IG Metall [metalúrgicos]. El aumento de la edad jubilatoria a 67 años por la CDU/CSU y el SPD en 2007 profundizó aún más la desafección. En cambio, la

---

8 Los funcionarios de la administración pública eligen los llamados consejos del personal, que operan sobre una base legal independiente, aunque similar.

9 La *United Leaders Association (Unión de las asociaciones alemanas de personal de dirección,* ULA) no conforma una central sindical stricto sensu, porque solamente una parte de sus organizaciones afiliadas se definen como sindicatos. El sindicato más importante que integra la ULA es la Asociación de Académicos, Empleados y Directivos Administrativos de la industria química (VAA, por su nombre en alemán), que tiene 30.000 afiliados, según sus datos.

superación de los efectos de la crisis económica de 2008-2009 contribuyó a un renovado acercamiento entre los dirigentes del SPD y la DGB que ha continuado desde 2013 y encuentra su expresión más visible en la estrecha cooperación entre la DGB y el Ministerio de Trabajo, conducido por la socialdemocracia. Los resultados de las elecciones legislativas federales de 2017 indican, sin embargo, que el nuevo acercamiento no encuentra un eco palpable entre los afiliados sindicales en general. El presidente de la DGB, Reiner Hoffmann, reelegido en 2018, integra el SPD, al igual que los presidentes del IG BCE (Minería, Química y Energía) y de la IG Metall, Michael Vassiliadis y Jörg Hoffmann.

3.1. La DGB y sus sindicatos industriales

En la DGB rige el principio: una empresa, un sindicato. Los ocho sindicatos miembros de la DGB se definen como sindicatos industriales, que organizan a todos los trabajadores de los sectores y empresas o entidades de servicio en el área de organización de su competencia. Sin embargo, una serie de fusiones y asociaciones ha desembocado en el surgimiento de grandes sindicatos que abarcan múltiples sectores. En los últimos años, la reestructura de sectores y empresas, la duplicación de competencias (por ejemplo en educación, energía y logística) y la aparición de nuevas industrias (TI, energía solar y eólica) desencadenaron problemas de delimitación y conflictos entre los sindicatos industriales de la DGB, que se generaron más a menudo que en períodos anteriores. En consecuencia, se adoptaron varios acuerdos intersindicales con la finalidad de mitigar dichos conflictos, y por esta vía se logró encaminar un conflicto especialmente duro en torno a la competencia en el área de la logística de contratos entre la IG Metall y ver.di.

Los sindicatos miembros de la DGB se financian exclusivamente sobre la base de cotizaciones y su patrimonio. No reciben fondos estatales ni subsidios públicos. La remuneración del aparato, del personal administrativo y de los funcionarios empleados está a cargo de los sindicatos. En la mayoría de los sindicatos miembros de la DGB la cuota social asciende al 1 por ciento del salario mensual bruto; las personas desocupadas y jubiladas pagan menos. Por lo general, el pago se efectúa mediante autorización de cobro, la cuota se actualiza automáticamente en función de los aumentos de salario. Por esta razón, en los años con buenos acuerdos salariales los ingresos anuales por concepto de cuotas de los sindicatos se pueden mantener estables o incluso crecer, a pesar de una tendencia moderada a la baja de las afiliaciones.

Cuadro 3

Sindicato	Áreas de organización	Afiliaciones 2018
Unión Industrial de Trabajadores del Metal (IG Metall)	Industria metalúrgica y electrotécnica; industria siderúrgica; textiles y vestimenta; limpieza de textiles; procesamiento de madera; talleres de automoción, electricidad, carpintería y sanitaria; Facility Management; logística de contratos.	2.271.000
Sindicato Unido de Servicios (ver.di)	Servicio civil; comercio, bancos y seguros; salud; cuidados; servicios sociales y educativos; transporte; correos; telecomu- nicación; puertos; medios; industria de impresión; vigilancia y servicios de seguridad; sector inmobiliario; bomberos, etc.	1.969.000
Sindicato Industrial de Minería, Química y Energía (IG BCE)	Industria química; industria farmacéutica; minas; empresas energéticas, etc.	632.000
Sindicato de Educación y Ciencia (GEW)	Escuelas, instituciones de educación terciaria, educación infantil, capacitación	279.000
Sindicato Industrial de la Construcción, la Agricultura y el Medio Ambiente (IG BAU)	Industria de la construcción; talleres de construcción; limpieza de edificios; servicios de mantenimiento edilicio; agricultura y silvicultura	247.000
Sindicato de Alimentación, Tabaco y Restaurantes (NGG)	Industria de la alimentación, sector alimentario tradicional, industria de la bebida, molinos, hoteles y restaurantes, restauración colectiva	198.000
Sindicato de la Policía (GdP)	Servicios policiales	191.000
Sindicato Ferroviario y de Tránsito (EVG)	Ferrocarriles, transporte ferroviario	187.000

Fuente: DGB; Resumen:

El porcentaje de mujeres en los sindicatos de la DGB se ha mantenido bastante estable en los últimos años. En 2018 ascendió a 34 por ciento de un total de 5.975.000 afiliados, lo que representa un leve aumento de 2 por ciento desde 2008. La proporción de mujeres en los sindicatos industriales depende de la estructura de empleo en las respectivas áreas de organización en cuestión. En 2018 el porcentaje de mujeres más alto correspondió por lejos al GEW, con 72 por ciento. Le siguió ver.di, con 52 por ciento, y NGG, con 42 por ciento. Los tres sindicatos organizaron a sectores con una proporción de trabajadoras bastante alta. Una proporción claramente menor de afiliadas se registró en la IG Metall, con 18 por ciento, y en el EVG y el IG BCE, con 22 por ciento en ambos casos. En el GdP y el IG BAU, las mujeres equivalen a alrededor de un cuarto de las afiliaciones, con el 25 y el 27 por ciento, respectivamente.

Entre los trabajadores más jóvenes los sindicatos de la DGB ostentan tasas de representación por debajo de la media. A finales de 2017 la proporción de jóvenes, que comprende la totalidad de los afiliados hasta los 27 afias, llegó al 8,5 por ciento. Sin embargo, en el mismo momento la participación porcentual de este grupo etario en el total de los ocupados sujetos al seguro social alcanzó 16,6 por ciento, es decir, casi el doble. Entre las y los jóvenes se repiten las marcadas diferencias existentes entre los sindicatos industriales. A finales de 2017 el sindicato de la polida ostentó la proporción por lejos más alta de jóvenes, con casi el 20 por ciento de las afiliaciones. Los sindicatos de la industria química y metalúrgica se ubican en el segundo y tercer puestos, con aproximadamente el 10 por ciento en ambos casos. Con el 5,5 por ciento ver.di alcanzó una proporción de jóvenes claramente menor. El GEW ocupó el último lugar, con el 4 por ciento. La organización de trabajadores jóvenes se enfrenta al problema estructural de la reducción del número de aprendices, de 1,68 millones en 2001 a 1,32 millones en 2017 (Destatis 2018). Dado que durante su formación, en Alemania, los aprendices se encuentran la mayor parte del tiempo en las empresas, resulta más fácil contactados donde hay comités de empresa integrados por sindicalistas que pueden proponerles una afiliación sindical sin mayores obstáculos.

A diferencia de otros países, en Alemania la afiliación sindical no cesa automáticamente con el cambio del empleo, ni tampoco a causa de desocupación o jubilación. En los casos de cambios del sindicato, se computan los anos de afiliación acreditada en el seno de la DGB. Cerca del 20 por ciento de las afiliaciones a los sindicatos de la DGB corresponden a personas jubiladas y alrededor del 5 por ciento a desocupadas. La proporción de los afiliados económicamente activos varia de un sindicato a otro, y algunas organizaciones no publican los números correspondientes. La IG Metall y ver.di son la excepción a la regla: en el caso de ver.di las personas activas en 2017 fueron el 76 por ciento de los afiliados y en la IG Metall, el 70 por ciento.

En 2005 se suprimió la diferenciación histórica del derecho de trabajo y el derecho social entre trabajadores y empleados. Los últimos datos desglosados referidos a los socios de los grandes sindicatos industriales y ver.di datan de 2014. En ese momento la economía en su totalidad registraba al 68 por ciento de la población activa dependiente como empleadas/os, al 21 por ciento como trabajadoras/es, al 6 por ciento como funcionarias/os públicas/os y al 4 por ciento como aprendices. Aunque en el IG BCE la proporción de trabajadoras/es se ubicaba en casi 75 por ciento y en la IG Metall en alrededor de 80 por ciento. Muy diferente fue la situación en ver.di, con apenas el 30 por ciento de trabajadoras/es, una amplia mayoría de empleadas/os y un porcentaje menor de funcionarias/os públicas/os. Estas diferencias reflejan en parte las variadas estructuras sectoriales. Pero la presencia relativamente baja de empleadas/os en el IG BCE y la IG Metall es también expresión de su arraigo histórico en las ramas de producción de las grandes industrias. Tanto el IG BCE como la IG Metall se están esforzando por lograr una mayor presencia en las áreas de desarrollo, investigación y TIC de los sectores que representan.

Alrededor de 420.000 afiliados de los sindicatos de la DGB (sobre todo, ver. di, GEW, GdP y EVG) son funcionarios públicos. Tienen un estatus especial en Alemania, concedido por el Estado con carácter vitalicio, que los protege de ser despedidos, salvo en casos de actos delictivos. Las funcionarias y los funcionarios gozan de libertad sindical, pero sus remuneraciones y horarios de trabajo son fijados por ley por los parlamentos. No participan en las negociaciones colectivas, y por su estatus especial no tienen derecho de huelga, de conformidad con la opinión jurídica dominante que fue confirmada expresamente por el Tribunal Federal Constitucional en junio de 2018 (Tribunal Federal Constitucional 2018).

Según los datos más actualizados, en 2016 el Estado empleó a cerca de 1,7 millones de funcionarias/os (incluyendo juezas y jueces).

Cuadro 4 – Sindicatos afiliados a la DBB

Sindicato	Áreas de organización	Afiliaciones
Federación de Formación y Educación (VBE)	Educadoras y educadores a nivel preescolar, primario, secundario —ciclo básico y ciclo superior— y formación docente	164.000*
Sindicato Alemán de la Policía (DPolG)	Servicios policiales	94.000*
Sindicato komba (komba)	Trabajadores municipales, empresas de servicios municipales privatizadas	90.000*
Asociación Alemana de Filólogos (DPhV)	Profesoras y profesores de liceos, escuelas y liceos integrados, institutos universitarios y universidades	90.000*
Sindicato Alemán de la Administración Impositiva (DStG)	Administración fiscal, autoridades impositivas	70.000*
Sindicato de la Seguridad Social (GdS)	Seguridad social (enfermedad, jubilaciones, accidentes, desempleo)	42.000**
Sindicado de los Conductores Ferroviarios de Alemania (GDL)	Ferrocarriles	34.000*
Sindicato de Comunicación DPV (DPVKOM)	Deutsche Post AG, Deutsche Telekom AG, Deutsche Postbank AG	27.000**

3.2. Federación de funcionarios y otros sindicatos

La segunda central en importancia es la Federación de Funcionarios y Unión Salarial (DBB). Aglutina 40 sindicatos federales y de sectores específicos, que organizan, fundamentalmente, a funcionarias/os públicas/os, pero también a trabajadores asalariados de todos los niveles de la función pública y, en palie, también del sector de servicios privado. A finales de 2018, todos los sindicatos miembros de la DBB registraban 1.318.000 afiliaciones, 32 por ciento de ellas, mujeres. En el caso de los sindicatos miembros de la DBB, el grupo de los jóvenes comprende a todos los afiliados de entre 16 y 30 años, alrededor del 11 por ciento del total (aproximadamente 150.000 afiliados). No se dispone de datos sobre el porcentaje de afiliados no activos. La DBB es la central que cuenta por lejos con más funcionarios públicos afiliados, en total 925.000. A diferencia de los sindicatos de la DGB, la DBB ha manifestado siempre su oposición al derecho de huelga de los funcionarios públicos.

Otros sindicatos de rama importantes se han constituido en el sector de escuelas, liceos y pedagogía, en las agencias de seguridad y en las administraciones locales y tributarias. Los intereses de los 394.000 afiliados de la DBB sin estatus de funcionario público son representados por la DBB Unión Salarial *(DBB tarifunion)*. Con respecto a los funcionarios públicos, la DBB tarifunion actúa como parte de un grupo negociador, en conjunto con ver.di y otros sindicatos de la

DGB. Sin embargo, en otros sectores hay organizaciones que compiten con los sindicatos de la DGB. Un ejemplo destacado es el Sindicato de Conductores Ferroviarios de Alemania (GDL), que organiza a los conductores y una parte del personal del tren. El GDL mantiene una dura rivalidad con el EVG, el sindicato por lejos más grande del sistema ferroviario. A su vez, la DBB se autodefine como una central sindical políticamente independente, aunque mantiene relaciones tradicionalmente buenas con los partidos CDU y CSU. Ulrich Silberbach, presidente de la DBB desde 2017, integra el CDU.

La Confederación Cristiana de Sindicatos (CGB) es la tercera central sindical, y por lejos la de menor importancia. A diferencia de las otras dos confederaciones, se autodefine como un sindicato con tendencia político-religiosa. La central tiene 13 sindicatos especializados afiliados, aunque solo algunos de ellos actúan con autonomía en las negociaciones colectivas. Según datas propios, en 2016 la central registraba 271.000 afiliaciones, correspondiendo el 24 por ciento de ellas a mujeres. La central no proporciona información sobre sus sindicatos industriales, pero se calcula que el Sindicato Metalúrgico Cristiano (CGM) y la organización DHV – sindicato de los profesionales – sean los mayores. Supuestamente el CGM tiene 87.000 integrantes,[10] entanto el sitio web del DHV informa de aproximadamente 73.000 miembros en 2018. Sin embargo, hay fuertes dudas respecto del número de afiliaciones de ambos sindicatos. Hay indicias de que el DHV jamás ha tenido más que 32.000 afiliados, y el DHV posiblemente ni siquiera 20.000 (Müller/Wassermann 2015). Por lo tanto, habría que ser cauto respecto del total de afiliaciones de la CGB.

Los sindicatos que integran la CGB no tienen la capacidad de llevar a cabo una huelga en ningún sector, a diferencia de los fuertes sindicatos cristianos belgas, por ejemplo. En el pasado se han vuelto atractivos para las empresas, porque firmaron convenios salariales que socavaron las condiciones salariales y de trabajo acordadas por los sindicatos de la DGB. En los últimos tiempos, los sindicatos de la CGB se han esforzado por liberarse de la imagen del sindicalismo de subcotización.[11]

Al igual que la DBB, la CGB se autodefine como independiente, a pesar de su cercanía política con los partidos democratacristianos. La preside el antiguo diputado federal por la CSU Matthäus Strebl. No obstante, la mayoría de los trabajadores sindicalizados cercanos a la CDU y la CSU se afilian a uno de los sindicatos de la DGB, no de la CGB.

Los sindicatos de la DGB ven a la CGB como una organización adversaria, a la que combaten. En varias ocasiones lograron que los tribunales denegaran a

---

[10] Oeckl, *Handbuch des offentlichen Lebens,* edición online, www.oeckl.de, sobre la base de informaciones sindicales [31de julio de 2018].

[11] Siguiendo esta línea de acción, a mediados de 2018 el DHV denunció el convenio salarial que había concluido con una pequeña empresa subsidiaria del grupo minorista Metro, cuando este intentó de servirse del convenio para socavar el convenio colectivo del comercio minorista firmado por ver.di.

algunos sindicatos de la CGB el derecho de negociar convenios salariales, por ejemplo en el ramo del trabajo temporal. El retiro de la capacidad de negociar tales convenios implica que todos los convenios concluidos por esos sindicatos o grupos negociadores pierdan validez.

3.3. Sindicatos gremiales y sectoriales

Varios sindicatos no están afiliados a ninguna de las centrales. Según estimaciones del WSI correspondientes al año 2017, en ese año tuvieron 280.000 afiliados; no todos los sindicatos de este grupo firman convenios salarios propios. Lo que tienen en común es la organización de grupos gremiales o profesionales específicos.

La organización más importante es por lejos la Sociedad de los empleados y funcionarias médicos de Alemania Marburger Bund (MB), que organiza sobre todo a los médicos empleados de los hospitales. A principias de 2018 este sindicato contaba con cerca de 120.000 afiliaciones, convirtiéndose en el de mayor peso de ese grupo profesional. El 53 por ciento de las afiliaciones correspondía a mujeres. Hasta 2005, el MB participaba en las negociaciones salariales conjuntamente con los sindicatos competentes de la DGB; sin embargo, a partir de ese año optó por una política laboral y salarial independiente. Con la primera huelga médica masiva en los hospitales alemanes en 2006, el MB logró, por primera vez, la firma de convenios independientes, y registró un fuerte aumento de afiliaciones. En un primer momento, la rivalidad en materia de política laboral y salarial provocó tensiones considerables con ver.di, que organiza sobre todo al personal de enfermería y técnico de los hospitales. Sin embargo, en 2017 MB y ver.di acordaron que respetarían las respectivas autonomías en las negociaciones salariales y laborales en el sistema de salud y no aceptarían que los operadores de los hospitales los enfrentaran entre ellos.[12]

La Asociación Alemana de Periodistas *(DN)* es la principal organización sindical en representación de los periodistas de las casas editoriales y publicaciones periódicas. En 2017 tenía aproximadamente 33.500 afiliados. Este sindicato compite con la Unión Alemana de Periodistas (DJU), cuyas afiliaciones llegan aproximadamente a la mitad de la *DN* y que forma parte de ver.di. Por lo general, ambos sindicatos actúan en conjunto durante las negociaciones colectivas. Por otra parte, la Asociación Alemana de Empleados Bancarias (DBV), con 21.000 integrantes según la información proporcionada por la organización, siempre se ha autodefinido como el segundo sindicato del sector bancaria, además de ver. di. Luego de años de duros enfrentamientos, en 2011 se inició un acercamiento

---

12 Paralelamente, se busca evitar que se aplique la ley relativa a la unidad de negociación. Esta ley fue aprobada por la "coalición grande" en 2015 y prevé la posibilidad de que, en el caso de coexistir varios convenios colectivos, en determinadas condiciones solo sea aplicable aquel firmado por el sindicato con más afiliaciones. La ley, por cierto controvertida en la DGB, fue recurrida ante el Tribunal Federal Constitucional por ver.di y el MB, entre otras organizaciones. En 2017 el Tribunal reconoció la constitucionalidad en principio de la norma.

paulatino entre la DBV y ver.di, que desembocó en un acuerdo sobre la formación de un grupo negociador para el área de la banca cooperativa.

En el área de la aeronáutica hay varios sindicatos que coexisten con ver.di. Por un lado, la Asociación Cockpit (VC) representa, según sus propios datos, a 9.600 afiliados, constituyéndose así en el sindicato de pilotos más importante. Ganó su autonomía en materia de política laboral y salarial a partir de una huelga en la principal empresa aérea de Alemania, Lufthansa, y en 2018 inició un conflicto laboral con Ryan Air. La Organización Independiente de Acompañantes de vuelo (UFO), que actúa en el área de la tripulación de cabina de las empresas aéreas, informa de 13.000 afiliados. Por último, el personal de control aéreo está representado en su totalidad por el Sindicato del Control Aéreo (GdF).

4. DESAFÍOS ORGANIZATIVOS

4.1. Evolución de las afiliaciones

Los sindicatos en general gozan de una imagen bastante positiva; por lo menos así lo indican las encuestas. En 2018, el 75 % de los encuestados asociaban algo positivo con el término "sindicatos" (v. cuadro 4).

Sin embargo, desde la década de 1990 esta imagen generalmente positiva de los sindicatos ha contrastado con una fuerte caída de las afiliaciones. Esta afectó sobre todo a la DGB, con una reducción a menos de seis millones de miembros, un nivel históricamente bajo, si tenemos en cuenta que la presencia de la central antes de 1990 se limitaba a Alemania Occidental.

Cuadro 5 – Eurobarómetro: Imagen pública de los sindicatos (em %)*

Eurobarómetro: Imagen pública de los sindicatos (em %)*

	En general positiva	En general negativa
Otoño de 2009	60	25
Otoño de 2014	60	32
Otoño de 2015	66	27
Primavera de 2016	68	24
Primavera de 2018	**76**	**18**

Fuente: Comisión Europea, *Eurobarometer Survey*, varias ediciones.

* Pregunta: »Por favor, indique en relación a cada uno de los términos a continuación, si le genera una asociación muy positiva, bastante positiva, bastante negativa o muy negativa«: »Sindicatos« (»muy positiva« y

Múltiples razones pueden explicar esta evolución. La acelerada desindustrialización de la antigua República Democrática Alemana (RDA) conllevó una caída casi en picada de las afiliaciones en el Este del país en los años 90. A esta se agregaba, en Alemania Occidental, la pérdida de muchos puestos de trabajo bajo el impacto de racionalizaciones, reestructuras y deslocaciones que afectaron a sectores industriales con alta sindicalización. Por ejemplo, la reducción ininterrumpida de las afiliaciones del IG BCE están directamente relacionadas con el abandono de la minería de carbón. La contracción de las grandes empresas y la externalización de servicios de las plantas de producción crearon dificultades para la IG Metall. Y la privatización del ferrocarril y del correo, que fue acompañada de una reducción de puestos de trabajo en las dos empresas grandes anteriormente en manos del Estado, tuvo un efecto igualmente negativo en el número de afiliados. Sin embargo, los sindicatos aún no han logrado mejorar su presencia en las áreas de servicios conformadas sobre todo por pequeñas empresas, para contrarrestar esa tendencia. De todos modos, al parecer la evolución se ha frenado desde 2008 (v. cuadro 5). Es más, entre los sindicatos de la DGB, GEW y GdP parecen haber logrado una inversión de la tendencia, y la IG Metall alcanzó una consolidación evidente. En cambio, ver.di aún debe preocuparse. Las afiliaciones crecientes en las áreas de la salud, de los servicios sociales y de la educación no compensan los números decrecientes en otras áreas como la administración pública y el comercio minorista.

Cuadro 6 – Evolución de las afiliaciones, 2001-2017

Evolución de las afiliaciones, 2001–2017

	2001	2008	2017	2001–2008	2008–2017
Confederación de Sindicatos Alemanes (DGB)	7.899.000	6.265.000	5.995.000	− 20,7 %	− 4,3 %
Sindicatos industriales de la DGB					
Unión Industrial de Trabajadores del Metal (IG Metall)	2.710.000	2.301.000	2.263.000	− 15,1 %	− 1,7 %
Sindicato Unido de Servicios (ver.di)	2.807.000	2.138.000	1.987.000	− 23,8 %	− 7,1 %
Sindicato Industrial de Minería, Química y Energía (IG BCE)	862.000	701.000	638.000	− 18,7 %	− 9,0 %
Sindicato Industrial de la Construcción, la Agricultura y el Medio Ambiente (IG BAU)	510.000	336.000	255.000	− 34,1%	− 24,1 %
Sindicato de Educación y Ciencia (GEW)	268.000	252.000	278.000	− 6,0 %	+ 10,3 %
Sindicato de Alimentación, Tabaco y Restaurantes (NGG)	251.000	206.000	200.000	− 17,9 %	− 2,9 %
Sindicato Ferroviario y de Tránsito (EVG)	306.000	219.000	190.000	− 28,4 %	− 13,2 %
Sindicato de la Policía (GdP)	185.000	169.000	185.000	− 8,6 %	+ 9,5 %
Federación Alemana de Funcionarios y Unión Salarial (dbb)	1.211.000	1.280.000	1.312.000	+ 5,7 %	+ 2,5 %
Confederación Cristiana de Sindicatos (CGB)	306.000	275.000	270.000	− 10,1 %	− 1,8 %
Sindicatos no afiliados	220.000	255.000	280.000	+ 15,9 %	+ 9,8 %
Entre ellos: Marburger Bund (MB)	70.000	106.000	120.000	+ 51,4 %	+ 13,2 %
Total	9.636.000	8.075.000	7.858.000	− 16,2 %	− 2,7 %
*Tasa de organización neta**	20 %	17 %	15 %		

Nota: * Cálculos del WSI; número de trabajadores: destatis; tasa de organización neta: hipótesis de 75% de afiliados económicamente activos. Fuentes: Datos proporcionados por los *sindicatos*; oeckl-online.de; cálculos propios del WSI.

Fuertes caídas se registraron en el EVG bajo el impacto de la reducción de personal de los ferrocarriles del *Deutsche Bahn.* Entanto, el IG Bau sufrió un desplome del número de afiliados. Las crecientes afiliaciones en el ramo de la limpieza de edificios fueron por lejos insuficientes para compensar los duros recortes provocados por el cambio estructural en la industria de la construcción.

La dbb ha sido la única central con una tendencia generalmente positiva del número de afiliados desde 1990, que se debía, entre otras razones, a la situación laboral estable de las funcionarias y los funcionarios públicos. No obstante, esta evolución no ha podido evitar que la proporción de los trabajadores sindicalizados en Alemania haya caído a un nivel bastante bajo, incluso en el contexto europeo. A diferencia de 2001, cuando alrededor de la quinta parte de los trabajadores ocupados integraban un sindicato, en 2017 apenas el 15 % habían obtenido su carnet sindical. A juicio del presidente de la DGB, esta evolución constituye una amenaza no solo para la capacidad estructuradora de los sindicatos, sino también para la legitimidad de sus pretensiones en ese sentido (Hoffmann 2018).

El nivel de organización decreciente viene acompañado del retiro territorial de las estructuras sindicales. Los sindicatos ya no están presentes en la vida cotidiana de muchas personas. Este déficit no puede ser neutralizado por una fuerte presencia mediática, porque la decisión a favor de la afiliación sindical depende en gran medida del contacto directo y de la visibilidad de los sindicatos en el entorno personal y el lugar de trabajo (Dribbusch 2003).

Sin embargo, a lo largo de su vida laboral muchos trabajadores (casi) no tienen contacto personal con una organización sindical, un hecho fuertemente dependiente del tamaño de la empresa. A diferencia de las empresas grandes, donde los sindicatos suelen tener una fuerte presencia en los comités de empresa y entre los trabajadores, esto resulta excepcional en las empresas pequeñas y medianas. Además, en las grandes industrias tradicionales los sindicatos pueden recurrir a una larga tradición, a diferencia de los sectores de servicios estructurados en pequeñas unidades, donde su intento de establecerse enfrenta serios obstáculos (cfr. Dribbusch 2003; Bremme et al. 2007; Birke 2010, entre otros). La dispersión de los trabajadores entre múltiples lugares de trabajo, muchas veces muy pequeños, y la fragmentación en relaciones laborales y regímenes horarios muy diversos dificultan la creación de estructuras de representación sindical. Para decirlo en pocas palabras: el número reducido de afiliaciones en el sector privado de servicios no resulta, en primer lugar, de una baja demanda de representación sindical, sino de su disponibilidad reducida. A falta de sindicatos, no hay afiliación.

Los éxitos en las negociaciones laborales y salariales, que los sindicatos alemanes logran a pesar de numerosas lagunas organizativas, dependen fundamentalmente de las islas mayores y menores de fortaleza sindical que se esconden detrás de las cifras promedio a nivel federal. El bastión sindical más fuerte sigue siendo la industria automotriz, con una tasa de afiliación que continúa muy por encima de la mitad del personal ocupado. En algunas fábricas hasta el 80 o 90 por ciento de los trabajadores fijos integran el sindicato. Esas empresas forman la columna vertebral de la IG Metall. Un grado muy inferior de organización se verifica en el sector de construcción de máquinas, donde coexisten algunas empresas bien organizadas con numerosas empresas pequeñas y medianas en las que a menudo los integrantes del sindicato se encuentran claramente en minoría. En la industria química se observan fuertes diferencias respecto del nivel de sindicalización. Con un nivel de afiliación al IG BCE de casi un tercio de todos los trabajadores, se trata de un sector con un nivel de sindicalización en el territorio superior a la media. En el caso de los servicios públicos, las empresas de transporte público y de eliminación de residuos aún existentes a nivel municipal continúan siendo los bastiones sindicales. No obstante, en las ciudades grandes cobran cada vez más peso los servicios sociales y de educación municipales, así como los hospitales públicos. En esta área existen fuertes diferencias entre las ciudades, pero sobre todo entre las zonas urbanas y rurales. Precisamente, en las ciudades pequeñas y en el medio rural faltan a menudo estructuras sindicales. Por lo tanto, la presencia sindical en las empresas es particularmente baja. En el sector privado de servicios las actividades fundamentales de las empresas *Deutsche Bahn, Deutsche Post DHL* y *Deutsche Telekom,* que surgieron a partir de la privatización de los servicios públicos de correo y ferrocarril, muestran un elevado grado de sindicalización. En cambio, resulta muy inferior la presencia de ver.di en las nuevas empresas de correo, telecomunicación y transporte que se establecieron en el mercado a partir de la liberalización. A nivel del comercio minorista, las insolvencias de algunas empresas bien organizadas le quitaron muchas bases a ver.di. Coexisten algunos grandes almacenes y cadenas de ropa de autoservicio con un alto grado de sindicalización con la gran mayoría de almacenes y sucursales sin organización sindical. Esto vale sobre todo para una porción importante del comercio de alimentos. Desde 2013 se está llevando a cabo un conflicto paradigmático con el gigante de las ventas por correo, Amazon, sobre la aplicación de los resultados de las negociaciones colectivas (Boewe / Schulten 2015). La organización del sector de la logística, de fuerte crecimiento desde mediados de la primera década de 2000, es otro desafío importante. En este sector operan sobre todo ver.di e IG Metall.

Hay repetidos ejemplos de éxitos laborales y salariales incluso en las ramas y empresas de servicio, que se logran a pesar del bajo grado de sindicalización gracias a la exitosa movilización hasta de grupos reducidos de afiliados, sobre todo, cuando se asegura el apoyo de la población. Fue un muy buen ejemplo de esto la primera huelga nacional del sector limpieza de edificios en 2009, en la cual el IG BAU pudo defender el salario mínimo nacional del sector gracias al fuerte apoyo público.

4.2. Arraigo em las empresas y cogestión

La presencia sindical en las empresas está estrechamente relacionada con la existencia de los comités de empresa y de personal. La ley sobre los comités de empresa habilita la creación de comités de empresa en todas las empresas de cinco o más trabajadores. Son elegidos por todos los trabajadores y actúan con independencia de los sindicatos, por lo menos formalmente. Sin embargo, constituyen casi siempre el nexo local con los sindicatos. La cooperación entre el comité de empresa y los sindicatos se apoya además en la legislación vigente.[13] Según un análisis de las elecciones a los comités de empresa encomendado por la Fundación Hans Böckler, en 2014 aproximadamente 75 por ciento de los integrantes de los comités de empresa estaban también afiliados a un sindicato.

La creación de los comités de empresa no es obligatoria. No obstante, los sindicatos tienen la facultad de iniciativa para hacer efectivo el inicio del proceso fundacional de un comité cuando aún no existe en una empresa. El establecimiento inicial del comité de empresa resulta a menudo en conflictos con las empresas (Behrens/Dribbusch 2018). Algunas empresas combaten su fundación, como sucede con frecuencia en pequeñas y medianas empresas bajo la dirección de los dueños.

La existencia de los comités depende asimismo del tamaño de las empresas (v. cuadro 6). Tan solo el nueve por ciento de todas las empresas con cinco o más trabajadores tienen un comité de empresa.[14] Sin embargo, esas empresas emplean nada menos que 39 por ciento de todos los trabajadores (Ellguth/Kohaut 2018). Si se enfocan exclusivamente las empresas con más de 20 trabajadores, la proporción del personal ocupado con representación por un comité de empresa se ubicó en cerca de la mitad de los trabajadores. En las empresas grandes con 500 o más trabajadores ese porcentaje alcanzó incluso cerca de 90 por ciento.

Por lo tanto, resulta particularmente alta la representación por un comité de empresa entre los trabajadores de los sectores, que aún cuentan con una proporción relativamente alta de empresas grandes, especialmente los servicios de energía eléctrica y de agua, el área de los servicios financieros y la industria manufacturera (v. cuadro 7). En cambio, en los sectores construcción, gastronomía y comercio el número de comités de empresa es particularmente bajo.

---

[13] En analogía con la Ley de Comités de Empresa que regula el funcionamiento y los derechos y obligaciones de los comités de empresa, el funcionamiento de los comités de personal en el ámbito de los servicios públicos está sujeto a diversas leyes relativas a la representación del personal. A pesar de la coincidencia básica del derecho de representación en los servicios públicos, en algunos casos los consejos de personal podrán regirse por disposiciones legales divergentes.

[14] Los siguientes apartados sobre la presencia de los comités de empresa y la cobertura convencional se basan en datos relevados por el IAB Betriebspanel, una encuesta representativa anual entre 16.000 empresas, que se realiza por encargo del Instituto de Estudios Laborales y Profesionales (IAB) de la Agencia Federal de Trabajo. Se trata de la única fuente que facilita un análisis de largo plazo.

Cuadro 6

	Categorías de empresas según tamaño (trabajadores)					Todos a partir de 5 trabajadores	Todos con más de 20 trabajadores
	5–50	51–100	101–199	200–500	501 +		
Empresas con consejo de empresa	5	32	53	69	80	9	27
Trabajadores con consejo de empresa	9	33	55	70	86	39	52

Fuente: Eliguth/Kohhaut 2018 basado en el IAB panel de empresa; Industria privada a excepción de la agricultura y las organizaciones sin fines de

Cuadro 7

Distribución de los comités de empresa (CE) por ramas de actividad.

Rama de actividad	Empresas	Trabajadores
Energía / Agua / Residuos / Minería	35	79
Industria manufacturera	15	63
Construcción	3	17
Comercio	9	28
Transporte / Almacenamiento	11	46
Información / Comunicación	9	35
Servicios financieros	25	74
Hotelería / Otros servicios	3	9
Salud / Educación / Formación	12	44
Servicios científicos comerciales	6	25
Total	**9**	**39**

Nota: Empresas del sector privado con al menos cinco trabajadores, sin agricultura ni organizaciones sin fines de lucro. Fuente: IAB Betriebspanel.

La cogestión en la empresa a través de los comités de empresa y de personal coexiste con la llamada *cogestión de la empresa,* que surgió históricamente como respuesta al reclamo de democratizar las empresas después de la Segunda Guerra Mundial (respecto de la reseña a continuación, cfr.: Hans-Böckler-Stiftung 2015). Como expresión más radical de cogestión, en 1951 entró en vigor la cogestión en la minería y la industria siderúrgica, cuya incidencia se había reducido fuertemente ante el previsible fin de la minería y la contracción del sector siderúrgico en Alemania. En la actualidad, la forma de mayor peso es la llamada cogestión paritaria, de carácter obligatorio para todas las sociedades anónimas con 2.000 o más trabajadores, que entró en vigor en 1976. En este caso, el capital y el personal cuentan con el mismo número de representantes en el consejo de administración de la empresa. Por el lado del personal, se prevé la posibilidad de elegir tanto representantes desde el seno de la empresa como delegados sindicales, en una proporción preestablecida. En situaciones de conflicto, el capital, al que suele corresponder la presidencia, dispone de un voto de desempate adicional decisivo. Según cálculos de la Fundación Hans Böckler, en 2016 esta forma de cogestión se aplicaba en aproximadamente 640 empresas, a las que habrá que sumar cerca de 30 empresas del sector minero y siderúrgico. Para otras cerca de 1.500 sociedades anónimas con un mínimo de 500, pero menos de 2.000 trabajadores, rige en cambio la llamada participación de un tercio. En este segmento, un tercio de los escaños del consejo de administración corresponde a los representantes de los trabajadores y sindicatos. Debido al involucramiento de los sindicatos en las decisiones empresariales, el sistema de cogestión de la empresa es considerado un elemento fundamental de la cooperación capital-trabajo alemana.

4.3. Erosión del sistema de convenios colectivos

En Alemania, solamente los sindicatos tienen el derecho de negociar convenios relativos a las condiciones salariales y laborales, no los comités de empresa. A ellos les compete, en cambio, velar por el cumplimiento de las cláusulas de los convenios. Con frecuencia se encargan además de la puesta en práctica concreta de los convenios, aunque solo en aquellos asuntos que les sean asignados expresamente por las partes, es decir, los empleadores y los sindicatos. En su mayoría los convenios son firmados por los sindicatos afiliados a la DGB. Sin embargo, la mera existencia de un convenio colectivo no implica una garantía automática de buenas condiciones de trabajo; estas dependen también de las respectivas correlaciones de fuerzas y condiciones económicas marco. Aunque en general es cierto que con mayor frecuencia los convenios vienen acompañados de suplementos, pagos extraordinarios (Hans-Böckler-Stiftung Pressedienst 2018) y, tendencialmente, mejores remuneraciones. Otra ventaja radica en que las disposiciones de un convenio no pueden ser suprimidas arbitrariamente por los empleadores, a diferencia de los compromisos voluntarias.

En el sistema de negociación salarial alemán predominan los convenios colectivos territoriales que cubren sectores enteros o partes de ellos. Tienen alcance regional o nacional para todas las empresas afiliadas a las asociaciones empresariales que firman el convenio. A diferencia de lo que ocurre en otros países europeos, el Estado casi no interviene en las negociaciones. La única excepción la constituye el sector público, dado que la Federación, los estados federados y los municipios actúan como parte de la negociación.

Desde los años 1990 se observa una erosión del sistema de negociación. Por un lado, disminuye la cobertura convencional, mientras por el otro, se procesa una paulatina pérdida del carácter vinculante y de los estándares negociados debido a una gran variedad de cláusulas de apertura respecto de los resultados negociados (Bispinck 2008).

El alcance de la política sindical de negociaciones salariales depende de la cantidad de empresas y, sobre todo, de trabajadores comprendidos por los respectivos acuerdos colectivos. Desde la perspectiva sindical preocupa, por lo tanto, la pérdida del nivel de cobertura convencional desde finales de la década de 1990 (v. figura 2). Aquí, al igual que en el caso de los comités de empresa, incide el tamaño de la empresa, que se manifiesta en una cobertura convencional de los trabajadores muy por encima de la cobertura de las empresas. A modo de ejemplo, en 2017 solo 22 por ciento de las empresas de Alemania Occidental con menos de diez trabajadores habían firmado un convenio colectivo; en cambio, entre las empresas con 500 o más trabajadores la cobertura llegó a 85 por ciento (en Alemania Oriental, 13 y 81 por ciento, respectivamente).

En ningún momento la cobertura convencional en Alemania del Este llegó a los niveles del Oeste del país. En 2011 cayó por debajo del umbral de 50 por ciento de los trabajadores. Las diferencias de cobertura convencional entre el Oeste y el Este del país se constatan también en los diversos sectores (v. cuadro 8).

En la actualidad, apenas un cuarto del personal de la industria manufacturera de Alemania Oriental trabaja en empresas con cobertura convencional. Esta continúa alcanzando sus niveles más altos en la administración pública y la seguridad social: en ambas partes del país la cobertura alcanza a 98 por ciento de los trabajadores. Gracias a la firma de convenios colectivos de alcance nacional en el sector bancaria, la cobertura convencional del sector financiero se ubica por encima de la media, a diferencia de los sectores de servicios como el comercio o la gastronomía, donde no comprende siquiera la mitad de los trabajadores.[15]

[15] Cabe puntualizar que los valores inferiores relevados por la encuesta de estructura de los ingresos de la Oficina Federal de Estadística de Alemania (Destatis) para 2014 muestran un desvío hacia la baja (Destatis 2016). Según este relevamiento en 2014 solamente el 29 por ciento de los trabajadores contaba con cobertura convencional. Cada cuatro años Destatis recopila los datos directamente entre 60.000 empresas.

Cuadro 8

Figura 2

Evolución de la cobertura convencional, Alemania del Este y del Oeste, 1998–2017

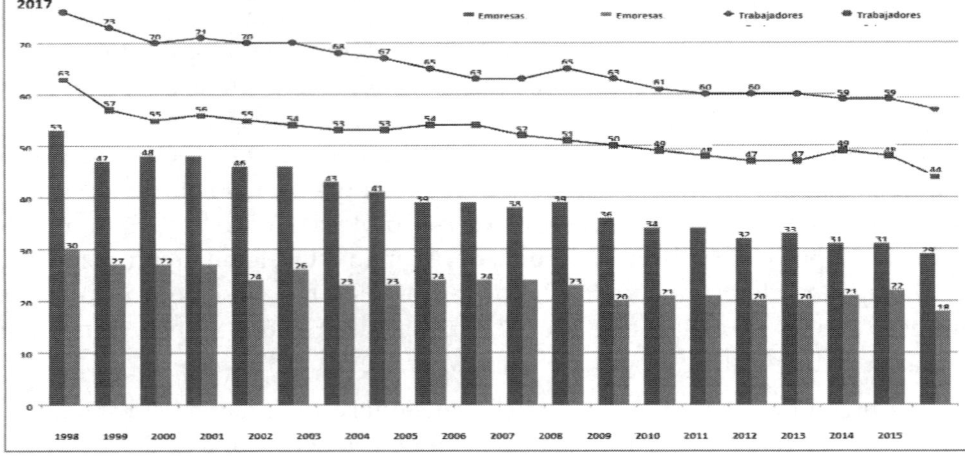

Los cambios en el sistema de negociación salarial no se deben solamente a la menor cobertura convencional, sino también a la práctica cada vez más extendida de las cláusulas de apertura respecto de los resultados negociados desde mediados de los años 1990 (Massa-Wirth 2007). En ellas las partes de la negociación facultan a los comités de empresa a apartarse, por tiempo limitado o indeterminado, de los estándares acordados en el convenio colectivo territorial. En la práctica esto lleva a la paulatina pérdida del carácter vinculante de los estándares acordados en los convenios colectivos. En parte, las cláusulas de apertura se ocupan de definiciones específicas, pero también de la reducción de los estándares acordados en las negociaciones. A diferencia de una fase inicial que se centraba en situaciones de emergencia económica, a partir del año 2000 se admiten también desvíos en aquellos casos en que las empresas solicitan una rebaja de los costos para mejorar su competitividad. Los acuerdos cobraron especial relevancia como parte de pactos de ocupación y competencia. En muchos casos los comités de empresa y los trabajadores fueron presionados por amenazas de reubicación de la producción o cierre si se negaban a hacer concesiones. Como contrapartida se acordaron, a menudo, garantías de empleo limitadas (Massa-Wirth / Seifert 2005; Dribbusch 2012).

Cuadro 9

Cuadro 8

Rama de actividad	Convenio colectivo regional		Convenio de la empresa	
	Oeste	Este	Oeste	Este
Agricultura	47	18	(1)	(3)
Energía / Agua / Residuos / Minería	69	48	16	(24)
Industria manufacturera	51	24	12	11
Construcción	60	52	(3)	(2)
Comercio mayorista	36	13	4	(5)
Comercio minorista	35	25	5	(3)
Transporte / Almacenamiento	42	9	(16)	(11)
Información / Comunicación	16	7	(3)	(11)
Servicios financieros	78	64	5	(2)
Hotelería / Otros servicios	37	24	(2)	(2)
Salud / Educación / Formación	51	31	9	14
Organizaciones no comerciales	53	30	(12)	(11)
Administración pública / Seguridad social	91	77	7	21
Total	**49**	**34**	**8**	**10**

Nota: Valores entre paréntesis con valor explicativo reducido, al basarse en menos de 20 casos en la muestra aleatoria. Fuente: IAB Betriebspanel.

Según encuestas del instituto WSI (Bispinck / Schulten 2003), los comités de empresa tienen una opinión predominantemente crítica de las cláusulas de apertura, porque temen verse obligados a hacer concesiones debido a las relaciones de fuerza desfavorables. Sobre todo en los sectores y empresas cuyos sindicatos tienen poca capacidad de incidir y cuyos comités de empresa mantienen vínculos débiles con los sindicatos, existe el peligro de una creciente perforación del sistema de negociaciones salariales acompañada de la pérdida de los estándares establecidos.

La erosión de la cobertura convencional es uno de los principales factores que contribuyeron a que Alemania tenga hoy uno de los mayores sectores de salarios bajos de la UE. Según cálculos de Kalina y Weinkopf (2017), en 2015 el 22,6 por ciento de los trabajadores de Alemania percibieron una remuneración por debajo del umbral del salario bajo, es decir, dos tercios del salario mediano.[13]

Ante las dificultades de obtener resultados efectivos en los sectores especialmente afectados por los salarios bajos, a mediados de la primera década del 2000 los sindicatos de la DGB empezaron a convencerse de la necesidad de introducir un salario mínimo legal. La campaña por el salario mínimo que la DGB inició en 2007, luego de más de un debate en su seno (Dribbusch/Birke 2012, 2014, 24-26), suscitó amplio apoyo popular. Según las encuestas, en el otoño [boreal] de 2009 el 85 por ciento de la población apoyó la iniciativa. En los años siguientes estos valores se mantuvieron constantes. Luego de las elecciones de

2013, en las que el partido liberal FDP – contrario al salario mínimo – perdió su representación parlamentaria, la llamada gran coalición integró la demanda en su programa de gobierno.

La introducción del salario mínimo legal en Alemania el 1 de enero de 2015 marcó un hito, a pesar de las disposiciones transitarias y excepciones previstas por la ley. De esta manera se puso fin al papel especial de Alemania como uno de los pocos países europeos sin un salario mínimo que cubriera todo el territorio nacional. El 1 de enero de 2017 el salario mínimo aumentó, pasando de 8,50 euros al momento de su introducción a 8,84 euros; sin embargo, el nuevo salario por hora no es suficiente para prevenir la pobreza en la vejez (Lübker/Schulten 2018). Quienes perciban el salario mínimo a lo largo de su vida laboral dependerán de prestaciones sociales adicionales para complementar su jubilación. Los aumentos previstos para 2019 y 2020, a 9,19 euros y 9,35 euros, respectivamente, no cambiarán esta situación. El salario mínimo de Alemania es relativamente bajo, si se compara con los de los otros países europeos.

No obstante, por dos razones la campana por el salario mínimo ha sido un éxito para los sindicatos afiliados a la DGB. En primer lugar, fue posible obtener el apoyo mayoritario de la sociedad a favor del reclamo fundamental sindical de introducir un límite salarial inferior. En segundo lugar, de la mano de la campana se despertó el interés por otros temas como los salarios bajos y la ocupación precaria. Esto retroalimentó la política salarial sindical; tanto a nivel social en general como a nivel sindical se prestó más atención a los sectores de salarios bajos. Se generó un impacto generalmente positivo sobre las categorías bajas de la escala salarial (Bispinck 2018). La sensibilidad creciente hacia las remuneraciones a menudo precarias en el sector de servicios que la campana había creado generó un efecto beneficioso en los conflictos laborales del sector de los salarios bajos, por ejemplo, en la mencionada huelga del personal de limpieza industrial en 2009 y en varias huelgas del personal de seguridad de los aeropuertos en los años 2013 y 2014.

4.4. Trabajo, migración y populismo derechista

Las marcadas diferencias sociales que se han perfilado en el mercado de trabajo y en las empresas a lo largo de los últimos quince años, aproximadamente, constituyen también el trasfondo del posicionamiento sindical frente al repentino incremento del número de refugiados en los años 2014 y 2015. Cabe destacar, en primer lugar, que la posición hacia la nueva migración de refugiados asumida por el movimiento sindical alemán se diferenció de los posicionamientos predominantes frente a movimientos migratorios de similares características en el pasado. No hubo rechazo a la migración; muy por el contrario, las declaraciones públicas de la DGB y de los sindicatos industriales destacaron la responsabilidad humanitaria para con personas que huyeron de la guerra y la miseria social (Pries/ Shinozaki 2015).

Ante este impulso, el temor a que esas mismas personas se constituyeran en competencia salarial ocupó inicialmente un lugar secundario, a pesar de las advertencias de representantes y asociaciones empresariales que hicieron énfasis en la dimensión laboral de la migración de los refugiados y evocaron explícitamente la experiencia de los llamados trabajadores invitados durante los años de bonanza económica anteriores al cese de las contrataciones en el exterior en 1973 (Scherschel 2016). El reclamo de aprovechar la nueva migración para satisfacer la demanda de trabajadores fue acompañada de la liberalización en gran escala del acceso al mercado laboral para migrantes procedentes de terceros países (»países de origen seguros«): En 2016 el conjunto de iniciativas legislativas conocido como »Ley de integración« suprimió algunos obstáculos como (de forma provisoria) la verificación de prioridad por las agencias de trabajo y la prohibición del trabajo temporal. Paralelamente, los permisos de residencia se vincularon con la obligación de trabajar, y la firma de un contrato de formación profesional se convirtió en un criterio para conceder la autorización excepcional de estancia. (El régimen 3+2, Birke et al. 2017).

El carácter ambivalente de las medidas que, por un lado, ofrecieron posibilidades de estadía y participación a los nuevos inmigrantes, por lo menos en teoría, mientras por el otro, sometieron a los nuevos trabajadores a una fuerte obligación de trabajar, al vincular la aceptación de las malas condiciones de trabajo con los derechos individuales de permanencia, estuvo generalmente ausente de los debates sindicales (Müller / Schmidt 2016). Esto puede estar relacionado con los esfuerzos ampliamente difundidos por integrar refugiados a vanas empresas grandes, pero también con los acuerdos parciales sobre medidas de cualificación inicial a los que las partes que intervienen en el mercado de trabajo llegaron. Sin embargo, en términos cuantitativos el porcentaje de refugiados que se beneficiaron de esas medidas es mínimo y, en el mejor de los casos, cumple un rol »simbólico«. Según una investigación del Instituto de Estudios Laborales y Profesionales, la abrumadora mayoría de los migrantes procedentes de países que no forman parte de la UE trabajan en sectores como la gastronomía, el cuidado de personas mayores, la limpieza, la venta por correo o la industria alimenticia, es decir, sectores en los que donde prevalecen los salarios bajos y las condiciones laborales física y psíquicamente desgastantes (DGB 2017, 4). En este sentido, la integración de los refugiados al trabajo en las empresas se desarrolla de forma análoga a las tendencias correspondientes en los grupos comprendidos por la libre circulación de trabajadores de la UE (Carstensen et al. 2018).

Se trata justamente de sectores en los que la cogestión empresarial y las actividades sindicales cuentan con un arraigo relativamente bajo. Por lo tanto, resulta muy estrecho el margen de acción para poner en práctica la idea que algunos investigadores habían propuesto de otorgarles un papel central a los sindicatos no solo a nivel del apoyo discursivo a la política humanitaria para con los refugiados, sino también – supuestamente en analogía con las experiencias hechas en la década de 1970 en las grandes empresas industriales – en la implementación práctica de la participación en las empresas (sobre esta perspectiva, cfr. Müller/ Schmidt 2016). En vista de los enormes obstáculos estructurales que los sindicatos enfrentan en el área de los servicios precarios y, por consiguiente, la presencia apenas puntual en las empresas de esos sectores, la organización sindical de los nuevos migrantes constituye una perspectiva extremadamente difícil de lograr (Birke et al. 2017). Por esta razón, las iniciativas sindicales en esta área se concentran en el establecimiento y apoyo de centros de asesoramiento que cuentan con financiamiento estatal, como por ejemplo el proyecto de movilidad justa, Faire Mobilität (referido a la migración interna de la UE), y de integración justa, Faire Integration (relativo a la migración a la UE desde terceros países). Difícilmente se podrá sobrevalorar la importancia de los servicios de asesoramiento en cuestiones de derecho social y laboral para los afectados que esas iniciativas prestan, porque un porcentaje importante de las y los inmigrantes recién llegados padecen cargas laborales extremas con horarios ilegales y/o remuneraciones por debajo del salario mínimo.

Por otra parte, el desarrollo de mercados laborales herméticos y segregados a nivel de las empresas resulta en que la competencia entre trabajadores alemanes y extranjeros, en que la derecha política de Alemania ha insistido tantas veces, se concentre en los hechos en pocos sectores y sea una rara excepción. Desde esta perspectiva, la tendencia ya mencionada hacia el »voto de protesta« de algunos grupos de trabajadores requiere de una explicación. Ya se dispone de algunos estudios exhaustivos sobre el tema que incluyen referencias al nivel micro de las empresas. En uno de ellos, Dieter Sauer y otros entrevistaron a más de 100 sindicalistas y militantes a nivel de empresa y les preguntaron las razones que llevan a la propagación de orientaciones bacia la derecha populista en el contexto de las empresas (Sauer et al. 2018). Los autores observan, entre otras cosas, la supresión parcial del tabú de emitir opiniones derechistas, la radicalización del racismo cotidiano y el recurso a interpretaciones étnicas de los conflictos en el seno del personal.

En la opinión de los autores, las causas estructurales de la propagación del racismo en el mundo del trabajo se encuentran en la sensación de incertidumbre del personal de cara a la amenaza de perder el empleo, las crecientes presiones del tiempo y del rendimiento y otras tendencias poco presentes en el debate público, que finalmente se transforman en »furia sin destinatario«. El sociólogo del trabajo Klaus Dörre sigue un padrón explicativo similar al establecer una relación directa entre el aumento de las atribuciones racistas en la vida cotidiana de la empresa y la ausencia de representación sindical; las atribuciones se generarían precisamente donde el descontento y los conflictos sociales no sean procesados por la institucionalidad eficaz de los comités de empresa y la cogestión (Dörre 2017).

Esas tesis llaman la atención, porque destacan tanto la importancia de los espacios de acción colectiva en las empresas como los éxitos sindicales en la defensa contra el racismo. En cambio, es discutible hasta qué punto el racismo puede ser atribuido a la condición social individual, porque en definitiva se trata de un fenómeno social de difusión general.

El auge de la derecha implica un doble desafío para los sindicatos, más allá de las causalidades que se describan. En primer lugar, dado el alto porcentaje de afiliados sindicales y categorías específicas de trabajadores en el electorado de la AfD, es de suponer que los efectos y la capacidad de convicción de las posiciones antirracistas asumidas por los sindicatos en público son limitados. En segundo lugar, los sindicatos deben encarar la tarea de evitar que las posiciones derechistas y abiertamente racistas se arraiguen en los árganos representativos de las empresas. Movimientos en este sentido se observaron por última vez en las elecciones a los comités de empresa de la primavera [boreal] de 2018. En esa ocasión los candidatos de las listas afines a la AfD reunieron casi el 20 por ciento de los votos y ganaron varios escaños en algunas empresas metalúrgicas. Sin embargo, no se constató un avance aluvional de las listas de la derecha, a menudo camufladas como independientes o alternativas (Dohmen 2018); en realidad, la IG Metall aumentó su caudal de votos en la mayoría de los casos. Pero esto no significa que se pueda desactivar la alarma.

En resumen, sigue en pie el desafío de asegurar que la solidaridad con los (nuevos) migrantes y el rechazo al racismo echen raíces en las empresas. Para logrado no alcanzará con trabajar la imagen y realizar acciones que susciten la atención pública. En el futuro seguirá siendo importante que se resalte el interés compartido de rechazar las condiciones laborales y de vida precarias, de tomar en serio a los nuevos trabajadores y de facilitar su participación en las organizaciones en las empresas y los sindicatos, incluso en las listas sindicales para las elecciones.

BIBLIOGRAFÍA

AHLERS, Elke (2018): Die Digitalisierung der Arbeit – Verbreitung und Einschätzung aus Sicht der Betriebsräte, WSI-Report, núm. 40; disponible online en: https://www.boeckler.de/pdf/p_wsi_report_40_2018.pdf.

ARTUS, Ingrid / BIRKE, Peter / KERBER-CLASEN, Stefan / MENZ, Wolfgang (comps.) (2017): Sorge-Kämpfe. Auseinandersetzungen um Arbeit in sozialen Dienstleistungen, Hamburgo.

BALDAUF, Sabine / WILKE, Peter (2017): Arbeit im Krankenhaus von Morgen gestalten – wie verändern Digitalisierung und neue Technologien die Arbeit im Krankenhaus. Präsentation auf dem Krankenhaus – tag 2017; disponible online en: https://

gesundheit-soziales.verdi.de/++file++5a84lacl56cl2f4e8e264e40/download/wmp%20 consult%20ver. di%20KH%20Tagung%20Berlin%2016_11_2017.pdf.

BEHRENS, Martin / DRIBBUSCH, Heiner (2018): Employer Resistance to Works Councils: Evidence from Surveys amongst Trade Unions, en German Politics, https://www.tandfonline.com/doi/full/l 0.1080/09644008. 2018.1543410.

BENNER, Christiane (2018): Impulsreferat. Die Transformation gestalten – Wie richten wir die IG Metall darauf aus? Bonn, 31 de octubre de 2018.

BIRKE, Peter (2010): Die groβe Wut und die kleinen Schritte, Gewerk-schaftliches Organizing zwischen Protest und Projekt, Hamburgo/ Berlín: Assoziation A.

BIRKE, Peter (2011): Widersprüche des Korporatismus, Gewerkschaften und aktuelle Arbeitskämpfe in Deutschland, ZÖSS discussion paper, Universidad de Hamburgo; disponible online en: http://www.wiso.uni-ham-burg.de/fileadmin/sozialoekonomie/zoess/DP_25_Birke. pdf.

BIRKE, Peter (2017): Schwierige Solidarität. Eltem., Erzieher_innen und Kinder im Streik 2015, en ARTUS, Ingrid et al.; BIRKE, P.; KERBER-CLASEN, S.; MENZ, W. (comps.): Sorge-Kämpfe. Auseinandersetzungen um Arbeit in sozialen Dienstleistungen, Hamburgo, pp. 90-115.

BIRKE, Peter / BLUHM, Felix / MAYER-AHUJA, Nicole (2017): Arbeit als Black Box. Migration zwischen Prekarisierung und betrieblichem Konflikt, en Altenried, Moritz et al. (comps.): Logistische Grenzlandschaften. Das Regime mobiler Arbeit nach dem Sommer der Migration, Münster: Unrast, pp. 115-142.

BIRKE, Peter / DRIBBUSCH, Heiner (2013): Bewegtes "Wirtschaftswunder", en TECHNOSEUM Landesmuseum für Technik und Arbeit in Mannheim (comps.): Durch Nacht zum Licht? Geschichte der Arbeiterbewegung 1863-2013, Mannheim.

BISPINCK, Reinhard (2008): Das deutsche Tarifmodell im Umbruch, en Wirtschaftsdienst, tomo 88 (1), pp. 7-11.

BISPINCK, Reinhard (2018): Pressedienst: WSI-Niedriglohn-Monitoring 2018; disponible online en: https://www.boeckler.de/pdf/pm_ta_20l7_03_27.pdf.

BISPINCK, Reinhard / DRIBBUSCH, Heiner (2008): Tarifkonkurrenz der Gewerkschaften zwischen Überund Unterbietung, en *Sozialer Fortschritt,* tomo 57 (6), pp. 153-163.

BISPINCK, Reinhard / SCHULTEN, Thorsten (2003): Verbetrieblichung der Tarifpolitik? Aktuelle Tendenzen und Einschätzungen aus Sicht von Betriebsund Personalräten, en WSI-Mitteilungen, tomo 56 (1), pp. 157-166.

BOEWE, Jörn / SCHULTEN, Johannes (2015): Der lange Kampf der Amazon-Beschäftigen. Labor des Widerstands: Gewerkschaftliche Organisierung beim Weltmarktführer des Onlinehandels. Berlin; disponible online en: https://www.rosalux.de/publication/41916/der--lange-kampfder-amazon-beschaeftigen.html.

BORMANN, Sarah / PONGRATZ, Hans (2018): Arbeitsbelastungen bei Online-Arbeit. zur sozialräumlichen Dimension von Crowdwork, en Gute Arbeit 2018, pp. 300-312.

BREMME, Peter / FÜRNIβ, Ulrike / MEINECKE, Ulrich (comps.) (2007): Never work alone. Organizing – ein Zukunftsmodell für Gewerkschaften. Hamburgo.

Bundesverfassungsgericht (2018): Streikverbot für Beamte verfassungsgemäβ. Pressemitteilung núm. 46/2018 del 12 de junio (también en inglés).

CARSTENSEN, Lisa / HEIMESHOFF, Lisa-Marie / RIEDNER, Lisa (2018): Der zwang zur Arbeit. Verwertungslogiken in den umkämpften Regimen der Anwerbe, Fluchtund EU--Migration, en Sozial.Geschichte Online 23, pp. 235-269.

Der Paritätische Gesamtverband (2017): Menschenwürde ist Menschenrecht. Bericht zur Armutsentwicklung in Deutschland 2017, Berlín.

Destatis (2016): Verdienste und Arbeitskosten. Tarifbindung in Deutschland 2014, Wiesbaden.

Destatis (2018): Berufliche Bildung 2017, Fachserie 11, Reihe 3, Wiesbaden; disponible online en: https://www.destatis.de/DE/Publikationen/Thematisch/BildungForschungKultur/Beru flicheBildung/BeruflicheBildung2 l l 0300177005.xlsx? blob=publicationFile.

DGB (2017): Arbeitsmarkt aktuell, Berlin, núm. 4/2017.

DGB-Index Gute Arbeit (2017): Verbreitung, Folgen und Gestaltungsaspekte der Digitalisierung in der Arbeitswelt. Berlín: DGB, disponible online en: https://index-gute-arbeit.dgb.de/++co++15db6694-b962l le7-8463-52540088cada.

DIEBES, Jan (2018): 40 Prozent der Solo-Selbstständigen bleiben unter Mindestlohn, en RP-Online, 20 de noviembre, disponible online en: https://rp-online.de/politik/deutschland/40-prozent-der-selbststaendigen-bleiben-mit-gehalt-unterdem-mindestlohn aid-34581617.

DILCHER, Oliver (2011): Handbuch bedingungsgebundene Tarifarbeit, Berlín: ver.di; disponible online en: https://gesundheit-soziales.verdi.de/++file++588a5df824ac062de5645l 07/download/ver.di-Handbuch-Tarifarbeit.pdf.

DOHMEN, Caspar (2018): Der Rechtsruck blieb aus, das Problem bleibt, en Deutschlandfunk Kultur, Zeitfragen 29. mayo de 2018; disponible online en: https://www.deutschlandfunkkultur.de/gewerkschaften-nach-denbetriebsratswahlender-rechtsruck.976.de.html?dram:article id=4 l 9045.

DÖRRE, Klaus (2017): Gewerkschaften und Rechtspopulismus – gibt es einen zusammenhang?, en Fundación Friedrich Ebert (comp.): Rechte Orientierungen bei Arbeitnehmerinnen und Arbeitnehmern, Bonn, pp. 24-34.

DRIBBUSCH, Heiner (2003): Gewerkschaftliche Mitgliedergewinnung im Dienstleistungssektor. Ein Drei-Länder-Vergleich im Einzelhandel. Berlín: edition sigma.

DRIBBUSCH, Heiner (2011): Organisieren am Konflikt: zum Verhältnis von Streik und Mitgliederentwicklung, en Haipeter, Th./Dörre, K. (comps.): Gewerkschaftliche Modernisierung, Wiesbaden: editorial VS, pp. 231-263.

DRIBBUSCH, Heiner (2012): Sozialpartnerschaft und Konflikt: Gewerkschaftliche Krisenpolitik am Beispiel der deutschen Automobilindustrie, en Zeitschrift für Politik, 2/2012, pp. 123-143.

DRIBBUSCH, Heiner (2013): Nachhaltig erneuern. Aufbau gewerkschaftlicher Interessenvertretung im Windanlagenbau, en Wetzel, Detlef (comp.): Organizing. Die Veränderung der gewerkschaftlichen Praxis durch das Prinzip Beteiligung, Hamburgo: VSA, pp. 92-118.

DRIBBUSCH, Heiner (2016): Organizing through conflict: exploring the relationship between strikes and union membership in Germany, en Transfer: European Review of Labour and Research, tomo 22 (3), pp. 347-365.

DRIBBUSCH, Heiner (2017): Arbeitskämpfe in schwierigen zeiten – zur Streikentwicklung im Dienstleistungssektor, en ARTUS, Ingrid et al. (comps.): Sorge-Kämpfe. Auseinandersetzungen um Arbeit in sozialen Dienstleistungen, Hamburgo, pp. 301-331.

DRIBBUSCH, Heiner (2018): Arbeitskampfbilanz 2017. Deutlicher Rückgang der Ausfalltage trotz anhaltend vieler Konflikte. Policy Brief WSI, núm. 22; disponible online en: https://www.boeckler.de/pdf/p_wsi_ pb_22_2018.pdf.

DRIBBUSCH, Heiner / BIRKE, Peter (2012): Die Gewerkschaften in der Bundesrepublik Deutschland. Organisation, Rahmenbedingungen, Herausforderungen, FES-Arbeitspapier; disponible online en: http://library.fes.de/pdf-files/id-moe/08986.pdf.

DRIBBUSCH, Heiner / BIRKE, Peter (2014): Die DGB-Gewerkschaften seit der Krise. Entwicklungen, Herausforderungen, Strategien, FES – Arbeitspapier; disponible online en: http://library.fes.de/pdf-files/idmoe/l 0716-22042015.pdf.

DRIBBUSCH, Heiner / LEHNDORFF, Steffen / SCHULTEN, Thorsten (2018): Two worlds of unionism? German manufacturing and service unions since the Great Recession, en LEHNDORFF, Steffen / DRIBBUSCH, Heiner / SCHULTEN, Thorsten (comps.): Rough waters European trade unions in a time of crises, Bruselas: ETUI, pp. 209-233; disponible online en: https://www.etui.org/Publications2/Books/Rough-waters-European-trade--unions-in-a-time-of-crises.

Einblick (2018): Koalitionsvertrag: Stärken und Schwächen, *en einblick.* Gewerkschaftlicher Info-Service, núm. 3, marzo de 2018, p. 1.

ELLGUTH, Peter / KOHAUT, Susanne (2018): Tarifbindung und betriebliche Interessenvertretung: Aktuelle Ergebnisse aus dem IAB Betriebspanel 2017, en WSI-Mitteilungen, tomo 71 (4), pp. 299-306.

Europäische Kommission (2018): European Economic Forecast – Spring 2018, European Economy Institutional Paper núm. 77, Luxemburgo; disponible online en: https://ec.europa.eu/info/sites/info/files/ economy-finance/ip077_en.pdf.

Eurostat (2016): Jeder sechste Arbeitnehmer in der Europäischen Union ist Niedriglohnempfänger. Comunicado de prensa 246/2016, 8 de diciembre de 2016; disponible online en: https:/ec.europa.eu/eurostat/documents/2995521/7762332/3-08l22016-AP-DE.pdf/ f6abdcbl-ec9c46ef-ae73-822cb905b04d.

Eurostat (2018): Arbeitslosenquote im Euroraum bei 8,3 %. Comunicado de prensa 125/2018, 31 de julio de 2018; https://ec.europa.eu/eurostat/documents/2995521/9105179/3-310720l 8-AP-DE/c6a5bd-fb-80bc-4780-b50d-l 6bb2028eb59.

EVG (2017): EVG-Wahlmodell ein Erfolg: 56% entscheiden sich für mehr Urlaub – 3.000 Neueinstellungen erforderlich. EVG, 9 de julio de 2017; https://www.evg-online.org/meldungen/details/news/evg-wahlmodell-ein-erfolg-56-ents cheiden-sichfuer-mehr-urlaub-3000-neueinstellungen-erforderli/.

FRERICHS, Melanie / STEINBERGER, Viktor (2018): Smart Food Factory. Ausprägungen von Industrie 4.0 in der Nahrungsmittelindustrie und Implikationen für die betriebliche Interessenvertretung, en WSI-Mitteilungen, tomo 71 (3), pp. 241-246.

FRESE, Anton (2018): Schwaches Wahlergebnis: Sympathie für die Groβe Koalition schwächt den DGB-Chef, en Tagesspiegel, 14 de mayo de 2018; https://www.tagesspiegel.de/wirtschaft/schwaches-wahlergebnis-sympathie-fuer-die-grosse-koalition-schwaecht-den-dgb--chef/22130670.html.

FÜTTERER, Michael / RHEIN, Markus (2015): Erneuerung geht von unten aus. Neue gewerkschaftliche Organisierungsansätze im Einzelhandel. Das Beispiel H&M. Berlín; https://www.rosalux.de/fileadmin/rls_uploads/pdfs/Analysen/ Analysen2l _H_M.pdf.

GRABKA, Markus M. / WESTERMEIER, Christian (2014): Anhaltend hohe Vermögensungleichheit in Deutschland, DIW-Wochenbericht 9/2014.

GREEF, Samuel / SCHROEDER, Wolfgang (2017): Plattformökonomie und Crowdworking: Eine Analyse der Strategien und Positionen zentraler Akteure. Berlín: Ministerio Federal de Trabajo y Asuntos Sociales (BMAS); https://www.bmas.de/SharedDocs/Downloads/DE/PDF-Publikationen/Forschungsberichte/fb500-plattforn1oekonomie-und-crowdworking.pdf;jsessionid=69069l80A3A37DF7B07Dl5663CC8F973?blob=publicationFile&v=1.

GREIFENSTEIN, Ralph / KIβLER, Leo / LANGE, Hendrik (2017): Trendreport Betriebsrätewahlen 2014, Dusseldorf: Fundación Hans Böckler; https://www.boeckler.de/pdf/p_study_hbs_350.pdf.

HAAKE, Gunter (2017): Trade unions, digitalisation and the self-employed – inclusion or exclusion?, en Transfer: European Review of Labour and Research, tomo 23 (1), pp. 63-66.

HAIPETER, Thomas (2012): Sozialpartnerschaft in und nach der Krise. Entwicklungen und Perspektiven, en Industrielle Beziehungen, tomo 19 (4), pp. 387-411.

HAIPETER, Thomas/ KORFLÜR, Ingo / SCHILLING, Gabi (2018): Neue Koordinaten für eine proaktive Betriebspolitik. Erfahrungen aus dem Gewerkschaftsprojekt "Arbeit 2020 in NRW", en WSI-Mitteilungen, tomo 71 (3), pp. 219-226.

Hans-Böckler-Stiftung (2015): Die Mitbestimmung. Revista de la Fundación Hans Böckler. Tomo sobre política de personal y cogestión, Dusseldorf, núm. 8.

Hans-Böckler-Stiftung Pressedienst (2018): "55 Prozent aller Beschäftigten in Deutschland bekommen Weihnachtsgeld", Comunicado de prensa núm. 13. Noviembre de 2018; https://www.boeckler.de/pdf/pm_ ta_2018_11_13.pdf.

HASSEL, Anke / SCHRÖDER, Wolfgang (2018): Gewerkschaftliche Mitgliederpolitik: Schlüssel für eine starke Sozialpartnerschaft, en WSI-Mitteilungen, tomo 71 (6), pp. 485-496.

HEDEMANN, Ulla / WONN, Lukas / ARTUS, Ingrid (2017): "Mehr für uns ist besser für alle". Documentación de un evento sobre la huelga de enfermería en el hospital Charité, en ARTUS, Ingrid et al. (comps.): Sorge-Kämpfe. Auseinandersetzungen um Arbeit in sozialen Dienstleistungen, Hamburgo, pp. 116-129.

HELFEN, Markus / NICKLICH, Manuel / SYDOW, Jörg (2016): Interorganisationale Netzwerke und tarifpolitische Fragmentierung: Hebt Mehr-Arbeitgeber-Beschäftigung die Tarifeinheit aus den Angeln? en Industrielle Beziehungen 23 (3), pp. 280-308.

HELFEN, Markus / SYDOW, Jörg (2015): Mehr-Arbeitgeber-Beziehungen in der deutschen Automobilindustrie: Arbeitspolitische Herausforderungen für Management und Arbeitnehmervertretung, en ROMAHN, Hajo / REHFELD, Dieter (comps.): Lebenslagen – Beitrage zur Gesellschaftspolitik, Marburgo, pp. 363-384.

HOFFMANN, Reiner (2018): Gewerkschaftspolitische Herausforderungen aus der Perspektive des DGB, en WSI-Mitteilungen, 71 (6), pp. 513-517.

HOFMANN, Jörg (2018): Statement. Transformationskongress der IG Metall, Bonn, 30 de octubre de 2018.

HOFMANN, Jörg / SMOLENSKI, Tanja (2018): Neuer Kapitalismus? Unsere Antwort: konfliktfähige Gewerkschaften und Sozialstaat 4.0, en WSI-Mitteilungen 71 (6), pp. 518-521.

HOHENDAMMER, Christian (2018): Reform der befristeten Beschaftigung im Koalitionsvertrag. Reichweite, Risiken und Altemativen. Informes abreviados del IAB, núm. 16/2018, Nuremberg.

HOLST, Hajo (2011): Im Schatten des Marktes. Arbeit und Arbeitsbeziehungen in Callcentern, Fráncfort del Meno.

HOLTGREWE, Ursula (2006): Call Centres in Germany – Preliminary Findings from the Global Call Centre Project Germany, Duisburgo.

IAB (2015): Industrie 4.0 und die Folgen für Arbeitsmarkt und Wirtschaft. Informes de la actualidad del lAB, núm. 16/2015; http://doku.iab.de/aktuell/2015/aktueller_bericht_l 516. pdf.

IG Metall (2018a): Digitale Transformation im Maschinen und Anlagenbau, Fráncfort del Meno: IG Metall, Septiembre de 2018; https://www.igmetall.de/docs_2018_9_27_Broschu re_62e40754d2420df7eb6a768fc4705f5df6e8ed88.pdf.

IG Metall (2018b): Presseinformation zu den Ergebnissen der Betriebsräte-Befragung 2018 zu Leiharbeit und Industrienahen Dienstleistungen (InDI)/Werkvertragen, Fráncfort del Meno: IG Metall, octubre de 2018; https://www.igmetall.de/36-2018-30021.htm.

IG Metall Baden-Württemberg (2017): Aufrecht gehen. Wie Beschäftigte durch Organizing zu ihrem Recht kommen. Hamburg: VSA.

IWER, Frank (2018): Ökologischer Umbau der Automobilindustrie – die neue Herausforderung, en Gute Arbeit, edición 2018, pp. 85-103.

JÜRGENS, Kerstin / HOFFMANN, Reiner / SCHILDMANN, Christina (2017): Arbeit transformieren! Denkanstöβe der Kommission »Arbeit der Zukunft, Bielefeld: transcript; https://www.boeckler.de/pdf/p_forschung_hbs_189.pdf.

KALINA, Thorsten / WEINKOPF, Claudia (2017): Niedriglohnbeschäftigung 2015 – bislang kein Rückgang im Zuge der Mindestlohneinführung. Duisburgo: IAQ.

KERN, Peter (2018): Alternativen statt Patrioten, en Sozialismus, núm. 5, pp. 22-26.

KOSCIS, Andrea / STERKEL, Gabriele / WIEDEMUTH, Jörg (Hrsg.) (2013): Organisieren am Konflikt. Tarifauseinandersetzungen und Mitgliederentwicklung im Dienstleistungssektor. Hamburg.

KRUGMAN, Paul (2009): Free to lose, en The New York Times, 13 de noviembre de 2009; http://www.nytimes.com/2009/11/13/opinion/ 13krugman.html.

KUTLU, Yalcin (2013): Partizipative Streikführung: Der Erzieherinnenstreik, en SCHMALZ, Stefan / DÖRRE, Klaus (comps.): Comeback der Gewerkschaften? Machtressourcen, innovative Praktiken, internationale Perspektiven. Fráncfort del Meno / Nueva York, pp. 226-241.

KUTLU, Yalcin (2015): Kampf um Anerkennung. Die Sozialund Erziehungsdienste im Streik, en Z.Zeitschrift für marxistische Erneuerung, 26 (103), pp. 126-140.

LEHNDORFF, Steffen / DRIBBUSCH, Heiner / SCHULTEN, Thorsten (comps.) (2018): Rough waters European trade unions in a time of crises, Bruselas: ETUI; disponible online en: https://www.etui.org/Publications2/Books/Rough-waters-European-trade-unions-in--a-time-of-crises.

LESCH, Hagen (2016): Die Dienstleistungsgewerkschaft ver.di. Tarifpolitische Entwicklungen und Herausforderungen, en IW Trends 4/2016.

LÜBKER, Malte / SCHULTEN, Thorsten (2018): WSI-Mindeslohnbericht 2018; https://www.boeckler.de/pdf/p_wsi_report_39_2018.pdf.

MARTENS, Helmut (2007): Primäre Arbeitspolitik und neue Gewerkschaft? Der Ärztestreik im Frühjahr und Sommer 2006, en Jahrbuch für Kritische Medizin, tomo 44, pp. 120-137.

MASCHKE, Manuela / MIERICH, Sandra / WEMER, Nils (2018): ARBEITEN 4.0. Diskurs und Praxis in Betriebsvereinbarungen – Teil II, Dusseldorf: Fundación Hans Böckler; https://www.boeckler.de/pdf/p_ mbf_report_2018_41.pdf.

MASSA-WIRTH, Heiko (2007): Zugeständnisse für Arbeitsplätze? Konzessionäre Beschäftigungsvereinbarungen im Vergleich Deutschland – *USA*. Berlín: edition sigma.

MASSA-WIRTH, Heiko / SEIFERT, Hartmut (2005): German Pacts for Employment and Competitiveness. Concessionary Bargaining as a Reaction to Globalisation and European Integration?, en Transfer: European Review of Labour and Research, tomo 11 (1), pp. 26-44.

MATUSCHEK, Ingo / KLEEMANN, Frank (2018): Was man nicht kennt, kann man nicht verändern. Betriebsvereinbarungen als Instrument der arbeitspolitischen Regulierung von Industrie 4.0 und Digitalisierung, en WSI-Mitteilungen, tomo 71 (3), pp. 227-234.

MÜHGE, Gernot (2018): Digitale Transformation gestalten. Beispiele guter Praxis. Fráncfort del Meno: IG Metall.

MÜLLER, Andrea / SCHMIDT, Werner (2016): Fluchtmigration und Arbeitswelt. Maβnahmen zur Integration von Flüchtlingen in groβen Unternehmen, Documento de Trabajo del HBS 339/2016.

MÜLLER, Peter / WASSERMANN, Andreas (2015): Jüngstes Gericht, en *Der Spiegel* 1712015; http://www.spiegel.de/spiegel/print/d-134097138.html.

PRIES, Ludger / SHINOZAKI, Kyoko (2015): Neue Migrationsdynamiken und Folgerungen für die gewerkschaftliche Politik, en WSI-Mitteilungen, edición temática sobre migración, mercado de trabajo y seguridad social, núm. 5, pp. 374-382.

ROSSMANN, Witich (2017): FAQ zum Thema 48 Monate Befristung – neuer TV Leiharbeit der IG Metall; http://koeln-bonn.dgb.de/themen/++-co++eb99l 6a6-2672-l l e7-8a6f--525400e5a74a.

SAUER, Dieter / STÖGER, Ursula / BISCHOFF, Joachim / DETJE, Richard / MÜLLER, Bernhard (2018): Rechtspopulismus und Gewerkschaften. Eine arbeitsweltliche Spurensuche, Hamburgo: VSA.

SCHERSCHEL, Karin (2016): Citizenship by work? Arbeitsmarkpolitik im Flüchtlingsschutz zwischen Öffnung und Selektion, en *PROKLA*, 183, 46, pp. 245-265.

SCHROEDER, Wolfgang / WEβELS, Bernhard (comps.) (2003): Die Gewerkschaften in Politik und Gesellschaft der Bundesrepublik Deutschland. Coblenza: editorial Westdeutscher Verlag.

SCHROEDER, Wolfgang / FUCHS, Stefan / HELLER, Lukas (colab.) (2019): Neue Mitglieder für die Gewerkschaften. Mitgliederpolitik als neues Politikfeld der IG Metall. Fráncfort del Meno: Fundación Otto Brenner: disponible online en: https://www.otto-brenner-stiftung.de/fileadmin/user_data/stiftung/02_Wissenschaftsportal/03_Publikationen/AH97_Gewerkschaften_Mitgliederpolitik.PDF.

SCHULTEN, Thorsten / WSI-Tarifarchiv (2018): Tarifpolitischer Halbjahresbericht 2018, Dusseldorf: Fundación Hans Bõckler; https://www.boeckler.de/pdf/p_ta_hjb_2018.pdf.

SCHUMACHER, Harald / DUHM, Ulrike (2016): Der groβe Streit um Leiharbeit und Werkverträge, en Wirtschaftswoche, 2 de marzo de 2016; https://www.wiwo.de/unternehmen/auto/arbeitsmarkt-der-grosse-streit-um-leiharbeit-und-werkvertraege/13013458.html.

SEPPELT, Jana (2014): Demokratisierung als Schlüssel für den Aufbau von Organisationsmacht: Erfahrungen des ver.di Bezirks Stuttgart. en WSI-Mitteilungen 67 (5), pp. 402-405.

SPANNAGEL, Dorothee (2018): Dauerhafte Arnmt und verfestigter Reichtum. WSI-Verteilungsbericht 2018, Dusseldorf: Fundación Hans Böckler; https://www.boeckler.de/pdf/p_wsi_report_43_2018.pdf.

URBAN, Hans-Jürgen (2018): Ökologie der Arbeit. Ein offenes Feld gewerkschaftlicher Politik?, en Gute Arbeit, 2018, pp. 329-349.

ver.di (2015): Gute Arbeit und Gute Dienstleistungen in der digitalen Welt, Antrag E001 Gewerkschaftsrat; https://www.verdi.de/++file++594a7ce4flb4cd58bd9648a0/download/EOOl-2015-Gute-Arbeit-und-Gute-Dienstleistungen_in_der_digitalen_Welt_final.pdf.

ver.di Bundeskongress (2015): 4. ver.di Bundeskongress, Leipzig, 2015: Tagesprotokoll 22. September.

ver.di NRW (ed.) (2014): Auch unsere Löhne sollen abheben. Bilanz des Arbeitskampfs im Wach und Sicherheits gewerbe in Nordrhein-Westfalen und Hamburg *2013.* Dusseldorf.

WADDINGTON, Jeremy (2014): Trade union membership retention and workplace representation in Europe. Bruselas: *ETUI Working Paper* 2014.10.

WETZEL, Detlef (2005): Tarif aktiv – besser statt billiger«. Leitprojekte für eine veränderte Praxis, en DETJE, Richard/ PICKSHAUS, Klaus / URBAN, Hans-Jürgen (comps.): Arbeitspolitik kontrovers, Hamburgo: VSA.

WETZEL, Detlef (Hrsg.) (2013): Organizing. Die Veränderung der gewerkschaftlichen Praxis durch das Prinzip Beteiligung, Hamburgo: VSA.

WOHLAND, Ulrich (1998): Die Schlecker Kampagne, en Alternative 10 (98), 7-9.

CAPÍTULO 4

O DIREITO COLETIVO DO TRABALHO NA ALEMANHA

Jens M. Schubert[1]

Primeiramente, devo pedir desculpas às senhoras e aos senhores presentes por não falar o seu maravilhoso idioma, razão pela qual farei a exposição em inglês.

Em segundo lugar, é uma grande honra e um prazer para mim, apresentar-lhes e descrever o Direito Coletivo do Trabalho alemão.

Em terceiro lugar, gostaria de agradecer muito, especialmente ao Doutor Ricardo José Macedo de Britto Pereira e à Dra. Lorena Vasconcelos Porto, pela grande hospitalidade.

Irei começar a minha exposição com um exemplo. Imaginem que o sindicato profissional do ramo dos transportes está negociando com o respectivo setor patronal na Alemanha acerca de salários, jornada de trabalho, política de transporte e dispensa de um empregado. Não tendo se chegado a um consenso, esse sindicato pode deflagrar a greve visando obter o atendimento de todas as reivindicações citadas? Quais são as regras para que uma greve seja regular? E caso obtido o referido consenso, qual o efeito legal que o acordo coletivo de trabalho possui?

Buscarei responder a essas perguntas a partir da análise de seis questões. Nesse sentido, irei apresentar os atores do diálogo social na Alemanha, as relações coletivas de trabalho pacíficas, o direito à ação coletiva, as novas tendências do Direito Coletivo do Trabalho na Alemanha, a matéria no âmbito da União Europeia e, ao final, uma breve avaliação.

Mas antes de apresentar o mercado de trabalho e o diálogo social na Alemanha, gostaria de tecer dois comentários. As partes do diálogo social na Alemanha são, em princípio, apenas os sindicatos profissionais e o empregador ou o sindicato patronal. Trata-se, assim, de um sistema bipartite, de modo que o Estado possui um papel apenas secundário, devendo permanecer neutro. Isso significa que os acordos coletivos não possuem efeito *erga omnes*, isto é, vinculam apenas

---

1 Jens M. Schubert é Professor de Direito do Trabalho na Leuphana Universität Lüneburg e chefe do departamento jurídico da central sindical alemã Vereinte Dienstleistungsgewerkschaft. Desde agosto de 2021, é Professor Visitante do Mestrado em Direito das Relações Sociais e Trabalhistas do UDF, em Brasília - DF, participando também do Grupo de Pesquisa sobre Sindicalismo desse PPGD.

os trabalhadores e empregadores filiados aos sindicatos signatários, salvo poucas exceções das quais falarei adiante.

Nesse sentido, para descrever o sistema alemão, é necessário apresentar a hierarquia existente entre as diferentes fontes do Direito do Trabalho. No topo da pirâmide, encontra-se o Direito da União Europeia e, abaixo dele, sucessivamente, encontram-se: a Constituição alemã; o Direito Internacional, como as Convenções da Organização Internacional do Trabalho (OIT); as leis nacionais; os regulamentos nacionais; os acordos coletivos de trabalho; os acordos firmados pelos comitês de empresa; e os contratos individuais de trabalho.

Feitos esses comentários, passemos para a primeira questão. Os atores do diálogo social na Alemanha são os sindicatos profissionais, os sindicatos patronais, o Estado, que possui um papel de menor relevância, e outros atores.

Os sindicatos profissionais desempenham um papel muito importante na Alemanha, não apenas no que tange à celebração de acordos coletivos de trabalho, mas também em relação à obtenção de um consenso social. Ilustrativamente, os seus membros são nomeados para cargos importantes nos Tribunais trabalhistas e no sistema da Seguridade Social.

A base legal do sindicato profissional é o direito de constituir associações para salvaguardar e melhorar as condições econômicas e de trabalho, o qual está previsto no artigo 9º, parágrafo 3º, da Constituição alemã, sendo assegurado a todos e para todas as profissões. Os acordos coletivos que visam restringir esse direito são nulos.

Desse modo, os sindicatos profissionais têm o direito de existir e participar do diálogo social, caso presentes alguns requisitos do artigo 9º, parágrafo 3º, da Constituição. O conteúdo dessa norma encontra-se especificado também pela jurisprudência, em especial o direito de greve. Ao contrário de outros países, as Convenções da OIT não possuem um papel decisivo.

O referido direito assegurado constitucionalmente possui uma dupla dimensão: a liberdade individual, que, por sua vez, pode ser dividida em positiva e negativa, e a liberdade coletiva, que consiste no direito de constituir um sindicato profissional e de este exercer as suas atividades.

Falarei, brevemente, das entidades sindicais obreiras mais importantes na Alemanha.

Em primeiro lugar, temos a Federação dos sindicatos alemães (DGB), que congrega entidades do setor industrial, como o sindicato dos metalúrgicos, e entidades do setor de serviços, como aquela para qual eu trabalho.

Há também os sindicatos dos servidores públicos civis (*v.g.*, polícia, professores), os quais, por exemplo, não podem fazer greve em razão de desempenharem funções estatais.

Em terceiro lugar, sobretudo recentemente, temos as entidades pertencentes à Federação dos sindicatos cristãos, os quais são, em verdade, pelegos, pois são financiados e utilizados pelos maus empregadores para negociar condições de trabalho piores, como salários mais baixos.

Uma tendência recente é a formação de sindicatos por ofício ou profissão, ao lado dos sindicatos obreiros formados por ramos ou segmentos empresariais de atividade acima referidos.

O sistema jurídico alemão é formado por leis escritas, como o Código Civil, o Código Penal, etc. Todavia, no importante âmbito do Direito Coletivo do Trabalho, temos apenas a Constituição como norma escrita, o que gera um grande problema para a doutrina. Esse vazio normativo é preenchido pela jurisprudência, notadamente aquela do Tribunal Federal do Trabalho e do Tribunal Constitucional.

A partir da jurisprudência alemã, pode-se afirmar que o sindicato profissional pode negociar coletivamente e fazer greve caso presentes alguns requisitos.

Primeiramente, o objetivo buscado deve ser salvaguardar e melhorar as condições econômicas e de trabalho. Com efeito, a Constituição assegura o direito de constituir sindicatos profissionais exatamente para garantir e melhorar essas condições.

Em segundo lugar, os sindicatos obreiros devem ser associações de pessoas que se filiam voluntariamente e, como instituição, devem ter uma estrutura permanente.

Ademais, os sindicatos profissionais devem possuir uma estrutura interna democrática, pois os acordos coletivos são normas jurídicas, isto é, são legalmente vinculantes. Desse modo, caso não haja essa democracia interna, esses acordos não são legítimos.

Além disso, o sindicato obreiro deve ser imparcial e independente em relação ao Estado e aos partidos políticos.

Por fim, o sindicato profissional deve ter o desejo e o poder de celebrar acordos coletivos, o que é denominado *poder social*. Trata-se de uma ideia tipicamente alemã. Assim, se a entidade é muito pequena, continua sendo um sindicato profissional, mas não pode negociar e celebrar um acordo coletivo e fazer greve.

As partes sociais exercem uma influência considerável sobre as condições de trabalho na Alemanha, sobretudo se considerarmos que apenas 25% dos trabalhadores são filiados a um sindicato obreiro. Todavia, muitas empresas são filiadas aos sindicatos patronais e, invariavelmente, aplicam as normas dos acordos coletivos a todos os seus empregados (inclusive aos não filiados ao sindicato obreiro), através do contrato individual de trabalho, assegurando a todos as mesmas condições e benefícios.

O número de trabalhadores associados aos sindicatos obreiros diminui nas últimas décadas, correspondendo, atualmente, a 8,5 milhões de filiados na Alemanha. Entretanto, 70% de todos os empregadores são associados aos sindicatos patronais, de modo que os cerca de 60.000 acordos coletivos exercem uma grande influência nas relações individuais de trabalho, pelo motivo acima descrito.

No Direito alemão, é possível a celebração de um acordo coletivo com o empregador individualmente (*v.g.*, Volkswagen), com o Estado (no caso dos servidores públicos) ou com o sindicato patronal. A federação dos sindicatos patronais alemães (BDA) é a entidade mais ampla no lado patronal do diálogo social.

O princípio da autonomia coletiva, assegurado constitucionalmente, impõe a neutralidade do Estado no diálogo social. Mas, naturalmente, isso é válido apenas quando o Estado não é o patrão, isto é, a parte signatária do acordo coletivo.

Apenas 1% dos acordos coletivos celebrados na Alemanha tem aplicação universal, isto é, eficácia *erga omnes*, sendo, portanto, raros. Para que possua essa eficácia, é necessária a participação do Ministro do Trabalho. Em razão de tal acordo coletivo aplicar-se a trabalhadores e empresas não filiados aos respectivos sindicatos obreiro e patronal, é necessária uma legitimação democrática, a qual é conferida pela participação do Ministro do Trabalho.

Nesse sentido, uma tendência recente por parte dos sindicatos obreiros é tentar criar as chamadas condições gerais de trabalho vinculantes, como pisos salariais mínimos, para determinados ramos (*v.g.*, a indústria metalúrgica). Não existe na Alemanha um salário mínimo geral fixado pelo Estado, não obstante a reivindicação dos sindicatos obreiros nesse sentido, a qual enfrenta a argumentação patronal de que, através da autonomia coletiva, é possível alcançar um patamar superior àquele estabelecido pelo Estado.

No que tange aos demais atores do diálogo social, temos os trabalhadores não filiados aos sindicatos obreiros, os quais, em regra, não seriam beneficiados pelos acordos coletivos. Todavia, como estes normalmente são aplicados pelas empresas a todos os empregados, aqueles não filiados acabam recebendo os mesmos benefícios, como, por exemplo, o mesmo salário.

Temos, ainda, como atores os empregadores não filiados, aos quais normalmente não se aplicam os acordos coletivos, as organizações não governamentais (ONG's), as quais não desempenham um papel no diálogo social, e os comitês de empresa. Estes, que são uma peculiaridade do Direito alemão, podem celebrar os denominados acordos dos comitês de empresa, os quais são legalmente vinculantes, mas em um nível hierárquico inferior em relação aos acordos coletivos.

Desse modo, quando o empregado é contratado, deve informar acerca da sua filiação a um sindicato obreiro e da existência de acordos coletivos e de acordos de comitê de empresa, pois estes deverão ser respeitados pelo seu patrão no contrato individual de trabalho.

Ressalta-se que, na Alemanha, os comitês de empresa são formados pelos trabalhadores eleitos sem a participação patronal, ao contrário do sistema francês, no qual o empregador é membro desse comitê. Para ser eleito, não é necessário que o trabalhador seja filiado ao sindicato obreiro.

Passemos então à segunda questão, isto é, às relações coletivas de trabalho pacíficas. As partes sociais devem celebrar acordos coletivos utilizando meios pacíficos de negociação coletiva. Nesse sentido, a greve pode ser utilizada apenas como *ultima ratio*.

Os acordos coletivos estabelecem condições mínimas de trabalho aplicáveis aos filiados das entidades contratantes.

As relações coletivas de trabalho pacíficas também abrangem o acordo firmado pelo empregador com o comitê de empresa, o qual é hierarquicamente inferior ao acordo coletivo firmado pelo sindicato obreiro.

Desse modo, no nível hierárquico superior encontram-se o acordo coletivo de empresa, celebrado pelo sindicato obreiro e o empregador, e o acordo coletivo regional, firmado pelos sindicatos obreiro e patronal. Os acordos coletivos, como dito, são legalmente vinculantes em relação aos membros das entidades signatárias.

No nível hierárquico inferior, encontram-se os acordos firmados pelo comitê de empresa e o empregador, os quais também têm força normativa vinculante.

O acordo coletivo de trabalho pode ser definido como um contrato escrito celebrado pelas partes coletivas para regular os direitos e obrigações entre estas (cláusulas obrigatórias) e para prever normas aplicáveis aos contratos individuais de trabalho (cláusulas normativas). Trata-se, portanto, de um contrato coletivo com previsões normativas.

O objeto do acordo coletivo é estabelecer as condições mínimas de trabalho. O seu conteúdo é variável, podendo conter, por exemplo, normas relativas ao piso salarial e à duração do trabalho. Através da inserção de cláusulas abertas no acordo coletivo, as partes sociais podem autorizar o comitê de empresa e o empregador a estabelecerem normas incidentes sobre os contratos individuais de trabalho. Isso é mais comum em épocas de crises econômicas, pois esse comitê está mais próximo e tem um maior conhecimento sobre os problemas específicos da empresa.

O acordo coletivo tem um efeito direto e obrigatório sobre a relação individual de trabalho. O empregado pode exigir, inclusive judicialmente, o cumprimento pelo patrão das normas previstas no acordo coletivo firmado pelo sindicato obreiro ao qual é filiado (*v.g.*, pagamento do piso salarial).

A parte social também pode ajuizar uma ação judicial em face da outra parte contratante visando ao cumprimento das suas obrigações, como a de manter a paz durante a vigência do acordo coletivo e a de assegurar que os seus filiados cumpram as normas nele previstas.

O acordo coletivo torna-se válido e obrigatório na data da sua assinatura pelas partes sociais. Ao final do seu prazo de vigência, o acordo perde o seu efeito obrigatório, mas permanece o chamado *pós-efeito*. Nessa fase, ele pode ser substituído por outros acordos, inclusive individuais. Todavia, caso não ocorra essa substituição, as condições previstas nos acordos coletivos continuam em vigor, produzindo efeitos.

Ressalta-se que, quando o empregado ou o empregador se desfilia do seu respectivo sindicato, o acordo coletivo continua sendo-lhe aplicável compulsoriamente até o final do contrato.

Passemos à análise da terceira, isto é, do direito à ação coletiva. Caso não seja possível, ao final de um processo de negociação, celebrar um acordo coletivo, o sindicato obreiro pode deflagrar a greve. As questões acerca de quem pode fazer greve e quais os métodos admitidos vêm sendo respondidas em diversas decisões do Tribunal Federal do Trabalho e do Tribunal Federal Constitucional. Como dito, esse estabelecimento de regras pela jurisprudência é uma exceção no sistema jurídico alemão e prevalece seja em relação ao direito de greve, seja no que tange ao direito do empregador ao locaute.

Cumpre notar que a Constituição alemã assegura não apenas o direito de greve, mas também o direito ao locaute, infelizmente.

Consoante o entendimento jurisprudencial, somente pode deflagrar uma greve o sindicato obreiro legalmente reconhecido, de modo que não são admitidas as chamadas greves selvagens, nem mesmo aquelas convocadas pelos partidos políticos. Desse modo, outros atores sociais não podem participar da greve.

Além disso, o direito de greve é protegido pela Constituição apenas se ela visa à celebração de um acordo coletivo, de modo que não são admitidas greves políticas. Assim, outros objetivos, como evitar uma dispensa, ainda que ilícita, não podem ser buscados através da greve. Nesse caso, deve o trabalhador ajuizar uma ação judicial em face do empregador para questionar a legalidade da dispensa.

Ademais, é proibida a deflagração da greve durante o período de vigência do acordo coletivo. Trata-se da chamada *obrigação de paz*, que decorre das próprias normas que regem os contratos.

As greves e os locautes devem ser equilibrados e justos, isto é, é vedada a ação coletiva injusta, segundo o princípio da proporcionalidade. Por fim, durante o movimento paredista, os trabalhadores têm a obrigação de não causar danos à empresa (*v.g.*, destruir as instalações industriais).

No que às formas permitidas, temos a greve clássica (isto é, a suspensão da prestação laborativa), a greve-advertência, a greve em ondas (de empresa para empresa), a qual é lícita consoante a jurisprudência do Tribunal Federal do Trabalho.

O locaute, por sua vez, é admitido de forma restrita, sendo lícito apenas caso consista na suspensão das atividades empresariais em resposta a uma greve. Desse modo, o empregador não pode iniciar o conflito através do locaute.

Todos os trabalhadores têm o direito de aderir à greve, mas apenas aqueles filiados aos sindicatos obreiros recebem a chamada remuneração de greve durante esta.

A título ilustrativo, apresento a seguinte estatística, que mostra quantos dias de trabalho, em média, foram perdidos em países diferentes, em razão de greves e locautes, durante nove anos (de 2000 a 2008) e para um grupo de 1000 trabalhadores: Espanha: 164 dias; Canadá: 152; França: 102; Itália: 88; Bélgica: 74; Finlândia: 73; Noruega: 54; Áustria: 45; Dinamarca: 37; Austrália: 35; Estados Unidos: 30; Reino Unido: 30; Irlanda: 26; Suécia: 22; Nova Zelândia: 14; Portugal: 14; Holanda: 9; Hungria: 8; Polônia: 6; Alemanha: 5; Suíça: 4; Japão: 0; Eslováquia: 0.

Por meio dessa estatística, percebe-se que na Alemanha, em comparação com outros países, como a Espanha, a Itália e os Estados Unidos, são feitas poucas greves.

Passemos então às novas tendências do Direito Coletivo do Trabalho na Alemanha. No que tange às novas formas e métodos, temos a greve *flashmob*, da qual darei o exemplo de um supermercado.

Antigamente, se o sindicato obreiro deflagrava uma greve dos empregados desse último, o empregador poderia simplesmente recorrer ao labor de outros obreiros para dar continuidade à sua atividade empresarial. Nessa nova forma de greve, seguindo as instruções do sindicato obreiro, 100 trabalhadores entram no supermercado e cada um deles compra um chiclete, dirigindo-se aos caixas simultaneamente para pagá-los, o que inviabiliza a realização de compras por outros clientes. Caso isso seja feito durante vários dias, o supermercado permanece em funcionamento, mas não consegue vender nada, exceto chicletes. Trata-se, assim, de uma nova maneira lícita de bloquear o funcionamento normal da empresa.

Analisemos então a questão da greve de solidariedade. Como dito, é permitida a deflagração de greve apenas se o objetivo é a celebração de um acordo coletivo. Todavia, em se tratando de empresas muito próximas ou estreitamente ligadas (*v.g.*, integrantes de um *holding*), quando há greve em uma delas, os empregados de outra podem também fazer greve para demonstrar o seu apoio. Essa nova forma de greve de solidariedade é considerada lícita.

É permitida a deflagração da greve nos setores ligados ao bem-estar social (*v.g.*, hospitais, transportes públicos). Houve decisões de Tribunais Regionais do Trabalho no sentido da abusividade dessas greves, em razão de violarem o princípio da proporcionalidade, sobretudo em épocas de grande presença de turistas. Todavia, o Tribunal Federal do Trabalho firmou o entendimento de que esse tipo de greve é lícita.

Os sindicatos obreiros, atualmente, buscam a continuidade do princípio muito importante de que em uma empresa há apenas um acordo coletivo aplicável. Na empresa de aviação civil Lufthansa, por exemplo, existem atualmente 12 diferentes acordos coletivos celebrados com 8 sindicatos obreiros diversos para diferentes tipos de trabalhadores. Nesse sentido, os sindicatos profissionais estão buscando uma maior unificação entre eles, isto é, a criação de um único ente sindical, visando fortalecer a sua ação. Isso gera consequências positivas inclusive do ponto de vista econômico, pois basta pensar na desorganização causada por greves sucessivas de pilotos, de comissários de bordo, etc.

Outra questão a ser abordada é relativa à União Europeia. Como é sabido, os Estados-membros abriram mão de sua soberania em determinadas áreas, transferindo-a para a União Europeia. Durante muitos anos, esse sistema mostrou-se satisfatório, mas, nos últimos tempos, tem havido uma mudança, pois a Corte de Justiça da União Europeia, nos últimos dois anos, prolatou várias decisões que conferiram maior importância às liberdades econômicas fundamentais do que aos direitos sociais fundamentais. Nesse sentido, podemos citar as decisões proferidas nos casos Viking, Laval, Rueffert e Luxemburgo.

Isso contrasta com as decisões proferidas pela Corte há anos atrás, as quais trouxeram grande progresso em matéria social, como na luta contra a discriminação e na garantia da igualdade entre homens e mulheres. Contrasta também com o fato de termos, desde 2009, uma Carta Europeia de Direitos Humanos Fundamentais legalmente vinculante. Destaca-se o art. 28 dessa Carta, o qual prevê que "trabalhadores e empregadores, ou as suas respectivas organizações, têm, de acordo com as leis europeias e as leis e práticas nacionais, o direito de negociar e celebrar acordos coletivos nos níveis apropriados e, no caso de conflitos de interesse, de realizar ações coletivas para defender os seus interesses, inclusive a deflagração de greve".

Os sindicatos obreiros dos países-membros da União Europeia estavam muito satisfeitos com a previsão expressa e vinculante desse direito no nível comunitário. Todavia, o problema é que a Corte de Justiça da União Europeia, em uma decisão recente, entendeu que o direito de greve deve ser exercido de acordo com as leis europeias e que nestas as liberdades econômicas fundamentais são superiores.

Com efeito, existe uma grande diferença entre as previsões legais abstratas e os direitos assegurados na vida real. No presente momento, este é um motivo de preocupação e de luta para os sindicatos obreiros, pois as decisões da Corte de Justiça da União Europeia, tradicionalmente favoráveis à sua atuação e reivindicações, nos últimos tempos vêm se mostrando contrárias a estas.

Por fim, em sede de conclusão, gostaria de fazer algumas considerações. A Alemanha, como busquei mostrar na minha exposição, é uma ilha com o seu sistema bipartite. Esse sistema necessita de um índice relativamente alto de representatividade, de modo que a diminuição do número de trabalhadores filiados é o problema mais sério para os sindicatos.

Em virtude de a Alemanha ser membro da União Europeia, o seu sistema de Direito Coletivo do Trabalho é intensamente influenciado pelo Direito comunitário, em especial pela jurisprudência da Corte de Justiça Europeia.

O sistema de Direito Coletivo do Trabalho e o próprio diálogo social estão em processo de mudanças na Alemanha, o que é causado por novos tipos de sindicatos obreiros e pelo comportamento de muitas grandes empresas. Além disso, o fenômeno do trabalho precário também influencia as estruturas trabalhistas comuns.

Espero ser novamente convidado daqui a cinco anos para ter a oportunidade de contar-lhes as novidades e as últimas tendências no Direito Coletivo do Trabalho alemão.

Obrigado a todos pela atenção.

CAPÍTULO 5

O DIREITO COLETIVO DO TRABALHO E ATUAÇÃO SINDICAL NA ESPANHA

FERNANDO VALDÉS DAL-RÉ[1]

1. CONSIDERAÇÕES GERAIS

Muito bom dia. Sinto muito não poder falar em português. Prometo que isso mudará quando me aposentar, quando terei um pouquinho mais de tempo. Um dos meus primeiros objetivos vai ser aprender o português para quando vier aqui possa me dirigir a vocês na sua língua.

Minhas primeiras palavras são de satisfação em poder colaborar numa atividade docente organizada pelo Ministério Público do Trabalho e pela ESMPU. É uma honra poder compartilhar com vocês experiências e conhecimentos que adquirimos ao longo já de muitos anos.

O título de minha exposição é ambíguo porque fala sobre Direito do Trabalho na Espanha e atuação sindical. Em razão de sua amplitude, ficaríamos toda a manhã, toda a tarde e provavelmente o dia de amanhã para tratar dele.

No breve espaço de tempo de que disponho, apenas poderia oferecer alguns traços do sistema espanhol de relações laborais coletivas. Essa abordagem necessariamente tem que sofrer recortes. Pode ser mais interessante que eu lhes ofereça uma panorâmica dos elementos estruturais que definem o sistema espanhol, considerado em si mesmo e também inserido no contexto europeu. Ou seja, pretendo realizar um duplo processo de seleção. Selecionarei as singularidades espanholas e ao mesmo tempo aquelas que possam servir para uma valoração comparativa do sistema espanhol com os sistemas italiano e alemão; as divergências e as convergências desses sistemas.

As convergências entre os três sistemas são muito importantes. Não são de tom menor e sim maior. Por exemplo, nos três países a liberdade sindical possui

[1] Catedrático de Direito do Trabalho e da Seguridade Social da Universidade Complutense de Madrid.

respaldo constitucional. Na Itália e na Espanha de forma direta e expressa e na Alemanha, indireta.

Considerando que a liberdade sindical resulta do direito de coalizão, nos três sistemas de relações laborais, democráticos que são, a autonomia coletiva ocupa espaço normatizador muito relevante. Já a intensidade com que a autonomia coletiva ocupa esse espaço não é a mesma. Provavelmente a Itália representa o país com maior intensidade de autonomia coletiva, enquanto que Alemanha ocuparia uma posição imediatamente seguinte e Espanha, uma posição intermediaria. Ou seja, na Espanha temos importante presença do Estado na ordenação das próprias relações laborais coletivas. Nos três países também a posição institucional dos sindicatos é vertebral e talvez na Espanha e na Itália mais, porque nossas organizações sindicais têm uma posição, uma inteligência de sua atividade sindical, que vai mais além dos sistemas estritamente laborais, pois tendem a ocupar espaços políticos, enquanto que na Alemanha, pelo contrário, uma atuação sindical em direção ao espaço e ao território políticos é bem mais moderada. O último traço de semelhança é que são sistemas de pluralidade sindical, com tendência, em alguns deles, a uma unidade sugerida, não imposta, de criação de grandes centrais sindicais.

No que se refere à Espanha, insisto, vou cuidar dos elementos estruturais, mas que, de alguma maneira, ofereçam dados comparativos com os outros países e provavelmente também com o sistema sindical brasileiro.

Vou me ocupar de cinco temas: o primeiro, a representação dos trabalhadores nas empresas; em segundo lugar, a representatividade sindical; em terceiro, o financiamento dos sindicatos; em quarto, os convênios coletivos; e, finalmente, em quinto, farei uma referência fugaz ao direito de greve. Como vemos, é um empenho muito ambicioso. Espero podê-lo cumprir no tempo que disponho e se há dúvidas, que vai haver, as deixamos para o debate.

2. REPRESENTAÇÃO DOS TRABALHADORES NAS EMPRESAS

Em relação ao primeiro ponto, representação dos trabalhadores nas empresas, podemos dizer que na Europa há dois grandes sistemas de representação. O sistema denominado de *single channel* onde o espaço da representação do trabalhador na empresa quem ocupa é o sindicato, como único sujeito de representação e defesa no âmbito da empresa. O Reino Unido seria um excelente exemplo de *single channel.*

O segundo sistema é o do *double channel.* O canal duplo se organiza, está claro, através da representação sindical, de modo que continua havendo a presença do sindicato no âmbito da empresa, porque as atividades sindicais na empresa formam a parte de conteúdos da liberdade sindical coletiva, nos termos claríssimos aos que se referem a Convenção 87 da OIT. E, em segundo lugar, aparece uma representação que se denomina, para utilizar a linguagem da OIT, representação eletiva e que em Espanha a denominamos representação unitária.

Espanha responde, acabei de dizer, ao sistema de *double channel*. Mas dentro dos sistemas, dos países que adotam o canal duplo, Espanha possui algumas singularidades importantes.

O *double channel* existe na França com os comitês de empresa e os delegados de pessoal. Da mesma forma, com singularidades que não vou examinar, é o sistema adotado na Alemanha e na Bélgica.

O que diferencia Espanha de praticamente todos os países de *double channel* é que representações eletivas e representações sindicais, comitês de empresas e delegados de pessoal, que são os órgãos da representação unitária ou eletiva, e seções sindicais e delegados sindicais, que são os órgãos da representação sindical, se encontram, do ponto de vista funcional, não do ponto de vista do recurso de amparo[2], numa situação de equiparação. Ou seja, tudo o que pode fazer um comitê de empresa pode fazer uma seção sindical ou delegado sindical e vice-versa. Em outras palavras, os comitês de empresas e os delegados de pessoal não são órgãos de estilo francês e de colaboração com o empresário de gestão em obras sociais. Na Espanha, os comitês de empresas são sujeitos de ação sindical.

Que problemas apresentam esta situação? Pois como vocês podem imaginar os problemas são que os legisladores do princípio contemplam ambos os órgãos como competidores no âmbito da empresa. São concorrentes, sem que o legislador tenha estabelecido um catálogo de diferenciação entre as funções de um e de outro. O comitê de empresa, por exemplo, pode firmar um convênio coletivo de empresa, o comitê de empresa pode convocar uma greve, enquanto nos outros países a negociação e a celebração de acordos coletivos no âmbito da empresa é reservada ao sindicato. Na França, só pode convocar a greve o sindicato.

Neste contexto, que corresponde a razões históricas, as quais não vou tratar; a realidade é uma distribuição de protagonismos entre ambos os sujeitos. Concretamente, na grande empresa o protagonismo da ação sindical corresponde ao sindicato. Nas empresas de mais de quinhentos trabalhadores, quem leva todo o peso da ação sindical são os sindicatos. Nas pequenas empresas, o peso da representação e defesa dos interesses dos trabalhadores corresponde à representação unitária, ao delegado de pessoal e ao comitê de empresa. Nas médias empresas, entre cem, cento e cinquenta ou quinhentos trabalhadores, onde em algumas

2 A Constituição espanhola de 1978 prevê o recurso de amparo constitucional como atribuição do Tribunal Constitucional (art. 161.1, b/ CE). Trata-se de instituto processual por meio do qual se tutelam direitos e liberdades específicos, mais precisamente o previsto no art. 14 da CE (direito de igualdade e de tratamento não discriminatório) e os previstos na Seção Primeira do Capítulo II do Título I da CE (direitos fundamentais e liberdades públicas), além do direito de objeção de consciência.

ocasiões, são os sindicatos os que exercem sua atividade, enquanto que em outras são os comitês de empresa.

De todas as formas, do ponto de vista dessa convivência entre representação unitária e representação sindical, as relações entre ambos os órgãos não são especialmente conflitivas. A razão se deve a que os comitês de empresa e os delegados de pessoal no nosso país estão fortemente sindicalizados, ou seja, há uma muito importante presença das federações sindicais nos comitês de empresas. Ainda que do ponto de vista jurídico sejam órgãos diversos, do ponto de vista da ação sindical, são as grandes organizações sindicais, as majoritárias, que normalmente têm presença nos comitês de empresa. E isso faz com que as relações sejam, poderíamos dizer assim, relativamente pacíficas.

Claro, se eu me ponho agora o chapéu de empresário, a posição com esta dualidade de órgãos não é especialmente simples. A numerosa informação que tem que fornecer o empresário, derivada das decisões do legislador interno e também das decisões de uma muito importante *directiva* europeia[3] do ano de 2002, é dirigida aos representantes unitários e aos representantes sindicais. Se vocês me permitem que eu diga, de maneira gráfica, ele deve fazer duas cópias, uma para um e outra para o outro.

No processo de consulta e de negociação coletiva, se consulta a um ou a outro; neste caso não há dualidade, duplicidade de consulta e muito menos de negociação. Que critério utiliza o empresário para decidir se consulta com uns ou com outros? Não há critérios legalmente estabelecidos. No final, o empresário negocia o convênio ou oferece a consulta com um ou outro dependendo do contexto.

A única proibição que há na Espanha é que a conduta do empresário ao negociar com o representante unitário e não com o sindical não seja expressiva de uma conduta antissindical. No momento em que haja suspeita de que sua decisão encobre uma conduta antissindical, este comportamento do empresário pode ser impugnado e taxado como tal.

Apesar de alguma crítica por parte de empresários do duplo sistema espanhol, ele está muito assumido, de modo que o legislador não se atreveria a suprimir a representação unitária. No que se refere à representação sindical, ela possui fundamento constitucional, no artigo 28. Portanto, o legislador não poderia, salvo que aprovasse uma lei inconstitucional, suprimir sindicato ou a empresa, mas o legislador ordinário poderia perfeitamente suprimir o comitê de empresa ou delegado de pessoal porque estas representações dos trabalhadores têm cobertura legal. O legislador como as criou as pode suprimir. Do legislador nascem e do legislador podem morrer. Evidentemente que decidir depois de trinta e dois

---

3 *Directiva* 2002/14/CE do Parlamento Europeu e do Conselho, de 11 de março de 2002, que estabelece um marco geral relativo à informação e consulta dos trabalhadores na Comunidade Europeia.

anos suprimir os comitês de empresa seria criar um problema de primeiríssima magnitude no nosso sistema de relações laborais.

3. REPRESENTATIVIDADE SINDICAL

O segundo ponto refere-se à representatividade sindical. Neste aspecto, a singularidade do sistema espanhol no contexto europeu é muito importante. Farei considerações gerais sobre o que significa representatividade, vista desde o sistema de pluralismo sindical. Provavelmente, na Alemanha, a representatividade não signifique nada, mas para o sistema de pluralismo sindical como o espanhol, italiano ou francês constituiu verdadeiro eixo vertebrador de toda a ação sindical.

Gino Giugno, jurista europeu da segunda metade do século XX, recentemente falecido, dizia que nos países de pluralismo sindical, dificilmente o legislador poderia se esquivar do encontro com a representatividade sindical. Ao menos nos países do euro continente, a partir da Segunda Guerra mundial, os sindicatos vão não só exercer ações tipicamente reivindicativas, negociação coletiva, convocação de greve, direitos de informação e consulta, ou seja, típicas medidas ou instrumentos próprios de ação sindical, mas também são chamados a exercer ações de participações institucionais, para intervir e colaborar no funcionamento do estado. Criam-se órgãos de presença mista ou tripla, envolvendo empresários, sindicatos e poder público, para participar em variados organismos de gestão das políticas sociais e em matéria de seguridade social; aí estão os sindicatos com as associações empresariais, com função sindical que vai mais além da típica ação sindical. Num sistema de pluralismo sindical, o legislador se vê obrigado a selecionar, a escolher qual, ou quais, entre os sindicatos, são os chamados a se sentarem numa comissão paritária e numa comissão encarregada de dirigir, gerir, coordenar um determinado organismo ou função pública. O que não seria possível é que o legislador chamasse a todos os sindicatos para uma reunião com a quantidade de pessoas que se encontram, por exemplo, neste auditório. Portanto, o legislador tem que selecionar, tem que escolher.

E qual é o critério de seleção ou eleição? A representatividade sindical. E o que me dá a representatividade sindical? Me dá precisamente a capacidade representativa de cada sindicato. Eu te chamo porque é mais representativo que o outro, de maneira que representatividade sindical termina sendo um juízo comparativo. Portanto, a representatividade sindical significa comparar, selecionar primeiro, comparar posteriormente e estabelecer uma diferença de tratos, ou seja, não tratar os sindicatos por igual. A uns pela sua maior representatividade ou por sua representatividade lhes atribuem funções que a outro não lhe reconhecem. Por isso, a representatividade sindical é, no universo da liberdade sindical, um tema extraordinariamente polêmico, porque tem como fronteiras, de um lado, a liberdade sindical e, de outro, nada mais nada menos que o princípio da igualdade.

Sabemos que o princípio da igualdade exige mesmo tratamento aos que são iguais; os sindicatos, em princípio são iguais, portanto, a representatividade sindical, ainda que seja vista como critério de seleção, importa que a uns serão reconhecidas funções que a outros não. Qual é o principal problema da representatividade sindical na Europa? O critério de medição ou de avaliação da representatividade sindical. Como dizer o legislador que um sindicato é mais representativo que outro só é possível mediante um critério objetivo, que é o único que poderia estar conforme com o princípio da igualdade. Os países europeus colocaram em funcionamento diferentes critérios de representatividade, que eu os resumo muito brevemente.

Por critérios quantitativos, são mais representativos, por exemplo, os sindicatos que possuem o maior número de filiados, o que faz presumir que este sindicato tem maior capacidade representativa que o que possui menor nível de filiação. Outro critério quantitativo poderia ser o sindicato que firma o maior número de convênios coletivos. Ou ainda, é mais representativo o que mais arrecada. Por fim, é mais representativo ou pode ser mais representativo ou pode ser utilizado como critério mais representativo o que conta com maior número de delegados sindicais. Trata-se sempre, portanto, de algum critério objetivo. Desses critérios quantitativos, o mais comum na Europa é o da filiação, o da consistência associativa. Um sindicato é mais representativo quanto mais quantitativo ele tem, quanto mais músculo associativo possuir.

Os critérios qualitativos são aqueles que procedem de algum tipo de juízo de valor. Por exemplo, seria mais representativo o sindicato mais independente frente ao estado. O sindicato mais capacitado de mobilizar os trabalhadores frente aos empresários que outros que não estão e que costumam ser chamados de sindicatos amarelos. Bom, estes critérios qualitativos, no geral, não são utilizados pelos legisladores europeus porque são sempre mais complicados.

O que acontece na Espanha? Na Espanha temos um meio termo. Um critério nosso só. Nós, os espanhóis, em matéria jurídica somos bastante apropriadores ou ladrões de ideias dos outros porque não pagamos um centavo. Os franceses fizeram a lei e nós a copiamos e não tivemos que pagar. Nós espanhóis criamos um critério próprio nosso de representação sindical que não se vai encontrar em nenhum dos outros países. Os franceses agora percebem as vantagens do nosso sistema e começam a utilizá-lo, ainda que com modificações. O nosso sistema se chama audiência eleitoral. Como mencionado, Espanha adota o canal duplo, de representação sindical e representação unitária. Pois bem, a audiência eleitoral tem a ver com a representação eletiva, porque a audiência eleitoral mede, avalia o número de representantes que cada sindicato obteve nas eleições para membros do comitê de empresa e delegados de pessoal. Dito de outra forma, as eleições de representantes unitários ao comitê de empresas ou delegados de pessoal cumprem na Espanha duas funções, uma primeira interna que serve para eleger o delegado de pessoal ou para eleger os membros do comitê de empresa; mas cumprem também uma função externa porque precisamente, a partir dessas eleições, se chega à audiência eleitoral e, consequentemente, à representatividade. O sistema funciona perfeitamente porque em cada ofício eleitoral de cada empresa, o presidente da mesa, que é um trabalhador, e o secretário têm que confeccionar a ata a ser enviada à autoridade administrativa e no resultado consta o número de representantes eleitos. Cada centro de trabalho envia o resultado à autoridade administrativa, que o detém informatizado e é possível saber perfeitamente que porcentagem de audiência eleitoral tem cada sindicato no conjunto do país ou num determinado território.

O nosso sistema é, portanto, em primeiro lugar, perfeitamente objetivo porque põe medida a centésima. Em segundo lugar, além de objetivo, o nosso sistema mede a representatividade real. Diferentemente do sistema francês. O problema do sistema francês é que mede a representatividade num momento determinado. É como se para mim me fizessem uma fotografia do meu rosto faz trinta anos e a apresentam para vocês e vocês dizem: – olha que jovem é este professor! E não se dão conta que a fizeram há trinta anos, quando não tinha cabelos brancos. Isto é a representatividade fotografada num dado momento e que se mantém de maneira indefinida. Entre nós a representatividade é real porque se vão incorporando à base de dados os índices de audiência eleitoral, dia a dia, as últimas eleições. Estas são as vantagens. O nosso sistema de representatividade sindical foi confirmado pelo Tribunal Constitucional conforme com a liberdade sindical. O Tribunal Constitucional espanhol já se manifestou no sentido de que o sistema de representação sindical estabelecido pela lei resultava plenamente de acordo com a liberdade sindical do artigo 28.1 do nosso texto constitucional.

Mas claro que nosso sistema também possui inconvenientes que eu compartilho com vocês. O primeiro é que esse sistema tende a criar sindicatos de dirigentes no lugar de sindicatos de filiados. Por que dirigentes? Porque os sindicatos estão mais preocupados nos processos eleitorais que na organização do dia a dia de cada empresa. Nosso sindicalismo terminou sendo um sindicalismo eleitoral de mobilização e não um sindicalismo de filiação. Claro, quando a audiência eleitoral está avançada, o sindicato procura antes de tudo e, sobretudo, captar trabalhadores, se bem que tanto faz o número de filiados para acreditar a representatividade. O que tem que obter é o maior número de trabalhadores que votem nas candidaturas do sindicato. Termina sendo um sindicalismo eleitoral.

Os comitês de empresa são escolhidos nos centros de trabalho de cinquenta ou mais trabalhadores, enquanto que nos centros de trabalho de entre dez trabalhadores e quarenta e nove se escolhem delegados de pessoal. Nos centros de trabalho entre seis e nove trabalhadores se escolhem os delegados de pessoal sempre que os próprios trabalhadores o aceitem, mas nos centros de trabalho de menos de seis não há delegados de pessoal, inclusive se os trabalhadores querem.

Evidentemente, esses trabalhadores, como não votam para delegados de pessoal, não têm a oportunidade de expressar através deste voto sua preferência sindical. Com o qual a audiência eleitoral deixa fora, é um critério objetivo, importante, é um critério que tem muitas vantagens, mas deixa fora 20% da população laboral espanhola que não é uma quantidade pequena. Corresponde, aproximadamente, ao número de trabalhadores que prestam serviços no que poderíamos chamar de microempresas. Como nestas microempresas não há voto, não se pode expressar eleição sindical e, portanto, não sabemos qual seria a eleição sindical desse percentual de trabalhadores espanhóis.

E para que serve, e o digo muito rapidamente, para que serve a audiência eleitoral? É dizer, para que serve a representatividade sindical? A representatividade sindical, diz a nossa lei, estabelece a posição jurídica, acrescento eu, ativa e passiva. Estabelece a posição ativa e passiva dos sindicatos, ou seja, a representatividade sindical é fonte de direitos, de funções para as organizações sindicais, mas claro, existe uma gradação da representatividade sindical. Há uma tipologia de sindicatos em função de sua representatividade sindical. Concretamente, há três tipos de sindicatos em atenção a sua representatividade sindical. Os sindicatos mais representativos, enfatizo: mais representativos, constituem a primeira categoria. A segunda categoria é formada pelos sindicatos representativos no setor ou ramo de atividade. A terceira categoria é a dos sindicatos suficientemente representativos. O sindicato suficientemente representativo é um sindicato que na Espanha apenas tem visibilidade no mundo das relações laborais. Apenas tem visibilidade porque é um sindicato que não pode negociar convênios coletivos típicos. Fiquem vocês com o nome e logo falarei deles, dos convênios estatutários. Os suficientemente representativos só podem negociar os convênios atípicos, mas só 3% dos convênios espanhóis são atípicos. Os sindicatos suficientemente representativos podem organizar greves, mas na Espanha, eu digo aos meus estudantes, Espanha e Finlândia se parecem em uma só coisa. Finlândia é um país, como vocês sabem, que representa o modelo em termos de progresso social e bem estar social, em que todos os índices estão lá em cima. Espanha e Finlândia se parecem numa coisa, só tem um índice equivalente, que são dos países de mais baixa agitação na Europa. Talvez para vocês, sejamos como os franceses porque de vez em quando fazemos greves gerais. Porém, somos os países de mais baixa agitação na Europa.

Os sindicatos suficientemente representativos carecem de visibilidade. Os sindicatos mais representativos são os que podem fazer praticamente tudo. Mas, sobretudo tem reservada uma função muito importante que é a participação institucional. São os únicos que tem reconhecida a representação institucional. No Conselho Econômico e Social espanhol estão aí os sindicatos mais representativos, não os suficientemente representativos. Comissão Consultiva de Convênios Coletivos, quem estão aí? Os sindicatos mais representativos, que são os mais importantes. Os sindicatos representativos no setor e os suficientemente representativos podem fazer algo do que podem os sindicatos mais representativos, mas não a representação institucional.

Para ser sindicato mais representativo na Espanha, ou seja, no conjunto do território, é necessário obter 10% da audiência eleitoral. Na Espanha há aproximadamente um milhão de representantes unitários, mais ou menos, eu digo em cifras redondas, um milhão. Pois bem, para ser sindicato mais representativo, o sindicato teria que ter acreditado que nas eleições de representantes unitários obteve ao menos cem mil representantes. Só há dois na Espanha. Comissões Obreiras (CCOO) e União Geral de Trabalhadores (UGT). Entre as duas, há em torno de 82% ou 83% dos representantes unitários. Logo, isso lhes dá a ideia que o nosso sistema é de dualismo sindical, de duopólio sindical, mas duopólio moderado. Por que moderado? Porque o restante está ocupado por outras entidades sindicais e a cifra tampouco é pequena.

Além de medir a maior representatividade no estado espanhol também se mede ou se pode medir nas comunidades autônomas, que no nosso país é como os estados no Brasil. Temos dezessete comunidades autônomas. Há sindicatos mais representativos em duas comunidades autônomas, no País Basco e na Galícia, e para ser sindicato mais representativo de comunidades autônomas se necessita de um percentual, ou seja, valores relativos e, também valores absolutos e, por último, o sindicato mais representativo de comunidade autônoma não pode ter nenhum vínculo organizativo, nenhuma relação orgânica com o sindicato de âmbito nacional, de âmbito estatal.

Por último, quais são os percentuais que se exige para ser sindicato representativo do setor? 10% mais os 10% medidos no setor. Há o sindicato representativo de metal na Espanha; sindicato representativo de transportes na comunidade autônoma de Andaluzia; sindicato representativo de comércio em Madrid. Quantos sindicatos representativos no setor há? Há muitos, porque como a representatividade se adota por âmbito funcional ou ramo de atividade e por âmbito territorial, e na Espanha são províncias, comunidade autônoma e estado, a combinação, portanto, destes critérios dá um número muito importante de sindicatos.

4. FINANCIAMENTO DOS SINDICATOS

Agora vamos tratar dos recursos econômicos e financiamento. Na Europa a maior fonte de financiamento dos sindicatos é a filiação. A cota do filiado. Não há cotas gerais na Espanha e uma das primeiras medidas que tomou o partido político que organizou a transição entre a ditadura franquista e o regime democrático foi suprimir a cota sindical obrigatória. Ela é contrária à liberdade sindical negativa. Espanha ratificou a Convenção 87 da OIT em abril de 1977. Um ano antes da Constituição e depois da ratificação se suprimiu a cota obrigatória que tinha imposto o regime franquista ao longo dos trinta e tantos anos de duração. Portanto, nestes momentos na Europa a principal fonte é a cota sindical e cada sindicato possui a sua própria cota. Os sindicatos tem cotas altas e as confederações sindicais têm cotas pequenas; uma cota de uma grande confederação espanhola mais representativa costuma ser ou estar em torno dos seis euros/mês.

Espanha é um país de baixa filiação. Devemos ter aproximadamente 18% de filiação. A cota sindical representa apenas 30% dos ingressos e gastos das organizações sindicais. A pergunta que então vocês podem fazer e eu os ajudo que façam porque eu faço para mim: e os 70% restantes de onde vêm? É uma porcentagem muito alta, 70%. No ano de 1982 os sindicatos se deram conta de que um dos seus problemas principais ia ser o do financiamento, de modo que idealizaram uma maneira que poderíamos denominar de uma nova taxa sindical. Esta taxa sindical se chamou *canon* de negociação coletiva, que consistia em que empresário ou associações empresariais e sindicatos, ao firmarem um convênio coletivo, convencionavam que cada empresário extraísse ou deduzisse do pagamento dos trabalhadores uma quantidade "x" que se poria à disposição das organizações sindicais por terem negociado e firmado o convênio coletivo. De todos os trabalhadores, de todos e indiferenciadamente. Isso vocês o entenderão melhor quando eu lhes explique o sistema de negociação coletiva. Os sindicatos minoritários na Espanha, e aqui abro um parêntese, têm desempenhado um papel muito importante na definição do conteúdo da liberdade sindical. Cada vez que se tomava uma medida em favor dos sindicatos majoritários, os minoritários iniciavam ações e então enraizaram um labor de clarificação do conteúdo da liberdade sindical. No que se refere ao *canon* de negociação coletiva, foi apresentada ação aos tribunais e entendeu-se que o *canon* de negociação coletiva resultava contrário a dois direitos constitucionais: a liberdade sindical no sentido negativo, porque estava obrigado a pagar que não era filiado, com o qual se forçava o que não queria se filiar, e ao princípio da igualdade, porque os que firmavam o convênio recebiam uma quantidade que não recebiam os que não o firmavam.

A Lei Orgânica de Liberdade Sindical (LOLS) de 1985, que está vigente, em relação a essa vontade dos sindicatos de arrecadar recursos econômicos necessários para atender a suas finalidades sindicais, estabelece que os sindicatos poderão receber um *canon* pela assinatura do convênio coletivo sempre e quando mede o consentimento dos trabalhadores. É dizer, a LOLS ressalva de vulneração da liberdade sindical negativa o pagamento do *canon* mediante consentimento dos trabalhadores e este foi um preceito, como outros muitos, impugnados diante do Tribunal Constitucional. O tribunal fez sobre esse preceito duas declarações muito importantes. A primeira é que o *canon* de negociação coletiva só poderia do ponto de vista quantitativo equivaler aos custos de negociação coletiva, ou seja, o *canon* teria que corresponder a uma contraprestação aos gastos efetuados pelo sindicato em razão da negociação do convênio. Foram gastos cinco mil euros, por exemplo, para negociar este convênio coletivo porque é necessário pagar viagens, hotéis, diárias aos negociadores e, portanto, disse o tribunal que o *canon* só pode cobrir os gastos e, portanto, não é fonte de financiamento. A segunda exigência é o consentimento. A lei fala de consentimento, mas sabemos, até por experiência, que o consentimento pode ser manifestado de duas formas: tácito ou expresso. Quando você recebe uma comunicação de uma grande empresa livreira ou de vinhos que te diz "oferta". Se em dez dias não responde negativamente, os receberá em seu domicilio, ou seja, a carga de negar a oferta pesa sobre o cliente. Ao contrário de outras empresas que dizem: se em dez dias você o solicita, nós lhe enviaremos o pedido e sobre o cliente pesa a carga de solicitar a oferta.

Pois bem, as organizações sindicais, inicialmente em relação aos trabalhadores que no prazo de dez dias não diziam que não, cobravam o *canon* de negociação. O Tribunal Constitucional exigiu consentimento expresso neste caso *Canon* só para cobrir custos e é imprescindível o consentimento. Vocês sabem o que aconteceu desde o ano de 1985 até 2010? 25 anos? Nenhum convênio coletivo estabeleceu *canon* de negociação. Eu não conheço, mas provavelmente há algum, porque como toda regra geral tem exceção, mas não conheço nenhum convênio coletivo que tenha estabelecido *canon* de negociação.

Retornando ao que disse anteriormente, o Tribunal Constitucional esvaziou a fonte do *canon* como financiamento. Assim, de onde os sindicatos obtém seus recursos econômicos? São dois critérios ou fontes. Na verdade, é uma única fonte que varia e que se movimenta em dois terrenos. A única fonte, fonte pública, é o orçamento do Estado. Quais são as modalidades? A primeira corresponde à importância destinada aos sindicatos majoritários por representarem trabalhadores na mencionada participação institucional. Atenção, porque também é destinado às associações empresariais, considerando a paridade de tratamento. Os sindicatos majoritários por irem ao Conselho Econômico e Social espanhol, por irem a Comissão Nacional tal, e assim por sua função participativa recebem importantes verbas orçamentárias, mas claro como a participação institucional está reservada ao sindicato mais representativo, os outros não a recebem com o qual se estabelece essa diferença. Não digo eu que seja contrariar a igualdade, mas digo que se estabelece essa diferença. A segunda modalidade de financiamento é finalista. O Estado repassa recursos aos sindicatos, a todos, segundo sua audiência eleitoral. Entrega-lhes determinadas verbas orçamentárias que devem que ser utilizadas em algo concreto. Por exemplo, a formação dos trabalhadores. Mas como a quantia está em função da representatividade, o que tem uma representatividade de 30% obtém o percentual correspondente, ou de 40%, obtém este percentual do total da previsão orçamentária e assim por diante. E o sindicato que tem uma representatividade, uma audiência eleitoral de zero o que faz? Não se socorre das autoridades, porque para receber importes pequenos, como 500 euros ou mesmo 100 euros, prefere recusá-los. Então está acontecendo uma coisa também curiosa: dos 100% do total que o Estado dedica a organizações sindicais com orçamentos finalistas, 25% não se entrega aos sindicatos minoritários porque dizem eles que não querem esmolas. Uma vez que não se entregam os restos da recusa aos sindicatos menores, eles são repartidos pelos sindicatos majoritários.

5. NEGOCIAÇÃO COLETIVA

Na Europa, os convênios coletivos típicos, desde que aparecem na Alemanha, desde que começaram a pegar a lupa e estudar para ver o que tem nestes contratos de tarifas que se negociavam em algumas empresas alemãs desde o século XX, do ponto de vista da eficácia pessoal, ou seja, dos sujeitos afetados, são convênios de eficácia pessoal delimitada. O que significa isso? Que o convênio coletivo do metal afeta aos trabalhadores filiados ao sindicato verde que firmou o convênio coletivo do metal. E então, que convênio coletivo afeta os não filiados? Salvo que haja uma figura que se chama "extensão do convênio coletivo", muito pouco utilizada e pouco estudada, o não filiado não usufrui as vantagens do convênio coletivo. Assim é na Finlândia, Noruega, Dinamarca e Luxemburgo. O convênio só se aplica aos filiados, às partes que firmaram o convênio coletivo, só exclusivamente. Este é um sistema de incentivo a filiação porque o trabalhador sabe que se deixa de se filiar ao sindicato, provavelmente não vai perceber as vantagens do convênio coletivo ou algumas das vantagens porque não tem convênios que negociam que algumas condições se apliquem a todos. A diferença é o elemento estruturador, o elemento básico, do ponto de vista da eficácia do convênio, se aplica só aos trabalhadores filiados. No ano de 1980, desta regra geral na Europa se afastava Grécia e, de algum modo, Holanda. E o que acontece com outros países da nossa Europa? Francamente, eu não sei o que acontece na Letônia e na Lituânia, mas sim na União Europeia dos quinze, é o convênio de eficácia limitada.

E o que nós fazemos? O que acontece conosco? Bom, pois nós nos anos 80, a associação empresarial majoritária e um dos sindicatos, logo mais representativos, UGT pediram algo ao governo, que, quando aprovassem nosso código do trabalho – o Estatuto dos Trabalhadores-, que introduzissem não a eficácia pessoal limitada e sim a eficácia pessoal geral, ou seja, aquela que se aplica a todos os trabalhadores e empresários da unidade de negociação, com independência de seu vínculo filiativo e isso é o que se chamou entre nós de convênio estatutário. Além do convênio estatutário, temos o convênio extraestatuário que responde a lógica do sistema europeu. Estão vigentes na Espanha, aproximadamente, seis mil convênios coletivos. Pois bem, desses seis mil convênios em vigor, 97%, 98% são estatutários de eficácia geral e2% são extraestatutários. Ou seja, o extraestatutário ocupa uma posição verdadeiramente periférica e marginal no nosso sistema de negociação coletiva. A eficácia geral de um convênio é outro elemento, que não é necessário ressaltar a vocês, desestimula a filiação, porque o trabalhador de uma empresa, a custo de nada, sabe que se o convênio é estatutário, que é o que predomina, vai ser aplicado e ele não tem que dar nada. A aplicação do convênio coletivo o presenteia a lei. Por suposto que isto vocês não têm que entender da minha boca como se eu logo me transformasse num defensor da mudança de modelo. Pois não sou defensor, mas se tenho que dizer para vocês os inconvenientes que tem um sistema como o nosso de eficácia geral é claramente a filiação.

6. GREVE

Como último elemento desta exposição, porque parece que eu já estou passando da hora, faço uma rápida menção ao direito de greve.

Outra peculiaridade do sistema alemão é que a titularidade do direito de greve é do sindicato. É a visão orgânica do sindicato. O sindicato, portanto, é o único que pode convocar greve. As greves não convocadas pelo sindicato se denominam greves selvagens. A selvagem não é uma greve bruta. A selvagem é uma greve efetuada a margem das organizações sindicais.

Na Espanha, a Constituição atribui a titularidade do direito de greve aos trabalhadores. Nós, portanto, temos titularidade individual do direito de greve. Isso não significa que as greves, que são muito poucas, não se organizem por sindicatos, mas significa que de vez em quando através de sistemas assembleários ou por comitês de empresas se organizam greves e estas greves não são selvagens porque todos os trabalhadores podem convocar greve.

Obrigado pela atenção!

CAPÍTULO 6

EL MODELO SINDICAL ANTE LA CRISIS ECONÓMICA Y DEMOCRÁTICA

ANTONIO BAYLOS[1]

Sumário • 1. Democracia social, libertad sindical y modelo europeo – 2. Sindicalismo, regulación legal y crisis – 3. Crisis económica y crisis democrática – 4. Sindicalismo y nuevo modelo democrático de relaciones laborales.

1. DEMOCRACIA SOCIAL, LIBERTAD SINDICAL Y MODELO EUROPEO

Desde la cultura jurídico-laboral española es obligado hablar de Europa y el proceso de construcción jurídica y política que se está verificando en este espacio supranacional. Esta perspectiva es obligada si el objeto de reflexión es la tutela y el reconocimiento de los derechossociales en este espacio supranacional, lo que se viene a conocer como la dimensión social del mercado unificado o, en su versión más académica, el derecho social europeo. Este es un elemento clave en la definición del nuevo orden político europeo, como muy claramente puso de manifiesto la discusión sobre la llamada Carta de Niza y su incorporación a la futura Constitución europea, confirmada felizmente por el Tratado de Lisboa del 2007, pero lo cierto es que muchos elementos del denominado *derecho social*[2] se encuentran ya en un avanzado grado de desarrollo en el ordenamiento comunitario, normativa y jurisprudencialmente, antes de la consagración de una Carta de Derechos que impone normativamente un modelo social a nivel supranacional.

Conviene recordar que en su origen, el sistema de derechos laborales surgió en un contexto social y económico generador de una inmensa conflictividad como fórmula ambivalente de legitimación del propio orden económico y de reconocimiento de ciertas condiciones de vida y laborales a la fuerza de trabajo en acción, a los trabajadores. Fue en efecto una respuesta al orden económico del libre mercado y a su construcción social y política. El orden económico del libre mercado imponía explotación, sometimiento e indignidad, y el secreto de la creación de ese sistema de derechos laborales, de lo que se conoce comúnmente como

1 Profesor de la Universidad de Castilla-La Mancha – España.

2 Sobre el tema, sigue siendo fundamental para la descripción y valoración del proceso de conformación del derecho social europeo, el pequeño gran libro de Joaquín Aparicio, *Derecho Social Europeo*, Bomarzo, Albacete, 2007.

Derecho del Trabajofue el de encontrar un ligamen imprescindible entre la esfera de lo político – social y el ámbito de las relaciones económico – sociales. Es decir, interpretar la noción básica de la democracia como un concepto anclado en las relaciones sociales de producción, trascendiendo por tanto elplano formal de la declaración de libertad y de igualdad[3].

Desde entonces, el sistema de derechos laborales está adherido a la noción de democracia. No hay sistema democrático sin el reconocimiento de un sistema articulado de derechos y de garantías que haga realidad un nivel estándar de condiciones de trabajo y de vida a la clase socialsobre cuyo esfuerzo se construye la riqueza.

Esta conclusión se articula a través de una construcción política y democrática más depurada que pone en relación estos dos grandes campos de realidad, el de la economía del libre mercadoy el de la política que determina en lo social las nociones clave de igualdad y solidaridad.

De forma muy sintética, en este diseño cobra centralidad la progresiva construcción del Estado Social y su presencia en las relaciones sociales y económicas interfiriendo y limitando el orden económico del libre mercado mediante la creación de una amplia zona de desmercantilización de las necesidades sociales. En el eje de la constitucionalidad material, es decisivo el reconocimiento de un principio de igualdad sustancial que se inserta justamente en un contextosocio-económico desigual, marcando de esta manera una orientación político – democrática hacia la igualdad no sólo en la acción de los poderes públicos, sino en la propia actuación de lossujetos sociales representativos de la fuerza de trabajo global. Este esquema necesita del reconocimiento de un principio de pluralismo social que permite la definición desde el sistema jurídico – y a la vez fuera de él – de un sujeto colectivo que incorpora en su acción la mencionada tendencia político – democrática a la realización de la igualdad material y que se construye como representante general de la clase trabajadora. Esta figura representativa es el sindicato, al que se dota de importantes medios de acción colectiva desde el reconocimiento de su autonomía. Ycomo consecuencia de esos procesos, el Estado viene a reconocer en el ámbito de una ciudadanía calificada como social una serie de derechos individuales y colectivos sobre la base de una concepción que sitúa al trabajo como elemento central de cohesión social y de referencia política.

Todo este tipo de elementos forman parte de lo que se suele llamar *constitución del trabajo* o *constitución social*, y que se define no sólo por la delimitación de un perímetro cada vez más extenso de desmercantilización de las necesidades sociales, asociado a la publificación del mismo, sino también, de forma más significativa, por la asignación constitucional de valor político al trabajo, que en consecuencia impregna la actuación normativa y de gestión de los poderes públicos

---

3 B. Trentin. *La ciudad del trabajo*, Fundación 1 de Mayo, Madrid, 2013.

y de los sujetos sociales y el reconocimiento de funciones tendencialmente polivalentes del principio de igualdad sustancial como objetivo y como guía del conflicto social,canalizadas a través de la acción colectiva que protagonizan las figuras de la representación de los trabajadores como clase social subalterna en las relaciones de producción y de consumo. Como fenómeno histórico, se concentra en las constituciones nacional-estatales europeas que nacen de la derrota del nazi-fascismo al término de la Segunda Guerra Mundial, con la prolongación en los años setenta respecto del salazarismo portugués y del franquismo español. En ellos el componente social es muy intenso, y se considera al trabajo como centro de la vida social y política de un país, a la vez que se mantiene en el plano de las relaciones económicas lavigencia del sistema de economía de mercado, que debe ser respetado aunque corregido y encauzado sobre la base de estos imperativos sociales.

No es una solución fácil, porque este diseño implica la coexistencia no pacífica del trabajo y los derechos a él asociados, expresada cotidianamente de forma no armónica con un principio de libertad de empresa como otro elemento estructurador de la democracia, el reconocimiento delpoder del empresario de organizar y dirigir los procesos de creación de riqueza junto con la afirmación de una extensa capacidad organizativa de la forma concreta en que puede encarnarse la figura de la empresa, y, en fin, el reconocimiento del espacio – empresa como un espacio en el que se desenvuelve un activo poder empresarial sobre las personas que trabajan.Estos principios son los que fundan la llamada *constitución económica* de un país.

La convivencia de lo que por comodidad se puede llamar *constitución social* y *constitución económica* de un país no ha sido nunca serenamente armónica ni sosegada, pero para la construcción democrática postliberal resultaba una absoluta necesidad política. Las fricciones entre ambos órdenes se manifestaban en múltiples aspectos, aunque quizá convenga resaltar ahora que en la época de oro del Estado Social la confrontación se presentaba como un conflicto en el que destacaban tan solo dos figuras, como antagonistas: el Estado y la empresa, y no tantopor consiguiente, el Estado y el mercado. Y en ese conflicto los sujetos colectivos y su campo deacción propio, la autonomía colectiva, asumieron una posición subalterna, de manera que el sindicato delegaba en la fuerza y la capacidad normativa del Estado la gestión de gran parte de sus intereses, que encontraban satisfacción *a través de* la organización del poder público.

Se puede afirmar por tanto que el reconocimiento de la libertad sindical y el principio de autonomía colectiva constituyen los elementos caracterizadores por excelencia de los sistemasdemocráticos de relaciones laborales europeos. La autonomía colectiva se presenta ante todo como fuente de derecho, en una relación con el ordenamiento jurídico estatal que ha sufrido diversos avatares y que conoce múltiples expresiones en función de las distintas realidades jurídicas nacionales. Pero es un poder social originario que se manifiesta como fuente material y formal del derecho del trabajo, confundiéndose con la negociación colectiva y el convenio colectivo como instrumento regulador por excelencia.

Junto a ello, y de manera muy relevante, la libertad sindical entendida como autonomía plena de esta figura representativa funciona como un principio político de autorregulación social, en paralelo al principio de pluralismo político, lo que le hace constituirse como un instrumento decisivo de gobierno del sistema de relaciones laborales en el que existen dos fuertes tensiones. La producida por el conflicto entre posiciones sociales – y políticas – enmarcadas en una referencia más o menos directa a la clase social, un conflicto en definitiva entre las fuerzas del privilegio económico y las que representan al trabajo asalariado, tensión que atraviesa y recorreel fundamento y el desarrollo de los fenómenos en los que se expresa dicho principio de autonomía colectiva. Y una segunda tensión derivada de la propia construcción de la regulaciónde las relaciones laborales sobre el reconocimiento de una situación de extrema desigualdad material entre personas sin embargo formalmente iguales ante la ley, para que, sobre la constatación de esa importante relación asimétrica de poder, el Estado asuma un compromiso en proceder gradualmente a la remoción de los obstáculos que impidan o dificulten la igualdadsustancial, de base económica y social (lo que determina su naturaleza política). En ese procesogradual de nivelación social de las desigualdades no sólo está en juego la acción estatal o de lospoderes públicos, sino que es justamente la autonomía colectiva de los interlocutores sociales, y en especial, la acción colectiva de los sindicatos, que debe insertarse en esa lógica que va cancelando las desigualdades.

Por eso la libertad sindical gana protagonismo en la configuración de un sistema democrático de reconocimiento de derechos fundamentales. Su materialización supone el reconocimiento como derechos fundamentales el de la libre organización sindical, los derechos de huelga y de negociación colectiva, así como el más impreciso de la "participación" en la empresa. Son derechos que están anclados en las relaciones laborales y que encuentran el mercado de trabajoy el perímetro organizativo de la empresa como los espacios naturales de su ejercicio. Pero ellono debe hacer olvidar que su función político – institucional se encuentra mediada por esa orientación sustancialmente igualitaria a la que se ha hecho referencia, de manera que no es posible configurar el sistema político democrático sin garantizar la presencia y la eficacia plena de estos derechos en el marco del sistema jurídico estatal o nacional.

Pero a la vez el papel de los sindicatos como sujetos colectivos que representan al trabajo es precisamente el de integrar el conflicto que lleva en sí el trabajo concreto, su rechazo ante la explotación, en el proceso de validación de las reglas sobre el trabajo que se presta en condiciones de subordinación económica y jurídica. Es este el valor político de las relaciones colectivas en las que se genera la normatividad del trabajo concreto, el reconocimiento de un poder social normativo que se basa precisamente en el cuestionamiento del poder económico y social que impone su dominio sobre las personas en el marco de la acumulación del capital. Y este reconocimiento que se expresa en un intercambio de propuestas que disciplinan las relaciones de trabajo en un ámbito determinado y en el acuerdo que las recoge, toma su validez de esa aceptación del dominio sin anular el conflicto de fondo que alimenta el cuestionamientodel mismo.

La eficacia de estas normas colectivas depende del gobierno y de la administración de éstas no sólo por los sujetos colectivos, sino a través de la intervención muy incisiva de la norma estatal complementada por la interpretación judicial, pero la validez de las mismas y de todo el procesodepende directamente del elemento político – democrático según el cual la centralidad del trabajo proviene de la consideración de la relación salarial como una relación de explotación y de la representación del trabajo así conformado como la condición para su integración en un proyecto común de sociedad en el que gradualmente pueda expresarse su programa emancipatorio. El modelo reposa por tanto en esa ambivalencia, y no puede anularse ladimensión conflictiva y de rechazo de la explotación del proceso de cooperación a la regulaciónde la misma.

Los marcos jurídicos estatales de las diversas naciones de Europa incorporan de manera centralen sus constituciones y normas de desarrollo el principio de libertad sindical y sus múltiples determinaciones. Forma parte de lo que se vienen a denominar "tradiciones constitucionales" de los distintos Estados miembros de la Unión Europea que "informan" el derecho de la Unión Europea como "principios" generales del derecho comunitario (art. 6º TUE).

2. SINDICALISMO, REGULACIÓN LEGAL Y CRISIS

Es un lugar común constatar la tensión que existe siempre entre el sindicalismo como movimiento social y como cultura política y la regulación que la norma realiza de sus estructuras y formas de actuación. En la formación social que denominamos sindicato hay siempre un elemento previo a cualquier regulación del sistema jurídico que constituye el núcleo central de la autonomía sindical y sobre el que la norma no puede intervenir. Es un elemento que no suelepercibirse sino en momentos de crisis pero que define la extraestatalidad del sindicalismo tal y como se ha venido construyendo desde sus primeras manifestaciones históricas y que va a presentarse como la afirmación de los principios de autonomía e independencia sindical que el reconocimiento de los derechos sociales en las constituciones modernas incluirá como contenido esencial de los derechos de libertad sindical[4].

4 U. Romagnoli, "La libertad sindical hoy", en *Revista de Derecho Social* nº 14 (2001), pp. 9-24.

Hay que tener en cuenta además que esta temática se inscribe en general en un discurso sobreel poder y la nivelación de la desigualdad económica y social a la que el sindicalismo debe servir. Hay por tanto que encuadrar este fenómeno en unas relaciones sociales no armónicas, sino en conflicto permanente, derivado de la pertenencia a clases sociales diferenciadas. La conflictividad social que atraviesa todo el Derecho del Trabajo, es especialmente notoria en el Derecho Sindical, acostumbrado a medirse en términos de poder y contrapoder en los lugares de producción. Este hecho ha sido oportunamente resaltado por el Tribunal Constitucional español en una decisión tan frecuentemente citada por la doctrina como inadvertida por los poderes públicos: "No puede olvidarse –dirá la STC 134/1994– que los sindicatos se hallan objetivamente en una posición dialéctica de contrapoder respecto de los empleadores y que ladefensa de sus objetivos no se basa en fórmulas de composición de intereses o de colaboración, sino de autodefensa".

La libertad sindical ha sido reconocida en la Constitución española de 1978 como uno de los derechos fundamentales que gozan de una tutela judicial preferente y sumaria en el orden jurisdiccional competente, así como ante el Tribunal constitucional mediante el recurso de amparo, y su desarrollo en la Ley Orgánica de Libertad sindical de 1985 ha consolidado la figura de la mayor representatividad sindical como la "singular posición jurídica" que, desde el respeto a la pluralidad sindical, garantiza una serie de facultades de acción a los sindicatos que obtengan esa cualidad como representantes institucionales de los trabajadores. La mayor representatividad configura un sindicato dotado de una fuerte capacidad regulativa como *interlocutor general* tanto en la empresa, en el sector o en el conjunto de las relaciones profesionales respecto del asociacionismo empresarial representativo, como frente a los poderes públicos, estatales y autonómicos, en los procesos de diálogo social e interlocución política.

Sin embargo, a partir de la gran crisis del 2008 y de la recesión que produjo en las economías avanzadas y en especial en Europa, se ha desarrollado un proceso de remercantilización del trabajo y un replanteamiento profundo del esquema democrático y social que había conformado el modelo social en el que el sindicato ocupaba un lugar relevante[5]. El sobre endeudamiento de los países del sur de Europa causado por la inyección billonaria de dinero para sostener al sistema financiero ha generado unas políticas de austeridad y de recortes sociales que anulan en la práctica el cuadro de derechos fundamentales previsto en la Unión Europea y han exigido cambios constitucionales en aquellos países, entre los cuales se encuentraEspaña. El marco legal del sindicato no ha cambiado formalmente,

---

[5] De esta forma, la emergencia económica se convierte en emergencia democrática. U. Romagnoli, "El derecho del trabajo ante la crisis", *Revista de Derecho Social* nº 58 (2012), pp. 21-23, publicado asimismo en M.Meik (Dir.), *Estudios críticos de Derecho del Trabajo*, AAL /Legis Argentina, Buenos Aires, 2014, pp. 806-808.

pero el proceso de degradación de derechos laborales es extremadamente fuerte y por tanto se ha debilitado fuertemente el rol del sindicato al invalidar desde el poder público su proyecto reformista e impedir con todos los medios a su alcance la eficacia de sus vías de autotutela colectiva[6].

En el caso español, la asunción del proyecto neoliberal a partir del 2010 y la consagración de uncesarismo político-financiero como forma de gobierno a partir de finales del 2011 ha introducidocambios sustanciales en la regulación de los derechos individuales y colectivos derivados del trabajo[7]. La situación de emergencia constitucional o "excepcional coyuntura de emergencia económica" como la ha definido el Tribunal constitucional español[8] ha justificado la redefinicióndel contenido de los derechos laborales en un sentido extensamente limitativo, en especial en relación con el derecho al trabajo y el derecho a la negociación colectiva. La fuerza del poder privado que se manifiesta en la organización unilateral de la prestación de trabajo ha sido reforzada en su carácter coactivo por el poder público, que además ha debilitado extraordinariamente la capacidad sindical de negociar bilateralmente aspectos centrales del mismo. Se ha producido también un endurecimiento de las sanciones frente al ejercicio de derechos colectivos de resistencia y de protesta[9]. Todo ello ha alterado de forma sustancial la posición

---

6 Cfr. A. Baylos, "Derecho de huelga, crisis económica y gestión sindical del conflicto", *Revista de Derecho Social* nº 66 (2014), pp.13-25.

7 El proceso efectuado se ha definido como "desconstitucionalización del trabajo" en el sentido de pérdida del valor democrático y político del mismo tal como está reconocido en el texto constitucional español. Así, A. Baylos, "La desconstitucionalización del trabajo en la reforma laboral del 2012", *Revista de Derecho Social* nº 61 (2013), pp. 19-42, artículo recogido en el *Yearbook of Comparative Labour Law Scholarship 2014*, Lancaster House, (2015), pp. 173-204. Ver asimismo M.L. Rodriguez, "Labour Law in crisis in the Eurozone: The spanish case", en C. Kilpatrick y B. de Witte, "Social Rights in Times of Crisis in the Eurozone: The Role of Fundamental Rights' Challenges", EUI Working Papers, Law 2014/5, pp.104-113; J. Pérez Rey, "Contrato de apoyo a los emprendedores, fomento del empleo y abuso de la contratación temporal" en A. Guamán (Dir.), *Temporalidad y precariedad del trabajo asalariado. ¿El fin de la estabilidad laboral?,* Bomarzo, Albacete, 2013, pp. 215-217.

8 En sus conocidas Sentencias 8/2015 y 119/2014, que desestiman los recursos de inconstitucionalidad contra varias normas de la reforma laboral del 2012. En la doctrina constitucional española se produce un giro importante a partir de la renovación del Tribunal entre 2010 y 2012, marcado por el alineamiento cerrado de este órgano con las medidas del gobierno y la convalidación constitucional de las disposiciones restrictivas de los derechos colectivos e individuales de los trabajadores. Ese corte es revalorizado por el libro coordinado por A. Baylos, J. Cabeza, J. Cruz y F. Valdés, *La jurisprudencia constitucional en materia laboral y social en el período 1999-2010. Libro Homenaje a María Emilia Casas*, Wolters Kluwer /La Ley y Grupo Santander, Madrid, 2015, que examina precisamente doce años de jurisprudencia constitucional que implican un desarrollo abierto del Estado Social y de las libertades frente a la tendencia contraria que se manifestaría con la renovación del Tribunal bajo las mayorías absolutas del PP y su apropiación partidaria del órgano. En este libro resulta muy ilustrativa la intervención de M.F. Fernández López y M. Rodríguez – Piñero Bravo-Ferrer. que lleva por titulo "Libertad sindical y negociación colectiva"", (pp. 495 -542).

9 A través de la incriminación penal de los piquetes de huelga y la consideración penal de aspectos importantes de la libertad de expresión. Sobre el primer tema, cfr. J. Terradillos Basoco, "De la huelga como derecho al piquete como delito. A propósito de la sentencia sobre el caso "los 8 de Airbus", *Revis-*

real del sindicato, sin necesidad de modificar la normativa básica que encuadra su organización y su función institucional.

El cuadro de liberalismo autoritario en el que todavía se mueve el sistema jurídico laboral español no ha sido sin embargo asumido de manera pacífica y ante el mismo se han ofrecido importantes resistencias. A partir del 2011 y hasta el 2014 fundamentalmente, en España ha habido un ciclo de luchas sociales – no sólo conflictos laborales o socio-políticos – extremadamente fuerte y constante que ha erosionado la legitimidad de las medidas adoptadaspor los poderes públicos y privados[10]. En algunas materias, la interpretación de las normas laborales ha permitido evitar algunos de los efectos más negativos que éstas podían haber producido. Desgastada y reducida en su idoneidad la negociación colectiva se sigue manteniendo a pesar de todo, y la audiencia electoral de los sindicatos sigue siendo significativade una implantación real en el mundo del trabajo.

Puede afirmarse por consiguiente que se ha producido una confrontación real entre el sindicalismo como forma cultural y como espacio de resistencia social y de proyecto reformista con respecto al tipo de regulación normativa del sindicato como libertad pública dotada de precisos medios de acción, y que este choque es muy pronunciado, puesto que el sistema normativo laboral resulta actualmente orientado ideológicamente a través de la hostilidad haciauna cultura de reconocimiento de la autonomía colectiva como fórmula gradual de remoción de la desigualdad social y económica. Este proceso es presidido por una concepción unilateralistay a la postre autoritaria del "mando" tanto en el espacio público como en el espacio de la producción. Una tensión debe ser siempre tenida en cuenta a la hora de analizar los problemasteóricos y prácticos que se plantean en el derecho sindical en la actual crisis que, como se reiteraen el apartado siguiente, no es sólo económica sino política y afecta a la propia idea de la democracia social.

3. CRISIS ECONÓMICA Y CRISIS DEMOCRÁTICA

Lo más significativo de la incidencia de la crisis sobre las "estructuras" de las relaciones colectivase individuales de regulación del trabajo, es que se ha conseguido imponer una situación de excepción que justifica la emanación de normas de urgencia sobre la base de la excepcionalidadeconómica que deroga elementos esenciales de los derechos democráticos reconocidos con carácter fundamental en las respectivas constituciones nacionales y en una serie de Tratados internacionales sobre derechos humanos que vinculan a los Estados miembros, en especial

ta de Derecho Social nº 73 (2016), pp.217-240. Sobre el segundo tema, cfr. R. Sáez Valcárcel, "Amenazas a la libertad de expresión en el ámbito penal. La represión de los discursos peligrosos", *Revista de Derecho Social* nº 74 (2016), pp. 37-60.

10 Cfr. J.D. Lacalle, *Conflictividad y crisis. España 2008-2014*, El Viejo Topo, Madrid, 2015.

la Carta Social Europea[11], a la vez que hace ineficaz la Carta de Derechos Fundamentales de la Unión Europea[12]. Esta situación de excepción no se materializa mediante un acto o decisión del Estado que declara formalmente tal alteración sustancial del sistema de derechos, sino que se produce de manera informal, por la vía de hecho, a través del forzamiento de los canales institucionales ordinarios – la utilización exorbitante de la legislación de urgencia en manos del gobierno, la suspensión permanente de los mecanismos de participación democrática y del diálogo social con los sindicatos, etc. – y se refuerza mediáticamente mediante el dominio tendencialmente completo de la información que conforma la opinión pública.

Si se pudiera sintetizar, cabría decir que el modo de actuar de las fuerzas del privilegio económico en esta crisis ha sido el de degradar los mecanismos democráticos y su anclaje social mediante el empleo de una situación de excepción permanente que los vacía de contenido y anula su eficacia a la vez que los sustituye por elementos de tipo autoritario y antisocial que se quieren estabilizar como el nuevo cuadro de referencia político. El control constitucional, que en algunos países como en Portugal o en Italia[13], ha corregido parcialmente algunas de las medidas implementadas, no ha funcionado sin embargo en España, donde se ha dado carta de naturaleza a esta excepcionalidad económica informal como causa suficiente de la degradación de derechos laborales, y las "tensiones" con las declaraciones de derechos humanos europeas[14] que podrían limitar los efectos de la "gobernanza" son débiles y no han podido superar un cuadro de garantías muy estrecho. La técnica del contenido esencial de los derechos fundamentales, que el propio Tribunal Constitucional español había ido conformando como fórmula convincente de preservación del núcleo de actividades que definían el derecho en cuestión, con especial fuerza en materia de derechos colectivos, como la libertad sindical, la negociación colectiva o la huelga, se manipula y se inutiliza a partir

---

11 B. Cardona Rubert, "La situación del Estado español en relación al cumplimiento de la Carta Social Europea", *Revista de Derecho Social* nº 69 (2015), pp. 103-114. En general, cfr. C. Alfonso, L. Jimena, C. Salcedo, *La jurisprudencia del Comité Europeo de Derechos Sociales frente a la crisis económica*, Bomarzo, Albacete, 2014.

12 G. Orlandini, "Los derechos fundamentales de los trabajadores en la jurisprudencia del Tribunal de Justicia de la Unión Europea", *Revista de Derecho Social* nº 69 (2015), pp. 67-77. En el libro de F. Valdés Dal-Re, *El constitucionalismo laboral europeo y la protección multinivel de los derechos laborales fundamentales: luces y sombras*, Bomarzo, Albacete, 2016, puede encontrarse una exposición muy amplia de esta problemática en relación con la garantía jurisdiccional europea de estos derechos.

13 Sobre el caso italiano, cfr. F.J. Trillo, "Políticas de austeridad y negociación colectiva en el sector público. Algunas reflexiones en torno a la experiencia italiana", *Revista de Derecho Social* nº 71 (2015), pp. 201-213.

14 G. Gianibelli, "Normas internacionales del Derecho del Trabajo y Derecho interno. Las tensiones entre el "derecho" de la globalización económica y la regulación de los derechos humanos", en M. Meik (Dir), *Estudios críticos de Derecho de Trabajo*...cit., pp. 759 ss.

de la interpretaciónmayoritaria[15] de este órgano de la legislación producto de la llamada "austeridad" puesta en marcha con la crisis. Lo que se ha diseñado es una arquitectura constitucional que se aparta desu tradición garantista bien asentada y que trata de definir el contenido esencial del derecho de libertad sindical y del derecho de negociación colectiva como un espacio móvil, determinado en función de los objetivos perseguidos por el legislador en orden a la mejora de los niveles de empleo reduciendo las garantías del derecho al trabajo o limitando la contratación colectiva sobre las condiciones del mismo, de forma que la "configuración legal" de un derecho fundamental permite al legislador restringir su contenido en función del objetivo que él mismo fija como causa de esa limitación, de manera autorreferencial, sin admitir parámetros externosa la misma. A través de esta doctrina se va dando carta de naturaleza a la constitución material de una economía financiarizada[16] que exige la validez y la legitimidad formal de un espacio de excepción acotado temporalmente por la duración de la "crisis" y que permite la restricción severa de los derechos laborales y sindicales básicos, derechos fluidificados en razón de las perspectivas del nivel del empleo y de magnitudes macroeconómicas.

La situación de excepción impide que funcionen los mecanismos garantistas de la democracia yfuerza de esta manera una transición a un modelo neoautoritario de relaciones laborales que se quiere afianzar de forma permanente, comprometiendo en este nuevo horizonte de sentidoa las grandes fuerzas políticas europeas que impulsan y aseguran la llamada gobernanza económica europea. Se trata por tanto de una emergencia económica que deviene emergencia democrática[17].

4. SINDICALISMO Y NUEVO MODELO DEMOCRÁTICO DE RELACIONES LABORALES

La crisis económica ha generado por tanto una crisis de institucionalidad democrática y una modificación importante de los parámetros políticos y valorativos que definían el marco general de las relaciones laborales, produciendo el "eclipse de la representación política y social del trabajo"[18]. Salir de la crisis puede implicar la consolidación relativa de un cuadro neoliberal y autoritario como el nuevo horizonte al

[15] En todas las decisiones del Tribunal Constitucional español que declaran conforme al bloque de constitucionalidad las normas laborales provenientes de la reforma laboral del 2010 y del 2012, hay votos particulares disidentes, redactados por el magistrado F. Valdés Dal-Re, que constituyen una fuente imprescindible de doctrina constitucional alternativa.

[16] Una constitución *económica* que condiciona directamente la constitución laboral de un país, pero que está en directa relación, mediante la consideración multiescalar de los niveles de protección de los derechos laborales, con el marco europeo de referencia. Cfr. F. Valdés, *El constitucionalismo europeo...* cit., pp. 62-63.

[17] En las palabras de U. Romagnoli, "El derecho del trabajo ante la crisis"...cit., pp. 21-22.

[18] U. Romagnoli, "Momentos de la historia de la cultura jurídica del trabajo", *Revista de Derecho Social* nº 73 (2016), p. 19.

que referir la imputación normativa de la regulación laboral. No es una opción segura y en todo caso se trataría de una perspectiva extremadamente conflictiva que se desenvolvería entre cuestionamientos muy amplios de la validez y legitimidad de este nuevo marco de regulación. En el otro lado, la salida a la crisis sólo se concibe como una oportunidad para rediseñar y adaptar los ejes fundamentales de la regulación del trabajo como espacio de lucha por los derechos individuales y colectivos en un marco multiescalar a diferentes niveles, europeo y nacional, en donde lo sindical y lo colectivo refuercen su representatividad social.

En el caso español, hay la percepción muy extendida de que nos hemos ido deslizando hacia unasituación de cambio de ciclo, de ingreso en una etapa nueva que se separa decididamente de las coordenadas que marcaron el nacimiento del modelo democrático de relaciones laborales en nuestro país y que ha ido desarrollando un modelo guiado por la corriente de fondo del pensamiento hegemónico neoliberal en esta época histórica y que culmina en la remercantilización del trabajo. Esto es, en su configuración como una pura mercancía al margen de la libertad y del dominio en el despliegue concreto de la actividad creativa y productiva de bienes y servicios. Este proceso conduce no sólo a una sociedad esencialmente desigual e injusta, sino también más autoritaria que reduce al mínimo su expresividad democrática.

Por ello, la "salida de la crisis" se concibe mayoritariamente por parte de los sindicatos y de unabuena parte de los juristas del trabajo como la posibilidad de intentar crear un nuevo marco institucional y legislativo sobre el trabajo[19]. Ello exige previamente una reflexión sobre la pervivencia del sistema de derechos constitucionalmente garantizados, mucho más después delos fallos del Tribunal Constitucional ya mencionados que han avalado la compatibilidad de la reforma

[19] En España el sindicalismo tiene una larga tradición de intercambio con los juristas del trabajo que se traduce en una colaboración importante y permanente no sólo entre los servicios jurídicos sindicales y el espacio cultural de jueces y magistrados mediados a través de los juristas universitarios, sino a través de la creación de lugares de encuentro y de debate comunes. En el momento actual, los juristas del trabajo, junto con el análisis crítico e interpretativo de la norma y de sus condiciones de aplicación en razón de la interpretación judicial y la mediación colectiva, tienden a debatir y discutir el tipo de modelo laboral que se juzga más adecuado para la situación que puede crearse a partir de la caducidad política y teórica de las estructuras normativas puestas en marcha durante el proceso de reformas laborales impulsado por los poderes privados y públicos en nuestro país. Este imperativo teórico y político supone acelerar un debate provechoso entre sindicalismo y exponentes de la cultura jurídica sobre el diseño del nuevo modelo de derecho del trabajo que, en cuanto a sus contenidos y sus formas de desarrollo, se acomoden a los principios del estado social y del reconocimiento del trabajo como eje de atribución de derechos de ciudadanía. Algunos documentos son especialmente relevantes al respecto, como puede deducirse de los textos recogidos en las Actas del II Congreso "Trabajo, Economía y Sociedad" de la Fundación 1 de Mayo (Madrid, octubre 2015), que pueden consultarse en esta dirección electrónica http://www.1mayo.ccoo.es/nova/files/1018/LibroActasII.pdf , o el que se ha realizado en el seno del Grupo FIDE, con intervención de juristas de empresa además de abogados laboralistas, profesores y magistrados, que está recogido en el número monográfico "El derecho del trabajo a debate", *Derecho de las Relaciones Laborales* nº 3 (2016).

laboral con la Constitución española sobre la base tanto de una interpretación extensivade la libertad de empresa, como en atención al "interés constitucional prevalente" a la conservación de un nivel de empleo mediante la reconformación por la norma legal del alcancede los derechos ciudadanos de negociación colectiva y del derecho al trabajo. La dimensión constitucional por tanto está en juego, y es algo aceptado de forma general en diversos espacios de opinión, especializados y no, que el marco normativo de la Constitución española debe asumir de forma más clara y potente estos planteamientos[20]. Se trata de revalorizar el momento político que debe rediseñar el marco de los derechos laborales como límite y garantía frente a los poderes públicos y privados y que determine con seguridad el contenido esencial de los derechos que permiten la cohesión social en un país determinado.

El sujeto que vertebra realmente el modelo laboral es el sujeto sindical, con su capacidad contractual y organizadora de las relaciones laborales y su fuerza en la propuesta y en la protestay la resistencia a través de las diferentes formas de expresión del conflicto en el trabajo y en la sociedad. Lo que viene a significar que el rol que desempeña el sindicato en el conjunto de las relaciones laborales y del marco normativo laboral, resulta crucial.

En efecto, en último término, está el sindicato. Es decir el representante de los trabajadores quetiene como misión mejorar las condiciones de vida de los mismos. En la noción de representación es clave, como diría Umberto Romagnoli, definir quien representa a quien[21]. Enesa conexión el representado es la persona que trabaja y, desde las premisas culturales italianas, que se afilia al sindicato que le representa. También esa es la aproximación que coincide con lacultura dominante hoy en el sindicalismo confederal español – las centrales más representativas – que ha prescindido de lo que se denominaba un pensamiento dialéctico de la unidad en el "movimiento obrero" y lo ha sustituido por la pertenencia voluntaria a la organización sindical que le representa laboral y político-socialmente. Esa persona trabajadora, para la que el sindicato debe ser un "sujeto próximo", es el referente de la acción del sujeto colectivo, pero en la medida en que se integra en la organización de éste, constituye el fundamento de la validez yde la legitimidad de las reglas y directivas que el sindicato efectúe. En ese sentido la "soberanía" sindical es equivalente al goce de una ciudadanía plena de sus afiliados en su interior, lo que requeriría un más amplio desarrollo de un posible "estatuto de

---

20 Este problema se liga directamente con el de la reforma constitucional a la que ya se refería en junio del 2014 la Comisión Ejecutiva Confederal de CCOO tras la abdicación del rey Juan Carlos de Borbón exigiendo el abordaje tanto del modelo de estado como el territorial, "así como los modelos social y económico". Sobre este tema ha discurrido el volumen monográfico "Por una reforma constitucional" de *Gaceta Sindical. Reflexión y Debate* nº 23 (2014).

21 U. Romagnoli, "Chi rappresenta chi. Il sindacato senza legittimazione", *Il Mulino* nº 2 (1993), pp. 16 ss.

la participación", más allá del requisito constitucional de la democracia interna como regla de gobierno del sindicato[22].

El sindicato ha vivido la crisis desde su propia crisis de representación sindical. No sólo por los embates que el sindicato ha sufrido y algunos errores importantes en su práctica social que han repercutido negativamente en su imagen pública, sino fundamentalmente por la pérdida de hegemonía en el discurso de la solidaridad que es el elemento fundante del sindicalismo, la destrucción de la idea del trabajo como espacio de derechos y su sustitución por la de empleo determinado directamente en función de su coste y, en fin, por la reducción de influencia en el debate político general y el detrimento de la capacidad de intimidación derivada de múltiples factores, entre los cuales seguramente son relevantes la alta tasa de precarización y segmentación del trabajo y la destrucción de empleo como forma de disciplinamiento del interés colectivo sindical.

Actualmente este rechazo del elemento representativo se detecta también en relación con el ámbito propio del trabajo objeto de representación, como si éste se hubiera inmovilizado en un espacio cada vez más despoblado, dejando fuera a un gran número de personas que no construyen su identidad ni primaria ni fundamentalmente a partir del trabajo. Esta carencia determina una incapacidad de la forma sindicato para cumplir su función integrativa de un interés colectivo que tiende a percibirse como general a partir de una representación del trabajo también global.

Sin embargo, crisis del sindicalismo no significa extinción ni degradación irreversible del mismo. La afiliación en el sistema español no es sino una parte del mecanismo de la representación, que pasa por los lugares de trabajo a través de los órganos unitarios y electivos y se prolonga luego en la tasa de cobertura de la negociación colectiva merced a la fuerza vinculante del convenio negociado por el sindicato representativo. La crisis ha golpeado a los tres elementos de la representación, generando pérdidas afiliativas, reduciendo el número de los órganos de representación y achicando la tasa de cobertura de la negociación. Pero no ha roto ni alterado la cadena de la representación ni ha podido fragmentar de manera importante ninguno de sus tres eslabones[23].

En la dimensión estrictamente sindical, hay elementos que esta figura social debería reforzar. En primer lugar la construcción multiescalar del sindicato,

---

22 Sobre la que sigue siendo un texto valiosísimo el trabajo de R. Gallardo Moya, *Democracia Sindical Interna. Un análisis jurídico,* Trotta, Madrid, 1996.

23 Para una mirada comparativa global del sindicalismo europeo en correlación con el americano, es extremadamente clarificador el texto de P.J. Beneyto y A. Orsatti, "Sindicalismo europeo y latinoamericano. Un análisis comparado de sus recursos de poder", en *Revista de Derecho Social Latinoamérica (Nueva época digital)* nº 1 (2016), pp. 133-149. Un estudio más amplio sobre la realidad española, en Pere Jódar, Ramon Alós, Pere Beneyto, Sergi Vidal, "La representación sindical en España: cobertura y límites", *Cuadernos de Relaciones Laborales* nº 36 (1), 2018, pp. 15-34.

es decir, delinearse simultáneamentetanto en el estado – nación como en el nivel supranacional, especialmente europeo. Ello implicaactuar contracorriente de la renacionalización de las políticas sindicales frente a la diferente forma de recibir la aplicación de las políticas de austeridad, en oposición a una actuación centralizada y compacta de la gobernanza europea. Se trata de nuclear, desde el nivel estatal, un esfuerzo colectivo y solidario en el nivel europeo que recupere los rasgos centrales del modelo social europeo. Una forma de concebir la Unión Europea como un espacio de libertad no sólo de mercado, sino de derechos, recordando el elemento central que anima textos como la Carta de Derechos Fundamentales de la UE, que el crecimiento económico no es sinónimo derestricción de derechos. Un propósito que incida decisivamente en un proyecto de democratización de Europa a través de compromisos horizontales para el desarrollo y la cohesión social que garantice un mínimo de condiciones de existencia en especial para la población de los estados más pobres, desde el sur al este de Europa. Es algo tan reiterado como actualmente negado, el fortalecimiento y desarrollo del federalismo político europeo, que implica la creación de un sistema fiscal, la instauración de un control parlamentario real de las decisiones del ejecutivo de la Unión, compromiso de ampliación del gasto, y un amplio plan deinversiones sociales como el que ha reivindicado, sin éxito, la Confederación Europa de Sindicatos. Se dan tímidos pasos en esa dirección con la aprobación, en noviembre de 2017 del Pilar Social Europeo, pero reivindicaciones importantes como el salario mínimo europeo, o el Protocolo social según el cual los derechos de libertad sindical no pueden ser funcionalizados a las libertades económicas, siguen siendo aplazados.

Este es un problema político de primer orden, no sólo sindical, puesto que se ha debilitado hasta prácticamente desaparecer la soberanía de los estados que permitía la realización de políticas de nivelación social, especialmente en los países sobre endeudados de la periferia europea, de manera que la prohibición de cualquier negociación sobre la deuda – como en el caso griego – bloquea la financiación del desarrollo del país y sustituye la soberanía política democrática por un autoritarismo cada vez más violento. Es preciso por el contrario trabajar contra ese flujo autoritario que se percibe "de fuera hacia dentro" y crear las condiciones de una soberanía compartida sobre la base de solidaridades directas posiblemente de ámbito subregional entre gobiernos, sindicatos y fuerzas sociales al margen de los procesos comandados por la globalización financiera, fuera de los patrones marcados por el conglomerado financiero-político que diseña la gobernanza económica europea.

Junto a ello, el sindicato tiene que volver a explorar los lugares en los que está y aquellos en losque debería situarse para obtener una mejor posición en la defensa de los intereses de las personas que trabajan. Es una labor difícil porque requiere un cierto desdoblamiento entre la presencia y la posibilidad, y estos distanciamientos implican muchas veces una crítica a la inacción o a la omisión que puede resultar muy injusta en momentos como los actuales de reducción de efectivos sindicales y de acoso directo a la acción sindical. Pero la reflexión sobre lo que hoy consista el lugar de trabajo y la organización de éste es imprescindible para trazar los nuevos confines que delimiten el espacio sindical como base de sus capacidades de acción. En ese sentido es importante abrir de forma amplia la organización sindical a las diferentes identidades que pueblan hoy el trabajo y que se expresan en una larga graduación de desigualdades. La voz de los representados, no sólo de los afiliados, como forma de comprender mejor el lugar desde el que el sindicato debe actuar en la defensa de éstos. Y, naturalmente, proceder a un nuevo examen de la relación entre el conflicto y la negociación que permita encontrar las claves para la reformulación de la fuerza y la presión colectiva que definen la capacidad de intimidación del sindicato a la hora de avanzar en sus reivindicaciones, una mirada sobre el conflicto y su propia configuración interna – entre las trabajadoras y trabajadores – y externa – respecto de sus interlocutores y antagonistas – como un eje importante de la recuperación sindical.

En efecto, hay problemas de articulación muy fuerte – que requieren sin duda "síntesis" sindicales virtuosas no siempre fáciles de conseguir – entre la estructura organizativa sindical, fuertemente enraizada en el fordismo como estructura de orden y en la burocracia de tipo weberiano como referencia cultural, y el nuevo espacio en el que se despliegan los nuevos tipos del trabajo asalariado. La estructura sindical alude a un sistema organizativo empresarial que se ha transformado de manera decisiva, fragmentándose, dislocándose, compartimentando la toma de decisiones en función de una externalización de funciones bajo un poder unificado. El sindicato no ha acoplado su ordenación interna a este cambio cada vez más decisivo de la organización posfordista, que ha fragmentado asimismo a las personas que trabajan, precarizando su empleo y devastando identidades laborales en sujetos débiles y exánimes, privados de derechos. El tipo ideal del trabajador sindicado, que desempeña un trabajo con iniciativa, cualificado y formado, ideológicamente orientado, es negado por una realidad – y una normativa – que en la crisis hace de éste un sujeto precario, discriminado y mal remunerado en una situación de explotación extensa de la que culpabiliza a las instituciones reguladoras del estado y del mercado[24]. El sindicato tiene dificultades para encajar en

[24] El discurso sobre la *vulnerabilidad* de las diferentes identidades laborales es plenamente utilizado en relación con la precariedad en el empleo, es decir como una cualidad relacionada normalmente con la dificultad de inserción en el mercado de trabajo, mientras que en el estudio de la afiliación sindical en la crisis de las trabajadoras y trabajadoras del Estado español se habla de "afiliaciones frágiles" en cuanto a su escasa duración y encuadramiento. Sin embargo, a través de la descripción de las personas vulnerables, se puede directamente rastrear las categorías o las identidades que constituyen esos sujetos que trabajan precariamente en la crisis y que sin embargo no utilizan el sindicato como forma de defensa de transformación de su propia situación laboral. Cfr. p. ej., la tipología que menciona J. Cabeza, *Ensayo sobre el trabajo precario y las personas vulnerables*, Laborum, Murcia, 2015, pp. 24-27.

este espacio líquido de laprecariedad y de la rotación del trabajo, y hace esfuerzos por repensarse también en esa nuevasituación.

En este punto se puede comprobar la convergencia de dos elementos sobre los que el sindicalismo debe reflexionar con vistas a esa reformulación del proyecto sindical. De un lado, la eficacia sindical, su capacidad para obtener resultados tangibles para los trabajadores y trabajadoras como "barómetro de su utilidad", es la condición de su legitimidad e influye de manera directa en su capacidad para "involucrar" a los trabajadores que forman parte del sindicato en una acción que obtenga resultados favorables o correctos a través del conflicto y del acuerdo como resultado del poder contractual del mismo. Resultados que deben ser sin embargo ser generales, extendidos al conjunto de los trabajadores. Por lo que la eficacia debe ser general y la valoración de la misma no sólo la realizarán los afiliados sino el ámbito colectivode referencia. En el proceso actual de desconstitucionalización del trabajo que se ha verificado en España, uno de los ámbitos centrales de referencia es el de la interlocución política. Y en estedominio, la eficacia sindical es nula si se interpreta como capacidad para obtener resultados apreciables para las relaciones laborales, por lo que desarrollar esa capacidad de intercambio con el gobierno en una nueva situación política es importante, pero a condición de que produzca resultados tangibles de cambio concordados sindicalmente.

Una vía virtuosa por el contrario debería ser la de construir hegemónicamente la centralidad deltrabajo en la vida política y el sistema de derechos que explica la ciudadanía cualificada en el mundo de la producción, extendiendo esta aproximación a otros sectores sociales a la vez que se impulsa la movilización en torno a ese eje, interviniendo asimismo en los "lugares estratégicos" de la producción. Aunque ello implique una reflexión imprescindible sobre la eficacia de las formas de acción "clásicas", las prácticas sindicales efectuadas y la revigorizacióndel poder contractual del sindicato. La reivindicación del territorio como forma de abordaje dela representación socio-política, especialmente intensa en los desocupados y los precarios, requiere el desarrollo de prácticas y experiencias que cubren este espacio como forma adecuadade acción colectiva sindical.

El sindicato tiene un proyecto de transformación y de regulación social. Un proyecto que enlazacon la concepción de la globalización de los derechos y la construcción de espacios de emancipación más amplios en todo el mundo, y que plantea una revigorización del espacio estatal-nacional desde la revisión del Estado Social y del trabajo que constituye figuras representativas con amplio poder contractual. Se apoya en un modelo de democracia expansiva,abogando por un nuevo contrato social que articule una nueva forma de concertación política y estratégica en la que el trabajo constituya el centro de la sociedad. Al margen de sus precisas articulaciones técnicas, que podrán ser discutidas, el programa sindical explica la realidad en la que vivimos y da sentido a la necesidad de transformaciones sociales intensas como única formade evitar la violencia autoritaria que mantiene la explotación en el trabajo y amplía la desigualdad. Se requiere un intenso trabajo cultural para recuperar esta "proyectualidad" del sindicato más allá de las aplicaciones pragmáticas que se realizan en la cotidianeidad de sus prácticas. Pero en esa recuperación estriba una de las claves de la subsistencia de esta figura social y su idoneidad para cambiar las condiciones de existencia de la mayoría de las personas que trabajan.

Es evidente que el sindicalismo español tiene que dar un salto adelante en su capacidad de diseñar y planear un marco de referencia normativo, social y económico, que rompa con la deriva autoritaria y anticolectiva del derecho del trabajo tal como ha sido impuesta por las decisiones derivadas de la crisis económica durante cinco años consecutivos en progresión ascendente, y que además presente un marco de relaciones colectivas e individuales sobre el trabajo en el que se pueda reconocer un impulso emancipatorio que ligue el trabajo asalariado con la democracia tan ausente de esta relación. Pero resulta asimismo seguro que la autonomíacolectiva que legitima la presencia del sindicato como sujeto colectivo que representa el trabajotal como efectivamente se está prestando en la sociedad actual, tiene que posibilitar la confección de un programa sindical que debe ser compartido y debatido por la gran mayoría delos trabajadores y trabajadoras del país para consolidar un proyecto posible y necesario de cambio social que resulta imprescindible tras cinco años de políticas de austeridad devastadoras de la solidaridad y del trabajo con derechos y que se ancle a un escenario de fraternidad activa y de coordinación eficiente con el resto de los trabajadores y trabajadoras europeos.

CAPÍTULO 7

NEGOCIAÇÃO COLETIVA E DESIGUALDADE NA AMÉRICA LATINA: UM BALANÇO DA LITERATURA RECENTE[1]

ADALBERTO CARDOSO[2]

1. INTRODUÇÃO

Após experiências neoliberais mais ou menos radicais segundo os países nas décadas de 1980 e 1990 na América Latina, em muitos deles os anos 2000 produziram uma imagem no espelho. Em vez de altos e crescentes índices de desemprego, informalidade, desigualdade e pobreza em países como Argentina, Brasil,

---

1 O presente artigo foi finalizado em maio de 2020. Originalmente um trabalho de consultoria para o OIT, esta é uma versão modificada, reduzida e atualizada do original. Agradeço os comentários de Catarina Braga, técnica da OIT que me convidou para o trabalho.

2 Adalberto Cardoso é doutor em Sociologia pela Universidade de São Paulo (título obtido em 1995). Atualmente é professor e pesquisador do Instituto de Estudos Sociais e Políticos da UERJ (IESP-UERJ), Pesquisador Associado do Observatoire Sociologique du Changement (OSC/Sciences Po), pesquisador 1B do CNPq e Cientista do Nosso Estado da FAPERJ. Publicou 20 livros, e entre artigos em periódicos e capítulos de livros de circulação nacional e internacional, publicou perto de 100 trabalhos. Atualmente coordena 3 projetos de pesquisa e atua em diversas áreas da Sociologia do Trabalho, da Sociologia Urbana (incluindo desigualdades sociais e estrutura de classes) e da Teoria Social. É coordenador do Núcleo de Pesquisas e Estudos do Trabalho (NUPET), sediado no IESP-UERJ, sócio da LASA, da SBS, da ABCP e da SBPC. Membro do Comitê Editorial da Revista Confluências, da Revista Latino-Americana de Estudos do Trabalho e de Novos Estudos CEBRAP. Até 2015 coeditou a Revista Latinoamericana de Estudios del Trabajo, com José Ricardo Ramalho. Sua produção dos últimos 10 anos tem apoio da FAPERJ, da CAPES, do CNPq.
Author Contribution Statement: Adalberto Cardoso é o responsável pelo desenho e a produção do artigo, realizou o levantamento bibliográfico e escreveu a resenha individualmente.
Conflict of interest statement. Adalberto Cardoso certifies that he has NO affiliations with or involvement in any organization or entity with any financial interest (such as honoraria; educational grants; participation in speakers' bureaus; membership, employment, consultancies, stock ownership, or other equity interest; and expert testimony or patent-licensing arrangements), or non-financial interest (such as personal or professional relationships, affiliations, knowledge or beliefs) in the subject matter or materials discussed in this manuscript.

Uruguai, Peru, Bolívia, Chile e muitos outros, a Região reverteu as tendências nessas e em outras medidas de bem-estar de sua população (Frayle, 2009). Condições externas favoráveis (boom de commodities, taxas de câmbio favoráveis, aumento do investimento direto estrangeiro etc.) e mudanças políticas em muitos países, que levaram partidos e coalizões progressistas ou de esquerda ao poder, ajudaram a pavimentar o caminho para políticas públicas multidimensionais com foco no crescimento econômico e na redistribuição de renda, que deram algum poder aos trabalhadores e reduziram a pobreza e a miséria (Beccaria et al. 2011; Gasparini et al. 2011; Cypher, 2017; Moisá Elicabide et al. 2018). Entre 2000 a 2010, a desigualdade de renda do trabalho caiu em quase todos os países latino-americanos, com exceção apenas de Costa Rica, Uruguai, Colômbia e Honduras (Keifman e Maurizio, 2014:257), mas mesmo Colômbia e Uruguai experimentaram diminuição das desigualdades após 2010 (Maurizio, 2018).

Em que medida a negociação coletiva contribuiu para esse cenário? A sabedoria convencional sustenta que um dos problemas da pesquisa disponível sobre o impacto dos sindicatos e da negociação coletiva sobre os salários e a distribuição de renda é o fato de que os resultados nessas duas áreas geralmente resultam da interação de mudanças em múltiplos processos macro e microeconômicos (nível do PIB, grau de abertura comercial, Investimento Direto Externo, estrutura econômica e produtiva, tamanho da PEA/taxa de dependência, parcela dos salários na renda, estrutura das qualificações da força de trabalho, taxas de desemprego e informalidade) e em diferentes instituições de regulação dos mercados de trabalho, entendidas como leis, regras, acordos, agentes e práticas que constituem o núcleo do que esse mercado é. Isso inclui salários mínimos, benefícios legais, regulamentação de contratos, regulamentação de sindicatos, negociação coletiva e direitos coletivos do trabalho em geral etc.[3] O mercado de trabalho nunca existiu como puro mecanismo de oferta e demanda coordenado por preços com tendência ao equilíbrio, ou seja, um mercado competitivo que as instituições "distorcem" como variáveis exógenas. As instituições são parte integrante do que os mercados de trabalho são, e compõem a estrutura institucional e as tradições culturais de cada país. Como as desigualdades gerais de renda estão profundamente (embora não exclusivamente) relacionadas com a renda do trabalho[4], que é principalmente definida nos mercados de trabalho, sempre haverá um problema de endogeneidade na relação das instituições desses mercados (como negociação coletiva e sindicatos) e desigualdades relacionadas (de renda, gênero, geração, raça etc.), enquanto muitos determinantes geralmente tratados como exógenos

3 Ver Cornia (2014) para um exemplo desses múltiplos níveis de determinação.

4 Maurizio (2018), por exemplo, decompõe as mudanças no índice de Gini da renda per capita das famílias em 11 países da América Latina de 2000 a 2016 e conclui que os salários responderam por 56% da queda no Brasil, 73% no Peru e 91 % no Paraguai. Os valores foram de 60% na Argentina e no México e de 68% no Chile e no Uruguai. Ver também Maurizio e Vázquez (2016).

devem ser levados em consideração de uma maneira ou de outra na tentativa de isolar o efeito de instituições endógenas.

Além disso, as instituições do mercado de trabalho variam fortemente na América Latina. Com exceção de Argentina, Brasil e Uruguai, a proporção de trabalhadores cobertos por negociação coletiva é muito baixa, variando de quatro por cento dos assalariados em El Salvador a dezesseis por cento na Costa Rica (Keifman e Maurizio, 2014). A grande economia informal, a prevalência de pequenas empresas e de negociações coletivas no âmbito da empresa são obstáculos claros à negociação coletiva, particularmente em países que estabelecem o limiar para ingressar em um sindicato entre 20 e 40 trabalhadores por empresa[5]. Isso torna muito difícil definir projetos de pesquisa comparativa e estabelecer tendências e desenvolvimentos comuns na Região.

Até muito recentemente, os estudos sobre a relação entre negociação coletiva e desigualdades de renda eram escassos no Continente. Em uma revisão publicada em 2010 no *Handbook of Development Economics*, um dos mais destacados especialistas da área, Richard Freeman, encontrou apenas dois estudos para o México, dois para o Brasil e um para Guatemala, Peru e Uruguai cada. Sua recensão claramente não era exaustiva, mas Lustig et al. (2012) não ampliaram muito a lista ao revisar estudos disponíveis para Argentina, Brasil e México alguns anos depois.

Não está no escopo deste estudo explicar por que os estudiosos dedicaram pouca atenção à relação entre negociação coletiva e desigualdade[6], mas ao lado das dimensões mencionadas anteriormente (alta informalidade, baixas taxas de filiação sindical, sindicatos fracos etc.), o aumento das desigualdades nas décadas de 1980 e 1990 foi atribuída às consequências multidimensionais da globalização: a liberalização do comércio produziu choques econômicos que resultaram em desemprego (especialmente, mas não exclusivamente na indústria), informalidade, mudança tecnológica que recompensou trabalhadores mais qualificados etc. As instituições do mercado de trabalho pareciam ter dimensão menor em meio a grandes mudanças macroeconômicas.

Os anos 2000 testemunharam aumento das desigualdades de renda em muitas economias ocidentais e mais ricas, enquanto na América Latina a tendência foi justamente o oposto. Como consequência, o número de estudos sobre a Região aumentou de maneira importante e, embora as pesquisas sobre alguns países da OCDE tenham constatado que a queda no grau de centralização da negociação coletiva resultou em aumento das desigualdades, estas caíram em quase

5 Como Colômbia, Equador, Honduras, El Salvador e Panamá.

6 Uma exceção, entre outras, é Calvo (2001), que oferece visão geral do efeito dos sindicatos e da negociação coletiva sobre os diferenciais salariais interindustriais na América Latina dos anos 1990. Ver ainda (Arbache, 1999; Marshal, 1999; Menezes-Filho et al. 2008).

toda a América Latina, e em pelo menos dois países, Argentina e Uruguai, a negociação coletiva e outras instituições do mercado de trabalho são consideradas centrais nesse processo. Também importante em muitos países foi o aumento da formalização do mercado de trabalho e o salário mínimo, ou seja, instituições do mercado de trabalho.

Ao tentar entender essa tendência continental peculiar, um conjunto de estudos concentrou atenção em grupos de países, reunidos em modelos multivariados às vezes muito complexos e sofisticados para tentar isolar o impacto das instituições do mercado de trabalho (salários mínimos, sindicatos, negociação coletiva, leis trabalhistas, normas da OIT, efetividade da lei) sobre diferentes medidas de desigualdades, como a dispersão salarial (entre trabalhadores qualificados e não qualificados, dentro e entre indústrias, na economia como um todo), prêmio salarial sindical, distribuição geral de renda medida por Gini, Theil ou algum tipo de razão entre percentis da distribuição de renda (Azevedo et al., 2013a e 2013b; Lustig et al. 2012; Keifman e Maurizio, 2014; López-Calva e Lustig, 2010). Outros estudos são específicos de cada país, comparando a evolução das desigualdades e tentando explicar sua variação ao longo do tempo, entre regiões do país, setores econômicos, segmentos formais e informais do mercado de trabalho etc.

Neste estudo ofereço um balanço compreensivo (embora não exaustivo) da pesquisa recente na América Latina, primeiro apresentando resultados de estudos comparados, para então descer a detalhes em quatro países selecionados, nominalmente Argentina, Brasil, Chile e Uruguai. A escolha desses países levou em conta distintas tradições de negociação coletiva, distintos graus de coordenação e centralização da negociação, distintos graus de cobertura das negociações. O objetivo não é apenas descritivo. O balanço bibliográfico procurará associar o grau de centralização da barganha coletiva e seus resultados em termos de redução nas desigualdades nesses países. A hipótese geral, derivada da pesquisa nos países mais ricos, é a de que a maior centralização e/ou coordenação negocial está diretamente associada à redução nas desigualdades.

2. PESQUISA CONTINENTAL

A pesquisa sobre os determinantes da desigualdade de renda se beneficiou do desenvolvimento de sofisticadas metodologias de decomposição da distribuição de variáveis contínuas baseadas no bem estabelecido método Oaxaca-Blinder, ampliado para identificar vários efeitos em diferentes partes das distribuições, isolar os efeitos de variáveis e atributos individuais etc.[7] Como não está no escopo deste estudo, não discutirei essas metodologias, que atualmente são comuns, apesar de algumas ressalvas apontadas por Pencavel (2006),

[7] Métodos populares são os pioneiros Dinardo et al. (1996), além de Barros et al. (2007) e Firpo et al. (2009 e 2018).

Firpo, Fortin e Lemieux (2018) e, mais particularmente, Doucouliagos et al. (2018), entre outros[8]. Na maioria das vezes, apresentarei e comentarei os resultados pelo valor de face, mas apresentarei algumas críticas quando apropriado.

Entre os vários estudos comparativos que tentam explicar a queda das desigualdades de renda na América Latina, Alejo, Bérgolo e Carbajal (2013) merecem atenção especial. Originalmente uma tese de mestrado de Bérgolo (2011), o estudo emprega o método de decomposição contrafactual proposto por Barros et al. (2007) na renda familiar per capita, para isolar o efeito marginal das transferências públicas sobre as mudanças no coeficiente de Gini entre 2001 e 2009 em Argentina, Brasil, Chile e Uruguai. O Gini caiu 8,0 pontos percentuais na Argentina, 4,5 no Brasil, 3,6 no Chile e aumentou 0,4 no Uruguai no período. Como os autores incluem todas as fontes de renda familiar para isolar o efeito das transferências públicas, o efeito da renda do trabalho também é relatado. Se considerarmos que na Argentina, no Brasil e no Uruguai a renda do trabalho é afetada por instituições do mercado de trabalho, como o salário mínimo e, mais particularmente, a negociação coletiva (como será discutido extensivamente abaixo), isso nos dá uma proxy dos efeitos dessas instituições sobre as desigualdades de renda das famílias. Os resultados são muito convincentes. Na Argentina, se apenas a distribuição marginal da renda do trabalho tivesse mudado, isso representaria 4,7 pontos percentuais (ou quase 60%) na variação negativa do índice de Gini (idem: 23). No Brasil, os números teriam sido 2,2 em 4,5 (um pouco menos de 50%, veja a Tabela 6 na p. 26) e no Uruguai, em vez de um aumento de 0,4 ponto percentual (doravante pp.), o Gini teria caído 0,3 pp. No Chile, a mudança marginal na renda do trabalho "explica" 80,5% da redução de 3,6 no coeficiente de Gini, mas isso não pode ser atribuído à negociação coletiva, pois seu impacto é muito limitado no país, como mostrado abaixo. Mesmo considerando que o salário mínimo aumentou 40% no período, enquanto os salários reais médios da economia não mudaram, Maurizio e Vázquez (2016) não encontraram efeito dessa instituição sobre mudanças nas medidas de desigualdade, como Gini, Theil e índices baseados em razões entre quantis da distribuição de renda no Chile. Portanto, neste país, a queda da desigualdade aparentemente não tem relação com instituições do mercado de trabalho. Como será mostrado, a desigualdade no Chile diminuiria ainda mais se essas instituições funcionassem como no Uruguai ou na Argentina, mas esse não é o caso.

A formalização generalizada do mercado de trabalho parece ter desempenhado papel importante na queda da desigualdade na renda familiar e do trabalho no Continente. Keifman e Maurizio (2014) comparam as distribuições salariais de assalariados formais e informais, trabalhadores por conta própria profissionais

8 Os problemas incluem medidas nem sempre comparáveis de filiação sindical, grau de cobertura da negociação, diferenças nos sistemas de relações de trabalho que nem sempre são devidamente levadas em conta pelos pesquisadores, dentre outros.

e não profissionais, e empregadores em 11 países da AL (incluindo os quatro de interesse aqui mais El Salvador, Paraguai, Peru, Equador, Costa e Bolívia) e sugerem que "a formalidade parece estar associada a menor dispersão da renda do trabalho em muitos países estudados, o que implica que é crucial levar em consideração os avanços nos processos de formalização ocorridos nos últimos anos na análise de mudanças distributivas" (p. 11)[9]. Aplicando várias medidas estatísticas, eles encontram segmentação de renda entre os setores formal e informal, pois trabalhadores com a mesma produtividade recebem menos no setor informal (p. 13) nesses 11 países. Eles também descobriram que, como a diferença salarial formal-informal não é constante em toda a distribuição de renda, mas é maior no extremo inferior, isso provavelmente se deve ao efeito de salários mínimos, que aumentaram em todos esses países, e às outras instituições do mercado de trabalho, incluindo a negociação coletiva. E corroborando os achados de Alejo, Bérgolo e Carbajal (2013), eles mostram que a renda do trabalho foi responsável por entre 70% (no Paraguai) e 85% (no México) da renda familiar, e que a variação nessa renda específica "explica" 73% da queda de 10,1 pontos de Gini na Argentina de 2003 a 2010, 62% de -5,1 pontos de Gini no Brasil, 44% de -3,8 pontos no Chile, 60% de -1,9 pontos no México, 55% de -7,4 pontos no Paraguai e 66% de -3,7 no Uruguai (p. 16).

Mais ainda, Keifman e Maurizio argumentam que "a contribuição da formalização para reduzir a desigualdade em países como Uruguai, Argentina ou Brasil tem sido muito importante, entre três (Argentina) e seis (Brasil) vezes a contribuição dos salários informais, ou como no Uruguai, onde esta fonte explica toda a melhoria da renda do trabalho" (idem: 16). Esses são os países em que a negociação coletiva tem impacto mais forte na redução das desigualdades, como veremos, e os autores de fato sugerem essa conclusão ao analisar o efeito das instituições do mercado de trabalho, mas sem apresentar evidências econométricas. O artigo oferece forte indicação, no entanto, de que o processo de formalização está associado de maneira importante à diminuição das desigualdades na renda domiciliar nos anos 2000 na América Latina. E em muitos países, formalização significa acesso a salários mínimos e benefícios adicionais relacionados ao trabalho e, em alguns deles, à negociação coletiva centralizada.

Azevedo et al. (2013b) usam a mesma metodologia de decomposição aplicada por Alejo et al. (2013) (ou seja, aquela proposta por Barros et al., 2007), na tentativa de explicar a queda da desigualdade em 16 países da AL. Eles também encontraram que a variação marginal da renda do trabalho é responsável pela maior parte da variação do coeficiente de Gini da renda familiar per capita. No entanto, diferentemente dos dois estudos anteriores, segundo eles, a variação

[9] Essa conclusão é contrária a (embora mais convincente do que) Cunha e Vasconcelos (2012) para o Brasil, como será discutido mais abaixo.

ocorreu independentemente das instituições do mercado de trabalho, uma vez que os maiores impactos dessa fonte de renda ocorrem em países caracterizados por negociações descentralizadas, como Colômbia, Chile, Equador, México, Panamá e Peru, juntamente com um caso de negociação centralizada, a Argentina, onde a renda do trabalho explica 60% ou mais da queda na desigualdade de renda familiar. Os autores mencionam mudanças tecnológicas, retornos reduzidos a níveis mais altos de educação e reestruturação econômica como possíveis causas desse resultado, mas não fornecem as evidências necessárias. Evidências mais robustas desses processos com base em uma metodologia de decomposição diferente são oferecidas por Azevedo et al. (2013a), que argumentam que o declínio na desigualdade de renda do trabalho em 16 países da AL foi impulsionado principalmente pela queda no retorno à educação e à experiência (idem: 20).

Os dois estudos liderados por Azevedo simplesmente "esquecem" de testar o efeito de mudanças positivas no salário mínimo que ocorreram em quase todos os países investigados, e da negociação coletiva em alguns deles. Conforme afirma Maurizio (2018: 12), boa parte da literatura sobre o declínio da desigualdade na América Latina "enfocou os efeitos dos retornos decrescentes da educação com base na análise da oferta e demanda por diferentes qualificações. [Este] documento sugere a importância de estender a análise para considerar também o papel das instituições do mercado de trabalho na melhor distribuição ocorrida na Região. De fato, os retornos decrescentes à educação também podem resultar do aumento do salário mínimo e do fortalecimento de outras instituições, como a negociação coletiva". Corroborando sua constatação anterior (de 2014), agora para um período mais largo, ela sustenta que o salário mínimo "explica" 32% da variação negativa do coeficiente de Gini na Argentina, 6% no Chile, 7% no Uruguai e espantosos 84% no Brasil de 2003 a 2011 ou 2012, dependendo do país.

O problema de pesquisas como Azevedo et al. e outros (dos quais Maurizio, 2018, e Maurizio e Vázquez, 2016, são avaliações críticas) é que pressupõem contextos institucionais homogêneos em todos os países, sob o pressuposto de que, se a desigualdade caiu em todos os lugares, independentemente de estruturas econômicas, regimes políticos ou instituições do mercado de trabalho, o impacto destas últimas pode ser abstraído da análise. Mas outros estudos comparativos mostram que diferentes regimes políticos influenciam o tipo de políticas públicas adotadas e afetam a profundidade, a velocidade, a duração e a possível resistência à diminuição da desigualdade na Região (Birdsall et al. 2011; McLeod e Lustig, 2011; Moisá Elicabide et al. 2018). Birdsall et al. (2011), por exemplo, acreditam que o que eles chamam de "regimes social-democratas" de Brasil e Chile reduziram as desigualdades por meio de políticas públicas estruturais, enquanto regimes "populistas" como Argentina e Venezuela se basearam mais em "boa sorte". E também mostram que esses quatro regimes "esquerdistas" reduziram as desigualdades mais intensamente do que o México e o Peru, definidos como "não esquerdistas". Os resultados são certamente discutíveis, mas têm o mérito de mostrar que variáveis políticas fazem parte do processo de redução da desigualdade na América Latina.

Metodologias distintas (incluindo escolhas de modelos e de variáveis explicativas), seleção dos países, das janelas temporais das análises e inclinações teóricas dificultam a generalização desses achados, mas a importância da maior formalização do mercado de trabalho e dos salários mínimos na redução das desigualdades na Região parece incontestável. E o que dizer da negociação coletiva? Vejamos como ela se relaciona com as desigualdades em quatro países do Cone Sul.

3. A NEGOCIAÇÃO COLETIVA NO CONE SUL

A negociação coletiva é importante na América Latina porque, apesar da existência de abrangentes códigos e leis trabalhistas em países como México, Argentina, Brasil[10], Chile, Uruguai, Equador e outros, os empregadores muitas vezes podem escolher não cumprir a legislação, devido aos baixos custos de evasão da lei (Bensusán, 2007, 2016; Anner, 2008; Ronconi, 2012). As regulamentações decorrentes da negociação coletiva, pelo contrário, estão presumivelmente associadas a maiores taxas de cumprimento, pois os empregadores recalcitrantes em relação à lei não concederiam (salários ou outros benefícios relacionados ao trabalho) na negociação coletiva com um sindicato se considerassem que este não é forte o suficiente para forçá-los a cumprir o acordado (para o caso dos países da OCDE, ver Venn, 2009). Portanto, se houver uma concessão, é porque o lado mais forte da relação de trabalho julga que o cumprimento o beneficia, a força do sindicato sendo elemento central do cálculo de custo/benefício empresarial. Nesse sentido, a negociação coletiva pode ser uma maneira eficiente de superar os incentivos que os empregadores têm para não cumprir a legislação trabalhista (Cardoso e Lage, 2007). Pesquisas em vários países da Região mostram, na verdade, que o cumprimento da lei é mais alto ali onde os sindicatos estão presentes, e isso por si só é um papel importante do sindicalismo na Região, além da negociação coletiva, dos processos de construção de identidade e de representação política.

3.1. Argentina

A Argentina é um "laboratório" essencial para o teste da hipótese de que a negociação coletiva mais centralizada e coordenada tem impacto positivo na redução da desigualdade de renda. Em 2004 foi promulgada uma nova lei trabalhista

---

10 Ao menos até a reforma trabalhista de 2017 e as novas medidas flexibilizadoras adotadas pelo governo Bolsonaro.

que estabeleceu a precedência de regulamentos de negociação de nível superior (setor e indústria) sobre regulamentos de nível inferior, com prevalência da norma mais favorável aos trabalhadores[11]. Isso estimulou a revitalização da negociação coletiva no país, e o número de instrumentos coletivos aumentou de 350 em 2004 para mais de 2.000 em 2010, permanecendo um pouco abaixo desse nível desde então, um quarto ou mais dos quais são acordos setoriais. Em 2016, 483 convenções setoriais cobriram 4,2 milhões de trabalhadores, enquanto 1.248 acordos locais cobriram apenas 381 mil trabalhadores. Ou seja, as convenções setoriais representavam um quarto do total dos acordos, mas atingiam mais de 90% dos assalariados formais cobertos por negociação coletiva (ver MTEySS, 2017).

A literatura disponível nomeia esse processo de "revitalização sindical" (Senén Gonzales, 2011; Trajtemberg, 2009; Alejo e Casanova, 2016; D'Urso e Longo, 2018), e Etchemendy (2010) argumenta que a Argentina foi a única economia emergente a desenvolver negociação salarial tripartite e agregada na década de 2000. Ele exagera, pois o Uruguai é outro exemplo, como veremos, mas são os dois únicos casos em toda a América Latina. De qualquer forma, até 2014, noventa por cento dos trabalhadores registrados do setor privado estavam cobertos por convenções coletivas em âmbito setorial, em comparação com metade desse número no final dos anos 1990 (Alejo e Casanova, 2016).

O coeficiente de Gini caiu 13 pontos percentuais entre 2002 e 2013, variando em torno da média de 0,41 desde então[12]. Essa foi a queda mais intensa no continente no período. Os estudiosos concordam que a queda se deve principalmente à dinâmica do mercado de trabalho, combinando aumento da taxa de formalização dos empregos, queda nos retornos ao ensino superior, aumento dos salários médios e medianos em conjunto com forte aumento do salário mínimo (de modo que a relação entre salários mínimos e medianos e médios permaneceu estável ao longo do tempo, enquanto os salários mais altos foram comprimidos) e aumento da participação salarial na divisão funcional da renda nacional. Como aproximadamente 30% dos argentinos ganhavam o salário mínimo ou menos, o aumento desse parâmetro também teve efeitos importantes na queda das desigualdades na renda familiar (Groisman, 2014a, 2014b; Maurizio e Vázques, 2016), principalmente devido ao efeito de transbordamento do salário mínimo para o setor informal (Groisman, 2016; Alejo e Casanova, 2016[13]).

Como a desigualdade de renda está caindo desde 2002, há um conhecimento acumulado sobre seus determinantes subjacentes. Os estudos que abordam as mudanças na renda per capita das famílias em diferentes períodos no tempo

---

11 *Ley de Ordenamiento Laboral* (Ley N ° 25.877 de 2004).

12 Consulte https://knoema.es/atlas/Argentina/%C3%8Dndice-GINI (visitado em agosto de 2019).

13 Trujillo e Retamozo (2017) sustentam que não há efeitos do salário mínimo no setor informal, sem oferecer evidências quantitativas convincentes.

e empregam técnicas diferentes (mas convergentes) de decomposição da renda, chegam à mesma conclusão importante, em linha com os estudos comparativos rapidamente descritos acima: a renda do trabalho é responsável pela maior parte da queda de qualquer medida escolhida de desigualdade. Trujillo e Villafañe (2011) mostram que a variação da renda do trabalho representou 88% da redução do índice de Gini da renda das famílias entre 2004 e 2008. Alejo et al. (2013) encontram números mais baixos para o período 2001-2009: a mudança na distribuição marginal da desigualdade de renda do trabalho representou cerca de três quartos do declínio na desigualdade geral das famílias, e os 25% restantes foram "explicados" (em termos estatísticos) pelo declínio da renda não relacionadas ao trabalho, particularmente transferências públicas de renda e o sistema de pensões. Isso se deve, primeiro, a que a renda do trabalho representa a maior proporção da renda total das famílias e, segundo, ao fato de o mercado de trabalho ter experimentado melhorias substanciais a partir de 2003. Os autores mostram que as mudanças nos salários dos trabalhadores assalariados formais foram o principal fator que contribuiu para a diminuição da desigualdade da renda do trabalho, ao contrário do que ocorreu nos anos 1990. Para os autores, instituições trabalhistas como o salário mínimo, e particularmente a negociação coletiva, seriam as responsáveis por essa dinâmica positiva (mais sobre isso adiante).

Trujillo (2017) argumenta na mesma direção, agora para o período 2003-2014: os salários dos trabalhadores registrados (ou o setor formal privado) mantiveram seu efeito na redução do coeficiente de Gini da renda familiar, por dois motivos: sua participação na renda total das famílias aumentou, e a concentração de renda entre os trabalhadores formais diminuiu. Como consequência, 44% da queda do Gini da renda familiar na década ocorreu devido ao efeito dos salários dos trabalhadores formais. A autora também argumenta que isso se deve à negociação coletiva, aumento do salário mínimo, formalização do mercado de trabalho e outras variáveis institucionais.

Esses resultados denotam a importância central da negociação coletiva na redução da desigualdade de renda na Argentina. A conexão fica clara quando lemos os resultados à luz de Trajtemberg (2009), Casanova e Alejo (2015) e Martinez e Lombardo (2018). Trajtemberg (2009) é a primeira tentativa explícita de medir o efeito de acordos coletivos sobre a dispersão salarial na Argentina, com base na Pesquisa de Trabalhadores em Empresas (*Encuesta a Trabajadores en Empresas* – ETE), realizada pelo Ministério do Trabalho em 2005 no setor formal privado, cobrindo empresas de dez funcionários ou mais em cinco áreas urbanas. O estudo revela que a dispersão salarial é muito maior entre os trabalhadores não cobertos por um acordo coletivo. A relação dos decis 90/10 é mais alta entre os trabalhadores cobertos (isto é, a renda dos 10% mais ricos entre os cobertos por acordos é maior do que entre os não cobertos, o que é um fator de aumento da desigualdade salarial entre os dois segmentos), mas isso é mais do que compensado pelo fato de que as variâncias explicada e não explicada pelo modelo econométrico por ele empregado teriam sido substancialmente mais altas na ausência de sindicatos. "Os sindicatos reduzem o impacto de fatores observados e não observados, e o efeito final se traduz em uma diminuição na dispersão dos salários dos trabalhadores sob sua área de intervenção." (Idem: 138).

Indo um pouco mais longe em relação a esse trabalho pioneiro, Casanova e Alejo (2015) apresentam quadro bastante abrangente das mudanças na economia argentina na década encerrada em 2012, particularmente nos mercados de trabalho e suas instituições. Por seus dados somos informados de que 83,4% dos trabalhadores privados registrados eram cobertos por negociação coletiva, 7,2% por negociação salarial individual (principalmente no topo da distribuição salarial, incluindo gerentes e diretores de empresas) e os outros eram cobertos por diferentes tipos de negociação coletiva centralizada (na agricultura e na educação privada). Com isso, de uma maneira ou de outra, a negociação coletiva cobria mais de 90% dos trabalhadores registrados do setor privado urbano em 2012. Conclusão relevante e inovadora: o principal efeito redistributivo da renda do mercado de trabalho resultou de uma redução consistente da distância entre o nono decil (10% mais ricos) e os 5 decis inferiores, particularmente o 1º e o 2º (10% e 20% mais pobres). O estudo abrange uma variedade de dimensões das desigualdades salariais e é muito convincente ao mostrar que a negociação coletiva foi elemento central (se não o mais importante) na redução da desigualdade, mesmo considerando o impacto do salário mínimo nos estratos mais baixos da distribuição da renda salarial (também Groisman, 2016).

Um limite de Casanova e Alejo (2015) é que eles não levam em conta as possíveis mudanças na estrutura dos empregos entre 2003 e 2012 (por exemplo, durante o boom econômico da década de 2000, pode ser que a criação de empregos tenha ocorrido em setores econômicos menos desiguais). Mas Beccaria et al. (2015) chegam aos mesmos resultados usando metodologia semelhante, mas controlando as mudanças na estrutura dos empregos. No entanto, em vez de atribuir a queda da desigualdade à negociação coletiva, eles a atribuem à formalização do mercado de trabalho. Comparando 2003 e 2013, eles mostram que a formalização impactou principalmente os decis mais baixos da distribuição salarial, enquanto a diminuição dos retornos ao ensino superior também explica a redução da proporção entre os decis 90 e 10. Isso é mais verdadeiro para homens do que para mulheres, embora eles não analisem as desigualdades entre os sexos.

O que é importante para nossos propósitos é que Casanova e Alejo (2015) consideram a participação dos trabalhadores formais do setor público e privado no emprego total como medida aproximada da cobertura da negociação coletiva para estimar seu impacto na desigualdade. Essa estratégia se mostrou adequada, pois seus resultados são consistentes com evidências econométricas diretas e robustas oferecidas por Martinez e Lombardo (2018). Este é o primeiro estudo baseado em uma pesquisa de 2014 (a *Encuesta Nacional sobre la Estructura Social* – ENES), representativa das áreas urbanas com 2.000 habitantes ou mais, incluindo Buenos Aires, que pergunta se o emprego do entrevistado é coberto por um acordo coletivo e se ele/ela é filiado a um sindicato. A ENES cobre um universo muito mais amplo que o de Trajtemberg (2009). Empregando métodos contrafactuais de decomposição da renda semelhantes a Casanova e Alejo (2015), o estudo mostra que a cobertura de acordos coletivos está associada a aumentos de salários principalmente nos quantis mais baixos, reduzindo assim a desigualdade salarial. A negociação coletiva também reduz a variância geral do logaritmo da renda salarial, comprimindo a cauda esquerda da distribuição de renda (essa constatação está em linha com Groisman, 2014a e Trajtemberg, 2009).

A Argentina oferece evidência clara de que a centralização da negociação coletiva está negativamente associada com (ou seja, reduz) a desigualdade de renda[14]. Os anos 1990 foram anos de flexibilização neoliberal do mercado de trabalho e de negociação coletiva descentralizada, e a literatura disponível mostrou consistentemente que essa foi uma das causas do enorme aumento da desigualdade no país (o Gini aumentou de cerca de 0,40 no início de 1990 para cerca de 0,54 em 2002), juntamente com o aumento do desemprego e da informalidade, que reduziram fortemente a parcela dos salários na distribuição funcional da renda (Novick e Trajtemberg, 2000; Palomino e Trajtemberg, 2006; Trajtemberg, 2009). A reversão dessas tendências no ano 2000 está clara e inequivocamente associada à acentuada redução da desigualdade entre 2003 e 2014. Isso exige que se leia com cautela as conclusões de Lustig et al. (2012), segundo as quais a queda na desigualdade de renda na Argentina "também pode ser motivada por fatores institucionais, como o aumento do salário mínimo e o poder dos sindicatos. [Mas é] muito difícil separar a composição da demanda do efeito dos fatores institucionais."[15] Até onde posso perceber, foi o que Groisman (2016) fez com relação ao impacto do salário mínimo e Trajtemberg (2009), Casanova e Alejo (2015) e Martinez e Lombardo (2018) fizeram a respeito da negociação coletiva. Deve-se notar que o estudo de Trajtemberg já estava disponível quando Lustig

[14] Bom estudo qualitativo sobre o tema é Ronconi (2013).

[15] O ponto também é levantado pelo importante trabalho de Bryson (2007), mas ele é menos cético quanto à possibilidade de controlar o viés resultante da não inclusão de variáveis do lado da demanda nos modelos de regressão que tentam isolar o efeito dos sindicatos sobre os salários. "Onde trabalhadores cobertos e não cobertos estão presentes no mesmo local de trabalho, múltiplas observações sobre os empregados, vinculadas aos dados sobre o local de trabalho, tornam possível estimar o efeito intraempresa da cobertura [da negociação coletiva]. No entanto, ao interpretar essas estimativas, é preciso ter em mente o efeito demonstração que os salários dos trabalhadores cobertos exerce sobre os salários dos trabalhadores não cobertos." (Idem, p. 36, nota 5). É exatamente isso que Trajtemberg (2009) procura fazer. Ver também Bryson (2014).

e colegas realizaram seu estudo para o Banco Mundial. Como a fonte daquele investigador era uma pesquisa nas empresas, as variáveis do lado da demanda foram controladas e o isolamento dos efeitos institucionais foi inequívoco. Esse também é o caso de Beccaria et al. (2015), que procuram controlar os efeitos das mudanças na estrutura de cargos (composição da demanda). Se concordarmos com Casanova e Alejo (2015) de que o setor formal é uma boa aproximação para a cobertura da negociação coletiva no setor privado (como também é o caso do Brasil), esses estudos não deixam dúvidas de que a negociação coletiva centralizada tem efeito *abrangente* sobre a desigualdade, reduzindo as disparidades ao longo de toda a distribuição de renda, com impactos mais acentuados na base (melhorando os salários) e no topo (comprimindo-os) dessa distribuição[16]. Há, contudo, carência de estudos sobre disparidades de gênero, geracionais, regionais e intersetores econômicos.

3.2. Uruguai

O Uruguai é outro caso de negociação centralizada, com cobertura quase universal dos trabalhadores assalariados formais nos setores público e privado. Isso também é resultado de mudanças legais, neste caso, o relançamento em 2005 dos Conselhos de Salários (*Consejos de Salarios*), instituídos pela Lei nº 10.449 em 1943, que determinava a negociação centralizada e tripartite entre trabalho, capital e Poder Executivo, e que estavam inativos desde 1992 (Fernandez, 2008; Mazzuchi, 2009).

A atuação dos conselhos levou Etchemendy (2019) a estender ao Uruguai o conceito de neocorporativismo segmentado proposto para o caso argentino por Etchemendy e Collier (2008), enquanto Antía (2014) emprega neocorporativismo puro e simples (também Pucci et al. 2011 e 2014; Senatore e Méndez, 2010; e Silverman, 2012). O grau de centralização da negociação é ainda mais alto no Uruguai do que na Argentina, pois a lei define 24 grupos econômicos que estabelecem padrões trabalhistas (salários mínimos profissionais – ou *laudos* – aumento de salários e condições de trabalho) para toda a economia (Cabrera e Echagüe, 2017). A negociação ocorre em três níveis: o Conselho Superior

---

16 A literatura sobre a América Latina e o mundo em desenvolvimento varia muito em termos de qualidade de dados e análise. Lamarche (2015), escrevendo para o IZA World of Labour, uma instituição dedicada à "elaboração de políticas baseadas em evidências", apresenta dados errôneos sobre a cobertura da negociação para Brasil, Argentina, Bolívia, Uruguai e outros, e chega a conclusões como esta para a Argentina na década de 2000: "práticas de trabalho negociadas em níveis nacionais ou setoriais mais altos, que incluem normas vinculativas para acordos negociados em níveis inferiores, parecem restringir a eficiência econômica". A conclusão não tem relação com os dados analisados e é contrária às evidências disponíveis de aumento conjunto de produtividade, lucros, salários e outras medidas de eficiência na Argentina. O estudo comparativo de Rios-Avila (2017) sobre o efeito dos sindicatos na produtividade, que mostra que é negativo para a Argentina, embora bem mais rigoroso, também é controverso. Veja também Mattei (2018).

Tripartite (*Consejo Superior Tripartito*), responsável pela coordenação centralizada da negociação coletiva; os Conselhos Salariais, que barganham os *laudos* e a taxa de aumento salarial no âmbito dos setores econômicos, com resultados válidos *erga omnes* em todo o setor econômico; e negociação bilateral no nível da empresa. Pucci et al. (2014) observam que os três níveis são estritamente coordenados, com salários e padrões genéricos de trabalho (incluindo segurança e saúde no trabalho) negociados em níveis mais altos, e a organização do trabalho (jornada de trabalho, organização da produção, estruturas salariais internas etc.) negociada nas empresas.

Segundo Cabrera e Echagüe (2017), os *laudos* estabelecidos nas Câmaras Salariais anuais têm uma taxa de conformidade superior a 85%, o que significa que os salários do setor formal são de fato definidos em um mecanismo tripartite com alto nível de centralização e coordenação (também Cabrera e Perazzo, 2013). Os autores estimam que metade da queda de 8,2 pontos percentuais no coeficiente de Gini da distribuição dos salários dos trabalhadores formais do setor privado entre 2005 a 2015 pode ser atribuída unicamente à negociação coletiva.

Destaque-se que os estudos sobre a evolução das desigualdades de renda no Uruguai distinguem dois períodos principais no século XXI: entre 2001 e 2006 as desigualdades aumentaram acentuadamente, assim como os salários reais, o desemprego e a informalidade (atingindo 40% da força de trabalho ocupada em 2006). E de 2006 a 2014 essas tendências foram revertidas. A negociação coletiva centralizada teve papel central nisso, mas reduzir desigualdades esteve, desde o início, na agenda das políticas públicas da coalizão que chegou ao poder em 2005, políticas não analisadas por Cabrera e Echagüe (2017).

Primeiro, o salário mínimo real aumentou muito mais do que o PIB e os salários médios reais da economia. Assim, Maurizio e Vázquez (2016: 129) mostram que a variação do salário mínimo foi responsável por uma queda de 12% no índice de Gini na primeira década do século XXI, e explica 66% da queda na razão dos decis 90 e 10 entre 2004 e 2013, devido à maior incidência do salário mínimo no primeiro decil da distribuição de salários (também Amarante et al. 2015). O salário mínimo nacional é definido pelo Poder Executivo, mas o *Consejo Superior Tripartito* é uma das instâncias consultadas, ao lado de outras forças econômicas. Nesse sentido, o salário mínimo não é fruto direto de negociação coletiva, mas o Estado leva em consideração as demandas de capital e trabalho na definição de seu valor.

Em segundo lugar, em 2006, foi promulgada uma reforma tributária que tornou o imposto da renda mais progressivo (por exemplo, com incidência direta sobre ganhos de capital e sobre altos salários anteriormente isentos de tributação), com impactos positivos na desigualdade (Antía, 2014). Esta última autora não quantifica esse efeito, mas Bucheli al. (2014) desenvolvem convincente análise econométrica de incidência fiscal para mostrar que o Uruguai conseguiu redução não trivial da desigualdade e da pobreza quando se tomam em conta os impostos e as transferências públicas diretas e em espécie. O índice de Gini da distribuição dos salários de mercado foi de 0,492 em 2009, enquanto o Gini da receita líquida (após impostos progressivos) foi de 0,478 (idem: 422. Também CEPAL, 2014: 36)[17].

Outra mudança importante no Uruguai, coincidente com o que aconteceu no Brasil e na Argentina e, em menor grau, no Chile, foi a forte redução no tamanho do "setor informal", definido como a proporção da população ocupada que não contribui para a seguridade social. Entre 2004 a 2014 a informalidade saiu de quase 41% da 23,5% da força de trabalho ocupada (Amarante e Gómez, 2016). O estudo sugere (sem atentar para isso) que a maior parte da desigualdade entre trabalhadores formais e informais se deve a desigualdades internas a cada grupo, com o setor formal apresentando distribuição de renda bem menos desigual, com o que a formalização teve impacto forte e positivo na redução da desigualdade em toda a economia (também Alejo et al. 2013).

Amarante et al. (2015) miram diretamente esse tema, e mostram que a formalização responde por 26% da variação no índice de Gini de 2001 a 2013 e 56% da variação na razão dos quantis 90 e 10. Assim, à luz do caso argentino, é plausível sustentar que isso se deve em parte ao efeito da negociação coletiva sobre os salários, uma vez que proporção maior da população foi incluída na negociação salarial equalizadora no setor formal descrito por Cabrera e Echagüe (2017). Amarante et al. (2016: 31) reconhecem esse efeito nos decis inferiores da distribuição dos salários, juntamente com o salário mínimo, enquanto a queda nos retornos à escolaridade está associada à compressão salarial nos decis superiores. Por fim, abordando a mesma questão, Keifman e Maurizio (2014) mostram que a formalização foi o processo mais importante na redução da desigualdade no Uruguai, assim como na Argentina e no Brasil.

As desigualdades de gênero são abordadas pelos *Consejos de Salarios*. Estudo de Espino e Pedetti (2010: 30) revela que o número de questões de gênero ali negociadas saltou de 20 em 2005 para quase 100 em 2008, enquanto, ao mesmo tempo, a disparidade salarial entre os gêneros no setor privado formal *aumentou* 10 pontos percentuais de 2006 a 2009 (idem: 7), ao contrário do que se esperaria da ação da Comissão Tripartite para Igualdade de Oportunidades e Tratamento no Emprego (*Comisión Tripartito para la Igualdade de Oportunidades y Tratamiento en el Trabajo* – CTIOTE) como um conselho acima dos *Consejos de Salarios*, e que discute e propõe medidas contra a discriminação de gênero para todos eles. É questão em aberto se os benefícios não salariais negociados para as mulheres e não para os homens (como benefícios pecuniários de licença de maternidade,

[17] Para o impacto de reformas tributárias na desigualdade em 15 países da América Latina, ver Cornia et al. (2014: 309).

menos horas de trabalho, segurança no trabalho, pagamento de horas extras e outros) são grandes o suficiente para compensar o aumento na desigualdade salarial de gênero após 2006. Essa é uma linha interessante de pesquisa ainda não tentada pela literatura.

Seja como for, Amarante et al. (2016) analisam a contribuição da formalização para as desigualdades salariais de homens e mulheres tomados como grupos separados, e mostram que a queda na desigualdade salarial devido à formalização é menor entre as mulheres. No entanto, decomposições mais detalhadas para medir o efeito dos retornos às características dos trabalhadores em seu modelo de Função de Influência Recentrada (RIF) (proposta por Firpo et al. 2018) revelam que as disparidades salariais de gênero têm impacto menor nas mudanças na desigualdade, aparentes apenas no quartil superior (25% mais ricos) da distribuição salarial (idem: 50). Observe que os autores não comentam esse impacto, o que sugere um efeito de interação entre educação e gênero na queda dos salários mais altos no período de 2006 a 2013, já que aquele quartil tende a incluir proporção maior de pessoas com educação superior.

O papel equalizador da negociação coletiva centralizada no Uruguai também é claro nas áreas rurais. Pela primeira vez na história, os trabalhadores rurais tiveram o direito de participar dos *Consejos de Salarios* em 2006, direito estendido aos trabalhadores domésticos em 2008[18]. Desde então, os salários negociados nas áreas rurais estão se tornando menos desiguais em sua própria distribuição e em relação aos salários no setor urbano (Riella e Mascheroni, 2012). Em 2006, a razão entre os salários médios urbanos e rurais era de 1,63, e em 2010 havia caído para 1,43, uma diferença não desprezível de 12,3% em cinco anos (idem: 193). Da mesma forma, a razão entre o quinto e o primeiro quintil da distribuição salarial foi de 9,3 vezes em 2006, caindo para 8,3 vezes em 2010, ou 11% em cinco anos (p. 193). A coordenação centralizada da negociação coletiva perseguiu claramente o objetivo de reduzir as diferenças salariais urbano/rural em todos os setores da atividade rural, contribuindo também para a queda da desigualdade geral de renda no Uruguai.

Os governos de esquerda do Uruguai desde 2005 têm procurado reduzir as desigualdades em múltiplas dimensões. Ações foram tomadas em níveis normativos e práticos com inúmeras medidas fiscais e políticas, voltadas para a melhoria do mercado de trabalho nacionalmente e entre os setores econômicos. Negociação coletiva centralizada e coordenada, salário mínimo real crescente, investimento em educação, imposto progressivo sobre a renda (ver também Alves et al. 2012), juntamente com transferências públicas de renda para os pobres, explicam quase toda a variação da desigualdade na economia urbana, com a negociação coletiva contribuindo com a maior variação negativa do coeficiente de Gini (50%), e mais

18 Ver Goldsmith (2013), para a negociação coletiva de trabalhadores domésticos após 2008.

ainda quando se consideram os quantis da distribuição salarial, em particular as razões 90/10 e 50/10.

3.3. Chile

O Chile é um caso de negociação coletiva descentralizada com densidade sindical e cobertura de negociação coletiva muito baixas (em comparação com Argentina, Brasil e Uruguai), resultado histórico da ditadura de Pinochet e de seu programa econômico neoliberal radical de liberalização do mercado em todas as áreas cruciais da economia, incluindo o mercado de trabalho[19]. A ditadura de Pinochet impôs sérios obstáculos à organização sindical, perseguiu, baniu e matou centenas de líderes sindicais, proibiu a negociação coletiva além do nível da empresa, restringiu os temas passíveis de negociação àqueles que não interferissem nos direitos de propriedade dos empregadores para administrar seus negócios etc. A densidade sindical era superior a 30% antes do golpe militar de 1973, caindo para 19,4% em 1979 e 13,9% em 2010 (Durán, 2011), tendo aumentado para 14,3% em 2013 (Durán e Kremerman, 2015: 2). No entanto, a cobertura da negociação coletiva foi de 8,4% em 2013 (idem: 7), assim como o fora em 2004 (Salinero, 2006)[20].

A espinha dorsal do sistema de relações de trabalho de Pinochet (o *Plan Laboral* do Ministro José Piñera, de 1979) sobreviveu à democratização, e muitos autores concordam que as reformas de 2001 e 2016 não mudaram a essência do legado de Pinochet. Ao contrário das reformas de 2004 na Argentina e 2005 no Uruguai, a negociação descentralizada ainda prevalece, e os assuntos sujeitos a negociação ainda estão restritos a salários e benefícios econômicos, embora as condições de trabalho e as questões de gênero também estejam abertas à negociação no nível da empresa (Salinero, 2006; Antía, 2014; Caamaño Rojo, 2016). Até 2016, os empregadores podiam substituir trabalhadores em greve (pagando mais ao trabalhador substituto); os trabalhadores não sindicalizados podiam reivindicar os resultados da negociação coletiva pagando 75% da taxa sindical, ou os empregadores podiam, a seu critério, estender o acordado aos trabalhadores não sindicalizados (ambas medidas de desestímulo à sindicalização); contratos temporários, de estágio e contratos a prazo estavam excluídos da negociação etc. As mudanças mais importantes de 2016 restringiram um pouco as possíveis ações antissindicais dos empregadores (novas medidas de proteção para grevistas e membros do sindicato) e abriram portas para a negociação coletiva interempresas,

---

[19] Buchanan (2008: 70) argumenta que as políticas iniciais de Pinochet eram na verdade uma reativação das características repressivas do Código do Trabalho de 1931. Mas o Plano Laboral de 1979 vai muito além disso.

[20] A cobertura é menor do que a proporção de trabalhadores sindicalizados, porque nem todos os sindicatos realizam negociação coletiva.

embora continuem proibindo negociações por ramo da economia (Fernández e Serrano, 2017). Ainda assim, a negociação interempresas é excepcional.

Poucos estudos sobre o Chile abordam o impacto dos sindicatos sobre os salários, particularmente as diferenças salariais entre os setores sindical e não sindical, os prêmios salariais por sindicalização etc., já que a sindicalização é muito baixa, assim como a cobertura da negociação coletiva. Comparando Argentina, Brasil, Chile, Paraguai, Uruguai e México, Keifman e Maurizio (2012) argumentam que o Chile é o único país em que os salários médios dos empregados formais e informais não eram estatisticamente diferentes em 2009, de modo que a formalização do mercado trabalho neste país em particular afetou a desigualdade em uma extensão muito menor[21].

Contudo, esses achados são muito sensíveis ao período escolhido para análise. Figueroa e Fuentes (2015) decompõem os efeitos de vários indicadores no comportamento da desigualdade em dois períodos distintos (2000-2006, quando o Gini caiu cerca de 2 pontos percentuais, e 2006-2011, quando voltou a subir para o nível de 2000) e, ao contrário de Keifman e Maurizio (2012), mostram que a formalização realmente teve um efeito equalizador, pois favoreceu o nível mais baixo da distribuição salarial, "explicando" perto de 60% da queda na razão de quantis 50/10 no primeiro período e ainda mais no segundo. Infelizmente, o estudo não investiga a presença de sindicatos ou negociações coletivas.

Em sua dissertação de doutorado, Rios (2013) analisa o efeito dos sindicatos sobre os salários no Chile e na Bolívia. Como muitos outros estudos revisados aqui (incluindo os dois mencionados acima), o Autor emprega a decomposição contrafactual RIF, proposta por Firpo, Fortin e Lemieux (mimeo de 2007, publicado em 2018), dos salários médios e suas distribuições quantílicas para trabalhadores sindicalizados e não sindicalizados, e a variância do logaritmo natural dos salários como uma medida do efeito dos sindicatos na dispersão e na desigualdade salarial global. As fontes de dados são uma pesquisa por amostra domiciliar na Bolívia e uma pesquisa de painel, a Pesquisa de Proteção Social (*Encuesta de Protección Social* – EPS), realizada no Chile de 2002 a 2009. As amostras são limitadas a trabalhadores assalariados do setor privado de 21 a 65 anos de idade. Rios encontra um diferencial salarial para sindicalizados de 0,27 na Bolívia e 0,23 no Chile (em termos do logaritmo da renda horária), e argumenta que "grande parte da vantagem salarial observada na Bolívia reflete a heterogeneidade sindical-não-sindical nos atributos dos trabalhadores, e não o poder de negociação sindical excepcionalmente alto" (p. 35). Neste país, a heterogeneidade responde

21 Eles também mostram que a maior parte da diminuição da desigualdade de renda no país se deve a dinâmicas de mercado, e não às instituições do mercado de trabalho, uma vez que o salário médio real cresceu 25%, enquanto os salários da metade inferior da distribuição aumentaram mais rapidamente (Keifman e Maurizio, 2014: 268). Esta última publicação é uma versão menor e ligeiramente diferente do documento de trabalho de 2012 citado no texto.

por 58% da diferença salarial dos sindicalizados, em comparação com 39% no Chile. Quanto à distribuição salarial global, ele conclui que "se os trabalhadores sindicalizados tivessem a estrutura salarial do setor não sindical, a desigualdade salarial (medida pela variância) seria de 16% (Bolívia) e 24% (Chile) superior ao que foi de fato observado" (p. 38).

Portanto, os sindicatos reduzem as desigualdades salariais no Chile, ao reduzir a dispersão salarial no setor sindical, mas o efeito sobre a desigualdade da renda geral é pequeno. E, contrariamente às evidências para outros países latino-americanos e também para os países desenvolvidos, "particularmente na Bolívia, onde a desigualdade é maior do que no Chile, (...) os sindicatos não parecem reduzir a desigualdade na metade inferior da distribuição. Em vez disso, todo o efeito de equalização vem da compressão salarial na metade superior da distribuição (-0,210 na Bolívia e -0,119 no Chile)" (p. 39). No entanto, os resultados são consistentes com a literatura que mostra que os sindicatos tendem a comprimir a dispersão salarial[22], aumentando os retornos para a educação entre os que recebem menos e reduzindo os retornos para os que recebem mais, ou seja, "a educação recebe retornos mais baixos no setor sindical", tanto no Chile quanto na Bolívia, mas os efeitos são muito mais fortes no último país (p. 42).

Os resultados do Rios são semelhantes aos do único outro estudo disponível sobre o impacto dos sindicatos sobre os salários no Chile (Landerretche et al. 2013). O estudo analisa a mesma Pesquisa de Proteção Social (EPS) e emprega um método de decomposição em duas etapas para controlar o problema de endogeneidade já mencionado na Introdução, usando o histórico de filiação sindical dos trabalhadores como a principal variável de controle. Descoberta importante é a de que a sindicalização tem "dependência de estado", ou seja, "a probabilidade de afiliação atual aumenta com a afiliação passada, independentemente da propensão inerente de um trabalhador se sindicalizar" (p. 187). Os autores analisam duas amostras diferentes de assalariados extraídas do EPS. A primeira é uma "amostra completa", da qual eles excluíram trabalhadores que tiveram pelo menos um período de desemprego na janela temporal da pesquisa de painel. O segundo é uma subamostra apenas de trabalhadores com média qualificação. Eles mostram que o prêmio salarial sindical para a primeira amostra foi de 18,6% e de 24% para a segunda. Porém, após o cálculo dos parâmetros de tratamento, seguindo Heckman et al. (2001), o prêmio salarial é fortemente reduzido na primeira amostra, mas não na segunda. Isso leva à conclusão de que existem importantes "fatores não observados na seleção dos membros do sindicato e em seu prêmio salarial" (p. 187). No entanto, os parâmetros de tratamento não foram utilizados para estimar a associação ao sindicato, portanto essa conclusão não é suportada pela análise. De qualquer forma, os autores mostram, persuasivamente, que o efeito

22 Ver também Sanhueza e Fernández (2015).

da sindicalização sobre os salários é razoavelmente estável até o percentil 60, diminuindo drasticamente para salários mais altos, o que significa que realmente há um efeito distributivo (equalizador) da ação sindical (isto é, da negociação coletiva).

Durán (2011) é uma tentativa de medir os possíveis impactos de uma negociação coletiva centralizada sobre a desigualdade no Chile. Depois de mostrar que há um efeito positivo do nível de centralização da negociação coletiva na redução de diferentes medidas de desigualdade (Gini, Theil, razões entre quantis e outros) em um conjunto de países desenvolvidos, ele ajusta alguns modelos contrafactuais e estima que um aumento em 10% na cobertura da negociação coletiva levaria a uma queda de 4,8% no índice de Gini no Chile, enquanto um aumento de 10% na densidade sindical resultaria em uma queda de 4,3% no mesmo índice. Infelizmente, os resultados não podem ser aceitos. A econometria dos modelos não é clara e os dados sobre densidade sindical e cobertura da negociação são diferentes de outras fontes (Salinero, 2006; Dussaillant, 2008) e mesmo daqueles oferecidos pelo mesmo Durán em um trabalho de 2013 que se baseia em sua dissertação de Mestrado de 2011. Além disso, após as objeções de Pencavel (2006), é preciso muita cautela ao reunir diferentes países em modelos de regressão sobre os efeitos das relações de trabalho (incluindo negociação coletiva) sobre a desigualdade. Durán está longe de construir um desenho de pesquisa atento a diferenças institucionais e legais, nas estruturas dos mercados de trabalho e da economia etc.

Em suma, o Chile é um caso de redução da desigualdade predominantemente orientada pelo mercado, com efeito diminuto da negociação coletiva na distribuição geral dos salários, embora tenha um efeito equalizador no setor sindical, que é muito pequeno. A formalização da economia, menores retornos ao ensino superior e o aumento real do salário mínimo são responsáveis pela maior parte da queda na desigualdade desde 2000.

3.4. Brasil

O Brasil é geralmente tratado na literatura como um caso de sistema de negociação semicentralizado, devido ao princípio da "unicidade sindical", ou seja, trabalhadores de uma determinada profissão eram (até a reforma trabalhista de 2017) representados por um único sindicato em uma "base territorial" não menor que um município. Isso levou especialistas renomados, como Neri (2010: 78), a afirmar que "as regras da negociação coletiva no Brasil e as práticas que elas criaram são frequentemente insensíveis às condições específicas de trabalho" no âmbito das empresas.

Na verdade, esse não é o caso, como mostra DIEESE (2019). De 2005 a 2019, 83% dos instrumentos de negociação registrados no sistema mediador do falecido Ministério do Trabalho são Acordos Coletivos no âmbito das empresas, e apenas 17% são Convenções Coletivas no âmbito municipal ou superior[23]. Acordos regionais ou nacionais são extremamente raros, envolvendo empresas com raízes nacionais, como os bancos e a PETROBRAS.

Mais de 46 mil instrumentos coletivos foram registrados no sistema mediador todos os anos até 2018, quando o número caiu para 39 mil (compare-se com menos de 2 mil acordos por ano na Argentina). Não há informações sobre o número de trabalhadores cobertos por cada tipo de instrumento, mas é sabido que sindicatos mais fortes negociam uma Convenção no nível municipal ou superior e, em seguida, tentam melhorá-la no nível da empresa (em geral as grandes), especialmente no que diz respeito a salários e benefícios adicionais (Oliveira, 2003; Menezes-Filho et al. 2008). Além disso, a definição de "profissão" sempre esteve sujeita ao critério do Ministério do Trabalho, que tinha a prerrogativa de reconhecer o sindicato que teria acesso ao Imposto Sindical. Por interesses políticos e materiais (o imposto chegou a quase um bilhão de dólares por ano antes de sua extinção em 2017), o reconhecimento de subcategorias de uma profissão mais ampla resultou em importante fragmentação da estrutura sindical (Cardoso, 2015)[24]. Em 2019, 11,6 mil sindicatos de trabalhadores foram registrados no Cadastro Nacional de Entidades Sindicais (CNES). A estrutura sindical é de fato muito fragmentada em sua semicentralização. E, de acordo com o DIEESE (2019), 90% dos quase cinco mil sindicatos de trabalhadores assalariados urbanos haviam depositado pelo menos um instrumento de negociação no sistema mediador em 2018. Ou seja, a grande maioria negociava regularmente, ao contrário do que sustenta, dentre outros, Arbache (2008).

Apesar disso, a relação entre negociação coletiva e desigualdade está praticamente ausente da vasta literatura sobre sindicatos e movimento sindical no Brasil. Os economistas Jorge Arbache, Francisco Carneiro e Naércio M. Filho e, mais recentemente, Cunha e Vasconcelos (2012) estão entre os poucos pesquisadores interessados no tema, e publicam sobre o impacto dos sindicatos na dispersão salarial na indústria desde a década de 1990 (Arbache 1997, 1999; Arbache e Carneiro, 1999; Carneiro e Henley, 1998; Menezes Filho et al. 2008; Arbache et al. 2004; Arbache, 2008). No entanto, a maior parte desses estudos é, para dizer o mínimo, problemática.

---

[23] Os dados são do DIEESE (2019). O sistema mediador é um repositório virtual de, presumivelmente, todos os instrumentos de negociação coletiva no país, alimentados por sindicatos de empregadores e/ou trabalhadores. O Departamento Intersindical de Estatística e Estudos Socioeconômicos (DIEESE) está desenvolvendo um sistema para analisar os quase 500 mil instrumentos atualmente disponíveis para pesquisa.

[24] Por exemplo, pode haver um sindicato de trabalhadores da saúde em um município, e um grupo de enfermeiros pode decidir criar um sindicato de sua profissão, fragmentando assim a instituição maior. A decisão sobre a aceitabilidade dessa demanda era uma prerrogativa do Ministério do Trabalho, ouvida uma comissão tripartite.

Arbache (1999) aplica a metodologia consolidada na literatura especializada que compara os salários reais nos setores sindical e não sindical e, depois, a dispersão salarial nos dois setores, para com isso mensurar o efeito dos sindicatos na desigualdade. O problema é o que Arbache considera setores sindical e não sindical. Sua referência é a Pesquisa Nacional por Amostra de Domicílios (PNAD), que pergunta à pessoa ocupada se ela é filiada a um sindicato. Ele então extrai uma amostra de trabalhadores formais na indústria com idade entre 18 e 65 anos e define "setor sindical" como o grupo de trabalhadores sindicalizados nessa subamostra, enquanto o "setor não sindical" agrupa os trabalhadores não sindicalizados. Trata-se de equívoco sério, pois o que define um "setor sindical" no Brasil é precisamente o mercado formal de trabalho, do qual ele extrai as duas amostras. Todo trabalhador com contrato de trabalho formal é representado por um sindicato (ou pelo menos era assim até a reforma de 2017[25]), e seus salários são negociados coletivamente a cada ano. Além disso, um grupo de filiados não define um "setor sindical", pois na mesma empresa podemos ter membros e não membros do sindicato que os representa, e ambos os grupos são cobertos pela convenção coletiva de sua categoria, que define os salários que Arbache analisa.

Por exemplo, o autor conclui que existe um "prêmio salarial sindical" de 6% (Arbache, 1999: 428), mas acrescenta que cerca de um terço desse prêmio é devido a diferenças nos atributos (produtividade) dos trabalhadores sindicalizados e não sindicalizados. Ele também conclui que, contrariamente à sabedoria convencional, os sindicatos no Brasil aumentam a dispersão salarial intersetorial (ou aumentam a desigualdade) e argumentam que isso ocorre porque "a distribuição salarial não-sindical é muito mais afetada pelo salário mínimo nacional (...). Assim, parte da maior dispersão salarial dos trabalhadores sindicalizados se deve aos efeitos do salário mínimo na distribuição de salários dos não sindicalizados. Isso pode ser entendido como um efeito do sindicalismo sobre (o nível de) determinação salarial" (pp. 431-32). Essa conclusão não é suportada pelos dados disponíveis, pois não há clara definição de setores sindical e não sindical. Todos os trabalhadores de sua amostra são do "setor sindical", ou formal.

Carneiro e Henley (1998) adotam abordagem diferente (embora não necessariamente mais precisa) e analisam o efeito do mercado de trabalho informal sobre os salários negociados no setor formal. Eles concluem que a negociação coletiva "facilita o comportamento rentista por parte de negociadores mais poderosos, levando a reajustes inflacionários de salário", e a consequência "pode ser um crescimento estrutural no setor informal" (p. 134). Eles também argumentam que o setor informal funcionaria do mesmo modo que o seguro-desemprego nas economias desenvolvidas na determinação dos salários formais, ou seja, eles

---

[25] A reforma de 2017 abriu a possibilidade, em firmas de 200 trabalhadores ou mais, de negociação no âmbito da empresa com um grupo ou comitê de trabalhadores não necessariamente vinculado a um sindicato. Ver Roa (2017: 48).

atuariam como amortecedor que reduz a competição por empregos formais, impedindo assim a queda dos salários reais durante os choques econômicos. O problema com esses achados é que eles não se enquadram na década de 2000, em que os salários reais do setor formal aumentaram muito, enquanto o desemprego, a informalidade e a desigualdade caíram acentuadamente, enquanto a inflação permaneceu estável (Krein e Manzano, 2014), sugerindo que a relação encontrada nos anos 1990 era espúria.

Voltando às descobertas de Arbache, na verdade parece mesmo haver correlação positiva entre filiação sindical e melhores salários e condições de trabalho, mas, como mostro em outro lugar (Cardoso, 2013), a densidade sindical está fortemente associada à posição mais favorável no mercado de trabalho por parte dos trabalhadores: em média, membros de sindicato trabalham em empresas maiores, têm mais tempo no emprego, maior escolaridade, mais experiência na força de trabalho, ou seja, são mais qualificados etc. Essas características estão associadas tanto à filiação quanto a melhores salários, e também à taxa de acesso aos direitos trabalhistas. A filiação sindical geralmente é uma consequência da posição mais forte no mercado de trabalho e não o contrário. A densidade sindical indica sindicatos mais fortes, que são mais fortes porque organizam trabalhadores em mercados de trabalho mais estreitos, mas os resultados das negociações coletivas favorecem igualmente membros e não membros da base territorial desses sindicatos, uma vez que contratos e convenções são válidos *erga omnes* em sua jurisdição.

Arbache (2008) reconhece apenas em parte isso, ao tomar a filiação sindical como um indicador do poder de barganha dos sindicatos. No entanto, ele rapidamente adota o mesmo caminho de 1999 e insiste em postular o "prêmio salarial sindical" associado à filiação. E conclui que:

> A rigor, o prêmio sindical em qualquer setor deveria ser zero, pois, por lei, todos os ganhos resultantes da negociação coletiva devem ser repassados a todos os trabalhadores. A verificação empírica dos prêmios salariais dos sindicatos sugere que os aumentos salariais obtidos pelos sindicatos nem sempre são estendidos aos trabalhadores não sindicalizados. Isso implicaria o não cumprimento da lei, sugerindo que a legislação que regulamenta a negociação coletiva, juntamente com muitas outras leis trabalhistas, não está sendo observada (Arbache, 2008: 13).

Essa conclusão denota muitas suposições equivocadas. Supõe, por exemplo, que um único sindicato representa todos os trabalhadores de um setor em particular, enquanto em qualquer setor existem vários (até centenas de) sindicatos profissionais com poder de negociação muito diferente. Qualquer sindicato em particular negocia salários para uma profissão e os resultados são válidos *erga omnes* para essa profissão, e esses salários podem ser maiores ou menores do que outros negociados por outros sindicatos do mesmo setor, no mesmo município, mas para outras profissões. E isso não tem nada a ver com observação ou não da lei. Também denota erroneamente que apenas os membros do sindicato definem um setor sindical ao qual os resultados da negociação se aplicam. Ele também insiste que a dispersão salarial é maior entre os membros dos sindicatos, concluindo que:

> "Se a política salarial dos trabalhadores sindicalizados fosse usada para fixar o pagamento de pessoas não sindicalizadas, a desigualdade salarial aumentaria entre 5,1% e 37,3%, dependendo do ano. Esse resultado é uma evidência inequívoca de que os sindicatos aumentam a desigualdade salarial na economia brasileira, em vez de reduzi-la" (idem: 15), repetindo assim o mesmo erro dos anos 90, pois implica que a densidade sindical denota um setor sindical, o que não ocorre[26].

Mas o trabalho de Arbache toca um ponto importante. Os sindicatos no Brasil não têm a capacidade de reduzir a desigualdade de renda internamente aos setores econômicos, pelo contrário. Como já foi observado, a estrutura da negociação salarial é fortemente descentralizada e fragmentada, e um sindicato profissional geralmente negocia salários diferentes com diferentes sindicatos de empregadores num mesmo município ou grupo de municípios. Por exemplo, um sindicato que representa trabalhadores de secretariado em uma ou mais cidades negocia salários contratuais (piso salarial) com empregadores em hospitais, shopping centers, indústrias automobilísticas etc., e o piso varia intensamente entre os setores. Como mostro em Cardoso (2018), as secretárias do comércio de sete cidades de São Paulo ganhavam 10% a mais que as de hospitais, embora fossem representadas pelo mesmo sindicato de trabalhadores. Os salários são resultado de relações de poder entre trabalho e capital que não são igualmente distribuídas entre os setores econômicos e as regiões do país. Os achados de Arbache (1999 e 2008) são forte evidência disso. Quanto maior a densidade sindical, maior o poder de negociação dos sindicatos, e mais dispersos os salários internamente aos setores econômicos. A afiliação sindical não define um "setor sindical", mas a densidade sindical denota poder sindical, associado a maior desigualdade intersetorial.

Se isso é verdade, uma análise adequada das diferenças salariais entre os setores sindical x não sindical teria que comparar trabalhadores assalariados formais e informais, o primeiro definindo o setor sindical e o segundo, o não sindicalizado.

---

[26] Infelizmente, o trabalho de Arbache estabeleceu os padrões para boa parte da pesquisa sobre o tema no Brasil. Um exemplo é Santos (2013), uma dissertação de mestrado supervisionada por Naércio Menezes Filho, um dos maiores especialistas em economia do trabalho do país, que toma a densidade sindical como sinônimo de "setor sindical". Exceções são Neder e Ribeiro (2010: 403, nota 9), que afirmam explicitamente que a densidade sindical não denota negociação coletiva no Brasil, e Komatsu (2013), orientado pelo mesmo Menezes Filho.

Isso nunca foi feito no Brasil com esse propósito específico, por isso vou propor um rápido experimento.

Primeiro, deve-se considerar como o “setor sindical” o conjunto dos trabalhadores assalariados do setor formal, incluindo funcionários públicos. Todo trabalhador formal no setor privado é coberto por resultados de negociação coletiva, enquanto os servidores públicos, embora não negociem coletivamente, têm os sindicatos mais poderosos do país e têm poder de negociação com os governos na determinação de seus salários. Trabalhadores assalariados não cobertos pela negociação incluem aqueles sem carteira de trabalho e trabalhadores domésticos, incluindo aqueles com carteira, que não negociam coletivamente.

Considerando esses parâmetros, e contrariamente às descobertas de Arbache, a dispersão salarial no setor sindical é muito menor do que no setor não sindical. Com base na mesma PNAD por ele analisada, os salários médios por hora foram 25,5% mais altos no setor sindicalizado em 2015. Esse prêmio salarial sindical é válido mesmo quando se controlam as características individuais, setoriais e regionais em um modelo de regressão OLS. Além disso, sua variância foi de 0,44, contra 0,67 no setor não sindical, ou 34% menor (0,62 em toda a economia). Os sindicatos também estavam associados a razões quantílicas menores, principalmente as taxas 50/10 e 90/10, sugerindo que seu impacto é mais importante nos níveis mais baixos da distribuição dos salários.

Tabela 1

Razões quantílicas do logaritmo do salário horário nos setores sindical e não sindical. Brasil, 2015

Razões quantílicas	Não sindical	Sindical
50/10	2,3	1,4
90/50	1,6	1,6
90/10	3,7	2,1

Fonte: PNAD 2015

Finalmente, o Gráfico 1 abaixo mostra a função de densidade kernel do logaritmo natural dos salários por hora da força de trabalho ocupada (linha sólida) e de uma função contrafactual (linha trastejada), que expressa qual seria essa distribuição se toda a população ocupada estivesse no setor coberto por negociação coletiva, ou o “setor sindical”[27]. Parece claro que os salários médios seriam maiores e que a dispersão salarial cairia de forma importante, afetando as duas

[27] A metodologia usada aqui foi regredir (OLS) os salários por hora nas características individuais, do setor econômico e da região do setor sindical, e atribuir os parâmetros a toda a força de trabalho ocupada. A linha vertical indica o salário mínimo.

caudas da distribuição. Assim, com uma definição adequada de setor sindical, a negociação coletiva parece ter os mesmos efeitos de equalização encontrados para Argentina, Uruguai e a literatura disponível sobre o tema para os países desenvolvidos, embora o prêmio salarial sindical pareça ser muito maior. Esse rápido experimento exige exame mais aprofundado, mas questiona claramente a sabedoria convencional no Brasil sobre o impacto da negociação coletiva nas medidas de desigualdade. O setor assalariado sindical (ou o mercado de trabalho assalariado formal) parece ser muito menos desigual do que o não - sindical (ou o mercado de trabalho assalariado informal), enquanto os salários médio e mediano do primeiro são mais altos.

Gráfico 1

Função de Densidade Kernel real e contrafactual dos salários no Brasil em 2015

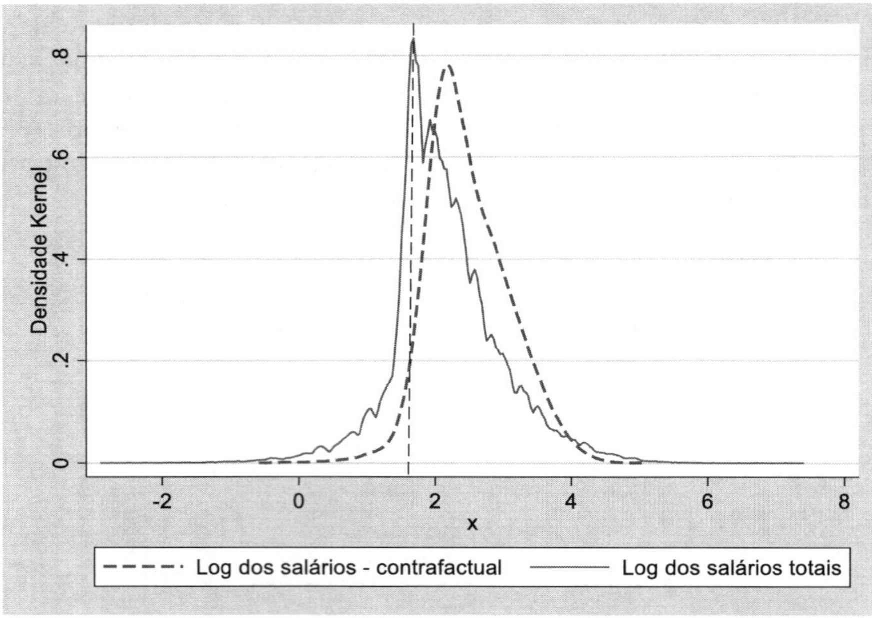

Não há estudo sobre o efeito da negociação coletiva sobre a queda da desigualdade no Brasil durante os anos 2000[28]. Existem, no entanto, alguns estudos que tentam isolar a contribuição de diferentes fontes de renda para mudanças na renda familiar per capita em diferentes períodos de tempo, e alguns deles medem o efeito, nas desigualdades, de mudanças na renda no mercado de trabalho formal. Mas os resultados variam intensamente, tornando impossível tirar conclusões inequívocas sem uma nova pesquisa adequadamente projetada.

[28] Compare com Maurizio (2018) discutido acima.

Por exemplo, Neder e Ribeiro (2010), analisando o período 2002-2008 e empregando a decomposição da função de densidade do núcleo proposta por Dinardo, Fortin e Lemieux (1996), argumentam que a formalização aumentou as desigualdades no modelo direto (no modelo DFL, de 1996, a ordem na qual as variáveis entram no modelo influencia os resultados), contradizendo Maurizio (2018), mas diminuiu as desigualdades quando a ordem das variáveis no modelo foi revertida. E Dias, Ribeiro e Neder (2011) constatam que a formalização reduziu as principais medidas de desigualdades (como Gini e Theil) no período 1995-2006 devido, principalmente, ao salário mínimo, que aumentou rapidamente, enquanto as rendas média e mediana do setor formal diminuíram. O efeito é claro nos quantis inferiores da distribuição salarial.

Em um estudo nacional inovador e metodologicamente rigoroso, Brito et al. (2017) sustentam que a variação do salário mínimo de 1995 a 2014 "explica" até 64% da queda de quase 0,9 pontos no Gini (de 0,608 a 0,519) da renda per capita das famílias. Portanto, isso deixa 36% da variação a ser parcialmente explicada pela negociação coletiva e outras fontes, mas é impossível separar os efeitos não relacionados ao salário mínimo. Por exemplo, de acordo com sua análise, o salário mínimo do setor formal respondeu por 17,9% da diminuição da desigualdade de renda per capita das famílias, mas é bem estabelecido na literatura[29] que a negociação coletiva (que ocorre apenas no setor formal) afeta os salários ao estabelecer pisos salariais acima do salário mínimo. A partir de 2015, apenas 7% dos assalariados formais (setor sindical) ganhavam o equivalente ao SM ou menos, em comparação com 32% dos informais (minhas tabulações da PNAD 2015. Veja também o Gráfico 1 acima).

Além disso, seu estudo mostra que "outras" fontes de renda não relacionadas ao SM "explicam" 60% da queda do coeficiente de Gini no período 2009-2014. Isso deixa enorme espaço para possíveis efeitos da negociação coletiva, uma vez que estudo em DIEESE (2019) mostra que, desde 1995, esse é exatamente o período em que os sindicatos foram mais eficazes em obter aumentos reais de salário por meio de negociação coletiva.

Na mesma linha, Komatsu (2013) decompõe a renda familiar per capita para medir os efeitos do salário mínimo, da taxa de formalização, das características individuais e dos fatores de oferta e demanda, e chega às mesmas conclusões gerais de Brito et al. (2017). No entanto, ele testa razões entre quantis e mostra que a formalização (que deve ser tomada como medida aproximada da negociação coletiva) responde por 40% da variação negativa da proporção 50/90 e 46% da proporção 5/95, o que significa que os salários negociados afetam principalmente a base e a mediana da distribuição salarial.

[29] Por exemplo, Kerin e Manzano (2014), DIEESE (2019).

Assim, se Komatsu (2013) e Brito et al. (2017) são o mais próximo que podemos (indiretamente) chegar dos efeitos da negociação coletiva sobre a desigualdade no Brasil, o problema levantado por Lustig et al. (2012) aplica-se integralmente: não podemos tomar os salários do setor formal senão como proxy imperfeito da negociação coletiva, porque será preciso, antes, "explicar" por que a dispersão salarial é menor do que no setor informal, o que significaria tentar controlar as diferenças formal x informal em termos dos determinantes da oferta e da demanda de força de trabalho, das características dos trabalhadores e isolá-los do efeito do salário mínimo. Portanto, essa é claramente uma tarefa que exige pesquisa original.

De qualquer forma, as evidências provisórias oferecidas acima sugerem que há correlação de sinal negativo entre a negociação coletiva e a desigualdade salarial no Brasil, o que reduz a desigualdade geral ao reduzir a dispersão da renda familiar *per capita*[30]. As evidências também mostram que o sistema de pensões (particularmente as aposentadorias indexadas ao salário mínimo) e as transferências condicionais de renda também contribuíram para reduzir a desigualdade geral no país.

4. CONCLUSÃO

A literatura sobre o efeito dos sindicatos e da negociação coletiva sobre a desigualdade aumentou de forma importante na América Latina nos últimos dez ou quinze anos. Isso se deve, em parte, à disponibilidade de novos bancos de dados comparáveis, em particular pesquisas domiciliares representativas que indagam sobre a associação ou não a sindicatos. A densidade sindical não é equivalente à cobertura da negociação coletiva nos países estudados aqui, mas é uma boa aproximação no Chile (assim como na Colômbia, no México e no Equador). Na Argentina, no Brasil e no Uruguai, a densidade sindical denota poder de barganha dos sindicatos, e a melhor aproximação à cobertura da negociação coletiva é o setor formal, pois nos três países um trabalhador formal é certamente coberto por um acordo coletivo.

Sem exceção, as mudanças na renda obtida no mercado de trabalho foram o principal determinante da redução das desigualdades na América Latina. E uma das mudanças estruturais mais importantes foi a formalização dos mercados de trabalho, que desempenhou papel central na transformação das oportunidades

30 Cunha e Vasconcelos (2012) encontraram o contrário, ou seja, o hiato salarial dos setores formal-informal teria aumentado de 1995 a 2009, contribuindo, assim, segundo eles, para o aumento da desigualdade. Eles não perceberam que, se os salários do setor formal são de fato mais altos do que os informais, a dispersão salarial no primeiro é muito menor do que no segundo, reduzindo assim a desigualdade salarial global, como mostram Mauricio e Velazquez (2016) e Maurizio (2018). O estudo deles também é contrário à evidência oferecida por Brito et al. (2017).

de rendimento. Isso aconteceu nos quatro países pesquisados com mais detalhes aqui. A formalização denota maior cumprimento da legislação sobre o salário mínimo, e esse parâmetro aumentou na maioria dos países latino-americanos, afetando diretamente a cauda esquerda das distribuições salariais. Em muitos países também houve redução nos retornos ao ensino superior, com causas diferentes em cada país, e esses dois elementos explicam a maior parte da variação estatística em qualquer medida escolhida de desigualdade. No entanto, não é tarefa fácil separar os efeitos do salário mínimo e dos salários negociados no setor formal, e essa é uma linha de pesquisa promissora (e ausente) em países como a Argentina, Brasil e Uruguai.

Argentina e Uruguai oferecem fortes evidências de que a negociação centralizada e coordenada reduz a desigualdade de maneira mais intensa e rápida. O Uruguai enfrentou forte aumento no coeficiente de Gini entre o final dos anos 1990 e meados de 2000, quando em 2005 os *Consejos de Salarios* foram trazidos de volta ao cenário. O Gini começou a cair em 2007, um ano depois que os trabalhadores rurais receberam o direito de negociação coletiva pela primeira vez na história, e isso levou à redução da diferença salarial entre trabalhadores urbanos e rurais. E a combinação de salários mínimos negociados nacionalmente com negociação centralizada dos *laudos* urbanos resultou em impressionante redução da desigualdade, de 0,464 em 2007 para 0,399 em 2012, ou 6,5 pontos percentuais em apenas cinco anos. Na Argentina, com a centralização e coordenação a partir de 2003, o Gini caiu de 0,538 em 2002 para 0,463 em 2007, uma queda de 7,5 pontos percentuais também em cinco anos. Nenhum outro país da América Latina viu mudança tão rápida e intensa. O Brasil vem a seguir, mas levou 12 anos para reduzir o coeficiente de Gini em 6,6 pontos, enquanto no Chile, foram 15 anos para atingir uma queda de 5,3 pontos.

Obviamente, esta é apenas uma revisão parcial da literatura[31], que se baseia nas evidências disponíveis trazidas por pesquisadores com diferentes interesses, metodologias e abordagens teóricas. Nenhuma conclusão pode ser tirada sem pesquisa comparativa projetada para medir mudanças ao longo do tempo, tomando o grau de centralização e coordenação da negociação coletiva entre as variáveis independentes que a literatura mostrou estarem associadas à queda das desigualdades na América Latina. Também seria importante preencher as lacunas da literatura sobre o impacto do grau de centralização e coordenação da negociação em várias dimensões das desigualdades salariais, incluindo gênero, etnia, gerações e regiões geográficas em cada país. Agora que microdados comparáveis sobre o tema estão disponíveis para um amplo grupo de países latino-americanos, bem como várias metodologias que permitem a decomposição do

[31] O levantamento se ateve principalmente aos estudos econômicos e econométricos, já que outras áreas dos estudos do trabalho raramente se debruçam sobre o tema.

impacto na distribuição de renda de vários indicadores em diferentes níveis de abstração, a tarefa não está longe do alcance da comunidade de pesquisadores latino-americanos (e latino-americanistas).

5. BIBLIOGRAFIA

ALEJO, Javier; Bérgolo, Marcelo; Carbajal, Fedora. (2013). Las transferencias públicas y su impacto distributivo: La experiencia de los países del Cono Sur en la década de 2000, *CEDLAS Working Papers* nº 141, CEDLAS, Universidad Nacional de La Plata.

ALEJO, Javier; Casanova, Luis. (2016). Negociación colectiva y cambios distributivos en los ingresos laborales en Argentina. *Revista de Economía Política de Buenos Aires*, Año 10, vol. 15, pp. 65-97.

ALEJO, Javier; Cruces, Guillermo; Parada, Cecilia. (2015). "Desigualdad e informalidad en América Latina: el caso de Brasil", *in* Verónica Amarante and Rodrigo Arim (eds.), *Desigualdad e informalidad: un análisis de cinco experiencias latinoamericanas*. Santiago: CEPAL, pp. 129-162.

ALVES, Guillermo; Amarante, Veronica; Salas, Gonzalo; Vigorito, Andrea. (2012). La desigualdad del ingreso en Uruguay entre 1986 y 2009, *Documentos de Trabajo (working papers)*, Nº 12-03, Instituto de Economia – IECON, https://EconPapers.repec.org/RePEc:ulr:wpaper:dt-03-12.

AMARANTE, Verónica; Arim, Rodrigo; Yapor, Mijail. (2015). "Desigualdad e informalidad en el Uruguay", *in* Verónica Amarante and Rodrigo Arim (eds.), *Desigualdad e informalidad: un análisis de cinco experiencias latinoamericanas*. Santiago: CEPAL, pp. 245-284.

AMARANTE, Verónica; Bucheli, Marisa. (2011). Negociación salarial colectiva: revisión de la literatura y de la experiencia en Uruguay 2005-2006. *Serie Estudios y Perspectivas*, nº 12, Montevideo: CEPAL.

AMARANTE, Verónica; Gómez, Marcela. (2016), El proceso de formalización en el mercado laboral uruguayo. *Serie Estudos e Perspectivas* nº 20. Santiago de Chile: CEPAL.

ANNER, Mark. (2008). Meeting the challenges of industrial restructuring: Labor reform and enforcement in Latin America. *Latin American Politics and Society*, vol. 50, nº 2, pp. 33-65. Retrieved from http://www.jstor.org/stable/30130856.

ANTÍA, Florencia. (2014). *La dinámica política de la redistribución en Chile y Uruguay en los años 2000*. PhD Dissertation in Political Sciences, IESP-UERJ.

ANTÍA, Florencia; Castillo, Marcelo; Fuentes, Guillermo; Midaglia, Carmen. (2013). La renovación del sistema de protección uruguayo: el desafío de superar la dualización. *Revista Uruguaya de Ciencia Política*, vol. 22, nº spe, pp. 153-174. Available at http://www.scielo.edu.uy/scielo.php?script=sci_arttext&pid=S1688-499X2013000200008&lng=es&tlng=es (visited June 2019).

ARBACHE, Jorge S. (1997) Wage differentials in Brazilian manufacturing. *Studies in Economics* 7/5, Department of Economics, University of Kent at Canterbury, UK.

ARBACHE, Jorge S. (1999). Do unions always decrease wage dispersion? The case of Brazilian manufacturing. *Journal Of Labor Research*, vol. 20, pp. 245-436. https://doi.org/10.1007/s12122-999-1009-7.

ARBACHE, Jorge S. (2008), "Unions and the labor market in Brazil", *in* Jorge Almeida (ed.). *Brazil in focus. Economic, political and social issues*. New York: Nova Science, pp. 123-154.

ARBACHE, Jorge S.; Carneiro, F.G. (1999). Unions and interindustry wage differentials. *World Development*, vol. 27, nº 10, pp. 1875-83.

ARBACHE, Jorge S.; Dickerson, Andy; Green, Francis. (2004), Assessing the stability of the inter-industry wage structure in the face of radical economic reforms. *Economics Letters* nº 83, pp. 149–155.

ARIM, Rodrigo; Amarante, Verónica. (2015). "Desigualdad de las remuneraciones e informalidad: breve revisión de la literatura y marco analítico", *in* Verónica Amarante and Rodrigo Arim (eds.), *Desigualdad e informalidad: un análisis de cinco experiencias latinoamericanas*. Santiago: CEPAL, pp. 19-35.

AZEVEDO, Joao Pedro; Dávalos, Maria Eugenia; Diaz-Bonilla, Carolina; Atuesta, Bernardo; Castañeda, Raul Andres. (2013). Fifteen years of inequality in Latin America: how have labor markets helped? *Policy Research Working Paper Series* nº 6384, The World Bank.

AZEVEDO, Joao Pedro; Inchauste, Gabriela; Sanfelice, Viviane. (2013). Decomposing the recent inequality decline in Latin America. *Policy Research Working Paper* No. 6715. World Bank, Washington, DC. https://openknowledge.worldbank.org/handle/10986/16931 License: CC BY 3.0 IGO.

BARROS, Ricardo Paes de; Carvalho, Mirela; Franco, Samuel. (2007). "O papel das transferências públicas para a queda recente da desigualdade de renda brasileira", *in* Ricardo Paes de Barros, Miguel Nathan Foguel, and Gabriel Ulyssea (eds.). *Desigualdade de Renda no Brasil: uma análise da queda recente*. Cap. 16, Volume 2: 41-86. IPEA, Brasília.

BECCARIA, Luis; Maurizio, Roxana; A. Fernández; P. Monsalvo; M. Alvarez. (2011). Dynamics of poverty, labour market and public policies in Latin America'. *PMMA Working Papers* No. 2011-0. Available at https://www.researchgate.net/publication/228276868_Dynamics_of_Poverty_Labor _Market_and_Public_Policies_in_Latin_America (visited July 2019).

BECCARIA, Luis; Maurizio, Roxana; Vázquez, Gustavo. (2015). "Desigualdad e informalidad en América Latina: el caso de la Argentina", *in* Verónica Amarante and Rodrigo Arim (eds.), *Desigualdad e informalidad: un análisis de cinco experiencias latinoamericanas*. Santiago: CEPAL, pp. 89-128.

BENSUSÁN, Graciela. (2007). La efectividad de la legislación laboral en América Latina. *Serie de Documentos de Trabajo*, Instituto Internacional de Estudios Laborales, OIT.

BENSUSÁN, Graciela. (2016), Organizing workers in Argentina, Brazil, Chile and Mexico: The Authoritarian-Corporatist legacy and old institutional designs in a new context. *Theoretical Inquires in Law* vol. 16, pp. 131-161.

BÉRGOLO, Marcelo. (2011). Impacto de las transferencias públicas en la década de 2000: la experiencia de los países del Cono Sur. Tesis de Maestria, CEDLAS, Universidad Nacional de La Plata, Argentina Available at http://sedici.unlp.edu.ar/handle/10915/3419 (visited July 2019).

BIRDSALL, Nancy; Lustig, Nora; McLeod, Darryl. (2011). Declining inequality in Latin America: Some economics, some politics. *CGD Working Paper* nº 251. Washington, D.C.: Center for Global Development. http://www.cgdev.org/content/publications/detail/1425089.

BRITO, Alessandra S.; Foguel, Miguel; Kerstenetzky, Celia L. (2017). The contribution of minimum wage valorization policy to the decline in household income inequality in Brazil: a decomposition approach. *Journal Of Post Keynesian Economics*, vol. 40, pp. 540-575.

BRYSON, Alex. (2007). The effect of trade unions on wages. *Reflets et perspectives de la vie économique.* Tome XLVI, pages 33 à 45. Available at https://www.cairn.info/revue – reflets-et-perspectives-de-la-vieeconomique-2007-2-page-33.htm (visited June 2019).

BRYSON, Alex. (2014). Union wage effects. *IZA World of Labor* nº 35. doi: 10.15185/izawol.35.

BUCHANAN, Paul G. (2008). Preauthoritarian institutions and postauthoritarian outcomes: Labor politics in Chile and Uruguay. *Latin American Politics and Society*, nº 50, pp. 59-89. doi:10.1111/j.1548-2456.2008.00004.x.

BUCHELI, Marisa; Lustig, Nora; Rossi, Maximo; Amábile, Florencia. (2014). Social spending, taxes, and income redistribution in Uruguay. *Public Finance Review*, vol. 42, nº 3, pp. 413–433. https://doi.org/10.1177/1091142113493493.

CAAMAÑO ROJO, Eduardo. (2016). Crítica a las ideas fundantes del actual modelo normativo de negociación colectiva en Chile y a su reforma. *Revista de Derecho* (Valparaíso). (46). 381-406. https://dx.doi.org/10.4067/S0718-68512016000100012.

CABRERA, Virginia; Cárpena, Cecilia; Perazzo, Ivone. (2013). Cumplimiento de los acuerdos alcanzados en los Consejos de Salarios en Uruguay entre 2007-2011. *Serie Documentos de Trabajo* / FCEA-IE; DT10/13. UR.FCEA-IE, 2013.

CABRERA, Virginia; Echagüe, Tania. (2017). Impacto de los Consejos de Salarios en los salarios por hora 2005-2015. *Convenio de Cooperación entre el Ministerio de Trabajo y Seguridad Social y la Comisión Económica para América Latina y el Caribe de las Naciones Unidas.* Available at http://jornadas.cienciassociales.edu.uy/wp – content/uploads/2017/10/Impacto-de-los-Consejos-de-Salarios-en-los-salarios--por-hora_Virginia-Cabrera_Tania-Echag%C3%BCe.pdf (visited June 2019).

CALVO, Ernesto. (2001). Las transformaciones de los mercados laborales en America Latina: Negociación colectiva y desigualdad salarial industrial. *Desarrollo Económico*, vol. 41, nº 163, pp. 395–410.

CAMPOS-VÁZQUEZ, Raymundo M; Esquivel, Gerardo; Lustig, Nora. (2012). The rise and fall of income inequality in Mexico, 1989–2010, *WIDER Working Paper* nº 2012/010 Helsinki: UNU-WIDER.

CARDOSO, Adalberto. (2013). *Ensaios de Sociologia do Mercado de Trabalho Brasileiro*. Rio de Janeiro: FGV.

CARDOSO, Adalberto. (2015). Dimensões da crise do sindicalismo brasileiro. *Caderno CRH*, vol. 28, pp. 493-510.

CARDOSO, Adalberto. (2018). Collective Bargaining and Extention in Brazil. In: Susan Hayter; Jelle Visser. (eds.). *Collective Agreements: Extending Labour Protection*. Genebra: International Labour Office, pp. 159-171.

CARDOSO, Adalberto; Lage, Telma L. (2007), *As normas e os fatos. Desenho legal e desempenho real das instituições de regulação do mercado de trabalho no Brasil*. Rio de Janeiro: FGV.

CARNEIRO, Francisco G.; Henley, Andrew. (1998), Wage determination in Brazil: the growth of union bargaining power and informal employment. *Journal of Development Studies* vol. 34, Nº 4: 117-138.

CASANOVA, Luis; Alejo, Javier. (2015). El efecto de la negociación colectiva sobre la distribución de los ingresos laborales. Evidencia empírica para Argentina en los años dos mil. *Documento de Trabajo*. Nº 8, Buenos Aires: Oficina de País de la OIT para la Argentina.

CEPAL. (2014). *Pactos para la igualdad. Hacia un futuro sostenible*. Santiago de Chile: CEPAL. Available at https://repositorio.cepal.org/bitstream/handle/11362/36692/LC-G2586SES353s_es.p df?sequence=6 (visited July 2019).

CORNIA, Giovani A. (2014). "Inequality trends and their determinants: Latin America over the period 1990–2010", *in* Giovani A. Cornia (ed.), *Falling inequality in Latin America. Policy changes and lessons*. Oxford: Oxford University Press, pp. 23-48.

CORNIA, Giovani A.; Gómez-Sabaini, Juan C.; Martorano, Bruno. (2014). "Tax policy and income distribution during the last decade", *in* Giovani A. Cornia (ed.), *Falling inequality in Latin America. Policy changes and lessons*. Oxford: Oxford University Press.

CUNHA, Marina S.; Vasconcelos, Marcos R. (2012). Evolução da desigualdade na distribuição dos salários no Brasil. *Economia Aplicada*, vol. 16, nº 1, pp. 105-136.

CUNHA, Marina S.; Vasconcelos, Marcos R. (2013). Evolução da desigualdade na distribuição dos salários no brasil. *Economia Aplicada*, vol. 16, nº 1, pp. 105-136.

CYPHER, James M. (2017). From structuralism to neoliberal depredation and beyond. Economic transformations and labor policies in Latin America, 1950-2016. *Latin American Perspectives*, vol. 45, nº 1, pp. 24-46, DOI: 10.1177/0094582X17730370.

DIAS, Júnior C.; Ribeiro, Rosana; Neder, Henrique D. (2011). Efeitos distributivos do salário mínimo no Brasil recente: recortes segundo a posição na ocupação. *Ensaios FEE*, Porto Alegre, vol. 32, nº 1, p. 77-106.

DIEESE. (2019), *Conjuntura das negociações coletivas*. Paper presented at the Second REMIR Workshop, Campinas, jul. 2019.

DINARDO, John; Fortin, Nicole M.; Lemieux, Thomas. (1996). Labor market institutions and the distribution of wages, 1973-1992: A semiparametric approach. *Econometrica* vol. 64, nº 5, pp. 1001-044. doi:10.2307/2171954.

DOUCOULIAGOS, Hristos; Freeman, Richard B.; Laroche, Patrice; Stanley, T. D. (2018). How credible is trade union research? Forty years of evidence on the monopoly--voice trade-off. *International Labour Research Review*, vol. 71, nº 2, pp. 287-305. https://doi.org/10.1177/0019793917751144.

DURÁN, Gonzalo. (2011). *Collective bargaining structure and the incidence on income distribution. Some insights to the Chilean case.* Master Thesis in Applied Labour Economics for Development, University of Turin, available at https://www.itcilo.org/masters-programmes/msc-in-applied-labour-economics-for-development/study-paper--area-1/Duran_dissertation_2010-2011.pdf (visited June 2019).

DURÁN, Gonzalo. (2013). Panorama sindical y de la negociación colectiva en el Chile de los US$ 22.655. *Revista de Derecho y Seguridad Social.* Vol. 3, pp. 85-96, available at http://www.fundacionsol.cl/wp-content/uploads/2013/11/Sindicatos2013.pdf (visited July 2019).

DURÁN, Gonzalo; Kremerman, Marco. (2015). *Sindicatos y negociación colectiva. Panorama estadístico nacional y evidencia comparada.* Documento de trabajo área Sindicatos y Negociación Colectiva, Fundación Sol. Available at https://www.elmostrador.cl/media/2015/04/Estudio-Sindicatos-FS-1.pdf (visited July 2019).

D'URSO, Lucila; Longo, Julieta. (2018). Radical political unionism as a strategy for revitalization in Argentina. *Latin American Perspectives*, vol. 45, nº 6, pp. 97-113. https://doi.org/10.1177/0094582X17736042.

DUSSAILLANT, Francisca. (2008). Sindicatos y negociación colectiva. *Estudios Públicos. Revista de Humanidades y Ciencias Sociales* nº 112, pp. 119-168.

ESPINO, Alma; Pedetti, Gabriela. (2010). Diálogo social e igualdad de género en Uruguay. *DIALOGUE Working Paper* nº 15, Geneva: ILO.

ESQUIVEL, Gerardo; Lustig, Nora; Scott, John. (2010). A decade of falling inequality in Mexico: market forces or state action?", *in* Luis. F. Lopez Calva and Nora Lustig (Eds.), *Declining inequality in Latin America: A decade of progress?* Washington DC: Brookings Institution and UNDP, pp. 175-217.

ETCHEMENDY, Sebastián. (2010). La Concertación y la Negociación Colectiva: perspectiva histórica y comparada. *Revista de Trabajo*, vol. 6, nº 8, pp. 199-208.

ETCHEMENDY, Sebastián. (2019). The rise of segmented neo-corporatism in South America: Wage coordination in Argentina and Uruguay (2005-2015). *Comparative Political Studies*, pp. 1-32. https://doi.org/10.1177/0010414019830729.

ETCHEMENDY, Sebastián; Collier, Ruth B. (2008). Golpeados pero de pie. Resurgimiento sindical y neocorporativismo segmentado en argentina (2003-2007). *POSTData* nº 13, agosto, ISSN 1515-209X, pp. 145-192.

FAIRRIS, David. (2003). Unions and wage inequality in Mexico. *Industrial and Labor Relations Review*, vol. 56, nº 3, pp. 481-497. doi:10.2307/3590920.

FERNÁNDEZ, Daniela; Serrano, Amparo. (2015). Estudio Crítico de la Reforma Laboral Chilena: Análisis Normativo y Discursivo. *Cuadernos de Investigación* nº 18, Universidad Complutense de Madrid, Facultad de Ciencias Políticas y Sociología. Available at https://eprints.ucm.es/54805/1/21-2017-03-15-CI18_W_Daniela%20Fernandez.pdf (visited July 2019).

FIGUEROA, Nincen; Fuentes, Álvaro. (2015). "Desigualdad e informalidad en América Latina: el caso de Chile", *in* Verónica Amarante and Rodrigo Arim (eds.), *Desigualdad e informalidad: un análisis de cinco experiencias latinoamericanas*. Santiago: CEPAL, pp. 163-210.

FIRPO, Sergio; Fortin, Nicole; Lemieux, Thomas. (2009). Unconditional quantile regressions. *Econometrica*, vol. 77, nº 3, pp. 953-973.

FIRPO, Sergio; Fortin, Nicole; Lemieux, Thomas. (2018). Decomposing wage distributions using Recentered Influence Function regressions. *Econometrics*, MDPI, Open Access Journal, vol. 6, nº 2, pp. 1-40.

FREEMAN, Richard B. (2010). "Labor regulations, unions, and social protection in developing countries: market distortions or efficient institutions?", *in* Dani Rodrik and Mark Rosenzweig (eds.). *Handbook of Development Economics*, vol. 5, pp. 4657-4702. Doi 10.1016/B978-0-444-52944-2.00008-2.

FREEMAN, Richard B.; Medoff, James L. (1984). *What do unions do?* New York: Basic Books.

GASPARINI, Leonardo et al. (2011). Recent trends in income inequality in Latin America [with Comments]. *Economía*, vol. 11, nº 2, 2011, pp. 147–201. Available at www.jstor.org/stable/41343452 (visited July 2019).

GOLDSMITH, Mary R. (2013). Collective bargaining and domestic workers in Uruguay. Available at http://www.wiego.org/sites/default/files/resources/files/Goldsmith--Collective-Bargaining-Uruguay-ISBN.pdf (visited June 2019).

GROISMAN, Fernando. (2014a). "Employment, inequality and minimum wages in Argentina", *in* Deirdre McCann et al. (eds), *Creative Labour Regulation. Advances in Labour Studies*. London: Palgrave Macmillan.

GROISMAN, Fernando. (2014b). Empleo, salarios y desigualdad en Argentina: análisis de los determinantes distributivos. *Revista Problemas del Desarrollo*, vol. 177, nº 45, abril-junio, pp. 59-86.

GROISMAN, Fernando. (2016). Una aproximación a los efectos del "derrame" del salario mínimo en la estructura de remuneraciones de Argentina. *Cuadernos de Economía*, vol. 35, nº 68, pp. 457-474. https://dx.doi.org/10.15446/cuad.econ.v35n68.45505.

GUTIERREZ Rufrancos, Héctor. (2017). *What do Mexican unions do*? PhD Dissertation, Brighton: University of Sussex.

GUTIERREZ Rufrancos, Héctor. (2019). Are there gains to joining a union? Evidence from Mexico. *British Journal of Industrial Relations*, 00:00 xxx 2019 0007-1080, pp. 1-37, doi: 10.1111/bjir.12463.

HAYTER, Susan. (2010). International comparative trends in collective bargaining. *Indian Journal of Industrial Relations*, vol. 45, nº 4, (April). pp. 596-608.

HAYTER, Susan. (2015). "Unions and collective bargaining", in Janine Berg (ed.). *Labour Markets, Institutions and Inequality*, pp. 95-122. Cheltenham and Northampton: Edward Elgar.

HAYTER, Susan. (ed.), (2011). *The role of collective bargaining in the global economy: negotiating for social justice.* Cheltenham and Northampton: Edward Elgar; Geneva: International Labour Office.

KEIFMAN, Saúl N.; Maurizio, Roxana. (2012). Changes in labour market conditions and policies their impact on wage inequality during the last decade. *Working Paper* nº 2012/14, United Nations University.

KEIFMAN, Saúl N.; Maurizio, Roxana. (2014). "Changes in labour market conditions and policies their impact on wage inequality during the last decade", *in* Giovani A. Cornia (ed.), *Falling inequality in Latin America. Policy changes and lessons.* Oxford: Oxford University Press, pp. 251-273.

KOMATSU, Bruno K. (2013). *Salário mínimo, desigualdade e informalidade.* Master's thesis in economics, University of São Paulo, 2013.

LAMARCHE, Carlos. (2015). Collective bargaining in developing countries. *IZA World of Labor,* Institute of Labor Economics (IZA). September. Available at https://wol.iza.org/articles/collective-bargaining-in-developing-countries/long (visited June 2019).

LANDERRETCHE, Óscar; Lillo, Nicolás; Puentes, Esteban. (2013). The union effect on wages in Chile: A two-stage approach using panel data. *Labour*, vol. 27, nº 2, pp. 164-91.

LOPEZ-CALVA, Luis F.; Lustig, Nora. (2009). *The recent decline of inequality in Latin America: Argentina, Brazil, Mexico and Peru.* Paper presented at the 20th Economia Panel, Universidad Torcuato di Tella, Buenos Aires, Argentina, October 2.

LUSTIG, Nora; Lopez-Calva, Luis F.; Ortiz-Juarez, Eduardo. (2012). Declining inequality in Latin America in the 2000s. The cases of Argentina, Brazil, and Mexico. *World Bank, Policy Research Working Paper* nº 6248, 26 p.

LUSTIG, Nora; Lopez-Calva, Luiz F. (2012), El mercado laboral, el Estado y la dinámica de la desigualdad en América Latina: Brasil, México y Uruguay. *Pensamiento ibero-americano*, available at https://dialnet.unirioja.es/descarga/articulo/3944179.pdf (visited June 2019).

MANACORDA, Marco; Sanchez-Paramo, Carolina; Schady, Norbert. (2010). Changes in returns to education in Latin America: The role of demand and supply of skills. *Industrial and Labour Relations Review*, vol. 63, nº 2, pp. 307–326. doi:10.1177/001979391006300207.

MARTINEZ, Julián; Lombardo, Carlo. (2018). *Convenio colectivo, sindicatos y dispersión salarial: evidencia de Argentina.* Presented at the IV Jornadas de Economía, availableat https://jornadaseconometria2018.files.wordpress.com/2018/09/convenio-colectivo--sindicatos-y-dispersic3b3n-salarial.pdf (visited June 2019), pp. 22-27.

MATTEI, Giacomo. (2018). How does union strength affect economic development in Latin America? *Contemporary Political Challenges*, vol. 1, nº 1, available at https://ujpps.com/index.php/ujpps/article/view/26 (visited June 2019).

MAURIZIO, Roxana. (2018). *Labor market institutions and the distribution of wages in Latin America. The role of Minimum Wage.* Available at https://www.un.org/development/desa/dspd/wp-content/uploads/sites/22/2018/06/5-1.pdf (visited July 2019).

MAURIZIO, Roxana; Vázquez, Gustavo. (2016). Impactos distributivos del salario mínimo en América Latina. Los casos de Argentina, Brasil, Chile y Uruguay. *Revista Internacional del Trabajo*, nº 135, pp 105-142. doi:10.1111/ilrs.12004.

MAZZUCHI, Graciela. (2009). Labour Relations in Uruguay, 2005-2008. *DIALOGUE Working Paper*, nº 6. Geneva: ILO.

MCLEOD, Darryl; Lustig, Nora. (2011). Poverty and Inequality under Latin America's New Left Regimes. *ECINEC Working Papers Series*, nº 208, available at https://core.ac.uk/download/pdf/6356540.pdf (visited July 2019).

MENEZES-FILHO, Naércio A.; Chahad, José Paulo; Zylberstajn, Hélio; Pazello, Elaine To. (2008). Trade unions and the economic performance of Brazilian establishments. *Estudos Econômicos* (São Paulo). Vol. 38, nº 1, pp. 55-72. https://dx.doi.org/10.1590/S0101-41612008000100003.

MOISÁ ELICABIDE, Laura C.; Silverman, Jana K.; Pereira Dias, Maria P. (2018). Labor and development in twenty-first-century Latin America: Two political options. *Latin American Perspectives*. https://doi.org/10.1177/0094582X18806592.

MTEYSS. (2017). *Estado de la negociación colectiva en el año 2016*. Buenos Aires: Ministerio de Trabajo, Empleo y Seguridad Social. Available at http://trabajo.gob.ar/downloads/estadisticas/ResumenNegociacion2016.pdf (visited July 2019).

NEDER, Henrique; Ribeiro, Rosana. (2010). Os efeitos distributivos do salário mínimo no mercado de trabalho brasileiro no período 2002-2008: Enfoque a partir de distribuições contrafactuais. *Pesquisa e Planejamento Econômico*, vol. 40, nº 3, pp. 395-429.

NERI, Marcelo C. (2010). "The decade of falling income inequality and formal employment generation in Brazil", *in* OECD (ed.), *Tackling Inequalities in Brazil, China, India and South Africa: The Role of Labour Market and Social Policies*, OECD Publishing, pp. 57-108. http://dx.doi.org/10.1787/9789264088368-en.

NOVICK, Marta; Trajtemberg, David. (2000). *La negociación colectiva en el período 1991-1999*. Buenos Aires: Ministerio de Trabajo, Empleo y Seguridad Social.

OLIVEIRA, Marco A. (2003), "Tendências recentes das negociações coletivas no Brasil". In Santana, M. A. e Ramalho, J. R., *Além da Fábrica: Sindicatos, trabalhadores e a nova questão social*. São Paulo, Boitempo, pp. 271-298.

PALOMINO, Héctor; Trajtemberg, David. (2006). Una nueva dinámica de las relaciones labo - rales y la negociación colectiva en la Argentina, *Revista de Trabajo - Nueva Época* No. 3, Instituciones del Mundo del Trabajo (II), Ministerio de Trabajo, Empleo y Seguridad Social, pp. 47-68.

PANAGIDES, Alexis; Patrinos, Harry A. (1994). Union-Nonunion wage differentials in the developing world: A case study of Mexico. *Policy Research Working Paper* nº 1264, World Bank, Washington, DC. Available at http://documents.worldbank.org/curated/en/973081468761413414/pdf/multi-page.pdf (visited July 2019).

PENCAVEL, John. (2006). "Unionism viewed internationally", *in* James T. Bennett and Bruce E. Kaufman (eds.), *What Do Unions Do? An International Perspective*. New York: Taylor and Francis; Aldine Transaction.

PERAZZO, Ivone. (2012). La negociación salarial en Uruguay: un modelo para analizar sus efectos. *Serie Documentos de Trabajo*, Instituto de Economia, DT 7/12.

POPLI, Gurleen K. (2007). Rising wage inequality in Mexico, 1984-2000: a distributional analysis. *Journal of Income Distribution*, vol. 16, nº 2, pp. 49-67.

PUCCI, Francisco; Nión, Soledad; Ciapessoni, Fiorella. (2011), Avances e inercias en la negociación colectiva uruguaya. Una comparación de dos experiencias históricas. *Revista de Ciencias Sociales*, nº 29, diciembre, pp. 116-137.

PUCCI, Francisco; Nión, Soledad; Ciapessoni, Fiorella. (2014). La negociación colectiva en el primer gobierno de izquierda del Uruguay. *Latin American Research Review*, vol. 49, nº 2, pp 3-23.

RIELLA, Alberto; Mascheroni, Paola. (2012). Los efectos de la negociación colectiva y las políticas sociales sobre los trabajadores rurales en Uruguay. *Ruris*, vol. 6, nº 2, setembro, pp. 181-209.

RIOS, Fernando. (2013). *Essays on unions, wages and performance: Evidence from Latin America*. PhD. Dissertation, Georgia State University. Available at http://scholarworks.gsu.edu/econ_diss/95 (visited June 2019).

RIOS-AVILA, Fernando. (2017). Unions and economic performance in developing countries: Case studies from Latin America. *Ecos de Economía*, vol. 21, nº 44, pp. 4-36. https://dx.doi.org/10.17230/ecos.2017.44.1.

RIOS-AVILA, Fernando; Hirsch, Barry T. (2014). Unions, wage gaps, and wage dispersion: New evidence from the Americas. *Industrial Relations*, vol. 53, nº 1, pp. 1-27. doi:10.1111/irel.12044.

ROA, Luis. (2017). *Una aproximación al estado de la negociación colectiva en América Latina y el Caribe*. Federación Internacional de Periodistas At https://www.ifj.org/media-centre/reports/detail/una-aproximacion-al-estado-de-la-negociacion--colectiva-en-america-latina-y-el-caribe/category/lat.

RONCONI, Juan P. (2013). Union negotiation and wage inequality in Argentina: An empirical analysis of recent trends. *Documento de Trabajo* nº 145, CEDLAS. La Plata: Universidad Nacional de La Plata.

RONCONI, Lucas. (2012), Globalization, domestic institutions, and enforcement of labor law: Evidence from Latin America. *Industrial Relations: A Journal of Economy and Society*, vol. 51, pp. 89-105. doi:10.1111/j.1468-232X.2011.00664.x.

SALINERO, Jorge. (2006). Veinte años de afiliación sindical y negociación colectiva en Chile: Problemas y desafíos. *Cuaderno de Investigación,* nº 29, Departamento de Estudios, Dirección del Trabajo, Chile.

SANHUEZA, Claudia; Fernández, Nicolás. (2015). *The impact of trade unions over the income distribution: Analysis with panel data.* Available at https://lacer.lacea.org/bitstream/handle/123456789/53081/lacea2015_impact_trade_ unions.pdf?sequence=1 (visited June 2019).

SANTOS, Marina M. (2013). *O impacto da sindicalização nos salários no Brasil no século XXI*, Dissertação de mestrado profissional em Economia. São Paulo: Insper.

SENATORE, Luis; Méndez, Gustavo. (2010). *Las relaciones laborales en el Uruguay*: entre el neocorporativismo y la concertación salarial. Uruguay: Friedrich-Ebert-Stiftung.

SENÉN GONZÁLEZ, Cecília. (2011). "La Revitalización Sindical en Argentina durante los Kirchner", in Enrique De la Garza (ed.). *Trabajo y Sindicatos Durante los Gobiernos de Izquierda en América Latina.* Revista Trabajo, Iztapalapa: Centro de Análisis del Trabajo, pp. 39-64.

SILVERMAN, Jana. (2012). "Labor relations in Uruguay under the Frente Amplio Government, 2005-2009: From neoliberalism to neocorporativism?", *in* Sarah Mosoetsa and Michelle Williams. (eds.), *Labour in the global South: Challenges and alternatives for workers.* International Labour Office – Geneva: ILO, pp. 125-140.

TRAJTEMBERG, David, (2009). "El impacto de la determinación colectiva de salarios sobre la dispersión salarial", in Ministerio del Trabajo, Trabajo, Ocupación y Empleo. *Série Estudios Laborales* nº 8. Buenos Aires: Ministerio de Trabajo.

TRUJILLO, Lucía. (2017). *Los determinantes de la desigualdad del ingreso: El rol del mercado de trabajo, de las instituciones laborales y la protección social. Un estudio a través de descomposiciones de los índices de Gini y de Theil en Argentina (2003-2014)*, Tesis de Doctorado, Facultad de Humanidades y Ciencias de la Educación, Universidad Nacional de La Plata.

TRUJILLO, Lucía; Villafañe, Soledad. (2011). "Dinámica distributiva y políticas públicas: dos décadas de contrastes en la Argentina contemporánea", *in* Marta Novick and Soledad Villafañe (eds), *Distribución del Ingreso. Enfoques y políticas públicas desde el sur.* Buenos Aires: MTESS-UNDP, pp. 227-262.

VENN, Danielle. (2009). Legislation, collective bargaining and enforcement: Updating the OECD employment protection indicators, *Working Paper* nº 89 (Directorate for Employment, Labour and Social Affairs, OECD, Paris).

CAPÍTULO 8

DESMERCANTILIZAÇÃO DO TRABALHO DA PERSPECTIVA DO MOVIMENTO SINDICAL (BRASIL, 1950-2000)

Valéria Marques Lobo

INTRODUÇÃO

A história do movimento sindical tem revelado duas disposições desse ator no que se refere à relação entre *capital* e *trabalho*. De um lado a tentativa, via ação coletiva, de estabelecer condições favoráveis à *venda* da força de trabalho, impedindo que seu preço seja determinado pelo intercâmbio entre os capitalistas e os trabalhadores individuais exclusivamente por meio do mercado. De outro, também via ação coletiva, a luta pelo estabelecimento de limites à conversão plena da própria força de trabalho em mercadoria, por sua *desmercantilização*, através de políticas regulatórias, compensatórias, preventivas e redistributivas[1]. Nesse caso, o que se busca é reduzir o *despotismo do capital*, seja mitigando o poder de que dispõem os empresários em relação ao uso da força de trabalho, seja retirando da esfera do mercado aspectos diversos da reprodução da força de trabalho, incluindo os que afetam as condições de existência das diversas modalidades de *superpopulação relativa* que acompanham as diferentes trajetórias de desenvolvimento capitalista.

No limite, a utopia do mercado autorregulado corresponde à imagem de uma sociedade capitalista totalmente mercantilizada. Esse momento fugaz e improvável não envolveria qualquer tipo de interferência política no mercado. Por seu turno, a presença de direitos sociais, que tanto regulem as condições da venda e do uso da força de trabalho quanto assegurem a fruição de bens relacionados à saúde, educação, habitação, alimentação, através do provimento público, além de garantir uma renda mínima às pessoas, quando o mercado falha ou não as absorve,

1 Para uma tipologia das políticas sociais, conferir Santos (1979:58 e ss).

representaria a utopia da completa desmercantilização ainda nos marcos da ordem capitalista.

Neste artigo, o objetivo é rastrear as condições em que o movimento sindical brasileiro buscou assegurar a desmercantilização da força de trabalho na trajetória do capitalismo no país, conectando-as à atitude que desenvolve em relação às diferentes modalidades de superpopulação relativa que são engendradas em meio àquela trajetória. A abordagem centra-se nas décadas de 1950, 1980 e 1990, períodos nos quais, dada a natureza aberta do sistema político, a ação sindical ganha visibilidade e os sindicatos são levados a se pronunciar sobre variados temas, inclusive acerca da política social.

As variáveis consideradas fio condutor da pesquisa que originou esta abordagem são: 1) a estrutura do mercado de trabalho; 2) as formas de organização prevalecentes no meio sindical; 3) e o ambiente político no qual os sindicatos atuam e fazem suas escolhas. A primeira porque, ao mesmo tempo que registra as bases estruturais do poder de classe dos trabalhadores, salienta a natureza e a dimensão da superpopulação relativa em cada período. A segunda porque registra a moldura institucional da organização e da expressão da identidade dos trabalhadores, afetando o modo como eles se veem como ator social e a percepção que desenvolvem em relação a outros atores. Por fim, o ambiente político registra a presença (ou não) de outros atores que interferem nas formulações do movimento sindical e sua relação com o Estado.

Contudo, antes de passarmos à identificação da postura sindical e desses fatores em cada período, cumpre tecer algumas considerações a respeito da trajetória de formação das políticas sociais tal como apresentada pela literatura pertinente, buscando aquilatar a importância da organização dos trabalhadores na fixação de tais políticas, bem como a relevância dessas políticas para a desmercantilização da força de trabalho.

DIREITOS SOCIAIS, AÇÃO COLETIVA E DESMERCANTILIZAÇÃO

Desde Marshall (1967), a conquista dos direitos sociais tem sido tratada como corolário do processo de construção da cidadania. Assim compreendidas, as políticas sociais são consideradas pressuposto da democracia e, em certos casos, revelam-se um requisito fundamental para a estabilidade democrática. A ampliação da participação política que acompanha a instalação do regime democrático suscita, entre as camadas menos favorecidas da sociedade, expectativas de *bem-estar*. Nesse sentido, é essencial a presença de uma contrapartida institucional capaz de sistematizar essas expectativas e canalizá-las para o sistema político. Do contrário, tende a se estabelecer um quadro de instabilidade em função da ausência de resposta institucional às expectativas de bem-estar engendradas pelo processo de ampliação da participação política. Em outros termos, a ausência de políticas sociais amplamente aplicadas dificulta a formação do consenso em torno da democracia, introduzindo desafios importantes para a consolidação do regime democrático[2].

Do ponto de vista dos trabalhadores, as políticas sociais são essenciais, ainda, por promoverem a desmercantilização da força de trabalho. Nessa medida, elas representaram uma inflexão, na trajetória das sociedades capitalistas, que conduziu à mercantilização do trabalho, de sorte que a sobrevivência e o bem-estar das pessoas passavam a depender progressivamente de relações monetárias[3]. A organização dos trabalhadores cumpriu um papel crucial na formulação de demandas direcionadas à fixação de políticas sociais e, por conseguinte, à desmercantilização da força de trabalho, em um processo que culminou com a afirmação do Estado de Bem-Estar Social em países da Europa Ocidental no pós-Segunda Guerra.

Em formulação que se tornaria clássica, Polanyi (1980) destaca a natureza fictícia do mercado de força de trabalho, o caráter utópico do liberalismo e a reação social suscitada pela transformação do trabalho em mercadoria. Historicamente, a utopia liberal seria superada com o advento e o desenvolvimento das políticas sociais, e o subsequente afrouxamento do caráter de exclusiva mercadoria que o desenvolvimento capitalista, em bases liberais, conferia à força de trabalho. Considerado um dos principais expoentes da *abordagem institucional*, Polanyi não atribuía centralidade ao papel desempenhado pelos agentes sociais no desencadeamento das políticas sociais e do *Welfare State*. No entanto, estudiosos de diferentes matizes enfatizaram a presença da organização dos trabalhadores no processo de formação do Estado de Bem-Estar Social, seja porque estes foram capazes de pressionar o poder público em direção à implementação de tais políticas, seja porque o Estado, em antecipação a uma suposta radicalização da ação ideologicamente enraizada dos trabalhadores, assegurou-lhes direitos sociais a fim de inibir uma mobilização que pudesse pôr em risco as bases do desenvolvimento capitalista[4].

Atestando a importância dos trabalhadores na instituição de políticas sociais, Przeworski (1989) indica que a montagem do *Welfare State* na Europa Ocidental

---

2 A relação entre bem-estar social, democracia e estabilidade política foi estabelecida por diversos autores, a exemplo de Przeworski (1989). Aceitar tal acepção não implica, naturalmente, ignorar a validade de proposições que vinculam estabilidade política também a contextos autoritários, tal como em Huntington (1975). Trata-se aqui apenas de compreender que a estabilidade de regimes democráticos em geral supõe, para além dos direitos políticos, direitos sociais, tais como concebidos por Marshall (1967).

3 É provável que jamais a força de trabalho tenha assumido integralmente a condição de mercadoria, uma vez que, mesmo no apogeu do liberalismo, se verificam traços de relações de proteção pré-capitalistas, ao mesmo tempo que formas modernas de proteção começavam a se desenvolver (Esping-Andersen, 1990:37).

4 A política bismarckiana é paradigmática desse modelo.

se deve à orquestração de um *compromisso* entre trabalhadores e empresários, no qual os primeiros renunciam à pretensão de subverter os fundamentos da economia capitalista – e mesmo à perspectiva de ganhos imediatos – a fim de garantir a continuidade da expansão econômica. Os empresários, por seu turno, admitem a instalação de uma ampla rede de benefícios e de serviços sociais assegurados pelo Estado, desde que garantidas a intocabilidade da propriedade capitalista e a preservação de ganhos adequados à manutenção de um ritmo de investimento elevado[5]. De sua parte, Esping-Andersen (1990) ressalta a importância da atuação dos trabalhadores não apenas no desencadeamento das políticas sociais, mas também na formatação dos diferentes modelos de Estado de Bem-Estar Social, que, nos termos do autor, se condicionam, entre outros, ao grau de desmercantilização do trabalho que são capazes de promover. Trazendo a discussão para o Brasil, Santos (1979) destaca que os trabalhadores, ao se organizarem e reivindicarem direitos sociais, denunciam os caracteres mercantil do capitalismo e falacioso do contratualismo liberal, "determinando o desmascaramento de sua expressão mercantil e jurídica e revelando o seu conteúdo de exploração" (*ibidem*:23). A implementação de políticas sociais e a desmercantilização do *trabalho* caminharam, pois, lado a lado na construção do *Welfare State*, a despeito da forma que este tenha adquirido.

De todo modo, a fixação de políticas sociais produz o efeito, nem sempre desejado, de reduzir a dependência do trabalhador em relação ao empregador e termina por se transformar em fonte potencial de poder (Heimann *apud* Esping-Andersen, 1990:89), desencadeando um círculo virtuoso que tende a alimentar o processo de construção da cidadania baseada em direitos sociais e na desmercantilização da força de trabalho. Em outros termos, a desmercantilização fortalece o trabalhador e enfraquece a autoridade absoluta do empregador. Os direitos sociais, a igualdade e a erradicação da pobreza que um Estado de Bem-Estar universalista busca constituem pré-requisitos importantes para a força e a unidade necessárias à mobilização coletiva de poder (Esping-Andersen, 1990:95). Na presença de mecanismos de proteção referentes ao conjunto da sociedade, tais como seguro-desemprego, velhice, doença, acidente etc., trabalhadores emancipados em relação ao mercado se habilitam com mais facilidade à ação coletiva, fortalecendo a *solidariedade de classe* e ampliando as chances para o estabelecimento de uma sociedade menos desigual. Ao contrário, quando os trabalhadores se encontram em situação de inteira dependência em relação ao mercado, o custo da adesão à ação

---

[5] Melo lembra que, fundado no princípio da seguridade social, da proteção ao trabalho e da redistribuição, o *Welfare* State aparece como corolário do processo de desmercantilização. Segundo o autor, "a emergência do WS é indissociável da constituição histórica de atores coletivos, como burocracias públicas, e trabalhadores mobilizados em formas organizacionais específicas, como sindicatos e partidos – e sua subseqüente incorporação à vida política. Estes atores realizaram escolhas estratégicas que tiveram fortes implicações sobre a formação dos WS" (1991:265).

coletiva se eleva, inibindo o potencial mobilizador das organizações do *trabalho*. Nos termos de Esping-Andersen (*ibidem*:103), uma vez que os recursos dos trabalhadores espelham as desigualdades do mercado, surgem divisões entre os *de dentro* e os *de fora*, dificultando a constituição de movimentos reivindicatórios. Os trabalhadores constituem, dessa perspectiva, por mais de uma razão, a força mais interessada na implementação de políticas sociais universalistas e na desmercantilização do trabalho por elas induzida.

Portanto, as políticas sociais operam não apenas como instrumentos redistributivos; do ponto de vista dos trabalhadores, asseguram também a *solidariedade de classe* necessária à preservação de uma forte presença política desse ator.

De sua parte, a ação estatal, na regulação das relações de trabalho, dos processos de dispensa, bem como na proteção àqueles que se encontram fora do mercado de trabalho, por meio da legislação trabalhista e securitária, é, pois, fundamental para aumentar a segurança do trabalhador, o poder sindical e, assim, desonerar a participação na ação coletiva. Consideremos um instituto como o *seguro-desemprego*. Ao garantir condições de sobrevivência àqueles trabalhadores que são expelidos do mercado em suas variações cíclicas - ou mesmo como retaliação patronal pela participação em ações coletivas, ou ainda como estratégia para o rebaixamento dos salários -, ele dificulta que operem os elementos de desagregação na solidariedade dos trabalhadores provocados pela presença do que Marx designou pela noção de *exército industrial de reserva*, constituído a partir das inovações tecnológicas verificadas com o esgotamento da *acumulação extensiva do capital*. Assim, se a presença de um excedente de força de trabalho permanece indispensável para a continuidade do investimento capitalista, sua capacidade de afetar negativamente o comportamento dos salários é mitigada diante da redução da pressão que o desempregado exerce na disputa por vagas no mercado de trabalho[6].

O mesmo se poderia dizer de outros benefícios sociais promovidos pelo Estado e assegurados universalmente àqueles que, por alguma razão - doença, acidente, velhice, invalidez para o trabalho, carência de vagas -, se encontram fora do mercado de trabalho. A presença de vastos contingentes fora do mercado e sem proteção assegurada por políticas sociais aumenta a insegurança dos *de dentro*, tornando-os mais suscetíveis às imposições do *capital*, cuja lógica tende a se pautar pelas condições do mercado. Grosso modo, pode-se dizer que, quanto maior for a abrangência das políticas sociais, menos mercantilizada será a força

---

[6] Na clássica formulação de Marx, a *população excedente* constitui um *exército industrial de reserva* que "pertence ao capital de maneira tão absoluta como se fosse criado e mantido por ele" (1975:733). Essa percepção tem respaldo na literatura sobre exclusão no Brasil dos anos 1950, a exemplo de Kowarick (1981), mas sustentamos que o volume da população excedente naquele período é superior às *reservas* de força de trabalho necessárias à reprodução do *capital* mesmo nas condições particulares do desenvolvimento brasileiro, para as quais chama a atenção Oliveira (1981).

de trabalho. Dessa forma, no processo de desmercantilização, são importantes não apenas as leis trabalhistas, mas também as políticas sociais em geral. Em outros termos, a desmercantilização ocorre quando a prestação de serviços é concebida como um direito social, ou seja, quando tais serviços não precisam ser adquiridos no mercado. Isto é, quando a sobrevivência e o bem-estar das pessoas não estão condicionados à venda de sua força de trabalho no mercado.

Por outro lado, a realização de um Estado de Bem-Estar supõe um vasto contingente inserido no mercado de trabalho, tanto para reforçar um mercado interno de consumidores quanto para assegurar um volume de contribuições – a despeito do formato que estas venham a assumir –, capaz de proporcionar a oferta de serviços de boa qualidade.

Um mercado de trabalho amplo e inclusivo fortalece a ação coletiva direcionada à obtenção de benefícios universais, o que tende a contribuir para a redução de manifestações corporativistas e individualistas. Ao contrário, quando a massa de desempregados atinge um volume *crítico*, acentua-se a pressão do *exército de reserva* sobre os trabalhadores em atividade, fragilizando a proteção a esses setores, com impacto sobre a maneira de se defender dos assalariados. A parcela *protegida* do mercado de trabalho tende a se desestabilizar na presença de um vasto contingente de desempregados, gerando, nos termos de Brunhoff (1991:93), atitudes de "salve-se-quem-puder" que atentam contra as formas coletivas de organização e ação. Desse modo, políticas de geração de empregos configuram uma contrapartida importante das políticas sociais no plano da economia, contribuindo para aumentar a *disposição para agir* dos trabalhadores e para a obtenção de novas conquistas sociais. Em boa medida, políticas de pleno emprego e compensações pelo funcionamento inadequado do mercado, assegurando níveis elevados de solidariedade entre os trabalhadores, revelaram-se instrumentos cruciais nos arranjos que possibilitaram a compatibilização entre expansão industrial e ampliação da rede de proteção social nos países de economia central; entre capitalismo e democracia, portanto.

CONSIDERAÇÕES PRELIMINARES ACERCA DO CASO BRASILEIRO

Tomando por base as considerações anteriores, cumpre indagar em que medida essa situação é diversa quando têm peso na estrutura social contingentes de pessoas que se ligam *marginalmente* ao mercado de trabalho, pressionando os trabalhadores nele ocupados, sem que sua presença resulte da exaustão da acumulação extensiva do capital, isto é, sem que apareçam como um fenômeno cíclico da operação do mercado capitalista. Tal indagação se revela crucial para o estudo das relações estabelecidas entre o movimento sindical e as políticas sociais no âmbito da industrialização retardatária e periférica, em que os processos de inovação tecnológica guardam pouca relação com o esgotamento da *reserva de força de trabalho*, antes se efetuando pela aquisição de equipamentos no mercado mundial.

No Brasil, a transição rural-urbana, pelo menos em suas fases iniciais, realiza-se constituindo amplos contingentes ocupados em pequenos serviços, na medida em que o crescimento de postos de trabalho gerados no mercado formal não é capaz de absorver tais segmentos da população[7]. Nesse contexto de acelerada transição demográfica, configura-se um quadro dicotômico em que um restrito mercado formal contrasta com um volumoso mercado informal; o trabalho organizado, protegido e estável contrasta com o desorganizado, desprotegido e instável, tendência que parecia reverter-se nos anos 1970 e 1980, mas que findou por acentuar-se na década de 1990, como destacou Mattoso (1995). Nesse quadro, políticas compensatórias, como o seguro-desemprego, podem revelar-se insuficientes para assegurar a desmercantilização do trabalho, porque dizem respeito apenas àquelas pessoas que se encontram *temporariamente* fora do mercado formal.

Na presença de um vasto contingente de pessoas que se ligam marginalmente ao mercado de trabalho, os trabalhadores podem ser levados a formular reivindicações, em torno de medidas regulatórias e preventivas, que sejam capazes de ampliar o acesso ao mercado formal e, por conseguinte, à proteção social vinculada à formalização do trabalho, ainda que tais demandas sejam motivadas pelo desejo de ampliar a segurança no emprego dos próprios trabalhadores formais e o poder do *trabalho* em face do *capital*.

---

[7] Em texto clássico, Oliveira (1981) indaga acerca da relação de causalidade estabelecida entre a incapacidade de retenção da mão de obra pelo setor primário e de absorção desta pelo setor secundário e o *inchaço* do terciário. O autor sugere que o crescimento do terciário no Brasil, expresso na crescente absorção de força de trabalho, tanto em termos relativos quanto em termos absolutos, é inerente à forma como se processou a acumulação capitalista no país. Desse modo, o incremento do setor terciário "faz parte do modo de acumulação urbano adequado à expansão do sistema capitalista no Brasil; não se está em presença de nenhuma 'inchação', nem de nenhum segmento 'marginal' da economia" (*ibidem:31*). Assim, o crescimento do setor de serviços não é contraditório com a forma de acumulação nem com a expansão global da economia, já que "os serviços realizados à base de pura força de trabalho, que é remunerada a níveis baixíssimos, transferem permanentemente, para as atividades econômicas de corte capitalista, uma fração de seu valor, 'mais-valia' em síntese" (*ibidem:33*). Por seu turno, Kowarick (1981) indica que a transição rural-urbana se realiza constituindo amplos contingentes ocupados em pequenos serviços, já que o crescimento de postos de trabalho gerados direta ou indiretamente na indústria não é suficiente para absorver tais segmentos da população. Esses contingentes apresentam volume superior ao necessário para que o exército industrial de reserva cumpra seu papel de reprodução do capital, criando-se um segmento populacional permanentemente marginalizado. De um modo ou de outro, o que cumpre ressaltar é que, a despeito do lugar que ocupam ou do papel que desempenham no desenvolvimento capitalista nas condições brasileiras, tais segmentos, ocupados em pequenos serviços, situam-se à margem da cidadania, uma vez que, associados a um setor tipicamente informal, não têm acesso à política social, atribuída no Brasil apenas aos trabalhadores formais.

Nesse ponto, cumpre lembrar que as políticas sociais no Brasil foram vinculadas, desde os anos 1930, à inserção do indivíduo no mercado formal de trabalho, configurando um *estado de bem-estar ocupacional* (Sposati, 1995), sob o imperativo da *cidadania regulada* (Santos, 1979), assertiva que deve ser adicionada como ingrediente básico especialmente quando analisamos a postura do movimento sindical nos anos 1950, momento em que o mercado formal esteve longe de abranger a totalidade da População Economicamente Ativa (PEA) nacional e a política social se limitava, por conseguinte, a uma pequena parcela da população, de modo que a desmercantilização da força de trabalho no Brasil supunha, em boa medida, a superação da cidadania regulada.

Partindo dessas considerações, buscaremos indicar, doravante: 1) em que medida a estrutura do mercado de trabalho e a presença de contingentes que não se engajam no mercado formal afetam a percepção dos setores *protegidos* acerca das políticas sociais – sua extensão e natureza – nas condições brasileiras; 2) qual é a influência que a estrutura organizacional dos atores exerce nesse processo e em que medida os trabalhadores organizados buscam superar a estrutura corporativa para além dos aspectos organizacionais, elegendo pautas e definindo agendas que extrapolem os interesses diretamente relacionados à categoria profissional da qual fazem parte, traçando estratégias mais abrangentes, que digam respeito ao conjunto dos setores populares, inclusive os que se encontram fora do mercado de trabalho; 3) em que medida o ambiente político nacional afeta as escolhas do movimento sindical.

MERCADO, SINDICATOS E POLÍTICA NOS ANOS 1950

Na década de 1950, verifica-se um intenso crescimento da economia nacional, que repercute no perfil da população brasileira. Segundo divisão proposta por Baltar e Dedecca (1992), esse período corresponde à terceira etapa da formação do mercado de trabalho no Brasil[8], quando o padrão de acumulação resultante da industrialização pesada induz à consolidação do mercado de trabalho urbano.

No entanto, a imagem otimista que se tinha acerca do potencial de absorção do mercado de trabalho era embaçada pela presença de um volume crescente de trabalhadores informais, tendo em vista que o ritmo de crescimento da população urbana era sensivelmente superior à criação de vagas no mercado formal de trabalho. Quanto à criação de vagas na indústria de transformação, mola

---

[8] O primeiro momento constitutivo do mercado de trabalho brasileiro corresponderia à fase de expansão acelerada do complexo cafeeiro, quando se desenvolvem relações diferenciadas nas relações de trabalho agrícolas (colonato, parceria, assalariamento etc.) e nas relações de trabalho assalariadas (avulsas ou não) nas atividades urbanas. O segundo se desenvolve a partir da crise de 1929, quando o trabalho vinculado a atividades urbanas ganha expressão cada vez maior, apesar da preservação do elevado peso do trabalho agrícola (Baltar e Dedecca, 1992:4-5).

propulsora do crescimento econômico no período, o quadro apresentava-se ainda mais severo: se a PEA ocupada nesse setor correspondia a 1.608,3 milhão de pessoas em 1950, em 1960 esse número aumentava para apenas 1.954,1. Em termos percentuais, verifica-se um decréscimo da parcela da PEA ocupada na indústria de transformação, de 9,4% em 1950 para 8,6% em 1960 (Lobo, 2005). Assim, a criação de novos empregos nos anos 1950 ficava a cargo, especialmente, do setor de serviços e, mais particularmente, do subsetor de serviços pessoais e do pequeno comércio, que cresciam em bases precárias, com baixa densidade de capital, baixa rentabilidade, nível inadequado de desenvolvimento legal e institucional, instabilidade ocupacional e baixos salários (Faria, 1986).

Esse quadro se reflete nos indicadores de formalização do mercado de trabalho, que apresenta trajetória declinante entre 1950 e 1960. Tomando por base o número de contribuintes ativos para a Previdência Social em 1950 e 1960, e contrastando-o com os indicadores referentes à PEA urbana, constata-se que em 1950 havia 45,63% da PEA urbana inserida no mercado formal de trabalho, ao passo que em 1960 essa taxa declina para 42,76%[9].

Tendo em vista a modernização da indústria tradicional, somada à baixa capacidade revelada pelas indústrias dinâmicas de absorver força de trabalho na proporção em que esta é gerada, forjam-se, nos principais centros industriais do país, massas desempregadas ou subempregadas desprovidas de direitos sociais, de capacidade adequada de consumo e, fundamentalmente, de tendência associativa[10]. O que se verifica é, pois, a formação de uma população excedente *para além do exército industrial de reserva*, cuja presença tende a acentuara ação despótica do *capital* sobre o *trabalho* e a definição, pelo mercado, das regras de contratação e uso do trabalho. É provável que isso tenha contribuído para que os trabalhadores priorizassem uma agenda direcionada à preservação de seus direitos e à manutenção do poder aquisitivo dos salários, em detrimento de ações direcionadas à superação da cidadania regulada.

No que diz respeito ao ambiente político, o período que se estende de 1946 a 1964 foi, durante muito tempo, tratado como um simulacro de ordem democrática, seja pela interdição à presença na cena política nacional de forças como o Partido Comunista Brasileiro (PCB), seja pela preservação da estrutura sindical

---

9 O número de contribuintes do sistema previdenciário foi publicado regularmente entre 1948 e 1966 (implementação do Instituto Nacional de Previdência Social – INPS). Diante da dificuldade de se mensurar o mercado formal de trabalho no Brasil dos anos 1950, optamos por contrastar os números de contribuintes da Previdência com os números da PEA a fim de obtermos uma aproximação com a proporção real de empregados no setor formal em relação à PEA urbana (cf. Lobo, 2005).

10 As associações de trabalhadores não inseridos no mercado formal são recentes no país, com exceção das rurais. Contribui para isso, além da propalada dificuldade de organização de autônomos, domésticos, eventuais – em função da própria natureza dessas ocupações –, a presença de uma estrutura sindical oficial que só permitia a criação de sindicatos por categorias reconhecidas pelo Ministério do Trabalho.

corporativa, seja pela fragilidade do sistema partidário e da representação política. Essa imagem, entretanto, tem sido revista. Não obstante a exclusão do PCB, efetivamente uma medida não democrática, o sistema partidário brasileiro de 1946 a 1964 parecia seguir uma trajetória de crescente consolidação (Lavareda, 1991), enquanto a estrutura corporativa cumpria papel ambíguo para a mobilização dos trabalhadores (Lobo, 2005). De qualquer forma, apenas durante o governo Dutra o Estado recorreu de maneira intensa à prerrogativa de intervir nos sindicatos, de modo que a ação destes, na maior parte do período, foi marcada de razoável e progressivo grau de autonomia e combatividade[11].

Todavia, nos anos 1950, os sindicatos dispunham de visibilidade crescente em um cenário político marcado pela ausência – ou pelo caráter ainda muito incipiente – de outros movimentos sociais[12]. Em face da ausência, na cena política, de outros atores de extração popular com os quais os trabalhadores pudessem se aliar, é possível indicar que não havia incentivos de natureza política para que os trabalhadores formais reivindicassem medidas orientadas para a superação da cidadania regulada, por meio da extensão da política social aos segmentos situados à margem do mercado formal de trabalho, diferentemente dos anos 1980, como veremos adiante. Por outro lado, também não havia constrangimentos à adoção de uma pauta restritiva, voltada para a defesa do aprimoramento de políticas para o universo inserido no mercado formal, tal como, de certa forma, se verifica nos anos 1990.

Nesse ponto, o papel desempenhado pelos atores na constituição da cidadania adquire relevo e nos remete às análises de De Swaan (1988). O autor sugere que as modernas políticas sociais se desenvolvem dentro de uma *figuração de quatro lados* envolvendo o Estado, os trabalhadores assalariados, o empresariado e os pequenos proprietários. A ação do primeiro depende das coalizões que o sustentam, enquanto os trabalhadores assalariados seriam a principal força para reivindicar as modernas políticas sociais. A perspectiva empresarial, por seu turno, seria balizada pelo impacto das políticas sociais para o desempenho das empresas, o que confere peso à forma como as economias nacionais se inserem no mercado mundial e ao tipo de tributação que sustenta os aparatos públicos de

11 Cf. números e natureza das greves em Sandoval (1994).

12 Os movimentos sociais existentes nos centros urbanos, naquele período, em geral se destinavam à defesa de interesses bastante específicos, a exemplo dos Comitês Pró-Melhoramento, que representavam moradores de bairros de periferia, e das Uniões de Defesa Coletiva, agrupando habitantes de vilas e favelas. Esses movimentos se proclamavam apolíticos e portavam reivindicações relacionadas às condições de moradia, como saneamento e transporte (Moisés *et alii*, 1978; Somarriba *et alii*, 1984). De sua parte, os trabalhadores rurais começam a sair da passividade política a partir de meados dos anos 1950, mas é só a partir do fim da década que suas organizações adquirem peso na cena nacional, a exemplo das Ligas Camponesas. O mesmo se verifica em relação aos estudantes, que começam a se constituir como ator coletivo nos anos 1950, mas só ganham visibilidade no cenário político na passagem para os anos 1960, quando, paralelamente à defesa de interesses específicos, assumem bandeiras "macro", como a Reforma Agrária.

política social[13]. De sua parte, os pequenos proprietários, especialmente trabalhadores autônomos em atividades *craft*, seriam, segundo De Swaan, uma força que opõe resistência à instalação das modernas políticas sociais, por verem nelas uma forma de recompensa que desconsidera o mérito. Seu peso na estrutura social francesa, por exemplo, teria representado um fator relevante para explicar o ritmo relativamente lento da implementação do Estado de Bem-Estar Social naquele país.

É pouco provável que tal papel – de interdição política e ideológica à instalação das modernas políticas sociais – fosse cumprido pela grande massa de trabalhadores autônomos ocupados em pequenos serviços urbanos ao longo do processo de industrialização brasileira. Ao contrário dos pequenos proprietários assinalados por De Swaan, no caso europeu, eles não constituíam um contingente representativo de atividades tradicionais *que a dinâmica capitalista fez erodir progressivamente*. De fato, ocupavam atividades precárias no setor de serviços, criadas com o processo de industrialização, dado o caráter desigual deste, conforme mencionamos. Dessa forma, aspiravam às ocupações modernas inclusive para alcançarem os benefícios à disposição das pessoas que estavam dentro do mercado formal e da cidadania regulada. Para os trabalhadores assalariados, contudo, sua incorporação poderia representar um rebaixamento dos benefícios percebidos, mantidas as formas de custeio das políticas sociais. Assim, propugnavam, fundamentalmente, que o acesso do contingente situado à margem do mercado formal às políticas sociais se processasse por sua incorporação ao próprio mercado formal, por meio do incremento do processo de industrialização.

Do ponto de vista organizacional, é possível indicar que, na *democracia de 1946*, embora os trabalhadores estivessem organizados a partir da estrutura sindical corporativa e jamais tenham logrado – ou mesmo buscado – derrubar efetivamente os pilares que sustentavam a instituição, como a unicidade e o imposto sindical[14], esta se despiu de certos traços impressos em sua origem. Dessa forma, se no contexto autoritário do Estado Novo os sindicatos da estrutura oficial constituíam instrumentos de controle do Estado sobre os trabalhadores, a partir de 1943, quando a ditadura estadonovista começa a se dissolver, os trabalhadores se apropriam progressivamente da estrutura montada pelo Estado e a transformam em *locus* de formulação de demandas e de mobilização[15]. Assim, em que pesem

---

[13] O estudo da participação empresarial, dessa perspectiva analítica, na gênese e na trajetória da política social brasileira, particularmente a Previdência Social, de 1930 a 1998, foi feito por Delgado (2001).

[14] Para os comunistas, por exemplo, a unicidade era válida para evitar a fragmentação. O imposto sindical, embora dividisse opiniões, era considerado instrumento útil para subsidiar a ação mobilizadora dos sindicatos (cf., por exemplo, Santana, 2001).

[15] A estrutura sindical corporativa parece ter sido a fórmula encontrada pelo governo Vargas para facilitar o processo de acumulação nos anos 1930. O processo de industrialização desencadeado a partir dali, seja enquanto "industrialização restringida", seja na industrialização pesada dos anos 1950, não opõe os setores agrários aos industriais (Mello, 1984; Oliveira, 1981). Para os primeiros, assegurava-se

os *efeitos acomodativos* que a unicidade e o imposto tendiam a provocar entre as lideranças sindicais (Lobo, 1995), os sindicatos oficiais tornavam-se organismos que, mesmo que não dispusessem de forte enraizamento nas bases, eram capazes de mobilizá-las para a ação coletiva na defesa de seus interesses, como atestam os indicadores de participação em atividades grevistas[16].

Além disso, ainda que o sindicato oficial fosse o único canal de intermediação de interesses reconhecido pelo Estado, no ambiente democrático dos anos 1950, a estrutura sindical já não era capaz de encapsular a ação coletiva, cada vez mais intensa no período. Com efeito, organizações de base e experiências intersindicais, que escapavam ao formato verticalizado da estrutura corporativa, começavam a despontar, dividindo com os sindicatos a tarefa de mobilizar os trabalhadores. Contudo, durante o governo Kubitschek, a presença do formato corporativo, inclusive no que diz respeito aos benefícios previdenciários, ainda segmentava a ação coletiva dos trabalhadores por categoria profissional, ao mesmo tempo que se preservava o hiato entre os interesses dos trabalhadores formais e informais, ainda que, particularmente no início dos anos 1960, as greves de massa motivadas pela defesa de temas mais abrangentes, que afetavam inclusive os que estavam fora do mercado formal, adquirissem relevância.

Portanto, na década de 1950, não havia incentivos nem pelo lado da economia nem pelo lado da política para que o movimento sindical formulasse pautas inclusivas, orientadas para a superação da cidadania regulada. Da ótica sindical, a desmercantilização do trabalho supunha, sobretudo, a intensificação do processo de industrialização para aumentar o acesso ao mercado formal de trabalho e, por conseguinte, aos benefícios da cidadania. Embora o tema da previdência fosse central na agenda sindical, os trabalhadores tendiam a adotar uma postura defensiva, orientada para a manutenção dos benefícios conquistados pelos segurados dos institutos. Em alguns casos, reivindicava-se a isonomia de direitos dentro

---

a preservação das formas de dominação já existentes no campo brasileiro, como uma espécie de compensação à reorientação das ações do Estado no sentido da industrialização, clara a partir de 1937. Já o movimento operário, submetido à estrutura corporativa, deixava de existir como ator autônomo. O caráter retardatário da formação do capitalismo no Brasil, ao lado de exigir uma forte presença do Estado e a transferência de recursos gerados no polo exportador – via confisco cambial –, implicou também a contenção dos salários dos trabalhadores industriais. Para garanti-la, tornava-se necessária, na perspectiva do getulismo, a interdição da ação operária autônoma. Tal papel caberia à estrutura sindical, tal como foi montada no Brasil. Com sua imposição, buscava-se criar um hiato entre as duas gerações do movimento operário, que no Estado Novo é submetido à passividade e/ou à participação tutelada. Subjacente a essa política havia a intenção de suprimir os conflitos entre as classes e substituí-los por uma estrutura que possibilitasse a cooperação entre os diversos setores sociais a fim de facilitar a implementação da política de industrialização nacional em bases legítimas, isto é, assentada em certo consenso entre camadas sociais envolvidas no processo. Nessa medida, o modelo corporativo de intermediação de interesses apresenta-se como uma terceira via, situada a meio caminho entre as formas autoritárias e a democracia pluralista (Lobo, 1995).

16 A participação nas greves foi aferida por Sandoval (1994). Para um período mais recuado, Simão (1966) oferece dados referentes ao Estado de São Paulo.

desse universo, conquistada com a promulgação da Lei Orgânica da Previdência Social no fim da gestão presidencial de Kubitschek e início da década seguinte. A partir daí, intensifica-se a defesa de reformas mais abrangentes, a exemplo da Reforma Agrária, a qual poderia conter o crescimento de uma população urbana que não se integrava ao mercado de trabalho e que, em um ambiente de crise, pressionaria para baixo os salários, com a subsequente deterioração do padrão de vida dos trabalhadores urbanos com vínculos formais, tal como aparece de modo explícito em diversos documentos sindicais publicados no período (Lobo, 2005).

MERCADO, SINDICATOS E POLÍTICA NOS ANOS 1980

Nos anos 1980, o cenário se modifica. A transição rural-urbana da população brasileira já se havia completado, e o mercado urbano de força de trabalho se revela mais inclusivo. A conclusão do processo de transição demográfica, bem como o sucesso dos processos de industrialização – dentro do paradigma fordista – e de modernização do campo, reduzia a presença dos contingentes marginalizados da população urbana.

Não obstante a interrupção que se verifica no processo de crescente assalariamento e de formalização da estrutura ocupacional, o desemprego aberto só foi expressivo no período recessivo do início da década. No fim dos anos 1980, o mercado de trabalho brasileiro apresentava taxas de desemprego aberto bastante reduzidas (Baltar, Dedecca e Henrique, 1996), alcançando em 1989 o menor índice do decênio. A elevada capacidade de absorção do mercado de trabalho decorria de fatores como: redução do ritmo de crescimento da PEA urbana, em contraste com o período precedente, tornando possível sua absorção nas atividades urbanas; elevação do emprego no setor público, particularmente em atividades sociais; resistência dos principais agentes econômicos às reformas liberalizantes, que se processariam no Brasil apenas na década seguinte (*ibidem*; Fiori e Tavares, 1993; Mattoso, 1995). Por outro lado, a não ocorrência de uma ampla reestruturação do aparelho produtivo possibilitou, nos períodos de retomada da atividade econômica, o reemprego da força de trabalho que havia sido expelida do mercado no ciclo recessivo (Baltar, Dedecca e Henrique, 1996).

O mercado de trabalho no período notabiliza-se, pois, por elevados indicadores de formalização, os quais, combinados ao processo de transição política, transformavam a *década perdida* em uma conjuntura de certo otimismo nos meios sindicais, em que se desenvolvia a expectativa de superação do caráter fortemente mercantilizado que assumira a força de trabalho no país e da cidadania regulada, já mitigada pela universalização de certas políticas sociais.

Por outro lado, uma das características mais marcantes do mercado de trabalho nos anos 1980 é a rotatividade de mão de obra, a qual se revela extremamente elevada não apenas em um contraste com países de industrialização mais antiga, mas mesmo em comparação com outros países do subcontinente[17]. A despeito de suas causas, há de se salientar que índices elevados de rotatividade, além de serem indicativos de uma legislação incapaz de impor freios às demissões arbitrárias, provocam uma extrema fragilização do trabalhador em face do empregador. Em outros termos, elevada rotatividade conduz à precarização dos postos de trabalho e reduz o poder de barganha do trabalho diante do capital. Werneck Vianna há muito salientou, com base na visão dos próprios empresários, que a "estabilidade no emprego aumenta o passivo trabalhista das empresas, diminuindo suas possibilidades de ação" (1999:344). A elevada rotatividade, ao contrário, subtrai poder do *trabalho* e tende a reduzir a capacidade de mobilização dos sindicatos, configurando, assim, um fator de peso que tende a reforçar o caráter mercantilizado do trabalho.

Contudo, a despeito das elevadas taxas de rotatividade, o tempo de espera por novo emprego era reduzido nos anos 1980, sobretudo quando contrastado com os indicadores dos anos 1990. Além disso, na ausência de reestruturação industrial, o retorno à categoria de origem era bastante provável, poupando-se assim as bases sociais dos sindicatos. Dessa forma, não obstante a elevada rotatividade contribuir sobremaneira para acentuar o caráter mercantil da força de trabalho, a vasta oferta de vagas, ao permitir um rápido retorno ao mercado de trabalho, anulava, ainda que parcialmente, o impacto da rotatividade no processo de mercantilização, favorecendo a difusão de disposições universalistas nos meios sindicais.

Em outras palavras, a *superpopulação relativa*, presente na estrutura capitalista da economia brasileira dos anos 1980, já não corresponde a um vasto contingente que o desenvolvimento econômico é incapaz de absorver, como nos anos 1950; menos ainda a um grupo de pessoas permanentemente *expelidas* do mercado de trabalho, por força de um processo de acumulação regido pela reestruturação das empresas e pela emergência de um novo paradigma tecnológico, que se vale cada vez menos de trabalho vivo, como nos anos 1990. Trata-se de um contingente que pertence às fileiras assalariadas e que delas se ausenta ciclicamente, contribuindo para que a agenda sindical contemple os interesses dos excluídos do mercado formal de trabalho.

Na política, o cenário é marcado pela efervescência social, expressa no surgimento dos *novos movimentos sociais*, parceiros potenciais do movimento sindical.

---

[17] A elevada rotatividade empregatícia não é uma novidade dos anos 1980. A introdução do Fundo de Garantia do Tempo de Serviço (FGTS), ao suprimir certos encargos associados aos processos de dispensa previstos na vigência do instituto da estabilidade, favoreceu a rotatividade de mão de obra, em um contexto em que já era significativa a oferta de força de trabalho para uso do *capital* (Werneck Vianna, 1999:336 e ss). Nos anos 1980, a acentuação desse processo pode ser creditada às flutuações da economia nacional no período e à adoção de estratégias de ação empresariais nesse ambiente de instabilidade macroeconômica.

Com efeito, em meio ao processo de transição política, a mobilização social não se restringiu ao *trabalho*. Segundo Boschi (1987), dos campos, dos bairros, das favelas, organizavam-se e lançavam-se à cena política outros movimentos, populares ou de classe média, muitos deles apoiados por entidades da sociedade civil egressas de setores da Igreja Católica ou por agrupamentos ecumênicos, intelectuais etc. Por seu turno, entre os assalariados, a mobilização ultrapassou as fronteiras do movimento operário, atingindo a classe média, conforme atesta a organização de profissionais liberais e funcionários públicos.

Quanto às demandas dos grupos que compõem esse *renascimento da sociedade civil*, que marca a saída do último ciclo autoritário, verifica-se uma conjugação de questões especificamente relacionadas aos interesses particulares de cada segmento com a pressão por liberdade e igualdade, ponto que unificava os diversos movimentos. A mobilização desses setores contribuirá para que, na década de 1980, a sociedade brasileira abra uma série de oportunidades à democracia tanto em seu aspecto político quanto no campo mais substantivo da superação do abismo socioeconômico que separa o país em duas realidades. A forte mobilização em torno da campanha pelas eleições diretas para presidente, a articulação de demandas direcionadas ao Congresso Constituinte, a mobilização em torno da candidatura de Luiz Inácio Lula da Silva à presidência, em 1989, simbolizam algumas dessas oportunidades (Rodrigues, 2001). Em todos esses episódios, a institucionalização da democracia dividia espaço com as expectativas de superação das profundas divisões socioeconômicas que marcavam desde sempre a sociedade brasileira. Era essa combinação que suscitava novas organizações e articulações que revitalizaram a cena política do período, em um círculo virtuoso no qual mobilização e institucionalização pareciam alimentar-se mutuamente.

Segundo Rodrigues (*ibidem*), a organização e a ação desses grupos se davam, pois, nos marcos de um campo ético-político que combinava a rejeição ao autoritarismo, que havia marcado o regime que combatiam diretamente, coma negação do padrão corporativo-clientelista que teria predominado no período anterior. É nessa perspectiva que os novos atores buscam superar os limites da competição intraelites e reinstaurar o eixo da *participação*, mas também a luta pela *redistribuição*[18]*. Nos termos de Mota (1995:151),*

> o horizonte ideológico e político dessas lutas é o da autonomização das condições de reprodução do trabalhador diante da esfera da reprodução econômica do capital. No plano material, o horizonte dessa luta projeta-se na esfera do consumo coletivo de bens e serviços não mercantis, cujo acesso, pelos trabalhadores, não dependeu, exclusivamente, do tempo de trabalho fornecido ao capital, pelo fato de muitos desses bens não se vincularem ao poder de compra dos salários [...]. No plano

[18] "Participação" e "redistribuição", tais como concebidos, respectivamente, por Dahl (1988) e Santos (1993).

jurídico-político, a mediação daquele processo se fez pela institucionalização dos direitos políticos e sociais, fundados nas necessidades do trabalho e não nas necessidades da venda da força-de-trabalho.

Assim, nos anos 1980, havia incentivos tanto pelo lado da economia quanto pelo lado da política para que os trabalhadores organizados assumissem um discurso orientado para a proteção aos excluídos do mercado formal de trabalho por meio da universalização da cidadania.

Quanto à organização sindical, a despeito do retorno ao ordenamento corporativo que as antigas *oposições sindicais* elegerão como estratégia no momento imediatamente posterior ao recrudescimento do sindicalismo, a autonomia que marca seus primeiros passos será fundamental para a aproximação que busca estabelecer com os *novos movimentos sociais* e para a definição de suas escolhas e de sua agenda[19]. Essa disposição para uma luta conjunta existe desde a formação da CUT e teria sido, de certo modo, determinante do ritmo que assumia a transição para a democracia, ao mesmo tempo que tornava o quadro pleno de incertezas, sobretudo no que tange à questão social[20].

Por outro lado, conquanto permanecesse em aberto a solução para o secular problema das desigualdades sociais – o que de certa forma implicava a superação da cidadania regulada por meio da inclusão dos setores que até então vinham sendo mantidos à margem dos direitos sociais, os quais, na clássica formulação marshalliana, constituem o corolário do processo de universalização da cidadania –, na política avançava-se firmemente em direção à democracia[21].

---

19 A disposição de aproximar-se de outros movimentos populares está explicitada em diversos documentos da Central Única dos Trabalhadores (CUT) (Lobo, 2005), em formulações que partem da compreensão de que "a exploração do trabalhador não se dá só no local de trabalho, mas também no seu dia-a-dia" (CUT, 1988:48). No *Caderno de Resoluções* do terceiro congresso nacional da Central, assinala-se que "a população vem resistindo e se organizando [...], os movimentos populares (mutuários, sem-terra, lutas de transporte, moradia, saúde, educação, favelas, cortiços, etc.) e entidades compõem hoje uma força de pressão sobre [a] aliança entre o Estado e o capital [...], os vários movimentos, sindicatos e entidades da sociedade civil vêm buscando a unificação de suas bandeiras de ação" (*ibidem:53*). No congresso anterior, a CUT ressaltava a importância de "apoiar, incentivar e contribuir para a organização das lutas populares por transporte, moradia, saúde, educação e abastecimento e outras, desenvolvendo a sua unidade com o movimento sindical" (CUT, 1986:21).

20 Ainda segundo Boschi (1987:138), "a intensificação das práticas associativas de natureza politizada certamente não estava incluída nos planos governamentais. Quando muito o projeto de abertura tinha por objetivo uma sociedade domesticada, com grupos de interesse atuando dentro de estreitos limites [...]. Ainda que a politização de segmentos organizados da sociedade não tenha ameaçado o projeto de transição gradual para a democracia, ele certamente afetou o seu ritmo".

21 Obviamente que não se pretende defender aqui, contrariamente a todas as evidências, que o processo tenha sido linear, ao modo marshalliano. Obedeceu a uma trajetória pendular, ou mesmo espiralar, que do ponto de vista das elites era fundamental para a preservação de suas posições de mando; e para os "de baixo" representava certa garantia de que não haveria retrocessos políticos ou qualquer espécie de contrarreforma. A despeito de o processo de afirmação da democracia formal não ter sido linear, do descompasso entre os eixos de institucionalização e de participação, da instabilidade per-

Na esfera do sistema político, a reforma de 1979 abria caminho para a organização partidária dos trabalhadores[22], permitindo o estabelecimento de vínculos mais consistentes entre o movimento sindical, demais movimentos sociais e a representação parlamentar. Em certa medida, o PT buscava cumprir, na esfera institucional, o papel de representante dos interesses dos trabalhadores, assumindo progressivamente a função de dissolver os interesses corporativos e de organizar pautas mais abrangentes, que correspondessem a reivindicações comuns a várias categorias (Mota, 1995:153). Além disso, o partido buscava tornar-se interlocutor também dos demais setores populares, fixando uma agenda que extrapolava demandas referentes especificamente aos trabalhadores formais e refletindo os interesses definidos pelos diversos setores organizados em suas bases, sob a forma de núcleos de moradia, de "minorias" etc.[23]

No campo estritamente sindical, a emergência e a afirmação das centrais sindicais aumentavam a visibilidade das correntes presentes dentro do sindicalismo e de certo modo homogeneizavam as demandas, favorecendo um tratamento não corporativo das questões que afetavam o conjunto dos trabalhadores e também os outros setores populares. Segundo Mota, os trabalhadores teriam logrado ampliar significativamente seu campo de reivindicações, inclusive "por meio de propostas encaminhadas pelas centrais sindicais e pelos partidos políticos, de natureza mais universal, e que abriam espaço para a institucionalização de novos direitos políticos e sociais" (*ibidem*:151), ao mesmo tempo que, nos contratos coletivos de trabalho, obtinham benefícios específicos relacionados às condições de trabalho, produtividade e benefícios sociais junto às empresas.

De certa maneira, como que em uma divisão de tarefas, os sindicatos oficiais, reapropriados pelos trabalhadores, realizavam greves localizadas e se concentravam nas campanhas salariais, no âmbito das quais defendiam interesses específicos dos empregados de uma empresa ou dos membros de determinada

---

manente que tal descompasso ocasiona e da persistência de procedimentos autoritários no processo de democratização, não parecia haver espaço para um eventual retorno ao ordenamento autoritário que marcara o regime militar. É precisamente nesse sentido que estamos afirmando que, na política, a sociedade brasileira avançava firmemente em direção à democracia. Uma boa análise acerca do compasso democratização/política social e do caráter não linear desse processo encontra-se em Melo (1990:447 e ss).

22 A Reforma Partidária (Lei no 6.767/79) fez-se à luz da expectativa de cindir a oposição e, segundo Meneguello (1989), de "garantir a representação das classes trabalhadoras sob uma sigla confiável – o renascido Partido Trabalhista Brasileiro". O surgimento do PT, com base na proposta de tornar-se uma agremiação com forte enraizamento nas bases sociais e uma atuação voltada para o reforço dos laços com as lutas populares, representou, pois, uma novidade do ponto de vista organizacional e também um imprevisto em meio à liberalização conduzida de cima.

23 Em que pese a forte presença de sindicalistas na formação do PT, este recebeu, ao longo de seu processo de organização, a adesão de lideranças de variados movimentos sociais, tais como grupos de negros, feministas, amigos de bairro, movimentos libertários etc., além de membros da ala progressista da Igreja (Meneguello, 1989:64).

categoria profissional, enquanto as centrais – ou a central, para ficarmos no âmbito da CUT[24] – e os partidos – mais precisamente o PT, mas não apenas[25] – se lançavam na luta política pela extensão das conquistas obtidas pelas categorias mais organizadas ao restante dos trabalhadores e pela extensão de conquistas que historicamente eram atribuídas apenas aos trabalhadores com vínculos formais ao conjunto dos setores populares. Essa perspectiva se reflete na defesa da fixação constitucional de direitos aos trabalhadores domésticos, rurais, pescadores e avulsos, ponto essencial no embate que se trava, durante a Constituinte, entre os partidos *progressistas* e o chamado *centrão*[26].

De todo modo, o que importa marcar até aqui é que, nesse contexto, a emergência política de novos atores, associada à renovação do movimento sindical, força o estabelecimento de um novo campo ético-político que permite a constituição de redes sociais a partir das quais emanam discursos e práticas que pressionam não apenas pela abertura à participação política dos *de baixo* (Rodrigues, 2001) mas também pelo debate em torno da questão social. Da mesma forma que na política se apontava para a superação não apenas da ordem autoritária mas também da institucionalidade corporativa que antecede o regime militar, na questão social, buscava-se a ruptura com a segmentação e a exclusão que marcam a política social desde sua instauração, entre as décadas de 1930 e 1940, e que as alterações subsequentes não lograram superar.

Assim, a defesa da incorporação à cidadania via inserção no mercado formal, presente no discurso do movimento sindical nos anos 1950, será de certo

---

24 Importante lembrar que a CUT, em que pese sua afirmação como ator relevante na cena política e sua hegemonia no ambiente sindical, não dispunha da prerrogativa de participar das negociações coletivas, competência dos sindicatos de base (Cardoso, 2003). Tal impedimento pode ter determinado a ampliação do escopo de sua pauta e ação para além dos interesses dos trabalhadores sindicalizados ou inseridos no mercado formal de trabalho.

25 A atuação das bancadas partidárias na Constituinte é elucidativa da postura dos partidos em face das matérias de interesse dos trabalhadores. Nesse ponto, além do PT, cumpre indicar o Partido Democrático Trabalhista (PDT), o Partido Socialista Brasileiro (PSB), o Partido Comunista do Brasil (PC do B) e o Partido Comunista Brasileiro (PCB) como partidos que votaram sistematicamente a favor dos interesses dos trabalhadores. Outros, como o Partido do Movimento Democrático Brasileiro (PMDB), também abrigavam parlamentares portadores de projetos favoráveis aos trabalhadores e que votavam sistematicamente a favor das referidas matérias, mas constituíam exceções. No caso do PMDB, muitos parlamentares compunham o centrão, articulação *conservadora* formada pelo Partido Democrático Social (PDS), Partido da Frente Liberal (PFL), Partido Liberal (PL), Partido Trabalhista Brasileiro (PTB) e vários parlamentares do PMDB (cf. DIAP, 1988).

26 No caso dos avulsos, por exemplo, os partidos de *esquerda* defendiam que dispusessem de igualdade de direitos em relação aos trabalhadores com vínculo empregatício, enquanto o *centrão* pretendia limitar a isonomia apenas aos direitos concernentes à área previdenciária. Quanto aos domésticos, as correntes *progressistas* defendiam que a Constituição assegurasse explicitamente uma série de direitos, ao passo que o *centrão* remetia, de forma vaga, a situação dos empregados domésticos à legislação ordinária. Quanto aos trabalhadores rurais, o *centrão* negava-lhes uma série de direitos defendidos pelos *progressistas* diante do entendimento de que a fixação de direitos deveria condicionar-se às peculiaridades de sua atividade (cf. Lobo, 2005:161).

modo ultrapassada no ocaso do desenvolvimentismo, dando lugar a formulações direcionadas à universalização dos benefícios previdenciários e à luta em favor da adoção de políticas regulatórias e compensatórias, de geração de empregos e de proteção ao desempregado, essenciais no processo de redução do caráter mercantilizado das relações de trabalho. No limite, pois, o que se buscava nos anos 1980 era a superação da cidadania regulada, e não mais seu alargamento, como nos anos 1950.

MERCADO, SINDICATOS E POLÍTICA NOS ANOS 1990

As expectativas geradas nos anos 1980 dissolvem-se na década seguinte, diante do aparecimento do desemprego estrutural e de longa duração. No fim dos anos 1990, após uma década de políticas econômicas de estabilização monetária, o Brasil notabilizava-se por sua posição de país campeão mundial de desigualdades sociais e com uma economia marcada por reduzidos níveis de crescimento. Tal condição era inimaginável nos anos 1950, quando o país parecia apontar para a prosperidade e a inclusão social, via crescimento econômico e ampliação do mercado formal de trabalho. De certa forma, esse quadro era impensável também em meados dos anos 1980, quando a Comissão Econômica para a América Latina e o Caribe (Cepal) prognosticava que o Brasil dispunha de grandes chances de recuperar bons ritmos de crescimento (Soares, 1999:158) e as políticas sociais caminhavam em direção à universalização.

Na década de 1990, o desemprego, que já vinha se transformando em um problema mundial desde pelo menos os anos 1980 – quando os ciclos de crescimento das economias nacionais já não se faziam acompanhar da reposição de postos de trabalho, em função da reestruturação produtiva adotada de modo generalizado pelas empresas –, atinge em cheio a sociedade brasileira, alcançando mais de 10 milhões de pessoas em todo o país (Mattoso, 1995). O emprego com registro em carteira, por seu turno, que em 1989 correspondia a 59,5% do total de ocupados no país, caiu para menos de 45% em 1999 (*idem*, 1999).

O fato é que o descontrole da inflação e o forte endividamento externo, dois aspectos centrais que o desenvolvimento mantido à *marcha forçada* envolvia, suscitavam a necessidade de redefinição das fontes de financiamento para a retomada do desenvolvimento industrial da nação. Quanto a isso, não parecia haver objeções relevantes entre os economistas. A percepção de que o país vivia uma profunda crise de ordem macroeconômica e um esgotamento do padrão desenvolvimentista era consensual[27]. A terapia adotada, contudo, foi objeto de controvérsias na medida

[27] Naquele período, a crise financeira do Estado, derivada do forte endividamento interno e externo, inviabilizava que se processassem novas *fugas para frente*, impondo reajustes estruturais na economia nacional (Soares, 1999:153).

em que tendia a produzir efeitos colaterais de monta sobre a sociedade brasileira, agravando celeremente o problema do desemprego no país.

Com efeito, a ênfase atribuída a uma agenda econômica centrada na estabilização monetária, que envolvia políticas recessivas, acabou conduzindo à desestruturação do setor produtivo e, por conseguinte, ao aumento do desemprego e da informalidade, enquanto permaneciam elevados os indicadores de concentração de renda e de riqueza. A absorção do receituário do Fundo Monetário Internacional (FMI)e de outros organismos multilaterais – receituário expresso no chamado Consenso de Washington – lançou o país em uma rota que terminou por tornar mais significativo o fenômeno da exclusão social. Por outro lado, como parte de um conjunto de medidas de desregulamentação e redução do Estado, o Executivo federal empenhou-se na defesa da flexibilização das relações de trabalho, reduzindo direitos e proteções aos trabalhadores formais.

No agregado, essas medidas resultaram na precarização do trabalho, fenômeno que, somado ao crescente desemprego, atingiu os sindicatos e o movimento sindical de diferentes maneiras, não apenas por causa da redução de suas bases – fator que, além de subtrair poder de barganha e pressão dos sindicatos, diminui as receitas sindicais –, mas também pela insegurança que o desemprego proporciona entre aqueles que permanecem empregados, com a subsequente redução da disposição para a participação em ações coletivas, cujos custos se elevam com a dilatação do contingente de desempregados. Ademais, a reestruturação produtiva e organizacional das empresas, chamadas a aumentar sua competitividade em função da abertura comercial, ao instituir os chamados *programas de qualidade*, força a lealdade do trabalhador em face da empresa, em detrimento do sindicato[28], ao mesmo tempo que o fenômeno da terceirização pulveriza a força de trabalho, dificultando uma ação concertada desses trabalhadores, com impacto sobre a capacidade de mobilização dos sindicatos e também sobre sua agenda.

Quanto à presença de outros atores de extração popular na cena política, com os quais o movimento sindical pudesse estabelecer alianças em nome de uma pauta que extrapolasse demandas orientadas especificamente pelo interesse dos trabalhadores formais, o que se verifica nos anos 1990 é que, não obstante a mobilização de movimentos de diferentes matizes dispostos a reagir ao desemprego e à acentuação da exclusão, esses movimentos não chegaram a acumular forças que os habilitassem a pressionar o redirecionamento das políticas públicas, ainda que, em certos momentos, tenham logrado vetar certos projetos de *contrarreforma* da política social. Nesse período, a principal novidade política e social do cenário brasileiro foi o aparecimento do Movimento dos Trabalhadores Rurais Sem Terra

[28] Segundo Cardoso (2003:41), "os sistemas de qualidade são canais institucionais por meio dos quais problemas de produção podem ser diretamente negociados entre trabalhadores e gerência, sem a interferência sindical. Queixas não devem exceder os portões da fábrica [...], o 'novo local de trabalho' caracteriza-se por parcerias e cooperação entre os agentes".

(MST) (Linhares e Silva, 1999), cujo impacto sobre a agenda governamental se exprime nos inúmeros assentamentos promovidos. No discurso do MST, estavam presentes a rejeição ao neoliberalismo, a defesa de uma maior intervenção do Estado na economia e a "integração de uma parcela dos excluídos ao processo de cidadania", que só seria alcançada por meio do acesso à terra (*ibidem*:207). De imediato, defendiam uma reforma da estrutura agrária capaz de promover rápida e sistematicamente o assentamento das famílias de trabalhadores sem-terra. Quanto à relação com o movimento sindical, o MST mantinha uma "proximidade crítica" com a CUT, repelia o "engajamento na cooperação como governo da Força Sindical" e divergia da postura *moderada* da Confederação Nacional dos Trabalhadores na Agricultura (Contag), que defendia a "via legal e institucional para conquistas sociais para os trabalhadores rurais e agricultores" (Nogueira, 2000:9).

Na cena nacional dos anos 1990, observam-se, ainda, formas variadas de protesto, sobretudo na segunda metade da década. Embora já não se verifique a efervescência social que marcou o período de transição política na década anterior, destacam-se manifestações diversas relacionadas ao tema do desemprego e da exclusão social. O Grito dos Excluídos, a Marcha dos Cem Mil, o Grito da Terra Brasil, a Marcha Zumbi dos Palmares, a Marcha da Educação são exemplos de manifestações destinadas a protestar contra os efeitos da política governamental e a pressionar o governo no sentido de incluir na agenda a questão social. O movimento sindical, particularmente a CUT, envolveu-se diretamente em todas essas manifestações. Na perspectiva de uma CUT Cidadã[29], tratava-se de empreender uma "resistência propositiva ao neoliberalismo e da necessária vinculação dos interesses dos trabalhadores assalariados do 'setor formal da economia' com os interesses mais amplos da classe trabalhadora e do povo oprimido" (CUT, 2000:9). O Fórum Nacional de Lutas, frente social que congregava movimentos de moradia, partidos políticos, sindicatos etc., foi resultado de um esforço conjunto que resultou na realização daquelas manifestações, as quais, contudo, dispunham de um caráter mais pontual do que permanente.

De qualquer forma, essas ações conjuntas resultavam da constatação de que enfrentar *capital* e *governo* exigia um esforço de todos os movimentos populares no sentido de aliar-se para combater e alterar "o modelo econômico excludente" (Stédile *apud* Nogueira, 2000:9). Nos termos da CUT (2000:9), tratava-se de combinar a "luta institucional às lutas de massa", agregando à pauta sindical "elementos essenciais para a conquista da plena cidadania [...], construindo uma política de aliança com o movimento social [...] para forjar uma alternativa ao governo neoliberal e suas políticas". Havia, portanto, por parte das lideranças dos movimentos sociais, exata noção das dificuldades a serem enfrentadas e da

[29] Projeto que começa a ser construído a partir das resoluções políticas do IV e do V Congresso da CUT.

necessidade de se empreender uma ação concertada, passando da resistência – que aquelas manifestações a que aludimos acima exprimiam – à proposição de um projeto nacional que viabilizasse a consecução das diretrizes impressas na Constituição em matéria social e as aprofundasse.

No entanto, o discurso desregulamentador emanado do governo federal e de organismos empresariais enfatizava as divisões entre os trabalhadores inseridos no mercado formal e os *de fora*, além de acentuar a cisão no interior do próprio movimento sindical. Ao insistir na tese de que o desemprego era tributário do elevado custo da contratação formal e de que a solução se vinculava à supressão de direitos aos trabalhadores formais, o discurso governamental lançava água no moinho da remercantilização da força de trabalho no país. Por outro lado, a presença pontual daqueles movimentos inibia a efetivação de alianças mais persistentes e a fixação de um elenco de políticas sociais que permitissem a construção de laços amplos de solidariedade capazes de garantir os *contramovimentos* de *autodefesa da sociedade* diante do acentuado processo de desestruturação do mercado de trabalho.

Portanto, o desafio era de monta e enfrentá-lo implicaria estender a ação sindical para além do mundo do trabalho, de certo modo recobrando o papel que o sindicalismo exerceu nos anos 1980, ao transformar-se em protagonista do processo de aprofundamento da democracia e de transformações sociais, em direção à universalização da cidadania[30]. No entanto, isso dependia não só da mobilização de outras forças que oferecessem sustentação a tal projeto, mas também de uma ação combinada no interior do movimento sindical. Todavia, além das condições adversas que a crise de emprego suscitava, da necessidade de mobilizar outros setores da sociedade, do aumento e diversificação da população *marginalizada* e da impermeabilidade do poder público às proposições do sindicalismo mais combativo, o movimento sindical encontrava-se cindido entre duas correntes que, conquanto tenham sido capazes de empreender ações conjuntas em torno de demandas tópicas[31], passaram boa parte da década buscando marcar suas diferenças. Tais diferenças se expressam tanto na forma de atuação da CUT

---

30 Cumpre mencionar que, a despeito da fragilização do movimento sindical e da adesão de parte do sindicalismo ao projeto de *contrarreforma* que o Estado e o capital buscam empreender nos anos 1990, que tem como fundamento a tensão que se reacendeu entre política social e necessidades do mercado, não se obteve um consenso passivo das classes em torno desse projeto. Nos termos de Mota (1995:64), "apesar das crises gerarem impactos negativos sobre os empregos, salários e mecanismos de seguridade social, elas não criam, mecanicamente, as condições para a burguesia operar sitiamentos nas práticas sociais e nos comportamentos dos trabalhadores". Assim, o movimento sindical, particularmente o sindicalismo cutista, preserva, ainda que em um contexto demasiadamente adverso, algumas chances de capitalizar os descontentamentos e canalizá-los para o apoio ativo em torno de um projeto alternativo que tenha em vista a integração à cidadania sem que esta tenha de se associar à subtração de direitos, mas, ao contrário, à sua universalização.

31 A exemplo da luta pela redução da jornada de trabalho e do aperfeiçoamento do programa de seguro-desemprego.

e da Força Sindical, em sua relação com o Estado e o empresariado, quanto na postura diante das mudanças que se verificam no mundo do trabalho.

Essa divisão nos meios sindicais se reflete no conjunto dos movimentos sociais. Em que pesem as manifestações genéricas e unificadas contra a exclusão e o desemprego, pelo menos em um aspecto a divergência era clara, dificultando a constituição de alianças mais consistentes entre o movimento sindical mais combativo, representado pela CUT, e os demais atores. O discurso desregulamentador que se fortalece nos anos 1990 tem respaldo na sociedade na medida em que a desmercantilização da força de trabalho vista do ângulo da preservação dos direitos atribuídos ao trabalhador formal interessava, segundo aquele discurso, apenas a um grupo cada vez mais reduzido de pessoas, ao passo que o crescente e heterogêneo contingente situado à margem do mercado formal de trabalho desenvolvia expectativas que se distanciavam progressivamente da perspectiva dos trabalhadores formais, tendência que será reforçada pelo discurso governamental que atribuía aos *direitos* o caráter de *privilégios*.

Em outros termos, em contraste com os anos 1980, na década de 1990 a defesa dos interesses dos *de dentro* já não se revela plenamente compatível com a perspectiva dos *de fora*. O protesto contra a política econômica, contra o desemprego e contra a exclusão unifica os diversos movimentos, mas a formulação de projetos alternativos que contivessem o processo de remercantilização foi de certo modo obstada por essa dicotomia.

Em síntese, se no cenário nacional os problemas a serem enfrentados pelo movimento sindical se tornam complexos, na cena sindical a divisão e a disputa entre duas tendências bem delineadas impedem uma ação concertada no combate ao desemprego, à crescente exclusão dele resultante e à reconversão do trabalho em mercadoria. São observadas, pois, formulações direcionadas ao enfrentamento tópico de determinadas questões, seja reagindo às iniciativas estatais, seja ratificando-as, em geral por meio de uma ação que, porquanto desconexa, se revelou incapaz de redefinir as regras do jogo, obtendo-se, no máximo, o adiamento de certos lances. Isso não é pouco se considerarmos aquela conjuntura extremamente adversa de crise do *trabalho* e de forte ofensiva governamental e empresarial em direção à transformação do trabalho em mercadoria, mas é insuficiente para conter tal tendência.

Assim, na presença de um mercado de trabalho em retração, de um ambiente político pouco permeável à ação reivindicativa dos trabalhadores e de um sindicalismo cindido, a estratégia de confronto predominante nos anos 1980 e a agenda salarial serão substituídas por uma ação mais defensiva, centrada na garantia do nível de emprego. Tendo como preocupação primordial o desemprego, o movimento sindical amplia sua agenda e, de certo modo, sofistica suas formulações, adquirindo uma noção mais integral dos mecanismos que conduzem ao desemprego, agora estrutural e de longa duração. Dessa forma, adota uma agenda orientada por um amplo espectro de demandas, que ora configura uma reação ao processo de remercantilização da força de trabalho, ora expressa uma tentativa de adaptação às novas condições do mercado de trabalho, ora exprime uma rendição à acepção da força de trabalho como mercadoria[32].

Em outros termos, o movimento sindical foi levado a postular medidas em várias frentes, buscando conter o processo de remercantilização do trabalho impresso nas investidas empresariais e governamentais em direção à flexibilização das relações de trabalho, ao mesmo tempo que assumia funções que correspondiam às expectativas do mercado, procurando atender às novas exigências dos processos de produção reestruturados[33].

CONSIDERAÇÕES FINAIS

No decorrer da *República Trabalhista*, o movimento sindical brasileiro alcançou conquistas expressivas no sentido da desmercantilização da força de trabalho incluída no universo da *cidadania regulada*. O elenco de direitos assegurados pela

---

32 Em Lobo (2005), verificamos que, enquanto a CUT alterna entre a primeira e a terceira perspectiva, a Força Sindical pratica um sindicalismo que pode ser enquadrado na segunda e na terceira. O tratamento direcionado à qualificação profissional é elucidativo. Para a Força Sindical, o envolvimento em políticas de formação aparece como estratégia desde o início, como meio de adequar a ação sindical à conjuntura dos anos 1990. Já no âmbito da CUT, o tema sempre foi fonte de controvérsias entre as tendências que atuam no interior da Central, encontrando resistência nas correntes de esquerda orientadas pela noção de que a qualificação profissional é uma exigência do mercado, e não uma função do sindicato, e que, ademais, qualificar mão de obra não gera vagas no mercado de força de trabalho. No entanto, no fim da década, a entidade parece ter despendido esforços cada vez maiores em direção à qualificação profissional e à intermediação de mão de obra. Para além das possibilidades de esses procedimentos estarem orientados pelos interesses dos trabalhadores – empregados e desempregados –, o que parecia estar em jogo era a própria sobrevivência da entidade, uma vez que, nesse contexto adverso para a ação coletiva, a adesão a programas de treinamento e a intermediação de mão de obra talvez configurassem uma estratégia dos sindicatos e das centrais de aproximação com os trabalhadores, tornando-se, assim, fonte de legitimação, bem como de captação de recursos. Por outro lado, a ação voltada para a formação profissional exprime certa rendição aos imperativos do mercado e ao discurso da *empregabilidade*, em uma admissão tácita à própria mercantilização da força de trabalho, colidindo, dessa maneira, com a perspectiva que se tornou hegemônica nos anos 1980.

33 Convém adiantar que a qualificação por meio dos sindicatos dispensa os empresários de investir no treinamento de trabalhadores que serão contratados por um curto espaço de tempo. Além disso, o tipo de formação que as empresas exigem para seus funcionários "permanentes" é de outra natureza, que não está ao alcance dos sindicatos, de modo que o problema não é o investimento em programas de qualificação, fundamental nesse período de mudança de paradigma produtivo. O que está em questão é a substituição de uma postura reivindicativa mais ampla por uma ação limitada, voltada para a qualificação profissional, por um lado, e a compreensão de que o mercado exige, para compor seu quadro mais estável, trabalhadores com formação regular sólida. A qualificação oferecida pelos sindicatos e centrais não forma trabalhadores caros ao mercado, apenas amplia a oferta de trabalhadores a serem selecionados, absorvidos e expelidos pelo mercado de acordo com seus critérios, necessidades e prerrogativas mais imediatas. Por outro lado, a oferta de programas de qualificação parece atender simultaneamente às expectativas dos trabalhadores em busca de qualificação, servindo também de alento ao desempregado, trazendo novos elementos para a discussão.

Previdência Social brasileira aos trabalhadores formais era bastante amplo, ao passo que a presença de um mercado de trabalho em expansão e a operação de institutos como a estabilidade no emprego, se não chegavam a eliminar, ao menos esmaeciam o despotismo do capital nos processos de contratação e demissão. Tais dispositivos, contudo, não alcançavam a parcela da população situada à margem do mercado formal de trabalho. Sua inclusão no sistema de direitos existente era apoiada de forma tênue pelo movimento sindical, organizado sob a égide da estrutura corporativa, seja pela ausência de expressões políticas relevantes daquele segmento na cena política, seja pelo temor de que a extensão dos direitos pudesse acarretar a precarização dos benefícios atribuídos aos trabalhadores formais, em função do modelo de financiamento prevalecente. Assegurada por contribuições incidentes sobre a folha de pagamentos das empresas e sobre os salários, corrigidos desde 1954, a estrutura dos benefícios concedida aos trabalhadores do mercado formal era custeada pelo conjunto dos consumidores, incluindo a população marginal, despida de qualquer tipo de proteção assegurada pelo Estado (Delgado, 2001). Assim, as formulações do movimento sindical apontavam a continuidade do desenvolvimento econômico como o mecanismo por excelência de inclusão daquela população no mercado de trabalho e na cidadania. No fim do período, quando se reduz o ritmo de crescimento da economia nacional, demandas como a reforma agrária ganham relevo. Esta é entendida como um mecanismo de retenção da população rural no campo a fim de não afetar, por meio do aumento da população marginal nas cidades, o poder de barganha dos trabalhadores urbanos e reduzir a pressão sobre a estrutura de benefícios prevalecente. Nesse período, o tema do desemprego não chegou a suscitar formulações que apontassem para a instalação efetiva do seguro-desemprego, antes revelando a perplexidade diante de um fenômeno recente na trajetória do capitalismo brasileiro.

Nos anos 1980, o país parece reunir condições *ótimas* para o alcance de formas avançadas de desmercantilização da força de trabalho. É expressivo o contingente de trabalhadores no mercado formal de trabalho; o avanço do capitalismo no campo contribui para fomentar a organização dos trabalhadores rurais; ganham relevo diferenciadas expressões políticas da população urbana; emerge o sindicalismo dos assalariados de classe média; aparecem as centrais sindicais, especialmente a CUT, que favorecem o desenvolvimento de uma percepção ampla dos dilemas do mundo do trabalho. Irrompem no proscênio identidades políticas que interpelam os trabalhadores como classe, ao passo que o ambiente de transição política sugere que o Brasil se encontra em um momento de *refundação*, o que estimula a disposição de inscrever na ordem institucional dispositivos que corrijam a trajetória de desigualdade que marcou o desenvolvimento capitalista no país. A Carta de 1988 é o desaguadouro da imensa corrente de participação política que marcou a década de 1980. Elaborada por um Congresso majoritariamente conservador – que chegou a mitigar diversos dispositivos sociais aprovados –, a Constituição incorporou um elenco considerável de medidas que apontavam para a desmercantilização da força de trabalho no país e para a superação da segmentação entre os *de dentro* e os *de fora* ao dissociar o acesso aos direitos sociais da participação no mercado formal de trabalho. Dos meios sindicais, emanavam reivindicações que expressavam a compatibilidade entre os interesses daqueles dois segmentos, como a defesa da universalização da política social, que viria a alargar o escopo da cidadania no país; a reforma da estrutura fundiária; a luta pela redução da jornada de trabalho, que ampliaria a capacidade de absorção do mercado de força de trabalho; a regulamentação e o incremento do programa de seguro-desemprego, que protegeria o trabalhador expelido do mercado em suas variações cíclicas.

O passado, entretanto, "pesa como um pesadelo no cérebro dos vivos". O peso das escolhas anteriores criou dificuldades, por assim dizer, para a implementação plena dos dispositivos da Constituição de 1988, que não encontrou, ademais, nos diversos governos que se instalaram sob sua égide, a sintonia e a disposição necessárias para torná-la efetiva. Assim, se tomarmos a política de saúde como exemplo, não obstante os avanços reais representados por sua universalização enquanto prerrogativa, acabou por se materializar uma estrutura dual em que o sistema público atende fundamentalmente – e de forma precária – os pobres, ao passo que os estratos médios e superiores da pirâmide social buscam serviços privados que se haviam ampliado com iniciativas tomadas ainda sob o regime militar. Por seu turno, importantes conquistas, como a redução da jornada de trabalho, tiveram seus efeitos sobre o mercado de trabalho mitigados em face da opção empresarial pelo recurso ao trabalho extraordinário, cuja supressão foi abordada de maneira extremamente tímida pelo movimento sindical. A premência na busca individual por uma renda adicional que compensasse a escalada inflacionária, em um quadro de intensa rotatividade da força de trabalho – ainda, parcialmente, um legado do período militar –, realçava no movimento sindical a luta pela recomposição dos salários e adiava o tratamento de temas como aqueles a que acabamos de aludir. A própria CUT, principal central sindical na época, viu-se diante da dificuldade de combinar a proposição de redução da jornada de trabalho com a eliminação da *hora extra*. De todo modo, os anos 1980 correspondem ao momento em que as formulações do movimento sindical mais se aproximam da superação da dicotomia entre os interesses dos *de dentro* e dos *de fora*.

Na década de 1990, sopram fortes os ventos gerados pelo *moinho satânico* do mercado. A crise de refundação dos anos 1980 desembocou em uma solução *bonapartista* que levou Fernando Collor de Mello ao poder. Inaugurou-se no país um período de desregulamentação e de abertura da economia, acelerando os procedimentos de reestruturação das empresas, afetando a estrutura do mercado de trabalho e contribuindo para a redução do poder de barganha do movimento sindical, que, cindido, opera em um ambiente adverso, marcado pela hegemonia neoliberal. O incremento do desemprego e da informalidade elevou os custos da participação na ação coletiva, afetando a *disposição para agir* dos trabalhadores, bem como reacendeu a segmentação entre os *de dentro* e os *de fora* no mercado de trabalho. A consolidação das centrais sindicais será contrabalançada pela pulverização na base da estrutura sindical, *efeito perverso* da autonomia conquistada em 1988. Além disso, os diferentes governos revelaram-se pouco propensos a acolher as demandas sindicais. Assim, o movimento sindical foi levado a adotar uma postura de certa forma defensiva. Por um lado, a contínua presença, na pauta sindical, de propostas orientadas para a redução da jornada de trabalho revela a perda de confiança em um papel exclusivo do crescimento econômico para a geração de empregos e a permanência da disposição de lutar pela inclusão social por meio de uma medida que aprofunda a desmercantilização. Por outro, o giro que se verifica no período em direção à qualificação profissional revela como a realidade avassaladora da década neoliberal cobra seu preço, orientando o movimento sindical para as tarefas de preparação dos indivíduos, e não mais por intermédio da ação coletiva, para a renhida disputa das escassas vagas criadas pelo desenvolvimento capitalista na era do desemprego estrutural.

Se, como afirmamos no início, a desmercantilização da força de trabalho constitui um passo importante na conquista da cidadania e, por conseguinte, na consolidação da democracia – uma vez que reduz o desequilíbrio na correlação de forças entre capital e trabalho, fortalecendo as organizações do trabalho e facilitando a adesão à ação coletiva direcionada a novas conquistas sociais, em um círculo virtuoso que, ao cabo, tende a produzir resultados de soma positiva –, a década de 1990 pode ter significado uma inflexão na trajetória de consolidação da democracia no Brasil. A remercantilização da força de trabalho aprofundou o desequilíbrio de forças entre *capital* e *trabalho*, onerando a participação na ação coletiva, que outrora se revelou fundamental para a conquista de diversos direitos ancorados na ideia de cidadania.

As expectativas de romper com esse círculo vicioso que a eleição de Luiz Inácio Lula da Silva suscitou em variados setores da sociedade brasileira, particularmente entre os trabalhadores, até o momento não obtiveram do governo uma resposta que indicasse que um novo cenário estaria por se descortinar. Em que pese a adoção de importantes medidas no campo social, os indicadores ainda permanecem distantes da perspectiva de uma sociedade mais igualitária. A crise política que marcou parte do primeiro mandato do presidente petista adiou o tratamento de questões substantivas que, ao lado da retomada do crescimento econômico verificado nos últimos anos, poderiam fazer a sociedade avançar mais rapidamente em direção à inclusão. A discussão em torno de uma tímida reforma sindical não veio acompanhada de medidas como, por exemplo, a redução da jornada e a supressão do trabalho extraordinário, capazes de promover, efetivamente, uma significativa ampliação do mercado de trabalho que o crescimento da economia *per se* já não é capaz de assegurar. A forte capacidade demonstrada pelo governo Lula no sentido de superar crises políticas, a retomada do crescimento da economia nacional e os elevados índices de aprovação do governo e do presidente revelam condições razoáveis para a adoção de iniciativas que, a exemplo da redução da jornada de trabalho e da eliminação do trabalho extraordinário, poderiam reinaugurar o círculo virtuoso que nos anos 1980 conteve os ventos da remercantilização que já sopravam em outras partes do mundo.

REFERÊNCIAS BIBLIOGRÁFICAS

BALTAR, Paulo Eduardo de Andrade e DEDECCA, Claudio Salvadori. (1992), "Notas sobre o Mercado de Trabalho no Brasil durante a Industrialização Restringida". *Cadernos do Cesit*, nº 12, Unicamp.

________e HENRIQUE, Wilnês. (1996), "Mercado de Trabalho e Exclusão Social no Brasil", *in* C. A. B. de Oliveira e J. E. L. Mattoso (orgs.), *Crise e Trabalho no Brasil.* São Paulo, Scritta.

BOSCHI, Renato. (1987), *A Arte da Associação*. São Paulo/Rio de Janeiro, Vértice/IUPERJ.

BRUNHOFF, Suzanne. (1991), *A Hora do Mercado: Crítica do Liberalismo*. São Paulo, Editora Unesp.

CARDOSO, Adalberto. (2003), *A Década Neoliberal e a Crise dos Sindicatos no Brasil.* São Paulo, Boitempo.

CUT – Central Única dos Trabalhadores. (1986), *Caderno de Resoluções*, 2º Congresso Nacional da CUT, 31 de julho-3 de agosto, Rio de Janeiro.

________. (1988), *Boletim Nacional* (ed. especial), 3º Congresso Nacional da CUT, 7-11 de setembro, Vitória.

________. (2000), *Texto Base da Direção Nacional*, 7º Congresso Nacional da CUT, 16-19 de agosto, São Paulo.

DAHL, Robert. (1988), *Análise Política Moderna*. Brasília, Ed. UnB.

DE SWAAN, Abram. (1988), *In Care of the States*. Oxford, Oxford University Press.

DELGADO, Ignacio Godinho. (2001), *Previdência Social e Mercado no Brasil.* São Paulo, LTR.

DIAP – Departamento Intersindical de Assessoria Parlamentar. (1988), *Relatório, 1886/1987*. Brasília, DIAP.

ESPING-ANDERSEN, G0sta. (1990), *The Three Worlds of Welfare Capitalism*. Princeton, Princeton University Press.

FARIA, Vilmar. (1986), "Mudanças na Composição do Emprego e na Estrutura de Ocupações", *in* E. Bacha e H. S. Klein (orgs.), *A Transição Incompleta: Brasil desde 1945*. Rio de Janeiro, Paz e Terra, vol. 1.

FIORI, José Luís e TAVARES, Maria da Conceição. (1993), *Desajuste Global e Modernização Conservadora*. Rio de Janeiro, Paz e Terra.

HUNTINGTON, Samuel. (1975), *A Ordem Política nas Sociedades em Mudança*. Rio de Janeiro/São Paulo, Forense Universitária/Edusp.

KOWARICK, Lucio. (1981), *Capitalismo e Marginalidade na América Latina*. Rio de Janeiro, Paz e Terra.

LAVAREDA, Antonio. (1991), *A Democracia nas Urnas*. Rio de Janeiro, Rio Fundo/IUPERJ.

LINHARES, Maria Yedda e SILVA, Francisco Carlos Teixeira. (1999), *Terra Prometida: Uma História da Questão Agrária no Brasil*. Rio de Janeiro, Campus.

LOBO, Valéria Marques. (1995), *Democracia e Corporativismo no Brasil*. Dissertação de mestrado, UFMG, Belo Horizonte.

________. (2005), *Os Elos e os Nós*. Tese de doutorado, IUPERJ, Rio de Janeiro.

MARSHALL, Thomas Humprey. (1967), *Cidadania, Classe Social e Status*. Rio de Janeiro, Zahar.

MARX, Karl. (1975), *O Capital*. Rio de Janeiro, Civilização Brasileira. MATTOSO, Jorge. (1995), *A Desordem do Trabalho*. São Paulo, Scritta.

________. (1999), "Produção e Emprego: Renascer das Cinzas", *in* I. Lesbaupin (org.), *O Desmonte da Nação: Balanço do Governo FHC*. Petrópolis, Vozes.

MELO, Marcus André. (1990), "A Formação de Políticas Públicas e a Transição Democrática: O Caso da Política Social". *DADOS*, vol. 33, nº 3, pp. 443-470.

________. (1991), "Interesses, Atores e a Construção da Agenda Social do Estado no Brasil, 1930-90", *in* Associação Nacional de Pós-Graduação e Pesquisa em Ciências Sociais (org.), *Anuário Ciências Sociais Hoje*. São Paulo, Vértice.

MELLO, João Manuel Cardoso de. (1984), *O Capitalismo Tardio: Contribuição à Revisão Crítica da Formação e do Desenvolvimento da Economia Brasileira* (3ª ed.). São Paulo, Brasiliense.

MENEGUELLO, Rachel. (1989), *PT: A Formação de um Partido*. Rio de Janeiro, Paz e Terra.

MOISÉS, José Álvaro *et alii*. (1978), *Contradições Urbanas e Movimentos Sociais* (2ª ed.). Rio de Janeiro, Paz e Terra/Cedec.

MOTA, Ana Elizabete. (1995), *Cultura da Crise e Seguridade Social*. São Paulo, Cortez.

NOGUEIRA, Arnaldo Mazzei. (2000), *Perspectivas do Trabalho e do Sindicalismo no Brasil*. Trabalho apresentado no XXIV Encontro Anual da ANPOCS, Petrópolis, 23-27 de outubro.

OLIVEIRA, Francisco. (1981), *A Economia Brasileira: Crítica à Razão Dualista*. Petrópolis, Vozes.

POLANYI, Karl. (1980), *A Grande Transformação: As Origens da Nossa Época*. Rio de Janeiro, Campus.

PRZEWORSKI, Adam. (1989), *Capitalismo e Social-Democracia*. São Paulo, Companhia das Letras.

RODRIGUES, Alberto Tosi. (2001), "Ciclos de Mobilização Política e Mudança Institucional no Brasil". *Revista de Sociologia e Política*, vol. 17, pp. 33-44.

SANDOVAL, Salvador. (1994), *Os Trabalhadores Param: Greves e Mudança Social no Brasil (1945-1990)*. São Paulo, Ática.

SANTANA, Marco Aurélio. (2001), *Homens Partidos: Comunistas e Sindicatos no Brasil*. São Paulo, Boitempo.

SANTOS, Wanderley Guilherme dos. (1979), *Cidadania e Justiça*. Rio de Janeiro, Campus.

________. (1993), *Razões da Desordem*. Rio de Janeiro, Rocco. SIMÃO, Azis. (1966), *Sindicato e Estado*. São Paulo, Dominus.

SOARES, Laura Tavares R. (1999), *Ajuste Neoliberal e Desajuste Social na América Latina*. Rio de Janeiro, UFRJ.

SOMARRIBA, Maria das Mercês Gomes *et alii*. (1984), *Lutas Urbanas*. Petrópolis, Vozes. SPOSATI, Aldaíza. (1995), "A Assistência Social e a Trivialização dos Padrões de Reprodução Social", *in* A. Sposati, M. do C. B. Falcão e S. M. F. Teixeira (orgs.), *Os Direitos dos (Des)Assistidos Sociais*. São Paulo, Cortez, pp. 5-30.

WERNECK VIANNA, Luiz. (1999), *Liberalismo e Sindicato no Brasil* (2ª ed.). Belo Horizonte, Ed. UFMG.

CAPÍTULO 9

DO "NOVO SINDICALISMO" À "CONCERTAÇÃO SOCIAL" ASCENSÃO (E CRISE) DO SINDICALISMO NO BRASIL (1978-1998)

Giovanni Alves[1]

Sumário • I. Introdução – II. Sindicalismo no Brasil nos anos 80: A tragédia economicista; II.1. O crescimento da estrutura sindical: a fertilização do "egoísmo de fração"?; II.2. Surgimento (e burocratização) da CUT; II.3. As formas de ser das greves: rumo às práticas neocorporativas?; II.4. Fortalecimento (ou a tentativa de consolidação) das organizações de base: o avanço das comissões de fábricas; II.5. Ampliação dos espaços de negociação coletiva: os paradoxos das novas relações entre capital e trabalho; II.6. As mudanças (e a conservação) da estrutura corporativista de Estado: o verdadeiro limite do sindicalismo no Brasil? – III. A crise do sindicalismo no Brasil nos anos 90: A farsa concertativa – Referências bibliográficas.

I. INTRODUÇÃO

Um dos fenômenos mais característicos e lúgubres do final do século XX é a destruição do passado, ou melhor, a destruição dos mecanismos que vinculam nossa experiência pessoal à das gerações passadas. É o que Hobsbawm em sua obra *Era dos extremos – o breve século XX (1914-1991)* caracterizou como sendo uma "presentificação" que dissolve a memória histórica. Diz ele: "Quase todos os jovens de hoje crescem numa espécie de presente contínuo, sem qualquer relação orgânica com o passado público da época em que vivem" (HOBSBAWM, 1995, p. 13). Na verdade, homens e mulheres sem consciência do passado não podem construir o futuro. Não seria isso o "fim da história"? Talvez por isso seja importante realizarmos eventos onde possamos nos lembrar – e discutir – o nosso passado público, resgatando a memória histórica, refletindo não apenas sobre o passado distante, mas o passado recente, da nossa geração. Mesmo para aqueles que viveram o Brasil dos últimos 20 anos, alguns acontecimentos históricos parecem distantes, e é urgente refletirmos sobre isso, pois, como diz o ditado latino, aqueles que não

[1] Giovanni Alves (giovanni.alves@uol.com.br) é Doutor em Ciências Sociais pela Universidade Estadual de Campinas (UNICAMP) e Professor de Sociologia da Universidade Estadual Paulista (UNESP), *campus* de Marília. É autor de *Trabalho e mundialização do capital* (Práxis, 1999) e *O novo (e precário) mundo do trabalho* (Boitempo, 2000).

compreendem o passado estão condenados a repeti-lo. Marx complementaria: primeiro como tragédia, depois como farsa. Os últimos 20 anos de história do Brasil parecem demonstrar isso – de 1978 a 1998, vivemos 10 anos de *tragédia* social, da "década perdida", da luta social e política de resistência à truculência do bonapartismo militar e de construção das liberdades políticas, e 10 anos de *farsa* democrática, do estertor da "Nova República" e da nova prepotência liberal, do consenso imposto pelas elites financeiras indiferente às necessidades sociais.

Em nossa exposição iremos privilegiar alguns elementos para refletirmos sobre os eventos históricos que marcaram os últimos 20 anos no Brasil, de 1978 a 1998, e que podem caracterizar a ascensão e crise do sindicalismo no Brasil. Essa é a nossa ideia central: vivemos, nesse período, de 1978 a 1998, uma ascensão (e crise) do sindicalismo como movimento social e político no país. A trajetória do sindicalismo, nesse período, insere-se em um processo histórico que se caracteriza pela crise do bonapartismo militar e pela passagem (e consolidação) da nova república liberal. Ela se insere num cenário de crise do padrão de industrialização substitutiva, que estruturou, nos últimos 30 anos, o processo de acumulação capitalista no Brasil moderno, e que dá lugar, a partir de 1990, a uma inserção dependente da economia brasileira ao capitalismo mundial.

A data significativa é maio de 1978. É a partir daí que tivemos o ressurgimento do movimento sindical no país, que iria tornar-se a "ponta de lança" da resistência operária à superexploração da força de trabalho, um dos pilares do padrão de acumulação capitalista, instaurado pelo bonapartismo militar a partir de 1964. Quando a classe operária do principal complexo industrial do país, o ABC paulista, insurge-se contra o arrocho salarial, ela atinge, de modo fulminante, a lógica da acumulação capitalista vigente no país. As greves dos metalúrgicos do ABC paulista servirão de referência política para a série de movimentos grevistas no Brasil daquela época, envolvendo toda a classe trabalhadora. A partir de 1978, a classe operária entra em cena – ou para ser mais preciso, a classe trabalhadora, pois o movimento social atinge dos operários industriais a funcionários públicos. Todos pertencem ao mundo do trabalho, ou a "classe-que-vive-do-trabalho" (ANTUNES, 1995). Exige-se democracia política e social, denuncia-se o "modelo" de desenvolvimento capitalista no país, a superexploração da força de trabalho, a imposição de "pacotes" econômicos que implementam, principalmente a partir da "crise da dívida" em 1981, o receituário de ajuste ortodoxo do FMI, a capitulação ao capitalismo financeiro internacional que exige o pagamento da dívida externa.

A partir de 1978, o cenário político e social é rico em experiências de organização e luta da classe trabalhadora no Brasil, numa perspectiva de unidade e luta contra o governo e contra os patrões. É uma luta salarial, de caráter generalizante, que envolve uma série de categorias assalariadas. Surge uma série de fóruns intersindicais. A expressão política do novo processo social, que se deflagra em maio de 1978 no ABC paulista, é a criação, num primeiro momento, de uma nova esquerda – o PT –, ao lado de outras organizações políticas de esquerda e, mais tarde, em 1983, da CUT, ao lado de outras articulações intersindicais, como o CONCLAT, que daria na CGTs. É possível salientar ainda uma série de eventos de greves gerais e de greves por categorias, e ainda greves por empresas, que atingem as mais diversas expressões da classe trabalhadora e uma série de manifestações que indicam, no decorrer dos anos 80, o espírito de luta e resistência operária e popular, de um Brasil que clamava por democracia política e social. Era uma "explosão do sindicalismo", ou ainda, de um "novo sindicalismo", que surgia e se desenvolvia a partir de um mundo do trabalho estruturado, resultado da expansão capitalista dos anos 60 e anos 70.

A ascensão do sindicalismo, o despertar da "sociedade civil", dos "novos movimentos sociais", se utilizarmos uma expressão tão cara na época, caracterizam o ocaso do bonapartismo militar. O resultado político imediato, num cenário de renascimento do movimento sindical e popular, é o "Movimento das Diretas Já" – um processo político que, apesar da participação operária e popular maciça, esteve sob a hegemonia de uma burguesia liberal insatisfeita com os rumos da crise do padrão de acumulação capitalista no país. São acontecimentos que caracterizaram um Brasil de esperança, que, entretanto, inseria-se num cenário mundial nada promissor – a mundialização do capital avançava nos países capitalistas centrais, impulsionada pela política neoliberal (ALVES, 1999). Nesses países, assistíamos a uma crise do sindicalismo e dos partidos de esquerda. O Brasil, um país capitalista importante na geopolítica do "Terceiro Mundo", nos anos 80 estava por fora da nova ordem mundial capitalista instaurada pela globalização. O que viria a seguir, nos anos 90, seria a grande sincronia histórica da ordem capitalista no Brasil com o que ocorria lá fora, inserindo-se, de modo dependente (e subalterno) na mundialização do capital sob o signo das políticas neoliberais. Foi essa a função histórica dos governos neoliberais dos anos 90. É o novo tempo da era neoliberal que iria dar um novo ritmo no movimento social e político no Brasil. Instaurou, na verdade, uma descontinuidade importante. A "explosão do sindicalismo" seria seguida, a partir dos anos 90, com maior intensidade, de uma crise do sindicalismo que assumiria diversas formas. O mundo do trabalho estruturado (e integrado), das indústrias e dos serviços, base do sindicalismo de classe organizado no país, que lutou (e construiu) o "novo sindicalismo", iria ser alvo de uma ofensiva do capital na produção. Surgiria, a partir daí, um novo (e precário) mundo do trabalho (ALVES, 2000).

A trajetória dos últimos 20 anos de sindicalismo no Brasil é, como salientaram vários autores (Iram Jacome Rodrigues, Francisco de Oliveira e Armando Boito), de uma passagem, no plano da estratégia sindical, da "confrontação à cooperação conflitiva" (RODRIGUES, I., 1995), ou ainda, da luta de classes na produção para uma "convergência antagônica" (OLIVEIRA, 1993), ou uma sindicalismo de "concertação social", que é, nada mais, nada menos, que um defensivismo de novo tipo, de caráter neocorporativo. Diríamos que tende a prevalecer cada vez mais, na prática sindical, principalmente hegemônica no interior da CUT, um neocorporativismo operário, que tende a debilitar a perspectiva de classe que caracterizou a luta política e sindical nos anos 80.

Mas a efervescência política e social dos anos 80 ocultou os primórdios de algo que iria assumir novas proporções sob a era neoliberal – o desenvolvimento de uma *ofensiva do capital na produção*. É algo que os analistas sociais, principalmente de esquerda, tenderam a não perceber, imersos que estavam em sua "cegueira analítica", em uma leitura meramente política do processo de luta de classes no país. Eles tenderam a não ver o espaço da produção como um espaço privilegiado da luta de classes e onde a burguesia instaurava as bases materiais para um novo consentimento operário. Na verdade, ocorriam mutações estruturais que produziam impactos relevantes no mundo do trabalho, na própria base de organização sindical da classe operária.

O que consideramos como sendo uma ofensiva do capital na produção atinge categorias assalariadas importantes, tais como bancários e metalúrgicos, base do sindicalismo organizado no país (ALVES, 1996). A partir dos anos 90, ocorrem importantes mudanças organizacionais e tecnológicas nas empresas, impulsionadas pela política neoliberal de abertura comercial. É o que sugerimos como uma passagem para um "toyotismo sistêmico", cuja característica é promover a debilitação da classe, não apenas em sua dimensão subjetiva, mas objetiva (ALVES, 2000). Por um lado, a *captura da subjetividade do trabalho* através de uma luta ideológica vigorosa, expressa nos investimentos em estratégias de manipulação do consentimento operário, tais como os Programas de Qualidade Total, CCQ's etc. Por outro lado, mais cruel ainda, a destruição do coletivo operário, através da terceirização, da descentralização produtiva e do desemprego, uma das maiores marca das políticas neoliberais.

O crescimento do desemprego de massas – com componentes estruturais – num país como o Brasil nos anos 90 foi o golpe de misericórdia num sindicalismo que, apesar da sua vitalidade relativa na década passada, era estruturalmente débil, não apenas no aspecto *organizativo*, como sempre observaram uma série de autores, mas principalmente no aspecto *político-ideológico*, em decorrência da pobreza política (e ideológica) dos "intelectuais orgânicos" da classe trabalhadora, uma debilidade histórica que perpassa os comunistas dos mais diferentes matizes a católicos (e trabalhistas) de esquerda.

Portanto, é sob a nova república liberal dos anos 90 e sob a ofensiva do capital na produção, que emergem as debilidades estruturais e históricas do sindicalismo no Brasil, incapaz de ir além de suas limitações políticas, organizativas e estruturais.

Quando dizemos "estruturais", salientamos os limites intrínsecos à pratica sindical *tout court*, da luta corporativa, diante de uma situação de avanço do processo de reestruturação produtiva, principalmente numa sociedade capitalista perversa, de um capitalismo dependente e subalterno, onde a hegemonia burguesa ganhou profundas raízes no imaginário social e a esquerda revolucionária sempre teve imensas dificuldades de uma inserção na luta política, ideológica e cultural na sociedade, principalmente em virtude de uma débil socialização da política.

II. SINDICALISMO NO BRASIL NOS ANOS 80: A TRAGÉDIA ECONOMICISTA

A explosão do sindicalismo no Brasil nos anos 80 indica, por outro lado, um complexo de debilidades estruturais, políticas (e ideológicas) que tenderiam a explicitar-se – e a assumir novas proporções – diante do surgimento de um novo (e precário) mundo do trabalho. Por isso, o novo complexo de reestruturação produtiva iria colocar, de modo claro, novas determinações para a crise do sindicalismo no Brasil.

II.1. O crescimento da estrutura sindical: a fertilização do "egoísmo de fração"?

Apesar da explosão do sindicalismo, a maioria dos analistas sociais tenderam a salientar, como uma das principais fraquezas do sindicalismo brasileiro nos anos 80, a estrutura sindical corporativa. De certo modo, ela crescera, mas permanecia com os "pés de barro", incapaz de contrapor-se às novas provocações do capital que surgiam com o novo (e precário) mundo do trabalho.

É possível discernir algumas das principais características da estrutura sindical no Brasil. Em primeiro lugar, ela é *descentrada*, fragmentada e dispersa por uma miríade de sindicatos municipais, em sua maioria pouco expressivos e com exígua capacidade de barganha[2]. A partir de 1988, a nova Constituição favoreceu tanto o aparecimento de novos sindicatos quanto a fragmentação de categorias já organizadas, surgindo inclusive alguns sindicatos por profissão (OLIVEIRA, 1994, p. 503).

Em segundo lugar, a estrutura sindical brasileira é *descentralizada*, com parcas iniciativas e formas de ação unificadas (apesar da constituição das centrais sindicais a partir de 1983).

Em terceiro lugar, ela é *desenraizada*, em virtude de não ter inserção nos locais de trabalho, sendo uma estrutura externa às empresas. Desse modo, segundo Almeida, "ela tem as limitações de um sindicalismo que, sendo de massas, organiza um contingente minoritário dos assalariados e que está assentado em uma estrutura

---

2 A dispersão sindical no Brasil pode ser comprovada pelos seguintes dados: após a "década dos trabalhadores" (os anos 80), o IBGE registrou a existência, no país, de 9.118 sindicatos de empregados e empregadores, 4.635 nas áreas urbanas e 4.483 nas áreas rurais.

organizativa em que o poder de comando é fragmentado e centrífugo" (ALMEIDA, 1996, p. 130).

Finalmente, é uma estrutura sindical *verticalizada*, com imensas dificuldades de articular, numa perspectiva horizontal mais ampla, a organização (e a resistência) da classe, permanecendo vinculada à categoria assalariada. Sob o novo complexo de reestruturação produtiva, que tende a promover a descentralização produtiva, e com a nova (e radical) terceirização, assumindo uma maior intensidade (e amplitude), o padrão de organização vertical encontra sérias dificuldades para instaurar a nova resistência da classe à ofensiva do capital na produção.

Por outro lado, a vida sindical organizada no país ainda é uma experiência compartilhada por um segmento minoritário da classe dos trabalhadores assalariados no país. O Brasil possui uma taxa de densidade sindical modesta, comparada aos países capitalistas centrais[3]. Mesmo no decorrer dos anos 80, a "década dos trabalhadores", ocorreu uma pequena queda na densidade sindical no país. Tomando apenas a população urbana, exclusive trabalhadores autônomos, de 1980 a 1985, por exemplo, segundo dados do IBGE, a densidade sindical chegou a cair 0,6% (de 15,8% a 15,2% da PEA). Por outro lado, se tomarmos em conta a população urbana e rural, exclusive a região Norte, a densidade sindical aumentou 3,6% (de 21,9% a 25,5% da PEA), o que demonstra que o grande salto na densidade sindical entre 1970 e 1988 deveu-se essencialmente à expansão do associativismo rural.

É claro que a densidade sindical é apenas um dos indicadores do poder sindical. As características da estrutura sindical brasileira que contribuíram para a visibilidade do poder sindical nos anos 80, e que precisam ser levadas em consideração, foram, por exemplo, a capacidade de mobilização, os recursos materiais disponíveis, as prerrogativas legais – tais como o monopólio de representação e os trunfos políticos mobilizáveis, num cenário de redemocratização política do país, tão mais importantes que o número de associados (ALMEIDA, 1996, p. 13).

Entretanto, o poder sindical nos anos 80 esteve prenhe de potenciais neocorporativos, que iriam se desdobrar sob o novo complexo de reestruturação produtiva. A estrutura sindical descentrada, descentralizada, desenraizada e principalmente verticalizada, seria propicia à metamorfose do "egoísmo de fração" do corporativismo estatal para um neocorporativismo setorial, em que categorias assalariadas tenderiam a preservar a sua institucionalidade sindical no meio da precariedade da classe. É no interior da inércia estrutural do corporativismo de Estado inscrito na estrutura sindical brasileira, que se desenvolveriam as estratégias

[3] Por exemplo, a densidade sindical, em proporção à população ocupada em 1985 na Itália e Alemanha, era de 41,4% e 38%, respectivamente. Enquanto isso, no Brasil, ela atingia, em 1988, 16,0% (referente apenas à população urbana, exclusive trabalhadores autônomos) ou 25,8% (referente a população urbana e rural, exclusive a região Norte) (ALMEIDA, 1996, p. 131).

sindicais de semblante neocorporativo, que procurariam, mais do que transformar, adequar-se à estrutura sindical vigente, inclusive como estratégia de sobrevivência política (principalmente sob o impulso disruptivo do novo complexo de reestruturação produtiva).

II.2. Surgimento (e burocratização) da CUT

A criação da Central Única dos Trabalhadores – CUT, em 1983, é o marco histórico do sindicalismo brasileiro nos anos 80, sendo ela considerada hoje "a mais poderosa em número de entidades a ela filiadas e em capacidade de organização e mobilização dos trabalhadores" (RODRIGUES, 1990 a:39). Segundo Boito, o surgimento da CUT, "uma das centrais mais duradouras e talvez com maior capacidade de mobilização da história do sindicalismo brasileiro", seria um dado significativo da ampliação e fortalecimento do sindicalismo nos anos 80, cuja repercussão na cena política (e eleitoral), segundo ele, seria dada pela criação e crescimento do Partido dos Trabalhadores (PT) (BOITO, 1991).

Nessa época, por outro lado, surgem as CGT's, oriundas da CONCLAT, que adotaram, no decorrer da década passada, posições políticas diversas da CUT. Mais tarde, nos primórdios dos anos 90, sob a era neoliberal, surgiria a Força Sindical, central sindical do "sindicalismo de resultados". Diz Antunes: "A fundação da Força Sindical (que contou com o apoio de cerca de trezentos sindicatos, duas confederações e vinte federações), no início de 1991, caminha no sentido de consolidar o projeto neoliberal do sindicalismo de resultados" (ANTUNES, 1991, p. 69).

É nos anos 80 que se instaura, de modo pleno, o pluralismo sindical na cúpula sindical no país, o que demonstra o acirramento da luta político-ideológica na direção do movimento sindical no Brasil. Entretanto, é no interior da própria CUT que ocorre o verdadeiro debate político-ideológico no sindicalismo brasileiro, entre socialistas revolucionários e social-democratas (ANTUNES, 1991, p. 83). O seu ponto decisivo ocorre no IV CONCUT, quando é discutido o modelo organizativo da CUT e vence a proposta da CUT-organização e não da CUT-movimento. Acelera-se, desse modo, o que alguns analistas indicam como sendo a "burocratização" da CUT (RODRIGUES, 1994). Na passagem para os anos 90, sob o novo complexo de reestruturação produtiva, ele tende a se acirrar, quando a tendência política majoritária da CUT, a Articulação Sindical, de caráter social-democrata, passa a incorporar, segundo seus críticos, valores neoliberais (BOITO, 1996, p. 80).

Entretanto, mais do que a incorporação de valores neoliberais, a tendência majoritária da CUT passa a adaptar-se à institucionalidade sindical vigente no país, incorporando a sua inércia estrutural, que, sob o novo complexo de reestruturação produtiva, tenderia a disseminar, como excreção ideológica, um novo tipo de "egoísmo de fração", ou seja, o neocorporativismo setorial.

II.3. As formas de ser das greves: rumo às práticas neocorporativas?

Observamos, com maior amplitude e intensidade, nos anos 80, o que poderia ser denominado explosão das greves nas mais diversas categorias assalariadas no país – dos operários industriais aos trabalhadores de "classe média", ou ainda dos trabalhadores da administração pública direta e indireta (no decorrer da década passada, segundo Boito, o Brasil foi uma "espécie de campeão em estatística de greve"). Por exemplo, Noronha comprova, com vários dados estatísticos, a difusão e amplitude das greves de trabalhadores ocorridas no país na última década. Salienta ele: "Em 1978 foram deflagradas 118 greves, e dez anos depois elas passaram a somar 2 188. O número anual de grevistas aumentou sessenta vezes e, entre esses mesmos anos, o número de jornadas não trabalhadas (o indicador síntese de greves) pulou de 1,8 milhão para 132 milhões" (NORONHA, 1991, p. 95).

Entretanto, o que é decisivo na análise das greves é perceber não apenas seus *dados quantitativos*, como é comum ocorrer nas análises sociológicas, mas sim a alteração nas *formas de ser* das greves (o que refletiria, de certo modo, a mutação das estratégias sindicais no país). Por exemplo, segundo Antunes, as greves assumiram várias modalidades, ou ainda, formas de ser – greves por empresa, greves gerais por categoria, greve geral, greves com ocupação de fábricas. Entretanto, a tendência mais importante refere-se ao aumento das "greves por empresa" em oposição às "greves gerais por categoria": "A partir de 1980, aumentou o número de paralisações por empresas, chegando a representar 75,5% do total das greves desencadeadas em 1984 e 60,8% em 1985" (ANTUNES, 1991, p. 17).

Para Antunes, o aumento das "greves por empresas" no decorrer dos anos 80 indicava, no seio do movimento sindical brasileiro, o avanço da tendência do "sindicalismo de resultados" (o "sindicalismo de resultados" assumiria uma expressão política clara com a criação da Força Sindical, em 1991). Por outro lado, no interior da própria CUT, sob a era neoliberal, desdobrar-se-ia uma tendência similar, de cariz neocorporativo, com o sindicalismo de participação, que privilegia estratégias propositivas; um novo sindicalismo, cada vez mais defensivo, disposto a incluir, em sua pauta de resistência, a parceria com o capital. Nos anos 90, sob o novo complexo de reestruturação produtiva, tender-se-ia a privilegiar, cada vez mais, as "greves por empresas", demonstrando o predomínio – inclusive no interior do sindicalismo da CUT – da política do "sindicalismo de resultados".

O que veio a ser denominado "sindicalismo de resultado" seria, naquela época, contraposto a um "sindicalismo de confronto". Enquanto o "sindicalismo de resultado" utilizava como eixo reivindicatório a greve por empresa, o sindicalismo de confronto privilegiava as greves gerais por categoria – nos moldes das greves metalúrgicas do ABC, entre 1978 e 1980 – cuja principal característica era o sindicato agir como representante "geral" do conjunto dos trabalhadores e não apenas de suas bases associativas (PIZZORNO, 1976, p. 950-951).

Na verdade, as greves nos anos 80 possuíam um claro sentido de resistência de classe à perda hiperinflacionária, com o predomínio de práticas sindicais de cariz "obreirista", voltadas para demandas econômico-reivindicativas. Adotava-se, no caso da CUT, uma estratégia de confrontação, caracterizada por uma oposição sistemática às políticas governamentais e pela ênfase na mobilização de massas e na ação grevista. De certo modo, o cenário hiperinflacionário, de crise estrutural do Estado capitalista no Brasil, no contexto de redemocratização política, contribuiu para o predomínio do sindicalismo classista, de massas, de confronto, com as práticas "obreiristas", seja de cariz socialista ou social-democrata, ocupando maior espaço político (o que veio, de fato, a caracterizar a CUT em seus primórdios).

Em suas análises do sindicalismo dos anos 80, alguns autores elaboraram críticas ao "sindicalismo de confronto", chegando a salientar que, após uma década de explosão de greves, a situação da classe trabalhadora não mudara "a explosividade das greves dos anos 80 não trouxe alterações substantivas na distribuição de renda entre os assalariados, ainda que tenha evitado maiores perdas para os trabalhadores" (OLIVEIRA, 1993, p. 509).

Para Almeida, o sindicalismo de confronto "revelou suas limitações como um instrumento capaz de assegurar melhorias duradouras para os assalariados representados pelos sindicatos" (ALMEIDA, 1996, p. 32). Ou ainda, diriam Mattoso e Oliveira: "O aumento da mobilização sindical não se traduziu na superação da prática reativo-reivindicativa que certamente constitui um traço definidor da ação sindical em qualquer país, mas que no nosso caso passou a ser o único ponto de referência da ação sindical, indicando a ausência de definições no plano estratégico" (MATTOSO & OLIVEIRA, 1990, p. 119). Os autores salientam também que, a despeito "da maior capacidade de pressão dos trabalhadores, as ações no curto prazo nem sempre resultaram em conquistas: basta observar os resultados da década" (*ibidem*).

Entretanto, o que esses autores não perceberam é que poderia ter sido pior. O verdadeiro valor político (e moral) das lutas sindicais dos anos 80, na perspectiva classista, consistiu em constituir, pelo menos em seu nível mais elementar, a consciência necessária de classe (e não um mero reconhecimento da legitimidade do papel social dos sindicatos). A busca de uma consciência necessária de classe pelos setores sindicais mais avançados da CUT e do PT teve o seu ápice – e resultado político – em 1989, com o apoio maciço dado à candidatura de Luís Inácio "Lula" da Silva, da "Frente Brasil Popular", à Presidência da República[4]. Portanto, a "explosividade das greves", "as ações de curto prazo", "as práticas reativo-reivindicativas" na perspectiva da consciência de classe não podem ser consideradas como tendo ocorrido em vão.

---

4 Lula, que perdeu a eleição para o candidato neoliberal Collor de Mello, obteve, no 2º turno das eleições, 31 076 364 de votos, ou seja, 37,86% dos votos válidos.

O amplo reconhecimento social do sindicalismo nos anos 80 decorreu de sua prática insubmissa e de confronto. Num cenário de uma economia hiperinflacionária, o sindicalismo da CUT tornou-se, na verdade, o principal baluarte de defesa imediata contra as perdas do padrão de vida dos trabalhadores assalariados no país. Foi cultivando a postura reativo-reivindicativa, intransigente e insubmissa, que conquistaram, contra a manipulação da mídia dominante, um espaço na opinião pública (é por isso que em uma pesquisa da revista *Veja* de julho de 1988, os sindicatos, apesar das dificuldades da conjuntura, eram das instituições que mais desfrutavam da confiança da população brasileira) (MATTOSO & OLIVEIRA, 1990).

A derrota da candidatura apoiada pelo "novo sindicalismo", nas eleições presidenciais de 1989, significou, em última instância, a derrota do sindicalismo classista, de massas, e de confronto – e, por conseguinte, a derrota política da prática sindical "obreirista" – seja ela de caráter social-democrata ou socialista. É o seu revés político que contribuirá para impulsionar, sob a era neoliberal, uma nova ofensiva do capital na produção. Sob o novo complexo de reestruturação produtiva, num cenário de desemprego de massa e recessão da economia brasileira, imposta pela política neoliberal, tornar-se-iam claros os limites estruturais da prática sindical de confronto, de tipo classista. Como uma débil resposta política à crise do sindicalismo classista, de massas e de confronto, diante do novo "bloco histórico" instaurado pela era neoliberal (do qual é parte importante o novo complexo de reestruturação produtiva), desenvolvem-se as estratégias sindicais propositivas, de cariz neocorporativo. Elas surgem como uma verdadeira capitulação política – e ideológica – do trabalho diante da nova ofensiva do capital na produção.

II.4. Fortalecimento (ou a tentativa de consolidação) das organizações de base: o avanço das comissões de fábricas

O que veio a ser denominado de "novo sindicalismo" nos anos 80 caracterizou-se por uma nova prática sindical, de organização da base, da construção da intervenção operária nos locais de trabalho, considerada uma das principais debilidades do sindicalismo brasileiro. Jácome Rodrigues, ao tratar do sindicalismo nos anos 80, observou a "presença significativa" na vida nacional da organização dos empregados nos locais de trabalho, com a denominação de comissões de fábrica, comissões de empresa, conselho de representantes dos funcionários, comissões de garagem etc. (RODRIGUES, I., 1990).

Mas o desenvolvimento das novas organizações de base era, de certo modo, uma necessidade posta pelo complexo de reestruturação produtiva. A partir do desenvolvimento do processo de reestruturação produtiva nos anos 80, tornou-se claro, para as lideranças operárias das indústrias de ponta no país – tais como a indústria automobilística –, que o campo da produção era um espaço decisivo da luta de classes, com o capital procurando criar (e desenvolver) novos tipos de controle do trabalho. Seria, portanto, onde o processo de reestruturação produtiva despontava com mais vigor, apesar de seu caráter incipiente (e seletivo), que tendiam a tomar impulso, a partir dos anos 80, as experiências de organização nos locais de trabalho.

O surgimento das novas organizações de base vinculava-se, no entanto, a uma prática sindical de novo tipo, classista, de cariz socialista, que predominava na CUT dos anos 80. Por isso, a bandeira das comissões de fábrica tornava-se estratégica para as mais diversas correntes político-ideológicas do movimento sindical da CUT, que atuavam nas grandes indústrias. Seria nos polos operários mais organizados, tais como os metalúrgicos de São Paulo e de São Bernardo, que tendeu a tomar corpo um acirrado debate político sobre a função das comissões de fábrica – o dilema político, naquela época, era "participação ou controle?" (CASTRO, 1988). Por um lado, correntes socialistas, que possuíam expressão política no novo sindicalismo, colocavam a necessidade do controle da produção pela classe operária, reconhecendo o campo da produção como um espaço da luta de classes. Por outro lado, parcelas do novo sindicalismo, de cariz social-democrata, salientavam a necessidade de apenas intervir – ou participar – num controle da produção sob a hegemonia capitalista. Este debate político seria traduzido, mais tarde, na discussão sobre a prática sindical a ser adotada diante do novo complexo de reestruturação produtiva e que demarcaria as linhas político-ideológicas entre setores socialistas revolucionário e socialdemocrata no interior da CUT.

Foram as novas organizações de base, sediadas principalmente no polo industrial do ABC paulista, que permitiram, ao Sindicato dos Metalúrgicos de São Bernardo, ensaiar novas estratégias grevistas que utilizavam os potenciais de controle operário postos pelo complexo de reestruturação produtiva (é o caso, por exemplo, da Operação Vaca Brava, posta com a greve metalúrgica em 1985) (ZILBOVICIUS, 1986).

Entretanto, apesar da explosão do sindicalismo nos anos 80, a estrutura sindical no país ainda preservava, por diversos motivos, a fragilidade no plano organizativo. Continuavam a predominar os "sindicatos de porta de fábricas", ou seja, sem qualquer acesso aos locais de trabalho e contando tão somente com as campanhas salariais, os serviços assistenciais e as homologações para atrair os trabalhadores que pretendem representar (OLIVEIRA, 1991, p. 504).

II.5. Ampliação dos espaços de negociação coletiva: os paradoxos das novas relações entre capital e trabalho

Uma das características do sindicalismo brasileiro nos anos 80 é ter ampliado os espaços de negociação coletiva. Numa perspectiva otimista, Barelli ressaltou que os anos 80 "historiam como o sindicato passa a ser interlocutor dos demais setores da sociedade, influindo cada vez mais nas decisões (BARELLI, 1990, p. 12).

A ampliação dos espaços de negociação coletiva seria perceptível principalmente nos polos mais desenvolvidos do sindicalismo, tais como o dos metalúrgicos do ABC. Surgiram, portanto, o que vários autores salientaram como sendo "novas relações de trabalho", caracterizadas pelos novos espaços de negociação entre capital e trabalho. O próprio reconhecimento de comissões de fábrica, por exemplo, apontava para um novo tipo de relacionamento entre capital e trabalho, caracterizado, apesar disso, no decorrer da década passada, pelo antagonismo latente (e insubmisso) diante das estratégias do capital (algo que é qualitativamente diverso de uma "convergência antagônica", como parece ocorrer na década seguinte).

Na verdade, o surgimento de "novas relações de trabalho" foi resultado da prática sindical classista de confronto, de massas, pois, na medida em que se desenvolvia o processo de reestruturação produtiva, era interesse do próprio capital criar um novo tipo de relação de trabalho de cariz cooperativo, adequado às novas exigências das tecnologias microeletrônicas, como demonstra o Programa intitulado *Trabalho participativo*, implementado pela Ford, em São Bernardo, em 1986 (SILVA, 1990).

Portanto, as "novas relações de trabalho" não eram um fato perene, como alguns autores da sociologia do trabalho parecem analisar, mas sim um aspecto contraditório da luta de classes no país, possuindo, portanto, um sentido ambivalente, ou – diríamos melhor – contraditório: por um lado, representava uma conquista operária, capaz de dar suporte à consciência de classe; por outro, representava uma nova estratégia do capital, ciente do poder integrador da negociação coletiva e da necessidade de uma classe operária participativa, tal como exigiam os novos paradigmas industriais vigentes no mundo capitalista desenvolvido.

II.6. As mudanças (e a conservação) da estrutura corporativista de Estado: o verdadeiro limite do sindicalismo no Brasil?

Foi nos anos 80 que ocorreu um progressivo afrouxamento do controle governamental sobre a vida interna dos sindicatos. A Constituição de 1988 garantiu a autonomia sindical, embora tenha mantido sua unicidade. Na verdade, a mudança (e conservação) da estrutura sindical corporativista no país é mais um fato contraditório da luta de classes, não possuindo, portanto, um caráter perene, um significado único, tal como parece sugerir uma série de analistas sociais (inclusive de esquerda). A estrutura sindical que surge após 1988 é algo ambivalente – dependendo da correlação da luta de classes, ela serviu para o controle ou para a consolidação do poder sindical. É por isso que, no período de redemocratização política do país, a manutenção da estrutura corporativista no país não impediu a "explosão do sindicalismo" nos anos 80 (FREDERICO, 1993).

As diversas análises sobre o sindicalismo brasileiro nos anos 80 procuraram salientar que um dos principais limites do sindicalismo brasileiro seria, por exemplo, a permanência da estrutura sindical corporativa, oriunda da Era Vargas. Foi sobre ela que se detiveram as várias análises do sindicalismo, salientando sua modificação (e conservação).

Por exemplo, Boito considerava que o principal limite do sindicalismo no Brasil era a permanência da estrutura sindical corporativa de Estado. Ele observava que, apesar desse "indubitável fortalecimento e ampliação do movimento sindical" no país, não poderíamos considerar tal quadro sindical como sendo uma ruptura com o "passado populista do sindicalismo brasileiro" (o que para Boito seria o verdadeiro limite do sindicalismo no Brasil). Divergindo da opinião de dirigentes sindicais de esquerda e da grande maioria dos estudiosos (Maria Hermínia Tavares de Almeida, José Álvaro Moisés, Francisco Weffort e Ricardo Maranhão), Boito defende que "o populismo ainda está vivo e penetra, de maneira desigual, amplos setores do movimento sindical brasileiro". Ele procurou demonstrar a persistência, ao longo dos anos 80 e início dos anos 90, da velha estrutura sindical corporativa implantada na década de 1930, "estrutura essa que foi e é o aparelho organizativo próprio e adequado à prática sindical populista e à ideologia populista que lhe corresponde" (BOITO, 1991, p. 46).

Embora o modo de funcionamento e o papel do organismo sindical oficial tivessem mudado bastante na última década, com o "afrouxamento do controle governamental sobre a vida interna dos sindicatos", Boito salienta que isso não significa que estamos presenciando a crise profunda da estrutura sindical (e de sua superação). E ainda afirma que: "A estrutura sindical não conheceu nenhuma crise ao longo dos últimos anos, e que as transformações pelas quais passou representam não a sua extinção, mas sim a sua reforma, reforma que lhe permitiu sobreviver à crítica ideológica e prática a que foi submetida desde os anos 70" (*idem*, p. 49). Finalmente, Boito procura enfatizar que a estrutura sindical, mesmo reformada, desempenhava um papel de "limitar e moderar a luta sindical dos trabalhadores" (*ibidem*).

A ênfase de Boito recai sobre as determinações políticas para explicar o desenvolvimento do sindicalismo no país, e a expressão dessas determinações, no caso do sindicalismo, é a estrutura sindical, entendida por ele como o sistema de relações que asseguram a subordinação dos sindicatos (oficiais) às cúpulas do aparelho de Estado – do Executivo, do Judiciário ou do Legislativo. E nesta estrutura sindical brasileira, reconhece como elemento essencial "a necessidade de reconhecimento oficial-legal do sindicato pelo Estado" (ou seja, a unicidade sindical, um dos elementos da estrutura sindical brasileira que não mudou após a Constituição de 1988).

Entretanto, após a Constituição de 1988, e sob a pressão do sindicalismo na década passada, a estrutura sindical corporativa passou por uma série de modificações. Desapareceu a tutela do Estado sobre os sindicatos, apesar de ser preservada a unicidade sindical. É por isso que Leôncio Martins Rodrigues, ao contrário de

Boito, observava que presenciávamos, na verdade, "o início da crise, aparentemente irreversível, do modelo corporativo de organização sindical e de relação das classes entre si e delas com o poder estatal" (RODRIGUES, L., 1990, p. 22).

Ou seja, para ele, o enfraquecimento do controle governamental sobre as organizações sindicais caracterizaria o declínio de um modelo (ele não fala em "estrutura sindical") denominado corporativista (pelo menos, corporativismo de Estado). Segundo Rodrigues, a Constituição de 1988, no seu artigo 8º, desferiu "um golpe profundo no modelo corporativo ao impossibilitar a intervenção do Estado nos assuntos internos dos sindicatos". E até mesmo previu que, mesmo aquela característica que Boito considerava como sendo a essencial da "estrutura sindical" populista – a unicidade sindical – tendia a extinguir-se. Diz ele: "Algumas das pilastras de sustentação do modelo corporativo – como a unicidade sindical, o controle sobre a organização sindical por parte do Ministério do Trabalho, os poderes normativos da Justiça do Trabalho etc. – têm cada vez menos possibilidades de sobrevivência no interior de uma sociedade democrática e urbanizada" (*ibidem*).

Estaríamos presenciando, portanto, um "sistema híbrido" no qual "a autonomia das organizações sindicais deve conviver com a unicidade imposta por lei, e a liberdade de negociação e a arbitragem, com as funções normativas da Justiça do Trabalho." Por fim, salienta: "Acreditamos, contudo, que os elementos de natureza liberal acabarão por entrar em choque com os de natureza corporativa num contexto econômico, tecnológico, político e cultural em que os valores democráticos tendem a ser hegemônicos (*idem*, p. 22-23).

Ora, o que Rodrigues não percebe é que o esboroamento do corporativismo de Estado tenderia a dar lugar, nas condições em que "os valores democráticos tendem a ser hegemônicos", a um novo tipo de corporativismo – o corporativismo de mercado, ou o denominado neocorporativismo societal (que, em nosso caso, assume um cariz setorial, principalmente nas condições do novo complexo de reestruturação produtiva).

Mais tarde, Boito iria reconhecer que, ao lado da preservação da estrutura corporativa oriunda da era Vargas, um dos principais limites do sindicalismo sob a era neoliberal seria dado pelo surgimento de um neocorporativismo de cariz societal[5]. Nas novas condições do complexo de reestruturação produtiva, o controle do mercado é mais adequado para a integração operária à ordem do capital do que o velho controle estatal. O neocorporativismo societal, vigente sob o novo complexo de reestruturação produtiva, cumpriria, segundo Boito, a mesma função social do corporativismo estatal: a moderação das lutas dos trabalhadores.

Contudo, em sua perspectiva, a passagem de um tipo de controle capitalista "estatal" para um controle capitalista "de mercado" teria como principal (e única?)

---

5 Mas, se quisermos ser mais precisos, o neocorporativismo que predomina em nosso país sob a era neoliberal é de caráter setorial (COSTA, 1994).

determinação processos político-ideológicos. O que implicaria, em nível metodológico, dissolver as determinações ontológico-estruturais da crise do sindicalismo no Brasil, vendo-a apenas como uma crise política (e ideológica) da direção da CUT (e dos sindicatos sob orientação da corrente majoritária de cariz social-democrata).

Essa cegueira analítica das determinações ontológico-históricas do processo de constituição da subjetividade operária é que impede a perspectiva politicista de apreender os nexos essenciais da crise do sindicalismo em nossos dias, que se caracteriza não apenas pelo surgimento do sindicalismo de participação de cariz neocorporativo, como temos procurado salientar, mas pelo enfraquecimento estrutural da eficácia política da prática sindical "obreirista" de confronto com o capital no campo da produção, diante de um novo (e precário) mundo do trabalho.

Mas, se a estrutura sindical corporativa não poderia ser considerada, em sentido absoluto, como o verdadeiro limite do sindicalismo no Brasil, quais seriam as principais determinações sócio-históricas que tenderiam a comprometer o desenvolvimento do sindicalismo na década seguinte – os anos 90?

III. A CRISE DO SINDICALISMO NO BRASIL NOS ANOS 90: A FARSA CONCERTATIVA

Sob a era neoliberal, ocorreu uma mudança qualitativa na direção social-democrata do "novo sindicalismo", passando de uma orientação de confronto para uma orientação propositiva[6]. É o que indica o desenvolvimento de um tipo de "sindicalismo de resultados" no interior da CUT, mais disposto ao diálogo que ao confronto com o capital. É a adoção de um neopragmatismo sindical, com a incorporação do discurso da "concertação social", que apenas representa uma estratégia política de sobrevivência de parcelas organizadas da classe diante da ofensiva do capital na produção (cujo exemplo clássico é o sindicalismo dos metalúrgicos do ABC).

O sindicalismo brasileiro dos anos 90 tende a não demonstrar a mesma vitalidade política (ou de adesão de massas) da década anterior, apesar de o índice de greves ainda ser significativo: "Nos primeiros anos desta década de noventa, houve queda do número de greves, mas, ainda assim, elas se mantiveram em patamares relativamente próximos aos da média do período mais recente, isto é, a partir de 1985" (NORONHA, 1994, p. 331).

Entretanto, as próprias entidades sindicais reconhecem que entre 1990-1992 decresceu tanto o número de greves como o de grevistas (DESEP-CUT, 1993). Uma das principais causas desse decréscimo nos primeiros anos dos anos 90 foi, sem dúvida, a profunda recessão e o desemprego crescente, decorrentes do Plano

---

6 É claro que, desde o III Congresso da CUT, em 1988, eram visíveis os potenciais neocorporativos no seio do setor dirigente do "novo sindicalismo".

Collor I, que desarmaram o movimento sindical. Mas não podemos deixar de lado a hipótese de que, a série de práticas inovadoras, de caráter organizacional, na indústria brasileira, que constitui um importante aspecto do novo complexo de reestruturação produtiva, como destacamos antes, e a livre negociação de salários, com a concessão de abonos e antecipações salariais, de acordo com o espírito do toyotismo, tenham colaborado sobremaneira com o recuo das greves. É o que observamos, com maior clareza, após o Plano Real, em 1995, sob o governo Cardoso, no período de crescimento da economia brasileira, principalmente no setor industrial (tal como a indústria automobilística).

Gráfico 1

Número de greves no Brasil (1990-1997)

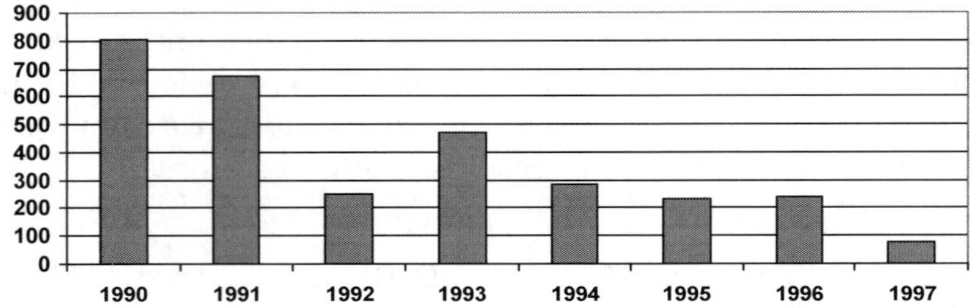

Fonte: DIEESE

Gráfico 2

Número de Grevistas no Brasil (1990-1997) (em milhares)

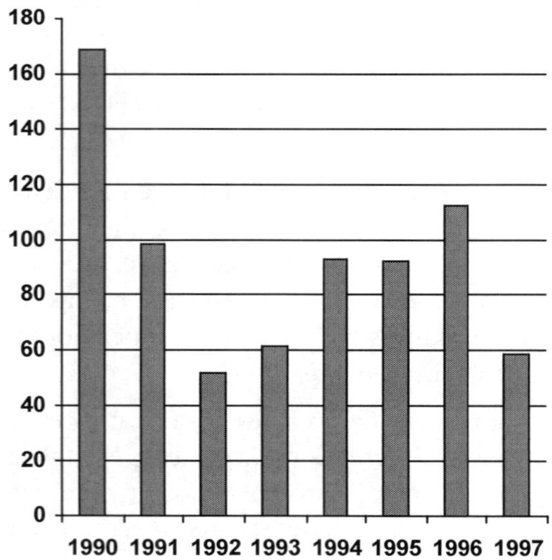

Fonte: DIEESE

Pelo balanço das greves no Brasil, de 1990 a 1997, elaborado pelo DIEESE (que trabalhou com médias de janeiro a novembro de todos os anos, desde 1990) percebemos um recuo acentuado sob o novo complexo de reestruturação produtiva, a partir do governo Cardoso. A constituição de um novo (e precário) mundo do trabalho, representado pelo desemprego estrutural e pela precarização de empregos e salários, e a instauração de um toyotismo sistêmico, principalmente nas grandes empresas, contribuíram para o refluxo significativo do movimento grevista (os dados de 1997 são parciais, mas revelam uma queda acentuada das greves – e uma queda ainda maior do número de grevistas). Se o número de greves ainda se mantém elevado, como percebemos pelo gráfico acima – em 1996, por exemplo, foram cerca de 112 –, por outro lado a queda do número de grevistas demonstra que as mobilizações gerais envolvendo categorias de trabalhadores ou todos os trabalhadores de uma grande empresa tendem a não ocorrer com maior frequência (o que significa que tendem a predominar as greves por empresa e, de certo modo, a diminuir a greve em grandes empresas, onde é clara a presença do novo complexo de reestruturação produtiva)[7].

É nesse contexto de ofensiva do capital na produção que a estratégia de ação sindical, baseada no confronto, tende a ser repensada. Impõe-se, cada vez mais, a necessidade, para os sindicalistas brasileiros vinculados à corrente majoritária da CUT – Articulação Sindical –, de instaurar novos procedimentos de negociação com o capital, inclusive procurando repensar o instrumento da greve, como ocorreu com os metalúrgicos, no Congresso de 1997.

Alguns autores constataram, a partir da década de 1990, a grande transformação político-ideológica do sindicalismo no Brasil. Rodrigues, I. destaca a mudança no padrão de ação sindical da CUT, de um *sindicalismo da confrontação* à *cooperação conflitiva*, explicando-a como uma consequência inevitável da democratização do país e da burocratização que seria própria de todo sindicalismo (RODRIGUES, I., 1995).

Por outro lado, Boito salienta o que seria a passagem de um sindicalismo de massa e de confronto para um sindicalismo neocorporativo de participação, apontando a trajetória da Central Única dos Trabalhadores (CUT) como exemplar dessa mudança: "[a CUT,] desde o seu surgimento como movimento de massa em 1978, transitou de um sindicalismo que 'tendia' à ação unificada de amplos setores das classes trabalhadoras contra a política de desenvolvimento pró-monopolista e pró-imperialista do Estado burguês brasileiro – ou, pelo menos, contra a política salarial que era um aspecto fundamental da política de desenvolvimento – para uma ação sindical na qual os diferentes setores das classes trabalhadoras isolam-se

7 É curioso perceber que a mídia dominante tende a considerar a situação de crise do sindicalismo, em virtude do surgimento de um novo (e precário) mundo do trabalho, no bojo do incremento da prática de captura da subjetividade operária pelo capital, como sendo um avanço histórico das relações trabalhistas no país (PINHEIRO, 1998).

em suas reivindicações específicas, desenvolvem uma nova segmentação corporativa, e procuram reduzir as perdas de seu setor particular numa conjuntura de crise, mesmo quando a redução das perdas implica a aceitação ativa da política de desenvolvimento pró-monopolista e pró-imperialista" (BOITO, 1994, p. 23).

Boito refere-se, com certeza, à experiência da Câmara Setorial do Setor Automotivo, levada a cabo pelo Sindicato dos Metalúrgicos do ABC paulista, no período de 1992-1995. Um detalhe: a participação do Sindicato dos Metalúrgicos do ABC no "acordo das montadoras" ocorreu à revelia da deliberação da Executiva Nacional da CUT.

O que permanece central em tais análises do complexo de causalidades das mudanças (e desenvolvimento) do sindicalismo no Brasil é a ênfase nas determinações político-ideológicas em detrimento da análise estrutural do processo de produção capitalista no Brasil, das transformações produtivas no complexo capitalista, de cariz tecnológico-organizacional, decorrentes do novo padrão de "acumulação flexível". Desse modo, a transição de um sindicalismo de massa e confronto para um sindicalismo marcado pelo neocorporativismo e participação, segundo Boito, ocorre, principalmente, como resultado de acontecimentos políticos (de caráter pontual), desprezando a contribuição decisiva de um novo (e precário) mundo do trabalho (que surge com o complexo de reestruturação produtiva) para o desenvolvimento das práticas sindicais neocorporativas no Brasil (por exemplo, segundo Boito, a promulgação da Constituição de 1988 e a vitória da candidatura Fernando Collor de Mello, em 1989, seriam os acontecimentos políticos que incrementaram a tendência à segmentação corporativa, latente em setores importantes do sindicalismo da CUT). A partir do governo Collor, observa ele, as tendências neocorporativas de participação/negociação passaram a prosperar no sindicalismo brasileiro, a começar pela crise de perspectiva política da CUT, decorrente da nova conjuntura político-ideológica no país: a política econômica recessiva, a crise do socialismo e a ofensiva ideológica do neoliberalismo, em escala internacional, atingiram, em cheio, a organização e a luta sindical no Brasil.

É claro que Boito reconhece, na conjuntura brasileira da época, o desenvolvimento de práticas inovadoras no mundo do trabalho, mas apenas enquanto componentes ideológicos da nova situação. A modernização, concorrência, privatização e abertura ao capital estrangeiro atingiam o desenvolvimento do sindicalismo brasileiro, segundo ele, apenas enquanto valores e ideias, que se fortaleciam, "em detrimento das bandeiras e concepções operárias, populares e anti-imperialistas, como luta de classes, reformas distributivas, soberania nacional e independência econômica" (BOITO, 1994, p. 26).

Portanto, sob a ofensiva do capital na produção, o movimento sindical brasileiro é levado não só a repensar sua linha de ação, mas, principalmente, a reconhecer, cada vez mais, os próprios limites intrínsecos da prática sindical convencional sob a mundialização do capital: as corporações transnacionais tornam-se cada vez mais ágeis e capazes de desconstituir os obstáculos de resistência do sindicalismo organizado, seja através das inovações organizacionais e tecnológicas, seja através da descentralização produtiva.

Pode-se dizer que existe uma crise do sindicalismo no Brasil, cujo principal sintoma político-ideológico é, por um lado, o desenvolvimento do sindicalismo neocorporativista de participação e, por outro lado, a ineficácia estrutural das estratégias sindicais "obreiristas", de confronto, intrínsecas ao sindicalismo de classe. Na verdade, a crise do sindicalismo no Brasil é, na atual situação, o resultado político-ideológico da crise do mundo do trabalho (de caráter estrutural e não apenas conjuntural), caracterizado pelo surgimento de um novo (e precário) mundo do trabalho.

É devido à crise do sindicalismo no Brasil diante do novo complexo de reestruturação produtiva que alguns autores, que, na década passada, salientaram a "explosão" do sindicalismo no Brasil, mantêm-se, hoje, numa posição de interrogação sobre os rumos do sindicalismo no Brasil. É o caso, por exemplo, de Antunes, que, centrando-se ainda na dimensão político-ideológica do sindicalismo no país, reconhece, apesar disso, em 1993, os enormes desafios estruturais postos pela lógica do capital para o sindicalismo de classe no limiar do século XXI. Diz ele: "Como é possível pensar numa ação que não impeça o avanço tecnológico, mas o faça em bases reais, com ciência e tecnologia de ponta desenvolvida em nosso país? Como é possível um caminho que recupere valores socialistas originais, verdadeiramente emancipadores? Que não aceite uma globalização e uma integração imposta pela lógica do capital, integradora para fora e desintegradora para dentro? Como é possível, hoje, articular valores inspirados num projeto que olha para uma sociedade para além do capital, mas que tem que dar respostas imediatas para a barbárie que assola o cotidiano do ser que vive do trabalho?" (ANTUNES, 1993, p. 91).

Por outro lado, Leôncio Martins Rodrigues, a partir de uma perspectiva liberal, reconhece os desafios postos pelo novo cenário do capitalismo global (no qual o Brasil está integrado), e afirma que "as lideranças sindicais brasileiras deverão, se estivermos certos, preparar-se para atuar num cenário novo e instável que lhes coloca muitos desafios numa conjuntura econômica particularmente difícil". Finalmente, conclui: "a mesma flexibilidade que se impõe aos empresários ante os requisitos trazidos pelas novas tecnologias e mudanças gerais do mercado impõe-se às lideranças sindicais" (RODRIGUES, L., 1990, p. 40).

A última observação de Rodrigues pode indicar que, diante das transformações estruturais na economia e na sociedade capitalista, no limiar do século XXI, o sindicalismo no Brasil tenderá cada vez mais a incorporar, para si, a lógica do capital. Ou seja, perder os seus vínculos históricos com o movimento social de contestação à dominação capitalista (o que já ocorre nos principais países capitalistas desenvolvidos).

REFERÊNCIAS BIBLIOGRÁFICAS

ALMEIDA, M. H. T. 1996. *Crise econômica e interesses organizados.* O sindicalismo no Brasil dos anos 80. São Paulo: Edusp.

ANTUNES, R. 1995. *Adeus ao trabalho?* Ensaio sobre as metamorfoses e a centralidade do mundo do trabalho. São Paulo: Cortez.

________. 1991. *O novo sindicalismo.* São Paulo: Brasil Urgente.

________. 1993. A CUT entre o classismo e a social-democracia. *In:* NETO, S. & GIANNOTTI, V. *Para onde vai a CUT?* Campinas: Scritta.

ALVES, G. 2000. *O novo (e precário) mundo do trabalho.* São Paulo: Boitempo.

________. 1999. *Trabalho e mundialização do capital.* Londrina: Práxis.

________. 1996. Nova ofensiva do capital, crise do sindicalismo e as perspectivas do sindicalismo no Brasil – o Brasil nos anos noventa. *In*: TEIXEIRA, F. & OLIVEIRA, M. *Neoliberalismo e reestruturação produtiva.* São Paulo: Cortez/UECE.

BARELLI, W. 1990. Trabalhadores influenciam nas decisões. *São Paulo em perspectiva*, v. 4, n. 1, p. 6-10, jan.-mar.

BOITO JR., A. 1991. Reforma e persistência da estrutura sindical. *In:* BOITO JR., A. *O sindicalismo brasileiro nos anos 90.* Rio de Janeiro: Paz e Terra.

________. 1994. De volta para o novo corporativismo: a trajetória política do sindicalismo brasileiro. *São Paulo em perspectiva*, v. 8, n. 3, p. 23-28, jul.-set.

________. 1996. Hegemonia neoliberal e sindicalismo no Brasil. *Crítica marxista*, São Paulo, v. 1, n. 3, p. 80-105.

FREDERICO, C. 1993. *Crise do socialismo e movimento operário.* São Paulo: Cortez.

HOBSBAWM, E. 1995. *Era dos extremos.* O breve século XX (1914-1991). São Paulo: Companhia das Letras.

MATTOSO, J. & **OLIVEIRA**, M. A. 1990. Desenvolvimento excludente, crise econômico e sindicalismo. *São Paulo em perspectiva*, São Paulo, v. 4, n. 3-4, p. 111-120, jul.-dez.

NORONHA, E. 1991. A explosão das greves na década de 80. *In*: BOITO JR., A. *O sindicalismo brasileiro nos anos 90.* Rio de Janeiro: Paz e Terra.

________. 1994. Greves e estratégias sindicais no Brasil. *In*: OLIVEIRA, C. A. (org.). *O mundo do trabalho.* Crise e mudança no final de século. Campinas: Scritta/ CESIT-UNICAMP.

OLIVEIRA, F. 1993. Quanto melhor, melhor: o acordo das montadoras. *Novos Estudos CEBRAP*, São Paulo, n. 36, p. 3-7.

OLIVEIRA, M. A. 1994. Avanços e limites do sindicalismo brasileiro recente. *In*: OLIVEIRA, C. A. (org.). *O mundo do trabalho.* Crise e mudança no final de século. Campinas: Scritta/ CESIT-UNICAMP.

PINHEIRO, L. 1998. Crise promove nova revolução trabalhista. *O Estado de São Paulo*, 19.jan, Caderno B, p. 10.

PIZZORNO, A. 1976. Fra azione di classe e sistemi corporativi. *In: Problemi del movimento sindicale in Itália* — 1943-1973. Milano: Fundazione Giancarlo Feltrinelli.

RODRIGUES, Iram J. 1990. *Comissão de fábrica e trabalhadores na indústria*. São Paulo: Cortez.

________. 1995. O sindicalismo brasileiro: da confrontação à cooperação conflitiva. *São Paulo em perspectiva*, São Paulo, v. 9, n. 3, p. 116-126.

________. 1997. *Sindicalismo e política*. A trajetória da CUT. São Paulo: Scritta.

RODRIGUES, Leôncio M. 1990. *CUT:* militantes e a ideologia. Rio de Janeiro: Paz e Terra.

SILVA, E. B. 1990. *Refazendo a fábrica fordista*. São Paulo: Hucitec.

ZILBOVICIUS, M. 1986. *Tecnologia, engenharia e automação*: estudo de um caso de mudança tecnológica em uma montadora de automóveis no Brasil. São Paulo: Departamento de Engenharia de Produção-USP.

________. 1997. Modelos de produção e produção de modelos. *In:* ARBIX, G. & ZILBOVICIUS, M. (org.). *De JK a FHC:* a reinvenção dos carros. Campinas: Scritta.

OUTRAS FONTES

DESEP-CUT. 1993. *Boletins*. São Paulo: Departamento de Estudos Sócio-Econômicos e Políticos-CUT.

DIEESE. 1990-1997. *Boletim Dieese*. Vários números. São Paulo: Departamento Intersindical de Estatística e Estudos Sócio-Econômicos.

CAPÍTULO 10

OS CAMINHOS DO SINDICALISMO NOS ANOS 2000

José Dari Krein e Hugo Dias[1]

INTRODUÇÃO

O presente artigo tem a finalidade de trazer alguns elementos para a análise da experiência do sindicalismo brasileiro, entre 2003 e 2013, a partir do debate presente na literatura internacional sobre a revitalização sindical. Parte-se da hipótese de que, embora a sua atuação tenha contribuído para a melhoria dos indicadores laborais, este se manteve na encruzilhada entre o avanço e fortalecimento da sua pauta corporativa e a necessidade de (re)construir um protagonismo social mais amplo, incorporando as novas demandas colocadas e se aproximando das novas formas de mobilização social. Noutras palavras, durante o período em causa, é possível constatar a persistência de dinâmicas contraditórias, em que por um lado, diversos indicadores apontam para o fortalecimento da instituição sindicato, enquanto que por outro, este perde força na sociedade brasileira, como principal agente vocalizador de todas as questões relacionadas com o mundo do trabalho e com a classe trabalhadora em sentido amplo.

O texto está estruturado em duas partes. A primeira rastreia, de forma breve, a geometria desigual da crise e da revitalização do sindicalismo e a gênese dos debates sobre a revitalização sindical. Apresenta-se ainda um quadro síntese, retirado da obra coletiva coordenada por Frege e Kelly (2004), em torno das quatro

[1] Professores do Instituto de Economia da UNICAMP e Pesquisadores do CESIT/IE. É também parte da pesquisa do projeto temático nº 2012/20408-1: "Contradições do Trabalho no Brasil Atual. Formalização, precariedade, terceirização e regulação" e do Projeto "Sindicalismo no século XXI: desafios e experiências de revitalização sindical", em conjunto com a Central Única dos Trabalhadores; Centro de Estudos Sindicais e Economia do Trabalho; Centro de Estudos Sociais da Universidade de Coimbra. Centro de Solidariedade da AFL CIO no Brasil Solidarity Center; Fundação Friedrich Ebert e Instituto Observatório Social. Agradecemos aos pesquisadores dos dois projetos a possibilidade de discutir diversos elementos do presente texto.

dimensões de revitalização sindical por si identificadas (filiação, institucional, econômica e política), às quais os autores acrescentaram uma quinta dimensão, com a designação de societal.

Por fim, promove-se uma aproximação à situação específica brasileira. Com base no modelo de análise exposto – que permite impulsionar o desenvolvimento de estudos comparados do sindicalismo entre países desenvolve-se a noção de que, apesar de se terem verificado progressos ao nível das diversas dimensões de revitalização, subsistem sinais de uma crise de projeto na medida em que o sindicalismo brasileiro tem perdido protagonismo social mais amplo no período analisado. São, pois, sobre as dimensões institucional e societal, que recaem dúvidas e incertezas sobre a possibilidade da sua revitalização.

A GEOMETRIA DESIGUAL DA CRISE E DA REVITALIZAÇÃO SINDICAL

O vocábulo "crise" é amplamente utilizado na abordagem de grandes transformações sociais. Se se considerar esta noção enquanto "ruptura de equilíbrio entre diversas componentes" (DUBAR, 2006: 14), as principais transformações ocorridas na esfera econômica, política e produtiva nas últimas décadas, modificaram a relação histórica específica entre capitalismo, Estado e democracia que vigorou nos países capitalistas avançados no pós-guerra. O propósito de desincrustar o mercado de todas e quaisquer amarras, quer à escala nacional, quer à escala global, alterou um equilíbrio (precário) prévio, o que colocou pressão externa sobre uma das suas componentes, ou seja, sobre o sindicalismo enquanto movimento social, ator político e instituição característico da sociedade industrial e capitalista.

De um modo geral, a ordem econômica e política construída a partir da crise de 1970 operou mudanças significativas nas bases de poder do trabalho organizado (DIAS e FERNANDES, 2016: 39-43), criando uma situação desfavorável para a ação coletiva num contexto de hegemonia do neoliberalismo e de uma nova geografia produtiva e morfologia da classe trabalhadora (ANTUNES, 1995; DIAS, KREIN e COLOMBI, 2015). Uma parte substancial da literatura sobre o sindicalismo assumiu um vaticínio fatalista e finalista que associou a transição para sociedades "pós-industriais' e 'pós-fordistas" ao "declínio histórico do sindicalismo" (RODRIGUES, 2002; BOITO JR., 2003; BOITO JR. e MARCELINO, 2010). No entanto, uma crise é inerentemente um processo em aberto, cujo desenlace não será necessariamente fatal para o sujeito afetado.

Os sindicatos das economias liberais de mercado (HALL e SOSKICE, 2001), dentro dos países capitalistas avançados, são os primeiros a sofrer o embate da viragem neoliberal e, consequentemente, será nestes países que se desenvolverão inicialmente os debates sobre a revitalização sindical. O exemplo dos Estados Unidos é, desse ponto de vista, paradigmático. A partir dos anos 1980, em um contexto de ofensiva do capital e de globalização, os sindicatos enfrentavam uma tripla ameaça: reestruturação econômica, crescente hostilidade patronal e a administração Reagan. As táticas tradicionais do sindicalismo revelaram-se débeis face à crescente oposição empresarial, e, no curto prazo tal não implicou uma mudança substancial de estratégia. Em 1989 é criado o "Organizing Institute", mas é sobretudo a partir de 1995, com a eleição de John Sweeney como presidente da AFL-CIO, que se começam a experimentar alternativas à prática tradicional de sindicalismo de serviços sob a designação de "organizing" (HURD, 1998; VOSS e SHERMAN, 2000). A procura de alternativas também irá se expandir gradualmente para os países das economias coordenadas de mercado (HALL e SOSKICE, 2001), onde as consequências destas transformações começavam também a ser sentidas.

É neste contexto que se desenvolvem debates sobre a renovação e revitalização sindical que, marcados por uma pluralidade de visões e orientações teóricas, sugerem uma nova estratégia de ação que expandia o sindicalismo para fora do seu campo tradicional de atuação, isto é, relações de produção e escala nacional. A orientação de alargamento do campo de intervenção (WEVER, 1998), enfatiza a necessidade de os sindicatos procurarem organizar os trabalhadores excluídos dos tradicionais fóruns das relações industriais, promovendo alianças com outras organizações, procurando organizar e representar novos membros e novos interesses que ultrapassassem os tradicionais temas da negociação coletiva.

A noção de sindicalismo de movimento social constituiu uma referência no seio deste debate. Autores como Peter Waterman interpretam a crise sindical como a crise de um determinado tipo de sindicalismo, a saber, industrial/ nacional, característico da relação salarial fordista e que demonstrou dificuldades em responder ao aceleramento dos processos de globalização econômica. Este e outros acadêmicos procuraram de alguma forma respostas através da tentativa de compreensão da emergência de movimentos sindicais militantes, em diferentes regiões da economia mundial, mais concretamente em países como a África do Sul e o Brasil a partir dos anos 70, ou as Filipinas e a Coreia do Sul nos anos 80 (LAMBERT e WEBSTER, 1988; SCIPES, 1992; WATERMAN, 1993; SEIDMAN, 1994).

De fato, o que estava em causa era aprender como atuar num contexto laboral muito mais desestruturado. Os sindicatos dos países do Norte, tendo beneficiado da relação salarial fordista, no pós-guerra, começam a enfrentar dificuldades em conseguir representar e organizar uma classe trabalhadora crescentemente fragmentada, heterogênea e precarizada, algo que constituía uma variável estrutural e estruturante da classe trabalhadora dos países do Sul Global. Assim, a experiência do Sul servirá de inspiração para a revitalização da ação sindical nos países do Norte. Algumas obras e autores, ainda durante a década de 1990, procurarão identificar características deste perfil em diferentes sindicatos como os *Canadian*

Auto Workers Union ou na Campanha *Justice for Janitors* nos Estados Unidos (MOODY, 1997).

Um elemento importante consiste na percepção de que os sindicatos, com ideologias e identidades específicas, inseriram-se em sistemas de relações laborais (nacionais) com trajetórias históricas singulares. Embora esses arranjos institucionais não sejam por essência permanentes, possuem uma incrustação social e histórica (EBBINGHAUS e VISSER, 2000) influenciando de forma determinante o sindicalismo, pois são constitutivos de diferentes estruturas de oportunidades, e consequentemente de diferentes repertórios de ação sindical. A interação entre as estratégias do Estado e dos empregadores, instituições das relações industriais e identidades sindicais em cada contexto nacional, bem como as lutas em torno de determinadas práticas nacionais funcionam como instâncias mediadoras das pressões "externas" globalizadoras. Assim, se existem diversos tipos de problemas que afetam os sindicatos, geram-se também diferentes desafios e fontes de revitalização diversificadas (HYMAN, 2001; HYMAN et al., 2015; DIAS, KREIN e COLOMBI, 2015).

O estudo coordenado por Carola Frege e John Kelly (2004), fornece um quadro de análise incontornável para o estudo comparado das experiências de revitalização sindical. Identifica, por um lado, as dimensões de revitalização com as quais os sindicatos lidam quando encetam processos de mudança estratégica; por outro, seis tipos de estratégias que têm sido utilizadas na prossecução desses objetivos: organização e recrutamento de novos membros (organizing), parceria sindicatos-empregadores, ação política, reforma das estruturas sindicais, construção de coligações e solidariedade internacional. A relação entre dimensões e estratégias não é totalmente linear, pois uma estratégia pode procurar lidar com várias dimensões de revitalização (FREGE e KELLY, 2004a: 33).

As quatro dimensões de revitalização sindical definidas por Behrens, Hamann e Hurd (2004) constituirão o referencial de análise da atual situação do sindicalismo brasileiro institucional, filiação, econômica e política: a dimensão "institucional" é básica na medida em que considera as suas estruturas organizacionais e de governança, o seu funcionamento interno e a capacidade de se ajustar a novos contextos e desenvolver novas estratégias; a dimensão filiação diz respeito ao reforço da legitimidade, representatividade e poder negocial através do aumento do número absoluto de associados, da taxa de sindicalização e da diversificação da sua composição interna acompanhar as modificações na força de trabalho; a dimensão econômica centra-se na capacidade de obtenção de melhorias salariais e de outros benefícios, e do seu impacto mais geral na distribuição da riqueza; e a dimensão política à interação com atores nos diversos níveis de governo e em três arenas de atividade (eleitoral, elaboração de legislação e sua implementação) de forma a aumentar a eficácia e influência no processo de elaboração de políticas públicas por meio da participação em negociações de pactos sociais ou pela mobilização coletiva via greves políticas.

Tabela 1 – Dimensões da Revitalização Sindical

Dimensão	Descrição	Indicadores	Relevância
Filiação	Reforço da legitimidade, representatividade e poder negocial	número absoluto de membros	Aumento de recursos sindicais (materiais e humanos)
		densidade sindical	Aumento de poder sindical ao nível da empresa ou setor
		composição interna	Acompanhar as modificações na força de trabalho, procurando representar a sua crescente diversidade (mulheres, imigrantes, *part-time*, trabalhadores temporários)
		atitudes e expectativas dos membros existentes	Mobilizar membros para que mudanças tenham maior probabilidade de sucesso
Econômica	Obtenção de melhorias salariais e de benefícios, e impacto mais geral na distribuição da riqueza	Desenvolvimento de novas técnicas, fora da negociação coletiva	Aumentar alavancagem econômica.
		Modificação de estruturas deficientes de negociação	
		Redefinição do papel do sindicato no processo negocial	
Política	Interação com atores nos diversos níveis de governo e em três arenas de atividade.	Eleitoral	Assegurar a vitória de candidatos e/ou partidos aliados.
		Legislação	Aumentar a eficácia e influência no processo de elaboração de políticas públicas através da participação em negociações de pactos sociais ou pela mobilização coletiva via greves políticas
		Implementação	Contribuir para o cumprimento da legislação relevante através de fiscalização, pressão e recurso aos tribunais
Institucional	Mudanças na organização e funcionamento internos	Estruturas organizacionais e governação	capacidade de se ajustar a novos contextos e desenvolver novas estratégias de revitalização
		Funcionamento interno	

Dimensão	Descrição	Indicadores	Relevância
Societal	modalidades de relacionamento com a sociedade em geral.	Ideológico	Desafiar a hegemonia ideológica e influenciar o debate de ideias
		Confiança	Melhorar a imagem pública em geral e nos seus "públicos-alvo"
		Aliança/Coligação	Reforço mútuo de causas comuns, acesso a novos públicos

Fonte: Behrens, Hamann e Hurd (2004) e elaboração dos autores e em discussão com os grupos de pesquisas citados na nota de referência 1.

Acrescentaremos uma quinta dimensão, à qual se atribuirá a designação de societal, que comporta as modalidades de relacionamento que os sindicatos estabelecem com a sociedade em geral e divide-se em três elementos: ideológico, confiança na instituição sindicato e construção de alianças sociais. Relativamente ao elemento ideológico, concebe-se a luta pela organização sindical como uma luta que procura desafiar "a hegemonia das ideias e valores neoliberais com visões alternativas sobre como alcançar a justiça social e mais democracia" (FREGE e KELLY, 2004b: 194).

O elemento confiança na instituição sindicato relaciona-se com a imagem que a opinião pública em geral possui sobre estas organizações, e que exprimem não só atitudes de maior ou menor confiança na instituição bem como de práticas de maior ou menor proximidade em relação a esta. Por fim o elemento construção de alianças diz respeito à análise do tipo de conexões que os sindicatos estabelecem com outros setores da sociedade civil, quer sejam movimentos sociais, portadores de causas materialistas ou pós-materialistas, ou outras organizações, como ONGs que lidam com os temas da pobreza, da desigualdade e do trabalho.

AS TENDÊNCIAS CONTRADITÓRIAS DO CASO BRASILEIRO

O (novo) sindicalismo brasileiro, conforme foi referido anteriormente, é considerado, por alguns autores, como uma referência para a discussão da revitalização sindical. De fato, nos anos 1980 observa-se uma forte ascensão do sindicalismo no país, uma contra tendência em relação ao que se verificava nos países centrais. No entanto, a partir dos anos 1990, os estudos apontam para um arrefecimento da capacidade de ação coletiva, com uma deterioração dos indicadores sindicais, em contexto de desestruturação do mercado de trabalho, de inserção do país na globalização, de adoção de políticas ancoradas no Consenso de Washington e de flexibilização das relações de trabalho. O sindicalismo persiste, mostrando capacidade de ação, mas perde densidade e força na sociedade.

DIMENSÃO INSTITUCIONAL E ORGANIZATIVA

A regulamentação do arcabouço legal e das instituições dos sindicatos é caracterizada por uma ambiguidade. Por um lado, a organização sindical é enquadrada por uma regulamentação detalhada e tutelada pelo Estado, definindo as categorias profissionais e econômicas, impedindo a concorrência (princípio da unicidade), criando um sistema hierarquizado e confederativo, exigindo o reconhecimento estatal para a entidade exercer as prerrogativas sindicais. Mas, por outro lado, esta regulamentação confere reconhecimento e condições para as entidades sindicais se estruturarem. Tanto assim que, apesar das críticas à limitação trazida pelo controle estatal, a opção de praticamente todas as correntes político-sindicais foi de utilizar a estrutura oficial para, por meio dela, desenvolver as lutas dos trabalhadores.

Esta estrutura se mostra muito flexível, com capacidade de adaptação a diferentes contextos históricos (CARDOSO, 2003), passando a servir tanto para o movimento sindical tornar-se, por exemplo, um agente político importante em momentos históricos – como ocorreu no processo de redemocratização do país –, quanto para reprimir, calar e controlar os sindicatos, em momentos políticos desfavoráveis aos trabalhadores. Ou seja, a mesma regulamentação pode ser utilizada para garantir uma série de salvaguardas para ação coletiva como para permitir a existência de entidades sem representatividade, que sobrevivem com as taxas compulsórias e a unicidade sindical.

Nos anos recentes, duas novas tendências foram se consolidando. Diferentemente da experiência dos países avançados, agravou-se a pulverização e fragmentação sindical com a criação de novas entidades em todos os níveis: cresce o número de centrais (atualmente existem 12, sendo 6 oficialmente reconhecidas[2]), de estruturas de segundo grau e multiplica-se o número de sindicatos, passando de 10 mil para 16 mil, sendo 11 mil de trabalhadores, entre 1991 e 2001[3]. O cadastro de atualização sindical do MTE, embora não permitindo identificar a evolução do número de sindicatos, mostra a existência de 14.185 sindicatos filiados a centrais sindicais, incluindo as entidades em trâmite de registro e as atualizações inválidas. Além disso, há ainda, pelo menos, 2785 sindicatos de trabalhadores sem filiação e 5067 entidades patronais. Ou seja, embora não seja possível comparar as duas fontes de informação de forma a poder rastrear a evolução do número de entidades, a pulverização é evidente, com a existência de mais de 22 mil entidades sindicais no

2 As centrais reconhecidas são: CUT, Força Sindical, UGT, CTB, NCST, CSB. As centrais não reconhecidas são: CSP/CONLUTAS, Central do Brasil Democrática de Trabalhadores (CBDT), Central Unificada dos Profissionais Servidores Públicos do Brasil, União Geral dos Trabalhadores, Intersindical/Central da Classe Trabalhadora. Intersindical/Instrumento de Luta da Classe trabalhadora. Cf. http://www3.mte.gov.br/sistemas/cnes/relatorios/painel/GraficoFiliadosCS.asp.

3 O IBGE não realizou uma nova pesquisa sindical depois de 2001.

país[4]. A explicação para esta reside em vários fatores: na ambiguidade da estrutura sindical, na legislação de reconhecimento das centrais sindicais, na compreensão do judiciário pela prevalência da entidade mais específica e na reconfiguração do mercado de trabalho.

A segunda tendência foi a do sepultamento da reforma sindical. O Fórum Nacional do Trabalho, com composição tripartite e funcionamento entre 2003 e 2005, não conseguiu formular uma proposta alternativa de organização sindical. Como a reforma não avançou, duas medidas adotados pelo Governo reconhecimento das centrais sindicais e de suas estruturas paralelas e o repasse da Contribuição Sindical Obrigatória para as entidades sindicais de segundo grau federações e confederações paralelas – e de servidores públicos legitimaram a estrutura oficial e retiraram da agenda política nacional a discussão da reforma sindical. As medidas contaram com apoio das centrais sindicais reconhecidas.

Uma primeira consequência destas medidas foi a permanência de muitas entidades sindicais sem representatividade, como pode ser atestado pela ocorrência (depois de 2011) de um conjunto de greves e manifestações de trabalhadores sem a coordenação e até contra a direção do sindicato. A segunda foi a criação de um "mercado sindical" em que a disputa entre as Centrais por entidades sindicais se acirrou fortemente, pois cada novo sindicato criado ou filiado significa aumento da arrecadação do imposto sindical. Ou seja, estabeleceu-se uma corrida para criação de novas entidades, dado ser mais difícil ganhar entidades via eleições sindicais. A terceira consequência foi a criação de uma estrutura sindical esquizofrênica, em que prevalece o princípio da unicidade sindical na base e pluralismo nas entidades de segundo e terceiro grau. Outro aspecto a ser destacado, em função do arcabouço legal, foi o não avanço das iniciativas de unificação de sindicatos, de representação dos terceirizados e dos desempregados no período.

Em contraste, é possível levantar um conjunto de experiências de democratização da vida sindical, em que os trabalhadores são consultados na definição das estratégias sindicais. São, no entanto, experiências localizadas, não constituindo a realidade da maioria das entidades sindicais. Na mesma perspectiva de organização interna, existem muitos casos de criação de secretarias ou outros espaços organizativos para aglutinar segmentos específicos da categoria, tais como mulheres, jovens e grupos étnicos/raciais. Igualmente, no campo internacional, é crescente a participação nos fóruns e nas entidades gerais, assim como na articulação de redes sindicais por setor econômico e por empresa. Na mesma perspectiva, assinala-se um esforço de fortalecimento das organizações regionais das Américas e são crescentes os gestos de solidariedade internacional.

---

4 Cf. http://www3.mte.gov.br/sistemas/cnes/relatorios/painel/GraficoFiliadosCS.asp, dados de 04 de junho de 2015.

Em síntese, embora tenha havido um reforço dos recursos disponíveis para a atuação dos sindicatos, a estrutura vigente cria incentivos mais para a pulverização e persistência de muitas entidades sindicais burocráticas e esvaziadas, do que para a manutenção de entidades fortes e representativas congregando capacidade estratégica para processos de mudança organizacional com vista a se ajustar a novos contextos.

DIMENSÃO DA FILIAÇÃO E REPRESENTATIVIDADE DAS ENTIDADES SINDICAIS

No que diz respeito à dimensão da filiação, a sindicalização, embora tenha aumentado em termos absolutos, não conseguiu acompanhar a forte expansão do emprego no período. Assim, apesar do aumento do número de sindicalizados em cerca de 3 milhões, o número de ocupados elevou-se em 21 milhões, entre 2001 e 2013, segundo a PNAD. A taxa de sindicalização entre total dos ocupados ficou praticamente estável, mas caiu entre os assalariados com carteira de 26% para 19%. No embalo da primeira eleição de um presidente sindicalista o número de sindicalizados cresceu 29%, entre 2001 e 2005, uma taxa maior do que os ocupados, que aumentou 21% no período. Após 2005, a ocupação cresceu de forma mais intensa e a sindicalização perde força em termos relativos.

Figura 1 – Emprego formal* – Brasil (2003 – 2013)

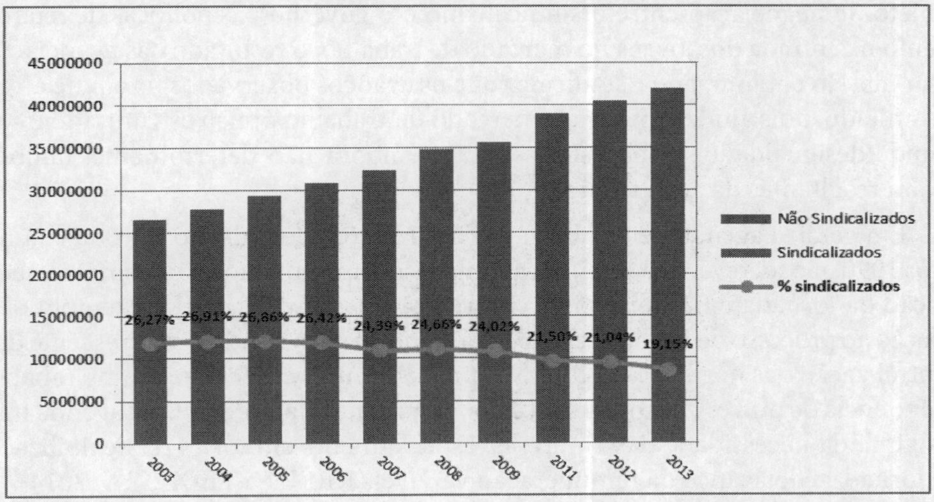

Fonte: PNAD/ Elaboração Pedro Henrique Alcantara.

* Não inclui trabalho doméstico e funcionários públicos estatutários.

A sindicalização caiu nos segmentos e regiões com maior tradição sindical e cresceu nas regiões Nordeste e Norte que apresentaram maior dinamismo econômico, corroborando com Silver (2005). O seu crescimento foi igualmente maior entre as mulheres do que entre homens e mais significativo no campo, impulsionado também pelo papel dos sindicatos rurais na viabilização da aposentadoria dos agricultores. A estabilidade da densidade sindical entre os ocupados e sua queda entre os assalariados formais reside nas características do emprego gerado, fundamentalmente em setores com baixa tradição sindical.

Também é importante destacar dois aspectos adicionais: 1) o sistema legal institucional brasileiro não estimula a sindicalização, pois os trabalhadores têm acesso ao resultado da negociação coletiva sem precisar ser sócio e os sindicatos conseguem obter outras fontes de financiamento compulsórias sem ter associados; 2) os sindicatos não conseguem aglutinar os terceirizados, os desempregados e os informais. Os trabalhadores informais possuem organizações coletivas de representação em alguns segmentos tais como os do comércio popular, transporte alternativo, entre outros – mas que, salvo raras exceções, estão fora das centrais, que representam fundamentalmente os assalariados formais.

DIMENSÃO ECONÔMICA

Durante o período em questão, o mercado de trabalho apresentou resultados favoráveis, com a queda do desemprego, aumento da formalização, recuperação dos salários médios e progressos na distribuição da renda do trabalho (BALTAR e KREIN, 2013). A melhoria destes indicadores está relacionada com: um contexto de maior crescimento econômico; a política de valorização do salário-mínimo (objeto de negociação entre o sindicalismo e o governo); as políticas de retardamento na entrada dos jovens no mercado de trabalho; o resultado das negociações salariais. No entanto, pode-se afirmar que os avanços observados foram de alcance limitado, pois ainda tem-se um mercado de trabalho pouco estruturado e com grande desigualdade social. Estes avanços, embora não determinante, também foram resultantes da ação sindical.

Em geral, a agenda de flexibilização das relações de trabalho introduzida nos anos 1990 não foi revertida, e foi, em alguns casos, aprofundada, tais como na negociação da jornada e nas formas de contratação (terceirização, por exemplo). Em relação ao processo de negociação coletiva, continua ocorrendo uma crescente descentralização das negociações coletivas por setor mais especifico, acompanhando a tendência de pulverização sindical e por empresa, fortalecendo uma agenda mais próxima da necessidade das empresas, especialmente em torno da flexibilização da jornada e do avanço da remuneração variável (KREIN e TEIXEIRA, 2014).

Ao nível da negociação coletiva, os progressos obtidos concentram-se sobretudo na questão da remuneração do trabalho. A título de exemplo, verifica-se uma nítida inflexão após 2004. A partir desse ano, mais de 80% das negociações salariais resultaram em pelo menos a reposição da inflação passada, e em 2012, 95% destas obtiveram algum tipo de aumento real (KREIN e TEIXEIRA, 2014). A remuneração variável também cresceu de forma expressiva na composição da renda anual dos assalariados nos setores mais organizados da economia, com a negociação da PLR (Participação nos Lucros e/ou Resultados).[5]

Figura 2

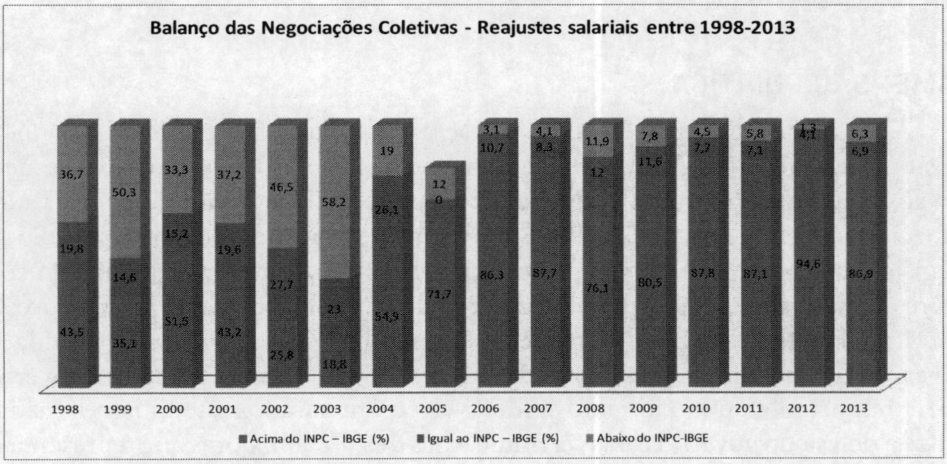

Fonte: SACC – Dieese – Painel de acompanhamento

Especialmente após a crise de 2008, verifica-se um crescimento da conflitualidade das relações de trabalho. Boito Jr e Marcelino (2010) mostram uma retomada do ciclo grevista nos anos recentes, o que se relaciona com a tentativa por parte dos sindicatos de melhorarem o padrão de remuneração de sua base, em um contexto de maior dificuldade de avanço nas negociações, em função da diminuição do ritmo de crescimento econômico e elevação da inflação. A tabela abaixo evidencia a retomada das greves, tanto as greves defensivas quanto as ofensivas, em que 2013 é o ano de maior número de greves.

Tabela 3 – Total de greves na esfera pública e privada; Brasil 2003-2013

	2003	2004	2005	2006	2007	2008	2009	2010	2011	2012	2013
Total	340	302	299	320	316	411	518	445	554	877	2050
Funcionalismo público	156	158	137	145	140	155	215	233	296	381	796
Empresas estatais	20	27	25	20	21	29	38	35	29	29	137

5 Há também alguma novidade nos temas relacionados com as relações sociais de gênero e contra todas as formas de discriminação. Os avanços estão circunscritos a um conjunto de cláusulas de proteção da maternidade reafirmando de certa forma o papel social das mulheres. Já no que se refere a desigualdades salariais e a segregações ocupacionais ou profissionais não se identificam avanços.

	2003	2004	2005	2006	2007	2008	2009	2010	2011	2012	2013
Esfera Privada	160	114	135	151	149	224	264	176	227	464	1106

Fonte: DIEESE. Elaboração própria

DIMENSÃO POLÍTICA

A vitória de Lula representou uma esperança de parte expressiva do movimento sindical de reversão do quadro desfavorável dos anos 90. No entanto, o começo do governo Lula, dentro do contexto de crise econômica, foi muito conservador, especialmente em relação à política econômica e à agenda de debates no Poder Legislativo. Apesar de alguma ênfase na área social e no aumento do diálogo com atores sociais, a agenda de reforma da previdência social do setor público provocou importantes defecções na principal sindical do país (CUT), com a saída de diversos agrupamentos que demandavam uma postura mais crítica do governo. Parte importante do movimento sindical viveu um paradoxo, tendo que se situar entre a defesa do governo e das reivindicações dos trabalhadores que representava, conduzindo a um exacerbar das divergências. Além disso, a relação ficou caracterizada pela forte presença de quadros sindicais em diversos escalões do governo, desde os seus primeiros momentos, o que revela o grau de compromisso que se estabeleceu entre ambos (ARAÚJO e VÉRAS DE OLIVEIRA, 2011).

A partir de 2005, e até 2010, a inflexão da política econômica – a partir de ensaios desenvolvimentistas e uma melhora dos indicadores do mercado de trabalho[6] – propicia uma aproximação de grande parte do movimento sindical com o governo, tendo sido intensificados os espaços de interlocução, o que resultou na adoção de algumas políticas defendidas pelo movimento sindical, tais como o reconhecimento das centrais sindicais[7], a política de valorização do salário-mínimo, a obstrução de importantes elementos da pauta flexibilizadora de direitos e a negociação de medidas anticíclicas para enfrentamento da crise de 2008.

O movimento sindical não conseguiu, no entanto, viabilizar elementos centrais da sua agenda, tais como a implementação de um modelo de desenvolvimento com distribuição de renda e valorização do trabalho, a redução da jornada de trabalho, a introdução de mecanismos legais contra a dispensa imotivada, entre outros. Em torno dessa agenda, o movimento sindical organizou sete jornadas nacionais e inúmeros eventos em Brasília (LADOSKY et. al., 2014: 75-76) que embora não tenham tido uma mobilização expressiva, contribuíram para avançar na interlocução com o governo.

6 Conferir Krein, J. Manzano, M., 2014.

7 Cf Galvão, 2012 e Araújo e Véras de Oliveira, 2011.

Outro aspecto a ser destacado é a maior presença do movimento sindical nos espaços institucionais. Estes foram simultaneamente, segundo Araújo e Véras de Oliveira (2011: 93), inéditos e de alcance limitado: "A participação sindical em espaços institucionais passou a ser uma importante frente de ação ao longo dos anos noventa, como vimos. A novidade trazida pelo governo Lula foi a de buscá-la, promovê-la, sob a referência do 'diálogo social'". Muitos destes espaços não obtiveram acordo, tal como ocorreu na reforma da previdência, no Fórum Nacional do Trabalho, nos rumos da política econômica, enquanto que noutros foi possível construir entendimentos, como foi o caso nos fóruns de competitividade, o contrato nacional de referências para as obras do PAC, o fim do fator previdenciário, entre outros.

Relativamente à regulação do trabalho, Krein e Biavaschi (2015) apresentam um balanço de todas as medidas adotadas demonstrando a existência de movimentos contraditórios. Em geral, a proximidade com o governo contribuiu mais para vetar mudanças profundas demandadas pelas organizações patronais a partir dos anos 1990 do que para consagrar novos direitos.

No governo Dilma, em um contexto mais complicado, do ponto de vista econômico e político, a interlocução perdeu força e o movimento sindical se dividiu mais nas estratégias de ações conjuntas, que se expressaram na divisão das lideranças sindicais no processo eleitoral de 2014 e no debate sobre a regulamentação da terceirização. Posteriormente, a colocação em votação do PL 4330 (terceirização) pelo Congresso Nacional e as Medidas Provisórias 664 (pensão e aposentadoria) e 665 (seguro-desemprego e abono salarial), com forte rejeição entre os trabalhadores, abriu uma oportunidade para o movimento sindical se reconectar com a sociedade e estabelecer uma articulação com movimentos sociais na perspectiva resistir contra a destruição de direitos e da proteção.

Em torno dessa resistência, apesar de não ser objeto de estudo do presente texto, foram realizadas diversas mobilizações nacionais expressivas, relembrando as ações do final da década de 1980. Algo similar também ocorreu em 2001, quando o governo FHC tentou aprovar um projeto em que previa a prevalência do negociado sobre o legislado. Foi a primeira vez que o sindicalismo, no período, conseguiu criar um grande movimento de resistência e ampla unidade de ação, expressando também uma maior autonomia em relação ao Governo. Mas, com exceção desse movimento recente, o sindicalismo perde força política, que pode ser observada na queda acentuada da bancada sindical no Congresso Nacional[8], na composição dos principais cargos da República e no progressivo esvaziamento do Ministério do Trabalho e Emprego.

---

8 Segundo DIAP, em 2014, a bancada caiu de 83 para 46 sindicalistas entre a última e penúltima legislatura. É a menor bancada desde 1988. Cf. http://agenciabrasil.ebc.com.br/politica/noticia/2015-01/com-bancada-sindical--reduzida-no-congresso-trabalhadores-temem-retrocesso. Acesso 03/06/2015.

A análise da relação do sindicalismo com os governos do PT tem sido objeto de um extenso e polêmico debate (GALVÃO, 2014). Na perspectiva do presente texto, a relação das centrais com o governo é influenciada pelos embates políticos existentes na sociedade, o que faz com que parte do movimento sindical (especialmente CUT e CTB) seja parte do bloco que chegou ao poder, conforme argumenta Cardoso (2013), o que gerou uma estratégia cuidadosa de não fragilização do governo, mas que o levou a ter posições dúbias em muitos debates. Um outro bloco de centrais adotou uma postura mais pragmática de crítica e apoio de acordo com o contexto político e aprovação do governo. Por último, encontram-se as centrais que possuem um discurso bastante crítico ao governo, tanto com posições mais à esquerda quando posicionamentos mais pragmáticos.

Assim, se no segundo governo Lula todas as centrais reconhecidas estavam na base de apoio, posteriormente verificou-se uma crescente divisão entre elas e as ações conjuntas tornaram-se mais raras no primeiro governo Dilma. Igualmente, apesar dos espaços de interlocução e negociação se terem mantido, a margem de manobra para a efetivação de acordos estreitou-se, criando um contexto com maior potencial de conflitualidade, como pôde ser observado nas posições das principais lideranças sindicais no final do governo Dilma.

DIMENSÃO SOCIETAL

O movimento sindical – apesar das mobilizações e da aproximação com outros movimentos sociais na luta de resistência ao PL 4330 e contra as medidas de retirada de direitos contidas na política de austeridade adotada pelo governo Dilma – perdeu força na sociedade brasileira nos últimos anos. Um primeiro aspecto que permite observar essa perda de influência reside na queda de confiança da população na instituição sindicato. Conforme pesquisa do IBOPE, a confiança cresceu expressivamente no começo da década, passando de 49% em 1997 para 62% em 2005, caindo para 44% em 2013.

Outro indicador refere-se às mobilizações. Apesar do crescimento do número de greves e de outras ações sindicais, as principais manifestações ocorridas no período não foram protagonizadas pelo sindicalismo, sendo inclusive desafiados nalguns casos, como ocorreu nas manifestações de 2011 nas grandes obras do PAC, na jornada de junho de 2013, em várias greves em 2014 (garis no Rio, motoristas de ônibus em Porto Alegre). Ao mesmo tempo é necessário ressalvar que ocorreu uma mudança recente, em que boa parte do movimento sindical – envolvendo Centrais com concepções políticas e relação com governo distintas se unificou em uma luta defensiva contra a retirada de direitos e contra a política econômica de austeridade.

Historicamente, o sindicalismo buscou ampliar a sua agenda na perspectiva de dialogar com a sociedade e uma articulação com outros movimentos sociais com vista a intervir no debate sobre os rumos do projeto de desenvolvimento do país. Na agenda interna, ocorreram muitas iniciativas de inclusão das questões de grupos específicos e da ampliação da cidadania (COLOMBI, 2013), tais como as questões de gênero, raça, ecologia, consumidor, acesso às políticas públicas de bem-estar social, com uma tendência da prevalência de temas mais específicos em detrimento dos de caráter mais universal (GONÇALVES, KREIN e MADI, 2009).

A construção de alianças/coligações com outras organizações sociais e populares, embora faça parte do patrimônio histórico do nosso sindicalismo, nem sempre se concretiza de forma estruturada e permanente. Em primeiro lugar pois por vezes não é concebida enquanto uma relação entre iguais, gerando tensões. Estas não inviabilizam ações conjuntas e espaços de construção de pautas coletivas, como ocorreu no âmbito do Fórum Social Mundial e nas manifestações recentes contra as medidas de austeridade. No entanto as articulações são sobretudo pontuais, não se verificando uma construção estratégica, pois na essência o movimento sindical tendeu a privilegiar no período as ações mais voltadas para as categorias. Apesar disso, grande parte do movimento sindical coloca na sua agenda as questões sociais mais gerais da sociedade, buscando disputar os rumos do desenvolvimento do país.

Ao movimento sindical, em suas diferentes matizes, se colocou a tarefa de disputar a hegemonia na sociedade. No período analisado, conseguiu barrar iniciativas de aprofundamento de flexibilização, especialmente no Congresso Nacional, mas não foi capaz de vocalizar as questões gerais dos trabalhadores na sociedade nem assumir um protagonismo na inclusão de uma pauta vinculada com as suas reivindicações históricas. Em outros termos, o sindicalismo se fortaleceu na representação das questões da defesa dos interesses econômicos e imediatos de sua base de representação, mas continuou perdendo espaço na sociedade como instituição capaz de expressar as demandas mais gerais dos setores empobrecidos da sociedade.

CONSIDERAÇÕES FINAIS

As transformações na composição da classe trabalhadora, em um ambiente de globalização financeira muito desfavorável ao trabalho e à ação coletiva, colocam o desafio da reinvenção do movimento sindical. Neste sentido, o texto procurou trazer alguns elementos preliminares para descrever a experiência brasileira no período entre 2003 e 2013 que vivenciou, ao contrário da situação internacional, não somente uma fragilização do movimento sindical, mas também ações que o afirmaram junto à sua base de representação.

Trata-se, por isso, de uma experiência que apresenta sinais contraditórios. Por um lado, existe um conjunto de indicadores que evidenciam sinais de revitalização sindical, tais como: aumento das greves; elevação do número de sindicalizados, com redução da densidade; melhoria nas negociações salariais; avanço nos espaços de interlocução com o Governo. Por outro lado, acumulam-se evidencias da perda de força e importância do sindicalismo na sociedade, com o crescente descrédito da instituição sindical, a incapacidade de vocalizar um projeto de desenvolvimento do país que promova distribuição de renda e valorize o trabalho e a emergência de muitas mobilizações sociais e até trabalhistas sem o protagonismo dos sindicatos.

Apesar das condições de ação dos sindicatos terem melhorado, persistiu um arranjo legal e institucional legitimado com o reconhecimento formal das centrais – que aprofundou a pulverização sindical, tanto na cúpula como na base, ou seja, novas centrais sindicais foram constituídas e cresceu o número de sindicatos e as disputas pelo controle dos aparelhos se intensificaram. Neste contexto, embora nos principais sindicatos se tenha verificado uma ampliação da agenda sindical incluindo demandas específicas de mulheres, jovens, aposentados, grupos étnicos e raciais, LGBT, ao mesmo tempo, as ações de solidariedade e de classe foram mais raras e sem grande envolvimento dos trabalhadores, as estratégias de inclusão de desempregados, terceirizados e informais apareceram com pouca relevância.

Enquanto a relação de assalariamento for predominante nas sociedades capitalistas, o sindicalismo não perderá o seu papel e relevância. De fato, não se conhecem sociedades democráticas e civilizadas sem a presença do movimento sindical. Subscrevemos Munck quando diz que "uma tese fundamental é que os trabalhadores e o movimento de trabalhadores são, e tornar-se-ão, cada vez mais centrais na nova ordem capitalista globalizante. O capitalismo está sendo reconstruído, o mesmo acontecendo com o mundo do trabalho e com as organizações de trabalhadores" (Munck, 2002: 51).

Desta forma, se a dinâmica de desenvolvimento do capitalismo é desigual, a crise e renovação da ação sindical também o será. No período em análise, apesar de se terem verificado progressos ao nível das diversas dimensões de revitalização, subsistiram sinais de uma crise de projeto na medida em que o sindicalismo brasileiro perdeu protagonismo social mais amplo. O desafio da revitalização sindical dependerá sobretudo da sua capacidade de ação estratégica, procurando lidar com novos desafios e procurando incorporar novas demandas. São, pois, sobre as dimensões institucional e societal, que recaem os principais dilemas e as melhores perspectivas de revitalização.

REFERÊNCIAS BIBLIOGRÁFICAS

ANTUNES, R. (1995), *Adeus ao trabalho? Ensaio sobre as Metamorfoses e a Centralidade do Mundo do Trabalho.* São Paulo: Cortez.

ARAÚJO, A. M. C.; VERAS DE OLIVEIRA, R. V. (2011), "El sindicalismo en la era de lula: entre paradojas y nuevas perspectivas". *Trabajo.* México, v.5, n.2. 83-112.

BALTAR, P.; KREIN, J. D. (2013), "A retomada do desenvolvimento e a regulação do Mercado do trabalho no Brasil". *Caderno CRH*, v. 26, n.68, Salvador, BA: maio/ago 2013.

BEHRENS, M.; HAMANN, K.; HURD, R. (2004), "Conceptualizing labour union revitalization". In C. Frege e J. Kelly (eds.), *Varieties of Unionism – strategies for union revitalization in a globalizing economy*, Oxford: Oxford University. 11-29.

BOITO Jr., A.; MARCELINO, P. (2010), "O Sindicalismo deixou a crise para trás? um novo ciclo de greves na década de 2000". *Caderno CRH*, Salvador, v.23, nº 59, Maio/Ago 2010, 323-338.

CARDOSO, A. M. (2003), *A década neoliberal e a crise dos sindicatos no Brasil*, São Paulo: Boitempo.

CARDOSO, A. M. (2013), "Para onde foram os sindicatos?", In J. D. Krein et al. (orgs.) *Regulação do trabalho e instituições públicas*. São Paulo: Fundação Perseu Abramo, 123-137.

COLOMBI, A.P. (2013), *Entre a fragmentação e a ação unificada: uma análise da atuação do Sindicato dos Bancários e Financiários de São Paulo, Osasco e Região durante os anos 2000*, Dissertação de Mestrado Instituto de Economia. UNICAMP.

DIAS, H.; KREIN, J. D.; COLOMBI, A. P. (2015), "As centrais sindicais e a dinâmica do emprego". *Estudos Avançados USP*, 12/2015, 121-136.

DIAS, H.; FERNANDES, L. (2016), A greve geral de novembro de 2012 e os protestos anti-austeridade – análise a partir do caso português, *International Journal on Working Conditions*, No.11, June 2016, 37-54.

DUBAR, C. (2006), *A Crise das Identidades – a interpretação de uma Mutação*. Porto: Edições Afrontamento.

EBBINGHAUS, B.; VISSER, J. (2000), *Trade Unions in Western Europe since 1945*. London: Palgrave Macmillan.

FREGE, C.; KELLY, J. (2004) (eds.), *Varieties of Unionism – strategies for union revitalization in a globalizing economy*, Oxford: Oxford University Press.

FREGE, C.; KELLY, J. (2004a), "Union Strategies in Comparative Context", In C. Frege e J. Kelly, (eds.), *Varieties of Unionism strategies for union revitalization in a globalizing economy*. Oxford: Oxford University Press. 31-44.

FREGE, C.; KELLY, J. (2004b), "Conclusions: varieties of unionism", In C. Frege e J. Kelly (eds.), *Varieties of Unionism strategies for union revitalization in a globalizing economy*. Oxford: Oxford University Press. 181-195.

GALVÃO. A. (2012), "A reconfiguração do movimento sindical nos governos Lula", In A. Boito Jr.; A. Galvão (orgs.) *Política e classes sociais no Brasil dos anos 2000*. São Paulo: Alameda Editorial, 187-222.

GALVÃO, A. (2014), "A contribuição do debate sobre a revitalização sindical para a análise do sindicalismo brasileiro". *Crítica Marxista*, 38, 103-117.

GONÇALVES, J. R. B.; KREIN, J. D.; MADI, M. A. C. (2009), "Bancos, bancários e representação sindical no Brasil contemporâneo", In *XI Encontro Nacional da ABET*, Campinas.

HALL, P. A.; SOSKICE, D. (2001) (eds.), *Varieties of Capitalism: the institutional foundations of comparative advantage, Oxford: Oxford University Press.*

HURD, R. W. (1998), "Contesting the dinosaur image: the labor movement´s search for a future". *Labor Studies Journal* (Winter 1998), 5-30.

HYMAN, R. (2001), *Understanding European Trade Unionism – between market, class and society,* London: Sage.

HYMAN, R.; GUMBRELL-McCORMICK, R.; BERNACIAK, M. (2015), El Sindicalismo Europeo: de la crisis a la renovación? *Colección Cuadernos*, núm 40. Madrid: Fundación 1º de Mayo.

KREIN, J. D.; TEIXEIRA, M. (2014), "As controvérsias das negociações coletivas nos anos 2000 no Brasil", In R. Véras de Oliveira et al. (Orgs.) *O sindicalismo na era Lula: paradoxos, perspectivas e olhares*, Belo Horizonte, MG: Fino Traço. 213-245.

KREIN, J. D.; MANZANO, M. (2014), *Notas sobre a formalização. Estudo de Caso: Brasil.* FORLAC, Escritório Regional da OIT para a América Latina e o Caribe.

KREIN, J. D.; BIAVASCHI, M. B. (2015), "Os movimentos contraditórios da regulação do trabalho no Brasil dos anos 2000". *Revista Cuadernos del Cendes*. Caracas (no prelo).

LADOSKY, M. H.; RAMALHO, J. R.; RODRIGUES, I. J. (2014), "A questão trabalhista e os desafios da ação sindical nos anos 2000", In R. Véras de Oliveira; M. A. Bridi; M. Ferraz (Orgs.), *O sindicalismo na era Lula: paradoxos, perspectivas e olhares*. Belo Horizonte: Fino Traço. 61-85.

LAMBERT, R.; WEBSTER, E. (1988), "The re-emergence of political unionism in contemporary south africa?", In W. Cobbet e R. Cohen (eds.), *Popular Struggles in South Africa*. Trenton: Africa World Press, 20-41.

MOODY, K. (1997), *Workers in a lean world – unions in the international economy,* London: Verso.

MUNCK, R. (2002), *Globalisation and Labour – the new "great transformation"*. London: Zed Books.

SCIPES, K. (1992), "Understanding the New Labor Movements in the 'Third World': The Emergence of Social Movement Unionism". *Critical Sociology,* 19(2), 81-101.

SEIDMAN, G. (1994), *Manufacturing Militance: Workers Movements in Brazil and South Africa, 1970-1985,* Berkeley: University of California Press.

VOSS, K.; SHERMAN, R. (2000), "Breaking the iron law of oligarchy: union revitalization in the american labor movement". *American Journal of Sociology*, 106 (2), 303-349.

WATERMAN, P. (1993), "Social Movement Unionism: a new model for a new world order". *Review*, 16(3), 245-278.

WEVER, K. S. (1998), "International Labor revitalization: enlarging the playing field". *Industrial Relations*, 37(3), July 1998, pp. 388-407.

CAPÍTULO 11

O MOVIMENTO SINDICAL NA ARGENTINA E NO BRASIL (2002-2014)[1]

Adalberto Cardoso[2]
& Julián Gindin[3]

Sumário • Introdução – O neoliberalismo e o mundo do trabalho – Um novo contexto para o movimento sindical – Impactos sobre o sindicalismo – As tendências e as centrais sindicais – A atividade sindical nas empresas: negociações coletivas e greves – Conclusões – Referências.

INTRODUÇÃO

Argentina e Brasil evidenciam, hoje, semelhanças que surpreenderiam um observador de meados do século XX. Mesmo admitindo que diferenças significativas continuem existindo nos mercados de trabalho, nos sistemas partidários, na estrutura e nas tradições sindicais, indicadores como PIB *per capita*, urbanização da população e proporção de população assalariada estão mais próximos do que jamais estiveram. Os dois países se aproximaram também no que respeita à desigualdade social (que, com oscilações, cresceu nos últimos 40 anos na Argentina e vem diminuindo no Brasil) e à capacidade de ação sindical e política da classe trabalhadora (que cresceu nos últimos 40 anos no Brasil). Paralelamente a essa convergência estrutural, contemporaneamente se desenvolveram processos políticos análogos, associados, primeiro, à hegemonia e depois à erosão do neoliberalismo; e, em seguida, à consolidação de governos com fortes vínculos com os movimentos sociais e com os sindicatos. Contra esse pano de fundo, o artigo investiga um problema central: como dois movimentos sindicais diferentes em

---

1 Os autores agradecem a dois pareceristas anônimos da revista *Sociedade e Estado*, cujos comentários muito contribuíram para o aprimoramento do texto.

2 Adalberto Cardoso é doutor em sociologia pela USP, coordenador do Núcleo de Pesquisas e Estudos do Trabalho (Nupet, sediado no Iesp-Uerj), e professor do Iesp-Uerj. Dentre suas publicações recentes destacam-se: *A construção da sociedade do trabalho no Brasil. Uma investigação sobre a persistência secular das desigualdades* (Rio de Janeiro, FGV, 2010); *Ensaios de sociologia do mercado de trabalho brasileiro* (Rio de Janeiro, FGV, 2013); Work in Brazil: essays in historical and economic sociology (Rio de Janeiro, EdUERJ, 2016). <acardoso@ iesp.uerj.br>.

3 Julián Gindin é doutor em sociologia pelo Instituto de Estudos Sociais e Políticos da Uerj, professor da Faculdade de Educação da UFF e integrante do Núcleo de Pesquisas e Estudos do Trabalho (Nupet, sediado no Iesp-Uerj). Publicou *Por nós mesmos. O sindicalismo docente de base na Argentina, no Brasil e no México* (Rio de Janeiro, Azougue, 2015).

termos de tradição, estrutura e relação com o sistema político responderam a um contexto que evoluiu, em termos político-econômicos, de maneira semelhante?

Para responder a essa questão, o argumento será construído em três seções, além desta Introdução. Na primeira, destacamos os impactos das reformas neoliberais dos anos 1990 em três dimensões: (i) na estrutura da classe trabalhadora, com aumento do desemprego, da informalidade, da terciarização dos empregos, redução de efetivos industriais e do funcionalismo público, dentre outros; (ii) na organização de classe, com destaque para a queda nas taxas de filiação e efeitos da estrutura sindical na perda de poder dos sindicatos; e (iii) na articulação do sindicalismo com o sistema de partidos e a dinâmica política mais geral, na qual ele se constituiu como um dos importantes atores no combate ao neoliberalismo. Na segunda seção, analisamos o período inaugurado em 2003, com a chegada de Kirchner e Lula ao poder central. As três dimensões são novamente abordadas, para mostrar a relativa reversão das tendências da década anterior, com retomada do emprego industrial (mas não ao patamar dos anos 1980), queda do desemprego e da informalidade, aumento da renda média do trabalho etc.; no caso da organização da classe trabalhadora, mostramos que a estrutura sindical revelou-se um entrave à renovação das práticas sindicais, e se as taxas de filiação aumentaram na Argentina, não retomaram o patamar anterior ao neoliberalismo, enquanto no Brasil elas vêm caindo sistematicamente desde 2006. Ainda assim, os sindicatos retomaram capacidade de negociação e ação coletivas, e foram atores centrais do arranjo de poder de Kirchner e Lula. Na conclusão discutimos as perspectivas para o futuro do sindicalismo nos dois países[4].

O NEOLIBERALISMO E O MUNDO DO TRABALHO

Ao ser eleito em 1989, Fernando Collor de Mello trouxe o neoliberalismo ao horizonte econômico e político do Brasil, enquanto Carlos Menem, eleito no mesmo ano, retomou e aprofundou as políticas neoliberais que haviam ficado em suspenso com o fim da ditadura militar, em 1983.

Apesar da profundidade das transformações propostas por Collor, ele não conseguiu terminar o mandato, em razão do *impeachment* que o destituiu em 1992, e o governo de Itamar Franco, de transição, se levou adiante as políticas neoliberais, continuando o processo de privatização das estatais e de abertura da economia, o fez em ritmo muito mais lento. O avanço nas políticas neoliberais viria com a eleição de Fernando Henrique Cardoso, em 1994, e sua reeleição, em 1998, enquanto Menem também seria reeleito, em 1995, o que lhes garantiu mandatos de oito e dez anos, respectivamente.

---

4 O espaço disponível exige que sejamos, por vezes, telegráficos na interpretação dos processos investigados. Esperamos suprir essa limitação indicando a bibliografia relevante (inclusive nossos próprios estudos e pesquisas) que serviu de base à análise.

Uma das explicações para o apoio social e eleitoral obtido por seus governos foi a estabilização da economia, através do *Plan de Convertibilidad* e do Plano Real. A classe trabalhadora – que tinha perdido renda e qualidade de vida em razão do processo hiperinflacionário de fins dos anos 1980 – recebeu inicialmente bem os planos, que, além de controlarem a inflação, resultaram, num primeiro momento, em ganhos reais de salários (Ranis, 1997; Margheritis, 1999). Mas a abertura dos mercados (de capitais, de produtos e também, em alguns casos, de serviços) cedo produziu impactos na estrutura industrial dos dois países, com perdas de empregos e renda, aumento do desemprego e da informalidade, além da deterioração das condições de trabalho (Cardoso, 2003; 2004; Cook, 2007). O modelo de estabilização também mostrou seus limites em razão da fragilidade externa que resultou dos altos déficits em conta corrente, do alto e crescente endividamento público (interno e externo) e da perda de competitividade das duas economias, que se tornaram presas de seguidos ataques especulativos contra as moedas artificialmente valorizadas (Silva, 2002; Cano, 1999). O Brasil foi obrigado a desvalorizar o real em janeiro de 1999, o que afetou de maneira irreversível a situação Argentina (Gastaldi *et alii*, 2000): cada qual era o principal parceiro comercial do outro, e a desvalorização brasileira pressionou a *Convertilidad* ao ponto de ruptura, ocorrida em janeiro de 2002, em meio a uma crise social e política sem precedentes[5].

Embora o contexto econômico e ideológico da primeira metade da década de 1990 fosse hostil à ação sindical (Oliveira, 1998; Boito Jr., 2006), o sindicalismo se encontrava relativamente fortalecido, pois vinha de uma década de conquistas políticas e institucionais (Cook, 2007). Em parte por isso, particularmente perante o sindicalismo mais forte da Argentina, os governos negociaram concessões com muitos sindicatos (em troca da adesão às reformas) e abriram espaços funcionais à racionalidade neoliberal para a atuação sindical (como a abertura do processo de privatização aos trabalhadores em ambos os países, via destinação de parte das ações das empresas privatizadas a fundos geridos por eles)[6].

Os setores pragmáticos do sindicalismo (a futura Força Sindical no Brasil e a CGT San Martín na Argentina) aliaram-se inicialmente aos governos e ingressaram nos Ministérios de Trabalho, enquanto os sindicatos que tinham protagonizado as mobilizações na década de 1980 se opuseram de forma militante aos

---

5 A corrosão das políticas implantadas por Menem, do Partido Justicialista (PJ), foi capitalizada por Fernando De La Rua, opositor eleito presidente em 1999. Contudo, reformar o *Plan de Convertibilidad* não se mostrou tarefa simples, em razão dos múltiplos entraves institucionais e econômicos e da debilidade política do presidente recém-eleito (Etchemendy, 2005). Em meio a uma crise sem precedentes na história argentina, De La Rua foi obrigado a deixar o poder em 2001, quando uma oposição policlassista não unificada, da qual participaram as centrais sindicais, protagonizou uma rebelião que convulsionou o país (Maneiro, 2012).

6 Sobre alguns casos argentinos, ver María Murillo (2001). Algumas referências ao caso dos metalúrgicos da Força Sindical podem ser encontradas em Patrícia Trópia (2004).

governos neoliberais (caso da CUT no Brasil e das lideranças da CGT Azopardo na Argentina nos dois primeiros anos do governo Menem).

Na Argentina, um setor significativo se manteve independente, e as correntes confrontadoras às estratégias da CGT se dividiram: algumas lançaram o projeto de construir uma central alternativa – a Central de Trabajadores Argentinos (CTA) –, enquanto outras criaram o Movimento de Trabajadores Argentinos (MTA), que não abandonou a ideia de dirigir a CGT. Progressivamente, à medida que os efeitos regressivos das medidas neoliberais ficavam mais claros (em especial o desemprego e a queda na renda do trabalho) e os governos enfrentavam crescente oposição interna, a posição dos setores sindicais pragmáticos mudou: o sindicalismo menemista retrocedeu na Argentina e a Força Sindical participou de protestos e campanhas contra o governo de Fernando Henrique Cardoso.

O sindicalismo argentino, quando confrontou com fortes greves o governo nacional, teve relações ambíguas e instáveis com outros setores sociais que, crescentemente, se colocavam em oposição ao governo, particularmente os movimentos "piqueteros" (Maneiro, 2012). Inversamente, a relação do sindicalismo com os movimentos que se opuseram ao neoliberalismo foi muito estreita no Brasil, basicamente pela articulação entre a Central Única dos Trabalhadores (CUT), o Partido dos Trabalhadores (PT), o Movimento do Trabalhadores Rurais Sem Terra (MST) e praticamente toda a oposição ao neoliberalismo. Os setores mais radicais, dentro e fora do sindicalismo, atuaram no Brasil como a ala mais à esquerda dessa frente antineoliberal (Bringel, 2014).

Em parte pela capacidade de pressão do movimento sindical, as mudanças na legislação trabalhista foram moderadas (concentrando-se nos direitos individuais do trabalho) e o arcabouço que regulamenta a negociação coletiva e estrutura o sindicalismo só foi modificado – por pouco tempo – na Argentina em 2000 (Cook, 2007; Berg *et alii*, 2006). Isso não quer dizer que tenham sido "moderadas" as mudanças nas relações de trabalho. As empresas flexibilizaram "a frio" as normas de uso do trabalho, muitas optando simplesmente por não cumprir a lei, o que o sindicalismo não conseguiu limitar significativamente. Onde o sindicalismo teve possibilidade de negociar as reformas nos processos de trabalho, o normal foi que negociasse concessões (Cardoso, 2004; Sluyter-Beltrão, 2010; Novick, 2003).

É importante deixar marcado, antes de prosseguir, que o neoliberalismo avançou sem excluir os trabalhadores da luta eleitoral, sem excluir os sindicatos da dinâmica política e sem modificar substancialmente o edifício que regulamenta as relações de trabalho. Nesse contexto, é preciso destacar três impactos das reformas neoliberais: na estrutura da classe trabalhadora, na organização de classe e na articulação do sindicalismo com o sistema de partidos. Vejamos pois.

O neoliberalismo dos anos 1990 afetou profundamente os processos e o mercado de trabalho, com reflexos na própria estrutura da classe trabalhadora. No interior das empresas, o patronato introduziu medidas de flexibilização funcional do uso do trabalho, reorganizou a produção e o modo de se trabalhar[7]. Além disso, foram privatizadas importantes empresas públicas, que, em geral, concentravam sindicatos poderosos[8]. No mercado de trabalho, a desconcentração do emprego ou sua transferência para novas áreas geográficas, a desindustrialização, o incremento do emprego informal e do desemprego modificaram a estrutura ocupacional da classe trabalhadora e ergueram barreiras importantes ao sindicalismo. Na Argentina foram particularmente graves o desemprego e a queda do emprego industrial (Cardoso & Gindin, 2009); no Brasil houve significativa migração de parte do emprego industrial para o interior do país (Saboia, 2000), e o desemprego também cresceu (Cardoso, 2003). Com algumas diferenças segundo o país e segundo o ramo econômico, onde houve crescimento no emprego, isso se deu particularmente em setores com pouca tradição sindical ou em condições nas quais era mais difícil a ação das organizações de classe. A consequência desses processos foi a diminuição das bases sociais dos sindicatos, a fragmentação das categorias e da negociação coletiva e o enfraquecimento da posição negociadora dos sindicatos (Cardoso & Gindin, 2009). A geração de ativistas sindicais dos anos 1980 teve seu ímpeto militante arrefecido, e uma nova geração de trabalhadores se formou num ambiente hostil à atividade sindical.

Um segundo impacto do neoliberalismo diz respeito à organização da classe trabalhadora. A taxa de sindicalização na Argentina saiu de um pico de quase 66% da população assalariada em 1990, para perto de 32% em 2000 (Senén González *et alii*, 2010)[9] e ainda que, em termos agregados, tenha se mantido praticamente estável no Brasil (variando pouco em torno da média de 20% dos assalariados ao longo da década de 1990, como mostrado em Cardoso, 2003), a estabilidade esconde uma transformação profunda na composição interna do sindicalismo. Com efeito, enquanto caía o número de filiados em algumas das principais organizações tradicionais, particularmente as industriais, cresceram os sindicatos de funcionários públicos (algo que ocorreu também na Argentina, mas em menor escala) e de alguns setores dos serviços – como comerciários, alimentação e hotelaria. Vale notar que, nos dois países, a estrutura sindical e trabalhista permite o fortalecimento sindical bastante direto dos setores onde

7 A diferenciação entre flexibilidade interna (nas empresas), externa (no mercado de trabalho) e legal (na legislação) está em Enrique De la Garza (2000).

8 É o caso da agremiação dos trabalhadores em telecomunicações. Uma comparação da ação sindical nas privatizações das telecomunicações nos dois países está em Campinho (2014).

9 Os autores chamam a atenção para a diversidade de fontes utilizadas para mensurar a filiação sindical ao longo do tempo. Os dados não são estritamente comparáveis em sua minúcia, embora pareça não haver controvérsia quanto à queda nas taxas de filiação no período.

cresce o emprego[10]. Isso se expressa de maneira amplificada na Argentina em razão da centralização da estrutura sindical e da maior organização dos trabalhadores dos serviços. Assim, em pesquisa realizada a partir de 2005 em empresas com mais de dez trabalhadores, Senén González *et alii* (2010) chegam a resultados surpreendentes para um analista do sindicalismo brasileiro: 52% dos comerciários sindicalizados (contra 43% nos transportes ou 39 % na indústria) e a sindicalização é maior nas pequenas (42%) do que nas médias e grandes empresas (36%). Em consequência, a Federação dos Comerciários e a União dos Trabalhadores Gastronômicos ganharam uma incidência muito grande na cena sindical argentina. No Brasil, a CUT encontrou dificuldades para avançar no mundo sindical. Em primeiro lugar, o sindicalismo cutista não conseguiu replicar, como almejava, a experiência do sindicato de metalúrgicos do ABC paulista, em termos de presença nas fábricas, participação sindical e ação coletiva. Em segundo lugar, justamente o berço da CUT viveu, na década de 1990, situação particularmente crítica: as montadoras de automóveis e suas fornecedoras, principais empregadoras do ABC, aprofundaram processos de reconversão produtiva, ameaçaram transplantar as empresas para outras regiões e exigiram concessões nas negociações coletivas, em nome da competitividade, com isso pressionando o sindicalismo cutista (Rodrigues, 1999). Em terceiro lugar, o grande projeto de diálogo social tripartite da direção da CUT, as câmaras setoriais, só foi bem-sucedido na indústria automotiva do ABC e não sobreviveu aos governos de Collor-Itamar Franco[11]. Enquanto isso, a Força Sindical cresceu e se apresentou como séria concorrente na indústria, no comércio e nos serviços[12].

Além dessas transformações na composição setorial do sindicalismo, é importante indicar que: (i) em ambos os países as tendências burocráticas presentes no sindicalismo de massas se aprofundaram, e o movimento sindical chegou ao final da década de 1990 mais dependente da prestação de serviços e (em termos gerais) mais distanciados das suas bases; (ii) no Brasil, tanto a Força Sindical quanto a CUT foram legalmente reconhecidas e se consolidaram, e passaram a participar de diferentes agências estatais ou organismos tripartites; enquanto na base do movimento sindical cresceu a fragmentação, basicamente pela existência de incentivos econômicos e organizacionais num sistema que o Estado deixou de controlar, depois da Constituição de 1988; (iii) na Argentina, a consolidação da CTA (embora como central minoritária) pôs fim a uma tradição de décadas,

---

10 Isso em razão das taxas compulsórias cobradas de todos os representados, independentemente da filiação sindical, e também da representação compulsória de todos nas negociações coletivas.

11 Sobre essa experiência, ver, entre outros, Adalberto Cardoso e Alvaro Comin (1995).

12 Segundo o censo sindical de 2001, do IBGE, 24% dos sindicatos de trabalhadores industriais estavam filiados à CUT em 2001, e 21% à FS; 15% dos sindicatos de comerciários estavam filiados à CUT e 13% a FS; 12% dos sindicatos de transporte terrestre estavam filiados à FS e 8% à CUT. Ver: IBGE (2002).

segundo a qual as diferentes correntes sindicais aspiravam a liderar a central sindical única (CGT).

Um terceiro impacto do neoliberalismo foi propriamente político, e se expressa na articulação do sindicalismo com o sistema de partidos. Trata-se de um elemento central, pois as disputas e as negociações entre capital e trabalho se travam em grande medida em torno das características que terá a regulamentação, pelo Estado, das relações de trabalho. As principais centrais brasileiras tenderam a alguma convergência política, já que a FS abandonou suas posições neoliberais e se distanciou do PSDB (Trópia, 2004) e a CUT se moderou (Boito Jr., 2006; Sluyter-Beltrão, 2010). Nesse contexto, o isolamento da esquerda cutista deu a esta central um cariz ainda mais identificado com o PT e seu projeto de poder. Na Argentina, ao contrário, o neoliberalismo estremeceu a relação do sindicalismo com o sistema de partidos, fortalecendo suas tendências autonomistas. O MTA, mantendo a sua identidade peronista, teve os laços com o Partido Justicialista bastante debilitados. O fracasso do governo De La Rua (1999-2001), candidato da frente política antimenemista, aumentou as tensões internas à CTA, pois algumas importantes lideranças da central alternativa participaram da frente antimenemista no governo (Godio, 2000)[13]. Chegou-se ao final dos governos neoliberais com um sindicalismo mais autônomo em relação ao PJ na Argentina; mais determinado a se moderar politicamente para chegar ao poder no caso da CUT; e mais identificado, nos dois países, com a oposição ao neoliberalismo.

UM NOVO CONTEXTO PARA O MOVIMENTO SINDICAL

O fim da paridade entre as moedas locais e o dólar, nos dois países, permitiu o início da recuperação econômica, o crescimento do emprego industrial e a queda do desemprego, bem como o retorno da inflação e das negociações salariais constantes para defender o valor dos salários. No Brasil, a paridade cambial foi abandonada em 1999, quatro anos antes da chegada do PT ao governo. Esse fato, somado às opções políticas do governo Lula e aos estragos menores do neoliberalismo (vis-à-vis a *débâcle* Argentina), contribui para explicar a imagem de continuidade, no plano da gestão econômica, entre as administrações de Fernando Henrique Cardoso e Luís Inácio Lula da Silva. Na Argentina, a paridade com o dólar foi abandonada em 2002, depois de quatro anos de recessão, num contexto de acentuada queda no emprego industrial e significativa taxa de desemprego. Néstor Kirchner capitalizaria a ruptura com o passado.

---

[13] Ver nota 2.

A maneira pela qual foi processada a erosão da hegemonia do neoliberalismo nos dois países (crise ainda no governo Fernando Henrique Cardoso, no Brasil, e *débâcle* quando Menem já havia deixado o poder na Argentina), contribui para explicar por que um dirigente operário tradicionalmente opositor tenha assumido o governo como liderança moderada, enquanto um político tradicional peronista, que tinha participado do governo Menem, se tenha apresentado como alguém disposto a superar a herança neoliberal e refundar o país.

Ao assumirem os governos em 2003, Luís Inácio Lula da Silva e Néstor Kirchner colocaram em suspenso as políticas antissindicais, acolheram algumas demandas do sindicalismo em seus programas de governo, promoveram o emprego formal, valorizaram o salário mínimo e estimularam a construção de âmbitos tripartites para a definição das políticas públicas voltadas para o mundo do trabalho. Ainda assim, enfrentaram desafios diferentes: o governo Lula precisava mostrar que um partido com nítida (embora não exclusiva) base sindical podia governar o país; o governo Kirchner precisava reconstituir institucionalmente um país que estava saindo de uma profunda recessão. Ambos representaram uma renovação; e em ambos os países o sindicalismo foi protagonista dessa renovação, ao apresentar-se como alternativa viável de poder (no caso do Brasil) ou ao apoiar decisivamente o novo governo (no caso da Argentina). Em termos eleitorais, os dois movimentos representados por Lula e Kirchner se mostraram eficientes. O kirchnerismo se fortaleceu, e nas eleições de 2007 promoveu como candidata à presidência a esposa de Kirchner, Cristina, que venceu e foi reeleita em 2011. Lula, por sua vez, foi reeleito em 2006 e promoveu, em 2010 e 2014, a eleição e a reeleição de Dilma Rousseff.

No plano econômico, as taxas de inflação no Brasil foram mantidas, com algumas exceções, dentro das metas estabelecidas pelo Banco Central, ao passo que na Argentina as taxas foram bem superiores e, desde 2007, fonte de acirrada polêmica em razão do descrédito das taxas oficiais após mudanças na metodologia de cálculo pelo Instituto Nacional de Estadística y Censos (Indec), impostas pelo governo[14].

A resiliência do processo inflacionário nos dois países coincidiu com a redução das altas taxas iniciais de crescimento do PIB. Entre 2003 e 2013, o PIB

[14] A "intervenção" no Indec teria reduzido a inflação oficial de algo em torno de 12% para menos de 8% ao ano. Mesmo que, desde 2009, a taxa oficial seja consistentemente superior a 10% (Fonte: <http://www.indec.mecon.ar/informacion-de-archivo.asp>, Acessado em: Fev. 2015), ainda está muito abaixo de estimativas de outras fontes. A partir de 2011, o Congresso argentino passou a divulgar um índice de preços do Congresso, baseado em consultorias privadas, com valores superiores a 22% ao ano (Fonte: <http://unionportodos.org/index.php?option=com_content&view=article&id=1473:indice-de-precios-alconsumidor-difundidos-por-el-congreso-nacional&catid=25:institucional>. Acessado em: Fev. 2015), chegando-se a 40% (taxa anualizada) em agosto de 2014. A inflação argentina, resultado direto do conflito distributivo, tornou-se também objeto de disputa política em torno de sua mensuração.

argentino cresceu a uma taxa média anual de 6,2%, e o brasileiro, de 3,5%. O crescimento, porém, não foi constante. Entre 2003 e 2007, a Argentina cresceu 8,6% ao ano, e o Brasil, 4%. Nos anos seguintes a média caiu para 4,1% e 3,1% respectivamente, sendo que, nos dois casos, anos de alto crescimento (2010 e 2011 na Argentina, 2010 no Brasil) puxaram a média, muito baixa nos demais anos do período (e mesmo recessão em 2009)[15].

No mercado de trabalho também houve mudanças significativas, na contramão do que ocorrera durante o neoliberalismo, que afetaram, uma vez mais, a estrutura da classe trabalhadora. O emprego industrial cresceu nos dois países, e o desemprego caiu substancialmente. Em 2003 a taxa de desemprego foi de 17,3% na Argentina e 12,3% no Brasil, caindo a 6,4% e 5,2% em 2013, respectivamente (ver IBGE e Indec). Apesar disso, não mudaram as "novas" formas de gestão do trabalho (que parecem ter se consolidado) e, embora numa tendência descendente, em 2011 os trabalhadores por conta própria, empregadores com cinco empregados ou menos, trabalhadores independentes, empregados domésticos e auxiliares de família ainda representavam quase o 40% da PEA (38% na Argentina, 39% no Brasil, segundo dados da Cepal).

Nas Tabelas 1a e 1b pode-se ver a evolução do emprego formal no âmbito privado nos dois países. Toma-se a Argentina como parâmetro de definição das datas de corte, e compara-se o último ano da década de 1990, no qual houve crescimento econômico (1997) naquele país, o ano com o pior desempenho (2002) e a situação encontrada em 2012 (depois de dez anos da desvalorização e nove de administração kirchnerista). A tabela mostra que o emprego industrial, embora tenha crescido significativamente entre 1997 e 2012 em termos absolutos, caiu como proporção do total dos empregados registrados: de 26% (1997) a 21,5% (2002) e 20,2% (2012). A queda se deu num contexto de expressiva expansão do emprego assalariado formal. Os setores de maior crescimento relativo foram a construção civil (muito sensível às conjunturas econômicas) e o comércio (que quase duplicou entre 2002 e 2012). No Brasil o emprego formal cresceu constantemente desde 1997, mais do que dobrando no período, mas também neste país a participação da indústria de transformação caiu de 25,2% para 21,2% do total do emprego assalariado formal. E tal como na Argentina, construção e comércio respondem pela maior variação relativa positiva. Nos dois países, os serviços responderam pela maior parte do emprego formal criado, em termos absolutos.

---

15 Os dados oficiais e consolidados sobre o PIB nos dois países estão disponíveis no IBGE brasileiro e no Indec argentino.

Tabela 1A
Evolução do emprego registrado no setor privado
(Argentina, 1997, 2002 e 2012)

	Atividades primárias	Indústria	Eletricidade, gás e água	Construção	Comércio	Serviços	Total	Evolução (do total)
1997	310.536	965.777	45.110	249.501	587.388	1.607.362	3.714.254	100
2002	284.125	753.293	46.882	125.378	581.063	1.707.825	3.498.566	94
2012	431.436	1.280.345	60.762	452.504	1.128.261	2.961.207	6.314.515	170

Fonte: *Boletim Trimestral de Empleo Registrado*. Tercer trimestre 2012. Observatorio de Empleo y Dinámica Empresarial, MTESS;

Tabela 1B
Evolução do emprego registrado no setor privado
(Brasil, 1997, 2002 e 2012)

	Atividades primárias	Indústria	Eletricidade, gás e água	Construção	Comércio	Serviços	Total	Evolução (do total)
1997	1.103.722	4.703.756	332.051	1.162.045	3.668.782	7.662.212	18.632.568	100
2002	1.261.036	5.209.774	310.366	1.106.350	4.826.533	9.182.552	21.896.611	118
2012	1.723.554	8.148.328	423.277	2.832.570	9.226.155	16.167.385	38.521.269	207

Fonte: Rais/MTE. Como a informação para a Argentina inclui apenas o setor privado, fizemos o mesmo para o Brasil.

IMPACTOS SOBRE O SINDICALISMO

Tanto no Brasil como na Argentina o crescimento do emprego registrado tem efeitos automáticos sobre as instituições do mundo do trabalho (como a cobertura das convenções coletivas e o sistema de seguridade social) e ativa uma série de direitos sociais e trabalhistas que tornam o trabalhador visível do ponto de vista do Estado e lhe garantem certa segurança socioeconômica. É o que Hector Palomino (2008) denominou "mecanismo laboral", que favorece também a ação sindical ao ampliar as receitas institucionais e o número de trabalhadores representados. No Brasil, cada novo trabalhador formal terá descontado um dia de seu salário para sustentar o sistema de representação sindical. E quando das negociações coletivas, nos dois países, contribuições adicionais são em geral incluídas nas cláusulas conveniadas, devidas, na Argentina, até mesmo pelos trabalhadores não sindicalizados cobertos pelos convênios assinados[16]. Mais emprego formal quer dizer mais trabalhadores nas bases sindicais, mais recursos financeiros e organizacionais e, eventualmente, maior poder de barganha junto aos empregadores, especialmente em razão da queda nas taxas de desemprego.

Sobre essa base material, os sindicatos se revitalizaram nos dois países. Na Argentina esse foi particularmente o caso de algumas organizações industriais nacionais com muita tradição sindical que tinham perdido terreno e capacidade

---

16 No Brasil, a Justiça do Trabalho consolidou jurisprudência determinando que as contribuições negociadas em convenções coletivas se aplicam apenas aos associados dos sindicatos.

de mobilização no passado recente[17]. No Brasil, parece ter sido muito significativo o crescimento do sindicalismo em regiões periféricas, sobretudo nos novos territórios produtivos resultantes do processo de desconcentração industrial das últimas décadas[18].

Ainda que os dados estejam sujeitos a controvérsias (Senén González *et alii*, 2010), e não se possa contar com informação comparável para um período de tempo mais longo, tudo indica que, na Argentina a filiação sindical cresceu. Diferentes estudos sobre as empresas que empregavam mais de dez trabalhadores, em 2005 e 2006, estimam a taxa de filiação nesse segmento entre 37 e 40 por cento[19]. No Brasil, a densidade sindical cresceu entre 2002 e 2006, tanto entre os trabalhadores assalariados do setor privado (1,1 ponto percentual) quanto do setor público (2,4 pontos percentuais). É verdade que o aumento acentuado no emprego formal depois de 2006 e a entrada maciça de jovens no mercado de trabalho reduziram a densidade sindical a partir de então[20], mas em números absolutos os sindicatos do setor privado ganharam 1,5 milhão de novos adeptos, e os do setor público, mais de 300 mil entre 2006 e 2012.

AS TENDÊNCIAS E AS CENTRAIS SINDICAIS

As demandas do movimento sindical junto ao Estado foram feitas com base na participação orgânica no governo, no caso brasileiro, enquanto no caso argentino a falta desse canal foi equilibrada com uma capacidade de pressão sobre o governo relativamente maior. Em certa medida, essa situação resulta do percurso do sindicalismo desde a redemocratização nos dois países: enquanto no Brasil muitas lideranças sindicais – particularmente as da CUT – procuraram aceder à estrutura do Estado por meio da sua participação no PT, na Argentina as lideranças demandaram a garantia ou a ampliação de recursos organizacionais e econômicos que fortalecessem suas organizações, e não "migraram" para o aparelho de Estado. Isso contribui também para explicar por que a CUT tentou estabelecer uma agenda de discussão em torno das grandes linhas de política econômica e

---

17 Ver Cecilia Senén González e Andrea Del Bono (2013). Foi particularmente o caso do Sindicato Nacional dos Metalúrgicos.

18 São exemplos os novos polos industriais do sul fluminense (Ramalho e Santana, 2013), do interior do Rio Grande do Sul e de vários estados do Nordeste do país (Véras de Oliveira, 2013; Véras de Oliveira & Santana 2013).

19 Segundo a *Encuesta a Trabajadores en Empresas* (2005), a taxa de filiação sindical era de 37,6% (Aspiazu & Waisgrais, 2007). Segundo a *Encuesta de Indicadores Laborales* (2006) era de 39,7%.

20 Em termos relativos, em 2006 a taxa de filiação dos assalariados era de 21%, caindo a 18% em 2012 e a menos de 17% em 2013, segundo a Pesquisa Nacional por Amostra de Domicílios (Pnad). A queda é explicada também pela má qualidade dos novos empregos criados (Pochmann, 2012), em geral de baixa qualificação, alta rotatividade e reduzidos salários. Os sindicatos não parecem capazes de atrair adeptos entre os novos entrantes no mercado de trabalho na mesma proporção da taxa histórica recente, de 20% de filiados (Cardoso, 2014).

trabalhista, enquanto o sindicalismo argentino teve atitude menos propositiva, e limitou-se a apoiar ou a criticar as políticas kirchneristas.

Para o Ministério de Trabalho argentino foi nomeado Carlos Tomada, de perfil negociador e trânsito fácil com os grandes sindicatos, incluindo os ex-menemistas. A política sindical foi extremamente pró-sindical, particularmente nos primeiros anos. A agenda antissindical levada a cabo entre 1976 e 2002, com alguns "sucessos" parciais, foi arquivada *sine die*; e a reforma trabalhista de 2000 foi derrogada (com a Lei de Ordenamento Trabalhista nº 25.877/04). A polêmica reforma sancionada em 2000 tinha sido intensamente combatida pelo sindicalismo (Murillo, 2013), e sua derrogação foi um sinal evidente da proximidade do governo Kirchner com as lideranças sindicais. No Brasil, o Ministério de Trabalho foi ocupado inicialmente pela CUT, e começou a ser debatida uma reforma da legislação trabalhista e sindical. Contudo, a única mudança significativa foi a Lei nº 11.648, de 2008, que regulamenta as centrais sindicais, garantindo-lhes parcela do dinheiro arrecadado via imposto sindical e estimulando a busca, por elas, de adesão por parte dos sindicatos de base, já que a partilha do imposto é feita segundo a representatividade de cada central, medida pelo número de trabalhadores filiados aos sindicatos representados pelas centrais.

Do ponto de vista da relação entre o movimento sindical e o sistema político, a questão chave na Argentina é o alinhamento político de um grupo muito pequeno e poderoso de federações nacionais e sindicatos com o poder central[21]. Com as exceções parciais de servidores municipais, motoristas de ônibus e bancários[22], na Argentina houve continuidade política na condução dos grandes sindicatos. Kirchner enfrentou um setor do sindicalismo identificado com o menemismo, e inicialmente apoiou-se no líder do Movimiento de los Trabajadores Argentinos (MTA), o caminhoneiro Hugo Moyano. Moyano tinha o perfil confrontador que o próprio governo adotava, uma capacidade de mobilização que nenhum outro sindicalista possuía e, diferentemente da Central de Trabajadores de la Argentina (CTA), tinha capacidade de liderar a maioria do sindicalismo. O fortalecimento de Kirchner no governo foi paralelo ao fortalecimento de Moyano, tanto no mundo sindical quanto no Partido Justicialista.

Por fora do moyanismo, consolidou-se um grupo de sindicatos identificados com o governo (mas sem um passado confrontador, incluindo ex-menemistas),

21 Além da própria estrutura sindical – que se mostra ainda muito firme e centralizada, ainda que venha apresentando fissuras –, esta relação direta entre o Poder Executivo e o sindicalismo é estimulada porque a tradição política é mais centralizada, e o presidencialismo, mais marcado do que no Brasil. Além do mais, o kirchnerismo conseguiu uma hegemonia nos estados e no Congresso nunca lograda pelo PT. Ver, dentre outros, Juan Bautista Lucca (2011).

22 O sindicato nacional de motoristas de ônibus, que foi um dos pilares do MTA, atualmente atua como um sindicato independente em termos de alinhamento político-sindical. A Confederação de Sindicatos dos Trabalhadores das Prefeituras e o Sindicato Nacional dos Bancários seguiram um caminho inverso e assumiram perfis mais confrontadores.

outro de sindicalistas pragmáticos com grande capacidade de negociação e distantes do governo (como os comerciários); e um terceiro de "peronistas não kirchneristas" (como os gastronômicos e os trabalhadores rurais). Não houve nenhuma greve geral até o ano 2012. Não é demais ressaltar que esse foi o período mais extenso sem greves gerais desde o governo de Perón (1946-1955).

No Brasil, em termos gerais, pode-se dizer que a postura do governo Lula em relação à CUT foi de utilizá-la como um dos centros de formação de quadros para a gestão dos negócios do Estado, o que tem um antecedente: a migração dos quadros sindicais para a atividade político-partidária na década de 1990. O governo conseguiu atrair as outras centrais sindicais, sobretudo no segundo mandato de Lula (a partir de 2007) e, em razão de suas opções político-econômicas (como a manutenção do tripé câmbio livre, superávit fiscal e metas de inflação), acabou provocando a saída da esquerda cutista da central. Em 2007, a Corrente Sindical Classista (CSC) deixou a CUT e criou a Confederação Geral de Trabalhadores e Trabalhadoras do Brasil (CTB), central integrada por militantes do Partido Comunista do Brasil (PCdoB), partido que participou dos governos do PT. Nesse contexto de reorganização, fora do antigo campo cutista, setores da estrutura sindical tradicional criaram, em 2005, a Nova Central Sindical de Trabalhadores (NCST). Três centrais sindicais menores se unificaram na União Geral de Trabalhadores (UGT), também em 2007, e outro grupo de sindicatos constituiu a Central dos Sindicatos Brasileiros (CSB) em 2008[23]. A tendência à maior fragmentação organizacional do sindicalismo brasileiro (tanto na base quanto na cúpula) não deve obscurecer a crescente unificação política do movimento sindical (com a exceção da dissidente esquerda cutista) em torno do modelo de país, e também do modelo sindical, principalmente no segundo mandato do presidente Lula.

Em termos de setores econômicos, a CUT é a central mais diversificada, com sindicatos em praticamente todos os setores, e é dominante no serviço público, entre os trabalhadores rurais e em algumas categorias importantes, como bancários e petroleiros. Em linhas gerais, a Força Sindical também está organizada na maioria dos setores, mas tem particularmente peso na indústria, e a União Geral dos Trabalhadores (UGT) se concentra nos setores de serviços e comércio (Marcelino, Galvão & Trópia, 2011). A Conlutas e a dissidente esquerda cutista em geral conservam posições em algumas categorias tradicionalmente cutistas, em especial os professores do setor público.

O sindicalismo não transformou em prestígio político os momentos de maior adesão social aos governos do PT e do kirchnerismo, e não é uma instituição popular nos dois países[24]. Na eleição de 2006, Lula foi reeleito com expressivas vota-

23 Sobre a movimentação no ambiente sindical centralizado no Brasil, ver Andréia Galvão (2012).

24 Em 2011, segundo dados do *Latinobarômetro*, 57% dos brasileiros e 72% dos argentinos confiavam pouco ou nada nos sindicatos. Ver: <http://www.latinobarometro.org/latOnline.jsp>. Acessado em: Jan. 2015.

ções nos bairros pobres das grandes metrópoles e no Nordeste, tradicionalmente refratários ao PT. Esse resultado não foi encarado como emanado do sindicalismo organizado.

Tabela 2
Índice de representatividade das centrais sindicais (2008-2014)*

	CUT	FS	UGT	NTSC	CTB	CGTB
2008	35,84%	12,33%	6,29%	6,27%	5,09%	5,02%
2014	34,39%	12,59%	11,92%	8,01%	9,33%	–

* O sindicalismo do setor público está sub-representado; porcentagens sobre o total de sindicatos filiados a centrais.
Fonte: Ministério do Trabalho e o Emprego.

O presidente, pessoalmente, assumiu sua autoria. A participação direta num governo altamente popular resultou, paradoxalmente, na perda de visibilidade política da CUT, que, pela primeira vez em sua história, exercitou a tradicional fórmula social democrata de restringir demandas e conter o ímpeto reivindicativo imediato de seus representados, em nome de seu projeto de poder de longo prazo.

Na Argentina, lideranças sindicais têm oferecido, particularmente a alguns candidatos peronistas, recursos econômicos e uma estrutura disciplinada de quadros médios – em alguns casos, com importante extensão territorial. Em troca, proeminentes sindicalistas chegaram ao Congresso, provenientes de dentro e de fora do kirchnerismo. De qualquer maneira, o poder desses sindicalistas é estritamente coextensivo ao poder das organizações que lideram, e o "intercâmbio" entre sindicalistas e líderes políticos não reverteu a tendência à dessindicalização do Partido Justicialista e à queda na presença de sindicalistas no Congresso, que já havia sido ressaltada por Steven Levitsky (2003).

No contexto das dificuldades econômicas enfrentadas por ambos os países, a relação entre os governos e o movimento sindical encontrou crescentes problemas. Na Argentina, em parte pela própria consolidação do kirchnerismo, o governo passou gradualmente a adotar uma atitude mais conservadora em relação aos conflitos sindicais e às reivindicações salariais. O sistema de mediação de interesses que Ruth Collier e Sebastián Etchemendy (2007) caracterizaram como de "*segmented neo-corporatism*"[25], que emergiu em 2003, se esgotou. Um segmento significativo do sindicalismo passou a confrontar o governo.

Assim, depois das eleições de 2011 e com Cristina Kirchner fortalecida com a reeleição, sem ver as suas demandas trabalhistas, sindicais e políticas satisfeitas, Moyano renunciou ao PJ. No ano seguinte, a CGT se dividiu novamente,

[25] Este se basearia em: *"[...] tripartite bargaining that produces labour moderation within the framework of accepted (more than negotiated) macroeconomic policy and inflation targets, in exchange for gains, backed by the mobilizational power of relatively autonomous unions"* (Etchemendy & Collier, 2007: 392).

pois muitos sindicatos não trilharam o caminho confrontador aberto por Moyano. Além da CGT Azul y Blanco (criada em 2008, e liderada pelo Sindicato dos Gastronômicos, sempre antikirchnerista), a nova cisão resultou em duas CGTs: uma liderada por Moyano e outra reconhecida pelo governo. São alinhamentos "táticos" das principais lideranças sindicais. Cristina Kirchner não reconstituiu com nenhum sindicato da CGT oficial o relacionamento que Néstor Kirchner tinha estabelecido inicialmente com Moyano. Algumas das lideranças sindicais da CGT oficial chegaram a participar das chapas opositoras ao kirchnerismo em 2013 (como o Sindicato da Saúde Privada) e outros da greve geral liderada por Moyano em 2014 (como o de motoristas de ônibus). Também fora da CGT, os caminhos dos principais sindicatos da CTA se apartaram, como os da centro-esquerda argentina de um modo geral, e o projeto mais criativo do sindicalismo argentino nas últimas décadas se dividiu entre um setor kirchnerista e um setor antikirchnerista, em 2010. Desde então atuam duas CTA. O sindicalismo classista mais radicalizado atua como oposição interna em vários sindicatos dessas centrais, consolidando posições em algumas categorias e liderando conflitos trabalhistas com grande visibilidade nacional[26].

No Brasil, a CUT perdeu algumas passarelas importantes de acesso ao governo. A primeira, o Ministério de Trabalho, em 2007. Em março desse ano, Lula nomeou Carlos Lupi (PDT) ministro do Trabalho, e a CUT deixou de controlar essa pasta estratégica. Nessa nomeação operou Paulo Pereira da Silva, da FS, à época também do PDT. Em outras palavras, para garantir a formação de uma coalizão mais sólida no Congresso, Lula deu o controle do Ministério de Trabalho à central sindical que concorre mais diretamente com a CUT. A segunda passarela: a eleição de Dilma em 2010 tirou do centro do poder o interlocutor preferido da CUT – o próprio Lula. Essa situação, num ambiente político e econômico mais incerto e mais restritivo em razão da crise internacional iniciada em 2008, levou os sindicatos cutistas a importantes conflitos setoriais, nos quais se enfrentaram com o governo no transporte aéreo e no funcionalismo federal, por exemplo.

A ATIVIDADE SINDICAL NAS EMPRESAS: NEGOCIAÇÕES COLETIVAS E GREVES

O crescimento econômico, a existência de estruturas sindicais sólidas, a volta da inflação e o crescimento do emprego registrado criaram um contexto favorável para a ação sindical nas empresas. Essa atividade foi potencializada na Argentina

26 É o caso de fábricas metalúrgicas, da alimentação, gráficas e de pneus do norte da grande Buenos Aires (Varela, 2015); e também do Sindicato dos Metroviários de Buenos Aires, do Sindicato Nacional dos Trabalhadores na Indústria do Azeite e do Óleo, dos funcionários públicos em alguns distritos e dos trabalhadores das estradas de ferro do oeste da grande Buenos Aires.

por uma onda de participação política mais profunda e no Brasil por uma estrutura sindical mais flexível e competitiva.

A revitalização da negociação coletiva na Argentina tem sido um dos fenômenos mais relevantes do mundo do trabalho, uma vez que reativou a negociação nacional por ramo (que é muito agregada). Esta negociação se concentrou nos índices de recomposição salarial e foi coordenada pelo Ministério de Trabalho. Isso outorgou ao governo federal maior poder no universo sindical e na dinâmica da negociação coletiva, mas também o expôs a maior desgaste. Além da negociação anual dos salários, foram negociados recursos para as organizações sindicais e temas relativos aos processos trabalhistas. Neste último sentido, não há evidências claras de uma mudança qualitativa no conteúdo das negociações coletivas[27], e algumas cláusulas parecem estabelecer condições de trabalho mais flexíveis do que as que vigiam antes[28].

No Brasil a negociação coletiva se desenvolve num ambiente descentralizado (com poucas exceções, como a dos bancários, dos petroleiros, do funcionalismo público federal, dentre outros) e relativamente "despolitizado", no qual sindicatos e empresas estabelecem seus acordos sem intervenção do governo ou da Justiça do Trabalho[29]. Desde 2004 a maioria dos sindicatos negociou sistematicamente índices de reposição salarial superiores à taxa de inflação. Segundo o Departamento Intersindical de Estatística e Estudos Socioeconômicos (Dieese), que analisa uma amostra de convenções coletivas, em 2003 apenas 18,8% delas conseguiram incrementos acima do índice oficial de inflação do Instituto Brasileiro de Geografia e Estatística (IBGE). Em 2004 chegou-se a 54,9%, e partir de então as proporções subiram: depois de 2007 sempre mais de 75% negociaram acima da inflação e em 2012 e 2014 a percentagem superou o 90% (Dieese, 2015a). De qualquer maneira – tal como na Argentina –, não são evidentes avanços na negociação das condições de trabalho[30].

---

27 As negociações coletivas do Sindicato de Eletricitários de Buenos Aires podem ser consideradas um caso "crucial". Trata-se de um sindicato tradicionalmente forte, que negociava com uma empresa estatal privatizada no governo Menem. Ao analisar o período 1975-2010, Julieta Haidar (2013) conclui que, nas convenções, se mantêm muitas das regulamentações flexibilizadoras incorporadas na década de 1990. Ver também Julia Soul (2012) para a siderúrgica, e Marticorena (2014) para o conjunto da indústria.

28 Pode ser que, em alguns casos, exista uma tendência a "legalizar", de maneira negociada, situações *de facto* que estavam sendo vivenciadas nos locais de trabalho desde a década de 1990 (Cardoso & Gindin, 2009: 57).

29 A Justiça do Trabalho ainda detém a prerrogativa de arbitrar sentenças normativas quando acionada pelas duas partes em conflito, mas esse expediente (o dissídio coletivo) está em desuso no Brasil. A média de dissídios na década de 1990 foi de menos de 4% dos conflitos trabalhistas, tendo caído a zero na década de 2000. Ver Dieese (2006).

30 É também a conclusão de José Dari Krein e Marilane Teixeira (2014), com base nas negociações coletivas de bancários, metalúrgicos, comerciários e químicos do estado de São Paulo.

A média anual de greves foi, no primeiro governo Lula, a menor da história recente do Brasil. De uma média anual de 1.106 greves no triênio 1994-1996, passou-se a 484,5 nos anos posteriores da presidência de Fernando Henrique Cardoso (numa tendência decrescente) e a 315 no primeiro governo Lula (2003-2006). Seja como for, desde então houve um aumento significativo na mobilização grevista, com média de 449 por ano até 2011. Em 2012 a quantidade de greves pulou para 873 e em 2013 para 2.050. Este último é o registro mais alto no levantamento que o Dieese faz desde 1984[31]. Um dos elementos que explica esse aumento é a realização de greves em categorias que tradicionalmente demonstram maior dificuldade em se mobilizar (trabalhadores da indústria da alimentação, da limpeza urbana, vigilantes privados e funcionários das redes municipais de Segurança Pública) (Dieese, 2015b).

Tabela 3
Greves no Brasil (2003-2013)*

Anos	Horas paradas	Funcionários públicos	Empresas estatais	Setor Privado	Total
2003	15.805	156	20	160	340
2004	23.851	158	27	114	302
2005	19.738	138	24	135	299
2006	24.703	145	20	151	320
2007	30.632	140	21	149	316
2008	24.681	155	29	224	411
2009	34.730	215	36	266	518
2010	44.894	233	35	176	445
2011	63.332	296	29	227	554
2012	86.921	381	29	464	877
2013	111.342	796	137	1.106	2.050

* O total inclui greves nos setores público e privado.
Fonte: Dieese.

Na Argentina, a série histórica mais confiável sobre greves começa em 2006. De qualquer maneira, a tendência parece ter sido a seguinte: houve ampla atividade grevista entre 2000 e 2002 (a maior do período 1990-2010), seguida de uma queda (2003) e de um novo aumento. No período analisado neste estudo, o pico foi alcançado em 2005[32]. Entre 2006 e 2009, a média de conflitos nos locais de trabalho foi de 503 por ano; média que nos quatro anos seguintes saltou para 739. Essa ruptura não é identificada nos conflitos por ramo econômico, que passam de uma média anual de 341 para 346 (Ministerio de Trabajo, Empleo y Seguridad

31 Sobre este aumento das greves, ver Armando Boito e Paula Marcelino (2011).

32 Ver *Tendencias Económicas y Financieras, Consejo Técnico de Inversiones S.A.*, vários anos.

Social, 2014). Embora na Argentina existam fortes sindicatos nacionais e a negociação no setor privado seja mais centralizada, a média de grevistas por greve parece ser maior no Brasil[33]. A quantidade de greves deu um salto, menor que no Brasil, no biênio 2012-2013; mas o mesmo não aconteceu com a quantidade de grevistas. Trata-se de uma consequência do crescimento dos conflitos por empresa e ao maior poder de barganha dos sindicatos, em uma conjuntura que, tanto no Brasil quanto na Argentina, era de quase pleno emprego.

Tabela 4
Número de conflitos trabalhistas com paralisação. Argentina (2006-2013)*

	Total de grevistas**	Grevistas no setor privado**	Total de greves	Greves no setor privado
2006	1.075	299	785	313
2007	1.065	243	851	298
2008	1.794	800	849	326
2009	1.434	569	888	338
2010	1.402	510	958	394
2011	1.059	309	961	357
2012	1.491	515	1.217	434
2013	1.389	419	1.211	439
2014	1.458	493	1.335	481

* Inclui greves nos setores público e privado.
** Grevistas em milhares.
Fonte: Ministerio de Trabajo, Empleo y Seguridad Social.

Nos dois países, os conflitos trabalhistas têm se concentrado em pautas econômicas. Em 2012, no Brasil, só 15,2% das greves tiveram as "condições de trabalho" entre as suas principais reivindicações; e se considerarmos apenas o setor privado, a percentagem cai para 8,2%, segundo o Dieese. Na Argentina, no âmbito privado, no primeiro semestre de 2012, 10% dos conflitos ocorridos especificamente nos locais de trabalho tiveram como reivindicação "condições e meio ambiente de trabalho". Ao olhar os conflitos por ramo econômico, também no âmbito privado, esses temas representaram apenas 2% do total (Spaltenberg, 2012).

Vale marcar que, no Brasil, a competição entre as centrais sindicais vem alimentando movimentos grevistas convocados sem conhecimento ou mesmo contra a orientação dos sindicatos, por militantes alijados das direções ou por

33 No setor privado, em 2012, no Brasil, a média foi de 2.951 grevistas por greve. Na Argentina foi de 1.683 (2009), 1.294 (2010), 865 (2011), 1.186 (2012) e 957 (2013).

membros de oposições ligadas a centrais concorrentes[34]. Na Argentina, conflitos semelhantes foram parcialmente alimentados pelas oposições internas, quando um polo classista minoritário por vezes se destaca, como tem acontecido em algumas categorias[35].

CONCLUSÕES

O contexto econômico, social e ideológico da primeira metade da década de1990 foi difícil para a ação sindical em ambos os países. Como o sindicalismo vinha de uma década de conquistas políticas e institucionais, a estrutura sindical assegurou recursos financeiros para a reprodução das lideranças e entidades, mesmo em meio à crise resultante do desemprego e da reestruturação econômica. Mas os percursos dos movimentos sindicais, em sua relação com os sistemas políticos, foram diversos, em razão de opções estratégicas construídas em ambientes institucionais também diversos.

De fato, no transcorrer das décadas de 1980 e 1990, os setores com maior capacidade de mobilização da classe trabalhadora brasileira chegaram à conclusão de que, exclusivamente através da ação sindical, teriam muitas dificuldades para avançar em seu projeto político, e optaram por fortalecer sua projeção eleitoral – o Partido dos Trabalhadores. Na Argentina, diferentemente, o sindicalismo se refugiou conservadoramente na defesa da estrutura sindical e assistiu, sem muita alternativa, a perda de seu peso no Partido Justicialista.

Nos dois casos, as relações mais ou menos heterônomas que o sindicalismo mantém com o Estado foram as que garantiram, não sem custos, sua sobrevivência. Também garantiram que pudesse capitalizar, com poucas mediações, a situação econômica e política mais favorável para a ação sindical. Com efeito, o período que se abre em 2003 se caracteriza pelo fortalecimento, em novos contextos, de mecanismos "clássicos" que as condições políticas e econômicas tinham debilitado (mas não destruído) na década de 1990. É na Argentina onde a ruptura é mais clara, pois no Brasil o plano de estabilização econômica tinha sido flexibilizado antes do governo Lula.

A CUT sofreu profunda transformação ao longo da década de 1990 e se afastou do programa que sustentava na primeira metade dos anos 1980. Em 2003 o movimento sindical, em ambos os países, basicamente demandava que as

[34] Casos em evidência, embora não únicos, foram as greves dos garis e dos trabalhadores do Complexo Petroquímico do Rio de Janeiro (Comperj), ambas convocadas em março de 2014, sem apoio do sindicato. A da Comperj durou 40 dias e a dos garis, oito. Nos dois casos, passada a surpresa inicial, o sindicato tomou a dianteira das negociações. Ver: <http://agenciabrasil.ebc.com.br/geral/noticia/2014-03/termina-greve-dos-trabalhadores-do-comperj>; e <http://g1.globo.com/rio-de-janeiro/noticia/2014/03/greve-dos-garis-termina-no-rio.html>. Acessados em: Fev. 2015.

[35] Ver nota 23.

alavancas que permitiam a intervenção do Estado na economia e no mercado de trabalho fossem reabilitadas e acionadas: que a indústria nacional fosse protegida, que o trabalho registrado fosse promovido, que o salário mínimo fosse valorizado e que a negociação coletiva se fortalecesse.

De parte dos governos, nem o kirchnerismo nem o PT investiram na formação de um sindicalismo "próprio" como base de apoio. No Brasil, o PT tinha de conjurar os fantasmas do seu radicalismo e mostrar que tinha capacidade de administrar o Estado; na Argentina, o kirchnerismo precisava retirar a mobilização das ruas e "normalizar" o país. Ambos, pois, precisaram acenar para as mais diferentes forças do espectro político e sindical, embora por razões diferentes.

Nesse contexto, para o governo do PT, o sindicalismo cutista serviu de canteiro onde o partido recrutou quadros políticos de extração popular para a gestão do Estado. Tanto essa foi a prioridade, que a CUT avançou mais no seu programa histórico de reforma sindical na oposição, em 1988, do que no governo. O kirchnerismo, por seu lado, se deparou com um sindicalismo que se fortaleceu no mesmo ritmo que o próprio governo. Nesse contexto, nos primeiros anos, o sindicalismo foi, ao mesmo tempo, um apoio lógico (em razão das políticas de governo, que fortaleceram a posição dos trabalhadores na sociedade) e um setor com o qual estava obrigado a negociar (pela força do sindicalismo). Isso explica por que o kirchnerismo, tão heterodoxo em outras áreas, tenha sido extremamente conservador em termos de política sindical, mantida nos padrões históricos de tensa heteronomia.

No Brasil, o sindicalismo tradicional – dependente da estrutura garantida pelo Estado e com pouca presença na base – retrocedeu e continuará retrocedendo, não tanto pelos avanços da CUT, mas pela transformação do próprio sindicalismo tradicional. O sindicalismo da FS ou da UGT dificilmente reproduzirá, com qualquer partido, a relação que a CUT tem com o PT, pelo que poderíamos ter um fenômeno relativamente novo no Brasil: um sindicalismo reformista e pragmático mais forte, mais autônomo em relação ao Estado, mas debilmente articulado com o sistema de partidos, ou mantendo com ele uma relação também pragmática. De fato, no longo prazo, pode-se ver que o Brasil migrou de um sistema com controle estatal sobre os sindicatos, para um sistema mais próximo do liberalismo clássico, de competição multipartidária em que os sindicatos passam a atuar como grupos de pressão e, também, como base social orgânica de um projeto político de poder (caso da CUT e da CTB) ou como aliada circunstancial e pragmática (caso da FS e outras centrais).

Num contexto de relativo fortalecimento da capacidade de ação sindical, os trabalhadores não têm colocado as condições de trabalho no centro das negociações coletivas, e têm reivindicado, fundamentalmente, questões econômicas. Isso não surpreende, mas é bom tomar nota, pois parece indicar que os avanços na flexibilização do trabalho, longe de serem consequência de uma situação conjuntural, permitiram a consolidação de um novo paradigma que talvez possa ser considerado hegemônico entre as novas gerações de trabalhadores. Hegemônico num sentido muito particular: os trabalhadores não o contestam coletivamente. Os dados sobre greves, por seu lado, são coerentes com as diferentes tradições sindicais e regulamentações das relações trabalhistas: o sindicalismo brasileiro do setor privado concentra a pressão sobre os sindicatos patronais de cada setor nas negociações coletivas, enquanto no caso argentino há (relativamente) maior pressão sobre o governo e as empresas.

A estrutura sindical e trabalhista gerou e continua gerando interesses profundos em sua perpetuação. Na Argentina, o vigor da recomposição do sindicalismo mostrou a capacidade de uma estrutura sindical muito burocrática (e, nesse sentido, oligarquizada) de processar uma transformação gigantesca no mercado de trabalho e no contexto político. Os traços autoritários visíveis em segmentos significativos do sindicalismo encontram nessa realidade organizacional a sua determinação sociológica mais profunda. De qualquer maneira, a capacidade mostrada pela estrutura sindical não é apenas mérito dos quadros e lideranças operários; essa capacidade só pode ser entendida como uma peça na engrenagem das relações trabalhistas – engrenagem da qual participam também os empregadores e o Estado. Nesse contexto, não parece provável nem que se reformem os fundamentos da estrutura sindical, nem que se aprofundem significativamente as brechas que nela efetivamente se abriram – com federações paralelas, novos sindicatos etc. Isso porque não existe – nem pode surgir – um movimento político sindical vigoroso à margem do *status quo* sindical; e porque governos e empregadores temem abrir as portas da perda de governabilidade nas relações de trabalho.

No Brasil, esse ordenamento favorece a manutenção e mesmo o aumento da fragmentação da representação sindical na base, aliados ao crescimento concomitante das centrais sindicais. Embora possam continuar confluindo relativamente bem em termos políticos, não vai diminuir a concorrência entre elas, concorrência agora estimulada pela disputa por parte dos recursos do imposto sindical.

O risco maior desse arranjo é a oligarquização crescente do movimento também no Brasil, por meio do controle cada vez maior, pelas centrais sindicais, desses mecanismos de reprodução de quadros. De posse de recursos financeiros polpudos (10% do imposto sindical são divididos entre seis centrais sindicais, enquanto 60% são divididos entre mais de 11 mil sindicatos...), elas tendem a ser a força mais importante nas eleições sindicais, disputando de forma renhida as direções dos sindicatos existentes e forçando a criação de novos sindicatos, ali onde não consigam vencer uma central rival. Fecha-se, com isso, um círculo de interesses investidos cuja consequência é a maior fragmentação, que continua obstaculizando a agregação de interesses na base, ao passo que fortalece os organismos de cúpula. E são eles que têm assento nos mecanismos decisórios criados pela Constituição de 1988, e são eles que falam em nome dos trabalhadores na esfera pública.

Por fim, olhando especificamente para a CUT e sua relação com os governos petistas, não há sinais de que as novas gerações da central estejam se posicionando à esquerda dos dirigentes atuais, nem de que as relações de simbiose entre a central e o PT estejam enfraquecendo ou mudando de qualidade. Os riscos de clivagem parecem estar, sobretudo, nos possíveis desdobramentos da gestão do Estado e da economia, isto é, na luta política mais ampla, que podem levar à perda das eleições para forças de oposição. O eventual fracasso do PT (cuja presidente enfrenta, em maio de 2016, um processo de impeachment de consequências sociais e políticas imprevisíveis) será também o fracasso da CUT, e, nesse caso, a administração dos escombros caberá aos dois indistintamente, numa situação em que outras forças políticas evocam para si os projetos de renovação pela esquerda tanto no âmbito sindical quanto partidário.

REFERÊNCIAS

ASPIAZU, Eliana; WAISGRAIS, Sebastián. La encuesta a trabajadores en empresas. *Trabajo, Ocupación y Empleo*, n. 6, p. 59-95. Buenos Aires: Ministerio de Trabajo, Empleo y Seguridad Social, 2007.

BERG, Janine; ERNST, Christoph; AUER, Peter. *Meeting the employment change. Argentina, Brazil and Mexico in the global economy*. Geneva: ILO, 2006.

BOITO Jr., Armando. *Política neoliberal e sindicalismo no Brasil*. São Paulo: Xamã, 2006.

BOITO Jr., Armando; MARCELINO, Paula. Decline in unionism? An analysis of the new wave of strikes in Brazil. *Latin American Perspectives*, v. 38, n. 5, p. 62-73, 2011.

BRINGEL, Breno. MST's agenda of emancipation: interfaces of national politics and global contestation. In: PIETERSE, J.; JAN, N.; CARDOSO, A. (Orgs.). *Brazil emerging. Inequality and emancipation*, p. 97-120. New York: Routledge, 2014.

CAMPINHO, João de A. R. *O sindicalismo diante da privatização das telecomunicações no Brasil e na Argentina*. Dissertação (Mestrado em Ciência Política) – Instituto de Filosofia e Ciências Humanas (IFCH), Universidade Estadual de Campinas (Unicamp), Campinas (SP), 2014.

CANO, Wilson. América Latina: do desenvolvimentismo ao neoliberalismo. In: FIORI, J. (Org.). *Estados e moedas no desenvolvimento das nações*, p. 287-326. Petrópolis: Vozes, 1999.

CARDOSO, Adalberto. Sindicatos no Brasil: passado, presente e futuro. In: CATTANI, A. (Org.). *Trabalho: horizonte 2021*, p. 121-146. Porto Alegre: Escritos, 2014.

_________. Industrial relations, social dialogue and employment in Argentina, Brazil and Mexico. *ILO Employmentand Strategy Papers*, n. 7. Geneva: ILO, 2004.

_________. *A década neoliberal e a crise dos sindicatos no Brasil*. São Paulo: Boitempo, 2003.

________. *A trama da modernidade. Pragmatismo sindical e democratização no Brasil.* Rio de Janeiro: Revan, 1999.

CARDOSO, Adalberto; COMIN, Alvaro. Câmaras setoriais, modernização produtiva e democratização nas relações entre capital e trabalho no Brasil. In: CASTRO, N. A. (Org.). *A máquina e o equilibrista: inovações na indústria automobilística brasileira.* São Paulo: Paz e Terra, 1995.

CARDOSO, Adalberto; GINDIN, Julián. Industrial relations and collective bargaining: Argentina, Brazil and Mexico compared. *Industrial and Employment Relations Department, International Labour Office.* Geneva: International Labour Office, 2009.

CENTRAL DE LOS TRABAJADORES ARGENTINOS (CTA). Informe sobre cláusulas obligaciones: contribuciones patronales y aportes de los trabajadores pactados en los convenios colectivos de trabajo. Periodo 2002 a 2004. *Observatorio del Derecho Social.* Buenos Aires: Central de los Trabajadores Argentinos, 2005.

COLLIER, Ruth Berins; ETCHEMENDY, Sebastián. Down but not out: union resurgence and segmented neocorporatismin Argentina (2003-2007). *Politics & Society*, v. 35, n. 3, p. 363-401, Sep. 2007.

COOK, Maria L. *The politics of labor reform in Latin America. Betweenflexibility and rights.* University Park: The Pennsylvania State University Press, 2007.

DE LA GARZA, Enrique. La flexibilidad del trabajo en América Latina. In DE LA GARZA, E. (Org.). *Tratado latinoamericano de sociología del trabajo.* México: Fondo de Cultura/Flacso/UAM/El Colegio de México, 2000.

DEPARTAMENTO INTERSINDICAL DE ESTATÍSTICA E ESTUDOS SOCIOECONÔMICOS (DIEESE). Balanço das negociações dos reajustes salariais do primeiro semestre de 2014. *Estudos e Pesquisas*, n. 75, São Paulo: Dieese, Mar. 2015a.

________. Balanço das greves em 2013. *Estudos e Pesquisas*, n. 79, São Paulo: Dieese, Dez. 2015b.

________. Taxa de judicialização das negociações coletivas de trabalho no Brasil: 1993-2005. *Estudos e Pesquisas*, n. 21. São Paulo: Dieese, Jun. 2006.

ETCHEMENDY, Sebastián. Old actors in new markets: the transformation of the populist/industrial coalition in Argentina, 1989-2000. In: MURILLO, M. V.; LEVITSKY, S. (Orgs.). *Argentine democracy: the politics of institutional weakness.* Pennsylvania: Pennsylvania State University Press, 2005.

GALVÃO, Andréia. A reconfiguração do movimento sindical nos governos Lula. In: BOITO JR. A.; GALVÃO, A. (Orgs.). *Política e classes sociais no Brasil dos anos 2000.* São Paulo: Alameda, 2012.

GASTALDI, Santiago; RÍOS, Susana; BUCHIERI, Flavio. Acerca del marco subyacente de las políticas neoliberales: el impacto de la devaluación brasileña sobre la economía argentina. In: KON, A. *et alii* (Orgs.). *Costos sociales de las reformas neoliberales en América Latina*, p. 176-186, Caracas: PUC-SP/Prolan/UCV, 2000.35

GODIO, Julio. *Historia del movimiento obrero argentino.* Buenos Aires: Corregidor, 2000.

HAIDAR, Julieta. ¿Revitalización sindical en Luz y Fuerza Capital?. Aproximaciones desde el análisis de la negociación colectiva. In: SENÉN GONZÁLEZ, C.; DEL BONO, A. (Orgs.). *La revitalización sindical en Argentina: alcances y perspectivas*. Buenos Aires: Universidade Nacional de La Matanza/Prometeo, 2013.

INSTITUTO BRASILEIRO DE GEOGRAFIA E ESTATÍSTICA (IBGE). *Síntese de indicadores sociais 2001 – sindicatos*. Rio de Janeiro: IBGE, 2002.

KREIN, José Dari; TEIXEIRA, Marilane O. As controvérsias das negociações coletivas nos anos 2000 no Brasil. In VERÁS DE OLIVEIRA, R.; BRIDI, M.; FERRAZ, M. (Orgs.). *O sindicalismo na era Lula: paradoxos, perspectivas e olhares*, p. 87-114. Belo Horizonte: Fino Traço, 2014.

LEVITSKY, Steven. From labor politics to machine politics: the transformation of party-union linkages in Argentine Peronism, 1983–1999. *Latin American Research Review*, v. 38, n. 3, Oct. 2003.

LUCCA, Juan Bautista. *Estudio comparado de la identidad partidaria-sindical durante el gobierno de Lula da Silva (Brasil, 2003-2006) y de Néstor Kirchner (Argentina, 2003-2007)*. Tese (Doutorado em Ciências Sociais) – Facultad Latinoamericana de Ciencias Sociales, Buenos Aires, 2011.

MANEIRO, María. *De encuentros y desencuentros. Estado, gobiernos y movimientos de trabajadores desocupados*. Buenos Aires: Editorial Biblos/Sociedad, 2012.

MARCELINO, Paula Regina Pereira; GALVÃO, Andréia; TRÓPIA, Patrícia Vieira. As bases sociais da União Geral dos Trabalhadores (UGT). *Anais do XV Congresso Brasileiro de Sociologia*, Curitiba (PR), 26 a 29 de julho 2011.

MARGHERITIS, Ana. *Ajuste e reforma en Argentina (1989-1995)*. Buenos Aires: Nuevo Hacer, 1999.

MARTICORENA, Clara. *Trabajo y negociación colectiva. los trabajadores en la industria argentina, de los noventa a la posconvertibilidad*. Buenos Aires: Imago Mundi, 2014.

MINISTERIO DE TRABAJO, EMPLEO Y SEGURIDAD SOCIAL. *La disminución de la conflictividad laboral en 2013*. Buenos Aires: MTESS, 2014.36

MURILLO, María V. Cambio y continuidad del sindicalismo en democracia. *Revista Sociedad Argentina de Análisis Político*, v. 7, n. 2, p. 339-348. Ciudad Autónoma de Buenos Aires nov. 2013.

________. *Labor unions, partisan coalitions, and market reforms in Latin America*. Cambridge: Cambridge University Press, 2001.

NOVICK, Marta. La negociación colectiva en el período 1991-1999. *Informe Elaborado para el Ministério De Trabajo Y Seguridad Social*, 2003.

OLIVEIRA, Marco A. Notas sobre a crise do Novo Sindicalismo brasileiro. *São Paulo em Perspectiva*, v. 12, n. 1, p. 24-29, 1998.

PALOMINO, Héctor. La evolución reciente del sistema de relaciones laborales en Argentina. *Anais do VI Congreso regional de las Américas, International Industrial Relations Association*. Buenos Aires: Asociación de Relaciones del Trabajo de la República Argentina, 2008.

POCHMANN, Marcio. *Nova classe média? O trabalho na base da pirâmide social brasileira*. São Paulo: Boitempo, 2012.

RAMALHO, José Ricardo; SANTANA, Marco A. Workers of flexible factories: region, trade union and class in Brazil's automotive industry. *Journal of Social History and the History of Social Movements*, V. 49, p. 97-112, 2013.

RANIS, Peter. *Clases, democracia y trabajo en la argentina contemporánea*. Buenos Aires: Corregidor, 1997.

RODRIGUES, Iram J. A Trajetória do Novo Sindicalismo. In: RODRIGUES, I. J. (Org.). *O Novo Sindicalismo, vinte anos depois*, p. 73-94. Petrópolis; São Paulo: Vozes; Educ; Unitrabalho, 1999.

SABÓIA, João. Desconcentração industrial no Brasil nos anos 90: um enfoque regional. *Pesquisa e Planejamento Econômico*, v. 30, n. 1, p. 69-116, 2000.

SENÉN GONZÁLEZ, Cecilia; DEL BONO, Andrea (comp.) *La revitalización sindical en Argentina: alcances y perspectivas*. Buenos Aires: Universidad Nacional de La Matanza/Prometeo, 2013.

SENÉN GONZÁLEZ, C.; TRAJTEMBERG, David; MEDWID, Bárbara. Tendencias actuales de la afiliación sindical en Argentina: evidencias de una encuesta a empresas. *Relaciones Industriales / Industrial Relations*, v. 65, n. 1, p. 30-51, 2010.

SILVA, Maria Luiza F. Plano Real e âncora cambial. *Revista de Economia Política*, v. 22, n. 3 (87), Jul.-Set. 2002.

SLUYTER-BELTRÃO, Jeffrey. *Rise and decline of Brazil's New Unionism: the politics of the Central Única dos Trabalhadores*. Oxford: Peter Lang, 2010.

SOUL, Julia. Las relaciones capital-trabajo en el sector siderúrgico. ¿Expresión de una nueva legalidad industrial? *Estudios Del Trabajo*, n. 43-44, p. 81-111, Buenos Aires, Ene.-Dic. 2012.

SPALTENBERG, Ricardo. La diversidad de los conflictos laborales: dispersión y centralización en las lógicas de acción de los asalariados privados. *Trabajo, Ocupación y Empleo* n. 11. Buenos Aires: Ministerio de Trabajo, Empleo y Seguridad Social, 2012.

TRAJTEMBERG, David; SENÉN GONZÁLEZ, Cecilia; MEDWID, Bárbara. Determinantes individuales de la afiliación sindical: resultados de la encuesta de trabajadores en empresa. *Trabajo, Ocupación y Empleo*, n. 10. Buenos Aires: Ministerio de Trabajo, Empleo y Seguridad Social, 2011.

TRÓPIA, Patrícia Vieira. *O Impacto da ideologia neoliberal no meio operário – um estudo sobre os metalúrgicos da cidade de São Paulo e a Força Sindical*. Tese (Doutorado em Ciências Sociais) – Universidade Estadual de Campinas, Campinas, 2004.

VARELA, Paula. *La disputa por la dignidad obrera. Sindicalismo de base fabril en la zona norte del conurbano bonaerense 2003-2014*. Buenos Aires: Imago Mundi, 2015.

VÉRAS DE OLIVEIRA, Roberto. Suape em construção, peões em luta: o novo desenvolvimento e os conflitos do trabalho. *Caderno CRH*, v. 26, p. 233-252, 2013.

VÉRAS DE OLIVEIRA, Roberto; SANTANA, Marco Aurélio (Orgs.). *Trabalho em territórios produtivos reconfigurados no Brasil.* João Pessoa: Editora Universitária da UFPB, 2013.

CAPÍTULO 12

RESISTÊNCIA SINDICAL A MUDANÇAS NOS MARCOS REGULATÓRIOS DAS RELAÇÕES DE TRABALHO NO BRASIL E EM PAÍSES SELECIONADOS

Valéria Marques Lobo[1]

Sumário • Introdução – Suécia, Alemanha e Estados Unidos – Brasil: regulação estatal e autonomia na identidade sindical – Considerações finais – Referências.

INTRODUÇÃO

> Os Estados sociais dos países ocidentais responderam a um desafio comum, o da industrialização e dos fatores de dissociação social que ela acarretava; mas evidentemente o fizeram em ritmos distintos, mobilizando suas tradições nacionais e levando em conta as diferentes forças sociais presentes em cada contexto.
>
> *Robert Castel*

Do alto de seus 73 anos de existência, a Consolidação das Leis do Trabalho (CLT) segue regulando as relações individuais e coletivas de trabalho no Brasil até os dias atuais. Criada pelo Decreto-Lei n. 5425/43, em 1º de maio de 1943, sob a égide da Constituição de 1937, revelou-se compatível com as cartas de 1946, 1967 e 1988, resistindo firmemente às mudanças ocorridas no sistema político brasileiro e exprimindo uma estabilidade sem paralelos no complexo jurídico brasileiro. Não obstante, no decorrer de sua trajetória a CLT foi por diversas vezes objeto de críticas e alvo de proposições direcionadas a alterar alguns de seus mais importantes artigos. Em comum, os críticos da CLT, situados à direita e à esquerda do espectro político brasileiro, assinalavam o peso excessivo do componente estatal nas relações de trabalho. No entanto, em que pesem as críticas, a CLT permanece inalterada em sua essência, reiterando o caráter legislado das relações de trabalho no país, o qual tem se revelado profundamente enraizado na cultura política dos

[1] Doutora em ciência política pelo Instituto Universitário de Pesquisas do Rio de Janeiro (Iuperj) – atual Instituto de Estudos Sociais e Políticos da Universidade do Estado do Rio de Janeiro (Iesp). Professora associada do Departamento e do Programa de Pós-Graduação em História da Universidade Federal de Juiz de Fora.

trabalhadores brasileiros, ainda que as normas sejam frequentemente burladas e que determinados benefícios da cidadania já não estejam vinculados ao trabalho com registro em carteira.

Ao nos depararmos com esse paradoxo, expresso, por um lado, na persistência do que há de essencial na legislação, e, por outro, na crítica amiúde emanada de diferentes setores, somos levados a indagar acerca das razões que informam essa longevidade. Indaga-se, sobretudo, acerca da persistência de dispositivos que asseguram a presença da componente estatal nos organismos sindicais e nas relações de trabalho. A persistência de determinados marcos regulatórios e a resistência sindical a certas mudanças é identificada também em outras realidades nacionais. Sem a pretensão de empreender uma análise comparativa, este artigo aborda o caso brasileiro, mas, adicionalmente, assinala também em outros países a mesma resistência a alterações em certos dispositivos que normatizam as relações de trabalho em cenários onde há forte pressão por mudanças.

Da perspectiva desta abordagem, as décadas de 1980 e 1990 constituem cenários bastante apropriados para perscrutar acerca das razões da persistência da regulação estatal das relações de trabalho no Brasil, permitindo mesmo que se considere outras realidades nacionais.

Nesse período, a economia mundial passou por profundas transformações, em linhas gerais caracterizadas pelo declínio da capacidade regulatória dos Estados nacionais, pela integração das economias nacionais em âmbito regional, pela globalização financeira, pelo aumento da importância do setor de serviços na absorção da força de trabalho. No que diz respeito às mudanças nos padrões de produção e nas relações de trabalho, verificou-se a fragmentação da produção, a crescente sofisticação das tecnologias utilizadas nas fábricas, a introdução de novas modalidades de relação entre administrações e trabalhadores. No rastro dessas transformações, assistiu-se ao aumento do desemprego e à progressiva precarização das formas de contratação de mão de obra. As transformações, ocorridas à luz do ideário neoliberal, marcaram profundamente o sindicalismo em diferentes países. Embora fragilizados, os sindicatos posicionaram-se diante das pressões por mudanças nos diversos aspectos que envolvem o mundo do trabalho.

Após um período inicial de intensa perplexidade, o movimento sindical rearticulou-se em várias sociedades no intuito de reduzir o impacto daquelas transformações sobre a força de trabalho e os sindicatos. A vitoriosa greve dos trabalhadores franceses contra o Plano Juppé[2], em 1995; a também vitoriosa gre-

[2] Em 1995, a França foi palco de uma onda de greves no setor público, durante o governo do primeiro-ministro Alain Juppé, motivadas pelo projeto de reforma da Seguridade Social e de regionalização das estradas de ferro, compreendida como um atalho à privatização das ferrovias. A greve durou cerca de 20 dias e terminou vitoriosa, assegurando a manutenção do regime de aposentadorias e congelando o projeto de regionalização das ferrovias. Ver Andréia Galvão (2001).

ve geral na Coreia do Sul, em 1997, contra a reforma da legislação trabalhista no tocante à supressão de direitos[3]; bem como a greve da empresa United Parcel Service (UPS), nos Estados Unidos, também de 1997, resultando na formalização de 10 mil empregos precários[4], esses são exemplos de mobilizações bem-sucedidas no contexto adverso dos anos 1990. As pressões exercidas pelo movimento sindical, em conjunto com organizações não governamentais, no sentido de frear o processo de liberalização do comércio mundial, por ocasião da III Conferência da Organização Mundial do Comércio, é outro indício da importância readquirida pelo movimento sindical no cenário político internacional.

Não obstante o reaquecimento da ação coletiva dos trabalhadores no sentido de resistir e/ou interferir no processo de transformação em curso entre os anos 1980 e 1990, seu procedimento não foi unívoco. As pressões sobre as configurações institucionais que modelaram as relações de trabalho em diversos países – decorrentes, notadamente, de mudanças tecnológicas, gerenciais e dos padrões de concorrência internacional – foram objeto de reações diversas por parte do movimento sindical, porque afetavam distintamente as estruturas de incentivos que modelavam os interesses dos atores envolvidos e os recursos de poder de que estes dispunham para enfrentar tais pressões, associadas também ao ambiente institucional de cada país.

Esse último também se constituiu distintamente, correspondendo a soluções nacionais específicas para responder ao desafio comum de impedir a desagregação social em meio ao processo de industrialização. Tais soluções envolveram tanto os diferentes interesses expressos pelas forças sociais presentes em cada cenário político nacional, como suas tradições, tal como indica Robert Castel na epígrafe de abertura deste artigo. Na mesma direção, Richard Locke e Kathlen Thelen sugerem que o impacto das pressões por mudanças nos marcos regulatórios das relações de trabalho pode afetar não apenas os interesses dos atores, mas também o universo simbólico dentro do qual estes constituem suas identidades (Locke & Thelen, 1998). Neste sentido, não apenas interesses e recursos de poder diferenciados aparecem como aspectos relevantes para a compreensão da resistência oferecida a determinadas pressões; no caso do movimento sindical,

---

3 Em 1997, a central sindical coreana KCTU comandou uma grande greve contra o pacote do governo que aumentava a jornada semanal de trabalho, instituía o contrato temporário e negava a liberdade de organização sindical. O movimento, que durou cerca de três semanas, logrou revogar o pacote governamental. Ver Hagen Koo (2001).

4 A greve da United Parcel Service (UPS), liderada pelo Teamster Union, ocorreu em agosto de 1997 para contrapor-se ao projeto da empresa que visava retirar o sindicato da gestão dos recursos destinados às aposentadorias dos trabalhadores, bem como em favor da igualdade de direitos entre os trabalhadores em tempo parcial e os trabalhadores em tempo integral. A paralisação resultou em acordo coletivo, com o compromisso de a empresa contratar progressivamente 10 mil trabalhadores em tempo integral, de aumentar o valor das aposentadorias e de manter o sindicato na gestão dos recursos das aposentadorias. Ver Ariovaldo de O. Santos (1999).

tal resistência pode estar associada à tentativa de preservação de aspectos fundamentais na definição de sua identidade no plano nacional e à forma como se insere na economia política de cada país[5].

Ao analisar a postura do movimento sindical norte-americano, quando se desencadeiam pressões para a reorganização do processo de trabalho; do sindicalismo sueco em face das dificuldades para a preservação da política de solidariedade salarial; do sindicalismo alemão em relação às proposições de flexibilização dos salários e da jornada de trabalho; e dos sindicatos italianos diante do questionamento da política de escala móvel de salário, Richard Locke e Kathlen Thelen (1998) agrupam em quatro categorias as pressões decorrentes das mudanças econômicas sobre os sindicatos. Elas envolvem, basicamente:

1. mudanças na organização do trabalho, com alterações nas normas, flexibilização da jornada e redefinição das formas de participação dos trabalhadores nas empresas;
2. mudanças nas formas de remuneração para trabalhadores e funcionários administrativos;
3. mudanças nos padrões de formação profissional, treinamento e planos de carreira; e
4. mudanças nos dispositivos referentes à estabilidade e à mobilidade da força de trabalho.

O presente artigo analisa os casos da Alemanha, da Suécia, dos Estados Unidos e, destacadamente, do Brasil, buscando identificar os elementos simbólicos associados à defesa de determinadas políticas que estabelecem o "projeto fundador" do sindicalismo de cada país e sua identidade no cenário nacional. Em adição às formulações de Richard Locke e Kathlen Thelen (1998), sugere-se que, além dos referidos elementos simbólicos, constitui aspecto também importante na configuração da identidade do movimento sindical a estrutura organizativa que dá forma à sua presença. Assim, pretende-se identificar, em cada ambiente

[5] Cumpre observar como o peso dos legados institucionais tem sido enfatizado por diversas formulações que reagiram à tese da convergência neoliberal. Merecem destaque as proposições de Peter Hall e David Soskice (2001), que enfatizam como as diferentes modalidades de governança corporativa das empresas e as formas distintas de relação que estabelecem com as outras firmas, com o universo das finanças e com o mundo do trabalho em três dimensões – qualificação, relações industriais e relações com os empregados – ocupam a posição de núcleo para as variedades de capitalismo distintas, que ensejam reações diversas das empresas aos desafios colocados pela globalização, de modo a preservar vantagens institucionais comparativas. Ignácio Delgado e sua equipe (Delgado *et alii*, 2010) desenvolveram esta abordagem adicionando ao modelo de Peter Hall e David Soskice (2001) duas outras dimensões – a relação do empresariado com o Estado e das economias nacionais com o mercado mundial – num esforço de comparação amplo que, além de incorporar o Brasil, fornece indicações valiosas para compreender como ao ambiente institucional afeta o comportamento dos empresários, para além das determinações de mercado. O mesmo vale para o movimento sindical, como analisamos neste artigo.

nacional, o impacto que as pressões no sentido da descentralização e flexibilização acarretaram sobre o comportamento dos atores sindicais entre as décadas de 1980 e 1990, como resistiram a tais pressões na defesa de seu "projeto fundador" e as alternativas que buscaram ante o maior ou menor sucesso das pressões indicadas.

Para o caso brasileiro, postula-se que, dada a configuração das relações de trabalho no país, as pressões vinculavam-se também à tentativa de sua desregulamentação, no sentido de subtrair a presença do Estado das esferas relacionadas ao capital e ao trabalho. Sugere-se que o hiato entre a retórica sindical em prol da autonomia/liberalização e a efetiva resistência à sua concretização deriva do fato de situar-se a ação estatal no centro de um dos projetos fundadores do sindicalismo brasileiro. Ao mesmo tempo em que a iniciativa do Estado foi essencial na promoção de certo padrão de bem-estar, as leis e instituições fixadas entre as décadas de 1930 e 1940, apropriadas e ressignificadas pelos trabalhadores, também lhes conferiu identidade[6].

SUÉCIA, ALEMANHA E ESTADOS UNIDOS

Esta seção aborda a maneira como se exprime a força da tradição no sindicalismo sueco, onde predomina, por assim dizer, uma retórica igualitária e uma certa rigidez organizativa; os valores do sindicalismo alemão, onde se observa a presença de uma estrutura organizativa dual; e o trade-unionismo dos Estados Unidos, onde a política fundadora do sindicalismo encontra-se fundamentalmente associada ao controle sobre os cargos no âmbito das empresas.

Nos termos de Richard Locke e Kathlen Thelen (1998), a política de solidariedade salarial é o elemento central do "projeto fundador" do sindicalismo sueco. Mais do que nos outros países escandinavos, o "salário solidário" permaneceu durante décadas como um objetivo perseguido pela Landsorganisationen (LO) sueca nas negociações coletivas encetadas com o patronato através da Associação Nacional dos Empregadores (SAF). Consiste, fundamentalmente, na tentativa de reduzir ao máximo as diferenças salariais entre ramos de produção diversos. Inicialmente, tal perspectiva era bem aceita pelos empresários, porque conduzia à contenção do crescimento dos salários. Além disto, acabava por favorecer o desenvolvimento tecnológico, na medida em que forçava empresas que tendiam a pagar salários mais baixos a buscar compensações por via da introdução de novas tecnologias, diante da pressão de custos que o salário solidário acarretava.

A busca do nivelamento dos salários na Suécia corresponde a uma política guiada por um princípio solidário que visa instituir um patamar de igualdade

---

6 Ângela Gomes (1998) lembra que tanto os aspectos materiais como os simbólicos foram essenciais para legitimar junto aos trabalhadores as leis e instituições erigidas no Estado Novo.

entre os trabalhadores em termos nacionais. Os instrumentos para a sua efetivação são as organizações nacionais de trabalhadores e empresários e a contratação coletiva realizada de forma centralizada. Assim, na medida em que se instalam pressões para a redefinição dos dispositivos do salário solidário, não apenas essa política é colocada em xeque, mas também toda a estrutura organizativa do sindicalismo sueco.

Em boa medida, as modificações na política de solidariedade salarial decorrem da expansão dos trabalhadores de *colarinho branco* e do emprego público. Agrupados em organizações independentes da LO, as pressões mais importantes que questionam o sistema e levam as empresas suecas ao colapso nos anos 1990 têm origem nessa parcela de trabalhadores (Galenson, 1998). Os servidores públicos alcançam a equalização salarial a partir dos anos 1960. Por seu turno, trabalhadores de *colarinho branco* buscam firmar acordos com as empresas que estabeleçam acréscimos em sua remuneração correspondentes às diferenças de qualificação. Como as negociações coletivas centralizadas procuram estender tais diferenciais aos trabalhadores manuais, o resultado é uma pressão agregada sobre o custo dos salários, que atinge principalmente as empresas exportadoras e desencadeia pressões inflacionárias. Em 1983, por iniciativa da entidade patronal do setor de engenharia, um acordo separado foi efetuado com os metalúrgicos. A partir de então, acentuam-se as disputas em torno da negociação coletiva, até que, em 1990, a SAF retira-se das negociações nacionalmente centralizadas.

Conforme Walter Galenson, a própria LO admitia, ante as pressões dos trabalhadores de *colarinho branco*, que o princípio do salário solidário podia colocar em risco a efetividade dos acordos coletivos (Galenson, 1998). A dificuldade da central sindical sueca para rever seus termos, entretanto, foi significativa. A fórmula encontrada no Congresso da LO de 1991 enfocava a questão salarial segundo os princípios da justiça, designando a perspectiva de salário igual para trabalho igual, e da igualdade, reiterando a perspectiva de promoção dos salários mais baixos. Segundo o novo entendimento, todavia, o acesso generalizado às qualificações técnicas aparecia como o principal caminho para o alcance da igualdade salarial. No limite, a fórmula de 1991 corresponde a um distanciamento considerável da perspectiva do salário solidário, encoberto pela retórica de sua viabilização através da força niveladora da técnica. A referência à solidariedade salarial associa-se à aceitação, de fato, da ocorrência de diferenças salariais.

A necessidade de a LO encobrir a aceitação de uma situação nova com a retórica do salário solidário diz respeito à dificuldade de redefinir a identidade do movimento sindical sueco no cenário nacional, fortemente vinculada à presença deste mito fundador. A mesma dificuldade é revelada pela central sindical sueca em redefinir seu formato organizativo, em face das exigências colocadas pela presença de negociações coletivas mais descentralizadas. Na Noruega – onde as práticas da negociação coletiva centralizada e da solidariedade salarial não tiveram o mesmo alcance que na Suécia – e na Dinamarca – marcada por uma estrutura sindical mais segmentada – a constituição de cartéis, envolvendo ramos de produção e outros critérios, foi tomada como meio de fazer face às novas modalidades de negociação. Na Suécia tal dificuldade revelou-se maior e a solução buscada foi a fusão de sindicatos, num processo que acarretou uma série de disputas sobre a jurisdição das diferentes entidades.

Enfim, enquanto na Suécia as pressões para a flexibilização das relações de trabalho não parecem ter encontrado dificuldades consideráveis no que se refere aos itens 3 e 4 das categorias acima apresentadas, dado o restrito mercado de trabalho no país e a tradição de desenvolvimento da qualificação, no ponto 1 ela ensejou algum problema inicial, em virtude da pretensão dos sindicatos, manifesta nos anos 1980, de acentuar os princípios da codeterminação no âmbito das empresas, perspectiva que, entretanto, não foi adiante (Locke & Thelen, 1998). No que se refere ao ponto 2, contudo, as pressões para a flexibilização desencadearam intensas controvérsias e disputas, ao cabo resolvidas com a erosão dos procedimentos relacionados à negociação coletiva centralizada e o enfraquecimento da política de solidariedade salarial. O esforço retórico da LO em manter este princípio, ao lado da admissão de sua derrogação real, e as dificuldades em refazer a estrutura organizativa que dá forma à presença nacional do sindicalismo sueco, são reveladores do peso da tradição sobre a ação do movimento sindical, obrigado a redefinir uma identidade que se construiu em torno de um princípio igualitário regulador.

Na Alemanha, as políticas fundadoras, que conferem identidade ao sindicalismo do país, estão relacionadas à determinação dos salários e da jornada de trabalho por contratações coletivas, em geral efetuadas por ramos e/ou regiões, e à cogestão no interior das empresas (Locke & Thelen, 1998). A tais políticas corresponde a presença de uma estrutura organizativa dúplice, em que os sindicatos dispõem da prerrogativa de conduzir os processos de contratação coletiva, enquanto os conselhos de trabalhadores participam de definições dentro das empresas, desde que não derroguem dispositivos fixados nos contratos coletivos. Em que pese a autonomia dos conselhos, é forte a influência dos sindicatos sobre eles e a grande maioria dos representantes dos trabalhadores nas empresas é composta de sindicalizados (Daübler, 1997).

Uma tal estrutura – conforme Locke e Thelen – tornaria facilmente assimiláveis as pressões relacionadas aos itens 1 e 3. Aquelas que dizem respeito à definição de novos padrões de remuneração, à estabilidade no emprego e a redefinições na jornada de trabalho tendem a provocar reações mais significativas do movimento sindical (itens 2 e 4). De fato, nos anos 1980, os temas que chamaram a atenção do movimento sindical de forma mais candente remetem à jornada de trabalho e ao emprego. O resultado das disputas em torno destas questões levou à abertura dos sindicatos para a flexibilização da jornada de trabalho no âmbito do processo produtivo (item 1) – tendência que exigia atuação mais intensa do conselho de trabalhadores – mediante a fixação de cláusulas relativas à estabilidade no emprego e à redução da jornada semanal de trabalho (item 4)[7].

Após a reunificação da Alemanha (1990), a questão salarial (item 2) passa a dispor de maior evidência, não obstante a tradicional diferenciação salarial alemã por ramo e região. Mesmo que a rápida equalização de salários entre Leste e Oeste tenha sido orquestrada entre os atores envolvidos, pressões para a adoção de novas formas de flexibilização se desenvolveram, dada a grande disparidade existente, no sentido de desacelerar o processo de nivelamento.

O modelo alemão tem revelado, de qualquer forma, grande flexibilidade para adaptar-se às pressões que atingem também os itens que afetam de forma mais sensível as políticas que se associam à dimensão fundadora do sindicalismo no país. Esse, em boa medida, plasmou-se à estrutura federativa da Alemanha, tal como se evidencia na presença de acordos coletivos regionais e na ausência da contratação nacionalmente centralizada, como na Suécia. Além disto, os nexos entre os sindicatos alemães e a social-democracia, conquanto importantes, não alcançam a profundidade verificada nos países escandinavos, dispondo a ação sindical *stricto sensu* de peso primordial nas conquistas das várias parcelas dos trabalhadores alemães. Tais características reforçam entre os sindicatos a perspectiva da busca de proteção aos seus associados fundamentalmente através dos contratos coletivos, sendo a inclusão neles um elemento de diferenciação em relação aos trabalhadores não sindicalizados, especialmente mulheres.

Região, contratação coletiva e inclusão tendem a tornar-se, pois, elementos que se aproximam na dimensão simbólica da ação sindical alemã. As formulações de Horst Kern e Charles F. Sabel (1994), mesmo sinalizando o enfraquecimento das contratações coletivas na ação sindical, evidenciam este nexo. Conforme esses autores, a fragmentação da estrutura produtiva, que acompanha o processo de reestruturação industrial, conduziu as empresas a um processo de dispersão e deslocamento, de modo a reduzir custos ligados ao relacionamento com fornecedores e clientes. Por outro lado, as exigências de aceleração da inovação tecnológica envolviam a necessidade de trabalhadores mais qualificados por parte das empresas, os quais se mostravam distantes dos temas clássicos dos processos de contratação coletiva e dos próprios sindicatos. De modo a renovar a ação sindical diante destas circunstâncias, Horst Kern e Charles F. Sabel (1994) sugerem, ao lado da participação dos sindicatos na formação profissional, a articulação com outros atores sociais no plano regional, de modo a fortalecer as economias regionais e acentuar sua capacidade de inclusão. No limite, ainda que as lentes desses autores estejam atentas àquilo que se renova

7 Conforme Wolfgang Daübler (1997), em 1990 a jornada de trabalho média declinou das 40 horas semanais para fixar-se em torno de 37 horas, apesar das diferenças entre os distintos ramos.

no mundo do trabalho e às exigências também de renovação do sindicalismo, sua perspectiva revela, da mesma forma, a força da tradição no âmbito da qual se construiu a identidade do movimento sindical alemão.

Também nos Estados Unidos a participação dos sindicatos na definição de contratos coletivos nacionais ou regionais, que fixam salários e outros dispositivos vinculados às relações de trabalho, dispõe de alguma relevância, distribuída de forma desigual entre os diferentes ramos de produção. No entanto, seu peso está longe daquele alcançado pelo sistema de contratação coletiva nacionalmente centralizado da Suécia ou pelos contratos coletivos de perfil setorial e regional da Alemanha. No limite, as negociações coletivas nos Estados Unidos são fundamentalmente descentralizadas (Rodrigues, 1999). A política fundadora do sindicalismo norte-americano está, pois, fundamentalmente associada ao controle sobre os cargos no âmbito da empresa, muito embora os trabalhadores norte-americanos não disponham de instrumentos de participação na gestão empresarial assemelhados ao conselho de fábrica alemão (Locke & Thelen, 1998; Rodrigues, 1999). Desta forma, a estrutura organizativa predominante no sindicalismo dos Estados Unidos envolve a presença de sindicatos nacionais ou regionais, responsáveis pela condução de processos de contratação coletiva mais abrangentes, erguidos sobre seções locais relativamente autônomas em relação às empresas, cuja atuação é importante na negociação travada com a própria empresa, ainda que circunscrita pelas entidades mais ampla[8]. Podem existir também os sindicatos cuja base esteja fincada exclusivamente na empresa.

Assim, diante das pressões orientadas para a flexibilização das relações de trabalho que as empresas norte-americanas desenvolvem a partir dos anos 1980, o sindicalismo revelou nos Estados Unidos especial sensibilidade para o item 1 apontado por Richard Locke e Kathlen Thelen (1998), referente à flexibilização das normas e da hierarquia que regulam o processo de trabalho nas empresas. O item 4 não oferece dificuldades para os sindicatos norte-americanos, em face da generalizada aceitação das prerrogativas patronais de contratação e demissão, cujos impactos negativos foram mitigados pelo longo período de prosperidade conhecido pela economia dos Estados Unidos no pós-Guerra. O item 3 apresenta alguma importância apenas quando afeta a estrutura de cargos e as normas presentes nas empresas. Já o item 2 adquiriu especial destaque nos casos em que algum nível de centralização da negociação coletiva ocorria, como o revelam as disputas em torno das "concessões"

---

[8] O modelo norte-americano, institucionalizado em 1936 na Junta Nacional de Relações Industriais, estabelece que os trabalhadores, no interior das firmas, ratificam através de votação, periodicamente, os sindicatos – e seus componentes locais – que irão representá-los nas negociações coletivas junto às empresas. Criado, inicialmente, para proteger os trabalhadores diante das empresas, o recurso à ratificação periódica acabou servindo, particularmente nas décadas de 1980 e 1990, aos interesses das empresas quando dispostas a afastar representantes sindicais indesejados. (Rodrigues, 1999: 212ss).

envolvendo as empresas e os sindicatos nos anos 1980, nas quais a redução de salários e benefícios fixados em contratos coletivos era apresentada como alternativa à demissão de trabalhadores, muito embora a maior parte dos sindicatos norte-americanos tenha cedido. Um caso exemplar de resistência às concessões é a greve do P9.

Em meados dos anos 1980, em plena Era Reagan, os trabalhadores da empresa Hormel (em Austin, estado de Minnesota) paralisaram suas atividades em defesa da manutenção do poder aquisitivo dos salários. O movimento evoluiu em protesto contra uma série de medidas de supressão de direitos adotadas pela empresa, que vinculava a manutenção de empregos à fixação daquelas medidas. A greve da P9, como ficou conhecida, fomentou um grave litígio entre o sindicato local e a United Food and Commercial Workers (UFCW), que desautorizou o protesto. O movimento acabou recebendo o apoio de vários sindicatos e de outros segmentos da sociedade norte-americana, mas não logrou conquistas imediatas (Moody, 1996). Cumpre assinalar, entretanto, que, embora a greve do P9 tenha girado fundamentalmente em torno da questão salarial e da preservação de direitos, a insatisfação dos trabalhadores da Hormel intensificou-se a partir do momento em que trabalhadores mais velhos afastaram-se da empresa em virtude de alterações no processo de trabalho, aspecto que atingia em cheio o princípio da *senioriety*, central na economia moral do sindicalismo dos Estados Unidos.

Por outro lado, a resistência dos sindicatos norte-americanos em desfazer-se das prerrogativas que lhes concede o controle sobre os cargos no interior da firma é ilustrada por Heckscher (1996) ao salientar as objeções efetuadas às novas formas de gestão propostas pelas empresas, nas quais se acena para o aumento da participação dos empregados nas decisões, sem a presença dos sindicatos, envolvendo a possibilidade de redefinições no processo de trabalho. O apelo ao Ato Wagner, fixado nos anos 1930 para restringir a interferência das empresas na constituição de organismos de representação dos trabalhadores, foi recurso amplamente utilizado para mitigar tais iniciativas, que envolveriam a redução do poder dos sindicatos sobre dispositivos importantes na definição de sua própria identidade. Por outro lado, em que pese a diversificação das formas de organização dos trabalhadores e a busca de articulação com outros atores, tal como descrito por Moody na greve do P9, salta aos olhos as dificuldades – a partir da própria análise de Moody (1996) – reveladas por este movimento para manter os novos organismos criados quando estes não são mais sustentados pela estrutura tradicional dos sindicatos. Nas duas situações revela-se a força da tradição, a dificultar a adaptação do sindicalismo norte-americano às novas situações geradas pelo processo de reestruturação, em virtude das exigências de redefinição de sua identidade e de seu lugar na sociedade estadunidense que tal adaptação acarretaria.

BRASIL: REGULAÇÃO ESTATAL E AUTONOMIA NA IDENTIDADE SINDICAL

As mudanças verificadas durante os anos 1990 no Brasil produziram impacto significativo sobre o sindicalismo, quando, após um período de recrudescimento e notada afirmação, nos anos 1980, tem seu poder de barganha arrefecido em face das transformações econômicas desencadeadas no governo Collor e aprofundadas na gestão Fernando Henrique Cardoso. Não obstante a natureza múltipla destas mudanças, salta aos olhos a importância atribuída à desregulamentação estatal das relações de trabalho, bem como a reação sindical à mesma. O que aqui se sugere é que, ao lado das implicações materiais da desregulamentação, os aspectos simbólicos que ela envolve constituíram razão relevante da resistência de boa parte do movimento sindical à sua efetivação. Em boa medida, a importância histórica da ação estatal na fundação da estrutura sindical e na promoção da legislação que atribui aos trabalhadores uma série de benefícios, como aqueles reunidos na CLT, está na raiz da força simbólica que alimenta o apego à regulação estatal. Ainda que não se possa perder de vista que a legislação trabalhista constitui uma resposta às demandas dos trabalhadores, o modo como foi implementada e todos os recursos simbólicos mobilizados pelo Estado durante as etapas iniciais do processo de sistematização do direito do trabalho no país contribuiu para que a componente estatal presente nas relações sociais se tornasse fonte de identificação de um determinado setor social, ainda que esse, em certos momentos de sua trajetória, tenha rejeitado, ao menos no plano discursivo, tal ligação, buscando projetar sua identidade justamente na rejeição dessa presença.

Observada por outro ângulo, evidencia-se a força simbólica da componente estatal nas relações sociais. No âmbito da retórica governamental dos anos 1990, a força desta tradição era de tal ordem evidente que desregulamentar significava romper com a Era Vargas. Dessa perspectiva, mais do que subtrair direitos e assegurar maior autonomia na contratação da força de trabalho, era preciso romper com a fonte de identificação daqueles setores sociais que haviam aderido – passado o período de afirmação das forças associadas ao chamado Novo Sindicalismo – ao sistema legislado de relações de trabalho, incluído o plano organizacional.

Nesta seção, busca-se inicialmente apreender como os sindicatos reagiram às pressões indicadas por Richard Locke e Kathlen Thelen (1998) no âmbito das negociações coletivas. As análises processadas aqui baseiam-se, sobretudo, em pesquisas produzidas pelo Departamento Intersindical de Estatística e Estudos Socioeconômicos (Dieese). Em seguida, procura-se verificar o impacto que as proposições orientadas para a desregulamentação das relações de trabalho produziram sobre a parcela majoritária do movimento sindical brasileiro, especialmente aquela representada pela Central Única dos Trabalhadores (CUT)[9]. Neste caso específico, documentos produzidos pela CUT constituem a fonte primordial[10].

No Brasil, a reestruturação produtiva dos anos 1990 esteve mais associada a redefinições organizacionais dentro das empresas e ao processo de terceirização do que a uma aceleração na capacidade inovadora das empresas (Coutinho, Baltar & Camargo, 1999). A análise acerca das negociações coletivas efetuadas nos anos 1990 revela uma redução do poder de barganha dos sindicatos e, por conseguinte, o aumento das perdas salariais e a crescente flexibilização da jornada e dos contratos de trabalho (Dieese, 1999). No entanto, não obstante o ambiente notadamente hostil ao movimento sindical em que se desenvolveram essas mudanças, alguns sindicatos conseguiram imprimir importantes ressalvas nas negociações coletivas no tocante às inovações.

No que diz respeito ao primeiro aspecto mencionado por Richard Locke e Kathlen Thelen (1998), vinculado às "mudanças na organização do trabalho em função das novas tecnologias e formas mais descentralizadas de produção", a adoção de reformas por iniciativa unilateral das administrações fez-se com um nível reduzido de tensão na relação com os sindicatos, não obstante as tentativas por parte dos trabalhadores no sentido de interferir neste processo, a fim de minimizar os efeitos adversos que tais mudanças pudessem ocasionar. No que diz respeito à jornada de trabalho, por exemplo, o empresariado apostou em sua flexibilização, de forma a adaptá-la ao fluxo produtivo, isto é, estender a jornada nos períodos de pico e reduzi-la nas fases de retração da produção[11]. De sua parte, o movimento sindical acentuou as demandas por redução da jornada como meio de reduzir o desemprego, vinculando esta reivindicação à discussão sobre a flexibilidade da jornada em acordos coletivos. A pesquisa do Dieese mostra que, embora o movimento sindical tenha obtido sucesso em associar ao tema da flexibilização proposições referentes à redução da jornada, vários acordos analisados

9 A CUT e boa parte das centrais sindicais menores eram contrárias à desregulamentação. Já a Força Sindical estava dividida. Embora a direção nacional defendesse abertamente a flexibilização das relações de trabalho, algumas lideranças regionais eram contrárias e chegaram a denunciar a direção nacional que teria tomado posição sem consulta à base. Ver <http://www.sindicatomercosul.com.br/noticia02.asp?noticia=8630> (acessado em 20.06.2012); <http://www2.glb.com.br/manchetes/noticias.asp?110597> (acessado em 17.06.2012).

10 Reitero que, embora reconheça a presença de situações sindicais particulares, e mesmo de uma disputa permanente no interior da CUT a respeito de diversos aspectos aqui abordados, foge ao escopo deste artigo analisar essas questões, privilegiando, outrossim, a posição majoritária da CUT, veiculada nas resoluções de seus congressos e em boletins da central.

11 Tal dispositivo ficou conhecido como *banco de horas*. Acerca das disputas em torno da jornada de trabalho no Brasil, além das análises processadas por Sadi Dal Rosso (1998, 2008) em diversas de suas obras, ver também Ana Cláudia M. Cardodo (2009). Sobre a postura da CUT, nos anos 1980 e 1990, e da Força Sindical, nos anos 1990, ver Valéria M. Lobo (2010). Sobre os resultados das negociações coletivas em torno do tema, ver Dieese (1999; 2005).

revelam que a conquista desta vem acompanhada da retração salarial (Dieese, 2005).

Os sindicatos obtiveram poucos avanços também no que se refere ao tema do trabalho suplementar. Ao vislumbrar a abertura de novos postos de trabalho, o movimento sindical insistiu na diminuição de horas extras, expediente que, tradicionalmente utilizado pelas empresas no Brasil, intensificou-se diante do novo padrão produtivo, contrariando, assim, as proposições do movimento sindical[12]. No que se refere às condições de trabalho, é bastante conhecido o tradicional descaso das administrações empresariais com as normas trabalhistas[13].

Por outro lado, a adoção de novas técnicas de produção contribuiu para intensificar os prejuízos à saúde e à segurança do trabalhador. No entanto, observa-se um aumento da preocupação referente ao tema, embora tenha sido bastante limitada a efetivação de medidas que forçassem o empregador a uma mudança de comportamento com relação às condições de saúde e de segurança no ambiente de trabalho (Dieese, 1999).

As pressões para a mudança no sistema de remuneração (item 2) também não produziram maiores tensões junto aos sindicatos, dada a ausência de critérios de uniformização dos salários mesmo entre as categorias profissionais mais organizadas, ocasionando enormes disparidades regionais e setoriais. No entanto, dos quatro elementos apontados, talvez seja o que mais desestabiliza o movimento sindical, tendo em vista a tendência histórica no sentido de priorizar a questão salarial em suas campanhas.

Fato é que desde o recrudescimento do movimento sindical, em fins dos anos 1970, até o plano de estabilização de meados dos anos 1990, as pressões inflacionárias e o ciclo de crescimento da economia colocaram as questões salariais no centro das negociações coletivas. Para os sindicatos, a mobilização em torno destas questões era fonte de legitimidade, uma vez que, embora os resultados das negociações não se traduzissem em transformações substantivas na distribuição

---

12 O recurso à hora extra sempre foi largamente utilizado pelas empresas brasileiras e foi ampliado a partir da redução da jornada ordinária pela Constituição de 1988. O uso abusivo das horas extras teria sido responsável por inibir a esperada geração de postos de trabalho, que decorreria da redução da jornada ordinária para 44 horas semanais, em 1988 (Dal Rosso, 1998; Lobo, 2010). A pesquisa do Dieese (2005) demonstra que o número de assalariados na indústria da grande São Paulo que trabalhou mais que a jornada legal oscilou entre 21% em 1988 e 42,2% em 1997. No comércio estes índices foram de 43,4% e 56% e no setor de serviços correspondem a 25,6% em 1988 e 37% em 1997. A pesquisa revela, ainda, que não obstante a insistência de diversas categorias em relação à proibição ou à redução de horas extras, apenas seis das 94 categorias pesquisadas conquistaram alguma contração, obtendo aumento da remuneração com ampliação da jornada de trabalho para além da jornada legal (Dieese, 1999).

13 A tendência do empresariado brasileiro em burlar a legislação trabalhista foi analisada por John D. French (2001). As razões para a elevada frequência com que os empresários se evadem da lei são discutidas por Adalberto Cardoso (2003).

da renda nacional, impediam que sua concentração se acentuasse, ao tempo em que garantiam parcialmente a manutenção do poder aquisitivo dos salários (Dieese, 1999; Horn, 2006; Lobo, 2010). A partir de 1994, todavia, os reajustes salariais perderam a centralidade que haviam alcançado no período anterior, ao passo que, como parte da política econômica levada a cabo pelo governo federal, foi extinta a política salarial que vinculava os reajustes à inflação.

A maior novidade neste terreno foi a instituição da obrigatoriedade da negociação de participação nos lucros ou resultados[14]. No que diz respeito à remuneração do trabalho, tal medida destacava-se por proporcionar condições para flexibilização dos salários, tendo em vista que a medida provisória regulamentadora definia que a "parcela a ser distribuída" deveria ser "condicional e flexível" e "desvinculada da remuneração [...] isenta de encargos trabalhistas e previdenciários [...]". Por outro lado, desde 1997, quando os sindicatos conquistaram o direito de participar da negociação a respeito da distribuição de lucros e resultados, algumas entidades buscaram inserir em suas pautas de reivindicações metas de interesse dos trabalhadores – como aumento do nível de emprego, qualidade do processo de trabalho e saúde do trabalhador – como contrapartida diante das metas empresariais, que envolviam o compromisso do trabalhador com a produtividade. Portanto, de acordo com a pesquisa Dieese (2005), mesmo em relação à questão salarial, em face de um ambiente político e econômico hostil aos trabalhadores, os sindicatos foram levados a adaptar-se às novas condições, mais do que a postular alternativas.

O mesmo ocorre em relação à adaptação referente às mudanças nos padrões de formação profissional, treinamento e planos de carreira (item 3). Os processos de reestruturação produtiva que se intensificaram no Brasil, a partir da década de 1990, suscitaram a mobilização do movimento sindical, no sentido de garantir maior intervenção dos trabalhadores na implementação das mudanças (Lobo, 2010). Essas, ao mesmo tempo em que poderiam produzir um impacto negativo sobre o movimento sindical, em função do declínio de postos de trabalho, reavivaram uma antiga reivindicação dos sindicatos, referente aos "investimentos em educação, formação profissional e treinamento de pessoal" (Dieese, 1999: 40)[15].

A pesquisa Dieese indica que das 94 categorias constantes do Sistema de Acompanhamento de Contratações Coletivas (Saac-Dieese), 24 "incluem em seus instrumentos alguma garantia referente à introdução de inovações organizacionais e/ou tecnológicas" (Dieese, 1999: 41). As cláusulas tratam majoritariamente de treinamento ou remanejamento interno, mas não preveem sua

---

14 A participação nos lucros já constava da Constituição de 1946, foi reeditada em 1967 e em 1988. Sua regulamentação só se efetivou, todavia, em 1994, tornando obrigatória sua negociação (Alvares, 1999).

15 Acerca da postura das principais centrais sindicais brasileiras em relação ao tema da educação, ver Marco Santana, Donaldo Souza e Neise Deluiz (1999).

obrigatoriedade. Algumas cláusulas propõem que o treinamento seja feito em horário de expediente e custeado pela empresa. Outras sugerem a comunicação – em alguns casos antecipada – aos trabalhadores e sindicato quando da introdução de inovações. Algumas conquistas referem-se à garantia de estabilidade durante certo tempo a partir da introdução das mudanças. Entre as negociações coletivas pesquisadas pelo Dieese no período não há, contudo, qualquer menção aos impactos das mudanças sobre as condições de trabalho e saúde do trabalhador. Além disto, é grande a dificuldade observada no que diz respeito à participação dos trabalhadores na tomada de decisão referente às modificações. Alguns exemplos positivos podem ser encontrados no complexo automotivo do ABC paulista. No entanto, em geral são oferecidas, quando muito, garantias de que os trabalhadores serão informados das modificações. No que se refere à qualificação e ao treinamento de mão de obra, multiplicam-se as negociações em torno da:

> exigência de formação contínua e requalificação, geralmente dentro da jornada de trabalho; sobre a necessidade de criação de comissão paritária para estudo do tema; e quanto à criação de fundos para reciclagem profissional (Dieese, 1999: 43).

Mas é restrito o número de cláusulas que preveem investimento pelas empresas na educação básica e na qualificação dos trabalhadores (Dieese, 1999; Lobo, 2010).

As mudanças referentes à estabilidade e à mobilidade da força de trabalho (item 4) constituíam, sem dúvida, fonte de grande preocupação nos meios sindicais, tendo em vista que, em boa medida, apontavam para a expulsão do mercado de trabalho de um número crescente de trabalhadores. No entanto, não obstante o sentido de urgência que a abordagem do tema suscitava, as mudanças não acarretavam novas tensões, dado o tradicional descaso verificado no Brasil, dentro das agendas empresariais e governamentais, no tratamento desta questão, conforme atesta a irrelevância de políticas públicas de emprego e renda no país.

Com efeito, a estabilidade no emprego jamais constituiu uma garantia aos trabalhadores brasileiros, particularmente a partir da criação do Fundo de Garantia do Tempo de Serviço (FGTS). Todavia, se até os anos 1980 as demissões podiam ser compensadas pela absorção da força de trabalho expelida em outras empresas ou regiões, na década de 1990 o caráter estrutural do desemprego subtraíra tal expectativa do horizonte dos trabalhadores, os quais, uma vez dispensados, tendiam a ter grande dificuldade em encontrar nova vaga mesmo em ramos diferentes daquele de que haviam sido dispensados (Lobo, 2010).

Do ponto de vista do movimento sindical, desde fins dos anos 1970, com a retomada das negociações coletivas,

> passaram a ser asseguradas cláusulas referentes a garantias no emprego aos trabalhadores que se encontram em situações especiais, como gestantes, trabalhadores em idade de prestação de serviço militar, vítimas de doenças profissionais e acidentes de trabalho (Dieese, 1999: 30).

Nos anos 1990, contudo, quando o desemprego atingiu elevados patamares e declinavam as expectativas de reversão do quadro pelas vias do mercado, o movimento sindical se empenhou em discutir o tema em suas várias dimensões (Lobo, 2010). Tendo em vista a natureza estrutural do desemprego e a proliferação das formas precárias de contratação, os sindicatos conferiram centralidade ao tema, ao lado das questões salariais, tradicionalmente predominantes nas negociações coletivas. Entre as negociações pesquisadas pelo Dieese, as cláusulas versavam principalmente sobre a limitação das demissões e a geração de novas vagas (Dieese, 1999: 32). As reivindicações visavam, sobretudo, assegurar o compromisso empresarial com a manutenção do nível de emprego ou garantir que demissões coletivas não ocorressem sem discussão com o sindicato. Não obstante, as conquistas efetivas foram irrisórias, além de se verificar alguns retrocessos, a exemplo da denúncia oferecida pelo governo federal da Convenção 158 da OIT, em novembro de 1996, onze meses após o próprio governo ter requisitado sua ratificação[16].

No que se refere às formas de contratação, ganha destaque o contrato por tempo determinado. Embora este formato já constasse da CLT, previa-se sua utilização apenas em situações de excepcionalidade. Em 1998, contudo, o Congresso Nacional aprovou lei que possibilitava a ampliação das formas de contratação temporária[17]. De acordo com a pesquisa Dieese, "suas principais determinações referem-se à redução dos custos do trabalho para contratos por tempo determinado" (Dieese, 1999: 34). Quanto a esse formato, a ação sindical expressou-se por meio de propostas de redução da utilização de mão de obra temporária ou de extensão dos "direitos constantes da convenção coletiva da categoria" aos trabalhadores com contrato temporário, além de estipular prazos máximos para a

---

[16] A referida convenção estabelece a "obrigatoriedade de justificativa por escrito, por parte das empresas, dos motivos de demissões, de forma que o trabalhador tenha o direito de recorrer judicialmente, bem como a necessidade de comunicação prévia ao sindicato (Dieese, 1999: 33). Mais detalhes sobre a Convenção 158, ver <http://www.oit.org.br/convention>.

[17] A Lei n.º 9.601/98 definia um prazo máximo de dois anos para o contrato temporário, mas o mesmo poderia ser prorrogado indefinidamente. Sua aplicação restringia-se a situações de acréscimo de trabalhadores contratados. A substituição dos empregados em contrato por tempo indeterminado não poderia ser efetivada via contrato temporário. A quantidade de trabalhadores que se permitia às empresas empregar no contrato por tempo determinado variava de 25% a 50% do número total de empregados. Com o contrato por tempo determinado, o empregador está obrigado ao pagamento de 50% das taxas percebidas pelo Sesi, Sesc, Senai, Sebrae, Incra. A dedução referente ao FGTS era reduzida de 8% para 2% do salário. A multa de 40% do FGTS em caso de demissão ficava suspensa. Ver Mauricio Delgado (1998).

duração desta forma de contratação (Dieese, 1999: 35). Assim, diante das dificuldades em resistir à difusão das formas temporárias de contratação, os sindicatos buscavam reduzir seu impacto sobre os trabalhadores e o movimento sindical, incluindo o tema nas negociações coletivas, a fim de regulamentar o trabalho temporário. Paradigmático é o caso do Sindicato dos Metalúrgicos de São Paulo, que, em 1996, firmou convenção coletiva estipulando novas formas e condições de contratação, incluindo cláusulas minuciosas que dispunham sobre benefícios para as duas partes (Dieese, 1999: 36-37).

Outro processo referente à mobilidade da mão de obra é a terceirização. Nos anos 1990, esse processo consistiu, de um modo geral, no deslocamento de trabalhadores de grandes unidades industriais para empresas menores,

> nem sempre enquadrada na mesma categoria econômica da empresa contratante e geralmente com salários e condições de trabalho inferiores (Dieese, 1999: 37).

Do ponto de vista dos trabalhadores, os principais efeitos da terceirização relacionavam-se às acentuadas diferenças de salários e direitos entre os empregados da empresa contratante e os da empresa fornecedora. Para os sindicatos, dada a segmentação da representação por categorias profissionais e as restrições à negociação coletiva intercategorias, a terceirização significava maior dispersão da representação, tendo em vista que muitas vezes os trabalhadores terceirizados saíam da jurisdição das entidades representativas da empresa tomadora de serviço (Dieese, 1999: 37). Em função das implicações da terceirização para trabalhadores e sindicatos, esses buscaram incluir em suas pautas de reivindicações mecanismos que inibissem os processos de terceirização. Contudo, as conquistas efetivas foram pouco numerosas também neste terreno (Dieese, 1999: 38).

Portanto, com base nos resultados da pesquisa Dieese, verifica-se que foram negociados vários aspectos contemplados nas dimensões apresentadas por Richard Locke e Kathlen Thelen (1998). Os sindicatos brasileiros dispuseram-se a negociar com as empresas, aceitando a inclusão de cláusulas no contrato coletivo que flexibilizavam as relações de trabalho. Diante da retração do mercado de trabalho e da acentuação do desequilíbrio de forças entre capital e trabalho, aceitaram, por exemplo, flexibilizar a jornada de trabalho, com a introdução e posterior ampliação do sistema que ficou conhecido como *banco de horas*. Tal postura pode ser observada tanto nos sindicatos filiados à CUT, quanto entre os que compõem as bases da Força Sindical (Lobo, 2010).

No entanto, quando essas pressões ameaçavam atingir as "leis da Nação" e mitigar a presença estatal na regulação das relações de trabalho, a parcela majoritária do sindicalismo, representada pela CUT, entidade que nasce combatendo a heteronomia sindical e toda forma de ingerência estatal nas relações de trabalho, reagia com firmeza, revelando forte apego à legislação trabalhista e sindical consolidada na CLT.

Se na esfera da negociação coletiva o comportamento dos sindicatos de diferentes confissões assemelhava-se, a flexibilização da legislação trabalhista dividia o movimento sindical. Para permanecer no âmbito das duas principais centrais sindicais, há de se considerar que a Força Sindical optou desde cedo por uma prática que considerava mais adequada aos novos tempos, apostando num sindicalismo de resultados. Assim, ainda que não se verifique a recusa a ações típicas da luta sindical – como a convocação de greves e os protestos no varejo contra determinadas iniciativas estatais –, o pragmatismo que no atacado tipifica o sindicalismo da Força Sindical a transforma numa entidade de certo modo adequada à perspectiva neoliberal absorvida pelo Estado brasileiro nos anos 1990. O apoio à política de privatizações, de flexibilização das relações de trabalho e a prioridade atribuída à qualificação profissional e à intermediação de mão de obra fazem da Força Sindical uma entidade não apenas tolerada no ambiente democrático da década de 1990, mas uma parceira do empresariado e do governo, a servir de contraponto à CUT, que rejeita firmemente a perspectiva neoliberal predominante no período[18].

O episódio que talvez melhor ilustre tal resistência coincide com a tramitação no Congresso Nacional do projeto de lei nº 5.483, de autoria do Executivo, que alterava o artigo 618 da CLT[19]. O projeto permitia a negociação de todos os direitos trabalhistas, desde que não contrariasse a Constituição, a Legislação Tributária e Previdenciária, as leis do FGTS e do vale-transporte e programa de alimentação do trabalhador e as normas de segurança e saúde (Nogueira, 2000: 9). Pressionado pelo empresariado[20] e respaldado pela Força Sindical, o presidente Fernando Henrique Cardoso ter-se-ia empenhado pessoalmente na aprovação do referido projeto, o qual fora enviado ao Congresso em novembro de 2001[21].

O projeto suscitou acalorados debates dentro e fora do Parlamento, contrariando as expectativas do governo que havia pedido urgência na votação da matéria[22]. Nos meios sindicais, enquanto a Força Sindical mostrava-se favorável, a

18 Ver Adalberto Cardoso (1999); Patrícia Tropia (2008).

19 Mais detalhes sobre o projeto, que alterava o artigo 618 da CLT, o contexto e os fatores da mudança proposta, ver <www.camara.gov.br>. O Projeto de Lei nº 5.843, de autoria do Executivo, foi aprovado na Câmara dos Deputados no final de 2001, por 264 votos a favor, 213 contrários e 2 abstenções.

20 Em novembro de 2001, o presidente Fernando Henrique Cardoso teria assumido pessoalmente o comando da mobilização pela aprovação do projeto de reforma da CLT na Câmara dos Deputados. Segundo matéria na *Folha de S. Paulo* (29.11.2001: B1), "em conversas reservadas, FHC revelou o motivo de sua insistência na votação do projeto: não quer ser mais cobrado por empresários por não ter proposto mudanças na lei trabalhista. A partir de agora, a cobrança teria de ser feita ao Congresso".

21 *Folha de S. Paulo*, 29.11.2001: B4.

22 Na esfera da sociedade civil, o projeto provocou reações diversas. Além das forças associadas ao capital ou ao trabalho, alcança diversas entidades se posicionaram sobre o tema, a exemplo da Ordem dos

CUT apresentou forte rejeição ao projeto, mobilizando suas bases para pressionar os parlamentares a votar contra a "reforma da CLT" (Lobo, 2010). Na acepção da CUT, como vários preceitos constitucionais são regulamentados na CLT, garantir o mínimo constitucional e transferir para a esfera da negociação coletiva a definição de certos quesitos das relações de trabalho não asseguraria a fruição de direitos. Diante de uma sociedade cindida e um parlamento de certo modo reticente, a proposta foi aprovada na Câmara dos Deputados, mas teve sua votação adiada no Senado Federal, mediante a retirada do pedido de urgência suscitada pela forte polêmica em torno do projeto. Em 2003, já no governo Lula, o presidente pediu a retirada de tramitação do projeto no Senado. Em 2006 o projeto foi finalmente arquivado.

Neste episódio, observa-se, em que pese a reiterada defesa do contrato coletivo de trabalho e a adoção de uma postura de certa forma flexível dos sindicatos cutistas na esfera da negociação coletiva, que a CUT não parecia disposta a permitir que os dispositivos que regem o contrato formal de trabalho escapassem da normatividade estatal[23]. Fato é que o registro do contrato de trabalho em carteira esteve tradicionalmente associado à percepção de certos benefícios como aposentadorias, pensões e outros serviços previdenciários, além daqueles atinentes ao próprio regime de trabalho. A Constituição de 1988, todavia, ao estabelecer o princípio da universalização da cidadania, esmaeceu estes vínculos. Para os trabalhadores de renda mais baixa, o acesso à aposentadoria deixou de estar vinculado à contribuição passada, dado o dispositivo que garante um salário mínimo de renda vitalícia para idosos que comprovem não dispor de outras fontes de renda.

Serviços previdenciários como aqueles relacionados à saúde deixaram de estar associados ao registro do contrato de trabalho em carteira. A percepção do FGTS e da indenização em decorrência de demissão, por outro lado, permanecem vinculados à presença do contrato de trabalho formal. Entre os empresários, a flexibilização destes dispositivos foi apresentada como expediente necessário à geração de empregos. A proposta de contrato temporário de FHC permitia certa flexibilização, mas exigia sua efetivação através de acordo ou convenção coletiva. Contudo, o sindicalismo cutista rejeitou a medida. Embora tradicionalmente a CUT se apresentasse como defensora da negociação coletiva e fizesse diversas objeções à CLT, tomou os dispositivos legais existentes de proteção do trabalho como direitos básicos que escapavam à contratação coletiva. Neste sentido, permaneceu apegada à regulação estatal do contrato de trabalho.

Advogado do Brasil (OAB), Conferência Nacional dos Bispos do Brasil (CNBB), intelectuais etc. *Folha de S. Paulo* (29.11.2001: B4). Ver, ainda, Arnaldo M. Nogueira (2000: 9).

[23] Sobre o posicionamento de diversas entidades, patronais e de trabalhadores, a propósito do contrato coletivo de trabalho, ver José Francisco Siqueira Neto e Marco Antonio de Oliveira (1996).

O forte apego sindical à legislação que estrutura as relações e a própria organização do trabalho, claro na década neoliberal, já havia se manifestado nos anos 1980, período marcado por grande efervescência sindical, expressa no surgimento mesmo da CUT. Como se sabe, a CUT é herdeira do Novo Sindicalismo, movimento que irrompe na cena nacional portando a bandeira da liberdade e autonomia sindical. A CUT nasce, pois, contrária à estrutura sindical oficial, a qual se sustentava, entre outros fundamentos, no imposto e na unicidade sindical, dois institutos responsáveis por reforçar o atrelamento dos sindicatos ao Estado e, portanto, seu caráter heterônomo. No entanto, num período em que várias conquistas foram alcançadas, diante da forte pressão exercida sobretudo pelos trabalhadores organizados em sindicatos cutistas, que participavam de manifestações dentro e fora do parlamento, a CUT, promotora de boa parte dessas manifestações, não revelou o mesmo empenho quanto à extinção, por exemplo, da unicidade sindical. Com efeito, por ocasião da elaboração da Constituição de 1988, no dia da votação do projeto que previa a extinção da unicidade, não havia mais do que 20 sindicalistas nas galerias do Congresso Nacional. Além disto, a aprovação da manutenção da unicidade não foi acompanhada de fortes protestos por parte dos sindicatos filiados à CUT[24]. Isso nos permite trabalhar com a hipótese de que os antigos expoentes do Novo Sindicalismo se acomodaram à estrutura erigida sob o Estado Novo. Esse, não obstante as conhecidas restrições impostas às liberdades civis, constituiu o cenário em meio ao qual se elaborou um dos projetos fundadores do sindicalismo brasileiro, ligados ao trabalhismo varguista (Gomes, 1988). O poder simbólico – e material, para diversos sindicatos – de que se revestem estes elementos tem um peso tal, que nem a CUT, oriunda que é do Novo Sindicalismo – que buscou constituir na crítica do trabalhismo varguista um outro projeto fundador –, conseguiu romper com a estrutura legada pelo Estado Novo.

É curioso notar que tal apego à estrutura que pretensamente combatia era reconhecido pela própria entidade, tal como se observa, por exemplo, nas resoluções do V Congresso Nacional da CUT (1994). Segundo o documento, os delegados avaliaram que a central, que nasceu e cresceu "contra e apesar da legislação [...] não conseguiu romper com muitos dos parâmetros oficiais de organização sindical" (CUT, 1994: 26). Essa percepção se reitera em diversos outros documentos da entidade, mas a prática da CUT revela que, a despeito do discurso que informa uma postura radicalmente contrária a diversos dispositivos que regulam as relações de trabalho e a organização dos trabalhadores, a central permanecia firmemente apegada à legislação reunida na CLT.

---

24 Em Armando Boito Jr. (1991, cap. II), o autor analisou o que chama de omissão da CUT em meio ao processo de votação da unicidade sindical na Assembleia Constituinte.

Em síntese, a central nasceu combatendo vários dispositivos da CLT, sobretudo em matéria de organização sindical; no cotidiano revelou forte apego a essa condição de certa forma confortável dos sindicatos proporcionada pela CLT; ao passo que, no miúdo, seus sindicatos foram levados, particularmente nos anos 1990, a negociar a flexibilização das relações de trabalho, abrindo mão de direitos inscritos em lei. Neste ponto, cumpre salientar que, nesse mesmo período, os empresários intensificavam a prática da burla, diante do afrouxamento da fiscalização pelo Ministério do Trabalho, flexibilizando a frio, para usar expressão cunhada por Adalberto Cardoso, o mercado de trabalho no país (Cardoso, 2003). Mas o que cumpre reter é que, ao cabo, a postura de certo modo contraditória da CUT, expressa no divórcio entre discurso e ação, num contexto em que a lei serve cada vez menos para inibir o comportamento predatório do trabalho por parte do empresariado, revela toda a força de uma tradição que atribui ao Estado uma participação precípua na estrutura organizacional e de direitos que se constitui em fonte fundamental de identidade dos trabalhadores brasileiros. Por outras palavras, não obstante o caráter renovador do sindicalismo cutista, também no caso brasileiro – tal como se observou na Suécia, na Alemanha e nos Estados Unidos – se revela a força da tradição.

CONSIDERAÇÕES FINAIS

Para concluir, um primeiro aspecto a destacar diz respeito às possibilidades analíticas decorrentes da incorporação da dimensão organizativa da identidade sindical no quadro de referências de Richard Locke e Kathlen Thelen (1998). Esses autores chamaram a atenção para as semelhanças existentes no horizonte do sindicalismo norte-americano e alemão por lidarem com os temas da inclusão e da exclusão. Há elementos de identidade e distinção também na estrutura organizativa, que podem elucidar o apego a políticas diversas. Nos Estados Unidos – tal como na Alemanha – existe um sistema que também pode ser considerado dual, no âmbito do qual organizações amplas coexistem com estruturas locais. Entretanto, como estas não alcançam o chão da fábrica, entre os norte-americanos o controle sobre o processo de trabalho exige a presença de normas rígidas, ao passo que na Alemanha os conselhos de fábrica podem interferir no processo de trabalho, tornando desnecessário o apego a normas.

As dificuldades de mudança compreensiva do sindicalismo brasileiro, por seu turno, num quadro em que sua representatividade se encontrava, de certa forma, ameaçada, diante da ampliação do mercado informal, podem estar associadas à natureza da organização sindical no país e aos recursos de que pode dispor, sem que haja exigência de mobilização dos trabalhadores. Na Alemanha, em 1990, cerca de 17 milhões de trabalhadores – em 20 milhões – encontravam-se inscritos em contratos coletivos, o que confere uma importância grande aos sindicatos, favorecendo o apego dos trabalhadores a essas entidades (Daübler, 1997: 52).

Certamente no Brasil os sindicatos não têm o mesmo alcance. Ainda assim subsistem como a principal forma de organização dos trabalhadores, mesmo com a extensão do mercado informal no país, tal como se verificou nos anos 1990, e da indiferença de boa parte dos trabalhadores em relação à vida sindical.

Em todos os casos analisados, evidenciou-se a força da tradição, em que o apego a determinadas políticas que conferem identidade ao movimento sindical e às estruturas organizativas que lhe dão sustentação operam de modo inercial, a dificultar os processos de mudança que as novas situações geradas pela reestruturação capitalista estavam a exigir. No caso brasileiro, evidenciou-se que mesmo entre as correntes sindicais que construíram sua identidade sobre a crítica à regulação estatal do mundo do trabalho e à forma organizativa a ela vinculada – o sindicato único por categoria profissional –, é significativo o peso da tradição, manifesto na permanente distância entre intenção e gesto. As reiteradas proclamações quanto à necessidade de mudança na organização sindical e de estabelecimento da contratação coletiva como melhor caminho para estruturação das relações de trabalho no país associavam-se ao apego prático às entidades sindicais tradicionais e ao complexo de dispositivos presentes na CLT, tomados como o patamar de onde as contratações coletivas deveriam começar.

A paralisia revelada na efetivação das mudanças pode estar vinculada a tal esquizofrenia, pois a manutenção de um discurso que remete à necessidade de constituição de uma nova estrutura sindical fundadora por parte do sindicalismo cutista obscurece a percepção das possibilidades incrementais de mudança, nas quais as alterações na natureza do sindicalismo não exigem o esboroamento de sua identidade e de suas organizações, mas, antes, sua adaptação progressiva às novas situações criadas.

A conclusão deste artigo deveria, pois, chamar a atenção para os problemas relacionados à mudança institucional. As formulações de Richard Locke e Kathlen Thelen (1998) das quais me vali como guia, ao enfatizarem os aspectos simbólicos e institucionais que conferem identidade ao sindicalismo dos países analisados, deram destaque àquilo que estou chamando de força da tradição. Por outro lado, conquanto vinculadas à fixação de padrões de comportamento, instituições revelam maior ou menor capacidade de adaptação às pressões do ambiente e também podem mudar. Seja por iniciativa de quem as compõe, seja por desuso (quando não cumprem determinados papéis diante de mudanças no ambiente), seja por força de eventos críticos que provocam mudanças compreensivas, as instituições nascem, transformam-se e podem desaparecer.

De certa forma, a raiz da resistência à mudança vincula-se não apenas ao papel fundador de determinadas políticas e formas organizativas, mas também ao fato de elas definirem mecanismos de inclusão e exclusão. Na Suécia, a inclusão é na nação. Na Alemanha, na região e no ramo de produção. Nos Estados Unidos, num sistema de normas definido no âmbito da empresa. No Brasil, num sistema de direitos vinculado à regulamentação estatal do trabalho. Se o espaço em que os direitos podem ser exercidos se altera, muda também a via de acesso e os mecanismos de inclusão e exclusão. A indiferença dos trabalhadores para com o sindicato, além de relacionados aos processos de reestruturação, pode, de alguma forma, estar vinculada às definições de 1988, que esmaeceram a lógica do "quem tem ofício tem benefício", própria à cidadania regulada, pelo princípio dos direitos sociais da cidadania. Se for assim, o aumento da representatividade e da força dos sindicatos brasileiros talvez não se relacione mais apenas à defesa dos trabalhadores que compõem sua base, mas à participação em processos mais amplos para a expansão da cidadania e para a efetivação de políticas sociais que atendam a um universo maior de brasileiros.

REFERÊNCIAS

ALVARES, A. C. T. Participação nos lucros definida pelos resultados. *Revista de Administração de Empresas*. v. 39, n. 4, p. 70-77, São Paulo, FGV, 1999.

BOITO JR., A. *O sindicalismo de Estado no Brasil*. São Paulo: Hucitec, 1991.

CARDODO, A. C. M. *Tempos de trabalho, tempos de não trabalho: disputas em torno da jornada do trabalhador*. São Paulo: Annablume, 2009.

CARDOSO, A. M. *A década neoliberal*. São Paulo: Boitempo, 2003.

________. *A trama da modernidade: pragmatismo sindical e democratização no Brasil*. Rio de Janeiro: Revan; Iuperj, 1999.

CASTEL, R. *As metamorfoses da questão social*. Petrópolis: Vozes, 1998.

COUTINHO, L.; BALTAR, P.; CAMARGO, F. Desempenho industrial e do emprego sob a política de estabilização. In: POSTHUMA, A. (Org.). *Abertura e ajuste do mercado de trabalho no Brasil*, p. 61-86. São Paulo: Editora 34, 1999.

CENTRAL ÚNICA DOS TRABALHADORES (CUT). *Resoluções do V Concut*. São Paulo: CUT, 1994.

DAL ROSSO, S. *Mais trabalho! A intensificação do trabalho na sociedade contemporânea*. São Paulo: Boitempo, 2008.

________. *O debate sobre a redução da jornada de trabalho*. São Paulo: Abet, 1998.

DAÜBLER, W. *Direito do trabalho e sociedade na Alemanha*. São Paulo: LTr; Fundação Friedrich Ebert; Ildes, 1997.

DELGADO, I. G. *et alii*. Cenários da diversidade. *Dados*, v. 53, n. 4, p. 959-1008, Rio de Janeiro, 2010.

DELGADO, M. G. *O novo contrato por tempo determinado*. São Paulo: LTr, 1998.

DEPARTAMENTO INTERSINDICAL DE ESTATÍSTICA E ESTUDOS SOCIOECONÔMICOS (DIEESE). A jornada de trabalho nas negociações coletivas (1996-2004). *Estudos e Pesquisas*, Ano II, n. 16, Dez. 2005.

________. Comportamento das negociações coletivas de trabalho nos anos 90 (1993-1996). *Pesquisa Dieese*, n. 15, Maio-1999.

FRENCH, J. D. *Afogados em leis: A CLT e a cultura política dos trabalhadores brasileiros.* São Paulo: Editora Fundação Perseu Abramo, 2001.

GALENSON, W. *The world's strongest trade unions – the Scandinavian labor movement.* Westpot (CT): Quorum, 1998.

GALVÃO, Andréia. O debate sobre a grande greve francesa de 1995". *Crítica Marxista*, n. 13, p. 95-107. Campinas: Boitempo, 2001.

GOMES, A. M. C. *A invenção do trabalhismo.* São Paulo; Rio de Janeiro: Vértice; Iuperj, 1988.

HALL, P.; SOSKICE, D. *Varieties of capitalism.* Oxford: Oxford University Press, 2001.

HECKSCHER, C. C. *The New unionism: employee involvement in the changing corporation.* New York: A Twentieth Century Fund Book, 1996.

HORN, C. H. Mensuração da mudança no conteúdo das normas coletivas sobre a relação de emprego. *Economia e Sociedade*, v. 15, n. 2, p. 409-424, Ago. 2006.

KERN, H.; SABEL, C. F. Trade unions and descentralized problems in the german labour movement. In: REGINI, M. *The future of labour movements.* London: Sage, 1994.

KOO, Hagen. *Korean workers: the cultura and politics of class formation.* Ithaca (NY): Cornell University Press, 2001.

LOBO, V. M. *Fronteiras da cidadania: sindicatos e (des)mercantilização do trabalho no Brasil.* Belo Horizonte: Argvmentvm, 2010.

________. *Democracia e corporativismo no Brasil.* Dissertação (Mestrado) – Universidade Federal de Minas Gerais, 1995.

LOCKE, R.; THELEN, K. Comparações contextualizadas: uma abordagem alternativa para a análise da política sindical. *Revista Latinoamericana de Estudios del Trabajo.* v. 4, n. 8, p. 109-149. São Paulo: Alast, 1998.

MOODY, K. *A injury to all: the decline of american unionism.* New York: Verso, 1996.

NOGUEIRA, A. M. Perspectivas do trabalho e do sindicalismo no Brasil. *Anais do XXIV Encontro Anual a Anpocs*, p. 9. Petrópolis, 23-27 de outubro de 2000.

RODRIGUES, Leôncio Martins. *Destinos do sindicalismo.* São Paulo: Edusp, 1999.

SANTANA, M. A.; SOUZA, D. B.; DELUIZ, N. *Trabalho e educação: centrais sindicais e reestruturação produtiva no Brasil.* Rio de Janeiro: Quartet, 1999.

SANTOS, A. O. O novo modelo americano: dos empregos McDonald's à greve dos teamsters (UPS). *Revista Lutas Sociais*, v. 6, p. 43-52. São Paulo, PUC-SP, 1999.

SIQUEIRA NETO, J. F.; OLIVEIRA, M. A. Contrato coletivo de trabalho: possibilidades e obstáculos à democratização das relações de trabalho no Brasil. In: OLIVEIRA, C. A. B.; MATTOSO, J. E. L. (Orgs.). *Crise e trabalho no Brasil*. São Paulo: Scritta, 1996.

TRÓPIA, P. O sindicalismo brasileiro em disputa nos anos de 1990: origem, raízes sociais e adesão ativa da força sindical ao neoliberalismo. *Estudos de Sociologia*, v. 14, n. 26, p. 79-102. Araraquara: Unesp, 2008.

CAPÍTULO 13

DISPENSA COLETIVA: PARÂMETROS CONSTITUCIONAIS E INTERNACIONAIS PARA A PROTEÇÃO SOCIAL

Ronaldo Lima dos Santos[1]
Jefferson Luiz Maciel Rodrigues[2]

1. INTRODUÇÃO

A dispensa coletiva de trabalhadores é fenômeno que repercute para além da relação de emprego e importa em desencadeamentos sociais e econômicos com devastador potencial de degradar a qualidade de vida em sociedade e abalar o equilíbrio social, o qual se revela essencial para o desenvolvimento do próprio sistema capitalista, da paz e da justiça social.

Em razão dos efeitos prejudiciais para uma coletividade de trabalhadores e suas famílias, às comunidades nos entornos dos estabelecimentos da empresa, à

---

[1] Professor Doutor da Faculdade de Direito da USP – Departamento de Direito do Trabalho e da Seguridade Social. Mestre e Doutor pela USP. Procurador do Ministério Público do Trabalho em São Paulo. Coordenador Nacional da Coordenadoria de Promoção da Liberdade Sindical e do Diálogo Social – CONALIS/MPT. Coordenador do Grupo de Trabalho Nacional – GT – COVID-19 do MPT. Psicanalista Clínico pelo Instituto *Sedes Sapientiae.* ENDEREÇO: Rua Antonio Pestana, 196, casa 02, Jardim Tremembé, São Paulo – SP, CEP: 02370-020.

[2] Procurador *do Ministério Público do Trabalho no Rio de Janeiro. Pós-graduado (Especialização Lato-Sensu)* em Direito e Processo do Trabalho. Vice-Coordenador Nacional da Coordenadoria de Promoção da Liberdade Sindical e do Diálogo Social – CONALIS/MPT). ENDEREÇO: Rua dos Almeida, 37, casa 4, Cond. Parque Santa Terezinha, Cônego, Nova Friburgo-RJ, Cep 28.621-540.

cadeia produtiva e às atividades econômicas, a dispensa coletiva pressupõe regulamentação sob a perspectiva de sua transcendência e, portanto, se diferencia das dispensas individuais, pois invoca proteção para além dos trabalhadores coletivamente considerados, senão também à sociedade, às comunidades e às economias locais, regionais, setoriais ou mesmo nacionais.[3]

Deste modo, considerando-se os impactos sociais e econômicos de um despedimento coletivo, é necessária a compreensão o instituto da dispensa coletiva, dos seus pressupostos, como a obrigatoriedade de diálogo social prévio, e dos parâmetros para a sua configuração (quantitativo de trabalhadores, temporalidade, causas e motivos), pelo prisma dos princípios e regras da Constituição Federal de 1988, da normatização internacional, com ênfase para as Convenções e Recomendações da OIT, das Diretivas da União Europeia e do direito comparado, com o exame da legislação de diversos países que regulamentam a dispensa coletiva.

2. DISPENSA COLETIVA, PROTEÇÃO SOCIAL NO ÂMBITO INTERNACIONAL

A dispensa coletiva, assim, é considerada fenômeno que extrapola o sistema de relações de trabalho, com efeitos deletérios sobre toda a sociedade e a economia, razão pela qual países com intensa preocupação democrática e social, consideram a dispensa coletiva elemento de uma política socioeconômica global, regulamentando-a de forma diferenciada das dispensas individuais, e não a inserindo na lógica contratual individual ou pressupondo-a como um ato de extensão de uma relação contratual singular de emprego.

Em face de todos estes aspectos, diversas instâncias internacionais preconizam um tratamento normativo diferenciado para as dispensas coletivas, exigindo para a sua validade, entre outros fatores, a submissão de decisão a um diálogo social prévio com as entidades representativas dos trabalhadores, ou à autorização de autoridades administrativas ou judiciárias e, até mesmo, a ambos.

A União Europeia, *v.g.*, desde a década de 1970, já disciplina os parâmetros para eventual dispensa coletiva, tendo adotado a Diretiva nº 75/129/CEE do Conselho, de 17 de fevereiro de 1975, que fora revista pela Diretiva nº 92/56/CEE do Conselho, de 24 de junho de 1992, as quais foram revogadas e consolidadas pela

---

3 Deve-se considerar toda a cadeia de fornecedores, de prestadores de serviços, de comércio em derredor da empresa e o número empregos diretos, indiretos e induzidos e afetados. Uma nova empresa que se instala em determina região, além de receber a infraestrutura estatal e de serviços, indubitavelmente modifica o cenário social desta região e nesse sentido há interesse social envolvido, com ações preparatórias à sua chegada, a exemplo de asfaltamento, saneamento, moradias, postos de saúde, escolas etc.; além de muitas empresas receberam subsídios e incentivos estatais. Em sentido diverso, a preocupação em razão de uma retração coletiva de mão de obra, pelas mesmas razões, deve considerar a influência de impacto para além das relações contratuais unilateralmente interessadas.

Diretiva nº 98/59/CE do Conselho da União Europeia, de 20 de julho de 1998, que assim dispõe em seu artigo 2º:

> 1. Sempre que tencione efetuar despedimentos coletivos, a entidade patronal é obrigada a consultar em tempo útil os representantes dos trabalhadores, com o objetivo de chegar a um acordo.
>
> 2. As consultas incidirão, pelo menos, sobre as possibilidades de evitar ou de reduzir os despedimentos coletivos, bem como sobre os meios de atenuar as suas conseqüências recorrendo a medidas sociais de acompanhamento destinadas, nomeadamente, a auxiliar a reintegração ou reconversão dos trabalhadores despedidos.
>
> Os Estados-membros podem prever que os representantes dos trabalhadores possam recorrer a peritos, nos termos das legislações e/ou práticas nacionais.

Concorde com o Tratado sobre o Funcionamento da União Europeia, todos os Estados-membros estão vinculados à consecução dos resultados das diretivas adotadas pela Conselho da União, restando às instâncias nacionais às instâncias nacionais a competência quanto à forma e aos meios, mas sem poder de disposição, discricionariedade quanto à obrigatoriedade de tutela do valor maior proclamado pela Diretiva. Assim, no âmbito da União Europeia a dispensa coletiva está alçada a uma categoria social que não somente transcende ao dogma formal da iniciativa privada, como está condicionada a pressupostos e requisitos de validade específicos, tendo diversos Estados implementado legislações específicas sobre dispensa coletiva, como, inclusive, será analisado ao longo deste trabalho.

Ainda na esfera internacional, consoante estudo da Organização Internacional do Trabalho (OIT)[4], a maioria dos países (81,6%), já possui regras trabalhistas específicas para as dispensas coletivas, podendo-se citar, com exemplo, Portugal (Código de Trabalho de Portugal – CTP); Espanha (Estatuto dos Trabalhadores da Espanha); Itália (Lei n. 223, de 23.7.1991); França (Código do Trabalho Francês – CTF); Alemanha (Lei de Proteção contra Demissão [PADA] – Kündigungsschutzgesetz – KSchG –, de 1969, alterada pela Emenda de 2017 e pela Lei de 14 de outubro de 2020); Argentina (Lei nº 24.013, de 1991 – Lei do Emprego); Peru (Decreto Legislativo nº 728 – Lei de Produtividade e Competitividade Laboral [LPCL] de 27 de março de 1997, modificada pela Ley No. 30367); México (Lei Federal do Trabalho, de 1970), Angola (Lei Geral do Trabalho n. 2/00 – LGTA).[5]

---

4 Nota de Información de Dialogue n. 3. Oficina Internacional del Trabajo. Septiembre de 2011.

5 No presente trabalho serão utilizadas as seguintes siglas: **CTP** – Código de Trabalho de Portugal; **CTF** – Código do Trabalho Francês; **Diretiva 98/59/CE**: Diretiva 98/59/CE, de 20.71998, do Conselho da União Europeia; **ETE** – Estatuto dos Trabalhadores da Espanha; **LGTA** – Lei Geral do Trabalho, n. 02/00, de Angola; **KSchG (PADA)** – Alemanha – Kündigungsschutzgesetz (KSchG) – Lei de Proteção contra Demissão [PADA], 1969; **LPCL – Peru** – (Decreto Legislativo nº 728 – Lei de Produtividade e Competitividade Laboral [LPCL] de 27 de março de 1997, modificado pela Lee No. 30367); CF/88 – Constituição

A Convenção 158 da OIT, sobre Término da Relação de Trabalho por Iniciativa do Empregador, não obstante tenha sido aprovada (Decreto Legislativo n. 68 de 17.9.92), ratificada e promulgada (Decreto nº 1.885, de 10.4.1996), e posteriormente denunciada pelo Brasil (Decreto n. 2.100, de 20 de dezembro de 1996), constitui importante marco internacional na proteção contra o término da relação de trabalho, preconizando o diálogo social e a negociação coletiva nos casos de dispensas coletivas.

3. DIÁLOGO SOCIAL E NECESSIDADE DE NEGOCIAÇÃO NO ÂMBITO INTERNACIONAL E NO DIREITO COMPARADO

Diversos países têm buscado estabelecer limites às dispensas coletivas, estatuindo contornos fático-jurídicos pelos quais se fixam critérios de validade quanto ao exercício dessa extremada medida; atentos ainda à necessidade de erigir mecanismos de tutela em prol dos trabalhadores e da sociedade atingidos, além de estimular o consenso por posições que permitam vantagens múltiplas, seja conciliando o interesse econômico desejado de redução do custo com alternativas à adoção da gravosa ação de rompimento de contratos de emprego, ou ainda construindo soluções objetivas, sempre dialogadas, e que reduzam o âmbito de tensão social.

Devido às repercussões socioeconômicas das dispensas coletivas a diretriz internacional, presente em diversas cartas, instrumentos internacionais, e em ordenamentos jurídicos de países que prestigiam a democratização e almejam um capitalismo socialmente responsável, preconiza a obrigatoriedade de prévio diálogo social e de negociação coletiva para eventuais dispensas coletivas.

Além da aludida Convenção 158, sobre Término da Relação de Trabalho por Iniciativa do Empregador, a Recomendação nº 166 também da OIT, aprovada na 68ª reunião da Conferência Internacional do Trabalho, orienta importantes mecanismos de procedimento frente às dispensas coletivas em razão de motivos econômicos, tecnológicos, estruturais ou análogos:

> **Recomendação nº 166 da OIT**
>
> (...)
>
> III. Disposições Complementares Sobre o Término da Relação de Trabalho por Motivos Econômicos, Tecnológicos, Estruturais ou Similares.
>
> 19 (1) Todas as partes interessadas devem tentar evitar ou limitar, na medida do possível, o término da relação de trabalho por motivos econômicos, tecnológicos, estruturais ou similares, sem prejuízo do funcionamento efetivo da empresa,

Federal de 1988; CLT – Consolidação das Leis do Trabalho; CCB – Código Civil Brasileiro; OIT – Organização Internacional do Trabalho.

estabelecimento ou serviço, e envidar esforços para mitigar as consequências adversas de qualquer término da relação de trabalho por estes motivos para o trabalhador ou trabalhadores envolvidos.

(2) Quando apropriado, a autoridade competente deve ajudar as partes na busca de soluções para os problemas levantados pelas determinações previstas.

A Carta da Organização dos Estados Americanos insta aos Estados Membros a adoção de mecanismos justos e eficazes de efetivação do diálogo social entre empregados e empregadores, destacando a importância das organizações sindicais nestes processos, principalmente nas questões que envolvam efeitos para além das relações de trabalho, sobre os demais setores sociais, nos quais certamente se incluem as dispensas coletivas:

Carta da Organização dos Estados Americanos

Art. 45. Os Estados membros, convencidos de que o Homem somente pode alcançar a plena realização de suas aspirações dentro de uma ordem social justa, acompanhada de desenvolvimento econômico e de verdadeira paz, convêm em envidar os seus maiores esforços na aplicação dos seguintes princípios e mecanismos:

(...)

d. Sistemas e processos justos e eficientes de consulta e colaboração entre os setores da produção, levada em conta a proteção dos interesses de toda a sociedade;

(...)

g. O reconhecimento da importância da contribuição das organizações tais como os sindicatos, as cooperativas e as associações culturais, profissionais, de negócios, vicinais e comunais para a vida da sociedade e para o processo de desenvolvimento;

(...)

Especificamente em relação às dispensas coletivas, a Carta Social do Conselho da Europa (1965), atualizada pelo Protocolo Adicional de 1988, e revista em Estrasburgo, em 3 de maio de 1996, determina, em sua parte I, item 29, o diálogo social nos casos de dispensa coletiva, determinando, *in verbis*, que: "*Todos os trabalhadores têm o direito de serem informados e consultados nos processos de despedimentos coletivos*".

Como assinalado anteriormente, a Diretiva 98/59/CE do Conselho da União Europeia, de 20 de julho de 1998, que revogou as Diretivas nº 75/129/CEE do Conselho, de 17 de fevereiro de 1975, que havia sido alterada pela Diretiva nº 92/56/CEE do Conselho, de 24 de junho de 1992, todas relativas à aproximação das legislações dos Estados-Membros respeitantes aos despedimentos coletivos, determina, sem seu artigo 2º:

1. Sempre que tencione efetuar despedimentos coletivos, a entidade patronal é obrigada a consultar em tempo útil os representantes dos trabalhadores, com o objetivo de chegar a um acordo.

> 2. As consultas incidirão, pelo menos, sobre as possibilidades de evitar ou de reduzir os despedimentos coletivos, bem como sobre os meios de atenuar as suas conseqüências recorrendo a medidas sociais de acompanhamento destinadas, nomeadamente, a auxiliar a reintegração ou reconversão dos trabalhadores despedidos.
>
> Os Estados-membros podem prever que os representantes dos trabalhadores possam recorrer a peritos, nos termos das legislações e/ou práticas nacionais.

Na esteira das Cartas Internacionais, os ordenamentos jurídicos de quase duas centenas de países disciplinam em algum grau a dispensa coletiva. O Estatuto dos Trabalhadores da Espanha (ETE), por exemplo, determina que a dispensa coletiva deverá ser precedida de um período de consultas aos representantes legais dos trabalhadores (art. 51, 2, ETE).

O Código do Trabalho de Portugal (CTP) preconiza que o empregador que pretenda proceder a uma dispensa coletiva deve comunicar esta intenção por escrito aos representantes dos trabalhadores com vistas à realização de um acordo (arts. 360 e 361 CTP).

Na Itália, a Lei n. 223, de 23.7.1991, prescreve que a empresa que pretenda efetuar uma dispensa coletiva é obrigada a fazer uma comunicação prévia e por escrito aos representantes sindicais e à entidade profissional representativa dos trabalhadores para tratar da dispensa coletiva e alcançar um acordo sindical (art. 4º c/c art. 24 da Lei n. 223, de 23.7.1991).

Na Argentina, a Lei de Emprego, de 1991, determina que o Ministério do Trabalho e Seguridade Social entabule a negociação coletiva entre o empregador e a respectiva entidade sindical (art. 100, Lei de Emprego).

Em Angola, Lei Geral do Trabalho, n. 02/00, estabelece a necessidade de comunicação e negociação com a entidade representativa de trabalhadores e intervenção dos serviços provinciais dos órgãos do Ministério de Tutela do Trabalho (artigo 239 LGTA).

No Peru, a Lei de Produtividade e Competitividade Laboral [LPCL] de 27 de março de 1997 (Decreto Legislativo nº 728) dispõe que a empresa deverá estabelecer negociação com a entidade sindical representativa dos trabalhadores, além de notificar a Autoridade Administrativa do Trabalho para proceder à intermediação das negociações (arts. 47 e 48 LPCL).

A obrigatoriedade de negociação coletiva nos casos de dispensas e a observância de asseguramento de notificação, consulta e informação às entidades sindicais representativas dos trabalhadores persiste mesmo na hipótese em que a decisão relativa à dispensa emane do empregador, do grupo econômico ou de qualquer outra empresa que sobre ele exerça qualquer atividade de controle ou ingerência (Diretiva 98/59/CE).

Em regra, as consultas incidirão, pelo menos, sobre as possibilidades de evitar ou reduzir os despedimentos coletivos, bem como sobre os meios de atenuar as suas consequências recorrendo a medidas sociais destinadas, nomeadamente, a acompanhar e auxiliar a **reintegração** ou reconversão dos trabalhadores dispensados (Diretiva 98/59/CE).

4. DISPENSA COLETIVA NO BRASIL: PARÂMETROS CONSTITUCIONAIS, ANÁLISE DO ART. 477 DA CLT E O PRESSUPOSTO DA NEGOCIAÇÃO COLETIVA PRÉVIA

Seguindo os ordenamentos jurídicos que limitam o prórpio ato do empregador de dispensa individual, não considerando-a um direito potestativo, no Brasil, a Constituição "Cidadã" de 1988 igualmente prescreveu ao Estado e à sociedade brasileira a limitação do direito de dispensa do empregador, já nas hipóteses de dispensas individuais, prescrevendo, *in verbis*:

> **CONSTITUIÇÃO FEDERAL DE 1988**
>
> *Art. 7º São direitos dos trabalhadores urbanos e rurais, além de outros que visem à melhoria de sua condição social:*
>
> *I - relação de emprego protegida contra despedida arbitrária ou sem justa causa, nos termos de lei complementar, que preverá indenização compensatória, dentre outros direitos;*

Não obstante a delegação da matéria para a lei complementar, e a existência da regulamentação provisória do art. 10, II, do Ato das Disposições Constitucionais Transitórias, é indubitável que, sob os mais modernos meios de interpretação jurídica (lógico, sistemático, axiológico, histórico, evolutivo, teleológico, entre outros) que o poder constituinte originário concebeu à proteção contra a dispensa arbitrária ou sem justa causa, ainda que individual um *status* de direito social que baliza os limites da livre iniciativa nas relações de trabalho.

Como se constata, no Brasil, a Constituição Federal de 1988, no art. 7º, inciso I[6], mesmo no caso de dispensas individuais, trouxe o gene da proteção social contra as dispensas arbitrárias[7]. Tal prescrição, expressa na Lei Maior, não pode

---

6 Artigo 7º, caput, e inciso I, CF/88: "São direitos dos trabalhadores urbanos e rurais (...) I – relação de emprego protegida contra despedida arbitrária ou sem justa causa, nos termos da lei complementar, que preverá indenização compensatória, dentre outros direitos".

7 O conceito de despedida arbitrária está presente no art. 165 da CLT. Não se trata de garantia de emprego ao trabalhador, mas sim de o empregador, para dispensá-lo, ter que motivar, expressamente, deduzindo claramente as razões que podem ser de ordem técnica, econômica ou financeira.

ser considerada um vazio jurídico[8]. O preceito tem potencial a orientar o intérprete minimamente à reflexão no sentido de que se nas dispensas individuais se acena o caminho da proteção contra as dispensas arbitrárias, com mais razão nas dispensas coletivas, afastando, nesse último caso, a prevalência de um poder potestativo automático, unilateral e absoluto.

De fato, como naqueles ordenamentos jurídicos em que a dispensa individual já não é simplesmente considerada com efeitos deletérios limitados à pessoa do trabalhador, mas igualmente com projeção sobre toda a sociedade, tendo em vista que a perda de um posto de trabalhado, ainda que incidente apenas sobre um trabalhador, ela repercute sobre os familiares deste, seus dependentes, a comunidade local, em seus aspectos sociais e econômicos, sendo, portanto, objeto de restrição, tal como também elucida a própria exegese do artigo 7º, I, da CF/88[9], muito mais se justifica *per se* e automaticamente a limitação da dispensa coletiva.

A Constituição Federal de 1998 seguiu o mesmo caminho dos demais diplomas internacionais e de diversos países, sendo a limitação da dispensa coletiva um corolário da evitação dos efeitos sociais e econômicos de qualquer tipo de dispensa (artigo 7º, I, CF/88). Equivale a dizer: a limitação da dispensa coletiva é corolário lógico, teleológico, social e econômico de qualquer ordenamento jurídico que prescreve a proteção contra a própria dispensa individual; principalmente, e com mais razão, numa carta social que contempla todo um complexo normativo que insta a proteção social contra a dispensa coletiva.

Fundamental compreender que o art. 7º, I da CF, ainda que norma constitucional de eficácia limitada, pois depende de regulamentação por lei complementar, ele tem capacidade de produzir importantes efeitos jurídicos, tendo o condão de revogar normas com eles incompatíveis, bem como servir como parâmetro para o controle de constitucionalidade, além de postar-se como vetor material para interpretação das normas jurídicas[10].

Assim, a restrição das dispensas coletivas e a necessidade de diálogo social prévio encontram plena ressonância nos sólidos fundamentos, valores, princípios

---

8 Toda norma constitucional tem algum grau de eficácia e isso não pode ser ignorado. Para a leitura de uma obra clássica, no Brasil, a respeito, indica-se o livro *Aplicabilidade das Normas Constitucionais* de José Afonso da Silva, Malheiros.

9 Tal prescrição, expressa na Lei Maior, não pode ser considerada um nada jurídico. O preceito tem potencial a orientar o intérprete minimamente à reflexão no sentido de que se nas dispensas individuais se acena o caminho da proteção contra as dispensas arbitrárias, com mais razão nas dispensas coletivas, afastando, nesse último caso, a prevalência de um poder potestativo automático, unilateral e absoluto.

10 Ora, se a CF diz que, já na dispensa individual, é direito do trabalhador a proteção contra a despedida arbitrária, a ser regulado por lei complementar, não se pode compreender que a lei ordinária seja interpretada para esvaziar todo o conteúdo protetivo na dispensa coletiva, mormente quando essa hipótese, pela dimensão, revela-se como medida mais gravosa aos trabalhadores e sociedade.

e objetivos que permeiam e ecoam do projeto de sociedade esculpido na Constituição Federal de 1988.

Vale trazer a lume que, No Brasil, por força de princípio constitucional e da *mens legis* do artigo 7º da CF/88, todas as questões que transcendam às relações individuais de trabalho e que têm repercussão coletiva devem obrigatoriamente ser submetidas ao prévio diálogo social, por meio de negociação coletiva, consoante se extrai, entre outros dispositivos, do artigo 7º, VI, XIII, XIV, XXVI, da CF/88.

Com isso, em virtude da transcendência social, política, econômica e jurídica da dispensa coletiva, esta deve ser precedida do necessário diálogo social com as entidades sindicais representativas dos trabalhadores (art. 8º, VI, CF/88).

Ademais, a República Federativa do Brasil tem como fundamentos a cidadania, a dignidade da pessoa humana e a harmonização entre os valores sociais do trabalho e a livre iniciativa (art. 1º, II, III e IV, CF/88), o que, aliás, se revela fundamental para se construir uma sociedade livre, justa e solidária, erradicar a pobreza, a marginalização e reduzir as desigualdades sociais e regionais (art. 3º, I e III, CF/88). Nessa toada, revela-se importante também resgatar o projeto de sociedade escrito em relevo na Constituição Federal de 1988, fundado na harmonia, e não na supremacia da livre iniciativa sobre os valores sociais do trabalho.

Não é por outra razão que a ordem econômica brasileira tem como pilares fundamentais a valorização do trabalho humano e da livre iniciativa, colimando assegurar a todos a existência digna, conforme os ditames da justiça social (art. 170, *caput*, CF/88). Nessa trilha, imperioso observar os princípios da função social da propriedade, da redução das desigualdades regionais e sociais e da busca pelo pleno emprego (art. 170, incisos III, VII e VIII c/c art. 5º, XXIII), são nortes essenciais para que a ordem social se estruture com base no primado do trabalho e alcance, como objetivos, o bem-estar e a justiça sociais (art. 193 CF/88).

4.1. Análise do art. 477 da CLT e pressuposto da negociação coletiva prévia

Inegavelmente, a inclusão do art. 477-A à CLT[11] pela Lei n. 13.467/2017, a denominada "Reforma Trabalhista, teve como escopo, pela expressão verbal de seus defensores, alterar a jurisprudência trabalhista[12] que se firmava pela

[11] Art. 477-A da CLT: "As dispensas imotivadas individuais, plúrimas ou coletivas equiparam-se para todos os fins, não havendo necessidade de autorização prévia de entidade sindical ou de celebração de convenção coletiva de trabalho para a sua efetivação".

[12] O Tribunal Superior do Trabalho havia firmado jurisprudência pela necessidade de negociação coletiva prévia para a validade de dispensas coletivas nos autos do EDRODC-30900-12.2009.5.15.0000 e que ficou conhecido como "caso Embraer".

necessidade, prévia, de negociação coletiva como pressuposto de validade das dispensas coletivas.

> **Art. 477-A da CLT**
>
> As dispensas imotivadas individuais, plúrimas ou coletivas equiparam-se para todos os fins, não havendo necessidade de autorização prévia de entidade sindical ou de celebração de convenção coletiva de trabalho para a sua efetivação.

Consoante acima exposto, a interpretação a ser conferida ao artigo 477-A, da CLT, inserido pela Lei n. 13.467/2017, deve se pautar pela análise do instituto 'dispensa coletiva' a partir da sua natureza jurídica de fenômeno coletivo, e não sob a ótica individual, alinhando-se à interpretação da CF/88 (artigos 1º, III, IV, 6º, 7º, I, XXVI, 8º, III, VI, 170, *caput*, III e VIII, 193) e também às convenções, declarações e recomendações internacionais, não se admitindo, assim, a redução ou mitigação da obrigatoriedade de diálogo social e da negociação coletiva, por observância direta do artigo 4º da Convenção nº 98, do artigo 5º da Convenção nº 154 da OIT e do artigo 13 da Convenção nº 158 da OIT.

Nesse arquétipo, é preciso compreender que a equiparação posta pelo art. 477-A da CLT "*para todos os fins*" das "*dispensas individuais, plúrimas e coletivas*", além de imprecisa, é inócua.

A norma não possui o condão de alterar a natureza e a essência das coisas. Equivale a dizer que uma intencionada equiparação legal entre matérias em estado líquido, como a água e o vinho, jamais igualará ambas as substâncias e seus conteúdos, e muito menos em seus efeitos no organismo humano.

Toda equiparação tem, necessariamente, duas faces. Assim, dizer que dispensa individual é o mesmo que dispensa coletiva, é também dizer que dispensa coletiva é o mesmo que dispensa individual. Então, se a análise de todo ordenamento jurídico determinar conclusão de que há obrigatoriedade, sim, de negociação coletiva prévia, diante da possibilidade de dispensas coletivas[13], poder-se-á igualmente concluir, como consequência lógica, que esse dispositivo pôs fim a arbitrariedade no caso das dispensas individuais.

É inócuo ainda prever que para a efetivação da dispensa coletiva não há "*necessidade de autorização prévia de entidade sindical*" (art. 477-A CLT), pois tal prescrição destoa da natureza do instituto, tal como emana das normas internacionais e no direito comparado, tendo em vista que o pressuposto não é a concessão de um poder de veto ao sindicato, mas a promoção do diálogo social e da negociação coletiva, cabendo às entidades sindicais entabular, no caso concreto, o exercício da autonomia privada coletiva, sob a perspectiva de contribuir para

---

[13] Essa foi a conclusão do Tribunal Superior do Trabalho nos autos do EDRODC – 30900-12.2009.5.15.0000, o "caso Embraer".

harmonia entre os valores sociais do trabalho e da livre iniciativa (art. 1º, IV, CF/88), à paz social e à construção de uma sociedade mais justa e solidária (art. 3º, I, CF/88).

Desta forma, o pressuposto do prévio diálogo social e da negociação coletiva, tem como fundamento toda a capacidade de construção criativa das partes na consecução de resultados adequados à especificidade e à complexidade de cada situação concreta, não se limitando a uma mera e pragmática conduta autorizativa ou não da dispensa coletiva, mas parte dos efeitos deletérios de uma dispensa coletiva sobre a coletividade de trabalhadores e a sociedade, os quais vão além dos limites do empreendimento empresarial e requer a democratização das decisões, pois a transcendência social da dispensa coletiva não condiz com atos unilaterais, autocráticos ou potestativos, fundamentados em interesses meramente particulares e privados.

Assim, não há de se falar em "*necessidade de autorização prévia de entidade sindical*" (art. 477-A CLT). Nunca foi o papel das entidades sindicais, nas dispensas coletivas, simplesmente anuir, chancelar, permitir, concordar, assentir, admitir ou não com atos das empresas, com absoluto vazio de propósito. A altivez fixada pela Constituição Federal de 1988 aos sindicatos (art. 8º, III), na defesa dos trabalhadores e acrescida da ideia de concertação social entre trabalho e capital (art. 1º, IV), outorga às entidades sindicais a missão de contribuir, com o diálogo social prévio à dispensa coletiva, para a busca de pontos de confluência e com vistas a manutenção da paz social e a construção de uma sociedade mais justa e solidária (art. 3º, I, CF/88).

Por outro lado, a previsão de que as dispensas coletivas não pressupõem a "*celebração de convenção coletiva de trabalho ou acordo coletivo de trabalho para a sua efetivação*" (art. 477-A CLT) não exclui, como não poderia fazê-lo à luz das normas constitucionais, internacionais e do direito comparado, a necessidade de prévio diálogo social ou negociação coletiva a uma dispensa coletiva; pois ambos (diálogo social e negociação coletiva) são institutos autônomos, que não se confundem com as normas coletivas (art. 611 CLT) ou com eventual autorização prévia por parte de determinada entidade sindical.

O diálogo social e a negociação coletiva são procedimentos de solução de conflitos e questões coletivas, os quais podem ter como produtos diversos outros instrumentos judiciais e extrajudiciais aptos a consolidar o consenso entre a empresa e a entidade sindical, inclusive com possibilidade de utilização dos institutos de mediação e arbitragem, bem como tem como objetivo a consecução de uma solução concertada entre as partes, seja para a manutenção dos postos de trabalho, para a instituição de alternativas para a manutenção dos empregos (como férias coletivas, banco de horas, suspensão dos contratos, entre outros) ou medidas que evitem, reduzam, mitiguem ou compensem os impactos de uma inevitável dispensa coletiva sobre os trabalhadores, suas famílias, a comunidade e toda parcela da sociedade que, direta ou indiretamente, pode ser atingida pelos efeitos de uma dispensa coletiva.

Isso não é estranho à relação capital e trabalho, nos diversos pontos de tensão, à luz da Constituição Federal (art. 7º, incisos VI, XIII, XIV). Ao contrário, é ideia de normalização de atos unilaterais, autocráticos, potestativos, no caso das dispensas coletivas, é que não encontra ressonância no projeto de sociedade escrito na Constituição[14]vigente, revelando nítida herança cultural subliminar de um país com largo histórico autoritário[15] e escravagista e que se projeta, nas relações de trabalho, não só quanto à existência do diálogo social senão também sob a sua substância[16].

Como ressaltado alhures, extrai-se da normatividade expressa na Constituição Federal de 1988 a indicação sobre a imprescindibilidade do diálogo social prévio com as entidades sindicais, pela negociação coletiva (art. 7º, VI, XIII, XIV, XXVI, da CF/88), em todos os casos em que as questões trabalhistas transcendam às relações individuais de trabalho e que têm repercussão coletiva.

Importante destacar que a moderna teoria que se debruça sobre a solução de conflitos, em uma sociedade de massas, compreende o diálogo como um processo que objetiva o conhecimento, o reconhecimento, a construção coletiva que analise posições, visões de mundo e, assim, impulsione o consenso e permita a construção da paz social. Diálogo[17], portanto, pressupõe dialética, reflexão construtiva, e não se confunde com o mero debate e muito menos com a ideia de que uma das partes deve impor uma determinada proposição como meio a atender a um dado interesse.

Nesse contexto, demonstrado que o art. 477-A, da CLT, em verdade, não exclui a interpretação jurídica[18] quanto à necessidade, prévia, de negociação co-

---

[14] É fundamental ressaltar novamente que mesmo nas dispensas individuais, em que as repercussões sociais são menores, o Constituinte projetou a contenção da dispensa arbitrária (art. 7º, I).

[15] "Manda quem pode, obedece quem tem juízo". Eis um provérbio muito comum no Brasil e que revela e normaliza, no subconsciente coletivo, a expressão do poder nas diversas organizações.

[16] A história do Brasil retrata um dado objetivo e comparativamente impactante: de 1530 a 1888 viveu-se 358 anos em um regime escravocrata fundado em um modelo econômico que concebia o trabalho humano sob a perspectiva da sujeição, da relação autoritária no encaminhamento de decisões com potencial diretivo. Passados 132 anos, olhando para trás e observando que o país sequer percorreu a metade do tempo do regime pretérito, resta possível intuir o quanto as relações sociais, ainda hoje, encontram-se fixadas, no subconsciente coletivo, pelas invisíveis amarras do arbítrio e pela reserva do diálogo somente àqueles que se encontram na mesma hierarquia de grupos sociais.

[17] Interessante e contraditório seria o Poder Judiciário brasileiro se preocupar com a mediação de conflitos e, não obstante, no caso das dispensas coletivas, decidir que, diante de um conflito coletivo decorrente de dispensa em massa, não haveria necessidade de diálogo prévio entre trabalhadores e empregador.

[18] Na realidade, e indo além, seria um erro interpretativo extrair do art. 477-A, da CLT, o norte de que tal dispositivo dispensa a negociação coletiva prévia na hipótese de dispensa coletiva. O arquétipo constitucional brasileiro não se alinha a essa prescrição autoritária de subjugação do trabalho ao capital

letiva com as entidades sindicais, isso na hipótese de a empresa vislumbrar a possibilidade de dispensa coletiva, analisar-se-á a juridicidade dessa prescrição normativa.

O Estado brasileiro, nesse contexto, tem o dever não só de preservar, senão também de garantir os direitos humanos fundamentais (art. 4º, II e art. 5º, parágrafos 3º e 4º, CF/88), promovendo o necessário e prévio controle de convencionalidade, além de não rechaçar interpretações jurídicas com vistas ao retrocesso social (art. 3º CF/88) e que exclua a proteção adequada ao trabalhador coletivamente considerado e da própria sociedade e quanto aos efeitos deletérios multidirecionais decorrentes da dispensa em massa.

Nesse passo, na falta de disposições legais e contratuais[19], incide o art. 8º da CLT que abre espaço para o preenchimento da lacuna pelo direito comparado cuja preocupação com o tema já se demonstrou, com as múltiplas razões[20] de proteção social e macroeconômica, neste artigo.

No sistema constitucional brasileiro, o diálogo social prévio com as entidades sindicais, pela negociação coletiva (art. 7º, VI, XIII, XIV, XXVI, da CF/88), em todos os casos em que as questões trabalhistas transcendam às relações individuais de trabalho e que têm repercussão coletiva, é o normal, o caminho natural, o norte jurídico.

Também o Estado brasileiro se obriga a preservar e garantir os direitos humanos (art. 4º, II e art. 5º, parágrafos 3º e 4º, CF/88) e, ainda, os recepciona como normas com caráter supralegal[21], ainda que não ratificados pelo rito das emendas constitucionais (art. 5º, parágrafo 3º, CF/88).

(art. 1º, IV). Ademais, extrai-se normatividade jurídica suficiente do art. 7º, I, de forma a não se admitir o no caso mais gravoso, nas dispensas coletivas, o exercício de um poder autoritário empresarial.

19 É importantíssimo compreender que o dever jurídico advém não só da lei, senão também da vontade. Assim, com espeque ainda na boa-fé objetiva e na função social do contrato, extrai-se que a empresa pode se obrigar ao diálogo social prévio diante da possibilidade de dispensa coletiva. Devem ser consideradas as declarações públicas, compromissos éticos, contratos, códigos empresariais com políticas socioambiental, normas de *compliance*, pactos setoriais econômicos, compromissos quando do recebimento de financiamentos públicos ou incentivos e/ou renúncias fiscais, cláusulas sociais decorrentes de adesões a programas governamentais e de acordos marco globais.

20 Já se disse que devido às repercussões socioeconômicas das dispensas coletivas a diretriz internacional, presente em diversas cartas, instrumentos internacionais, e em ordenamentos jurídicos de países que prestigiam a democratização e almejam um capitalismo socialmente responsável, preconiza a obrigatoriedade de prévio diálogo social e de negociação coletiva para eventuais dispensas coletivas.

21 Essa é a decisão história do Supremo Tribunal Federal ocorrida em 03.12.2008 (RE 466.343-SP e HC 87.585-TO) e que adota o entendimento de que os tratados que tratam de direitos humanos (art. 5º, 2º da CF/88) não ratificados pelo rito do §3º, do art. 5º da CF/88 são normas hierarquicamente inferior à Constituição Federal de 1988 e, no entanto, superior à lei, daí a ideia de supralegalidade. Disso resulta, ainda, a possibilidade do chamado controle de convencionalidade sobre as leis. Há uma necessidade de adequação, como pressuposto de validade, inclusive interpretativa, da lei em relação ao tratado internacionais que verse sobre direitos humanos.

Posto isso, verifica-se que embora ainda esteja em debate a validade da denúncia da Convenção nº158 da OIT pelo Brasil, extrai-se da Declaração de Princípios Fundamentais no Trabalho, de 1998, a determinação de que, em que pese não ratificada alguma convenção, os Estados "*tem um compromisso derivado do fato de pertencer à Organização de respeitar, promover e tornar realidade, de boa-fé e de conformidade com a Constituição, os princípios relativos aos direitos fundamentais que são objeto dessas convenções*", dentre eles, "*a liberdade sindical e o reconhecimento efetivo do direito de negociação coletiva*".

Disso resulta, a atribuição ao legislador e ao intérprete o dever de agir com *animus* de proteção e assim incentivar (não obstruir) a negociação coletiva como instrumento de solução de conflitos nas relações coletivas de trabalho[22] (art. 4º da Convenção n.98; art. 5º da Convenção n.154; e art. 13 da Convenção n.158, todos da OIT).

Assim, em sendo "*o reconhecimento efetivo da negociação coletiva*" uma cláusula inexorável de observância obrigatória pelos Membros da OIT, compete ao Estado brasileiro, por meio de seus órgãos governamentais, administrativos, legislativos e judiciários, efetivar a negociação coletiva nas dispensas coletivas, pelo mero fato de integrar à OIT, consoante (Item 2, "a", da Declaração de Princípios e Direitos Fundamentais no Trabalho).

Portanto, revela-se fundamental conceber a obrigatoriedade de negociação coletiva prévia, nos casos de dispensa coletiva, com a observância de notificação, consulta e informação à entidade sindical respectiva, ainda que a decisão emane do empregador, do grupo econômico ou de qualquer empresa outra que exerça o controle ou ingerência (Diretiva 98/59/CE).

Dessa forma, à luz das regras e princípios previstos na CF/88, das normas internacionais e do direito comparado, o diálogo social prévio é pressuposto da dispensa coletiva, cuja inobservância acarreta a sua nulidade, com efeitos *ex tunc* ao ato coletivo lesivo, imediata reintegração de todos os trabalhadores atingidos, pagamento da remuneração e demais direitos trabalhistas do período de afastamento e asseguramento do *status quo ante* das regras e condições de trabalho, como se extrai das princípios e regras do ordenamento jurídico brasileiro, das normas internacionais e do direito comparado, *v.g.*, como veremos a seguir.

Deve-se ressaltar que a inobservância ou recusa da negociação coletiva prévia a uma dispensa também representa ato antissindical, pois a ação lesiva viola a liberdade sindical, negando a autonomia privada coletiva dos trabalhadores no exercício da negociação coletiva, nos termos do art. 8º, I e III CF/88, das Convenções n. 87/1948 e n.98/1949 da OIT e do art. 525 da CLT.

---

22 É notória a existência de um conflito coletivo de trabalho quando da dispensa coletiva ou sua iminência.

Por outro lado, além das normas legais, o dever jurídico da empresa ao diálogo social prévio à dispensa coletiva, pela perspectiva da boa-fé objetiva e da função social do contrato, decorre não só de todo esse arcabouço normativo, senão também de obrigações assumidas ao longo de suas relações sociais, como declarações públicas, compromisso éticos, os contratos, os códigos empresariais com políticas de responsabilidade socioambiental, as normas de *compliance*, pactos setoriais econômicos, compromissos quando do recebimento de financiamentos públicos ou incentivos e/ou renúncias fiscais, cláusulas sociais decorrentes de adesões a programas governamentais e de acordos marco globais.

4.2. Dispensa coletiva e dispensa plúrima

A dispensa coletiva não se confunde com a dispensa plúrima. A dispensa plúrima pressupõe extinções de contrato de trabalho com fundamento em motivos subjetivos, concretos, individualizados e/ou desconexos entre as situações dos trabalhadores dispensados. A dispensa plúrima corresponde à ocorrência concomitantemente de duas ou mais dispensas individuais, por causas inerentes às pessoas e às situações funcionais dos trabalhadores. Possuem as mesmas características das dispensas individuais sendo que a única peculiaridade é a simultaneidade contingencial das suas ocorrências.

A dispensa coletiva, por sua vez, baseia-se em causas objetivas, únicas ou não, simultâneas ou sucessivas, de natureza técnica, econômica, organizacional, produtiva, mercadológica, estrutural, ou outras, que impactuam diversas relações individuais de trabalho, simultânea ou sucessivamente, num determinado período de tempo. Como previsto na Diretiva 98/59/CE, entende-se como despedimentos coletivos aqueles efetuados por um empregador, por um ou vários motivos não inerentes à pessoa dos trabalhadores, conjugado com o número de despedimentos efetuados, conforme patamares previstos na legislação.

A dispensa coletiva de trabalhadores é, sem dúvida alguma, bem mais que um mero somatório despretensioso[23] de dispensas individuais, repercutindo, inevitavelmente, por sua conectividade, para além dos muros da própria empresa que unilateralmente decida por impulsionar a extremada medida.

5. CONFIGURAÇÃO DA DISPENSA COLETIVA

Não há, no ordenamento jurídico brasileiro, definição quanto aos contornos de uma dispensa coletiva, o que não deságua, na seara trabalhista, em um

[23] É interessante observar que mesmo nas ciências exatas é considerado o efeito em cadeia, tal como prescreve a *teoria do caos* retratada no filme *Efeito borboleta* de MackyeGruber, estrelado Ashton Kutcher e Amy Smart. O filme de longa metragem que ecoa os estudos do meteorologista norte-americano Edward Lorenzd, ainda na década de 1960, discorre sobre uma das características marcantes dos sistemas caóticos e que é a sensibilidade nas condições iniciais.

problema, posto que esta aparente lacuna normativa interno, por previsão antiga e expressa do art. 8º da CLT, pode ser colmatado pelo direito comparado e com dois pressupostos: um, observadas as regras, valores e princípios constitucionais e das e normas internacionais sobre direitos humanos sociais e, dois, sem que haja prevalência do interesse particular de uma empresa ou de classe, dos trabalhadores, sobre o interesse social[24].

> **CLT – DECRETO-LEI N. 5.452 DE 1º DE MAIO DE 1943**
>
> *Art. 8º – As autoridades administrativas e a Justiça do Trabalho, na falta de disposições legais ou contratuais, decidirão, conforme o caso, pela jurisprudência, por analogia, por equidade e outros princípios e normas gerais de direito, principalmente do direito do trabalho, e, ainda, de acordo com os usos e costumes, o direito comparado, mas sempre de maneira que nenhum interesse de classe ou particular prevaleça sobre o interesse público.*

A dispensa coletiva possui um caráter multifatorial. Assim, para a configuração de uma dispensa coletiva, no que se referem às causas e fundamentos, à luz da Diretiva 98/59/CE, não se pressupõe um motivo único. O olhar do intérprete sobre esse caráter multifatorial da dispensa coletiva, além de juridicidade, ainda se adéqua à complexidade da ordem social nacional (art. 193 da CF/88), devendo, pois, serem observados diversos fatores e à luz do caso concreto, a exemplo do número e/ou percentual de trabalhadores atingidos, os impactos socioeconômicos, considerando-se especialmente a localidade onde se situa o estabelecimento empresarial, além do caráter temporal das dispensas, suas causas e motivações.

Neste diapasão, os parâmetros para a configuração da dispensa coletiva, suas regras, princípios e procedimentos pressupõem uma interpretação sistemática das normas constitucionais e infraconstitucionais do ordenamento jurídico brasileiro, em consonância com os tratados e declarações internacionais, convenções e recomendações da OIT, com o direito comparado e com diversas outras fontes do Direito do Trabalho, tal como previsto no artigo 8º da Consolidação das Leis do Trabalho (CLT).

A dispensa coletiva, por seus efeitos em toda a sociedade, é intensamente regulamentada em diversos países, sendo que no Brasil, além dos valores, princípios e normas constitucionais, o impacto de sua degradação faz aflorar o interesse público primário que, por sua vez, orienta a interpretação jurídica em não admitir o acolhimento de soluções unilaterais e que prestigiem a prevalência do

[24] Essa determinação é muita clara no artigo 8º da CLT: "As autoridades administrativas e a Justiça do Trabalho, na falta de disposições legais e contratuais, decidirão, conforme o caso (...) o direito comparado, **mas sempre que nenhum interesse de classe ou particular prevaleça sobre o interesse público**. (Grifou-se)

interesse particular de uma empresa sobre o interesse social (art. 8º CLT), tornando imperiosa a necessidade prévia de diálogo social e o seu fortalecimento.

Além disso, pelo artigo 8º da CLT, reconhece-se o direito comparado como fonte normativa, permitindo, em consonância com os valores, princípios e normas constitucionais, dele extrair e aplicar a experiência de outros países e democracias, com o fim orientar e nortear o diálogo social e as decisões de autoridades administrativas e judiciárias, na apreciação de todos os elementos fáticos, sociais, econômicos e jurídicos que contornam uma dispensa coletiva.

5.1. Quanto aos fundamentos/motivos

Como exposto anteriormente, quanto à suas causas e fundamentos, a dispensa coletiva não pressupõe um motivo unitário, podendo caracterizar-se mesmo nas hipóteses em que os despedimentos dos trabalhadores sejam decorrentes de um ou vários motivos, desde que abranja uma multiplicidade de empregados (Diretiva 98/59/CE). Desse modo, a dispensa coletiva pode ser caracterizada mesmo que haja uma pluralidade de causas objetivas, simultâneas ou sucessivas no tempo. A dispensa de uma pluralidade de trabalhadores por um motivo, por exemplo, conjuga-se com ato de mesma natureza, embora fundamentado em outra causa, também objetiva para, como um todo, caracterizar o fenômeno da dispensa coletiva. Seria a hipótese de uma empresa que pretendesse dispensar uma pletora de empregados em virtude de inovação tecnológica e um outro grupo de empregados pelo fechamento de um de seus estabelecimentos.

A dispensa coletiva, assim, comumente se fundamenta em causas objetivas, como causas econômicas, técnicas, organizativas ou de produção e análogas, tal como previsto, por exemplo na (Recomendação 166 da OIT, art. 51 do ETE – Espanha; art. 46 LPCL – Peru; art. 238 da LGTA – Angola).

Entre as causas objetivas, enquadram-se os motivos de mercado, como a redução da atividade da empresa provocada pela diminuição previsível da procura de bens ou serviços ou impossibilidade superveniente, prática ou legal, de colocar esses bens ou serviços no mercado (art. 359, 2, Código de Trabalho de Portugal (CTP); art. 46 LPCL – Peru).

Também constitui dispensa coletiva a fundada em motivos estruturais, como o desequilíbrio econômico-financeiro, a mudança de atividade do empregador, a reestruturação da organização produtiva ou a substituição de produtos dominantes (art. 359, 2, CTP; art. 46 LPCL – Peru).

Motivos tecnológicos, como as alterações nas técnicas ou processos de fabrico, automatização de instrumentos de produção, de controlo ou de movimentação de cargas, bem como informatização de serviços ou automatização de meios de comunicação são elementos objetivos que caracterizam uma dispensa coletiva (art. 359, 2, CTP; art. 46 LPCL – Peru), assim como o caso fortuito ou força maior (art. 98 da Lei do Emprego da Argentina; arts. 46 e 47 LPCL – Peru).

Neste diapasão, vale ressaltar que a sazonalidade da produção ou da demanda, reestruturações administrativas, produtivas e/ou impactos tecnológicos não elidem a caracterização da dispensa coletiva, mas, pelo contrário, a tipificam plenamente. No ordenamento jurídico brasileiro, estas causas objetivas constituem riscos da atividade econômica do empregador, cujos efeitos são de assunção deste, nos termos do artigo 2º da Consolidação das Leis do Trabalho.

5.2. Quanto ao quantitativo de trabalhadores

No que se refere ao número de trabalhadores atingidos pela dispensa, para a caracterização de sua natureza coletiva, não se pode partir, *a priori*, na falta de direcionamento normativo interno, de números ou percentuais elevados. O olhar do intérprete, em sua análise, deve se ater não somente ao quantitativo de trabalhadores, mas também aos impactos sociais e econômicos da medida. Uma mesma pedra pode ser atirada no mar ou em um pequeno balde. No primeiro caso, o impacto pode ser menor do que no segundo. Mas em ambos a pedra é a mesma, alterando-se somente a dimensão dos seus efeitos.

A concepção de que a dispensa coletiva pressupõe números e/ou percentuais elevados não encontra ressonância em diversos ordenamentos jurídicos no mundo. Em relação ao quantitativo de trabalhadores, a dispensa coletiva não pressupõe percentual ou número alto de trabalhadores dispensados, devendo o ato e/ou fato ser analisado diante das circunstâncias observadas no contexto da situação, do porte da empresa e do número total de trabalhadores.

Em Portugal, por exemplo, considera-se o despedimento coletivo como aquele que envolve de 2 (dois) a 5 (cinco) empregados, num período de três meses, a depender de micro, pequena, média ou grande empresa (art. 359, 1, CTP).

Consoante a legislação de Angola, para a qual o despedimento coletivo é aquele que envolve a extinção ou transformação de postos de trabalho que afetem 5 (cinco) ou mais trabalhadores (art. 238 da Lei Geral do Trabalho).

Na Espanha, a dispensa coletiva corresponde àquela que abrange: a) 10 (dez) trabalhadores em empresas com até 100 trabalhadores; b) 10% de trabalhadores nas empresas que possuem entre 100 e 300 empregados; c) 30 trabalhadores naquelas que tenham mais de 300 (trezentos) empregados. (art. 51 do ETE)

Na Itália, a legislação prevê como coletiva a dispensa que envolve 5 (cinco) trabalhadores num intervalo de tempo de 120 (cento e vinte dias), em qualquer unidade produtiva ou em mais de uma unidade produtiva numa mesma província (art. 24 da Lei n. 223/91).

Na Alemanha considera-se os seguintes quantitativos para a configuração de uma dispensa coletiva: a) 05 (cinco) trabalhadores, nas empresas com mais de 20 e menos de 60 empregados; b) 10% (dez por cento) dos trabalhadores ou 25 (vinte e cinco) empregados nas empresas com 60 (sessenta) ou mais e menos de 500 empregados; c) 30 (trinta) trabalhadores em empresas com pelo menos 500 empregados (Lei de Proteção contra Demissão [PADA], 1969 (Terceira Sessão, § 17).

Na Argentina, a dispensa coletiva é a que afeta: a) mais de 15% (quinze por cento) dos trabalhadores em empresas com menos de 400 trabalhadores; b) mais de 10% (dez por cento) em empresas com entre 400 e 1.000 trabalhadores; c) mais de 5% (cinco por cento) em empresas com mais de 1.000 trabalhadores (art. 98 da Lei do Emprego).

No Peru, a dispensa coletiva envolve mais de 10% (por cento) dos trabalhadores da empresa (art. 48 LPCL).

5.3. Quanto ao aspecto temporal das dispensas

Quanto ao momento das dispensas, a dispensa coletiva não pressupõe que todos os trabalhadores atingidos sejam dispensados por ato único e simultâneo, num mesmo momento, podendo ocorrer também de forma sucessiva, periódica ou rodiziada (art. 359, 1, do CTP; art. 51 do ETE; art. 238 da LGTA; art. 238 da LGTA – Angola).

O desmembramento de dispensas no tempo, com sucessividade ou rodiziamento, também pode caracterizar a dispensa coletiva. Tais artifícios, excluídas as hipóteses de causas supervenientes que justifiquem claramente as novas extinções contratuais, constituem fraude à lei, impondo a declaração de nulidade e tornando-se sem efeito as extinções contratuais (artigo 51, "1" do ETE).

Em se tratando das relações de trabalho, o intérprete não pode olvidar a realidade subjacente, mas se nortear pelo princípio da primazia da realidade. Não se trata de estabelecer presunções *a priori*, mas de considerar, não fechar os olhos para possíveis desmembramentos de dispensas no tempo, com sucessividade ou rodiziamento, com o fim de escamotear a coletividade da medida. A utilização de tais artifícios determinam o reconhecimento da fraude e a caracterização do fenômeno coletivo e, portanto, impõe-se a declaração de nulidade[25], tornando-se sem efeito as extinções contratuais[26].

---

25 Artigo 9º da CLT: "Serão nulos de pleno direito os atos praticados com o objetivo de desvirtuar, impedir ou fraudar a aplicação dos preceitos contidos na presente Consolidação".

26 Essa é a previsão do artigo 51, "1" do ETE que se ajusta perfeitamente ao ordenamento jurídico brasileiro. Vide o artigo 9º da CLT. Ainda que não fosse, o §1º, artigo 8º da CLT permite a aplicação do artigo 166, inciso VI que diz ser nulo ato que objetiva fraudar lei imperativa.

6. NEGOCIAÇÃO COLETIVA E DIREITO À INFORMAÇÃO

Em virtude dos impactos sociais, econômicos e jurídicos de uma dispensa coletiva, com transcendência para a comunidade local, regional ou nacional, é fundamental que o diálogo social e a negociação coletiva sejam efetivamente fundados no princípio da primazia da realidade (art. 9º CLT), no direito de acesso à informação (art. 442 CCB) e nos dados necessários à efetiva solução do conflito.

Consoante se extrai da Recomendação nº 163 da OIT, é imprescindível a garantia e observância das medidas necessárias a efetividade das negociações, em especial o direito à informação, ainda que, se efetivamente sensível ao empreendimento, devam os dados serem debatidos entre empresa e o sindicato com cláusula de confidencialidade (art. 7º):

> 7. (1) Medidas condizentes com as condições nacionais devem ser tomadas, se necessário, para que as partes tenham acesso à informação necessária a negociações significativas.
>
> (2) Para esse fim:
>
> a) empregadores públicos e privados, a pedido de organizações de trabalhadores, devem pôr à sua disposição informações sobre a situação econômica e social da unidade negociadora e da empresa em geral, se necessárias para negociações significativas; no caso de vir a ser prejudicial à empresa a revelação de parte dessas informações, sua comunicação pode ser condicionada ao compromisso de que será tratada como confidencial na medida do necessário; a informação a ser posta à disposição pode ser acordada entre as partes da negociação coletiva.

É imperioso, para a viabilidade e a efetividade do diálogo social, que a empresa não apresente à entidade sindical ou qualquer autoridade judiciária ou administrativa, tão somente fundamentos jurídicos, econômicos, técnicos, estruturais, ou de qualquer outra ordem, de forma abstrata e genérica. Os dados e informações devem ser claros, determinados, concretos e específicos da realidade da sua situação.

A apresentação de dados e fundamentos genéricos, bem como a recusa na apresentação de dados e informações, que se saiba ou deva-se saber, fundamentais para a tomada de decisões, pode acarretar a nulidade da dispensa coletiva perpetrada e de eventual diálogo social ou procedimento de negociação coletiva (art. 187 CCB).

Também há vício negocial quando a parte omite a real razão ou o verdadeiro interesse, e/ou impõe, como condição para a solução do conflito coletivo, medidas desarrazoáveis, desproporcionais, inadequadas ou incompatíveis com as reais causas, como, por exemplo, pretender impor medidas permanentes, como a redução *ad aeternum* (para sempre) de direitos ou de quadro de pessoal, para o enfrentamento de dificuldades econômicas notoriamente temporárias (art. 147 CCB).

A negociação coletiva é pressuposto (requisito prévio) para a validade de abertura de qualquer procedimento de dispensa coletiva. Neste quesito, compete ao empregador, em tempo útil, e previamente à dispensa, a concessão de prazo razoável para apreciação e formulação de propostas, **comunicando previamente ao início do procedimento de dispensa, e por escrito**, à entidade sindical representativa dos trabalhadores (Diretiva 98/59/CE; art. 360, 1, CTP; art. 51 ETE; art. 4º, 2, c/c art. 24 da Lei n. 223, de 23.7.1991 da Itália).

É da lógica jurídico-sistemática do direito coletivo brasileiro que as comunicações em negociação coletiva, principalmente aquelas que pressupõem dados e informações essenciais, fundamentadores e delimitadores da questão sejam formuladas e entregues por escrito à parte contrária, assim como as normas coletivas decorrentes das negociações (art. 613, parágrafo único, da CLT).

Neste diapasão, consoante os princípios da boa-fé objetiva e do direito à informação, norteadores da negociação coletiva e necessários à efetividade desta, compete ao empregador, em tempo útil, e previamente à dispensa, a concessão de prazo razoável para apreciação e formulação de propostas, comunicando, de forma antecipada e por escrito, à entidade sindical representativa dos trabalhadores, além de fornecer-lhes todas as informações necessárias, tais como:

a) os motivos do despedimento previsto (Diretiva 98/59/CE; art. 360 CTP; art. 51 ETE; art. 4º, 2, c/c art. 24 da Lei n. 223, de 23.7.1991 da Itália; art. L1233-10 do CTF; art. 239 LGTA);

b) o número e as categorias dos trabalhadores a despedir (Diretiva 98/59/CE; art. 360 CTP; art. 51 ETE; art. 4º, 2, c/c art. 24 da Lei n. 223, de 23.7.1991 da Itália; art. L1233-10 do CTF; art. 239 LGTA);

c) o número e as categorias dos trabalhadores habitualmente empregados (Diretiva 98/59/CE; art. 51 ETE; art. 4º, 2, c/c art. 24 da Lei n. 223, de 23.7.1991 da Itália; art. L1233-10 do CTF);

d) o quadro de pessoal, discriminado por setores organizacionais da empresa (art. 360 CTP);

e) o período durante o qual se pretende efetuar os despedimentos (Diretiva 98/59/CE; art. 360 CTP; art. 51 ETE; art. 4º, 2, c/c art. 24 da Lei n. 223, de 23.7.1991 da Itália art. L1233-10 do CTF);

f) os critérios que serão utilizados na seleção dos trabalhadores passíveis a despedir (Diretiva 98/59/CE; art. 360 CTP; art. 51 ETE; art. 5º da Lei n. 223, de 23.7.1991 da Itália; art. L1233-10 do CTF; art. L1233-10 do CTF; art. 239 LGTA);

g) o cronograma provisório para despedimentos (art. L1233-10 do CTF);

h) as medidas de natureza econômica previstas; de reorganização, redução de atividades ou enceramento de serviços, entre outras, com que o empregador pretende ajustar o funcionamento da empresa ou estabelecimento à situação existente (art. L1233-10 do CTF; art. 239 LGTA);

i) se for o caso, as consequências das dispensas previstas em termos de saúde, segurança ou condições de trabalho; (art. L1233-10 do CTF);

j) o método previsto para o cálculo de qualquer eventual indenização de despedimento (Diretiva 98/59/CE; art. 360 CTP; art. 4º, 2, c/c art. 24 da Lei n. 223, de 23.7.1991 da Itália);

k) Outras informações consideradas úteis para permitir a avaliação da situação e a necessidade e dimensão do despedimento (art. 239 LGTA).

Compete, assim, à empresa a apresentação de relatório explicativo das causas do despedimento coletivo e dos demais aspectos acima enunciados, "*bem como da documentação contábil e fiscal e relatórios técnicos*" (art. 51 ETE), devendo o empregado devidamente comprovar a ocorrência das causas e dos motivos alegados (art. 230 LGTA), sendo possível, como previsto em diversos ordenamentos jurídicos, a determinação de perícia pela autoridade administrativa ou judicial.

A apresentação dos dados e informações, bem como dos documentos contáveis e fiscais constituem elementos essenciais, sendo obrigatória independentemente de a decisão sobre a dispensa coletiva ou os motivos advieram de outra empresa do grupo econômico ou controladora (Diretiva 98/59/CE).

Não deverão ser aceitas escusas às infrações às obrigações de informação e apresentação de dados e documentos contábeis e fiscais fundamentadas no fato de os elementos necessários não lhe terem sido fornecidos pela empresa cuja decisão deu origem à dispensa coletiva (Diretiva 98/59/CE).

7. DISPENSA COLETIVA E CONTEÚDO DA NEGOCIAÇÃO COLETIVA: IMPRESCINDIBILIDADE DE MEDIDAS ALTERNATIVAS À DISPENSA COMO REQUISITO DE VALIDADE

A dispensa coletiva é a medida mais drástica em termos de matéria de emprego e ocupação e em relação aos seus efeitos sociais, somente devendo ser admitida como *ultima ratio*, se devidamente comprovada a adoção ou a impossibilidade ou a insuficiência, total ou parcial, de outras medidas, que possam evitar ou limitar a redução de pessoal, tal como preconizado em diversas legislações estrangeiras e pela Recomendação n. 119 da OIT:

> 12. Todos os interessados devem agir positivamente para evitar, na medida do possível, a redução do quadro de pessoal, mediante a adoção de disposições adequadas, sem prejuízo do bom funcionamento da empresa, estabelecimento ou serviço.

13. (1) Quando houver previsão de redução do pessoal, deveria proceder-se o mais breve possível à consulta prévia dos representantes dos trabalhadores sobre todos os assuntos apropriados o mais rápido possível.

(2) As questões que deveriam ser objeto de consulta podem compreender o modo de prevenir os efeitos de uma redução de pessoal, a diminuição das horas extraordinárias, a formação e a readaptação dos trabalhadores, as transferências entre serviços, o escalonamento de medidas de redução para os trabalhadores interessados e a seleção dos trabalhadores que seriam sujeitos à redução.

(3) Ao proceder a tal consulta, as duas partes devem considerar a existência de autoridades públicas que possam auxiliá-las neste processo..

14. Se a redução de pessoal projetada for de tal magnitude que possa ter um impacto significativo sobre a situação do trabalho em uma determinada região ou ramo de atividade econômica, o empregador deveria notificar as autoridades públicas competentes antes de proceder com a redução.

O diálogo social e a negociação coletiva devem ser efetivos, devendo-se demonstrar a adoção ou tentativa de adoção de todas as ações e medidas necessárias e possíveis a evitar ou de reduzir os despedimentos coletivos, bem como sobre os meios de atenuar as suas consequências, além de recorrer a medidas sociais de acompanhamento destinadas, nomeadamente, a auxiliar a reintegração ou reconversão dos trabalhadores despedidos (Diretiva 98/59/CE; art. 51, 2, ETE). Entre as diversas medidas preconizadas pelas normas internacionais e verificadas nos ordenamentos jurídicos de diversos países, destacam-se:

a) flexibilização de jornada;
b) redução de jornada e/ou horas extraordinárias (Recomendação 166 OIT; art. 361 CTP);
c) adoção de banco de horas;
d) concessão imediata de férias coletivas e individuais;
e) concessão de licenças;
f) revisão temporária de direitos e condições de trabalho;
g) suspensão dos contratos de trabalho (art. 361 CTP);
h) recolocação em outros estabelecimentos ou filiais;
i) recolocação em outras empresas do mesmo grupo econômico;
j) recolocação em outras empresas do mesmo ou de outro setor econômico;
k) reconversão ou reclassificação profissional (art. 361 CTP);
l) aposentadoria antecipada voluntária com proteção adequada de renda (Recomendação 166 OIT; art. 361 CTP);
m) adoção de plano de demissão voluntária;

n) articulação com órgãos públicos e governos para concessão de subsídios ou outras medidas que possam evitar uma dispensa coletiva;

o) restrição da contratação de pessoal, recorrendo-se à redução natural de pessoal sem reposição de afastamento por determinado período (Recomendação 166 OIT);

p) outras medidas passíveis de adoção pela respectiva empresa, grupo econômico ou setor de atividade econômica.

Vale ressaltar que, independentemente de uma negociação coletiva prévia sobre as medidas alternativas, em sendo comprovado que o empregador dispunha desses meios, que possibilitariam a prevenção de uma dispensa coletiva ou a redução de seus efeitos, está será automaticamente nula, por constituir abuso do direito de livre iniciativa e violar os princípios da valorização social do trabalho e da função social da propriedade, além de outros mencionados ao longo deste trabalho.

Em virtude dos efeitos socioeconômicos da dispensa coletiva, é possível, no exame das normas coletivas, a revisão ou declaração de nulidade de cláusula em que a entidade sindical, em desvio de finalidade (art. 8º, III e IV, CF/88), age como mero órgão homologador dos interesses empresariais. O diálogo social deve ser efetivo e contemplar a busca de soluções concretas e alternativas ao despedimento coletivo, podendo ser objeto de anulação eventual processo negocial no qual a entidade sindical atua somente como órgão homologador de eventual dispensa coletiva.

Da mesma forma, com base na teoria da imprevisão, é possível a revisão de cláusula de dispensa coletiva fixada em norma coletiva anterior ao fato, pois, à época, a categoria não poderia dispor de elementos (fatos, dados informações) pertinentes a um evento futuro. A negociação coletiva deve ser efetuada no cenário real e atualizado da eventual dispensa coletiva, com vistas à construção dialogada e à adoção de solução menos gravosa aos trabalhadores e à sociedade. A previsão antecipada de cláusula de dispensa coletiva em acordos e convenções coletivas não condiz com a excepcionalidade e contingencialidade deste fenômeno, tendo mais efeito de uma cláusula autorizadora de uma dispensa coletiva futura.

8. MEDIDAS DE EVITAÇÃO, REDUÇÃO OU COMPENSAÇÃO DOS DANOS AOS TRABALHADORES E À SOCIEDADE

Na esteria da efetividade do diálogo social prévio, na hipótese de inevitabilidade da dispensa coletiva, deverão ser adotadas medidas efetivas para evitar ou atenuar os seus efeitos sobre os trabalhadores e a comunidade, como, por exemplo:

a) Definição e fixação dos critérios que serão utilizados na seleção dos trabalhadores a serem dispensados (Diretiva 98/59/CE; art. 360 CTP; art. 51 ETE; art. 5º da Lei n. 223, de 23.7.1991 da Itália; art. L1233-10 CTF);

b) pagamento de indenização pela dispensa, além dos valores previstos em lei ou norma coletiva para dispensas individuais (Diretiva 98/59/CE; art. 360 e 366 CTP; art. 4º, 2, c/c art. 24 da Lei n. 223, de 23.7.1991 da Itália; art. 246 LGTA);

c) deliberação e redefinição, se for o casos, dos elementos referentes às medidas alternativas à dispensa, consoante exposto no item anteriror;

d) manutenção dos planos de saúde e outros direitos trabalhistas, como, por exemplo, vale-alimentação e cesta-básica, por um período mínimo;

e) prioridade de readmissão dos trabalhadores dispensados pelo empregador, na hipótese de este voltar a contratar trabalhadores com qualificações compatíveis aos dispensados, podendo-se prever um prazo para que manifestem a intenção de readmissão (Recomendação 166 OIT).

f) plano de recolocação externa, com ou sem prazo, diretamente ou por meio de empresas de recolocação autorizadas (art. 51 ETE);

g) ações de formação, e orientação e qualificação profissional, com atendimento personalizado ao trabalhador afetado e procura ativa de emprego, sem ônus para os trabalhadores (art. 51 ETE).

h) Medidas que priorizem a manutenção de emprego, recontratação ou recolocação no mercado de trabalho de pessoas com deficiencia ou de trabalhadores abrangidos por ações afirmativas (art. 1º da Convenção n. 159 da OIT c/c o art. 93 da Lei n.8213/91, Convenção 111 OIT).

Na hipótese de inevitabilidade da dispensa coletiva, os dirigentes sindicais e demais representantes de interesses dos trabalhadores deverão ter prioridade na permanência no emprego (art. 51 ETE).

É nulo qualquer procedimento de dispensa (individual, plúrima ou coletiva), bem como qualquer negociação coletiva ou cláusula de norma coletiva, no regramento de uma dispensa coletiva, que não observe os princípios de não discriminação (em razão de sindicalização, política, religião, raça, cor, gênero, ascendência nacional, origem social, condição social, idade, saúde, entre outros), da igualdade material, em matéria de emprego e ocupação, e da razoabilidade na fixação de critérios e regramento da dispensa coletiva, de seus efeitos e na fixação de obrigações para o empregador (artigos 1º, III; 3º, IV; 4º, II e VII; 5º, *caput*, I; 7º, XXX, XXXI, XXXII, XXXIV; art. 170, *caput*, VII, da CF/88 e Convenção 111 da OIT, Lei n. 9.029/95).

É nulo qualquer procedimento de dispensa (individual, plúrima ou coletiva), bem como qualquer negociação coletiva ou cláusula de norma coletiva, no regramento de uma dispensa coletiva, que tenha por objeto ou efeito, direto ou indireto, implícito ou explícito, atingir pessoas ou grupos socialmente vulneráveis, ou com vistas a promover distinção, exclusão ou preferência que tenha por efeito destruir ou alterar a igualdade de oportunidade e/ou de tratamento em matéria de manutenção no emprego (Convenção n. 111 da OIT, Lei n. 9.029/95).

9. CONCLUSÃO

À guisa de conclusão, vale assinalar que, como demonstrado, a dispensa coletiva, por sua essência, não se alinha a um dogma formal de uma livre iniciativa absoluta e sem qualquer responsabilidade com a sociedade que, no entanto, com ela muitas vezes compartilha esforços para a realização do próprio empreendimento econômico

Pelo prisma dos princípios e regras da Constituição Federal de 1988, da normatização internacional, com ênfase para as Convenções e Recomendações da OIT, das Diretivas da União Europeia e do direito comparado, com o exame da legislação de diversos países que regulamentam a dispensa coletiva, cuja normatividade é fonte para o direito do trabalho nacional (art. 8º da CLT), a dispensa coletiva constitui um fenômeno com transcendência social e econômica, o que invoca um estatuto próprio, distinto das dispensas individuais, entre os quais se insere a obrigatoriedade de diálogo social prévio entre os atores sociais.

O ordenamento jurídico brasileiro, a despeito do advento da Lei n. 13.467/2017, que inseriu o artigo 477-A da CLT, não alterou o *status* da dispensa coletiva que, como fenômeno coletivo, a qual não se equipara às dispensas individuais, devendo ser precedida de diálogo social prévio, sendo elemento de efetivação da democracia social no Brasil e de consecução de uma sociedade mais justa e igualitária.

10. GLOSSÁRIO DE SIGLAS

CCB – Código Civil Brasileiro

CF/88 – Constituição Federal de 1988

CLT – Consolidação das Leis do Trabalho

CTP – Código de Trabalho de Portugal

CTF – Código do Trabalho Francês

Diretiva 98/59/CE: Diretiva 98/59/CE, de 20.71998, do Conselho da União Europeia

ETE – Estatuto dos Trabalhadores da Espanha

KSchG (PADA) – Alemanha – Kündigungsschutzgesetz (KSchG) – Lei de Proteção contra Demissão [PADA], 1969.

LGTA – Lei Geral do Trabalho, n. 02/00, de Angola

LPCL – Peru – (Decreto Legislativo nº 728 – Lei de Produtividade e Competitividade Laboral [LPCL] de 27 de março de 1997, modificada pela Ley No. 30367)

OIT – Organização Internacional do Trabalho

CAPÍTULO 14

LIBERTAD SINDICAL EN ORDENAMIENTOS NACIONALES: EL CASO BRASILEÑO

SAYONARA GRILLO[1]

Sumário • 1. El Diseño institucional de la Libertad Sindical en Brasil; 1.1. Estructura sindical; 1.2. Centrales Sindicales; 1.3. El financiamiento de las entidades sindicales; 1.4. La Representación de los Trabajadores en las Empresas – 2. Libertad Sindical y Derecho de Huelga – 3. La Negociación Colectiva – 4. Observaciones finales.

La Libertad sindical es un concepto con expresiva riqueza semántica. Trátase de un principio que incluye tanto un juicio de existencia como de valor sobre la acción y formación de las organizaciones sindicales. Su estudio permite comprender el sindicalismo desde múltiples dimensiones y perspectivas. Es, pues, llave de lectura para comprender la cultura de un país y para evaluar su democracia. Conectase directamente con la formación de las instituciones políticas, de los movimientos sociales y de los sistemas laborales en que se inscribe.

En la historia brasileña, las dimensiones organizativas, políticas y de autotutela del sindicalismo que caracterizan la libertad sindical fueron directamente reprimidas después de los tres mayores golpes impuestos a la democracia El acuerdo sindical corporativista y las reformulaciones conservadoras en su estructura jurídica son consecuencias directas del Estado Nuevo (1937), de la Dictadura civil-militar (1964) y del Golpe mediático-parlamentar (2016)[2], positivadas, respectivamente, por la Ley Orgánica de Sindicalización Nacional de 1939 (incorporada en 1943 a la Consolidación de las Leyes del Trabajo – CLT); por la revocada Ley de Huelga de 1964 y por medio de la reforma laboral promovida por la Ley nº 13.467/2017.

Las Constituciones democráticas, a su vez, aseguraron la libertad sindical, buscando reconocer y ampliar los espacios de actuación de los sindicatos (1934, 1946, 1988). Durante los gobiernos progresistas, el fortalecimiento de las

---

[1] Profesora Asociada de la Facultad Nacional de Derecho de la Universidad Federal de Rio de Janeiro – UFRJ Brasil. Integrante do Grupo de Pesquisa "Sindicalismo" (UDF/CNPq).

[2] Consultar SANTOS, Wanderley Guilherme dos. *La democracia impedida. Brasil en el siglo XXI*. Rio de Janeiro: FGV Editora, 2017 y la sección *Éclairages « Le Brésil aujourd'hui, la descente aux enfers »* publicada en la Revista *IdeAs* [Online], 10 | Automne 2017 / Hiver 2018.

organizaciones sindicales y su mayor protagonismo en la arena pública, sin embargo, no estuvo acompañado de fructíferas reformulaciones sistémicas en los acuerdos institucionales, siendo las reformulaciones jurídicas en pro de una mayor libertad sindical realizadas de modo puntual y asistemático.

El presente capítulo tiene como objetivo realizar una breve presentación del ordenamiento jurídico sindical en Brasil, no sin advertir sobre la riqueza y mayor complejidad del sindicalismo nacional. A pesar de las largas permanencias autoritarias y de la cultura corporativista fuertemente enraizada en determinadas prácticas sindicales, las experiencias autonomistas amplían los espacios de libertad sindical en los últimos treinta años. Por otro lado, las profundas rupturas promovidas en el presente contexto de austerización autoritaria alcanzan pilares del sistema de relaciones de trabajo, haciendo aún más arriesgado un diagnóstico sobre el actual estadío de la libertad sindical. Hechas tales advertencias, se presenta el diseño institucional de la libertad sindical en Brasil, que incluye (01) la estructura jurídica de los sindicatos, de las centrales sindicales y de la representación por local de trabajo; (02) el derecho de huelga y (03) la negociación colectiva.

1. EL DISEÑO INSTITUCIONAL DE LA LIBERTAD SINDICAL EN BRASIL

Fruto del proceso de redemocratización de la dictadura civil-militar, en el cual los movimientos obreros y sindicales participaron activamente, la Constitución brasileña fue promulgada en 1988. La arquitectura constitucional dirigente establece importantes mecanismos de democratización, con la distribución de recursos de poder a diversas organizaciones de la sociedad civil, en especial a las organizaciones sindicales.

Atribuyendo a los derechos sociales la característica de derechos fundamentales, la Constitución afirmó la libertad y la autonomía sindical como principio (art. 8º caput, I), admitió un amplio derecho de huelga (art. 9º), estableció la participación obligatoria de los sindicatos en las negociaciones colectivas, constitucionalizó mecanismos de financiamiento de los sindicatos (art. 8º, IV) y de diálogo social (Art. 10) y aseguró la elección de un empleado para representar a los trabajadores directamente en las empresas con más de 200 empleados (art. 11). Extendió el derecho de organización sindical y de huelga al funcionalismo público civil (art. 37 CRFB), pero los vedó a los miembros de las fuerzas armadas, a los policías y bomberos militares (art.142, CRFB). Consideró la dimensión negativa de la libertad sindical, expresando el derecho a no afiliarse (art.8º, inciso V CRFB) al lado de su dimensión positiva, con el derecho de afiliación sindical, asegurando a los sindicatos la representación de los intereses y derechos individuales y colectivos de la categoría ante los órganos administrativos y judiciales (art. 8º, III, CRFB).

Brasil incorporó los Pactos Internacionales de Derechos Civiles y Políticos y de Derechos Económicos, Sociales y Culturales de la ONU en 1992, ratificó las Convenciones 98, 135, 144, 154 y 151 de la Organización Internacional del Trabajo – OIT, sobre derechos sindicales, representación de los trabajadores, garantías de consultas tripartitas y efectivas a los representantes sindicales y empresariales sobre normas internacionales del trabajo, promoción de la negociación colectiva, así como de derechos sindicales y negociación colectiva para el funcionalismo público. La libertad sindical individual y colectiva de los migrantes fue reconocida por la Ley nº 13.445, de 24 de mayo de 2017 que garantiza a tales trabajadores, en condición de igualdad con los nacionales, los derechos y libertades civiles, sociales, culturales y económicos, el derecho de reunión para fines pacíficos y el derecho de asociación, inclusive sindical, para fines lícitos (artículo 4º, incisos I, V y VII).

En este cuadro normativo, se puede afirmar la esencialidad y fundamentalidad de los derechos de huelga y libertad sindical. Sin embargo, no obstante consagrar tales principios y reglas, el diseño sindical permanece marcado por una fuerte regulación y control indirecto del ejercicio de las actividades sindicales y del proceso de creación de sindicatos, en un país que persiste sin ratificar la Convención 87 de la OIT, pues todavía mantiene importantes institutos de origen corporativista.

1.1. Estructura sindical

La Constitución de 1988 prohíbe expresamente la intervención e interferencia estatal en los sindicatos, asegurando con la autonomía sindical el fin del encuadramiento legal previo y obligatorio que era realizado por el Ministerio del Trabajo (art. 8º, I). A pesar de ello, fue mantenida la unicidad, que veda la creación de más de una entidad sindical por categoría profesional y económica, en el mismo municipio (art. 8º, II), prohibiendo la pluralidad sindical. Organizado por categorías, se formó un sistema confederativo vertical, con sindicatos, federaciones estaduales y confederaciones nacionales agrupadas por grupos de actividades, preservando la contribución sindical fijada en ley, características del sistema corporativista precedente contenido en el título V de la CLT.

En Brasil, la sindicalización es libre, pero la Constitución acoge la agregación por categorías profesionales o económicas, escogidas "por los trabajadores y empleados interesados" (art. 8º, inciso II, CRFB). La CLT conceptúa la categoría por el ejercicio de actividades idénticas, similares o conexas realizadas a partir de un vínculo de empleo con el mismo empleador (art. 511). Admítese, por excepción, la creación de sindicatos por categorías profesionales diferenciadas, cuando estén presentes condiciones singulares de vida o estatuto jurídico proprio (por ejemplo, el de las profesiones reglamentadas, como abogados, médicos, aeronautas, periodistas), pero prohíbese la creación de sindicatos en base territorial inferior a un municipio, por empresas o por funciones.

Tales reglas restrictivas de la libertad sindical demuestran un sistema híbrido entre la libertad sindical y el corporativismo, con la permanencia de reglas del régimen precedente a la Constitución, y que permitieron la renovación de mecanismos de control e interferencia indirecta del Estado, sea por medio del Ministerio del Trabajo o por el Poder Judicial, cada vez más llamado a decidir sobre temas sensibles relacionados al encuadramiento, a disputas de representatividad y a la atribución de personalidad jurídica sindical a las organizaciones recién creadas.

A pesar de la existencia de unicidad, de exigencia de registro en el Ministerio del Trabajo y de un elevado número de procesos judiciales incluyendo conflictos entre sindicatos, en las últimas décadas hubo una pulverización de las entidades sindicales, con muchos desmembramientos y disociaciones. Los datos oficiales indican el registro activo de 11.867 entidades sindicales de trabajadores en el año 2017.

El diseño institucional de la unicidad es un factor de estímulo a la fragmentación y reducción del tamaño y de la representación de los sindicatos. La sistemática de creación de nuevos sindicatos por desmembramiento, sustrayéndose del anterior la representación de la parte de la categoría disociada, acaba también siendo utilizada como mecanismo de antisindicalidad por determinadas empresas que privilegian entidades sindicales más susceptibles a negociar cláusulas de derogación de derechos en acuerdos colectivos menos beneficiosos de los que hasta entonces eran obtenidos por las convenciones colectivas de las respectivas categorías.

El tema de la unicidad divide profundamente al sindicalismo y a lo largo de los últimos treinta años, ciertas corrientes y entidades sindicales alteran sus estrategias y posicionamientos sobre la sistemática de registro, considerando sus posiciones conjunturales de mayor o menor hegemonía, lo que reforzó los mecanismos de control público, con el traslado de sus disputas intersindicales para el poder judicial.

El sistema de reconocimiento oficial de un único sindicato representativo de la categoría en actividades idénticas, similares o conexas, definido en términos de anterioridad del registro, con posibilidad de constitución de nuevos entes solamente por desmembramiento territorial o disociación de categorías anteriormente representadas, dificulta la comparación de la representatividad asociativa de cada sindicato, por la ausencia de cálculo cuantitativo de trabajadores afiliados a los sindicatos para fines de representación jurídica y por la inexistencia de procedimientos electivos para mesas de negociación que aclaren los niveles de representatividad numérica de las entidades sindicales en los locales de trabajo.

En 2015, el índice de sindicalización correspondió a 19,5% de la población ocupada (18,4 millones). En aquel año, hubo una ampliación significativa de personas sindicalizadas en relación al año anterior (16.534 millones, en 2014), lo que demuestra un avance asociativo, sobre todo cuando se considera la reducción del número de personas ocupadas en el período.[3]

1.2. Centrales Sindicales

Las Centrales Sindicales ocupan posición diferenciada en el sistema por su historia de estructuración política y jurídica singular, con las más antiguas creadas en el período final de la dictadura, desafiando el orden corporativo que vedaba las organizaciones intersindicales fuera del sistema confederativo. Solamente en 2008 la Ley nº 11.648 las reconoció como entidades de representación general de los trabajadores, constituidas en ámbito nacional, a las cuales fueron atribuidas las prerrogativas de participación de negociaciones en foros, colegiados de órganos públicos y otros espacios que posean composición tripartita, en los cuales estén en discusión asuntos de interés general de los trabajadores, así como las funciones de coordinar la representación de los trabajadores por medio de las entidades sindicales afiliadas.

La ley define a las centrales como entidades de derecho privado compuestas por organizaciones sindicales de trabajadores, sin atribuirles la legitimidad para suscribir acuerdos y convenciones colectivas de trabajo y establece criterios objetivos para conferir la representatividad. Aunque los criterios legales no sean contrarios a la crítica, la regulación fue un avance en relación a la anomia anterior, que permitía distorsiones de la representación de hecho hasta entonces existente en los foros nacionales de discusión con el gobierno federal.

No hay restricción a la pluralidad de las centrales sindicales, que son creadas conforme opciones políticas y organizativas de los sindicatos que las constituyen, sin necesidad de registro específico para concesión de personalidad jurídica sindical. La Ley nº11.648/2008 establece requisitos a ser cumplidos solamente para que las centrales existentes puedan ejercer prerrogativas de representación en foros tripartitas y tener acceso al financiamiento por la contribución sindical. Se atribuyen a las centrales las prerrogativas legales de representación cuando

[3] Datos recogidos por el IBGE en la pesquisa suplementar sobre sindicalización, realizada junto con la Pesquisa Nacional de Muestra Domiciliar – PNAD en 2015. Un dato interesante en esta variación entre 2014 y 2015 y que dice respecto al avance sustancial (31,8% en el año) de sindicalización en la categoría de menor porcentual de sindicalización en Brasil: la de los trabajadores domésticos, que en 2013 obtuvo la ampliación de los derechos por medio de Enmienda Constitucional. En el conjunto de los afiliados a los sindicatos urbanos, 50,8% de los trabajadores entrevistados por el IBGE afirmaron que creían que las entidades defendían sus intereses, siendo que 79,1% no utilizaban los servicios sindicales y 81,8% no participaban activamente en la vida de las entidades a las cuales eran afiliados. IBGE, Centro de Documentación y Diseminación de Informaciones – CDDI. Aspectos de las relaciones de trabajo y sindicalización / IBGE, Coordinación de Trabajo y Rendimiento. – Rio de Janeiro: IBGE, 2017. 90p. Disponible en <https://biblioteca.ibge.gov.br/visualizacao/livros/liv100322.pdf>. *Acceso el 7 de enero de 2018.*

reúnen 100 sindicatos distribuidos en las cinco regiones del país (a); afilian 20 sindicatos en por lo menos tres regiones (b); congregan sindicatos en cinco sectores de actividad económica (c); y asocian sindicatos que representen 7% del total de empleados sindicalizados en el ámbito nacional (d).

El Ministerio del Trabajo confiere anualmente la representatividad de las centrales existentes. En 2016, seis de las trece centrales existentes alcanzaron la representatividad mínima. La CUT – Central Única de los Trabajadores permanece como la central más representativa, tanto en términos de entidades afiliadas (2.319 entidades) como en número de trabajadores representados (30,47% correspondiente a la representación de 3.904.817 trabajadores). Es seguida por la UGT – Unión General de los Trabajadores (11,38%), por la CTB – Central de los Trabajadores y Trabajadoras de Brasil (10,04 %), por la Fuerza Sindical (9,98%), por la CSB – Central de los Sindicatos Brasileños (8,02%) y por la NCST – Nueva Central Sindical de Trabajadores (7,45%).[4]

En síntesis, desde el punto de vista de la autoorganización, la arquitectura de creación de las entidades sindicales en Brasil avanzó en los últimos 30 años, no obstante persistan déficits democráticos resultado de la organización por categorías profesionales definidas en términos de identidad o similitud del vínculo de empleo y de la unicidad, en desacuerdo con la nueva realidad de la organización del trabajo, fragmentada por la tercerización de servicios, y del propio sistema de registro y atribución de personalidad jurídica sindical por órgano ministerial.

De cualquier forma, permanece un régimen en que el legislador establece reglas que afectan el funcionamiento y la constitución de los propios sindicatos, en discrepancia con los principios de libertad previstos en la Convención 87 de la Organización Internacional del Trabajo, sin perspectivas de adopción de un sistema legislado para sustento a la actividad sindical.

---

4 Datos considerando el número de trabajadores representados. Al considerar el número de entidades sindicales afiliadas, la Fuerza Sindical tiene mayor presencia que la CTB (1.615 x 744 sindicatos afiliados). Regístrese que centrales representativas en las luchas sociales brasileñas como la CONLUTAS y la CGTB – Central Sindical de los Trabajadores de Brasil quedan fuera de la línea de corte de esta aprobación de representatividad estrictamente legal (Disponible en <http://blogs.correiobraziliense.com.br/servidor/afericao-das-centrales-sindicales). Según datos divulgados en el site del Ministerio del Trabajo en 2017, de las 11.867 entidades sindicales de trabajadores con registro activo, 2.423 se declararon afiliadas a la CUT – Central Única de los Trabajadores", 1.771 a la Fuerza Sindical, 1.364 a la UGT – Unión General de los Trabajadores, 1259 a la NCST – Nueva Central Sindical de Trabajadores, 800 a la CTB – Central de los Trabajadores y Trabajadoras de Brasil, 792 a la CSB – Central de los Sindicatos Brasileños, 183 a la CGTB – Central General de los Trabajadores de Brasil, 102 a la CONLUTAS, 98 a la Central del Servidor – Pública, 92 a la CBDT – Central de Brasil Democrática de los Trabajadores y 9 a la Intersindical – Central de la Clase Trabajadora, 5 a la CESP, 3 a la USI y 2 a la Central Unificada de los profesionales servidores. 8.366 entidades no declararon afiliación a centrales. Datos extraídos del Portal de Relaciones de Trabajo del Ministerio del Trabajo. Disponible en <http://relacoesdotrabalho.mte.gov.br/pentaho/api/repos/:public:SRT:srt_principal1.xaction/generatedContent>. Acceso el 9 enero de 2018.

1.3. El financiamiento de las entidades sindicales

La Constitución de 1988 reservó a las entidades sindicales específicos recursos de poder, con el reconocimiento de mecanismos generales de financiamiento del sistena y de protección a los dirigentes sindicales (artículo 8º incisos IV y VIII, CRFB). La jurisprudencia redujo la garantía del empleo a un número limitado de dirigentes y creó un conjunto de condicionantes para la adquisición de la estabilidad (Súmula 369 del TST). Por otro lado, las conductas antisindicales practicadas por los empleadores han sido sancionadas, existiendo un conjunto de decisiones judiciales que rechazan las prácticas de violación a la libertad sindical, con fundamento en la Convención 98 de la OIT.

Pero el sistema de financiamiento compulsivo, según el cual los afiliados y no afiliados a las categorías económicas y a las categorías profesionales contribuyen anualmente con sus entidades sindicales, fue mantenido por la Constitución. La contribución sindical obligatoria fue objeto de críticas por su previsión legal compulsiva inclusive para los sindicatos que las rechazan. A pesar de ello, el Supremo Tribunal Federal – STF declaró constitucional tal regla en la década de 1990 no obstante la naturaleza *erga omnes* y compulsiva frente a la libertad sindical.

Las contribuciones sindicales – definidas en asambleas por los sindicatos para costear el sistema confederativo (creada por la Constitución) y las establecidas en las negociaciones colectivas (contribuciones asistenciales, especies de *union security*), compatibles con la libertad sindical en su dimensión positiva cuando son aprobadas en asamblea general de la categoría – vienen siendo limitadas por los Tribunales a los afiliados de los sindicatos. A su vez, el Ministerio Público del Trabajo exige que sea garantizado a los trabajadores el derecho de oposición individual a las contribuciones aprobadas en asambleas sindicales.

En el año 2017 hubo una profunda reformulación en los mecanismos de financiamiento, que afecta la vida de muchas entidades sindicales. En marzo, una decisión del STF declaró ser inconstitucional el cobro de las contribuciones asistenciales, previstas en acuerdos o convenciones colectivas aplicables a toda la categoría de trabajadores no afiliados a los sindicatos.[5]

En julio, una ilegítima Reforma Laboral (Ley nº 13.467/2017) fue aprobada, desconsiderando las entidades sindicales y las protestas realizadas en la mayor huelga general de la historia reciente del país, con fuertes retrocesos en materia de derechos individuales, procesuales y sindicales. La reforma revocó el tradicional financiamiento por medio de la contribución sindical obligatoria, creando otros obstáculos a la recaudación de las contribuciones negociables.

---

[5] Se trata de la decisión monocrática aún no transitada en juzgado, firmada en Repercusión general reconocida con mérito juzgado bajo el número ARE 1.018.459 RG, voto del rel. min. Gilmar Mendes, j. 23-2-2017, P, DJE de 10-3-2017.

La antisindicalidad de la reforma laboral se evidencia con la restricción de algunas prerrogativas sindicales creadas para permitir el ejercicio del contrapoder en las relaciones laborales y por la tentativa de quebrar las entidades de trabajadores con la supresión del financiamiento tradicional de la contribución sindical obligatoria, sin ninguna regla de transición y con aplicación inmediata ya para el año 2018. A partir de una construcción mediática, que intentó legitimar el proyecto gubernamental promoviendo un ataque a los mecanismos de financiamiento, con campañas de deslegitimación de los sindicatos bajo el argumento de que perderían sus "privilegios" con la reforma, fue decidido el *fin del impuesto sindical.*

Con la modificación de los artículos 578, 579 y 582 de la CLT se condicionó el descuento de las contribuciones sindicales al permiso previo de los integrantes de las categorías, estableciendo que los valores de la contribución sólo sean descontados de los empleados que autorizaran expresamente tal recaudación. Algunas de las centrales más representativas, con excepción de la CUT que se rehusa a negociar con el gobierno que considera golpista, demandaron la restauración de la contribución, sin éxito.

No obstante la crítica que siempre hicimos a la contribución sindical obligatoria que en tesis estimula la no afiliación y la creación de sindicatos poco representativos, hay que destacar la ausencia de sustitución de la forma de financiamiento sindical por otro sistema de cotización general de la categoría, provocando un descenso elevado y grave en los presupuestos de las entidades.

Entre los juristas, existen los que sustentan la inconstitucionalidad de la Ley nº 13.467/2017. Entidades sindicales demandaron en el STF Acciones Directas de Inconstitucionalidades cuestionando el fin de la contribución sindical. El tribunal rechazó las demandas de inconstitucionalidad e las centrales sindicales fueran directamente afectadas en su más importante fuente de financiamiento. El autoritarismo de la abrupta alteración y el contexto político y económico en que se procesa, denota la antisindicalidad de la conducta adoptada por el Estado brasileño con el objetivo de debilitar las organizaciones de trabajadores.

1.4. La Representación de los Trabajadores en las Empresas

Brasil ratificó la Convención 135 de la OIT, que protege a los representantes, sindicales o no, electos por los trabajadores. Y entre los mecanismos de democratización del poder asegurados en la Constitución de 1988 están las garantías de participación de los trabajadores y de los empleadores en los colegiados de los órganos públicos que discutan sobre sus intereses profesionales y de prevención social (artículo 10, CRFB) y de elección de un representante en las empresas con más de 200 empleados para promover el entendimiento directo con el empleador (artículo 11, CRFB).

Ante la omisión reglamentaria y la tradición corporativista que mantuvo a los sindicatos fuera de las empresas, el derecho brasileño creó una red de representación en los establecimientos. Las experiencias de participación sindical en los locales de trabajo por comisiones de fábrica, comisiones de empresas o delegados sindicales, son fruto de la acción sindical, resultados de acuerdos o convenciones colectivas de trabajo negociadas por categorías más fuertes, como metalúrgicos, bancarios etc.

La reciente reforma prevé la existencia de Comisiones de Empleados en las empresas, con diseño que incentiva una concurrencia con los sindicatos, por la exclusión de la participación de las organizaciones sindicales en su estructuración. La Ley 13.467/2017 faculta la elección de comisiones en empresas con más de doscientos empleados, con la finalidad de promoverles el entendimiento directo con los empleadores, siendo una comisión por cada estado de la federación, observada la proporcionalidad entre número de empleados e integrantes electos – 3 (tres) entre 200 a 3 mil empleados, 5 (cinco) entre 3 y 5 mil trabajadores, y 7 (siete) integrantes en número superior a 5 mil. La ley prohíbe la interferencia del sindicato de la categoría en la elección de la comisión, así como discrimina a empleados contratados por plazo determinado o en suspensión contractual (inclusive enfermos) declarados inelegibles. No por gusto, juristas advierten sobre el establecimiento de un ambiente favorable al dominio enpresarial sobre la comisión, convirtiéndola en instrumento de disputa contra las reivindicaciones sindicales, a pesar de reconquistada la participación obligatoria de los sindicatos en las negociaciones colectivas (art. 510-E, CLT).

Todavía no hay noticias de la estructuración de estas comisiones. Se valora que la novel regla tendrá poca efectividad, tanto delante del histórico rechazo enpresarial en admitir formas organizativas internas a las empresas y la ampliación de empleados protegidos por la estabilidad en el empleo como por el pronóstico de que puedan ser utilizadas como mecanismos de debilitamiento sindical.

2. LIBERTAD SINDICAL Y DERECHO DE HUELGA

El Derecho de Huelga fue reconocido por la Constitución como un derecho fundamental de los trabajadores, a los cuales compete decidir la oportunidad de ejercerlo y los derechos a ser por medio de él defendidos (Artículo 9º CRFB). Se trata de derecho público subjetivo, a ser ejercido cuando definido por asamblea de trabajadores, para la defensa de cualquier derecho o interés.

La Constitución admite la huelga en sectores esenciales. A la ley es remitida la regulación de la huelga para que sean asegurados servicios mínimos para atención de las necesidades intransferibles de la población, considerándose como tales las relacionadas con la vida, la salud y la seguridad.

Mientras tanto, la legislación ordinaria funcionaliza la huelga a la negociación colectiva y establece una serie de procedimientos para su ejercicio, de discutible constitucionalidad. La actual ley de huelga (Ley nº7783/89) establece un conjunto de requisitos para la deflagración del movimiento huelguista por los trabajadores, sus derechos y las vedaciones. Fija un rol de servicios esenciales en los cuales debe haber una divulgación previa a la comunidad y a los empleadores del movimiento huelguista en plazo superior (72 horas) al exigido para las demás huelgas (48 horas); veda piquetes opuestos a la libertad de trabajo; dificulta la confrontación en la vigencia de acuerdos y convenciones colectivas, excepto cuando incumplidos o ante acontecimiento imprevisto que justifique la modificación de los instrumentos vigentes.

La Constitución también asegura a los servidores públicos la libre sindicalización y el derecho de huelga en los términos de ley específica, todavía no editada. Ante la ausencia de reglamentación legal del derecho de huelga de los servidores, en 2007 el STF acogió mandatos de imposición interpuestos por sindicatos de servidores para asegurar el ejercicio del derecho de huelga en los términos fijados en la legislación del sector privado, utilizada por analogía con algunas adecuaciones (STF MI 670/ES; MI 708/DF, MI 712/DF, decisiones publicadas en el DJ de 31.10.2008). Posteriormente el STF recuperó el ejercicio del derecho para categorías específicas del funcionalismo vinculadas con el "mantenimiento del orden público", entre ellas la seguridad pública, la administración de la justicia, las carreras de estado, inclusive de cobro tributario, la salud pública y otros, estableciendo fuerte restricción al derecho.

En Brasil, el Poder Judicial tiene establecido restricciones no previstas en ley para el estallido de huelgas, en decisión derivada de indebida ponderación de valores promovida por los jueces. Cuando no actúa como una instancia real de mediación de los intereses en conflicto, el Poder Judicial tiende a decidir declarando la abusividad de los movimientos huelguistas en vez de actuar como guardián del derecho fundamental de huelga. El patrón decisorio se opone al conflicto social, con una lectura negativa de los hechos y actos desencadenados en los conflictos colectivos de trabajo. La garantía constitucional ha quedado vacía por la negación de la legitimidad de las huelgas generales y de aquellas desencadenadas directamente por los trabajadores, sin la participación de los sindicatos, inclusive con la imposición de multas y órdenes de regreso al servicio a las entidades sindicales aún cuando reconocidamente hayan sido organizadas por oposiciones o grupos más espontáneos, como los que surgieron en 2013/2014.

La jurisprudencia rechaza las 'huelgas políticas' y de solidaridad, en interpretación restrictiva no compatible con el derecho constitucional. En violación a los posicionamientos del Comité de Libertad Sindical de la OIT, que acoge huelgas de protesta contra políticas gubernamentales relacionadas a temas socioeconómicos de interés de los trabajadores, en 2017 el Tribunal Superior del Trabajo

– TST declaró abusiva la huelga de los trabajadores portuarios contra reformas legislativas que impactaban directamente sus derechos laborales, calificándola como huelga política.

No obstante, en la primera mitad de la década en curso hubo una intensificación del número de huelgas. Entre 2012 y 2015 el Dieese registra la ocurrencia de una *onda de huelgas* iniciada en sectores de movilización tradicional que alcanzaría al personal vinculado a las grandes obras (Olimpíadas, Copa, PAC etc.), habiéndose mantenido el nivel anual de 2.000 paralizaciones como media en 2016.[6] Está prohibido dispensar trabajadores en virtud de huelgas, siendo el pago de los salarios durante la suspensión contractual negociada al final del movimiento.

En 2017, dos huelgas generales fueron convocadas por las centrales sindicales en protesta contra las reformas laboral y de prevención social del proyecto de austeridad neoliberal del gobierno Temer. La primera surgió con fuerza el 28 de abril, con gran adhesión y paralización nacional de millones de personas, movilización que reunió sindicatos y movimientos sociales diversos. La huelga fue fuertemente reprimida por las fuerzas policiales que, en ciudades como Rio de Janeiro, llegaron a avanzar contra manifestaciones pacíficas, transeúntes, practicando innumerables actos de violencia contra sindicatos y sindicalistas. La cobertura mediática nacional buscó debilitar al movimiento huelguista, parte del Poder Judicial no reconoció la legalidad de la huelga general, expidiendo órdenes de trabajo, mientras un sector minoritario de la Justicia del Trabajo adhirió a las protestas y paralizaciones contra la reforma. El Congreso Nacional y el Ejecutivo ignoraron la fuerte huelga general, siendo la tramitación de la reforma laboral continuada en régime de urgencia, en violación a las normas del derecho internacional del trabajo y del sistema interamericano de derechos humanos que aseguran la libertad sindical y prestigian la progresividad de los derechos con la garantía de diálogo social en la materia.

3. LA NEGOCIACIÓN COLECTIVA

En los últimos treinta años, la negociación colectiva creció sustancialmente, mientras el recurso a la solución jurisdicional de los conflictos de intereses por la vía de los desacuerdos colectivos juzgados por la Justicia del Trabajo fue sustancialmente reducido. A pesar de esto, el Derecho del Trabajo se mantiene como fuertemente legislado.

El modelo negociador es estático y descentralizado. Las negociaciones se concentran en los períodos de la data-base anual de las categorías, épocas de la

[6] DIEESE. *Balance de las huelgas de 2016*. São Paulo, ago. 2017. (Estudios y Pesquisas, 84). Disponible en: https://www.dieese.org.br/balancodashuelgas/2016/estPesq84balancohuelgas2016.html Acceso el 7 de enero de 2018.

renovación de las convenciones colectivas de trabajo – CCT, que tiene eficacia obligatoria y vinculante a todos los integrantes de las categorías económicas y profesionales. Mientras las convenciones son firmadas por sindicatos patronales y de trabajadores, los acuerdos colectivos de trabajo – ACT son negociados entre sindicatos y empresas específicas. No hay una legislación de sustento e incentivo a la negociación colectiva.

El crecimiento de la negociación colectiva y su descentralización son visibles a partir del gran número de Acuerdos Colectivos de Trabajo – ACT suscritos por empresa, en comparación con el de Convenciones Colectivas de Trabajo aplicadas a las categorías económicas (sea en ámbito municipal, estadual, excepcionalmente, nacional), como se observa por el número de instrumentos registrados en el último cuadrienio.[7]

En el modelo brasileño, las normas firmadas en los acuerdos colectivos de empresa sólo prevalecían bajo reglas previstas en las convenciones de la categoría cuando eran más beneficiosas. Salvo las excepciones constitucionalmente previstas, de reducción temporal de salarios (en momentos de crisis, como los acuerdos del Programa de Protección al Empleo) o jornada (para adopción de jornadas alternativas, banco de horas o para autorización de trabajo los domingos y feriados), sólo cláusulas de suplementación o complementación de derechos legales eran admitidas. La negociación colectiva no podría reducir o limitar derechos legales, siendo obligatoria la participación de los sindicatos en las negociaciones colectivas.

La reforma laboral promovió una verdadera ruptura desordenada en el sistena. La Ley nº 13.467, de 2017, atribuyó funciones suplentes y de flexibilización *in pejus*, a la negociación colectiva, permitiendo la derogación de amplio margen de derechos legales por acuerdos y convenciones colectivas. No obstante, no valoriza de hecho la negociación colectiva, al estimular los acuerdos por empresa, al retener para el ajuste individual con empleados *hipersuficientes* (graduados de enseñanza superior y con salarios superiores a aproximadamente 3.000 euros mensuales) la disciplina de innumerables derechos sustantivos. Se destaca, además:

---

7 Compárense los números y especies de instrumentos normativos registrados en el Ministerio del Trabajo en los años 2014 y 2017. En 2014 fueron 49.986 instrumentos registrados, de los cuales, 40.229 eran Acuerdos Colectivos de Trabajo y 6.917 Convenciones Colectivas de Trabajo. Ya en 2017, de los 47.579 instrumentos registrados, encontramos 37.819 Acuerdos Colectivos de Trabajo en general, 23 acuerdos específicos para adhesión al Programa de Protección al Empleo (reducción de salario, jornada y estabilidad en el empleo en período de crisis), 505 acuerdos colectivos de trabajo para autorización de trabajo los domingos y feriados, y 6.829 Convenciones Colectivas de Trabajo. Datos recogidos por la autora el 17 de enero de 2018. El número excedente de instrumentos son términos aditivos y no constan en la tabla. BRASIL. Secretaría de Relaciones del Trabajo – SRT. Sistema de Negociaciones Colectivas de Trabajo – MEDIADOR. Consultar Instrumentos Colectivos Registrados. Disponible en: http://www3.mte.gov.br/sistenas/mediador/ConsultarInstColetivo. Acceso el 16.01.2018.

a) la prohibición de estipulación de convención o acuerdo con vigencia superior a dos años y con cláusula de **ultratividade;**

b) la prevalencia de las normas negociadas por empresa por medio de acuerdos colectivos de trabajo sobre las reglas del sector ajustadas en convenciones colectivas de trabajo;

c) la limitación de control del mérito de los contenidos de los acuerdos y convenciones colectivas, con la restricción de la jurisdicción laboral y la imposición de sanciones a sindicatos en caso de anulación judicial de reglas pactuadas colectivamente;

d) el predominio del negociado sobre lo legislado en amplísimas hipótesis legales con reglas limitadoras del contenido de los derechos sociales indisponibles etc.

La reforma no atribuye recursos de poder que incentiven la real negociación colectiva. Estimula exclusivamente sus efectos derogatorios en beneficio del refuerzo de los poderes empresariales con el desconocimiento de los derechos legalmente conquistados, en disonancia con los principios establecidos en la Convención 154 de la OIT que reconoce la negociación colectiva como derecho dirigido a la mejoría de las condiciones de vida de los trabajadores. No por gusto, la reforma laboral fue objeto de denuncia encaminada a la Organización Internacional del Trabajo por entidades sindicales brasileñas.

Finalmente, se registra la ausencia efectiva de derecho de negociación colectiva en el funcionalismo público. A pesar de haber sido ratificada en el gobierno de Dilma Rousseff la Convención 151 de la OIT sobre derechos sindicales y de negociación colectiva en el sector público, los funcionarios del Estado permanecen sin reconocimiento del derecho por parte de las autoridades administrativas y por el propio poder judicial. El 18 de diciembre de 2017, el presidente Temer vetó integralmente el primer proyecto de ley aprobado en el Congreso Nacional sobre la materia, el PL 3.831/2015, que reconocía y regulaba la negociación colectiva de los servidores públicos.

4. OBSERVACIONES FINALES

El diagnóstico de la libertad sindical en Brasil no puede desconsiderar que el país atraviesa por un particular período de inestabilidad institucional a consecuencia de la implantación de las políticas de austeridad, recrudecimiento del conservadorismo, amplias violaciones a los derechos de militantes sindicales, populares y de movimientos sociales, criminalización del derecho de huelga y de las medidas de manifestación de conflictos, con la creación de una cultura del enemigo que abarca sindicatos, movimientos laborales y sectores que se contraponen al proceso golpista iniciado en 2016.

Aunque el país vivencie la erosión sustancial de los vínculos constitucionales, en proceso reformador que viola las originarias ideas de derecho, con sucesivas mutaciones del ordenamiento bajo una gramática de excepción, la Constitución de 1988 está vigente y con ella la afirmación del derecho a la libertad sindical y a la democracia. La coyuntura es de desconstrucción y de saqueo de la democracia, del estado social, del sistema laboral y del empleo, de las políticas de trabajo decente y de la libertad sindical, pero también es de resistencia sindical, política y hermenéutica, dirigida al rescate de los derechos y de las garantías sociales conquistados. En este contexto, es alto el riesgo de hacer diagnósticos sobre complejos fenómenos y sistemas jurídicos en transición. Sin embargo, riesgo mayor sería callar sobre las garantías de libertad sindical, dejando de registrar que no obstante las estructuras moldeadas en los acuerdos autoritarios del corporativismo y del neoconservadorismo liberal, la normatividad constitucional está permeada por los principios tallados en las luchas por la libertad y autonomía de los trabajadores brasileños.

Parte III

SINDICALISMO NA MATRIZ DO ESTADO DEMOCRÁTICO DE DIREITO

CAPÍTULO 15

CAPITALISMO E DEMOCRACIA

O Papel dos Sindicatos na Sociedade Contemporânea

Simone Soares Bernardes[1]
Maurício Godinho Delgado[2]
Alline Bessa de Meneses[3]

INTRODUÇÃO

O presente artigo ostenta três objetivos correlacionados: o estudo do sistema capitalista, em especial com enfoque em suas relações de trabalho mais relevantes ao longo da história contemporânea; o estudo da Democracia, em seu sentido contemporâneo, fenômeno que se arquiteta alguns séculos depois dos primeiros traços de surgimento do capitalismo, mas algumas décadas após a Revolução Industrial; por fim, a pesquisa sobre o papel das entidades sindicais e do sindicalismo no desenvolvimento das relações de trabalho no sistema capitalista, desde a sua origem, e como essas entidades e esse movimento sindical terão participação relevante na arquitetura inicial, na evolução e no subsequente aperfeiçoamento da Democracia.

---

[1] Mestre em Direito das Relações Sociais e Trabalhistas pelo UDF – Centro Universitário, em Brasília-DF, integrante de seu Grupo de Pesquisa sobre Sindicalismo, registrado no CNPq. Especialista em Direito Público pelo Instituto Metodista Izabela Hendrix. Juíza do Trabalho Substituta do TRT da 10ª Região. Ex-Analista Judiciário do TRT da 3ª Região. Autora de livros e artigos em Direito do Trabalho e Direito Processual do Trabalho.

[2] Doutor em Filosofia do Direito (UFMG) e Mestre em Ciência Política (UFMG). Ministro do Tribunal Superior do Trabalho (TST). Magistrado do Trabalho há mais de 33 anos. Advogado até novembro de 1989. Professor Titular do UDF e de seu Mestrado em Direito das Relações Sociais e Trabalhistas. Coordenador do Grupo de Pesquisa sobre Sindicalismo, no Mestrado em Direito do UDF, registrado no CNPq. Ex-Professor da UFMG (1978-2000) e ex-Professor da PUC-Minas (2000-2012). Autor de livros e artigos em Direito Constitucional, Direito do Trabalho, Direito Processual do Trabalho, Direitos Humanos Sociais e Ciência Política.

[3] Mestre em Direito das Relações Sociais e Trabalhistas pelo UDF – Centro Universitário, em Brasília-DF, integrante de seu Grupo de Pesquisa sobre Sindicalismo, registrado no CNPq. Especialista em Direito e Processo do Trabalho pela Universidade de Goiás (UFG). Auditora-Fiscal do Trabalho.

Para tanto, o texto se inicia com a análise da formação histórica e do desenvolvimento da economia e sociedade capitalistas, na realidade europeia ocidental, em particular sob o enfoque das relações de trabalho. Nesse quadro, analisa em que medida esse sistema socioeconômico estruturou um sistema de poder sobre a grande maioria da população inserta em sua organização produtiva, formada pelos trabalhadores.

Nesse percurso, o artigo caminha pelas origens europeias do capitalismo antes da Revolução Industrial, passa pelas mudanças profundas provocadas por esse fenômeno revolucionário iniciado na Inglaterra do século XXVIII e discorre sobre a importância da organização fabril e seu sistema de trabalho na configuração do padrão capitalista de estruturação socioeconômica. Analisa também os períodos históricos posteriores, com os aspectos estruturais que continuaram (ou não) a demarcar as características do sistema produtivo capitalista e seus vínculos com a força de trabalho a ele atada. Atravessa as significativas mudanças ocorridas durante o século XX – o qual deu origem a dois paradigmas do constitucionalismo, com influência importante na estruturação organizacional do mesmo sistema. Por fim, chega ao período mais recente, em que nova revolução tecnológica desafia as bases de funcionamento do tronco estruturado há cerca de três séculos atrás.

O texto, em segundo lugar, passa a examinar o fenômeno da Democracia na sociedade contemporânea, evidenciando que ela ostenta percurso mais curto na linha histórica, iniciando-se, efetivamente, apenas a contar das lutas sociais travadas no século XIX em diante, no ocidente europeu. Analisa, nesse instante, de que maneira as questões sociais e a classe trabalhadora tiveram influência marcante na origem da Democracia na contemporaneidade, nela atuando até os dias mais recentes.

Por fim, o artigo deságua no estudo das entidades sindicais e do sindicalismo, correlacionando essas entidades e seu respectivo fenômeno não apenas com o sistema capitalista, mas também com o fenômeno democrático. Considerado o período histórico já definido nas abordagens anteriores e a realidade sociopolítico europeia ocidental, o artigo busca investigar e demonstrar de que maneira os sindicatos e o sindicalismo atuaram (e atuam) como instrumentos para a organização coletiva dos trabalhadores e também para a construção, consolidação e aperfeiçoamento da Democracia na contemporaneidade.

1. OSISTEMACAPITALISTACOMOSISTEMADEPODER:CARACTERÍSTICAS

O sistema socioeconômico capitalista arquitetou-se na Europa Ocidental em torno dos séculos XVI a XVIII, generalizando-se, no continente europeu ocidental ao longo do século XIX. Desde então, inseriu-se também em alguns estados nortistas dos EUA e, em sequência, em outros países do globo. A partir da segunda metade do século XIX e principalmente ao longo do século XX, o sistema capitalista se tornaria um sistema praticamente mundial.

Não se nega que a marca inicial mais proeminente e definidora do novo sistema socioeconômico tenha acontecido com a Revolução Industrial – deflagrada a contar do século XVIII na Inglaterra –, a qual coincidiu com a primeira revolução tecnológica do capitalismo (na verdade, de certo modo, as duas dinâmicas se confundem). É que a Revolução Industrial propiciou, nesse quadro, a estruturação da até então inovadora indústria capitalista, segmento que iria liderar o sistema por significativo tempo dali adiante e lhe conferir a marca mais distintiva.

Não obstante a Revolução Industrial tenha se deflagrado apenas no século XVIII, a partir da Inglaterra, o fato é que, antes disso, aspectos importantes ao novo sistema econômico já se foram maturando na Europa Ocidental, podendo ser considerados também como traços do surgimento do capitalismo na História.

Entre esses aspectos encontra-se a intensificação das atividades comerciais no ocidente europeu, a contar da maior estabilização política ocorrida na região desde o século XI em diante, com o fim das invasões bárbaras e a sedimentação das lideranças feudais nas diversas regiões do continente. A formação e o crescimento de cidades claramente mercantis na Itália e na Holanda, por exemplo, rompia com a letargia agrária do sistema feudal dominante, dando origem a uma dinâmica econômica e a uma cultura mercantil contrapostas à matriz agrária feudal e à própria ética tradicional preponderante a partir da longa hegemonia da Igreja Católica por toda a Europa desde o primeiro milênio depois de Cristo.[4]

Essas atividades mercantis se tornaram mais importantes ainda com a fase subsequente do Mercantilismo, onde os novos Estados Nacionais criados na Europa igualmente passaram a estimular o comércio, especialmente o internacional, legitimando relações mercantis e o desenvolvimento de uma nova ética apartada da tradicional ética cristã romana, que era restritiva à ideia de lucros comerciais e de ganhos com o giro e empréstimo do dinheiro.

Tempo depois, a classe burguesa que foi se formando em torno dessas novas atividades econômicas perderia simpatia pelo próprio Mercantilismo, por

---

4 Os autores HUNT e SHERMAN, em sua seminal obra, ao tratarem da ideologia da Europa pré-capitalista, ligada à hegemonia cristã romana desde o início da Idade Média, também da transição para o capitalismo e da elaboração do pensamento mercantilista e, mais à frente, do conflito latente no pensamento mercantilista, ofertam notável pesquisa e descrição da lenta estruturação do sistema capitalista a partir do século XVI na Europa Ocidental, tendo como centro mais dinâmico e inicialmente bem sucedido, a Inglaterra – embora sem se limitar a ela, da fato. Nesta linha, consultar HUNT, E. K.; SHERMAN, Howard J. *História do Pensamento Econômico*. Tradução de Jaime Larry Benchimol. 26. ed./ 3. reimpr. Petrópolis: Vozes, 2013., p. 29-32. O presente início deste artigo se reporta, em grande medida, à obra desses dois notáveis autores.

considerá-lo excessivamente regulador da dinâmica econômica produtora e exportadora dos países.

A intensificação do comércio levou os empreendedores burgueses recém surgidos a se valerem, cada vez mais, do micro sistema manufatureiro tradicional existente em alguns países europeus, muitas vezes situados no domicílio do pequeno produtor e sua família ou em pequenos locais por este organizados. Com essa dinâmica empreendedora, a manufatura foi perdendo a sua autonomia, passando a ser contratada pelo organizador e empresário capitalista, dando origem, com o tempo, a uma modalidade específica de estruturação da produção e do trabalho, mediante a qual os efetivos produtores tendiam a perder o controle sobre os instrumentos de trabalho e de sua própria autonomia organizacional, passando a ser controlados ou dirigidos por esse empreendedor capitalista. Fenômeno similar ocorria com o artesanato, em alguns segmentos de maior interesse do novo comércio em expansão.

Em síntese, a partir do século XVI, com a expansão do comércio veio a necessidade de aumento da produção e de regularização do abastecimento de bens manufaturados, fazendo com que os mercadores capitalistas assumissem, cada vez mais, o controle do processo produtivo – ainda claramente artesanal ou manufatureiro –, tornando-se proprietários do produto ao longo de todas as fases de produção e, posteriormente, passando a ter a propriedade das máquinas, da matéria-prima e dos instrumentos de trabalho. O trabalhador que, até então, vendia seu produto acabado ao mercador, passou a vender apenas sua força de trabalho, ficando despojado do capital, ainda que parco[5].

Arquitetava-se assim o capitalismo, que se tornou o sistema de poder dominante no momento em que as relações entre capitalistas e os trabalhadores expandiram-se das indústrias de exportação do século XVI para as demais linhas de produção[6].

Ou seja, em um momento inicial do sistema, o capitalista distribuía a matéria-prima entre os artesões ou manufatureiros e suas famílias. Tempos depois, "notando que era difícil controlá-los, e que o mercado exigia uma racionalidade crescente, resolveu reuni-los na fábrica"[7].

Nesse processo de construção de um novo sistema econômico, a Inglaterra também iria se mostrar mais dinâmica, já alcançando, em conformidade com HUNT e SHERMAN, mesmo ainda no século XV, "a hegemonia do mercado mundial de produtos têxteis".[8]

---

5 HUNT, E. K.; SHERMAN, Howard J. *História do pensamento econômico*, 20ª ed., Petrópolis: Vozes, 2001, p. 27.

6 HUNT, E. K.; SHERMAN, Howard J. *Ob. Cit.* p. 28.

7 VIANA, Márcio Túlio. Relações de trabalho e competência: esboços de alguns critérios. *Rev. Trib. Reg. Trab. 3ª Reg.* v. 40, n. 70 (supl. esp.). Belo Horizonte, jul./ dez. 2004, p. 151.

8 Nesta linha, consultar HUNT, E. k; SHERMAN, Howard J. *História do Pensamento Econômico*. Tradução de Jaime Larry Benchimol. 26. ed./ 3. reimpr. Petrópolis: Vozes, 2013., p. 12-78.

A força dessa nova dinâmica econômica, aliada também à decadência da economia e sociedade feudais, a par das pretensões de independência dos Estados Nacionais e de maior liberdade econômica da nova classe burguesa em construção, além de outros fatores políticos, sociais e culturais, tudo levou à busca de construção de importantes transformações no imaginário da época, em direção a novas explicações sobre a vida social, cultural e econômica.

Uma dessas novas explicações consistiu no advento da dissidência religiosa protestante, a partir do século XVI, com as suas inúmeras vertentes (luteranismo, calvinismo, anglicanismo, etc.), unificadas, em geral, pela repulsa à dominância política e religiosa da Igreja Católica Romana e pela construção de uma ética mais harmônica à dinâmica das relações privadas produtivas e mercantis capitalistas. Grande parte dos países europeus aderiu às novas correntes religiosas, ao passo em que em outros países o catolicismo tradicional deixou de ser exclusivo ou, pelo menos, hegemônico, alterando, assim, o quadro religioso e ideológico vigorante em diversas sociedades e países da Europa Ocidental. Com isso, a ética religiosa anticapitalista dominante na Europa anterior ao século XVI perde significativa força.[9]

Ao lado disso, o racionalismo, o individualismo e o liberalismo vão tomando presença no imaginário europeu, em múltiplos planos e vertentes, quer filosóficos, econômicos, políticos e, até mesmo, éticos, ajustando as explicações e interpretações de mundo dominantes aos interesses da dinâmica produtiva e de construção hegemônica da nova classe burguesa. Não se pretende sugerir que tais vertentes de pensamento sejam exclusivamente funcionais e subordinadas aos interesses da nova classe proprietária emergente; porém, sem dúvida, afastam a força explicativa da ideologia feudal (e também da ideologia monárquica absolutista subsequente à decadência do feudalismo), tornando mais palatáveis as instituições, a ordem jurídica, os hábitos e a moral ao ideário do novo sistema econômico em avanço.

Conforme exposto, o século XVIII e início do século XIX foi demarcado pelo advento da Revolução Industrial, momento em que a ideologia do liberalismo clássico passou a influenciar com mais intensidade o pensamento socioeconômico, pregando, segundo HUNT e SHERMAN, a figura dos homens como seres egoístas, frios, calculistas, indolentes e independentes da sociedade que pertenciam, cabendo aos governos assumir apenas as funções que fomentassem as atividades lucrativas (*laissez-faire*).[10]

---

9 A respeito, HUNT, E. K.; SHERMAN, Howard J. *História do Pensamento Econômico*. Tradução de Jaime Larry Benchimol. 26. ed./ 3. reimpr. Petrópolis: Vozes, 2013., p. 45-78. Consultar também o livro clássico sobre o assunto, WEBER, Max. *A Ética Protestante e o 'Espírito' do Capitalismo*. São Paulo: Companhia das Letras, 2004. A primeira edição da obra é de 1904/1905, sendo de 1920 a última publicada em vida do autor e por ele revisada.

10 HUNT, E. K.; SHERMAN, Howard J. *Ob. Cit*. p. 68-69.

A Revolução Industrial privou os trabalhadores do acesso direto aos meios de produção, reduzindo-os ao papel de meros vendedores de sua própria força de trabalho, retirando-lhes o orgulho da sua arte enquanto artesãos. Além disso, o novo sistema fabril impôs um caráter impessoal na relação com o empresário (agora, empregador), privando os trabalhadores das relações estreitas e pessoais existentes nas organizações artesanais: entre o trabalhador e o patrão interpôs-se o mercado, o vínculo monetário.[11]

Como explica Márcio Túlio Viana, até às vésperas da Revolução Industrial, o trabalho por conta alheia, ou seja, prestado pelo trabalhador em benefício de terceiro, quase sempre foi também um trabalho de natureza forçada. Enquanto isso, o homem livre, quando trabalhava, fazia-o por conta própria. E arremata o autor:

> "De fato, se fosse realmente livre para vender (ou não) a sua liberdade, o trabalhador mantê-la-ia – inviabilizando o sistema. Desse modo, para que este se perpetue, é preciso não só que haja liberdade formal para contratar, mas que falte liberdade real para não contratar.
>
> Para que faltasse aquela liberdade real, foi preciso inviabilizar as antigas alternativas de subsistência do trabalhador. Em outras palavras, foi necessário impedi-lo de produzir a sua pequena economia doméstica, que lhe permitia plantar a sua comida, beber o vinho de suas uvas e costurar as suas próprias roupas.
>
> E foi assim que a lei roubou a terra do camponês, enquanto a máquina vencia o artesão. Sem outros meios para produzir, além das próprias mãos, ambos aceitaram então se submeter. As relações de poder tinham se tornado menos visíveis, mas nem por isso menos fortes."[12]

Na mesma linha, informa Armando Boito Jr:

> "O produtor direto é, no plano formal do direito, um indivíduo livre, com capacidade jurídica plena, tal qual o proprietário dos meios de produção com o qual ele realiza o contrato de trabalho. Essa característica do direito burguês, inédita em toda a história das sociedades de classe, característica que iguala formalmente o proprietário e o produtor, induz o trabalhador a perceber a exploração como uma relação contratual livre entre indivíduos iguais, ignorando sua própria situação de classe. O direito burguês produz, portanto, uma ilusão. Não porque o trabalhador não seja juridicamente livre para escolher para quem trabalhar. Embora limitada pelas circunstâncias econômicas do momento, essa liberdade é real. Ela distingue, de fato, o proletário moderno do trabalhador do passado, escravo ou servo. Deve-se, contudo, falar em ilusão porque, embora o trabalhador seja livre para escolher o capitalista para o qual ele vai trabalhar, ele não é livre,

---

11 HUNT, E. K.; SHERMAN, Howard J.*Ob. Cit.*, p. 72.

12 VIANA, Márcio Túlio. Relações de trabalho e competência: esboços de alguns critérios. In: *Rev. Trib. Reg. Trab. 3ª Reg.* v. 40, n. 70 (supl. esp.). Belo Horizonte, jul./ dez. 2004, p. 152.

uma vez que se encontra separado dos meios de produção, para escolher se vai ou não vai trabalhar para a classe dos capitalistas."[13]

Com percuciência, Armando Boito Jr. prossegue esclarecendo que a ideologia capitalista, pregando a ampla liberdade do trabalhador e sua igualdade com o detentor do meio de produção, não passa de uma mera ilusão, contribuindo para a reprodução da exploração de classe, "na medida em que é ocultada dos agentes sociais". Enquanto nos modos de produção pré-capitalistas, a exploração do trabalho era manifesta, evidente, sendo o produtor direto (sejam escravos, sejam servos) constrangidos a fornecer sobre-trabalho aos membros da classe dominante, no modo de produção capitalista, a exploração é oculta, já que "desaparecem as ordens, e o produtor direto, que é um homem livre, fornece sobre-trabalho ao proprietário dos meios de produção aparentemente por escolha própria".[14]

Como bem explica Michael Burawoy, o processo de produção não se limita ao processo de trabalho – aqui compreendido como a produção propriamente dita –, mas também inclui elementos ideológicos e políticos (regime fabril) que reproduzem as relações do processo por meio de regulação de conflitos[15]. A compreensão desses elementos ideológicos e políticos (ou elementos de socialização e aculturação) contribui para evidenciar o padrão da relação de poder estabelecida em segmento relevante da vida socioeconômica.

Nesse norte ensina, com argúcia, Norberto Bobbio que existem três tipos principais de poderes sociais: o econômico, o ideológico e o político, isto é, o poder advindo da riqueza, aquele advindo do saber e, por fim, o poder resultante da força. O poder econômico caracteriza-se pela presença de possuidores de determinados bens, necessários ou assim compreendidos, numa situação de escassez, que induz os despossuídos a adotar uma certa conduta, normalmente evidenciada na execução de um trabalho útil. O poder ideológico se utiliza da detenção do conhecimento para exercer influência e induzir o comportamento alheio. O poder político é o poder coativo, físico e/ou também emocional (sem deixar de atuar racionalmente, é claro), cuja posse distingue o grupo dominante em qualquer sociedade. O que esses três tipos de poder apresentam em comum, segundo Bobbio, é que auxiliam na instituição e manutenção de sociedades "de desiguais divididas em fortes e fracos com base no poder político, em ricos e

---

13 BOITO JR., Armando. *Pré-capitalismo, capitalismo e resistência dos trabalhadores: nota para uma teoria da ação sindical.* Disponível em: [https://www.ifch.unicamp.br/criticamarxista/arquivos_biblioteca/04boito.pdf]. Acesso em: 01/09/2021.

14 BOITO JR., Armando. *Pré-capitalismo, capitalismo e resistência dos trabalhadores: nota para uma teoria da ação sindical.* Disponível em: [https://www.ifch.unicamp.br/criticamarxista/arquivos_biblioteca/04boito.pdf]. Acesso em: 01/09/2021.

15 BURAWOY, Michael. A transformação dos regimes fabris no capitalismo avançado. *Revista Brasileira de Ciências Sociais,* São Paulo, ano 5, n. 13, jun. 1990, p. 29.

pobres com base no poder econômico, em sábios e ignorantes com base no poder ideológico"[16].

No transcorrer da história, o capitalismo, enquanto sistema de poder econômico, não se manteve estático, sofrendo modificações em sua organização e estrutura, que evidenciam como funcionou a lógica produtiva imposta ao trabalhador, desde o sistema doméstico originário até o modelo fabril, sem contar as mudanças subsequentes ocorridas depois de consumada a primeira revolução tecnológica do sistema capitalista.

Entre meados da década de 1840 e 1873, a propósito, verificou-se, segundo HUNT e SHERMAN, a denominada era de ouro do capitalismo de livre concorrência, caracterizada pela rápida expansão econômica em toda a Europa. Nesse período também se constatou a concentração do capital, evidenciada pela tendência de formação de poderes monopolistas ou oligopolistas, por meio de corporações, cartéis e *pools*. Em contrapartida, também se constatou a concentração de renda em uma pequena parte da população.[17]

Em que pese esse quadro pudesse se contradizer com a ideologia liberal clássica desenvolvida por Adam Smith e aperfeiçoada por outros renomados economistas como David Ricardo, Nassau Senior e J. B. Say, pautada em uma economia composta por uma infinidade de pequenas empresas (o suposto capitalismo concorrencial), o fato é que a teorização liberalista original, segundo HUNT e SHERMAN, foi atualizada, adaptada e revigorada pela nova escola dos pensadores econômicos, conhecida como doutrina neoclássica[18].

A Escola Neoclássica, significativamente conservadora, imputava ao Estado o exercício de funções que essencialmente originassem proveito direto ou indireto para a lucratividade do negócio, ao passo que os economistas liberais originários julgavam que o governo deveria intervir também em um número limitado de áreas em que as ferramentas do livre mercado não ampliavam o bem-estar social. Em essência, a teoria econômica neoclássica mantinha-se como uma ideologia de legitimação do *status quo.*[19]

No final do século XIX e início do século XX, novos avanços tecnológicos foram introduzidos na produção, notadamente a utilização da energia elétrica da fórmula organizacional da linha de montagem, possibilitando a produção em massa e caracterizando o período conhecido como segunda revolução tecnológica do capitalismo.[20]

---

16 BOBBIO, Norberto. *A era dos Direitos*. Rio de Janeiro: Elsevier, 2004. 3ª reimpressão, p. 107-108.

17 HUNT, E. K.; SHERMAN, Howard J. *História do pensamento econômico*, 20ª ed., Petrópolis: Vozes, 2001, pp. 107-108.

18 HUNT, E. K.; SHERMAN, Howard J. *Ob. Cit.* p. 122.

19 HUNT, E. K.; SHERMAN, Howard J. *Ob. Cit.*, p. 122.

20 SCHWAB, Klaus. *A quarta revolução industrial*, São Paulo: Edipro, 2016, pp. 15-16. O autor prefere a expressão Segunda Revolução Industrial, esclareça-se. De toda maneira, Mauricio Godinho Delgado

Nessa fase surgiu o movimento de gerência científica do trabalho denominado taylorismo, caracterizado pelo controle do modo concreto de execução de toda atividade pelo estudo do tempo e do movimento para a padronização dos métodos, intensificando-se a divisão do trabalho em parcelas elementares e simplificadas, cada uma atinente a um posto de trabalho ocupado por um trabalhador[21]. O taylorismo propôs, portanto, a minuciosa separação de tarefas e sua consequente rotinização no processo laborativo interno, potencializando a produtividade e viabilizando a produção em massa, característica do sistema capitalista.[22]

Esse sistema de gestão empresarial evoluiu para o fordismo, caracterizado por grandes massas de trabalhadores vinculados a atividades pouco especializadas, que se conectavam pela esteira rolante da linha de produção, gerando o aumento da produtividade e a produção maciça de mercadorias. Nessa mesma lógica, havia também a integração vertical entre as empresas – matriz e filiadas[23].

Após a Segunda Grande Guerra, com acento a contar dos anos 1960/70, iniciou-se a terceira revolução tecnológica do capitalismo, também conhecida como revolução digital ou do computador, na medida em que foi caracterizada pelo desenvolvimento dos semicondutores, da computação em *mainframe*, da computação pessoal, da internet[24]. Também fazem parte dessa terceira revolução tecnológica a energia atômica (embora, pelos seus custos e riscos, viesse a ter menos influência após as décadas iniciais de sua descoberta e desenvolvimento), a microeletrônica e as novas modalidades de comunicações, especialmente a telecomunicação via satélite[25].

Nesse contexto – e também diante da forte crise econômica no Ocidente, a partir dos anos de 1973/74 –, ganhou grande destaque o padrão de gestão empresarial e laborativa conhecido como *toyotismo* ou *ohnismo*, cuja característica principal reside na subcontratação de empresas, delegando-lhes tarefas instrumentais ao produto final da empresa-polo. A ideia defendida é da empresa enxuta, que concentra apenas as atividades essenciais ao seu objetivo principal, transferindo para empresas menores, suas subcontratadas, o desempenho das atividades complementares. Tal mecanismo

---

enxerga outros inventos, descobertas e modelos de utilidade relevantes na segunda revolução tecnológica do capitalismo, tais como: energia petrolífera; novos meios de comunicação (telefone e rádio, por exemplo); novos meios de transporte (veículos automotores e aviões, ilustrativamente). DELGADO, Mauricio Godinho. *Capitalismo, Trabalho e Emprego: entre o paradigma da destruição e os caminhos de reconstrução*. São Paulo: LTr, 2017, p. 39-40.

21 MASSONI, Túlio de Oliveira. *Representatividade sindical*. São Paulo: LTr, 2007, pp. 15-16.

22 DELGADO, Maurício Godinho. *Capitalismo, Trabalho e Emprego: entre o paradigma da destruição e os caminhos de reconstrução*. São Paulo: LTr, 2017, p. 46.

23 DELGADO, Maurício Godinho. *Op. Cit*, p. 47.

24 SCHWAB, Klaus. *A quarta revolução industrial*, São Paulo: Edipro, 2016, pp. 15-16.

25 DELGADO, Mauricio Godinho. Op. Cit., p. 18-19 e 37-42.

gera, concomitantemente, a diminuição do custo da empresa-polo, o aumento da produtividade e a redução da renda propiciada aos trabalhadores[26].

Também a partir dos anos de 1970, o liberalismo da matriz oitocentista reacendeu-se nos países capitalistas desenvolvidos, tendo como grandes defensores economistas como Friedrich Hayek e Milton Friedman. Essa nova formulação do liberalismo sustenta o primado do mercado privado na estruturação e funcionamento da economia e da sociedade e a prevalência do capital financeiro-especulativo, com a sujeição estatal e das políticas públicas a essa prevalência. Nesse quadro, o neoliberalismo se antepôs à linha teórica hegemônica e muito bem sucedida no Ocidente desde a década de 1930, a qual deu eficiente suporte ao combate à crise capitalista mundial de 1929 e à posterior construção e preservação do *Welfare State* (Estado do Bem-Estar Social) nos países desenvolvidos, sem contar o positivo suporte à estratégia do "desenvolvimentismo", nos países de terceiro mundo, de excelentes resultados econômicos, inclusive no Brasil. Essa corrente teórica, também chamada "estruturalista" – que se manteve hegemônica por cerca de 50 anos em diversos países ocidentais (no Brasil ela perdurou, na economia, dos anos 1930 ao início dos anos 1980, com alguns retrocessos pontuais nesse percurso) –, era lastreada notadamente nas concepções do economista britânico John Maynard Keynes e em vertentes pragmáticas das diversas tendências da social-democracia e do desenvolvimentismo do pós-guerra.[27]

O Estado do Bem-Estar Social ou Estado Providência estruturou-se na Europa Ocidental essencialmente logo após a Segunda Grande Guerra, com o fortalecimento dos sindicatos e das organizações político-partidárias dos trabalhadores e demais segmentos populares, concomitante ao surgimento de programas públicos de previdência e assistências médicas e sociais[28].

Já o desenvolvimentismo procurava abreviar o processo de crescimento econômico e social de países de terceiro mundo, incrementando a industrialização, a diversificação da economia, o fortalecimento dos mais variados setores econômicos regionais e nacionais, a par de instituir uma política social intensa, apta a elevar as condições materiais, educacionais e cidadãs da população, de maneira geral. Para isso, o desenvolvimentismo considerava importante uma aliança estratégica, na economia, entre o capital privado nacional, o capital estatal nacional e, até mesmo, o capital estrangeiro, de maneira a suprir lacunas e saltar etapas com

---

26 DELGADO, Maurício Godinho. *Capitalismo, Trabalho e Emprego: entre o paradigma da destruição e os caminhos de reconstrução.* São Paulo: LTr, 2017, p. 48.

27 DELGADO, Maurício Godinho. *Capitalismo, Trabalho e Emprego: entre o paradigma da destruição e os caminhos de reconstrução.* São Paulo: LTr, 2017, p. 24.

28 DELGADO, Maurício Godinho; PORTO, Lorena Vasconcelos. O Estado de Bem-Estar Social (*Welfare State*) no capitalismo contemporâneo. In: DELGADO, Maurício Godinho; PORTO, Lorena Vasconcelos. *Welfare State. Os grandes desafios do Estado de Bem-Estar Social.* pp.23-49. São Paulo: LTR, 2015, p. 27.

rapidez significativa na história dos países que seguiram tal estratégia.[29] No caso brasileiro, por exemplo, tratou-se do mais longo período de tempo (em torno de cinco décadas, de 1930 até cerca de 1982/83, embora com alguns recuos pontuais) em que houve consistente desenvolvimento econômico. É bem verdade que não em todas as épocas houve o mesmo necessário nível de desenvolvimento social, mas isso resultou da tendência regressiva do governo eventualmente dominante nessa fase (por exemplo, é o que aconteceu em diferentes períodos entre 1964 e 1985, coincidindo com o regime autocrático militar-civil e sua política antitrabalhista e antissindical, o que não viabilizou o coerente e necessário crescimento da participação da renda do trabalhador na riqueza nacional).[30]

Lamentavelmente, a nova linha econômica, política e ideológica que passou a se tornar hegemônica no mundo ocidental, conhecida pelo epíteto de ultraliberalismo (ou neoliberalismo), passou a propagar que o Estado de Bem-Estar Social teria se tornado um paradigma obsoleto e que, diante de tamanhas alterações tecnológicas na gestão das empresas, aliada à ampliação da concorrência internacional, seria incompatível uma estrutura estatal e de sociedade baseada na valorização do trabalho, na concessão de políticas sociais, médicas e assistenciais universais e "significativas atribuição do poder e da riqueza por meio de políticas de intervenção estatal".[31]

No último quartel do século XX, na mesma época de emergência do neoliberalismo, despontou nova fase vivenciada pelo sistema capitalista, conhecida por epítetos como globalização, globalismo, mundialização e mundialismo. Ensina Maurício Godinho Delgado que esse fenômeno não se trata de uma ruptura com a estrutura anterior do sistema, mas sim uma transformação e/ou aprofundamento, caracterizando-se por uma:

> "vinculação especialmente estreita entre os diversos subsistemas nacionais, regionais ou comunitários, de modo a criar como parâmetro relevante para o mercado a noção de globo terrestre e não mais, exclusivamente, nação ou região".[32]

---

29 O desenvolvimentismo, em sua primeira formulação, imaginava uma aliança mais estreita, firmemente nacionalista, entre o capital privado nacional e o capital estatal nacional. A partir da década de 1950, em diante, por razões diversas, passou a admitir, nesta aliança, a participação do capital privado internacional. Ainda assim, preservou seu ideário de suprir lacunas, saltar etapas, fazer inclusão econômica e social, acelerar o desenvolvimento, de maneira a romper a barreira subdesenvolvida do respectivo país.

30 A respeito do desenvolvimentismo e/ou da construção de um Estado de Bem-Estar Social na América Latina, com os seus obstáculos históricos renitentes, consultar o estudo de DELGADO, Mauricio Godinho, e PORTO, Lorena Vasconcelos. Estado de Bienestar Social: características generales, obstáculos y desafios en América Latina. E-Revista Internacional de la Protección Social. Sevilla: Universidad de Sevilla, v. 1, p. 107-140, 2021.

31 DELGADO, Maurício Godinho; PORTO, Lorena Vasconcelos. O Estado de Bem-Estar Social (*Welfare State*) no capitalismo contemporâneo. In: DELGADO, Maurício Godinho; PORTO, Lorena Vasconcelos. *Welfare State. Os grandes desafios do Estado de Bem-Estar Social.* pp.23-49. São Paulo: LTR, 2015, p. 39.

32 DELGADO, Maurício Godinho. Capitalismo, Trabalho e Emprego: entre o paradigma da destruição e os caminhos de reconstrução. São Paulo: LTr, 2017, p. 12.

A par disso, na virada do século XX para o século XXI, o mundo passou a vivenciar a chamada quarta revolução tecnológica do capitalismo, caracterizada pela intensificação de vários avanços tecnológicos criados no momento precedente, e agora potenciados, tudo acrescido de novas descobertas e invenções.

Nesta quarta revolução tecnológica (também dita de "Revolução 4.0"), citem-se os seguintes elementos de destaque: a presença de uma revolução digital mais generalizada e intensa, evidenciada por uma internet mais ubíqua e móvel; a criação da internet das coisas; a presença de sensores menores e mais poderosos; a estruturação de algoritmos aptos a captarem movimentos, tendências e dados sobre as mais diversas situações, inclusive realizando rápidas formulações conclusivas sobre comportamentos humanos ou institucionais e objetivos correlatos; a criação da inteligência artificial e da denominada aprendizagem automática (aprendizagem de máquina) etc. Há uma simbiose de tecnologias em vários campos e a interação entre os domínios físicos, digitais e biológicos, cuja difusão é muito rápida e ampla. Vários desses pontos tem levado a que Klaus Schwab entenda no sentido de que esta nova revolução tenha impactos maiores e mais rápidos do que os percebidos nas revoluções tecnológicas anteriores.[33] A propósito, a presença de novos algoritmos aptos a estabelecerem controles tecnológicos minuciosos sobre indivíduos, instituições e dados diversos constitui, igualmente, parte sinistra e desafiante dessa fase recente das revoluções tecnológicas do capitalismo.[34]

O que o breve escorço histórico acima delineado nos faz concluir é que as profundas alterações sofridas no sistema organizacional do capitalismo não impactaram, de forma relevante, a sua estrutura central, que se mantém com o poder decisivo concentrado na empresa, que continua a deter papel central na relação jurídico-social de trabalho. Mesmo as empresas estatais tendem a reproduzir esse sistema de poder em que a parcela da população destituída dos meios de produção e que vive do trabalho nada – ou quase nada – pode influir na organização e dinâmica laborais, ficando à mercê de um sistema que tem conduzido a uma tendência de precarização contínua do trabalho.

O somatório de todas essas mudanças estruturais (nova revolução tecnológica e globalização das economias, por exemplo) a uma hegemonia política claramente antissocial, fundamentalista e egoística – como se revela, diuturnamente, o neoliberalismo – conduz a efeitos desastrosos no plano da economia e da sociedade, inclusive e principalmente, no cenário das relações de trabalho.

Nesse contexto, torna-se importante o alerta feito por Maurício Godinho Delgado:

---

33 Nesta linha, SCHWAB, Klaus. *A quarta revolução industrial*, São Paulo: Edipro, 2016, pp. 16-17.

34 ZUBOFF, Shoshana. *A Era do Capitalismo de Vigilância* – a luta por um futuro humano na nova fronteira do poder. Rio de Janeiro: Intrínseca, 2020. A edição original em língua inglesa do livro é de 2019.

> "(...) o sistema econômico capitalista, por si só é manifestamente incapaz de realizar qualquer coisa próxima a ideia de justiça social. Ao contrário, a globalização e a incessante renovação tecnológica apenas tem exacerbado as tendências desigualitárias do capitalismo, além de aprofundado os seus aspectos irracionais provocadores de crises reiteradas em seu funcionamento."[35]

Assim é que, se não encontrada fórmula de organização e manifestação dos trabalhadores dentro do sistema de gestão da força de trabalho, eles dificilmente serão considerados na estruturação e dinâmica empresarial capitalista. É exatamente por isso que os sindicatos são estruturas fundamentais para a organização coletiva dos trabalhadores e, notadamente, para a melhoria das condições de trabalho.

Esse é o papel histórico central inicial dessas entidades e que se mantém até hoje, em que pese as tantas mudanças sofridas pelo capitalismo ao longo da sua trajetória, conforme pretendemos demonstrar neste trabalho.

Antes disso, é necessário caracterizar a Democracia na sociedade contemporânea, a fim de se compreender como os sindicatos se inserem nesse contexto.

2. A DEMOCRACIA NA SOCIEDADE CONTEMPORÂNEA

Na lição de Paulo Bonavides, a Democracia é o direito "mais fundamental" dos direitos da nova ordem normativa, sendo compreendida como um direito do povo de se reger pela sua própria vontade, convertendo-se em "pretensão da cidadania à titularidade direta e imediata do poder, subjetivado juridicamente na consciência social e efetivado de forma concreta pelo cidadão".[36]

A Democracia não se caracteriza apenas como um regime político, manifestando-se em todos os aspectos da vida social, tendo, portanto, um caráter multidimensional que ultrapassa a restrita esfera da sociedade política para se difundir, cada vez mais, para espaços diversos da sociedade civil.[37]

Maurício Godinho Delgado leciona que a Democracia é "uma das mais importantes e criativas instituições geradas pela inteligência humana", proporcionando o desenvolvimento de novos e importantes fenômenos sociais e jurídicos. Trata-se de construção recente na civilização, tendo despontado na História

---

35 DELGADO, Maurício Godinho. Funções do Direito do Trabalho no Capitalismo e na Democracia. DELGADO, Maurício Godinho; DELGADO, Gabriela Neves. In: *Constituição da República e Direitos Fundamentais. Dignidade da pessoa humana, justiça social e direito do trabalho.* pp.71-89. São Paulo: LTR, 2015, p.86.

36 BONAVIDES, PAULO. *Do Estado Liberal ao Estado Social.* 7ª ed. São Paulo: Malheiros, 2001, p. 16.

37 DELGADO, Maurício Godinho. Funções do Direito do Trabalho no Capitalismo e na Democracia. DELGADO, Maurício Godinho; DELGADO, Gabriela Neves. In: *Constituição da República e Direitos Fundamentais. Dignidade da pessoa humana, justiça social e direito do trabalho.* pp.71-89. São Paulo: LTR, 2015, p. 32-34.

apenas a partir da segunda metade do século XIX na Europa Ocidental, tornando-se relevante como grande vértice do constitucionalismo contemporâneo.[38]

Sob o paradigma do Estado Liberal de Direito dos séculos XVIII e XIX, caracterizado por direitos tipicamente individuais, também conhecidos como direitos fundamentais de primeira dimensão, as liberdades e vantagens jurídicas eram circunscritas apenas às elites proprietárias da economia e da sociedade, em uma sistemática de extrema segregação da maioria da população. Ainda assim, o Estado Liberal de Direito constitui o primeiro marco do constitucionalismo contemporâneo, trazendo grandes conquistas, notadamente, a relevância da constituição escrita e sua primazia na ordem jurídica de cada Estado[39]. Se comparado com o absolutismo monárquico precedente, esse primeiro paradigma do constitucionalismo traduziu um significativo avanço institucional; se analisado, porém, de maneira intrínseca, em seu efetivo conteúdo, consistia em mais uma fórmula histórica de exclusão, segregação e discriminação da grande maioria dos habitantes dos respectivos países.

Nesse quadro, o absenteísmo estatal pregado pelo liberalismo não trouxe maior justiça social para a vida socioeconômica, de forma que a grande dificuldade na obtenção de prestações essenciais pelo indivíduo fez surgir a necessidade de uma atuação mais ativa do Estado na promoção de direitos, culminando com a denominada segunda dimensão dos direitos fundamentais[40].

Desponta assim um novo marco, identificado como Estado Social de Direito e caracterizado pela outorga estatal de direitos sociais e econômicos, entre eles os assegurados pelo Direito do Trabalho e pelo Direito da Seguridade Social (inicialmente, Direito Previdenciário).

Na história da Europa Ocidental, entretanto, esse segundo paradigma teve vida curta, sendo superado por um padrão mais sofisticado e complexo, o paradigma do Estado Democrático de Direito (ou Estado de Direito Democrático), estruturado por constituições de países europeus lavradas no final dos anos 1940 (França, Itália e Alemanha) e na década de 1970 (Portugal e Espanha).

O terceiro paradigma do constitucionalismo coincide com o processo de arquitetura do Estado de Bem-Estar Social (*Welfare State*), a partir também, principalmente, da experiência europeia mais desenvolvida. Nesse contexto, o Estado

---

38 DELGADO, Mauricio Godinho. Constituição da República, Estado democrático de direito e direito do trabalho. In: DELGADO, Mauricio Godinho; DELGADO, Gabriela Neves. *Constituição da República e direitos fundamentais: dignidade da pessoa humana, justiça social e direito do trabalho.* 3ª ed. São Paulo: LTr, 2015, p. 33-35.

39 DELGADO, Mauricio Godinho. Ob. Cit., p. 36-37.

40 DELGADO, Gabriela Neves. Os paradigmas do Estado Constitucional Contemporâneo, p. 15-30. In: DELGADO, Mauricio Godinho; DELGADO, Gabriela Neves. *Constituição da República e direitos fundamentais*: dignidade da pessoa humana, justiça social e direito do trabalho. 3ª ed. São Paulo: LTr, 2015, p. 22-25.

passou a ter uma atuação positiva, intervindo na economia, regulando mercados e oferecendo prestações sociais e serviços públicos, com vistas a assegurar a igualdade, agora também no seu aspecto material (e não apenas formal, como no paradigma do Estado Liberal de Direito)[41]. Se não bastasse, assegurou às entidades sindicais de trabalhadores uma ambientação realmente democrática, apta a lhes garantir vigor e densidade para alcançarem um patamar mais elevado de direitos trabalhistas em suas relações com as respectivas empresas e o poder econômico, em geral.

Dessa maneira, com o advento do Estado Democrático de Direito, fruto da maturação histórica e teórica acima apontada, tem-se um real inovador paradigma de organização e gestão da sociedade civil e da sociedade política (Estado), que se assenta em um tripé conceitual claramente especificado: a pessoa humana e sua dignidade assumem a centralidade do ordenamento jurídico; a sociedade política, assim como a sociedade civil, passam a ser concebidas como necessariamente democráticas e inclusivas. Note-se que nesse conceito inovador de Estado Democrático de Direito, não apenas a sociedade política (o Estado) e suas instituições têm de ser democráticas e inclusivas, porém igualmente a sociedade civil e suas instituições[42].

Nesse contexto, a nota diferenciadora do paradigma do Estado Democrático de Direito se destaca na percepção do Direito como instrumento civilizatório, ao invés de ser instrumento de exclusão e segregação.

A Democracia, em seu evidente caráter multidimensional, passa a ser compreendida como método de gestão da sociedade, pautada nas garantias das liberdades públicas, sociais e individuais, com ferramentas institucionalizadas de inclusão e de participação social, tudo visando a garantir a promoção de uma sociedade livre, equânime (igualdade em sentido substancial), justa e solidária[43].

Mas como bem pontua Amartya Sen, tão importante quanto salientar a importância da Democracia, também é crucial salvaguardar os seus instrumentos de efetivação. Segundo o autor, "por mais valiosa que a democracia seja como

---

[41] PIMENTA, José Roberto Freire; PORTO, L. V. Instrumentalismo Substancial e Tutela Jurisdicional Civil e Trabalhista: Uma Abordagem Histórico-Jurídica, pp. 85-122. In: *Revista do Tribunal Regional do Trabalho da 3. Região*, v. 43, 2007.p. 99.

[42] DELGADO, Mauricio Godinho. Constituição da República, Estado Democrático de Direito e Direito do Trabalho, p. 31-54. In: DELGADO, Mauricio Godinho; DELGADO, Gabriela Neves. *Constituição da República e direitos fundamentais: dignidade da pessoa humana, justiça social e direito do trabalho.* 3ª ed. São Paulo: LTr, 2015, p. 42.

[43] DELGADO, Maurício Godinho; PIMENTA, José Roberto Freire; NUNES, Ivana. O paradigma do Estado Democrático de Direito: estrutura conceitual e desafios contemporâneos, pp. 485-515. In: *Revista Jurídica Unicuritiba – eletrônica*, v. 2, 2019. p. 509, acesso em 26.05.2020.

uma fonte fundamental de oportunidade social", é imprescindível refletir sobre os meios que a permitam realizar seus potenciais e garantir sua amplitude[44].

Sob a perspectiva do Direito do Trabalho, a ideia de Democracia e especialmente de seus instrumentos de efetivação, pode ser compreendida como a real e efetiva participação dos atores sociais nos processos de tomada de decisão e de normatização apta a influenciar o seu cotidiano, o que se dá, essencialmente, por intermédio dos sindicatos[45]. Em outras palavras, o sindicalismo possibilita que os trabalhadores se organizem coletivamente e, assim, tenham aptidão para participar e interferir na vida política, social e profissional em que estão inseridos.

A par disso, as entidades sindicais é que permitem o desenvolver da engrenagem do Estado Democrático de Direito, na medida em que o sindicato não se limita a uma entidade de representação do trabalhador assalariado, mas se caracteriza como um verdadeiro agente socioeconômico e político, que possibilita ao coletivo organizado de trabalhadores expressar a sua identidade, participando da autogestão social.

3. SINDICATOS E SINDICALISMO COMO INSTRUMENTOS PARA A ORGANIZAÇÃO COLETIVA DOS TRABALHADORES E A CONSTRUÇÃO E CONSOLIDAÇÃO DA DEMOCRACIA CONTEMPORÂNEA

O artigo 10 da Convenção n. 87 da OIT define sindicato como "toda organização de trabalhadores e de empregadores que tem por objetivo fomentar e defender os interesses dos trabalhadores e de empregadores"[46].

A partir desse conceito, podemos extrair três elementos básicos de sua composição, hábeis a nos esclarecer a essência dos sindicatos e do próprio sindicalismo: a) entidade coletiva, grupal, configuradora de um ser coletivo; b) entidade que envolve um significativo número de trabalhadores ou de empresas; c) entidade estruturada para realizar a representação e defesa dos interesses do respectivo grupo profissional ou econômico.

Maurício Godinho Delgado traz a seguinte definição para sindicato, construída a partir dos sindicatos obreiros:

> "Sindicatos são entidades associativas permanentes, que representam trabalhadores vinculados por laços profissionais e laborativos comuns, visando a tratar de

---

44 SEN, Amartya. *Desenvolvimento como liberdade*. São Paulo: Companhia das Letras. 7ª reimpressão. p. 209.

45 DELGADO, Maurício Godinho; PIMENTA, José Roberto Freire; MIZIARA, Raphael. Sindicalismo e greve no Estado Democrático de Direito: o debate sobre o exercício, pelas entidades sindicais, de atividades com dimensões políticas, pp. 01-30. In: *Revista de Direito do Trabalho*, São Paulo, v. 209, 2020. p. 2.

46 SÜSSEKIND, Arnaldo. *Convenções da OIT e outros Tratados*. 3ª ed. São Paulo: LTr, 2007. p. 398.

problemas coletivos das respectivas bases representadas, defendendo os seus interesses trabalhistas e conexos, com o objetivo de lhes alcançar melhores condições de labor e vida". [47]

O sindicalismo e as entidades sindicais são frutos da existência do sistema capitalista, surgido na Europa Ocidental a partir do século XVI, mas aprofundado, generalizado e potenciado a contar da Revolução Industrial deflagrada na Inglaterra no século XVIII e início do século XIX, espraiando-se, desde então, para o continente europeu, norte dos Estados Unidos da América e, subsequentemente, para outros continentes e regiões do planeta.

De fato, com o crescimento das indústrias e a expansão do comércio e dos meios de transporte, grandes massas de indivíduos deixaram os campos, acentuando-se a concentração operária nas cidades. A população operária passou a viver aglomerada e em condições precárias e degradantes. No universo das relações de trabalho, vigorava a mais tosca "lei da oferta e da procura", inerente ao liberalismo primitivo, sufragada pelo completo absenteísmo estatal. Nesse quadro, os trabalhadores eram submetidos a condições subumanas de labor, combinadas a uma exploração agressiva do trabalho de mulheres e crianças.[48]

Todo esse quadro inóspito, característico dos séculos XVIII e XIX na Inglaterra e, logo a seguir, no continente europeu ocidental, acabou por estreitar os laços de solidariedade entre os trabalhadores em decorrência das condições precárias e similares de vida e de trabalho, despertando uma consciência coletiva com a identificação de um novo grupo social: a classe dos trabalhadores, dos proletários, indivíduos inseridos no mercado de trabalho, porém destituídos dos meios de produção. A partir dessa conscientização, seguiu-se uma mudança de padrão, em que esses grupos passaram a perceber a insuficiência da ação individual, despertando a consciência de classe, o que propiciou a formação de associações e sindicatos de trabalhadores.[49]

Assim, o sindicato surgiu como fato social, em decorrência da necessidade da união dos trabalhadores para enfrentamento daqueles que isoladamente eram pobres e fracos, tornando-se fortes quando constituíssem uma coletividade.[50]

Contudo, a nova classe dominante burguesa, com receio de perder o poder recém-conquistado com as revoluções liberais, e agora pretendendo evitar revoltas ou, até mesmo, revoluções, a par do empoderamento de outros setores sociais,

---

[47] DELGADO, Maurício Godinho. *Direito Coletivo do Trabalho.* 6ª ed. São Paulo: LTR, 2015, p. 77.

[48] SANTOS, Ronaldo Lima dos. *Sindicatos e ações coletivas*. São Paulo: LTr, 2008, p. 34.

[49] SANTOS, Ronaldo Lima dos. *Sindicatos e ações coletivas*. São Paulo: LTr, 2008, pp. 34-35.

[50] AROUCA, José Carlos. *Curso básico de Direito Sindical. Da CLT à Reforma Trabalhista de 2017 (Lei n. 13.467).* 6ª ed. São Paulo: LTr, 2018. p 17.

passou a reprimir organizações e movimentos que, a seu sentir, representassem alguma ameaça.[51]

Assim, o momento do nascimento dos sindicatos - que pode ser fixado na Inglaterra ainda no século XVIII e nos demais países europeus ocidentais no século XIX - também representou o período em que esse movimento foi tido como ilícito e reprimido. Esta fase de ilicitude e firme repressão, atingindo até mesmo a criminalização das entidades sindicais e do movimento sindical, perdurou por lapsos temporais diferentes segundo a história de cada país; mas, seguramente, ela permaneceu por todo o século XVIII e grande parte do século XIX.[52]

A segunda fase do sindicalismo ocidental - tomando como parâmetro histórico os países europeus, insista-se - verificou-se a partir do século XIX, embora com distância temporal significativa entre os países e respectivas legislações. A Inglaterra foi pioneira nessa direção, extinguindo o delito de coalizão de trabalhadores na década de 1820 e, até mesmo, reconhecendo o direito de associação sindical[53]. Aliás, os diplomas legais ingleses aprovados nessa década não conferiram personalidade jurídica explícita às entidades sindicais, embora isso não comprometesse a sua aptidão, agora reconhecida, para atuarem como efetivo movimento social e negociador coletivo. Curiosamente, a Inglaterra mostrou-se pioneira nesse avanço por várias décadas, ao longo do século XIX, até que a liberdade e a autonomia sindicais foram sendo alcançadas em outros países europeus. Na verdade, nesse sentido, a fase de descriminalização foi imediatamente sucedida na Inglaterra pela fase do direito de coalizão e livre organização sindical, mediante os diplomas normativos aprovados na década de 1820. Pioneirismo e peculiaridades inglesas também nesse campo jurídico.[54]

A fase de reconhecimento do direito de coalização, agregado ao direito de livre organização - sempre com peculiaridades em cada país, é evidente - despontou, na Europa (ressalvado o pioneirismo inglês, na década de 1820), depois dos anos 1850 ou, até mesmo, um pouco mais à frente. GOMES e GOTTSCHALK citam a regulação do direito de livre associação na Dinamarca, em 1874, a consolidação desse direito na França em 1884, na Espanha e em Portugal em 1887, e

---

[51] SANTOS, Ronaldo Lima dos. *Sindicatos e ações coletivas*. São Paulo: LTr, 2008, p. 37.

[52] Nesta linha, confira-se, por exemplo, SANTOS, Ronaldo Lima dos Santos. Ob. cit., p. 36-38; BRITO FILHO, José Cláudio Monteiro de. *Direito sindical – análise do modelo brasileiro de relações coletivas de trabalho à luz do Direito Comparado e da doutrina da OIT – proposta de inserção da comissão de empresa*. 2ª ed. São Paulo: LTr, 2007, p. 54-55; DELGADO, Mauricio Godinho. *Direito Coletivo do Trabalho*. 7. ed. São Paulo: LTr, 2017, p. 154-158.

[53] GOMES, Orlando; GOTTSCHALK, Élson. Curso de Direito do Trabalho. 5. ed., Rio de Janeiro: Forense, 1972, p. 475; RUSSOMANO, Mozart Victor. Princípios Gerais de Direito Sindical. 2. ed. Rio de Janeiro: Forense, 2000, p. 17; SANTOS, Ronaldo Lima dos. Ob. cit., p. 38; BRITO FILHO, José Cláudio Monteiro de. Ob. cit., p. 55; DELGADO, Mauricio Godinho. Ob. cit., p. 156-159.

[54] A respeito desse interessante pioneirismo inglês nesse campo temático (a par da própria revolução industrial), consultar DELGADO, M. G. Ob. cit., p. 156160.

na Bélgica em 1898.[55] Amauri Mascaro NASCIMENTO aponta que, em 1869, na Alemanha, e em 1889, na Itália, as coalizões deixaram de ser delito.[56]

De toda maneira, o direito de criação, gestão e atuação das entidades sindicais somente se consagrou, de forma mais generalizada e plena, no mundo ocidental, com o desenvolvimento do Constitucionalismo Social, quando então o direito de associação passou a ser incluído nos textos constitucionais de diversos países, iniciando-se com a Constituição Mexicana (1917) e da República de Weimar (1919). Em termos constitucionais, esse direito compareceu, pela primeira vez, no Brasil, apenas com a Constituição de 1934, também filiada à nova vertente do Constitucionalismo Social.

Nessa afirmação dos princípios da liberdade sindical e da autonomia das entidades sindicais também teve papel relevante a criação da Organização Internacional do Trabalho (OIT), pelo Tratado de Versalhes, na mesma época (1919). É que a OIT, desde o seu início, sempre brandiu como um dos seus princípios e objetivos essenciais a defesa da liberdade e da autonomia sindicais. De fato, a OIT, por diversos de seus normativos, de suas declarações e, inclusive, de sua Constituição (seja a de 1919, seja a dos anos 1940), a par dos relatórios emitidos pela Comissão de Liberdade Sindical e pelo Comitê de Peritos[57], tem ostentado papel importante na defesa do Direito Coletivo do Trabalho e, em especial, do sindicalismo e de suas entidades componentes.[58]

Assim, o sindicalismo surge em decorrência da diferenciação social, econômica, de poder e de funções entre as pessoas e grupos sociais, típica do sistema capitalista. O sindicato passa a ser o porta-voz de uma coletividade formada por trabalhadores[59], os quais, despidos dos meios de produção, encontram-se em uma posição de fragilidade perante seu patrão e à sociedade, necessitando de algum instrumento coletivo, social, institucional e jurídico que lhes assegure espaço e participação na vida econômica, política e social.

Afinal, o empregador, em regra, na qualidade de detentor dos meios e instrumentos de produção, já é um ser coletivo por natureza, independente de se associar

---

55 GOMES, Orlando; GOTTSCHALK, Élson. Curso de Direito do Trabalho. 5. ed., Rio de Janeiro: Forense, 1972, p. 475. Na mesma linha, DELGADO, M. G. Ob. cit., p. 158-159.

56 NASCIMENTO, Amauri Mascaro. Compêndio de Direito Sindical, 6. ed. São Paulo: LTr, 2009, p. 42. Na mesma linha, DELGADO, M. G. Ob. cit., p. 159.

57 MELLO, Laís Correa. Liberdade sindical na Constituição Brasileira. São Paulo: LTr. 2005, pp. 86-87.

58 Deve-se pontuar, contudo, que os princípios da liberdade sindical e da autonomia das entidades sindicais sempre dependeram muito, ao longo da história, da preservação (ou não) de uma estrutura e de um ambiente democráticos no respectivo país, diminuindo – ou até desaparecendo – nas regressões autocráticas surgidas. Isso foi comum na Europa Ocidental: vide ditaduras de Portugal, da Itália, da Espanha, da Alemanha, entre outras, no próprio século XX, todas considerando como inimigos os entes sindicais e o próprio sindicalismo. É o que se passou também em toda a história da República brasileira (1889-2022), com avanços e regressões bem demarcados em diferentes épocas.

59 Dentro do objeto deste trabalho, limitamo-nos à perspectiva dos sindicatos laborais.

a alguma entidade sindical, sendo capaz de produzir atos coletivos em sua dinâmica normal dentro do mercado. Os trabalhadores, por sua vez, enquanto considerados isoladamente, são praticamente incapazes de produzir ações de impacto comunitário, e para tal, necessitam adquirir a consistência e estrutura de um ser coletivo, o que somente se realiza através de entidades associativas, no caso, os sindicatos[60].

Portanto, o movimento sindical exerce uma importante função civilizatória e progressista, não só ao propiciar a conquista de novos direitos e a melhoria das condições de pactuação da força de trabalho, sobretudo por meio da negociação coletiva, mas também por garantir o cumprimento de direitos e condições já postos em lei ou em normas coletivas.

O sindicato não é apenas uma reação de um grupo social particular às mudanças trazidas pela industrialização e pelo desenvolvimento do sistema capitalista – e, hoje, inclusive pela globalização da economia e das relações humanas e sociais. Ele deve ser compreendido também como agente de mudanças e aperfeiçoamentos na sociedade democrática, uma vez que tem se mostrado, historicamente, já por dois séculos, no mundo ocidental (e mais de um século no Brasil) essencial porta-voz de parte significativa da sociedade – ou seja, as pessoas que vivem do trabalho –, as quais são, regra geral, sem relevantes riqueza e poder na sociedade política e civil institucionalizadas. No quadro recente da denominada globalização, ele se torna também um agente de mudanças, de equilíbrio e de busca de justiça social na sociedade globalizada, ou seja, "um instrumento privilegiado para a transformação do mundo".[61]

Dentro de um Estado Democrático de Direito, fundamentado na pluralidade política e na democratização não só do Estado e suas instituições, porém igualmente das instituições integrantes da sociedade civil, as entidades sindicais e o sindicalismo assumem especial importância, na medida em que realizam o princípio democrático da descentralização política, permitindo a participação dos trabalhadores na construção de soluções para amenizar o embate capital/trabalho, contribuindo significativamente para a justiça social e o aprofundamento da Democracia.

4. CONSIDERAÇÕES FINAIS

O sistema de gestão empresarial e laborativa capitalista sofreu várias modificações ao longo de sua história. Contudo, sua estrutura tradicional, fundada na concentração e centralização do capital, foi preservada, mantendo o poder fundamental capitaneado pela empresa e que continua detendo papel decisivo na relação jurídica e social de trabalho.

---

60 DELGADO, Mauricio Godinho. *Direito Coletivo do Trabalho*. 6ª ed. São Paulo: LTR, 2015, p. 65.

61 MASSONI, Túlio de Oliveira. *Representatividade sindical*. São Paulo: LTr, 2007. p. 36.

Nesse contexto, os trabalhadores, de forma isolada, dificilmente serão considerados na estruturação e dinâmica empresarial e, certamente, não terão voz para se opor às iniciativas do poder econômico, em especial no atual contexto de crise socioeconômica e de manutenção de elevados índices de desemprego. É exatamente por isso que os sindicatos são instituições intermediárias fundamentais para a organização coletiva dos trabalhadores e, sobretudo, para possibilitar a intervenção na gestão empresarial e na melhoria das condições de trabalho.

Com o advento do Estado Democrático de Direito, tem-se um real inovador paradigma de organização e gestão da sociedade civil e da sociedade política (Estado), que se assenta em um tripé conceitual distintivo: a pessoa humana e sua dignidade assumem a centralidade do ordenamento jurídico; a sociedade política, assim como a sociedade civil, passam a ser concebidas como democráticas e inclusivas.

As entidades sindicais é que permitem o desenvolver da engrenagem do Estado Democrático de Direito, na medida em que o sindicato não se limita a um ente de representação do trabalhador assalariado ou da classe que vive do trabalho, no sentido mais amplo. Tais entidades se caracterizam como verdadeiros agentes socioeconômicos e políticos, que possibilitam ao coletivo organizado de trabalhadores expressar a sua identidade regional, nacional ou global e participar da gestão social, colocando-se em posição de equivalência com o empregador.

Ademais, ao conquistar direitos trabalhistas e elevar as condições de pactuação da força de trabalho, os sindicatos contribuem para a distribuição de renda, para a preservação do mercado interno das economias nacionais, para o desenvolvimento socioeconômico dos países e, por corolário, para o próprio capitalismo.

Esse é o papel histórico cardeal dessas importantes entidades da sociedade civil, manifestado desde a sua criação no século XVIII e ao longo de sua desafiante história de mais de 200 anos, mantendo-se firmemente até os dias de hoje, em que pese as diversas modificações sofridas pelo capitalismo ao longo da sua trajetória.

5. REFERÊNCIAS BIBLIOGRÁFICAS

AROUCA, José Carlos. *Curso básico de Direito Sindical. Da CLT à Reforma Trabalhista de 2017 (Lei n. 13.467).* 6ª ed. São Paulo: LTr, 2018.

BOBBIO, Norberto. *A era dos Direitos.* Rio de Janeiro: Elsevier, 2004. 3ª reimpressão.

BOITO JR., Armando. *Pré-capitalismo, capitalismo e resistência dos trabalhadores: nota para uma teoria da ação sindical.* Disponível em: [https://www.ifch.unicamp.br/criticamarxista/arquivos_biblioteca/04boito.pdf]. Acesso em: 01/09/2021.

BONAVIDES, PAULO. *Do Estado Liberal ao Estado Social.* 7ª ed. São Paulo: Malheiros, 2001.

BRITO FILHO, José Cláudio Monteiro de. *Direito sindical – análise do modelo brasileiro de relações coletivas de trabalho à luz do Direito Comparado e da doutrina da OIT – proposta de inserção da comissão de empresa.* 2ª ed. São Paulo: LTr, 2007.

BURAWOY, Michael. A transformação dos regimes fabris no capitalismo avançado. *Revista Brasileira de Ciências Sociais*, São Paulo, ano 5, n. 13, jun. 1990.

DELGADO, Gabriela Neves. Os paradigmas do Estado Constitucional Contemporâneo, p. 15-30. In: DELGADO, Mauricio Godinho; DELGADO, Gabriela Neves. *Constituição da República e direitos fundamentais*: dignidade da pessoa humana, justiça social e direito do trabalho. 3ª ed. São Paulo: LTr, 2015.

DELGADO, Mauricio Godinho. Constituição da República, Estado democrático de direito e direito do trabalho. In: DELGADO, Mauricio Godinho; DELGADO, Gabriela Neves. *Constituição da República e direitos fundamentais: dignidade da pessoa humana, justiça social e direito do trabalho.* 3ª ed. São Paulo: LTr, 2015.

DELGADO, Maurício Godinho. *Direito coletivo do trabalho.* 6ª ed. São Paulo: LTr, 2015.

DELGADO, Maurício Godinho. Funções do Direito do Trabalho no Capitalismo e na Democracia. In: DELGADO, Maurício Godinho; DELGADO, Gabriela Neves. *Constituição da República e Direitos Fundamentais. Dignidade da pessoa humana, justiça social e direito do trabalho.* pp.71-89. São Paulo: LTR, 2015.

DELGADO, Mauricio Godinho, e PORTO, Lorena Vasconcelos. Estado de Bienestar Social: características generales, obstáculos y desafios en América Latina. *E-Revista Internacional de la Protección Social.* Sevilla: Universidad de Sevilla, v. 1, p. 107-140, 2021.

DELGADO, Maurício Godinho; PORTO, Lorena Vasconcelos. O Estado de Bem-Estar Social (*Welfare State*) no capitalismo contemporâneo. In: DELGADO, Maurício Godinho; PORTO, Lorena Vasconcelos. *Welfare State. Os grandes desafios do Estado de Bem-Estar Social.* pp.23-49. São Paulo: LTR, 2015.

DELGADO, Maurício Godinho; PORTO, Lorena Vasconcelos. *Welfare State. Os grandes desafios do Estado de Bem-Estar Social.* pp.23-49. São Paulo: LTR, 2015.

DELGADO, Maurício Godinho; PIMENTA, José Roberto Freire; MIZIARA, Raphael. Sindicalismo e greve no Estado Democrático de Direito: o debate sobre o exercício, pelas entidades sindicais, de atividades com dimensões políticas, pp. 01-30. In: *Revista de Direito do Trabalho*, São Paulo, v. 209, 2020.

DELGADO, Maurício Godinho; PIMENTA, José Roberto Freire; NUNES, Ivana. O paradigma do Estado Democrático de Direito: estrutura conceitual e desafios contemporâneos, pp. 485-515. In: *Revista Jurídica Unicuritiba – eletrônica*, v. 2, 2019. p. 509, acesso em 26.05.2020.

GOMES, Orlando; GOTTSCHALK, Élson. *Curso de Direito do Trabalho.* 5. ed., Rio de Janeiro: Forense, 1972.

HUNT, E. K.; SHERMAN, Howard J. *História do pensamento econômico*, 20ª ed., Petrópolis: Vozes, 2001.

HUNT, E. k; SHERMAN, Howard J. *História do Pensamento Econômico*. Tradução de Jaime Larry Benchimol. 26. ed./ 3. reimpr. Petrópolis: Vozes, 2013.

MASSONI, Túlio de Oliveira. *Representatividade sindical*. São Paulo: LTr, 2007.

MELLO, Laís Correa. *Liberdade sindical na Constituição Brasileira*. São Paulo: LTr. 2005.

PIMENTA, José Roberto Freire; PORTO, Lorena Vasconcelos. Instrumentalismo Substancial e Tutela Jurisdicional Civil e Trabalhista: Uma Abordagem Histórico-Jurídica, pp. 85-122. In: *Revista do Tribunal Regional do Trabalho da 3. Região*, v. 43, 2007.

RUSSOMANO, Mozart Victor. *Princípios Gerais de Direito Sindical*. 2. ed. Rio de Janeiro: Forense, 2000.

SANTOS, Ronaldo Lima dos. *Sindicatos e ações coletivas*. São Paulo: LTr, 2008.

SCHWAB, Klaus. *A quarta revolução industrial*. São Paulo: Edipro, 2016.

SEN, Amartya. *Desenvolvimento como liberdade*. São Paulo: Companhia das Letras. 7ª reimpressão.

SÜSSEKIND, Arnaldo. *Convenções da OIT e outros Tratados*. 3ª ed. São Paulo: LTr, 2007.

VIANA, Márcio Túlio. Relações de trabalho e competência: esboços de alguns critérios. In: *Rev. Trib. Reg. Trab. 3ª Reg*. v. 40, n. 70 (supl. esp.), pp. 151-170. Belo Horizonte, jul./ dez. 2004.

WEBER, Max. *A Ética Protestante e o 'Espírito' do Capitalismo*. São Paulo: Companhia das Letras, 2004.

ZUBOFF, Shoshana. *A Era do Capitalismo de Vigilância* – a luta por um futuro humano na nova fronteira do poder. Rio de Janeiro: Intrínseca, 2020.

CAPÍTULO 16

A CONSTITUIÇÃO FEDERAL DE 1988 E O SINDICALISMO NO BRASIL: AVANÇOS DEMOCRÁTICOS E DESAFIOS PERSISTENTES

Mauricio Godinho Delgado[1]
Alline Bessa de Meneses[2]

Sumário • 1. Introdução – 2. Conceito constitucional de estado democrático de direito e o papel do sindicalismo e das entidades sindicais de trabalhadores – 3. Liberdade e autonomia sindicais: avanços promovidos pela Constituição do Brasil de 1988 – 4. Outros avanços democráticos promovidos ou estimulados pela Constituição Federal entre 1988 e 2015 – 5. Nódulos persistentes no sistema sindical e alternativas constitucionais para a sua superação – 6. A desinstitucionalização do sistema sindical brasileiro no período contemporâneo recente – 7. Considerações finais – 8. Referências Bibliográficas.

1. INTRODUÇÃO

Este estudo acadêmico propõe-se a analisar o modelo sindical brasileiro, com enfoque tanto nas inovações e avanços democráticos propiciados pela Constituição Federal de 1988 como também nos refluxos e desafios que se configuraram no período contemporâneo recente.

Para tanto, o texto avalia, em primeiro lugar, o conceito de Estado Democrático de Direito, construído na Europa Ocidental após a Segunda Grande Guerra e incorporado no Brasil somente por intermédio da Constituição de 1988. Busca, então, conjugar esse conceito com o papel do movimento sindical como forma de organização de trabalhadores e mecanismo de democratização da sociedade civil.

1 Doutor em Filosofia do Direito (UFMG) e Mestre em Ciência Política (UFMG). Ministro do Tribunal Superior do Trabalho (TST). Magistrado do Trabalho há mais de 33 anos. Advogado até novembro de 1989. Professor Titular do UDF e de seu Mestrado em Direito das Relações Sociais e Trabalhistas. Coordenador do Grupo de Pesquisa sobre Sindicalismo, no Mestrado em Direito do UDF, registrado no CNPq. Ex-Professor da UFMG (1978-2000) e ex-Professor da PUC-Minas (2000-2012). Autor de livros e artigos em Direito Constitucional, Direito do Trabalho, Direito Processual do Trabalho, Direitos Humanos Sociais e Ciência Política.

2 Mestre em Direito das Relações Sociais e Trabalhistas pelo UDF – Centro Universitário, em Brasília-DF. Integrante do Grupo de Pesquisa sobre Sindicalismo, liderado pelo Mestrado em Direito do UDF. Especialista em Direito e Processo do Trabalho pela Universidade de Goiás (UFG). Auditora Fiscal do Trabalho.

Nesse quadro, o texto realiza a análise do modelo sindical alicerçado na Constituição Federal de 1988, documento político e jurídico que acolheu, pela primeira vez no Brasil, harmonicamente, os princípios da liberdade de associação, da liberdade sindical e da autonomia das entidades sindicais. Ainda que esse acolhimento não tenha ocorrido de forma absoluta, a consagração desses princípios constituiu-se em grande avanço em face do modelo sindical precedente, criado nas décadas de 1930 e 1940.

Em seguida, o texto examina outros importantes aperfeiçoamentos promovidos ou incentivados pela Carta Magna de 1988, ao lado de algumas características controvertidas, sob o ponto de vista democrático, então mantidas no sistema sindical brasileiro. Nesse item, serão abordadas possíveis alternativas para a superação desses institutos que se mostraram disfuncionais ao sindicalismo brasileiro ao longo dos anos.

Por fim, este artigo adentrará no exame da crise hodierna dos sindicatos, aprofundada no Brasil pelas circunstâncias, normas e políticas públicas que têm caracterizado a conjuntura inaugurada no País no ano de 2016 e em continuidade nos anos subsequentes até a atualidade. Nesse item, o texto discutirá a tendência de desestruturação (ou desinstitucionalização) do sindicalismo brasileiro e os relevantes desafios colocados para as entidades sindicais pela atual conjuntura política, econômica, institucional e jurídica brasileira.

2. CONCEITO CONSTITUCIONAL DE ESTADO DEMOCRÁTICO DE DIREITO E O PAPEL DO SINDICALISMO E DAS ENTIDADES SINDICAIS DE TRABALHADORES

A concepção de Estado Democrático de Direito foi construída por países e Estados componentes da Europa Ocidental logo em seguida à Segunda Grande Guerra (1939-1945), a partir das Constituições da França (1946), da Itália (1947) e da Alemanha (1949), tendo continuidade, naquele continente, com as Constituições de Portugal (1976) e da Espanha (1978). No Brasil, esse paradigma de constitucionalismo foi incorporado apenas em 1988, por intermédio da nova Constituição da República então promulgada.[3]

[3] A respeito da implantação desse novo paradigma do constitucionalismo logo após o término da Segunda Guerra Mundial no ocidente europeu, consultar, ilustrativamente: BONAVIDES, Paulo. **Do Estado Liberal ao Estado Social**. 11ª ed. São Paulo: Malheiros, 2014; CANOTILHO, J. J. Gomes. **Direito Constitucional e Teoria da Constituição**. 7. ed./17. reimpr. Coimbra: Almedina, 2003, p. 51-62, 87-102, 107-124 e 195-356; DELGADO, Gabriela Neves. Os paradigmas do estado constitucional contemporâneo. *In*: DELGADO, Mauricio Godinho; DELGADO, Gabriela Neves. **Constituição da República e Direitos Fundamentais**: dignidade da pessoa humana, justiça social e direito do trabalho. 4ª ed. São Paulo: LTr, 2017, p. 17-32; e DELGADO, Mauricio Godinho. Constituição da república, estado democrático de direito e direito do trabalho. *In*: DELGADO, Mauricio Godinho; DELGADO, Gabriela Neves. **Constituição da República e Direitos Fundamentais**: dignidade da pessoa humana, justiça social e direito do trabalho. 4ª ed. São Paulo: LTr, 2017, p. 33-58.

Esse novo paradigma representa, a um só tempo, a superação dos modelos de constitucionalismo anteriores (Estado Liberal de Direito e Estado Social de Direito), quer como arcabouço teórico geral, quer como experiência constitucional nos Estados em que foi seguido. Consiste também na implantação do denominado paradigma do **Constitucionalismo Humanista e Social**, a iluminar o desenvolvimento cultural, jurídico, institucional, social e econômico dos países e Estados sob sua influência.

Diversos aspectos caracterizam este novo paradigma constitucional, tais como, destacadamente: a centralidade da pessoa humana na ordem jurídica e na vida socioeconômica; a incorporação, pelos novos documentos constitucionais, de inúmeros princípios humanistas e sociais, liderados pelos princípios da dignidade da pessoa humana e da justiça social; a concepção normativa dos princípios jurídicos; a subordinação da ordem econômica e social capitalista aos parâmetros centrais deste novo padrão de constitucionalismo, afastando, inapelavelmente, as concepções imperiais de domínio do mercado sobre princípios, regras, valores e objetivos da ordem jurídica; a institucionalização do conceito cardeal de **Estado Democrático de Direito**, apto a incorporar e conferir relevo a todas essas características destacadas.[4]

Esse novo constitucionalismo foi instituído no Brasil apenas por intermédio da Constituição Federal de 1988, que se distingue das constituições precedentes exatamente por conter, em seu núcleo essencial, a arquitetura de um Estado Democrático de Direito, fundada na pluralidade de direitos e em princípios humanísticos e sociais. Todas as principais características mencionadas do Constitucionalismo Humanista e Social foram claramente incorporadas pela Constituição Cidadã de 1988.

Segundo Mauricio Godinho Delgado, o conceito de Estado Democrático de Direito está alicerçado no seguinte tripé conceitual: a pessoa humana, com sua dignidade; a sociedade política, concebida como democrática e inclusiva; a

---

[4] Para um estudo mais aprofundado sobre as fases do constitucionalismo e dos aspectos centrais do novo constitucionalismo humanista e social, consultar, por exemplo: BONAVIDES, Paulo. **Do Estado Liberal ao Estado Social**. 11ª ed. São Paulo: Malheiros, 2014; CANOTILHO, J. J. Gomes. 7. ed./17. reimpr. Coimbra: Almedina, 2003, p. 51-62, 87-102, 107-124 e 195-356; DELGADO, Gabriela Neves. Os paradigmas do estado constitucional contemporâneo. *In*: DELGADO, Mauricio Godinho; DELGADO, Gabriela Neves. **Constituição da República e Direitos Fundamentais**: dignidade da pessoa humana, justiça social e direito do trabalho. 4ª ed. São Paulo: LTr, 2017, p. 17-32; DELGADO, Mauricio Godinho. Constituição da república, estado democrático de direito e direito do trabalho. *In*: DELGADO, Mauricio Godinho; DELGADO, Gabriela Neves. **Constituição da República e Direitos Fundamentais:** dignidade da pessoa humana, justiça social e direito do trabalho. 4ª ed. São Paulo: LTr, 2017, p. 33-58; DELGADO, Mauricio Godinho; PIMENTA, José Roberto Freire; NUNES, Ivana. O paradigma do estado democrático de direito: estrutura conceitual e desafios contemporâneos. **Revista Jurídica Unicuritiba**. Curitiba: Unicuritiba, v. 2, 2019, p. 68-95.

sociedade civil, também concebida como democrática e inclusiva.[5] A par disso, a incorporação constitucional do conceito de Estado Democrático de Direito representa não só a consagração de princípios humanistas e sociais imperativos com foco na pessoa humana e sua dignidade, mas também a institucionalização e valorização de mecanismos democráticos e de inclusão tanto na sociedade política como na sociedade civil.

Isso significa dizer que o conceito constitucional de Estado Democrático de Direito importa na extensão da ideia de Democracia para além do campo do Estado e suas instituições políticas, de forma a fazê-la presente também no âmbito da sociedade civil, incluindo as suas instituições sociais, econômicas e civis.[6]

Assim, no âmbito das relações do trabalho, a Democracia é constituída quando há real e efetiva participação dos atores sociais, individuais ou coletivamente, nos processos de decisão e normatização das relações laborais, aptos a influenciar em seu cotidiano trabalhista.[7] Registre-se que essa influência abrange ainda o conjunto da sociedade civil e da sociedade política, de maneira a equilibrar, ainda que relativamente, a força e a influência que o poder econômico ostenta em todas as esferas dessas duas sociedades.

Sublinhe-se que nas relações trabalhistas – que são assimétricas por natureza –, os trabalhadores de forma individual dificilmente ostentam aptidão, força e poder para participarem dos processos decisórios empresariais internos, negociar melhores condições de trabalho perante o seu empregador ou, até mesmo, resistir às iniciativas desfavoráveis mais amplas do poder econômico. O sindicalismo e suas entidades sindicais de trabalhadores são os entes que possibilitam aos obreiros – como importante segmento da sociedade civil – que se organizem coletivamente e, dessa maneira, alcancem aptidão, força e poder para participar e interferir na vida laborativa, social, política e institucional em que estão inseridos. As entidades sindicais e o movimento sindical – particularmente em sua dimensão obreira – é que ostentam, portanto, papel fundamental para a concretização da

---

5 DELGADO, Mauricio Godinho. Constituição da república, estado democrático de direito e direito do trabalho. *In*: DELGADO, Mauricio Godinho; DELGADO, Gabriela Neves. **Constituição da República e Direitos Fundamentais**: dignidade da pessoa humana, justiça social e direito do trabalho. 4ª ed. São Paulo: LTr, 2017, p. 44-50. Esclareça-se que a primeira publicação deste texto ocorreu em 2012, na **Revista LTr**, de São Paulo (v. 147, 2012, p. 93-121).

6 DELGADO, Mauricio Godinho. Constituição da república, estado democrático de direito e direito do trabalho. *In*: DELGADO, Mauricio Godinho; DELGADO, Gabriela Neves. **Constituição da República e Direitos Fundamentais**: dignidade da pessoa humana, justiça social e direito do trabalho. 4ª ed. São Paulo: LTr, 2017, p. 44-50.

7 DELGADO, Mauricio Godinho; PIMENTA, José Roberto Freire; MIZIARA, Rafael. Sindicalismo e greve no estado democrático de direito: o debate sobre o exercício, pelas entidades sindicais, de atividades com dimensões políticas. **Revista de Direito do Trabalho e Seguridade Social**, São Paulo: Thompson Reuters/Revista dos Tribunais, v. 46, n. 209, p. 245-286, jan./fev. 2020, p. 247.

democracia e para o justo e equânime funcionamento de um Estado Democrático de Direito que seja, efetivamente, inclusivo e democrático.

Note-se que a História do Capitalismo demonstra que os segmentos empresariais apresentam enorme aptidão organizativa, estruturando diversificadas modalidades de associativismo, organização e representação – características que lhes confere uma vastidão de poderes e influências tanto no plano da sociedade civil como no plano da sociedade política. Sabe-se que uma mesma empresa usualmente integra várias entidades organizativas e representativas empresariais, multiplicando o seu poderio econômico, político, social e cultural. Se não bastasse, de maneira geral, os empregadores (excluídos, por exemplo, os domésticos e os nanoempreendedores, naturalmente) já se organizam como **seres coletivos**, em si, pela sua própria natureza de empresa, de entidade empresarial.

Por essa peculiar e poderosíssima razão, aos empregadores não se mostra tão importante e essencial a sua organização sindical, dado que eles possuem, sim, suficiente estrutura econômica, organizacional, social, institucional e midiática para enfrentarem as pressões vindas do sindicalismo obreiro. De todo modo, nos países em que se arquitetou, via política pública, um sistema sindical empresarial – como é o caso do Brasil, desde os anos 1930/1940 –, as entidades sindicais dos empregadores se evidenciam muito mais poderosas do que as entidades sindicais correspondentes do sindicalismo obreiro, quer do ponto de vista econômico, quer do ponto de vista organizacional, quer do ponto de vista institucional, quer do ponto de vista midiático.

Por todas essas razões é que, nas palavras de Mauricio Godinho Delgado, o sindicalismo e as entidades sindicais de trabalhadores emergem como mecanismos notáveis de democratização da sociedade civil (e mesmo da sociedade política), especialmente em seu âmbito social, econômico e institucional, por propiciarem não apenas o alcance de uma imprescindível gestão do mundo do trabalho em linha mais equânime e participativa, como também por permitirem que esse vasto segmento da população (os trabalhadores, em geral) alcance uma mais equânime e justa influência na dimensão institucional da própria sociedade, do Estado e do país em que se inserem.[8]

3. LIBERDADE E AUTONOMIA SINDICAIS: AVANÇOS PROMOVIDOS PELA CONSTITUIÇÃO DO BRASIL DE 1988

Para a inserção democrática dos trabalhadores e sua efetiva participação na sociedade política e civil é necessário que sejam garantidas às entidades sindicais condições mínimas que propiciem a sua livre e sólida criação, organização e atuação.

8 DELGADO, Maurício Godinho. **Direito Coletivo do Trabalho.** 7ª edição. São Paulo: LTr, 2017, p. 52.

Nesse sentido, a Constituição Federal de 1988 inovou ao consagrar, pela primeira vez em texto constitucional, os **princípios da liberdade e da autonomia sindicais**, eliminando o controle político-administrativo do Estado sobre as entidades do sindicalismo, característica marcante do modelo sindical precedente.

O **princípio da autonomia sindical** foi expressamente assegurado no art. 8º, inciso I, do texto constitucional, ao proibir a exigência de autorização estatal para a fundação de sindicato e vedar "ao Poder Público a interferência e a intervenção na organização sindical". Assim, o Estado, por meio de seu Ministério do Trabalho (ou do órgão público que assumir as suas atribuições), não mais detém o poder discricionário de autorizar a criação de sindicatos; além disso, não pode mais interferir na atuação e administração dessas entidades, nem tampouco pode intervir nos sindicatos de forma punitiva, destituindo diretorias ou cancelando registros sindicais.[9]

Sobre a autonomia sindical promovida pela Constituição Federal de 1988, a jurista Sayonara Grillo Leonardo da Silva afirma:

> Com a proibição de interferência na vida sindical, reconheceu-se aos sindicatos ampla autonomia para regular a sua vida interna, estabelecer seus estatutos, a forma de eleição, de constituição da diretoria, e se imiscuir nas atividades e assembleias sindicais. Ao vedar a intervenção, pôs fim às destituições de diretorias, nomeação de interventores ministeriais e todas as regras que permitiam a dissolução ou suspensão administrativa das entidades.[10]

Esclareça-se, a propósito, que embora o inciso I do art. 8º tenha mantido a exigência de registro do sindicato no órgão competente, esse registro não constitui uma autorização estatal ou outorga da carta sindical, nem permite ao Ministério do Trabalho (ou órgão que o suceder em atribuições) intervir, política e administrativamente, nas entidades sindicais.[11]

Não obstante, o dispositivo constitucional gerou controvérsias quanto ao órgão competente para efetuar o registro do sindicato. Alguns intérpretes entendiam

---

9 Conforme se sabe, o Ministério do Trabalho foi extinto pela Medida Provisória n. 870, de 1º de janeiro de 2019, posteriormente convertida na Lei n. 13.844//2019, com suas atribuições sendo pulverizadas entre outros órgãos da Administração Federal, como o Ministério da Economia e o Ministério da Justiça (este ficando, a propósito, com as atribuições relativas ao registro sindical). Esta severa alteração, ocorrida após cumpridos 30 anos de vigência da Constituição de 1988, será referenciada mais à frente neste artigo, em seu item 6.

10 SILVA, Sayonara Grillo C. Leonardo. O Reconhecimento das Centrais Sindicais e a criação de Sindicatos no Brasil: antes e depois da Constituição de 1988. *In*: HORN, Carlos Henrique; SILVA, Sayonara Grillo C. Leonardo. **Ensaios sobre sindicatos e reforma sindical no Brasil.** São Paulo: LTr, 2009. p. 21.

11 DELGADO, Maurício Godinho. Sindicalismo e sindicatos no Brasil: da democratização promovida pela Constituição da República à crise e desinstitucionalização emergentes. **Revista Magister de Direito do Trabalho**, Porto Alegre: Magister, v. 91, 2019, p. 76.

que, em função da autonomia sindical assegurada, os sindicatos vinculavam-se às regras gerais para as pessoas jurídicas e, portanto, para a sua criação bastava o registro dos estatutos no Cartório de Registro Civil de Pessoas Jurídicas.[12] Outros exegetas ponderavam que o órgão competente para o registro seria o Ministério do Trabalho, pois somente um órgão com atuação administrativa nacional conseguiria gerenciar o cadastro das entidades sindicais e verificar o cumprimento do preceito da unicidade sindical.[13]

O Supremo Tribunal Federal, nos anos 1990, pacificou a questão ao entender que o registro sindical constitui ato administrativo vinculado que tem por objetivo atestar que a estrutura sindical observa os requisitos e limites impostos pela Constituição, incluindo a salvaguarda da unicidade sindical; destarte, o Ministério do Trabalho seria o órgão competente para tal mister.[14] Por fim, o STF consolidou na Súmula 677 o entendimento de que "até que lei venha a dispor a respeito, incumbe ao Ministério do Trabalho proceder o registro das entidades sindicais e zelar pela observância do princípio da unicidade".

Ainda como consequência da autonomia sindical assegurada pelo art. 8º, inciso I, da Constituição de 1988, Delio Maranhão e Luiz Inácio Barbosa Carvalho lecionam que toda a legislação ordinária e atos normativos de hierarquia inferior que representavam qualquer interferência ou intervenção na organização sindical perderam a eficácia. Apontam como exemplos os seguintes preceitos da Consolidação das Leis do Trabalho: os artigos 515 (requisitos para investidura sindical), 521 (condições para funcionamento da entidade sindical), 522 a 528 (administração do sindicato) e 529 a 532 (eleições sindicais) da CLT, por atritarem diretamente com a Constituição.[15]

Nessa perspectiva, Gabriela Neves Delgado e Maurício Godinho Delgado explicam que a nova Constituição da República "representa, necessariamente, as novas lentes corretoras da CLT, que servem como filtro para uma leitura atualizada de seus dispositivos".[16]

---

12 Assim defende o jurista TEIXEIRA FILHO. João de Lima. A organização sindical na Constituição Federal de 1988. **Revista de Informação Legislativa**. Brasília, ano 31, n. 112, mai-jul/1994, p. 51. Também José Claudio Monteiro de Brito Filho registra que o Ministro do TST, Antonio Lamarca, e o jurista Everaldo Gaspar Lopes de Andrade defendiam, à época, que o registro dos sindicatos deveria ser feito em cartório. BRITO FILHO, José Claudio Monteiro de. **Direito Sindical**. 5ª ed. São Paulo: LTr, 2015, p. 114.

13 Nesse sentido se posicionavam, na época, por exemplo, dois importantes juristas: Arnaldo Süssekind (SÜSSEKIND, Arnaldo Lopes et al. **Instituições de Direito do Trabalho**. 22. ed. atualizada por Arnaldo Süssekind e João de Lima Teixeira Filho. São Paulo: LTr, 2005. 2 v., p. 1150) e Délio Maranhão (MARANHÃO, Délio; CARVALHO, Luiz Inácio Barbosa. **Direito do Trabalho**. 17. Ed. Rio de Janeiro: FGV, 1993, p. 323).

14 STF-MI 144, Rel. Min. Sepúlveda Pertence, julgamento em 3.8.1992, Plenário, DJ 28.5.1993.

15 MARANHÃO, Délio; CARVALHO, Luiz Inácio Barbosa. **Direito do Trabalho**. 17. ed. Rio de Janeiro: FGV, 1993, p. 313.

16 DELGADO, Mauricio Godinho; DELGADO, Gabriela Neves. A proteção e a inclusão da pessoa humana trabalhadora e do trabalho no Brasil República: fluxos e refluxos. **Revista Jurídica Unicuritiba**, Curitiba: Unicuritiba, v. 04, n. 57, 2019, p. 567.

O princípio da **liberdade sindical**, como corolário da liberdade de associação contemplada no art. 5º da Carta Magna, também foi especificado no art. 8º, inciso V, do texto constitucional. Com esse preceito, foi assegurado aos trabalhadores, expressamente, tanto o direito de se associarem e se manterem associados a determinada entidade sindical existente quanto o direito de não se associarem ou de não serem compelidos à associação. Essa liberdade sindical de associação, contudo, não é absoluta – como, aliás, é comum a qualquer direito – dado que a própria Constituição estabelece que o trabalhador poderá se filiar somente a um único sindicato, que representa a sua categoria profissional na respectiva base territorial (art. 8º, II, CF/88). A par disso, o fato de não querer se associar à sua entidade sindical representativa não isenta o trabalhador do dever de cumprir e respeitar aquilo que a ordem jurídica democrática afirma competir às entidades sindicais realizar, ou seja, inclusive cumprir o conteúdo normativo dos documentos coletivos negociados resultantes da negociação coletiva trabalhista (ou da sentença normativa), com as enormes vantagens que deles advém (os chamados bônus da negociação coletiva) e dos deveres e obrigações que deles também decorrem (os chamado ônus da negociação coletiva).

Importante assinalar que, mesmo com a consagração dos princípios da liberdade e autonomia sindicais, a Constituição Federal de 1988 preservou alguns institutos do antigo sistema sindical, tais como: a) a regra da unicidade sindical; b) a regra estipuladora do critério de enquadramento sindical por categorias profissionais ou econômicas (não obstante a CF/88 não defina o que seja, realmente, o conceito de **categoria** – incumbência deixada à legislação ordinária); c) a regra da limitação mínima do porte e representatividade da entidade sindical à base territorial a, pelo menos, um município (podendo, é claro, esta base representativa ser muito mais ampla do que este piso territorial, embora não possa, evidentemente, ser mais restrita do que tal piso); d) por fim, a contribuição sindical obrigatória vinculadora de todo membro da categoria, independentemente de ser filiado (ou não) ao sindicato e de ter ocorrido, no respectivo período, negociação coletiva favorável em benefício da correspondente categoria profissional.[17]

4. OUTROS AVANÇOS DEMOCRÁTICOS PROMOVIDOS OU ESTIMULADOS PELA CONSTITUIÇÃO FEDERAL ENTRE 1988 E 2015

A Constituição da República promulgada em 1988, ao reconhecer a importância dos sindicatos como expressão e mecanismo de democratização da sociedade, além de consagrar os princípios da liberdade e autonomia sindicais,

[17] Tais antigas regras aplicam-se tanto aos sindicatos obreiros como também aos sindicatos das categorias econômicas, estas representativas das entidades empresariais.

propiciou outros importantes aperfeiçoamentos para o sistema sindical brasileiro em comparação com o modelo anterior, vigente desde as décadas de 1930/40.

Primeiramente, como corolário do princípio da liberdade de associação e do princípio da liberdade sindical, a Constituição Cidadã avançou ao expandir os grupos de trabalhadores que podem ter os seus interesses profissionais defendidos por meio de sindicatos, promovendo uma ampliação substancial do **direito de sindicalização**.

Arnaldo Süssekind, em texto do início dos anos 2000, leciona que o direito de sindicalização assegurado no art. 8º da Carta Magna concerne a todos os trabalhadores que laboram sob relação de emprego, independentemente do tipo de empregador (pessoa física, jurídica, empregador doméstico, entidade sem fins lucrativos, empresa prestadora de serviços). Para o clássico jurista, o direito à sindicalização abrange também trabalhadores que não estejam vinculados a uma relação de emprego, tais como os avulsos, os autônomos, os profissionais liberais e os trabalhadores aposentados.[18]

Conforme se percebe, na ordem jurídica constitucional brasileira contemporânea, todos os trabalhadores, em geral, podem se organizar e atuar por intermédio de uma entidade sindical em busca de melhores condições laborais e de maior afirmação e cidadania na sociedade civil e política. Essa regra não exclui, inclusive, os trabalhadores arregimentados pelos novos sistemas de organização empresarial e de organização do trabalho e da força de trabalho, mediante empresas que atuam por meio de plataformas digitais e que, por intermédio dessa tecnologia e dinâmica operacional, contratam, expressa ou tacitamente, profissionais e organizam a sua forma de prestação de serviços.

É o que se passa, ilustrativamente, com as recentes empresas detentoras de plataformas digitais e que se valem desse sistema de organização empresarial para arregimentar força de trabalho e atingir os objetivos de seu empreendimento. Citem-se, para mera ilustração, entidades empresariais como *UBER*, *Cabify*, Femitaxi, MeLeva, *Easy Táxi*, *VAH*, *Ifood*, *Rappi*, *Loggi*, Me ajuda limpeza, *GetNinjas*, etc. Enfatize-se que não se está discutindo aqui a presença (ou não) da relação de emprego nesse tipo de organização empresarial, com sua modalidade específica de arregimentação e organização da força de trabalho, porém, estritamente, a presença do *direito constitucional de sindicalização* desses trabalhadores.[19]

---

18 SÜSSEKIND, Arnaldo, Organização Sindical. *In*: SÜSSEKIND, Arnaldo Lopes et al. **Instituições de Direito do Trabalho**. 22ª. edição, atualizada por Arnaldo Süssekind e João de Lima Teixeira Filho. São Paulo: LTr, 2005, p. 1140.

19 Conforme dito, não constitui objetivo deste artigo científico debater o importante desafio de estarem (ou não) presentes, nessa relação socioeconômica recentemente estruturada pelas empresas de plataformas digitais, os elementos da relação de emprego – com os consectários daí resultantes, se for o caso. O foco da presente análise é apenas o *direito constitucional de sindicalização* dessas pessoas humanas trabalhadoras. Dessa maneira, ainda que se considerem ausentes os elementos da relação

A Constituição de 1988 inovou também ao estender o direito à livre associação sindical aos servidores públicos civis que trabalham na Administração Direta dos Poderes Executivo, Legislativo e Judiciário, bem como nas autarquias e fundações de direito público (art. 37, inciso VI, CF/88). Pelo texto constitucional, apenas os servidores públicos militares continuaram impedidos de se sindicalizar (no texto original de 1988, as referências são: art. 37, VI e VII, e art. 42, § 5º; no texto reformado pela EC n. 18/1998, as referências passaram a ser: art. 42, § 1º, e art. 142, § 3º, IV).

A Constituição de 1988 igualmente avançou ao consagrar prerrogativas e direitos inerentes aos sindicatos, fortalecendo o papel representativo dessas entidades na vida econômica, social e jurídica dos trabalhadores. Ao dispor que cabe ao sindicato "a defesa dos direitos e interesses coletivos ou individuais da categoria, inclusive em questões judiciais ou administrativas", o texto constitucional conferiu às entidades sindicais legitimidade ampla para atuar na representação de trabalhadores e empregadores (art. 8º, inciso III, CF/88). Este inciso III do art. 8º, aliás, conferiu novo e muito mais amplo sentido e abrangência às ações judiciais por substituição processual pelos sindicatos.

A propósito, para a defesa dos interesses de seus representados, a Constituição da República muniu as entidades sindicais de novos instrumentos processuais. Neste seleto grupo, conta-se a legitimidade ativa para impetrar mandado de segurança coletivo (art. 5º, inciso LXX, CF/88) – legitimidade que abrange as entidades sindicais em geral, inclusive as de primeiro grau. Igualmente neste seleto grupo computa-se a legitimidade para a propositura de ação de inconstitucionalidade de lei ou ato normativo perante o Supremo Tribunal Federal (art. 103, inciso IX, CF/88) – neste caso, a legitimidade é restrita a confederação sindical ou entidade de classe de âmbito nacional.

O texto constitucional, em vários de seus dispositivos (art. 7º, incisos VI, XIII, XIV e XXVI; art. 8º, I até VIII; art. 9º, *caput* e §§ 1º e 2º; art. 10; art. 11), trouxe preceitos que valorizam a atuação sindical, o envolvimento e a participação dos trabalhadores, a par do incremento da normatização autônoma das relações de trabalho, mediante a negociação coletiva trabalhista. Inclusive, neste último aspecto, conferiu aos sindicatos a garantia da participação obrigatória nas negociações coletivas (art. 8º, inciso VI, CF/88).[20]

---

empregatícia, no caso concreto, enquadrando-se como meramente autônomo o labor realizado nesses casos surgidos recentemente, tais trabalhadores ostentam, sim, o direito à sua sindicalização – o qual, conforme visto, favorece até mesmo os profissionais autônomos.

[20] Naturalmente que há preceitos do art. 8º que ostentam um caráter dúbio, ao mesmo tempo progressista, mas também limitador dos princípios da liberdade e autonomia sindicais. Um exemplo situa-se no inciso II, que preserva o critério de representação por categorias (embora, reconheça-se, facultando à lei a definição do que seja categoria profissional e categoria econômica). Outro exemplo encontra-se no inciso IV, que trata do custeio sindical, embora sem afastar a contribuição sindical obrigatória – amplamente criticada – e, ao mesmo tempo, sem garantir, explicitamente, a contribuição negocial

Nessa perspectiva, a Carta Magna também demarcou a relevância das entidades sindicais na democracia e na ordem jurídica brasileira ao reconhecer a greve como direito individual e coletivo fundamental e garantir o seu exercício amplo e efetivo. Essa foi uma das grandes inovações no âmbito do Direito Coletivo do Trabalho promovida pela Constituição Cidadã em relação aos documentos constitucionais anteriores, que sempre previam acentuadas restrições aos movimentos grevistas, muitas vezes impedindo o seu exercício. Sobre o assunto, assim registra Raimundo Simão de Melo:

> Vê-se que enquanto o sistema jurídico brasileiro anterior a 1988 discriminou a greve e a considerou como delito e recurso antissocial, nocivo ao trabalho e ao capital e incompatível com os superiores interesses da produção nacional, a Constituição Federal de 1988 representou uma verdadeira revolução com relação ao direito de manifestação operária, considerando a greve como um direito fundamental dos trabalhadores, eliminando a discussão sobre a sua natureza jurídica, se um fato social, uma liberdade ou direito, porque hoje é realmente um direito incluído na categoria dos direitos fundamentais.[21]

Com efeito, o artigo 9º da Constituição Federal assegurou a todos os trabalhadores o direito de greve, competindo a eles "decidir sobre a oportunidade de exercê-lo e sobre os interesses que devam por meio dele defender".

Embora a nova Constituição não tenha, naturalmente, instituído um direito de greve de caráter absoluto, esse direito atingiu uma amplitude jamais vista anteriormente. Os movimentos grevistas passaram a ser admitidos em todos os segmentos privados e também no próprio serviço público – neste caso, a serem exercidos nos termos e limites definidos em lei específica (art. 37, inciso VII, CF/88). Enquanto não despontar esta lei específica, prevalecem, no que for compatível, as regras da Lei de Greve n. 7.783, de 1989.[22]

---

inerente a toda a categoria, tida como equânime, justa e necessária ao fortalecimento do sindicalismo. Aqui, contudo, a Constituição teve igualmente o mérito de permitir a remessa desses ajustes à normatividade legal ou, até mesmo, à simples interpretação jurídica.

21 MELO, Raimundo Simão de. Alguns aspectos sobre a greve no Brasil. **Revista Direito das Relações Sociais e Trabalhistas**. Brasília: UDF, vol. 2, n. 1, jan-jun. 2016, p. 94-116.

22 Esta tornou-se a jurisprudência do STF firmada em julgamento ocorrido em outubro de 2007, após entendimento adverso nos anos precedentes. No TST, contudo, já se mostrava, na época, pacífica essa jurisprudência garantista do direito individual e coletivo analisado no que tange aos movimentos paredistas ocorridos na área pública, em especial quando envolvessem greves de servidores regidos pela CLT (únicos cuja competência cabe à Justiça do Trabalho conhecer e julgar, nos termos do inciso I do art. 114 da Constituição, a par do texto constitucional originário de 1988). Esclareça-se ao leitor que alterações regressivas na jurisprudência, ocorridas posteriormente a essa fase delimitada até 2015 serão examinadas apenas no item 6 deste artigo, caso tal exame seja efetivamente necessário e pertinente aos objetivos científicos deste trabalho acadêmico.

Esclarece a Constituição que, embora o direito individual e coletivo de greve seja amplamente consagrado, isso não elimina a regra de que os "abusos cometidos sujeitam os responsáveis às penas da lei" (§ 2º do art. 9º da CF/1988).

Nos serviços e atividades essenciais, os movimentos grevistas também foram autorizados pela Constituição, embora com limitações para garantir o atendimento das necessidades inadiáveis da população – conforme definido em lei – e impedir excessos no exercício do direito (art. 9º, §§ 1º e 2º).[23]

Em síntese, a Constituição de 1988 somente proibiu a greve em restritas atividades e segmentos. É o que ocorreu no concernente aos servidores militares, a quem a Constituição não estendeu sequer o direito de sindicalização (art. 37, VI e VII, e art. 42, § 5º, CF/88, no texto de 1988; desde a EC 18/1998, as referências normativas passaram a ser as seguintes: art. 42, § 1º, e art. 142, § 3º, IV, da Constituição da República).

Para se compreender a relevância e a dimensão desses avanços democráticos promovidos pela Constituição de 1988, é necessário observar que o instrumento da greve (ou de sua ameaça potencial) proporciona aos sindicatos a possibilidade de mobilização e pressão para alcançar a equivalência entre os contratantes coletivos trabalhistas – o obreiro e o empresarial. Sem a garantia do exercício desse direito, a pressão sindical se torna fragilizada, prejudicando a eficiência e a efetividade da negociação coletiva trabalhista.[24]

Ressalte-se que o exercício do direito de greve foi regulamentado logo em seguida à promulgação da Carta Magna, por meio da Lei n. 7.783, de 1989. A chamada Lei de Greve definiu esse tipo de movimento como "a suspensão coletiva, temporária e pacífica, total ou parcial, de prestação pessoal de serviços a empregador". O diploma legal também estabeleceu requisitos formais e procedimentais para o regular exercício dos movimentos grevistas.

Outro relevante avanço democrático promovido pela Constituição de 1988 foi o fortalecimento da negociação coletiva trabalhista, destacando-a como importante mecanismo de composição de conflitos laborais. Arion Sayão Romita sustenta que, enquanto em governos autoritários o entendimento direto entre os interlocutores sociais é coibido, nos Estados Democráticos há o incentivo à negociação coletiva, pois por intermédio da via negocial se assegura um processo de tomada de decisões conjuntas com a garantia de participação dos trabalhadores.[25]

No regime político autoritário precedente a 1988, os conflitos sociais eram reprimidos e controlados mediante uma legislação sindical rígida e minuciosamente

---

23 MELO, Raimundo Simão de. Alguns aspectos sobre a greve no Brasil. **Revista Direito das Relações Sociais e Trabalhistas**. Brasília: UDF, vol. 2, n. 1, jan.-jun. 2016, p. 100.

24 DELGADO, Maurício Godinho. **Direito Coletivo do Trabalho.** 7ª edição. São Paulo: LTr, 2017, p. 357.

25 ROMITA, Arion Sayão. **Os Direitos Sociais na Constituição e Outros Estudos**. São Paulo: LTr, 1991, p. 207.

regulatória. Os conflitos sociais remanescentes eram absorvidos e solucionados pelo próprio Estado, por intermédio do seu Poder Judiciário, privilegiando-se, portanto, o processo judicial de dissídio coletivo para solução das questões coletivas trabalhistas. A Constituição de 1988 estimulou um novo paradigma, inclusivo e democrático, ao fomentar a composição dos conflitos coletivos trabalhistas e a criação de regras justrabalhistas pela interlocução direta entre os atores sociais por intermédio da negociação coletiva trabalhista, permitindo que os trabalhadores participem e influenciem na determinação das condições de trabalho.

Sublinhe-se que a negociação coletiva – que no período histórico anterior a 1988 era praticamente residual no País – foi elevada a novo e distintivo patamar após a promulgação da nova Constituição. Mauricio Godinho Delgado registra que os estímulos constitucionais produziram um resultado exponencial, muito significativo, retirando do limbo e inércia factuais a dinâmica das negociações coletivas trabalhistas em todo território brasileiro, abrindo-lhe um novo espaço de desenvolvimento não antes experimentado.[26]

Ademais, com a consagração do direito de associação, previsto no art. 5º, incisos XVII e XVIII, bem como dos princípios jurídicos da liberdade e autonomia sindicais anunciados no art. 8º, inciso I, da mesma Constituição Federal, tornou-se juridicamente possível a institucionalização das centrais sindicais após 1988.

Na década de 1980, período de efervescência do sindicalismo brasileiro, surgiram as centrais sindicais, organizações obreiras que atuam em âmbito nacional e podem abranger múltiplas categorias de trabalhadores. Entretanto, essas entidades eram fortemente repelidas pelo sistema oficial então prevalecente por traduzirem tipo de organização e modo de atuação estranhos ao paradigma rigoroso do modelo sindical tradicional.

Apesar de não integrarem, na década de 1980, a estrutura jurídica da pirâmide sindical brasileira, as centrais sindicais cumpriram o importante papel de adensar e fortalecer o movimento sindical, formando um relevante núcleo de resistência ao autoritarismo do Estado – papel que se mostrou decisivo para o processo de redemocratização do Brasil.[27]

Após a promulgação da nova Constituição Federal, mesmo não estando expressamente mencionadas nos incisos componentes do art. 8º desta Constituição, foram imediatamente consideradas como compatíveis com o sistema sindical constitucional, por serem a mais lídima e transparente consagração dos novos princípios magnos da liberdade de associação, da liberdade sindical, a par da autonomia das entidades sindicais. O fato de estarem fora da pirâmide sindical clássica (que se inicia nos sindicatos, passa pelas federações e chega até as

---

26 DELGADO, Maurício Godinho. **Direito Coletivo do Trabalho.** 7ª edição. São Paulo: LTr, 2017, p. 205.

27 PINTO, José Augusto Rodrigues. **Direito Sindical e Coletivo do Trabalho**. São Paulo: LTr, 1998, p. 107.

confederações), as centrais sindicais consistem em mais um fator a consagrar a sua plena harmonia com a Constituição da República e seus princípios da liberdade e autonomia sindicais. Nesse quadro, logo após o advento da nova Constituição, outras centrais sindicais surgiram no País, sem que fosse sequer questionada a sua validade jurídica.[28]

A despeito de não possuírem algumas atribuições e prerrogativas das entidades sindicais (como a atribuição e prerrogativa de celebrarem a negociação coletiva trabalhista), as centrais sindicais rapidamente demonstraram a sua relevante expressão e importância política, social e institucional. É que, logo em seguida ao advento da Constituição de 1988, a grande maioria das entidades sindicais passaram a se filiar a uma das distintas centrais sindicais existentes, em face de seu significativo papel de organizadoras e orientadoras do movimento sindical do País. Até o próprio Estado brasileiro passou a reconhecer e atribuir às centrais sindicais prerrogativas de representação dos trabalhadores em vários colegiados públicos, tais como o Conselho Curador do FGTS (Lei n. 8.036, de 1990) e o Conselho Nacional de Previdência Social (Lei n. 8.213, de 1991).[29]

Em 2008, por fim, foi aprovada a Lei n. 11.648, de 31.3.08, que realizou o reconhecimento formal das centrais sindicais, explicitando-lhes alguns peculiares aspectos organizacionais e finalísticos.

A par do exposto, cabe registrar que, além dos avanços democráticos oriundos do próprio texto constitucional original, nos cerca de 27 anos subsequentes à promulgação da Constituição Cidadã (1988-2015), outros aperfeiçoamentos nas relações coletivas de trabalho foram alcançados por meio de reformas constitucionais e pela edição de normas infraconstitucionais, sem contar a ratificação de diplomas normativos da OIT bastante influentes no Direito Coletivo do Trabalho.

No tocante aos avanços no modelo sindical promovidos por reformas do texto constitucional, destaca-se a extinção da representação classista na Justiça do Trabalho (EC n. 24/99), a ampliação da competência jurisdicional da Justiça do Trabalho (EC n. 45/2004) e a restrição do poder normativo dessa Justiça Especializada nos dissídios coletivos (EC nº 45/04).

De fato, a Emenda Constitucional n. 24, publicada em 10.12.1999, alterou os arts. 111, 112, 113, 115 e 116 da Constituição Federal e eliminou a presença de representantes dos empregados e empregadores no interior do sistema judicial

---

[28] DELGADO, Maurício Godinho. Sindicalismo e sindicatos no Brasil: da democratização promovida pela Constituição da República à crise e desinstitucionalização emergentes. **Revista Magister de Direito do Trabalho**, Porto Alegre: Magister, v. 91, 2019, p. 76.

[29] SILVA, Sayonara Grillo C. Leonardo da. O reconhecimento das centrais sindicais e a criação de sindicatos no Brasil: antes e depois da Constituição de 1988. *In*: HORN, Carlos Henrique; SILVA, Sayonara Grillo C. Leonardo da. **Ensaios sobre Sindicatos e Reforma Sindical no Brasil.** São Paulo: LTr, 2009, p. 37.

trabalhista. Os juízes classistas eram indicados pelas entidades sindicais para cumprir um mandato de 3 anos, permitida uma recondução.

A representação classista sindical na Justiça do Trabalho era uma das principais disposições do modelo sindical corporativista, atuando tanto como uma forma de controle e ingerência estatal na Justiça do Trabalho, como também um meio de cooptação e aliciamento estatal em face de lideranças do sindicalismo. Segundo Mauricio Godinho Delgado:

> A representação classista consistia em óbice inegável para o aperfeiçoamento da estrutura e do funcionamento da Justiça do Trabalho, inviabilizando, inclusive, a sedimentação de uma jurisprudência técnica e constitucional nesse segmento especializado do Poder Judiciário.[30]

A superação desse obstáculo foi, portanto, passo fundamental para o aprimoramento da Justiça do Trabalho e a eliminação de resquícios do controle estatal corporativista sobre o sistema sindical.

Por sua vez, a EC n. 45, publicada em 31 de dezembro de 2004, instituiu a reforma do Poder Judiciário brasileiro e trouxe dois relevantes aperfeiçoamentos ao processo judicial trabalhista, ambos com reflexos no sistema sindical.

Primeiramente, destaca-se a ampliação da competência jurisdicional da Justiça do Trabalho mediante a nova redação conferida ao art. 114 da Constituição da República. Com esta nova redação, ficou explicitada a concentração da competência judicial na Justiça do Trabalho para conhecer e julgar questões de Direito Individual e Direito Coletivo do Trabalho, superando-se a dispersão antes percebida na jurisprudência.[31]

Especificamente quanto aos litígios envolvendo o Direito Coletivo do Trabalho, a partir da EC n. 45/2004, a Justiça do Trabalho passou a ser o órgão jurisdicional competente para processar e julgar os seguintes litígios: ações oriundas da relação de trabalho (art. 114, inciso I); ações que envolvam exercício do direito de greve (art. 114, inciso II); as ações sobre representação sindical, entre sindicatos, entre sindicatos e trabalhadores, e entre sindicatos e empregadores (art. 114, inciso III); os mandados de segurança, *habeas corpus* e *habeas data*, quando o ato questionado envolver matéria sujeita à sua jurisdição (art. 114, inciso IV); ações relativas a penalidades administrativas imposta aos empregadores pelos órgãos de fiscalização das relações de trabalho (art. 114, inciso

---

30 DELGADO, Maurício Godinho. **Direito Coletivo do Trabalho.** 7ª edição. São Paulo: LTr, 2017, p. 363.

31 NASCIMENTO, Amauri Mascaro. **Compêndio de Direito Sindical**. 5ª edição. São Paulo: LTr, 2008, p. 138. É bem verdade que, infelizmente, decisões judiciais reiteradas subsequentes a dezembro de 2004, com acentuação no período institucional e regressivo deflagrado em 2016, tenderem a estreitar, sobremaneira, os avanços fixados pela reforma judiciária de 2004.

VII); além de outras controvérsias decorrentes da relação de trabalho (art. 114, inciso IX).

Em síntese, com a nova redação dada ao art. 114 da CF/1988, os dissídios decorrentes das relações de trabalho em sentido amplo passaram a compor a competência originária trabalhista. Para Maurício Godinho Delgado, essa notável ampliação da competência jurisdicional da Justiça do Trabalho, propiciou uma renovação e atualização da Justiça do Trabalho, "deixando claro o seu papel na construção de uma sociedade justa, livre e solidária no país".[32]

Ademais, as alterações promovidas no art. 114 da Constituição Federal, implementadas pela EC n. 45/2004, também provocaram a restrição do poder normativo da Justiça do Trabalho nos dissídios coletivos de natureza econômica.

Eis o novo texto do art. 114, § 2º, da Constituição, que trata do dissídio coletivo de natureza econômica:

> "Recusando-se qualquer das partes à negociação coletiva ou à arbitragem, é facultado às mesmas, **de comum acordo**, ajuizar dissídio coletivo de natureza econômica, podendo a Justiça do Trabalho decidir o conflito, **respeitadas as disposições mínimas legais de proteção ao trabalho, bem como as convencionadas anteriormente**." (grifos acrescidos).

Consoante esclarece Arion Sayão Romita, no sistema corporativista tradicional, a Justiça do Trabalho funcionava como a *longa manus* com que o Estado intervinha no campo dos conflitos coletivos de trabalho, fomentando e até mesmo impondo a solução jurisdicional dos conflitos, evitando assim a negociação direta entre os grupos interessados.[33] Portanto, ao estabelecer o pressuposto processual do comum acordo e impedir, regra geral, o ajuizamento do dissídio coletivo econômico por decisão unilateral, buscou-se mudar essa cultura de solução judicial de conflitos coletivos, restringindo-se o poder normativo da Justiça do Trabalho. Em consequência, essa alteração constitucional implementada pela Reforma do Judiciário de 2004 também fortaleceu e incentivou a negociação coletiva trabalhista.

Outro importante avanço democrático no sistema sindical brasileiro consumado pela legislação infraconstitucional pós-1988 foi a institucionalização das centrais sindicais, promovida pela Lei n. 11.648, de 31.3.2008. Conforme explicitado, por este diploma legal as centrais sindicais foram, enfim, formalmente reconhecidas como entidades máximas do sindicalismo, estruturadas

[32] DELGADO, Mauricio Godinho. Constituição da República, sistema trabalhista brasileiro e direito coletivo do trabalho. **Revista LTr**: legislação do trabalho, São Paulo: LTr, v. 79, n. 4, 2015, p. 391-403.

[33] ROMITA, Arion Sayão. **Os Direitos Sociais na Constituição e Outros Estudos**. São Paulo: LTr, 1991, p. 351.

para unificar, nacionalmente, as diversas entidades componentes do sindicalismo (sindicatos, federações e confederações), em conformidade com as suas livres escolhas. Em linha harmoniosa aos princípios constitucionais da liberdade de associação, da liberdade sindical e da autonomia das entidades sindicais, a Lei n. 11.648 não impôs a existência de uma única central sindical, mas permitiu a estruturação de distintas centrais nacionais no Brasil, arquitetadas em consonância com a orientação matriz característica de cada uma delas.

Além do reconhecimento institucional, a Lei nº 11.648, de 2008, definiu essas importantes entidades sindicais dos trabalhadores, fixando-lhes também as suas correspondentes atribuições e prerrogativas. A partir dos parâmetros fixados por esta lei específica (art. 1º, *caput* e parágrafo único, combinado com o art. 2º), a central sindical pode ser conceituada como a *entidade de representação geral dos trabalhadores, constituída em âmbito nacional, como ente associativo de direito privado, composto por organizações sindicais de trabalhadores e que atenda os requisitos de filiação mínima legalmente exigidos*".[34] Suas atribuições e prerrogativas estão fixadas nos incisos I e II do art. 1º da Lei das Centrais Sindicais:

> "I – coordenar a representação dos trabalhadores por meio das organizações sindicais a ela filiadas;
>
> II – participar de negociações em fóruns, colegiados de órgãos públicos e demais espaços de diálogo social que possuam composição tripartite, nos quais estejam em discussão assuntos de interesse geral dos trabalhadores."

Importante ressaltar, como dito, que a nova lei manteve a concepção das centrais sindicais como associações de direito privado, não estendendo a elas algumas atribuições próprias das entidades sindicais constantes da pirâmide sindical tradicional, tal como o poder de celebrar negociações coletivas trabalhistas. O autor José Claudio de Brito Filho chega a afirmar que a Lei nº 11.648/08 não pretendeu reconhecer as centrais sindicais como entidades sindicais porque sua situação de pluralidade seria incompatível com o modelo de organização sindical rígido de unicidade sindical e representação por categoria, previsto no texto constitucional.[35]

Entretanto, não se pode desconhecer a natureza sindical da atribuição de coordenação da representação dos trabalhadores por meio das organizações sindicais filiadas à respectiva central, especificada pelo inciso I do art. 1º da Lei das Centrais Sindicais. Também é claramente sindical a atribuição fixada no inciso II do mesmo art. 1º, ou seja, a participação em negociações ocorridas "em fóruns,

[34] A respeito, DELGADO, Mauricio Godinho. **Direito Coletivo do Trabalho.** 7ª edição. São Paulo: LTr, 2017, p. 120.

[35] BRITO FILHO, José Claudio Monteiro de. **Direito Sindical**. 5ª ed. São Paulo: LTr, 2015, p. 112.

colegiados de órgãos públicos e demais espaços de diálogo social que possuam composição tripartite, nos quais estejam em discussão assuntos de interesse geral dos trabalhadores." Tais atribuições altamente relevantes e mais amplas, inerentes aos princípios constitucionais da liberdade de associação, da liberdade sindical e da autonomia das entidades sindicais – a par do princípio constitucional democrático –, eram descuradas no sistema tradicional pré-1988, sendo agora, coerentemente, explicitadas e enfatizadas pela nova ordem jurídica, por intermédio da Lei das Centrais Sindicais, em plena harmonia à Constituição da República.

A Lei nº 11.648/08 destinou 10% da verba arrecadada a título de contribuição sindical obrigatória às centrais sindicais indicadas pelos sindicatos e que atendam os requisitos de representatividade legalmente estabelecidos e aferidos periodicamente pelo Ministério do Trabalho.[36]

Independente dessas peculiaridades, o fato é que as centrais sindicais exercem um relevante papel institucional, econômico e social na defesa dos interesses da classe trabalhadora e de suas melhores condições profissionais e de trabalho. Mauricio Godinho Delgado argumenta que as centrais sindicais constituem do ponto de vista social, político e ideológico, entidades líderes do movimento sindical, que atuam e influem em toda a pirâmide regulada pela ordem jurídica. Para o autor, essas entidades conseguem definir linhas gerais de atuação para o sindicalismo em contextos geográficos e sociais mais amplos e são capazes de dialogar com as grandes forças institucionais do País, de natureza pública ou privada, sendo, portanto, um "componente decisivo da democracia contemporânea".[37] Sem elas, o conceito constitucional de Estado Democrático de Direito estaria, efetivamente, descaracterizado.

Se não bastasse, a Constituição de 1988 deflagrou também um processo contínuo de ratificação de documentos internacionais de conteúdo trabalhista, inclusive no plano do Direito Coletivo do Trabalho. Restringindo-se a referência apenas aos diplomas jurídicos internacionais que atuam, fortemente, sobre a dinâmica do sindicalismo, apontem-se os seguintes diplomas: a Convenção 135 da OIT, que trata da "Proteção de Representantes de Trabalhadores", que foi aprovada pelo Decreto Legislativo n. 86, de 14.12.1989, entrando em vigor no País em 18.5.1991; e a Convenção 151 da OIT, que trata do "Direito de Sindicalização e Relações de Trabalho na Administração Pública", que foi aprovada pelo Decreto Legislativo n. 206, de 7.4.2010, tendo entrado em vigor no País em 15.6.2011.

---

36 Com a Lei n. 13.467/2017, conforme se sabe, esta contribuição sindical deixou de existir na ordem jurídica brasileira e na vida prática dos trabalhadores e empresas, pois a verba se tornou meramente **voluntária**. Como este diploma legal de 2017 não institucionalizou a contribuição negocial, ou cota de solidariedade, fixada em negociação coletiva trabalhista, ele acabou desferindo duríssimo golpe econômico e financeiro no custeio das centrais sindicais de trabalhadores no Brasil.

37 DELGADO, Maurício Godinho. **Direito Coletivo do Trabalho.** 7ª Edição. São Paulo: LTr, 2017, p. 119-120.

Ambas as convenções internacionais da OIT reforçaram aspectos diretamente relacionados ao sindicalismo, sinalizando também para um avanço normativo progressista do Direito do Trabalho brasileiro instigado pela emergência da Constituição Cidadã de 1988.[38]

5. NÓDULOS PERSISTENTES NO SISTEMA SINDICAL E ALTERNATIVAS CONSTITUCIONAIS PARA A SUA SUPERAÇÃO

Embora a Constituição da República seja considerada o mais relevante marco de mudança e fortalecimento do modelo trabalhista e sindical brasileiros desde 1930/1945, alguns pilares do antigo sistema sindical foram preservados pela nova ordem jurídica inaugurada em cinco de outubro de 1988. Em razão disso, o modelo sindical alicerçado na Constituição Federal é considerado ainda fragilizado perante os enormes desafios que se apresentam para a economia e sociedade brasileiras, mundialmente conhecida como uma das mais desiguais de todo o planeta.

De toda maneira, conforme já ressaltado, o sistema sindical apresentou, durante 27 anos de vigência da Constituição da República, entre 1988 e 2015, relevantes avanços e aperfeiçoamentos democráticos – segundo sobejamente demonstrado neste artigo. Porém, de todo modo, persistiram alguns mecanismos provindos do antigo modelo corporativista que não ostentavam harmonização efetiva com o caráter e o direcionamento democráticos presentes no novo texto constitucional.[39]

Isso porque, em seu texto original, a Constituição de 1988 manteve quatro institutos corporativistas incompatíveis com a sua matriz profundamente democrática, igualitária e inclusiva: a unicidade sindical, com o critério de enquadramento por categorias; a contribuição sindical obrigatória; o amplo poder normativo da Justiça do Trabalho; a representação classista na Justiça do Trabalho.

Entretanto, conforme já discorrido nesse artigo, a presença de representantes de empregados e empregadores indicados pelas entidades sindicais no interior do sistema judicial trabalhista foi eliminada após 11 anos da promulgação da Constituição Federal, com o advento da EC n. 24, de dezembro de 1999.

---

38 A respeito desses dois importantes diplomas internacionais ratificados no curso dos 27 anos de vigência da Constituição, entre 1988 e 2015, consultar DELGADO, Maurício Godinho. **Direito Coletivo do Trabalho**. 7ª edição. São Paulo: LTr, 2017, p. 367-369. Agregue-se que diversos outros diplomas normativos internacionais foram ratificados pelo Brasil entre outubro de 1988 e dezembro de 2015, porém com efeitos mais claros no Direito Individual do Trabalho ao invés do Direito Sindical.

39 Nesse sentido posicionam-se os autores DELGADO, Maurício Godinho. **Direito Coletivo do Trabalho**. 7ª edição. São Paulo: LTr, 2017, p. 175, e NASCIMENTO, Amauri Mascaro. **Compêndio de Direito Sindical**. 5ª edição. São Paulo: LTr, 2008, p. 136.

Quanto ao poder normativo judicial trabalhista, o art. 114, §2º da Constituição, foi modificado pela EC n. 45/2004, que instituiu o requisito do "comum acordo" para o ajuizamento da ação de dissídio coletivo de natureza econômica e, com isso, diminuiu as possibilidades concretas de ajuizamento dessa singular ação coletiva judicial. Ao restringir o manejo desse tipo de ação coletiva, a EC n. 45/2004 teve o objetivo de produzir incentivo adicional à negociação coletiva trabalhista.[40]

Restaram, portanto, apenas dois institutos tradicionais que se mantiveram incólumes no sistema sindical brasileiro no período pós-1988: de um lado, o modelo de estruturação sindical, à base do enquadramento por categorias (embora, neste tópico, reconheça-se, a Constituição não regulou o que entendia por categoria, deixando tal importante aspecto ao alvedrio da legislação ordinária); de outro lado, o sistema de financiamento das entidades sindicais, fundado, principalmente (embora não exclusivamente), na contribuição sindical obrigatória.

Quanto à estrutura sindical, o art. 8º da Constituição, em seu inciso II, fixa a regra jurídica da unicidade sindical, com o parâmetro mínimo do município para a base territorial dos sindicatos (base que pode ser, evidentemente, superior aos limites do município: ou seja, base territorial intermunicipal, estadual e, até mesmo, nacional; mas ela não pode ser menor do que um município). No tocante a este tópico (base territorial municipal mínima), não há confronto com os princípios da liberdade de associação, liberdade sindical e autonomia dos sindicatos, porém mera regra de reforço do sindicalismo, por ser risível à ideia de sindicato, enquanto organização de empoderamento dos trabalhadores coligados, uma entidade sindical com base territorial restrita a um distrito, a um bairro de uma cidade ou parâmetro residual e isolacionista similar. Também é bastante questionável, sob a perspectiva do princípio da solidariedade que orienta todo o campo social do Direito, o sindicalismo estritamente por empresa – embora exista em certas partes do globo terrestre.

O texto constitucional (inciso II do art. 8º) veda, portanto, a criação de mais de uma organização sindical, em qualquer grau, na mesma base territorial, que

---

40 Claro que o pressuposto processual do "comum acordo" – se tomado isoladamente – desequilibra a posição dos sindicatos de trabalhadores em face de seus empregadores, ferindo o **princípio da equivalência entre os contratantes coletivos trabalhistas**, inerente ao Direito Coletivo do Trabalho. Porém tal desequilíbrio é afastado desde que assegurada a ultratividade provisória das cláusulas de ACTs, CCTs e sentenças normativas em fase de renovação, até que novo diploma coletivo negociado ou sentença normativa fossem aprovados. Em 2012, o TST, conferindo nova redação à Súmula 277, afastou essa disfunção, adotando o critério da ultratividade relativa. Porém, em outubro de 2016, surgiu liminar provinda do STF suspendendo os efeitos da Súmula 277, ao passo que, poucos meses após, em julho de 2017, foi promulgada a nova Lei n. 13.467, simplesmente proibindo a ultratividade assecuratória da busca da maior equivalência de poder entre os contratantes coletivos. A respeito desse périplo de alterações, consultar DELGADO, Mauricio Godinho. **Curso de Direito do Trabalho**. 18. ed. São Paulo: LTr, 2019, p. 1674-1678.

será definida pelos trabalhadores ou empregadores interessados, mas que não poderá ser inferior à área de um município.

Esse modelo de estruturação sindical também se baseia no critério de agregação ou enquadramento sindical. As entidades sindicais deverão ser obrigatoriamente constituídas por **categorias econômicas**, relativa aos empregadores, ou **categorias profissionais** no caso de sindicatos de trabalhadores. Cabe distinguir, quanto aos trabalhadores, também a sindicalização por profissão, denominada de **categorias diferenciadas**, inerentes a profissões específicas e bem delimitadas.

Considerado esse critério de agregação, o sistema sindical brasileiro foi organizado em um sistema piramidal, com os sindicatos na base, as federações no ponto intermediário e as confederações no topo. A propósito, conforme dito, as centrais sindicais – embora não expressas no art. 8º, II, da Constituição – não colidem com esta pirâmide sindical, pois ostentam atuação distinta, meramente de coordenação das diversas entidades do sindicalismo pátrio, sem invadir ou afetar as atribuições específicas quer dos sindicatos, quer das federações, quer das confederações. Mais do que isso, elas são a própria afirmação da incidência no País, desde a Constituição de 1988, dos princípios da liberdade de associação, da liberdade sindical e da autonomia das entidades sindicais.

Curiosamente, entretanto, a partir da Constituição de 1988, a manutenção do monopólio da representação sindical – corolário da regra da unicidade sindical –, associada à adoção, pela jurisprudência do Supremo Tribunal Federal e do próprio Tribunal Superior do Trabalho, do **critério da especialidade** como elemento identificador do sindicato representativo, contribuiu, de maneira avassaladora, para a pulverização e enfraquecimento das entidades sindicais no País, principalmente as entidades de primeiro grau – ou seja, os próprios sindicatos.

Isso porque, nesse novo contexto histórico de ampla liberdade e autonomia sindicais, os sindicatos, como forma de contornar a regra da unicidade e em decorrência de disputas internas incessantes, passaram a se dividir e subdividir, a partir da organização setorial ou profissional das atividades, na curiosa (e algo suicida) busca de especialidade cada vez maior das respectivas entidades. Nesta rota contínua para a pulverização e o enfraquecimento, infelizmente tiveram o suporte da corrente jurisprudencial que se tornou dominante no Tribunal Superior do Trabalho e no Supremo Tribunal Federal e que, naturalmente, passou a ser perfilada também pela autoridade administrativa do Ministério do Trabalho – a corrente interpretativa do **critério da especialidade** (ao invés do **critério da agregação**). Nesse quadro, em contraponto à busca da agregação das entidades sindicais em favor da construção de entidades organizacionais e representativas cada vez mais fortes, o sindicalismo passou à tragédia do fracionamento incontrolável de suas entidades, enfraquecendo, cada vez mais, a dimensão, solidez, força e representatividade dos respectivos sindicatos.

Esse viés distorcido se expressa claramente nos dados estatísticos sobre o sindicalismo brasileiro após 1988 e o advento do **critério da especialização**. Segundo a Pesquisa Sindical IBGE 1987/2001, no período subsequente à Constituição de 1988, houve um significativo aumento do número de sindicatos no Brasil, notadamente depois do ano de 1990. Em 1987, existiam 9.118 sindicatos registrados no Brasil e em 2001 esse número subiu para 15.961. Essa situação é ainda mais alarmante quando se trata de entidades sindicais da área urbana (a área onde reside, contemporaneamente, mais de 75% da população brasileira), cujo número subiu de **4.635** em 1987 para **10.263** em 2001, um aumento superior a 100%.[41]

Nesse cenário, a alternativa constitucional viável seria se perfilar, tanto no âmbito jurisdicional quanto no âmbito administrativo, por um critério de organização sindical que garantisse o fortalecimento das entidades sindicais, ao invés de sua pulverização e enfraquecimento. Com a utilização do princípio ou critério da agregação – que enfoca o sindicato mais consistente, mais forte, amplo, mais representativo –, certamente se iria garantir a manutenção ou a estruturação de sindicatos com verdadeira densidade organizacional e representativa, com maior solidez e força, portanto muito mais aptos para melhor alcançarem a fundamental equivalência entre os entes coletivos empresariais e obreiros.[42]

O princípio da agregação (ou critério da agregação), além de fortalecer os sindicatos e assim torná-los aptos para melhor exercerem as suas funções institucionais de defesa e representação dos trabalhadores, mostra-se mais adequado às características históricas e estruturais do modelo sindical construído no Brasil, além de se alinhar aos objetivos e espírito democrático da Constituição de 1988 – a qual jamais pensou em incentivar o enfraquecimento do sindicalismo no Brasil, a propósito. Conforme se sabe, a Constituição Cidadã, ao invés, por seus princípios e normais jurídicas, a todo instante, sempre se voltou para a busca do fortalecimento das entidades sindicais no País.

Com relação ao custeio do sistema sindical, o Texto Magno recepcionou a antiga contribuição sindical obrigatória (inicialmente denominada de imposto sindical), prevista no Título V da CLT, em seus arts. 578 a 610. Tal parcela era devida anualmente em favor do sistema sindical por todos os participantes da categoria de trabalhadores e empregadores representados, independentemente de sua efetiva filiação.

---

41 BRASIL. IBGE – INSTITUTO BRASILEIRO DE GEOGRAFIA E ESTATÍTICA. **Séries históricas da Pesquisa Sindical.** Disponível em: https://www.ibge.gov.br/media/com_materialdeapoio/arquivos/2189c25baf18d9b9967f568632e1bca5.pdf Acesso em: 15.09.2020.

42 DELGADO, Maurício Godinho. **Direito Coletivo do Trabalho.** 7ª edição. São Paulo: LTr, 2017, p. 73-79 e 371-374. Em sua obra, o autor insiste na relevância da diretriz inerente ao Direito Coletivo do Trabalho denominada **princípio da equivalência entre os seres coletivos** ou, de outra maneira, **princípio da equivalência entre os contratantes coletivos**. Sem a afirmação real desse princípio, dificilmente as entidades sindicais conseguirão cumprir, com eficiência, o seu papel profissional, social e econômico.

Essa antiga contribuição genérica e compulsória, entretanto, tinha o demérito de estimular a formação e manutenção de sindicatos pouco representativos, avessos à presença de um largo grupo de filiados em sua estrutura posto que tal contribuição imperativa já traduzia relevante fonte de custeio em favor da mesma entidade sindical. Ainda que o sindicato fosse totalmente ineficiente e manifestamente inerte quanto à sua densificação representativa, ele se mantinha irrigado pelos generosos recursos da contribuição sindical obrigatória.

Acrescente-se ainda que por ser uma parcela financeira genericamente garantida por lei, independentemente da atuação sindical ou do número efetivo de filiados, a contribuição sindical compulsória favorecia as disputas internas artificiais e a consequente fragmentação sindical, com a permanência, no País, de um significativo número de sindicatos pouco atuantes e sem real densidade representativa.

A partir das inúmeras críticas feitas à contribuição sindical compulsória, a Lei das Centrais Sindicais avançou ao incentivar a sua eliminação. Porém, com sabedoria, instigou a ocorrência de uma fase de transição, somada à institucionalização de outro tipo de recolhimento para o financiamento das entidades sindicais: a **contribuição negocial** ou **cota de solidariedade.**[43]

Realmente o artigo 7º da Lei nº 11.638, de 2008, dispõe o seguinte:

> Art. 7º Os arts. 578 a 610 da Consolidação das Leis do Trabalho – CLT, aprovada pelo Decreto-Lei nº 5.452, de 1º de maio de 1943, vigorarão até que a lei venha a disciplinar a **contribuição negocial, vinculada ao exercício efetivo da negociação coletiva e à aprovação em assembléia geral da categoria**. (grifos acrescidos).

Lamentavelmente, contudo, durante o período situado entre 1988 e 2015, em que a Constituição da República produziu as suas maiores repercussões democratizantes e renovadoras da cultura jurídica e institucional do País, não foi aprovado o diploma legal referido pelo art. 7º da Lei das Centrais Sindicais, perdendo-se, então, a oportunidade de se aperfeiçoar, significativamente, o sistema sindical brasileiro nesse aspecto relativo ao custeio das entidades sindicais.

Segundo Mauricio Godinho Delgado, a **contribuição sindical negocial**, também chamada de contribuição assistencial (esta referida pelo art. 513, "e", da CLT) ou **cota de solidariedade**, trata-se de um recolhimento aprovado em assembleia de trabalhadores, com parâmetros fixados no instrumento negociado coletivo celebrado, devendo ser paga por todos os trabalhadores beneficiados em decorrência da celebração do instrumento jurídico coletivo. Traduz-se,

---

43 DELGADO, Maurício Godinho. Sindicalismo e sindicatos no Brasil: da democratização promovida pela Constituição da República à crise e desinstitucionalização emergentes. **Revista Magister de Direito do Trabalho,** Porto Alegre: Magister, v. 91, 2019, p. 85.

portanto, como veículo jurídico de reconhecimento e suporte da entidade sindical, concretizado pela categoria profissional representada, em decorrência do imprescindível papel exercitado pelo sindicato tanto na manutenção de conquistas anteriormente alcançadas como na obtenção de novas vantagens econômicas, ambientais e jurídicas.[44] Ela consiste em contribuição a ser paga por toda a categoria, sim, porém em decorrência de uma negociação coletiva favorável que deu origem a um instrumento normativo, a convenção coletiva de trabalho - CCT (ou a uma sentença normativa), documentos normativos que trazem direitos e garantias para o conjunto dos trabalhadores da categoria profissional (no caso do acordo coletivo do trabalho – ACT –, tais direitos e garantias direcionam-se para o conjunto de trabalhadores da respectiva empresa, evidentemente).

Nesses termos, a cota de solidariedade favorece o aperfeiçoamento do sistema sindical na medida em que motiva as entidades sindicais a se manterem sólidos e firmes na busca da consecução dos interesses de seus representados bem como na busca do maior número possível de trabalhadores filiados. Como resultado desse instituto do Direito Coletivo do Trabalho, torna-se mais propícia a existência de sindicatos maiores e mais consistentes, com maior poder de estruturação e de pressão e representação.

Nesse contexto, dentro do espírito democrático e inclusivo da Constituição de 1988, duas mudanças podem e devem ser realizadas na ordem jurídica em favor do aperfeiçoamento do sistema sindical no País: de um lado, a superação do critério de especialização no tocante às disputas intersindicais em favor do **critério da agregação**; de outro lado, a consagração da contribuição assistencial ou **contribuição negocial** (também denominada de cota de solidariedade) extensível a todos os membros da categoria profissional (ou empregados da empresa, no caso de acordo coletivo do trabalho), os quais foram favorecidos pelo documento coletivo negociado aprovado entre trabalhadores e empregadores (CCT; ACT; ou, alternativamente, sentença normativa, caso o dissídio tenha seguido o curso processual na Justiça do Trabalho). Segundo explicitado, esse instituto jurídico tem de receber a devida aprovação pela assembleia geral que aprovou a realização da negociação coletiva trabalhista e seus consectários.

Esclareça-se que as duas modificações aqui apontadas podem ser plenamente realizadas quer por diploma legal, quer por simples interpretação judicial ou jurisdicional, uma vez que são harmônicas ao espírito constitucional democrático e inclusivo da Constituição Cidadã. Dessa maneira, as duas mudanças afirmariam, sem dúvida, o espírito e a matriz constitucionais de 1988.

---

44 DELGADO, Mauricio Godinho. Constituição da República, sistema trabalhista brasileiro e direito coletivo do trabalho. **Revista LTr**: legislação do trabalho, São Paulo: LTr, v. 79, n. 4, abr. 2015, p. 401.

6. A DESINSTITUCIONALIZAÇÃO DO SISTEMA SINDICAL BRASILEIRO NO PERÍODO CONTEMPORÂNEO RECENTE

Nos últimos cinco anos, a contar de 2016, verifica-se o aprofundamento da crise institucional enfrentada pelas entidades sindicais e pelo sindicalismo no Brasil. Os antigos desafios tratados no tópico anterior não foram contornados (ou quando o foram – caso da contribuição sindical obrigatória, por exemplo –, a modificação se deu de maneira extremada, ao se restringir, sem contrapartidas, o sistema de custeio das entidades sindicais, inclusive das centrais sindicais). Mais do que isso, novos desafios surgiram para o sindicalismo brasileiro, em decorrência de medidas legais e administrativas implementadas pelos novos governos sucedidos desde o primeiro semestre de 2016.

Em seguida ao afastamento provisório (e, evidentemente, à destituição definitiva) da Presidente da República democraticamente eleita em 2014 – atos realizados no ano de 2016 –, passaram a ocorrer mudanças profundas nas políticas públicas e orientações institucionais do País, retomando-se e se aprofundando o ideário econômico, institucional, cultural e jurídico próprio do pensamento ultraliberalista em diversas searas da atuação do Estado. Tal mudança de rota deflagrou-se com a autorização, pelo Plenário da Câmara dos Deputados, por maioria superior a 2/3 (este é o quórum mínimo das três votações decisivas desse processo político), da abertura do processo de *impeachment*, fato que ocorreu em **17 de abril de 2016** – data esta que atestou, portanto, o fim da aliança político-parlamentar de centro-esquerda que governou o Brasil nos 14 anos precedentes (2003-2016). Logo a seguir, em 12.5.2016, o Senado Federal, também por ampla maioria, aprovou o afastamento provisório da então Presidente da República, alçando ao imediato exercício do cargo presidencial o então Vice-Presidente da República. O processo político concluiu-se no dia 31.8.2016, com a destituição formal da Presidente Dilma Rousseff.

Não se desconhece que o sindicalismo enfrenta, de maneira geral, alguns problemas relevantes, anteriores à atual conjuntura. Mas o que se quer chamar atenção é para o fato de que estes problemas relevantes podem se agravar em decorrência do tipo de política pública adotada, conjunturalmente, em certo país ou região do globo terrestre. No caso brasileiro, tais políticas públicas agravantes foram firmemente seguidas ou aprofundadas a partir de 2016.

Um primeiro aspecto relevante consiste na desindustrialização das economias ocidentais, em particular da América Latina. No Brasil, tal tendência despontou a partir do início da década de 1980 (aqui, 1982/83 são os anos iniciais de referência), com a aproximação (maior ou menor, dependendo de cada época) dos governos brasileiros com os órgãos internacionais e multilaterais instigadores de programas ultraliberalistas – como o FMI e o Banco Mundial, por exemplo –, a par da própria internalização crescente, pela burocracia pública e pelos meios de comunicação de massa, dessa orientação ideológica econômica, financeira e administrativa fortemente anti-industrializante. Esse aprofundamento da desindustrialização da economia do País, nas últimas quatro décadas, enfraquece, é claro, o setor usualmente líder do sindicalismo, historicamente situado no segmento industrial. E enfraquece também a participação do emprego industrial no sistema econômico, ao passo que o segmento da indústria se caracteriza por estar entre os setores mais bem formalizados, em termos trabalhistas e previdenciários, de toda a economia capitalista.[45]

Em conjunturas firmemente ultraliberalistas – como a despontada, no Brasil, desde 2016 –, tal deletéria tendência tende a persistir, senão a se aprofundar.

Um segundo aspecto relevante consiste no avanço da terceirização trabalhista no mercado empresarial e nas relações de trabalho. Ora, sabe-se que a terceirização trabalhista implica, regra geral, grandes dificuldades para a organização e atuação sindicais, sendo a sua larga propagação mais um substancial fator a contribuir para o enfraquecimento do sindicalismo. É que os trabalhadores terceirizados laboram para distintos tomadores de serviços, muitas vezes de categorias econômicas sem correlação entre si, prestando serviços, ademais, muitas vezes por curtos períodos. Essa dissociação da relação de emprego clássica e a pulverização das empresas terceirizantes e dos próprios trabalhadores terceirizados, fatores que se somam ao distanciamento jurídico do trabalhador em face do seu efetivo tomador de serviços – onde, afinal, a pessoa humana terceirizada trabalha –, tudo gera significativas dificuldades para as entidades sindicais se conectarem com esses trabalhadores, que passam a formar um largo e crescente segmento trabalhista especialmente desprotegido e disperso. Agreguem-se ainda a este impressionante rol de fatores hostis ao sindicalismo, as intrincadas e infindáveis controvérsias sobre qual entidade sindical teria a incumbência de representar os trabalhadores terceirizados.[46]

Ora, em conjunturas políticas, institucionais e jurídicas ultraliberais, a tendência é se aprofundar a terceirização trabalhista, como forma de se diminuírem os direitos individuais e sociais trabalhistas, se incrementar a concentração de

---

[45] Esclareça-se que a desindustrialização das economias não consiste em uma inarredável tendência mundial contemporânea, predominando, essencialmente, em certas partes do globo em que se mostre forte o ideário neoliberalista, com as suas teses avessas ao desenvolvimentismo e seus atávicos planejamento e intervenções estatais na economia e sociedade. Na América Latina, particularmente no Brasil, esse ideário neoliberal tem se mostrado cada vez mais influente, consideradas as últimas décadas; tal ideário, contudo, não se mostra relevante, por exemplo, nos países asiáticos mais industrializados e desenvolvidos. Estudo denso sobre a industrialização no sistema capitalista mundial, desde o século XVIII, na Grã-Bretanha, até o século XXI, no Ocidente e na Ásia, encontra-se na obra do autor norte-americano FREEMAN, Joshua B. **Mastodontes** – a história da fábrica e a construção do mundo moderno. São Paulo: Todavia, 2019.

[46] A respeito, DELGADO, Mauricio Godinho. Constituição da República, sistema trabalhista brasileiro e direito coletivo do trabalho. **Revista LTr**: legislação do trabalho, São Paulo: LTr, v. 79, n. 4, abr. 2015, p. p. 400.

renda e agravar-se o enfraquecimento das entidades sindicais. E foi o que aconteceu nessa nova conjuntura vivenciada pelo País.

De fato, no interior da Lei n. 13.467, promulgada em 13.7.2017 e vigente desde 11 de novembro do mesmo ano, alargaram-se as possibilidades de realização da terceirização trabalhista, inclusive na atividade principal (ou atividade fim) da empresa tomadora de serviços. Entretanto, como a lei não pode ter efeito retroativo, em virtude do disposto no art. 5º, XXXVI, da Constituição de 1988, os fortes impactos dessa severa legislação somente iriam afetar relações jurídicas novas, a contar de 11.11.2017. Logo a seguir, porém, o Supremo Tribunal Federal, em sessão concluída em 30.8.2018, julgando o RE n. 958.252/MG e a ADPF n. 324/DF, declarou, por maioria de votos, inconstitucional parte da Súmula 331 do Tribunal Superior do Trabalho no aspecto em que vedava a terceirização em atividades fins do tomador de serviços. Nesse julgamento, o STF considerou, em consequência, "licita a terceirização trabalhista ou qualquer outra forma de divisão do trabalho entre pessoas jurídicas distintas, independentemente do objeto social das empresas envolvidas, mantida a responsabilidade subsidiária da empresa contratante".[47]

Um terceiro aspecto relevante a solapar o sindicalismo e suas entidades sindicais componentes é o agravamento do desemprego na economia e na sociedade. E, em governos ultraliberalistas, a tendência, em face do tipo de políticas públicas adotadas, é se elevarem, fortemente, os índices de desemprego, preservando-os em altos patamares por significativo período de tempo. Conforme se sabe, desde os clássicos escritos de Michal Kaleck oriundos da década de 1940,[48] o elevado desemprego no capitalismo não resulta primordialmente de fatores estruturais, porém de fatores conjunturais, podendo assumir, inclusive, o papel de estratégia de afetação e controle dos trabalhadores e suas entidades sindicais, conforme a conjuntura política e cultural.

Assim, não por coincidência, desde 2016 o desemprego ultrapassou os dois dígitos no País, mantendo-se neste patamar (com oscilações, naturalmente) nos cinco anos subsequentes, até os dias atuais.[49] Em governos firmemente ultralibe-

---

47 BRASIL – STF – Informativo 913. Brasília: STF. Plenário, agosto/2018. A respeito do tema da terceirização e seus aspectos jurídicos trabalhistas, a par de econômicos, sociais e sindicais, inclusive sobre as mudanças trazidas pela Lei n. 13.467/2017 e pela recentíssima jurisprudência do STF sobre o assunto, consultar DELGADO, Mauricio Godinho. **Curso de Direito do Trabalho**. 18. ed. São Paulo: LTr, 2019, p. 540-591.

48 KALECK, Michal. **Crescimento e Ciclo das Economias Capitalistas**. 2. ed. São Paulo: HUCITEC, 1987; *Idem*. Os aspectos políticos do pleno emprego. *In*: KALECKI, Michal. **Crescimento e Ciclo das Economias Capitalistas**. 2. ed. São Paulo: HUCITEC, 1987. *Idem*. *Poltical aspects of full employment*. **Political Quartely**. v. 14, 1943, p. 347-356.

49 A elevação do desemprego no Brasil inciou-se ainda em 2015, em decorrência de políticas equivocadas seguidas pela governante da época no início do referido ano. Contudo, somente a contar de 2016 é que atingiu o patamar de 10% ou mais, assim se preservando até a atualidade. Não há dúvida de que, em 2020, conforme se sabe, novo fator conjuntural surgiu para contribuir para a manutenção em níveis elevados dos índices de desemprego no Brasil, consistente na crise deflagrada pelo vírus

ralistas, afinal, tal deletéria disfunção socioeconômica tende a persistir, senão a se aprofundar.[50]

Um quarto aspecto relevante a solapar o sindicalismo e suas entidades sindicais componentes é o agravamento da informalidade trabalhista, quer em suas antigas dimensões (muito severas e amplas no Brasil, como se sabe, um País que se caracteriza por secular exclusão socioeconômica), quer em suas novas modalidades – estas apresentadas, inclusive, pelo recente tipo de relações laborativas deflagradas pelas novas empresas de plataformas digitais.[51]

Independentemente do caráter novo ou antigo dos tipos de informalidade trabalhista, o fato é que esta depende e oscila, em exponencial proporção, em conformidade com a espécie de política pública que se adota na região ou país, isto é, políticas de inclusão socioeconômica e jurídica *versus* políticas de exclusão socioeconômica e jurídica. Em conjunturas de dominância ultraliberalista, a tendência é se negligenciarem as medidas e normas de inclusão socioeconômica e jurídica, em contraponto a um incentivo explícito ou velado a tendências e práticas adversas a essa inclusão. E no Brasil da dominância ultraliberalista recente, mostra-se amplo e leniente o espaço para os tipos antigos e novos de informalidade trabalhista.

Focando nas medidas normativas (diplomas legais ou emendas constitucionais) adotadas nos últimos cinco anos que também acentuaram o enfraquecimento das entidades sindicais e do sindicalismo no País, apontam-se, a seguir, ilustrativamente, três grupos de medidas, algumas delas desdobráveis em outras.

Em um primeiro grupo, aponte-se a escolha de uma política pública manifestamente avessa ao desenvolvimento econômico-social, com fortíssima restrição aos gastos e investimentos públicos na economia e na sociedade – embora se saiba que os gastos e investimentos estatais compõem parte muito importante do produto interno público (PIB) de qualquer economia capitalista, sendo, inclusive, pressupostos óbvios para a consecução de pujantes índices de desenvolvimento socioeconômico.

covid-19. Contudo, nos meses anteriores a janeiro/fevereiro de 2020 – momento em que se atentou para a chegada do novo coronavírus no País –, os índices de desemprego já estavam, sim, desde 2016, no elevado nível de dois dígitos.

50 Sobre o estudo dessa faceta da obra de Michal Kaleck, a par dos fatores que atuam, contemporaneamente, no combate ao desemprego (ou, ao revés, no incremento do desemprego), consultar: DELGADO, Mauricio Godinho. O desemprego como estratégia no capitalismo de finanças. **Revista Direito das Relações Sociais e Trabalhistas.** Brasília: UDF, vol. 3, n. 1, jan.-jun. 2017, p. 65-70.

51 Segundo já exposto, não é objeto do presente artigo debater sobre a presença (ou não) dos elementos da relação de emprego nessas novas relações deflagradas por empresas de plataformas digitais. Porém, como antes explicitado, é indubitável que, no Direito Coletivo do Trabalho brasileiro, tais trabalhadores ostentam, sim, direito à sindicalização.

Dessa maneira, embora o desenvolvimento, a erradicação da pobreza e da marginalização e a justiça social sejam valores, princípios e objetivos constitucionais desde 1988 (ilustrativamente, Preâmbulo da Constituição; Título I, art. 3º, II; Título II, Capítulo II; Título VII, *caput* e incisos; Título VIII, art. 193, todos da CF/1988), o fato é que, desde a Lei Orçamentária de 2016 (Lei n. 13.225/2016) e da Emenda Constitucional n. 92, de 2016, o desenvolvimento econômico e social deixou de ostentar prioridade no orçamento público brasileiro, inviabilizando o alcance desses objetivos e valores na realidade socioeconômica, inclusive comprometendo qualquer possibilidade substancial de combate ao desemprego e à exclusão social.

Em um segundo grupo de medidas normativas, aponte-se a implementação no País de drástica reforma da legislação trabalhista, por intermédio da Lei n. 13.467, de 2017, com efeitos restritivos graves no Direito Individual do Trabalho, no Direito Coletivo do Trabalho e no Direito Processual do Trabalho.

Centrando-se a análise apenas nas medidas que afetaram fortemente o sindicalismo e suas entidades componentes, ateste-se que o referido diploma legal eliminou a contribuição sindical obrigatória existente há várias décadas, mas sem qualquer fase de transição e sem qualquer equânime contrapartida de custeio sindical (nova redação dos arts. 578 a 610 da CLT). Na verdade, a nova lei até mesmo apontou na linha da vedação da cota de solidariedade (ou contribuição negocial) mesmo que instituída por negociação coletiva trabalhista, relativamente aos membros da categoria profissional não filiados ao sindicato (no caso de convenção coletiva de trabalho) ou, no caso de acordo coletivo de trabalho, relativamente aos trabalhadores vinculados às empresas subscritoras do respectivo documento coletivo negociado.

A Lei da Reforma Trabalhista de 2017 também alterou vários dispositivos da CLT que implicaram enfraquecimento e afastamento das entidades sindicais em face de seus trabalhadores e também em face dos objetivos históricos dessas entidades essenciais à Democracia. Com efeito, ao prever a prevalência das regras da negociação coletiva que diminuem direitos dos trabalhadores sobre as regras legais (art. 611-A, CLT), o diploma legal de 2017 permitiu que a negociação coletiva seja utilizada como mecanismo para a redução de direitos já assegurados e previstos em normas imperativas legais, desvirtuando o papel histórico dos sindicatos como instituições protetoras dos seus representados e que buscam a elevação de suas condições de vida e trabalho.

Igualmente a eliminação da obrigatoriedade legal da assistência sindical nas rescisões de contrato de trabalho com prazo superior a um ano (nova redação do art. 477, CLT) afastou ainda mais o sindicato dos trabalhadores representados, sem contar a fragilização que impôs à pessoa humana despedida do emprego no instante do acerto rescisório. Afinal, o momento de homologação do termo da rescisão contratual propiciava a pertinente tutela sindical e o contato do trabalhador com a sua entidade profissional representativa, além de fornecer ao sindicato importantes informações sobre as práticas adotadas pela empresa, subsidiando a atuação sindical em outros contextos.[52]

Em um terceiro plano de medidas normativas, foram editadas nos anos seguintes a 2017 outras políticas públicas de desapreço ao sindicalismo e suas entidades. Cite-se, para mera ilustração, a Medida Provisória n. 936, publicada em 1º de abril de 2020 (depois convertida na Lei 14.020, de 6.6.2020), que instituiu o Programa Emergencial de Manutenção do Emprego e da Renda, estabelecendo medidas trabalhistas complementares para o enfrentamento do estado de emergência de saúde pública decorrente do novo coronavírus (*covid-19*). O referido diploma normativo, entre outros preceitos, permitiu a redução dos salários e da jornada de trabalho, com a contrapartida de percepção de benefício emergencial pago pela União, mediante a subscrição de simples acordo individual escrito entre empregador e empregado, em manifesto contraponto à determinação expressa do art. 7º, VI, da Constituição da República, que dispõe ser a redução salarial medida a ser necessariamente sufragada pela negociação coletiva sindical (art. 7º, VI, combinado com art. 8º, VI, da CF/88).[53]

Todos esses fatores econômicos, sociais, institucionais e jurídicos, concentrados desde 2016 até a atualidade no País, demonstram a existência de uma clara desestruturação (ou desinstitucionalização) do sindicalismo e das entidades sindicais no Brasil, em manifesta descaracterização do Estado Democrático de Direito determinado pela Constituição da República promulgada em 1988. A convergência de fatores negativos em tão curto espaço de tempo evidencia, inclusive, a desconstrução e esvaziamento do próprio conceito de Estado Democrático de Direito, fazendo retornar o constitucionalismo e a ordem jurídica, em certos aspectos, a eras e concepções primitivas e superadas.

Mostram-se, portanto, enormes os desafios lançados ao sindicalismo e às entidades sindicais na mais recente conjuntura brasileira.

7. CONSIDERAÇÕES FINAIS

O modelo sindical tradicional, criado no País nos anos de 1930/1940 e mantido praticamente sem alterações por cerca de 50 anos, foi marcado pelo

52 DELGADO, Maurício Godinho. Sindicalismo e sindicatos no Brasil: da democratização promovida pela Constituição da República à crise e desinstitucionalização emergentes. **Revista Magister de Direito do Trabalho**, Porto Alegre: Magister, v. 91, 2019, p. 92.

53 Registre-se, a esse propósito, que o Plenário do STF, em 17.4.2020, julgando a medida cautelar concedida pelo Ministro Relator na ADI n. 6363-DF, que tratava da inconstitucionalidade do preceito que afastava a obrigatoriedade da negociação coletiva trabalhista nessa referida situação redutora da jornada e do salário, considerou, por maioria de votos, constitucional o questionado preceito da MPr. n. 936/2020, não referendando, em consequência, a medida cautelar concedida e mantendo, pois, a eficácia da Medida Provisória n. 936/2020. *In*: BRASIL. STF – Informativo 973. Plenário. Brasília: STF, 6 a 17 de abril de 2020.

intervencionismo estatal, em maior ou menor intensidade conforme o regime político que estivesse no poder entre os anos de 1930 até 1988. Somente com a promulgação da Constituição da República de 1988 é que se eliminou, de vez, o controle direto e ostensivo do Estado sobre as entidades sindicais.

Assim, ao consagrar os princípios da liberdade de associação, da liberdade sindical e da autonomia das entidades sindicais, ainda que com algumas disfuncionalidades em certos institutos do sistema sindical, a Constituição Federal de 1988 deu um grande passo em direção à democratização e ao fortalecimento do modelo sindical brasileiro. Em que pese a continuidade de algumas características disfuncionais à renovação democrática proposta, é necessário reconhecer os relevantes aperfeiçoamentos no Direito Coletivo do Trabalho propiciados pelo novo texto constitucional.

Sem embargo dos significativos avanços experimentados pelo Direito Coletivo do Trabalho no País entre 1988 e 2015 em face dos impulsos deflagrados pela nova Constituição, o fato é que se percebeu, mesmo nesse período, um novo e inusitado problema, consistente na tendência ao fracionamento e à pulverização das entidades sindicais brasileiras, principalmente as de primeiro grau – os sindicatos.

A conjuntura deflagrada no País a partir de 2016, entretanto, com a derrubada, por *impeachment*, da Presidente da República reeleita no escrutínio imediatamente anterior, restaurou, na realidade brasileira, a dominância de um ideário fortemente neoliberalista, o qual deflagrou inúmeros desafios para as entidades sindicais e o sindicalismo de trabalhadores no Brasil.

Nesse novo quadro, aprofundaram-se dificuldades anteriores, como as geradas pelo processo econômico de desindustrialização da economia do País, pelo incremento do desemprego, pelo avanço da informalidade e pelo impulso ainda maior à tendência de terceirização trabalhista no mercado empresarial e nas relações de trabalho. Todos esses fatores afetam, gravemente, a força, a higidez e a representatividade das entidades sindicais.

Se não bastasse, mudanças normativas incessantes deflagradas desde 2016, inclusive a reforma trabalhista de 2017, abalaram mais ainda as estruturas do sindicalismo do Brasil, em temas cardeais como o custeio econômico-financeiro das entidades, a filiação sindical pelos trabalhadores e própria representatividade sindical das correspondentes entidades do sindicalismo.

Nesse novo cenário conjuntural, em que os desafios antepostos ao sindicalismo e às entidades sindicais se mostram profundos e crescentes, torna-se importante revisitar o conceito constitucional de Estado Democrático de Direito e seus princípios fundantes – como fez este artigo em seu início. Afinal, a ideia de democracia, no âmbito das relações do trabalho e na própria sociedade civil, pressupõe a efetiva inclusão e participação dos trabalhadores nos processos de tomadas de decisão e de geração de normas jurídicas, de maneira que possam influenciar o seu cotidiano e a própria sociedade – ideal não alcançável pelo mero individualismo e pela dispersão atomística das pessoas.

As entidades sindicais exercem, assim, papel essencial para a promoção de uma sociedade política e uma sociedade civil que se pretendam realmente inclusivas e democráticas. Em síntese, para se construir um real Estado Democrático de Direito é fundamental a existência de um sistema sindical livre, sólido, forte, representativo e resiliente – o que é um desafio incomensurável na conjuntura brasileira dos últimos anos.

Dessa maneira, não obstante os impressionantes avanços experimentados pelo Direito Coletivo do Trabalho e pelo sistema sindical brasileiro e suas entidades sindicais componentes nos 27 anos seguintes à promulgação da Constituição (portanto, entre 1988 e 2015), o fato é que se mostram crescentes os desafios apresentados ao sindicalismo brasileiro em decorrência da pletora de adversidades econômicas, sociais, institucionais e jurídicas criadas ou agravadas na conjuntura contemporânea recente do Brasil.

8. REFERÊNCIAS BIBLIOGRÁFICAS

BONAVIDES, Paulo. **Do Estado Liberal ao Estado Social**. 11ª ed. São Paulo: Malheiros, 2014.

BRASIL. IBGE – INSTITUTO BRASILEIRO DE GEOGRAFIA E ESTATÍSTICA. Séries Históricas da Pesquisa Sindical. Disponível em: https://www.ibge.gov.br/media/com_materialdeapoio/arquivos/2189c25baf18d9b9967f568632e1bca5.pdf. Acesso em: 15.09.2020.

BRASIL. STF – **Informativo 913**. Brasília: STF, Plenário, agosto 2018.

BRASIL. STF – **Informativo 973**. Plenário. Brasília: STF, 6 a 17 de abril de 2020.

BRITO FILHO, José Claudio Monteiro de. **Direito Sindical**. 5ª ed. São Paulo: LTr, 2015.

CANOTILHO, J. J. Gomes. **Direito Constitucional e Teoria da Constituição**. 7. ed./17 reimpr. Coimbra: Almedina, 2003.

DELGADO, Gabriela Neves. Os paradigmas do estado constitucional contemporâneo. *In*: DELGADO, Mauricio Godinho; DELGADO, Gabriela Neves. **Constituição da República e Direitos Fundamentais**: dignidade da pessoa humana, justiça social e Direito do Trabalho. 4ª e. São Paulo: LTr, 2017.

DELGADO, Mauricio Godinho. Constituição da república, estado democrático de direito e direito do trabalho. *In*: DELGADO, Mauricio Godinho; DELGADO, Gabriela Neves. **Constituição da República e Direitos Fundamentais**: dignidade da pessoa humana, justiça social e Direito do Trabalho. 4ª e. São Paulo: LTr, 2017.

DELGADO, Mauricio Godinho. Constituição da república, sistema trabalhista brasileiro e direito coletivo do trabalho. **Revista LTr**. São Paulo: LTr, v. 79, abr. 2015, p. 391-403.

DELGADO, Mauricio Godinho. **Curso de Direito do Trabalho**. 18 ed. São Paulo: LTr, 2019.

DELGADO, Maurício Godinho. **Direito Coletivo do Trabalho**. 7ª edição. São Paulo: LTr, 2017.

DELGADO, Mauricio Godinho. O desemprego como estratégia no capitalismo de finanças. **Revista Direito das Relações Sociais e Trabalhistas**. Brasília: UDF, vol. 3, n. 1, jan.-jun. 2017, p. 65-70.

DELGADO, Maurício Godinho. Sindicalismo e sindicatos no Brasil: da democratização promovida pela Constituição da República à crise e desinstitucionalização emergentes. **Revista Magister de Direito do Trabalho**. Porto Alegre: Magister, v. 91, p. 68-95, 2019.

DELGADO, Mauricio Godinho; DELGADO, Gabriela Neves. A matriz da Constituição de 1988 como parâmetro para a análise da reforma trabalhista. **Revista do Tribunal Superior do Trabalho**, São Paulo, SP, v. 83, n. 3, p. 193-211, jul./set. 2017.

DELGADO, Mauricio Godinho; DELGADO, Gabriela Neves. A proteção e a inclusão da pessoa humana trabalhadora e do trabalho no Brasil República: fluxos e refluxos. **Revista Jurídica Unicuritiba**, Curitiba: Unicuritiba, v. 04, n. 57, p. 538-583, 2019.

DELGADO, Mauricio Godinho; PIMENTA, José Roberto Freire; MIZIARA, Rafael. Sindicalismo e greve no estado democrático de direito: o debate sobre o exercício, pelas entidades sindicais, de atividades com dimensões políticas. **Revista de Direito do Trabalho e Seguridade Social,** São Paulo: Thompson Reuters/Revista dos Tribunais, v. 46, n. 209, p. 245-286, jan./fev. 2020.

DELGADO, Mauricio Godinho; PIMENTA, José Roberto Freire; NUNES, Ivana. O paradigma do estado democrático de direito: estrutura conceitual e desafios contemporâneos. **Revista Jurídica Unicuritiba**. Curitiba: Unicuritiba, v. 2, 2019, p. 68-95.

FREEMAN, Joshua B. **Mastodontes** – a história da fábrica e a construção do mundo moderno. São Paulo: Todavia, 2019.

KALECK, Michal. **Crescimento e Ciclo das Economias Capitalistas**. 2. ed. São Paulo: HUCITEC, 1987.

KALECK, Michal. Os aspectos políticos do pleno emprego. *In*: KALECK, Michal. **Crescimento e Ciclo das Economias Capitalistas**. 2. ed. São Paulo: HUCITEC, 1987.

KALECK, Michal. Political aspects of full employment. **Political Quartely**. v. 14, 1943, p. 347-356.

MARANHÃO, Délio; CARVALHO, Luiz Inácio Barbosa. **Direito do Trabalho.** 17. ed. Rio de Janeiro: FGV, 1993.

MELO, Raimundo Simão de. Alguns aspectos sobre a greve no Brasil. **Revista Direito das Relações Sociais e Trabalhistas UDF**. Brasília, vol. 2, n. 1, p. 94-116, jan-jun/2016.

MENDES, Felipe Prata. **Os sindicatos no Brasil e o modelo de democracia ampliada**. São Paulo: LTr, 2018.

NASCIMENTO, Amauri Mascaro. **Compêndio de Direito Sindical**. 5ª edição. São Paulo: LTr, 2008, p. 138.

PINTO, José Augusto Rodrigues. **Direito Sindical e Coletivo do Trabalho**. São Paulo: LTr, 1998, p. 107.

ROMITA, Arion Sayão. **Os Direitos Sociais na Constituição e Outros Estudos**. São Paulo: LTr, 1991.

SILVA, Sayonara Grillo C. Leonardo da. O reconhecimento das centrais sindicais e a criação de sindicatos no Brasil: antes e depois da Constituição de 1988. *In*: HORN, Carlos Henrique; SILVA, Sayonara Grillo C. Leonardo da. **Ensaios sobre Sindicatos e Reforma Sindical no Brasil**. São Paulo: LTr, 2009.

SÜSSEKIND, Arnaldo, Organização Sindical. *In*: SÜSSEKIND, Arnaldo Lopes *et al.* **Instituições de Direito do Trabalho.** 22ª. edição, atualizada por Arnaldo Süssekind e João de Lima Teixeira Filho. São Paulo: LTr, 2005.

TEIXEIRA FILHO. João de Lima. A organização sindical na Constituição Federal de 1988. **Revista de Informação Legislativa**. Brasília, ano 31, n. 112, p. 47-59, mai--jul/1994.

CAPÍTULO 17

O DISCURSO NEOLIBERAL E A DESCONSTRUÇÃO DA IDENTIDADE CONSTITUCIONAL DO SUJEITO TRABALHADOR: O PAPEL INVOCANTE DOS SINDICATOS E DO PODER JUDICIÁRIO TRABALHISTA

Valéria de Oliveira Dias[1]

Sumário • Introdução – 1. O mercado de trabalho brasileiro e a construção/reconstrução da identidade coletiva da classe trabalhadora: um brevíssimo percurso histórico – 2. O sujeito forjado no/pelo capitalismo neoliberal: a gestão da subjetividade à serviço da desconstrução do sujeito de direitos no campo sociotrabalhista – 3. A afirmação da identidade constitucional do sujeito trabalhador: o papel dos sindicatos e da Justiça do Trabalho; 3.1. O papel invocante dos sindicatos no Estado Democrático de Direito; 3.2. O papel invocante da Justiça do Trabalho no Estado Democrático de Direito – Considerações finais – Referências.

INTRODUÇÃO

O mercado de trabalho contemporâneo é marcado por práticas neoliberais pautadas na desproteção social, na desregulação social do trabalho e na flexibilidade, o que, no caso brasileiro, tem resultado em diversificadas formas de precarização social do trabalho, entre elas, a terceirização de serviços, a prevalência do negociado sobre o legislado e a reforma do sistema de organização sindical.

Esse quadro, aliado à profunda desigualdade social e à expansão do capitalismo neoliberal-digital, especialmente em tempos de pandemia, tem reconfigurado o trabalho e o mercado, o que tem sido decisivo para a modificação das formas de constituição da subjetividade e das relações social como um todo.

---

[1] Doutoranda e mestre em Direito, área de concentração Direito, Estado e Constituição pela Universidade de Brasília – UnB. Integrante dos Grupos de Pesquisa "Trabalho, Constituição e Cidadania" (UnB/CNPq) e "Sindicalismo" (UDF/CNPq). Especialista em Direito Constitucional do Trabalho pela UnB e em Direito do Trabalho pelo Instituto *Processus*. Bacharel em Direito pelo Centro Universitário de Brasília – UniCEUB e em Administração pela UnB. Servidora da Justiça do Trabalho.

O reconhecimento social da importância do trabalho e de sua contribuição para o bem geral da sociedade, além de conferir sentido ao trabalho, possibilita a construção de laços sociais e de relações de solidariedade entre os sujeitos no campo social (HONNETH, 2008). Tal *retribuição simbólica* contribui para a integração social, confere sentido de pertencimento e cidadania e fortalece a práxis da democracia, influindo decisivamente para a constituição da identidade coletiva, da consciência de classe e do sentido constitucional de sociedade livre, justa e solidária.

Dada a centralidade do trabalho na vida do sujeito, esse contexto de retribuição simbólica se realiza, ao menos, por meio de dois caminhos que se interseccionam. O primeiro deles está na dinâmica do reconhecimento que se realiza no coletivo de trabalhadores. É no coletivo que se realiza a construção, reconstrução e o suporte da identidade do sujeito, individual e coletivamente considerado. O segundo, centra-se no reconhecimento que se realiza, por meio do Estado e suas instituições, na efetivação de direitos fundamentais sociais e trabalhistas, que, igualmente, atuam na construção, reconstrução e suporte da identidade, na perspectiva constitucional, do sujeito trabalhador.

No capitalismo neoliberal, todavia, as subjetividades são forjadas no individualismo e no empreendedorismo de si mesmo. A tônica desses contextos de trabalho, inclusive os desregulados, é a competição entre os pares, o que desestrutura o viver-junto e dificulta a formação de uma identidade coletiva, o que vai minando as possibilidades de colocar limites na exploração do capital.

Nesse contexto, o objetivo deste artigo é refletir acerca do sujeito neoliberal, dos possíveis caminhos de resistência frente à desregulação social do trabalho e o papel dos sindicatos, bem como do Poder Judiciário. Mais precisamente, a reflexão proposta centra-se no processo de desconstrução/construção da identidade coletiva dos trabalhadores tanto como um projeto de desconstrução da regulação social do trabalho quanto de possibilidade de construção de resistência coletiva pela formulação de uma nova consciência de classe.

Para tanto, o texto está organizado em três capítulos.

No primeiro capítulo, traçar-se-á um breve percurso histórico que entrelaça o mercado de trabalho, o movimento sindical, a identidade coletiva da classe trabalhadora e o sujeito de direitos no contexto brasileiro. O objetivo é afirmar que a superexploração do trabalho, a desproteção dos vulneráveis, a precarização e a invisibilidade social e jurídica da maior parte dos trabalhadores contemporâneos é algo que se fez presente na história desde a formação do mercado de trabalho brasileiro e que a regulação social do trabalho é forjada no existir/resistir do sujeito no coletivo de trabalhadores organizado.

No segundo capítulo, discorrer-se-á acerca da formação do sujeito neoliberal empresário de si mesmo, o sujeito do trabalho, e as possíveis consequências dos novos modos de ser para os laços sociais. Para tanto, utilizar-se-á os pressupostos teóricos da Psicodinâmica do Trabalho e da Psicanálise.

Por fim, no terceiro capítulo, refletir-se-á acerca dos possíveis caminhos de invocação do sujeito neoliberal para o existir/resistir ao esvaziamento de suas potencialidades enquanto sujeito de direitos no campo justrabalhista. A abordagem perpassa pela teoria da identidade do sujeito constitucional de Michel Rosenfeld e pela possibilidade de invocação do sujeito trabalhador pelos sindicatos e pelo Poder Judiciário, especialmente a Justiça do Trabalho, por meio da dinâmica de reconhecimento e da reconstrução da identidade do sujeito de direitos sociotrabalhistas no âmbito constitucional.

Em síntese, este artigo pretende demonstrar que o discurso neoliberal tem forjado subjetividades esvaziadas do sentido de classe e da possibilidade de existir/resistir enquanto sujeito coletivo à desregulamentação social do trabalho. Assim, é necessário resgatar os meios de existência/resistência coletiva do sujeito trabalhador por meio das lutas sociais e da hermenêutica constitucional.

1. O MERCADO DE TRABALHO BRASILEIRO E A CONSTRUÇÃO/RECONSTRUÇÃO DA IDENTIDADE COLETIVA DA CLASSE TRABALHADORA: UM BREVÍSSIMO PERCURSO HISTÓRICO

A história evidencia que a superexploração do trabalho, a desproteção dos vulneráveis, a precarização, a invisibilidade social e jurídica da maior parcela de trabalhadores na contemporaneidade é algo que insiste e persiste na história brasileira e que a regulação social do trabalho no País é forjada no existir/resistir do sujeito no coletivo de trabalhadores organizado.

O mercado de trabalho brasileiro, considerando-se o trabalho livre como suporte da economia, desde sua formação, é marcado por profundas cicatrizes oriundas de um processo de mais de três séculos de escravidão, caracterizados pela ausência de direitos humanos básicos, segregação racial e social, violência, exploração e desigualdade social.

No início do século XIX, o Brasil contava com mais de 50% de sua população composta por escravos. No curso dos anos de 1800, o contingente de pessoas livres e libertas foi aumentando, de modo que, em 1874, poucos anos antes da abolição, o contingente de escravos limitava-se a cerca de 16% da população. A força de trabalho livre e liberta, em sua maioria, se ativava em atividades temporárias nas cidades ou no setor de subsistência nas áreas rurais[2].

Mário Theodoro explica que o destino da mão de obra dos escravos já vinha sendo debatido pela elite política anos antes da abolição. Além de não desejar se

2 THEODORO, Mário Lisboa. As características do mercado de trabalho e as origens do informal no Brasil. *In*: Luciana Jaccoud. (Org.). *Questão Social e Políticas Sociais no Brasil Contemporâneo*. Brasília: IPEA, 2005, p. 92 e 93.

manter dependente do trabalho dos ex-escravos e os situarem no lugar da inaptidão para o trabalho livre assalariado, a elite política almejava o "branqueamento da nação"[3].

Esse ideário racista fomentou a preferência por mão de obra de origem europeia em detrimento dos trabalhadores nacionais, implementando uma "política deliberada de incremento da população branca". Tal política, financiada, em grande parte, pelo Governo brasileiro, foi uma das responsáveis pela marginalização de parte significativa da mão de obra, marcando a origem do mercado de trabalho informal no Brasil, que era – e ainda é – especialmente formado por negros e mulatos e marcado por um excedente estrutural de trabalhadores[4].

A formação do mercado de trabalho brasileiro, além de ter sido marcado por um contingente alargado de mão de obra à disposição de um mercado ainda incipiente – permeado por uma política social que não conferia cidadania e liberdade substancial mediante a regulação social do trabalho –, não possuía tradição organizativa até então capaz de construir, no coletivo, movimentos sociais emancipatórios que resultassem na proteção social dos excluídos.

Dado esse contexto, a construção de uma identidade coletiva, que resultou na formação paulatina de organizações operárias e na consolidação dos sindicatos no Brasil, foi um processo desencadeado, fundamentalmente, a partir da resistência dos trabalhadores e das trabalhadoras imigrantes às precárias condições de trabalho, marcadas, desde antes do início do século XX, por jornadas de trabalho extenuantes, baixos salários, exploração do trabalho infantil e da mulher e desproteção social.

O Primeiro Congresso Operário Brasileiro, realizado em abril de 1906, é considerado o primeiro esforço de luta coordenada de trabalhadores que integrou vários estados. Nesse congresso, entre as deliberações, destacam-se, para além da luta pela regulação da jornada de trabalho e por outras conquistas necessárias para a melhoria das condições de vida e de trabalho, a instituição de projetos voltados para a educação escolar, a educação político-sindical e as práticas culturais e de lazer de massa[5].

Objetivava-se construir uma dinâmica que enfatizasse a formação do sentido de classe para além dos espaços de trabalho, alcançando as comunidades locais, de modo que a classe operária como um todo vivenciasse um processo contínuo

---

3 THEODORO, Mário Lisboa. As características do mercado de trabalho e as origens do informal no Brasil. *In*: Luciana Jaccoud. (Org.). *Questão Social e Políticas Sociais no Brasil Contemporâneo*. Brasília: IPEA, 2005, p. 92 e 93.

4 THEODORO, Mário Lisboa. As características do mercado de trabalho e as origens do informal no Brasil. *In*: Luciana Jaccoud. (Org.). *Questão Social e Políticas Sociais no Brasil Contemporâneo*. Brasília: IPEA, 2005, p. 92 e 93.

5 MANFREDI, Silvia Maria. *Formação Sindical no Brasil*: história de uma prática cultural. São Paulo: Escrituras Editora, 1996, p. 70.

de reconhecimento do outro como aquele que vivenciava as mesmas condições de precariedade da maioria[6].

Entre os anos de 1901 e 1920, ocorreram inúmeras greves, cuja participação das "mulheres, como trabalhadoras, militantes, mães, esposas e moradoras dos bairros populares" foi muito importante, especialmente na "gestão das redes de reciprocidade, familiares e de vizinhança"[7].

Entre os movimentos operários do período, a greve de 1917 se destaca. A repressão estatal a esse movimento paredista foi severa, o que tornou a adesão de trabalhadores ao movimento massiva, paralisando São Paulo. Ao fim da greve, os empregadores fabris aceitaram conceder aumento salarial, garantir a libertação dos presos e proibir a demissão dos operários grevistas. Embora fortemente reprimida, essa greve influenciou grandes paralisações nas cidades de Recife, Rio de Janeiro, Salvador e Porto Alegre[8].

A reivindicação dos trabalhadores nos protestos de 1917 extrapolaram as demandas de ordem trabalhista. Além da regulação da jornada de trabalho, abolição do trabalho de menores de 14 anos e do trabalho noturno de mulheres, segurança no trabalho, aumento salarial etc., a pauta reivindicatória incluía a redução do preço dos aluguéis e do custo de bens de consumo básicos, a libertação de trabalhadores presos durante o movimento paredista e a regulação do direito de sindicalização. A integração dessa pauta política à pauta reivindicatória clássica sinalizava que os trabalhadores e as trabalhadoras passaram a perceber o Estado como potencial via "para a obtenção ou consolidação de conquistas, o que tem consequências importantes na reorganização posterior do movimento operário"[9].

O fato é que o ano de 1917 foi mundialmente marcado pela precarização das condições de vida e de trabalho em face da Primeira Guerra Mundial. Consequentemente, aprofundou-se a desigualdade social, que, no Brasil, já era extremada em razão de suas raízes escravistas e da expansão capitalista desregulada. Além disso, "a propaganda desenvolvida pelas lideranças anarquistas, socialistas e sindicalistas revolucionárias; as atividades concretas de organização da classe trabalhadora com a criação de sindicatos, uniões, ligas e federações", tudo contribuiu

---

6 MANFREDI, Silvia Maria. *Formação Sindical no Brasil*: história de uma prática cultural. São Paulo: Escrituras Editora, 1996, p. 70.

7 TOLEDO, Edilene. Um ano extraordinário: greves, revoltas e circulação de ideias no Brasil em 1917. *Estudos Históricos*. Rio de Janeiro, vol. 30, nº 61, p. 497-518, maio-agosto 2017, p. 501.

8 TOLEDO, Edilene. Um ano extraordinário: greves, revoltas e circulação de ideias no Brasil em 1917. *Estudos Históricos*. Rio de Janeiro, vol. 30, nº 61, p. 497-518, maio-agosto 2017, p. 501.

9 TOLEDO, Edilene. Um ano extraordinário: greves, revoltas e circulação de ideias no Brasil em 1917. *Estudos Históricos*. Rio de Janeiro, vol. 30, nº 61, p. 497-518, maio-agosto 2017, p. 501.

para a ampliação do movimento operário e para a luta pela desmercantilização do trabalho humano[10].

O processo de constituição da identidade coletiva do sujeito trabalhador, no período da formação sindical no Brasil, foi permeado, em grande medida, por experiências e práticas educacionais embasadas na alteridade e na práxis sindical[11]. Os laços de solidariedade construídos localmente e as redes sociais de apoio mútuo, predominantemente informais, mobilizaram massivamente a classe operária, influenciando decisivamente o fortalecimento da identidade coletiva e do sindicalismo ainda incipiente.

É na práxis sindical, ou seja, no contexto de luta pelos interesses comuns, que a consciência de classe emerge fazendo nascer o sujeito coletivo como protagonista do processo histórico e abrindo possibilidades de ressignificação do processo de inclusão dos trabalhadores e das trabalhadoras em uma rede de proteção sociotrabalhista efetiva[12].

Nas décadas seguintes, especificamente de 1930 a 1980, o mercado de trabalho formal passa a ser paulatinamente regulamentado e o sujeito trabalhador individual e coletivo vai ganhando feições de sujeito de direitos ao ser incluído nos espaços institucionalizados de proteção social a partir da expansão do Direito do Trabalho e da organização da Justiça do Trabalho brasileira.

Cabe pontuar, todavia, que, nesse período, o emprego formal, que inseria o sujeito trabalhador na órbita protetiva sociotrabalhista estatal, conferindo-lhe estabilidade, estava destinado apenas a uma parte da força de trabalho, cuja incumbência primordial era viabilizar o desenvolvimento industrial[13].

Por outro lado, embora a economia brasileira, entre 1930 e 1980, tenha crescido notavelmente, ocupando, no final dos anos 1970, lugar "entre as maiores economias do mundo capitalista" e, em decorrência disso, tenha havido um "crescimento significativo de emprego nos setores modernos da indústria e dos serviços", o fato é que o processo de urbanização do período foi marcado pela concentração da pobreza. Nas maiores cidades, o engajamento da população pobre ocorreu predominantemente em "atividades precárias, especialmente no pequeno comércio e nos serviços". Nas cidades menos desenvolvidas, o subemprego foi proporcionalmente ainda maior do que nos grandes centros[14].

---

10 MANFREDI, Silvia Maria. *Formação Sindical no Brasil*: história de uma prática cultural. São Paulo: Escrituras Editora, 1996, p. 85.

11 MANFREDI, Silvia Maria. *Formação Sindical no Brasil*: história de uma prática cultural. São Paulo: Escrituras Editora, 1996, p. 87.

12 NICOLI, Pedro Augusto Gravatá. *Fundamentos de Direito internacional social*: sujeito trabalhador, precariedade e proteção global às relações de trabalho. São Paulo: LTr, 2016, p. 102.

13 THEODORO, Mário Lisboa. As características do mercado de trabalho e as origens do informal no Brasil. *In*: Luciana Jaccoud. (Org.). *Questão Social e Políticas Sociais no Brasil Contemporâneo*. Brasília: IPEA, 2005, p. 109 e 110.

14 THEODORO, Mário Lisboa. As características do mercado de trabalho e as origens do informal no Brasil. *In*: Luciana Jaccoud. (Org.). *Questão Social e Políticas Sociais no Brasil Contemporâneo*. Brasília: IPEA, 2005, p. 111 e 112.

Todo esse contexto ainda repercute nas características do mercado de trabalho informal brasileiro. No ano de 1984, por exemplo, o setor informal no Estado de São Paulo absorvia 38,4% da força de trabalho. Já no Recife, no mesmo ano, o setor informal abarcava 53,7% da força de trabalho. No primeiro trimestre de 2012, o volume de trabalhadores informais era de 45,7% da população ocupada; no terceiro trimestre de 2019, era de 48,5%; e, no segundo trimestre de 2021, chegou a 48,7% da população ocupada. Isso significa que parte significativa da mão de obra brasileira está historicamente marginalizada e destituída de efetiva proteção sociotrabalhista[15].

Segundo Valéria Lobo, os "segmentos ocupados em pequenos serviços historicamente situavam-se à margem da cidadania, uma vez que, associados a um setor tipicamente informal, não tinham acesso à política social, atribuída no Brasil até os anos 80 apenas aos trabalhadores formais"[16].

Embora, segundo a autora, não seja possível afirmar que, no Brasil, tenha existido efetivamente um Estado de Bem-Estar Social, os direitos sociais e previdenciários até então conferidos possibilitaram aos trabalhadores formais, "emancipados em relação ao mercado", aderir "com mais facilidade à ação coletiva, fortalecendo a solidariedade de classe" e a busca por igualdade material e proteção social, pelo exercício da cidadania[17].

> "Nos anos 80, o país parecia reunir condições ótimas para o alcance de formas avançadas de desmercantilização da força-de-trabalho e expansão da cidadania". Essa década foi marcada por um expressivo contingente de trabalhadores no mercado formal, o que favoreceu o surgimento do denominado novo sindicalismo ou novo movimento sindical formado, essencialmente, por trabalhadores assalariados de classe média[18]. As greves da época eram caracterizadas pela resistência política contra a ditadura e as políticas-econômicas de retração salarial e ainda pela defesa de uma organização sindical sem interferência do Estado. O movimento sindical foi "uma das forças mais organizadas do cenário político e teve papel relevante na gestação do processo constituinte"[19].

Embora o modelo taylorista-fordista de gestão do trabalho prevalecente na época fosse pautado na alienação do trabalho e objetivasse arrefecer os

---

15 THEODORO, Mário Lisboa. As características do mercado de trabalho e as origens do informal no Brasil. *In*: Luciana Jaccoud. (Org.). *Questão Social e Políticas Sociais no Brasil Contemporâneo*. Brasília: IPEA, 2005, p. 112.

16 LOBO, Valéria Marques. Direito do Trabalho, Cidadania e Democracia. *Rev. TST*, São Paulo, vol. 87, Edição Especial, 2021, p. 31.

17 LOBO, Valéria Marques. Direito do Trabalho, Cidadania e Democracia. *Rev. TST*, São Paulo, vol. 87, Edição Especial, 2021, p. 28.

18 LOBO, Valéria Marques. Direito do Trabalho, Cidadania e Democracia. *Rev. TST*, São Paulo, vol. 87, Edição Especial, 2021, p. 32.

19 BARBOSA, Leonardo Augusto de Andrade. *História Constitucional Brasileira*: mudança constitucional, autoritarismo e democracia no Brasil pós-1964. 3. reimpr. – Brasília: Câmara dos Deputados, Edições Câmara, 2018, p. 183.

movimentos paredistas e sociais, ele era caracterizado essencialmente por uma classe trabalhadora homogênea, mais integrada e fortalecida em sua identidade coletiva e consciência de classe[20]. Esse contexto propiciou a organização e a mobilização dos sindicatos como atores sociais e políticos reconhecidamente determinantes para a democratização do País e a conquista de direitos fundamentais sociais e trabalhistas.

Valéria Lobo destaca que a "Constituição de 1988 é o desaguadouro da imensa corrente de participação política que marcou a década de 1980". A organização de trabalhadores e trabalhadores mediada pelas entidades sindicais atuou decisivamente para a incorporação de "um elenco considerável de medidas que apontavam para a desmercantilização da força de trabalho no país e para a superação da segmentação entre os de dentro e os de fora (trabalhadores formais e informais). Isso porque a Constituição Cidadã de 1988, "ao dissociar o acesso aos direitos sociais da participação no mercado formal de trabalho", alargou o "escopo de cidadania no país" por meio da "universalização da política social" [21].

Ocorre que a crise econômica mundial iniciada nos anos de 1970 – alcançando o Brasil a partir dos anos de 1990 – desencadeia o processo de reorganização do sistema ideológico e político do capital, respaldado, especialmente, no Estado mínimo, na financeirização e na desregulação do mercado, o que tem imposto, desde então, entraves para a implementação dos direitos humanos sociotrabalhistas fundamentais, inerentes à pessoa humana trabalhadora, insertos na Constituição de 1988.

Para Harvey, a ideologia neoliberal parte do "pressuposto de que as liberdades individuais são garantidas pela liberdade de mercado e de comércio". Assim, sob o argumento de que uma política estatal igualitária restringiria fortemente a liberdade dos cidadãos e a livre concorrência – dificultando a ampliação dos lucros empresariais e facilitando a ocorrência de processos inflacionários que poderiam gerar crises econômicas de mercado –, tornou-se essencial mitigar a solidariedade social. Para tanto, entre os caminhos utilizados, estão o fortalecimento do Estado mínimo e o esvaziamento do poder dos sindicatos e dos movimentos sociais[22].

O potencial dos movimentos sociais de trabalhadores, especialmente aqueles organizados a partir de uma estrutura sindical, e a força política que demonstraram vai de encontro com a reestruturação do mercado capitalista neoliberal pautada na autorregulação e no desmonte da legislação social e do trabalho – o

---

20 ANTUNES, Ricardo. *O privilégio da Servidão*. São Paulo: Boitempo, 2017.

21 LOBO, Valéria Marques. Direito do Trabalho, Cidadania e Democracia. *Rev. TST*, São Paulo, vol. 87, Edição Especial, 2021, p. 32.

22 HARVEY, D. O. *Neoliberalismo*: história e implicações. 4. ed. São Paulo: Edições Loyola, 2013, p. 17.

que, no caso brasileiro, foi implementada com ainda mais vigor a partir do ano de 2014.

Para alcançar tais objetivos e ainda maximizar a exploração do trabalho humano, o ideário neoliberal tem forjado novas subjetividades e colonizando a capacidade criativa e de organização dos trabalhadores em prol de seus interesses[23]. Isso porque, se por um lado a gestão da subjetividade do trabalhador beneficia o processo de acumulação do capital, por outro, desarticula o coletivo de trabalhadores, propiciando a desconstrução do sujeito de direitos no campo sociotrabalhista e de sua identidade constitucional.

2. O SUJEITO FORJADO NO/PELO CAPITALISMO NEOLIBERAL: A GESTÃO DA SUBJETIVIDADE À SERVIÇO DA DESCONSTRUÇÃO DO SUJEITO DE DIREITOS NO CAMPO SOCIOTRABALHISTA

A formação do sujeito contemporâneo é permeada pela gramática inscrita no modelo neoliberal que tem forjados subjetividades pautadas nas premissas do individualismo e do empreendedorismo de si mesmo e na derruição dos laços sociais e da solidariedade social.

A constituição do sujeito na concepção da Psicanálise lacaniana está diretamente relacionada à linguagem, o que pressupõe um Outro, e é permeada por processos de alienação e de separação, que fazem emergir, de forma simultânea, a *falta*, o *desejo* e o *inconsciente*, elementos inerentes ao ser sujeito[24].

O *sujeito da falta* remete à falta constitutiva do sujeito, pois se constituir sujeito sempre supõe perda. O que se perdeu – denominado por Lacan de objeto *a* – nunca será encontrado, mas pode ser simbolizado e/ou recuperado parcialmente. Essa experiencia de perda, de separação, evidencia a falta e é exatamente a falta que mobiliza o tornar-se desejante e funda o *sujeito do desejo*[25].

O que "o homem deseja é ser reconhecido pelo desejo do outro, ser amado, desejado pelo outro, estando a noção de desejo atrelada à de um vazio infindável, para o qual não há objeto que lhe dê cabo"[26]. Isso faz com que, para a Psicanálise, o desejo se torne o motor da vida e da constituição de laços sociais, cujas raízes estão postas nas dinâmicas do reconhecimento.

---

23 DEJOURS, Christophe. *A loucura do trabalho*: estudo de psicopatologia do trabalho. 5. ed. ampliada. São Paulo: Cortez-Oboré, 1992.

24 TOREZAN, Zeila C. Facci; AGUIAR, Fernando. O Sujeito da Psicanálise: Particularidades na Contemporaneidade. *Revista Mal-estar e Subjetividade* – Fortaleza – Vol. XI – Nº 2 – p. 525-554 – jun/2011, p. 539.

25 LACAN, Jaques. A tópica do imaginário (1954). *In*: ______. *O seminário*: livro 1: os escritos técnicos de Freud. Rio de Janeiro: J. Zahar, 1998.

26 TOREZAN, Zeila C. Facci; AGUIAR, Fernando. O Sujeito da Psicanálise: Particularidades na Contemporaneidade. *Revista Mal-estar e Subjetividade* – Fortaleza – Vol. XI – Nº 2 – p. 525-554 – jun/2011, p. 539.

No mesmo momento em que, intermediados pelas relações de alteridade, por meio da linguagem, a falta é evidenciada e surge o desejo do desejo do Outro, o inconsciente é fundado, emergindo o *sujeito do inconsciente*[27]. E é o inconsciente que torna o sujeito singular, "um universo único"[28], constituindo-o em sua subjetividade e tornando-o desejante de reconhecimento.

Segundo Hernán Siculer, a subjetividade é exatamente aquela parte que é passível de ser "colonizada e domesticada"[29], o que se realiza por meio dos processos de identificação e das dinâmicas de reconhecimento, os quais permitem a reconstrução da identidade do sujeito no curso do existir[30].

Importante ressaltar que a identificação é um "processo psicológico pelo qual um sujeito assimila um aspecto, uma propriedade, um atributo do outro e se transforma, total ou parcialmente, segundo o modelo desse outro"[31]. Enquanto processo social, a identificação é o que "permite a constituição de subjetividades e é movida pela internalização de modelos ideais de conduta socialmente reconhecidos e encarnados em certos indivíduos"[32] (SAFATLE, 2007, p. 17).

A partir da teoria do sujeito lacaniana aliada aos estudos empíricos no campo da Psicopatologia do Trabalho e à Teoria Crítica[33], Christopher Dejours constata que o trabalho ocupa posição de centralidade na vida humana. Isso porque os processos de construção e reconstrução da identidade, individual e coletiva, por meio das dinâmicas do reconhecimento perpassam, necessariamente, pelas vivências de prazer e de sofrimento mediadas pela relação com o outro no trabalho[34].

A identidade do sujeito, "concebida como essencialmente inacabada, à espera de confirmação e realização", é o suporte do equilíbrio psíquico e da saúde mental. Desse modo, "toda crise psicopatológica é centrada por uma crise de identidade" e o trabalho, nesse aspecto, jamais é neutro. Se os laços sociais são desfeitos e a dinâmica do reconhecimento é esvaziada, haverá sofrimento, que, aliado às pressões e

---

27 LACAN, Jacques. *O Seminário*: os escritos técnicos de Freud, 1953-1954. Rio de Janeiro: Jorge Zahar Editor, p. 82.

28 SICULER, Hernán. O neoliberalismo, a colonização da subjetividade e a pandemia. Entrevista concedida a Rosângela Ribeiro Gil e disponível em https://www.ihu.unisinos.br/78-noticias/603601-o-neoliberalismo-a-colonizacao-da-subjetividade-e-a-pandemia.

29 SICULER, Hernán. O neoliberalismo, a colonização da subjetividade e a pandemia. Entrevista concedida a Rosângela Ribeiro Gil e disponível em https://www.ihu.unisinos.br/78-noticias/603601-o-neoliberalismo-a-colonizacao-da-subjetividade-e-a-pandemia.

30 TOREZAN; AGUIAR, 2011.

31 LAPLANCHE e PONTALIS. *Vocabulário de psicanálise*. São Paulo: Martins Fontes, 1991, p. 226.

32 TOREZAN; AGUIAR, 2011.

33 DEJOURS, Christophe. Subjetividade, trabalho e ação. *Revista Produção*, v. 14, n. 3, p. 27-34, set./dez, 2004, p. 28.

34 DEJOURS, Christophe. A psicodinâmica do trabalho na pós-modernidade. *In*. MENDES, Ana Magnólia; LIMA, Suzana Canez da Cruz; FACAS, Emílio Peres (orgs). *Diálogos em Psicodinâmica do trabalho*. Brasília: Paralelo 15, 2007, p. 16.

exigências da organização do trabalho, pode resultar em desestabilização psíquica e somatização[35].

Assim, Robert Castle ressalta que o trabalho adquire sentido para o sujeito que vai além do trabalho, pois molda a sua relação com o mundo e com o outro, estabelecendo, por meio da linguagem (ou do discurso) as formas de (des)constituição dos laços social, que refletem nas relações sociais e na sociedade[36].

Para lidar com o sofrimento e preservar a saúde mental, o sujeito, individual e coletivo, constrói estratégias defensivas, entre as quais se destacam a aceleração, a sobrecarga e a servidão voluntária[37].

A aceleração é uma estratégia de defesa utilizada pelo sujeito para se adequar e suportar a pressão constante por produtividade[38]. A sobrecarga relaciona-se ao trabalho prescrito e se articula com o sentido do trabalho para o sujeito[39]. Já a servidão voluntária é compreendida como uma patologia social que se articula com os níveis de exploração auto consentida e/ou a dedicação ilimitada de si mesmo ao trabalho[40].

Tais estratégias de preservação da saúde desenvolvidas pelo sujeito para lidar com o sofrimento no trabalho conduzem-no à alienação da realidade e o pressionam a se adaptar às condições do trabalho prescrito[41].

Nesse passo, o neoliberalismo, enquanto "forma de vida nos campos do trabalho, da linguagem e do desejo"[42], ao perceber que a partir do sofrimento é possível extrair mais engajamento no trabalho e produção, apropriou-se da dinâmica de constituição do sujeito e dos processos de identificação e de reconhecimento com o objetivo de gerir o sofrimento.

Ora, o sofrimento tornou-se o objeto da gestão neoliberal, mas tal gestão é sutil, porque se realiza, a partir do discurso, moldando desejos. A gestão neoliberal "recodifica identidades, valores e modos de vida por meio dos quais os

35 DEJOURS, Christophe; CARDOSO, Marta Rezende (2001). Christophe Dejours: entrevista. Agora, 4(2), 89-94. Recuperado em 10 de abril de 2009, de http://www.scielo.br/pdf/agora/v4n2/v4n2a07.pdf.

36 CASTEL, Robert. *As metamorfoses da questão social*. Rio de Janeiro: Vozes, 1998.

37 Mendes, A. M. & Vives, J-M. (2020). Voz do supereu e melancolização no trabalho que adoece. *In Psicanálise e trabalho*: retratos contemporâneos. (1ª ed.). Porto Alegre: Memorial da Justiça do Trabalho, 1, p. 183-201.

38 DIAS, Valéria de Oliveira. *A Dimensão Socioambiental do Direito Fundamental ao Trabalho Digno*: uma análise a partir do assédio organizacional nos bancos do Distrito Federal. São Paulo: LTr, 2020, p. 90.

39 DIAS, Valéria de Oliveira. *A Dimensão Socioambiental do Direito Fundamental ao Trabalho Digno*: uma análise a partir do assédio organizacional nos bancos do Distrito Federal. São Paulo: LTr, 2020, p. 97.

40 MENDES, Ana Magnólia. Novas formas de organização do trabalho, ação dos trabalhadores e patologias sociais. *In*: MENDES, Ana Magnólia (org.). *Psicodinâmica do trabalho*: teoria, método e pesquisas. São Paulo: Casa do Psicólogo, 2007.

41 Mendes, A. M. & Vives, J-M. (2020). Voz do supereu e melancolização no trabalho que adoece. *In Psicanálise e trabalho*: retratos contemporâneos. (1ª ed.). Porto Alegre: Memorial da Justiça do Trabalho, 1, p. 183-201.

42 SAFATLE, Vladimir; SILVA JÚNIOR, Nelson; DUNKER, Christian. *Neoliberalismo como gestão do sofrimento psíquico*. Belo Horizonte: Autêntica, 2020, p. 6.

sujeitos realmente modificam a si próprios, e não apenas o que eles representam de si próprios" [43].

Embora limitado quando se tem por referência as narrativas individuais, o discurso neoliberal "consegue operar, de modo eficaz, homologias entre economia e teoria da mente, psicoterapia e disciplina organizacional, política e religião", fazendo emergir novas formas de sofrimento e de adoecimento psíquico[44].

A gramática discursiva neoliberal prevalecente forja subjetividades enredadas no mito da meritocracia e embasadas no individualismo, na competição e na necessidade de o sujeito trabalhador ser empreendedor de si mesmo e responsável por sua integração e manutenção no mercado do trabalho. Exige-se, por meio de um processo de sobreposição de tempo de vida e tempo de trabalho, uma dedicação ilimitada de si mesmo[45], naturalizando as diversas formas de precarização social[46].

Os recursos neoliberais de gestão da subjetividade são variados e mutáveis, conformando-se às demandas do capital. São utilizadas ameaças veladas de dispensa; jornadas de trabalho fluidas, na qual o tempo de vida e de tempo de trabalho não mais se distinguem; desmonte da legislação social; avaliações de desempenho como sistema de controle a ser exercido pelos sujeitos trabalhadores sobre si e entre si e pelo consumidor sobre o trabalhador; entre outros recursos, que vão minando as dinâmicas de reconhecimento e os laços sociais a partir do trabalho, empobrecendo o sujeito na perspectiva subjetiva, deslocando-o do coletivo e inserindo, no imaginário social, um suposto consenso para a precarização.

Lacan não se furtou à análise do discurso do capital, enquanto discurso do Outro, por meio do qual o sujeito se constitui através do um processo identitário, que se realiza a partir do inconsciente. O autor explica que a:

> realidade social se inscreve na relação que se estabelece entre o sujeito e o Outro, onde, no lugar do Outro, situa-se a palavra, a linguagem, o discurso universal, a própria realidade social, cultural, institucional. Por isso há um momento em que *o inconsciente aparece como transindividual, ou seja, como discurso do Outro.* [47]

---

43 SAFATLE, Vladimir; SILVA JÚNIOR, Nelson; DUNKER, Christian. *Neoliberalismo como gestão do sofrimento psíquico*. Belo Horizonte: Autêntica, 2020, p. 7.

44 DUNKER, Christian*; et. al.* Para uma arqueologia da psicologia neoliberal brasileira. *In*. SAFATLE, Vladimir; SILVA JÚNIOR, Nelson; DUNKER, Christian. *Neoliberalismo como gestão do sofrimento psíquico*. Belo Horizonte: Autêntica, 2020, p. 199 e 212.

45 ANTUNES, Ricardo. *O privilégio da Servidão*. São Paulo: Boitempo, 2017.

46 SILVA JUNIOR, Nelson da. O Brasil da barbárie à desumanização neoliberal: do "Pacto edípico, pacto social", de Hélio Pellegrino, ao "E daí?", de Jair Bolsonaro. *In*: SAFATLE, Vladimir; SILVA JUNIOR, Nelson da; DUNKER, Christian. (orgs.) *Neoliberalismo como gestão do sofrimento psíquico*. Belo Horizonte: Autêntica, 2020.

47 FERRARI, Ilka Franco. A realidade social e os sujeitos solitários. *Ágora*: Estudos em Teoria Psicanalítica. 2008, v. 11, n. 1, pp. 17-30, p. 19.

Partindo dessa premissa, Lacan enuncia que há discursos que não estabelecem laço social, como, por exemplo, o discurso capitalista. Esse discurso "destitui o sujeito e instala, em seu lugar, o individualismo" e a homogeneização, que segrega, favorecendo a solidão afetiva. Desfeito os laços sociais possíveis em outros discursos estabelecidos nas premissas neoliberais, surge "o 'indivíduo', que enquanto tal, nada tem para fazer laço social"[48], porque seu desejo é substituído pelo desejo do Outro – o ideário neoliberal.

Essa dinâmica forja um sujeito que tende a perder o próprio *eu* e se tornar *depressivo*, *ressentido* e *melancólico*. Não é uma coincidência que, a partir dos anos 1970, as taxas mundiais de *depressão* começaram a crescer. E o *ressentimento* surge exatamente pelo fato de o sujeito trabalhador –, que regra geral é o branco da classe média, que se sentia mais incluído – fracassa. Fracassa porque não consegue ser o sujeito bem-sucedido nos moldes neoliberais[49]. É da ordem do impossível alcançar o ideal de sujeito trabalhador neoliberal.

E a perversidade do neoliberalismo reside na catalização desse ressentimento e seu redirecionamento para o outro. Vale dizer, não são as agendas políticas liberais e as agendas econômicas neoliberais que impedem o sujeito de alcançar o sucesso prometido pelo discurso neoliberal, quem é o responsável pela condição de fracasso do sujeito é o outro, o sujeito não homogêneo[50]. Nos contextos de trabalho, esse outro não homogêneo pode ser, por exemplo, o sujeito que, enredado pelo produtivismo, adoece e deixa de alcançar os resultados esperados. Ele se torna o outro, porque o sujeito neoliberal não falha: se você quer, você pode! Você só precisa se esforçar!

A *melancolia*, base de diversos transtornos mentais e comportamentais e do suicídio, é apontada também como um sintoma social associado à constituição subjetiva pautada na ideologia neoliberal[51]. Segundo Byung-Chul Han, a premissa neoliberal embasada nas exigências de superprodução e de superdesempenho molda o que denomina *sociedade do desempenho* e "leva a um infarto da alma"[52]. Nesse passo, o

---

48 FERRARI, Ilka Franco. A realidade social e os sujeitos solitários. *Ágora*: Estudos em Teoria Psicanalítica. 2008, v. 11, n. 1, pp. 17-30, p. 23-25.

49 BROWN, Wendy. Nas ruínas do neoliberalismo: a ascensão política antidemocrática no ocidente. São Paulo: Editora Filosófica Politeia, 2019.

50 BROWN, Wendy. Nas ruínas do neoliberalismo: a ascensão política antidemocrática no ocidente. São Paulo: Editora Filosófica Politeia, 2019.

51 DELGADO, Gabriela Neves; DIAS, Valéria de Oliveira. O direito fundamental ao trabalho digno na era do capitalismo digital: reflexões sobre o teletrabalho bancário e suas formas de subjetivação e de adoecimento. *In*: Maria Cecília Máximo Teodoro; Márcio Túlio Viana; Gabriela Neves Delgado; Elsa Cristina Bevian; Maíra Morato Araújo Machado; Gabriel Januzzi Viana. (Org.). *COVID-19 e o mundo do trabalho*: 2020 em retrospectiva e perspectivas. 1 ed. Porto Alegre: Editora Fi, 2021, v. 1, p. 87-113.

52 HAN, Byung-Chul. Sociedade do cansaço. Tradução de Enio Paulo Giachini. 2ª ed. Ampl. Rio de Janeiro: Vozes, 2019.

eu empobrecido vai perdendo a capacidade de simbolização das perdas inerentes ao trabalhar e o sujeito trabalhador, enredado no sofrimento, vai se melancolizando.

Para Ana Magnólia Mendes, o sofrimento inerente ao fracasso no trabalho, quando não ressignificado, torna o sujeito indiferente ao outro, o que aprofunda o desfazimento dos laços de solidariedade, desarticula o coletivo de trabalhadores, silencia o sujeito e naturaliza práticas assediantes[53]. "Nesse jogo, operam as tensões do 'pensamento colonizante', criando espaços onde os mecanismos de condicionamento dos modos de pensar são utilizados para inibição da ação política"[54].

Além de contribuir para o aumento significativo de transtornos mentais e comportamentais das últimas décadas, a legitimação (velada?) do processo de fragmentação da identidade pela colonização do sujeito por meio do discurso neoliberal caracteriza um tipo de violência com graves repercussões sociais. A patologia da indiferença, que inviabiliza o reconhecimento de si no outro, e promove a banalização do mal e das injustiças sociais aniquila a humanidade e a ética do sujeito esfacela o laço social, podendo alcançar todos os seus níveis: familiar, escolar, profissional, social, política, cultural etc., na medida em o trabalho tangencia a vida humana em suas variadas dimensões.

É exatamente nesse contexto que a gestão da subjetividade emerge como recurso do neoliberalismo para a ruptura da identidade profissional e social, desencadeando o processo de desarticulação do coletivo de trabalhadores. O propósito é minar a formação da consciência de classe, inibir a luta coletiva por melhores condições de vida e de trabalho e naturalizar a precarização.

Vale dizer, a fragmentação da identidade do sujeito trabalhador pelo discurso neoliberal transforma o *sujeito no trabalho* no *sujeito do trabalho*, qual seja, o *sujeito não desejante*, o qual, na perspectiva jurídica, é representado pelo sujeito cujos direitos sociotrabalhistas estão cada vez mais precários.

Assim, um dos maiores desafios do mundo do trabalho contemporâneo é restaurar a identidade fragmentada do sujeito trabalhador neoliberal.

Um dos caminhos possíveis para que o sujeito trabalhador, individual e coletivamente considerado, deixe esse lugar do *não-ser* é a partir da afirmação de sua identidade constitucional sociotrabalhista, o que ocorre, ao menos, duas vias: a da atuação dos sindicatos e do Estado – por meio do Poder Judiciário, especialmente da Justiça do Trabalho – no campo da afirmação de direitos fundamentais.

---

53 MENDES, Ana Magnólia. Desejar, Falar, Trabalhar. Porto Alegre: Editora Fi, 2018, p. 27.

54 MENDES, Ana Magnólia; FACAS, Emilio Peres; DUARTE, Fernanda Sousa. Discurso digital e patologia da indiferença: desafios para o direito ao trabalho digno. *In*: *Direito Fundamental ao Trabalho Digno no Século XXI*: desafios e ressignificações para as relações de trabalho na era digital. Vol. III. São Paulo, LTr, 2020.

3. A AFIRMAÇÃO DA IDENTIDADE CONSTITUCIONAL DO SUJEITO TRABALHADOR: O PAPEL DOS SINDICATOS E DA JUSTIÇA DO TRABALHO[55]

Os direitos fundamentais, imbuídos de sua função contramajoritária, destinam-se à afirmação do pluralismo e do próprio constitucionalismo. Nesse passo, o processo de negação ou afirmação desses direitos no discurso constitucional é que viabiliza a construção e/ou reconstrução da identidade do sujeito constitucional.

Michel Rosenfeld, ao desenvolver a *teoria da identidade do sujeito constitucional*, afirma que o processo de reordenação e reconstrução da identidade constitucional ocorre, inicialmente, pelo processo constituinte[56].

Após o estabelecimento da nova ordem constitucional, a identidade constitucional é reformulada por meio de processos graduais e implícitos – os quais dependem do nível de engajamento do sujeito constitucional – pautados nas narrativas insertas na interpretação constitucional, construída a partir de um Texto Constitucional vinculado a um contexto específico[57].

Em um contexto de "constituição viva", a identidade constitucional é reformulada pelo discurso constitucional a partir da distinção e, ao mesmo tempo, da vinculação com outras identidades-chave, como a identidade nacional, em um processo gradual, dinâmico e aberto a reconstruções[58]. A matéria constitucional, por sua vez, "parece condenada a permanecer incompleta e sempre suscetível de maior definição, de maior precisão", de modo que é mais fácil afirmar o que não é a identidade constitucional, bem como a matéria e o sujeito constitucionais, do que afirmar o que eles são de fato[59].

Partindo dessas premissas, o sujeito constitucional é constituído pela falta, ou seja, "o sujeito do discurso constitucional [é] inerentemente incompleto, permeado pelo vazio, envolvido por um hiato, e, por conseguinte, incompleto e, necessariamente, aberto à – impossível – completude e à reconstrução" [60].

---

55 Registre-se que esta seção foi desenvolvida, em parte, com as reflexões assentadas em: DIAS, Valéria de Oliveira. *A Dimensão Socioambiental do Direito Fundamental ao Trabalho Digno*: uma análise na perspectiva do assédio organizacional nos bancos do Distrito Federal. São Paulo: LTr, 2020 (capítulo 1, seção 1.1, subseção 1.1.1.).

56 ROSENFELD, Michel. *The Identity of the Constitutional Subject*: Selfhood, Citizenship, Culture, and Community. London and New York: Routledge, 2010.

57 ROSENFELD, Michel. *The Identity of the Constitutional Subject*: Selfhood, Citizenship, Culture, and Community. London and New York: Routledge, 2010.

58 ROSENFELD, Michel. *The Identity of the Constitutional Subject*: Selfhood, Citizenship, Culture, and Community. London and New York: Routledge, 2010.

59 ROSENFELD, Michel. *A identidade do sujeito constitucional*. Tradução de Menelick de Carvalho Netto. Belo Horizonte: Mandamentos, 2003.

60 DIAS, Valéria de Oliveira. *A Dimensão Socioambiental do Direito Fundamental ao Trabalho Digno*: uma análise a partir do assédio organizacional nos bancos do Distrito Federal. São Paulo: LTr, 2020, p. 90.

Em face da incompletude constitutiva do sujeito constitucional, a sua identidade só pode ser determinada de forma parcial, por meio da harmonização entre o *eu* e o outro – o que pertence ao padrão reconhecido pela sociedade e o que se diferencia do *eu*, potencialmente excluído de reconhecimento social e jurídico.

A afirmação da identidade do sujeito constitucional vincula-se a um dado momento histórico, como em uma fotografia, e objetiva alçar o *eu* e o outro, considerando ainda as futuras gerações, ao mesmo patamar de dignidade para o exercício pleno de cidadania no Estado Democrático de Direito[61].

Nesse passo, tem-se que, é diante da realidade social e do nível de engajamento do sujeito constitucional que surge a possibilidade de reconstrução da identidade constitucional por meio da efetivação de direitos fundamentais.

> Daí a premência de o sujeito constitucional ser um vazio – nele devem caber todos – e de a identidade do sujeito constitucional ser forjada pela releitura e reconstrução dos direitos fundamentais constitucionalizados, cujo sentido é aberto exatamente para propiciar que sejam lidos e relidos em face das dinâmicas sociais de modo a permitir o exercício da cidadania e a inclusão social, promovendo, consequentemente, um pluralismo abrangente[62].

A possibilidade de reconstruir e de afirmar a identidade constitucional do outro, a saber, o excluído dos espaços institucionais de reconhecimento social e jurídico, realiza-se a partir da compreensão que os direitos fundamentais podem e devem ser relidos e reformulados, em face da "dimensão de temporalidade que abarque as vivências e exigências constitucionais das gerações passadas, das presentes e das futuras"[63].

A abertura inerente aos direitos fundamentais objetiva, exatamente, a concretização da comunidade de princípios humanísticos e sociais constituídos pelo Texto Constituição de 1988 diante dos fatos e das dinâmicas sociais que se apresentam como desafios à inclusão social e à participação cidadã no Estado Democrático de Direito.

Nessa linha, o discurso constitucional referenciado pela Constituição de 1988 é que imprimirá uma autoidentidade a partir da delimitação dos elementos e do âmbito de proteção que vinculará as pessoas humanas reunidas a partir de um mesmo conjunto de normas constitucionais – os sujeitos constitucionais parciais

---

61 ROSENFELD, Michel. *The Identity of the Constitutional Subject*: Selfhood, Citizenship, Culture, and Community. London and New York: Routledge, 2010.

62 DIAS, Valéria de Oliveira. *A Dimensão Socioambiental do Direito Fundamental ao Trabalho Digno*: uma análise a partir do assédio organizacional nos bancos do Distrito Federal. São Paulo: LTr, 2020, p. 90.

63 CARVALHO NETTO, Menelick de. Reflexão constitucional acerca dos direitos do portador de sofrimento mental em conflito com a lei. *Veredas do Direito*. v. 2, n. 4, p. 67-80, Belo Horizonte: julho – dezembro de 2005.

–, promovendo o reconhecimento do *eu* e do outro[64] como sujeitos de direito detentores da mesma consideração e respeito, de modo a inibir a existência de identidades constitucionais que oprimem ou coagem o *eu* ou o outro, esvaziando-os de sua própria identidade.

Na perspectiva do Direito do Trabalho relido à luz da comunidade de princípios constituída em 1988, a identidade constitucional do sujeito trabalhador é restaurada a partir da negação de práticas que importem mercantilização do trabalho e exclusão social e, ao mesmo tempo, da afirmação da dignidade do sujeito e do trabalho de modo a lhe garantir existência digna na ordem econômica brasileira.

Evidentemente que o mercado capitalista também deve ser protegido, sobretudo em face da concorrência desleal. Todavia, da formação do mercado de trabalho brasileiro até a atualidade, a proteção ao mercado tem sido acompanhada da desregulamentação da legislação social e trabalhista e, por conseguinte, da exclusão do sujeito trabalhador do âmbito de proteção jurídico-constitucional. A fragmentação da identidade do sujeito de direitos sociotrabalhista resulta na mercantilização do trabalho e no esvaziamento do sentido de cidadania, conformando o sujeito trabalhador à condição de outro destituído, ainda que parcialmente, de identidade constitucional.

A regulamentação social do trabalho historicamente se mostra como o principal meio de produção de bem-estar individual e coletivo e de conferir cidadania. É que é por meio do trabalho regulado que se confere condições de vida na qual é possível alcançar um estado de bem-estar pleno.

O bem-estar individual e coletivo projetado pelo Texto Constitucional de 1988 está relacionado à possibilidade de vida saudável em suas múltiplas dimensões – física, psíquica e social –, que perpassa pelo acesso a direitos fundamentais sociais básicos, entre os quais se destaca o *trabalho digno, como condição necessária para o desenvolvimento pleno da personalidade do sujeito trabalhador*, como condição de liberdade.

A regulação social do trabalho emerge, portanto, como instrumento de afirmação da identidade constitucional do sujeito trabalhador a ser (re)construída pelos trabalhadores por meio dos movimentos sociais de luta coletiva e/ou da mobilização do Poder Judiciário. É que a invocação do sujeito neoliberal para a condição de sujeito desejante depende da implementação de condições concretas de consolidação da dignidade no e pelo trabalho por meio da eficácia dos direitos fundamentais nas relações entre particulares.

---

64 ROSENFELD, Michel. *A identidade do sujeito constitucional*. Tradução de Menelick de Carvalho Netto. Belo Horizonte: Mandamentos, 2003.

Nesse quadro, especialmente sob o ponto de vista dos direitos humanos individuais e coletivos do sujeito no mercado capitalista de trabalho, emerge o relevante papel das *entidades sindicais* e do Poder Judiciário, especialmente da *Justiça do Trabalho*. Tanto os sindicatos quanto o Poder Judiciário Trabalhista integram um sistema construído a partir do Texto Constitucional de 1988, cujo objetivo é garantir a efetivação de direitos fundamentais sociotrabalhistas e a desmercantilização do trabalho humano.

3.1. O papel invocante dos sindicatos no Estado Democrático de Direito

A história nos mostra que o sujeito de direitos no campo do Direito do Trabalho é forjado no coletivo e é nesse coletivo que o trabalhador se realiza enquanto sujeito em sua autonomia. O fato é que a autonomia individual do sujeito trabalhador é decorrente de uma relação de alteridade construída a partir do coletivo e das formas de resistência coletivamente construídas.

Os processos de identificação coletiva que "permitem a constituição de uma multidão organizada", todavia, perpassam, segundo a Psicanálise, pela identificação de indivíduos com determinados ideais compartilhados pelos integrantes de um grupo[65] . Essa identificação – e a consequente constituição de laços sociais – está fundamentalmente atrelada ao desejo constitutivo do sujeito: o desejo de "ser reconhecido pelo desejo do outro"[66].

Partindo dessa premissa, o papel de sujeito invocante a ser protagonizado pelo movimento sindical perpassa pelo resgate da história do sindicalismo brasileiro e suas experiências de constituição de identidade coletiva por meio de práticas educacionais, das redes sociais de mútuo apoio e da práxis sindical, que são decisivas para os sujeitos se reconheçam uns nos outros e, por conseguinte, para a consolidação de laços sociais.

Ser invocante perpassa, de igual modo, pela construção de novas narrativas – e de novos canais de comunicação – que façam sentido e promovam o engajamento dos sujeitos trabalhadores contemporâneos, lembrando que, tais sujeito, marcados pela heterogeneidade e fragmentação, possuem demandas diferentes daqueles que compunham/compõem as organizações sindicais forjadas a partir do modelo taylor-fordista.

Um dos grandes desafios do sindicalismo contemporâneo é, exatamente, compreender os processos de mudança e de engajamento da classe trabalhadora

65 STARNINO, Alexandre. Sobre identidade e identificação em psicanálise: um estudo a partir do Seminário IX de Jacques Lacan. *Revista doispontos:*, Curitiba, São Carlos, volume 13, número 3, p. 231-249, dezembro de 2016, p. 243.

66 TOREZAN, Zeila C. Facci; AGUIAR, Fernando. O Sujeito da Psicanálise: Particularidades na Contemporaneidade. *Revista Mal-estar e Subjetividade* – Fortaleza – Vol. XI – Nº 2 – p. 525-554 – jun/2011, p. 539.

e ampliar suas possibilidades de atuação para a afirmação de direitos fundamentais trabalhistas.

É pelo processo de fala e de escuta ativa em um espaço inclusivo e democrático – tanto virtual quanto presencial, nas ruas – que se torna possível a reconstrução dos laços sociais e a reformulação de uma identidade de classe, que há de ser fundada a partir da noção de classe-que-vive-do-trabalho[67] e das conjunturas[68], "facilitando a adesão à ação coletiva direcionada a novas conquistas sociais, em um círculo virtuoso que, ao cabo, tende a produzir resultados de soma positiva"[69].

Assim, as entidades sindicais contemporâneas, em processo de destituição de sentido constitucional, detêm o potencial de se colocar no lugar de sujeito invocante para deslocar o sujeito trabalhador, individual e coletivamente considerado, de sua condição de *não-sujeito* de direitos. Detêm, ainda, o potencial de reafirmar, reconstruir a sua própria identidade constitucional, cujas estruturas estão postas na liberdade sindical e na negociação coletiva.

O Texto Constitucional explicitamente trata da obrigatoriedade da participação dos sindicatos nas negociações coletivas de trabalho (art. 8º, inciso VI), sem restringir a atuação do ente sindical aos trabalhadores regidos por uma relação empregatícia e, ainda, albergando a representação coletiva mais ampla, ou seja, para além daquela regida pelo critério da categoria profissional[70]. Tal conclusão, aliás, não poderia ser outra se considerado um exercício hermenêutico coerente com os pressupostos Estado Democrático de Direito.

O *direito fundamental à negociação coletiva* está diretamente associado à condição de pessoa humana trabalhadora, em sua dimensão coletiva. Nessa perspectiva, a efetivação do direito fundamental ao trabalho digno, consideradas as dimensões a ele inerentes, a saber, a pessoa humana trabalhadora, o valor social do trabalho e o meio ambiente de trabalho, perpassa necessária e fundamentalmente pela efetivação do *direito fundamental do trabalhador à tutela sindical.*

Ora, o trabalhador individualmente considerado, regra geral, não detém a potência necessária para equilibrar juridicamente a relação desigual com o mercado capitalista de trabalho que se apresenta, em suas diversas matizes, como sujeitos coletivos.

---

67 ANTUNES, RICARDO. O privilégio da servidão: o novo proletariado de serviços na era digital. 1. Ed. São Paulo: Boitempo, 2018.

68 NICOLI, Pedro Augusto Gravatá. *Fundamentos de Direito internacional social*: sujeito trabalhador, precariedade e proteção global às relações de trabalho. São Paulo: LTr, 2016, p. 102.

69 LOBO, Valéria Marques. Desmercantilização do Trabalho da Perspectiva do Movimento Sindical (Brasil, 1950-2000). *DADOS – Revista de Ciências Sociais,* Rio de Janeiro, Vol. 52, nº 1, 2009, pp. 85 a 121, p. 111.

70 MACHADO, Sidney. p. 435.

Nesse contexto, o sindicato, de acordo com a Constituição de 1988, revela-se como ente coletivo que se destina a tutelar a estrutura macro de progressiva melhoria da condição social do trabalhador (art. 7º, *caput*, e inciso XXVI).

Esse quadro delineado não somente aponta para a existência do *direito fundamental do trabalhador à tutela sindical* como reafirma a identidade constitucional dos entes sindicais, provocando-os a atuar de modo a conquistar um novo protagonismo na afirmação de direitos sociotrabalhistas e, quiçá, a ressignificar conceitos clássicos justrabalhistas como o de categoria profissional.

3.2. O papel invocante da Justiça do Trabalho no Estado Democrático de Direito

A Constituição de 1988, a partir de seus três eixos principais – o Estado Democrático de Direito, sua arquitetura principiológica humanística e social e a concepção constitucional de direitos fundamentais da pessoa humana –[71], evidencia o compromisso do Poder Judiciário e, especialmente da Justiça do Trabalho, com a prevalência dos direitos humanos fundamentais e, por conseguinte, com a afirmação e a reconstrução da identidade constitucional daqueles que vivem do seu trabalho.

A missão da Justiça Especializada é "realizar Justiça no âmbito das relações de trabalho, contribuindo para a paz social e o fortalecimento da cidadania", ser reconhecida "como instrumento efetivo de justiça célere e comprometida com a garantia dos direitos decorrentes das relações de trabalho, bem como assegurar efetividade à prestação jurisdicional e garantir, no plano concreto, os direitos de cidadania (art. 1º, II, da Constituição Federal)" [72].

Nessa perspectiva, o processo de reconstrução da identidade constitucional do sujeito trabalhador concretiza-se a partir de uma hermenêutica jurídica coerente com o Estado Democrático de Direito e o Direito do Trabalho constitucionalizado enquanto instrumento de regulação de condutas e interesses nas relações de trabalho e de emprego, bem como de estruturação da convivência social e da cidadania da pessoa trabalhadora, inclusive em sua dimensão coletiva[73].

A reconstrução da identidade constitucional do sujeito trabalhador se perfaz tanto pela via da luta social empreendida pelo movimento sindical quanto pelas decisões judiciais, que garantem os meios concretos de fruição de direitos fundamentais sociais e trabalhistas.

---

[71] DELGADO, Mauricio Godinho; DELGADO, Gabriela Neves. *A reforma trabalhista no Brasil*: com os comentários à Lei n. 13.467/2017. 2. ed. rev., atual. e ampl. São Paulo: LTr, 2018, p. 21.

[72] DIAS, Valéria de Oliveira. *A Dimensão Socioambiental do Direito Fundamental ao Trabalho Digno*: uma análise a partir do assédio organizacional nos bancos do Distrito Federal. São Paulo: LTr, 2020, p. 90.

[73] DIAS, Valéria de Oliveira. *A Dimensão Socioambiental do Direito Fundamental ao Trabalho Digno*: uma análise a partir do assédio organizacional nos bancos do Distrito Federal. São Paulo: LTr, 2020, p. 90.

Especialmente no campo justrabalhista, o existir do sujeito de direitos é o resistir no coletivo, porque esse sujeito se realiza entre o reconhecimento normativo e a práxis política. Nessa perspectiva, o papel do Direito do Trabalho de afirmar o valor social do trabalho e da livre iniciativa apenas se realiza a partir do reconhecimento institucional de que é aquele que trabalha, inclusive em sua expressão coletiva, que ocupa posição de centralidade no mundo do trabalho e necessita de proteção social em face das dinâmicas do capitalismo neoliberal.

Nesse prisma, emerge o dever fundamental do Poder Judiciário de reconhecer e fortalecer o protagonismo das entidades sindicais brasileiras na sociedade contemporânea como expressão do Estado Democrático de Direito. Isso porque o sindicalismo e o Direito Sindical são mecanismos institucionalizados que possibilitam a "o alcance de fórmulas mais participativas e equânimes de gestão social do mundo do trabalho" e de uma melhor condição econômica, social e política para os trabalhadores[74].

Tal conclusão se fortalece pelo fato de o trabalho, no sistema capitalista albergado pela Constituição Federal de 1988, contribuir significativamente para a inclusão e a integração sociais e, por conseguinte, para o fortalecimento do sentido de democracia no Estado constitucional, influindo, inclusive, sobre a organização e o modelo de sociedade que se pretende ter.

CONSIDERAÇÕES FINAIS

A história da formação do mercado de trabalho brasileiro, com suas agruras e marcas indeléveis da escravidão, da extrema exclusão e desigualdade sociais persistentes na atualidade, denota que, no campo do Direito do Trabalho, o sujeito de direitos é forjado na relação de alteridade no coletivo e é nesse coletivo que o trabalhador se realiza enquanto sujeito desejante em sua autonomia.

No contexto capitalista neoliberal, todavia, as subjetividades forjadas se pautam no sujeito do trabalho, o sujeito destituído de desejo. Esse sujeito é seduzido pelo discurso neoliberal que impõe, de modo sutil e sofisticado, um ideal de trabalhador centrado no desempenho e adaptável à precarização do trabalho, cujo espaço e tempo de vida é preenchido para alcançar os objetivos organizacionais, em um processo contínuo de individualização marcado pelo empreendedorismo de si mesmo. Um dos objetivos é esvaziar as possibilidades de colocar limites na exploração do capital por meio do esfacelamento dos vínculos de solidariedade e da cisão da identidade coletiva dos sujeitos trabalhadores.

---

74 DELGADO, Mauricio Godinho. Constituição da República, Estado Democrático de Direito e Direito do Trabalho. *In*: DELGADO, Mauricio Godinho; DELGADO, Gabriela Neves (Coord.). *Constituição da República e direitos fundamentais*: dignidade da pessoa humana, justiça social e direito do trabalho. 4. ed. São Paulo: LTr, 2017, p. 52.

Diante desse quadro, as entidades sindicais possuem o grande desafio de resgatar o processo de construção da identidade coletiva por meio de novas estratégias de organização e engajamento – especialmente da geração de trabalhadores precários, que é marcada pela flexibilização dos direitos trabalhistas –, para que se possibilite, pela via coletiva, a mobilização do Estado no sentido de construir/reconstruir da identidade constitucional do sujeito trabalhador pela efetivação dos direitos fundamentais para a melhoria de suas condições de trabalho e sociais, além de sua própria identidade constitucional.

O Poder Judiciário, especialmente a Justiça do Trabalho, de igual modo, possuem o poder-dever de afirmar a identidade constitucional do sujeito, inclusive em sua dimensão coletiva – o que inclui o reconhecimento e o fortalecimento da atuação dos sindicatos –, a partir de uma hermenêutica coerente com o Estado Democrático de Direito.

A proteção social do sujeito, além de lhe conferir condições materiais de vida digna e afirmar sua identidade constitucional, é fundamental para promover a desmercantilização do trabalho humano e condições de exercício da cidadania. Aliás, a concepção liberal de mercado de trabalho autorregulável, que insiste e persiste no mercado de trabalho brasileiro, é historicamente marcada pela exploração e pelo descompromisso com a dignidade humana e do trabalho.

A mercantilização do trabalho humano tende a gerar degradação social, pois diante da mercantilização do que é vivo, esvazia-se o sujeito de sua característica mais cara, sua própria humanidade.

E nesse sentido, a realização do projeto constitucional de construir uma sociedade livre, justa e solidária está intimamente relacionada com a regulação social do trabalho humano, que é a via segura de garantia de vida saudável, em suas múltiplas dimensões, tanto na perspectiva individual quanto social. Ademais, conforme defende Mauricio Godinho Delgado, o trabalho protegido é um dos mais importantes meios para afirmação da cidadania e consolidação da democracia.

REFERÊNCIAS

ANTUNES, RICARDO. *O privilégio da servidão*: o novo proletariado de serviços na era digital. 1. Ed. São Paulo: Boitempo, 2018.

BARBOSA, Leonardo Augusto de Andrade. *História constitucional brasileira* [recurso eletrônico]: mudança constitucional, autoritarismo e democracia no Brasil pós-1964. 3. reimpr. Brasília: Câmara dos Deputados, Edições Câmara, 2018.

BROWN, Wendy. *Nas ruínas do neoliberalismo*: a ascensão política antidemocrática no ocidente. São Paulo: Editora Filosófica Politeia, 2019.

CARVALHO NETTO, Menelick de. Reflexão constitucional acerca dos direitos do portador de sofrimento mental em conflito com a lei. *Veredas do Direito*. v. 2, n. 4, p. 67-80, Belo Horizonte: julho – dezembro de 2005.

CASTEL, Robert. *As metamorfoses da questão social.* Rio de Janeiro: Vozes, 1998.

DEJOURS, Christophe. *A loucura do trabalho*: estudo de psicopatologia do trabalho. 5. ed. ampliada. São Paulo: Cortez-Oboré, 1992.

DELGADO, Mauricio Godinho; DELGADO, Gabriela Neves. *A reforma trabalhista no Brasil*: com os comentários à Lei n. 13.467/2017. 2. ed. rev., atual. e ampl. São Paulo: LTr, 2018.

DELGADO, Gabriela Neves; DIAS, Valéria de Oliveira. O direito fundamental ao trabalho digno na era do capitalismo digital: reflexões sobre o teletrabalho bancário e suas formas de subjetivação e de adoecimento. *In*: Maria Cecília Máximo Teodoro; Márcio Túlio Viana; Gabriela Neves Delgado; Elsa Cristina Bevian; Maíra Morato Araújo Machado; Gabriel Januzzi Viana. (Org.). *COVID-19 e o mundo do trabalho:* 2020 em retrospectiva e perspectivas. 1ed. Porto Alegre: Editora Fi, 2021, v. 1, p. 87-113.

DIAS, Valéria de Oliveira. *A Dimensão Socioambiental do Direito Fundamental ao Trabalho Digno:* uma análise na perspectiva do assédio organizacional nos bancos do Distrito Federal. São Paulo: LTr, 2020.

HAN, Byung-Chul. *Sociedade do cansaço.* Tradução de Enio Paulo Giachini. 2ª ed. Ampl. Rio de Janeiro: Vozes, 2019.

HARVEY, D. O. *Neoliberalismo*: história e implicações. 4. ed. São Paulo: Edições Loyola, 2013.

HONNETH, Axel. Trabalho e reconhecimento: tentativa de uma redefinição. *Civitas – Revista de Ciências Sociais*, v. 8, n. 1, jan.-abr. 2008.

LACAN, Jaques. A tópica do imaginário (1954). *In*: ______. *O seminário*: livro 1: os escritos técnicos de Freud. Rio de Janeiro: J. Zahar, 1998.

LAPLANCHE e PONTALIS. *Vocabulário de psicanálise*. São Paulo: Martins Fontes, 1991.

LOBO, Valéria Marques. Desmercantilização do Trabalho da Perspectiva do Movimento Sindical. *DADOS, Revista de Ciências Sociais*, Rio de Janeiro, vol. 52, n. 1, 2009.

_____. Direito do trabalho, cidadania e democracia. *Revista do Tribunal Superior do Trabalho*: vol. 87, n. 1 (jan./mar. 2021).

MANFREDI, Silvia Maria. *Formação Sindical no Brasil*: história de uma prática cultural. São Paulo, Escrituras Editora, 1996.

MENDES, Ana Magnólia. *Desejar, Falar, Trabalhar*. Porto Alegre: Editora Fi, 2018.

_____; VIVÈS, Jean-Michel. Voz do supereu e melancolização no trabalho que adoece. In: COELHO, Rosana; MOTTA, Diego Airoso da (Orgs.). *Psicanálise & Trabalho*: retratos do contemporâneo. Porto Alegre: Tribunal Regional do Trabalho da 4ª Região, 2020, p. 198.

_____; FACAS, Emilio Peres; DUARTE, Fernanda Sousa. Discurso digital e patologia da indiferença: desafios para o direito ao trabalho digno. *In*: *Direito Fundamental ao Trabalho Digno no Século XXI*: desafios e ressignificações para as relações de trabalho na era digital. vol. III. São Paulo, LTr, 2020.

NICOLI, Pedro Augusto Gravatá. *Fundamentos de Direito internacional social*: sujeito trabalhador, precariedade e proteção global às relações de trabalho. São Paulo: LTr, 2016.

ROSENFELD, Michel. *The Identity of the Constitutional Subject*: Selfhood, Citizenship, Culture, and Community. London and New York: Routledge, 2010.

______. *A identidade do sujeito constitucional*. Tradução de Menelick de Carvalho Netto. Belo Horizonte: Mandamentos, 2003.

SILVA JUNIOR, Nelson da. O Brasil da barbárie à desumanização neoliberal: do "Pacto edípico, pacto social", de Hélio Pellegrino, ao "E daí?", de Jair Bolsonaro. *In*: SAFATLE, Vladimir; SILVA JUNIOR, Nelson da; DUNKER, Christian. (orgs.) *Neoliberalismo como gestão do sofrimento psíquico*. Belo Horizonte: Autêntica, 2020.

TOLEDO, Edilene. Um ano extraordinário: greves, revoltas e circulação de ideias no Brasil em 1917. *Estudos Históricos*. Rio de Janeiro, vol. 30, nº 61, p. 497-518, maio--agosto, 2017.

TOREZAN, Zeila C. Facci; AGUIAR, Fernando. O sujeito da psicanálise: particularidades na contemporaneidade. *Revista Mal-Estar e Subjetividade*. Fortaleza, v. 11, n. 2, p. 525-554, 2011.

CAPÍTULO 18

SINDICALISMO, REFORMA TRABALHISTA E DESEMPREGO: NOTAS SOBRE OS DESAFIOS DAS TRADIÇÕES DE LUTA EM BUSCA DO ESTADO DE BEM-ESTAR SOCIAL NO BRASIL[1]

Adriana L. S. Lamounier Rodrigues[2]
Renata Osório Caciquinho Bittencourt[3]

Sumário • 1. Introdução – 2. Reforma trabalhista e o movimento sindical: os desafios da busca de direitos sociais – 3. Exército de operários de reserva: a (in)visibilidade dos desempregados e dos desalentados e a sua representação sindical em uma perspectiva de categoria profissional – 4. Democracia, organização sindical, desemprego e o horizonte do bem-estar social: uma análise contemporânea dos desafios, sob a perspectiva da Constituição de 1988, dos Direitos Humanos e Sociais – Considerações finais – Referências Bibliográficas.

1. INTRODUÇÃO

O trabalho é o mais importante instrumento de progresso social historicamente conhecido, sendo maneira de inserção democrática e inclusiva. É através do trabalho que se alcança a Justiça Social, a qual resulta em paz universal e afasta a violência.

A proteção do trabalho, com uma combinação de políticas públicas de intervenção à livre mão invisível do mercado, propicia a construção de Estados de Bem-Estar Social, de modo a garantir um patamar mínimo de dignidade a todos os cidadãos.

---

1 Artigo originalmente publicado na Revista do Tribunal Superior do Trabalho, São Paulo, v. 87, n. 3, pág. 158-174, jul./set. 2021. Disponível em: [https://hdl.handle.net/20.500.12178/195413].

2 Pós-Doutora em Direito do Trabalho pela Faculdade de Direito da Universidade Federal de Minas Gerais (UFMG). Doutora em Direito pela UFMG em cotutela com a Universidade de Roma Tor Vergata. Master em Direito Sindical pela Universidade de Roma Tor Vergata. Integrante do Grupo de Pesquisa "Sindicalismo" (UDF/CNPq). Bacharel em Direito pela UFMG. Advogada. Endereço eletrônico: adrianalslr@yahoo.com.br.

3 Mestranda do Mestrado em Direito das Relações Sociais e Trabalhistas do UDF. Integrante do Grupo de Pesquisa "Sindicalismo" (UDF/CNPq). Professora na Universidade Paulista. Pós-Graduada em Direito do Trabalho, Processo do Trabalho e Direito Previdenciário pela Universidade Cândido Mendes. Representante da Federação Internacional das Mulheres de Carreira Jurídica na Organização Internacional do Trabalho (OIT). Advogada. Endereço eletrônico: renatacaciquinho@hotmail.com.

De modo antagônico, o discurso neoliberal, austero, que defende o Estado Mínimo, dando ao indivíduo um falso controle de sua realidade e futuro, defende o máximo distanciamento estatal e a regulação das relações de trabalho pelo próprio mercado, alegando que um autoajuste, automaticamente, desencadearia um desenvolvimento social.

O discurso neoliberal prega a flexibilização das normas sociais, culpando o Estado Social e o Direito do Trabalho por todos os déficits existentes.

Seguindo a cartilha neoliberal, o Brasil, especificamente, enfrenta um período conturbado de políticas retrógradas e legislações que impõem um verdadeiro direito do trabalho de exceção[4].

As mais recentes propostas de flexibilização das normas trabalhistas brasileiras, ditas "modernizantes" pelos seus defensores, iniciam-se, dentro da Corte Constitucional Brasileira (STF) em 2016 já com a suspensão da Súmula 277 do TST.

E é sob o brandir desses fundamentos que foi construída a Reforma Trabalhista, vigente desde o ano de 2017, prometendo a "modernização", mais oportunidades de ocupação e menos desemprego. Promessa essa já oficialmente e empiricamente descumprida, pois os resultados foram exatamente o contrário: diminuição da população empregada, aumento dos desempregados e desalentados.

Dentre tantos instrumentos de precarização inseridos na norma, nesse ensaio, serão analisadas as consequências de tais práticas sob a lente do Direito Coletivo do Trabalho, por meio dos sindicatos e do sindicalismo, movimento que o identifica.

Na primeira seção, "Reforma Trabalhista e o Movimento Sindical: os desafios da busca de Direitos Sociais", buscar-se-á apresentar o contexto histórico entre a formação dos Estados de Direito e o movimento sindical, bem como a sua construção e declínio enfatizado pela Reforma Trabalhista.

Na segunda seção, "Exército de Operários de Reserva", serão demonstradas as consequências de tais políticas aos desempregados e desalentados, relacionando a sua ausência de representação sindical, não pertencendo a nenhuma categoria econômica, dentre as importantes preocupações com o futuro do mundo trabalho.

Por fim, na terceira seção, "Democracia, Organização Sindical, Desemprego e o Horizonte do Bem-Estar Social", será apresentada a influência do novo formato legal laboral brasileiro no Estado Democrático de Direito e no Bem-Estar Social sob o olhar da OIT e da Constituição Federal de 1988.

---

4 FERREIRA, Antônio Casimiro. A sociedade de austeridade: Poder, medo e direito do trabalho de exceção. **Revista Crítica de Ciências Sociais**, 95, dezembro 2011.

2. REFORMA TRABALHISTA E O MOVIMENTO SINDICAL: OS DESAFIOS DA BUSCA DE DIREITOS SOCIAIS

Historicamente, o movimento sindical surge como vertente mediadora entre o capital e o trabalho no contexto da primeira revolução industrial do capitalismo. No cenário em que se vislumbra um contexto social de desigualdade maximizada para os padrões até então experimentados, despertam-se ações de revolta por um horizonte diferente e mais justo.

Instituído esse formato organizacional na sociedade de produção, verifica-se, de um lado, uma perspectiva de quem manda e detém as riquezas com a nítida aspiração de ampliá-las e, em sua contraposição, a de quem auxilia na sua produção contando exclusivamente com a sua força de trabalho, visando à sobrevivência por meio desse exercício, fazendo surgir o conceito de emprego[5].

Por si só, o conceito de emprego traz consigo o seu antônimo, o desemprego, visto que a primeira grande Revolução Industrial, caracterizada pela implantação da máquina a vapor, cria oportunidades para o exercício do primeiro – o emprego – em número amplamente inferior a força humana produtiva, sendo o excedente gerado alocado na conceituação do segundo – o desemprego.

A expansão desenfreada da exploração capitalista gerou, progressivamente, demandas sociais, visto que as soluções anteriores não mais respondiam aos anseios humanos. Estava posta a miséria, a exploração do trabalho humano sem medida, a ausência de atenção aos infortúnios presentes e futuros, colocando a base da sociedade em um movimento solidário no caminho revolucionário, agora sob novos fundamentos relacionados aos direitos sociais[6]. A necessidade de Direitos Sociais é construída como "direitos históricos, ou seja, nascidos em certas circunstâncias, caracterizadas por lutas em defesa de novas liberdades contra velhos poderes, e nascidos de modo gradual, não todos de uma vez e nem de uma vez por todas"[7].

Nesse contexto, os empregados encontram-se reunidos em um novo sistema capitalista, dentro de um espaço físico comum – o ambiente laboral – e se identificam em suas demandas por condições de trabalho dignas que os vejam para além do capital, em sua dignidade humana e como componentes sociais do novo sistema, e não meros instrumentos. Passa a ser percebido então um sentimento

---

5 DELGADO, Gabriela Neves. Os Paradigmas do Estado Constitucional Contemporâneo. *In* DELGADO, Maurício Godinho, e DELGADO, Gabriela Neves, **Constituição da República e Direitos Fundamentais**: Dignidade da Pessoa Humana, Justiça Social e Direito do Trabalho, 4 ed., São Paulo: LTr, 2017, p. 18-22.

6 Ibid., p. 24-26.

7 BOBBIO, Norberto. **A Era dos Direitos**. Tradução Carlos Nelson Coutinho, apresentação de Celso Lafer, Rio de Janeiro: Elsevier, 2004, 7ª reimpressão, p. 9.

coletivo de classe, um pertencimento comunitário, semente embrionária das lutas sindicais.

Maurício Godinho Delgado pontua que o "sindicato e o movimento sindical que lhe é próprio, o sindicalismo, são produtos da sociedade capitalista, assim como todo Direito do trabalho"[8].

Direito do Trabalho e sindicatos possuem uma relação de causa e efeito. É um Direito que depende[9] intrinsecamente do sindicato, haja vista que os sindicatos, como movimento social, foram os primeiros responsáveis, direta ou indiretamente, pela criação de normas trabalhistas, o fato social transformado em direito.

O movimento sindical, ao produzir normas autônomas, faz nascer a principal fonte do ordenamento jurídico trabalhista. O Direito do Trabalho surgiu, portanto, como uma consequência da atuação dos sindicatos nas lutas pela melhoria das relações de trabalho.[10]

Essa breve exposição histórica, que não pretende esmiuçar nem esgotar o tema, apenas identificá-lo para contextualizar o estudo, promove o surgimento, como dito, do Direito Coletivo do Trabalho e seu sujeito definidor, os sindicatos, que são "entidades associativas permanentes, que representam, respectivamente, trabalhadores *lato sensu*, e empregadores, visando à defesa dos seus correspondentes interesses coletivos"[11].

No Brasil, recorte desse ensaio, o sindicalismo pode ser enxergado em fases que o definem: Anarcossindicalismo, Corporativismo Sindical, Novo Sindicalismo e o atual sindicalismo que luta para resistir após a vigência da Reforma Trabalhista.

O surgimento do Direito do Trabalho no sistema nacional brasileiro, atrelado ao sindicalismo, ocorre com o Anarcossindicalismo que, de acordo com Amauri Mascaro Nascimento, fundou-se nas ideias do sindicalismo revolucionário contestativo do Estado, da autoridade e das leis, segundo os princípios do anarquismo voltados para o movimento sindical, trazidos para o Brasil pelos imigrantes, especialmente os italianos[12].

---

8 DELGADO, Maurício Godinho. **Curso de Direito do Trabalho**. 19 ed. São Paulo: LTr, 2020, p. 1.648.

9 Ainda que se possa pensar num Direito do Trabalho feito só pelo Estado, tal Direito não expressaria nem acompanharia as velozes mudanças dos fatos sociais. Até mesmo o presidente Vargas, quis antecipar-se aos gritos da classe trabalhadora e também em atenção ao sindicato.

10 RODRIGUES, Adriana L. S. Lamounier. **Redes Sindicais Internacionai**s: uma contribuição ao fortalecimento do Direito do Trabalho no Brasil e na Itália. Bauru: Canal 6 Editora, 2018.

11 DELGADO, Maurício Godinho. **Direito Coletivo do Trabalho**. 6 ed. São Paulo: LTr, 2005, p. 77.

12 NASCIMENTO, Amauri Mascaro. "A liberdade sindical na perspectiva do direito legislado brasileiro". In: FREDIANI, Yone; ZAINAGHI, Domingos Sávio (Coords.). **Relações de Direito Coletivo Brasil-Itália**. São Paulo: LTr, 2004, p. 25.

O fim do Anarcossindicalismo se dá com a imposição do Corporativismo Sindical, instituído durante a Era Vargas, que surge para limitar, controlar o movimento. Atrelava-se a estrutura sindical ao Estado, destruindo as bases sociais e políticas em que o movimento anterior tinha se desenvolvido. O Corporativismo Sindical tinha como objetivo a superação da luta de classes, chamando o sindicato para junto do Estado.

Os citados freios ao desenvolvimento sindicalista anterior a 1988 podem ser exemplificados pela presença de restrições evidentes ao direito de greve, incentivo à judicialização como substituto das negociações coletivas, silêncio normativo quanto às centrais sindicais (entidades de alcance nacional e de todos os tipos de categorias de trabalhadores), ausência de separação clara entre os sindicatos e o Estado (exercendo forte controle), participação de dirigentes sindicais na estrutura do Estado, criando laços de aproximação entre os mesmos e dificultando a independência no exercício da função de luta e resistência pelos trabalhadores.[13]

A terceira fase e, de certa forma, apogeu do sistema sindical no Brasil se deu com o Novo Sindicalismo que tem como marco a criação das centrais sindicais e a Constituição de 1988 que consagra os princípios da Liberdade e da Autonomia sindical, trazendo a obrigação de registro como mera formalidade, a qual não permitia ingerências na administração da entidade representativa.

Esse novo contexto, propiciou em 2008 o advento da Lei das Centrais Sindicais – Lei 11.648/08, validando as instituições que naturalmente surgiram após a Constituição Cidadã. As negociações coletivas ganham destaque em face da judicialização dos conflitos com a compulsoriedade da participação sindical e da precedência à submissão das demandas aos Tribunais.

O artigo 9º do texto constitucional trouxe o ápice do fortalecimento sindical, visto que consagrou o direito de greve como direito coletivo fundamental e direito individual. Contraditoriamente, conforme ensina Maurício Godinho Delgado, "manteve algumas características controvertidas, sob o ponto de vista democrático, no sistema sindical do país"[14], a exemplo da "limitação dos espectros sociais de representatividade sindical em face de uma estrutura sindical heterodeterminada e lastreada nas secções de classe por categorias profissionais tipificadas por lei"[15].

---

13 DELGADO, Maurício Godinho. Sindicalismo e Sindicatos no Brasil: da democratização promovida pela Constituição da República à Crise e Desinstitucionalização Emergentes. *In* **Revista Magister de Direito do Trabalho**. Ano XVI, n 91, 2019, p. 71-72.

14 DELGADO, op. Cit., p. 77.

15 MURADAS REIS, Daniela; RODRIGUES, Adriana L.S. Lamounier. A Reforma Trabalhista e o Agravamento da crise do Direito Sindical Brasileiro. **Revista dos Tribunais** (São Paulo. Impresso), v. 985, 2017, p. 91.

Em que pese algumas características controvertidas, iniciava-se um sindicalismo muito mais valorizado do ponto de vista legal, estrutural e conjuntural, o que resultou em um reconhecimento social do seu papel.

No caminho foram feitas reformas positivas, pertencentes ainda a esse segundo período evolutivo do sindicalismo no Brasil, consistindo, por exemplo, na Emenda Constitucional 45 do ano de 2004, sem deixar de enfatizar a ratificação das Convenções 135 e 151 da Organização Internacional do Trabalho.

A EC 45/2004, ampliou a competência da Justiça do Trabalho com reflexo amplo no direito coletivo e no sindicalismo. Nas palavras de Maurício Godinho Delgado:

> determinou a competência da Justiça do Trabalho para processar e julgar as seguintes ações, entre outras: as que envolvam exercício do direito de greve (inciso II do artigo 114); as ações sobre representação sindical, entre sindicatos, entre sindicatos e trabalhadores, e entre sindicatos e empregadores (inciso III do artigo 114); as ações relativas a penalidades administrativas impostas aos empregadores pelos órgãos de fiscalização das relações de trabalho (inciso VII do artigo 114); os mandados de segurança, habeas corpus e habeas data, quando o ato questionado envolver matéria sujeita a sua jurisdição (inciso IV o artigo 114)[16].

Diante desse espírito progressista social de normas referentes ao sindicalismo, o TST estabeleceu, em 2012, a Súmula 277, resguardando a ultratividade temporária dos instrumentos coletivos, até que outro, de igual forma, os substituíssem, desestimulando o vazio negocial, sendo interesse de todos, finda uma ACT ou CCT, a produção de outra que democraticamente assumisse seu lugar.

Em 2016, os rumos começam a mudar, escancara-se uma resistência normativa ao sindicalismo brasileiro, que passa a ser institucionalizada, inicialmente pela suspensão dos efeitos da súmula 277 do TST por decisão do Supremo Tribunal Federal (a qual viria confirmada pelo legislador reformista no ano seguinte) e, em 2017, pela Reforma Trabalhista – Lei 13.467, fundada em sedutor discurso neoliberal quanto ser caminho "óbvio" para o progresso, em que pese ausente qualquer base cientifica e, ainda mais grave, diverso do empirismo global do Estado do Bem-Estar Social.

Tratou-se de involução normativa importante, visto que em muito precarizou as relações de trabalho e enfraqueceu as entidades sindicais, as quais seriam certamente o óbice de resistência.

Dentre as principais alterações, verifica-se: a transformação de todas as contribuições de custeio ou financiamento sindical em facultativas, exigindo autorização individual prévia; a permissão de prevalência de acordos coletivos restritivos de

---

16 Ibid., p. 79.

direitos sobre convenções coletivas; a extinção do conceito de "demissão coletiva", tirando a obrigatoriedade de negociação coletiva prévia; a criação de representação de trabalhadores sem vínculo sindical e o afastamento dos sindicatos da assistência nas demissões[17].

Vê-se, portanto, que a busca pelos Direitos Sociais encontrou efetividade na construção do Direito Sindical Brasileiro até o ano de 2015 onde, apesar de ainda pendente de necessários ajustes, seguia linha de progresso social rumo à democracia almejada.

A partir de 2016, culminando com a reforma trabalhista de 2017, as normas jurídicas estabelecidas violam a essência do Direito Coletivo do Trabalho, afrontando seus princípios e seus respaldos constitucionais.

> É nítido o retrocesso social que advém da nova legislação. Desconsidera-se o desenvolvimento social sustentável, afronta-se o conjunto de direitos humanos trabalhistas consagrados internacionalmente pela Organização Internacional do Trabalho, viola-se a Constituição da República brasileira, desvirtua-se o fio condutor da Consolidação das Leis Trabalhistas e dissolve-se a jurisprudência progressista consolidada pelo Tribunal Superior do Trabalho[18].

3. EXÉRCITO DE OPERÁRIOS DE RESERVA: A (IN)VISIBILIDADE DOS DESEMPREGADOS E DOS DESALENTADOS E A SUA REPRESENTAÇÃO SINDICAL EM UMA PERSPECTIVA DE CATEGORIA PROFISSIONAL

Segundo o Instituto Brasileiro de Geografia e Estatística, desemprego consiste, no conjunto de "pessoas com idade para trabalhar (acima de 14 anos) que não estão trabalhando, mas estão disponíveis e tentam encontrar trabalho"[19]. Tal conceito quer esclarecer que o fato de o cidadão não possuir um emprego, não é suficiente para considerá-lo desempregado (caso daqueles que não pretendem se ocupar pelos mais diversos motivos), havendo necessidade da presença do *animus* de trabalhar.

Desemprego é, então, um conceito amplo, que abrange tanto os que não tem emprego e o procuram, quanto os que não tem outros tipos de trabalho/ocupação – empreendedores desocupados, por exemplo –, e também estão em busca desse preenchimento laboral.

---

17 MURADAS REIS, Daniela; RODRIGUES, Adriana L.S. Lamounier. A Reforma Trabalhista e o Agravamento da crise do Direito Sindical Brasileiro. **Revista dos Tribunais** (São Paulo. Impresso), v. 985, 2017, p. 91.

18 MURADAS REIS, Daniela; RODRIGUES, Adriana L.S. Lamounier. A Reforma Trabalhista e o Agravamento da crise do Direito Sindical Brasileiro. **Revista dos Tribunais** (São Paulo. Impresso), v. 985, 2017, p. 98.

19 IBGE. Desemprego. Disponível em: https://www.ibge.gov.br/explica/desemprego.php. Acesso em: 24 jul. 2021.

Por sua vez, o grupo dos desalentados compõe-se, segundo a Agência de Notícias do IBGE por sua Revista Retratos, da população de pessoas que desistiram de procurar trabalho, pois "não conseguiam trabalho, ou não tinham experiência, ou eram muito jovens ou idosas, ou não encontraram trabalho na localidade – e que, se tivessem conseguido trabalho, estariam disponíveis para assumir a vaga"[20].

Marx tratava essa como uma necessidade do capitalismo, ou seja, a formação de excedentes de produção (no caso abordado, desempregados e desalentados) que estivessem sempre disponíveis a cumprir dois papéis: o de suprir as necessidades sazonais do mercado de aumento e retração produtiva, sem a necessidade de contar com o aumento populacional e, ao mesmo tempo, de servir como uma ameaça constante aos que se encontram produtivos, demonstrando como pode ser a outra opção, a de excluído do sistema[21].

> A demanda de trabalho não é idêntica ao crescimento do capital, e a oferta de trabalho não é idêntica ao crescimento da classe trabalhadora, como se fossem duas potências independentes a se influenciar mutuamente.
>
> (..)
>
> O capital age sobre os dois lados ao mesmo tempo. Se, por um lado, sua acumulação aumenta a demanda de trabalho, por outro, sua "liberação" aumenta a oferta de trabalhadores, ao mesmo tempo que a pressão dos desocupados obriga os ocupados a pôr mais trabalho em movimento, fazendo com que, até certo ponto, a oferta de trabalho seja independente da oferta de trabalhadores. O movimento da lei da demanda e oferta de trabalho completa, sobre essa base, o despotismo do capital[22].

Porém o intuito desse estudo está em questionar a forma de exercício do capitalismo, cada vez mais influenciado pelo discurso neoliberal e caminhando em sentido contrário ao humanismo social.

Tanto um quanto o outro conceito pode ser reunido em sua semelhança enquanto componentes vigentes do exército de operários de reserva. Em que pese a necessidade de adaptação da teoria à realidade experimentada atualmente, fato é que o discurso neoliberal busca exatamente esse formato de capitalismo, distante do humanismo social, que afasta o Estado das suas obrigações intervencionistas por uma sociedade justa e fraterna, sob o argumento de que a felicidade está na

---

20 AGÊNCIA DE NOTÍCIAS IBGE. O desalento das pessoas que desistiram de procurar trabalho. Disponível em: https://agenciadenoticias.ibge.gov.br/agencia-noticias/2012-agencia-de-noticias/noticias/21318-o-desalento-das-pessoas-que-desistiram-de-procurar-trabalho. Acesso em: 25 jul. 2021.

21 Ibid.

22 MARX, Karl. O **Capital: Crítica da Economia Política**. O processo de produção do capital. Tradução Rubens Enderle. Edição do Kindle. Boitempo Editorial, 2015, p. 468.

liberdade plena do indivíduo, no exercício da autorregulação das suas demandas, trilha que seria a fórmula ideal do contrato social.

Ha-Joon Chang esclarece que não se pode resumir a fórmula de sucesso da humanidade à força de vontade e insistência, desconsiderando o ambiente físico e histórico em que ela se insere e o rol finito de escolhas que essa conjuntura pressupõe.

Os cidadãos, atrelados as suas circunstâncias, podem não conseguir nem mesmo tentar, ou ainda, desistir antes de qualquer impulso, por acreditar impossível[23].

> Embora seja tolo colocar a culpa de tudo no ambiente socioeconômico, é igualmente inaceitável acreditar que para que as pessoas possam alcançar qualquer coisa, basta que "acreditem em si mesmas" e tentem arduamente, como nos dizem os filmes românticos de Hollywood. A igualdade de oportunidades não faz sentido para aqueles que não têm os recursos e as habilidades necessários para aproveitá-la[24].

Há que se primar pela efetividade da igualdade substancial "em suas diversas vertentes: política, institucional, social, econômica, jurídica e cultural"[25] em contraposição a igualdade formal.

E o que o exército de reserva, como visto, tem em correlação ao sindicalismo moderno? Inicialmente vistos como informações paralelas, que não se comunicam, tendo em vista a premissa de que aos sindicatos cabe "coordenar e defender interesses profissionais e econômicos de trabalhadores (em sentido amplo) e empregadores[26]" dada a sua respectiva categoria ou profissão liberal e, os desempregados, a partir de certo tempo nessa condição, distanciando-se do rompimento laboral ocorrido, não teriam classificação definida, ficando em um vazio de representação.

Igualmente, os desalentados, ao se entregar a inércia, não se encontram pertencentes a qualquer organização sindical representativa.

Nessa premissa, estaria o exército de reserva, além da condição por si só desanimadora de exclusão da população ocupada, invisível ao sistema mais eficiente de proteção e defesa do trabalho: os sindicatos. Afirma Davisson Souza que

---

23 CHANG, Ha-Joon. 23 Coisas que não nos contaram sobre o Capitalismo. São Paulo: Cultrix, 2013, p. 171-172.

24 Ibid., p. 172.

25 DELGADO, Maurício Godinho; PIMENTA, J. R. F; NUNES, Ivana. O Paradigma do Estado Democrático de Direito: estrutura conceitual e desafios contemporâneos. **Revista Jurídica**, Curitiba, v. 02, n. 55, p. 485-515, abr./2019. Disponível em: https://www.researchgate.net/publication/340868406_O_PARADIGMA_DO_ESTAD O_DEMOCRATICO_DE_DIREITO_ESTRUTURA_CONCEITUAL_E_DESAFIOS _CONTEMPORANEOS. Acesso em: 24 jul. 2021.

26 BRITO FILHO, José Cláudio Monteiro de. **Direito Sindical**, 5 ed., São Paulo: LTr, 2015, p. 141.

"historicamente, na maioria dos casos, os sindicatos não desenvolvem política de representação dos desempregados"[27].

> É necessário, pois, considerar dois momentos (a demissão e o desemprego) e, consequentemente dois sujeitos do protesto: o demitido e o desempregado propriamente dito. O primeiro, no momento de sua demissão, ainda pode oferecer alguma resistência no local de trabalho. O segundo, por não ter um vínculo empregatício, não possui a mesma possibilidade, e diante da permanência na situação de desemprego, não necessariamente se organiza a partir de uma categoria ou sindicato específico. Essa delimitação é indispensável para distinguir as diferentes instâncias de intervenção das entidades sindicais em relação aos sujeitos do desemprego, ou seja, se esta é feita com os demitidos de sua base ou com os desempregados de maneira geral[28].

A invisibilidade desse exército, fragilizado com a pior particularidade do sistema capitalista, a exclusão, o desprezo, a arte desconsiderar a existência de quem está à margem do sistema, se torna ainda mais ignóbil em um contexto reformista da legislação laboral em caráter nitidamente neoliberal, desafio que será tratado no tópico seguinte.

4. DEMOCRACIA, ORGANIZAÇÃO SINDICAL, DESEMPREGO E O HORIZONTE DO BEM-ESTAR SOCIAL: UMA ANÁLISE CONTEMPORÂNEA DOS DESAFIOS, SOB A PERSPECTIVA DA CONSTITUIÇÃO DE 1988, DOS DIREITOS HUMANOS E SOCIAIS

A Organização Internacional do Trabalho, em sua Constituição e anexo, construído pela Declaração da Filadélfia (1944), já demonstrava intensa preocupação com políticas e ambientes antidemocráticos, bem como com suas consequências negativas na sociedade.

Tanto assim o é que, no preâmbulo da sua Constituição consta o pressuposto de que "a paz universal e duradoura só pode ser estabelecida se for baseada na justiça social"[29], sendo que a precarização das relações de trabalho coloca em risco tais objetivos, tornando necessário um esforço cooperativo entre as nações na busca de condições humanas de trabalho, visto que, a omissão de qualquer delas "é um obstáculo no caminho de outras nações que desejam melhorar as condições em seus próprios países"[30].

---

27 SOUZA, Davisson Charles Cangussu. **Sindicalismo e Desempregados no Brasil e na Argentina de 1990 a 2002**: unidade e fratura entre o Exército de Operários Ativo e de Reserva. 2010. Tese 437 f. (Doutorado em Sociologia). Universidade de São Paulo. São Paulo, 2010.

28 Ibid.

29 INTERNATIONAL LABOUR ORGANIZATION. **ILO Constitution**. Disponível em:https://www.ilo.org/dyn/normlex/en/f?p=1000:62:0::NO:62:P62_LIST_ENTRIE_I D:2453907:NO. Acesso em: 21 jul. 2021.

30 Ibid.

Dentro do seu anexo, que apresenta os objetivos da instituição, há que se enaltecer o princípio fundamental de que o trabalho não é uma mercadoria e o da liberdade de expressão e de associação como essenciais para o progresso sustentado (Seção I, "a" e "b"). Continua acrescentando que a experiência demonstrou, indiscutivelmente, que a paz duradoura depende da Justiça Social que pressupõe liberdade, dignidade, segurança econômica e igualdade de oportunidades, proporcionados por políticas públicas nacionais e internacionais a todos os seres humanos (Seção II, "a" e "b"). Tais premissas devem nortear as políticas adotadas por seus membros, dentre os quais se encontra o Brasil.

Para alcançar tais objetivos, há que se atentar, analisando os Estados de Direito já experimentados pela humanidade, o inegável destaque do papel do Estado Democrático de Direito, o qual é o mais alinhado as diretrizes da OIT, se inserindo no Brasil a partir da Constituição de 1988. Ele é construído e caracterizado, conforme nos ensina Maurício Godinho Delgado, por um tripé conceitual tendo por núcleo ideológico a pessoa humana, com sua dignidade, a sociedade política e a sociedade civil, ambas inclusivas e democráticas[31], valores esses insculpidos no artigo primeiro da Carta Maior vigente.

E é exatamente no cenário democrático, repita-se, o mais evoluído e festejado já instituído, marcado essencialmente pela busca da igualdade substancial, que se fortalecem os sindicatos, legitimados pelo direito de discordar, de lutar por suas bandeiras, de questionar o poder político, as intervenções do capital e os necessários ajustes em busca de justiça social e paz duradoura, como nos relata Marilena Chauí:

> 1. a democracia é a única sociedade e o único regime político que considera o conflito legítimo. Não só trabalha politicamente os conflitos de necessidade e de interesses (disputas entre os partidos políticos e eleições de governantes pertencentes a partidos opostos), mas procura instituí-los como direitos e, como tais, exige que sejam reconhecidos e respeitados. Mais do que isso. Na sociedade democrática, indivíduos e grupos organizam-se em associações, movimentos sociais e populares, classes se organizam em sindicatos e partidos, criando um contra-poder social que, direta ou indiretamente, limita o poder do Estado[32].

O primado do Trabalho e do Emprego[33] como demonstrado anteriormente, bem como suas entidades naturais, como o sindicato e o exercício do sindicalismo,

---

[31] DELGADO, Gabriela Neves. Os Paradigmas do Estado Constitucional Contemporâneo. In DELGADO, Maurício Godinho, e DELGADO, Gabriela Neves, **Constituição da República e Direitos Fundamentais**: Dignidade da Pessoa Humana, Justiça Social e Direito do Trabalho, 4 ed., São Paulo: LTr, 2017, p. 27-28.

[32] CHAUI, Marilena **Convite a filosofia**. São Paulo: Ed. Ática, 2000, p. 561.

[33] DELGADO, Maurício Godinho. **Capitalismo, Trabalho e Emprego**: entre o Paradigma da Destruição e os Caminhos da Reconstrução. 3. ed. São Paulo: LTr, 2017. p. 92.

são pilares essenciais de um ambiente democrático. A tendência legal de proteção desses institutos e instituições teve seu auge na experiência brasileira entre 1988 e 2015, mesmo que sempre desafiado pelas inovações tecnológicas da Terceira e Quarta Revoluções Industriais, sob as quais não se aprofunda nesse ensaio, por não ser seu escopo fundamental. Porém, tal evolução não se deu incólume, os golpes neoliberais, com políticas públicas fundadas em um capitalismo sem reciprocidade, sob o fundamento de combate aos freios que se postam ao progresso da nação, ocultam seus resultados nefastos com destaque ao desemprego estrutural[34], resultando na mudança de direções a partir de 2016, essencialmente com a suspensão da Súmula 277 do TST pelo STF e o advento da Reforma Trabalhista.

Atribuiu-se, em um discurso superficial, que não avaliou a profundidade das mudanças todos os problemas sociais a uma política intervencionista do estado (a qual nem mesmo ocorria nessa profundidade), argumentando que o progresso é atrelado à austeridade.

As questões econômicas e políticas que contextualizavam o cenário nacional e internacional a partir de 2016 auxiliaram a persuasão de votos suficientes, seja no judiciário, seja no legislativo, para uma involução importante nas normas regedoras do Direito do Trabalho, coletivo e individual, afastando substancialmente o Brasil da Justiça Social.

A Reforma Trabalhista ocorreu no ano de 2017 em modo acelerado e diante de pouca discussão, sob a presidência de Michel Temer, o qual contava com Henrique Meirelles no Ministério da Fazenda e Ronaldo Nogueira no Ministério do Trabalho. Naquela oportunidade, Meirelles endossou a tendência reformista com discurso de que seriam criados, como resultado da aprovação da nova norma, cerca de seis milhões de empregos, enquanto Nogueira afirmou serem dois milhões os novos postos a serem criados. No ano de 2020, questionado sobre a questão, Michel Temer reconheceu os números exagerados, mas prosseguiu no discurso defensor da formatação trabalhista flexibilizada no sentido de que, ao seu ver, seria a melhor realidade possível, afastando os cidadãos do "mal maior", o desemprego[35], argumento que aceita e defende como útil a precarização de tais relações.

Como reconhecido pelo próprio Temer, a Reforma Trabalhista não alcançou os objetivos bradados, não atingindo a função civilizatória teoricamente inerente as reformas sociais.

---

[34] DELGADO, Maurício Godinho. **Capitalismo, Trabalho e Emprego**: entre o Paradigma da Destruição e os Caminhos da Reconstrução. 3. ed. São Paulo: LTr, 2017. p. 68.

[35] FOLHA DE SÃO PAULO. **Michel Temer admite 'exagero' em propaganda pela reforma trabalhista.** Disponível em: https://www1.folha.uol.com.br/mercado/2020/07/michel-temer-admite-exagero-em-propaganda-pela-reforma-trabalhista.shtml. Acesso em: 23 jul. 2021.

Ao contrário, demonstrou ser um rigoroso instrumento de Destruição do Emprego, conforme nos ensina Maurício Godinho Delgado[36], ameaçando, dia após dia, o Estado Democrático de Direito. Os neoliberais defensores daquele discurso reformista não se basearam em experiências históricas, mas em discursos superficiais e repletos de sofismas, sem qualquer base científica, resultando em um retrocesso relevante para a democracia brasileira, afastando a nação, por consequência, do almejado Estado de Bem-Estar Social.

Segundo o IBGE em Pesquisa Nacional por Amostra de Domicílios Contínua, em 2016, ou seja, antes da mencionada reforma normativa, 38,7 milhões de pessoas estavam empregadas no setor privado com carteira assinada, enquanto em 2019, esse número ficou em 35,8 milhões, demonstrando que o número de empregos formais não cresceu como esperado, ao contrário, diminuiu significativamente se considerados os números absolutos. Já a taxa de sindicalização geral que, em 2016 era de 14,9%, em 2019 passou para 11,2%, também demonstrando queda importante[37], especialmente se considerado que, agora, o sistema só será custeado pelos sindicalizados, ou seja, um duplo golpe de enfraquecimento na representação de trabalhadores (tanto com o corte da receita pela contribuição opcional no texto reformista, quanto a queda significativa dos sindicalizados).

Sindicalismo fragilizado resulta em uma Justiça Social enferma, ineficaz, desviada do caminho democrático, fadada à produção de pobreza e, consequentemente, à violência.

Não bastasse o índice mínimo de representação da população ocupada pelos sindicatos, pouco mais de 10%, as suas receitas, no novo modelo de contribuição voluntária, são insuficientes para sustentar recursos adequados de pressão e contribuição com políticas públicas que atendam os anseios dos trabalhadores, maioria esmagadora da população nacional.

A taxa de desocupação alimenta as preocupações com o futuro, visto que em 2016 era de 10,9% e, em 2019, passou a 12,7%, sempre considerando o primeiro trimestre, enquanto o número de desalentados no Brasil foi de 4,6 milhões de pessoas em 2019, formando um considerável Exército de Reserva[38] que não é representado por ninguém, ou seja, nem mesmo pela enfraquecida força sindical subsistente.

---

36 DELGADO, Maurício Godinho. **Capitalismo, Trabalho e Emprego**: entre o Paradigma da Destruição e os Caminhos da Reconstrução. 3. ed. São Paulo: LTr, 2017, passim.

37 IBGE. **Características adicionais do mercado de trabalho 2019 PNADcontínua**. Disponível em: https://biblioteca.ibge.gov.br/visualizacao/livros/liv101743_informativo.pdf. Acesso em: 24 jul. 2021.

38 AGÊNCIA DE NOTÍCIAS IBGE. **PNAD Contínua**: taxa de desocupação é de 13,9% e taxa de subutilização é de 28,7% no trimestre encerrado em dezembro. Disponível em: https://agenciadenoticias.ibge.gov.br/agencia-sala-de-imprensa/2013-agencia-de-noticias/releases/30125-pnad-continua-taxa-de-desocupacao-e-de-13-9-e-taxa-de-subutilizacao-e-de-28-7-no-trimestre-encerrado-em-dezembro. Acesso em: 24 jul. 2021.

A política neoliberal, fundamentadora da reforma trabalhista, que pregava serem urgentes as inovações normativas, mostra então seus maléficos resultados no campo social. Não melhorou os níveis de desemprego, não auxiliou as pessoas a conquistarem melhorias, ao contrário, aumentou a desocupação de forma significativa, enfraquecendo a principal arma de luta e resistência, os sindicatos, com resultado de pobreza, desemprego e desalento.

Já dizia Rousseau em suas divagações sob a formulação da sociedade ideal que era necessário, para uma plena justiça social "suspender os projetos interesseiros e mal concebidos e as inovações perigosas"[39], pois levariam à perdição dos homens, contrariando os pilares constitucionais do Estado, exatamente, como no presente caso.

> a sua promulgação só pudesse ser feita com tanta solenidade que, antes da constituição ser abalada, todos tivessem tempo para se convencer de que é sobretudo a grande antigüidade das leis que as torna santas e veneráveis, pois que o povo logo despreza as que vê mudar todos os dias e, pelo hábito de negligenciar os antigos usos, sob o pretexto de fazer melhores, são introduzidos muitas vezes grandes males para corrigir menores[40].

Muitos são os desafios em busca da justiça social quanto ao desemprego, o sindicalismo e o trabalho, sendo insuficiente o presente estudo para um aprofundamento perfeito.

Contudo, parece evidente, com base na experiência histórica, que a política abstencionista estatal, sob o discurso do mercado regulador como essência, tende ao fracasso, fomentando mais desigualdade.

Especificamente no caso do Brasil, o desemprego e a fragilização da democracia são consequências desse novo movimento, afastando o país do almejado Bem-Estar Social e dos pilares constitucionais alcançados em 1988.

Porém, não se quer aqui projetar uma visão derrotista e acabada. Ao contrário, quer-se fomentar a discussão, o aprofundamento e os movimentos em busca de um futuro melhor para o mundo do trabalho no Brasil e para além, construindo "um novo ponto de equilíbrio (ou melhor, um novo equilíbrio)"[41] com base nas normativas internacionais da OIT e nos pilares constitucionais de 1988, o que inegavelmente depende do sindicalismo.

---

39 ROUSSEAU, Jean-Jacques. **Discurso sobre a origem e os fundamentos da desigualdade entre os homens**: discurso sobre as ciências e as artes. Tradução Sieni Maria Campos. Coleção Clássicos de Bolso. Rio de Janeiro: Editora Ediouro, 1994.

40 Ibid.

41 MASSONI, Túlio de Oliveira. Desafios do sindicalismo: um olhar para além da relação de emprego. **Revista do Tribunal Superior do Trabalho**, São Paulo, SP, v. 83, n. 2, p. 259-284, abr./jun. 2017.

CONSIDERAÇÕES FINAIS

A Reforma Trabalhista não alcançou os resultados prometidos pelo discurso neoliberal que constituiu seu eixo de justificação. No campo do Direito Coletivo do Trabalho enfraqueceu as entidades sindicais e esvaziou seu papel, significativamente, as quais são o instrumento mais eficiente de busca por Justiça Social, gerando aumento do desemprego e da população desalentada, constituindo um expressivo Exército de Reserva.

O Estado Democrático de Direito foi abalado e o Estado do Bem-Estar Social distanciado, através do prejuízo unilateral experimentado pelo trabalhador, com representação mitigada, bem como pela invisibilidade dos desempregados e desalentados, sem qualquer perspectiva de proteção estatal, afastando a justiça social e resultando em violência.

O cenário é desanimador e ofende as premissas elencadas pela OIT em sua Constituição e Convenções ratificadas pelo Brasil, bem como os pilares da Constituição Federal de 1988.

A imposição neoliberal tem o objetivo de desmantelar o Direito do Trabalho brasileiro, de aprofundar a precarização e de determinar a prevalência do Poder Econômico sobre o Poder Político e a passagem do Estado Democrático de Direito para o "Estado de Exceção econômico heterodirigido"[42].

O debate conclui na importância de discutir o problema na caminhada de novas políticas públicas que busquem a Justiça Social, na medida necessária para evitar o capitalismo selvagem e sem freios, tendo sempre como pressuposto que o sindicato deve assumir protagonismo nessa luta, uma vez que ele constitui um contrapoder[43] necessário para a simetria no âmbito do trabalho.

REFERÊNCIAS BIBLIOGRÁFICAS

AGÊNCIA DE NOTÍCIAS IBGE. **O desalento das pessoas que desistiram de procurar trabalho.** Disponível em: https://agenciadenoticias.ibge.gov.br/agencia-noticias/2012-agencia-de-noticias/noticias/21318-o-desalento-das-pessoas-que-desistiram-de-procurar-trabalho. Acesso em: 25 jul. 2021.

AGÊNCIA DE NOTÍCIAS IBGE. **PNAD Contínua**: taxa de desocupação é de 13,9% e taxa de subutilização é de 28,7% no trimestre encerrado em dezembro. Disponível em: https://agenciadenoticias.ibge.gov.br/agencia-sala-de-imprensa/2013-agencia-de-

42 BAYLOS, Antonio. Crisis y derecho del trabajo o el derecho del trabajo em crisis. Sobre la reforma laboral española de 2012. Disponível em http://www.insightweb.it/web/files/sobre_la_reforma_laboral_del_2012. pdf.

43 SIQUEIRA NETO, José Francisco. **Liberdade sindical e representação dos trabalhadores nos locais de trabalho.** São Paulo, Ed. LTr , 2000.

-noticias/releases/30125-pnad-continua-taxa-de-desocupacao-e-de-13-9-e-taxa-de-subutilizacao-e-de-28-7-no-trimestre-encerrado-em-dezembro. Acesso em: 24 jul. 2021.

BOBBIO, Norberto. **A Era dos Direitos**. Tradução Carlos Nelson Coutinho, apresentação de Celso Lafer, Rio de Janeiro: Elsevier, 2004, 7ª reimpressão.

BRITO FILHO, José Cláudio Monteiro de. **Direito Sindical**, 5 ed., São Paulo: LTr, 2015.

CHANG, Ha-Joon. **23 Coisas que não nos contaram sobre o Capitalismo**. São Paulo: Cultrix, 2013.

CHAUI, Marilena. **Convite à filosofia**. São Paulo: Ed. Ática, 2000.

DELGADO, Maurício Godinho. **Capitalismo, Trabalho e Emprego**: entre o Paradigma da Destruição e os Caminhos da Reconstrução. 3. ed. São Paulo: LTr, 2017.

DELGADO, Maurício Godinho. **Curso de Direito do Trabalho**. 19 ed. São Paulo: LTr, 2020.

DELGADO, Maurício Godinho. **Direito Coletivo do Trabalho**. 6 ed. São Paulo: LTr, 2005.

DELGADO, Gabriela Neves. **Os Paradigmas do Estado Constitucional Contemporâneo**. In DELGADO, Maurício Godinho, e DELGADO, Gabriela Neves, Constituição da República e Direitos Fundamentais: Dignidade da Pessoa Humana, Justiça Social e Direito do Trabalho, 4 ed., São Paulo: LTr, 2017.

DELGADO, Maurício Godinho; PIMENTA, J. R. F; NUNES, Ivana. O Paradigma do Estado Democrático de Direito: estrutura conceitual e desafios contemporâneos. **Revista Jurídica**, Curitiba, v. 02, n. 55, p. 485-515, abr./2019. Disponível em: https://www.researchgate.net/publication/340868406_O_PARADIGMA_DO_ ESTADO_DEMOCRATICO_DE_DIREITO_ESTRUTURA_CONCEITUAL _E_DESAFIOS_CONTEMPORANEOS. Acesso em: 24 jul. 2021.

DELGADO, Maurício Godinho. Sindicalismo e Sindicatos no Brasil: da democratização promovida pela Constituição da República à Crise e Desinstitucionalização Emergentes. *In* **Revista Magister de Direito do Trabalho**. Ano XVI, n 91, 2019.

FOLHA DE SÃO PAULO. **Michel Temer admite 'exagero' em propaganda pela reforma trabalhista**. Disponível em: https://www1.folha.uol.com.br/mercado/2020/07/michel-temer-admite-exagero-em-propaganda-pela-reforma-trabalhista.shtml. Acesso em: 23 jul. 2021.

IBGE. **Características adicionais do mercado de trabalho 2019 PNADcontínua**. Disponível em: https://biblioteca.ibge.gov.br/visualizacao/livros/liv101743_informativo.pdf. Acesso em: 24 jul. 2021.

IBGE. **Desemprego.** Disponível em: https://www.ibge.gov.br/explica/desemprego.php. Acesso em: 24 jul. 2021.

INTERNATIONAL LABOUR ORGANIZATION. **ILO Constitution**. Disponível em:https://www.ilo.org/dyn/normlex/en/f?p=1000:62:0::NO:62:P62_LIST_EN TRIE_ID:2453907:NO. Acesso em: 21 jul. 2021.

MARX, Karl. **O Capital**: Crítica da Economia Política. O processo de produção do capital. Tradução Rubens Enderle. Edição do Kindle. Boitempo Editorial, 2015.

MASSONI, Túlio de Oliveira. Desafios do sindicalismo: um olhar para além da relação de emprego. **Revista do Tribunal Superior do Trabalho**, São Paulo, SP, v. 83, n. 2, p. 259-284, abr./jun. 2017.

MURADAS REIS, Daniela; RODRIGUES, Adriana L.S. Lamounier. A Reforma Trabalhista e o Agravamento da crise do Direito Sindical Brasileiro. **Revista dos Tribunais** (São Paulo. Impresso), v. 985, 2017.

NASCIMENTO, Amauri Mascaro. "A liberdade sindical na perspectiva do direito legislado brasileiro". In: FREDIANI, Yone; ZAINAGHI, Domingos Sávio (Coords.). **Relações de Direito Coletivo Brasil-Itália**. São Paulo: LTr, 2004.

ORGANIZAÇÃO INTERNACIONAL DO TRABALHO. **História da OIT**. Disponível em: https://www.ilo.org/brasilia/conheca-a-oit/hist%C3%B3ria/lang--pt/index.htm. Acesso em: 22 jul. 2021.

ROUSSEAU, Jean-Jacques. **Discurso sobre a origem e os fundamentos da desigualdade entre os homens**: discurso sobre as ciências e as artes. Tradução Sieni Maria Campos. Coleção Clássicos de Bolso. Rio de Janeiro: Editora Ediouro, 1994.

RODRIGUES, Adriana L. S. Lamounier. **Redes Sindicais Internacionais**: uma contribuição ao fortalecimento do Direito do Trabalho no Brasil e na Itália. Bauru: Canal 6 Editora, 2018.

SOUZA, Davisson Charles Cangussu. **Sindicalismo e Desempregados no Brasil e na Argentina de 1990 a 2002**: unidade e fratura entre o Exército de Operários Ativo e de Reserva. 2010. Tese 437 f. (Doutorado em Sociologia). Universidade de São Paulo. São Paulo, 2010.

CAPÍTULO 19

O ENFRAQUECIMENTO SINDICAL NO BRASIL CONTEMPORÂNEO E OS RISCOS À DEMOCRACIA

Ricardo José Macêdo de Britto Pereira[1]
André Cleandro de Castro Dias[2]
Carlos Magno de Souza[3]
Daniela de Morais do Monte Varandas[4]
Maria Eugênia Neves Santana[5]

1. INTRODUÇÃO

O movimento sindical atravessa um momento crítico de sua história, marcado por crises de representatividade, de custeio e elevada fragmentação. Essa

[1] Pós-Doutor pela Cornell University ILR Scholl. Doutor pela Universidade Complutense de Madri. Mestre pela Universidade de Brasília. Mestre pela Universidade Syracuse (NY). Professor Titular do Programa de Mestrado em Direito das Relações Sociais e Trabalhistas do Centro Universitário do Distrito Federal– UDF. Vice-coodenador do Grupo de Pesquisa sobre Sindicalismo do UDF/CNPq. Subprocurador Geral do Ministério Público do Trabalho aposentado. E-mail: rjmbpereira@gmail.com.

[2] Mestrando em Direito das Relações Sociais e Trabalhistas pelo Centro Universitário do Distrito Federal – UDF. Pós-graduado em Direito do Trabalho pela UNP e em Gestão Pública pela UFMT. Integrante do Grupo de Pesquisa sobre Sindicalismo do UDF/CNPq. Analista Judiciário do TRT – 23ª Região. E-mail: andreccastrodias@gmail.com.

[3] Mestrando em Direito das Relações Sociais e Trabalhistas do Centro Universitário do Distrito Federal –UDF, Pós-graduado em Direito Material e Processual do Trabalho. Integrante do Grupo de Pesquisa sobre Sindicalismo do UDF/CNPq. Advogado. E-mail: carlos@zmec.adv.br.

[4] Mestranda em Direito das Relações Sociais e Trabalhistas do Centro Universitário do Distrito Federal –UDF, Pós-graduada em Direito Público. Integrante do Grupo de Pesquisa sobre Sindicalismo do UDF/CNPq. Procuradora Regional do Trabalho do Ministério Público do Trabalho. E-mail: danielamvarandas@gmail.com.

[5] Mestranda em Direito das Relações Sociais e Trabalhistas pelo Centro Universitário do Distrito Federal – UDF. Integrante do Grupo de Pesquisa sobre Sindicalismo do UDF/CNPq. Especialista em Direito do Trabalho e Processo do Trabalho. Pós-graduada em Direito Previdenciário, em Direito Civil e em Direito Processual Civil. Advogada. Professora em curso de graduação. E-mail: mariaeugenia_neves@hotmail.com.

situação leva ao questionamento: em que medida o enfraquecimento sindical extrapola os limites do Direito do Trabalho e passa a afetar diretamente a democracia no Brasil?

Para responder a essa problematização, este estudo aplicará o método sociojurídico crítico. Quanto aos procedimentos técnicos, utilizará a pesquisa bibliográfica, juntamente com outras obras acadêmicas e artigos científicos publicados em revistas especializadas acerca do tema em análise.

O trabalho iniciará com um panorama histórico no qual será analisada a atuação sindical e a sua relevância na luta pela democracia no Brasil no século XX. Em seguida, serão detalhadas as ameaças democráticas decorrentes do enfraquecimento sindical provocado pela reforma trabalhista, decisões do Supremo Tribunal Federal (STF) e demais peculiaridades do ordenamento jurídico nacional. Por fim, analisará o papel da negociação coletiva na materialização da democracia participativa.

2. A INFLUÊNCIA SINDICAL NA EVOLUÇÃO HISTÓRICA DA DEMOCRACIA BRASILEIRA

O Brasil começou a vivenciar os efeitos da primeira Revolução Industrial no final do século XIX – juntamente com as mudanças econômicas e sociais decorrentes da abolição da escravatura (1888) e a proclamação da República (1889). Esse período deu início ao longo processo de urbanização da população brasileira e houve o estímulo à imigração de mão de obra assalariada europeia – que, por sua vez, saía da Europa para fugir da forte crise econômica e trazia consigo considerável identificação de classe – tanto na categoria de imigrantes quanto de operários[6].

Estava o País em sua Primeira República (1889-1930), que se caracterizou pela ausência de uma legislação trabalhista nacional e minuciosa, de um sistema previdenciário generalizado, traduzindo o inequívoco caráter de exclusão inerente às diversas instituições políticas e sociais da época. Nenhuma política econômica e social inclusiva dos ex-escravos e da população negra foi criada nessa época; as mulheres (metade da população, registre-se) não possuíam o direito de voto, regra geral; o Direito do Trabalho ostentava características e diplomas rarefeitos e esparsos, sem um rol amplo de direitos e sem substancial aplicação e efetividade; a par disso, o sistema político era fortemente manipulado, à base de grandes acordos de elites na escolha dos dirigentes políticos nacionais, estaduais e municipais.[7]

---

6 LOPREATO, Christina Roquette. *O espírito da revolta:* a greve geral anarquista de 1917. Tese de Doutorado em História – Departamento de História do IFCH/UNICAMP, Campinas, 1996. p. 1-3.

7 A respeito, consultar, ilustrativamente, LEAL, Victor Nunes. *Coronelismo, Enxada e Voto* – o município e o regime representativo no Brasil. São Paulo: Companhia das Letras, 2012 (a edição original da obra é

Nessa realidade política, institucional e social desfavorável ocorreu a primeira greve geral do Brasil, em 1917, com forte presença do movimento anarquista incorporado ao contexto nacional juntamente com os operários europeus[8]. Toda a sociedade, especialmente os trabalhadores, sentia os efeitos da Primeira Guerra Mundial, com demanda cada vez maior por alimentos e produtos industrializados – o que gerou a elevação dos preços no mercado interno e o aumento excessivo das jornadas nas indústrias[9].

Assim, a greve, que alcançou em São Paulo aproximadamente 100 mil pessoas entre operários e familiares, espalhou-se por diversas cidades brasileiras, com reivindicações por melhores salários, contra o elevado custo de vida e o trabalho infantil, bem como pela diminuição de jornada – sobretudo a jornada noturna. Verifica-se que a fome foi um importante impulsionador da greve, juntamente com demandas tipicamente trabalhistas. O movimento, independentemente das conquistas econômicas, teve forte influência na formação da identidade sindical brasileira e demonstrou que, mesmo diante de intensa repressão, os trabalhadores conseguiram se mobilizar coletivamente. Esse movimento grevista também alertou os operários de que o Estado, apesar de mostrar-se como fonte de opressão, também poderia ser um instrumento para a materialização de conquistas dos trabalhadores – isso marcou o movimento operário brasileiro[10].

No momento histórico seguinte ocorre a Revolução de 1930, que deu início a um período político, institucional, econômico e social muito diferenciado, com enormes conquistas democráticas em seu começo – inclusive, em 1934, com uma nova e avançada Constituição –, porém com o aprofundamento do autoritarismo desde o estado de sítio de 1935, culminando com o golpe de estado de 1937. Trata-se da primeira fase da chamada "era Vargas" (1930 – 1945) – ou Segunda República –, na qual ocorreu exponencial avanço na proteção dos direitos trabalhistas e previdenciários. A Constituição de 1934 inaugurou a constitucionalização do Direito do Trabalho no Brasil, inserindo o País no novo constitucionalismo social da Constituição do México e da Alemanha e também propugnado pela Organização Internacional do Trabalho, instituída em 1919. A nova Constituição brasileira também determinou a criação da Justiça do Trabalho no País (a qual somente seria instalada, de fato, em 1941); garantiu o direito igualitário de voto às mulheres; e ainda determinou que a propriedade privada deixasse de ser direito

de 1948). Afora as exclusões que provinham do período monárquico (escravos; mulheres; analfabetos; soldados e praças, por exemplo), o fato é que o sistema eleitoral era baseado em eleições largamente fraudulentas, denominadas, à época, "eleições a bico de pena", em referência à manipulação das atas eleitorais pelas elites dominantes dos municípios e estados, fechando o processo eleitoral, em um sólido acordo de elites, da base até o topo da pirâmide (municípios, estados, União).

8 LOPREATO, Christina Roquette. Ob. Cit. p. 1-3.

9 C.f. TOLEDO, Edilene. Um ano extraordinário: greves, revoltas e circulação de ideias no Brasil em 1917. *Estudos Históricos*, Rio de Janeiro, vol. 30, n. 61, p. 497-518, maio-agosto 2017. P. 502.

10 C.f. TOLEDO, Edilene. Ob. Cit. P. 501.

absoluto (tal como fixado nas Constituições de 1824 e 1891), passando a ter sentido social. O processo de inclusão política, social e econômica, nessa nova fase – em comparação com os últimos 110 anos de independência do País –, foi muito significativo nesse período, conforme se percebe. E isso traduz, em importante medida, a presença de um processo democratizante na realidade brasileira, ainda que com enormes contradições.

Nesse novo período republicano, houve uma forte expansão na industrialização da economia brasileira, o que acarretou o crescimento da população urbana, a diminuição do poder político da oligarquia agrária exportadora de café (antes hegemônica) e o aumento do poder da burguesia empresarial[11].

De toda maneira, não se pode descurar do caráter autoritário imprimido por Vargas a seu governo a partir de 1935, com o estado de sítio, logo depois seguido pelo golpe de 1937 (o golpe do "Estado Novo") – fase autocrática que duraria 10 anos, até a sua derrubada em 1945.

O primeiro Governo Vargas adotou uma série de medidas trabalhistas como forma não só de organizar o mercado de trabalho urbano, assegurar cidadania a um largo segmento social excluído na fase histórica precedente (os trabalhadores urbanos), como também alargar a sua base de apoio, criando mecanismos para a sua própria viabilidade política[12]. Nesse sentido, destaca-se a criação do Ministério do Trabalho, Indústria e Comércio[13] que passou a coordenar uma série de ações protetoras das relações trabalhistas, entre elas a criação das Juntas de Conciliação e Julgamento[14] – que foram o embrião da Justiça do Trabalho, e a Consolidação das Leis do Trabalho (CLT)[15]. Pondera-se aqui que a CLT não pode ser vista como apenas mais um Decreto modernizante oriundo do Governo Vargas, pois pensar dessa forma, conforme registra Pazzianotto Pinto, "[...] seria

11 MOREIRA, Cássio Silva. O *Projeto de nação do governo João Goulart*: o Plano Trienal e as Reformas de Base (1961-1964). Tese de Doutorado em Economia – Curso de Pós-Graduação em Economia, Faculdade de Ciências Econômicas da EFRGS, Porto Alegre, 2011, p. 37-48.

12 Nesse sentido, Cássio Silva Moreira explica o jogo de poder existente entre o populismo do Governo Vargas e o avanço da proteção trabalhista ao afirmar que "[...] é da instabilidade do poder das classes dominantes que resulta a aproximação com as classes populares para a manutenção do *status quo*. Assim, surge uma legislação trabalhista que consubstancia o pacto entre Estado e massas populares para manter o controle das mesmas, impedindo um projeto de classe trabalhadora com doações. Dessa forma, o Estado apropriou-se com antecedência e controlou qualquer tipo de emancipação" (MOREIRA, Cássio Silva. O *Projeto de nação do governo João Goulart*: o Plano Trienal e as Reformas de Base (1961-1964). Tese de Doutorado em Economia – Curso de Pós-Graduação em Economia, Faculdade de Ciências Econômicas da EFRGS, Porto Alegre, 2011, p. 68-69). Verifica-se assim, que não era estritamente o espírito democrático que impulsionava a proteção do trabalho durante o Governo Vargas.

13 BRASIL. *Decreto n. 19.433*, de 26 de novembro de 1930. Cria uma Secretaria de Estado com a denominação de Ministério do Trabalho, Indústria e Comércio.

14 BRASIL. *Decreto n. 22.132*, de 26 de novembro de 1932. Institui as Juntas de Conciliação e Julgamento e regulamenta as suas funções.

15 BRASIL. *Decreto-Lei n. 5.452*, de 1° de maio de 1943. Aprova a Consolidação das Leis do Trabalho.

ignorar o ambicioso e esférico projeto de desenvolvimento socioeconômico ali contido, em cuja estruturação levou em conta o nascimento de uma nova classe trabalhadora"[16].

O avanço do Direito do Trabalho para a centralidade das políticas públicas da Era Vargas não tinha o condão de lhe dar ares estritamente democráticos. É que a característica antidemocrática do primeiro governo Vargas é percebida, inclusive, mediante o controle sindical realizado pelo Estado sobre as entidades sindicais. Nessa lógica, a Constituição de 1937 reconhecia a liberdade de associação profissional ou sindical, todavia, de forma condicionada. A condição era expressa no *caput* do art. 138[17]: "Somente, porém, o sindicato regularmente reconhecido pelo Estado tem o direito de representação legal dos que participarem da categoria de produção para que foi constituído, [...]".Fica nítido que Vargas procurava associar a imagem do seu governo ao movimento dos trabalhadores, ao mesmo tempo em que tentava afastar qualquer risco à governabilidade mediante o controle dos sindicatos e o fomento à aproximação dessas entidades aos preceitos governamentais.

Com o fim do primeiro governo Vargas, despontou o período da Terceira República Brasileira (1945-1964), ora chamada de República Populista[18], ora de República Democrático-Desenvolvimentista. Essa fase é referenciada como um período de relativo viés democrático, considerando o critério da eleição direta, o crescimento eleitoral da representação popular, o fortalecimento do movimento sindical, o surgimento de organizações trabalhadoras no campo brasileiro, o avanço da legislação trabalhista e a elevação do valor trabalho no PIB brasileiro – tudo isso em contraponto aos períodos anteriores.

Todavia, pairam sobre a Constituição de 1946 as críticas antidemocráticas de limitação do direito ao voto aos analfabetos (proibição que vem desde a Constituição do Império, de 1824, registre-se), a não concessão de direitos trabalhistas aos trabalhadores rurais (o que somente ocorreu no ano de 1963, mediante o Estatuto do Trabalhador Rural) e a manutenção do controle estatal sobre os

16 PAZZIANOTTO PINTO, Almir. Sindicatos, corporativismo e política. In: SOARES, Gláucio Ary Dillon; D'ARAUJO, Maria Celina (Org.). *21 anos de Regime Militar:* balanços e perspectivas. Rio de Janeiro: Editora da Fundação Getúlio Vargas, 1994. p. 89-122. Disponível em: file:///C:/Users/andre/AppData/Local/Temp/171.pdf. Acesso em 16 de jun. 2021. p. 89.

17 BRASIL. *Constituição dos Estados Unidos do Brasil*, de 10 de novembro de 1937.

18 Esse período foi marcado pela incisiva industrialização da economia brasileira; pela generalização do movimento operário nas áreas urbanas, elevando os níveis de cidadania dos trabalhadores na sociedade civil e na sociedade política; pela criação de um partido político de forte influência trabalhista e crescente desempenho eleitoral, o PTB – embora ele fosse também parte da estratégia de cooptação instituída pelo primeiro governo Vargas; pelo surgimento de movimentos sociais no campo brasileiro e subsequente extensão, em 1963, da legislação trabalhista às relações laborais agropecuárias; pelo deslocamento da Capital Federal para Brasília (1960); por elevadas taxas inflacionárias; por crescente inquietação sociopolítica.

sindicatos. Mesmo diante dessas críticas, a inserção da democracia na política nacional trouxe consigo o crescimento de demandas democratizantes – o que explica o surgimento de grande número de partidos políticos das mais diversas ideologias políticas; além disso, entre 1945 e 1964, o partido de maior extração popular e urbana – na época, o PTB – tornou-se o grande sucesso eleitoral nesse período, com crescimento constante a cada subsequente eleição nacional. Na mesma fase, houve um forte movimento de criação de sindicatos de trabalhadores urbanos e rurais em todas as regiões do País – não mais se restringindo essas entidades aos grandes centros urbanos.

Com o término da Segunda Guerra Mundial, as políticas progressistas ganharam força no mundo ocidental, inclusive dando origem, em grande parte da Europa, ao Estado de Bem-Estar Social. No Brasil, na Terceira República, destacaram-se, como progressistas, em diferentes níveis, o segundo governo Vargas (1951-1954), o governo JK (1956-1961) e o governo João Goulart (1961-1964). Este último foi o Presidente que mais firmemente buscou aprofundar tais políticas, como, por exemplo, aprovando o Estatuto da Mulher Casada (Lei n. 4.121, de 27.8.1962), que superou algumas amarras antifemininas oriundas da República Velha, e também aprovando a extensão da legislação trabalhista ao campo brasileiro (ETR – Lei n. 4.214, vigente desde 1.6.1963). Notadamente na fase presidencialista de seu governo (1963-1964), João Goulart propôs as Reformas de Base, com forte apoio do movimento sindical[19]. Este programa propunha mudanças nas mais diversas áreas como: administrativa, agrária, bancária, eleitoral, cambial, educacional, urbana, tributária e orçamentária. Tal programa foi tão amplo que significava a "[...] modificação dos fundamentos em que estava estruturada a sociedade brasileira"[20].

O período do governo de João Goulart se caracterizou pela forte radicalização política que se acentuou ao longo da gestão. O entendimento entre "conservadores" e "progressistas" tornava-se cada vez mais distante, inclusive minando as bases da até então vitoriosa aliança eleitoral e parlamentar entre PTB e PSD, provinda de 1945. Quanto mais o governo frustrava os interesses do poder econômico nacional e internacional, bem como se distanciava da política externa

---

19 No dia 13 de março de 1964, o Presidente João Goulart discursou na Central do Brasil – RJ, em ato político com a participação estimada de 200 mil pessoas – o que, para muitos historiadores, teria acelerado a realização do Golpe de Estado que veio a ocorrer em 31 de março daquele ano.

20 MOREIRA, Cássio Silva. O *Projeto de nação do governo João Goulart*: o Plano Trienal e as Reformas de Base (1961-1964). Tese de Doutorado em Economia – Curso de Pós-Graduação em Economia, Faculdade de Ciências Econômicas da EFRGS, Porto Alegre, 2011. p. 259 – 261.
Em sua tese Cássio Silva Moreira sintetiza as Reformas de Base de João Goulart em três características: *social, redistributivo* e *estatizante*. Justifica tal síntese ao enumerar as seguintes diretrizes do programa: "a) limites ao capital estrangeiro; b) estatização de empresa e intervencionismo estatal; c) descentralização econômica dos investimentos; d) fortalecimento do mercado interno; e) estímulo à pequena e média empresa nacional; f) investimentos maiores nas áreas sociais; g) melhorias salariais e na distribuição de renda." (Ob. cit. 2011, p. 262).

nos Estados Unidos, maior se tornava a radicalização e ganhava força o discurso anticomunista da oposição[21].

Nesse contexto, ocorreu o golpe militar de 1964 com um discurso elaborado em torno dos motes do combate à corrupção, à inflação e ao comunismo internacional. Iniciava-se o período de ditadura militar-civil da história do Brasil, que se estenderia de abril de 1964 até março de 1985. Entretanto, uma análise histórica mais detalhada evidencia que o golpe militar-civil foi, entre outros aspectos, também "[...] uma reação à ação organizada dos trabalhadores urbanos e rurais, que se mobilizaram em massa pelas reformas de base"[22].

Com o advento do golpe militar-civil de 1964, o sindicalismo brasileiro foi deslocado da centralidade política antes ostentada para uma zona periférica, muito distante do núcleo do poder institucionalizado e das políticas públicas. Além disso, os sindicatos, seus dirigentes, associados e militantes foram submetidos a toda sorte de controle, violência e limitações de liberdades[23] – sofreram intervenções 409 sindicatos profissionais, 43 federações e 4 confederações, sendo apenas 1 confederação patronal[24] –; soma-se a isso todo o processo de enfraquecimento da estrutura sindical frente aos próprios trabalhadores.

Em face da nova conjuntura amplamente adversa – como é típico de períodos ditatoriais, usualmente caracterizados por forte perseguição às entidades do sindicalismo e seus partícipes –, restou ao movimento sindical "[...] o trabalho pequeno e silencioso no chão de fábrica e tentativas de avanços sutis na estrutura social. Era preciso recompor forças e somar esforços para enfrentar a ditadura"[25]. Entretanto, não é correto afirmar que não houve movimentação sindical no período de 1964-1978[26] – como exemplo disso têm-se as greves de Contagem e

---

21 MOREIRA, Cássio Silva. Ob. Cit. p. 317.

22 CORREA, Larissa Rosa; FONTES, Paulo Roberto Ribeiro. As falas de Jerônimo: trabalhadores, sindicatos e a historiografia da ditadura militar brasileira. *Anos 90*, Porto Alegre, v. 23, n. 43, p. 129-151, jul. 2016. p. 133.

23 Pazzioanotto Pinto registra que o Ato n.º 1 (contendo a relação dos cidadãos com direitos políticos cassados) e o Ato n.º 2 (contendo os nomes dos integrantes do Congresso Nacional cujos mandados haviam sido suprimidos), ambos do Alto Comando, publicados no Diário Oficial de 10/04/1964, continham inúmeros líderes sindicais e autoridades com identificação com os movimentos sociais e sindicais, dentre eles: Luís Carlos Prestes, João Goulart, Jânio Quadros, Miguel Arraes de Alencar, Darci Ribeiro, Leonel Brizola, dentre outros. E acrescenta que "Nos dias que se seguiram, outros líderes sindicais foram sendo cassados, alcançando a repressão advogados que haviam se destacado na defesa de questões trabalhistas." (PAZZIANOTTO PINTO, Almir. Sindicatos, corporativismo e política. In: SOARES, Gláucio Ary Dillon; D'ARAUJO, Maria Celina (Org.). *21 anos de Regime Militar:* balanços e perspectivas. Rio de Janeiro: Editora da Fundação Getúlio Vargas, 1994. p. 89-122. p. 107).

24 PAZZIANOTTO PINTO, Ob. Cit., p. 107-108.

25 SANTANA, Marco Aurélio. Um sujeito ocultado: trabalhadores e regime militar do Brasil. *Revista em pauta*, Rio de Janeiro, 1º Semestre de 2014, n. 33, v. 12, p. 85-96. p. 86.

26 Não se pode perder de vista que os trabalhadores estavam submetidos à completa repressão policial-militar tanto dentro das fábricas quanto fora delas. Então se uniam dois tipos de pressão (ou repressão) sobre os operários: a policial (Estatal) e a patronal (privada). Essa violência estrutural é utilizada

Osasco de 1968, que foram relevantes naquela época. Ademais, a atuação sindical neste período foi fundamental para viabilizar a ebulição da movimentação social e democratizante que se iniciou em 1978[27]. De todo modo, nessa fase cinzenta, as entidades sindicais se valeram intensamente dos processos judiciais de dissídio coletivo como fórmula alternativa e emergencial para a obtenção de garantias e cláusulas favoráveis nas sentenças normativas prolatadas pelos tribunais do trabalho. De fato, as negociações coletivas e as greves praticamente não existiam nessa fase; porém o processo de dissídio coletivo continuou a ser intensamente acionado pelos sindicatos em funcionamento.

De toda sorte, o período de atuação mais marcante do sindicalismo frente ao regime autocrático militar-civil acontece no final da década de 1970, mais especificamente com o advento das greves no ABC Paulista, a partir de 1978, que representam o ressurgimento do movimento operário como protagonista político e social – neste caso, fazendo frente ao regime autoritário.

A liberdade e a autonomia sindicais formaram a principal bandeira do movimento operário ocorrido entre o fim da década de 1970 e início dos anos 1980. Mas o principal vetor da nova força sindical estava na reconstrução da identidade de classe, identidade coletiva – isso trouxe a luta pela democracia para a ordem do dia do operariado, ultrapassando os muros do sindicato. Assim "[...] o conflito operário supera o movimento sindical e o ambiente da fábrica e diferentes atores sociais vão assumindo a greve como expressão de algo mais abrangente, como expressão da luta democrática em curso"[28]. A inquietação social espalhou-se por várias regiões do Brasil e alcançou os mais diversos segmentos de trabalhadores. Isso permitiu o surgimento de lideranças sindicais de abrangência regional e nacional, bem como a identificação com diversos outros grupos sociais que também possuíam lutas de cunho democrático, como os estudantes, e a luta pelas eleições diretas no País.

---

por Larissa Correia e Paulo Fontes para enaltecer a importância dos operários que mantiveram viva a chama do movimento de classe durante o regime militar: "O risco de perder o emprego e não ser capaz de dar provimentos a família; o risco de ser "fichado" no Deops e entrar para a "lista negra" das empresas; o risco de ser preso(a) e torturado(a) e envolver toda a família; o risco de ser morto e seu corpo nunca mais aparecer. Ainda que pesassem todas as medidas repressivas e o medo se espalhasse pelas linhas de produção, não foram poucos os operários(as) que arriscaram as suas vidas ao distribuir folhetos em frente aos portões de fábrica, a se levantar em uma assembléia sindical e pedir a palavra para denunciar o regime, diante de policiais infiltrados" (CORREA, Larissa Rosa; FONTES, Paulo Roberto Ribeiro. As falas de Jerônimo: trabalhadores, sindicatos e a historiografia da ditadura militar brasileira. *Anos 90*, Porto Alegre, v. 23, n. 43, p. 129-151, jul. 2016., p. 142).

27 O I Congresso dos Metalúrgicos, em 1974, é um exemplo dessa estratégia. Em tal Congresso as discussões passaram a abordar temas nacionais e estruturantes da democracia, economia e sindicalismo, tais como liberdade sindical, atuação das multinacionais, negociação direta entre sindicatos e empresas. Esse evento teve influência direta na paralisação realizada na SAAB-Scânia, em maio de 1978, que foi um marco no movimento grevista nacional (PAZZIANOTTO PINTO, Ob. Cit., p. 114-116).

28 OLIVEIRA, Sonale Diane Pastro; MARINHO, Maria Gabriela da Silva Martins da Cunha. Diretas já, um movimento social híbrido. *Revista Debates*, Porto Alegre, v. 6, n. 3, p. 129-143, set.-dez. 2012. p. 134.

O movimento cívico das "Diretas Já" representou o ápice da insatisfação sociopolítica com a estrutura de governo posta no Brasil e com os seus desdobramentos sociais e econômicos. Por essa razão, tal movimento se deu de forma ampla, englobando o próprio sindicalismo, os estudantes, o segmento político-partidário, entidades intermediárias de classe (como a Ordem dos Advogados do Brasil e a Associação Brasileira de Imprensa), grupos feministas, entre outros. Todos, respeitados os interesses específicos, defendendo uma efetiva e ampla cidadania. Essa abrangente mobilização popular foi fundamental para a aceleração do processo de redemocratização do Brasil, pondo fim ao regime autocrático militar-civil.

Com a eleição (ainda que indireta) do primeiro presidente da república civil após cerca de 21 anos de ditadura – cuja posse se deu em 15 de março de 1985 – e subsequente convocação e instalação da Assembleia Nacional Constituinte (1987-1988), culminando com a promulgação da Constituição da República Federativa do Brasil de 1988, estava completada a transição da ditadura para democracia no País. Do ponto de vista histórico, de todo modo, a partir de 15 de março de 1985 estava extinto o regime autocrático precedente e inaugurada a Quarta República no Brasil.[29]

A Constituição de 1988 instituiu no Brasil um novo paradigma constitucional, o Estado Democrático de Direito. Com isso, a pessoa humana, com sua dignidade, é alçada ao núcleo constitucional e a democracia é ressignificada – deixa de se limitar ao aspecto político, aos direitos de votar e de ser votado. A democracia torna-se multidimensional, com abrangência nos planos político, social, cultural, econômico e institucional[30]. Os Direitos Sociais, entre eles os trabalhistas, são alçados à categoria de Direitos Fundamentais. Diante disso, o Direito do Trabalho assume importante papel na democracia constitucional, por traduzir a tutela da pessoa humana, em sua dignidade, e a tutela do valor social do trabalho. O conceito constitucional de Estado Democrático de Direito suplanta, conforme se percebe, os limites do Estado de Direito tradicional das fases constitucionais precedentes, passando a determinar a democratização não apenas da sociedade política como também da própria sociedade civil.[31]

---

[29] A Emenda Constitucional que previa as eleições diretas do Presidente da República, embora tenha tido maioria absoluta na votação na Câmara dos Deputados, em 2014, não alcançou o elevado quórum de 2/3 exigido para tal modificação constitucional. Com isso, a transição democrática teve de se fazer mediante a fórmula então vigente de escolha indireta pelo mesmo Congresso Nacional. Apenas com a nova Constituição de 1988 é que o País retornou às eleições diretas para a Presidência da República.

[30] Nesse sentido, conferir: DELGADO, Maurício Godinho; DELGADO, Gabriela Neves. *Constituição da república e direitos fundamentais*: dignidade da pessoa humana, justiça social e direito do trabalho. 4ª ed. São Paulo: LTr, 2017. P. 34-37.

[31] DELGADO, Maurício Godinho; DELGADO, Gabriela Neves. *Constituição da república e direitos fundamentais*: dignidade da pessoa humana, justiça social e direito do trabalho. 4ª ed. São Paulo: LTr, 2017. P. 34-37.

Extrapolando os limites da formalidade (dimensão política), a democracia passa a conter o aspecto substancial na medida em que se torna interligada aos direitos fundamentais e garantias constitucionais. É o que Luigi Ferrajoli[32] nomeia de modelo quadridimensional da democracia, pois está presente nas quatro dimensões dos direitos fundamentais, a saber: políticos, civis, de liberdade e sociais. Isso ocorre justamente para que a democracia verdadeiramente possa corresponder às demandas correlatas à atual complexidade social.

Nessa concepção, a democracia não é apenas um valor ou um conceito filosófico, é um instituto jurídico impositivo, no sentido de não aceitar caminhos diversos do democrático. É ampla, pois vincula a sociedade, a cultura, a economia e todas as instituições, públicas e privadas. No caráter impositivo e amplo da democracia também está inserido o sindicato.

O movimento sindical, por sua origem e pela defesa dos direitos sociais trabalhistas, possui a democracia inserida em sua própria razão de existência. Todavia, a sociedade moderna, ordenada no Estado Democrático de Direito, pela complexidade que lhe é característica, apresenta novas demandas democráticas ao Estado e ao sindicalismo. Nesse contexto indaga-se: quais são os principais desafios do sindicato na atual conjuntura democrática brasileira?

3. A CRISE NO SISTEMA SINDICAL BRASILEIRO AMPLIADA PELA REFORMA TRABALHISTA

A atividade sindical tem enfrentado, nas últimas décadas, no Ocidente, um período de enormes desafios e um amplo declínio (embora não absoluto e nem em todos os países).[33] A exemplo do que ocorre no Brasil mais recentemente, em vários outros países do globo as organizações profissionais têm experimentado os efeitos das mutações do capitalismo e a elevação do poderio econômico, midiático e político das grandes empresas. Estas, com o seu aparato financeiro, político e midiático, pressionam o mercado econômico e os governos em favor dos caminhos da flexibilização, desregulamentação e precarização de direitos. A par disso, criam novos modais de trabalho, com suporte em alterações tecnológicas e organizacionais, dificultando a aproximação, identificação e filiação do trabalhador a uma entidade sindical obreira[34].

---

32 FERRAJOLI, Luigi. *La democracia a través de los derechos*: el constitucionalismo garantista como modelo teórico y como proyecto político. Tradução de Perfecto Andrés Ibáñez. Madrid: Trotta, 2014, p. 51-52.

33 Há países democráticos ocidentais que conseguiram preservar uma sólida presença do sindicalismo dentro de suas fronteiras e em sua sociedade política e sociedade civil. É o caso dos países nórdicos (Dinamarca, Finlândia, Islândia, Noruega e Suécia), que apresentam, regra geral, índices de sindicalização à base de 50% ou mais dos trabalhadores. Porém esta não é a regra geral hoje observada nos países europeus e das Américas.

34 CARDOSO, Adalberto Moreira. Dimensões da crise do sindicalismo brasileiro. *Caderno CRH*: Rio de Janeiro, 2015.

Esse movimento de fortalecimento empresarial, associado à globalização das atividades econômicas, atuando sobre as relações laborais, também projetou, por consequência lógica, o deslocamento geográfico dos postos de trabalho, dando lugar a um perfil novo e cosmopolita de profissionais no mercado, com características específicas para as quais os sindicatos não se prepararam, gerando uma crise ainda mais ampla de filiação dos trabalhadores e, no âmbito dos sindicatos, o enfraquecimento de suas bases de representação[35].

Também as novas modalidades de prestação de serviço, como o contrato intermitente, os trabalhadores de plataforma e a possibilidade de terceirização de todas as atividades da empresa, acarretam imensos desafios e o crescente afastamento dos órgãos de representação dos trabalhadores de seus potenciais representados.

O modelo sindical adotado no Brasil, desde a Constituição Federal de 1988, promoveu alterações sensíveis na estrutura das entidades sindicais com vista a irradiar, com autonomia, a capacidade de representação das organizações profissionais. Entre as mudanças, comporta destacar que a Constituição da República: (i) consagrou, ainda que tardiamente, o princípio da liberdade sindical (art. 8º, *caput*); (ii) vetou a interferência do Estado no funcionamento dos sindicatos, conferindo-lhes autonomia (art. 8º, I), modelo mais coerente com o propósito democrático adotado; (iii) reforçou o papel dos sindicatos na defesa dos direitos e interesses coletivos ou individuais da categoria, inclusive em questões judiciais e administrativas (art. 8º, I, da CF/88); (iv) alargou os poderes na negociação coletiva trabalhista, inclusive alçando ao protagonismo a participação sindical obreira (art. 8º, VI; art. 7º, VI, XIII, XIV, e XXVI); e,(v) assegurou amplamente o direito de greve (art. 9º).[36]

O progresso constitucional promovido a partir de 1988 foi evidente, em especial considerando-se os modelos sindicais, legais e constitucionais anteriores. Sucede, contudo, que o arquétipo sindical concebido pela nova Carta Magna permitiu a liberdade sindical de forma condicionada, mantendo o critério da unicidade sindical herdado dos anos 1930-1945, que fora preservado também desde então. A liberdade sindical proposta pela Constituição Federal de 1988 foi contraditoriamente neutralizada pela imposição de um sindicato único por categoria, aliada à ideia de contribuição sindical obrigatória. Tal formato acabou por estimular a disseminação e fragmentação de sindicatos, os quais, muitas vezes minúsculos e sem qualquer estrutura para desenvolver a negociação coletiva em condições de equilíbrio com a empresa ou a entidade sindical patronal, mantinham sua

---

35 RAMALHO, José Ricardo. *Trabalho, Sindicato e Globalização.* Revista: João Pessoa. Nº. 41,2014, p. 25-43.

36 A respeito, consultar, por exemplo, DELGADO, Mauricio Godinho; MENEZES, Alline Bessa de. A Constituição Federal de 1988 e o Sindicalismo no Brasil: avanços democráticos e desafios persistentes. In *Revista Magister de Direito do Trabalho*. São Paulo: Lex, N. 102, mai-jun.-2021, p. 5-38.

existência muito mais para receber a contribuição obrigatória do que para exercer uma representação efetiva dos' interesses dos trabalhadores.

Como, em razão da unicidade, não há disputa entre sindicatos pela representação da classe operária, o modelo gerou certa acomodação dos entes sindicais e um distanciamento cada vez maior da categoria profissional, causando inevitável déficit de representatividade. O trabalhador, por outro lado, é obrigado permanecer engessado formalmente a um sindicato específico no âmbito de uma localidade/região, como regra o de sua categoria profissional.

Melhor escolha teria feito o legislador constituinte se tivesse franqueado aos sindicatos o direito de espraiar a atuação em favor das respectivas classes para além de lindes territoriais. O mesmo pode ser dito em relação aos trabalhadores, tolhidos do direito de escolha da organização que melhor atue na defesa de seus interesses econômicos e profissionais. Aliás, a diretriz da liberdade sindical plena está presente na Convenção 87, de 1978, da OIT, a qual o Brasil insiste em não ratificar.

Portanto, o pluralismo sindical, com o necessário estímulo à espontânea fusão de vários sindicatos (unidade), é o rumo premente a ser trilhado pelas organizações profissionais, com vistas a fortalecê-las e torná-las mais representativas. A crise deflagrada nas organizações profissionais demanda o engajamento político e social para salvaguardar o Estado Social albergado pela Constituição Federal de 1988.

Sem embargo, foi em um cenário de crise de representatividade, aliada aos problemas políticos e econômicos vivenciados no Brasil, sintetizados no processo de derrubada do governo democraticamente eleito em 2014, levando à profunda alteração das políticas públicas oficiais em direção ultraliberalista, os desafios do sindicalismo brasileiro iriam rapidamente se multiplicar. De fato, pouco tempo depois da derrubada do antigo governo eleito, foi aprovada, com tramitação parlamentar acelerada e sem participação efetiva dos atores sociais, a Lei nº 13.467, de 13 de julho de 2017, denominada "Reforma Trabalhista". A despeito de ter sido apresentada como uma mudança modernizante e necessária para a sociedade, essa lei afetou gravemente a vida sindical de diversas formas, reduzindo drasticamente seus recursos financeiros e o poder institucional, profissional e social das entidades sindicais em direção à defesa e melhoria dos direitos dos trabalhadores.

A reforma promoveu significativas alterações no âmbito do direito material e processual do trabalho. Para além da restrição de direitos individuais dos trabalhadores, também reduziu direitos coletivos e promoveu verdadeira subjugação sindical, à medida que as alterações legais limitaram – a ponto de quase eliminar por completo – as receitas das entidades sindicais, provocando o seu enfraquecimento e um verdadeiro desmonte da estrutura sindical brasileira.

Conforme será abordado no item seguinte, a Reforma Trabalhista, abrigada no argumento de respeitar o Princípio da Liberdade Sindical e privilegiar o Princípio da Autonomia da Vontade Individual (até então inusitado no Direito do Trabalho), acabou por reduzir a capacidade de negociação dos sindicatos, invocando para tanto a falsa premissa de que a sobreposição do negociado em detrimento ao legislado ampliaria a importância das entidades sindicais. Ao contrário, hoje, em sua maioria, estas entidades estão falidas e sem estrutura financeira mínima para manter serviços administrativos, institucionais e jurídicos de suporte aos trabalhadores.

O fim abrupto da contribuição sindical obrigatória, prevista no art. 578 da CLT, intensificou a crise na representação dos trabalhadores pelos sindicatos. O que foi propagandeado como uma conquista individual importante para os trabalhadores – na medida em que deixaram de ter o desconto de um dia de salário por ano para repasse ao respectivo sindicato – fez com que as entidades sindicais se vissem obrigadas, sem nenhuma regra de transição, a promover drástica redução em suas estruturas, debilitando, por consequência, a representação adequada dos trabalhadores. Além disso, o mesmo preceito normativo da Reforma Trabalhista condicionou a aprovação de qualquer desconto em favor do sindicato à autorização prévia e expressa dos trabalhadores, demonstrando, mais uma vez, o objetivo legal de fragilização dos organismos sindicais.

Como a Reforma Trabalhista não previu nenhuma regra de transição no que diz respeito à fonte de custeio obrigatória das entidades sindicais, não foi possível sequer viabilizar, em curto espaço de tempo, a adoção de outras estratégias de economia ou de arrecadação.

A Reforma Trabalhista trouxe outras alterações de alto impacto na atuação sindical – sem contar o óbvio prejuízo ao empregado –, podendo-se citar, a título de exemplo: i) a livre negociação entre trabalhador e empregador, sem a participação sindical, quanto às matérias previstas no art. 611-A, relativamente ao empregado tido como hiperssuficiente: art. 444, parágrafo único, da CLT; ii) deslocaram-se matérias do campo da negociação coletiva para a autonomia individual da vontade, conforme os artigos 59 e 59-A da CLT; iii) a ampliação desmedida da terceirização trabalhista, o que resultou na pulverização dos trabalhadores, na mitigação da representação sindical e na dificuldade de reconhecimento da equiparação salarial; iv) a revogação do parágrafo primeiro do art. 477 da CLT, que extinguiu a obrigatoriedade da homologação sindical das rescisões contratuais de trabalhadores com contrato de trabalho vigente há mais de um ano contínuo; v) a sucumbência recíproca prevista no parágrafo terceiro do art. 791-A, da CLT, desprestigiando a assistência sindical gratuita ao trabalhador.

Maurício Godinho Delgado e Gabriela Neves Delgado afirmam que a Reforma Trabalhista visualiza o Direito Coletivo do Trabalho como "um instrumento adicional de regressão no patamar civilizatório mínimo assegurado pelo Direito

Individual do Trabalho na ordem jurídica do País"[37]. Nessa perspectiva, é possível afirmar que esse diploma reformista impôs flagrante retrocesso social e jurídico, passível de afetar, inclusive, o Estado Democrático de Direito, pois não há avanço jurídico no âmbito do Direito do Trabalho desvinculado de um sindicalismo forte, independente e atuante.

As reformas promovidas avançaram em um contexto de fragilidade dos sindicatos, que enfrentavam uma grave crise de representatividade. Isso porque, mesmo com louvável fomento à atividade sindical conferido pela Constituição de 1988, os sindicatos, durante pelo menos duas décadas, não tiveram a capacidade de promover mudanças em sua imagem, em sua estrutura e em suas ações para manter os trabalhadores sindicalizados, resgatar desfilados, conscientizar e incluir novos profissionais das respectivas categorias.

Nesse sentido, Mauricio Godinho Delgado ainda expõe outras circunstâncias que contribuíram para o agravamento da crise de legitimidade das entidades sindicais, como a limitação de garantias sindicais a somente sete dirigentes (Súmula 369 do TST), independentemente do tamanho do sindicato; a ausência de democracia sindical, pois algumas dinastias familiares permaneceram por longos períodos à frente das organizações profissionais; e, além disso, a carência ou ausência de público feminino na gestão das organizações profissionais[38].

O resgate da atividade sindical perpassa, portanto, por diversos fatores, como a reorganização desses entes para fazerem contemplar em sua camada de representação outros segmentos específicos da sociedade, além da simples disjuntiva empregado X empregador. Citem-se, por ilustração, os denominados trabalhadores desalentados, os desempregados, os jovens, as mulheres, os idosos, os indivíduos sem qualificação, os subempregados, os terceirizados, os sem-teto, os sem-terra, os componentes da população LGBTQ+, os micro e pequenos empreendedores, os autônomos, os membros de comunidades menos privilegiadas; enfim, a sociedade precisa se sensibilizar e ser sensibilizada sobre a importância dos sindicatos para a negociação de melhores condições de trabalho[39].

Cabe referir, como outra prova manifesta do menoscabo pela atividade sindical, as recentes normas editadas durante a pandemia ocasionada pelo vírus Sars-CoV-2, principalmente as Medidas Provisórias 927/2020 e 936/2020 (esta última convertida na Lei n. 14.020/20), em que as organizações profissionais foram colocadas em segundo plano e as negociações coletivas subjugadas e concebidas

---

[37] DELGADO, Maurício Godinho. DELGADO, Gabriela Neves. *A reforma trabalhista no Brasil*: com os comentários à Lei 13.467/2017. São Paulo: LTR, 2017. p. 45.

[38] DELGADO, Mauricio Godinho. *Sindicalismo e Sindicatos no Brasil: da Democratização Promovida Pela Constituição da República à Crise e Desinstitucionalização Emergentes.* Revista Magister de Direito do Trabalho. Porto Alegre: Lex Magister, v. 91. (jul./ago.2019).

[39] POCHMANN, Marcio. Relações de trabalho e padrões de organização sindical no Brasil. São Paulo: LTr, 2003, p. 15-16.

como dispensáveis para a fixação de qualquer medida de resgate do equilíbrio nas relações laborais.

Ainda nesse fluxo de depreciações ao movimento sindical, não se pode deixar de mencionar o movimento contínuo da jurisprudência, principalmente do Supremo Tribunal Federal, em uma escalada de desconstrução dos direitos sociais, especialmente os relacionados ao Direito do Trabalho.

Ao longo dos anos, em decorrência do alargamento do controle concentrado de constitucionalidade, importante alteração na composição da Corte e avanço do pensamento neoliberal, entre outros fatores, é possível observar que o Supremo Tribunal Federal passou a ocupar um maior protagonismo em relação à análise de matérias trabalhistas. Essa postura do STF causou certa polarização com a Justiça do Trabalho, revelando perspectivas muito distintas em relação aos direitos sociais trabalhistas.

Primeiramente, houve um esvaziamento da competência da Justiça do Trabalho, que pode ser ilustrada com as decisões relacionadas à análise da Emenda Constitucional nº 45 de 2004: i) incompetência para julgar contratos administrativos temporários e nulos (ADIN 3.395-DF); ii) incompetência para determinar recolhimentos previdenciários decorrentes de contrato de emprego reconhecido (RE 569056); iii) incompetência para julgar representantes comerciais (RE 606003, tema 550); iv) incompetência para julgar ações de cobrança de honorários de profissionais liberais (RE 607520, tema 305); v) incompetência para julgar concursos públicos da Administração Pública, inclusive empresas públicas e sociedades de economia mista (RE 960429, tema 992); vi) incompetência para julgar abusividade de greve de servidor público celetista (RE 846854, tema 544).

Além disso, pode-se observar que as decisões da Corte passaram a utilizar uma argumentação de viés econômico para justificar a supressão de direitos trabalhistas, adotando a lógica do mercado concorrencial e da livre iniciativa, mediante certa interpretação econômica do Direito. No que tange especificamente às relações coletivas de trabalho, o STF vem revelando um progressivo afastamento do projeto constitucional consagrado na Carta de 1988.

Na verdade, são contínuas as decisões que vêm minando a própria estrutura do Direito Coletivo do Trabalho. Nota-se na jurisprudência da Corte Máxima um entendimento subjacente de que em matéria de relações coletivas do trabalho não há assimetria de poder; que o sindicato, como sujeito coletivo, tem condição de oferecer resistência às ofensivas do setor econômico em igualdade de condições. No entanto, ao mesmo tempo em que fixa a premissa de que os sindicatos estão em situação de equivalência com o empregador, alargando sobremaneira o espaço para a negociação coletiva, o mesmo STF, de forma paradoxal, interfere na organização sindical para lhe retirar os meios materiais de organização, subsistência e resistência. Nesse quadro, com tal interpretação, mina o próprio princípio de equivalência entre os contratantes coletivos, a qual desaparece caso se trate de um sindicato (e um sindicalismo) fraco, pobre e sem efetivos poderes.

Com efeito, os entendimentos reiterados da Corte Suprema com relação à fonte de custeio dos sindicatos demonstram uma desarrazoada restrição à autonomia da vontade coletiva e uma valorização desmedida da liberdade associativa meramente individual. E uma injustificável incompreensão do princípio da igualdade em sentido material, substantivo. É o que se depreende das seguintes decisões: a) que fixou a tese de repercussão geral n. 935 ("inconstitucionalidade da contribuição assistencial imposta aos empregados não filiados ao sindicato, por acordo, convenção coletiva ou sentença"); b) que reconheceu constitucional a alteração introduzida pela Lei n. 13.465/2017, pelos quais se exige autorização prévia e expressa dos participantes da categoria profissional para que o desconto da contribuição sindical possa ser efetuado (ADI 5.794/DF); c) que cassou decisão regional que reconheceu validade de decisão assemblear para suprir-se a manifestação expressa e individual dos componentes da categoria profissional para recolhimento de contribuição sindical (Reclamação 36185/RJ, Reclamação 47.102).

Destaque-se, ainda, pela gravidade dos seus efeitos, a decisão do Supremo Tribunal Federal no julgamento da ADI 6363, que, de forma diametralmente oposta à literalidade do art. 7º, VI, da Constituição Federal, decidiu no sentido de que a excepcionalidade provocada pela pandemia da Covid-19 autorizaria que ato reservado à negociação coletiva fosse objeto de acordo individual. Utilizando-se de argumentos consequencialistas e de excepcionalidade, reconheceu a constitucionalidade da redução da jornada de trabalho e do salário do empregado, ou ainda, a suspensão temporária do seu contrato de trabalho por meio de acordos individuais, independentemente da participação ou até mesmo anuência dos sindicatos da respectiva categoria profissional.

Mas não se pode atribuir unicamente ao Supremo Tribunal Federal essa jurisprudência antissindical[40], na expressão de Ricardo José Macêdo de Britto Pereira. Também no âmbito da Justiça do Trabalho já havia uma tendência de enfraquecimento do movimento sindical, sob os influxos da ideia de que os direitos trabalhistas e os sindicatos de classe que os defendem são um entrave ao desenvolvimento econômico.

Para ilustrar como essa visão de cunho neoliberal vem minando a própria compreensão social e coletiva do Direito Coletivo do Trabalho, cite-se a decisão do TST (Processo: 1000376-17.2018.5.00.0000), confirmada depois pelo STF (Medida Cautelar na Suspensão de Liminar 1.298 – DF), que, considerando o

---

[40] PEREIRA, Ricardo José Macedo de Brito. Revisitando o conceito de autonomia sindical. In: PEREIRA, Ricardo José Macedo de Brito; PORTO, Lorena Vasconcelos (Orgs). *Temas de Direito Sindical:* homenagem a José Cláudio Monteiro de Brito Filho. São Paulo: LTR, 2011. Cap. I, p. 19-36. P.32.

potencial impacto negativo na economia brasileira, determinou que 90% dos petroleiros continuassem em atividade durante a greve dos trabalhadores da Petrobras.

A crise do sindicalismo é profunda e grave, decorre de múltiplos fatores, partindo também de ofensivas estatais (leis e jurisprudência). Entretanto, ela também apresenta causas imanentes ao próprio ente sindical, como, ilustrativamente, a tendência ao fracionamento das entidades sindicais e a fragilidade das práticas democráticas em certa parte do sindicalismo.

Não obstante tantas adversidades, a associação dos trabalhadores por meio de sindicatos permanece sendo absolutamente primordial para o intento da transformação social preconizada no texto constitucional de 1988, sendo condição e estrutura absolutamente indispensáveis ao Estado Democrático de Direito.

4. OS RISCOS DEMOCRÁTICOS DA AMPLIAÇÃO DOS LIMITES DA NEGOCIAÇÃO COLETIVA NO CONTEXTO DE ENFRAQUECIMENTO SINDICAL

A moderna visão de democracia ampliada pressupõe que as decisões não se concentrem somente na esfera política, em exercício de soberania centralizado apenas nos representantes eleitos. Nessa nova faceta de democracia participativa, ampliam-se os espaços de decisão coletiva para abranger também a sociedade civil, conjugando, assim, a democracia política com uma democracia social.

Pode-se afirmar que a importância que a ordem jurídica atribui à negociação coletiva reflete o próprio paradigma democrático de uma determinada sociedade. Quanto maior o espaço para a participação sindical na tomada de decisões, maior é o nível de democracia existente. Nas palavras de Amauri Mascaro Nascimento e Sônia Mascaro Nascimento, "o princípio da autonomia coletiva é um valor das democracias, nas quais é, até mesmo, priorizado pelo Estado quanto maior o seu respeito pelos princípios democráticos"[41].

Nessa esteira, a Constituição Federal de 1988, fundada no sentido substancial de democracia, além dos instrumentos de exercício direto da soberania arrolados expressamente no art. 14 (plebiscito, referendo e iniciativa popular), também reconheceu a negociação coletiva de trabalho como mecanismo de participação da sociedade civil na própria construção da normatividade.

De forma inovadora, a Carta de 1988 afirmou os princípios da liberdade sindical e da autonomia coletiva como direitos fundamentais das coletividades e dos trabalhadores. Conferiu especial relevância à negociação coletiva, que passou a

---

41 NASCIMENTO, Amauri Mascaro; NASCIMENTO, Sônia Mascaro. *Curso de Direito do Trabalho*: história e teoria geral do direito do trabalho: relações individuais e coletivas do trabalho. 29ª Ed. São Paulo: Saraiva, 2014, p. 292-295.

ser regulada por diversos dispositivos constitucionais que lhe conferiram amplo potencial para realização prática nas relações trabalhistas. Entre eles, podemos citar o art. 7º, incisos VI, XIII, XIV e XXVI; o art. 8º, inciso VI, ao estabelecer a participação necessária das entidades sindicais e o art. 114, § 2º (introduzido pela EC 45/2004), que limitou o amplo acesso ao poder normativo da Justiça do Trabalho ao dispor que as partes devem tentar previamente a negociação coletiva.

A negociação coletiva funciona, assim, como meio de pacificação social, contribuindo para a solução do conflito coletivo, além de impulsionar a capacidade criadora de normas jurídicas nas relações trabalhistas e ter, por consequência, potencial transformador da realidade social. É uma solução democrática, fundada sobre o diálogo social, tão incentivado pela Organização Internacional do Trabalho em suas Convenções 98 e 154, ambas ratificadas pelo Brasil.

A base da negociação coletiva é a equivalência entre os atores convenentes, sem a qual não há que se falar em equilíbrio de poderes e em negociação autêntica e justa. Por esse motivo, a Constituição de 1988, ao superar a visão individualista do liberalismo clássico, atribuiu às representações das categoriais profissionais, como vetor de contrapoder social, a prerrogativa de representação dos trabalhadores na negociação coletiva, tornando suas entidades sindicais interlocutoras obrigatórias (art. 8º, inciso VI).

Disso se infere que a organização dos trabalhadores em sindicatos profissionais é condição imprescindível para a superação da natural hipossuficiência e vulnerabilidade social dos obreiros em relação aos empregadores. Na negociação coletiva presume-se que os sujeitos coletivos (empregador/sindicato patronal e sindicato dos trabalhadores) estejam em uma configuração de equipolência para terem verdadeira autodeterminação para construir suas próprias normas de regência, com igualdade e liberdade. Sem uma atuação efetiva e verdadeiramente representativa dos sindicatos é inevitável a preponderância da parte mais forte economicamente, tal como ocorria sob o império da autonomia privada contratual civilista tradicional.

Recorde-se, nesse ponto, que o Direito do Trabalho, como ramo jurídico especializado do Direito, é teleologicamente norteado pela diretriz da melhoria progressiva das condições de trabalho e pela proteção do empregado. É composto por normas estatais heterônomas, representando o piso mínimo de direitos trabalhistas, e por normas autônomas, construídas pelos sujeitos coletivos como mecanismos de elevação das condições de trabalho.

E a Constituição Federal de 1988, em seu art. 7º, *caput* consagra expressamente o princípio da norma mais favorável, relacionado à ideia da progressividade social. Esse mesmo artigo também prevê, em seu inciso XXVI, o reconhecimento das convenções e acordos coletivos de trabalho, considerados, dessa forma, como meio para atingir melhores condições sociais aos trabalhadores. Vê-se, portanto, que a Constituição valoriza o pactuado coletivamente, dentro de um enfoque de integração com as normas legisladas, sempre em busca do progresso das condições laborais.

O ponto foi elaborado com densidade por Maurício Godinho Delgado ao alertar que a negociação coletiva não é uma espécie de *super poder* da sociedade civil que possa ser concebido sem nenhuma limitação, para reduzir ou suprimir direitos duramente conquistados. Com sua habitual acuidade, o ilustre doutrinador afirma que[42]:

> [...] a negociação coletiva trabalhista consiste em um instrumento de democratização do poder e da riqueza no âmbito da sociedade civil; é importante veículo institucionalizado para a busca da maior democratização e inclusão socioeconômica das pessoas humanas na sociedade civil. Entretanto, se não exercer esse papel – ao invés, passando a se transmutar em mecanismo de rebaixamento das condições de vida e trabalho da pessoa humana trabalhadora –, ela se encontrará desfigurada, descaracterizada, posta distante de sua função histórica, lógica e teleológica no Direito Coletivo do Trabalho.

O desvirtuamento de sua função central, a saber, a melhoria das condições de trabalho, pode ser apontado como o principal problema atrelado à autonomia privada coletiva. São muitos os movimentos nesse sentido, entre eles a Reforma Trabalhista promulgada com a Lei n. 13.467/2017, que alterou completamente a configuração da negociação coletiva e, consequentemente, toda a dinâmica do Direito Coletivo do Trabalho. Não há ambivalência quanto ao propósito dessa nova regulamentação. Em todo o seu texto fica nítida a intenção de retração da via de aquisição de direitos trabalhistas, em um processo que reflete a própria crise do Direito do Trabalho.

Destaca-se o art. 611-A, introduzido na CLT pela referida lei, que prevê expressamente a prevalência do negociado sobre o legislado e amplia o rol de matérias que podem ser objeto de negociação coletiva, em claro enfraquecimento da imperatividade das regras jurídicas heterônomas. O que se procura impor com esse dispositivo legal é uma total inversão do modelo normativo da negociação coletiva, distanciando-se completamente do desenho constitucional, que estabeleceu no referido art. 7º, *caput*, o princípio da vedação do retrocesso social. Segundo esse princípio, as modificações dos parâmetros trabalhistas *in pejus* somente podem ser admitidas restritivamente, quando a própria Constituição excetua o princípio da norma mais favorável.

Sob o argumento, já antigo e recorrente, da modernização pela flexibilização dos direitos trabalhistas, o citado art. 611-A alarga perigosamente os limites da negociação coletiva ao estabelecer expressamente a prevalência das normas

---

42 DELGADO, Maurício Godinho. *Curso de Direito do Trabalho.* 19ª ed. São Paulo: LTR, 2020, p. 1680.

coletivas sobre a legislação heterônoma, sem nenhuma ponderação quanto à melhoria das condições sociais dos trabalhadores. Essa "nova lógica de legitimação"[43] adotada pela Reforma Trabalhista valoriza a negociação coletiva com o objetivo de aumentar a liberdade gerencial nas empresas e reduzir custos de pessoal. Dito de outra forma, todo esse impulso que se atribuiu à negociação coletiva veio, na realidade, para legitimar, com a chancela dos sindicatos, a derrogação de direitos trabalhistas.

Além disso, é de se enfatizar que a prevalência do negociado sobre o legislado pode, na prática, inviabilizar a conquista progressiva de direitos pelos trabalhadores. Isso porque, com essas alterações trazidas pela Reforma Trabalhista, tanto os direitos previstos em lei, quanto àqueles estabelecidos em instrumentos coletivos (em razão da vedação da sua ultratividade, prevista no art. 614, § 3º, CLT), podem ser completamente eliminados por meio da negociação coletiva.

A autonomia coletiva dos trabalhadores passa a se materializar, dessa forma, como instrumento de esvaziamento dos direitos trabalhistas, com a possibilidade de derrogação das normas legais *in pejus*, distanciando a negociação coletiva de sua função democrática originária de suporte e fortalecimento à ação sindical.

Com sindicatos cada dia mais frágeis, fragmentados e pouco representativos, desvelando a dificuldade do atual sindicalismo para fazer frente às drásticas transformações no mundo do trabalho, torna-se ainda mais pertinente a reflexão crítica acerca dos limites das normas instituídas no âmbito de negociações coletivas. Em um cenário em que se pretende que a negociação coletiva seja utilizada como instrumento para desnaturar o Direito do Trabalho, é imprescindível que a sua interpretação considere todo o arcabouço jurídico, principalmente os valores e princípios insertos no texto constitucional e nos aportes do Direito Internacional.

A Carta de 1988 indica o balizamento normativo e axiológico para a interpretação das leis, harmonização e integração do ordenamento jurídico. Não se pode olvidar, como alerta Ricardo José Macedo de Britto Pereira[44], que "o modelo consagrado na Constituição de 1988 é estruturado na centralidade do trabalho e essa característica forma a identidade constitucional". E a principiologia humanística e social adotada pela Constituição conduz à concepção da negociação coletiva como instrumento dinâmico e democrático de participação da sociedade e de melhoria progressiva das condições sociais dos trabalhadores.

---

[43] SILVA, Sayonara Grillo Coutinho Leonardo da. "A introdução das políticas ultraliberais no Brasil e as Reformas Trabalhistas: Uma ponte para a exceção?" In: RAMOS, Gustavo Teixeira; MELO FILHO, Hugo Cavalcanti; LOGUERCIO, José Eymard; RAMOS FILHO, Wilson (Orgs). *A Classe Trabalhadora e a Resistência ao Golpe de 2016*. São Paulo: Projeto Editorial Práxis, 2016, p. 425.

[44] PEREIRA, Ricardo José Macedo de Britto. A centralidade do trabalho na Constituição brasileira de 1988: desafios atuais à constitucionalização do direito do trabalho. *Revista Brasileira de Estudos Políticos*, Belo Horizonte, n. 122, 2021, p. 479-515.

A Constituição vigente, em sua dimensão inclusiva e democrática, traz, como se vê, obstáculos intransponíveis a essa ideia de negociação coletiva avassaladora, sem limites, que tudo pode. Nesse panorama de afronta constitucional e de grave enfraquecimento sindical, será inevitável um redimensionamento crítico do alcance da autonomia coletiva de vontade. Imprescindível a análise concreta da dinâmica das negociações coletivas e dos instrumentos coletivos produzidos para que se evitem os abusos pela imposição do poder econômico e para que não se implemente uma agenda regressiva de direitos, baseada na simples renúncia de conquista dos trabalhadores.

No mundo do trabalho, em um cenário de abissal desigualdade social, os sindicatos permanecem sendo absolutamente primordiais para o intento da transformação social. Nesse sentido, é fundamental que se assegurem recursos de poder às entidades sindicais para o enfrentamento do processo de negociação, com potência e equilíbrio de forças, para que trabalhadores e suas representações não fiquem desprovidos de meios de pressão e ação efetiva.

E é essa "intervenção corretiva nas distorções sociais"[45] que se espera de um Estado Democrático de Direito, respeitando o valor inerente ao homem enquanto ser e ao mesmo tempo resguardando a liberdade e fomentando o autogerenciamento das relações trabalhistas. Portanto, a negociação coletiva efetiva e realizada com equivalência de forças é instrumento essencial à democracia e à consecução da justiça social. É meio dialógico e de pacificação dos conflitos sociais que deve sempre seguir inserida no paradigma constitucional democrático adotado na Constituição de 1988.

Em tempos de ataques aos direitos sociais, que a postura seja de afirmação da Constituição Federal.

5. CONCLUSÃO

A análise histórica comprova que o movimento sindical exerceu importante papel na construção da sociedade brasileira. Isso se deu pela atuação direta na luta pela democracia em sua dimensão política, bem como no que se refere à materialização do aspecto substancial da democracia. Assim, o sindicato demonstra sua importância democrática também, e principalmente, mediante a luta pela efetividade dos direitos e garantias constitucionais, sobretudo os direitos sociais trabalhistas.

A atual crise do sindicalismo é profunda, grave e decorre de múltiplos fatores. Tem causas imanentes ao próprio sistema sindical, como a falta de capacidade de

45 REIS, Daniela Muradas. "A Crise do Estado Social e Negociação Coletiva". In: PIMENTA, José Roberto Freire; RENAULT, Luiz Otávio Linhares; VIANA, Márcio Tulio; DELGADO, Maurício Godinho; BORJA, Cristina Pessoa Pereira (Coord). *Direito do Trabalho – Evolução, Crise, Perspectivas*. São Paulo: LTr, 2004, p. 200.

promover mudanças em sua imagem, em sua estrutura e em suas ações para manter os sindicalizados, resgatar desfilados, conscientizar e incluir novos profissionais das respectivas categorias. E tem causas que partem de ofensivas do próprio Estado, por meio da edição de leis restritivas de direitos e da construção de uma jurisprudência antissindical.

No entanto, a despeito de tantas adversidades, a associação dos trabalhadores por meio de sindicatos permanece sendo absolutamente primordial para o intento da transformação social preconizada no texto constitucional e é condição indispensável a um efetivo Estado Democrático de Direito. Também é condição necessária para a superação da natural hipossuficiência econômica e vulnerabilidade social dos trabalhadores na relação de emprego. Para esse intento, é fundamental que exista equivalência entre os sujeitos coletivos, pois quando os sindicatos estão enfraquecidos não se pode falar em equilíbrio de poderes e, por consequência, em negociação coletiva autêntica e justa.

No contexto pós Reforma Trabalhista é necessário que se produzam reflexões sobre a medida da autonomia coletiva de vontade em um cenário de fragilidade sindical. A negociação coletiva, como mecanismo de participação da sociedade civil na construção da normatividade, é essencial à democracia e à consecução da justiça social, mas deve seguir inserida no paradigma constitucional democrático adotado na Constituição de 1988, sob pena de se desnaturar em instrumento de derrogação de direitos sociais.

REFERÊNCIAS BIBLIOGRÁFICAS

BRASIL. *Constituição da República Federativa do Brasil de 1988*. Disponível em: http://www.planalto.gov.br/ccivil_03/constituicao/constituicao.htm. Acesso em: 17 de jun. 2021.

BRASIL. *Constituição dos Estados Unidos do Brasil, de 10 de novembro de 1937*. Disponível em: http://www.planalto.gov.br/ccivil_03/constituicao/constituicao37.htm. Acesso em 17 de jun. 2021.

BRASIL. *Decreto n. 19.433, de 26 de novembro de 1930*. Cria uma Secretaria de Estado com a denominação de Ministério do Trabalho, Indústria e Comércio. Disponível em:https://www2.camara.leg.br/legin/fed/decret/1930-1939/decreto-19433-26-novembro-1930-517354-publicacaooriginal-1-pe.html. Acesso em: 15 de jun. 2021.

BRASIL. *Decreto n. 22.132, de 26 de novembro de 1932*. Institui as Juntas de Conciliação e Julgamento e regulamenta as suas funções. Disponível em:http://www.planalto.gov.br/ccivil_03/decreto/antigos/d22132.htm. Acesso em 15 de jun. 2021.

BRASIL. *Decreto-Lei n. 5.452, de 1º de maio de 1943*. Aprova a Consolidação das Leis do Trabalho. Disponível em: http://www.planalto.gov.br/ccivil_03/decreto-lei/del5452.htm. Acesso em: 15 de jun. 2021.

BRASIL. Instituto Brasileiro de Geografia e Estatísticas. Disponível em <https://agenciadenoticias.ibge.gov.br/agencia-noticias/2012-agencia-de-noticias/noticias/28667-taxa-de-sindicalizacao-cai-a-11-2-em-2019-influenciada-pelo-setor-publico>. Acesso em julho de 2021.

BRASIL. Supremo Tribunal Federal. *Ação Direta de Inconstitucionalidade (ADI) nº 5794 – Distrito Federal.* Redator do acórdão: Ministro Luiz Fux. Acórdão 23/04/2019. Disponível em: http://stf.jus.br/portal/diarioJustica/verDiarioProcesso.asp?numDj=83&dataPublicacaoDj=23/04/2019&incidente=5288954&codCapitulo=5&numMateria=53&codMateria=1. Acesso em julho de 2021.

CARDOSO, Adalberto Moreira. Dimensões da crise do sindicalismo brasileiro. *Caderno CRH:* Rio de Janeiro, 2015. Disponível em: https://www.scielo.br/j/ccrh/a/n7T4KCgy6HtkPpWDddGSSfH/?lang=pt#. Acesso em 09/09/2021.

CORREA, Larissa Rosa; FONTES, Paulo Roberto Ribeiro. As falas de Jerônimo: trabalhadores, sindicatos e a historiografia da ditadura militar brasileira. *Anos 90*, Porto Alegre, v. 23, n. 43, p. 129-151, jul. 2016. Disponível em: https://dialnet.unirioja.es/servlet/articulo?codigo=6719111. Acesso em: 16 de jun. 2021.

DELGADO, Maurício Godinho. *Curso de Direito do Trabalho.* 19ª ed. São Paulo: LTR, 2020.

DELGADO, Mauricio Godinho. *Sindicalismo e Sindicatos no Brasil: da Democratização Promovida Pela Constituição da República à Crise e Desinstitucionalização Emergentes.* Revista Magister de Direito do Trabalho. São Paulo: Lex Magister, v. 91. (jul./ago.2019).

DELGADO, Mauricio Godinho; MENEZES, Alline Bessa de. A Constituição Federal de 1988 e o Sindicalismo no Brasil: avanços democráticos e desafios persistentes. *In Revista Magister de Direito do Trabalho.* São Paulo: Lex Magister, v. 102, mai-jun.-2021, p. 5-38.

DELGADO, Maurício Godinho. DELGADO, Gabriela Neves. *A reforma trabalhista no Brasil*: com os comentários à Lei 13.467/2017. São Paulo: LTR, 2017.

FERRAJOLI, Luigi. *La democracia a través de los derechos*: el constitucionalismo garantista como modelo teórico y como proyecto político. Tradução de Perfecto Andrés Ibáñez. Madrid: Trotta, 2014.

LEAL, Victor Nunes. *Coronelismo, Enxada e Voto* – o município e o regime representativo no Brasil. São Paulo: Companhia das Letras, 2012 (a edição original da obra é de 1948).

LOPREATO, Christina Roquette. *O espírito da revolta:* a greve geral anarquista de 1917. Tese de Doutorado em História – Departamento de História do IFCH/UNICAMP, Campinas, 1996. Disponível em: https://we.riseup.net/assets/188046/O%20esp%C3%ADrito%20da%20revolta%20A%20greve%20geral%20anarquista%20de%201917%20%28Christina%20Lopreato%29.pdf. Acesso em: 15 jun. 2021.

MOREIRA, Cássio Silva. O *Projeto de nação do governo João Goulart*: o Plano Trienal e as Reformas de Base (1961-1964). Tese de Doutorado em Economia – Curso de Pós-Graduação em Economia, Faculdade de Ciências Econômicas da EFRGS,

Porto Alegre, 2011. Disponível em: http://acervo.paulofreire.org:8080/jspui/bitstream/7891/2686/2/FPF_PTPF_17_0038.pdf. Acesso em: 16 de jun. 2021.

NASCIMENTO, Amauri Mascaro; NASCIMENTO, Sônia Mascaro. *Curso de Direito do Trabalho*: história e teoria geral do direito do trabalho: relações individuais e coletivas do trabalho. 29ª Ed. São Paulo: Saraiva, 2014.

OIT. *Convenção 87*. Disponível em: <https://www.ilo.org/brasilia/temas/normas/WCMS_239608/lang--pt/index.htm>. Acesso em julho de 2021.

OIT. *Convenção 98*. Disponível em: <https://www.ilo.org/brasilia/temas/normas/WCMS_235188/lang--pt/index.htm>. Acesso em agosto de 2021.

OLIVEIRA, Sonale Diane Pastro; MARINHO, Maria Gabriela da Silva Martins da Cunha. Diretas já, um movimento social híbrido. *Revista Debates*, Porto Alegre, v. 6, n. 3, p. 129-143, set.-dez. 2012. Disponível em: https://doi.org/10.22456/1982-5269.31344. Acesso em: 17 de jun. 2021.

PAZZIANOTTO PINTO, Almir. Sindicatos, corporativismo e política. In: SOARES, Gláucio Ary Dillon; D'ARAUJO, Maria Celina (Org.). *21 anos de Regime Militar:* balanços e perspectivas. Rio de Janeiro: Editora da Fundação Getúlio Vargas, 1994. p. 89-122. Disponível em: file:///C:/Users/andre/AppData/Local/Temp/171.pdf. Acesso em 16 de jun. 2021.

PEREIRA, Ricardo José Macedo de Brito. Revisitando o conceito de autonomia sindical. In PEREIRA, Ricardo José Macedo de Brito; PORTO, Lorena Vasconcelos (Orgs). *Temas de Direito Sindical:* homenagem a José Cláudio Monteiro de Brito Filho. São Paulo: LTR, 2011. Cap. I, p. 19-36.

PEREIRA, Ricardo José Macedo de Britto. A centralidade do trabalho na Constituição brasileira de 1988: desafios atuais à constitucionalização do direito do trabalho. *Revista Brasileira de Estudos Políticos*, Belo Horizonte, n. 122, p. 479-515, 2021.

POCHMANN, Marcio. *Relações de trabalho e padrões de organização sindical no Brasil.* São Paulo: LTr, 2003.

RAMALHO, José Ricardo. Trabalho, Sindicato e Globalização. *Revista de Ciências Sociais: Política & Trabalho:* João Pessoa, n. 41, 2014, p. 25-43.

REIS, Daniela Muradas. "A Crise do Estado Social e Negociação Coletiva". In: PIMENTA, José Roberto Freire; RENAULT, Luiz Otávio Linhares; VIANA, Márcio Tulio; DELGADO, Maurício Godinho; BORJA, Cristina Pessoa Pereira (Coord). *Direito do Trabalho – Evolução, Crise, Perspectivas.* São Paulo: LTr, 2004.

SANTANA, Marco Aurélio. Um sujeito ocultado: trabalhadores e regime militar do Brasil. *Revista em pauta*, Rio de Janeiro, 1º Semestre de 2014, n. 33, v. 12, p. 85-96. Disponível em: https://doi.org/10.12957/rep.2014.13026. Acesso em 17 de jun. 2021.

SILVA, Sayonara Grillo Coutinho Leonardo da. A introdução das políticas ultraliberais no Brasil e as Reformas Trabalhistas: Uma ponte para a exceção? In: RAMOS, Gustavo Teixeira; MELO FILHO, Hugo Cavalcanti; LOGUERCIO, José Eymard; RAMOS FILHO, Wilson (Orgs). *A Classe Trabalhadora e a Resistência ao Golpe de 2016.* São Paulo: Projeto Editorial Práxis, 2016.

SILVA, Sayonara Grillo Coutinho Leonardo da. "Negociado sobre o Legislado em Dois Tempos: a Lei nº 13.467/2017 em diálogo com o PL n. 5483/2001". In: SILVA, Sayonara Grillo Coutinho Leonardo da; EMERIQUE, Lilian Balmant; BARISON, Thiago (Orgs). *Reformas Institucionais de Austeridade, Democracia e Relações de Trabalho.* São Paulo: LTr, 2018.

TOLEDO, Edilene. Um ano extraordinário: greves, revoltas e circulação de ideias no Brasil em 1917. *Estudos Históricos*, Rio de Janeiro, vol. 30, n. 61, p. 497-518, maio--agosto 2017. Disponível em: https://www.scielo.br/j/eh/a/4pzvZkq8Cmf54NrbCfC7pCD/?lang=pt. Acesso em 14 de jun. 2021.

Parte IV

SINDICALISMO NO HORIZONTE DO PRESENTE E DO FUTURO: ANTIGOS E NOVOS DESAFIOS

DESAFIOS SINDICAIS

CAPÍTULO 20

A ATUAÇÃO NEOLIBERALISTA E SEUS IMPACTOS NO SINDICALISMO BRASILEIRO ATUAL

Yuli Barros Monteiro Rodrigues[1]
Alline Bessa de Meneses[2]
Maurício Godinho Delgado[3]

1. INTRODUÇÃO

O Direito Coletivo do Trabalho no Brasil, segmento jurídico especial dirigido à consolidação da matriz assecuratória de direitos individuais e sociais trabalhistas estruturada pelo Estado Democrático de Direito, encontrou, durante sua trajetória de positivação, diversos entraves – culturais, sociais, econômicos e políticos – que dificultaram a construção de uma sólida matriz de representação e proteção da classe trabalhadora.

---

1 Mestre em Direito (2022) pelo Mestrado em Direito das Relações Sociais e Trabalhistas do UDF – Centro Universitário, em Brasília-DF. Especialista em Direito do Trabalho pela Cruzeiro do Sul Educacional. Graduada em Direito (2017). Advogada no Distrito Federal, atuante na área trabalhista. Integrante do Grupo de Pesquisa sobre Sindicalismo, liderado pelo Mestrado em Direito do UDF e registrado no CNPq.

2 Mestre em Direito (2021) pelo Mestrado em Direito das Relações Sociais e Trabalhistas do UDF – Centro Universitário, em Brasília-DF. Especialista em Direito e Processo do Trabalho pela Universidade de Goiás (UFG). Auditora-Fiscal do Trabalho. Integrante do Grupo de Pesquisa sobre Sindicalismo, liderado pelo Mestrado em Direito do UDF e registrado no CNPq.

3 Doutor em Filosofia do Direito (UFMG) e Mestre em Ciência Política (UFMG). Ministro do Tribunal Superior do Trabalho (TST). Magistrado do Trabalho há mais de 33 anos. Advogado até novembro de 1989. Professor Titular do UDF e de seu Mestrado em Direito das Relações Sociais e Trabalhistas. Coordenador do Grupo de Pesquisa sobre Sindicalismo, no Mestrado em Direito do UDF, registrado no CNPq. Ex-Professor da UFMG (1978-2000) e ex-Professor da PUC-Minas (2000-2012). Autor de livros e artigos em Direito Constitucional, Direito do Trabalho, Direito Processual do Trabalho, Direitos Humanos Sociais e Ciência Política.

Os sindicatos, entidades componentes da estrutura juscoletiva trabalhista, vem sofrendo ao longo dos últimos cinco/seis anos, no Brasil, ataques que impactaram diretamente sua organização, sustentação e atuação, cuja maior expressão é o advento da Lei nº 13.467/2017 – aqui referida como Reforma Trabalhista Neoliberal. Esse novo cenário acentuou a crise já há algum tempo enfrentada pelo sindicalismo e entidades sindicais brasileiras.

A inesperada e avassaladora crise sanitária mundial decorrente da disseminação do vírus COVID-19 exigiu a adoção, por parte de todos os países do mundo, de medidas de distanciamento social e de adequação das atividades profissionais às exigências sanitárias para a contenção da propagação viral. Esse processo adaptativo, no entanto, impactou significativamente as relações sociais e de trabalho, resultando no fechamento de empresas, suspensão de contratos de trabalho, diminuição ou relativização de direitos trabalhistas e, por consequência, aumento dos índices de desemprego e de desigualdade social.

Os projetos de desregulamentação de direitos trabalhistas e de enfraquecimento do movimento sindical encontraram solo fértil em País histórica e culturalmente desigual, que se vale dessa desigualdade para manter ou estimular um esquema de alienação e desinformação. Assim, nesse momento de grave crise sanitária e maior fragilidade da classe trabalhadora, as estratégias neoliberais para a desconstrução do estuário normativo e protetivo justrabalhista avançaram e impactaram direta e negativamente o já enfraquecido movimento sindical.

As narrativas neoliberais identificam nos direitos sociais e nas entidades coletivas verdadeiras adversárias do crescimento econômico e, no intuito de desinstitucionalizar garantias e instrumentos protetivos, disseminam ideias e formulações direcionadas à vilanização de conquistas humanistas e civilizatórias, explorando as desigualdades para a propagação de desinformações e para a manipulação de cunho ideológico.

Assim, o artigo analisa os impactos e a influência das estratégias verificadas nos discursos neoliberais na atuação sindical, em especial em tempos de grave crise econômica e social, aprofundada pela pandemia do novo coronavírus.

2. O PAPEL DO SINDICALISMO NO ESTADO DEMOCRÁTICO DE DIREITO

A Revolução Industrial e o assentamento do capitalismo enquanto meio de produção assinalaram historicamente a reconfiguração do arquétipo jurídico das relações laborais, bem como da forma de produção erigida com base na centralidade do capital e, progressivamente, na chamada economia de mercado. Será no sistema produtivo capitalista e industrial que o trabalho passa a ocupar, ainda que em um vagaroso e truculento processo, a órbita de proteção estatal.

A trajetória percorrida pelos trabalhadores para o alcance de um patamar mínimo civilizatório de proteção jurídica foi demarcada pela exploração do trabalhador que, na sistemática do "capitalismo selvagem", é compreendido como uma mera engrenagem no processo produtivo.

O trabalhador e o trabalho são desumanizados pelo capitalismo liberal e passam a constituir grandezas quantificáveis, mercantilizáveis. Em um sistema no qual o trabalhador é considerado simples número, dado – mero custo de produção –, compreender a então inalcançável igualdade e o inerente desequilíbrio contratuais torna-se tarefa cognitiva necessária. Trata-se da lógica do capitalismo, em sua recente formulação neoliberal.

As reivindicações da classe trabalhadora por decentes condições de trabalho, saúde e segurança conduziram à paulatina regulamentação das relações laborais. Necessário revisitar, no entanto, a trajetória de regulamentação de direitos e condições mínimos de trabalho a essa classe que, com o despontar da Revolução Industrial e com o rápido e hegemônico processo de desenvolvimento do capitalismo, conformou-se como indispensável à própria lógica produtiva do capitalismo, apesar de persistentemente ignorado esse fator pelos segmentos dominantes.

O processo de industrialização revolucionou a vida em sociedade. Alavancado pela ininterrupta transformação proveniente das inovações tecnológicas, reformulou diametralmente as relações de trabalho, que passaram a obedecer novéis critérios, todos definidos com vistas à maximização do lucro capitalista. Desde então, firmou-se um (permanente) embate entre trabalhador e capital.

O capitalismo industrial originário calcava-se na máxima de Adam Smith[4], referente ao livre mercado e à concorrência. Essa liberdade ilimitada conduziu à estruturação da formulação liberal do capitalismo primitivo, tradicionalmente imperialista, classista e contrária a todo e qualquer instrumento que, na órbita da proteção social, represente ameaça à plenitude de sua liberdade.

Os sindicatos surgem em face da diferenciação social, econômica, de poder e de funções, típica do sistema capitalista. O movimento sindical, assim como todo o Direito do Trabalho, são produtos do capitalismo já que despontam com a

---

4 Sobre o pensamento e a obra do economista e filósofo Adam Smith, aponta António José Avelãs Nunes o seguinte: "E poderá dizer-se também que o sistema 'smithiano' continha uma forte componente de crítica às velhas corporações, contra cujos monopólios e privilégios exclusivos desenvolve uma cerrada argumentação. Porque restringem a concorrência e a livre circulação de capitais e de bens e impedem a mobilidade dos trabalhadores de um emprego para o outro e de um lugar para o outro. Porque, em última instância, são contrárias ao interesse público. No que toca especificamente ao estatuto dos trabalhadores, Adam Smith considera o "estatuto da aprendizagem" um "verdadeiro obstáculo à liberdade natural" [...]. NUNES, António José Avelãs. **Adam Smith e a teoria da distribuição do rendimento**. Boletim de Ciências Económicas, Vol. 46, 2003, p.3. Disponível em: https://digitalis.uc.pt/en/artigo/adam_smith_e_teoria_da_distribui%C3%A7%C3%A3o_do_rendimento. Acesso realizado em 9 de set. de 2021.

função de romper com a matriz liberalista e individualista hegemônica da época e, em contraponto à livre força do mercado, expressar as perspectivas e interesses dos setores sociais tradicionalmente destituídos de riqueza e poder.[5]

A par disso, a deflagração de normas direcionadas à garantia de condições laborais mínimas decorreu de um importante movimento de cunho coletivo. Os trabalhadores conquistaram visibilidade e galgaram espaço na atuação em sociedade a partir do momento em que conseguiram se organizar como entidade coletiva e transformar seus interesses em objetivos comuns e solidários, adquirindo, então, identidade de classe. Como preceitua Maurício Godinho Delgado,

> O movimento sindical, desse modo, desvelou como equívoca a equação do liberalismo individualista, que confere validade social à ação do ser coletivo empresarial, mas negava impacto maior à ação do trabalhador individualmente considerado. Nessa linha, contrapôs ao ser coletivo o empresarial também a ação do *ser coletivo obreiro*. Os trabalhadores passaram a agir coletivamente, emergindo na arena política e jurídica como vontade coletiva (e não mera vontade individual).[6]

É essa identidade, esse espírito solidário e essa união que tornaram possível a mitigação do largo desequilíbrio existente entre as partes componentes da relação contratual trabalhista e conduziram à estruturação dos organismos sindicais. Conforme reflexões de Almiro Borges,

> É dessa luta cotidiana, inerente ao capitalismo, que surgem as primeiras formas de organização dos trabalhadores. Elas nascem como resultado do esforço espontâneo dos operários para impedir ou atenuar a exploração. Não aparecem por inspiração de "subversivos", como a burguesia propaga, mas sim por uma necessidade natural dos que vivem de salário. Para elevar os seus lucros, o capitalista necessita extrair o máximo de mais-valia, que é o trabalho excedente não repassado ao operário na forma de salário. Essa é a lógica do sistema, em que a concorrência leva os empresários a uma incessante busca por maiores lucros – com a redução dos custos operacionais e a elevação da produtividade. Por sua vez, os trabalhadores têm a necessidade de lutar pela diminuição da taxa de mais-valia, pelo aumento do seu poder aquisitivo, e por condições humanas de trabalho. Nessa luta, o operariado conta com a vantagem de se constituir em grande quantidade. Para cumprir esse papel, os sindicatos se tornam centros organizadores dos assalariados, focos de resistência à exploração capitalista.[7]

---

5 DELGADO, Mauricio Godinho. Constituição da República, Estado Democrático de Direito e Direito do Trabalho. In: DELGADO, Mauricio Godinho e DELGADO, Gabriela Neves. **Constituição da República e Direitos Fundamentais:** dignidade da pessoa humana, justiça social e Direito do Trabalho. 4ª Ed. São Paulo: LTr, 2017, p.78-80.

6 DELGADO, Maurício Godinho. **Curso de Direito do Trabalho**. 16. Ed. São Paulo: LTr, 2017, p. 1459.

7 BORGES, Almiro. Origem e papel dos sindicatos. **Confederação Nacional dos Trabalhadores na Agricultura – CONTAG.** Brasília, 14 a 25 de ago. de 2006, p.2-9. Disponível em: <http://www.contag.org.br/imagens/Origemepapeldossindicatos-AltamiroBorges.pdf>. Acesso realizado em 9 de set. de 2021.

Tamanha a importância dos sindicatos à constitucionalização dos direitos sociais que a célebre Constituição alemã de Weimar de 1919, tida como pioneira e – sem olvidar-se do inequívoco mérito da Constituição Mexicana de 1917 – [8]deflagradora do constitucionalismo social pelos países do Ocidente, consagrou em seu bojo uma série de normas e prerrogativas trabalhistas e previdenciárias conquistadas por meio das reivindicações e negociações coletivas, fazendo constar expressamente, não obstante, artigo destinado ao reconhecimento das entidades coletivas e à equiparação entre os organismos sindicais operários e os patronais. Assim como elucidado por Candy Florêncio Thome,

> Apesar de ser um país com predomínio do conservadorismo, a Alemanha sempre foi um país com um movimento operário forte. O primeiro partido dos trabalhadores alemães surgiu já no século XIX. Ainda que não se possa dizer que o direito do trabalho surgiu nesse momento, o próprio Bismarck promulgou algumas leis sociais setorizadas. Em 1917, seiscentas greves eclodiram na Alemanha. Em 1918, os grevistas formavam conselhos de trabalhadores e de soldados, por todo o país. Nessa época, havia, na Alemanha, três tendências sindicais principais: os sindicatos liberais, os sindicatos cristãos e os sindicatos livres [...]. Os sindicatos livres tiveram uma influência tão importante quanto o partido sobre a política constitucional dos socialistas. A maior parte dos juristas constitucionais eram ligados aos sindicatos [..]. Antes da República de Weimar, o direito do trabalho era visto como uma parte do direito civil. [...] A Alemanha é o primeiro país capitalista que teve uma representação institucionalizada dos trabalhadores na empresa, dispondo a Constituição de Weimar, em seu art.165, da seguinte forma: "*ART. 165 – Os operários e empregadores são chamados a colaborar, em igualdade de direitos, com os empresários, na regulação das condições de salário e trabalho, assim como na evolução econômica geral das forças produtivas. São reconhecidas as organizações de ambas as categorias e bem assim as convenções que celebrarem entre si.*".[9]

Os direitos sociais ascenderam à órbita constitucional de modo mais sólido e proeminente após o fim das Grandes Guerras. Os rastros de tragédia, o colapso do sistema produtivo, o arrefecimento econômico, a miséria e a desigualdade constituíram o remate à constitucionalização de direitos destinados à amenização dos terríveis resultados desses conflitos, coincidindo com o aperfeiçoamento do princípio democrático.

A identidade de classe e a organização sindical consubstanciaram-se em imprescindíveis e propulsores mecanismos ao combate da resistência liberal e da

---

8 Expressas menções ao pioneirismo capitaneado pelas Constituições do México, de 1917, e da Alemanha de Weimar, de 1919, são efetivadas em DELGADO, Maurício Godinho; PIMENTA, José Roberto Freire; NUNES, Ivana. O paradigma do estado democrático de direito: estrutura conceitual e desafios contemporâneos. **Revista Jurídica UNICURITIBA**. Curitiba, v. 2, n. 55, abr/jun 2019, p. 486.

9 THOME, Candy Florêncio. A República de Weimar e os movimentos operários. **Caderno de Doutrina e Jurisprudência da Ematra XV**, v.1, n.5, set./out. 2005, p. 162-164.

incipiência atreladas à regulamentação, à constitucionalização e à materialização dos direitos sociais. Os sindicatos foram fundamentais à planificação do Estado de Bem-Estar Social, designado por Maurício Godinho Delgado, José Roberto Freire Pimenta e Ivana Nunes como "uma das maiores conquistas civilizatórias do paradigma do Estado Democrático de Direito",[10] tipicamente associado à matriz constitucionalista humanista e social.

Com efeito, as entidades coletivas exercem um papel fundamental em qualquer ordem que se intitule e realmente detenha um caráter democrático. Isso porque, no âmbito das relações do trabalho, a democracia é constituída quando há a efetiva participação dos atores sociais, individuais ou coletivos, nos processos de decisão e normatização capazes de influenciar em seu cotidiano trabalhista.[11] O sindicalismo possibilita que os trabalhadores se organizem coletivamente e, assim, tenham aptidão para participar e interferir na vida política e social em que estão inseridos.

Ademais, os sindicatos têm o condão de atribuir efetividade a direitos que, em razão das disparidades sociais, econômicas, políticas e culturais, são persistentemente negligenciados e secundarizados. São meio de efetividade de garantias trabalhistas, instrumento de inclusão do trabalhador no cenário social e, numa análise multidimensional, devem ser apreendidos como ferramenta de aperfeiçoamento da cidadania e da justiça social.

Assim, num sistema sociopolítico demarcado por uma inafastável desigualdade, enfraquecer e coibir instrumentos garantidores de isonomia e igualdade social significa, inquestionavelmente, atentar contra democracia. Não há como se falar em constitucionalismo social sem se fazer necessária referência às entidades representativas da classe trabalhadora.

Ao longo de sua trajetória histórica e política, os sindicatos brasileiros conviveram com períodos de maior ou menor experiência democrática e, como corolário, períodos de atuações mais limitadas e defensivas, alternados por períodos de atuações mais significativas e reivindicatórias. De toda maneira, é necessário se reconhecer que as entidades sindicais e o sindicalismo tiveram um importante papel para o processo de democratização política e social brasileira e para a elevação dos direitos e condições de pactuação e gestão da força de trabalho no ambiente da economia e da sociedade no País.[12]

---

[10] DELGADO, Maurício Godinho; PIMENTA, José Roberto Freire; NUNES, Ivana. O paradigma do estado democrático de direito: estrutura conceitual e desafios contemporâneos. **Revista Jurídica UNICURITIBA**. Curitiba, v. 2, n. 55, abr/jun 2019, p. 500.

[11] DELGADO, Mauricio Godinho, PIMENTA, José Roberto Freire, MIZIARA, Rafael. Sindicalismo e greve no estado democrático de direito: o debate sobre o exercício, pelas entidades sindicais, de atividades com dimensões políticas. **Revista de Direito do Trabalho e Seguridade Social**, São Paulo, v. 46, n. 209, p. 245-286, jan/fev. 2020, p. 247.

[12] A respeito do papel histórico das entidades sindicais no Brasil, consultar, por exemplo: DELGADO, Mauricio Godinho. **Direito Coletivo do Trabalho**. 7. ed. São Paulo: LTr, 2017; MENEZES, Alline Bessa de. **Sistema Sindical Brasileiro** – desafios e perspectivas. Rio de Janeiro: Lumen Júris, 2022.

O fato é que a conquista de direitos sociais resulta da sólida intervenção das entidades sindicais, ao passo em que o avigoramento desses específicos direitos tem, em equivalente sentido, o condão de fortalecer a atuação sindical.

É com a democracia multidimensional e substancial, notadamente contemporânea, que as instituições de caráter solidário, que a comunhão de esforços entre a sociedade civil e a política, que a compatibilização entre os interesses econômicos e as premências sociais e que as garantias coletivas e principiológicas, essenciais à consolidação da justiça social e ao enfrentamento das desigualdades, são concretizadas e saem do mero formalismo jurídico.

Infelizmente, no País, nos últimos anos, os sindicatos tem sofridos ataques de diversas ordens, resultados do processo de retomada do ideário e da política anti-humanista e antissocial do ultraliberalismo na realidade pátria.

A par disso, um grande desafio imbuído aos sindicatos diz respeito à realização da sua função representativa. A grande problemática reside justamente em se esperar que os sindicatos tenham o poder de se reinventar em meio a uma realidade perpetuadora de desigualdades, desemprego e de constante precarização, com a profunda desconstrução das proteções sociais positivadas. É outorgar a uma das vítimas do processo neoliberal de flexibilização e/ou retirada dos direitos sociais a tarefa de reconduzir o trabalhador à centralidade constitucional. Como bem registrado por Maurício Godinho Delgado:

> Após 27 anos de plena vigência da Constituição da República de 1988, com a busca de sua real efetividade – resguardadas as naturais divergências entre as orientações de políticas públicas entre os diversos governos do País no período –, um vasto número de diplomas normativos passou, desde 2016, a fustigar, severamente, a matriz humanista e social da Constituição da República. É que se iniciou, nesse quadro, uma fase histórica de avassaladora dominância do ideário ultraliberalista no Brasil.[13]

Apesar de não se compreender existentes quaisquer margens aos questionamentos relacionados à necessidade de reestruturação das estratégias representativas sindicais, busca-se, neste trabalho, evidenciar que o passo primeiro à viabilização dessa reestruturação das funções sindicais reside no retorno aos caminhos

---

13 DELGADO, Maurício Godinho; LEMOS, Maria Cecília de Almeida Monteiro; TELES, Izabel Cristina de Almeida; RODRIGUES, Yuli Barros Monteiro. O Estado Democrático de Direito como parâmetro para a análise das repercussões jurídicas da pandemia do novo coronavírus no Direito do Trabalho brasileiro. Um estudo de dois diplomas normativos editados em 2020 (MPr. n. 927 e MPr. n. 936) e de seu papel no aprofundamento da crise do sindicalismo no Brasil. *In:* PEREIRA, Ricardo José M. de Britto; ARRUDA, Kátia Magalhães; LEMOS, Maria Cecília de Almeida Monteiro (org.) **Trabalho e Direitos Sociais em tempos de pandemia**. Belo Horizonte: RTM, 2020, p. 277.

propostos pelo constituinte democrático e desviados em razão dos interesses de cunho exclusivamente econômico.

3. SINDICALISMO E PANDEMIA NO BRASIL

Não se questiona, em relação às exigências de adaptação da vida em sociedade em meio à grave crise pandêmica de Covid-19, a premência da criação e adoção, pelos Estados, de formulações direcionadas à manutenção e ao próprio exercício das atividades profissionais. Questiona-se, ao revés, em relação à realidade brasileira, a pertinência de muitas das medidas que foram adotadas, já que contrárias a garantias e direitos fundamentais constitucionalizados e inerentes à ordem democrática.

A pandemia deflagrada pelo coronavírus, iniciada nos términos de 2019 na China e rapidamente disseminada mundialmente, foi oficialmente declarada pela Organização Mundial da Saúde – OMS – no dia 11 de março de 2020[14].

O alto risco de contágio, a rápida disseminação e o crescimento vertiginoso e expressivo do número de casos, sobretudo dos fatais, compeliu o mundo todo ao isolamento social. Atividades e serviços até então executados e prestados presencialmente foram convertidos à modalidade remota, exigindo, consequentemente, seja do trabalhador, seja do consumidor, efetivo acesso aos meios e equipamentos tecnológicos.

Numa conjuntura em que a *internet* foi transformada em condição à própria comunicação e execução do trabalho, os efeitos impressos aos diminutos meios de atuação e expansão sindical esbarram numa ordem acentuadamente desigual, na qual o próprio acesso à *internet* é restrito, limitando, por conseguinte, o equitativo e efetivo acesso à informação e salientando uma novel faceta, mais contemporânea, da desigualdade: a exclusão digital. Nesse aspecto, pesquisas empreendidas pelo Instituto Brasileiro de Geografia e Estatística – IBGE evidenciam a seguinte realidade:

> Em 2019, em 12,6 milhões de domicílios do país não havia internet, devido à falta de interesse (32,9%), ao serviço de acesso ser considerado caro (26,2%) ou por nenhum morador saber usar a internet (25,7%). O peso financeiro é apontado pelo fato de que o rendimento médio per capita dos domicílios com utilização da internet (R$ 1.527) era o dobro da renda dos que não utilizavam a rede (R$ 728).[15]

[14] ORGANIZAÇÃO MUNDIAL DA SAÚDE DECLARA PANDEMIA DE CORONAVÍRUS. **Agência Brasil**. Publicado em 11 de mar. de 2020. Disponível em: https://agenciabrasil.ebc.com.br/geral/noticia/2020-03/organizacao-mundial-da-saude-declara-pandemia-de-coronavirus. Acesso em 7 de set. de 2021.

[15] IBGE: 40 MILHÕES DE BRASILEIROS NÃO TÊM ACESSO À INTERNET. **Associação Brasileira de Internet – Abranet**. Publicado em 14 de abr. de 2021. Disponível em: <https://www.abranet.org.br/Noticias/IBGE%3A-40-milhoes-de-brasileiros-nao-tem-acesso-a-Internet-3345.html?UserActiveTemplate=site>. Acesso em 9 de set. de 2021.

A *internet*, principal e mais popular ferramenta tecnológica decorrente do processo de globalização, revolucionou total e definitivamente as formas de comunicação e, durante a pandemia, reforçou-se como paulatino instrumento de trabalho. Noutro sentido, ao passo em que permite a execução, o avanço e a própria transformação de muitas tarefas e setores profissionais, denota a segregação, a marginalização, a exclusão e a desigualdade.

Como resultado de um processo em cadeia, a multidimensionalidade da desigualdade afeta o acesso aos direitos e garantias – notadamente os sociais –, impede a participação social dos mais vulneráveis e extrai a essência democrática da ordem jurídica constitucionalizada.

Os efeitos da desigualdade social e da exclusão digital foram avassaladoramente acirrados em razão da pandemia e os próprios sindicatos dos trabalhadores, já enfraquecidos pelas reformas neoliberais aprovadas no País – principalmente a Lei nº 13.467/2017 –, foram diretamente afetados nesse cenário. Muitos sindicatos ainda não tinham realizado o aperfeiçoamento de suas formas de comunicação e de acesso aos trabalhadores com a utilização de meios tecnológicos. Assim, sem dispor das ferramentas tecnológicas nem de recursos financeiros para promover uma rápida adaptação (relembre-se que a reforma neoliberal de 2017 reduziu em cerca de 80/90% a arrecadação financeira dos sindicatos brasileiros), muitas entidades tiveram dificuldades para atuar e celebrar acordos e negociações coletivas com a celeridade necessária para promover a efetiva tutela do trabalhador no enfrentamento dos efeitos dessa crise sanitária sem precedentes.

Como ressaltado por Fausto Augusto Junior, diretor técnico do Departamento Intersindical de Estatística e Estudos Socioeconômicos – DIEESE,

> Mesmo quando negociar sozinho, o trabalhador deve procurar orientações junto à entidade que o representa. Essa é a função dos sindicatos. O principal objetivo, nesse momento, é a proteção da vida e dos empregos dos trabalhadores.[16]

De fato, os sindicatos, nessa particular e excepcional conjuntura pandêmica, constituem imprescindível mecanismo de suporte, proteção e substancialização dos direitos dos trabalhadores. Contudo, a pandemia surgiu em uma conjuntura já adversa para o sindicalismo brasileiro. As entidades sindicais estavam se adaptando à nova – e muito perversa – estrutura financeira e arrecadatória de fontes de custeio, após a retirada do caráter compulsório das contribuições sindicais, tradicionalmente sua principal fonte de sustento. Além disso, conviviam com derrotas

16 SINDICATOS LUTAM PARA PRESERVAR O EMPREGO E A SAÚDE DO TRABALHADOR DURANTE A PANDEMIA. **Rede Brasil Atual – RBA**. Publicado em 17 de mar. de 2020. Disponível em: <https://www.redebrasilatual.com.br/trabalho/2020/04/sindicatos-lutam-para-preservar-a-saude-e-emprego-durante-a-pandemia/>. Acesso realizado em 7 de set. de 2021.

sequenciais, tanto na seara política quanto na seara jurídica, que desestimulavam a categoria e deixavam ainda mais vulnerável sua capacidade de representação.

Aliados a isso, os artifícios discursivos e midiáticos, somados às medidas oficiais editadas após a decretação do estado de calamidade pública decorrente do coronavírus, tudo contribuiu para solapar a atuação sindical, submetendo os trabalhadores brasileiros a um esquema atroz e atentatório à vida, à segurança e a dignidade humana.

Importantes considerações são tecidas por Anderson Campos em relação à situação sindical brasileira no período verificado no curso da pandemia, com destaque no seguinte aspecto:

> [...] o início da pandemia no Brasil encontra as instituições públicas estatais (a Justiça do Trabalho e o Ministério Público do Trabalho) e o sindicalismo fragilizados e sob constante ataque. Um sindicalismo que se encontrava restringido à busca de preservação das estruturas das entidades, marcado pela ausência de uma estratégia voltada para repensar sua representatividade junto aos trabalhadores e o seu papel junto à sociedade. A principal agenda de resistência estava organizada em torno da sobrevivência dos sindicatos, ameaçada por razões de ordem financeira. A contribuição sindical obrigatória caiu 90% entre abril de 2017 e abril de 2018. A queda na arrecadação decorrente do fim da obrigatoriedade do imposto foi de grande magnitude, situação agravada pela crise econômica e consequente deterioração do mercado de trabalho (desemprego, queda da renda e informalidade).[17]

Com efeito, no Brasil, uma série de medidas trabalhistas foram instituídas pelo Governo Federal para a suposta preservação do emprego e da renda, a exemplo das previstas na Medida Provisória nº 927, de 22 de março de 2020, vigente até 19.07.2020, e na Medida Provisória nº 936, de 1º de abril de 2020, convertida na Lei nº 14.020/2020. Tais políticas públicas, no entanto, não se mostraram bastantes para impedirem um aumento equivalente a 1,6% no índice de desemprego, que passou de 11,9% – porcentagem registrada no final do ano de 2019 – para 13,5%, taxa verificada no ano de 2020[18].

Entre as medidas normativas propostas, encontravam-se parâmetros bastante precarizadores das relações de trabalho, a saber: a inacreditável preponderância dos acordos individuais de trabalho em face dos demais instrumentos

---

17 CAMPOS, Anderson de S. Sindicalismo no contexto de pandemia no Brasil: primeiras impressões. **REMIR Trabalho**, 17 de jun. de 2020, p.2. Artigo disponível para consulta em: <https://www.eco.unicamp.br/remir/index.php/sindicalismo/177-sindicalismo-no-contexto-de-pandemia-no-brasil-primeiras-impressoes>. Acesso realizado em 7 de set. de 2021.

18 Dados disponibilizados pelo Instituto Brasileiro de Geografia e Estatística – IBGE e extraídos do *site*: https://www.ibge.gov.br/explica/desemprego.php. Consulta realizada em 7 de set. de 2021.

normativos[19] – o que significava um acirramento da tese do negociado (agora individualmente) sobre o legislado[20]; a possibilidade de suspensão temporária dos contratos de trabalho[21]; a possibilidade da redução da jornada e redução do salário[22] pela parte empregadora que, por meio de mero acordo individual, poderia formalizar e tornar efetiva a modificação da cláusula contratual, sem qualquer exigência de intervenção sindical.

Destaca-se que esta última medida, que dispensava o rito da convenção ou do acordo coletivo prévio para fins de redução salarial, foi objeto da Ação Direta de Inconstitucionalidade nº 6363, ajuizada pelo partido político Rede Sustentabilidade, que compreendeu ferido o direito social constitucionalmente assegurado no artigo 7º, inciso XIII (a par do inciso VI do mesmo art. 7º)[23]. O Supremo Tribunal Federal, contudo, entendeu pela constitucionalidade dos dispositivos combatidos e manteve a eficácia jurídica da regra jurídica da MP 936/2020 que autorizava a redução de jornada e salários sem a participação dos sindicatos, sob a principal justificativa da imediaticidade dos acordos individuais em tempos de excepcionalidade, já que a exigência de atuação dos sindicatos geraria insegurança jurídica e aumentaria o risco de desemprego.[24]

---

19 Art. 2º: Durante o estado de calamidade pública a que se refere o art. 1º, o empregado e o empregador poderão celebrar acordo individual escrito, a fim de garantir a permanência do vínculo empregatício, que terá preponderância sobre os demais instrumentos normativos, legais e negociais, respeitados os limites estabelecidos na Constituição. BRASIL, **Medida Provisória Nº 927, de 22 de março de 2020**. Texto extraído do *site*: http://www.planalto.gov.br/ccivil_03/_ato2019-2022/2020/mpv/mpv927.htm. Acesso realizado em 07 de set. de 2021.

20 Art. 611-A, *caput*: A convenção coletiva e o acordo coletivo de trabalho têm prevalência sobre a lei quando, entre outros, dispuserem sobre [...]. BRASIL, **Decreto-Lei nº 5.452, de 1º de maio de 1943**. Disponível para consulta em: <http://www.planalto.gov.br/ccivil_03/decreto-lei/del5452.htm>. Acesso realizado em 7 de set. de 2021. Acesso realizado em 7 de set. de 2021.

21 Art. 8º, *caput*: Durante o estado de calamidade pública a que se refere o art. 1º, o empregador poderá acordar a suspensão temporária do contrato de trabalho de seus empregados, pelo prazo máximo de sessenta dias, que poderá ser fracionado em até dois períodos de trinta dias. BRASIL, **Medida Provisória Nº 936, de 1º de abril de 2020**. Texto extraído do *site*: http://www.planalto.gov.br/ccivil_03/_ato2019-2022/2020/mpv/mpv936.htm. Consulta realizada em 7 de set. de 2021.

22 Art. 7º, *caput*: Durante o estado de calamidade pública a que se refere o art. 1º, o empregador poderá acordar a redução proporcional da jornada de trabalho e de salário de seus empregados, por até noventa dias, observados os seguintes requisitos: [...]. BRASIL, **Medida Provisória Nº 936, de 1º de abril de 2020**. Texto extraído do *site*: <http://www.planalto.gov.br/ccivil_03/_ato2019-2022/2020/mpv/mpv936.htm. Consulta realizada em 7 de set. de 2021.

23 Art. 7º: São direitos dos trabalhadores urbanos e rurais, além de outros que visem à melhoria de sua condição social: [...] XIII – duração do trabalho normal não superior a oito horas diárias e quarenta e quatro semanais, facultada a compensação de horários e a redução da jornada, mediante acordo ou convenção coletiva de trabalho; [...]. BRASIL, **Constituição da República Federativa do Brasil de 5 de outubro de 1988**. Disponível em: <http://www.planalto.gov.br/ccivil_03/constituicao/constituicao-compilado.htm>. Acesso realizado em 21 de mar. de 2021.

24 NOTÍCIAS STF. **STF mantém possibilidade de redução de salários por acordo individual em decorrência da pandemia**. Disponível em: <https://portal.stf.jus.br/noticias/verNoticiaDetalhe.asp?idConteudo=441651&ori=1>. Acesso em 07.jun.2020.

Como se nota, nas duas MPrs. citadas, como em outros tantos diplomas legais da área justrabalhista editados no País nos últimos 5/6 anos, ficam expressas as premissas da ideologia neoliberal que objetiva a flexibilização máxima das normas jurídicas e desregulamentação do trabalho e, por consequência, objetivando o desprestigio e enfraquecimento do movimento sindical. Esse discurso mercadológico e antissocial tende a deslegitimar o sindicalismo e as entidades sindicais, ora categorizados como empecilhos à efetividade e à celeridade das medidas trabalhistas de enfrentamento desse contexto de calamidade pública.

Cumpre ressaltar, todavia, os efeitos disruptivos direcionados à atuação sindical e à própria existência dessas entidades fundamentais ao Estado Democrático de Direito, já sobejamente fragilizadas, no Direito Coletivo do Trabalho brasileiro, desde a ascensão das forças neoliberais no processo político e institucional dos últimos tempos.

4. A ESTRATÉGIA NEOLIBERAL DE DESREGULAMENTAÇÃO E/OU FLEXIBILIZAÇÃO DOS DIREITOS SOCIAIS E SEUS IMPACTOS NA CRISE SINDICAL BRASILEIRA

Desde a sua gênese, o sistema capitalista avança com base no pressuposto da estratificação social, especificamente mediante a dominância, com hegemonia político-cultural ou não, de uma classe em especial: a classe capitalista (classe anteriormente denominada de "burguesia"), dona dos meios de produção e das diversas formas antigas e novas, materiais e imateriais, de riqueza no sistema econômico. Na lógica capitalista, o detentor do poder econômico, com os seus inúmeros meios e possibilidades de atuação, ostenta posição dominante na dinâmica social.

O Estado Democrático de Direito – fórmula mais sofisticada de organização da sociedade civil e política, estruturada a partir da segunda metade do século XX, tendo como parâmetro o Constitucionalismo Humanista e Social – possui, entretanto, o precípuo papel de refrear os interesses econômicos unilaterais dos capitalistas, ajustando-os às necessidades sociais, a par de garantir ao conjunto da população a presença de diversos direitos sociais, além de princípios e regras humanistas e de caráter social; tudo isso ainda mantendo a vigência básica do sistema econômico capitalista no plano da economia. Como visto, a realização desse papel democrático crucial na contemporaneidade ocorre por meio de diversos veículos institucionalizados, tais como a positivação de direitos individuais e sociais; a vinculação da administração estatal à execução de políticas públicas de direcionamento público e social (ao invés de estas políticas focarem apenas nos interesses do poder econômico); a busca de maior comunhão entre a sociedade civil e a sociedade política; e, se não bastasse, por intermédio da constante e bem protegida, institucionalmente, intervenção das entidades coletivas trabalhistas no campo amplo do trabalho e das relações trabalhistas.

Lamentavelmente, as restrições impostas à liberdade e aos interesses estritamente econômicos da classe capitalista sempre soaram absurdas aos adeptos de correntes e ideologias ultraliberais, que repudiam tudo aquilo que conduza à limitação de seu poderio. O livro 'O Caminho da Servidão', de Friedrich Hayek, datado de 1944, ao divulgar e defender os direitos sociais como inimigos do progresso econômico, consolidou-se como um dos principais fundamentos teóricos da ideologia neoliberal (ou ultraliberal).[25] Para essa vertente ideológica, o individualismo possessivo capitalista constitui uma manifesta virtude, não devendo ser objeto de planejamento público, de restrições normativas, de direitos individuais e sociais contrapostos voltados ao conjunto da população, especialmente os direitos e garantias dirigidos àquele largo (e majoritário) segmento social que vive do trabalho.

Nesse quadro, propagar a inconveniência e a nocividade das propostas sociais consubstancia-se em estratégia político-ideológica que acompanha, desde seu nascedouro, o projeto neoliberal. Solidariedade social, direitos sociais, igualdade em sentido material, justiça social, intervencionismo estatal e, logicamente, democracia inclusiva e amplamente participativa consistem, em última análise, para a lógica ultraliberal, em injustificáveis atalhos instituídos por aqueles que não ascendem socialmente por seus estritos esforços e méritos próprios.

Nesse sentido, o sindicalismo, no ideário neoliberal, opõe-se às técnicas de livre mercado, sendo assim recriminado. Desde a sua origem, o sindicalismo é negado e combatido pelo pensamento liberalista, em suas antigas e novas versões, as quais promoviam e ainda o fazem – cada vez mais firmemente – discursos e estratégias propagandísticas e midiáticas, visando, inclusive, a desarticulação social e entre os sindicatos e os respectivos trabalhadores.

Ademais, a partir de 2016, no Brasil, foi intensificado o cultivo de ideologias favoráveis à desregulamentação, flexibilização e/ou pura e simples redução de direitos sociais, especialmente os trabalhistas e previdenciários. Sob a égide do pensamento neoliberal, os direitos trabalhistas passaram a ser vistos como excessivamente custosos, impeditivos do desenvolvimento econômico e inviabilizadores do crescimento das empresas e da geração de empregos. Também sobressaíram posições propagandistas da plena liberdade de contratação entre empregados e empregadores, desqualificando os atores sociais, os sindicatos e instituições trabalhistas, e apenando greves e movimentos coletivos, a despeito

---

[25] Específica análise da obra referenciada é realizada por Sandro Muniz Correa. Nesse sentido, consultar CORREA, Sandro Muniz. Caminho da Servidão: o projeto neoliberal e a conquista da subjetividade como afirmação da liberdade. **Revista Húmus**, v. 9, n. 25, 2018, p. 139-155. Disponível em: http://www.periodicoseletronicos.ufma.br/index.php/revistahumus/article/view/11403. Acesso realizado em 12 de set. de 2021.

da garantia constitucional firmemente na direção contrária.[26] Entretanto, Ricardo Macedo Britto Pereira explica que:

> Ao contrário do que se propaga, não são os direitos trabalhistas e a atuação das instituições de zelar pela sua observância que impedem o crescimento econômico. São as desigualdades sociais e a eliminação de canais institucionalizados de resolução de conflitos que inviabilizam a expansão do mercado e a governabilidade do país.[27]

As técnicas de propagação e massificação dessas narrativas neoliberais foram se aperfeiçoando, à medida que avançava o capitalismo e, contiguamente, a tecnologia da informação. Citem-se, ilustrativamente, os jornais, as revistas semanais, quinzenais ou mensais, as emissoras de rádio, os canais de televisão e, mais recentemente, a *internet* –, esta, embora antecedida pela televisão via satélite, emergindo como símbolo mais evidente da universalização tecnológica e informacional. Ora, esses meios de comunicação de massa, antigos e novos, seja em refluxo seja em ascensão, em sua enorme maioria, mantêm controlados pelo poder econômico, em suas diversas dimensões e facetas, consolidando-se como ferramentas midiáticas de disseminação do projeto neoliberalista. Sobre essa temática, esclarece Renata Ribeiro Rolim expõe seguinte:

> Se faz sentido o questionamento sobre as articulações entre os campos econômico-social e político-cultural, especialmente nas situações de crise quando então eles se deixam transparecer com maior facilidade, o setor da indústria da informação deveria merecer atenção especial em pelo menos dois sentidos: de um lado, a informação passará a participar, já diziam os estudiosos estadunidenses desde a década de 1970, como fator essencial de produção, facilitada pela convergência entre informática, telecomunicações e audiovisual que permitirá seu deslocamento em menor tempo a qualquer lugar do globo, de outro, dando suporte à internacionalização do capital, será principalmente por intermédio dessa poderosa indústria, aliada aos novos interesses hegemônicos internacionais, que a catilinária neoliberal será difundida e buscará legitimação.[28]

Ao passo em que o avanço tecnológico impulsiona o progresso, a modernização e a progressiva revolução da sociedade e das relações que a abrangem, diversas e profundas problemáticas surgem e são intensificadas em razão da rapidez e

---

26 PEREIRA, Ricardo José Macedo de Britto. Trabalho e governabilidade: direitos trabalhistas impedem o crescimento econômico? **JOTA**. Brasília, 25 de dez de 2018. Disponível em: https://www.jota.info/opiniao-e-analise/artigos/trabalho-e-governabilidade-direitos-trabalhistas-impedem-o-crescimento-economico-25122018, acesso em: 02 de dezembro de 2020.

27 PEREIRA, Ricardo José Macedo de Britto. *Ob. Cit.*

28 ROLIM, Renata Ribeiro. Cultura e democracia: gênese da institucionalização do direito à informação no Brasil. **Redes.com** (Sevilla), v. 4, 2007, p. 281. Disponível em: <https://dialnet.unirioja.es/servlet/articulo?codigo=3672248>. Acesso realizado em 12 de set. de 2021.

do consequente descompasso com os quais esse processo de transformação tecnológica é absorvido pelo corpo social.

Exemplo hodierno e frequentemente debatido é o trabalho em plataformas digitais, modalidade tipicamente abrolhada desse fenômeno tecnológico e ensejador de necessárias discussões acerca da adequação das normas protetivas e da abrangência das leis trabalhistas, tudo com vistas à extirpação das lacunas verificadas e exploradas à precarização do trabalho e das condições nas quais esse novel e crescente modelo de serviço é utilizado.

Outro exemplo, mais relevante à temática desenvolvida nesse trabalho, diz respeito às chamadas *fake news*, reiteradamente pronunciadas na mídia no recente período político e estrategicamente utilizadas para a manipulação informacional. Conforme concepção destacada por Carlos Renato Coelho Simonetto e Rodrigo Wolff Apolloni,

> O termo *fake news* ganhou notoriedade após as eleições para a presidência dos Estados Unidos em 2016 e também foi fortemente influenciadora da saída do Reino Unido da União Europeia pelo conhecido *Brexit* (BBC BRASIL, 2018). Em uma definição bem objetiva, Azevedo afirma que *fake news* "relatam notícias ou histórias que são completamente inventadas, que são falsas e que são usadas para enganar os leitores" (AZEVEDO, 2017, [s. p.]).[29]

Os meios informatizados e tecnológicos de comunicação são produtos do processo de globalização. Com o avanço da humanidade e com sua consecutiva automatização, essas modalidades virtuais adquirem relevância e se solidificam, expandindo-se às mais variadas dimensões que integram a própria vida em sociedade.

O artifício midiático e a propagação de discursos com propostas de desarticulação social constituem problemática que acompanha e se agrava em rítmico compasso com o qual a *internet* é transformada no principal e, mesmo, num indispensável canal de promoção e divulgação de informações e dados. As distorções e manipulações discursivas exploram a multidimensionalidade da desigualdade, já que se valem das disparidades no acesso ao ensino formal, à informação, às tecnologias e à cidadania, como um todo. Enfatizam Michela Turcatti, secretária-geral do Funzione Pubblica de Sondrio, entidade sindical italiana que representa os trabalhadores do serviço público, e Marco Beretta, secretário-geral da Filcams,

---

29 APOLLONI, Rodrigo Wolff; SIMONETTO, Carlos Renato Coelho. ***Fake news, pós-verdade, fact-checking e jornalismo de dados: um pequeno glossário para o jornalismo.*** Intercom – Sociedade Brasileira de Estudos Interdisciplinares da Comunicação, XX Congresso de Ciências da Comunicação na Região Sul – Porto Alegre – RS, 20 a 22/06/2019, pp. 1-2. Disponível em: https://portalintercom.org.br/anais/sul2019/resumos/R65-0760-1.pdf. Acesso realizado em 9 de set. de 2021.

federação italiana que representa trabalhadores dos setores da hospedagem, comércio e serviços, em Milão, respectivamente, que:

> Setores do governo e da sociedade que repudiam a atuação do sindicalismo procuram propagandear que as entidades sindicais são "parasitárias".
>
> "Muitas pessoas caíram na ideia das notícias falsas do governo e outros grupos prometendo mudanças. Mas também temos que reconhecer que as velhas forças da esquerda em muitos momentos não conseguiram representar ou dar respostas confiáveis ao povo. Isso é um problema mundial".[30]

Em razão do poder econômico, imagético, sonoro e ideológico que ostentam, os meios de comunicação de massa, ao disseminarem a perspectiva e o discurso ultraliberais em suas matérias, usualmente em favor do individualismo possessivo e contrários aos direitos sociais e aos movimentos coletivos, eles apresentam reiteradamente uma visão distorcida da importância da atuação sindical e dos sindicatos, que passam a ser vistos pela opinião pública como ineficientes, inadequados, obsoletos e/ou desnecessários. Esse papel propagandista ostentado pela grande imprensa certamente contribuiu também para o atual desprestígio e descrença da sociedade contemporânea brasileira nas entidades sindicais e no sindicalismo como elementos de transformação fundamentais à democracia.

Sendo, na verdade, indispensáveis à emancipação do trabalhador não apenas nas relações de trabalho mas, sobretudo, na própria dinâmica social, as entidades sindicais aperfeiçoam a matriz constitucional democrática ao permitir que a figura obreira, em natural desequilíbrio e desnivelamento jurídico, econômico e político, revista-se de legítima atuação social e avigore garantias que, sem a participação sindical, seriam relegadas ao manto da mera formalidade normativa, sem efetividade real e concreta.

A autonomia dos sindicatos, também objeto de acalorados debates, viu a essência de seu princípio desvanecer com a aprovação da Reforma Trabalhista de 2017, por meio da qual, entre inúmeras outras regras desfavoráveis, se retirou a compulsoriedade das contribuições sindicais, sem se regulamentar a mais democrática, eficiente e adequada "contribuição negocial", já prevista pela Lei das Centrais Sindicais, de 2008 (art. 7º). Sem registrar apreço pela contribuição tradicional advinda dos anos 1930/40, em vista de seus defeitos no tocante ao incentivo aos sindicatos sem legitimidade efetiva e poderio de representação perante o empregador, o fato é que o diploma legal de 2017 omitiu-se quanto à regulamentação da contribuição negocial, fórmula apta a superar as falhas da sistemática anterior, aperfeiçoando e conferindo solidez ao sindicalismo no Brasil. Ao inverso, a lei

---

30 RAMOS, Vanessa. Brasil e Itália enfrentam onda neoliberal e avalanche de fake news. **CUT São Paulo**, 28 de fev. de 2019. Disponível em: <https://sp.cut.org.br/noticias/brasil-e-italia-enfrentam-onda-neoliberal-e-avalanche-de-fake-news-955d>. Acesso realizado em 9 de set. de 2021.

nova preferiu escolher o puro e simples caminho antissindical, dando mostras de objetivar, no fundo, o claro enfraquecimento das entidades sindicais brasileiras.

Os desafios encarados pelos sindicatos à reformulação de seu papel e de seu poder na concretização da representatividade coletiva defluem, como já estimado, em grande medida (mas não apenas disso, é claro), de circunstâncias financeiras, que se relacionam aos reduzidos meios de financiamento e fortalecimento dessas entidades, segundo a legislação e jurisprudência hoje em vigor no País. Todavia um agressivo e importante adversário da projeção sindical na sociedade é, por vezes, negligenciado, e diz respeito ao discurso neoliberal e à sua influência propagandística e midiática no processo de desarticulação coletiva. É o que aponta João Felício, ex-presidente da Central Única dos Trabalhadores – CUT e ex-presidente da Confederação Sindical Internacional – CSI:

> [...] as garras do neoliberalismo econômico têm dificultado cada dia mais o trabalho do sindicalismo mundial. [...] a busca dos governos por perpetrar uma concepção individualista na cabeça dos trabalhadores, estimulando menor participação do Estado, a meritocracia e a disputa acirrada, valores intrínsecos do neoliberalismo, joga sobre as pessoas a ideia de que elas devem ser responsáveis únicas por suas conquistas em todos os âmbitos. "É certo que temos que fazer autocrítica e repensar a atuação sindical, mas é fato que temos uma luta permanente para fazer com que o sindicato seja representante da luta coletiva. Se isso já é difícil com gerações passadas, imagine com a juventude que foi formada dentro da lógica neoliberal do individualismo, afirma.[31]

O discurso neoliberal, aliás, merece realçada análise quando investigado o processo de aniquilamento do sindicalismo no País. O destaque impresso pelo poder econômico e a respectiva corrente neoliberal à rapidez e à urgência das medidas trabalhistas de enfrentamento do colapso suscitado pela pandemia sobressaiu-se à própria vida, segurança e dignidade dos trabalhadores e serviu de justificativa para a destituição de sua capacidade representativa e afastamento dos sindicatos de sua função institucional e histórica de representação e proteção dos trabalhadores.

A intervenção sindical, como conquista civilizatória e humanista garantida pela Constituição de 1988, foi ostensiva e aviltantemente mitigada, em um momento de elevação do desemprego e da fragilidade da classe trabalhadora, em claro retrocesso social. A par disso, gerou grave precedente jurídico, ao permitir a relativização de sólidas e explícitas garantias constitucionais, além de disseminar a ideia de que os sindicatos são desnecessários, sendo embaraços ao progresso,

---

31 A citação de líder brasileiro e internacional sindical, João Felício, encontra-se em: RAMOS, Vanessa. Brasil e Itália enfrentam onda neoliberal e avalanche de fake news. **CUT São Paulo**, 28 de fev. de 2019. Disponível em: <https://sp.cut.org.br/noticias/brasil-e-italia-enfrentam-onda-neoliberal-e-avalanche-de-fake-news-955d>. Acesso realizado em 9 de set. de 2021.

mitigando a sua efetiva importância como instrumento de concretização da democracia e aprofundando o seu desprestígio perante a sociedade.

Nesse sentido, a propagação de notícias que incutem no trabalhador a ideia de que direitos e garantias sociais precisam de desregulamentação e/ou flexibilização, de que a economia exige o afastamento ou atenuação de normas trabalhistas e de que a atuação sindical burocratiza, onera, delonga e obstaculiza o contato do trabalhador com o polo empresarial evidencia a manifesta estratégia midiática de fundo neoliberalista e antissocial.

É óbvio que se entende necessário a busca de aperfeiçoamentos na organização e atuação do sindicalismo e suas entidades componentes, mas não em direção ao seu definhamento – como propõe a estratégia neoliberal –, porém a fim de tornar possível a expansão de suas atividades e de seu alcance representativo, sobretudo com relação a grupos populacionais que permanecem distantes das estruturas dos sindicatos.

De fato, o ideário antissindical amplamente difundido na atualidade pelos meios de comunicação de massa atua em um contexto de mudanças no sistema de produção de bens e serviços, as quais tornaram mais desafiante o contato e a mobilização entre as entidades sindicais e os trabalhadores[32], além da formação e preservação de uma identidade de classe entre aqueles que vivem do trabalho. Esse contexto socioeconômico adverso, entretanto, é agravado pelas estratégias oficiais contrárias ao sindicalismo, somadas à propagação de narrativas hostis na *mass media*, seja a tradicional, seja a digital e informatizada.

Ora, as entidades sindicais são instituições intermediárias estruturadas no âmbito da sociedade, organizando e representando largos segmentos populacionais, especialmente aqueles que vivem do trabalho – e que são, conforme se conhece, a grande maioria da população; com isso, essas entidades exercem um papel fundamental tanto na democracia como no próprio capitalismo, evitando que este se torne um moinho sem peias.

Nesse quadro, torna-se imprescindível a adoção, no País, de uma postura de afirmação do Estado Democrático de Direito internalizado pela Constituição da República, passando-se a se respeitar e a se fortalecer – ao invés do contrário – essas entidades basilares ao Constitucionalismo Humanista e Social abraçado pela sociedade política e civil brasileira em outubro de 1988.[33]

---

32 PEREIRA, Ricardo José Macedo de Britto. A Convenção Fundamental n. 87 da Organização Internacional do Trabalho. In: CALSING, Renata de Assis e ALVARENGA, Rúbia Zanotelli (coords.). **Direitos Humanos e Relações Sociais Trabalhistas**. São Paulo: LTr, 2017, p. 166.

33 Uma análise sobre os desafios que se antepõem ao sindicalismo brasileiro, em decorrência de outros fatores atuantes em sua ambientação externa e em sua realidade interna, está bem descortinada na seguinte obra: MENEZES, Alline Bessa de. **Sistema Sindical Brasileiro** – desafios e perspectivas. Rio de Janeiro: Lumen Júris, 2022.

5. CONCLUSÃO

O Direito Coletivo do Trabalho no Brasil, e particularmente o seu principal sujeito coletivo obreiro, as entidades sindicais de trabalhadores – que atuam e negociam com o outro importante sujeito econômico, social e jurídico, o sindicato empresarial ou a empresa isoladamente considerada, têm passado por dificuldades, obstáculos e desafios na realidade brasileira recente.

Afora as inovações provocadas pelas alterações no processo produtivo e organizacional das empresas e instituições, a par de no interior das próprias relações de trabalho, inclusive em decorrência das revoluções tecnológicas mais recentes do capitalismo, tudo provocando inúmeros desafios às entidades sindicais, o fato é que, no Brasil, um dos mais severos e atuais desafios descortina-se em função das estratégias neoliberalistas direcionadas ao movimento sindical e às entidades sindicais de trabalhadores nos últimos anos, em especial a contar de 2016.

Essas estratégias desaguaram em uma rigorosa reforma legislativa aprovada em 2017, com várias regras novas bastante desfavoráveis às entidades sindicais obreiras. A mais visível delas – embora não seja a única, enfatize-se – foi o fechamento do principal canal de custeio do sistema sindical brasileiro, sem a preocupação de regular uma mais adequada e justa fonte financeira alternativa, como a denominada "contribuição negocial", prevista pela Lei das Centrais Sindicais de 2008.

Essa aguda atuação neoliberalista no mundo político e institucional brasileiro não se esgotou na reforma trabalhista de 2017, aprofundando-se em outros diplomas legais adversos ao sindicalismo de trabalhadores nos anos que se seguiram, inclusive no transcorrer da pandemia do COVID-19.

Tão contundente, porém, quanto as reformas legislativas neoliberais implementadas foi a estratégia de atuação das vertentes ultraliberalistas nos diversos meios de comunicação de massa existentes no País, usualmente dominados ou controlados de maneira econômica oligopolista no conjunto da realidade brasileira. Tais meios de comunicação de massa se desdobram, conforme se sabe, em distintos veículos, quer os mais antigos – como os jornais diários e as revistas semanais ou mensais –, quer os veículos tradicionais, mas ainda bastante influentes – como as emissoras de rádio –, quer, por fim, os meios nitidamente modernos e sofisticados, tal como as emissoras de televisão via satélite, antena parabólica, a cabo ou similares. Destaquem-se entre esses meios comunicativos modernos e sofisticados a chamada mídia social, formada por inúmeras empresas de plataformas digitais de alto poder comunicativo com a população e, inclusive, aptas a viabilizarem a interação com e entre os usuários.

A vasta maioria desses meios de comunicação de massa – com ressalva minoritária de alguns canais, *blogs* e congêneres no campo das mídias sociais –, constroem suas narrativas dentro do espectro neoliberalista de análise e discurso, uma vez que se caracterizam por estarem também sob a propriedade ou o controle oligopolizado pelo poder econômico estrangeiro ou nacional.

Com isso tais veículos comunicativos, vetustos ou novos, deflagram para a sociedade linguagens e conteúdos fortemente individualistas e antissociais, harmônicos à perspectiva ultraliberal, usualmente críticos dos direitos sociais, das políticas sociais, dos princípios da solidariedade, da igualdade e congêneres, e, por consequência, dos direitos individuais e sociais trabalhistas, das instituições trabalhistas e de todo o sistema sindical.

Esse desafio, conforme se percebe, esvazia o Estado Democrático de Direito lavrado pela Constituição de 1988, uma vez que não permite – tal como se encontra a realidade – a harmonização do princípio constitucional da liberdade com o princípio também constitucional da igualdade em sentido material, deixando de disponibilizar condições iguais de expressão e comunicação entre o poder econômico e as dimensões sociais da comunidade circundante, inclusive a fundamental comunidade sindical representativa dos trabalhadores.

Trata-se de relevante desafio a ser enfrentado pelo Constitucionalismo Humanista e Social incorporado pela Constituição da República Federativa do Brasil.

6. REFERÊNCIAS BIBLIOGRÁFICAS

APOLLONI, Rodrigo Wolff; SIMONETTO, Carlos Renato Coelho. ***Fake news, pós-verdade, fact-checking e jornalismo de dados: um pequeno glossário para o jornalismo.*** Intercom – Sociedade Brasileira de Estudos Interdisciplinares da Comunicação, XX Congresso de Ciências da Comunicação na Região Sul – Porto Alegre – RS, 20 a 22/06/2019, pp. 1-2. Disponível em: https://portalintercom.org.br/anais/sul2019/resumos/R65-0760-1.pdf. Acesso realizado em 9 de set. de 2021.

BORGES, Almiro. Origem e papel dos sindicatos. **Confederação Nacional dos Trabalhadores na Agricultura – CONTAG.** Brasília, 14 a 25 de ago. de 2006, p.2-9. Disponível em: <http://www.contag.org.br/imagens/Origemepapeldossindicatos-AltamiroBorges.pdf>. Acesso realizado em 9 de set. de 2021.

BRASIL, **Constituição da República Federativa do Brasil de 5 de outubro de 1988**. Disponível em: <http://www.planalto.gov.br/ccivil_03/constituicao/constituicaocompilado.htm>. Acesso realizado em 21 de mar. de 2021.

BRASIL, **Decreto-Lei nº 5.452, de 1º de maio de 1943**. Disponível para consulta em: <http://www.planalto.gov.br/ccivil_03/decreto-lei/del5452.htm>. Acesso realizado em 7 de set. de 2021. Acesso realizado em 7 de set. de 2021.

BRASIL, **Medida Provisória Nº 927, de 22 de março de 2020**. Texto extraído do *site*: http://www.planalto.gov.br/ccivil_03/_ato2019-2022/2020/mpv/mpv927.htm. Acesso realizado em 07 de set. de 2021.

BRASIL, **Medida Provisória Nº 936, de 1º de abril de 2020**. Texto extraído do *site*: <http://www.planalto.gov.br/ccivil_03/_ato2019-2022/2020/mpv/mpv936.htm. Consulta realizada em 7 de set. de 2021.

CAMPOS, Anderson de S. Sindicalismo no contexto de pandemia no Brasil: primeiras impressões. **REMIR Trabalho**, 17 de jun. de 2020, p.2. Artigo disponível para consulta em:

<https://www.eco.unicamp.br/remir/index.php/sindicalismo/177-sindicalismo-no-contexto--de-pandemia-no-brasil-primeiras-impressoes>. Acesso realizado em 7 de set. de 2021.

CHOMSKY, Noam. Capitalismo selvagem e a sobrevivência da humanidade, p. 151. *In* **Quarentena**: reflexões sobre a pandemia e depois / Anjuli Tostes, Hugo Melo Filho; ilustração de Carlo Giambarresi. – 1.ed. – Bauru: Canal 6, 2020. Recurso digital. – (Projeto Editorial Praxis). Disponível em: <http://www4.fe.usp.br/wp-content/uploads/ebook-quarentena-1ed-2020.pdf>. Acesso realizado em 12 de set. de 2021.

CORREA, Sandro Muniz. Caminho da Servidão: o projeto neoliberal e a conquista da subjetividade como afirmação da liberdade. **Revista Húmus**, v. 9, n. 25, 2018, p. 139-155. Disponível em: http://www.periodicoseletronicos.ufma.br/index.php/revistahumus/article/view/11403. Acesso realizado em 12 de set. de 2021.

DELGADO, Maurício Godinho. **Curso de Direito do Trabalho**. 16. Ed. São Paulo: LTr, 2017.

DELGADO, Mauricio Godinho. Constituição da República, Estado Democrático de Direito e Direito do Trabalho. In: DELGADO, Mauricio Godinho e DELGADO, Gabriela Neves. **Constituição da República e Direitos Fundamentais:** dignidade da pessoa humana, justiça social e Direito do Trabalho. 4ª Ed. São Paulo: LTr, 2017, p.78-80.

DELGADO, Mauricio Godinho. **Direito Coletivo do Trabalho**. 7. ed. São Paulo: LTr, 2017.

DELGADO, Maurício Godinho; LEMOS, Maria Cecília de Almeida Monteiro; TELES, Izabel Cristina de Almeida; RODRIGUES, Yuli Barros Monteiro. O Estado Democrático de Direito como parâmetro para a análise das repercussões jurídicas da pandemia do novo coronavírus no Direito do Trabalho brasileiro. Um estudo de dois diplomas normativos editados em 2020 (MPr. n. 927 e MPr. n. 936) e de seu papel no aprofundamento da crise do sindicalismo no Brasil. *In:* PEREIRA, Ricardo José M. de Britto; ARRUDA, Kátia Magalhães; LEMOS, Maria Cecília de Almeida Monteiro (org.) **Trabalho e Direitos Sociais em tempos de pandemia**. Belo Horizonte: RTM, 2020.

DELGADO, Mauricio Godinho, PIMENTA, José Roberto Freire, MIZIARA, Rafael. Sindicalismo e greve no estado democrático de direito: o debate sobre o exercício, pelas entidades sindicais, de atividades com dimensões políticas. **Revista de Direito do Trabalho e Seguridade Social**, São Paulo, v. 46, n. 209, p. 245-286, jan/fev. 2020, p. 247.

DELGADO, Maurício Godinho; PIMENTA, José Roberto Freire; NUNES, Ivana. O paradigma do estado democrático de direito: estrutura conceitual e desafios contemporâneos. **Revista Jurídica UNICURITIBA**. Curitiba, v. 2, n. 55, abr-jun 2019, p. 485-515 Disponível em: http://revista.unicuritiba.edu.br/index.php/RevJur/article/view/3405. Acesso realizado em 12 de set. de 2021.

IBGE. Instituto Brasileiro de Geografia e Estatística. **IBGE explica: desemprego.** Disponível em: https://www.ibge.gov.br/explica/desemprego.php. Consulta realizada em 7 de set. de 2021.

IBGE: 40 MILHÕES DE BRASILEIROS NÃO TÊM ACESSO À INTERNET. **Associação Brasileira de Internet – Abranet**. Publicado em 14 de abr. de 2021. Disponível em: <https://www.abranet.org.br/Noticias/IBGE%3A-40-milhoes-de-brasileiros-nao-tem--acesso-a-Internet-3345.html?UserActiveTemplate=site>. Acesso em 9 de set. de 2021.

MENEZES, Alline Bessa de. **Sistema Sindical Brasileiro** – desafios e perspectivas. Rio de Janeiro: Lumen Juris, 2022.

NOTÍCIAS STF. **STF mantém possibilidade de redução de salários por acordo individual em decorrência da pandemia**. Disponível em: <https://portal.stf.jus.br/noticias/verNoticiaDetalhe.asp?idConteudo=441651&ori=1>. Acesso em 07.jun.2020.

NUNES, António José Avelãs. Adam Smith e a teoria da distribuição do rendimento. **Boletim de Ciências Económicas**, vol. 46, 2003, p.3. Disponível em: https://digitalis.uc.pt/en/artigo/adam_smith_e_teoria_da_distribui%C3%A7%C3%A3o_do_rendimento. Acesso realizado em 9 de set. de 2021.

OPAS. Organização Pan-Americana da Saúde. **OMS anuncia nomenclaturas simples e fáceis de pronunciar para variantes de interesse e de preocupação do SARS-CoV-2.** Disponível em: https://www.paho.org/pt/noticias/1-6-2021-oms-anuncia-nomenclaturas-simples-e-faceis-pronunciar-para-variantes-interesse-e. Acesso realizado em 12 de set. de 2021.

ORGANIZAÇÃO MUNDIAL DA SAÚDE DECLARA PANDEMIA DE CORONAVÍRUS. **Agência Brasil**. Publicado em 11 de mar. de 2020. Disponível em: https://agenciabrasil.ebc.com.br/geral/noticia/2020-03/organizacao-mundial-da-saude-declara-pandemia-de-coronavirus. Acesso em 7 de set. de 2021.

PEREIRA, Ricardo José Macedo de Britto. Trabalho e governabilidade: direitos trabalhistas impedem o crescimento econômico? **JOTA**. Brasília, 25 de dez de 2018. Disponível em: https://www.jota.info/opiniao-e-analise/artigos/trabalho-e-governabilidade-direitos-trabalhistas-impedem-o-crescimento-economico-25122018, acesso em: 02 de dezembro de 2020.

PEREIRA, Ricardo José Macedo de Britto. A Convenção Fundamental n. 87 da Organização Internacional do Trabalho. In: CALSING, Renata de Assis e ALVARENGA, Rúbia Zanotelli (coords.). **Direitos Humanos e Relações Sociais Trabalhistas**. São Paulo: LTr, 2017.

RAMOS, Vanessa. Brasil e Itália enfrentam onda neoliberal e avalanche de fake news. **CUT São Paulo**, 28 de fev. de 2019. Disponível em: <https://sp.cut.org.br/noticias/brasil-e-italia-enfrentam-onda-neoliberal-e-avalanche-de-fake-news-955d>. Acesso realizado em 9 de set. de 2021.

ROLIM, Renata Ribeiro. Cultura e democracia: gênese da institucionalização do direito à informação no Brasil. **Redes.com** (Sevilla), v. 4, 2007, p. 281. Disponível em: <https://dialnet.unirioja.es/servlet/articulo?codigo=3672248>. Acesso realizado em 12 de set. de 2021.

SINDICATOS LUTAM PARA PRESERVAR O EMPREGO E A SAÚDE DO TRABALHADOR DURANTE A PANDEMIA. **Rede Brasil Atual – RBA**. Publicado em 17 de mar. de 2020. Disponível em: < https://www.redebrasilatual.com.br/trabalho/2020/04/sindicatos-lutam-para-preservar-a-saude-e-emprego-durante-a-pandemia/>. Acesso realizado em 7 de set. de 2021.

THOME, Candy Florêncio. A República de Weimar e os movimentos operários. **Caderno de Doutrina e Jurisprudência da Ematra XV**, v.1, n.5, set./out. 2005, p. 162-164.

CAPÍTULO 21

PARA ONDE FORAM OS SINDICATOS?

Do sindicalismo de confronto ao sindicalismo negocial

Ricardo Antunes[1]
Jair Batista da Silva[2]

Sumário • Introdução – A CUT: a emergência do confronto, o avanço do sindicalismo propositivo e o culto da negociação – A força sindical: a pragmática neoliberal no interior do sindicalismo – Rumo ao sindicalismo negocial de Estado? – Referências.

INTRODUÇÃO

O objetivo deste artigo é compreender as mutações que vêm ocorrendo nos organismos de representação da classe trabalhadora, particularmente as transformações experimentadas pelas principais centrais sindicais, visando oferecer uma resposta inicial à indagação que motiva este texto: *para onde foram os sindicatos?*

Para indicar algumas respostas que particularizam o caso brasileiro, vamos procurar compreender, em linhas mais gerais, quais foram os ideários e as principais ações desencadeadas pelas duas principais centrais sindicais que atuaram – e atuam – no Brasil recente: a Central Única dos Trabalhadores (CUT) e a Força Sindical (FS). Esta análise tem como pano de fundo o contexto econômico, político e sindical que remete aos ciclos das lutas e ações sindicais travadas nas últimas décadas no Brasil.

Para esboçar uma resposta preliminar à questão, parece-nos adequado partir da seguinte hipótese: o sindicalismo brasileiro recente (ou *novo sindicalismo*, como se consagrou na bibliografia especializada) vem se transformando de modo acentuado; inaugurado pelas greves de 1978, bem como pelas primeiras articulações sindicais que se desenvolviam desde meados daquela década, o *novo sindicalismo* promoveu mudanças significativas na cultura sindical e política brasileira ao instituir novas práticas, mecanismos e instituições. Gradativamente, entretanto, ao longo de mais de três décadas, suas práticas cotidianas de acentuada (ainda que não exclusivamente)

---

1 Universidade Estadual de Campinas (UNICAMP). Instituto de Filosofia e Ciências Humanas (IFCH). Barão Geraldo. Cep: 13083-970. Campinas – São Paulo – Brasil. Caixa-postal: 6110. rantunes@unicamp.br.

2 Universidade Federal da Bahia (UFBA). Faculdade de Filosofia e Ciências Humanas (FFCH). Estrada de São Lázaro. Federação. Cep: 40210730. Salvador – Bahia – Brasil. jabs222@gmail.com.

tendência confrontacionista – foram sendo substituídas por uma nova pragmática sindical predominantemente negocial, onde o confronto cedia espaço para as parcerias, negociações e incentivo aos pactos sindicais etc. (Antunes, 2013; Antunes e Santana, 2014; Silva, 2008; 2013).

O desdobramento desta mutação vem consolidando entre nós uma prática sindical que, para além de fetichizar a negociação, transforma os dirigentes em *novos gestores* que encontram na estrutura sindical mecanismos e espaços de realização, tais como operar com fundos de pensão, planos de pensão e de saúde, além das inúmeras vantagens intrínsecas ao aparato burocrático típico do *sindicalismo de estado* vigente no Brasil desde a década de 1930. Isto alterou o perfil das lideranças e das práticas sindicais adotadas até então. Tais mudanças também alteraram o destinatário do discurso sindical, cujo ideário vai paulatinamente se deslocando de um sindicalismo de classe para um sindicalismo cidadão (Silva, 2008; Antunes, 1995; J. Rodrigues, 1997; Rodrigues, 1993).

Sabemos que estas mutações e metamorfoses nas práticas sindicais ocorreram ao longo da um período expressivo da ação da classe trabalhadora e suas formas de organização no Brasil. Ao longo dos anos 1980, por exemplo, nosso país esteve à frente das lutas sociais e sindicais, mesmo quando comparado com outros países avançados dotados de ampla experiência sindical. A criação do PT em 1980, da CUT em 1983, do MST em 1984, a luta pelas eleições diretas em 1985, a eclosão de quatro greves gerais ao longo da década, a campanha pela Constituinte e a promulgação da nova Constituição em 1988 e, finalmente, as eleições diretas de 1989, são exemplos vivos da força das lutas daquela década.[3] Houve avanços significativos na luta pela *autonomia* e *liberdade* dos sindicatos em relação ao Estado, através do combate ao Imposto Sindical, à estrutura confederacional, cupulista, hierarquizada e atrelada (Antunes, 1982; Araújo, 1998; Vianna, 1976), instrumentos que se constituíam em alavancas utilizadas pelo Estado e as classes dominantes para controlar os sindicatos e a classe trabalhadora. Aquela década conformou, também, um quadro nitidamente favorável para o chamado *novo sindicalismo,* que caminhava em direção contrária à crise sindical presente em vários países capitalistas avançados.

Entretanto, no final da década de 1980 já começavam a despontar as tendências econômicas, políticas e ideológicas que foram responsáveis pela inserção do sindicalismo brasileiro na onda regressiva, resultado tanto da reestruturação produtiva em curso em escala global, como da emergência da pragmática neoliberal e da financeirização do capital, que passaram a exigir mudanças significativas no mundo do trabalho. Esta processualidade complexa trouxe fortes consequências também para os organismos representativos da classe trabalhadora. (Antunes, 2013; Antunes e Santana, 2014; Silva, 2008; 2009). Vamos indicar, então, como

[3] Retomamos aqui várias ideias que estão apresentadas especialmente em Antunes e Santana, 2014.

esse movimento ocorreu no interior das duas principais centrais sindicais do país, na CUT e na Força Sindical. Comecemos pela CUT.

A CUT: A EMERGÊNCIA DO CONFRONTO, O AVANÇO DO SINDICALISMO PROPOSITIVO E O CULTO DA NEGOCIAÇÃO

Depois de mais de trinta anos da emergência do *novo sindicalismo* e da Central Única dos Trabalhadores (CUT), criada em 1983, já é possível fazer um balanço do que se passou nestes anos. Quais foram seus principais avanços e recuos? Sua prática sindical, três décadas depois de sua criação, consolidou mais rupturas ou acabou por acomodar-se ao sindicalismo de tipo mais tradicional? São perguntas que nosso texto busca elucidar ou, ao menos, indicar pontos para uma possível resposta.

É possível afirmar alusivamente que, entre as décadas de 1970 e 1980, um novo elemento começou a caracterizar o movimento sindical brasileiro existente durante a ditadura militar. O nosso movimento operário e sindical viveu em fins dos anos 1970 um momento de extrema importância para sua história. Após o duro impacto do golpe de 1964, que lhe havia deixado pouco espaço de ação – a não ser aqueles presentes no trabalho silencioso e cotidiano no interior das fábricas e de algumas tentativas pontuais de contestação (Antunes, 1992; Humphrey, 1982; Frederico, 1979) –, um sindicalismo de corte mais autêntico aflorava, exigindo a ampliação dos espaços para a representação dos interesses da classe trabalhadora que se expandiu enormemente durante estas décadas. No cenário político mais amplo, a reemergência do movimento dos trabalhadores estremeceu os arranjos políticos da transição do fim da ditadura militar para o rearranjo civil que estava sendo articulado, excluindo o movimento sindical e dos trabalhadores, e atacava frontalmente a política econômica desenvolvida pela ditadura. (Silva, 2008; Santana, 1999; J. Rodrigues, 1997; Antunes, 1992 e 1995; Frederico, 1979).

Houve avanços significativos na luta pela autonomia e liberdade dos sindicatos em relação ao Estado, deu-se um combate à estrutura atrelada ao estado e ao Imposto Sindical, instrumentos utilizados para controlar os sindicatos. Conformou-se, também, um quadro nitidamente favorável para o chamado *novo sindicalismo,* que resistia fortemente, frente às tendências regressivas dominantes no cenário europeu e norte-americano, cujo sindicalismo se encontrava em um quadro crítico.

A intensificação da introdução de plantas industriais modernas e sua concentração geográfica (processo que se iniciou em fins dos anos 1950) possibilitou o surgimento do que se convencionou chamar de "nova classe operária". Estavam sendo criadas, então, a partir do golpe de 1964, elementos que possibilitaram uma forte expansão do padrão de acumulação através do incremento da produção industrial, em gestação desde os anos 1950/1970, ampliando significativamente o novo proletariado industrial no Brasil, concentrado, particularmente, no cinturão industrial automotivo e metalúrgico do ABC paulista, onde estavam instaladas as grandes montadoras (Antunes, 1992; Humphrey, 1982; Almeida, 1975).

E essa forte expansão da classe trabalhadora, ao final dos anos 1970, constituiu-se na principal base social do *novo sindicalismo* que começava a florescer. Forjou-se um novo movimento sindical, cuja liderança de maior destaque era Luiz Inácio Lula da Silva, que encontrava capilaridade não só entre os trabalhadores industriais, como os metalúrgicos, mas, também, entre os assalariados rurais, como os chamados "boias-frias", os funcionários públicos e os setores assalariados médios urbanos que se "proletarizavam", como médicos e professores, dentre tantos outros contingentes do mundo do trabalho que se alteravam profundamente. O setor de serviços e a agricultura também gestavam novos assalariados que ampliavam a nossa classe trabalhadora, quando comparada àquela existente no pré-1964.

Fruto desta conjuntura, o *novo sindicalismo* surgiu da articulação de variadas concepções que se articulavam em torno da bandeira de um sindicalismo de classe, mais autônomo e independente em relação ao estado. Neste sentido, ele propunha uma ruptura com o passado, que teria sido predominantemente pautado pela "colaboração de classe", "reformismo", "conciliação", "cupulismo" etc., práticas às quais o *novo sindicalismo* se opunha fortemente. (Santana, 2001; 1999).

Sua corrente mais expressiva – o chamado *novo sindicalismo* – era oriundo da própria estrutura sindical. Agrupava vários líderes sindicais denominados "autênticos" (como Lula, Olívio Dutra, Jacó Bittar, dentre tantos outros) e que praticavam um sindicalismo que, de fato, se diferenciava do velho sindicalismo oficial. Essa tendência somou-se ao também importante movimento das *oposições sindicais,* buscando avançar em sua maior aspiração, que era criar uma nova central sindical *autônoma, livre e independente do estado e do patronato.*

Já em 1977, diversos setores e representantes da primeira vertente – os sindicalistas independentes – manifestam interesse em realizar um Congresso Nacional das Classes Trabalhadoras (CONCLAT). A oportunidade para realizar tal articulação ocorreu em 1978, no V Congresso da Confederação Nacional dos Trabalhadores na Indústria (CNTI). A união destes ativistas sindicais contra o presidente da entidade Ary Campista foi um ensaio de unidade e mobilização dos dirigentes sindicais mais ativos contra as lideranças acomodadas no interior das entidades e da estrutura sindical, o chamado peleguismo. Este ensaio de união permitiu a este grupo constituir uma identidade sindical própria, passando a intitular-se como "sindicalistas autênticos". Deste grupo faziam parte várias lideranças que se organizaram posteriormente para criar a CUT (Silva, 2008).

Outra força política importante, que contribuiu para a constituição da CUT foi o agrupamento organizado em torno das oposições sindicais. A expressão mais fortemente articulada deste grupo girava em torno do Movimento da Oposição

Sindical Metalúrgica de São Paulo (MOMSP). Uma das primeiras iniciativas para reunir a oposição sindical ocorreu no congresso da MOMSP, realizado em São Paulo, em 1979. A finalidade era reunir, organizar e mobilizar as diferentes forças de esquerda que atuavam no movimento sindical e combatiam duramente tanto o peleguismo, como o reformismo sindical da esquerda tradicional que se articulava em torno do PCB (Silva, 2008; Antunes, 1995; Giannotti e Lopes Neto, 1991).

Ainda anteriormente à criação da CUT, a Associação Nacional dos Movimentos Populares e Sindicais (ANAMPOS) realizou congressos nacionais, como o Encontro de Monlevade realizado em fevereiro de 1980 e o Encontro de Goiânia em 1982. No primeiro encontro, foi aprovado o Documento de Monlevade, no qual foram estabelecidas as principais orientações em direção à luta pela democratização da estrutura sindical, em conformidade com a Convenção 87 da Organização Internacional do Trabalho. O fim dos impedimentos jurídicos que restringiam o pleno direito de greve, além do direito de greve e da implantação da negociação direta entre trabalhadores e patrões, sem a mediação ou intervenção do Estado foram pontos de destaque nesta corrente sindical (Silva, 2008; Antunes, 1995; Costa, 1994; Giannotti e Lopes Neto, 1991).

Deve-se sublinhar a importância dessa confluência, que foi decisiva para a criação da nova central. De um lado, as denominadas "lideranças autênticas" que já se apresentavam como expressão do *novo sindicalismo.* De outro lado, as *oposições sindicais* que se destacavam pelas lutas que travavam contra a estrutura sindical. Se o "Congresso de Poços de Caldas (MG) e o Congresso em Lins (SP) foram momentos embrionários do *novo sindicalismo* que questionou a prevalência da burocracia sindical sobre as entidades sindicais", de outra parte, "com eixos de ação diferenciados, realizou-se o Encontro Nacional das *Oposições Sindicais* e, posteriormente, o I Encontro Nacional de Trabalhadores em Oposição à Estrutura Sindical (ENTOES), que reafirmava o papel das *oposições sindicais* na luta contra o sindicato oficial (Silva, 2008; Antunes, 1995). Da ação convergente do *novo sindicalismo* e do movimento de oposição sindical caminhou-se, rapidamente, para a criação, no início dos anos oitenta, de uma central sindical de âmbito nacional" (Antunes, 1995, p. 45-46).

É deste rico movimento de fusão, comportando confluências e tensões, entre importantes correntes que praticavam um sindicalismo diferenciado do peleguismo, que nasceu a Central Única dos Trabalhadores (CUT). Criada nestes embates, no início da década de 1980, a CUT foi, por um lado, um vivo resultado deste esforço de unificação das lutas da classe trabalhadora. Mas foi, também, simultaneamente, a cristalização das diferenciações no interior do movimento sindical brasileiro, que se aprofundariam mais tarde.

A nova Central nasceu, portanto, da associação de diversas forças com tradições sindicais distintas – sindicalistas independentes, oposições sindicais, militantes da pastoral operária, setores da esquerda oriundos da tradicional, mas que romperam com o sindicalismo político vigente no pré-64, todos com o objetivo de construir um sindicalismo autônomo, em oposição ao atrelamento das entidades sindicais às estruturas do Estado e, desse modo, exercerem uma nova prática, que propugnava a liberdade e autonomia sindicais, além de amplo direito de greve.

Desta forma, o sindicalismo cutista nasceu rejeitando as formas de conciliação de classe, defendendo – especialmente durante o período de sua formação ao longo da década de 1980 – uma ação sindical mais combativa nos embates dos trabalhadores com governos e patrões. Suas lideranças sindicais desejavam, também, o reconhecimento de seus direitos de organização sindical. Na esfera política, as reivindicações giravam em torno da luta pelo fim da ditadura, da democratização do país, por meio das eleições diretas para presidente, governador, etc., bem como da instauração de uma Assembleia Constituinte, que contemplasse os interesses e direitos da classe trabalhadora, com a completa eliminação das leis de exceção.

O perfil desta liderança sindical foi forjado em nova prática, quer dentro dos sindicatos, piquetes, assembleias e passeatas, nas ações de diretas e ocupações dos locais de trabalho, nas greves parciais e gerais e diversas iniciativas que a luta sindical e política do movimento operário logra construir para resistir e lutar em seu cotidiano.

Essa associação entre distintas variantes do sindicalismo de classe partia de uma concepção de unidade concreta que, inclusive, esteve presente no próprio nome da Central, cujo conteúdo político-ideológico é o seguinte: "a ideia de única, [que] ficou no nome da Central, vem da concepção reinante no movimento sindical que as formas de organização e representação dos trabalhadores tinham que expressar, sempre, a unidade inquebrantável da classe" (Giannotti e Lopes Neto, 1991, p. 23).

A década de 1980 foi, então, um período especial das lutas sindicais e sociais: um amplo ciclo de greves, locais e gerais, desencadeado pelos operários industriais, assalariados rurais, assalariados médios, num amplo e denso movimento que se caracterizou pela existência de greves gerais por categoria (como as dos Bancários em 1995), greves com ocupação de fábricas (como a da General Motors em São José dos Campos em 1985 e a da Companhia Siderúrgica Nacional em Volta Redonda em 1989), bem como com o desencadeamento de greves gerais de âmbito nacional, como a de março de 1989, talvez a mais expressiva de todas as greves gerais desta década (Antunes e Santana, 2014; Antunes, 1995). Vale recordar que o número de greves foi extremamente significativo durante todo o período, sendo que, no mundo rural, houve significativo avanço do sindicalismo, possibilitando a retomada da organização sindical dos trabalhadores, o que, por certo, influenciou as ações que levaram ao nascimento do Movimento dos Trabalhadores Sem-Terra (MST), em 1984.

A partir de 1990, entretanto, a conjuntura econômica e política se transformou, com a vitória de Collor e início de seu governo, seguido depois pelo de FHC, criando as condições para que as políticas de corte neoliberal se desenvolvessem com intensidade. O setor produtivo estatal foi em grande medida privatizado (siderurgia, telecomunicações, energia elétrica, bancos, etc.), o que alterou o tripé existente entre capital nacional, estrangeiro e estatal, que comandou o padrão de desenvolvimento capitalista existente no Brasil desde a emergência do Varguismo, ampliando-se a internacionalização da nossa economia.

A fusão entre neoliberalismo e reestruturação produtiva, dentro de um universo conduzido pelo capitalismo financeiro, gerou profundas transformações no mundo do trabalho, afetando, em especial, o sindicalismo. Informalidade, flexibilização e terceirização passam a ser imperativos empresariais (Silva, 2009; Cardoso, 2003; Alves, 2000; Antunes, 1995; Druck, 1999). No apogeu da era da financeirização, do avanço técnico-científico-informacional, do mundo digital onde tempo e espaço se convulsionam, o Brasil vivenciou mutações fortes no mundo do trabalho, alterando sua morfologia, na qual a informalidade, a precarização e o desemprego ampliavam-se intensamente (Antunes e Santana, 2014; Santana, 2011; Souza, 2002; Galvão, 2002; J. Rodrigues, 1997; Antunes, 1995).

É nesta quadra histórica, na virada dos anos 1980 para década de 1990, isto é, na passagem do 3° CONCUT (1988) para o 4° CONCUT (1991), que mudanças substanciais ocorreram no sindicalismo cutista, demarcando a consolidação de uma prática sindical que sempre esteve presente, ainda que em menor escala, no seu interior, mas que, até aquele momento, não tinha se tornado o centro da atividade sindical da CUT. Assim, pouco a pouco, a conduta *propositiva* e seu corolário, a *negociação*, passaram ao centro da orientação política da Central. Vale ressaltar, contudo, que a denominada fase *movimentista*[4] já trazia embutida a característica que buscava a negociação. Combinavam-se movimentação, confronto e prática negocial na ação sindical, mas a ênfase gradativamente passava da confrontação para aquela que vai ser tonar dominante na década de 1990 (Silva, 2008; J. Rodrigues, 1997).

Esta "nova" práxis sindical tinha – e ainda tem – na negociação, seu instrumento de ação predominante e acentua a propositura de que não bastava ao sindicalismo assumir tão somente uma conduta de rejeição às iniciativas dos patrões e governos, mas procurava, frente aos dilemas enfrentados pelos trabalhadores, construir alternativas "propositivas" consideradas mais viáveis e realistas. Rejeitando fortemente em sua prática a estratégia conduzida durante a década de oitenta, a CUT passava a defender e praticar um sindicalismo moderado, resultado a um só tempo das diretrizes político-ideológicas da tendência hegemônica no

4 Fase movimentista refere-se à prática sindical que prioriza os piquetes, assembleias, caminhadas, manifestações de rua e nas empresas etc.

seu interior, a Articulação Sindical – e articulado ao cenário de refluxo da atividade sindical durante este período, tanto no âmbito internacional quanto no Brasil.

Segundo Iram Jácome Rodrigues (1997), as mudanças no sindicalismo cutista tiveram seu momento de maior expressão no 3º CONCUT (1988),[5] pois "simbolicamente, esse encontro significou o fim da fase heroica da construção da CUT e tudo que ela representava para uma parte da militância cutista" (Rodrigues, 1997, p. 117). A tese do fim da "fase heroica" fundamentava-se na concepção de que, nos primeiros momentos de criação, dada a necessidade de adquirir maior legitimidade junto às suas bases, haveria maior disposição em desencadear lutas e estratégias sindicais mais radicalizadas, ofensivas ou confrontacionistas, informadas de modo acentuado pelo *ethos* socialista. Desta forma, os caminhos trilhados pelo sindicalismo propugnado pela CUT, do momento de sua fundação ao seu 3º Congresso, que ocorreu em 1988, "representou o período de sua construção e afirmação, cuja fase mais movimentista, libertária, socialista e de confrontação, enfim, heroica encerra-se com o III CONCUT" (Rodrigues, 1997, p.118).

Com esta mudança no perfil da ação e dos ativistas sindicais no interior da CUT, que ocorreu a partir do 3º CONCUT, as práticas de maior confrontação e mais combativas começaram a dar lugar a um padrão de ação sindical mais pragmático e negocial;[6] numa palavra, mais "propositivo" e negociador da entidade e da liderança sindical, como pode ser observado nestas passagens das Resoluções da 5ª Plenária Nacional da CUT:

> O principal objetivo de nossa estrutura vertical deve ser a superação do fracionamento e pulverização resultante do atual sistema de organização e negociação por categoria, que divide os trabalhadores e dificulta o enfrentamento das questões já apontadas, além de preservar a interferência do Estado. Essa estrutura é o elemento central do novo modelo sindical que estamos construindo e fundamental para o sucesso de nosso projeto sindical e político (CUT, 1992, p. 32).

Ou ainda,

> Na situação em que vivemos hoje no Brasil e por tudo o que pudemos concluir de várias experiências de negociação, é necessário que o processo de negociação dos contratos (e convenção etc.) de trabalho permaneçam como processo de negociação

5 Alguns analistas têm sublinhado que a mudança ocorrida na forma de atuação política da Central foi decorrência da conquista da maioria interna, alcançada artificialmente pela Articulação Sindical, através das alterações nos estatutos da Central (Souza, 2002; Antunes, 1995; Costa, 1995). Houve uma drástica redução do número de delegados credenciados e escolhidos pelas bases e um aumento considerável no número de entidades.

6 "a) Vigência das atuais convenções e acordos coletivos de trabalho por tempo indeterminado, somente podendo ser alterado mediante futura negociação da qual participe a entidade sindical que o assinou ou seu sucessor" (Resoluções da 7ª Plenária Nacional Zumbi dos Palmares. CUT, 1995, p. 24).

> e contratação no nível de categorias, ou seja, interempresas, e controlado pelo sindicato (CUT, 1992, p. 73).

É preciso salientar, entretanto, que as ações de caráter mais combativas e de confrontação parecem não estar somente associadas à fase de formação, isto é, vinculadas à sua origem, mas decorrem, em boa medida, da conjuntura política e da situação socioeconômica de cada momento. Por isso parece possível, também, supor que não existiria nenhuma garantia social e política de que, com o agravamento da situação socioeconômica dos trabalhadores, a CUT não voltaria a basear sua ação numa conduta política que recuperaria, mais acentuadamente, a linha da confrontação, em resposta à própria pressão da classe trabalhadora, como se pode presenciar *embrionariamente* na atual luta contra o PL 4330, em 2015, que amplia a terceirização também para as atividades-fim. Exemplos neste sentido apareceram, também, entre as categorias mais organizadas do sindicalismo brasileiro que, dadas as condições objetivas que os trabalhadores e trabalhadoras experimentaram, as permitiram questionar e levar adiante ações político-sindicais mais ofensivas do que aquelas desejadas pelas direções sindicais dominantes (Silva, 2008).[7]

Na década de 1990, justamente quando se acentuavam estas novas tendências, o *novo sindicalismo* foi confrontado por um contexto ainda adverso, iniciado com a vitória (e posse) de Collor. Conforme Antunes e Santana (2014) indicam, a forte pressão interna e externa imposta pelos capitais, objetivando avançar a reestruturação produtiva, a financeirização da economia e a livre circulação dos capitais, as privatizações do setor produtivo estatal, a flexibilização da legislação trabalhista, em suma, a pressão para uma nova inserção do Brasil na nova divisão internacional do trabalho sob a hegemonia neoliberal e financeira, tudo isso, ocorrendo simultaneamente e com forte intensidade, afetou intensamente o Brasil. Com o *impeachment* de Collor, o *interregno* Itamar Franco e a eleição de Fernando Henrique em 1994 (depois reeleito em 1998), o mundo produtivo no país foi profundamente alterado. As práticas da desregulamentação, flexibilização, privatização, desindustrialização ampliaram-se, assim como a informalidade, terceirização, subempregado e o desemprego (Antunes; Santana, 2014).

O sindicalismo da CUT, mais propenso à negociação, em um momento sindical novo, pautado pela existência de centrais sindicais diferenciadas e dificultado pelo advento da Força Sindical, criada em 1991 e que passou a disputar

---

7 Vários exemplos neste sentido podem ser encontrados entre as diversas categorias presentes no sindicalismo cutista. Os bancários da cidade de São Paulo, cujo sindicato é controlado pela mesma corrente que detém a hegemonia na CUT, por meio da ação da oposição sindical e pressão dos trabalhadores de base, levaram adiante movimentos grevistas nacionais, em claro confronto com a orientação que privilegia a moderação. Outras categorias também têm seguido esse mesmo posicionamento, como professores, metalúrgicos, petroleiros, trabalhadores rurais etc.

fortemente os espaços políticos e sindicais próprios de um sindicalismo mais negocial, fez com que a CUT, sob hegemonia da Articulação Sindical, respondesse avançando na alternativa mais *contratualista* e *propositiva*, oferecendo-se como alternativa sindical *factível* frente ao neoliberalismo. Ainda segundo os autores acima, a "defesa da redução dos tributos à indústria automobilística, como forma de dinamizar a indústria automotiva e com isso preservar empregos; a política de incentivo às "câmaras setoriais", espaço policlassista de negociação; as constantes participações em outros fóruns e espaços de negociação tripartites, distanciavam cada vez mais a CUT de seus valores fundacionais" (Antunes; Santana, 2014, p. 137). E acrescentam: "As políticas de 'convênios', 'apoios financeiros', 'parcerias' com a socialdemocracia sindical, especialmente europeia, levada a cabo amplamente por duas décadas, também acabaram reorientando o "novo sindicalismo", ajudando a arrefecer sua postura mais classista ao valorizar mais enfaticamente os espaços institucionalizados, as máquinas sindicais hierarquizadas e burocratizadas" (idem, p. 137).

Na impossibilidade de desenvolver as ações daquele período, foi emblemática a greve dos trabalhadores petroleiros em 1995, que se constituiu no primeiro combate aberto à política neoliberal de FHC. Essa greve configurou, entretanto, uma nítida divisão no interior da CUT que, mais próxima das políticas de concertação e negociação, não foi capaz de oferecer uma solidariedade efetiva e profunda aos petroleiros.

A CUT já não se apresentava mais como a herdeira das lutas sindicais pela autonomia e independência frente ao estado e ao patronato, mas, cada vez mais, ao longo dessa década, assemelhava-se a um sindicalismo institucionalizado, verticalizado, hierarquizado, que se distanciava de sua década original. E, ao proceder desse modo, com essa nova pragmática, ajudava a abrir caminho para a ascensão do Partido dos Trabalhadores ao poder, sem o peso de ser uma central sindical avessa à negociação e à moderação.

Após a vitória do Partido dos Trabalhadores – liderando uma frente considerada de centro-esquerda – nas eleições presidenciais de 2002 e a experiência do primeiro governo de Luiz Inácio Lula da Silva, com a manutenção das políticas neoliberais do governo de FHC, o medo representado por um governo de esquerda capitaneado por aquele partido se desfez. O receio e a desconfiança não foram completamente afastados, é verdade, mas permitem compreender a adequação e aceitação do governo petista em relação aos interesses do grande capital e das distintas frações burguesas, particularmente aqueles representados pelo capital financeiro. Através da condução e do aprofundamento das principais políticas neoliberais anteriormente adotadas por FHC, o governo Lula e o Partido dos Trabalhadores já não provocam insegurança junto às classes dominantes.[8]

8 A eleição presidencial de 2006 talvez seja exemplar nesse sentido, pois a campanha petista baseou-se na manutenção da confiança e apoio político da burguesia; por isso a campanha não poderia deixar

A influência e o controle político do governo sobre vários movimentos sociais, bem como a orientação político-ideológica conduzida pela corrente hegemônica no interior da CUT constituíram-se em elementos importantes para se compreender as ações e dificuldades que diversos setores dos movimentos sociais, populares e sindicais mais à esquerda tiveram para enfrentar os governos e as políticas implementadas. Neste particular, a transformação da CUT, de Central sindical crítica e independente dos governos – como propugnam seus Estatutos, resoluções e plenárias – em uma entidade fortemente afinada com as ações e políticas do governo Lula[9] apenas serviu, mais uma vez, para desorientar e desorganizar o movimento sindical no combate e oposição ao ideário neoliberal, ainda que em sua nova variante social-liberal. Sua oscilação entre a adesão "crítica" ao ideário neoliberal ou social-liberal, recorrendo, entretanto, às ações e práticas sindicais um pouco mais combativas quando era imprescindível, deixou marcas profundas no sindicalismo cutista.[10]

A CUT foi, paulatinamente, deslocando o destinatário do seu discurso da "classe" para a "cidadania", sendo que suas ações priorizavam o caminho da luta por direitos aos cidadãos. O foco migrou para o combate aos diversos problemas enfrentados pela classe trabalhadora, tais como discriminação racial, de gênero, geracional, desemprego, qualificação, terceirização etc., *associados sempre à ideia de conquista da cidadania, sem que os mesmos tivessem uma clara visão de classe.* Operando um forte deslocamento dos interesses históricos da classe trabalhadora para a defesa abstrata da cidadania, a CUT distanciou-se, também, da construção (e até mesmo da defesa) de um projeto político alternativo à ordem social capitalista, que, cada vez mais, desaparecia das propostas e das ações da Central (Silva, 2008). Parece não ser outro o sentido desta concepção: "a melhor perspectiva para o movimento sindical é comprometer-se com as lutas mais amplas. As políticas sociais devem estabelecer a relação entre sindicato e cidadania" (J. Nogueira, 1996, p. 212). Segundo a formulação da CUT:

> Quando os trabalhadores brasileiros retomaram suas lutas e mobilizações no final da década de 1970, sob a ditadura militar, buscavam principalmente melhorar seu nível de vida e suas condições de trabalho. O passo seguinte foi avançar na luta pela

---

de trabalhar com ditados populares amplamente reiterados: "não troque o certo pelo duvidoso", numa clara demonstração de manutenção das políticas adotadas até aquele momento. O mesmo se repetiu com a eleição de Dilma em 2010 e, posteriormente, em 2014.

9 Não deixa de ser sintomático dessa nova postura política adotada pela CUT, o fato de seu ex-presidente Luiz Marinho, componente da Articulação Sindical, ser alçado à condição de ministro do trabalho do governo Lula.

10 Segundo Andréia Galvão: "A trajetória da CUT evidencia uma oscilação entre, de um lado, a assimilação de elementos do discurso neoliberal, que se revelam na elaboração de uma perspectiva propositiva e, de outro, a contraposição à política neoliberal, que tem permitido a reativação de uma prática sindical mais combativa" (GALVÃO, 2002, p. 109 – Grifo da autora).

> conquista de direitos individuais e coletivos, ou seja, o direito ao pleno exercício da cidadania (CUT, 1992, p. 28).

Na VII Plenária Nacional (1995), a CUT reafirmou sua estratégia anterior no campo da educação, do emprego e da renda, da reestruturação produtiva etc. Essas bandeiras tinham como pressuposto a conquista e a manutenção de direitos sociais, como prerrogativa essencial para o exercício da "cidadania":

> A complexa realidade das relações de trabalho no país – agravada pelas medidas reativas do capital à crise econômica, pelo processo mundial de reordenação política e econômica, a globalização da economia, a organização dos blocos econômicos, acompanhados das recentes mudanças tecnológicas e organizacionais do trabalho na produção e nos serviços – introduz sérios desafios aos trabalhadores brasileiros que se somam às antigas lutas contra a exclusão social e pela conquista e manutenção dos direitos de cidadania (CUT, 1995, p. 32-33).

As iniciativas deliberadas, como, por exemplo, a conferência nacional em defesa da terra, do emprego e da cidadania, o dia nacional de luta por habitação e creches e o dia nacional da consciência negra, fundamentavam-se na garantia da cidadania como instrumento de luta para combater o avanço das políticas neoliberais (CUT, 1996).

O embate político contra o racismo, por exemplo, também trilhou esse caminho, já que a luta se direcionava para o questionamento nos marcos do Estado de direito e da inserção dessa reivindicação no âmbito da política de direitos humanos. Foi esse o caminho construído politicamente para legitimar a luta pela ampliação da cidadania, sem que, é preciso enfatizar, a articulação destes temas fosse remetida à dimensão de classe (Silva, 2008).

Assim, a Central que nasce nos anos 1980, profundamente ancorada no universo do trabalho e nas lutas sindicais, consolidava sua transição para uma prática sindical moderada, aderindo, gradativamente, a uma concepção de defesa da cidadania desprovida de um componente acentuado de classe, além de atuar centralmente no espaço da negociação. Onde, vale recordar, ela não mais estava só, pois esse era, também, o espaço preferencial da Força Sindical. É dela que trataremos a seguir: como essas questões aparecem no interior da central sindical que se apresenta como a principal força política de oposição à CUT? Como respondem as lideranças da Força Sindical às transformações ocorridas na sociedade brasileira durante os anos 90? É o que trataremos no próximo item.

A FORÇA SINDICAL: A PRAGMÁTICA NEOLIBERAL NO INTERIOR DO SINDICALISMO

A Força Sindical foi fundada entre os dias 8, 9 e 10 de março de 1991, em São Paulo.[11] Criada como uma nova proposta para o cenário sindical brasileiro, a

[11] Este item retoma pontos apresentados mais detalhadamente em Silva, 2008; 2013.

Central dizia abarcar os mais variados setores do "movimento de luta dos trabalhadores Brasileiros".[12] De acordo com Rodrigues e Cardoso (1993): "oficialmente, pelos documentos da secretaria da Força Sindical, teriam participado do congresso de fundação 1793 delegados, representando 783 sindicatos e federações, ao lado de 74 representantes internacionais" (Rodrigues; Cardoso, 1993, p. 13).

A principal finalidade da nova Central dizia respeito à direção do sindicalismo no quadro de redemocratização da sociedade brasileira: "as preocupações eram quanto ao rumo que o sindicalismo estava tomando, ficando para trás no processo de redemocratização do país, seja por causa do radicalismo estéril ou, por outro lado, por conformismo paralisante" (www.fsindical.org.br *apud* Silva, 2008).

Não resta dúvida de que a nova central surgiu disposta a estabelecer uma dupla distinção no sindicalismo brasileiro. De um lado, pretendia ser uma alternativa à CUT – definida como praticante de um "radicalismo inconsequente" – que não trazia resultados tangíveis aos trabalhadores. De outro lado, a Força Sindical buscava se diferenciar dos setores sindicais agrupados em torno da CGT de Joaquim de Andrade, Joaquinzão, caracterizados, aqui, como portadores de um conformismo paralisante. A pretensão da Força Sindical é:

> Ser a central deste final de século pós-socialista, capaz de defender os interesses dos trabalhadores aqui e agora, sem relacionar as reivindicações imediatas à luta pelo socialismo, quer dizer, sem propostas utópicas que acabariam, na concepção da central, por induzir ao 'socialismo burocrático'. Desse ângulo, a Força Sindical marca, em seu discurso, um rompimento com as tradições corporativas, nacionalistas e socialistas das correntes mais militantes do sindicalismo brasileiro e parece mais adaptada às mudanças econômicas, sociais, políticas e culturais que estão marcando esse final de século (Rodrigues e Cardoso, 1993, p. 21).

Mas a pretensão da Força Sindical tinha de fato a finalidade de desarmar a resistência dos trabalhadores das investidas dos governos neoliberais: segundo Trópia, "o projeto da central era, originalmente, ambicioso: pretendia tornar-se a principal central sindical do País, derrotar as iniciativas progressistas e populares e bloquear a luta de resistência do movimento sindical ao modelo neoliberal" (Trópia, 2002, p. 160).

Por esse motivo, a bandeira veiculada pela nova Central era sintonizar o movimento sindical com a modernidade – "modernos somos, pois fomos quem primeiro teve a coragem de modificar a visão do sindicalismo e do trabalho em geral" (www.fsindical.org.br *apud* Silva, 2008) –, atualização essa que deveria, para construir uma central forte, "endurecer quando preciso, mas também de saber

---

12 Para uma referência sumária à origem da Força Sindical, ver www.fsindical.org.br apud Silva, 2008.

negociar, [ser] autônoma, livre, pluralista, aberta ao debate interno e com a sociedade" (www.fsindical.org.br apud Silva, 2008).

A novidade trazida pela Força Sindical estava presente tanto em seu projeto político como na sua prática. A nova Central objetiva mudar a sociedade brasileira *transformando a cultura sindical brasileira*. Contudo, ao contrário da mudança perseguida por outros projetos sindicais – especialmente aqueles referentes às tradições de esquerda que almejavam mudar a sociedade em direção ao socialismo –, o caráter das mudanças propostas pela Força Sindical visava "lutar pelo capitalismo. A mudança se referiria ao conteúdo do capitalismo que existiria entre nós" (Rodrigues; Cardoso, 1993, p. 17).

Neste sentido, o caráter da transição brasileira não era do capitalismo para o socialismo (como apontam várias resoluções da CUT, com ênfase ao menos nos anos 1980), e sim, uma mudança entre um capitalismo selvagem para uma sociedade capitalista avançada, competitiva e moderna (Rodrigues e Cardoso, 1993). Sociedade essa que garantisse espaços de participação efetiva para os trabalhadores, reconhecendo-os como protagonistas das decisões, pois "era preciso dar aos trabalhadores o *reconhecimento* de que eles poderiam participar do processo, sentando às mesas de negociação e endurecendo quando necessário. Antes de tudo, que os trabalhadores fossem voz ativa dos novos tempos que viriam" (www. fsindical. org.br – Grifo nosso – *apud* Silva, 2008).

Para além do discurso apresentado, pode-se afirmar que a Força Sindical foi, desde logo, um desdobramento do *sindicalismo de resultados*. Este surgiu da articulação de duas trajetórias sindicais distintas, que, a partir da segunda metade da década de 1980, passaram a defender o mesmo projeto político. De um lado, o grupo de ativistas que tem na liderança de Luiz Antônio de Medeiros sua maior expressão; oriundo do PCB, este dirigente sindical foi para o Sindicato dos Metalúrgicos de São Paulo para concretizar uma nova forma de ação sindical (Nogueira, 1998). De outro, a liderança de Antônio Magri, dirigente que fez sua carreira política no Sindicato dos Eletricitários do Estado de São Paulo e era uma espécie de representante de uma corrente sindical de influência norte-americana, que convivia e se mesclava com o velho peleguismo brasileiro, da qual a Força Sindical foi também herdeira. (Antunes, 1995).

O ideário do sindicalismo de resultados combinava essa sua origem dúplice – ou tríplice – com a nova pragmática neoliberal, que expressava a concordância com a sociedade de mercado e o reconhecimento da vitória do capitalismo; sua ação sindical deveria buscar a melhoria das condições de trabalho, sem extrapolar este âmbito da melhoria da força de trabalho. Acrescentava, ainda, que não caberia aos sindicatos nenhuma interferência partidária, mas sim, uma ação e influência na esfera política. (Silva, 2008 e 2013; Antunes, 1995; Força Sindical, 1993; Rodrigues e Cardoso, 1993).

O processo de formação da Força Sindical combinava a rejeição ferrenha ao confronto, ao mesmo tempo em que as ações sindicais são estrategicamente calculadas para não ultrapassar a esfera da negociação. De fato, a greve era concebida como a última alternativa depois de esgotadas todas as possibilidades de negociação. Conforme sua indicação: "fracassada a negociação, as entidades de representação sindicais de trabalhadores podem utilizar o instrumento da greve, sendo que, nos casos de serviços essenciais, alguns procedimentos específicos deverão ser preservados" (Força Sindical, 1993, p. 524).

A fundação da nova Central representou, entretanto, consequências políticas profundas para o conjunto do sindicalismo brasileiro: "sob os auspícios do governo Collor, a Força Sindical aderiu a aspectos da plataforma neoliberal ao apoiar, de forma militante, as privatizações e a desregulamentação do mercado de trabalho" (Trópia, 2002, p. 159). Ela "foi propositivamente neoliberal. A central engajou-se, ofensivamente, no processo de implementação da política estatal neoliberal, contribuindo, ao mesmo tempo, com a disseminação ideológica do neoliberalismo" (Trópia, 2002, p. 165). É preciso sublinhar, ainda, que a nova Central, em sintonia com os governos federais ao longo da década de 1990, fez sistemática campanha contra a atuação do MST, chegando a criar a Força da Terra para combatê-lo e tentar se constituir – sem nenhuma efetividade – como alternativa entre os trabalhadores rurais (Idem, p. 165).

Sua pretensa despartidarização e ou desideologização do movimento sindical, tese defendida e enunciada frequentemente pelos seus dirigentes, escondia – e acentuava – de fato, uma maior ideologização do movimento, acirrando a polarização entre as duas principais centrais sindicais. (Antunes, 1995; Silva, 2008; 2013) Em verdade, apesar da afirmação reiterada de apartidarismo, a Força Sindical não era uma entidade que adotava o apoliticismo como conduta política; a atuação e as afirmações de sua maior liderança, Luiz Antônio de Medeiros, desfazem qualquer dúvida quanto a esse ponto: "eu jamais disse, em lugar algum, que sou apolítico. Eu faço política, que eu considero política sindical. Sou contra a partidarização do sindicato" (Medeiros, *apud* Rodrigues e Cardoso, 1993, p. 22.). E, mesmo essa pretensa ausência de partidarização não significa que a Central não assuma valores, visões de mundo etc. que estejam associadas a agrupamentos ou partidos políticos. Ao contrário, no seu principal documento até hoje publicado (Força Sindical, 1993), a Força Sindical deixava claro, por exemplo, que era a favor da redução da presença do Estado na economia. A mesma concepção que foi defendida e implementada por Collor e FHC durante a década de 1990. A propalada – mas nunca praticada – desideologização da ação sindical implicava, de fato, a subordinação da classe trabalhadora que a Central pretendia representar no universo ideológico da sociabilidade capitalista. Conforme indica Fredericio:

> A pretensa 'desideologização' da práxis sindical, na verdade, significa uma clara aceitação da sociabilidade do mundo capitalista: os agentes sociais ficam reduzidos

> à condição de obstinados comerciantes que só almejam vender sua mercadoria pelo melhor preço. A obtenção de 'resultados' numa conjuntura recessiva, além de inviável, tem a função ideológica de manter o movimento operário entregue à dinâmica do mundo burguês sem formular um projeto político alternativo visando a redimir o mundo do trabalho do fetichismo mercantil. (Frederico, 1994, p. 73).

Assim, a nova central adotava, segundo Rodrigues e Cardoso (1993), os princípios do liberalismo[13] com a finalidade de aprofundar a sociedade dentro da qual seria reservado à classe trabalhadora, do ponto de vista político, fundamentalmente, a participação cidadã junto e, do ponto de vista econômico, o aumento da participação dos salários na renda nacional (Silva, 2008; 2013; Rodrigues e Cardoso, 1993). Por exemplo, ao tratar em seu documento-programa *Um projeto para o Brasil: a proposta da Força Sindical*, a nova Central afirmava que a Constituição deveria garantir:

> No plano dos direitos sociais e trabalhistas, com duplo objetivo de integrar os setores mais carentes e marginalizados da população, minimamente, aos serviços de proteção social do Estado, e de conferir maiores garantias ao empregado na sua relação com o empregador (tanto do ponto de vista individual como coletivo). (Força Sindical, 1993, p. 32).

Em outros termos, a Constituição deveria garantir uma forma de regulação contratual entre agentes que compram e vendem mercadorias, sempre no sentido de valorizar o preço da mercadoria-força de trabalho. No plano das liberdades individuais e políticas, o documento defende que a Constituição deveria garantir "a consolidação dos direitos civis e políticos do cidadão", impondo "restrições mínimas à formação e ao funcionamento dos partidos políticos" (Força Sindical, 1993, p. 32; Silva, 2008). E foi, também, dentro deste universo que a Central elaborou sua concepção de cidadania. Cidadão, para a Força Sindical, era um indivíduo portador de direitos, cidadão que é, antes de tudo, *produtor, consumidor e eleitor*. A concepção de *cidadania* que aparecia em seus documentos se referia ao padrão normativo e institucional, que garantia aos indivíduos as liberdades políticas e sociais, além do gozo de direitos.

Portanto, cidadão, aqui, diz respeito ao indivíduo que é capaz de produzir e consumir, sendo útil na esfera econômica. E, enfeixando o círculo da matriz de

---

13 Não se encontra o termo liberalismo social nos documentos da Central, como sublinham Rodrigues e Cardoso (1993); todavia, tal orientação política e ideológica pode ser concluída da concepção geral dos textos. Encontra-se a valorização do pensamento liberal em passagens como esta: "as conquistas cristalizadas no pensamento democrático liberal – como o voto direto e universal, a liberdade de imprensa, liberdade de produção e comércio, livre concorrência etc. – podem e devem ser preservadas no âmbito de um direito que cada vez mais é sensível ao desequilíbrio de poder na sociedade" (Força Sindical, 1993, p. 113).

fundo neoliberal, ser cidadão é ter o direito de votar, o que significaria exercer participação política nos órgãos e decisões do Estado através do processo eleitoral. Como se pode depreender do texto abaixo:

> Não basta, nesse sentido, estimular práticas de participação, mas estabelecer as condições institucionais para que a vontade organizada dos cidadãos – entendidos como produtores, consumidores e eleitores – interfira de modo importante nas grandes decisões econômicas e políticas. (Força Sindical, 1993, p. 44).[14]

A Força Sindical concebia a reforma do Estado brasileiro, a reforma administrativa, a melhoria das condições de vida etc. como mecanismos políticos para realizar o desenvolvimento humano e social que permita o exercício da cidadania plena. O caráter "moderno do Estado" deveria resguardar as normas de relação entre os agentes sociais, impedindo que o mercado exercesse o papel de explorador e arena sob a qual age de modo pleno o poder econômico, pois o mercado deveria ser o espaço de criação de riquezas, do bem-estar e da qualidade de vida dos cidadãos:

> Um Estado 'moderno' não é omisso, é um defensor intransigente das regras de interação dos agentes em sociedade. Particularmente em seu papel diante das atividades econômicas, cabe a ele garantir que o mercado não seja o universo da usurpação e do exercício puro e simples do poder econômico, mas o universo de criação de riquezas e do bem-estar dos cidadãos, entendidos como produtores e consumidores. (Força Sindical, 1993, p. 270).

Neste preciso sentido, a Força Sindical defendia que o trabalhador-cidadão fosse reconhecido como produtor e consumidor, efetivando uma espécie de *cidadania mercantil* que apenas poderia ser plena à medida que cumprisse os imperativos da lógica do mercado, no qual o trabalhador-cidadão fosse, simultaneamente, produtor e consumidor (Silva, 2008; 2013).[15] É por isso que o objetivo de sua proposta de relação entre capital e trabalho era o de criar uma estrutura normativa, política e econômica que permitisse a administração do conflito existente. Com efeito, "o conflito entre capital e trabalho é dado natural entre esses dois atores sociais em uma economia de mercado. Desta forma, o importante é criar mecanismos que administrem esse conflito e não tentar reprimi-lo ou suprimi-lo" (Força Sindical, 1993, p. 517).

---

14 Na mesma direção aponta a passagem a seguir: "O Estado haverá de ser menor e descentralizado. Na administração de interesses locais imediatos, por exemplo, o Estado deve ser auxiliado pela ação participativa dos próprios cidadãos, na gestão e na defesa de seus interesses" (Força Sindical, 1993, p. 41).

15 Não deixa de ser curioso como, apesar das origens bastante distintas e mesmo opostas, as proposições da Força Sindical passassem a contemplar, cada vez mais, certas similitudes com o movimento que vinha ocorrendo no interior da CUT em direção à conquista da cidadania.

Coerente com sua concepção de *integração das classes na sociedade capitalista*, a Força Sindical incentivava a cooperação, em busca do objetivo comum, para "criar um ambiente de cooperação entre capital e trabalho que induza ao aumento da produtividade e das rendas reais dos trabalhadores" (Força Sindical, 1993, p. 517). O resultado, mais do que cooperação, foi na direção de aprofundar, através de sua ação sindical, os mecanismos de subordinação da classe trabalhadora aos imperativos da sociedade do mercado. (Silva, 2008; 2013; Antunes, 1995). Uma curiosa e imprevista aproximação com a CUT estava ocorrendo e, com ela começava a se gestar outra mutação no universo sindical. É dele que trataremos no último item. Mas, ainda outra mutação estava por ocorrer.

RUMO AO SINDICALISMO NEGOCIAL DE ESTADO?

Cada uma ao seu modo, CUT e Força Sindical, *para além das disputas e mesmo dos antagonismos que caracterizaram seus projetos iniciais*, conforme procuramos evidenciar neste artigo, aproximavam-se ao defender uma política sindical voltada, centralmente, para a negociação e para a defesa da cidadania em detrimento (e não em sintonia) dos valores da classe trabalhadora. Suas diferenças, profundas no início, começaram lentamente a se desvanecer.

Vimos que a CUT foi muito mais ousada em suas propostas, especialmente durante a década de 1980, o período da *confrontação*, quando vinculou, explicitamente, a conquista de direitos sociais, a melhoria das condições de vida, como direito à saúde, por exemplo, à luta pela ampliação dos direitos sociais e políticos, além de reiterar em vários de seus encontros e documentos – inclusive no de fundação – a necessidade de lutar pela construção de uma sociedade socialista. Diferentemente, no caso da Força Sindical, a reivindicação pautava-se sempre pela ampliação de direitos políticos dentro de uma concepção liberal (de fato neoliberal), onde o aumento da participação política dos trabalhadores deveria ocorrer sempre dentro dos estritos limites das decisões no estado pela via da colaboração e da negociação, procurando colocar-se como alternativa *dentro da ordem* e claramente contra as posições da CUT:

> As preocupações eram quanto ao rumo que o sindicalismo estava tomando, *ficando para trás no processo de redemocratização do país*, seja por causa de radicalismo estéril ou, por outro lado, por conformismo paralisante. Essas ações e inúmeras outras demonstraram sempre a capacidade de atuação da Força Sindical. *Capacidade que logo predispôs à aglutinação de setores preocupados em defender e conquistar direitos efetivos para os trabalhadores* (www.forçasindical.org.br apud Silva, 2008 – Grifo nosso).

Apesar das diferenças indicadas, entretanto, ao longo da década de 1990, a ação sindical de ambas as centrais orientou-se, como vimos, crescentemente para a *defesa da cidadania*, aceitando a existência conflitual, mas, *em última instância*, recusando o caminho da confrontação. Se este foi o eixo da ação da CUT ao longo de toda a década anterior, nos anos 1990, o centro de sua nova concepção, presente tanto em seus documentos, quanto em sua prática dominante, foi voltar-se para o avanço da cidadania.

Já a Força Sindical, que nascera em outro contexto, pautado pela recusa explícita à atuação no universo da luta de classes, encontrava na defesa da cidadania o elemento ideal para a sua proposição, uma vez que, desde suas origens, jamais se colocou na direção da conquista de uma sociedade socialista. A CUT, ao contrário, fazendo o caminho inverso, foi, pouco a pouco, abandonando qualquer discurso que privilegiasse a prática de confrontação em benefício da via predominante da negociação e da defesa do cidadão (Silva, 2008; 2013).[16]

Se a concepção sindical presente na Força Sindical nasceu tendo, desde o início, um sentido pragmático e de atuação dentro do capitalismo "para melhorá-lo" – o que significava manter a classe trabalhadora, tanto política quanto ideologicamente, subordinada aos valores do capital –, para a CUT, a passagem de práticas com claro sentido de classe e de confrontação para ações sindicais mais moderadas e voltadas para a predominância propositiva (pela via da negociação) aprofundou-se ainda mais com a vitória eleitoral do Partido dos Trabalhadores. Tendo sua principal liderança forjada no interior do novo sindicalismo, a CUT ajudava, finalmente, o PT a conquistar a Presidência da República pelo voto direto. O que não se deu sem novas consequências. A nova pragmática sindical, inserida na lógica dominante da negociação, defrontava-se, agora, com um governo cujos membros eram, em boa medida, recolhidos também dentro da própria CUT, dada a forte simbiose que sempre existiu entre ambas.[17]

De sua parte, a Força Sindical somou-se à CUT e ambas tornaram-se partícipes do governo Lula. Atuaram conjuntamente, durante vários anos, como parceiras de governo, por certo com disputas pelos espaços existentes, mas exercitando

---

16 Como sublinha Saes (2003), o exercício da cidadania plena articulada com a concepção de classe significaria acentuar as contradições da sociedade capitalista e das suas instituições políticas, visto que a conquista de efetivos direitos políticos e sociais situa-se além dos limites constituídos pela sociedade capitalista. É por isso que o autor afirma que "o processo de criação de direitos na sociedade capitalista é necessariamente conflituoso, embora não contraditório" (Saes, 2003, p. 20).

17 O quadro sindical já era também bastante distinto. Segundo Andréia Galvão: "Dez novas centrais sindicais surgiram a partir de 2004, somando-se às três centrais sindicais criadas nos anos 1980 e 1990 (CUT, CGTB/Central Geral dos Trabalhadores do Brasil e Força Sindical), dentre as quais destacamos: Conlutas (Coordenação Nacional de Lutas), criada em 2004 e cuja denominação mudou para CSP-Conlutas em 2010; NCST (Nova Central Sindical de Trabalhadores), criada em 2005; Intersindical, criada em 2006; UGT (União Geral dos Trabalhadores) e a CTB (Central dos Trabalhadores e Trabalhadoras do Brasil), criadas em 2007 e CSB (Central dos Sindicatos Brasileiros), em 2012. Em 2008 a Intersindical se dividiu em: Intersindical – instrumento de luta e organização da classe trabalhadora e Intersindical – instrumento de luta, unidade de classe e construção de uma nova central. Esta última corrente fundou a Intersindical – Central da Classe Trabalhadora, em 2014. (Galvão, 2015, p. 4).

uma convivência bastante diferente da década de 1990, onde, como vimos, CUT e Força Sindical pautavam-se por uma forte disputa, clara diferenciação e nítida conflagração. A defesa da negociação como caminho predominante e a conversão de suas programáticas, centradas na busca da "cidadania", abriram caminho para que as diferenças fossem crescentemente reduzidas e ambas as centrais entrassem com força dentro do aparelho de estado. O novo sindicalismo chegava, finalmente, ao Estado, depois de tantos anos de luta pela autonomia e independência sindicais. A estrutura sindical atrelada ao estado – duramente combatida pela CUT em seus anos dourados e que sempre fora preservada pela Força Sindical – finalmente permitia que as duas principais centrais do país galgassem o topo do estado, sendo que a CUT, por sua própria vinculação estreita com o PT, era ainda mais intensa (Soares, 2005).

Participando de ministérios e secretarias nos âmbitos federal, estadual e municipal, elegendo-se para cargos de representação parlamentar, participando ativamente na gestão de fundos de pensão[18] e dos conselhos de empresas estatais etc., o sindicalismo que propugnava a autonomia e a independência sindical frente ao estado, no caso da CUT, e o pretenso antiestatismo neoliberal propugnado pela Força Sindical, acomodaram-se muito bem nos aparatos burocrático-ministeriais dos governos do PT.

Mesclando traços da velha e persistente herança sindical peleguista, que a Força Sindical sempre conservou, com um burocratismo institucionalizado e verticalizado, que a CUT abraçou ao longo da década de 1990, ambas, entretanto, pautadas pelo ideário e pela pragmática da negociação e de defesa da cidadania, forjou-se o que, provocativamente, estamos denominando como *sindicalismo negocial de estado*.

A fértil engenharia da cooptação do governo Lula deslanchava vigorosamente: as centrais sindicais passaram a receber verbas estatais oriundas do FAT e, ao final da década de 2000, o governo, ampliando significativamente essa engenharia da cooptação, acentuava o controle estatal sobre os sindicatos, ao possibilitar que as centrais também passassem a receber o Imposto Sindical, criado na ditadura Vargas, ao final dos anos 1930, e que sempre fora combatido pela CUT. O sindicalismo de estado começava a ressuscitar, agora adicionado de um forte componente de proposição e negociação. O mundo negocial e a dependência estatal (política, ideologia e financeira) passaram, também, a fazer parte, ainda mais intensamente, do cotidiano daquele que, no passado recente, havia sido positivamente designado como *novo sindicalismo.*

Para onde foram os sindicatos? Esse é o tema proposto para este dossiê. Nossa resposta à hipótese apresentada no início deste artigo é que as últimas décadas parecem empurrar o *novo sindicalismo* em direção a uma esdrúxula combinação,

---

[18] Ver Soria e Silva, 2011; Bernardo e Pereira, 2008.

síntese de, ao menos, três movimentos: a velha prática peleguista, a forte herança estatista e a forte influência do ideário neoliberal (ou social-liberal), impulsionada, ainda, pelo culto da negociação e defesa do cidadão. Vale dizer que cada um destes elementos pode ter prevalência em diferentes conjunturas. E esse Frankenstein que está sendo embrionariamente gestado, estamos denominando, provocativamente, como uma espécie de *sindicalismo negocial de estado* (Antunes, 2013). Se a profunda crise política, econômica e social que atinge o país neste ano de 2015 será capaz de afirmar ou infirmar a tendência, já é questão para outro artigo.

REFERÊNCIAS

ALMEIDA, Maria H. O sindicato no Brasil: novos problemas, velhas estruturas. *Debate e Crítica*, São Paulo, n. 6, jul. 1975.

ALVES, Giovanni. *O Novo (e precário) mundo do trabalho.* São Paulo: Boitempo, 2000.

ARAÚJO. Angela. *A construção do consentimento*: corporativismo e trabalhadores nos anos trinta. São Paulo, Scritta, 1998.

ANTUNES, Ricardo. *Classe operária, sindicatos e partido no Brasil.* São Paulo: Cortez/Editora Ensaio, 1982.

________. *O novo sindicalismo*. Campinas: Editora Pontes, 1995.

________. *A rebeldia do trabalho* (O confronto operário no ABC Paulista: as greves de 1978/80). 2. ed. Campinas (SP): Editora da Unicamp, 1992.

________. Do novo sindicalismo ao sindicalismo negocial de Estado. Rio de Janeiro, *Jornal dos Economistas*, n. 268, novembro de 2011.

________; SANTANA, Marco Aurélio. Dilemas do "novo sindicalismo" no Brasil: ruptura e conservação. Califórnia, *Latin American Perspectives*, n. 5, vol. 41, 2014.

BERNARDO, João; PEREIRA, Luciano. *Capitalismo Sindical*. São Paulo: Ed. Xamã, 2008.

CARDOSO, Adalberto. *A década neoliberal e a crise dos sindicatos no Brasil.* São Paulo, Boitempo, 2003.

COSTA, Sílvio. *Tendências e centrais sindicais* – o movimento sindical de 1978 a 1994. São Paulo: Editora Anita Garibaldi: Editora da Universidade Católica de Goiás, 1995.

DRUCK, M. G. *Terceirização*: (des)fordizando a fábrica: um estudo crítico do complexo petroquímico. São Paulo: Boitempo, 1999.

FREDERICO, Celso. *A Vanguarda operária*. São Paulo: Edições Símbolos, 1979.

FREDERICO, Celso. *Crise do socialismo e movimento operário*. São Paulo: Cortez, 1994.

GALVÃO, A. *Neoliberalismo e Reforma Trabalhista no Brasil.* São Paulo: Ed. Revan/ FAPESP, 2007.

GALVÃO, Andréia. A CUT na encruzilhada: impactos do neoliberalismo sobre o movimento sindical combativo. In: *Ideias* – Revista do Instituto de Filosofia e Ciências Humanas – UNICAMP, CAMPINAS (SP), nº 9, 2002. p.105-154.

________. *A atuação política do sindicalismo brasileiro: dificuldades e contradições frente aos governos petistas,* 2015 (ainda não publicado).

GIANNOTTI, Vito; LOPES NETO, Sebastião. *CUT*: ontem e hoje. São Paulo: Vozes, 1991. 120p.

GIANNOTTI, V.; NETO, S. L. *CUT* – ontem e hoje. Petrópolis, Vozes, 1991.

HUMPHREY, J. *Fazendo o milagre*. Petrópolis, Vozes/Cebrap, 1982.

MOREIRA, Fabrício Santos. *Sindicalistas gestores: fundos de pensão e transformismo no sindicalismo bancário*. 2015. Dissertação (Mestrado em Pós Graduação em Ciências Sociais) – Universidade Federal da Bahia.

NOGUEIRA, Arnaldo. *A modernização conservadora do sindicalismo brasileiro*. Educ/FAPESP, São Paulo, 1998.

NOGUEIRA, João Carlos. A discriminação racial no trabalho sob a perspectiva sindical. In: MUNANGA, Kabengele (org.). *Estratégias e políticas de combate à discriminação*. São Paulo: EDUSP/Estação Liberdade, 1996. p. 211-221.

RODRIGUES, Leôncio Martins. *CUT*: os militantes e a ideologia. Rio de Janeiro: Paz e Terra, 1990.

________; CARDOSO, Adalberto Moreira. *Força sindical*: uma análise sócio-política. São Paulo: Paz e Terra, 1993.

RODRIGUES, Iram Jácome. *Sindicalismo e política*: a trajetória da CUT. São Paulo: Scritta, 1997.

SAES, Décio Azevedo Marques de. Cidadania e capitalismo: uma crítica à concepção liberal de cidadania. *Crítica Marxista,* São Paulo, nº 16, 2003. p. 9-38.

SANTANA, Marco. A. Entre a ruptura e a continuidade: visões da história do movimento sindical brasileiro. *Revista Brasileira de Ciências Sociais,* São Paulo, ANPOCS, n. 41, 1999.

________. *Homens partidos*: comunistas e sindicatos no Brasil. São Paulo/Rio de Janeiro: Unirio/Boitempo, Rio de Janeiro/São Paulo, 2001.

SILVA, Jair Batista da. Ação sindical, racismo e cidadania no Brasil. In: Antunes, Ricardo. (Org.). *Riqueza e miséria do trabalho II*. 1 ed. São Paulo: Boitempo Editorial, 2013, v. 1, p. 383-402.

________. *A perversão da experiência no trabalho*. Salvador: Edufba, 2009.

________. *Racismo e sindicalismo*: reconhecimento, redistribuição e ação política das centrais sindicais acerca do racismo no Brasil (1983-2002). 2008. Tese (Doutorado em Ciências Sociais) – Universidade Estadual de Campinas / Instituto de Filosofia e Ciências Humanas, Campinas, SP.

SOARES, José de Lima. *PT e a CUT nos Anos 90*: encontros e desencontros de duas trajetórias. Brasília: Editora Fortium, 2005.

SORIA E SILVA, Sidartha. *Intersecção de classes*: fundos de pensão e sindicalismo no Brasil. 2011. Tese (Doutorado em Sociologia). Universidade Estadual de Campinas / Instituto de Filosofia e Ciências Humanas, Campinas, SP.

SOUZA, José dos Santos. *Trabalho, educação e sindicalismo no Brasil: anos 90*. Campinas, SP: Autores Associados, 2002.

________. *Trabalho, qualificação e ação sindical no Brasil no limiar do século XXI*: disputa de hegemonia ou consentimento ativo?. 2005. 340f. Tese (Pós-graduação em Sociologia) – Instituto de Filosofia e Ciências Humanas, UNICAMP, Campinas (SP).

TRÓPIA, Patrícia Vieira. A adesão da Força Sindical ao neoliberalismo. In: *Ideias* – Revista do Instituto de Filosofia e Ciências Humanas – UNICAMP, CAMPINAS (SP), nº 9, 2002. p. 155-202.

VIANNA, Luiz W. *Liberalismo e Sindicato no Brasil.* Rio de Janeiro: Paz e Terra, 1976.

DOCUMENTOS CONSULTADOS

1) CUT. *Resoluções do 3° Congresso Nacional da CUT*. Belo Horizonte: CUT, 1988.
2) CUT. *Resoluções da 5ª Plenária Nacional da CUT*. São Paulo: CUT, 1992.
3) CUT. *Resoluções da 7ª Plenária Nacional da CUT*. São Paulo: CUT, 1995.
4) CUT. *Resoluções da 8ª Plenária Nacional da CUT*. São Paulo: CUT, 1996.
5) CUT. *Resoluções do 6° Congresso Nacional da CUT*. São Paulo: CUT, 1997.
6) FORÇA SINDICAL. *Um projeto para o Brasil*: a proposta da Força Sindical. São Paulo: Geração Editorial, 1993.
7) Força Sindical. *História da Força*. disponível em www.fsindical.org.br (acessado em julho de 2015).

SITES CONSULTADOS

www.cut.org.br

www.fsindical.org.br

CAPÍTULO 22

O SINDICALISMO BRASILEIRO DIANTE DA OFENSIVA NEOLIBERAL RESTAURADORA

Paula Marcelino[1]
Andréia Galvão[2]

Sumário • A crise capitalista de 2008 e o sindicalismo no Brasil – O sindicalismo na crise da democracia brasileira – Três lutas perdidas: a aprovação da terceirização, da reforma trabalhista e da reforma da previdência – Uma nova reforma sindical? – As consequências da restauração neoliberal – Considerações finais – Referências Bibliográficas.

A crise financeira internacional de 2008 passou a ser sentida, de fato, no Brasil a partir de 2015 e possibilitou o retorno do projeto neoliberal ortodoxo ao país, por meio, primeiro, do processo de *impeachment* da presidenta Dilma Rousseff e, segundo, das eleições de 2018, que levaram Jair Bolsonaro ao poder.

De que maneira o movimento sindical reage à deterioração das condições políticas e socioeconômicas verificadas desde então? O texto que segue procura mapear os principais temas relacionados a essa questão: remontando à crise de 2008; passando pela atuação do sindicalismo na crise da democracia; pelas derrotas diante das reformas neoliberais – trabalhista, previdenciária e legislação da terceirização – já aprovadas; e pelas medidas em curso (fim da unicidade sindical, reforma administrativa, aprofundamento da reforma trabalhista) no governo Bolsonaro. Alguns dos temas tratados estão já consolidados na bibliografia e resultam em teses que foram debatidas pelas autoras e outros estudiosos ao longo da última década. Entretanto, outros temas são profundamente conjunturais e encontram-se, ainda, indefinidos. Este texto busca registrar essa conjuntura

---

[1] Paula Marcelino é professora do Departamento de Sociologia da Universidade de São Paulo. Autora dos livros: *A logística da precarização: terceirização do trabalho na Ronda do Brasil* (2004), *Trabalhadores terceirizados e luta sindical* (2013) e, em coautoria com Andreia Galvão e Patrícia Vieira Trópia, *As bases sociais das novas centrais sindicais brasileiras* (2015). É editora da revista *Critica Marxista* (São Paulo). E-mail: prpmarcelino@gmail.com.

[2] Andréia Galvão é professora do Departamento de Ciência Política da Unicamp, onde pesquisa relações de trabalho, sindicalismo e movimentos sociais. É autora de *Neoliberalismo e reforma trabalhista no Brasil* (2007), coautora de *Política e classes sociais no Brasil dos anos 2000* (2012), *As bases sociais das novas centrais sindicais* (2015) e *O Brasil e a França na Mundialização Neoliberal* (2018). É editora da revista *Critica Marxista* (São Paulo). E-mail: agalvao@unicamp.br.

marcada por inúmeros retrocessos no plano dos direitos, de modo a refletir sobre suas implicações sobre os destinos do sindicalismo brasileiro.

A CRISE CAPITALISTA DE 2008 E O SINDICALISMO NO BRASIL

Diferentemente de muitos países, que enfrentaram um duro recrudescimento do neoliberalismo nos anos imediatamente posteriores ao início da crise de 2008, os primeiros impactos da crise no Brasil foram mitigados pela atuação do Estado. As medidas adotadas pelo governo Lula da Silva, em seu segundo mandato[3], não impediram a chegada da crise, mas a retardaram.

Quando a crise de 2008 explodiu, o sindicalismo vinha dando mostras de que, dentro daquele que é seu padrão histórico de atuação – com muita ação reivindicativa de caráter econômico na base e pouca adesão orgânica dos trabalhadores aos sindicatos – vinha se recuperando dos duros anos 1990. O número de greves chegou, em 2002, ao seu patamar mais baixo desde a redemocratização (1985-1988), 298 greves. A partir de 2004, esse número foi aumentando progressivamente, até chegar a quase o dobro em 2009, 518 greves (Dieese, 2019). Ao contrário das greves dos anos 1990, as reivindicações buscavam avançar em termos salariais e de condições de trabalho e foram mais bem sucedidas; muitas categorias viveram a recomposição salarial e/ou aumentos reais, no setor público e no privado (Boito e Marcelino, 2010). Ademais, as organizações sindicais dos trabalhadores deixaram de ser atores políticos renegados ou secundários: dirigentes sindicais foram alçados a cargos nos vários escalões do governo e tomaram parte em diversos fóruns e conselhos tripartites, as greves nas empresas estatais ou mistas resultaram em um maior número de mesas de negociação, aprovou-se uma lei de reconhecimento das centrais sindicais no ano de 2008. Embora todos esses aspectos demonstrem também fragilidades do movimento sindical[4], em nossa avaliação, eles apontam para um processo de recuperação da atividade sindical no decorrer dos governos neodesenvolvimentistas do Partido dos Trabalhadores (PT).

O primeiro governo de Dilma Rousseff adotou, em seus dois primeiros anos, uma série de medidas que aprofundaram alinha de intervenção estatal na economia, atendendo a várias demandas do setor produtivo (Singer, 2015; Carneiro, 2018). No entanto, essas medidas foram incapazes de aumentar o investimento privado, recuperar a produção industrial e compensar a queda no preço das *commodities* no mercado internacional, resultando na redução do ritmo de

---

3 Para uma síntese, ver Carvalho (2018).

4 Conforme Braga (2010) e Soares (2013) e, em uma perspectiva distinta desses autores, Marcelino (2017); Boito, Galvão e Marcelino (2015).

crescimento econômico já a partir de 2011 (Mello e Rossi, 2018). Por outro lado, a adoção de uma política de valorização do salário mínimo protegeu os trabalhadores mais pobres, empregados em ocupações de salários mais baixos ou beneficiários de baixas aposentadorias (Calistre e Fagnani, 2018).

O aprofundamento do modelo econômico neodesenvolvimentista (Boito, 2018), longe de satisfazer os interesses da "coalizão produtivista" (Singer, 2015), desencadeou uma guerra ideológica em favor do corte de gastos públicos e da elevação dos juros como forma de combater a inflação. Ao mesmo tempo, os legados contraditórios dos governos petistas (Singer e Loureiro, 2016) geraram insatisfações tanto por parte de setores populares que, embora beneficiados pelos programas implementados, os consideravam insuficientes para atender a suas demandas, quanto por parte de setores médios e dominantes, descontentes com as políticas redistributivas e com o espaço crescente ocupado pelas classes populares na definição de políticas públicas (Tatagiba e Galvão, 2019). Essas insatisfações se expressaram na intensificação do conflito distributivo (Boito, 2016 e 2018; Carvalho, 2018), evidenciado no aumento de protestos e greves, especialmente a partir de 2011 (Tatagiba e Galvão, 2019; Marcelino, 2017). Foi nesse cenário conturbado, com a frente política neodesenvolvimentista em crise (Boito Jr. e Saad-Filho, 2016), mas não desfeita, que se deu a reeleição de Dilma Rousseff em 2014. A campanha foi marcada pelo confronto entre o projeto neodesenvolvimentista e o projeto neoliberal ortodoxo, expresso no plano partidário pela polarização entre o Partido dos Trabalhadores (PT) e o Partido da Social Democracia Brasileira (PSDB). O resultado das eleições presidenciais foi apertado, com a vitória de Dilma Rousseff apenas no segundo turno, por uma diferença de 3,3% em relação ao candidato do PSDB, Aécio Neves. Apoiado pela burguesia internacionalizada, pela alta classe média, mas também por setores que deixaram a base de sustentação do governo[5], Aécio Neves iniciou um processo de questionamento do resultado eleitoral, abrindo caminho para a campanha pelo *impeachment* a partir de 2015.

Apesar das críticas endereçadas por movimentos sociais, inclusive pelos trabalhadores sindicalmente organizados, ao governo petista, o apoio majoritário desses setores foi decisivo para assegurar a reeleição da presidenta Dilma. Se as políticas sociais e de transferência de renda proporcionaram à Dilma uma expressiva votação nas regiões mais pobres do país[6], o crescimento do antipetismo, para o qual as acusações de corrupção tiveram uma contribuição

[5] Alguns representantes da burguesia interna, da qual fazem parte industriais e empresários do agronegócio, apoiaram outros candidatos em 2014, como Marina Silva, candidata pela Rede Sustentabilidade que, por sua vez, declarou apoio a Aécio Neves no segundo turno. Segmentos do movimento sindical (como uma parte da Força Sindical e da União Geral dos Trabalhadores/UGT) também abandonaram a candidatura de Dilma Rousseff (Galvão, Marcelino e Trópia, 2015).

[6] Dilma venceu em todos os estados do nordeste, com percentuais superiores a 60% e, em alguns casos, a 70%. Também ganhou em quatro dos sete estados da região norte, com percentuais mais

importante, fizeram com que a presidenta perdesse a eleição em redutos do partido, como o ABC paulista, berço do PT e da Central Única dos Trabalhadores (CUT), e onde se encontra uma das mais importantes categorias sindicais cutistas, os metalúrgicos[7].

Não obstante o projeto neoliberal ter sido rechaçado nas urnas, a pressão da mídia e das frações burguesas pelo "choque neoliberal" (Singer, 2015) se intensificou. As primeiras medidas de política econômica adotadas pelo governo em 2015 seguiram o caminho da austeridade, contrariando o que a então candidata tinha anunciado no decorrer do processo eleitoral. Contudo, essas medidas não foram suficientes para conter a "ofensiva neoliberal restauradora" (Boito, 2018). Dilma não chegaria a terminar o segundo ano de seu segundo mandato e o projeto neoliberal pôde finalmente se viabilizar com o governo golpista de Michel Temer, em 2016. Logo ao assumir, Temer consagrou a política de austeridade instituindo, por meio de uma emenda constitucional (EC 95/2016), um teto que limita, por vinte anos, o crescimento das despesas do governo federal, vinculando-as à inflação. O teto de gastos impõe um acentuado corte de recursos em saúde, educação e infraestrutura, sinalizando ao "mercado" o abandono da política neodesenvolvimentista.

O SINDICALISMO NA CRISE DA DEMOCRACIA BRASILEIRA

O neoliberalismo não foi abandonado, mas reformado pelo neodesenvolvimentismo dos governos petistas (Boito Jr. e Saad-Filho, 2016). A adoção das medidas neoliberais mais ortodoxas (o tripé macroeconômico: câmbio flutuante, metas de inflação e metas fiscais) coexistiu com políticas sociais e trabalhistas (Bolsa Família; Minha Casa, Minha Vida; Mais Médicos; regulamentação do trabalho doméstico; entre outras). Houve movimentos contraditórios entre flexibilização e proteção do trabalho (Krein e Biavaski, 2015). Quando, após a reeleição, Dilma priorizou as medidas neoliberais, sua base de apoio se esgarçou. O ajuste fiscal e as medidas provisórias que restringiram o acesso ao auxílio doença, ao recebimento de pensão pelo dependente em caso de morte do segurado (MP 664/2015), ao seguro-desemprego e ao abono salarial (MP 665/2015) geraram insatisfação entre os setores sindicais aliados do governo e lhe custaram a perda de uma parcela significativa de apoio popular.

Nesse contexto, as tensões e contradições acumuladas no interior da frente neodesenvolvimentista se aprofundaram (Boito, 2018). A queda do crescimento

baixos que os registrados no Nordeste, mas superiores ao resultado geral, no qual obteve 51,64% dos votos. Ver http://www.tse.jus.br/eleicoes/estatísticas/estatisticas-eleitorais.

7 Em São Bernardo do Campo, Dilma obteve 44% dos votos, contra 56% de Aécio Neves, e em Santo André 37%, contra 63%. Ver http://www.tse.jus.br/eleicoes/estatisticas/estatisticas-eleitorais.

econômico foi percebida como sinal da incapacidade do governo de enfrentar a crise, que fora negada durante a campanha eleitoral. Por outro lado, o aumento dos custos salariais decorrentes da política de valorização do salário mínimo e dos reajustes superiores à inflação obtidos pelos sindicatos desde 2004 (Marcelino, 2017), somados à manutenção de baixas taxas de desocupação, aumentaram a insatisfação patronal, o que intensificou a pressão do capital produtivo e do capital financeiro pela redução do custo do trabalho e o combate ao pleno emprego (Bastos, 2017). Essa pressão estimulou a defesa de projetos de flexibilização de direitos, que visavam a implementação de novas modalidades de contratação precária e a ampliação da terceirização, bem como a revogação da lei pela negociação, com a retomada de projetos que há alguns anos tramitavam no Parlamento[8]. Do mesmo modo, intensificou-se a pressão pela redução de benefícios da seguridade social e por mudanças nas regras de aposentadoria.

Diante de todas essas pressões, Dilma Rousseff anunciou a intenção de promover uma nova reforma da previdência, para alinhar as aposentadorias ao aumento da expectativa de vida. Também retomou a discussão sobre mudanças na legislação trabalhista, algo que já vinha sendo aventado desde seu primeiro mandato[9], e sancionou o programa de proteção ao emprego (PPE), uma medida que possibilita a redução da jornada *com* redução salarial (Galvão e Marcelino, 2018).

Com a crise econômica e política, aumentaram as dificuldades para os trabalhadores obterem novas conquistas e mesmo para manterem os direitos existentes, já que a oposição ao reconhecimento de novos direitos aumentou e uma parte do sindicalismo passou a admitir a negociação de direitos, a exemplo do PPE. O aumento do desemprego, somado às denúncias de corrupção envolvendo empresas estatais e políticos do PT no âmbito da operação Lava Jato, contribuiu para reduzir o apoio à presidenta[10] e fortalecer a campanha pelo *impeachment*.

As greves continuaram numericamente expressivas, mas observa-se uma mudança qualitativa em seu caráter: a partir de 2012, greves por aumento salarial e inclusão de novos benefícios nos acordos coletivos deram lugar a greves pela manutenção do emprego e contra a perda de direitos (Marcelino, 2017). Segundo o Sistema de Acompanhamento de Greves do Dieese, as greves passaram de 2057

---

8 Como é o caso do projeto 4.330/2004, que institui uma nova regulamentação da terceirização, sobre o qual falaremos adiante.

9 Como a introdução do contrato eventual e por hora trabalhada, algo próximo ao que viriaa ser o contrato intermitente introduzido na reforma implementada por Temer em 2017. Disponível em http://www.diap.org.br/index.php/noticias/agencia-diap/19858-mudancas-na-clt-garantem-formalizacao-a-empregado-eventual-e-por-hora, consultado em 6/3/2020.

10 Como sugerem *os* índices de aprovação do governo, que atingiu suas piores marcas em 2015 e 2016, perfazendo 13% em março de 2015, 8% em agosto do mesmo ano e 10% em março de 2016.Ver http://media.folha.uol.com.br/datafolha/2016/04/11/avaliacao-presidente-dilma.pdf.

em 2013 para 2085 em 2014, recorde registrado até então no país, e 1964 em 2015 (Dieese, 2017). Nesse período, há também uma mudança na distribuição das greves por setor de atividade econômica, com o setor de serviços ultrapassando a indústria. Isso, ao lado da deterioração das condições econômicas, pode ajudar a entender a mudança no caráter das greves, pois os serviços compreendem categorias mais afetadas pelo descumprimento das regras legais por parte do empregador, o que repercute em sua pauta de reivindicações.

Em 2015 e 2016, diversas manifestações contra o governo e pelo *impeachment* de Dilma foram convocadas. Conforme levantamento realizado por diferentes institutos de pesquisas (Datafolha, 2015a e 2015b; Fundação Perseu Abramo, 2016), é possível afirmar que essas manifestações tinham um perfil de classe média (Cavalcante, 2015; Arias e Cavalcante, 2019) pois, embora contassem com a participação de setores populares, estes não constituíam sua maioria, a julgar pela renda, grau de escolaridade, ocupação e cor/etnia dos manifestantes.

Os sindicatos de base não tiveram uma participação significativa nem nas manifestações pelo *impeachment,* nem nas contrárias a ele. No que se refere às centrais, observa-se, ao mesmo tempo, uma divisão entre aquelas que haviam constituído base de apoio dos governos petistas e um realinhamento no que se refere a algumas organizações que haviam rompido ou se afastado do PT desde os governos Lula, a exemplo da Intersindical e outras correntes sindicais ligadas ao PSOL.

A Força Sindical, a despeito da posição contrária de alguns de seus dirigentes, foi a única central a aderir ao movimento pela destituição de Dilma, responsabilizando-a pela crise econômica e alegando a perda de condições de governabilidade. Convém destacar que o presidente dessa central sindical, o deputado federal Paulinho, desempenhou um papel de destaque na frente parlamentar que viabilizou esse processo. O apoio da Força Sindical à de posição de Dilma, porém, não se traduziu em mobilização de seus sindicatos nas ruas.

Já as centrais sindicais e movimentos populares próximos ao PT, juntamente com algumas organizações de esquerda, tiveram um papel importante na articulação da resistência contra o golpe. Essa reaproximação levou à constituição da Frente Povo Sem Medo, composta por CUT, Central dos Trabalhadores e Trabalhadoras do Brasil (CTB), Intersindical, Movimento dos Trabalhadores Sem-Teto (MTST), que, ao lado da Frente Brasil Popular, integrada por CUT, Central dos Trabalhadores e Trabalhadoras do Brasil (CTB), Movimento dos Sem-Terra (MST), entre outros, constituíram as principais forças a atuar na convocação das manifestações em defesa dos direitos e das liberdades democráticas (Galvão e

Marcelino, 2018)[11]. No entanto, esse foi um movimento de cúpula, que envolveu as lideranças ligadas às direções das centrais, mas não suas bases. A maior parte dos manifestantes presentes nas duas manifestações convocadas em 2015 e nas duas realizadas em 2016 contra a deposição de Dilma Rousseff provinha de outros movimentos sociais, como o MST, o MTST – entre outros movimentos por moradia – e movimentos de mulheres. Havia, também, muitos manifestantes não organizados em partidos ou movimentos.

O *impeachment* deixou o movimento sindical numa posição defensiva nos processos de negociação junto às empresas, dada a sobreposição entre crise política e econômica. Como vimos, as reivindicações de tipo defensivas se ampliaram nas greves ocorridas no período. Observa-se também uma redução na capacidade dos sindicatos negociarem reajustes com ganho real de salário: em 2014, 90,4% dos acordos foram superiores à inflação, em 2015, esse número caiu para 52% (Dieese, 2015) e em 2016 para 18,3% (Dieese, 2016a). Por outro lado, desde 2015 vimos aumentar o número de manifestações conjuntas dos movimentos sociais e sindicais contra a austeridade e a perda de direitos. Entretanto, nessa conjuntura adversa, os sindicatos enfrentam mais dificuldade para resistir às mudanças nas políticas sociais e na legislação trabalhista, como veremos a seguir.

TRÊS LUTAS PERDIDAS: A APROVAÇÃO DA TERCEIRIZAÇÃO, DA REFORMA TRABALHISTA E DA REFORMA DA PREVIDÊNCIA

A crise política e econômica ofereceu uma oportunidade para a restauração do neoliberalismo. A burguesia aproveitou-se da estagnação econômica e da instabilidade política para retomar as condições de exploração e recompor suas margens de lucro. A ofensiva burguesa obteve êxito na aprovação dos projetos que mais lhe interessavam: a terceirização, a reforma trabalhista e a previdenciária, que discutiremos neste item.

Embora todas as centrais criticassem a terceirização por considerá-la uma forma de precarização das condições de trabalho, havia uma divergência entre elas que dizia respeito à abrangência da terceirização que convinha defender (se extensiva às atividades-fim ou se restrita às atividades-meio)[12], bem como da

[11] A CSP-Conlutas, outra das centrais que emergiu como oposição de esquerda aos governos petistas, não integrou nenhuma dessas frentes, considerando que a defesa das instituições democráticas não passava de pretexto para a defesa do governo Dilma. Assim, ela organizou suas próprias manifestações, pronunciando-se ao mesmo tempo contra o governo e contra a oposição de direita, assumindo a bandeira do "fora todos". Sua posição foi, contudo, bastante minoritária, correspondendo ao seu alcance restrito no universo sindical brasileiro.

[12] A possibilidade de terceirização apenas em atividades-meio era regulamentada, até então, pela Súmula 331 do Tribunal Superior do Trabalho (TST). Embora na prática a terceirização já ocorresse

responsabilidade da empresa contratante com os trabalhadores terceirizados (isto é, se a contratante deveria assumir o pagamento de dívidas e encargos trabalhistas eventualmente não pagos pela prestadora de serviço ou se bastaria fiscalizar seu pagamento por parte da terceirizada).

Essa divergência ficou clara durante a votação dos projetos que tratavam dessa matéria. Uma das principais propostas em discussão, o PL 4.330/2004, do deputado Sandro Mabel (PMDB/GO), tramitou lentamente pelas comissões da Câmara dos Deputados, sendo arquivado e desarquivado a cada legislatura. Em 2011, esse projeto, que liberava a terceirização para todos os tipos de atividade, recebeu uma proposta de texto substitutivo, de autoria do deputado Roberto Santiago (PSD/SP), que contou com o apoio da União Geral dos Trabalhadores (UGT) e da Força Sindical. Esse apoio foi criticado pelas centrais sindicais CUT, CTB, Nova Central Sindical dos Trabalhadores (NCST) e Central Geral dos Trabalhadores do Brasil (CGTB), para quem o substitutivo incentivava e a profundava a terceirização ao invés de combatê-la, na medida em que, em vez de estabelecer a distinção entre atividade-meio e atividade-fim, introduzia a possibilidade de contratação de "serviços especializados de qualquer natureza"[13].

Em 2015, o projeto foi recolocado em votação em regime de urgência pelo então líder do PMDB, deputado Eduardo Cunha[14], o que ensejou uma grande reação sindical: apenas em 2015, foram convocadas três jornadas de luta cujo mote era a denúncia desse projeto, com manifestações massivas e paralisações de algumas categorias sindicalmente importantes (como metalúrgicos e trabalhadores de transportes públicos) em todas elas. As manifestações foram convocadas por quase todas as centrais sindicais atuantes, inclusive Conlutas e lntersindical – centrais que surgiram de rupturas com a CUT e com a qual apresentavam várias diferenças. A Força Sindical foi a única ausente dos protestos. Retomando, em parte, os argumentos favoráveis à flexibilização de direitos que marcara seu posicionamento

também em atividades-fim das empresas, devido às várias formas possíveis de burlada legislação, era essa Súmula que parte do judiciário reivindicava para barrar as formas mais danosas de terceirização (Marcelino e Cavalcante, 2012).

13 Ver http://www.diap.org.br/images/stories/substitutivo_comissao.pdf. Santiago é, desde 2007, um dos vice-presidentes da UGT, sendo um antigo dirigente do setor de limpeza, um setor com alta incidência de trabalho terceirizado. Desde 1994, é presidente da Federação Nacional dos Trabalhadores em Serviços de Asseio e Conservação Ambiental, Urbana e Áreas Verdes no Estado de São Paulo. A UGT tem uma grande penetração em sindicatos de trabalhadores terceirizados, sindicatos esses que defendem a terceirização, uma vez que esta é a razão de sua existência. O maior sindicato de trabalhadores terceirizados de São Paulo, o Sindeepres, que até 2015 era filiado à UGT, se opôs às propostas de regulamentação da terceirização que previam que os empregados da contratada fossem representados pelo mesmo sindicato dos empregados da empresa contratante, caso a empresa prestadora de serviço e a empresa tomadora pertencessem à mesma categoria econômica (Galvão e Teixeira, 2018).

14 Disponível em https://www.camara.leg.br/proposicoesWeb/6chadetramitacao?idProposicao=267841, consultado em 2/2/2020.

nos anos 1990 (Trópia, 2009), essa central ficou isolada na defesa do projeto. Mas, diante da expressiva reação das ruas e da oposição das instituições de regulação do trabalho (Anamatra, Ministério Público do Trabalho), até mesmo a Força Sindical começou subscrever críticas a ele.

Diante do desgaste desse projeto, o Congresso Nacional retomou e aprovou em 2017, já sob o governo Temer, um outro projeto, o PL 4.302/1998, de autoria do governo Fernando Henrique Cardoso. Esse projeto, cujo alvo principal era a regulamentação do trabalho temporário, mas que também continha disposições destinadas a regulamentar a terceirização, foi votado rapidamente, entre novembro de 2016 e março de 2017, eliminando as barreiras legais para a terceirização de qualquer atividade das empresas.

Em 2016, as manifestações contra a retirada de direitos se somaram às manifestações contra o *impeachment*. As atenções dos movimentos de esquerda se voltaram ao corte de gastos públicos promovido pelo governo Temer e suas propostas de reformas trabalhista e previdenciária. Foram três dias nacionais de mobilização contra Temer e as reformas. Mas, ao contrário do anunciado quando da admissibilidade do processo de *impeachment*, o movimento sindical demorou a organizar uma greve geral, realizada apenas em 28 de abril de 2017. Com o objetivo de evitar o retrocesso nos direitos trabalhistas e previdenciários, essa greve – convocada por todas as centrais sindicais politicamente relevantes, inclusive por aquelas que ocuparam posições distintas no processo de *impeachment*, como a Força Sindical e a Conlutas – teve grande repercussão, alcançando, segundo os organizadores, 35 milhões de trabalhadores em 26 estados e mais o Distrito Federal[15]. No total, foram seis as manifestações contrárias às reformas de Temer em 2017, entre as quais uma nova greve geral, realizada às vésperas da votação da reforma trabalhista (Galvão e Marcelino, 2020).

Diferentemente da reforma da previdência, que gerou grande insatisfação popular e foi suspensa no decorrer do governo Temer, a mudança na legislação trabalhista não provocou mobilizações muito expressivas na fase final de sua aprovação (Galvão e Marcelino, 2018). A nosso ver, isso se deve a vários fatores, entre os quais destacamos: (1) o fato de que a maior parte dos trabalhadores brasileiros já trabalha em condições bastante precárias (a alta informalidade que historicamente caracteriza o mercado de trabalho no Brasil e os contratos atípicos existentes antes mesmo da reforma podem causar indiferença dos trabalhadores diante de uma legislação que não os protege); (2) a incorporação do discurso da modernização e da flexibilização das relações de trabalho por parte do movimento

---

15 Ver, entre outros, https://istoe.com.br/imprensa-internacional-destaca-brasil-bbc-ve-1a-greve-geral-em-mais-de-2-decadas/; https://www.redebrasilatual.com.br/blogs/blog-do-velho-mundo/2017/04/deu-no-mundo-inteiro-uma-greve-gigantesca-varreu-o-brasil-1/, consultado em 5/3/2020.

sindical (como já mencionamos, alguns sindicatos só existem devido à terceirização, uma vez que os terceirizados integram categorias profissionais distintas dos trabalhadores diretamente contratados pelas empresas); (3) a disseminação do discurso de modernização pela mídia e o culto ao empreendedorismo, o que faz com que muitos trabalhadores considerem tais mudanças inevitáveis, ou até mesmo desejáveis[16]; (4) a difusão da lógica do "menos pior", que consagra a tese de que é melhor ter menos direitos do que perder o emprego; (5) a transmutação da noção de justiça social, de modo que reduzir e diferenciar os direitos existentes passa a ser considerado uma forma de se promover a inclusão; e, por fim, (6) a divisão no interior das centrais, pois uma parte do movimento sindical não apostou na mobilização e sim na possibilidade de negociar uma medida provisória com o governo para promover a alteração dos aspectos considerados mais nefastos na reforma, como veremos adiante (Galvão e Krein, 2018).

A lei 13.467, aprovada em julho e em vigor a partir de novembro de 2017, desconstrói uma série de direitos e desfere um ataque contundente às instituições públicas de regulação do trabalho, especialmente à Justiça do Trabalho. Ao mesmo tempo em que legaliza uma série de práticas flexibilizadoras já existentes no mercado de trabalho, ela amplia as opções de que o capital dispõe para utilizar a força de trabalho de acordo com seus interesses. Embora o foco da reforma seja a legislação trabalhista, ela também fragiliza os sindicatos, pois a ampliação das formas de contratação precárias aprofunda a fragmentação das bases de representação sindical. Além disso, a prevalência do negociado sobre o legislado possibilita a redução de direitos garantidos pela lei com a anuência sindical. A reforma também esvazia as prerrogativas sindicais ao possibilitar a rescisão contratual sem a intermediação sindical, a representação dos trabalhadores no local de trabalho por fora dos sindicatos e ao deslocar a definição das regras que regem a relação de emprego para o interior da empresa, espaço em que o empregador tem mais possibilidade de determinar de forma discricionária, e até unilateral, as condições de contratação, uso e remuneração do trabalho. Por fim, impacta as finanças das organizações sindicais ao condicionar a cobrança do imposto sindical à anuência prévia por parte do trabalhador (Galvão e Krein, 2018). Diante desses ataques, as centrais adotaram iniciativas variadas. Além das manifestações, já mencionadas, as seis centrais então reconhecidas por lei, CUT, Força Sindical, UGT, CTB, CSB e NCST, apresentaram denúncia da reforma trabalhista na OIT, considerando que a Lei 13.467/2017 fere a sua Convenção 98, que trata do direito de negociação coletiva e de organização sindical dos trabalhadores e trabalhadoras. Simultaneamente, a CUT iniciou uma campanha de coletas de assinaturas para um projeto de lei de iniciativa popular em prol da anulação da reforma trabalhista que contou com o apoio das demais centrais.

---

[16] Dada a ilusão de autonomia e liberdade gerada por atividades de prestação de serviços de tipo "uber".

Em outra frente, FS, UGT, CTB, CSB e NCST negociaram com a Fiesp uma proposta para promover o crescimento econômico e a geração de empregos. Apresentada pelas centrais ao governo, a proposta compreende a retomada do crédito e das obras públicas paralisadas, incentivos à construção civil mediante a retomada de obras de infraestrutura e habitação popular, renovação da frota de veículos e maquinário industrial, cumprimento das normas de conteúdo local para os setores de petróleo e gás e aumento das parcelas do seguro desemprego. Trata-se, portanto, de uma agenda de desenvolvimento bastante semelhante à implementada pelos governos petistas. Essas mesmas centrais discutiram a formulação de uma medida provisória para rever as cláusulas da reforma por elas consideradas mais nefastas, como o fim do imposto sindical, o trabalho insalubre para gestantes e lactantes, o trabalho intermitente, a homologação da rescisão de contrato de trabalho sem a presença sindical e a negociação individual das condições de trabalho. A CUT, porém, não participou de nenhuma dessas discussões, negando-se a se sentar à mesa com um governo por ela considerado ilegítimo, o de Michel Temer. Conlutas e Intersindical tampouco participaram. Apesar do apoio dado por parte da Força Sindical ao *impeachment*, o governo Temer não foi capaz de construir uma base sindical, de modo que nenhuma central sindical o sustentava politicamente.

Não houve, portanto, unanimidade no sindicalismo brasileiro sobre como enfrentar a reforma, apesar de, num plano genérico, os dirigentes se dizerem majoritariamente contrários a ela (Galvão, 2019). Além disso, um dos artigos que integra o documento elaborado pelas centrais sindicais para apresentar a agenda dos trabalhadores aos candidatos às eleições de 2018 propunha "revogar todos os aspectos negativos apontados pelos trabalhadores da lei 13.467 (Reforma Trabalhista) e da lei 13.429 (Terceirização), que precarizam os contratos e condições de trabalho, na perspectiva da construção de um novo estatuto, com valorização do trabalho"[17]. O adjetivo "negativos" sugere que há aspectos positivos na reforma. Ao mesmo tempo, indica a possibilidade de não haver consenso entre as centrais sobre quais são esses aspectos negativos, uma vez que parte das lideranças sindicais, justamente aquela mais permeável ao discurso da modernização, avalia que a "prevalência do negociado sobre a lei" poderá fortalecer o movimento sindical[18].

---

17 Agenda prioritária da Classe Trabalhadora: democracia, soberania e desenvolvimento com justiça social, assinada por CSB, CTB, CUT, Força Sindical, Intersindical, Nova Central e UGT. Ver Diap (2018). Disponível em http://www.diap.org.br/images/stories/agenda_prioritaria_classe_trabalhadora_ 2018.pdf, consultado em 24/8/2018.

18 Conforme pesquisa realizada pela Rede de Estudos e Monitoramento Interdisciplinar da Reforma Trabalhista (Remir), 9% dos dirigentes sindicais entrevistados se declarou favorável à prevalência do negociado sobre o legislado e 14% favorável, a depender do tema em discussão (Galvão, 2019).

Por fim, a eleição de Jair Bolsonaro intensificou o processo de desmonte de direitos. Além de aprofundar aspectos da reforma trabalhista com um conjunto de medidas que abordaremos adiante, uma importante reforma neoliberal foi aprovada em 12 de novembro de 2019, a reforma da previdência.

Justificadas com o argumento do déficit da previdência, alterações nos regimes de aposentadoria têm sido propostas e implementadas no Brasil desde a década de 1990. O governo de Fernando Henrique Cardoso instituiu o fator previdenciário, um desconto que reduz o valor do benefício, como forma de manter o trabalhador na ativa e prolongar seu tempo de contribuição para a seguridade social. O fim do fator previdenciário foi uma reivindicação presente na pauta de todas as centrais sindicais ao longo da década de 2000. No entanto, no primeiro governo Dilma, uma parte das centrais passou a assimilar a tese da insustentabilidade do sistema público de aposentadoria, elaborando uma proposta para substituir o fator previdenciário pelo fator 85/95. Desse modo, o redutor seria abolido apenas no cálculo das aposentadorias dos segurados cuja soma entre o tempo de contribuição para a previdência social e a idade no momento de requisição da aposentadoria resultasse em 85 anos (mulher) ou 95 anos (homem). As autoras da proposta (CUT, FS, UGT, NCST e CGTB) firmaram um acordo com o governo Dilma para colocar em votação essa proposta, o que não ocorreu. Já no seu segundo mandato, Dilma vetou a fórmula 85/95 e a substituiu por uma fórmula que aumenta progressivamente um ponto a cada dois anos a partir de 2018, até chegar a 90/100 em 2026 (lei 13.183/2015). O rompimento do acordo foi justificado pelo governo com o argumento de que a fórmula 85/95 levaria à insustentabilidade da previdência[19].

A reforma da previdência recebeu prioridade do governo Bolsonaro, que apresentou um projeto ainda mais prejudicial aos trabalhadores do que o do governo Temer, que pretendia instituir a idade mínima de 65 anos para a aposentadoria de homens e mulheres e acabar com a indexação dos benefícios previdenciários pelo salário mínimo (PEC 287/2016). Essa proposta foi reformulada pelo governo Bolsonaro, que pretendia substituir o sistema de repartição pelo de capitalização, atrelando a aposentadoria a uma espécie de poupança feita por cada trabalhador.

A capitalização acabou sendo retirada da reforma da previdência aprovada. Dentre as alterações promovidas no sistema previdenciário, destaca-se a instituição da idade mínima como condição geral para o acesso à aposentadoria (65 anos para os homens e 62, para as mulheres), o que afeta especialmente os trabalhadores que ingressam mais cedo no mercado de trabalho, que serão obrigados a contribuir

---

19 Disponível em https://www.cut.org.br/noticias/nota-das-centrais-sindicais-sobre-a-formula-85-95-e-bSe, consultado em 2/2/2020.

por mais tempo, até alcançar a idade mínima. Além disso, devido ao aumento da informalidade e dos contratos precários de trabalho, ampliados ainda mais pela reforma trabalhista, uma parte significativa dos trabalhadores não contribui para o INSS, de modo que não consegue acumular o tempo de contribuição necessário para se aposentar. Por fim, o rebaixamento dos salários, possibilitado por essas novas formas contratuais, e o fim da política de valorização do salário mínimo reduzem o valor das contribuições. Esse fato, associado à mudança na regra que elimina do cálculo da aposentadoria 20% das contribuições mais baixas, reduzirá o valor dos benefícios a serem futuramente recebidos.

As centrais sindicais realizaram várias manifestações contrárias à reforma da previdência, opondo-se ao regime de capitalização – que quebra a solidariedade intergeracional em benefício do mercado financeiro – e às outras mudanças acima mencionadas, por atingir sobretudo os setores mais pobres e vulneráveis. Suas críticas destacavam o impacto da reforma sobre as mulheres, já sobrecarregadas com a dupla jornada de trabalho que a divisão sexual do trabalho lhes impõe, e os trabalhadores rurais, que trabalham desde jovens e em condições extenuantes, na maior parte das vezes sem alcançar o tempo de contribuição necessário para requerer a aposentadoria, por exercerem sua atividade sem registro em carteira. Esses pontos foram abordados no manifesto assinado pelo conjunto das centrais (com exceção da UGT), lançado na Assembleia Nacional da Classe Trabalhadora em defesa da previdência pública e contra o fim da aposentadoria em 20 de fevereiro de 2019[20]. A assembleia definiu um calendário de lutas que levou a novas jornadas nacionais em defesa da previdência social em 22 de março, 15 de maio, 30 de maio e 13 de agosto de 2019 (estas três últimas somadas a paralisações específicas de estudantes e professores, devido aos cortes de recursos para a educação).

As manifestações e a greve geral ocorrida no primeiro semestre podem ter sido importantes para modificar alguns pontos polêmicos da reforma, tais como a capitalização e o aumento da idade e do tempo de contribuição para a aposentadoria rural, que foram retirados do texto do relator da proposta na subcomissão especial na Câmara dos Deputados[21]. A greve geral contra a reforma da previdência

---

20 Disponível em http://cspconlutas.org.br/wp-content/uploads/2019/02/Manifesto-unificado-das-centrais-sindicais-contra-Reforma-da-Previd%C3%AAncia.pdf, consultado em 2/2/2020. Uma nova nota seria lançada menos de dois meses depois, desta feita com a assinatura da UGT, mas sem a adesão da CGTB, da Conlutas e da Intersindical. Essa ausência não parece sinalizar uma divisão ou uma discordância, já que as centrais fariam o 1° de maio unificado dias depois. Ver Nota das centrais sindicais sobre a proposta de reforma da Previdência. Disponível em https://fsindical.org.br/forca/nota-das-centrais-sindicais-sobre-a-proposta-de-reforma-da-previdencia.

21 O presidente da UGT declarou que "a sensação geral é de que não é tão ruim quanto já foi". Disponível em https://www1.folha.uol.com.br/mercado/2019/06/centrais-veem-avancos-em-relatorio-da-previdencia-mas-ainda-reclamam-de-idade-minima.shtml, consultado em 2/2/2020.

foi realizada em 14 de junho, depois, portanto, da apresentação do relatório na Câmara. As centrais sindicais estimam em 45 milhões o número de trabalhadores parados, com a adesão de funcionários públicos, professores, estudantes, metalúrgicos, bancários, petroleiros e trabalhadores no transporte da maior parte das capitais[22]. Ao contrário dos direitos trabalhistas, que alcançam uma parte pequena da população trabalhadora, os direitos previdenciários constituem um elemento fundamental para a subsistência de famílias inteiras, tanto no que se refere à garantia de renda como à redução das desigualdades sociai se ao combate à pobreza (Fagnani, 2018), de modo que pode ter suscitado uma maior comoção e engajamento dos trabalhadores em defesa da aposentadoria pública[23].

UMA NOVA REFORMA SINDICAL?[24]

Outra reforma no horizonte do governo Bolsonaro é a da organização sindical. A reforma trabalhista de 2017 afetou financeiramente os sindicatos ao eliminar o caráter compulsório do imposto sindical. A arrecadação do imposto sindical caiu 90% em 2018 em relação a 2017 (Dieese, 2018) e manteve a trajetória de queda em 2019[25]. A despeito dessa redução substantiva, o governo Bolsonaro procurou, por meio da Medida Provisória 873/2019, dificultar o recebimento de recursos por parte dos sindicatos. Seguindo entendimento do Tribunal Superior do Trabalho (TST) e do Supremo Tribunal Federal (STF) em relação à outra das contribuições previstas em lei, a contribuição assistencial, o governo buscou limitar a cobrança de quaisquer contribuições (não apenas do imposto sindical) aos trabalhadores sindicalizados. Além disso, definiu que o direito de oposição deveria ser exercido de modo individual – e não votado em assembleia – e impediu o desconto de qualquer contribuição estabelecida pelos sindicatos, inclusive mensalidades, em folha de pagamento[26].

---

[22] Disponível em https://oglobo.globo.com/economia/sindicatos-estimam-que-45-milhoes-de-trabalhadores-aderiram-greve-geral-1-23740014, consultado em 5/3/2020.

[23] A ideia de trabalhar até a morre e, com isso, de ser impedido de usufruir um direito, foi bastante propagada e surtiu efeito em várias categorias. O uso de camisetas pretas com a indicação da idade com que professoras e professores poderiam vir a se aposentar foi uma estratégia que gerou empatia e solidariedade. Ao mesmo tempo, porém, as teses do déficit da previdência e de que o aumento da expectativa de vida justifica a reforma foram assimiladas também por trabalhadores e, certamente, contribuíram para a difusão da percepção de que a reforma era inevitável.

[24] Este item do texto é parte de um artigo no prelo intitulado "O sindicalismo brasileiro e a convenção 87 da OIT" a ser publicado pelo Cesit (Centro de Estudos Sindicais e de Economia do Trabalho), da Unicamp.

[25] Disponível em https://www.poder360.com.br/economia/imposto-sindical-cai-96-em-2-anos-de-r-364-bilhoes-para-r-128-milhoes/?fbclid=1wAR3Nm4gO7xLZaWthDq_sazMitNFRq2iqRFNjb_SiJR-dU-vjVekOLTtScnFA, consultado em 14/2/2020.

[26] A Medida Provisória 873, de março e 2019, não foi votada no prazo de 120 dias estabelecido para sua conversão em lei e perdeu eficácia.

Os dirigentes sindicais, de modo geral, consideram que essa medida tem como objetivo asfixiar financeiramente os sindicatos para evitar mobilizações contrárias às reformas neoliberais. Especula-se, também, que ela tenha sido proposta sem grandes perspectivas de aprovação pelo governo, mas como uma forma de desviar os sindicatos da luta contra a Reforma da Previdência, aprovada em novembro de 2019. De qualquer forma, um aspecto não muito destacado nas críticas sindicais é que a MP 873 constitui um flagrante desrespeito àquilo que é definido pela negociação coletiva, além de contradizer o discurso de valorização da negociação vocalizado pelos autores e defensores da reforma trabalhista: se antes o Estado intervinha no modo de organização sindical com a imposição de uma contribuição obrigatória, agora intervém dizendo quem paga, quem não paga e como paga não só o imposto, mas qualquer contribuição definida pelos próprios sindicatos em suas instâncias de decisão, seja em seus estatutos, seja nas assembleias. Assim, se por um lado a reforma trabalhista busca limitar a tutela do Estado em matéria de direitos individuais (ou seja, busca reduzir o escopo da legislação trabalhista), por outro, a MP reforça essa tutela no que se refere à forma de organização sindical, continuando a impedir, ainda que de outro modo, o exercício da liberdade sindical e sendo pouco coerente com o discurso de estímulo à negociação no qual ela mesma se apoia (Galvão, 2019).

O imposto sindical constitui um dos pilares do edifício corporativo sindical brasileiro instituído na década de 1930, mas para que se promova uma mudança na forma de organização sindical, é preciso remover também o seu fundamento, a unicidade sindical. Afinal, esse é o princípio que define qual sindicato tem o direito de representar legalmente o trabalhador e, consequentemente, de aceder aos recursos financeiros previstos em lei (Boito, 1991). Embora o fim da unicidade tenha sido aventado em diversos momentos ao longo da história, tanto por iniciativa governamental, quanto sindical, nenhuma iniciativa para assegurar de fato a liberdade sindical no Brasil prosperou.

O secretário especial de Previdência e Trabalho do governo de Jair Bolsonaro, Rogério Marinho, retomou o discurso favorável ao fim da unicidade sindical para que os trabalhadores possam exercer a "autonomia da vontade" e suas liberdades individuais, filiando-se ao sindicato de sua preferência[27]. Conforme essa perspectiva, a unicidade deve ser destruída em prol de um modelo pluralista, que assegure a liberdade e a livre-competição entre organizações.

Desde que o governo anunciou sua intenção de elaborar urna Proposta de Emenda Constitucional para pôr fim à unicidade, os sindicatos retomaram as discussões e polêmicas sobre o tema e buscaram negociar com parlamentares

---

[27] Disponível em https://www1.folha.uol.com.br/mercado/2019/03/governo-quer-acabar-com-unidade-sindical-para-estimular-concorrencia.shtml e https://gl.globo.com/politica/blog/valdo-cruz/pose/2019/03/06/depois-da-previdencia-governo-vai-propor-fim-da-unicidade-sindical.ghtml, consultado em 16/11/2019.

propostas alternativas. As duas propostas a seguir foram elaboradas no intuito de se antecipar ao governo:

- PEC 196/19, de Marcelo Ramos (Partido Liberal/Amazonas): abre a possibilidade para o fim da unicidade, para a liberdade sindical nos termos da Convenção 87 da o OIT, mas ao mesmo tempo mantém a exclusividade de representação e de negociação para os sindicatos pré-existentes, desde que a cobertura da negociação coletiva alcance no mínimo 10% da base nos dois primeiros anos após a promulgação da emenda e 50% no prazo de 10 anos. A proposta delimita a base territorial por setor econômico ou ramo de atividade e impede que essa base seja inferior ao município, de modo a inviabilizar o sindicato de empresa. A PEC teve sua admissibilidade aprovada pela Comissão de Constituição e Justiça da Câmara em dezembro de 2019, recebendo o apoio da CUT, FS, UGT e CSB, e críticas da CTB e da CGTB[28].
- PL 5552/19, de Lincoln Portela (Partido Liberal/Minas Gerais): mantém a unicidade, sob a justificativa de que este é um princípio constitucional. Mantém a extensão da representação sindical a toda a categoria, mesmo a os não filiados, o que autoriza a cobrança do custeio da negociação coletiva de todos os trabalhadores, contrariando o entendimento do STF e do TST, anteriormente apontado. O valor da cota de custeio será definido em assembleia, observando-se o limite de 1% da remuneração anual bruta do trabalhador. O PL é apoiado pelo Fórum Sindical dos Trabalhadores, constituído pelas confederações, históricas defensoras da unicidade, para se opor à reforma sindical em discussão no primeiro governo Lula. Esse PL também recebeu apoio das seguintes centrais: CTB, Nova Central e CGTB[29].

Essas medidas indicam algumas das divergências existentes e permitem estimar as dificuldades em se promover mudanças na organização sindical.

AS CONSEQUÊNCIAS DA RESTAURAÇÃO NEOLIBERAL

O governo de Jair Bolsonaro tem sido devastador para os trabalhadores. E o sindicalismo tem demonstrado pouca capacidade de agir. São duas afirmações importantes e, na conjuntura em que estamos, um tanto quanto óbvias, mas que precisam ser explicadas.

Desde 2015 a economia brasileira vem passando por uma recessão. Por dois anos seguidos, 2015 e 2016, os dados do crescimento econômico foram negativos,

---

[28] Disponível em http://www.diap.org.br/index.php/noticias/noticias/29209-cut-csb-forca-e-ugt-valorizam-aprovacao-da-pec-196-na-ccj e http://www.diap.org.br/index.php/noticias/noticias/29210-crb-e-ggtb-reiteram-em-nota-publica-oposicao-a-pec-196, consultado em 14/2/2020.

[29] Disponível em: http://www.agenciasindical.com.br/lermais_materias.php ?cd_materias=11465, consultado em 17/11/2019.

acumulando-se 6,8% de retração do PIB[30]. Embora a crise tenha começado, oficialmente, no segundo trimestre de 2014, nesse ano havia ainda uma relativa normalidade no mercado de trabalho. Segundo a Pesquisa Nacional de Amostra de Domicílio (PNAD)-Contínua, a taxa de desocupação referente ao terceiro trimestre de cada ano passou de 6,9% para 6,8% entre 2013 e 2014[31]. A partir de 2015, contudo, a situação mudou drasticamente e em 2016 a taxa de desocupação alcançou 11,8%[32]. A falta de trabalho passou a atingir 24 milhões de trabalhadores – nesse grupo estão incluídos os trabalhadores que poderiam estar trabalhando, mas não têm disponibilidade, os que desistiram de procurar emprego (os chamados desalentados) e os subocupados por insuficiência de horas trabalhadas –, dos quais 12,3 milhões são considerados, de fato, desocupados[33].

A retomada do crescimento em 2017, 2018 e 2019 foi tão tímida que os analistas afirmam tratar-se da mais lenta recuperação econômica da história recente das crises brasileiras[34]. Em termos de desemprego, por exemplo, o ano de 2017 registrou quase a mesma porcentagem de 2016. O que aumentou ao longo desse triênio, efetivamente, foi o subemprego ou o emprego precário. Um ano depois da entrada em vigor da já citada reforma trabalhista, isto é, em 2018, o pífio crescimento econômico fez a taxa de desemprego atingir o mesmo patamar de 2016, o que representa o dobro em relação àquela anterior à crise. A reforma trabalhista não gerou o volume de empregos prometidos e os que criou foram precários, informais, intermitentes, terceirizados, em tempo parcial não escolhido pelos trabalhadores (Krein *et al.*, 2019). Em julho de 2019, o número de trabalhadores ocupados no mercado informal de trabalho bateu recorde e chegou a 41,3%, 38,683 milhões de trabalhadores e trabalhadoras em números absolutos[35]. Os dados (Tabela 1) referentes aos terceiros trimestres de 2014 e de 2019 são elucidativos nesse sentido:

---

30 Disponível em https://agenciadenoticias.ibge.gov.br/agencia-noticias/2012-agencia-de-noticias/noticias/22966-revisao-do-pib-de-2016-mostra-queda-de-3-3-em-relacao-ao-ano-anterior, consultado em 6/3/2020.

31 Como vimos, 2014 foi um ano de intensa luta grevista. Durante os anos de governo do PT é possível dizer que as greves aumentaram tanto em anos de maior crescimento do PIB quanto naqueles de desaceleração econômica.

32 Taxas referentes ao terceiro trimestre de cada ano. Disponível em https://agenciadenoticias.ibge.gov.br/agencia-sala-de-imprensa/2013-agencia-de-noticias/releases/25814-pnad-continua-taxa-de-desocupacao-e-de-11-8-e-taxa-de-subutilizacao-e-24-0-no-trimestre-encerrado-em-setembro-de-2019, consultado em 2/2/2020.

33 Disponível em http://g1.globo.com/bom-dia-brasil/noticia/2017/02/desemprego-em-2016-e-o-maior-em-cinco-anos.html, consultado em 29/2/2020.

34 Disponível em https://jornalggn.com.br/artigos/brasil-vive-a-recuperacao-economica-mais-lenta-da-nossa-historia/, consultado em 1/3/2020.

35 Disponível em https://gl.globo.com/economia/noticia/2019/08/30/trabalho-informal-avanca-para-413percent-da-populacao-ocupada-e-atinge-nivel-recorde-diz-ibge.ghtml, consultado em 2/2/2020.

TABELA I

INDICADORES TRIMESTRAIS (3º TRIMESTRES)	2014	2019
Assalariados formais (setores público e privado)	49,8%	45%
Taxa de desocupação +desalento	8,1%	15,5%
Taxa de desocupação +desalento dos responsáveis pelo domicílio	4,3%	10,5%
Desocupados procurando trabalho há mais de cinco meses	52,2%	55,4%
Rendimento médio real por hora	13,81 reais	13,87 reais
Taxa de desemprego	6,8%	11,8%

Fonte: Dieese (2019, modificada).

Como já apontaram os analistas da reforma trabalhista de 2017, a precarização das condições de trabalho e emprego da massa trabalhadora brasileira não promoveu qualquer aumento significativo do número de empregos (Filgueiras, 2019; Teixeira, 2019). O efeito retórico das reformas, contudo, continuou a ser utilizado largamente pela equipe econômica que assumiu o Ministério da Economia em 2019 – super ministério que reuniu os antigos Ministérios da Fazenda, do Planejamento e da Indústria, Comércio Exterior e Serviços, além de absorver boa parte das funções do Ministério do Trabalho, que foi extinto. O governo deu continuidade à reforma trabalhista por meio da lei de liberdade econômica (13.874/2019), que dispensa empresas de até vinte empregados de registro de ponto, e da proposição de outras medidas que contribuem para a informalização ou a precarização do trabalho[36], como a Medida Provisória 905, que modifica diversos dispositivos atinentes aos direitos trabalhistas, entre os quais destacamos: a criação do programa Verde e Amarelo, que institui um contrato de duração determinada para jovens com redução de alíquotas para o FGTS e isenção de contribuições sociais; a liberalização do trabalho aos domingos sem necessidade de autorização e sem pagamento em dobro, em caso de folga durante a semana; a autorização da abertura dos bancos aos sábados e o aumento da jornada dos bancários; a negociação individual e a fragmentação das normas por meio de Acordos Coletivos de Trabalho (ACTs). Além disso, a MP 905 dificulta a fiscalização do trabalho, mesmo em situações de risco iminente, e retira do sindicato a prerrogativa de interditar o local de trabalho nessas situações; retira das mãos dos sindicatos, também, a negociação da Participação nos Lucros e Resultados e permite o pagamento do seu valor em até quatro parcelas (antes eram duas); por fim, institui a cobrança de contribuição previdenciária para aqueles que

[36] Este é o objetivo assumido por Bolsonaro: aproximar cada vez mais os contratos de trabalho da inexistência de contratos, ou seja, da informalidade. Disponível em https://exame.abril.com.br/economia/bolsonaro-diz-que-lei-trabalhista-no-brasil-deve-beirar-a-informalidade/, consultado em 29/2/2020.

acessam o seguro-desemprego, uma política de "taxação de grandes misérias" por meio da qual os desempregados financiariam os incentivos fiscais dado às empresas para contratar jovens[37]. Na síntese do Dieese, essa nova reforma:

> [...] cria a modalidade *de* contrato *de* trabalho precário; intensifica a jornada *de* trabalho, que pode resultar *em* aumento do desemprego; enfraquece os mecanismos de registro, fiscalização *e* punição às infrações; fragiliza as ações *de* saúde *e* segurança no trabalho; reduz o papel da negociação coletiva e da ação sindical; ignora o diálogo tripartite como espaço para mudanças na regulação do trabalho; *e*, por fim, beneficia os empresários com uma grande desoneração *em* um cenário de crise fiscal, impondo aos trabalhadores desempregados o custo dessa "bolsa-patrão" (Dieese, 2019, p. 1).

Essas profundas mudanças na legislação foram feitas sem qualquer diálogo com as centrais sindicais. Se no ano de 2017, ainda sob o governo Temer, aconteceram duas greves gerais contra a primeira reforma trabalhista (entre outras pautas defensivas, como já mencionamos), em 2019 não houve resistência importante às mudanças promovidas pelo governo Bolsonaro. O contexto para a resistência dos trabalhadores sindicalmente organizados está muito adverso, seja em virtude da pressão que desemprego e informalidade exercem sobre o mercado de trabalho, seja devido aos ataques de grande monta direcionado à esquerda em geral e ao sindicalismo em particular, seja pelo apoio que, bem ou mal, o governo ainda desfruta junto à população nesses primeiros 15 meses de mandato.

O próximo alvo do governo Bolsonaro são os servidores públicos. Desde Collor com a sua cruzada contra os "marajás" do serviço público, a mão esquerda do Estado, como chamava Bourdieu (2012) – isto é, aquelas áreas e os trabalhadores responsáveis pelas estruturas públicas de bem-estar social –, vem sendo atacada pelos governos neoliberais, ortodoxos ou não: o próprio Collor, Fernando Henrique Cardoso, Michel Temer e Jair Bolsonaro. Nos governos do PT a relação com os servidores públicos foi ambivalente: por um lado, houve uma reforma previdenciária em 2003 que retirou direitos desses trabalhadores – o que deixou grande parte do sindicalismo de funcionários públicos insatisfeito e que deu origem às cisões à esquerda na CUT com a fundação de Conlutas e lntersindical (Galvão, Marcelino e Trópia, 2015); por outro, ampliou-se a contratação, via concurso público, de servidores ou de trabalhadores de empresas públicas em algumas áreas, como educação e petróleo, por exemplo. Entretanto, para o mecanismo ideológico de ataque ao conjunto do funcionalismo público funcionar, importa pouco se o discurso corresponde à realidade dos fatos. Os privilégios que caracterizam algumas castas do serviço público – que se concentram no ramo

[37] O relator da proposta na comissão mista do Senado e da Câmara que analisa a MP, deputado Christino Aureo (PP-RJ), propôs que o pagamento de contribuição previdenciária por aqueles que recebem o seguro-desemprego seja opcional e fixou a alíquota de contribuição em 5%. Ver https://www.camara.leg.br/noticias/640626-mp-do-contrato-verde-e-amarelo-deve-ser-votada-na-terca/.

do judiciário, fundamentalmente – são generalizados como algo comum ao conjunto dos servidores, e o discurso de combate aos privilégios é mobilizado para atacar os escalões médios e baixos do serviço público.

Uma proposta de Emenda à Constituição que trata da reforma administrativa foi enviada para o Congresso Nacional no dia 21 de fevereiro de 2020 – poucos dias depois do Ministro da Economia Paulo Guedes ter chamado os servidores públicos de parasitas do Estado[38] – e deve ser votada nas próximas semanas. Dentre as medidas nela propostas estão: (1) acabar com a estabilidade do servidor; (2) extinguir a garantia de irredutibilidade salarial; (3) permitir a redução de salário e de jornada; (4) ampliar o estágio probatório; (5) reduzir o salário de ingresso no serviço público; (6) proibir as progressões e promoções automáticas; (7) criar uma carreira transversal cujos servidores serão contratados pela CLT e distribuídos para os órgãos governamentais; entre outros[39]. Com essa reforma, o governo Bolsonaro atacará um bastião da luta sindical no país. Desde a redemocratização, na década de 1980, os servidores públicos têm estado na vanguarda das greves; poucos foram os anos nessas quatro décadas em que as greves do setor privado ultrapassaram em número as greves do setor público (Marcelino, 2017).

Nem todas as chamadas reformas estruturais, contrarreformas do ponto de vista dos trabalhadores, entraram ainda na pauta do Congresso e do Senado Federal. Segundo o governo, restam ainda por fazer: a reforma Tributária, a autonomia do Banco Central, o marco legal de cabotagem, Nova Lei do Gás, privatização da Eletrobrás, PEC do Pacto Federativo, PEC dos Fundos Públicos, PEC Emergencial, Marco Legal do Saneamento, alteração do regime de partilha e o marco legal do setor elétrico. Privatização, desregulamentação, precarização dos empregos e dos serviços públicos. Boa parte desse cenário já está montado, mas ainda há muito por vir dessa política de terra arrasada. O quadro que até aqui desenhamos nos permite ter uma dimensão do tamanho do desafio que o sindicalismo brasileiro tem pela frente.

Já apontamos alguns resultados concretos desse conjunto de mudanças para o sindicalismo, mas, certamente, um dos mais expressivos está no impacto da conjuntura política, econômica e ideológica sobre as greves: 2018, o ano posterior da reforma trabalhista, e 2019, foram anos difíceis para a luta sindical dos trabalhadores que possuem um contrato formal de trabalho. O número absoluto de greves em 2018, 1453, das quais 791 no setor público ou em empresas públicas, ainda é alto comparado ao final da década de 1990 e início da década de 2000. Entretanto, a pauta de reivindicações está completamente invertida em relação aos anos não recessivos (ou seja, antes de 2015). Em 2018, 82% das greves deflagradas no Brasil tinham reivindicações defensivas nas suas pautas, contra 39,4% de pautas ofensivas

---

38 Disponível em https://www.correiobraziliense.com.br/app/noticia/economia/2020/02/10/internas_economia.827143/paulo-guedes-pede-desculpas-por-chamar-servidores-de-parasitas.shtml, consultado em 1/3/2020.

39 Disponível em https://luizmuller.com/2020/02/26/bolsonaro-manda-ao-congresso-reforma-administrativa-que-acaba-com-a-profissao-de-servidor-publico/, consultado em 1/3/2020.

(por novos direitos ou por aumentos reais de salário). Além disso, como apontam os dados colhidos pelo Dieese (2019), a complexidade das reivindicações anteriores se reduziu e as pautas se tornaram mais enxutas; pouco se mexeu nas condições gerais de trabalho, por exemplo. Isso, quando houve negociação. Outro dado importante nesse sentido é aquele que se refere ao número de negociações coletivas registradas junto ao Sistema Mediador, do antigo Ministério do Trabalho: houve queda de 28% em 2018 em comparação a 2017. As greves também duraram menos tempo: 56% delas terminaram no mesmo dia em que se iniciaram. Se entre 2011 e 2015 setores mais precarizados (terceirizados de limpeza, vigilância, trabalhadores de coleta de lixo, entre outros) ganharam espaço nos movimentos grevistas e reforçaram os números das reivindicações defensivas, o predomínio desse tipo de reivindicação tem um significado diferente no atual contexto. Tal como aponta Linhares em entrevista ao Jornal Valor Econômico[40], uma coisa é uma greve defensiva quando o trabalhador se sente fortalecido para negociar pontos que estavam historicamente negligenciados. Outra coisa é a pauta defensiva num momento em que a greve tem motivos mais urgentes, como o atraso de salários, por exemplo.

No ano de 2019, para o qual ainda não temos dados definitivos, sabe-se que o número de greves continuou caindo de maneira muito expressiva, passando de 1453 greves para 1118. As reivindicações mais presentes nas greves de 2019 foram aquelas relacionadas à regularização de salários, férias e 13° salário; elas estiveram presentes em, aproximadamente, 40,9% das greves[41]. Ao longo desse ano, vários ataques diretos aos sindicatos foram desferidos. Um deles, o fim do imposto sindical, embora tenha tirado recursos dos sindicatos, pode, na nossa avaliação, ter algum resultado positivo caso venha a resultar em uma relação mais direta entre bases e direções sindicais. Mas outros ataques dificilmente podem ter resultados benéficos para os trabalhadores e mostram a hostilidade com a qual o movimento sindical é tratado pelo governo Bolsonaro: em primeiro lugar, tentou-se, no Contrato de Trabalho Verde e Amarelo, criar uma multa de até cem mil reais para quem não votasse nas eleições sindicais. Parece-nos que o governo vislumbra duas consequências caso essa medida venha a ser implementada: primeiro, interferir de maneira ainda mais insidiosa sobre a vida sindical; segundo, provocar uma debandada de associados aos sindicatos, visto que apenas eles estariam sujeitos às multas. Uma outra maneira de demonstrar a animosidade do governo em relação ao sindicalismo foi a tentativa de imposição, por parte do Supremo Tribunal do Trabalho, na figura do ministro lves Gandra – alinhado às posições pró-mercado de Jair Bolsonaro e Paulo Guedes – de multa de 32 milhões de reais a nove sindicatos ligados à área de petróleoe à Federação Única dos Petroleiros (FUP) em razão de uma greve de dois dias, em 25 e 26 de novembro de 2019[42].

---

[40] Disponível em https://valor.globo.com/brasil/noticia/2019/04/08/terceirizados-fazem-7-de-cada-10-greves-do-setor-privado.ghtml, consultado em 1/3/2020.

[41] Disponível em https://www.poder360.com.br/economia/brasil-registra-1-074-greves-ate-novembro-de-2019-revela-dieese/, consultado em 1/3/2020.

[42] Disponível em https://www.brasil247.com/blog/ives-gandra-e-a-pena-de-morte-a-sindicatos-e-afup, consultado em 1/3/2020. Essa situação voltou a se repetir no início do ano de 2020, com nova greve dos petroleiros.

CONSIDERAÇÕES FINAIS

A ofensiva restauradora neoliberal impõe um enorme desafio ao sindicalismo brasileiro. Ao mesmo tempo, o ataque frontal ao sindicalismo e aos movimentos sociais, os cortes no orçamento da educação, a reforma da previdência e a trabalhista reaproximaram, de certo modo, as centrais sindicais, que pela primeira vez realizaram uma celebração conjunta do 1º de maio em 2019[43].

A história não ocorre de maneira linear e comporta uma dose não desprezível de imprevisibilidade. Entretanto, o panorama que se desenha para o sindicalismo brasileiro nos próximos anos é o de uma difícil luta defensiva; é de luta pelos direitos conquistados em outras quadras históricas, e pela própria democracia. Nesse contexto, a possibilidade da luta se restringir à mera sobrevivência das organizações dos trabalhadores não pode ser descartada.

REFERÊNCIAS BIBLIOGRÁFICAS

ARIAS, Santiane & CAVALCANTE, Sávio. (2019), "A divisão da classe média na crise política brasileira (2015-2016)". ln: BOUFFARTIGUE, Paul *et al.*(orgs.). *O Brasil e a França na mundialização neoliberal: mudanças políticas e contestações sociais.* São Paulo, Alameda, pp. 97-125. BASTOS, Pedro Paulo. (2017), "Ascensão e crise do governo Dilma Rousseff e o golpe de 2016: poder estrutural, contradição e ideologia". *Revista de Economia Contemporânea* [online], 21 (2).

BORTO, Armando. (2018), *Reforma e crise política no Brasil.* Campinas/São Paulo, Editora da Unicamp/Editora da Unesp.

BORTO, ARMANDO & SAAD-FILHO, Alfredo. (2016), "State, state institutions, and political power in Brazil". *Latin American Perspectives,* 42 (6): 213-230.

BORTO, Armando. (2016), "Os atores e o enredo da crise política". ln: JINKINGS, I. *et al.* (orgs.). *Por que gritamos golpe?* São Paulo, Boitempo, pp. 23-29.

BORTO, Armando. (1991), *O sindicalismo de Estado no Brasil.* Campinas/São Paulo, Unicamp/Hucitec.

BORTO, Armando; GALVÃO, Andréia & MARCELINO, Paula. (2015), "La nouvelle phase du syndicalisme brésilien". *Cahiers des Amériques Latines,* 80: 145-164.

BORTO, Armando & MARCELINO, Paula. (2010), "O sindicalismo deixou a crise para trás? Um novo ciclo de greves na década de 2000". *Cadernos CRH,* 23(59): 323-338.

BOURDIEU, Pierre. (2012). *A miséria do mundo.* Petrópolis, Vozes.

BRAGA, Ruy. (2010), "Os sindicatos no governo Lula". *Le Monde Diplomatique Brasil.* Disponível em http://www.diplomatique.org.br/artigo.php?id=683, consultado em 7/7/2016.

CALISTRE, André & FAGNANI, Eduardo. (2018), "A política social nos limites do experimento neodesenvolvimentista". ln: CARNEIRO, Ricardo *et al. Para além da política econômica.* São Paulo, Unesp Digital, pp. 327-364.

43 Disponível em https://www.redebrasilatual.eom.br/trabalho/2019/04/centrais-se-unem-no-1o-de-maio-contra-bolsonaro-e-reforma/, consultado em 2/2/2020.

CARNEIRO, Ricardo. (2018), "Navegando a contravento: uma reflexão sobre o experimento desenvolvimentista de Dilma Rousseff". ln: CARNEIRO, Ricardo *et al.* (orgs.). *Para além da política econômica.* São Paulo, Editora Unesp Digital, pp. 11-54.

CARVALHO, Laura. (2018), *Valsa brasileira: do boom ao caos econômico.* São Paulo, Todavia.

CAVALCANTE, Sávio. (2015), "Classe média e conservadorismo liberal". ln: VELASCO E CRUZ, Sebastião *et al.* (dirs.). *Direita, volver! O retorno da direita e o ciclo político brasileiro.* São Paulo, Fundação Perseu Abramo, pp. 177-196.

DATAFOLHA. (2015a), "Manifestação na Avenida Paulista, survey com participantes de 15/3/2015". Disponível em http://datafolha.folha.uol.com.br/opiniaopublica/2015/03/1604284-47-foram-a-avenida-paulista-em-15-de-marco-protestar-contra-a-corrupcao.shtml, consultado em 5 de abril de 2016).

DATAFOLHA. (2015b), "Manifestação na Avenida Paulista, survey com participantes de 16/8/2015". Disponível em: http://datafolha.folha.uol.com.br/opiniaopublica/2015/08/1669735-135-mil-vao-a-protesto-na-paulista.shtml, consultado em 2 de março de 2017).

DIEESE (Departamento lntersindical de Estatísticas e Estudos Socioeconômicos). (2019), "Balanço das greves de 2018". *Estudos e Pesquisas,* n. 89.

DIEESE (Departamento lntersindical de Estatísticas e Estudos Socioeconômicos). (2018), "Subsídios para o debate sobre a questão do financiamento sindical". *Nota Técnica,* n. 200.

DIEESE (Departamento lntersindical de Estatísticas e Estudos Socioeconômicos). (2017), "Balanço das greves de 2016". *Estudos e Pesquisas,* n. 84.

DIEESE (Departamento lntersindical de Estatísticas e Estudos Socioeconômicos). (2016a), *Estudos e Pesquisas: Balanço das negociações salariais no primeiro semestre de 2016,* n. 81.

DIEESE (Departamento lntersindical de Estatísticas e Estudos Socioeconômicos). (2016b), *Estudos e Pesquisas: Balanço das negociações salariais em 2015,* n. 80.

DIEESE (Departamento lntersindical de Estatísticas e Estudos Socioeconômicos). (2015), *Estudos e Pesquisas: Balanço das greves,* n. 79.

FAGNANI, Eduardo. (2018), "Austeridade e seguridade: a destruição do marco civilizatório brasileiro". ln: ROSSI, Pedro *et al. Economia para poucos: impactos sociais da austeridade e alternativas para o Brasil.* São Paulo, Autonomia Literária, pp. 57-82.

FILGUEIRAS, Vitor. (2019), "As promessas da reforma trabalhista: combate ao desemprego e redução da informalidade". ln: KREIN, Dari *et al.* (orgs.). *Reforma trabalhista no Brasil: promessas e realidade.* Campinas, Curt Nimuendajú, pp. 13-52.

FUNDAÇÃO PERSEU ABRAMO. (2016), "Projeto – Manifestações de março, survey comparativo de 13 e 18, 2015/2016". Disponível em http://novo.fpabramo.org.br/sites/default/files/FPA-Pesquisa-Manifestacoes-Comparativa-2015-20l6-SITE-042016-ok.pdf. consultado em 20 de abril de 2016).

GALVÃO, Andréia. (2019), "Reforma trabalhista: efeitos e perspectivas para os sindicatos". ln: KREIN, Dari *et al.* (orgs.). *Reforma trabalhista no Brasil: promessas e realidade.* Campinas, Curt Nimuendajú, pp. 119-223.

GALVÃO, Andréia & MARCELINO, Paula. (2020), "The Brazilian union movement in the Twenty-first Century: the PT governments, the coup, and the counterreforms". *Latin American Perspectives,* Riverside, no prelo.

GALVÃO, Andréia & MARCELINO, Paula. (2018), "O sindicalismo brasileiro diante do golpe". In: SILVA, Sayonara Grillo Coutinho Leonardo da *et al. Reformas institucionais de austeridade, democracia e relações de trabalho.* São Paulo, LTr, pp. 85-96.

GALVÃO, Andréia & KREIN, Jose Dari. (2018), "A contrarreforma trabalhista e a fragilização das instituições públicas do trabalho". *Revista do Tribunal Regional do Trabalho da 15ª Região,* 53: 89-106.

GALVÃO, Andréia & TEIXEIRA, Marilane. (2018), "Flexibilização na lei e na prática: o impacto da reforma trabalhista sobre o movimento sindical". In: KREIN, José Dari *et al. Dimensões críticas da reforma trabalhista no Brasil.* Campinas, Curt Nimuendajú, pp. 155-181.

GALVÃO Andréia; MARCELINO Paula & TRÓPIA Patrícia. (2015), *As bases sociais das novas centrais sindicais.* Curitiba, Appris.

KREIN, José Dari & BIAVASKI, Magda. (2015), "Os movimentos contraditórios da regulação do trabalho no Brasil dos anos 2000". *Cuadernos del Cendes,* 32 (89): 47-82.

KREIN, José Dari *et al.* (2019), *Reforma trabalhista no Brasil: promessas e realidade.* Campinas, Curt Nimuendajú.

MARCELINO, Paula. (2017), "Sindicalismo e neodesenvolvimentismo: analisando as greves entre 2003 e 2013 no Brasil". *Tempo Social,* 29 (3): 201-227.

MARCELINO, Paula & CAVALCANTE, Sávio. (2012), "Por uma definição de terceirização". *Caderno CRH,* 25 (65): 311-346.

MELLO, Guilherme & ROSSI, Pedro. (2018),"Do industrialismo à austeridade: a política macro dos governos Dilma". In: CARNEIRO, Ricardo *et al.* (orgs.). *Para além da política econômica.* São Paulo, Editora Unesp Digital, pp. 245-282.

SINGER, André. (2015), "Cutucando onças com varas curtas: o ensaio desenvolvimentista no primeiro mandato de Dilma Rousseff (2011-2014)". *Novos Estudos Cebrap,* 102: 42-71.

SINGER, André & LOUREIRO, Isabel (orgs.). (2016), *As contradições do lulismo: a que ponto chegamos?* São Paulo, Boitempo.

SOARES, José de Lima. (2013),"As centrais sindicais e o fenômeno do transformismo no governo Lula". *Revista Sociedade e Estado,* 28 (13): 541-564.

TATAGIBA, Luciana & GALVÃO, Andréia. (2019),"*Os* protestos no Brasil em tempos de *crise* (2011-2016)". *Opinião Pública,* 25: 63-97.

TEIXEIRA, Marilane. (2019), "*Os* efeitos econômicos da reforma trabalhista". In: KREIN, Dari *et al.* (orgs.). *Reforma trabalhista no Brasil: promessas e realidade.* Campinas, Curt Nimuendajú, pp. 53-80.

TRÓPIA, Patrícia. (2009), *Força Sindical: política e ideologia no sindicalismo brasileiro.* São Paulo, Expressão Popular.

TEMA DA GREVE

CAPÍTULO 23

SINDICALISMO E GREVE NO ESTADO DEMOCRÁTICO DE DIREITO: O DEBATE SOBRE O EXERCÍCIO, PELAS ENTIDADES SINDICAIS, DE ATIVIDADES COM DIMENSÕES POLÍTICAS

Maurício Godinho Delgado[1]
José Roberto Freire Pimenta[2]
Raphael Miziara[3]

I. INTRODUÇÃO

O presente artigo objetiva enfrentar o debate acerca da validade jurídica (ou não) do exercício, pelas entidades sindicais, de atividades com dimensões políticas,

---

1 Doutor em Filosofia do Direito (UFMG) e Mestre em Ciência Política (UFMG). Ministro do Tribunal Superior do Trabalho (TST). Magistrado do Trabalho há mais de 33 anos. Advogado até novembro de 1989. Professor Titular do UDF e de seu Mestrado em Direito das Relações Sociais e Trabalhistas. Coordenador do Grupo de Pesquisa sobre Sindicalismo, no Mestrado em Direito do UDF, registrado no CNPq. Ex-Professor da UFMG (1978-2000) e ex-Professor da PUC-Minas (2000-2012). Autor de livros e artigos em Direito Constitucional, Direito do Trabalho, Direito Processual do Trabalho, Direitos Humanos Sociais e Ciência Política.

2 Professor Titular do Centro Universitário do Distrito Federal – UDF –, nas áreas de Direito do Trabalho e Direito Processual do Trabalho. Integrante do Grupo de Pesquisa "Sindicalismo" (UDF/CNPq). Doutor em Direito Constitucional pela UFMG. Ministro do Tribunal Superior do Trabalho – TST – desde setembro de 2010, sendo Magistrado do Trabalho desde dezembro de 1988, integrante do Conselho Consultivo da Escola Nacional de Formação e Aperfeiçoamento dos Magistrados do Trabalho – ENAMAT, e atual Professor Titular dos Cursos de Mestrado e Graduação em Direito do UDF, em Brasília-DF. freirepimenta@task.com.br.

3 Mestrando em Direito das Relações Sociais e Trabalhistas pela Centro Universitário do Distrito Federal – UDF. Integrante do Grupo de Pesquisa "Sindicalismo" (UDF/CNPq). Especialista em Direito do Trabalho e Governança Global pela Universidad Castilla-La Mancha (Espanha). Advogado. Professor da Faculdade Baiana de Direito e em diversos cursos de pós-graduação em Direito, bem como Professor convidado das Escolas Judiciais dos TRTs da 5ª, 6ª, 7ª, 8ª e 22ª Regiões. miziararaphael@gmail.com.

enfocando, ao final, esse dilema no tocante à regência normativa dos movimentos paredistas.

Para tanto, o texto analisa, em primeiro lugar, o conceito de Estado Democrático de Direito, próprio do Constitucionalismo Humanista e Social arquitetado na Europa Ocidental logo depois da Segunda Grande Guerra. De fato, na realidade do Estado Democrático de Direito, com seus elementos estruturantes, é que tal debate se mostra mais pertinente.

Em seguida, o artigo acadêmico busca correlacionar o conceito estrutural de Estado Democrático de Direito com os princípios cardeais do sindicalismo e do Direito Coletivo do Trabalho, quais sejam, os princípios da liberdade sindical, da autonomia das entidades sindicais e da equivalência entre os atores (ou contratantes) coletivos trabalhistas.

Fixadas essas premissas teóricas, o texto passa à análise das funções inerentes às entidades sindicais no contexto do Estado Democrático de Direito. Após perpassar por distintas funções sindicais, o artigo centra seu foco no exercício, pelas entidades do sindicalismo, de atividades com dimensões políticas.

Por fim, o texto completa-se com o estudo do enquadramento jurídico da greve no cenário do Estado Democrático de Direito. Para isso, divide os movimentos paredistas em três grupos: em um polo, as greves que envolvam interesses estritamente trabalhistas ou essencialmente trabalhistas; no outro polo, as greves deflagradas por interesses puramente políticos, sem qualquer correlação com os interesses trabalhistas dos grevistas; finalmente, em um posicionamento intermediário, as greves deflagradas por interesses políticos e trabalhistas claramente correlacionados ou, dito de outra forma, por interesses políticos relevantes, mas que também ostentam inequívocas repercussões trabalhistas.

II. ESTADO DEMOCRÁTICO DE DIREITO: PILARES ESTRUTURANTES

O Constitucionalismo Humanista e Social deflagrado na Europa Ocidental logo depois da Segunda Grande Guerra, capitaneado pelas Constituições da França (1946), da Itália (1947) e da Alemanha (1949), com sequência, naquele continente, nas Constituições de Portugal (1976) e da Espanha (1978), ingressou no Brasil por intermédio da Constituição Federal de 1988.[4]

[4] A respeito desse novo paradigma de constitucionalismo, consultar, entre outros, STRECK, Lenio Luiz; MORAIS, Jose Luiz Bolzan de. *Ciência Política e Teoria do Estado*. 8. ed. Porto Alegre: Livraria do Advogado, 2014. p. 91-110. Igualmente, DELGADO, Mauricio Godinho. Constituição da República, Estado Democrático de Direito e Direito do Trabalho. In: DELGADO, Mauricio Godinho; DELGADO, Gabriela Neves. *Constituição da República e direitos fundamentais*: dignidade da pessoa humana, justiça social e direito do trabalho. 4. ed. São Paulo: LTr, 2017. p. 33-50.

É própria desse novo paradigma constitucional a construção de estrutura e conceito complexos, sofisticados e bastante avançados de organização estatal e social (isto é, organização da sociedade política e da sociedade civil), inclusive de organização institucional e jurídica, o denominado *Estado Democrático de Direito* (ou Estado de Direito Democrático)[5]. O novo modelo filosófico, político e jurídico supera os paradigmas anteriores do constitucionalismo, tanto o do Estado Liberal de Direito, erigido nas revoluções burguesas dos séculos XVII (Grã-Bretanha) e XVIII (EUA e França), como o do Estado Social de Direito, despontado na segunda década do século XX (Constituições do México, de 1917, e da Alemanha, de 1919) – este segundo paradigma já tendo superado o modelo liberalista construído nos séculos XVII e XVIII no Ocidente.

A arquitetura do Estado Democrático de Direito funda-se, segundo Mauricio Godinho Delgado, em um tripé conceitual formado pelos seguintes pilares ou elementos estruturantes: *a)* a *pessoa humana*, com sua dignidade; *b)* a *sociedade política*, concebida como democrática e inclusiva; e *c)* a *sociedade civil*, também concebida como democrática e inclusiva. Esses componentes fazem com que esse paradigma de constitucionalismo e de Estado apresente clara distância e inovação perante as fases anteriores do constitucionalismo ocidental, inclusive relativamente às constituições brasileiras anteriores à de 1988.[6]

Para o Constitucionalismo Humanista e Social torna-se imprescindível que a sociedade civil, enquanto também centro de poder e de relações econômicas, sociais, institucionais e outras, igualmente tenha de ser democrática e inclusiva – o que torna

---

5 Reportando-se à Constituição de Portugal, de 1976, J. J. Gomes Canotilho se refere à expressão e conceito de "Estado de Direito Democrático". CANOTILHO, J. J. Gomes. *Direito Constitucional e Teoria da Constituição*. 7. ed. 17. reimpressão. Coimbra/Portugal: Almedina, 2003. p. 92-100. No Brasil, contudo, a partir da Constituição de 1988 (art. 1º, *caput*, CF), a referência dominante é à expressão e ao conceito de "Estado Democrático de Direito". A respeito, consultar STRECK, Lenio Luiz; MORAIS, Jose Luiz Bolzan de. *Ciência Política e Teoria do Estado*. 8. ed. Porto Alegre: Livraria do Advogado, 2014. p. 91-110. Examinar, também, DELGADO, Mauricio Godinho. Constituição da República, Estado Democrático de Direito e Direito do Trabalho. In: DELGADO, M. G.; DELGADO, G. N. *Constituição da República e direitos fundamentais*: dignidade da pessoa humana, justiça social e direito do trabalho. 4. ed. São Paulo: LTr, 2017. p. 33-50. Não há, porém, diferença estrutural de conceitos entre as duas expressões.

6 Sobre os três pilares normativos estruturantes do Estado Democrático de Direito arquitetado pela Constituição de 1988 (a pessoa humana, com sua dignidade; a sociedade política, democrática e inclusiva; e a sociedade civil, também democrática e inclusiva), consultar o artigo de DELGADO, Mauricio Godinho. Constituição da República, Estado Democrático de Direito e Direito do Trabalho. In: DELGADO, Mauricio Godinho; NEVES, Gabriela (Coord.). *Constituição da República e Direitos Fundamentais*: dignidade da pessoa humana, justiça social e direito do trabalho. 4. ed. São Paulo: LTr, 2017. p. 33-50. Também para análise das fases do constitucionalismo, especialmente para a melhor compreensão da passagem do Estado Liberal para o Estado Social, consultar: BONAVIDES, Paulo. *Do Estado liberal ao Estado social*. 11. ed. São Paulo: Malheiros, 2014. Consultar ainda: STRECK, Lenio Luiz; MORAIS, Jose Luiz Bolzan de. *Ciência Política e Teoria do Estado*. 8. ed. Porto Alegre: Livraria do Advogado, 2014. p. 91-110. Note-se que Streck e Morais também se reportam a três paradigmas do constitucionalismo, ou seja, o Estado Liberal de Direito, o Estado Social de Direito e o Estado Democrático de Direito (Ob. cit., p. 91-110).

obsoleta a ideia de Democracia meramente formal, meramente vinculada à sociedade política, isto é, ao Estado e suas instituições.

Nesse novo formato constitucional, o sindicalismo, na qualidade de organização de segmentos importantes da sociedade civil, em particular aqueles vinculados ao vasto mundo do trabalho (em que vigora relevante e decisiva relação de poder), tem de ser reconhecido e solidamente respeitado pelo Estado Democrático de Direito.

Nesse contexto, a ideia de Democracia, quando plasmada nas relações de trabalho, pode ser entendida como a real e efetiva participação dos atores sociais, individual ou coletivamente, nos processos de tomada de decisão e normatização capazes de influenciar seu cotidiano trabalhista.

Essa participação – que deve ser, insista-se, substancial e não meramente formal –, dá-se, principalmente, por meio do sindicalismo, assim entendido como o movimento coletivo organizado de trabalhadores para participação na vida política e social na qual estão inseridos. E, enquanto tal, esse sindicalismo se torna peça fundamental para a concretização e a engrenagem desse Estado Democrático de Direito, na medida em que permite aos membros da categoria a inclusão e participação na sociedade política e civil, em observância ao já mencionado tripé conceitual. A propósito, Maurício Godinho Delgado muito bem elucida que:

> "É o Direito Sindical expressão e mecanismo notáveis de democratização da sociedade civil, especialmente em seu âmbito social e econômico, permitindo o alcance de fórmulas mais participativas e equânimes de gestão social no mundo do trabalho. Por meio desse segmento jurídico e de seus institutos, princípios e regras, a Democracia invade a sociedade civil, concretizando mais de perto sua expansividade, marca que tão bem distingue o Estado Democrático de Direito."[7]

Destarte, é nas organizações sindicais – e por meio delas –, que os atores sociais encontram um eficaz caminho para participação na vida política e social. Os sindicatos representam o centro de organização dos trabalhadores e demais participantes das relações trabalhistas, que visam ao alcance de uma melhor condição econômica, social e política. O movimento sindical, portanto, é imprescindível para o desenvolvimento da classe trabalhadora e das relações de trabalho em geral – sendo também imprescindível para a efetiva configuração de um verdadeiro Estado Democrático de Direito.

Desde já, pode-se então afirmar que uma das características fulcrais da Democracia é a aptidão que os diferentes grupos possuem de apresentar, brandir e ratificar os seus próprios interesses. Todavia, essa capacidade não é garantida apenas por regras

---

7 DELGADO, Mauricio Godinho. Constituição da República, Estado Democrático de Direito e Direito do Trabalho. In: DELGADO, Mauricio Godinho; DELGADO, Gabriela Neves (Coord.). *Constituição da República e direitos fundamentais*: dignidade da pessoa humana, justiça social e direito do trabalho. 4. ed. São Paulo: LTr, 2017. p. 52.

institucionais, pois depende, também, do gozo de condições mínimas que propiciem o engajamento na atividade política e social.[8]

Nessa diretriz, a partir da ideia de que o sindicalismo é peça indispensável dentro da engrenagem do Estado Democrático de Direito, a liberdade sindical e a autonomia das entidades sindicais surgem, por sua vez, como elementos de civilização democrática, como bem disse Antonio Baylos.[9]

Para o estabelecimento desse novo compromisso social e democrático, é indispensável que sejam apontados e estudados os princípios estruturantes do sindicalismo – como adiante se passa a fazer.

III. O ESTADO DEMOCRÁTICO DE DIREITO E OS PRINCÍPIOS ESTRUTURANTES DO SINDICALISMO: LIBERDADE E AUTONOMIA SINDICAIS E EQUIVALÊNCIA ENTRE OS ATORES (OU CONTRATANTES) COLETIVOS NO MUNDO DO TRABALHO

O sindicalismo está assentado em quatro colunas de sustentação sem as quais não há que se falar em movimento sindical completo e real. Essas quatro colunas envolvem princípios jurídicos e institutos jurídicos peculiares, todos inerentes ao Direito Coletivo do Trabalho. Alguns deles, dentro do novo Constitucionalismo Humanista e Social, alcançaram a natureza de efetivos princípios e direitos constitucionais.

Trata-se dos princípios da liberdade sindical e da autonomia das entidades sindicais; do princípio da equivalência entre os contratantes coletivos trabalhistas; do instituto da negociação coletiva; e, por fim, do instituto da greve. Esses quatro pilares estão umbilicalmente entrelaçados em uma verdadeira relação simbiótica. A ausência de um prejudica o outro, pois se complementam.

E somente se pode falar em liberdade sindical efetiva se houver equivalência de poder entre os contratantes coletivos. Entre eles deve existir sólida e verdadeira paridade de armas para as tratativas inerentes à negociação coletiva trabalhista, em razão da busca de melhor garantia para uma saudável e real transação negocial coletiva entre as partes e, se não bastasse, a possibilidade de deflagração do movimento paredista pelo movimento coletivo organizado.

Passa-se, então, à análise dos princípios da liberdade sindical e da autonomia das entidades sindicais, a par do princípio da equivalência dos contratantes coletivos, todos indispensáveis à existência e à atuação do sindicalismo em um Estado Democrático de Direito.

---

8 MENDES, Felipe Prata. *Os sindicatos no Brasil e o modelo de democracia ampliada*. São Paulo: LTr, 2018. p. 104.

9 BAYLOS, Antonio. *¿Para qué sirve um sindicato?* Madrid: Catarata, 2012. p. 22.

III.1. Os princípios da liberdade sindical e da autonomia das entidades sindicais

A liberdade sindical consiste em um dos mais importantes princípios do Direito Coletivo do Trabalho, cujo conceito pode ser encontrado no art. 2º da Convenção 87 da Organização Internacional do Trabalho, que dispõe sobre a liberdade sindical e a proteção ao direito de sindicalização. A Convenção 87, a propósito, consiste em um dos oito documentos convencionais fundamentais da Organização Internacional do Trabalho, segundo a proposição estruturada na Declaração sobre os Princípios e Direitos Fundamentais no Trabalho, aprovada em 1998, pela OIT (Declaração de 1998).[10] Lido o princípio da liberdade sindical sempre em conjugação com o princípio da autonomia das entidades sindicais, consistem ambos nos dois princípios cardeais do Direito Coletivo do Trabalho. Sem a observância desses dois princípios, o florescimento e a solidificação dos demais princípios do Direito Coletivo Trabalhista e de suas instituições e institutos essenciais (entidades sindicais; negociação coletiva; greve; representação obreira nos estabelecimentos e empresas etc.) tornam-se extremamente difíceis e precários.

Com efeito, a Convenção 87 da OIT compreende o princípio da liberdade sindical como o mandamento pelo qual:

> "[...] os trabalhadores e os empregadores, sem distinção de qualquer espécie, terão direito de constituir, sem autorização prévia, organizações de sua escolha, bem como o direito de se filiar a essas organizações, sob a única condição de se conformar com os estatutos das mesmas" (art. 2º da Convenção 87 da OIT).[11]

Doutrinariamente, conceitua-se o princípio da liberdade sindical como o direito dos trabalhadores e empregadores de não sofrerem interferências nem dos

---

10 A Organização Internacional do Trabalho possui oito Convenções Fundamentais, que correspondem às chamadas *core obligations* – segundo compreensão afirmada na Declaração sobre os Princípios e Direitos Fundamentais do Trabalho, aprovada em 1998 pela entidade internacional multilateral. Em seu item 2, a Declaração de 1998 da OIT assim estipula: "Declara que todos os Membros, ainda que não tenham ratificado as Convenções, têm um compromisso derivado do simples fato de pertencer à Organização de respeitar, promover e tornar realidade, de boa fé e de conformidade com a Constituição, os princípios relativos aos direitos fundamentais que são objeto dessas Convenções, isto é: (a) a *liberdade sindical* e o reconhecimento efetivo do direito de negociação coletiva; (b) a eliminação de todas as formas de trabalho forçado ou obrigatório; (c) a efetiva abolição do trabalho infantil; e (d) a eliminação da discriminação em matéria de emprego e ocupação".

11 A Convenção 87 da OIT, apesar de suas sete décadas de existência, não foi, até então (agosto de 2019, data deste artigo acadêmico), ratificada pelo Brasil. Não obstante essa omissão, o fato real é que a Constituição de 1988 inaugurou no País a presença dos princípios da liberdade sindical e da autonomia dos entes sindicais, em seu art. 8º, embora preservando certas especificidades do sistema trabalhista anterior, vigorante em período em que esses dois princípios não eram, realmente, ainda incorporados pela ordem jurídica brasileira. Essa peculiaridade constitucional brasileira será examinada, ainda que sumariamente, ao longo deste artigo.

poderes públicos, nem uns em relação aos outros, no processo de se organizarem, bem como o de promoverem interesses próprios ou dos grupos a que pertençam.[12]

De todo modo, parece-nos indispensável, no conteúdo do princípio da liberdade sindical, a ideia de participação. Como já dito, a liberdade sindical é elemento de civilização democrática. Nessa ordem de ideias e de ideais.

A partir do citado conceito, pode-se classificar a liberdade sindical, entre outras tipologias, principalmente em liberdade sindical *positiva* e liberdade sindical *negativa*, a par de liberdade sindical *individual* e liberdade sindical *coletiva*.

A *liberdade sindical positiva* reflete a faculdade que os trabalhadores ou empregadores possuem de *constituir* organizações sindicais e a elas se *filiarem*. Ou seja, envolve as ideias de livre *constituição* e de livre *filiação* de entidades representativas econômicas e profissionais. Observa-se, como bem lembra Luciano Martinez, que o direito de constituir o que não existe e o direito de se filiar ao que já existe ou está sendo criado encontra-se presente na Declaração Universal dos Direitos Humanos (DUDH), de 1948, no artigo XXIII, item 4: "toda pessoa tem direito a organizar sindicatos e nele ingressar para proteção de seus interesses".[13] Na verdade, anteriormente a 1948, na Declaração Relativa aos Fins e Objetivos da Organização Internacional do Trabalho (Declaração de Filadélfia), aprovada pela OIT em 1944, também consta, em outras palavras, esse mesmo direito: "a liberdade de expressão e de associação é uma condição indispensável para um progresso constante".

Duas Convenções Internacionais da OIT que tratam do assunto já foram ratificadas pelo Brasil: a Convenção 98, vigorante no País desde a década de 1950, refere-se à necessidade de uma "proteção adequada" contra "atos de ingerência" nas entidades sindicais, inclusive restrições empresariais a trabalhadores em face da participação ou não participação em tal ou qual sindicato ou em atividades sindicais (a respeito, art. 2, 1 e 2, combinado com art. 1, 2, "a" e "b", da Convenção 98 da OIT). A Convenção 135 da OIT, por sua vez, estipula, em seu art. 1º, regras concernentes à "proteção de representantes de trabalhadores" no interior das entidades empresariais. A Convenção 87 da OIT, que também trata do tema, ainda não foi ratificada pelo Brasil, conforme visto.

A Constituição de 1988, entretanto, relativamente a esse assunto, inaugurou fase nova no País, assegurando a "livre associação profissional ou sindical" e vedando, expressamente, "ao poder público a interferência e a intervenção na organização sindical" (art. 8º, *caput* e inciso I, *in fine*, CF). Com isso, expungiu o tradicional controle que o Estado, há décadas, por meio do recém extinto Ministério do Trabalho, exercia sobre as entidades sindicais de trabalhadores, em inúmeros aspectos.[14]

---

12 MAGANO, Octavio Bueno. *Manual de direito do trabalho*: direito coletivo do trabalho. 3. ed. São Paulo: LTr, 1993. v. III. p. 27.

13 MARTINEZ, Luciano. *Condutas antissindicais*. São Paulo: Saraiva, 2013. p. 246.

14 Sobre o papel civilizatório e progressista que a Constituição da República realizou, entre 1988 e 2015, na ordem jurídica trabalhista brasileira, particularmente em seu sistema sindical, consultar, por exemplo,

De outro flanco, a *liberdade sindical negativa* consiste no direito que o trabalhador ou o empregador possuem de *não constituir e/ou não se filiar* a uma organização sindical ou *dela saírem* quando bem entenderem, bastando que, para isso, expressem a sua vontade. Assim, como decorrência da liberdade sindical negativa, há de se respeitar o exercício da faculdade à desconexão sindical que pode se manifestar, *a priori*, por atos omissivos de constituição ou de filiação, ou, a *posteriori*, por atos de desfiliação.[15]

Note-se que, segundo Mauricio Godinho Delgado, existiria, no País, certa interpretação extensiva do princípio da liberdade sindical, em seu enfoque negativo (liberdade de não se filiar aos sindicatos), bastante questionável, particularmente com relação à negociação coletiva trabalhista e ao custeio das entidades sindicais de trabalhadores que participaram dessa negociação coletiva e nela obtiveram efetivos direitos e garantias para os respectivos trabalhadores da empresa (caso de Acordo Coletivo do Trabalho) ou da categoria profissional (caso de Convenção Coletiva do Trabalho). É que se tem considerada inválida, no Brasil, cláusula fixadora de *contribuição negocial coletiva* (também chamada de *contribuição assistencial* ou de *cota de solidariedade*) em ACTs ou CCTs no ponto em que determinar o pagamento da verba também pelos trabalhadores não filiados ao respectivo sindicato obreiro que firmou o documento coletivo negociado. Nessa linha se encontra, infelizmente, a jurisprudência do Tribunal Superior do Trabalho e do Supremo Tribunal Federal, surgindo ainda, a partir da Lei da Reforma Trabalhista (Lei 13.467/2017), dispositivo expresso na mesma direção (novo inciso XXVI do art. 611-B da CLT).[16]

---

o recente estudo de DELGADO, Mauricio Godinho. Sindicalismo e Sindicatos no Brasil: da democratização promovida pela Constituição da República à Crise e Desinstitucionalização emergentes. *Revista Magister de Direito do Trabalho*, Porto Alegre, Lex Magister, ano XVI, n. 91, p. 68-95, jul.-ago. 2019. Relativamente ao Ministério do Trabalho – originalmente instituído em outubro de 1930, passando por diversas reformulações e denominações nas décadas seguintes –, deixou de existir na gestão governamental iniciada em janeiro de 2019.

15 É o que bem aponta MARTINEZ, Luciano. Ob. cit., p. 311.

16 A jurisprudência do TST, até os anos de 1990, não apresentava esse viés interpretativo (vide, por exemplo, o antigo Precedente Normativo 74, vigorante até a década de 1990, que reconhecia a validade dessa ampla contribuição negocial coletiva, embora resguardado o direito de oposição do trabalhador não filiado). Com a aprovação do PN 119 e da OJ 17 da SDC, entretanto, no final dos anos 1990, inaugurou-se fase de restrição ao custeio das entidades sindicais na respectiva jurisprudência do TST. A Lei 13.467, vigorante desde 11 de novembro de 2017, lançou esse mesmo viés em explícito texto legal (art. 611-B, XXVI, CLT). O STF, em seguida, por maioria de votos (6x3), ao examinar a constitucionalidade de tal preceito legal restritivo, nele não encontrou afronta à Constituição da República (ADI 5794, à qual foram apensadas 18 ADIs, a par da ADC 55, todas tendo como redator para o acórdão o Min. Luiz Fux, com julgamento encerrado em 29.06.2018; ficaram vencidos os Ministros Edson Fachin – redator original –, Dias Toffoli e Rosa Weber, estando ausentes a tais julgamentos os Ministros Ricardo Lewandowski e Celso de Melo). Sobre o assunto, consultar DELGADO, Mauricio Godinho. *Direito Coletivo do Trabalho*. 7. ed. São Paulo: LTr, 2017. p. 140-142, e, do mesmo autor, *Curso de Direito do Trabalho*. 18. ed. São Paulo: LTr, 2019. p. 1608-1611. Ver, ainda, o seguinte recente artigo desse referido autor: Sindicalismo e Sindicatos no Brasil: da democratização promovida pela Constituição da República à Crise e Desinstitucionalização emergentes. *Revista Magister de Direito do Trabalho*, Porto Alegre, Lex Magister, ano XVI, n. 91, p. 68-95, jul.-ago. 2019.

Aduz Mauricio Godinho Delgado, contudo, que a diretriz jurisprudencial dominante (hoje lançada inclusive em lei):

> "[...] aponta restrição incomum no contexto do sindicalismo dos países ocidentais com experiência democrática mais consolidada, não sendo também harmônica à compreensão jurídica da OIT acerca do financiamento autonômico das entidades sindicais por suas próprias bases representadas."[17]

Para o jurista, essa diretriz, além disso, "não se ajusta à lógica do sistema constitucional trabalhista brasileiro e à melhor interpretação dos princípios da liberdade e autonomia sindicais na estrutura da Constituição da República".[18]

É que, "pelo sistema constitucional trabalhista do Brasil, a negociação coletiva sindical favorece todos os trabalhadores integrantes da correspondente base sindical, independentemente de serem (ou não) filiados ao respectivo sindicato profissional".[19] E, por essa razão, insiste o autor, é que:

> "[...] torna-se proporcional, equânime e justo [...] que esses trabalhadores também contribuam para a dinâmica da negociação coletiva trabalhista, mediante a cota de solidariedade estabelecida no instrumento coletivo negociado."[20]

Com isso, estar-se-ia mais próximo à determinação constitucional de se construir no País uma "sociedade livre, justa e solidária" (art. 3º, I, CF), evitando-se, ademais, a substantiva discriminação a que são submetidos os trabalhadores sindicalizados, os quais têm de conferir oneroso sustento econômico e operacional ao sindicato obreiro e à negociação coletiva trabalhista, ao passo que o trabalhador não sindicalizado recebe, sem qualquer dispêndio, ao final do sucesso obtido no ACT ou na CCT, os mesmos e idênticos direitos e garantias acordados ou convencionados.

Feitas tais observações, retome-se a distinção referente às dimensões da liberdade sindical. De fato, além de abarcar os aspectos positivo e negativo – já objeto de análise neste item III.1 –, a liberdade sindical abrange duas outras relevantes dimensões: a *individual* e a *coletiva*.

A dimensão individual da liberdade sindical consiste na liberdade de os trabalhadores e as empresas, individualmente considerados, criarem organizações e a ela se filiarem (liberdade sindical individual positiva); ou, alternativamente, reportando-se à liberdade sindical individual negativa, à prerrogativa de não criarem qualquer

---

17 DELGADO, Mauricio. *Direito Coletivo do Trabalho*. 7. ed. São Paulo: LTr, 2017. p. 140142.

18 DELGADO, Mauricio Godinho. Ob cit., p. 141.

19 Idem.

20 DELGADO, Mauricio Godinho. Ob cit., p. 141.

entidade, nem se filiarem às existentes (ou, mesmo, delas se desligarem, caso já filiados).

A dimensão coletiva da liberdade sindical consiste na liberdade de as próprias organizações coletivas criarem ou se filiarem a outras organizações coletivas sindicais (como federações, confederações ou centrais sindicais, no caso brasileiro) ou, alternativamente, não participarem da criação de qualquer outra entidade ou se desfiliarem de entidades a que anteriormente se vincularam.

A dimensão coletiva da liberdade sindical ostenta, porém, aspectos mais amplos dos que os retrocitados. É que, para o Direito Coletivo do Trabalho, tem suma importância a dimensão coletiva dos aspectos trabalhistas, inclusive o aspecto organizacional, que é o que justifica a existência e a atuação das entidades sindicais. Sem as entidades sindicais – especialmente se não sólidas, resilientes e poderosas –, dificilmente os trabalhadores teriam alcançado as conquistas trabalhistas que deram corpo e direção ao Direito do Trabalho em diversos países ocidentais ao longo do século XX. Nesse quadro, a dimensão coletiva da liberdade sindical não pode ser obscurecida pela dimensão estritamente individual dessa mesma liberdade.

Dessa maneira, diante das classificações apresentadas, pode-se afirmar que a liberdade sindical também possui duas *dimensões* diferentes, mas entre si complementares, a individual e a coletiva, cada uma delas sob perspectivas positivas ou negativas.[21]

Nesse prumo, pode-se enfatizar que qualquer ato que viole ou contrarie o conteúdo do princípio da liberdade sindical é uma *conduta ou comportamento antissindical.* Assim, qualquer comportamento, de quem quer que seja, que tente impedir ou limitar ou, mais do que isso, obstar o exercício da liberdade sindical, é considerado *ato antissindical.* Tais atos afrontam os princípios da liberdade sindical e da autonomia das entidades sindicais, afirmados pela Constituição de 1988 e pelas Convenções Internacionais da OIT, inclusive aquelas ratificadas pelo Brasil – como a Convenção 98 e a Convenção 135 da OIT.

Por exemplo, viola a liberdade sindical, mais especificamente o art. 8º, inciso V, da CRFB/88[22], cláusula de instrumento normativo que estabelece a preferência, na contratação de mão de obra, do trabalhador sindicalizado sobre os demais (OJ 20 da Seção de Dissídios Coletivos do TST).

Igualmente, entendeu o Supremo Tribunal Federal, que viola os princípios constitucionais da liberdade de associação (art. 5º, XX) e da liberdade sindical (art. 8º, V), ambos em sua dimensão negativa, a norma legal que condiciona, ainda que indiretamente, o recebimento do benefício do seguro-desemprego à filiação do

---

[21] É o que bem aponta MARTINEZ, Luciano. *Curso de direito do trabalho*. 8. ed. São Paulo: Saraiva, 2018. p. 882.

[22] Art. 8º É livre a associação profissional ou sindical, observado o seguinte: [...] V – ninguém será obrigado a filiar-se ou a manter-se filiado a sindicato.

interessado à colônia de pescadores de sua região (ADI 3.464, rel. min. Menezes Direito, j. 29.10.2008, *DJe* de 06.03.2009). No caso, impunha-se legalmente (art. 2º, IV, *a*, *b* e *c*, da Lei 10.779/2003) a filiação obrigatória à colônia de pescadores como condição *sine qua non* para a habilitação ao seguro-desemprego. Tratava-se de tentativa de promover, por meio de regra legal inconstitucional, sindicalização forçada, contrária ao princípio da liberdade sindical.

Também violam a liberdade sindical e a autonomia das entidades sindicais condutas empresariais de restrição à contratação ou à manutenção nos empregos de trabalhadores com filiação ou atuação sindicais.

Quanto aos seus sujeitos ativos, qualquer pessoa ou instituição pode incorrer em conduta antissindical. Comece-se, por exemplo, pelo *Estado*, quando cria taxas exorbitantes para fim de registro sindical ou quando interfere, desproporcionalmente, na criação de uma entidade sindical.[23] Cite-se, uma vez mais, o Estado, quando elabora políticas públicas prescritivas de severas e desproporcionais restrições ao custeio das entidades sindicais dos trabalhadores. A propósito, políticas públicas cerceadoras da manutenção e da atuação dos entes integrantes do sindicalismo, em seus distintos graus, têm sido consideradas como caracterizadoras, em certos países do mundo ocidental, de graves condutas antissindicais praticadas na sociedade contemporânea.

Por outro lado, também o *empregador* pode adotar comportamentos antissindicais. Por exemplo, quando pressiona o empregado a se desfiliar de seu sindicato profissional ou quando adota condutas de retaliação a trabalhadores em face de sua atuação coletiva sindical. Aliás, o *próprio sindicato* pode incorrer nesse viés quando, ilustrativamente, utiliza-se de expedientes ilícitos para forçar a sindicalização. Se não bastasse, até mesmo os *meios de comunicação de massa* podem evidenciar esse comportamento malicioso, no momento em que tentam incutir no senso comum a ideia de que o sindicalismo é negativo para os trabalhadores e o conjunto da população ou no instante em que apregoam, explícita ou implicitamente, que os movimentos paredistas são prejudiciais a toda população.

III.2. O princípio da equivalência entre os atores (ou contratantes) coletivos

Ao contrário do que acontece no Direito Individual do Trabalho, que regula uma relação estruturalmente assimétrica, em que existe uma flagrante disparidade

---

23 A Constituição de 1988 veda essa interferência estatal (art. 8º, *caput* e inciso I) – prática corriqueira, infelizmente, no período pré-1988. Ressalva a Constituição, porém, a necessidade de registro no órgão competente (inciso I do art. 8º, CF), que foi considerado, pela jurisprudência, desde os anos 1990, o hoje extinto Ministério do Trabalho (competência esta que, com a extinção desse Ministério pelo art. 19 da Medida Provisória 870, de 01.01.2019, convertida na Lei 13.844, de 13.06.2019, foi atribuída ao Ministério da Economia, nos termos do art. 31, XLI, deste Diploma legal, em decorrência do art. 1º da MPr. 886, 18.06.2019). Contra a decisão ministerial, cabe, evidentemente, ação judicial pela entidade que se considerar prejudicada (art. 114, III e IV, CF).

de armas entre os atores ou contratantes envolvidos (empregado e empregador), o Direito Coletivo do Trabalho é orientado pelo princípio da equivalência entre os atores ou contratantes coletivos, pelo qual as partes envolvidas, pelo menos em tese, devem estar em pé de igualdade.

E isso se dá porque, ao contrário do empregado isoladamente considerado, as entidades coletivas obreiras possuem como instrumento de organização, pressão e força a circunstância de se estruturarem como entidades grupais, sociais e amplas – entidades efetivamente *coletivas* –, com a potência e os instrumentos inerentes a uma estrutura desse largo porte. A par disso, no Direito Coletivo do Trabalho, tais entidades sindicais, na qualidade de entes representativos dos trabalhadores, ostentam ainda a possibilidade de deflagrar movimentos coletivos de real impacto, a exemplo do que ocorre com a greve.

Com efeito, os instrumentos colocados à disposição do sujeito coletivo dos trabalhadores (garantias de emprego em favor dos dirigentes sindicais ou de outros representantes dos trabalhadores, prerrogativas de atuação sindical, possibilidades de mobilização e pressão sobre a sociedade civil e o Estado, greve etc.) reduzem, no plano juscoletivo, a flagrante disparidade que separa o trabalhador, como indivíduo, do empresário.[24]

A empresa e o seu titular, como se sabe, ostentam, naturalmente, o caráter de ser coletivo (*ser coletivo empresarial*), uma vez que a sua organização, a sua estrutura e o seu poder, inerente às entidades econômicas e às instituições, permite-lhes produzir e efetivar decisões e efeitos firmemente coletivos.

Entretanto, com respeito aos trabalhadores, eles somente alcançarão esse *status* e esse poderio caso se organizem solidamente como ente coletivo, isto é, por meio das entidades sindicais de todos os graus. No Brasil, a propósito, essas entidades sindicais envolvem distintas organizações coletivas obreiras: em primeiro lugar, os sindicatos de trabalhadores, na base da pirâmide sindical; em segundo lugar, as federações de trabalhadores, em nível estadual ou regional; mais acima, as confederações de trabalhadores, em nível nacional, estruturadas também tomando em conta a mesma categoria profissional ou categorias afins; no ápice dessa estruturação, as centrais sindicais, organizadas no plano nacional e buscando inter-relacionar todas as categorias profissionais de trabalhadores, de maneira a suprir ou atenuar o isolacionismo provocado pelo critério de estruturação em categorias profissionais e categorias diferenciadas das entidades sindicais a elas filiadas. Com essa complexa, coerente e sistemática pirâmide sindical, desde a base até as centrais sindicais, os trabalhadores, em tese, elevam o seu poderio organizacional, conseguindo atingir mais de perto a realização do princípio da equivalência entre os contratantes coletivos trabalhistas.

---

[24] DELGADO, Maurício Godinho. *Direito coletivo do trabalho*. 7. ed. São Paulo: LTr, 2017. p. 76.

De toda maneira, como aponta Mauricio Godinho Delgado, o princípio da equivalência entre os contratantes coletivos não se reporta a mero formalismo comparativo entre instituições sindicais e empresariais, porém a um conceito denso de conteúdo, com realidade social e organizacional efetiva:

> "Evidentemente que *essa natureza coletiva dos sindicatos deve ser real, ao invés de mera formalidade ilusória. Nessa medida, os sindicatos de trabalhadores têm de ostentar solidez e consistência, com estrutura organizativa relevante, além de efetiva representatividade no que diz respeito à sua base profissional trabalhista.* Afinal, sabe-se que a entidade sindical frágil e sem representatividade verdadeira consiste na antítese da ideia de sindicato e de ente integrante do sindicalismo, dificilmente sendo apta a realmente deter a natureza de ser coletivo obreiro."[25]

A esse respeito, o mencionado autor aponta, na ordem jurídica do País, quer em sua dimensão normativa, quer jurisprudencial, a presença de quatro fatores que tendem a comprometer a plenitude da concretização do princípio da equivalência entre os contratantes coletivos na realidade socioeconômica trabalhista brasileira. São eles, sinteticamente: a) a insistência jurisprudencial em se reportar ao critério da especificidade (ao invés de ao critério ou princípio da agregação) como parâmetro de exame da entidade sindical mais representativa nos processos envolvendo disputas intersindicais de representação – com isso, estimulando e impulsionando o fracionamento e a pulverização das entidades sindicais ao longo de todo o Brasil; b) a restrição da garantia de emprego sindical a somente sete dirigentes titulares e sete dirigentes suplentes, independentemente da dimensão enorme ou modesta da entidade sindical examinada – com isso, enfraquecendo--se, desproporcionalmente, a garantia empregatícia firmada no art. 8º, VIII, da Constituição da República; c) a ausência de representação dos sindicatos no âmbito das empresas e seus estabelecimentos; d) a resistência em se adotar o critério da ultratividade das regras coletivas negociadas de ACTs e CCTs até que, pelo menos, sobrevenha nova convenção coletiva ou novo acordo coletivo de trabalho ou, até mesmo, sentença normativa.[26]

A esses quatro fatores, pode-se agregar um quinto, também bastante severo. Trata-se do solapamento drástico dos canais de custeio das entidades sindicais, em decorrência da combinação de dois fluxos normativos e jurisprudenciais restritivos: de um lado, a eliminação, de imediato, sem fase de transição, da antiga contribuição sindical obrigatória que era regulada pela CLT, desde a década de 1940; essa eliminação aconteceu a partir do ano de 2018, logo em seguida à vigência da Lei 13.467 (Lei da Reforma Trabalhista), ocorrida em 11.11.2017; de outro lado, a vedação pela Lei 13.467/2017 (novo art. 611-A, XXVI, CLT), seguindo tendência

[25] DELGADO, Mauricio Godinho. *Curso de direito do trabalho*. 18. ed. São Paulo: LTr, 2019. p. 1567 (grifos no original).

[26] DELGADO, Mauricio Godinho. *Curso de direito do trabalho*. 18. ed. São Paulo: LTr, 2019. p. 1567-1571.

jurisprudencial restritiva prévia (OJ 17 e PN 119, ambos da SDC do TST), da cobrança da cota de solidariedade ou contribuição negocial de todos os trabalhadores representados pela entidade sindical, no contexto do documento coletivo resultante da negociação coletiva trabalhista (ACT ou CCT), mesmo sendo beneficiários de todos os direitos e garantias celebrados na respectiva negociação coletiva trabalhista. Com isso, o enfraquecimento econômico dos sindicatos de trabalhadores, desde o início de 2018, tornou-se patente e extremamente significativo no Brasil,[27] tornando risível falar-se em verdadeira efetividade do princípio da equivalência entre os contratantes coletivos trabalhistas na realidade normativa e socioeconômica do País.[28]

Em síntese, todos esses cinco fatores, considerados isoladamente e, mais ainda, se aquilatados em conjunto – que é, na verdade, como atuam, na prática social –, debilitam, desproporcionalmente, as organizações sindicais dos trabalhadores no País, comprometendo a plenitude da realização do princípio da equivalência entre os atores ou contratantes coletivos na realidade laborativa brasileira.

IV. O ESTADO DEMOCRÁTICO DE DIREITO E AS FUNÇÕES DAS ENTIDADES SINDICAIS

As funções constitucionais e legais dos sindicatos são extraídas do art. 8º, inciso III, da CF, ao prever esse que "ao sindicato cabe a defesa dos direitos e interesses coletivos ou individuais da categoria, inclusive em questões judiciais ou administrativas".

Ao sindicato, por conseguinte, devem ser juridicamente garantidos os meios e poderes para o desenvolvimento, persecução e alcance de sua finalidade principal, que é a defesa dos direitos e interesses dos trabalhadores representados e, até mesmo, de toda a respectiva categoria, respeitada a sua base territorial, com vistas à melhoria das condições de vida dos trabalhadores por ele representados.

São três as funções clássicas reconhecidas aos sindicatos: a representativa, a negocial e a assistencial. Pode-se ainda falar nas funções econômicas e as políticas, embora as duas últimas não encontrem completo consenso.[29]

---

[27] Veja-se, apenas a título de exemplo, o que constou da matéria publicada na edição de 05.03.2019 do jornal diário "O Estado de São Paulo", em seu caderno de Economia e Negócios: "Dados oficiais mostram que em 2018, primeiro ano cheio da reforma trabalhista, a arrecadação do imposto caiu quase 90%, de R$3,64 bilhões em 2017, para R$500 milhões no ano passado. A tendência é que o valor seja ainda menor neste ano".

[28] A respeito do tema do custeio das entidades sindicais de trabalhadores, a partir do período deflagrado pela Lei da Reforma Trabalhista de 2017 no País, consultar DELGADO, Mauricio Godinho. *Curso de direito do trabalho*. 18. ed. São Paulo: LTr, 2019. p. 1608-1611. Consultar também: DELGADO, Mauricio Godinho. Sindicalismo e Sindicatos no Brasil: da democratização promovida pela Constituição da República à Crise e Desinstitucionalização emergentes. *Revista Magister de Direito do Trabalho*, Porto Alegre, Lex Magister, ano XVI, n. 91, p. 68-95, jul.-ago. 2019.

[29] DELGADO, Maurício Godinho. *Direito coletivo do trabalho*. 7. ed. São Paulo: LTr, 2017. p. 129.

A principal função (e prerrogativa) dos sindicatos é a de representação, no sentido amplo, de suas bases trabalhistas. Por meio dessa função, o sindicato se organiza, seja para atuar em nome de um grupo unitário de trabalhadores (ou mesmo de um único trabalhador), sempre inseridos em sua categoria profissional e no âmbito de sua base territorial, seja para defender seus interesses no plano da relação de trabalho e, até mesmo, em plano social mais largo.[30]

Em sentido lato, a função representativa abrange inúmeras dimensões, tais como a privada, a administrativa, a pública e a judicial. Na dimensão privada, o sindicato se coloca em diálogo ou confronto com os empregadores, em vista dos interesses individuais de trabalhadores ou coletivos da categoria (aqui, a função abrange também a negocial, a ser vista logo a seguir). Por meio da função administrativa, o sindicato busca se relacionar com o Estado, visando à solução de problemas trabalhistas em sua área de atuação. Já em sua função pública, ele tenta dialogar com a sociedade civil, na procura de suporte para suas ações e teses laborativas. E, por fim, na função judicial, o sindicato atua como representante (mais do que isso: como substituto processual) na defesa dos interesses da categoria ou de seus filiados.[31]

Por meio da *função negocial*, os atores coletivos produzem pactos de caráter normativo (Acordo Coletivo de Trabalho ou Convenção Coletiva de Trabalho, no caso do Brasil, como estabelecem o art. 611, *caput* e seu § 1º, da CLT), buscando a solução autônoma e negociada de seus impasses. Nesse caso, os entes sindicais atuam como verdadeiros produtores de normas, embora sempre em conjugação e em consenso com os atores empresariais (a própria empresa, no caso do ACT; ou o sindicato da categoria econômica, no caso da CCT). E, sob o ponto de vista das entidades de trabalhadores, a função negocial coletiva somente pode ser lícita e legitimamente desempenhada mediante sua interveniência obrigatória (art. 8º, VI, CRFB/88). A Organização Internacional do Trabalho, na Convenção 98, incentiva a atuação negocial dos sindicatos, considerando-a instrumento de paz social, apta a permitir às próprias partes em conflito a escolha das normas a serem observadas para a composição dos seus interesses. A propósito, no Brasil, é direito fundamental dos trabalhadores o reconhecimento dos instrumentos de negociação coletiva (art. 7º, XVI, da CRFB/88).

Por sua vez, a *função assistencial* consiste na prestação de serviços de natureza médica, jurídica, educacional, cultural e recreativa, entre outras. Há correntes do próprio sindicalismo que sustentam serem tais atribuições impróprias, desviando o sindicato do seu objetivo principal, mormente quando tais serviços deveriam ser oferecidos pelo Estado, e não pelo sindicato.[32]

---

[30] DELGADO, Mauricio Godinho. Ob. cit., p. 130.

[31] Idem.

[32] Essa concepção minimalista, embora bem-intencionada, é um tanto reducionista das funções sindicais, não contribuindo, inclusive, para o enfrentamento da crise do sindicalismo nas últimas décadas

Cabe se falar ainda na existência das funções *econômicas* e *políticas* – estas últimas, sendo objeto central do nosso estudo. Sobre as funções econômicas, a CLT, em sua inspiração restrita oriunda da década de 1940 – com cunho autoritário subjacente às regras regentes do sindicalismo, conforme se sabe –, claramente tendia a rejeitá-las, considerando-as incompatíveis com o regular exercício das atividades sindicais. Nessa linha, o art. 564 da CLT foi enfático ao dispor que:

> "[...] às entidades sindicais, sendo-lhes peculiar e essencial a atribuição representativa e coordenadora das correspondentes categorias ou profissões, é vedado, direta ou indiretamente, o exercício de atividade econômica."

Naturalmente que essa regra de vedação ao exercício de atividade econômica (bem como a vedação ao exercício de atividade política) não foi recepcionada pela Constituição da República, em seu art. 8º, *caput*, e incisos I e II, os quais fixaram, no País, os princípios da liberdade sindical e da autonomia das entidades sindicais – conforme já amplamente exposto no presente artigo acadêmico.

Com efeito, sob o império dos princípios constitucionais da liberdade sindical e da autonomia das entidades sindicais, a restrição às atividades econômicas e políticas do sindicato constitui-se em flagrante *conduta antissindical*, que esvazia o papel do sindicalismo na Democracia, fazendo do agrupamento de trabalhadores uma mera "maioria silenciosa", na irônica e cirúrgica expressão de Simone Goyard-Fabre.[33]

O desenvolvimento de atividades econômicas e políticas pelo sindicato consubstancia-se em verdadeira aplicação da *teoria dos poderes implícitos*, pela qual a Constituição, ao conceder uma função a determinado órgão ou instituição, também lhe confere, implicitamente, os meios necessários para a consecução desta atividade.[34]

Naturalmente que a *função econômica* das entidades sindicais não deve ser a essencial ou a exclusiva na atuação dessas entidades. Ao inverso, deve se caracterizar como uma função *meramente instrumental*, ou seja, uma atividade-meio a serviço do fortalecimento do sindicalismo para que esse atinja e cumpra os seus objetivos primordiais.

---

no mundo ocidental. De todo modo, trata-se de tema complexo, a ser reservado para distinta pesquisa e novo artigo.

33 GOYARD-FABRE, Simone. *O que é democracia*. São Paulo: Martins Fontes, 2003. p. 283.

34 A teoria dos poderes implícitos tem sua origem na Suprema Corte dos EUA, no ano de 1819, no precedente Mc Culloch *vs*. Maryland. Não obstante a relevância ampla dessa teoria ali arquitetada, o fato é que, ao longo dos séculos, a jurisprudência da Corte Constitucional norte-americana, por ser bastante influenciada pelo constitucionalismo liberalista tradicional do século XVIII, não tem sido receptiva, na prática, aos princípios internacionais da OIT da liberdade sindical e da autonomia das entidades sindicais. De toda maneira, esse também não é o objeto do presente artigo, remetendo-se o seu exame para futuro trabalho.

Assim, pode o sindicato exercer atividades econômicas para melhor aparelhar sua atividade-fim – o que, inclusive, se coaduna com a noção de sindicato livre, enquanto pessoa jurídica de direito privado. Ao contrário, a noção de sindicato como braço do Estado, pessoa jurídica de direito público a serviço de atividades estatais, é que se choca com a autonomia essencial à entidade sindical. Nessa perspectiva, a proibição de atividades econômicas, em verdade, serve como poderoso e eficaz instrumento de controle estatal sobre a organização e a vida do sindicalismo – situação, por óbvio, incompatível com a regência constitucional deflagrada pelos princípios de liberdade e autonomia sindicais.[35]

A mesma reflexão se aplica às *atividades políticas*. Não é da essência da estrutura e objetivos das entidades sindicais o exercício de atividades políticas, no sentido de político-partidárias; entretanto, na medida em que a ordem jurídica (inclusive a ordem jurídica trabalhista) é resultado de ações políticas bem sucedidas, *não se pode negar aos entes do sindicalismo a participação nos debates e movimentos políticos da sociedade civil e da sociedade política*. Naturalmente que, nesses casos, o exercício de atividades políticas pelo sindicato acontece, conforme percebido, também em *caráter instrumental*. Afinal, não se pode subtrair ao sindicato um dos instrumentos mais eficazes de sua atuação para consecução de sua finalidade principal, ou seja, a melhoria das condições de vida e de trabalho para os seus representados. A política é atividade criadora do Direito – inclusive de normas justrabalhistas –, não se podendo excluir o sindicalismo da atuação nessa atividade.

Nesse contexto, a vedação explícita e excessivamente genérica lançada pelo art. 521, "d", da CLT,[36] oriundo do início da década de 1940 (em que imperava no país o autoritarismo do Estado Novo, fruto da Carta ditatorial outorgada em 1937), não mais prevalece na ordem jurídica do Brasil, a contar do Estado Democrático de Direito instaurado pela Constituição de 1988 no País e dos princípios da liberdade sindical e da autonomia das entidades sindicais que essa mesma Constituição da República afirmou na ordem jurídica brasileira (art. 8º, *caput* e incisos I e II, CF).

Nessa mesma linha, o jurista uruguaio, Oscar Ermida Uriarte, ao tratar das funções sindicais, fala do importante papel político que desenvolve o sindicato, seja no plano da democracia material, seja no plano da democracia formal.[37]

A atividade política ou a *função política* sindical passará a ser examinada de forma mais detalhada nos tópicos seguintes, justamente em razão de ser o objeto central de análise deste artigo acadêmico.

---

35 DELGADO, Maurício Godinho. *Direito coletivo do trabalho*. 7. ed. São Paulo: LTr, 2017. p. 131-132.

36 CLT: "Art. 521 – São condições para o funcionamento do Sindicato: [...] d) proibição de quaisquer atividades não compreendidas nas finalidades mencionadas no art. 511, inclusive as de caráter político-partidário".

37 URIARTE, Oscar Ermida. *Sindicatos en libertad sindical*. 5. ed. Montevideo: Fundación de Cultura Universitaria, 2016. p. 179.

V. O ESTADO DEMOCRÁTICO DE DIREITO E O EXERCÍCIO, PELAS ENTIDADES SINDICAIS, DE ATIVIDADES COM DIMENSÕES POLÍTICAS

As primeiras concepções das ordens jurídicas ocidentais acerca dos sindicatos e do sindicalismo lhes negavam, taxativamente, a atuação política. Aliás, iam muito além disso, negando a própria validade da existência das entidades sindicais, por entenderem que elas significavam uma afronta ao livre mercado e à livre contratação do trabalho e do trabalhador, ao imporem aos empregadores condições mais adversas do que aquelas ofertadas pelo capitalismo em seu estado de *laissez-faire*, isto é, uma economia e um mercado de trabalho sem qualquer regulação ou restrição jurídicas. É o que se passou desde o advento do sistema capitalista e durante o paralelo e consequente surgimento do próprio sindicalismo, originalmente no século XVIII, na Grã-Bretanha e a seguir na Europa Ocidental. Os sindicatos e os movimentos e atividades sindicais não eram reconhecidos pelo Direito, sendo, essencialmente, tidos como ilegais – nessa linha, o *Combination Act*, de 1799, e o *Sedition Meeting Act*, de 1817, ambos da Grã-Bretanha. Trata-se da fase de proibição do sindicalismo, a primeira que se conheceu na História nessa temática.[38]

Na França, em 1791, com a *Lei Le Chapelier*, que extinguiu as centenárias corporações de ofícios, os recentes sindicatos de trabalhadores também foram colocados na ilegalidade, ao fundamento de que conspiravam contra a livre contratação afirmada pela Revolução Francesa, de 1789. Na verdade, nesse período inicial, não somente as atividades políticas do sindicalismo, como quaisquer outras atividades por eles desenvolvidas, eram, pois, tidas como ilícitas.[39]

A Grã-Bretanha, entretanto, foi pioneira no mundo em considerar lícitas a existência e a atuação das entidades sindicais, por intermédio dos denominados *Toleration Acts*, de 1825/26.[40] O pioneirismo britânico somente foi acompanhado pelos demais países europeus a partir de meados da segunda metade do século XIX (cerca de 50 anos depois, portanto), quando foram promulgadas de forma sucessiva, em vários países da Europa Ocidental, leis reconhecedoras da existência e do papel reivindicatório social e profissional das entidades sindicais. Citem-se, como

---

[38] A respeito da origem do capitalismo e do sindicalismo na Grã-Bretanha no século XVIII e dessa primeira fase de repulsa da ordem jurídica às entidades e atividades sindicais – a fase de proibição –, consultar, ilustrativamente: DELGADO, Mauricio Godinho. *Direito Coletivo do Trabalho*. 7. ed. São Paulo: LTr, 2017. p. 156-160; GOMES, Orlando; GOTTSCHALK, Elson. *Curso de Direito do Trabalho*. 5. ed. Rio de Janeiro: Forense, 1972. p. 2 e 474-475; NASCIMENTO, Amauri Mascaro. *Compêndio de Direito Sindical*. 6. ed. São Paulo: LTr, 1999. p. 40-42; RUSSOMANO, Mozart Victor. *Princípios Gerais de Direito Sindical*. 2. ed. Rio de Janeiro: Forense, 2000. p. 17.

[39] A mesma bibliografia citada na nota de rodapé anterior, de n. 37, trata da evolução da política pública de diversos países europeus com respeito aos sindicatos nessa época.

[40] DELGADO, Mauricio Godinho. *Direito Coletivo do Trabalho*. 7. ed. São Paulo: LTr, 2017. p. 156-160; GOMES, Orlando; GOTTSCHALK, Elson. *Curso de Direito do Trabalho*. 5. ed. Rio de Janeiro: Forense, 1972. p. 2 e 474-475; NASCIMENTO, Amauri Mascaro. *Compêndio de Direito Sindical*. 6. ed. São Paulo: LTr, 1999. p. 40-42; RUSSOMANO, Mozart Victor. *Princípios Gerais de Direito Sindical*. 2. ed. Rio de Janeiro: Forense, 2000. p. 17.

exemplo, leis nos seguintes países: Alemanha (1869); Dinamarca (1874); França (1884); Espanha e Portugal (1887); Itália (1889) e Bélgica (1898).[41]

A História do Direito do Trabalho – considerada a matriz europeia ocidental – evidencia que a atuação política do sindicalismo foi um dos instrumentos mais relevantes para o rompimento com as concepções liberalistas mais extremadas de *laissez faire* e *laissez passer*, contribuindo para dar origem a diversas leis consagradoras de direitos trabalhistas em distintos Estados europeus, especialmente a partir da segunda metade do século XIX e ao longo do século XX. Essa atuação política sindical é parte importante, dessa maneira, da estruturação, no Ocidente, de um campo jurídico novo e significativamente progressista, o Direito do Trabalho. Esse campo jurídico novo ingressou, até mesmo, no Direito Constitucional em 1917 (Constituição do México) e 1919 (Constituição de Weimar), com o chamado *Constitucionalismo Social*, mantendo-se firme e, até mesmo, mais aprofundado no subsequente *Constitucionalismo Humanista e Social* da Europa, deflagrado depois da Segunda Grande Guerra.[42]

Naturalmente que os próprios sindicalistas têm procurado não confundir a atuação política dos sindicatos, no sentido amplo, com uma vinculação político-partidária estrita das entidades sindicais com certas entidades partidárias existentes na sociedade civil e na sociedade política contemporânea, como se os sindicatos fossem correias de transmissão de partidos políticos específicos. Esse cuidado e essa distinção são importantes para não se subordinar, grosseiramente, o sindicalismo a interesses estritamente político-partidários inerentes à política institucional, embora não possa ser justificativa, em uma Democracia multidimensional – como deve ser o Estado Democrático de Direito –, para se negar a larga prerrogativa de atuação política às entidades do sindicalismo.

De toda maneira, é da essência do movimento sindical a defesa de uma certa ideologia, razão pela qual, inclusive, são consideradas *organizações de tendência*

[41] DELGADO, Mauricio Godinho. *Direito Coletivo do Trabalho*. 7. ed. São Paulo: LTr, 2017. p. 156-160; GOMES, Orlando; GOTTSCHALK, Elson. *Curso de Direito do Trabalho*. 5. ed. Rio de Janeiro: Forense, 1972. p. 2 e 474-475; NASCIMENTO, Amauri Mascaro. *Compêndio de Direito Sindical*. 6. ed. São Paulo: LTr, 1999. p. 40-42; RUSSOMANO, Mozart Victor. *Princípios Gerais de Direito Sindical*. 2. ed. Rio de Janeiro: Forense, 2000. p. 17.

[42] A respeito desse processo histórico e institucional de inserção das normas justrabalhistas e previdenciárias nas constituições, acontecido durante o século XX, deflagrando essas duas novas e muito progressistas fases do constitucionalismo, consultar, por exemplo: BONAVIDES, Paulo. *Do Estado liberal ao Estado social*. 11. ed. São Paulo: Malheiros, 2014; DELGADO, Mauricio Godinho. Constituição da República, Estado Democrático de Direito e Direito do Trabalho. In: DELGADO, Mauricio Godinho; DELGADO, Gabriela Neves. *Constituição da República e Direitos Fundamentais*: dignidade da pessoa humana, justiça social e direito do trabalho. 4. ed. São Paulo: LTr, 2017. p. 33-58; DELGADO, Mauricio Godinho; PIMENTA, José Roberto Freire; NUNES, Ivana. O Paradigma do Estado Democrático de Direito: estrutura conceitual e desafios contemporâneos. *Revista Jurídica UNICURITIBA*, Curitiba, Centro Universitário UNICURITIBA, v. 2, n. 55, p. 485-515, abril-junho 2019; STRECK, Lenio Luiz; MORAIS, Jose Luiz Bolzan de. *Ciência Política e Teoria do Estado*. 8. ed. Porto Alegre: Livraria do Advogado, 2014. p. 91-110.

(*Tendenzbetrieb*) – entidades fundamentais em um verdadeiro Estado Democrático de Direito. Organizações de tendência, conforme esclarece Gabriela Curi Gaspar, consistem naquelas cuja finalidade é a difusão de determinada ideologia independente do ânimo de lucro, formadas por pessoas (ou apenas por uma pessoa) para expressar seu pensamento, credo, religião ou ideologia. Vale dizer, são instrumentos de realização de direitos fundamentais dos seus titulares e integrantes, embasados pela livre-iniciativa, liberdade de associação e liberdade de expressão do pensamento, plasmando dessa forma, o pluralismo tão caro às sociedades democráticas contemporâneas.[43]

Com efeito, é ilusória a distinção entre atividade sindical e função política (J. M. Verdier)[44], sendo simplista a distinção entre essas funções, pois a licitude dos meios políticos a serviço de fins profissionais é incontestável (Lyon-Caen).[45]

Nessa linha, a própria Organização Internacional do Trabalho, em seu Enunciado 730, de sua compilação de decisões do Comitê de Liberdade Sindical, reconhece que:

> "[...] é difícil fazer uma distinção clara entre o político e o verdadeiro sindicato. Ambas as noções têm pontos em comum e é inevitável, e às vezes usual, que as publicações sindicais se refiram a questões com aspectos políticos, bem como questões estritamente econômicas ou sociais."[46]

Não se pode negar que, pelo menos em tese, os sindicatos possuem grande capacidade de organizar e defender as preferências políticas da classe desprovida de riqueza material acumulada (geralmente constituída pelos trabalhadores pobres, a par de alguns setores de classe média que dependem exclusivamente de seu trabalho).

Mesmo nos Estados Unidos da América, por exemplo – país em que prepondera uma visão liberalista mais tradicional –, Benjamin Sachs leciona que os sindicatos são uma clara fonte de influência política para os setores despossuídos de riqueza e de poder.[47] Segundo o Professor de Direito do Trabalho na Escola de Direito de Harvard, os sindicatos conseguiram organizar as classes baixa e média de americanos em direção à eficiente ação política em números inatingíveis por qualquer outro

---

43 GASPAR, Gabriela Curi. *Colisão de direitos fundamentais nas relações de emprego em organizações de tendência*. Salvador: UFBA, 2015. p. 177. Sobre o tema, conferir, também, GIMENO, Francisco R. Blat. *Relaciones laborales em empresas ideológicas*. Madrid: Centro de Publicaciones Ministerio de Trabajo y Seguridad Social, 1986.

44 VERDIER, J. M. Syndicats. In: CAMERLYNCK (Dir.). *Traité de droit du travail*. Paris: Dalloz, 1966. p. 233.

45 LYON-CAEN, G.; LYON-CAEN, A. *Droit social international et européen*. Paris: Dalloz, 1993. p. 121.

46 OIT. *La libertad sindical*: recopilación de decisiones del Comité de Libertad Sindical. 6. ed. Oficina Internacional del Trabajo. Ginebra: OIT, 2018. p. 149.

47 SACHS, Benjamin I. The unbundled union: politics without collective bargaining. *Revista Direito das Relações Sociais e Trabalhistas*, Brasília, Centro Universitário do Distrito Federal, v. 4, n. 2, p. 9-34, mai.-ago. 2018.

ator não partidário.[48] Afirma ainda o jurista norte-americano que os sindicatos também contribuíram com quantias substanciais para candidatos e partidos, construíram operações eficazes de *lobby* (considerada atividade lícita e legítima nos Estados Unidos), engajando-se também em extensas campanhas políticas independentes de publicidade. Esclarece Benjamin Sachs que os sindicatos, além disso, financiaram tais atividades com contribuições voluntárias de pequenas quantias em dólares de seus membros.[49]

No curso da história mais longínqua do capitalismo também podem ser pinçados grandes episódios de atuação política das forças coletivas obreiras. Cite-se, por exemplo, o Cartismo (1838-1848), que foi um movimento social britânico que se iniciou na década de 1830 até o ano de 1848. Esse movimento lutou pela inclusão política da classe operária, representada pela Associação Geral dos Operários de Londres (*London Working Men's Association*). O Cartismo foi o primeiro movimento revolucionário de massas na história da classe operária da Grã-Bretanha.[50]

Como se sabe, o movimento ficou conhecido como "cartismo", porque os participantes do movimento publicaram a Carta do Povo, por meio da qual apresentavam uma série de reinvindicações de cunho político, tais como o sufrágio universal e a revogação da exigência de ser proprietário de terras para ser eleito deputado ao Parlamento (regime censitário), entre outras. Tratava-se, assim, de um *movimento de caráter político, organizado coletivamente pelos trabalhadores*.

Ao fim e ao cabo, o Parlamento inglês recusou-se a ratificar a Carta do Povo e rejeitou todas as petições dos cartistas. Com isso, o governo reprimiu cruelmente os cartistas, prendeu seus dirigentes e aniquilou o movimento. Mas, como é de se notar, a influência do cartismo sobre o desenvolvimento do movimento operário internacional foi muito grande e continuou reverberando na luta de classes por longo período.[51]

A história registra ainda que o primeiro partido político formalmente constituído na Grã-Bretanha, o *Labour Party* (de 1893), foi fruto da expressão política do

---

48 Idem.

49 SACHS, Benjamin I. The unbundled union: politics without collective bargaining. *Revista Direito das Relações Sociais e Trabalhistas*, Brasília, Centro Universitário do Distrito Federal, v. 4, n. 2, p. 9-34, mai.-ago. 2018.

50 MIZIARA, Raphael. *Moderno dicionário de direito do trabalho*. São Paulo: LTr, 2019. p. 42. A propósito, o movimento cartista britânico, ao lado da Revolução de 1848 na França e do Manifesto Comunista, também de 1848, contribuíram de forma conjunta para fixar o ano de 1848 como o marco do início da *fase de sistematização e de consolidação do Direito do Trabalho* na Europa Ocidental. A respeito, consultar, ilustrativamente, MORAES FILHO, Evaristo de. *Tratado Elementar de Direito do Trabalho*. Rio de Janeiro: Freitas Bastos, 1960. v. I. p. 81-90, e DELGADO, Mauricio Godinho. *Curso de Direito do Trabalho*. 18. ed. São Paulo: LTr, 2019. p. 105-113.

51 MIZIARA, Raphael. *Moderno dicionário de direito do trabalho*. São Paulo: LTr, 2019. p. 42.

movimento sindical britânico, exercendo forte influência na vida político-partidária da Inglaterra, pois era um partido formado originalmente por trabalhadores.[52]

De fato, inúmeras questões aparentemente de cunho apenas político-institucional podem, sem dúvida, influenciar, de modo relevante, a vida dos trabalhadores e de seus sindicatos. Ilustrativamente, é o que se passa com a política econômica oficial de certo Estado, que pode alterar, de maneira importante, a curva de emprego/desemprego na respectiva sociedade. Nesse quadro, não é lícito – nem minimamente razoável – vedar ao sindicato postar-se contra ou a favor de tal política.[53]

A tese ganha ainda mais robustez a partir da análise das decisões do Comitê de Liberdade Sindical da Organização Internacional do Trabalho que, em certa medida, admitem que o sindicato exerça atividade política. Segundo o Enunciado 725 do Comitê de Liberdade Sindical da OIT – cuja importância decisiva para o deslinde da questão em exame não pode ser minimizada –, "disposições que proíbem de maneira geral as atividades políticas por parte dos sindicatos para promoção de seus objetivos específicos são contrárias ao princípio da liberdade sindical".[54]

No entanto, no modelo corporativista de Estado reinante no Brasil quando da entrada em vigor do Decreto 5.452, de 1º de maio de 1943 – Consolidação das Leis do Trabalho –, sob a égide, reitere-se mais uma vez, da Carta ditatorial outorgada em 1937, o conflito entre as forças produtivas era absorvido pelo Estado, sendo essa uma das principais características daquele arquétipo estatal autoritário. Com receio da eclosão e da multiplicação dos conflitos na sociedade civil, o Estado absorvia as questões coletivas trabalhistas no interior de seu próprio aparelho burocrático e judicial, mediante o manejo do singular processo judicial do dissídio coletivo de natureza econômica.

Naquele cenário, as associações sindicais, para terem existência legal, dependiam do reconhecimento estatal, do qual recebiam a delegação para o exercício de funções públicas, sendo detentoras do monopólio da representação no interior da sua respectiva categoria (regra jurídica da unicidade sindical).

Nesse período, o sindicato possuía natureza jurídica de pessoa jurídica de direito público. Era braço – *longa manus* – do próprio corpo estatal, daí a expressão corporativismo, que também era associada ao controle dos corpos intermediários pelo Estado.

Tanto é que, por consectário lógico e plausível, o já citado art. 521, alínea "d", da CLT dispôs ser condição para o funcionamento do Sindicato, entre outras, a proibição de atividades de caráter político-partidário. Essa regra proibitiva de

---

52 MIZIARA, Raphael. Ob. cit., p. 42.

53 DELGADO, Maurício Godinho. *Direito coletivo do trabalho*. 7. ed. São Paulo: LTr, 2017. p. 131-132.

54 OIT. *La libertad sindical*: recopilación de decisiones del Comité de Libertad Sindical. 6. ed. Oficina Internacional del Trabajo. Ginebra: OIT, 2018. p. 133.

atividade política pelas entidades sindicais, embora, na verdade resultasse da visão autoritária prevalecente na época, buscava se justificar, juridicamente, pela circunstância de tais entidades ostentarem, segundo a legislação dessa fase, natureza jurídica pública, recebendo, inclusive, recursos financeiros de caráter parafiscal (a contribuição sindical obrigatória – na origem, denominada *imposto sindical*). De qualquer modo, o argumento jurídico era manifestamente frágil, senão enviesado – porém, em decorrência do espírito pouco democrático do País até o surgimento da Constituição de 1988, acabou por ser sufragado sem maiores controvérsias pela jurisprudência brasileira, inclusive do STF, naquele período histórico.

Conforme visto neste texto, entretanto, tal concepção autocrática foi explicitamente expurgada da ordem jurídica do País pela Constituição de 1988 (art. 8º, *caput* e incisos I e II, da CFRB-88), independentemente de os sindicatos continuarem a exercer as antigas funções explicitadas na Consolidação das Leis do Trabalho e também continuarem, por cerca de 29 anos depois de 1988, a receber a contribuição sindical obrigatória então regulada nos arts. 578 a 610 da CLT.

Com base nessa ordem de ideias, fundada nos pilares estruturantes do Estado Democrático de Direito e nos princípios do sindicalismo reconhecidos e proclamados no plano internacional pela OIT, sobretudo, o da liberdade sindical e o da autonomia das entidades sindicais, a denegação do exercício de atividades políticas pelas entidades sindicais não mais se sustenta, a qualquer título.

Diante desse cenário, passa-se a fazer análise mais acurada sobre as possibilidades e limites de exercício, pelas entidades sindicais, de atividades com dimensões políticas.

V.1. Sindicalismo e atividades políticas

Com efeito, os novos desafios contemporâneos do Direito do Trabalho, inclusive do sindicalismo e das entidades sindicais, a par de também da própria concepção de Estado Democrático de Direito, exige, até mesmo por questões de sua sobrevivência, a releitura e o fortalecimento das funções sindicais, entre as quais se destaca a atividade política.

Não é mesmo possível, como já dito, uma separação completa entre sindicalismo e política. Contudo, convém distinguir o exercício da política como meio para atingir fins essencialmente sindicais ou trabalhistas do exercício do sindicalismo como meio para atingir fins estritamente políticos.[55]

Lembra Amauri Mascaro Nascimento que a Organização Internacional do Trabalho, desde 1952, possui Resolução dispondo que:

---

[55] NASCIMENTO, Amauri Mascaro. *Compêndio de direito sindical*. 8. ed. São Paulo: Saraiva, 2015. p. 42.

> "[...] as relações ou atividades políticas dos sindicatos não devem ser em si mesmas de tal natureza que comprometam a continuidade necessária do movimento sindical e, por outro lado, não devem ser para os governos um pretexto para romper essa mesma continuidade."[56]

Nessa ordem de ideias, se a entidade sindical passar a fazer da atividade política sua atividade principal e/ou exclusiva incorrerá em *desvio de finalidade*. Desse modo, "organizações sindicais não devem cometer abusos em relação à sua ação política, excedendo suas próprias funções para promover interesses essencialmente políticos".[57]

Dessa maneira, segundo a OIT,

> "[...] o Estado, sem poder proibir, em geral, toda a atividade política das organizações profissionais, deve deixar às autoridades judiciais a tarefa de suprimir os abusos que as organizações cometem ao perderem de vista seu objetivo fundamental, que deveria ser o progresso econômico e social de seus membros."[58]

Como dito, a entidade sindical, por ser uma *organização de tendência*, foi criada para defender determinados valores e ideologias e, por isso mesmo, goza de liberdade de expressão, dentro dos limites constitucionais (e não, diga-se desde logo, sujeita a limites legais mais restritivos que sejam contrários à teleologia e ao próprio espírito da Norma Fundamental). Ora, se toda e qualquer organização de tendência – como as organizações representativas do poder econômico (e são inúmeras no mundo ocidental, contemporaneamente), as entidades religiosas, as organizações de segmentos diversos da sociedade civil, aí incluídas as várias entidades empresariais, entre outras – ostenta o direito à liberdade de organização e o direito à liberdade de expressão de seu pensamento, seria desproporcional, irrazoável, antidemocrático, não isonômico e injusto se negar os mesmos direitos e as mesmas prerrogativas às entidades sindicais. Repugna, afinal, ao Estado Democrático de Direito que somente entidades economicamente poderosas ostentem direitos e prerrogativas de atuação e manifestação na seara política. Nesse quadro, conforme expõe a OIT,

> "[...] a proibição geral de toda atividade política dos sindicatos seria não apenas incompatível com os princípios da liberdade de associação, como também careceria de realismo quanto à sua aplicação prática. De fato, as organizações sindicais podem querer, por exemplo, expressar publicamente sua opinião sobre a política econômica e social de um governo."[59]

---

56 NASCIMENTO, Amauri Mascaro. Loc. cit.

57 OIT. *La libertad sindical*: recopilación de decisiones del Comité de Libertad Sindical. 6. ed. Oficina Internacional del Trabajo. Ginebra: OIT, 2018. p. 133.

58 Idem.

59 OIT. Ob. cit., p. 134.

Com efeito, conforme bem argumenta Oscar Ermida Uriarte, a liberdade sindical e a autonomia das entidades sindicais somente podem ter densidade na medida em que a organização coletiva e os próprios membros da categoria possam exercer os demais direitos fundamentais, porque é praticamente impossível constituir um sindicato livre e desenvolver uma atividade sindical autêntica se não se puder exercer tais direitos, como o de expressão do pensamento.[60]

Naturalmente que incorre em equívoco a entidade sindical que atua essencialmente na dinâmica da política partidária de determinados país, sociedade e Estado. Incorre em equívoco estratégico, sem dúvida nenhuma; porém, não incorre em prática de ilicitude – pelo menos se forem corretamente considerados os marcos do Estado Democrático de Direito. *Tal equívoco estratégico pode comprometer, logo à frente, a própria legitimidade da respectiva organização sindical perante a sua base representada, mas isso não significa a prática de ato ilícito pela respectiva entidade*. Entre as liberdades amplas de associação, de organização, de atuação e de manifestação inerentes às entidades da sociedade civil integrantes do Estado Democrático de Direito, em contraponto ao exagero do atrelamento das atividades sindicais às atividades político-partidárias, a interpretação jurídica sensata, técnica, prudente e equilibrada há de se perfilar, sempre, pela defesa das estruturas e ideias essenciais da Democracia multidimensional que caracteriza o Estado Democrático de Direito, afastando-se de soluções interpretativas autocráticas, restritivas e filosoficamente ultrapassadas e enviesadas.

Tome-se um caso limite, a título exemplificativo e para reflexão: imagine-se a presença de cartazes de apoio a determinado partido político ou candidato partidário afixados na sede ou em imóveis de propriedade ou uso do sindicato. Tal conduta seria ilícita? Ou, ao inverso, seria lícita, por se tratar de legítimo exemplo de liberdade de expressão política pela entidade coletiva privada?

Enfrentando esse paradigmático dilema, o Tribunal Superior Eleitoral (TSE), por exemplo, já entendeu que a sede de um sindicato é bem de uso particular, cujo acesso, de modo geral, é restrito aos seus filiados. E, por isso, afastou a incidência do *caput* do art. 37 da Lei 9.504/97, que proíbe a veiculação de propaganda de qualquer natureza em bens de uso comum.[61] Dessa maneira, felizmente, no exame de um caso difícil (*hard case*, na consagrada expressão de Ronald Dworkin), em que há aspectos em direções polares, com a incidência simultânea de princípios constitucionais em aparente ou real antinomia, a Corte Eleitoral Federal Brasileira fez a correta escolha decisória, no sentido de assegurar a máxima vigência e efetividade do princípio da liberdade de expressão, inerente ao Estado Democrático de Direito.[62]

---

60 URIARTE, Oscar Ermida. *Sindicatos en libertad sindical*. 5. ed. Montevideo: Fundación de Cultura Universitaria, 2016. p. 24.

61 Agravo de Instrumento 5.124, Rel. Min. Ayres Britto, DJ 30.06.2008. p. 15.

62 Ilustrativamente, citem-se duas obras de Ronald Dworkin em que o autor analisa a natureza normativa dos princípios e os *hard cases* envolvendo a sua incidência: *Levando os Direitos a Sério*. 2. ed. São Paulo:

Igualmente, por exemplo, considera-se perfeitamente lícita a conduta de um sindicato que resolve custear campanha eleitoral de determinado(s) candidato(s) alinhado(s) à sua ideologia e aos interesses trabalhistas genéricos ou específicos de seus trabalhadores representados, em conformidade com o conceito constitucional de Estado Democrático de Direito, de seus princípios jurídicos essenciais, a par dos princípios próprios da liberdade sindical e da autonomia das entidades sindicais (conduta essa, aliás, hoje considerada absolutamente normal e lícita nas democracias de massa contemporâneas, sem qualquer polêmica política ou jurídica mais séria e recorrente a esse respeito). A validade apriorística dessa conduta não desonera a entidade sindical, evidentemente, de cumprir as regras de Direito Eleitoral regentes da regularidade das doações eleitorais.

A própria função negocial dos sindicatos desempenha, além de seu papel negocial e jurídico, um papel político altamente positivo, além de indispensável, enquanto forma de diálogo entre grupos sociais em uma sociedade democrática, para a valorização da inter-relação pacífica entre o capital e o trabalho, uma vez que se mostra do interesse geral da sociedade que ambos superem as suas divergências. Ora, o equilíbrio do sistema político pode ser prejudicado quando os conflitos sociais assumem proporções maiores e antagonistas, passando, assim, a afetar a sociedade e a convivência pacífica e democrática de seus vários agentes e setores. Quando isso ocorre, podem tais conflitos trazer instabilidade política. Assim, a negociação coletiva é um instrumento de estabilidade nas relações entre os trabalhadores e as empresas – a sua utilização passa a ter um sentido que ultrapassa a esfera restrita das partes interessadas, para interessar a toda a sociedade política.[63]

Merece críticas, portanto, a posição que ainda nega, de forma simplista e absoluta, a função política dos sindicatos. Embora sutilmente busque se arvorar em argumentos relativamente técnicos e jurídicos, no fundo se trata de pensamento que ainda veleja pelas águas turvas do corporativismo e do autoritarismo político que infelizmente preponderaram por décadas na História da República no Brasil.

V.2. A greve com dimensões políticas

Considera-se greve "a suspensão coletiva, temporária e pacífica, total ou parcial, de prestação pessoal de serviços a empregador" (art. 2º da Lei 7.783, de 1989 – a Lei de Greve).

Naturalmente que nem toda prática de protesto, denúncia ou pressão exercidos coletivamente pode ser enquadrada, juridicamente, como greve. Para se enquadrar nesse tipo jurídico fixado em lei, torna-se necessário que o movimento seja coletivo e importe na suspensão provisória, total ou parcial, da prestação de serviços ao

---

Martins Fontes, 2007; e ainda: *Uma Questão de Princípio*. 2. ed. São Paulo: Martins Fontes, 2005.

63 NASCIMENTO, Amauri Mascaro. *Compêndio de direito sindical*. 8. ed. São Paulo: Saraiva, 2015. p. 443.

empregador. É claro que, com a prática da terceirização de serviços, pode-se também considerar como grevista o movimento coletivo dos trabalhadores terceirizados no sentido de suspender total ou parcialmente, de modo provisório, a prestação de serviços ao respectivo tomador terceirizante.[64]

A greve é instituto eminentemente trabalhista, regulado pelo Direito do Trabalho, que estabelece regras e procedimentos para a sua realização no cotidiano das empresas e da realidade laborativa.

Nos limites deste artigo acadêmico, pretende-se debater, exclusivamente, sobre quais os interesses e objetivos que podem, licitamente, ser propulsores dos movimentos paredistas e se, entre esses interesses e objetivos, os de natureza política também podem estar contemplados. Para tanto, torna-se necessário visitar a Constituição de 1988, que conferiu regência normativa inteiramente nova e generosa ao instituto da greve na ordem jurídica brasileira.

De fato, no Brasil, apenas na Constituição de 1988 é que se assegurou, pela primeira vez, sentido ampliado e não repressivo ao direito de greve. Realmente, assim dispõe o art. 9º que está inserido no Capítulo II ("Dos Direitos Sociais") do Título II ("Dos Direitos e Garantias Fundamentais") da Constituição Federal: "É assegurado o direito de greve, *competindo aos trabalhadores decidir* sobre a oportunidade de exercê-lo e *sobre os interesses que devam por meio dele defender*" (grifos acrescidos).

A partir do texto constitucional (e não, de forma imprópria e invertida, como há muito adverte a mais autorizada hermenêutica constitucional, a partir das normas infraconstitucionais), indaga-se: quais interesses e objetivos podem os trabalhadores *licitamente* defender, por meio do movimento paredista? Em termos práticos, a resposta a essa pergunta delimitará a real extensão do direito de greve, na decisiva esfera da realidade empírica nacional.

Nesse ponto, necessário dizer inicialmente que esses interesses podem ser classificados em três grupos ou tipos: a) interesses *estritamente ou essencialmente trabalhistas*; b) interesses *puramente políticos, sem correlação qualquer com os trabalhistas*; c) interesses *político-trabalhistas correlacionados* ou, dito de outra forma, *interesses políticos relevantes, mas com repercussões trabalhistas efetivas.*

Iniciando-se a análise pelas (a) *greves que envolvam interesses estritamente trabalhistas ou essencialmente trabalhistas*, não pode haver dúvida de que, sob essa perspectiva, tais movimentos paredistas são válidos (respeitada a necessidade, é claro, de eles observarem os demais comandos normativos, de natureza material ou procedimental, do art. 9º da Constituição Federal e da Lei de Greve). A resposta, portanto, é claramente positiva.

64 A doutrina também realiza outras extensões do conceito de greve, as quais podem ter maior ou menor relevância prática em casos concretos específicos. A respeito, consultar VIANA, Márcio Túlio. *Direito de resistência*. São Paulo: LTr, 1996. p. 186.

Está-se tratando, neste instante, das greves cuja motivação circunscreve-se, essencialmente (ou estritamente), às fronteiras do contrato de trabalho, ou seja, ao âmbito dos interesses econômicos e profissionais dos empregados, que possam ser, de um modo ou de outro, atendidos pelo empregador. Trata-se, em suma, dos interesses econômico-profissionais, tipicamente atrelados ao contrato de trabalho.[65]

Citem-se, ilustrativamente, nesse primeiro grupo, as greves deflagradas em busca de melhorias nas condições de trabalho, ou visando à manutenção das condições vigentes na empresa ou na categoria profissional, ou objetivando à combinação das duas dimensões, a par de greves em face de descumprimento, pelo empregador, de normas legais ou convencionais anteriormente vigentes. Ora, todas essas são situações que evidentemente acarretam, estritamente sob o enfoque dos interesses defendidos pelos grevistas, a licitude dos movimentos paredistas.

Obviamente que não se desconhece que toda greve, mesmo aquela que envolve interesses estrita ou essencialmente trabalhistas, usualmente provoca um impacto político mais ou menos significativo na sociedade civil e na sociedade política, em especial no contexto de regimes autoritários, que tendem a ser refratários, de maneira geral, aos movimentos paredistas. Contudo, em um Estado Democrático de Direito, não pode haver dúvida de que tal tipo de movimento paredista tem por objeto a defesa de interesses e objetivos manifestamente válidos, do ponto de vista jurídico.

Procedendo-se com a análise pelo polo oposto, referenciado às (b) *greves deflagradas por interesses puramente políticos, sem qualquer correlação com os interesses trabalhistas*, não se pode negar que a resposta se torna mais complexa.

Em primeiro lugar, cabe insistir que se está aqui cuidando de movimentos paredistas com objetivos estritamente políticos, *sem correlação com interesses econômicos e profissionais dos trabalhadores*. A hipótese abrange, por exemplo, uma greve deflagrada por solidariedade à população de determinado país estrangeiro que está passando por dificuldades políticas e econômicas bastante graves, mas que não tenham qualquer correlação, direta ou indireta, com os interesses trabalhistas dos grevistas.

Respeitados os limites delimitados dessa hipótese, há textos da Organização Internacional do Trabalho compreendendo que a greve estritamente política não está abrangida e nem, muito menos, assegurada pelo princípio da liberdade sindical. De fato, a OIT já se pronunciou nesse sentido, concluindo que "las huelgas de carácter puramente político no entran en el ámbito de la protección deparada por los Convenios núms. 87 y 98".[66] Ademais, explicitou a OIT que:

---

[65] DELGADO, Maurício. *Direito coletivo do trabalho*. São Paulo: LTr, 2017. p. 284.

[66] OIT. *La libertad sindical*: recopilación de decisiones del Comité de Libertad Sindical. 6. ed. Oficina Internacional del Trabajo. Ginebra: OIT, 2018. p. 146-150.

> "[...] las huelgas de carácter puramente político y las huelgas decididas sistematicamente mucho tiempo antes de que las negociaciones se lleven a cabo no caen dentro del ámbito de los principios de libertad sindical."[67]

O fundamento da OIT caminha no sentido de que o art. 10 da Convenção 87 – diploma que trata da proteção à liberdade sindical e da proteção ao direito de sindicalização –, ao definir "Organização", prevê que o termo significa "qualquer organização de trabalhadores ou de empregadores que tenha por fim promover e *defender* os *interesses dos trabalhadores ou dos empregadores*" (g.n.). Como se nota, ao mencionar que os interesses a serem defendidos são os dos trabalhadores ou os dos empregadores, a Convenção deixa claro que são interesses de cunho trabalhista ou, pelo menos, conexos, de algum modo, aos interesses trabalhistas.

Essa também é a opinião de Raimundo Simão de Melo, ao afirmar que a greve de cunho eminentemente político (e não de cunho conexo, envolvendo dimensões políticas e também trabalhistas) não conta com garantia expressa nas normas da Organização Internacional do Trabalho. Conforme explica o autor, a OIT, no tocante à greve estritamente política, compreende que não está abrangida pelo princípio da liberdade sindical.[68]

Quanto, por fim, à análise para a hipótese intermediária (c), concernente às *greves por interesses político-trabalhistas correlacionados ou, dito de outra forma, interesses políticos relevantes, mas com repercussões trabalhistas efetivas*, a resposta também se mostra complexa.

Em primeiro plano, esclareça-se que se está tratando de hipóteses em que o movimento paredista ostenta, inegavelmente, certo grau de motivação ou interesse político, porém a natureza dessa motivação ou interesse evidencia-se firmemente conexa aos interesses econômicos, sociais, ambientais e jurídicos dos trabalhadores, na medida em que estes últimos podem, sim, ser significativamente afetados pela dimensão política dos motivos e/ou interesses que se busca assegurar ou resguardar pela greve.

Trata-se, pois, da hipótese de *greves simultaneamente políticas e econômico-profissionais* (ou seja, greves por interesses políticos e, ao mesmo tempo, trabalhistas). Ora, tais movimentos paredistas se afastam, de modo substancial, das denominadas greves estritamente políticas. É que, nas greves político-trabalhistas, está, em sua origem e em seu desencadeamento, uma denúncia referenciada a uma conduta política (comissiva ou omissiva) situada fora do âmbito empregatício (de maneira geral, conduta do Estado e de suas políticas públicas), *mas que gera impactantes reflexos*

---

67 OIT. *La libertad sindical*: recopilación de decisiones del Comité de Libertad Sindical. 6. ed. Oficina Internacional del Trabajo. Ginebra: OIT, 2018. p. 146-150.

68 MELO, Raimundo Simão de. *A greve no direito brasileiro*. 3. ed. São Paulo: LTr, 2011. p. 45.

nos contratos de trabalho ou na vida trabalhista dos obreiros como um todo (ou de uma grande parcela deles).

São exemplos de greves político-trabalhistas aquelas direcionadas contrariamente a certa Medida Provisória ou certa Lei que alteram, para pior, as condições de trabalho de determinada categoria profissional. Ou greves direcionadas à denúncia da privatização de determinada grande empresa estatal, em vista da circunstância de que tal política pública provocará significativas dispensas de seus trabalhadores que as desencadeiam, além da diminuição de seus direitos trabalhistas, no âmbito da respectiva empresa. Mencione-se, ainda, a hipótese de uma greve-protesto dos trabalhadores empreendida contra a política econômica adotada pelo governo, em decorrência dos severos prejuízos criados para os trabalhadores em geral, mas também, com clara e palpável correlação, para os trabalhadores grevistas, com a diminuição do ritmo de crescimento econômico e consequente desemprego em massa.

Em todos esses exemplos hipotéticos, existe clara correlação entre essas greves e a correspondente dimensão política dos interesses e objetivos eleitos, ao lado da visível dimensão trabalhista dos mesmos interesses e objetivos tratados na greve.

A partir de estudos efetivados pela Organização Internacional do Trabalho, examinando movimentos paredistas ao longo de todo o mundo, tem a OIT considerado que tais movimentos político-trabalhistas se encontram acobertados, sim, pelo princípio da liberdade sindical. Para a entidade internacional, esse tipo de movimento paredista está protegido por este princípio internacional basilar, sendo, portanto, lícito, uma vez que guarda clara correlação com os interesses econômicos, sociais, profissionais e jurídicos específicos dos trabalhadores grevistas.

Observem-se alguns pronunciamentos emblemáticos da OIT a esse respeito:

> "Los intereses profesionales y económicos que los trabajadores defienden mediante el derecho de huelga abarcan no sólo la obtención de mejores condiciones de trabajo o las reivindicaciones colectivas de orden profesional, sino que engloban también la búsqueda de soluciones a las cuestiones de política económica y social y a los problemas que se plantean en la empresa *y que interesan directamente a los trabajadores*." (grifos acrescidos)

> "Las organizaciones encargadas de defender los intereses socioeconómicos y profesionales de los trabajadores deberían en principio poder recurrir a la huelga para apoyar sus posiciones en la búsqueda de soluciones a los problemas derivados de las grandes cuestiones de política, económica y social *que tienen consecuencias inmediatas para sus miembros y para los trabajadores en general*, especialmente em materia de empleo, de protección social y de nivel de vida." (grifos acrescidos)

> "Si bien las huelgas de naturaleza puramente política no están cubiertas por los principios de la libertad sindical, los sindicatos deberían poder organizar huelgas de protesta, en particular para ejercer una crítica *contra la política económica y social del gobierno*." (grifos acrescidos)

> "La *declaración de ilegalidad de una huelga nacional en protesta por las consecuencias sociales y laborales de la politica económica del gobierno y su prohibición constituyen una grave violación de la libertad sindical*." (grifos acrescidos)
>
> "El derecho de huelga no debería limitarse a los conflictos de trabajo susceptibles de finalizar en un convenio colectivo determinado: los trabajadores y sus organizaciones deben poder manifestar, en caso necesario en un ámbito más amplio, su posible descontento sobre *cuestiones económicas y sociales que guarden relación com los intereses de sus miembros*."[69] (grifos acrescidos)

Agrega ainda a OIT que "La prohibición de realizar huelgas por motivo de problemas de reconocimiento (para negociar colectivamente) no están en conformidad con los principios de la libertad sindical".[70]

Na mesma linha da OIT e do texto do art. 9º da Constituição Federal de 1988, importantes juristas do Brasil e internacionais insistem em que as greves não necessitam se circunscrever a interesses estritamente contratuais trabalhistas, sendo indevida a cisão entre o político e o econômico-contratual, sob pena de subtração à classe trabalhadora de um dos seus mais eficientes instrumentos de participação socioeconômica, profissional e política na realidade histórica contemporânea. Notem-se, a esse respeito, as lúcidas e pertinentes observações, por exemplo, de Raimundo Simão de Melo:

> "[...] considerando que o artigo 9º da Constituição brasileira assegura aos trabalhadores o direito de greve, a quem compete decidir sobre a oportunidade de exercê-lo e sobre os interesses que devam por meio dele defender, tem-se como ponderado compreender nessa disposição a possibilidade e legalidade de greve-protesto contra medidas governamentais capazes de atingir os direitos dos trabalhadores como tais."[71]

De igual modo, Estêvão Mallet, com apoio em distintos autores europeus (Maria do Rosário Palma Ramalho, Alain Supiot, Gérard Lyon-Caen, Jeán Pélissier e Gérard Couturier), entende válida a greve político-trabalhista. Segundo ele, se o movimento apresenta natureza política, mas guarda conexão com aspectos econômico-profissionais – tal como se dá quando contesta a política trabalhista oficial –, neste caso, retrata exercício legítimo do direito constitucional.[72]

---

69 OIT. *La libertad sindical*: recopilación de decisiones del Comité de Libertad Sindical. 6. ed. Oficina Internacional del Trabajo. Ginebra: OIT, 2018. p. 146-150.

70 OIT. *La libertad sindical*: recopilación de decisiones del Comité de Libertad Sindical. 6. ed. Oficina Internacional del Trabajo. Ginebra: OIT, 2018. p. 149.

71 MELO, Raimundo Simão. Interesses tuteláveis pela greve no Direito brasileiro. *Revista Consultor Jurídico*. 21.06.2019. Disponível em: [www.conjur.com.br/2019-jun-21/reflexoes-trabalhistas-interesses-tutelaveis-greve-direito-brasileiro]. Acesso em: 25.08.2019.

72 MALLET, Estêvão. *Dogmática elementar do direito de greve*. 2. ed. São Paulo: LTr, 2015. p. 55.

Lembra Estevão Mallet que, seja em Portugal, seja na França, há decisões jurisprudenciais reconhecendo a licitude da greve político-trabalhista.[73] No primeiro país, o Tribunal da Relação de Évora assim concluiu:

> "[...] o recurso à greve é também lícito quando estejam em causa interesses sócio-profissionais dos trabalhadores de carácter mais geral, mormente quando está iminente a emissão de legislação que possa afectar a condição social e económica dos trabalhadores, podendo estes recorrer à greve como forma de pressionar o poder quanto à produção legislativa desde que o objectivo a prosseguir não seja constitucionalmente impróprio e caiba no complexo de interesses que tem reconhecimento e tutela na disciplina constitucional das relações económicas e laborais" (Tribunal da Relação de Évora, Sec. Social, Processo 1.115/04-2, Rel. André Proença, julgamento de 22.06.2004).

Já na França, o autor menciona a decisão da Corte de Cassação, que admitiu a licitude de greve contra plano econômico do governo:

> "Est licite la grève ayant pour objet le refus du blocage des salaires, la défense de l'emploi, et la réduction du temps de travail, revendications étroitement liées aux préoccupations quotidiennes des salariés au sein de leur entreprise"[74] (*Chambre Sociale*, Processo 78-40553, decisão de 29.05.1979).

No Brasil, é importante citar, academicamente, recente decisão da 7ª Turma do Tribunal Regional do Trabalho da 3ª Região, que reconheceu a não abusividade de movimento grevista de cunho político-trabalhista:

> "GREVE POLÍTICA. LICITUDE. A greve deflagrada pelos trabalhadores visando à rejeição de projetos legislativos de reforma da legislação trabalhista e previdenciária, que, inclusive, afetam, profundamente, a sua condição social, é lícita, uma vez que encontra respaldo na Constituição da República e em norma do Direito Internacional dos Direitos Humanos" (TRT3, 7ª Turma, RO 0010845-85.2017.5.03.0067, Rel. Juiz Convocado Cléber Lúcio de Almeida, acórdão publicado em 03.07.2019).

A Seção de Dissídios Coletivos do TST, tempos atrás (2009), já decidiu positivamente com respeito a esse tema, ao julgar certo movimento paredista, por se referir, no caso, a tema geral que apresentava claros vínculos com os interesses profissionais efetivos dos trabalhadores. Embora não mais exista real jurisprudência nessa linha na SDC, sem repetição de julgados na mesma direção, houve acórdão

---

73 MALLET, Estevão. Loc. cit.

74 Em tradução livre: É lícita a greve para atacar política de congelamentos salariais, a defesa do emprego e a redução do tempo de trabalho, reclamações intimamente ligadas às preocupações do dia a dia dos trabalhadores da empresa.

prolatado em 2009 na direção positiva, inspirado na então inovadora linha normativa da Constituição:

> "RECURSO ORDINÁRIO EM DISSÍDIO COLETIVO. AMPLITUDE DO DIREITO DE GREVE. A Carta Magna brasileira de 1988, em contraponto a todas as constituições anteriores do país, conferiu, efetivamente, amplitude ao direito de greve. É que determinou competir *aos trabalhadores* a decisão sobre a oportunidade de exercer o direito, assim como decidir a respeito dos *interesses que devam por meio dele defender* (*caput*, do art. 9º, CF/88). A teor do comando constitucional, portanto, não são, em princípio, inválidos movimentos paredistas que defendam interesses que não sejam rigorosamente contratuais, ilustrativamente, razões macroprofissionais e outras" (RODC-54800-42.2008.5.12.0000, j. 09.11.2009, Rel. Min. Mauricio Godinho Delgado, Seção Especializada em Dissídios Coletivos, Data de Publicação: DEJT 27.11.2009).

No entanto, é preciso enfatizar que, nos últimos anos, tem prevalecido na Seção de Dissídios Coletivos do Tribunal Superior do Trabalho, por ampla maioria de votos, o entendimento no sentido contrário. Ou seja, a jurisprudência majoritária que se sedimentou na SDC do TST afirma que a greve motivada por interesses políticos, ainda que com certo fundo trabalhista, mostra-se abusiva sob o ponto de vista material, especialmente pela circunstância de a pretensão brandida no movimento paredista não ser passível de atendimento pelo respectivo empregador ou categoria econômica, por se situar fora da esfera de atuação do poder empregatício, sendo inerente, de maneira geral, ao Poder Público. De fato, diversos acórdãos da SDC-TST têm reiterado essa compreensão mesmo em se tratando de greve contra Medida Provisória que altera significativamente as condições de trabalho de certa categoria, de greve contra privatização da respectiva empresa estatal, a par de outras situações similares.[75]

VI. CONCLUSÃO

A partir das bases fundamentais do Estado Democrático de Direito, estabeleceu-se que a noção de democracia, quando plasmada nas relações de trabalho, deve ser compreendida como a real e efetiva participação dos atores sociais nos processos de formação dos atos de poder capazes de influenciar seu cotidiano.

---

[75] Eis alguns arestos que têm afirmado a jurisprudência hoje dominante: a) TST--RO-51534-84.2012.5.02.0000, SDC, Rel. Min. Walmir Oliveira da Costa, 09.06.2014 – Informativo TST 85; b) TST--RO-1393-27.2013.5.02.0000, SDC, Rel. Min. Maria de Assis Calsing, 24.04.2017 – Informativo TST 157; c) TST-RO-1001240-35.2017.5.02.0000-SDC-TST, julgamento em 14.05.2018, Rel. Min. Aloysio Corrêa da Veiga; d) TST-RO-10504-66.2017.5.03.000-SDC-TST, julgamento em 09.04.2018, Rel. Min. Dora Maria da Costa; e) TST-DCG-1000418-66.2018.5.00.0000, SDC, redator p/acórdão Min. Ives Gandra da Silva Martins Filho, 11.02.2019 (relator original: Min. Mauricio Godinho Delgado) – Informativo TST 190. Esclareça-se que os Ministros Mauricio Godinho Delgado, Kátia Magalhães Arruda e Lélio Bentes Correia têm apresentado, em tais casos, quando votantes nos processos, compreensão contrária à da maioria sedimentada.

Tal ideal pode ser concretizado por meio do movimento sindical, desde que dotado de efetiva representatividade. Logo, pode-se concluir que o sindicalismo é peça fundamental na concretização do Estado Democrático de Direito, na medida em que permite aos membros das categorias profissionais a inclusão e a participação na sociedade política e civil.

Ora, o sindicalismo substantivo só existe, realmente, na proporção em que sejam assegurados e concretizados os seus princípios constitucionais e convencionais internacionais estruturantes, notadamente o da liberdade sindical e o da autonomia das entidades sindicais, a par do princípio da equivalência dos contratantes coletivos. Só se pode falar em Estado Democrático de Direito e em seus pilares estruturantes desde que de forma conjugada à ideia de um livre, representativo e sólido sindicalismo.

Por sua vez, as plenas liberdade e autonomia das entidades sindicais pressupõem a possibilidade de realização de atividades com dimensões políticas, desde que conectadas com a dimensão econômica, social e trabalhista e os interesses dos trabalhadores por elas representados, na linha ampla assegurada pela Constituição de 1988 e pelos normativos internacionais da OIT.

Entretanto, no tocante ao exercício do direito de greve, ainda não prevaleceu no País, no âmbito da jurisprudência trabalhista majoritária mais recente (SDC-TST), a concepção menos restritiva e rigorosa acerca da validade e da licitude, constitucional e legal, dos movimentos paredistas simultaneamente políticos e socioeconômicos e profissionais que ponderável parcela da doutrina nacional e reiteradas decisões da Organização Internacional do Trabalho já firmemente reconhecem.

VII. REFERÊNCIAS BIBLIOGRÁFICAS

AVILÉS, Antonio Ojeda. *Compendio de derecho sindical*. 3. ed. Madrid: Editorial Tecnos, 2014.

BAYLOS, Antonio. *¿Para qué sirve um sindicato?* Madrid: Catarata, 2012.

BONAVIDES, Paulo. *Do Estado liberal ao Estado social*. 11. ed. São Paulo: Malheiros, 2014.

CANOTILHO, J. J. Gomes. *Direito constitucional e teoria da Constituição*. 7. ed. 17. reimpressão. Coimbra: Almedina, 2003.

DE LA CUEVA, Mario (et al.). *Derecho colectivo laboral*: asociaciones profesionales y convênios colectivos. Buenos Aires: Ediciones Depalma, 1973.

DELGADO, Mauricio Godinho. Constituição da República, Estado democrático de direito e direito do trabalho. In: DELGADO, Mauricio Godinho; DELGADO, Gabriela Neves. *Constituição da República e direitos fundamentais*: dignidade da pessoa humana, justiça social e direito do trabalho. 4. ed. São Paulo: LTr, 2017. p. 33-50.

DELGADO, Mauricio Godinho. *Curso de direito do trabalho*. 18. ed. São Paulo: LTr, 2019.

DELGADO, Mauricio Godinho. *Direito coletivo do trabalho*. 7. ed. São Paulo: LTr, 2017.

DELGADO, Mauricio Godinho. Sindicalismo e sindicatos no Brasil: da democratização promovida pela Constituição da República à crise e desinstitucionalização emergentes. *Revista Magister de Direito do Trabalho*, Porto Alegre, Lex Magister, ano XVI, n. 91, p. 68-95, jul.-ago. 2019.

DELGADO, Maurício Godinho; DELGADO, Gabriela Neves. *Constituição da República e direitos fundamentais*: dignidade da pessoa humana, justiça social e Direito do Trabalho. 4. ed. São Paulo: LTr, 2017.

DELGADO, Mauricio Godinho; PIMENTA, José Roberto Freire; NUNES, Ivana. O Paradigma do Estado democrático de direito: estrutura conceitual e desafios contemporâneos. *Revista Jurídica UNICURITIBA*, Curitiba, Centro Universitário UNICURITIBA, v. 2, n. 55, p. 485-515, abril-junho 2019.

DWORKIN, Ronald. *Levando os direitos a sério*. 2. ed. São Paulo: Martins Fontes, 2007.

DWORKIN, Ronald. *Uma questão de princípio*. 2. ed. São Paulo: Martins Fontes, 2005.

GALANTINO, Luisa. *Diritto sindicale*. Torino: Giappichelli Editore, 2009.

GARCIA, Gustavo Filipe Barbosa. *Curso de direito do trabalho*. 8. ed. São Paulo: Método, 2014.

GASPAR, Gabriela Curi. *Colisão de direitos fundamentais nas relações de emprego em organizações de tendência*. Salvador: UFBA, 2015.

GIMENO, Francisco R. Blat. *Relaciones laborales em empresas ideológicas*. Madrid: Centro de Publicaciones Ministerio de Trabajo y Seguridad Social, 1986.

GOMES, Orlando; GOTTSCHALK, Elson. *Curso de direito do trabalho*. 5. ed. Rio de Janeiro: Forense, 1972.

GOYARD-FABRE, Simone. *O que é democracia*. São Paulo: Martins Fontes, 2003.

LYON-CAEN, G.; LYON-CAEN, A. *Droit social international et européen*. Paris: Dalloz, 1993.

MAGANO, Octavio Bueno. *Manual de direito do trabalho*: direito coletivo do trabalho. 3. ed. São Paulo: LTr, 1993. v. III.

MALLET, Estêvão. *Dogmática elementar do direito de greve*. 2. ed. São Paulo: LTr, 2015.

MARTINEZ, Luciano. *Condutas antissindicais*. São Paulo: Saraiva, 2013.

MARTINEZ, Luciano. *Curso de direito do trabalho*. 8. ed. São Paulo: Saraiva, 2018.

MELO, Raimundo Simão. *A greve no direito brasileiro*. 3. ed. São Paulo: LTr, 2011.

MELO, Raimundo Simão. Interesses tuteláveis pela greve no direito brasileiro. *Revista Consultor Jurídico*. 21.06.2019. Disponível em: [www.conjur.com.br/ 2019-jun-21/reflexoes-trabalhistas-interesses-tutelaveis-greve-direito-brasileiro]. Acesso em: 25.08.2019.

MENDES, Felipe Prata. *Os sindicatos no Brasil e o modelo de democracia ampliada*. São Paulo: LTr, 2018.

MIZIARA, Raphael. *Moderno dicionário de direito do trabalho*. São Paulo: LTr, 2019.

MORAES FILHO, Evaristo de. *Tratado elementar de direito do trabalho*. Rio de Janeiro: Freitas Bastos, 1960. v. I.

NASCIMENTO, Amauri Mascaro. *Compêndio de direito sindical*. 6. ed. São Paulo: LTr, 1999. (Idem, idem. 8. ed. São Paulo: Saraiva, 2000).

OIT. *La libertad sindical*: recopilación de decisiones del Comité de Libertad Sindical. 6. ed. Oficina Internacional del Trabajo. Ginebra: OIT, 2018.

ROMITA, Arion Sayão. *Sindicalismo, economia e Estado democrático*: estudos. São Paulo: LTr, 1993.

RUPRECHT, Alfredo J. *Relações coletivas de trabalho*. São Paulo: LTr, 1995.

RUSSOMANO, Mozart Victor. *Princípios gerais de direito sindical*. 2. ed. Rio de Janeiro: Forense, 2000.

SACHS, Benjamin I. The unbundled union: politics without collective bargaining. *Revista Direito das Relações Sociais e Trabalhistas*, Brasília, Centro Universitário do Distrito Federal, v. IV, n. 2, mai./ago. 2018.

SILVA, Cleide. Sindicatos perdem 90% da contribuição sindical no 1º ano da reforma trabalhista. *O Estado de São Paulo*, edição de 05.03.2019. Disponível em: [economia.estadao.com.br/noticias/geral.sindicatos-perdem-90-da-contribuicao-sindical-no-1--ano-da-reforma-trabalhista,70002743950]. Acesso em: 31.10.2019.

STRECK, Lenio Luiz; MORAIS, Jose Luiz Bolzan de. *Ciência política e teoria do Estado*. 8. ed. Porto Alegre: Livraria do Advogado, 2014.

URIARTE, Oscar Ermida. *Sindicatos en libertad sindical*. 5. ed. Montevideo: Fundación de Cultura Universitaria, 2016.

VERDIER, J. M. Syndicats. In: CAMERLYNCK (Dir.). *Traité de droit du travail*. Paris: Dalloz, 1966.

VIANA, Márcio Túlio. *Direito de resistência*. São Paulo: LTr, 1996.

CAPÍTULO 24

GREVE E DIREITO: ESTUDO DE CASOS JUDICIAIS ENVOLVENDO MOVIMENTOS COLETIVOS DE TRABALHO CONTRA AS REFORMAS INSTITUCIONAIS DE AUSTERIDADE

Sayonara Grillo[1]
Daniele Gabrich Gueiros[2]
Henrique Figueiredo de Lima[3]

1. INTRODUÇÃO

A reflexão sobre as relações entre greve e direito em tempos de reformas institucionais de austeridade é objeto deste artigo, a partir da compreensão do direito como um campo de disputa sobre os sentidos da norma. Organizamos

1 Professora associada da Faculdade Nacional de Direito e do Programa de Pós-Graduação em Direito da Universidade Federal do Rio de Janeiro – UFRJ. Doutora em Ciências Jurídicas e mestre em Teoria do Estado e Direito Constitucional pela PUC-Rio. Coordenadora do grupo Configurações Institucionais e Relações de Trabalho – CIRT-UFRJ. Integrante do Grupo de Pesquisa "Sindicalismo" (UDF/CNPq). Desembargadora do Trabalho (TRT-1ª Região). Correio eletrônico: sayonara@direito.ufrj.br.

2 Professora assistente da Faculdade Nacional de Direito. Mestre em Teoria do Estado e Direito Constitucional pela PUC-Rio. Doutoranda no Programa de Pós-Graduação em Direito da Universidade Federal do Rio de Janeiro (UFRJ). Integrante do grupo *Configurações Institucionais e Relações de Trabalho* (CIRT-UFRJ). Advogada. Correio eletrônico: danielegabrichgueiros@gmail.com.

3 Mestrando no Programa de Pós-Graduação em Direito da Universidade Federal do Rio de Janeiro (UFRJ). Integrante do grupo *Configurações Institucionais e Relações de Trabalho* (CIRT-UFRJ). Advogado. Correio eletrônico: hflima92@gmail.com.

nossa análise em quatro seções: na primeira pretenderemos examinar as reformas institucionais de austeridade e a forma como se disseminaram no mundo, através de estudos de Mark Blyth[4] e Michael Schiavone[5]. Na segunda seção, apresentaremos as resistências sindicais, por meio de greves, vivenciadas em determinados países da Europa e em dois casos paradigmáticos nos Estados Unidos da América.

No terceiro momento faremos análise de resistências sindicais no Brasil, com foco na greve geral do dia 28 de abril de 2017, e estudo de dois casos referência, nos quais realizaremos descrição dos argumentos apresentados pelos diferentes atores que atuaram nas ações judiciais, tendo sido selecionados processos envolvendo trabalhadores rodoviários do Espírito Santo e bancários de Nova Friburgo, no Estado do Rio de Janeiro. A metodologia utiliza revisão bibliográfica, levantamento, catalogação de autos de dissídio coletivo e de ação civil pública, bem como de documentos públicos divulgados por atores sindicais econômicos e profissionais.

No Brasil, as reformas institucionais de austeridade[6] promovidas no último triênio implicaram a desconstrução democrática e da legislação trabalhista, com o enfraquecimento das instituições laborais (inclusive a própria Justiça do Trabalho), sendo combatidas com a deflagração de greves gerais[7], cuja adesão incluiu atores sindicais tradicionais e novos personagens. Neste cenário, cabe refletir sobre relações entre direito, greve e austeridade mediante o estudo de casos-referência envolvendo greves contra o projeto de austeridade e indagar sobre a atuação do Judiciário Trabalhista diante de tais conflitos coletivos. Tendo em vista que o campo jurídico é um espaço institucional de disputa de sentidos[8], o artigo analisa demandas envolvendo a greve geral de abril de 2017 e indaga sobre a permanência ou a mudança do padrão repressivo decisório até então hegemônico no país[9]. Retomaremos a disputa

---

4 BLYTH, M. *Austeridade:* a história de uma ideia perigosa. Tradução Freitas e Silva. São Paulo: Autonomia Literária, 2017.

5 SCHIAVONE, M. *Austerity and the labor movement*. Albany: State University of New York Press, 2016.

6 SILVA, S. G. C. L.; EMERIQUE, L. B; BARISON, T. (Org.). *Reformas institucionais de austeridade, democracia e relações de trabalho*. São Paulo: LTr, 2018.

7 GALVÃO, A.; MARCELINO, P. O sindicalismo brasileiro diante do golpe. In: SILVA, S. G. C. L.; EMERIQUE, L. B.; BARISON, T. (Org.). *Reformas institucionais de austeridade, democracia e relações de trabalho*. São Paulo: LTr, 2018, p. 85-96; KREIN, J. D. O desmonte dos direitos, as novas configurações do trabalho e o esvaziamento da ação coletiva: consequências da reforma trabalhista. *Tempo social*, v. 30, n. 1, abr. 2018.

8 BOURDIEU, P. *O poder simbólico*. Tradução Fernando Tomaz. Rio de Janeiro: Difel, 1989.

9 SILVA, S. G. C. L. *Relações coletivas de trabalho*: configurações institucionais no Brasil contemporâneo. São Paulo: LTr, 2008; MANDL, A. T. *A judicialização das relações coletivas de trabalho:* uma análise das greves julgadas pelo TST nos anos 2000. Dissertação (Mestrado em Desenvolvimento Econômico) – Universidade Estadual de Campinas, Campinas, 2014 Disponível em: <http://periodicos.ufpb.br/index.php/abet/article/viewFile/25678/13867>. Acesso em 10 out. 2016.; BIAS, R. B. A perspectiva emancipatória da greve nos limites do direito: uma análise histórica do tratamento jurisprudencial da greve no

das narrativas em torno da qualificação da greve como política ou não, que envolve não somente o dissenso interpretativo em torno da Constituição[10], mas, sobretudo o mecanismo de deslegitimação das estratégias e reivindicações dos grevistas promovido pelos atores políticos[11], que na arena judicial corresponde a reconhecê-las, ou não, como abusivas[12]. Retomaremos tal discussão na quarta seção.

2 REFORMAS INSTITUCIONAIS DE AUSTERIDADE NO MUNDO CONTEMPORÂNEO

Em diferentes partes do globo, as reformas institucionais de austeridade foram respondidas com múltiplas formas de reações coletivas, inclusive por meio de greves, como ocorreu na Grécia, na Espanha, na Irlanda, nos Estados Unidos e eclodem no Brasil. Para compreender este fenômeno é necessário compreender a disseminação do discurso da austeridade no período pós-crise de 2008.

O sistema capitalista é marcado pela continuidade de crises financeiras e orçamentárias[13] que em cada contexto social, econômico e político são combatidas pelas "forças do mercado" para a sua suposta superação e manutenção do funcionamento do sistema[14]. Após a crise financeira de 2008 a austeridade foi redesenhada como uma nova gramática, tornando-se a *palavra da moda* em democracias industrialmente avançadas, na academia, na mídia e nos discursos políticos, não obstante as convicções ideológicas[15].

A crise financeira de 2008, cuja origem remonta ao "sistema bancário sombra ou paralelo" consubstanciado em um "mercado de operações compromissadas"

TRT-6. In: COUTINHO, A. R.; WANDELLI, L. (Org.). *Anais do II encontro RENAPEDTS*. Florianópolis: Empório do Direito, 2016, p. 655-684.; SILVA, S. G. C. L.; GONDIM, T. P. Conflitos Coletivos de Trabalho: Implicações Institucionais e Evidências Empíricas Sobre a Greve dos Bombeiros Militares do Estado do Rio de Janeiro. *Revista da Faculdade Mineira de Direito*, Pontifícia Universidade Católica de Minas Gerais. Belo Horizonte. V. 20, p. 28-60, 2017. Disponível em http://periodicos.pucminas.br/index.php/Direito/article/view/P.2318-7999.2017v20n39p28/11346. Acesso em 09 de set. 2018.; GUEIROS, D. G. Greve. Análise de julgados de Dissídios Coletivos de Greve do Tribunal Regional do Trabalho da Primeira Região (2006-2016). *Revista OAB/RJ*. Rio de Janeiro: Edição Especial – Revista CJT. 2017. Disponível em: <http://revistaeletronica.oabrj.org.br/?artigo=greve-analise-de-julgados-de-dissidios-coletivos-de--greve-do-tribunal-regional-do-trabalho-da-primeira-regiao-2006-2016>. Acesso em: 13 maio 2018.

10 SILVA, S. G. C. L. da. *Relações coletivas de trabalho*: configurações institucionais no Brasil contemporâneo. São Paulo: LTr, 2008, p. 235-238.

11 PAIXÃO, C.; LOURENÇO FILHO, R. Greve como prática social: possibilidade de reconstrução do conceito a partir da constituição de 1988. In: SENA, A. G.; DELGADO, G.N; NUNES, R. P. (Org.). *Dignidade humana e inclusão social:* caminhos para a efetividade do direito do trabalho no Brasil. São Paulo: LTr, 2010.

12 SILVA, S. G. C. L. *Relações coletivas de trabalho*: configurações institucionais no Brasil contemporâneo. São Paulo: LTr, 2008, p. 458-472.

13 STREECK, W. *Tempo comprado:* a crise adiada do capitalismo democrático. Tradução Marian Toldy e Teresa Toldy. Lisboa: Conjuntura Actual Editora, 2013, p. 13.

14 Ibid., p. 136.

15 SCHIAVONE, M. *Austerity and the labor movement*. Albany: State University of New York Press, 2016, p. 8.

em que empresas realizavam empréstimos e pediam emprestados a si mesmas por um período curto de tempo e com taxas de juros baixas, levou a formação de um mercado de empréstimo, em sua maioria, mediante a utilização de títulos hipotecários[16]. Ao ser considerado "grande demais para falir", o sistema bancário construído pela Europa foi resgatado, sendo que os custos de tal resgate foram despendidos inicialmente pelo Estado e, posteriormente, pelos consumidores através da implementação de políticas de austeridade[17].

Segundo a interpretação de Mark Blyth[18], após a retração da economia em decorrência da crise do sistema bancário global, que levou os Estados a se dedicarem a cobrir prejuízos orçamentários decorrentes do resgate de seus bancos, alguns países europeus entraram em crise, pelo fato de o sistema bancário ser "grande demais para resgatar"[19], que atingiu principalmente Portugal, Itália, Irlanda, Grécia e Espanha[20]. Em resposta ao colapso financeiro criou-se a narrativa de que se tratava de uma crise da dívida soberana, quando na realidade era uma crise da dívida bancária. Blyth classificou esta narrativa de "propaganda enganosa"[21] promovida pelo sistema financeiro, por determinados partidos políticos e pela grande mídia, caminhando na mesma perspectiva de Streeck, para quem o endividamento público se deve mais à receitas baixas do que as despesas altas, um problema estrutural do Estado moderno capitalista, fundado no princípio da propriedade privada, individualista, tendente a restringir a capacidade tributária enquanto exige a presença do Estado para manter a ordem e dar segurança[22].

Diante da configuração desse cenário, as políticas de austeridade se tornaram a componente chave do Fundo Monetário Internacional (FMI) para a superação da crise mediante programas de ajustes estruturais[23]. Em uma perspectiva econômica, a austeridade pode ser definida como um ajuste econômico "através da redução de salários, preços e despesas pública para restabelecer a competitividade, que (supostamente) se consegue melhor cortando o orçamento dos estados, as dívidas e os déficits"[24].

---

16 BLYTH, M. *Austeridade:* a história de uma ideia perigosa. Tradução Freitas e Silva. São Paulo: Autonomia Literária, 2017, p. 49-52.

17 Ibid., p. 83-84.

18 Ibid., p. 87.

19 Ibid., p. 140.

20 BLYTH, M. *Austeridade:* a história de uma ideia perigosa. Tradução Freitas e Silva. São Paulo: Autonomia Literária, 2017, p. 101-113.

21 Ibid., p. 26.

22 STREECK, W. *Tempo comprado:* a crise adiada do capitalismo democrático. Tradução Marian Toldy e Teresa Toldy. Lisboa: Conjuntura Actual Editora, 2013, p. 106.

23 SCHIAVONE, M. *Austerity and the labor movement.* Albany: State University of New York Press, 2016, p. 8.

24 BLYTH, M. *Austeridade: a história de uma ideia perigosa.* Tradução Freitas e Silva. São Paulo: Autonomia Literária, 2017, p. 22.

Para Michael Schiavone o ponto central das políticas de austeridade encontra-se na crença de que o governo deveria intervir o mínimo possível no funcionamento do mercado, com evidente raiz neoliberal por clamar pelo afastamento do Estado de qualquer ingerência na economia e permitir que o mercado exerça o seu papel[25]. Neste sentido, os governantes devem realizar privatizações dos empreendimentos públicos, estabilizar a inflação, liberar as transações e as finanças e recepcionar políticas de austeridade, acrescidas de reformas flexibilizadoras das relações laborais e com o consequente enfraquecimento do trabalho organizado com o objetivo de garantir menos resistência à adoção de novas medidas[26].

Ainda que Blyth[27] compreenda que a austeridade careça de sensatez política, de coerência de ideias econômicas e de análises técnicas sobre as possibilidades de cumprimento dos efeitos pretendidos, ela emerge "como uma consequência derivada de outras convicções partilhadas - uma sensibilidade –, concernentes à natureza e ao papel do Estado na vida econômica que estão no cerne do pensamento econômico liberal"[28], servindo de resposta nos momentos em que os mercados falham[29]. Tanto Blyth quanto Schiavone estabelecem relação estreita entre austeridade e neoliberalismo, sobretudo considerando as prescrições do chamado Consenso de Washington que determinaram a ordem de políticas obrigatórias de ajuste fiscal e inversão de prioridades das despesas Estatais, inclusive com medidas comerciais liberalizantes, privatizações e desregulamentações[30].

Para Schiavone a ordem neoliberal é marcada por iniciadores essenciais – companhias e redes financeiras – que também se encontram presentes nas políticas de austeridade, o que demonstraria a sua identidade com o neoliberalismo[31]. As "companhias multinacionais ou transnacionais" que, diante de sua capacidade de decidir geograficamente seu local de produção (deslocalização), podem pressionar governos a alterarem políticas tributárias e reduzirem gastos com serviços públicos para atingir o agrado da elite transnacional, incentivando a lógica de competividade entre os países, inclusive os colocando um contra o outro. No mesmo sentido, as "redes financeiras transnacionais", diante da mobilidade do capital, que obrigam os países a fornecerem um ambiente propício ao investimento dentro os padrões globais.

---

25 SCHIAVONE, M. *Austerity and the labor movement*. Albany: State University of New York Press, 2016, p. 8-11.

26 Ibid., p. 10.

27 BLYTH, M. *Austeridade: a história de uma ideia perigosa*. Tradução Freitas e Silva. São Paulo: Autonomia Literária, 2017, p. 321.

28 BLYTH, M. *Austeridade: a história de uma ideia perigosa*. Tradução Freitas e Silva. São Paulo: Autonomia Literária, 2017, p. 147.

29 Ibid., p. 145.

30 Ibid., p. 229.

31 SCHIAVONE, M. *Austerity and the labor movement*. Albany: State University of New York Press, 2016, p. 9.

Os últimos dois iniciadores da ordem neoliberal são a "rede de elite transnacional" e os "principais países capitalistas". Conforme sua análise, o primeiro se caracteriza por "intelectuais orgânicos" encontrados em corpos não oficiais, como comissões trilaterais e corpos oficiais, como o Fundo Monetário Internacional – FMI e universidades, que por meio de seus estudos fortalecem a agenda neoliberal e pressionam os Estados soberanos a aderirem tais políticas, enquanto os principais países capitalistas desempenham o papel de globalizar as medidas neoliberais, impondo-as aos demais.

Para tais autores que acentuam as características econômicas, a austeridade equipara-se a um redesenho das políticas neoliberais em um contexto de crise financeira e orçamentária, mediante a pressão de empresas multinacionais e organismos financeiros, para o afastamento do Estado na ingerência na economia. Por estar inserida em um contexto de crise, o diferencial da austeridade, conforme explicitado por Blyth e Schiavone se encontra na lógica da transferência das responsabilidades de erros de terceiros para o Estado soberano e, posteriormente, para os consumidores, que através de sacrifícios individuais devem arcar com a recuperação financeira mediante suas privações subjetivas.

A austeridade, desse modo, é legitimada por intermédio de um discurso de que não há alternativa para a crise que não realizar sacrifícios na esfera pessoal, o que Blyth define como TINA[32], abreviação para a expressão "*There Is No Alternative*"[33].

Tanto Schiavone quanto Blyth concluem que as medidas estudadas não foram eficazes para a recuperação econômica dos Estados soberanos e levaram ao aumento do desemprego, da mortalidade infantil e da qualidade de vida nos países atingidos pela austeridade. Para Schiavone ainda que as economias tivessem sido devidamente recuperadas, o sofrimento causado por tais políticas não permitiria que fossem analisadas como histórias bem-sucedidas. A Grécia, que vivencia até os dias atuais tais consequências, registra mais de oitocentas mil pessoas sem acesso aos serviços sociais e ao sistema de saúde (dados colhidos até 2016). O país apresentou um drástico aumento no número do desemprego e na fome, sendo que de um total de onze milhões de pessoas, quatro milhões se encontram abaixo da linha da pobreza, levando-o a receber auxílio, inclusive da organização não governamental "médicos sem fronteiras"[34].

---

[32] BLYTH, M. *Austeridade: a história de uma ideia perigosa*. Tradução Freitas e Silva. São Paulo: Autonomia Literária, 2017, p. 143-150.

[33] Antônio Casimiro Ferreira (2012) ao estudar o caso português analisa que uma das formas de legitimação das políticas de austeridade, alicerçada na ausência de alternativa, se encontra na promoção do "medo social" diante da falsa previsão de cenários distópicos em sua ausência. Observe-se, contudo, que enquanto Blyth e Schiavone analisam as políticas de austeridade no bojo do neoliberalismo, sob um prisma econômico, Ferreira desloca o olhar para a sociedade e propõe uma compreensão mais profunda da austeridade que penetra a sociedade e o direito.

[34] SCHIAVONE, M. *Austerity and the labor movement*. Albany: State University of New York Press, 2016, p. 22-27.

Na Espanha, para a tentativa de recuperação da economia, foram implementados congelamentos salariais dos servidores públicos e de benefícios previdenciários, alterações nas idades mínimas necessárias para a aposentadoria, reformas trabalhistas e sindicais e alteração nas normas de recebimento do seguro desemprego[35].

Ainda que a Irlanda seja lida por alguns como um caso bem-sucedido, Schiavone rejeita tal conclusão. O congelamento de gastos públicos, aumento de jornada de trabalho, redução de benefícios sociais e demais medidas ocasionaram a miséria da população, o desemprego e a emigração da população. Para o autor, a alegada recuperação econômica não decorre da austeridade, mas sim no fato de o país sediar inúmeras empresas multinacionais em decorrência das vantagens fiscais que fornece[36].

Nos diferentes países analisados pelos autores os resultados, em sua maioria, são similares: crescimento do desemprego, aumento da fome, da mortalidade infantil e da miséria. Desta forma, é possível concluir pela relação entre a implementação da austeridade com o sofrimento da população, que arca com o pagamento de dívidas que não são de sua responsabilidade, através de uma falácia produzida pelo mercado financeiro.

No Brasil as reformas e, especificamente, a reforma trabalhista, miram em direção da institucionalização da austeridade com claro objetivo de diminuir o Estado, de enfraquecer a organização dos trabalhadores, de reduzir os recursos de poder e de resistência do movimento sindical. Até o momento (2018) não se verifica aumento do emprego formal, tendo ocorrido a redução de negociações coletivas (finalizadas com realização de convenções e acordos coletivos), além das dificuldades econômicas das entidades sindicais, com potencial tendência à sua desestruturação[37].

Destarte, ainda que demonstrações empíricas evidenciem o não funcionamento da austeridade, por não recuperar a economia e gerar o sacrífico dos mais pobres, ela continua a ser vista por muitos como uma boa ideologia, razão pela qual Mark Blyth a define como uma ideia muito perigosa baseada em preferências políticas e ideológicas e carecida de estudos técnicos e econômicos[38].

---

35 Ibid., p. 32.

36 SCHIAVONE, M. *Austerity and the labor movement*. Albany: State University of New York Press, 2016, p. 35-39.

37 DIEESE. Departamento Intersindical de Estatística e Estudos Socioeconômicos. Balanços das Negociações dos Reajustes Salariais de 2017. *Estudos e Pesquisas*. N. 86. São Paulo. 2018. Disponível em https://www.dieese.org.br/balancodosreajustes/2018/estPes86BalancoReajuste2017.html. Acesso em 09 set 2018a; DIEESE. Departamento Intersindical de Estatística e Estudos Socioeconômicos. *Boletim de Conjuntura* Número 14. São Paulo. Maio de 2018. Disponível em https://www.dieese.org.br/boletimdeconjuntura/2018/boletimConjuntura014.pdf. Acesso em 09. set. 2018b.

38 BLYTH, M. *Austeridade: a história de uma ideia perigosa*. Tradução Freitas e Silva. São Paulo: Autonomia Literária, 2017, p. 44.

3. GREVES GERAIS E RESISTÊNCIAS SINDICAIS ÀS POLÍTICAS DE AUSTERIDADE

As políticas de austeridade apresentadas na seção anterior obtiveram respostas diferenciadas de entidades sindicais e movimentos sociais no decorrer de sua implementação, inclusive entre nós.[39] Neste artigo, privilegiamos as resistências por meio de greves, porquanto, mesmo considerando-se as diferenças culturais, normativas, institucionais, políticas, econômicas e sociais, estas ocorreram como reação dos trabalhadores em países europeus, nos Estados Unidos e no Brasil. Por outro lado, a Organização Internacional do Trabalho – OIT, por seu Comitê de Liberdade Sindical, interpreta como em conformidade com a liberdade sindical movimentos paredistas de caráter nacional que contestem políticas econômicas governamentais relacionadas ao trabalho. Deste modo, os protestos nacionais contra reformas trabalhistas que implicam em paralisação laboral são albergados pelo conceito amplo de greve, ainda quando suas reivindicações não se voltam diretamente aos empregadores ou para aspectos puramente contratuais. Constituem-se, pois, em mecanismos privilegiados de reações sindicais, como apresentaremos nas duas próximas seções.

3.1. Resistências sindicais às políticas de austeridade na Europa e nos Estados Unidos da América por Michael Schiavone

A presente seção se beneficia do estudo de Michael Schiavone[40] sobre resistências sindicais às políticas de austeridade. Para o autor, a Grécia foi o país que inicialmente mais sofreu com as profundas medidas de austeridade e no qual eclodiram mais de cinquenta greves gerais até o término de seu levantamento ocorrido em 2014[41]. Schiavone relata que em um primeiro momento as ações ensejadas pelos movimentos trabalhistas organizados aparentavam reivindicar por toda a comunidade com a realização de protestos e paralisações contra as políticas austeras. No entanto, tais ações coletivas foram enfraquecidas pela edição de leis antissindicais, que culminaram na divisão dos movimentos laborais, em especial quanto aos setores público e privado.

Para o autor, grande parte do movimento sindical grego almejava a cooperação estatal, razão pela qual após as leis antissindicais, o foco de atuação foi redirecionado para um processo de negociação com os representantes estatais. Tal atitude se relaciona com a crença de não existir mais razões para a convocação de protestos contra a austeridade, por não verificar alternativa possível naquele momento. Para Schiavone, a ausência de união entre as entidades sindicais, diante de sua vinculação à partidos políticos, teria culminado na preocupação dos sindicatos com os

---

39 Em trabalho apresentado em GT ocorrido no 8º Encontro de Pesquisa Empírica de Direito Pessanha, Artur e Freitas apresentaram um levantamento das posições das centrais sindicais sobre a reforma trabalhista e suas ações no cenário nacional recente (2018).

40 SCHIAVONE, M. *Austerity and the labor movement*. Albany: State University of New York Press, 2016.

41 Ibid., p. 27-30.

seus próprios interesses, levando à uma época de negociações e de concessões, "*era of concession bargaining*"[42]. Diante de tais preferências estratégicas de atuação, segundo Schiavone, a população perdeu a credibilidade nos sindicatos, sendo que nem as medidas de resistência e nem as preferências por práticas negociais foram o suficiente para impedir que a austeridade se tornasse uma realidade[43].

Assim como na Grécia, a Espanha vivenciou inúmeros protestos com grande participação popular no início de 2010 que, da mesma forma, não foram capazes de levar à reversão do processo. Os movimentos paredistas se caracterizaram pela natureza defensiva e, conforme Schiavone, só envolviam diretamente os sindicatos se as medidas afetassem a sua sobrevivência ou se versassem sobre reforma laboral, redução de salários e desemprego, razão pela qual não havia um combate direto contra a austeridade como um todo, mas apenas quanto às questões relacionadas ao contrato de trabalho[44].

Ainda que uma grande greve geral com adesão de milhares de membros da população tenha sido deflagrada em setembro de 2010, apenas alterações pontuais foram realizadas quanto a questões que envolviam diretamente a classe trabalhadora. Na posição do autor, bastante crítica ao sindicalismo em geral, boa parte dos sindicatos espanhóis, em posição similar ao grego, teria acatado às medidas de austeridade com pontuais alterações, que não culminaram na redução do núcleo duro de tais políticas. A posição decorreria de uma avaliação de descrença em alterativa naquele momento, com o temor de que um enfrentamento poderia culminar em medidas mais duras, resultando na divisão do movimento de resistência e a consequente falha no recuo das medidas austeras[45].

A resposta sindical no caso irlandês ocorreu de modo diverso, tendo em vista que as lideranças sindicais não demonstravam disposição para resistir às políticas de austeridade e fazer com o que o governo as abandonasse[46]. Conforme o pensamento de Schiavone, o fato de as entidades sindicais assinarem o *Croke Park Agreement* e o *Haddington Road Agreement* que são, respectivamente, acordos de congelamento de gastos praticados pelo governo em troca da manutenção da paz industrial pelo sindicato e o aumento das horas de trabalho semanais, cortes de pagamento de pensões e maior flexibilidade laboral, representa uma concordância com tais práticas, o que explicaria tal participação inexpressiva.

Embora parte do movimento sindical não tenha concordado com a assinatura de tais acordos, gerando a divisão do movimento sindical entre os setores público e privado, os dirigentes sindicais tendiam a acreditar em uma parceria

---

[42] Ibid., p. 29.

[43] SCHIAVONE, M. *Austerity and the labor movement*. Albany: State University of New York Press, 2016, p. 28-29.

[44] Ibid., p. 32-35.

[45] Ibid., p. 32-35, 84-90.

[46] Ibid., 39-40.

com o Estado e na inevitabilidade da austeridade[47]. Por esta razão os protestos na Irlanda foram esporádicos, diante da aceitação da população irlandesa por motivos religiosos, históricos e pelo fato de a população preferir emigrar para não resistir, não tendo sido levantados grandes protestos neste caso.

O Reino Unido, em decorrência da crise econômica mundial, iniciou uma série de processos de pressão da agenda austera, dando início, em 2009, à denominada "era da austeridade"[48]. Nesta situação em particular, os líderes sindicais direcionaram seus esforços para a condenação verbal das medidas sem a necessária tomada de ações imediatas, sendo que a quantidade de dias dedicados a greves até março de 2011 foi o menor desde 1931, em virtude de o movimento sindical se encontrar em uma situação desfavorável diante da aceitação da população quanto as medidas apresentadas[49].

Quando as medidas começaram a ser vivenciadas, a população aparentou maior descontentamento, sendo convocado o primeiro grande protesto em março de 2011, momento em que as políticas de austeridade já estavam devidamente estabelecidas, tornando a sua revogação mais dificultosa[50]. Em novembro do mesmo ano, aproximadamente trinta sindicatos e dois milhões de pessoas deflagraram greve contra as políticas de austeridade, ocasionando o fechamento de escolas, túneis, rodovias e operações não emergenciais de hospitais, sendo que a maior participação no referido movimento de resistência foi de mulheres. Não obstante o sucesso do movimento, a duração de um dia não alterou as medidas, levando as entidades sindicais a negociar mudanças para o setor público por acreditarem que a recusa da proposta apresentada pelo governo viria a gerar a piora no cenário. Assim como nos casos anteriores, segundo Schiavone, a população deixou de acreditar na força das entidades laborais, por pensarem que estavam adstritos aos seus próprios interesses[51].

No caso brasileiro, Dari Krein resgata índice de confiança apurado por instituto de pesquisa para evidenciar que as entidades sindicais permanecem tendo espaço de atuação no Brasil, e podem adotar estratégias e ações para ampliar este espaço, em um contexto de avanço da institucionalização da austeridade[52]. Segundo o autor, pesquisa do Ibope sobre o Índice de Confiança Social verificou que a instituição sindicato recuperou credibilidade na sociedade: aumentou de 37 para 44 o percentual da população que confia na instituição sindicato, no período entre 2013 e 2017.

---

[47] SCHIAVONE, M. *Austerity and the labor movement*. Albany: State University of New York Press, 2016, p. 40.

[48] Ibid., p. 42.

[49] Ibid., p. 52-53.

[50] Ibid., p. 53.

[51] Ibid., p. 56-57.

[52] KREIN, J. D. O desmonte dos direitos, as novas configurações do trabalho e o esvaziamento da ação coletiva: consequências da reforma trabalhista. *Tempo social*, v. 30, n. 1, abr. 2018, p. 94-95.

Os Estados Unidos da América sofriam os impactos da crise econômica iniciada após a quebra do grupo Lehman Brothers quando a austeridade foi adotada[53]. A resposta sindical inicial foi similar à apresentada pela resistência no Reino Unido, onde o foco direcionou-se para o discurso de denúncia a tais políticas, com pouca ação grevista. Schiavone relaciona a opção pelo esforço eleitoral para eleição de parlamentares à existência de poucos protestos diretos[54].

Para realizar a análise do cenário de resistência vivenciado nos Estados Unidos da América, Michael Schiavone analisa dois casos paradigmáticos, sendo eles os Movimentos Trabalhistas de Wisconsin e a greve dos professores de Chicago. O primeiro caso se inicia em 2010, com a eleição do Governador do Partido Republicano Scott Walker que, em sua primeira semana de governo editou a *The Repair Bill* que implementava o corte de gastos em serviços públicos, salários dos servidores públicos e leis antissindicais que proibiam que as negociações coletivas de trabalho versassem sobre benefícios, ficando adstritas à questões salariais, e estipulando o prazo máximo de um ano para o mandato do representante sindical, à exceção do sindicatos da categoria de servidores públicos da área de segurança, normalmente vinculados ao Partido Republicano[55].

Posteriormente, realizaram-se medidas de corte de gastos em escolas estaduais e serviços médicos o que culminou em grandes protestos realizados no Estado. Conforme narra o autor, o crescimento do engajamento da população nos protestos assustou os sindicatos, que temiam que as resistências obstaculizassem a assinatura de um bom acordo, levando ao afastamento da participação sindical nos movimentos e a reivindicação de *recall*[56]. Após a obtenção dos requisitos para o *recall*, nova eleição foi convocada, sendo que Scott Walker foi novamente eleito. Schiavone relaciona tais acontecimentos com o descrédito dos sindicatos no imaginário popular, o que foi visível após os resultados de pesquisas que demonstravam que alguns sindicalistas e pessoas que com eles residiam votaram no candidato republicano responsável pelas medidas implementadas. Segundo Schiavone, processos semelhantes ocorreram em outros estados dos Estados Unidos da América, mesmo naqueles governados pelo Partido Democrata[57].

O segundo caso paradigmático apresentado pelo autor também tem início em 2010, quando o Sistema Público de Ensino de Chicago apresentou um déficit de um bilhão de dólares. Neste contexto, o chefe do sistema de ensino clamou por reformas de austeridade, inclusive quanto à privatização do sistema escolar, afirmando que os sindicatos deveriam realizar concessões e aceitar a redução de

---

53 SCHIAVONE, M. *Austerity and the labor movement*. Albany: State University of New York Press, 2016, p. 61.

54 Ibid., p. 68-69.

55 Ibid., p. 69-70.

56 Ibid., p. 70-71.

57 SCHIAVONE, M. *Austerity and the labor movement*. Albany: State University of New York Press, 2016, p. 71-73.

empregos[58]. No presente caso, é necessário compreender que em 2008 um grupo de professores e profissionais do ensino, insatisfeitos com a gestão do Sindicato, deram início a um grupo de leitura e estudo, formando a Frente dos Educadores[59]. Este grupo deu início a uma série de mobilizações e conscientização dos profissionais da área de educação, principalmente quanto ao pacote de austeridade governamental. Posteriormente, a Frente dos Educadores concorreu a eleição do Sindicato dos Professores de Chicago e obteve a vitória do pleito eleitoral[60].

Após a posse, o sindicato rejeitou a proposta feita pelo prefeito que, por sua vez, editou uma lei restritiva ao exercício do direito de greve, estabelecendo uma maioria "inatingível" e a necessidade de negociação perante um árbitro imparcial para a deflagração do movimento paredista. O Sindicato atendeu aos requisitos necessários, com o apoio de movimentos sociais e da comunidade, deflagrando uma grande greve que culminou na apresentação de proposta de acordo, rejeitado pela entidade sindical por atender apenas aos interesses de seus representados. O movimento grevista, então, permaneceu em crescimento até a apresentação de nova proposta pelo Poder Público, que neste momento, incluiu questões sociais envolvendo toda a comunidade, com políticas de inclusão social, razão pela qual foi aceita pelo sindicato[61].

O autor conclui o estudo deste caso mediante a análise de que, ainda que tenham sido tomadas novas medidas de austeridade nos anos seguintes sem o devido sucesso das entidades laborais nas medidas de resistência, trata-se de um movimento bem-sucedido.

3.2. Reações sindicais às reformas de austeridade no Brasil

Assim como em diversos países, o Brasil iniciou, no último triênio, uma série de reformas institucionais de austeridade[62], por intermédio da desconstrução democrática e pelo desmonte de direitos trabalhistas, sindicais e sociais[63]. Um conjunto expressivo de estudos indica como as reformas trabalhistas se iniciam na década de 1990 e prosseguiram com maior ou menor ênfase, ao menos até 2017, com a aprovação da Lei nº 13.467/2017[64]. Uma comparação dos discursos de

---

58 Ibid., p. 73.

59 Tradução livre do original *Caucus of Rank and File Educators* (SCHIAVONE, 2016, p. 73).

60 SCHIAVONE, M. *Austerity and the labor movement*. Albany: State University of New York Press, 2016, p. 74-75.

61 Ibid., p. 76-78.

62 SILVA, S. G. C. L. da; EMERIQUE, L. B.; BARISON, T. (Org.). *Reformas institucionais de austeridade, democracia e relações de trabalho*. São Paulo: LTr, 2018.

63 Em artigo no qual apresentam as reações sindicais às políticas pós-impeachment, Galvão e Marcelino (2018, p. 93) elencam mais de 10 medidas de austeridade adotadas no Brasil, dentre as quais, a reforma trabalhista.

64 SILVA, S. G. C. L. da. *Relações coletivas de trabalho*: configurações institucionais no Brasil contemporâneo. São Paulo: LTr, 2008; KREIN, J. D.; BIAVASCHI, M. B. Brasil: movimentos contraditórios da regulação do trabalho dos anos 2000. *Revista Cuardenos Del Cendes*, Caracas, año 32, n. 89, mayo/ago. 2015;

modernização e de valorização da negociação coletiva presentes nos cenários de 2001 e 2017 foi realizada por Silva, Allan e Triani[65] que indicam as apropriações das críticas e reivindicações de movimentos autonomistas para desqualificá-los.

A Reforma Trabalhista de 2017 inicia-se com a apresentação de Projeto de Lei ao Congresso pelo Presidente da República em dezembro de 2016, com tramitação em regime de urgência na Câmara dos Deputados, aprovação no Senado em julho, e sanção presidencial da Lei nº 13.467, em 11 de julho de 2017. Duas greves gerais foram deflagradas neste semestre, sendo que a principal, que será objeto das demandas analisadas neste artigo, ocorreu em 28 de abril de 2017[66].

Galvão e Marcelino[67] avaliaram que as entidades sindicais demoraram a fornecer uma resposta às políticas de austeridade, uma vez que a greve geral, convocada por todas as centrais sindicais, foi realizada apenas no final de abril de 2017 diante da ameaça de aprovação das reformas trabalhista[68] e previdenciária. Ressalvamos, porém, a constatação sobre o tempo de reação, porquanto negociar estratégias comuns entre seis centrais sindicais, pelo menos dois fóruns populares abertos, aglutinadores de inúmeras organizações, e as particularidades de suas respectivas atuações exige amadurecimento de ideias e diálogo democrático, o que foi atropelado pelas medidas impostas em pequeno lapso temporal. De toda sorte, concordamos na avaliação de ter sido a maior greve geral da história

---

KREIN, J. D. O desmonte dos direitos, as novas configurações do trabalho e o esvaziamento da ação coletiva: consequências da reforma trabalhista. *Tempo social*, v. 30, n. 1, abr. 2018.

65 SILVA, S. G. C. L.; ALLAN, N. A; TRIANI, V. Negociado sobre o legislado em Dois Tempos: a Lei n.13.467/2017 em diálogo com o PL 5.483/2001. In: SILVA, S. G. C. L.; EMERIQUE, L. B., BARISON, Thiago (orgs.). *Reformas institucionais de austeridade, democracia e relações de trabalho*. São Paulo: LTr, 2018, p. 168-180.

66 A greve geral em todo o país contra as reformas trabalhista e previdenciária foi convocada pelas centrais sindicais (Central Única dos Trabalhadores (CUT), a Central dos Trabalhadores e Trabalhadoras do Brasil (CTB), a Intersindical, a Nova Central, a Central dos Sindicatos Brasileiros, a Força Sindical, a União Geral dos Trabalhadores (UGT), a CSP-Conlutas e a Central Geral dos Trabalhadores do Brasil) e pelas Frentes Brasil Popular e Povo Sem Medo que aglutinam inúmeros coletivos do movimento popular. Disponível em http://www.frentebrasilpopular.org.br/conteudo/organizacoes-participantes/. Acesso em 02 de maio de 2018. Frente Povo Sem Medo (http://www.povosemmedo.org/), se apresenta como uma frente de mobilização com participação de mais de 30 movimentos nacionais, centrada nas mobilizações contra o ajuste fiscal e o conservadorismo. Acesso em 02 de maio de 2018.

67 GALVÃO, A; MARCELINO, P. O sindicalismo brasileiro diante do golpe. In: SILVA, S. G. C. L. da; EMERIQUE, L. B.; BARISON, T. (Org.). *Reformas institucionais de austeridade, democracia e relações de trabalho*. São Paulo: LTr, 2018, p. 93-94.

68 Galvão e Marcelino (2018, p. 94) no tocante à reforma trabalhista consideram que "embora o foco da reforma seja a legislação trabalhista, vários de seus aspectos atingem diretamente o sindicalismo, mediante a descentralização da negociação coletiva, o aprofundamento da fragmentação das bases de representação sindical coma ampliação das formas de contratação precária, a possibilidade da negociação individual de aspectos importantes da relação de trabalho, a rescisão contratual sem a intermediação sindical, a representação dos trabalhadores no local de trabalho por fora dos sindicatos. Além de esvaziar as prerrogativas sindicais, a reforma impacta suas finanças, condicionando a cobrança do imposto sindical à anuência prévia por parte do trabalhador".

do país, diante da adesão de 35 milhões de trabalhadores e a paralisação de 26 estados e do Distrito Federal[69].

Nova greve foi realizada em 30 de junho de 2017, sem a mesma expressão numérica de adesão. Ainda que tais movimentos de resistência possuam extrema relevância para a história da classe trabalhadora brasileira, os mesmos não foram, por ora, bem-sucedidos quanto aos seus propósitos de recuo do governo e do congresso quanto à recusa das reformas.

Diante da aprovação da reforma trabalhista e das consequências proporcionadas às entidades sindicais e à classe trabalhadora, Galvão e Marcelino examinam que as centrais sindicais se dividiram quanto as estratégias de ações coletivas a serem adotadas[70]. Enquanto algumas buscaram a realização de acordos com representantes estatais, outras visaram o maior engajamento e participação em campanhas políticas nas eleições de 2018 para a eleição de representantes com possibilidades de revogação dos retrocessos advindos da Lei nº 13.467 de 2017, não tendo sido realizada nova greve geral com a mesma amplitude desde a de 28 de abril de 2017, embora diversas categorias tenham deflagrado greves. Pessanha, Artur e Freitas[71] apontam que dentre as seis centrais reconhecidas somente duas persistem exigindo a revogação da reforma trabalhista em sua pauta atual.

4. DIREITO E GREVE GERAL NO BRASIL: ESTUDO DE CASOS REFERÊNCIA

Diante da importância da greve geral deflagrada às vésperas do dia do trabalhador, em protesto contra a maior reformulação do sistema legislado de relações laborais do país, que provocou alteração direta nos contratos de trabalho, regimes de contratação coletiva, direitos sindicais e direitos laborais, e diante da grande adesão sindical, abre-se uma agenda de pesquisas[72] sobre as consequências no âmbito das relações coletivas de trabalho[73]. A intrínseca relação entre direito do trabalho

---

69 GALVÃO, A; MARCELINO, P. O sindicalismo brasileiro diante do golpe. In: SILVA, S. G. C. L. da; EMERIQUE, L. B.; BARISON, T. (Org.). *Reformas institucionais de austeridade, democracia e relações de trabalho*. São Paulo: LTr, 2018, p. 94.

70 Ibid., p. 94-95.

71 PESSANHA, E.; ARTUR, K; FREITAS, L. *Estudos sobre a Justiça do Trabalho e Desafios da Reforma: legitimidade da lei, poder dos tribunais e sua ativação pelos atores*. Trabalho apresentado no 8º Encontro de Pesquisa Empírica de Direito, Juiz de Fora, 2018.

72 SILVA, S. G. C. L.; GONDIM, T. P., GUEIROS. D. G. Políticas de Austeridade, Negociação Coletiva e a Institucionalização da Excepcionalidade no Direito Coletivo do Trabalho Brasileiro. 56 ICA Congresso Internacional de Americanistas. Salamanca. 2018. Evento disponível em http://ica2018.es/principal/. Acesso em 09 de set. 2018.

73 Das alterações implementadas pela reforma trabalhista, sobressai a institucionalização do regime de supletoriedade da norma estatal em relação à negociada (CASTELLI, 2014. p. 122). A inclusão do art. 611-A na CLT– Consolidação das Leis do Trabalho, subverteu o sentido da descentralização das fontes de produção normativa, antes orientado pela prevalência da norma mais favorável aos trabalhadores,

e esta greve geral, substancialmente maior e mais intensa que nas greves gerais anteriores deflagradas sob o regime da Constituição de 1988 e voltadas a combater planos econômicos, bem como o momento de mudança paradigmática e de ataque às instituições laborais, inclusive à Justiça do Trabalho, abre espaço para recolocar em discussão as relações entre direito e greve. Na esteira de valorização da Constituição e das Convenções Internacionais como reservas de justiça no âmbito do trabalho, os sentidos atribuídos à Lei nº 7.783/1989 serão repensados? Ao conceito de greve albergado pelo artigo 9º da Constituição será mantida a interpretação prevalecente e limitativa? Como a adesão das entidades sindicais à greve geral será classificada e assimilada pelo direito? Como greve política? Caso positivo, com que finalidade? Como greve de solidariedade? Quais as consequências jurídicas das respectivas classificações? A judicialização do movimento paredista ocorrerá de que modo (preventivo ou reparatório), iniciada por que atores (sindicatos patronais, estado ou sindicatos de categorias profissionais)? Investigações sobre as respostas que o direito brasileiro tem dado às resistências sindicais à austeridade apenas se iniciam.

Nos limites deste artigo, faremos a análise de dois casos paradigmáticos: a greve dos rodoviários do Estado do Espírito Santo e a greve dos bancários do Município de Nova Friburgo, Estado do Rio de Janeiro, quanto aos argumentos referentes ao conteúdo do direito de greve, as diferentes interpretações em disputa e os sentidos atribuídos ao conflito coletivo em resistência à reforma. O objetivo é tão somente mapear os posicionamentos existentes para saber se nos casos referência escolhidos, o Judiciário entendeu que a greve geral foi albergada pela proteção constitucional e quais as consequências jurídicas da resposta (em especial se poderiam os sindicatos que aderiram ao movimento serem apenados com multas ou os trabalhadores sofrerem desconto do dia paralisado).

Compreendemos a greve como um fenômeno social que comporta múltiplos sentidos, que variam desde conflitos coletivos inerentes aos contratos de trabalho a ações de protesto, de denúncia e de resistência da classe trabalhadora[74]. Segundo Edelman[75] e Ermida Uriarte[76], com a positivação da greve o ordenamento jurídico reconhece a legalidade de determinas formas de lutas coletivas em detrimento de

---

para admitir eficácia e validade de convenções e acordos coletivos com clausulas menos benéficas. A relação entre austeridade e reconfiguração do direito do trabalho no Brasil se constitui em importante agenda de pesquisa, sendo profícuo agregar aos estudos sobre reforma trabalhista indagações, investigações direcionadas à atuação dos atores sociais e econômicos e as estratégias utilizadas pelas entidades sindicais (SILVA, GUEIROS, GONDIM, 2018).

74 VIANA, M. T. Da greve ao boicote: os vários significados e as novas possibilidades das lutas operárias. *Revista do Tribunal Regional do Trabalho 3ª Região*, Belo Horizonte, v. 49, n. 79, p. 101-121, jan./jun. 2009; GONDIM, T. P. Análise sobre os pressupostos teóricos do direito de greve. In *Revista Fórum de Direito Sindical – RFDS*. Belo Horizonte, ano 2, n.2, P. 63-75, jan./ju. 2016.

75 EDELMAN, B. *A legalização da classe operária*. São Paulo: Boitempo, 2016.

76 ERMIDA URIARTE, O. *A flexibilização da greve*. Tradução Edilson Alkmin. São Paulo: LTr, 2000.

outros modos de resistência, taxados como ilícitos. Barreto Ghione[77] interpreta que as técnicas de definição jurídica assumem o papel redutor da capacidade de conflito dos trabalhadores, principalmente no que concerne à greve, haja vista ser a principal ferramenta de autotutela dos trabalhadores. Ermida Uriarte analisa que a rigidez de regulamentação da greve é um fenômeno comum nos países sul-americanos, que vivenciam há décadas a redução da clássica proteção trabalhista nas relações individuais de trabalho em contraponto à extrema regulação, intervenção, rigidez, limitação e opressão na esfera dos direitos coletivos[78].

Após o seu reconhecimento como direito fundamental social na Constituição de 1988, a greve recebeu novo tratamento jurídico. Apesar de sua questionável constitucionalidade, a Lei nº 7.783 de 1989 formata tempo, modo e circunstância para a exteriorização dos conflitos mediante a burocratização do processo de deflagração das greves.[79] A jurisprudência, mediante giros interpretativos, além de aplicar sanções e ordenar o retorno de trabalhadores aos postos de trabalho, criou novos requisitos para o reconhecimento da legalidade dos movimentos paredistas[80], reconhecendo regra geral apenas a juridicidade de paralisações cujas reivindicações se limitam a aspectos contratuais ou envolvidos na negociação coletiva. Não obstante, em 1999 o Brasil ratificou o Protocolo Adicional à Convenção Americana sobre Direitos Humanos em Matéria de Direitos Económicos, Sociais e Culturais, conhecido como Protocolo de São Salvador, que em seu artigo 8º reconhece o direito de greve e estabelece parâmetros claros para evitar sua limitação na ordem interna.

A Lei nº 13.467/2017, ápice da reforma trabalhista no Brasil não alterou a normativa referente à greve e também manteve inalterada a regulamentação dos

77 BARRETO GHIONE, H. Indagaciones sobre la huelga: cuestiones de método, definición y derecho. *Revista de Derecho Social Latinoamérica*, n. 2, Editorial Bomarzo, 2016.

78 ERMIDA URIARTE, O. *A flexibilização da greve*. Tradução Edilson Alkmin. São Paulo: LTr, 2000, p. 15.

79 Relevante meio de pressão e de resistência, a greve além de ser reconhecida como direito fundamental é assegurada como direito humano protegido no sistema internacional. Em síntese, são pressupostos legais fixados para a deflagração da greve de forma "não abusiva" a realização de assembleia convocada para este fim, a prévia tentativa de negociação coletiva, prévia comunicação ao empregador e/ou à população nas atividades arroladas como essenciais. A Lei exige a manutenção de equipe mínima de trabalho no caso de atividades essenciais e serviços inadiáveis. Há disputas interpretativas sobre o âmbito de tais existências. Por um lado, exige-se comunicação prévia escrita e expressa ao empregador, por outro, admite-se como despicienda tal formalidade quando ficar demonstrado o atendimento à finalidade de publicidade, previsibilidade e transparência no exercício do direito, sem excesso de formalismo (BRASIL, TST, RODC N. 2017400-02.2009.5.02.0000. Ministro Mauricio Godinho Delgado, SDC. 30/03/2012; conferir também BRASIL. TST. RODC n. 2004700-91.2009.5.02.0000. Ministra: Kátia Magalhães Arruda. SDC. 16/12/2011).

80 SILVA, S. G. C. L. *Relações coletivas de trabalho*: configurações institucionais no Brasil contemporâneo. São Paulo: LTr, 2008, p. 458-472; MANDL, A. T. *A judicialização das relações coletivas de trabalho:* uma análise das greves julgadas pelo TST nos anos 2000. Dissertação (Mestrado em Desenvolvimento Econômico) – Universidade Estadual de Campinas, Campinas, 2014. Disponível em: <http://periodicos.ufpb.br/index.php/abet/article/viewFile/25678/13867>. Acesso em 10 out. 2016; GUEIROS, D. G. Greve. Análise de julgados de Dissídios Coletivos de Greve do Tribunal Regional do Trabalho da Primeira Região (2006-2016). *Revista OAB/RJ*. Rio de Janeiro: Edição Especial – Revista CJT. 2017. Disponível em: <http://revistaeletronica.oabrj.org.br/?artigo=greve-analise-de-julgados-de-dissidios-coletivos-de--greve-do-tribunal-regional-do-trabalho-da-primeira-regiao-2006-2016>. Acesso em: 13 maio 2018.

dissídios coletivos[81], mas antigas disputas de sentidos da Constituição e da Lei nº 7.783/89 permaneceram intensas e, sendo a greve um dos mais fundamentais, tradicionais e eficazes recursos de poder de reação dos trabalhadores, tais disputas tendem a ser acentuadas na medida em que forem sentidos com a passagem do tempo os potenciais efeitos danosos das reformas para os trabalhadores e organizações.

Para a análise em tela utilizaremos a compreensão de direito adotada por Pierre Bourdieu[82] como um espaço institucional de disputa de sentidos, uma vez que os sentidos da greve no pós-redemocratização se encontram em confronto desde a discussão na Assembleia Nacional Constituinte[83] e no momento pós-constituinte[84]. Desta forma, serão analisados os argumentos utilizados pelos atores parte destes dois processos selecionados bem como as fundamentações apresentadas nas decisões judiciais. Sem desconsiderar a riqueza de um levantamento quantitativo das demandas sobre a greve geral em todo o território nacional, sua catalogação e sistematização, optou-se neste artigo pela metodologia do caso referência, que envolve a seleção de experiências que se aproximam e se distanciam para análise qualitativa. A partir do fato base (adesão à greve geral), em um mesmo espaço temporal (sudeste), foram selecionados para estudo e cotejo um dissídio coletivo de greve e uma ação civil pública, a seguir apresentados, razão pela qual o presente artigo se qualifica como uma pesquisa exploratória, mediante a análise de dois casos referência para possibilitar o mapeamento dos possíveis sentidos atribuídos à greve geral de 28 de abril de 2017.

4.1. A judicialização por meio de dissídios coletivos: a tutela preventiva formulada pelos sindicatos patronais para evitar a adesão dos rodoviários do Espírito Santo à greve geral de 2017

A judicialização tradicional de conflitos coletivos de trabalho ocorre por meio de dissídios coletivos de greve, instaurados por entidades sindicais patronais ou pelo Ministério Público do Trabalho quando houver risco de lesão a interesse

---

81 A Constituição de 1988 vedou a interferência do Estado nas organizações sindicais, assim, tribunais do trabalho não estão mais autorizados a instaurar dissidio coletivo de greve e revisão (não foram recepcionados os arts. 856 e 874 da CLT). A Consolidação das Leis do Trabalho – CLT faz referência a dissídio coletivo nas hipóteses de suspensão do trabalho (art. 856), mas é o Regimento Interno do Tribunal Superior do Trabalho que prevê classificação dos dissídios coletivos de natureza econômica, de revisão, de extensão, de natureza jurídica, de greve (art. 241).

82 "O campo jurídico é o lugar de concorrência pelo monopólio do direito de dizer o direito, quer dizer, a boa destruição (*nomos*) ou a boa ordem, na qual se defrontam agentes investidos de competência ao mesmo tempo social e técnica que consiste essencialmente na capacidade reconhecida de interpretar (de maneira mais ou menos livre ou autorizada) um *corpus* de textos que consagram a visão legítima, justa, do mundo social" (BOURDIEU, 1989, p. 212).

83 LOURENÇO FILHO, R. M. *Entre continuidade e ruptura*: uma narrativa sobre as disputas de sentido da constituição de 1988 a partir do direito de greve. Tese (Doutorado em Direito) – Faculdade de Direito, Universidade Nacional de Brasília, Brasília, 2014.

84 SILVA, S. G. C. L.; EMERIQUE, L. B.; BARISON, T. (Org.). *Reformas institucionais de austeridade, democracia e relações de trabalho*. São Paulo: LTr, 2018, p. 235-238.

público. Sendo reconhecido como primeiro dissídio apreciado pelo Tribunal Superior do Trabalho sobre a greve geral de 2017, é um caso referência que envolve estratégia tradicional de criminalização das greves. Trata-se do processo de Dissídio Coletivo de Greve DCG n. 0000196-78.2017.5.17.0000 suscitado perante o Tribunal Regional do Trabalho da 17ª Região.

Com o intuito de impedir a adesão dos trabalhadores rodoviários do Estado do Espírito Santo à greve geral de 28 de abril de 2017, o Sindicato das Empresas de Transportes da Grande Vitória (GVBUS) e o Sindicato das Empresas de Transportes de Passageiros do Estado do Espírito Santo (SETPES) buscaram a arena judicial, com instrumento jurídico denominado "tutela de urgência de natureza antecedente", com a classe processual tipificada por determinação do Presidente do Tribunal Regional para dissídio coletivo de greve (DCG). Postularam a proibição da paralisação dos serviços de transporte rodoviário a partir da zero hora do dia 28 de abril de 2017, com aplicação de multa diária a ser aplicada de forma solidária ao sindicato e seus diretores, bem como a qualquer pessoa vinculada ao sindicato que descumprisse a determinação judicial. GVBUS e SETPES aduziram a ausência de fundamento do coletivo de trabalhadores para aderir à paralisação sob o argumento de ter sido convocada como forma de pressão política pela não aprovação das reformas trabalhista e previdenciária.

As entidades patronais sustentaram que mesmo que a reivindicação detivesse validade, a categoria deveria providenciar outras formas de "fazer valer a sua voz" que não a paralisação dos transportes sem a prévia comunicação determinada pela lei infraconstitucional, sob o fundamento do desamparo da população e de violação ao direito de ir e vir, com prejuízos aos cidadãos e a economia do Estado do Espírito Santo. Com o intento de ver declarada a abusividade da adesão do Sindicato Laboral ao movimento, os Sindicatos Patronais fundamentaram o pedido com base em supostos descumprimentos dos dispositivos previstos na Lei nº 7.783 de 1989, como a vigência do instrumento coletivo de trabalho, a não superveniência de fatos novos que prejudiquem a relação de trabalho ou o descumprimento de cláusula pactuada em norma coletiva.

Os suscitantes, sindicatos patronais, alegaram a motivação política do movimento e sustentando ter sido planejada estrategicamente a não comunicação à população com a antecedência legal de setenta e duas horas, com objetivo *de "gerar caos, surpresa e tumulto da ordem pública"*. Em resumo, pretenderam a declaração de abusividade do movimento paredista e proibição de adesão por parte de todos os trabalhadores rodoviários diante do alegado abuso de direito, por compreender que a garantia constitucional não é absoluta, sob os argumentos de violação da lei infraconstitucional, inclusive quanto à manutenção de percentual de trabalhadores laborando, por se tratar de serviço essencial.

Alegaram ainda os possíveis prejuízos e impedimento de locomoção às escolas, trabalho, hospitais e outros locais de prestação de serviço que causariam danos irreparáveis e irreversíveis às empresas da categoria econômica, indústria, serviços públicos e comércio local. Por fim, pleitearam pela aplicação de multa de quinhentos mil reais por dia de paralisação, aplicada solidariamente ao presidente da entidade obreira e seus diretores e multa adicional de cem mil reais por pessoas vinculadas ao sindicato que viessem a aderir ao movimento, além de pena de prisão por descumprimento de ordem judicial e pela proibição de paralisações de cunho político partidário.

Tendo sido reautuado o processo como Dissídio Coletivo de Greve e distribuído para relatoria de desembargador pertencente à Seção Especializada de Dissídios Coletivos – SEDIC do TRT – 17ª Região, em sede de decisão liminar o desembargador relator afirmou o caráter de direito fundamental coletivo da greve.[85] Determinou que o exercício da greve observasse as condições estabelecidas pela Lei nº 7.783/1989, com comunicação prévia e manutenção da prestação dos serviços essenciais. Nos termos da decisão, a não observância de quantitativo necessário para a garantia dos serviços inadiáveis levaria ao tumulto à ordem pública e causaria prejuízo à população e a economia capixaba. Embora apontasse a atipicidade do movimento por ausência de pauta de reivindicações e adesão por inconformismo com a política nacional, o relator argumentou que o exercício da greve não seria ilimitado e determinou manutenção do funcionamento de cinquenta por cento da frota, sob pena de multa diária de trinta mil reais.

No que concerne ao mérito do Dissídio Coletivo de Greve, a entidade suscitada reivindicou o caráter de garantia constitucional da greve de acordo com os direitos não acolhidos pela classe patronal que pretendiam defender e reivindicar, compreendendo ter cumprido os requisitos da Lei nº 7.783 de 1989 diante da publicação de edital convocatório para a assembleia no dia 21 de abril de 2017, que definiu a adesão à greve geral, bem como a aprovação assemblear de manutenção de trinta por cento da frota. O sindicato obreiro alegou ainda que a notificação da decisão judicial determinando a prestação de serviços de cinquenta por cento dos trabalhadores rodoviários ocorreu no dia da paralisação, momento em que as vias se encontravam bloqueadas pelas centrais sindicais, não sendo possível garantir a observância da decisão judicial, motivo pelo qual requereu a reconsideração da decisão proferida para revogar a liminar anteriormente concedida.

O Ministério Público do Trabalho apresentou manifestação na qual reconheceu a divulgação do movimento com a devida antecedência em mídias sociais e na imprensa. O Procurador-chefe, Estanislau Tallon Bozi, afirmou que a greve envolve o direito de causar prejuízos não só ao empregador, mas também àqueles com quem ele lida, sendo que no caso das greves gerais está presente o caráter atípico de convocação por parte das centrais sindicais e pela população. A procuradoria regional rechaçou o caráter abusivo que pretendia se impor ao movimento,

85 O processo prosseguiu com a desistência do Sindicato das Empresas de Transportes de Passageiros do Estado do Espírito Santo e apresentação de contestação por parte do Sindicato dos Rodoviários do Espírito Santo. Em razões finais a entidade patronal requereu a condenação do sindicato obreiro no pagamento do valor de multa estipulada na medida liminar, sob a alegação de que o sindicato impediu a saída de veículos da garagem e que a ordem judicial fora descumprida.

e afastou o argumento de descumprimento da ordem judicial, tendo em vista a intenção do sindicato laboral em proteger a integridade física de seus representados e considerando que a Constituição não restringe a greve apenas a questões de cunho trabalhista. Onde a Constituição não restringe, não devem o intérprete ou o legislador reduzi-la, afirmou[86].

O Tribunal Regional do Trabalho da 17ª Região acolheu os argumentos apresentados pelo Ministério Público do Trabalho, afastando a responsabilização do sindicato e o consequente pagamento de multa por interpretar ter se tratado de movimento nacional atípico. O Dissídio Coletivo de Greve foi julgado improcedente com a vitória dos trabalhadores. Contudo, depois da interposição de Recurso Ordinário pelo sindicato da categoria econômica, o processo foi remetido ao Tribunal Superior do Trabalho, que reformou a decisão regional em julgamento ocorrido em 12 de março de 2018.

Para a compreensão da disputa de sentidos acerca da natureza da greve se faz necessária a observação dos argumentos acolhidos pelos Tribunais quando do julgamento meritório dos processos coletivos em análise. Neste sentido, serão analisados os acórdãos proferidos pelo Tribunal Regional do Trabalho da 17ª Região e Tribunal Superior do Trabalho quando da deliberação da abusividade ou não do movimento em comento. Inicialmente o Desembargador Relator José Luiz Serafini[87] discorreu acerca da natureza de direito fundamental de caráter coletivo da greve, que representou um "importante avanço democrático" como "um justo exercício pelos trabalhadores da prerrogativa de pressionarem os empregadores no intuito de obterem melhores condições de trabalho", sendo que "existem requisitos de validade estabelecidos pela ordem jurídica, estabelecidos na Lei 7.783/89" Quanto à greve geral, o Relator compreendeu que "a paralisação foi deflagrada pelos movimentos sociais e pelas centrais sindicais, bem como sindicatos, com adesão expressiva da população nacional". No que se refere à natureza política do movimento, o Regional se manifestou no sentido de acolher tal argumento, por se tratar de "reflexo de descontentamento de milhares de pessoas com as reformas trabalhista e previdenciária em curso no Congresso Nacional", no entanto não julgou possível a atribuição de responsabilidade ao Sindicato dos Rodoviários pela paralisação dos serviços com a aplicação de multa por descumprimento da decisão judicial "devido à amplitude do movimento, dos reflexos causados no País na histórica data de 28.04.2017", concluindo que "como movimento atípico e de vultosa repercussão nacional, não há como se exigir do SINDIRODOVIÁRIOS o adimplemento

---

86 BRASIL. Parecer Procuradoria Regional do Trabalho da 17ª Região. Procurador Estanislau Tallon Bozi. Tribunal Regional do Trabalho 17ª Região. DCG 0000196-78.2017.5.17.0000. 16/06/2017. PJe. ID b988253. Disponível em https://pje.trtes.jus.br/segundograu/download.seam?cid=1177. Acesso em 09 de set. de 2018.

87 BRASIL. Tribunal Regional do Trabalho da 17ª Região. Dissídio Coletivo de Greve – DCG 0000196-78.2017.5.17.0000. Acórdão. Desembargador Relator José Luiz Serafini, Julgado em 26 de julho de 2017.

das regras da Lei de Greve"[88] e julgou improcedente os pedidos formulados pela entidade patronal.

Após a interposição de Recurso Ordinário, o Tribunal Superior do Trabalho apreciou o pedido patronal de modificação do acórdão proferido pelo Tribunal Regional do Trabalho da 17ª Região. A Ministra Relatora Maria de Assis Calsing, ao apreciar o mérito, não reconheceu a inobservância de formalidade prevista na lei infraconstitucional para comunicação da greve à população como condição para a declaração de abusividade do movimento, em virtude da grande circulação nas mídias e redes sociais de notícias sobre a greve geral, compreendendo que "o juízo da abusividade da paralisação, contudo, recai sobre a motivação da greve". Em sua fundamentação, a Ministra apresentou o argumento de que embora a greve política fosse valorizada pela doutrina trabalhista "por dar voz a trabalhadores diante de ações públicas voltadas à regulação de questões que afetem diretamente suas vidas, no campo específico ou não do contrato de trabalho", não recebe o mesmo tratamento no campo jurisprudencial. Para a maioria dos Ministros que compõem a Seção Especializada em Dissídios Coletivos, embora o movimento paredista envolvesse questões ligadas aos trabalhadores "de forma visceral e direta, o que substancialmente legitima a ideia de mobilização com intuito de protesto", o mesmo não foi direcionado ao patronal. Dessa forma, com base em jurisprudência do Tribunal Superior do Trabalho, a Ministra Relatora acolheu o reconhecimento da abusividade do movimento "uma vez que o empregador não dispõe do poder de negociar e pacificar o conflito, dirigido claramente aos Poderes Constituídos (Executivo e Legislativo)"[89].

Por outro lado, em relação à multa por descumprimento da decisão judicial liminar do Tribunal Regional do Trabalho da 17ª Região, a Ministra Relatora afastou a sua aplicação por compreender que havia dificuldade em garantir a manutenção de parte dos serviços, inclusive por questões de segurança dos trabalhadores rodoviários. Assim, com base nos sentidos mencionados anteriormente, a Seção Especializada em Dissídios Coletivos do TST julgou parcialmente procedente o Recurso Ordinário para reconhecer a abusividade da greve, mas evitou a condenação do sindicato dos trabalhadores, conduta bastante distinta daquela levada a efeito nas greves de resistência ao plano real. O acórdão regional foi mantido em parte, tendo sido negada a aplicação de multa diária, ante a impossibilidade de o sindicato de trabalhadores garantir a prestação de serviços diante da atipicidade do dia proporcionada pela greve geral.

---

88 BRASIL. Tribunal Regional do Trabalho da 17ª Região. Dissídio Coletivo de Greve – DCG 0000196-78.2017.5.17.0000. Acórdão. Desembargador Relator José Luiz Serafini, Julgado em 26 de julho de 2017.

89 BRASIL. Tribunal Superior do Trabalho. Recurso Ordinário em Dissídio Coletivo 196-78.2017.5.17.0000. Inteiro teor. Relatora Ministra Maria de Assis Calsing, Seção Especializada em Dissídios Coletivos, Disponível em http://aplicacao4.tst.jus.br/consultaProcessual/consultaTstNumUnica.do?consulta= Consultar&conscsjt=&numeroTst=0000196&digitoTst=78&anoTst=2017&orgaoTst=5&tribunalTst=17&varaTst=0000&submit=Consultar.A cesso em 07 de ag. de 2018.

A decisão não foi unânime. Os ministros Maurício Godinho Delgado e Kátia Magalhães Arruda divergiram do voto vencedor que reconheceu que parte da doutrina pode vislumbrar a legalidade de greves deflagradas por motivos extracontratuais e de cunho político, mas asseverou que a jurisprudência da instância superior não respalda tal interpretação, sobretudo pelo fato de os empregadores não serem detentores de capacidade de solucionar conflitos com os poderes constituintes.

No voto vencido, entendendo pela não abusividade da parede, o Ministro Maurício Godinho Delgado, com adesão da Ministra Kátia Magalhães Arruda, fundamentou a não vedação da motivação política da greve por parte da Constituição Federal, que garante aos trabalhadores a decisão sobre as oportunidades de exercício de tal direito fundamental. Conforme o voto do Ministro os movimentos grevistas extracontratuais não são inválidos, principalmente se as motivações políticas interferirem na vida e no trabalho daqueles que desejarem aderir à greve. Para fundamentar seu voto, utilizou de posicionamento do Comitê de Liberdade Sindical da OIT, o qual rejeita apenas a greve puramente política e sem nenhuma vinculação com os grevistas. Por fim, o Ministro concluiu que o direito de greve deve ser utilizado como mecanismo de equiparação ao empregador, uma vez que este detém poder coletivo em essência e capacidade de influenciar no processo legislativo em decorrência do seu poder econômico[90].

4.2. Judicialização para reparar os prejuízos sofridos pelos trabalhadores com a adesão à greve: a Ação Civil Pública movida pelo Sindicato dos Bancários

Considerando que a judicialização dos conflitos coletivos de trabalho adquiriu novas dimensões e sentidos depois da Constituição de 1988 com a intensificação da propositura de ações coletivas, para cotejo procedemos ao levantamento de caso que explicitasse as demandas formuladas por sindicatos de trabalhadores para o reconhecimento da juridicidade da greve deflagrada, disputando seus sentidos e pretendendo reparar danos porventura havidos. Como um segundo caso referência, examinaremos na presente seção o litígio envolvendo um Sindicato dos Bancários e o maior banco público brasileiro, nos autos da Ação Civil Pública – ACP n º 0100604-43.2017.5.01.0511 em trâmite no Tribunal Regional do Trabalho da 1ª Região[91].

---

90 BRASIL. Tribunal Superior do Trabalho. Recurso Ordinário em Dissídio Coletivo – RODC nº 2017400-02.2009.5.02.0000, Relator Ministro Mauricio Godinho Delgado, Seção Especializada em Dissídios Coletivos, Data de Publicação: 30/03/2012. Disponível em http://aplicacao4.tst.jus.br/consultaProcessual/consultaTstNumUnica.do?consulta=Consultar&conscsjt=&numer oTst=2017400&digitoTst=02&anoTst=2009&orgaoTst=5&tribunalTst=02&varaTst=0000&submit=Consultar. Acesso em 07 de ag. de 2018.

91 Do andamento processual verificado em 09/09/2018, consta informação de que as partes opuseram embargos de declaração, tendo disso publicado acórdão em 06/09/2018, tendo sido negado provi-

Em sentido diferente do caso anteriormente analisado, o Sindicato dos Bancários de Nova Friburgo e Região ajuizou Ação Civil Pública em virtude de mensagem eletrônica encaminhada pelo Banco do Brasil aos seus empregados informando o não reconhecimento da greve geral de 2017, contendo ameaça de descontos salariais aos trabalhadores que participassem do movimento no dia em que foi convocado e nos dias de sábado e domingo subsequentes.

A entidade laboral argumentou que a legislação infraconstitucional estabelece que tais questões devem ser submetidas ao processo de negociação coletiva, não podendo serem realizadas de modo unilateral. Para o sindicato autor, os bancos, em obediência à determinação da Federação Nacional dos Bancos, passaram a agir de determinada forma para minar a representatividade do movimento, visando a sua ressignificação em mera falta injustificada, tentando persuadir os empregados com punições pela participação no movimento. Finalizou a argumentação no sentido de acrescentar o argumento da ilegalidade do desconto em virtude da paralisação dos vigilantes, que impediu a abertura dos estabelecimentos bancários.

O estabelecimento bancário, por sua vez, fez alusão aos requisitos elencados na Lei nº 7.783 de 1989, em especial à frustração da negociação coletiva, aprovação assemblear e comunicação com quarenta e oito horas de antecedência. Em seguida, o Banco do Brasil argumentou pelo reconhecimento da limitação ao exercício do direito de greve, que deve estar vinculado estritamente à relação de emprego e possíveis de serem submetidos à negociação com a classe patronal, afirmando que, na situação em questão o banco empregador não detém legitimidade de negociar os pontos pelos quais a greve foi convocada, por se tratar de greve com fins políticos. Nesta esteira requereu o indeferimento do pedido, diante da alegada abusividade do movimento e ausência de caráter grevista.

Quando da apreciação do pedido de tutela de urgência, o magistrado acolheu os argumentos apresentados pelo sindicato autor da ação vedando o desconto das faltas que porventura ocorressem em período de greve, não podendo ser consideradas como faltas injustificadas, reconhecendo como legítimo o movimento paredista diante de seu caráter de defesa dos direitos e interesses dos trabalhadores. Por fim, em analogia ao acordo firmado para o biênio 2016/2018 que determinou a compensação das horas dedicadas à greve do dia 07 de outubro de 2016, estabeleceu a compensação da jornada sem exceder o limite constitucional de duas horas extraordinárias por dia, fixando o pagamento de multa de cinco mil reais por cada empregado que sofrer desconto pela ausência no dia.

Não obstante tal determinação[92], a sentença prolatada afastou o caráter de greve do movimento em virtude da ausência de reivindicações em face do

---

mento aos embargos do Banco do Brasil SA, e dado provimento aos embargos do sindicato, sem efeito modificativo para constar no dispositivo do acórdão que caso tenha sido efetuado desconto do dia de paralisação, seja este valor devolvido pelo banco, com valor com juros e correção monetária.

92 BRASIL, Tribunal Regional do Trabalho da 1ª Região. Ação Civil Pública – ACP 0100604-43.2017.5.01.0511. Decisão. Juiz Luis Guilherme Bueno Bonin. 26/05/2017. Disponível em https://consultapje.trt1.jus.br/

empregador, compreendendo que tal movimento não se insere no conceito de greve estabelecido pela lei infraconstitucional, razão pela qual julgou não se tratar de faltas abonáveis ou justificáveis, acolhendo a declaração de licitude dos descontos, por compreender que não prejudicam a subsistência dos trabalhadores[93].

Com o Recurso Ordinário, os autos foram encaminhados para o Ministério Público do Trabalho – MPT. Todavia, a manifestação seguiu em trilha diversa àquela verificada no Espírito Santo. No caso em exame, o MPT recomendou a manutenção da sentença, diante da aplicabilidade da lei de greve, por compreender que o desconto dos dias de greve é a regra diante da suspensão do contrato de trabalho. Não obstante, o Tribunal Regional do Trabalho da 1ª Região, por unanimidade[94], atribuiu à greve o seu sentido constitucional, afirmando a garantia irrestrita de tal direito, cabendo a legislação apenas versar sobre o modo de prestação dos serviços essenciais e inadiáveis à comunidade, não sendo aplicável a restrição proporcionada pela lei infraconstitucional, sendo que o desconto dos dias de paralisação apenas seria permitido por intermédio de negociação coletiva.

Em relação ao julgamento acerca da adesão dos empregados do Banco do Brasil à greve geral, a 7ª Turma do Tribunal Regional do Trabalho da 1ª Região, em acórdão relatado pela Desembargadora Giselle Bondim Lopes Ribeiro[95], adotou o entendimento de que o direito de greve é reconhecido de maneira irrestrita pela Constituição, cabendo à lei apenas a definição das atividades essenciais e inadiáveis à população. Neste sentido, a desembargadora relatora afirmou que "se há tal direito, não pode a Lei ou o intérprete restringi-lo além do que a própria Constituição já restringiu (atividades essenciais e abusos)", por esta razão compreendeu que "sonegar o salário do empregado no período da greve não encontra autorização no artigo 7º da Lei 7.783/89, como sustenta parte da doutrina e da jurisprudência" sendo que o desconto dos dias destinados à greve somente seria possível mediante a negociação com o Sindicato Laboral.

Quanto ao caráter político, o regional se pronunciou no sentido de reconhecer o cabimento de greve política, principalmente por se tratar de aprovação de reforma

---

consultaprocessual/pages/consultas/DetalhaProcesso.seam?p_num_pje=1377204& p_grau_pje=1&p_seq=100604&p_vara=511&dt_autuacao=24%2F05%2F2017&cid=51008. Acesso em 07 de ag. de 2018.

93 BRASIL, Tribunal Regional do Trabalho da 1ª Região. Ação Civil Pública – ACP 0100604-43.2017.5.01.0511. Sentença. Juíza Letícia Abdala. 04/08/2017. Disponível em https://consultapje.trt1.jus.br/consultaprocessual/pages/consultas/DetalhaProcesso.seam?p_num_pje=1377204&p_grau_pje=1&p_seq=100604&p_vara=511&dt_autuacao=24%2F05%2F2017&cid=51008. Acesso em 07 de ag. de 2018.

94 Participaram do julgamento em 25 de abril de 2018, na Presidência, o Desembargador Federal do Trabalho Theocrito Borges dos Santos Filho, os Desembargadores Federais do Trabalho Giselle Bondim Lopes Ribeiro, Relatora, e José Luis Campos Xavier.

95 BRASIL, Tribunal Regional do Trabalho da 1ª Região. Ação Civil Pública – ACP 0100604-43.2017.5.01.0511. Recurso Ordinário em Ação Civil Pública. Acórdão. Relatora Desembargadora Giselle Bondim Lopes Ribeiro. Disponível em https://consultapje.trt1.jus.br/consultaprocessual/pages/consultas/DetalhaProcesso.seam?p_num_pje=1377204&p_grau_pje=1&p_seq=100604&p_vara=511&dt_autuacao=24%2F05%2F2017&cid=51008. Acesso em 07 de ag. de 2018.

trabalhista oriunda da própria política. Segundo a relatora, os estabelecimentos financeiros realizaram diversas atitudes políticas pela aprovação da reforma trabalhista, estando os trabalhadores no direito de fazê-lo através de greve convocada por seu sindicato.

Conforme fundamentação da relatora, a Turma do TRT-1ª Região compreendeu que o caráter político da greve não foi o suficiente para o reconhecimento de sua abusividade, uma vez que "a reforma trabalhista tinha todo o interesse dos empregadores" razão pela qual fundamentou que "o empregador é sim aquele contra o qual se trava o embate, que possui efetivos meios de pressão ao legislador e por isso eventual custo da greve também pode lhe ser imputado". Destarte a Turma, por unanimidade, reverteu a sentença de primeira instância, reconhecendo a legalidade do movimento paredista e a possibilidade de realização da denominada greve política, haja vista que "não se pode falar que a greve fosse abusiva, muito ao contrário, seu objetivo foi altruísta, solidário, posto que ultrapassou reivindicações próprias da categoria". Com base nesta compreensão do direito de greve reconhecido de maneira irrestrita pela Constituição, o acórdão também reverteu a sentença no sentido de aplicação de indenização no valor de R$ 100.000,00 (cem mil reais) a título de dano moral coletivo, por considerar que o desconto salarial se tratava de ameaçava aos trabalhadores quanto ao efetivo exercício do direito de greve, a ser destinado à FIOCRUZ.

Foi reconhecida a possibilidade de exercício de greve com reivindicações tipicamente políticas, argumentando-se que a greve é protegida pela Constituição também para a defesa da política trabalhista, sendo declarada a ilegalidade dos descontos salariais, porquanto foram consideradas cumpridas todas as formalidades legais, motivo pelo qual foi determinado que não fosse imputados aos empregados "o ônus da paralisação", entendendo que a greve não é dia de falta imotivada, sobretudo, no caso concreto, por se tratar de empregador que tem a União como seu maior acionista, tendo sido verificado o interesse do governo federal na aprovação da reforma trabalhista.

5. CONSIDERAÇÕES FINAIS

Diante do presente estudo é possível considerar que ainda que a austeridade seja uma ideia perigosa que ocasiona o sofrimento de diversas pessoas para arcar com as custas de uma crise financeira da qual não tiveram ingerência, a mesma continua a ser aplicada no mundo. Ainda que resistências sindicais tenham sido vivenciadas tanto no continente europeu quanto em determinadas cidades dos Estados Unidos da América, como também no Brasil, a força do mercado dificulta que as resistências trabalhistas consigam obter êxito na interrupção das medidas de institucionalização da austeridade, sendo variadas as razões de acordo com cada um dos casos concretos.

No caso brasileiro, as políticas de austeridade implementadas no último triênio obtiveram a resposta na expressiva greve geral do dia 28 de abril de 2017 que, ainda que tenha sido a maior greve geral vivenciada no país, não foi o suficiente, por ora, para afastar a aplicação da reforma trabalhista. Pela análise dos casos judiciais, verifica-se que ainda que a lei infraconstitucional tenha sido editada em 1989 com o intuito de restringir o exercício do direito de greve, resistências diferenciadas continuaram a existir no mundo do trabalho. No entanto, os sentidos do direito de greve se encontram em permanente disputa. Da análise dos casos judiciais, é possível observar, pelos sindicatos dos trabalhadores, uma tendência ao reconhecimento da prevalência da norma constitucional sobre a infraconstitucional, reivindicando pelo direito irrestrito de greve conforme os interesses e oportunidades dos trabalhadores, enquanto as entidades patronais reivindicam a aplicação literal da Lei nº 7.783 de 1989 com a necessidade de cumprimento de todos os seus requisitos burocráticos e dificultadores da eclosão da parede.

Por fim, em relação ao judiciário, é possível mapear diferentes posicionamentos, que, reconhecendo o caráter político da greve geral, variam desde uma combinação das interpretações, com a necessidade de cumprimento dos requisitos da lei infraconstitucional, mas sem a sua necessária vinculação estrita ao contrato de trabalho, como no caso do Tribunal Regional do Trabalho da 17ª Região, ao reconhecimento irrestrito do direito de greve à luz da constituição, conforme o julgamento proferido pelo Tribunal Regional do Trabalho da 1ª Região. No entanto, quando os casos são submetidos ao Tribunal Superior do Trabalho é possível verificar uma maioria de Ministros com interpretação restritiva do direito, vedando greves com cunho político, ainda quando verificada uma vinculação com as condições de trabalho dos grevistas. Deste modo, tendem a reconhecer o exercício da política apenas à classe patronal, se adotarmos a concepção de Blyth[96], para quem políticas de austeridade são de ordem político-ideológica, restringido o exercício político aos trabalhadores.

De toda sorte, na própria Corte Superior trabalhista existem posicionamentos diferenciados conforme a Constituição Federal, no sentido de garantir a possibilidade de deflagração de greves políticas desde que se vinculem, de certa forma, com a vida e o trabalho dos grevistas. Destarte é possível observar que a exteriorização do conflito entre empregados e empregadores no fenômeno social da greve se estende ao campo jurídico quando da discussão do direito de greve, estando os espaços dinâmicos abertos para a disputa de sentidos. Neste sentido, evidencia-se a necessidade de elaboração de uma agenda de pesquisas acerca dos sentidos atribuídos à greve geral pelos tribunais para uma resposta concreta.

6. REFERÊNCIAS BIBLIOGRÁFICAS

BIAS, R. B. A perspectiva emancipatória da greve nos limites do direito: uma análise histórica do tratamento jurisprudencial da greve no TRT-6. In: COUTINHO, A. R.;

[96] BLYTH, M. *Austeridade*: a história de uma ideia perigosa. Tradução Freitas e Silva. São Paulo: Autonomia Literária, 2017.

WANDELLI, L. (Org.). *Anais do II encontro RENAPEDTS*. Florianópolis: Empório do Direito, 2016, p. 655-684.

BLYTH, M. *Austeridade: a história de uma ideia perigosa*. Tradução Freitas e Silva. São Paulo: Autonomia Literária, 2017.

BOURDIEU, P. *O poder simbólico*. Tradução Fernando Tomaz. Rio de Janeiro: Difel, 1989. DELGADO, M. G. *Curso de Direito do Trabalho*. São Paulo: LTr, 2018.

DIEESE, Departamento Intersindical de Estatística e Estudos Socioeconômicos. Balanços das Negociações dos Reajustes Salariais de 2017. *Estudos e Pesquisas*. N. 86. São Paulo. 2018. Disponível em https://www.dieese.org.br/balancodosreajustes/2018/estPes86BalancoReajuste2017.html. Acesso em 09 set 2018a.

DIEESE, Departamento Intersindical de Estatística e Estudos Socioeconômicos. *Boletim de Conjuntura* Número 14. São Paulo. Maio de 2018. Disponível em https://www.dieese.org.br/boletimdeconjuntura/2018/boletimConjuntura014.pdf. Acesso em 09. set. 2018b.

EDELMAN, B. *A legalização da classe operária*. São Paulo: Boitempo, 2016.

ERMIDA URIARTE, O. *A flexibilização da greve*. Tradução Edilson Alkmin. São Paulo: LTr, 2000.

FERREIRA, A. C. *Sociedade da Austeridade e Direito do Trabalho de Exceção*. Lisboa: Vida Econômica, 2012.

FRENTE BRASIL POPULAR. Disponível em http://www.frentebrasilpopular.org.br/conteudo/organizacoes-participantes/. Acesso em 02 de maio de 2018.

FRENTE POVO SEM MEDO. Disponível em http://www.povosemmedo.org/. Acesso em 02 de maio de 2018.

GALVÃO, A; MARCELINO, P. O sindicalismo brasileiro diante do golpe. In: SILVA, S. G. C. L. da; EMERIQUE, L. B.; BARISON, T. (Org.). *Reformas institucionais de austeridade, democracia e relações de trabalho*. São Paulo: LTr, 2018, p. 85-96.

GHIONE, H. B. Indagaciones sobre la huelga: cuestiones de método, definición y derecho. *Revista de Derecho Social Latinoamérica*, n. 2, Editorial Bomarzo, 2016.

GONDIM, T. P. Análise sobre os pressupostos teóricos do direito de greve. In *Revista Fórum de Direito Sindical – RFDS*. Belo Horizonte, ano 2, n.2, P. 63-75, jan./ju. 2016.

GUEIROS, D. G. Greve. Análise de julgados de Dissídios Coletivos de Greve do Tribunal Regional do Trabalho da Primeira Região (2006-2016). *Revista OAB/RJ*. Rio de Janeiro: Edição Especial – Revista CJT. 2017. Disponível em: <http://revistaeletronica.oabrj.org.br/?artigo=greve-analise-de-julgados-de-dissidios-coletivos-de-greve-do-tribunal-regional-do-trabalho-da-primeira-regiao-2006-2016>. Acesso em: 13 maio 2018.

KREIN DARI, José; BIAVASCHI, Magda de. Brasil: movimentos contraditórios da regulação do trabalho dos anos 2000. *Revista Cuardenos Del Cendes*, Caracas, año 32, n. 89, mayo/ago. 2015.

KREIN, J. D. O desmonte dos direitos, as novas configurações do trabalho e o esvaziamento da ação coletiva: consequências da reforma trabalhista. *Tempo social*, v. 30, n. 1, abr. 2018.

LOURENÇO FILHO, R. M. *Entre continuidade e ruptura*: uma narrativa sobre as disputas de sentido da constituição de 1988 a partir do direito de greve. Tese (Doutorado em Direito) – Faculdade de Direito, Universidade Nacional de Brasília, Brasília, 2014.

MANDL, A. T. *A judicialização das relações coletivas de trabalho: uma análise das greves julgadas pelo TST nos anos 2000. Dissertação* (Mestrado em Desenvolvimento Econômico) – Universidade Estadual de Campinas, Campinas, 2014. Disponível em: <http://periodicos.ufpb.br/index.php/abet/article/viewFile/25678/13867>. Acesso em 10 out. 2016.

PAIXÃO, C.; LOURENÇO FILHO, R. Greve como prática social: possibilidade de reconstrução do conceito a partir da constituição de 1988. In: SENA, A.G.; DELGADO, G.N; NUNES, R. P. (Org.). *Dignidade humana e inclusão social: caminhos para a efetividade do direito do trabalho no Brasil.* São Paulo: LTr, 2010.

PESSANHA, E.; ARTUR, K; FREITAS, L. *Estudos sobre a Justiça do Trabalho e Desafios da Reforma: legitimidade da lei, poder dos tribunais e sua ativação pelos atores.* Trabalho apresentado no 8º Encontro de Pesquisa Empírica de Direito, Juiz de Fora, 2018.

SCHIAVONE, M. *Austerity and the labor movement.* Albany: State University of New York Press, 2016.

SILVA, S. G. C. L. da. *Relações coletivas de trabalho*: *configurações institucionais no Brasil contemporâneo*. São Paulo: LTr, 2008.

SILVA, S. G. C. L. da; EMERIQUE, L. B.; BARISON, T. (Org.). *Reformas institucionais de austeridade, democracia e relações de trabalho*. São Paulo: LTr, 2018.

SILVA, S. G. C. L.; ALLAN, N. A; TRIANI, V. Negociado sobre o legislado em Dois Tempos: a Lei n.13.467/2017 em diálogo com o PL 5.483/2001. In: SILVA, S. G. C. L.; EMERIQUE, L. B., BARISON, Thiago (orgs.). *Reformas institucionais de austeridade, democracia e relações de trabalho*. São Paulo: LTr, 2018, p. 168-180.

SILVA, S. G. C. L.; GONDIM, T. P. Conflitos Coletivos de Trabalho: Implicações Institucionais e Evidências Empíricas Sobre a Greve dos Bombeiros Militares do Estado do Rio de Janeiro. *Revista da Faculdade Mineira de Direito*, Pontifícia Universidade Católica de Minas Gerais. Belo Horizonte. V. 20, p. 28-60, 2017. Disponível em http://periodicos.pucminas.br/index.php/Direito/article/view/P.2318-7999.2017v20n39p28/11346. Acesso em 09 de set. 2018.

SILVA, S. G. C. L.; GONDIM, T. P., GUEIROS. D. G. Políticas de Austeridade, Negociação Coletiva e a Institucionalização da Excepcionalidade no Direito Coletivo do Trabalho Brasileiro. *56 ICA Congresso Internacional de Americanistas.* Salamanca. 2018. Evento disponível em http://ica2018.es/principal/. Acesso em 09 de set. 2018.

STREECK, W. *Tempo comprado:* a crise adiada do capitalismo democrático. Tradução Marian Toldy e Teresa Toldy. Lisboa: Conjuntura Actual Editora, 2013.

VIANA, M. T. Da greve ao boicote: os vários significados e as novas possibilidades das lutas operárias. *Revista do Tribunal Regional do Trabalho 3ª Região*, Belo Horizonte, v. 49, n. 79, p. 101-121, jan./jun. 2009.

REFERÊNCIAS LEGISLATIVAS

BRASIL. Constituição da República Federativa do Brasil. Disponível em http://www.planalto.gov.br/ccivil_03/constituicao/constituicao.htm, Acesso em 02 de ag. de 2018.

BRASIL. Lei 7.783. 28 de junho de 1989. Dispõe sobre o exercício do direito de greve. Disponível em http://www.planalto.gov.br/ccivil_03/LEIS/L7783.htm. Conversão da Medida Provisória 59/1989. Acesso em 09 de set. de 2018

BRASIL. Decreto n. 678 de 6 de novembro de 1992. Promulga a Convenção Americana sobre Direitos Humanos (Pacto de São José da Costa Rica), de 22 de novembro de 1969. Disponível em http://www.planalto.gov.br/ccivil_03/decreto/D0678.htm. Acesso em 09 de set. de 2018.

BRASIL. Decreto n. 3.321 de 30 de dezembro de 1999. Promulga o Protocolo Adicional à Convenção Americana sobre Direitos Humanos em Matéria de Direitos Econômicos, Sociais e Culturais "Protocolo de São Salvador", concluído em 17 de novembro de 1988, em São Salvador. El Salvador. Disponível em http://www.planalto.gov.br/ccivil_03/decreto/D3321.htm. Acesso em 09 de set. de 2018.

BRASIL. Lei 13.467 de julho de 2017. Altera a Consolidação das Leis do Trabalho (CLT). Câmara dos Deputados. Disponível em: <http://www2.camara.leg.br/legin/fed/lei/2017/lei-13467-13-julho-2017-785204-publicacaooriginal-153369-pl.html>. Acesso em: 3 dez. de 2017.

REFERÊNCIAS JURISPRUDENCIAIS

BRASIL. Tribunal Regional do Trabalho da 1ª Região. Ação Civil Pública – ACP 0100604-43.2017.5.01.0511. Inteiro teor. Disponível em https://consultapje.trt1.jus.br/consultaprocessual/pages/consultas/DetalhaProcesso.seam?p_num _pje=1377204&p_grau_pje=1&p_seq=100604&p_vara=511&dt_autuacao=24%2F05%2F2017&cid=51008. Acesso em 07 de ag. de 2018.

BRASIL, Tribunal Regional do Trabalho da 1ª Região. Ação Civil Pública – ACP 0100604-43.2017.5.01.0511. Recurso Ordinário em Ação Civil Pública. Acórdão. Relatora Desembargadora Giselle Bondim Lopes Ribeiro. Disponível em https://consultapje.trt1.jus.br/consultaprocessual/pages/consultas/DetalhaProcesso.seam?p_num_pje=1377204&p_grau_pje=1&p_seq=100604&p_vara=511&dt_autuacao=24%2F05%2F2017 &cid=51008. Acesso em 07 de ag. de 2018.

BRASIL, Tribunal Regional do Trabalho da 1ª Região. Ação Civil Pública – ACP 0100604-43.2017.5.01.0511. Decisão. Juiz Luis Guilherme Bueno Bonin. 26/05/2017. Disponível em https://consultapje.trt1.jus.br/consultaprocessual/pages/consultas/DetalhaProcesso.seam?p_num_pje=1377204&p_grau_pje=1&p_seq=100604&p_vara=511&dt_autuacao=24%2F05%2F2017 &cid=51008. Acesso em 07 de ag. de 2018.

BRASIL, Tribunal Regional do Trabalho da 1ª Região. Ação Civil Pública – ACP 0100604-43.2017.5.01.0511. Sentença. Juíza Letícia Abdala. 04/08/2017. Disponível em https://consultapje.trt1.jus.br/consultaprocessual/pages/consultas/DetalhaProcesso.seam?p_num_pje=1377204&p_grau_pje=1&p_seq=100604&p_vara=511&dt_autuacao=24%2F05%2F2017&cid=51008. Acesso em 07 de ag. de 2018.

BRASIL. Tribunal Superior do Trabalho. Recurso Ordinário em Dissídio Coletivo 196-78.2017.5.17.0000. Inteiro teor. Relatora Ministra Maria de Assis Calsing, Seção Especializada em Dissídios Coletivos, Disponível em http://aplicacao4.tst.jus.br/consultaProcessual/consultaTstNumUnica.do?consulta=Consultar&conscsjt=&numeroTst=0000196&digitoTst=78&anoTst=2017&orgaoTst=5&tribunalTst=17&varaTst=0000&submit=Consultar. Acesso em 07 de ag. de 2018.

BRASIL. Voto Vencido. Maurício Godinho Delgado. Tribunal Superior do Trabalho. Recurso Ordinário em Dissídio Coletivo 196-78.2017.5.17.0000. Inteiro teor. Relatora Ministra Maria de Assis Calsing, Seção Especializada em Dissídios Coletivos, Disponível em http://aplicacao4.tst.jus.br/consultaProcessual/consultaTstNumUnica.do?consulta=Consultar&conscsjt=&numeroTst=0000196&digitoTst=78&anoTst=2017&orgaoTst=5&tribunalTst=17&va raTst=0000&submit=Consultar. Acesso em 07 de ag. de 2018.

BRASIL. Parecer Procuradoria Regional do Trabalho da 17ª Região. Procurador Estanislau Tallon Bozi. Tribunal Regional do Trabalho 17ª Região. DCG 0000196-78.2017.5.17.0000. 16/06/2017. PJe. ID b988253. Disponível em https://pje.trtes.jus.br/segundograu/download.seam?cid=1177. Acesso em 09 de set. de 2018.

BRASIL. Parecer Procuradoria Regional do Trabalho da 17ª Região. Procurador Estanislau Tallon Bozi. Tribunal Regional do Trabalho. Tribunal Superior do Trabalho. Recurso Ordinário em Dissídio Coletivo 196-78.2017.5.17.0000. Inteiro teor. Relatora Ministra Maria de Assis Calsing, Seção Especializada em Dissídios Coletivos, Disponível em http://aplicacao4.tst.jus.br/consultaProcessual/consultaTstNumUnica.do?consulta=Consultar&c onscsjt=&numeroTst=0000196&digitoTst=78&anoTst=2017&orgaoTst=5&tribunalTst=17&va raTst=0000&submit=Consultar. Acesso em 07 de ag. de 2018.

BRASIL. Tribunal Superior do Trabalho. Recurso Ordinário em Dissídio Coletivo – RODC nº 2017400-02.2009.5.02.0000, Relator Ministro Mauricio Godinho Delgado, Seção Especializada em Dissídios Coletivos, Data de Publicação: 30/03/2012. Disponível em http://aplicacao4.tst.jus.br/consultaProcessual/consultaTstNumUnica.do?consulta=Consultar&c onscsjt=&numeroTst=2017400&digitoTst=02&anoTst=2009&orgaoTst=5&tribunalTst=02&va raTst=0000&submit=Consultar. Acesso em 07 de ag. de 2018.

BRASIL. Tribunal Superior do Trabalho. Recurso Ordinário em Dissídio Coletivo – RODC nº 2004700-91.2009.5.02.0000, Relatora Ministra: Kátia Magalhães Arruda, SDC, DEJT 16/12/2011. Disponível em http://aplicacao4.tst.jus.br/consultaProcessual/consultaTstNumUnica.do?consulta=Consultar&c onscsjt=&numeroTst=2004700&digitoTst=91&anoTst=2009&orgaoTst=5&tribunalTst=02&va raTst=0000&submit=Consultar. Acesso em 07 de ag. de 2018.

BRASIL. Tribunal Superior do Trabalho. Resolução Administrativa n. 1937, de 20 de novembro de 2017. Diário Eletrônico da Justiça do Trabalho, Brasília, DF, n. 2360, 24 nov. 2017. Caderno Judiciário do Tribunal Superior do Trabalho, p. 1-48. Disponível https://hdl.handle.net/20.500.12178/116169 em Acesso em 09 de set de 2018.

MULHER E SINDICALISMO

CAPÍTULO 25

SINDICALISMO E FEMINISMO:

A inserção e o Empoderamento das Mulheres no Sindicalismo

RENATA OSÓRIO CACIQUINHO BITTENCOURT[1]
HILLARY CHRISTINE PIEDADE INÁCIO[2]
MAURICIO GODINHO DELGADO[3]

1. INTRODUÇÃO

A investigação dos movimentos sindicalista e feminista, no que se refere a seu papel (ou não) de instrumento de inclusão socioeconômica, profissional e política, faz-se relevante a partir da constatação de que, por muito tempo, ambos caminharam de forma praticamente paralela, contemporaneamente enfrentando os desafios do capitalismo globalizado neoliberal.

---

1 Mestranda em Direito das Relações Sociais e Trabalhistas do UDF, no qual integra o Grupo de Pesquisa sobre Sindicalismo, inscrito no CNPq. Pós-Graduada em Direito do Trabalho, Processo do Trabalho e Direito Previdenciário. Pós-graduanda em Direito Constitucional Aplicado e em DP e Compliance Trabalhista. Professora universitária. Representante da FIFCJ na OIT. Advogada. Endereço eletrônico: renatacaciquinho@hotmail.com.

2 Mestranda em Direito das Relações Sociais e Trabalhistas (UDF), no qual integra o Grupo de Pesquisa sobre Sindicalismo, inscrito no CNPq. Mestranda em Direitos e Garantias Fundamentais (FDV). Pós-graduada em Direito e Processo do Trabalho. Pós-graduada em Direito Processual Civil pela Universidade Presbiteriana Mackenzie. Integrante do Grupo de Pesquisa sobre Sindicalismo, inscrito no CNPq, do Mestrado em Direito das Relações Sociais e Trabalhistas. Endereço eletrônico: hillarychristineadv@gmail.com.

3 Doutor em Filosofia do Direito (UFMG) e Mestre em Ciência Política (UFMG). Ministro do Tribunal Superior do Trabalho (TST). Magistrado do Trabalho há mais de 33 anos. Advogado até novembro de 1989. Professor Titular do UDF e de seu Mestrado em Direito das Relações Sociais e Trabalhistas. Coordenador do Grupo de Pesquisa sobre Sindicalismo, no Mestrado em Direito do UDF, registrado no CNPq. Ex-Professor da UFMG (1978-2000) e ex-Professor da PUC-Minas (2000-2012). Autor de livros e artigos em Direito Constitucional, Direito do Trabalho, Direito Processual do Trabalho, Direitos Humanos Sociais e Ciência Política.

O trabalho se imiscui nas origens da divisão sexual do trabalho e do sindicalismo, buscando compreender as razões de estes dois movimentos não se terem constituído, cotidianamente ao longo do tempo, em uma unidade coletiva de luta; para tanto, analisa os componentes de uma consciência (ou inconsciência) que, contextualizados aos fatos históricos, construiu o mundo contemporâneo.

O texto trata do Estado Democrático de Direito, considerando-o como a mais sofisticada construção de Estado feita pelo constitucionalismo, e procura demonstrar a necessidade de, para sua defesa e manutenção dos ataques desconstrutivistas neoliberais, assumir novo formato de atuação, em que os segmentos sociais tradicionalmente vulneráveis possam ser enxergados e reunidos na forma coletiva, gerando instrumento eficiente de operação e desenvolvimento.

O artigo traz uma visão do trabalho enquanto política pública em si mesmo, o qual, sendo naturalmente a expressão social do indivíduo no mundo em que está inserido, consiste no meio mais democrático de se construir justiça social entre os indivíduos e alcançar a Democracia também no âmbito da sociedade civil. Para tanto, há a necessidade de paridade na luta de interesses opostos, estando o sindicalismo, enquanto movimento próprio da coletividade dos trabalhadores, apto a enfrentar e resistir à perspectiva capitalista de culto ao individualismo e ao lucro sem peias.

O artigo, por fim, discorre sobre a reflexão quanto aos sindicatos como instrumento de inclusão e empoderamento das mulheres no seu exercício típico de contrapoder.

2. SINDICALISMO, TRABALHO, INCLUSÃO E DEMOCRACIA

A conceituação de Democracia é uma tarefa árdua. Embora a palavra, de origem grega e existente há mais de dois milênios, remeta à ideia de poder e/ou a força que vem do povo, deve-se asseverar que a realidade ampla e efetiva da Democracia somente despontou na história contemporânea a partir da segunda metade do século XIX na Europa Ocidental e se encontra, até hoje, em constante evolução.

De fato, este fenômeno tem se afirmado como uma das maiores construções da civilização, sobretudo por seu caráter multidimensional, na acepção do constitucionalismo contemporâneo, ultrapassando a esfera estrita da sociedade política, para espraiar-se, diuturnamente, para as diversas esferas da sociedade civil.

É que a Democracia é uma constante invenção, porque "longe de ser a mera conservação de direitos, é a criação ininterrupta de novos direitos, a subversão contínua dos estabelecidos, a reinstituição permanente do social e do político"[4].

[4] CHAUÍ, Marilena. In: Lefort, Claude. **A Invenção Democrática**. Trad. de Isabel Marva Loureiro. São Paulo: Brasiliense, 1983, p. 07.

Evidente que a Democracia apresenta um plano político acentuado; entretanto, para além deste, há outros enfoques: o social, o econômico, o cultural e o institucional, os quais, juntos, configuram essa sua dimensão multidimensional[5].

No plano político, viabilizou-se de modo pioneiro a participação da grande maioria da população – independentemente de sexo, raça, origem e outras características – nas questões de interesse mais intenso da comunidade, almejando propiciar mais amplo e rico debate de ideias e perspectivas para a melhoria da sociedade como um todo.

No plano social, a Democracia incrementa mecanismos eficazes para a superação das desigualdades sociais pelo próprio dinamismo que ela propicia ao desenvolvimento e inter-relação dos grupos sociais. Como exemplo, este fenômeno estimula a criação de políticas públicas afetas aos interesses dos segmentos socais desfavorecidos ou marginalizados.

Nesse sentido, a Democracia, em seu plano político-social, consiste no regime político que considera válido e legítimo o conflito, eis que não só trabalha politicamente os conflitos de segmentos diversos em torno de suas necessidades e/ou interesses, como também procura instituir parte desses interesses e necessidades como direitos, em conformidade com a evolução social e civilizatória do respectivo país, assim exigindo que passem a ser reconhecidos e observados.

No plano econômico, a Democracia também se mostra efetiva ao favorecer a articulação de poderes e contrapoderes em face dos tradicionais dominantes, particularmente o poder empresarial e das grandes organizações integrantes do denominado mercado capitalista, viabilizando a inserção de enfoques distintos dos estritamente oriundos da poderosa classe empresarial, mediante a incorporação de perspectivas e interesses de setores não economicamente dominantes. Não é por outra razão que o Direito do Trabalho, que resguarda a perspectiva e os interesses do largo universo dos trabalhadores e trabalhadoras, surgiu no século XIX, na Europa Ocidental e imediatamente se configurou como um dos fatores mais importantes para a conformação do conceito contemporâneo amplo e abrangente de Democracia[6].

---

5 DELGADO, Mauricio Godinho, Constituição da República, Estado Democrático de Direito e Direito do Trabalho. In DELGADO, M. G.; DELGADO, G. N. *In* **Constituição da República e Direitos Fundamentais**: dignidade da pessoa humana, justiça social e Direito do Trabalho. 4. ed. São Paulo: LTr, 2017, p. 33-37.

6 Nesta linha, consultar: DELGADO, Mauricio Godinho, Constituição da República, Estado Democrático de Direito e Direito do Trabalho. *In* DELGADO, M. G.; DELGADO, G. N. *In* **Constituição da República e Direitos Fundamentais**: dignidade da pessoa humana, justiça social e Direito do Trabalho. 4. ed. São Paulo: LTr, 2017, p. 33-58. Igualmente, DELGADO, Mauricio Godinho, Democracia, Cidadania e Trabalho. *In* DELGADO, M. G.; DELGADO, G. N. *In* **Constituição da República e Direitos Fundamentais**: dignidade da pessoa humana, justiça social e Direito do Trabalho. 4. ed. São Paulo: LTr, 2017, p. 33-37.

No plano cultural, a Democracia tem incentivado profundo avanço nas relações com os mais diversos grupos e culturas sociais, superando concepções tradicionais interculturais e até mesmo discriminatórias de desrespeito à dignidade de todo e qualquer ser humano.

Por fim, no plano institucional, a Democracia tem gerado instrumentos contínuos na sociedade e no Estado de grande relevância à sua própria afirmação no mundo contemporâneo como melhor forma de organização social e de regime político, de modo a garantir a participação de todos nas diversas correspondentes esferas de poder e de sua inclusão social, econômica e política, de maneira a garantir um elevado patamar civilizatório mínimo na respectiva sociedade política e sociedade civil[7].

Evidentemente que a história contemporânea apresenta graus e intensidades distintas de Democracias, algumas muito mais consistentes, abrangentes e profundas – tal como ocorre com o Estado de Bem-Estar Social europeu, particularmente em seus padrões mais avançados (indiquem-se, aqui, os cinco países nórdicos, acrescidos da Alemanha, França, Bélgica e Países Baixos, por exemplo). A seu lado, existem outros exemplos de Democracias que são claramente mais limitadas, restritivas e contraditórias – tal como ocorre com a sociedade política e a sociedade civil nos EUA. A par disso, existem ainda diversos exemplos de países em que a experiência democrática está sempre sob fustigação, desapreço, assédio e injustificáveis e severos retrocessos, tal como acontece, lamentavelmente, com o Brasil. Isso sem contar os países que não apresentam, em seu conjunto, sequer um grupo relevante de traços democráticos[8].

Ora, nas sociedades democráticas, os mais variados indivíduos ou grupos humanos organizam-se em associações, movimentos de classe, profissionais, culturais, sociais e populares na constante busca de novas garantias ou aperfeiçoamentos da realidade fática e dos critérios de inclusão socioeconômica e política. É a partir dessa ampla abrangência nas mais diversas esferas sociais que se criam e se consolidam contrapoderes sociais que, direta ou indiretamente, limitam o poder do Estado e dos setores economicamente dominantes[9].

---

7 DELGADO, M. G. *Loc. cit.*

8 Uma comparação entre diversos países, sob a perspectiva da realização (ou não) de um amplo e consistente Estado de Bem-Estar Social e, por consequência, de um verdadeiro Estado Democrático de Direito dentro de suas fronteiras, encontra-se no artigo de DELGADO, Mauricio Godinho; PORTO, Lorena Vasconcelos. Estado de Bienestar Social: características generales, obstáculos y desafios en América Latina. E-Revista Internacional de la Protección Social. Sevilla: Universidad de Sevilla, v. 1, p. 107-140, 2021. Os países acima citados estão examinados neste referido artigo.

9 STRECK, Lenio Luiz; MORAIS, José Luiz Bolzan de. **Ciência Política e Teoria do Estado**. 8. ed. Porto Alegre: Livraria do Advogado, 2014, p. 65. Na mesma direção, DELGADO, M. G., nos três artigos retro citados. Registre-se, a propósito, que os setores econômicos dominantes nos sistemas capitalistas nacionais, mostram-se, de maneira geral, firmemente organizados na sociedade civil e na sociedade política, ostentando diversos canais de atuação e representação de interesses e influências nas várias

Conforme já adiantado, o Direito do Trabalho encontra intrínseca relação com a consolidação da Democracia, sendo uma de suas expressões, uma vez que este segmento incorpora e exprime as perspectivas e os interesses sociais tradicionalmente destituídos de riqueza e poder, ou seja, a classe trabalhadora ou, como denomina, com acuidade, o sociólogo Ricardo Antunes, a "classe que vive do trabalho"[10]. Não é incorreto dizer que a origem dos direitos sociais se confunde com a própria história do Direito do Trabalho e dos demais direitos de segunda dimensão, uma vez que o seu surgimento se dá quando os indivíduos percebem o abismo entre a realidade exploratória social e sua (ausência) de regulamentação jurídica[11].

É, assim, no bojo da passagem do Estado Liberal Primitivo para o Estado Social de Direito que o Direito do Trabalho ganha destaque, bem como a sua imprescindível normatização por intermédio da regulamentação estatal, com a consequente regulação e limitação do poder empresarial (sem embargo das experiências nacionais existentes em que essa regulação e também tal normatização se fazem com acento maior na negociação coletiva trabalhista, à base de uma estrutura sindical muito pujante). Inegável, portanto, que o Estado Social de Direito, marcado pela Constituição Mexicana (1917) e pela Constituição de Weimar (1919), traduz nítido e importante fenômeno de transição, no sentido de que já aponta para um processo de democratização da sociedade política e da sociedade civil. Contudo, este paradigma constitucional configura-se apenas como de passagem, dada sua transitoriedade[12].

Embora tenha se configurado como uma fase paradigmática efêmera – ao menos na experiência de grande parte dos países europeus ocidentais –, o

---

estruturas centrais de poder existentes. Aliás, mesmo nas autocracias contemporâneas existentes em sistemas capitalistas, as organizações e os canais de atuação empresarial se mantêm bastante ativos e eficazes na representação de seus interesses.

10 A expressão "a classe que vive do trabalho", brandida por Ricardo Antunes, é muito feliz, efetivamente, pois permite suplantar um debate eventualmente estéril surgido nas últimas décadas, que trata do fim do operariado, do surgimento de trabalhadores que formam uma classe média sem solidariedade de projetos e expectativas com o conjunto dos trabalhadores, de novos modais de organização da produção e do trabalho distantes da relação empregatícia, entre outras variantes. Para o notável sociólogo brasileiro, mesmo consideradas todas as mudanças sofridas pelo sistema capitalista nos dois últimos séculos, especialmente na atualidade (mudanças que não são negadas pelo arguto autor), subsiste, sim, uma perspectiva básica e comum – respeitadas todas as demais diferenças surgidas, repita-se –, que é própria do enorme grupo de seres humanos que vive do seu próprio trabalho, independentemente das peculiaridades de sua inserção no sistema capitalista. De fato, as políticas públicas dos Estados de Bem-Estar Social mais sofisticados demonstram isso com muita clareza, em contraponto aos profundos desapreço e desproteção ao ser humano vigorantes nos países que insistem em modelos severamente mercantis e desregulados de organização socioeconômica e política. Citem-se, por ilustração, duas obras paradigmáticas do autor: ANTUNES, Ricardo. **Adeus ao Trabalho?** Ensaio sobre as metamorfoses e a centralidade do mundo do trabalho. 16. ed. São Paulo: Cortez, 2018; ANTUNES, Ricardo. **Os Sentidos do Trabalho** – ensaio sobre a afirmação e a negação do trabalho. 5. ed. São Paulo: Boitempo, 1999.

11 LEITE, Carlos Henrique Bezerra. **Direitos humanos**. Editora Lumen Juris: Rio de Janeiro, 2010, p. 94.

12 É o que aponta BONAVIDES, Paulo. **Do Estado Liberal ao Estado Social**. 10. Ed. São Paulo: Malheiros, 2011, p. 233.

constitucionalismo do Estado Social de Direito correspondeu ao processo de avanço das liberdades e direitos reconhecidos ou criados pelo Estado Liberal Primitivo em direção às grandes massas da população, na busca pela inclusão de todos, própria de uma sociedade que se entende como mais democrática e civilizada do que o padrão liberal primitivo. É que durante a vigência da fase paradigmática anterior somente as elites proprietárias eram detentoras de direitos, estando as mulheres, os despossuídos de riqueza e os demais segmentos vulneráveis fortemente excluídos de quaisquer garantias.

É nesse contexto social, do surgimento do Estado Social de Direito, que as novas constituições assimilam ramos jurídicos novos, sobretudo aqueles atados às perspectivas e interesses das classes populares. Nesse sentido, o Direito do Trabalho e o Direito da Seguridade Social passam a ser constitucionalizados pelas já mencionadas Constituição do México, de 1917, e da Alemanha, de 1919, ganhando tais ramos patamar distintivo, isto é, no plano constitucional. Autoriza-se ainda a intervenção do Estado na propriedade, na ordem econômica e social, de modo a frear os arbítrios do capital[13].

Verifica-se, contudo, que o segundo paradigma do constitucionalismo consiste, essencialmente, em um modelo de transição em favor da democratização mais ampla da sociedade política e da sociedade civil, ao invés de se tratar de um modelo complexo e sofisticado, tal como é a fase contemporânea, sintetizada no Estado Democrático de Direito. Este, por sua vez, é fruto de uma maturação histórica, tendo por base o primado da igualdade material, da justiça social e da proteção da dignidade da pessoa humana. Torna-se necessário, portanto, reconhecer que a igualdade entre todos, determinada pelas constituições, é própria de um modelo democrático, atingindo sua percepção puramente formal, sem base material, no Estado Social de Direito, daí porque também se configuraria como modelo transitório[14].

De todo modo, no Estado Social de Direito, houve significativos aprofundamento e ampliação dos direitos de segunda dimensão (entre eles, os direitos sociais e coletivos vinculados ao mundo do trabalho), bem como houve uma redefinição do papel dos direitos de primeira dimensão, como os direitos civis e, principalmente, os direitos políticos. É que estes passam a incorporar a noção de direitos individuais não mais restritos a titulares integrantes de pequena elite da sociedade, porém abrangentes de todo o conjunto societário (ou, pelo menos, abrangentes da grande maioria desse conjunto societário), como, por exemplo, as mulheres e os indivíduos destituídos de riqueza[15].

---

13 BONAVIDES, Paulo. Loc. cit.

14 STRECK, Lenio Luiz; MORAIS, José Luiz Bolzan de. **Ciência Política e Teoria do Estado**. 8. ed. Porto Alegre: Livraria do Advogado, 2014, p. 98.

15 DELGADO, Maurício Godinho; ALVARENGA, Rúbia Zanotelli de; GUIMARÃES, Tâmara Matias. Notas sobre a arquitetura principiológica humanista e social da constituição da república de 1988 e a con-

Na fase histórica de enfrentamento do liberalismo originário dominante desde a Revolução Industrial, iniciada no século XVIII no ocidente europeu, e de subsequente construção do Estado Social de Direito – fase histórica que se estende, pois, até o início do século XX –, é que surgem, se estruturam e se generalizam os sindicatos, nascidos dos esforços da classe trabalhadora na sua luta contra o despotismo e a dominação do capital. Assim, o sindicato e o movimento social que lhe é próprio, o sindicalismo, são produtos da sociedade capitalista, assim como toda a justificativa histórica para o surgimento do Direito do Trabalho, depois da primeira Revolução Industrial, em face da diferenciação econômica, de poder e de funções entre a classe trabalhadora e o empresariado.

Diversas são as definições para o Sindicato. Todavia, nelas se percebem determinadas constantes. Em geral, apontam para a sua natureza coletiva: um agrupamento de trabalhadores. Também apontam para os seus fins: "a defesa e promoção dos interesses socioprofissionais, a tutela dos interesses coletivos profissionais, a defesa dos interesses dos associados e a regulamentação das condições de trabalho", em prol da melhoria das condições de labor de toda a classe[16].

Como aponta Mauricio Godinho Delgado, o sindicalismo, desse modo, desvelou como equivocada a concepção do liberalismo tradicional e individualista, própria do Estado Liberal Primitivo, que conferia validade social à ação do ser coletivo empresarial, mas negava impacto maior à ação do trabalhador individualmente considerado. Nessa linha, "o movimento sindical contrapôs ao ser coletivo empresarial também a ação do ser coletivo obreiro", na medida em que os trabalhadores passaram a agir coletivamente – como ente coletivo –, unindo esforços e emergindo na arena política e jurídica como vontade coletiva (e não mera vontade individual)[17].

Portanto, os sindicatos configuram-se como associações de objetivos democráticos, criadas pela sociedade civil, especialmente a classe trabalhadora. São entidades munidas do sentimento de solidariedade e de coletividade, considerada a sua própria segurança, objetivando a defesa contra a pressão e a exploração da dinâmica capitalista, em favor da busca e manutenção de salários dignos, de jornada de trabalho menos extenuantes; em suma, na busca de diversas clássicas e novas melhorias nas condições de trabalho. Nesse sentido, a atuação dos sindicatos baseia-se nas lutas cotidianas da classe trabalhadora ("a classe que vive do trabalho", como enfatizado pelo mencionado sociólogo Ricardo Antunes), na

---

cretização dos direitos fundamentais no constitucionalismo contemporâneo: uma abordagem sob o prisma dos direitos individuais e sociais trabalhistas. **Revista de Direitos e Garantias Fundamentais**, Vitória, v. 20, n. 02, p. 11-42, maio/agosto, 2019.

16 NASCIMENTO, Amauri Mascaro. **Compêndio de direito sindical**. 4ª. ed. São Paulo: LTr, 2005, p. 219.

17 DELGADO, Maurício Godinho. **Curso de direito do trabalho**: obra revista e atualizada conforme a lei da reforma trabalhista e inovações normativas e jurisprudenciais posteriores. 18. ed. São Paulo: LTr, 2019, p. 105.

busca por novas garantias que possam advir para um meio ambiente de trabalho hígido, equilibrado e digno. Mas, além disso, os sindicatos constituem-se também em força organizadora dos trabalhadores na luta contra a supressão ou diminuição de direitos, contra o retrocesso social, e em prol da emancipação econômica, social e política da classe menos favorecida[18].

Evidente, portanto, que nos marcos contemporâneos do constitucionalismo, sintetizado pelo Estado Democrático de Direito e fundado no "inquebrantável tripé conceitual"[19] que envolve a dignidade da pessoa humana, a sociedade política democrática e inclusiva e a sociedade civil também democrática e inclusiva, as entidades sindicais são importantes representantes responsáveis por dar voz à classe trabalhadora – ao lado de partidos políticos com extração popular, evidentemente – em face do poder estatal e do poder econômico. Os sindicatos são, dessa maneira, entidades essenciais à construção e à preservação da Democracia, uma vez que possibilitam a presença da voz e da participação, no seio da sociedade política e da sociedade civil, da classe que vive do trabalho – que constitui a ampla maioria da sociedade contemporânea, regra geral –, na busca por padrões civilizatórios mínimos de labor e na veemente repulsa pela retirada de garantias e direitos civilizatórios.

3. DIVISÃO SEXUAL DO TRABALHO E O TRATAMENTO DISCRIMINATÓRIO DAS MULHERES NO SISTEMA CAPITALISTA

No curso da história, os segmentos sociais mais vulneráveis sempre foram alvo de tratamento bastante excludente e discriminatório. Dentro deste conjunto, inclui-se a classe dos trabalhadores, sejam escravos, sejam servos, sejam os trabalhadores livres já no sistema capitalista; porém somam-se a este enorme conjunto, por exemplo, também as mulheres, a par de outros segmentos específicos (pessoas com deficiência; estrangeiros etc.). Tanto é assim que, no Estado Liberal Primitivo – já ingressando no sistema capitalista industrial no ocidente europeu –, parte majoritária da população sequer era considerada digna do gozo dos direitos e garantias de primeira dimensão ali conquistados, uma vez que era despossuída de recursos econômico-financeiros (homens e mulheres) ou não pertenciam ao segmento masculino.

De fato, as mulheres, na condição de importante grupo vulnerável, dada a sua histórica exclusão, nunca tiveram iguais condições de labor e direitos em comparação aos homens, haja vista que as possibilidades de integração da mulher

---

18 ANTUNES, Ricardo. **O que é o sindicalismo?** 2ª edição. Editora brasiliense, 1980, p. 12-14.

19 DELGADO, Mauricio Godinho, Constituição da República, Estado Democrático de Direito e Direito do Trabalho. In DELGADO, M. G.; DELGADO, G. N. *In* **Constituição da República e Direitos Fundamentais**: dignidade da pessoa humana, justiça social e Direito do Trabalho. 4. ed. São Paulo: LTr, 2017, p. 44-48.

na sociedade e o emprego da força de trabalho feminina sempre encontraram sérias barreiras, enraizadas historicamente no pensamento patriarcal hegemônico, "tanto na economia feudal, quanto na economia de burgo, e sobretudo nesta última, que prepara o advento da economia urbana, fabril"[20].

Exemplificativamente, no tocante à Idade Média europeia, Helleieth Saffioti demonstra que a trabalhadora deveria se contentar com um pagamento extremamente baixo pelo seu trabalho – se e quando inserida no sistema produtivo institucionalizado. À época, as corporações de ofício (sistema produtivo urbano típico do período medieval europeu) contribuíam para o processo de marginalização das mulheres, eis que se opunham ao trabalho feminino, considerando-o uma concorrência perigosa e até desleal aos homens. Fechavam, assim, as suas portas às mulheres, alegando o caráter muito penoso de suas atividades produtivas, sendo indignas, portanto, para realização pela pessoa do sexo feminino. Como resultado, as mulheres eram excluídas dessas modalidades de organização do sistema produtivo medieval, sendo, por consequência, submetidas às duras condições e aos baixos ganhos do trabalho a domicílio[21].

Será com a Revolução Industrial, deflagrada na Grã Bretanha no século XVIII e generalizada pela Europa Ocidental ao longo do século XIX, atingindo também, nesta época, os EUA, que a força de trabalho feminina será, enfim, inserida no sistema produtivo central da economia. Este sistema tornava-se agora estruturado nas fábricas recém-criadas pelo capitalismo e, mais à frente, em todos os segmentos do novo sistema econômico (atividades comerciais, de prestação de serviços, financeiras, agrárias, etc.). De fato, com a emergência da primeira revolução tecnológica do capitalismo (que se confundiu com a denominada "revolução industrial") e com o decorrente surgimento de um largo complexo de maquinarias na organização empresarial, a força física deixou de ser um requisito imprescindível para o funcionamento do sistema produtivo, o que propiciou que o trabalho pudesse ser realizado, em grande parte das indústrias, independentemente do sexo e do próprio porte físico das pessoas. Essa tendência se manteve (e até se aprofundou) ao longo dos períodos seguintes, inclusive em decorrência das novas revoluções tecnológicas acontecidas no sistema capitalista.

Com isso, um largo grupo de pessoas vulneráveis foram inseridas no núcleo do sistema produtivo capitalista, embora em condições profundamente adversas, desprotegidas e desfavoráveis. É o que passou a acontecer com as mulheres, a par de também com os adolescentes e, até mesmo, com as crianças.

Nesse novo contexto, apesar de a mulher ingressar ativamente no mercado de trabalho produtivo capitalista, "sua qualidade de mulher, em muitos casos mães

---

20 SAFFIOTI, Helleieth Iara Bongiovani. **A mulher na sociedade de classes**: mito e realidade. Petrópolis: Vozes, 1976, p. 18.

21 SAFFIOTI, H. I. B. Loc. cit.

e esposas, fazia com que elas fossem relegadas às atividades menos prestigiadas, mais repetitivas e monótonas"[22]. Não era incomum que as mulheres, crianças e idosos laborassem em situações idênticas à dos homens, mas percebendo remuneração imensamente inferior e em lastimáveis condições de trabalho.

Para além do trabalho, ainda constata Helleieth Saffioti que a vida e a felicidade pessoais da mulher eram também fruto de um processo de subjugação, eis que se encontravam imprescindivelmente vinculadas ao casamento e à tutela do marido. Só era feliz a mulher que fosse casada. Sem o casamento, não era possível sua consolidação social, tampouco sua inserção no mercado de trabalho, sua estabilidade, prosperidade econômica e, consequentemente, sua plena participação no seio social. Equivale dizer que, "afora as que permaneciam solteiras e as que se dedicavam às atividades comerciais, as mulheres, dada sua incapacidade civil, levavam uma existência dependente de seus maridos"[23].

Historicamente, portanto, a mulher sempre representou, nas famosas palavras de Simone de Beauvoir[24], o segundo sexo. É que, na tradição patriarcal – que perdura por milênios –, em todos os aspectos, o primeiro sexo é o homem. Em relação ao ofício, em nada tal fato se diferencia. O trabalho masculino sempre foi considerado o primeiro trabalho, o de maior valor e prestígio e, portanto, aquele mais importante e melhor remunerado. Antes mesmo do surgimento da sociedade capitalista, era possível encontrar o trabalho da mulher, evidentemente – até mesmo porque elas nunca foram alheias à produção de riqueza, embora a realizando em condições e locais às vezes diversos e, certamente, menos favoráveis. Independentemente disso, o fato é que, como ampla regra geral, as mulheres foram desprezadas no mundo do labor, da vida política, da vida pública, não tendo acesso ao exercício da plena cidadania, quer na sociedade antiga, quer na sociedade medieval, quer na sociedade capitalista – neste caso particularmente em sua longa fase inicial, sob império do Estado Liberal Primitivo (séculos XVIII até século XX).

Contudo, realmente é com o surgimento da sociedade capitalista e com os maquinários por ela criados e generalizados, que se tornou viável a plena inserção da mulher no núcleo do sistema produtivo, em suas diversas dimensões, de modo a garantir a sua subsistência e efetivar, enfim, a crescente ampliação de suas perspectivas de vida e de realização pessoal e profissional. No entanto, como bem

---

22 DUARTE, Daniela Miranda; COSTA, Flávia Maria da Silva. A divisão sexual do trabalho e o desprestígio ao trabalho da mulher. In: MIRAGLIA, Lívia Mendes Moreira; TEODORO, Maria Cecília Máximo; SOARES, Maria Clara Persilva (Orgs.). **Feminismo, trabalho e literatura**. Reflexões sobre o papel da mulher na sociedade contemporânea. Porto Alegre: Editora Fi, 2020, p. 196.

23 SAFFIOTI, Helleieth Iara Bongiovani. **A mulher na sociedade de classes**: mito e realidade. Petrópolis: Vozes, 1976, p. 17.

24 BEAUVOIR, Simone de. **O segundo sexo**. [Tradução Sérgio Milliet]. – 2.ed. – Rio de Janeiro: Nova Fronteira, 2009. 2v. Tradução original de: Le deuxième sexe.

aponta Helleieth Saffioti, a sociedade de classes continuou privando, intencionalmente, a mulher da igualdade material em face dos homens, discriminando-a não somente do ponto de vista fático, mas também no plano formal do Direito[25], mantendo sua situação fática e jurídica em condições extremamente adversas.

As limitações que a estrutura social capitalista impõe à realização plena da mulher, seja como pessoa, seja como trabalhadora, fundamentam-se, entre outros aspectos, em uma suposta existência da "subcategoria" do sexo feminino, sendo muito recorrentes nas diversas concreções históricas desse modo de produção. Helleieth Saffioti[26] aponta ainda que, mais que a persistência de uma tradição cultural, na qual a mulher é representada como submissa, a interiorização social da mulher decorre também de uma necessidade estrutural do sistema capitalista de produção. Ou seja, a par das circunstâncias adversas históricas nas quais as mulheres foram inseridas, é de interesse do próprio capitalismo manejar a divisão sexual do trabalho.

Em sociedades pré-capitalistas, sempre houve uma clara e delimitada divisão de tarefas e distinção de espaços (entre o público e o privado). Com a definição desses locais naquelas sociedades, houve a criação de competências ligadas exclusivamente com base no sexo. Assim, definia-se que às mulheres sempre cabia o resguardo do lar, na esfera privada; em consequência, elas estavam firmemente sujeitas ao âmbito privado, destinadas ao cumprimento das tarefas domésticas, ao zelo do lar em geral e ao cuidado do marido e da prole. Ao inverso, aos homens cabia a promoção do sustento da família, no plano privado, a par do pleno exercício da cidadania, na esfera pública – resguardadas as peculiaridades de cada época e sociedade[27].

Essa nítida, discriminatória e excludente repartição de tarefas é o que se convencionou denominar-se, tradicionalmente, de "divisão sexual do trabalho", a qual cria possibilidades cotidianas diferenciadas nas trajetórias de homens e mulheres, com base em supostos fatores naturais distintivos da capacidade de produzir e, portanto, de trabalhar. Nas lições de Helena Hirata e Danièle Kergoat[28], embora essa divisão de tarefas sempre tenha existido no meio social, somente com o impulso do movimento feminista, na França, nos anos 1960/70, tendo reconhecimento dessa opressão, surgiu uma onda de trabalhos científicos no qual foram assentadas as bases teóricas desse conceito.

---

25 SAFFIOTI, Helleieth Iara Bongiovani. **A mulher na sociedade de classes**: mito e realidade. Petrópolis: Vozes, 1976, p. 35.

26 Ibidem.

27 SAFFIOTI, Helleieth Iara Bongiovani. Loc. cit.

28 HIRATA, Helena; KERGOAT, Danièle. **Novas configurações da divisão sexual do trabalho**. Caderno de Pesquisa, v. 37, 2, p. 595-609, set./dez. 2007, p. 597.

Conceitua-se, portanto, a divisão sexual do trabalho como a forma social e discriminatória de repartição de trabalho pautada nas relações sociais entre os sexos[29]. Como característica basilar dessa estrutura na qual a sociedade se consolidou, tem-se, em suma, a destinação dos homens à esfera produtiva e a destinação das mulheres à esfera reprodutiva. Por conseguinte, os homens apropriam-se de funções de forte valor social que, por sua vez, repercutem fortemente nas funções e nos cargos por eles ocupados tanto na sociedade civil como na sociedade política.

Helena Hirata e Daniele Kergoat[30] explicam que, nessa estrutura de repartição, há dois princípios que se mostram permanentes em todas as sociedades conhecidas no tempo e no espaço: 1) o princípio da separação: para este, existem trabalhos de homens e trabalhos de mulheres; e 2) o princípio hierárquico: para este, o trabalho do homem "vale" mais do que o da mulher. Tais postulados são aplicados em um processo específico de legitimação, no qual se rebaixam as práticas sociais a "papéis sociais" sexuados, os quais remetem ao destino natural da espécie, de modo a perpetuar a subjugação da mulher ao homem[31]. Fundamentando-se, portanto, na divisão sexual do trabalho é, ainda, que se normaliza a "dupla", "tripla" ou múltiplas jornadas femininas, nas quais as mulheres são obrigadas diuturnamente a darem conta de suas atividades profissionais, dos afazeres domésticos e da prole.

Tal fato também conduz as mulheres às ocupações flexíveis de trabalho e de menor valor, justamente para que continuem a se desdobrarem nas infinitas jornadas[32]. Dessa maneira, com a exacerbação das desvantagens sociais da situação da mulher, restou possibilitado à sociedade capitalista em formação arrancar do sexo feminino o máximo de mais-valia. Como aponta Helleieth Saffioti, trata-se, afinal, da mais-valia absoluta, que se realiza por intermédio, simultaneamente, da intensificação do trabalho, da extensão da jornada de trabalho e também da presença de salários mais baixos do que os masculinos. Isso ocorre, entre outros aspectos, segundo Helleieth Saffioti, dado que, para o processo de acumulação rápida de capital, era insuficiente a mais-valia relativa obtida por meio do emprego da tecnologia existente até então com a mão de obra masculina[33].

---

29 Ibidem, p. 599.

30 Loc. cit.

31 HIRATA, Helena; KERGOAT, Daniele. Ob. cit., p. 597-599.

32 TEODORO, Maria Cecília Máximo. A distopia da proteção do mercado de trabalho da mulher e a reprodução do desequilíbrio entre os gêneros. In: MIRAGLIA, Lívia Mendes Moreira; TEODORO, Maria Cecília Máximo; SOARES, Maria Clara Persilva (Orgs.). **Feminismo, trabalho e literatura**. Reflexões sobre o papel da mulher na sociedade contemporânea. Porto Alegre: Editora Fi, 2020, p. 122.

33 SAFFIOTI, Helleieth; Iara Bongiovani. **A mulher na sociedade de classes**: mito e realidade. Petrópolis: Vozes, 1976, p. 67.

De modo sagaz, o sistema capitalista fez uso do trabalho feminino, uma vez que este gera um produto mais precioso para seu mercado: a força de trabalho, sendo, de fato, um trabalho ainda oculto no seio social, cuja invisibilidade vai além da limpeza da casa. Trata-se, pois, de servir a mão de obra assalariada em termos físicos, emocionais e até mesmo sexuais, bem como prepará-la para o trabalho. É cuidar das crianças (futura mão de obra), desde o nascimento, zelando por seu desenvolvimento e formação escolar, de forma a garantir que elas também atuem de maneira condizente ao que o próprio capitalismo espera[34].

Sílvia Federici aponta, a propósito, que Marx já aduzia que a retribuição salarial esconde todo o trabalho não pago que, mesmo assim, se transforma em lucro. Entretanto, a autora pondera que a visão reducionista, neste aspecto, do célebre economista e sociólogo em medir o trabalho pelo salário esconde quem é, de fato, a classe trabalhadora (incluindo as mulheres) e também inviabiliza até que ponto as relações sociais têm sido subordinadas às relações de produção para a criação e propagação do capital. Para a autora, o salário (e a falta dele, nos casos em que prestado trabalho), tudo permite, em seu conjunto, ao capital, desse modo, ocultar a duração real da jornada de trabalho feminino, pois o trabalho aparece como se fosse um compartimento necessário à vida que acontece apenas em outras esferas, que não a do lar[35].

É nesse sentido, por exemplo, que o pagamento salarial, uma das formas de discriminação da mulher no mercado de trabalho, é usado para delegar aos trabalhadores do sexo masculino o poder sobre as pessoas não assalariadas, renegando a importância do trabalho doméstico, majoritariamente exercido por mulheres, sob o argumento de se tratar de afeto, zelo e cuidado da prole e do lar. Na reflexão de Silvia Federici, o trabalho doméstico, com isso, apesar de ser elemento-chave na produção da força de trabalho e condição de existência do capitalismo, torna-se visto como uma "naturalização" feminina e, nessa medida, queda-se propositalmente renegado como valor também de dimensão econômica[36].

Indispensável, porém, entender que, mesmo não organizado de modo industrial, o trabalho doméstico é extremamente produtivo (e, sobretudo, exaustivo), pois a reprodução de indivíduos nos quais subsiste a força de trabalho requer diversos serviços emocionais e físicos que são de natureza interativa. Pontua a autora que, da mulher, exige-se, por conseguinte, um trabalho intenso, além, é claro, de auxiliar na criação de crianças, que servirão como mais mão de obra ao próprio capital[37].

---

34 SAFFIOTI, Helleieth; Iara Bongiovani. Loc. Cit.

35 FEDERICI, Silvia. **O patriarcado do salário**. Boitempo, 2021, p. 37.

36 FEDERICI, Silvia. Loc. cit.

37 FEDERICI, Sílvia. Ob. cit., p. 101-147.

Ainda assim, mesmo atualmente, nesse quadro de transição e desafios, é inegável que a mulher ainda se depara com inúmeras dificuldades em se posicionar de modo equiparado ao homem no mercado de trabalho, como fruto da histórica perpetuação da divisão sexual no seio social e do pensamento hegemônico patriarcal socialmente enraizado. A título exemplificativo, a Pesquisa Nacional por Amostra de Domicílios Contínua anual realizada pelo IBGE, no Brasil, referente a 2018, demonstra que as mulheres possuem taxa de frequência escolar superior aos homens: de fato, enquanto as mulheres assumem 73,5% da frequência escolar líquida, os homens possuem uma taxa de 63,2%. O nível de instrução em ensino superior conta também com maior presença de mulheres (23,5%, ao se tratar de mulheres brancas e 20,7% dos homens e 10,4%, ao se tratar de mulheres pretas ou pardas e 7,0% dos homens). Entretanto, os próprios dados escancaram uma contradição, demonstrando que as disparidades permanecem: enquanto as mulheres percebem uma média habitual mensal de R$1.764,00, os homens percebem R$2.306,00[38].

Além disso, a pesquisa oficial mencionada constatou que as mulheres trabalham, em média, três horas por semana a mais do que os homens, combinando trabalhos remunerados, afazeres domésticos e cuidados de pessoas. A par disso, em 2018, mesmo contando com um nível educacional mais alto, elas ganham, em média, em torno de apenas 76,5% do rendimento dos homens.[39] Tais dados oficiais deixam claro que, ainda hoje, não basta à mulher ter maior escolarização, estudar e trabalhar mais; é que, mesmo assim, elas recebem menos do que os homens, em evidente tratamento discriminatório e, consequentemente, ausência de efetiva igualdade no plano fático-material.

4. OS SINDICATOS COMO INSTRUMENTO DE INCLUSÃO SOCIOECONÔMICA, PROFISSIONAL E POLÍTICA

O Estado Democrático de Direito, próprio do Constitucionalismo Humanista e Social contemporâneo – organização do Estado e da sociedade civil mais evoluída e sofisticada já arquitetada na História –, afasta a perspectiva arcaica da centralidade unicamente da sociedade política, ampliando o panorama de análise de modo a incluir, no núcleo do conceito, também a sociedade civil, em uma leitura democrática e inclusiva, e a própria pessoa humana com sua dignidade[40].

---

38 BRASIL. IBGE. **Estatísticas de Gênero Indicadores sociais das mulheres no Brasil**. Disponível em: https://biblioteca.ibge.gov.br/visualizacao/livros/liv101551_informativo.pdf. Acesso em: 31/01/2022.

39 BRASIL. IBGE. Loc. cit.

40 Este conceito amplo, abrangente, de Estado Democrático de Direito, superando as limitações dos dois paradigmas anteriores do constitucionalismo, é firmemente expresso por DELGADO, Mauricio Godinho, Constituição da República, Estado Democrático de Direito e Direito do Trabalho. In DELGADO, M. G.; DELGADO, G. N. *In* **Constituição da República e Direitos Fundamentais**: dignidade da pessoa humana, justiça social e Direito do Trabalho. 4. ed. São Paulo: LTr, 2017, p. 44-50. A respeito, consultar

É exatamente nesse contexto que se constrói o sindicalismo, enquanto instituição, valor e instrumento social de contenção dos desígnios da sociedade política e dos setores dominantes da sociedade civil, funcionando como contrapoder efetivo e democrático. Os sindicatos participam da construção dinâmica e cotidiana de uma sociedade substancial, em nítidos esforços para afastar a dimensão exclusivamente formal das construções jurídicas tradicionais, exercendo "movimento coletivo organizado de trabalhadores para participação na vida política e social na qual estão inseridos"[41].

O sindicalismo consiste em um sistema de reação, de resistência organizada à opressão sofrida pelos trabalhadores em um capitalismo sem peias ou um sistema de contrapoder apto a buscar maior equilíbrio em uma sociedade efetivamente democratizada, em suas diversas esferas. A construção do trabalhador enquanto ser coletivo, por meio da atividade sindical, visa criar condições de algum equilíbrio e aperfeiçoamento nas relações laborais, permitindo às partes coletivas certo nível de paridade no confronto e diálogo sobre os distintos interesses econômicos, sociais, profissionais envolvidos. Isso porque o empregador possui essa mesma natureza coletiva, via de regra, como característica nata; ora, o empresário é um ser coletivo intrinsicamente, pois a organização dos meios de produção, circulação e/ou distribuição de bens e serviços é imprescindível para a sua própria existência e sucesso na dinâmica econômica e social. Já os trabalhadores têm de construir, fortalecer e preservar essa sua organização coletiva – ela não nasce intrinsicamente de sua própria existência. Dessa maneira, alçar a materialização da solidariedade de grupo por meio do sindicalismo engendra espaços de diálogo social, negociação e fiscalização dos interesses laborais quanto à atividade empresarial, fazendo dos sindicatos "instrumentos de aperfeiçoamento das condições de vida e de trabalho das pessoas humanas trabalhadoras, como mecanismos de elevação das condições de pactuação da força de trabalho no sistema econômico capitalista"[42].

E é nessa perspectiva que o sindicalismo espraia seus efeitos, oportunizando meios de participação e penetração do trabalhador na sociedade política e civil, podendo assim atuar na construção histórica de seu país e de sua comunidade. Essa participação ampla e diversificada dos trabalhadores, especialmente por intermédio de suas entidades representativas sindicais, constitui princípio e regras próprios aos Estados Democráticos de Direito, embora, reconheça-se, estes não

---

também DELGADO, Mauricio Godinho; PIMENTA, José Roberto Freire; MIZIARA, Raphael. Sindicalismo e greve no Estado democrático de direito: o debate sobre o exercício, pelas entidades sindicais, de atividades com dimensões políticas. **Revista de direito do trabalho e seguridade social**, São Paulo, v. 46, n. 209, 2020, p. 249.

41 DELGADO, Mauricio Godinho; PIMENTA, José Roberto Freire; MIZIARA, Raphael. Ob. cit., p. 249.

42 DELGADO, Mauricio Godinho; DELGADO, Gabriela Neves. **A Reforma Trabalhista no Brasil**: com os comentários à Lei n. 13.467/2017. São Paulo: LTr, 2017, p. 44.

estivessem presentes, de maneira geral, no primitivo e excludente Estado Liberal de Direito.

Além da função típica de instrumento de inclusão profissional ostentada pelos sindicatos, por meio do exercício das suas funções representativas, negociais e assistenciais, há também que se falar nas funções socioeconômicas e políticas das entidades sindicais e do conjunto do sindicalismo.

Para adentrar tal perspectiva, há que se ressalvarem as previsões celetistas que vedavam expressamente a atividade econômica dos sindicatos (art. 564), além das atividades políticas dessas entidades (arts. 511 e 521, "d"). Entretanto, tais preceitos, conforme se sabe, apesar de ainda constarem no texto formal do diploma normativo, não foram, obviamente, recepcionadas pelo modelo democrático da Constituição de 1988. Isso porque tais textos originaram-se de períodos e concepções que não albergavam os princípios basilares da liberdade sindical e da autonomia das entidades sindicais, firmemente incorporados pela Constituição Federal de 1988[43].

Ora, os sindicatos, enquanto expressão da sociedade civil, são entidades privadas; não são entidades públicas; nessa linha, o exercício de atividade econômica geradora de renda para capitalizar os seus caixas, permitindo-os atender com melhor qualidade os seus objetivos, constitui, sem dúvida, uma faculdade ou prerrogativa inerente aos princípios da liberdade e da autonomia que os regem.

O papel político dos sindicatos, por sua vez, constitui atividade, dinâmica e atribuição inquestionáveis no contexto de um verdadeiro Estado Democrático de Direito. Tal função e suas inerentes atividades se mostram muito necessárias para a efetivação dos objetivos sindicais de inserção da classe trabalhadora na construção de uma sociedade política e de uma sociedade civil livres, justas e solidárias, aptas a assegurarem aos trabalhadores, em geral, um patamar civilizatório mínimo de garantias e direitos fundamentais.

Conforme se sabe, o poder econômico atua politicamente por meio de inúmeras entidades, canais e formas. Citem-se, por ilustração, as entidades sindicais, especialmente as de grau superior; citem-se também as entidades partidárias – a maioria delas harmônicas aos interesses empresariais; mencionem-se, ainda, os múltiplos meios de comunicação de massa (quase todos de propriedade de grandes grupos empresariais privados, sempre ciosos de sua pauta econômico-corporativa nacionalmente unificada e diuturnamente brandida em todos os campos da sociedade), tudo isso a par de outras instituições e canais existentes. Seria manifesto viés autoritário, discriminatório e excludente negar às entidades sindicais de trabalhadores uma livre atuação nos temas políticos da vida do País, em particular aqueles que possam ter conexões diretas ou indiretas com os

[43] DELGADO, Mauricio Godinho. **Direito coletivo do trabalho**. 6. ed. São Paulo: LTr, 2015, p. 105.

interesses socioeconômicos e profissionais dos trabalhadores (reforma legislativa, por exemplo).

Não se está a defender uma atuação sindical alinhada, pari-passo, com a político-partidária, que poderia comprometer a independência de sua atuação típica; mas se fala da possibilidade do exercício eventual de ações políticas alinhadas aos interesses daquela instituição. Destaca-se ainda a impossibilidade prática de se categorizar sindicatos e dimensão política como opostos, visto que, frequentemente eles se entrelaçam. Isso porque o dinamismo da sociedade atual e do Estado Democrático de Direito "exige, até mesmo por questões de sua sobrevivência, a releitura e o fortalecimento das funções sindicais, entre as quais se destaca a atividade política"[44].

O trabalho é a forma mais evidente de reconhecimento do indivíduo nos contextos a que pertence. Afinal, é através de seu trabalho exercido que ele se reconhece no meio social e que, ao mesmo tempo, é reconhecido pelos outros indivíduos que o circundam. Assim, além da dimensão profissional e econômica típicas dessa relação, dada a necessidade de equilíbrio da dinâmica cotidiana de exercício do labor e a dependência do trabalhador da remuneração auferida, há que se observar que os panoramas social e político também estão presentes e interligados.

Isso porque a identificação social da pessoa por meio do trabalho potencia a sua perspectiva no âmbito social. Ao mesmo tempo, o fato de serem o trabalho e as instituições coletivas referentes ao trabalho (notadamente os sindicatos) algumas das mais eficazes modalidades de participação do indivíduo na construção histórica, tudo isso demonstra a relevância da atuação política para a pessoa humana e o trabalhador (ou trabalhadora), em particular – respeitadas as ressalvas anteriormente pontuadas quanto à necessidade de recorte aos interesses institucionais sindicais.

Nesse contexto, as entidades sindicais, enquanto construção de agrupamento de trabalhadores, reunião institucional do sentimento de solidariedade de classe, ostentam a função de, por meio de sua atuação, garantir a maior efetividade e equilíbrio possível no exercício de todas as dimensões que compõem as relações de trabalho, sejam políticas, socioeconômicas ou profissionais. E todas essas funções e dimensões compõem o núcleo do conceito de um efetivo Estado Democrático de Direito.

5. OS DESAFIOS DA INSERÇÃO E DO EMPODERAMENTO DAS MULHERES NO SINDICALISMO

Assentadas essas fundamentais funções dos sindicatos e do sindicalismo, na qualidade de construtores e agentes relevantes do aperfeiçoamento da

[44] DELGADO, Mauricio Godinho. **Direito coletivo do trabalho**. 6. ed. São Paulo: LTr, 2015, p. 105.

Democracia e do Estado Democrático de Direito, bem como de instrumentos imprescindíveis de inclusão socioeconômica, profissional e política dos trabalhadores, em geral, apresenta-se a seguinte indagação: por qual motivo os esforços sindicais pela igualdade material deveriam beneficiar de modo diverso pessoas do sexo masculino e pessoas do sexo feminino?

O ponto de partida dessa análise não poderia ser indiferente à análise da crise de representatividade que ainda afasta as mulheres de uma representação equânime nos movimentos sindicais, à base de supostas justificativas históricas, sociais ou biológicas. Partindo da premissa de que a "humanidade não é uma espécie animal: é uma realidade histórica"[45] – como bem apontado por Simone de Beauvoir –, há que se entender que tais questões ultrapassam o plano estritamente biológico, sendo pertinentes ao contexto em que os movimentos feministas e sindicalistas foram construídos, entrelaçando os momentos históricos para compreender a participação feminina no âmbito sindical e as perspectivas necessárias para o futuro.

No início do século XIX, as mulheres, em razão da divisão sexual do trabalho, consistiam em força de trabalho com baixíssima remuneração, o que, lhes impedia de participar do ambiente sindical por não poderem arcar com as contribuições de sustento dessas entidades, ainda que ínfimas. Ademais, eram vistas como fontes de altíssimos gastos para tais instituições, considerando-se suas funções assistenciais, em face de sua condição biológica, "porque aparentemente suas doenças e partos esvaziavam o fundo comum"[46], fazendo com que notoriamente houvesse resistência na sua participação na entidade coletiva. Além de tudo, a implacável matriz patriarcal de estruturação do conjunto da sociedade da época não abria espaços para a atuação pública e social da mulher, exceto naqueles segmentos e atividades (como as religiosas) consideradas harmônicas ao papel tradicional imposto às mulheres, até então, na História.

No caso brasileiro, a sindicalização inicialmente predominante em profissões consideradas "tipicamente masculinas" – como ocorria na construção civil –, o antigo condicionamento de autorização marital para o trabalho feminino, a dominância de uma arraigada concepção patriarcal que influenciava severamente todo o conjunto societário, tudo isso contribuiu, em um primeiro momento, para a existência de um sindicalismo mais alheio à equidade de gênero. A realidade histórica da divisão sexual do trabalho que atrelava as mulheres às funções reprodutivas e ao ambiente privado, devendo elas "permanecer em casa, servir de

---

[45] BEAUVOIR, Simone de. Tradução Sérgio Milliet. **O segundo sexo**: a experiência vivida. 5 ed. 2 vol. Rio de Janeiro: Nova Fronteira, 2019, p. 83.

[46] HELENA, Hirata; LABORIE, Françoise; DOARÉ, Hélène Le; SENOTIER, Danièle. **Dicionário crítico do feminismo**. São Paulo: Editora UNESP, 2009, p. 236.

complemento ao homem"[47], era colidente com o ideal revolucionário ou reformista de composição da resistência enunciada pelo movimento sindical.

Uma vez estabelecidos, ainda nessa fase mais tradicional, os pilares estruturantes do sindicalismo, surge às mulheres uma base inquebrantável, um modelo forjado nas concepções de mundo masculinas, em uma visão androcêntrica. Como enunciado por Pierre Bourdieu, o androcentrismo, onde o homem é a medida de todas as coisas, resta intrinsecamente internalizado nos indivíduos por fazer parte de sua estrutura de formação do pensamento, antes mesmo da formação da própria consciência. Nessa premissa, segundo o autor, a discriminação de gênero é naturalizada em um consciente inconsciente, construindo uma violência simbólica quase imperceptível *a priori*[48].

A violência simbólica de entender as mulheres como não-homens, ou seja, não serem vistas em si mesmas, mas como ausência do masculino, é muito significativa e se traduz em ações sociais[49], em violência prática e estruturalmente estabelecida no modelo social, partindo-se para qualquer análise não crítica de um pressuposto de que as mulheres exercem trabalhos de menor valor e de menor importância para o grupo. Tal premissa construiu o modelo sindical em um espaço de reprodução da cultura patriarcal, visto que, ao irem integrando em seu corpo seres femininos, exigiam delas adaptação ao modelo edificado, não sendo espaço para a construção de uma sociedade igualitária[50].

A obra seminal, **Dicionário Crítico do Feminismo**, estruturada por Helena Hirata *et alii*, reportando-se à experiência sindical francesa, expressa quadro aplicável a diversas outras realidades do mundo ocidental, inclusive da América Latina:

> O sindicalismo na França é assunto de uma elite, o que favorece a ascendência do militante herói, sobrecarregado de responsabilidades, ameaçado de perseguição, até mesmo de prisão; como consequência, as mulheres dificilmente encontram aí um lugar senão como esposas dedicadas, zelando pela administração. Além disso, em 1921 é que pela primeira vez uma mulher foi eleita para o cargo de secretária federal (CGT Alimentação) e só em 1945 é que uma delas se tornou secretária da Confederação (CGT). Em 1945, as mulheres tanto quanto os homens "arregaçaram as mangas", e essa reconstrução, obra de todos, foi realizada de acordo com um esquema bem sexuado: aos homens, o mundo do trabalho; as mulheres, mesmo ativas, o da família, o do bairro. Isso levou os sindicatos a não questionar, a não ser muito

---

47 Ibidem, p. 237.

48 BOURDIEU, Pierre. Tradução de Maria Helena Kühner. **A dominação masculina**. 18 ed. Rio de Janeiro: Bertrand Brasil, 2020, p. 68-73.

49 BEAUVOIR, Simone de. Tradução Sérgio Milliet. **O segundo sexo**: a experiência vivida. 5 ed. 2 vol. Rio de Janeiro: Nova Fronteira, 2019, p. 112-117.

50 HELENA, Hirata; LABORIE, Françoise; DOARÉ, Hélène Le; SENOTIER, Danièle. **Dicionário crítico do feminismo.** São Paulo: Editora UNESP, 2009, p. 238.

> raramente, os velhos hábitos em que o trabalhador permanecia idealmente um ser neutro[51].

O sistema capitalista contemporâneo, sob égide do neoliberalismo, ainda se mantém tipicamente sexista, no qual se inseriu o movimento sindical firmado em bases androcêntricas. Nessa linha, o sistema socioeconômico deixa ainda nítida a atuação, manutenção e intensificação do desvalor do trabalho feminino e de outras classes vulneráveis, para o alcance da mais-valia. Tal comportamento reforça as bases históricas que afastaram as mulheres da engenharia do sindicalismo.

O trabalho feminino em valor ainda mais baixo que o masculino é notoriamente um instrumento de potencialização do lucro. O capitalismo patriarcal "não mede esforços para aumentar a exploração da classe trabalhadora, fazendo-o, porém, de maneira ainda mais degradante em relação a determinados segmentos considerados vulneráveis, do ponto de vista de organização política"[52]. E é exatamente nessa perspectiva que é um fomentador e mantenedor de desigualdades, estimulando, sem colocar em pauta para discussão, a ideia de hierarquia de gênero no trabalho como natural, em verdadeira violência simbólica que se traduzirá em violência prática.

Com efeito, frente aos desafios enfrentados pelo Estado Democrático de Direito em um capitalismo nitidamente com viés neoliberal, os sindicatos entram em profunda crise, necessitando imperativamente de reinvenção, o que perpassa, por óbvio, pela questão das mulheres e de sua inclusão e empoderamento. Ambos os movimentos, o sindicalista e o feminista, precisam encontrar caminhos de resistência à estratégia de dominação e de poder do capitalismo selvagem, abrindo espaços reais de concretização de um verdadeiro Estado Democrático de Direito, previsto desde 1988 na Constituição da República, embora bastante esvaziado e descumprido no País.

No caso brasileiro, três fatores históricos relevantes influenciaram, nas últimas décadas, essa temática e a necessária harmonização da dualidade "feminismo-sindicalismo".

De um lado, o avanço do movimento feminista no Brasil, a partir dos anos 1960/70, agregando a uma experiência interna ainda relativamente frágil os ventos positivos vindos do exterior, particularmente do fortalecimento e ampliação do movimento feminista na Europa Ocidental, especialmente na França, e

---

51 Ibidem.

52 COUTINHO, Grijalbo Fernandes. Feminismo, Sindicalismo e o Direito do Trabalho no contexto da globalização capitalista patriarcal: a relevância das normas e orientações da OIT para respeitar os direitos à organização sindical e banir as discriminações de gênero nas relações de trabalho. In: **A Organização Internacional do Trabalho**: sua história, missão e desafios, v. 1, [livro eletrônico]. Org. Cláudio Jannotti da Rocha, Lorena Vasconcelos Porto, Rúbia Zanotelli Alvarenga, Rosemary de Oliveira Pires. 1ª ed. São Paulo: Tirant lo Blanch, 2020, p. 227.

também sua reverberação nos Estados Unidos da América – neste caso, ainda que com matiz menos social. Esse novo contexto, mesmo que vivenciado dentro de um regime ditatorial no País (1964-1985), atuou para acelerar a relevância dos debates e da organização dos movimentos das mulheres em favor da sua cidadania e da busca de maior igualdade na sociedade política e na sociedade civil. E esse movimento, em harmonia com o processo de luta pela democratização do País, passou a se inserir mais firmemente também no próprio interior do sindicalismo brasileiro.

O segundo fator – claramente associado ao primeiro, insista-se, na experiência brasileira – consiste no ressurgimento do movimento sindical no Brasil, a partir das greves de 1978/1980 e do "novo sindicalismo" daí estruturado. Esse novo sindicalismo, embora arquitetado dentro dos marcos formais oriundos das décadas precedentes, trouxe inúmeras e importantes inovações, entre estas a criação de centrais sindicais nos anos 1980, fato que teve enorme impacto no aprofundamento dos debates e dinâmicas em favor da organização e integração das mulheres no sistema sindical.

Embora os efeitos mais positivos dessa nova fase somente fossem se sentir nos anos 1990, com a criação de **cotas** para mulheres na direção de determinadas entidades sindicais[53], o início dessa dinâmica progressista desde a década de 1980 destravou uma força impressionante e que mostraria ritmo crescente a partir de então. Nesse quadro, diretriz ainda mais avançada, a da **paridade** de participação de homens e mulheres nas direções sindicais, ganhou força nas décadas seguintes no interior tanto do movimento sindical como do movimento feminista. Em 2012, a diretriz social e política em favor da paridade entre homens e mulheres no sindicalismo ganhou significativo impulso, com a sua aprovação pela maior organização sindical do País, a Central Única dos Trabalhadores, em congresso nacional realizado naquele ano[54]. Logo a seguir, no congresso nacional subsequente, acontecido em 2015, a diretriz da paridade foi concretamente implementada, após ter sido incorporada por diversas direções regionais ao longo de todo o País[55].

---

53 Em 1993, por exemplo, pioneiramente, a primeira e maior central sindical do País, CUT, adotou o critério de cotas mínimas para cada sexo nas direções sindicais. O exemplo iria frutificar nos anos subsequentes no interior do sindicalismo sob influência dessa central sindical. A respeito, consultar GODINHO DELGADO, Didice. La construcción de poder sindical com paridad de gênero – El caso de la Central Única de Trabajadores de Brasil. *Nueva Sociedad/Friedrich Ebert Stiftung*, NUSO nº Octobre 2017.

54 Sobre a evolução crescente desses critérios de inserção e empoderamento das mulheres no sindicalismo, consultar GODINHO DELGADO, Didice. La construcción de poder sindical com paridad de gênero – El caso de la Central Única de Trabajadores de Brasil. *Nueva Sociedad/Friedrich Ebert Stiftung*, NUSO nº Octobre 2017.

55 GODINHO DELGADO, Didice. Loc. cit.

Nesse mesmo positivo caminho iria seguir, em 2017, o Sindicato Nacional dos Servidores Federais da Educação Básica, Profissional e Tecnológica, que incluiu em seu estatuto determinação de que as diretorias do SINASEFE Nacional e das suas seções sindicais deveriam ter igual número de homens e de mulheres em sua composição[56]. Igualmente, em 2019, o Sindicato Nacional dos Docentes das Instituições de Ensino Superior "aprovou por esmagadora maioria a paridade de gênero para a diretoria do Sindicato Nacional"[57].

O terceiro fator consiste na democratização do País a contar de 1985 e, especialmente, a partir da Constituição de 1988, uma vez que esta sepultou, do ponto de vista jurídico, as justificativas tradicionais para o tratamento das mulheres como uma "subcategoria" social. Embora as elites brasileiras recusem-se, renitentemente, a conferir cumprimento pleno à Constituição de 1988 e a seu Estado Democrático de Direito – especialmente os dispositivos mais inclusivos e democráticos, do ponto de vista social, econômico e político –, o fato é que a Constituição da República retirou a validade jurídica dos postulados e regras tradicionais de exclusão e discriminação das mulheres na sociedade política e na sociedade civil.

Dentro desse novo contexto de avanço crescente, cabe se enfatizar, em analogia à ideia de Jean Drèze e Amartya Sen quanto a Índia[58], e em respeito às melhores dinâmicas que têm despontado, nas últimas décadas, nos movimentos sindicais e feministas brasileiros, a premissa de que o sindicalismo tem que se preocupar não apenas com o que pode ser feito em favor das mulheres – por mais importante que isso seja –, mas também com o que as mulheres podem fazer pelo sindicalismo. Isso significa que o respeito mínimo às cotas femininas, a par do direcionamento em favor da paridade, tudo em harmonia a outras iniciativas de empoderamento das mulheres dentro dos sindicatos e do movimento sindical, constituem o caminho imprescindível para o aperfeiçoamento, a democratização e o empoderamento tanto das próprias entidades sindicais como também das próprias mulheres.

Isso porque, ao compreender que a integração de movimentos fortalece a todos, a absorção da equidade de gênero na própria estrutura sindical permitirá que as decisões de atuação se afastem da visão onde os homens são a medida de todas as coisas, colocando na mesa para avaliação e consideração também perspectivas femininas. Isso fará com que essas mulheres fortaleçam o movimento com seu

---

56 SINASEFE. **Paridade de gênero**. Disponível em: https://sinasefe.org.br/consinasefe/2019/08/19/paridade/. Acesso em: 31/01/2022.

57 ANDES-SN. ANDES-SN. **Congresso aprova paridade de gênero para a diretoria do ANDES**. Disponível em: https://www.andes.org.br/conteudos/noticia/38o-congresso-aprova-paridade-de-genero-para-a-diretoria-do-aNDES-sN1. Acesso em: 31/01/2022.

58 DRÈZE, Jean; SEN, Amartya. **Glória incerta**: a Índia e suas contradições. Tradução de Ricardo Doninelli Mendes e Laila Coutinho. 1 ed. São Paulo: Companhia das Letras, 2015, p. 249.

trabalho potencialmente inexplorado, resultando no afastamento passo a passo da hierarquização dos sexos, em direção a um mundo menos desigual e premido pela igualdade substancial/material.

Nesse viés, há que se salientar a necessária reinvenção do movimento sindical e da sua atuação política para que o movimento em prol da igualdade de gênero floresça "com sindicatos e partidos identificados com a causa obreira permanentemente mobilizados contra quaisquer retrocessos"[59]. A busca por meio da atuação sindical do Direito do Trabalho como patamar civilizatório mínimo, como política pública em si mesmo, consiste em instrumento eficaz de afastamento das injustiças sociais. Nessa linha, pondera Grijalbo Coutinho que:

> é impossível falar em democracia nas relações de trabalho ou em Estado Democrático de Direito sem combater a discriminação às mulheres, nos mais diversos espaços da sociedade, sem a participação feminina efetiva nos centros decisórios do sindicalismo obreiro classista, sob pena de restarem infrutíferas todas as lutas para eliminar o depredador patriarcal capitalista globalizado, que se alimenta e se revigora com as mais substanciais taxas de lucros advindas da exploração econômica e da opressão às mulheres trabalhadoras, em nível mundial[60].

A Organização Internacional do Trabalho protege, por meio convencional, ambos os movimentos, os quais devem ser objeto de uma leitura transversal e contextualizada, na busca pela justiça social, que remete necessariamente ao combate às desigualdades e carências socioeconômicas. Nessa premissa estão as Convenções 87 e 98 da OIT, as quais tratam da liberdade e organização sindical, ostentando ambas caráter fundamental. Não bastassem esses dois diplomas internacionais, o tema ainda conta com proteção nas Convenções 135, 141, 151, 154 e 158 da mesma OIT – todas ratificadas pelo Brasil[61].

A questão das mulheres resta abordada pela OIT, ademais, em vários outros diplomas normativos. Citem-se, assim, as convenções nº 03, 04, 41, 45, 89, 100, 103, 111, 156, 171, 183, 189 e 190 – sendo que as de nº 156, 183 e 190 não foram ratificadas pelo Brasil. Destaca-se que as de nº 100 e 111 também gozam de caráter fundamental, demonstrando a inquestionável importância do tema no

---

59 COUTINHO, Grijalbo Fernandes. Feminismo, Sindicalismo e o Direito do Trabalho no contexto da globalização capitalista patriarcal: a relevância das normas e orientações da OIT para respeitar os direitos à organização sindical e banir as discriminações de gênero nas relações de trabalho. In: **A Organização Internacional do Trabalho**: sua história, missão e desafios, v. 1, [livro eletrônico]. Org. Cláudio Jannotti da Rocha, Lorena Vasconcelos Porto, Rúbia Zanotelli Alvarenga, Rosemary de Oliveira Pires. 1ª ed. São Paulo: Tirant lo Blanch, 2020, p. 237.

60 Ibidem.

61 A Convenção 158 da OIT foi denunciada por decreto do Presidente da República no final dos anos 1990. Contudo, este ato unilateral presidencial de denúncia foi contestado em ação constitucional perante o STF – a qual ainda não teve, até 31.12.2021, o respectivo julgamento concluído.

avanço das relações laborais e da sociedade como um todo. Tais previsões são inseridas no sistema nacional, dando a esse um caráter multidimensional, por meio da previsão constitucional do art. 5º, § 2º, da Carta Magna de 1988. Conforme exposto, tais previsões normativas devem ser necessariamente lidas e executadas pelos sindicatos e pelo movimento feminista de forma transversal, em direção a um mundo menos desigual para todos e todas.

Não bastasse isso, o próprio sistema constitucional de 1988 possui várias previsões quanto à proteção das mulheres e do sindicalismo, sejam genéricas e indiretas, sejam específicas e diretas. Citem-se, ilustrativamente, o disposto no art. 1º, *caput* ("A República Federativa do Brasil, formada pela união indissolúvel dos Estados e Municípios e do Distrito Federal, constitui-se em Estado Democrático de Direito e tem como fundamentos: ...") e incisos II ("a cidadania") e III ("a dignidade da pessoa humana"); também o fixado no art. 3º, *caput* ("Constituem objetivos fundamentais da República Federativa do Brasil:...") e incisos I ("construir uma sociedade livre, justa e solidária"), III ("erradicar a pobreza e a marginalização e reduzir as desigualdades sociais e regionais") e IV ("promover o bem de todos, sem preconceitos de origem, raça, sexo, cor, idade e quaisquer outras formas de discriminação"); igualmente o estabelecido no art. 5º, *caput* ("Todos são iguais perante a lei, sem distinção de qualquer natureza, garantindo-se aos brasileiros e aos estrangeiros residentes no País a inviolabilidade do direito à vida, à liberdade, à igualdade, à segurança e à propriedade, nos termos seguintes: ....") e no inciso I deste art. 5º ("homens e mulheres são iguais em direitos e obrigações, nos termos desta Constituição"). Agregue-se, ademais, os preceitos constantes do art. 8º da Constituição, especificamente relativos às entidades sindicais (incisos I até VI).

Para que o sindicalismo seja um instrumento de inclusão socioeconômica, profissional e política para as mulheres, atuando como verdadeiro agente em prol do seu empoderamento, há que se ampliar o olhar para entender ser fundamental não apenas o que as entidades sindicais e o sindicalismo podem fazer pelas mulheres, mas também o que estas podem fazer pelo sindicalismo, com a necessária abertura deste movimento social e profissional para tanto. É que, no século XXI, no contexto de um Estado Democrático de Direito determinado pela Constituição (ainda que fragilizado e descumprido pelas elites do País), a paridade entre homens e mulheres, mulheres e homens, dentro do sistema sindical é, pura e simplesmente, decisiva e essencial. As lutas sindicais têm de ser travadas em uma dinâmica fortalecida, sem dualidades e injustificáveis discriminações e exclusões.

6. CONSIDERAÇÕES FINAIS

O Estado Democrático de Direito vem sendo desafiado pelo capitalismo neoliberal, desnudando a necessidade premente de reinvenção social no seu combate, a fim de resgatar a dignidade da pessoa humana.

No marco contemporâneo do constitucionalismo, o Estado Democrático de Direito funda-se no tripé conceitual definido por Maurício Godinho Delgado como a união indissociável da pessoa humana com sua dignidade, da sociedade política e da sociedade civil, enfocadas como igualmente democráticas e inclusivas. E é na construção cotidiana e dinâmica desse Estado Democrático de Direito que se inserem os sindicatos como representantes responsáveis por dar voz à classe representada em face do Poder Estatal e patronal.

Assim, o sindicalismo consiste em movimento altamente democrático, uma vez que possibilita a máxima inclusão de pleitos dos trabalhadores, na busca por padrões civilizatórios mínimos de labor e na veemente repulsa pela retirada de garantias, mormente as já consolidadas. Em que pese essa função típica, no contexto atual vem sofrendo uma profunda crise existencial, necessitando buscar formas de reinvenção e resgate do seu poder de resistência e luta pela classe que vive do trabalho.

A questão feminina por sua vez, aqui em um recorte laboral, merece análise a partir da exclusão gerada na divisão sexual do trabalho, onde aos homens é reservado o trabalho produtivo e público, e as mulheres, o trabalho reprodutivo, de cuidados, e privado, o qual não possui valor econômico direto. O combate a hierarquização do trabalho da mulher em relação ao homem remonta a construção social e contextualizada da própria consciência humana, que naturaliza tais comportamentos não biológicos. Assim, percebe-se a natureza estrutural da desigualdade de gênero.

Não bastasse isso, a luta feminina também enfrenta o interesse do capitalismo na manutenção da desigualdade, visto que a opressão feminina no campo laboral consiste em atividade altamente lucrativa, em atenção aos menores salários a que estão submetidas as mulheres geram a todo momento mais-valia de interesse do sistema.

Os desafios enfrentados por ambos os movimentos, sindicalista e feminista, requerem uma leitura transversal das batalhas, corporificando em forma unitária suas lutas, afastando dualidades e oposições. A mulher dentro do sistema sindical oportunizará que a ótica das lutas seja integrada entre os interesses e necessidades dos sexos, alçando assim o encontro da igualdade substancial e a realização concreta do efetivo Estado Democrático de Direito.

7. REFERÊNCIAS BIBLIOGRÁFICAS

ANDES-SN. **Congresso aprova paridade de gênero para a diretoria do ANDES**. Disponível em: https://www.andes.org.br/conteudos/noticia/38o-congresso-aprova-paridade-de-genero-para-a-diretoria-do-aNDES-sN1. Acesso em: 31/01/2022.

ANTUNES, Ricardo. **Adeus ao Trabalho?** Ensaio sobre as metamorfoses e a centralidade do mundo do trabalho. 16. ed. São Paulo: Cortez, 2018.

________. **O que é o sindicalismo?** 2ª edição. Editora brasiliense, 1980.

________. **Os Sentidos do Trabalho** – ensaio sobre a afirmação e a negação do trabalho. 5. ed. São Paulo: Boitempo, 1999.

BEAUVOIR, Simone de. **O segundo sexo.** [Tradução Sérgio Milliet]. – 2.ed. – Rio de Janeiro: Nova Fronteira, 2009. 2v. Tradução original de: Le deuxième sexe.

BEAUVOIR, Simone de. Tradução Sérgio Milliet. **O segundo sexo**: a experiência vivida. 5 ed. 2 vol. Rio de Janeiro: Nova Fronteira, 2019.

BONAVIDES, Paulo. **Do Estado Liberal ao Estado Social**. 10. Ed. São Paulo: Malheiros, 2011.

________. **Curso de Direito Constitucional**. 24ª ed. São Paulo: Malheiros, 2009.

BOURDIEU, Pierre. Tradução de Maria Helena Kühner. **A dominação masculina**. 18 ed. Rio de Janeiro: Bertrand Brasil, 2020.

BRASIL. **Instituto Brasileiro de Geografia e Estatística (IBGE).** Pesquisa Nacional por Amostra de Domicílios Contínua anual de 2016 [2016b]. Disponível em: https://www.ibge.gov.br/estatisticas/multidominio/genero/20163-estatisticasde-genero--indicadores-sociais-das-mulheres-no-brasil. html?=&t=resultados. Acesso em 19 de janeiro de 2022.

BRASIL. **Instituto Brasileiro de Geografia e Estatística (IBGE).** Mulher estuda mais, trabalha mais e ganha menos do que o homem. Editoria: Estatísticas Sociais. Disponível em: <https://agenciadenoticias.ibge.gov.br/agencia-noticias/2012-agencia-de-noticias/noticias/20234-mulher-estuda-mais-trabalha-mais-e-ganha-menos-do-que-o-homem>. Acesso em 19 de janeiro de 2022.

BRASIL. IBGE. **Estatísticas de Gênero Indicadores sociais das mulheres no Brasil.** Disponível em: https://biblioteca.ibge.gov.br/visualizacao/livros/liv101551_informativo.pdf. Acesso em: 31/01/2022.

CHAUÍ, Marilena. In: Lefort, Claude. **A Invenção Democrática**. Trad. de Isabel Marva Loureiro. São Paulo: Brasiliense, 1983.

COUTINHO, Grijalbo Fernandes. Feminismo, Sindicalismo e o Direito do Trabalho no contexto da globalização capitalista patriarcal: a relevância das normas e orientações da OIT para respeitar os direitos à organização sindical e banir as discriminações de gênero nas relações de trabalho. In: **A Organização Internacional do Trabalho:** sua história, missão e desafios, v. 1, [livro eletrônico]. Org. Cláudio Jannotti da Rocha, Lorena Vasconcelos Porto, Rúbia Zanotelli Alvarenga, Rosemary de Oliveira Pires. 1ª ed. São Paulo: Tirant Io Blanch, 2020.

DELGADO, Mauricio Godinho, Constituição da República, Estado Democrático de Direito e Direito do Trabalho. In DELGADO, M. G.; DELGADO, G. N. **Constituição da República e Direitos Fundamentais**: dignidade da pessoa humana, justiça social e Direito do Trabalho. 4. ed. São Paulo: LTr, 2017.

________. **Curso de direito do trabalho** – obra revista e atualizada conforme a lei da reforma trabalhista e inovações normativas e jurisprudenciais posteriores —Mauricio Godinho Delgado. — 18. ed.— São Paulo: LTr, 2019.

________. Democracia, Cidadania e Trabalho. In DELGADO, M. G.; DELGADO, G. N. **Constituição da República e Direitos Fundamentais**: dignidade da pessoa humana, justiça social e Direito do Trabalho. 4. ed. São Paulo: LTr, 2017.

________. **Direito coletivo do trabalho**. 6. ed. São Paulo: LTr, 2015.

________. Estado de DELGADO, Mauricio Godinho; PORTO, Lorena Vasconcelos. Estado de Bienestar Social: características generales, obstáculos y desafios en América Latina. **E-Revista Internacional de la Protección Social.** Sevilla: Universidad de Sevilla, v. 1, p. 107-140, 2021.

________; ALVARENGA, Rúbia Zanotelli de; GUIMARÃES, Tâmara Matias. Notas sobre a arquitetura principiológica humanista e social da constituição da república de 1988 e a concretização dos direitos fundamentais no constitucionalismo contemporâneo: uma abordagem sob o prisma dos direitos individuais e sociais trabalhistas. **Revista de Direitos e Garantias Fundamentais,** Vitória, v. 20, n. 02, p. 11-42, maio/agosto, 2019.

________; DELGADO, Gabriela Neves. **A Reforma Trabalhista no Brasil**: com os comentários à Lei n. 13.467/2017. São Paulo: LTr, 2017.

________; PIMENTA, José Roberto Freire; MIZIARA, Raphael. Sindicalismo e greve no Estado democrático de direito: o debate sobre o exercício, pelas entidades sindicais, de atividades com dimensões políticas. **Revista de direito do trabalho e seguridade social**, São Paulo, v. 46, n. 209, 2020, p. 245-286.

DRÈZE, Jean; SEN, Amartya. **Glória incerta**: a Índia e suas contradições. Tradução de Ricardo Doninelli Mendes e Laila Coutinho. 1 ed. São Paulo: Companhia das Letras, 2015.

DUARTE, Daniela Miranda; COSTA, Flávia Maria da Silva. A divisão sexual do trabalho e o desprestígio ao trabalho da mulher. In: MIRAGLIA, Lívia Mendes Moreira; TEODORO, Maria Cecília Máximo; SOARES, Maria Clara Persilva (Orgs.). **Feminismo, trabalho e literatura**. Reflexões sobre o papel da mulher na sociedade contemporânea. Porto Alegre: Editora Fi, 2020.

FEDERICI, Silvia. **O patriarcado do salário.** Boitempo, 2021.

GODINHO DELGADO, Didice. La construcción de poder sindical com paridad de gênero – El caso de la Central Única de Trabajadores de Brasil. **Nueva Sociedad/ Friedrich Ebert Stiftung,** NUSO nº Octobre 2017.

HIRATA, Helena; LABORIE, Françoise; DOARÉ, Hélène Le; SENOTIER, Danièle. **Dicionário crítico do feminismo**. São Paulo: Editora UNESP, 2009.

HIRATA, Helena; KERGOAT, Danièle. **Novas configurações da divisão sexual do trabalho**. Caderno de Pesquisa, v. 37, 2, p. 595-609, set./dez. 2007.

LEITE, Carlos Henrique Bezerra. **Direitos humanos**. Editora Lumen Juris: Rio de Janeiro, 2010.

NASCIMENTO, Amauri Mascaro. **Compêndio de direito sindical**. 4ª. ed. São Paulo: LTr, 2005.

SAFFIOTI, Helleieth Iara Bongiovani. **A mulher na sociedade de classes: mito e realidade.** Petrópolis: Vozes, 1976.

SINASEFE. **Paridade de gênero**. Disponível em: https://sinasefe.org.br/consinasefe/2019/08/19/paridade/. Acesso em: 31/01/2022.

STRECK, Lenio Luiz; MORAIS, José Luiz Bolzan de. **Ciência Política e Teoria do Estado**. 8. ed. Porto Alegre: Livraria do Advogado, 2014.

TEODORO, Maria Cecília Máximo. A distopia da proteção do mercado de trabalho da mulher e a reprodução do desequilíbrio entre os gêneros. In: MIRAGLIA, Lívia Mendes Moreira; TEODORO, Maria Cecília Máximo; SOARES, Maria Clara Persilva (Orgs.). **Feminismo, trabalho e literatura**. Reflexões sobre o papel da mulher na sociedade contemporânea. Porto Alegre: Editora Fi, 2020.

CAPÍTULO 26

MULHERES, REPRESENTATIVIDADE, SINDICATOS E A EXPLORAÇÃO QUE ESTRUTURA A LUTA DE CLASSES

Adriana L. S. Lamounier Rodrigues[1]
Luciane Toss[2]

Sumário • 1. Introdução – 2. Corpo e domesticação – elementos fundamentais para a dominação capitalista – 3. Mulheres, o surgimento e o afastamento das lutas sindicais – 4. Sindicalismo feminista: a busca pela ampliação da representatividade – 5. Considerações finais – Referências bibliográficas.

1. INTRODUÇÃO

Dentro de mim mora um grito
Silvia Plath[3]

As mulheres figuram como alvos preferenciais das violências praticadas na sociedade, seja na esfera privada (doméstico e familiar)[4], seja na esfera pública

---

[1] Advogada, com atuação especial em Direito Coletivo do Trabalho. Professora de Direito do Trabalho em cursos de pós-graduação. Pós-Doutorado em Direito do Trabalho pela Universidade Federal de Minas Gerais (UFMG). Doutora em Direito pela UFMG em cotutela com a Universidade Roma II Tor Vergata (2017). Master em Direito do Trabalho pela Universidade Roma II Tor Vergata (2012). Graduação em Direito pela UFMG. Membro do grupo de Pesquisa sobre Sindicalismo no Centro Universitário UDF.

[2] Doutoranda em Direito e Mestra em Ciências Sociais pela UNISINOS, Especialista em Nuevos Rectos de Derecho Publico pela Universidad de Burgos (UBU, Burgos, Espanha) e em Derechos Humanos Laborales Y Regulación Del Trabajo En La Crisis, pela Universidad Castilla La Mancha (UCLM, Toledo, Espanha). É advogada trabalhista, assessora corporativa e consultora na área de gênero e direitos humanos. Integra os grupos de pesquisas Sindicalismo da UDF e Trabalho. Núcleo de Direitos Humanos da Unisinos e Capital: Retrocesso Social e Avanços Possíveis da UFGRS. É sócia fundadora e professora da Escola Trabalho e Pensamento Crítico. Integra o corpo Docente da Escola da ABRAT e o Conselho Editorial do MATI em Revista. Participante do Coletivo Mulheres Advogadas do Mundo do Trabalho.

[3] PLATH, Sylvia. **Poemas**. São Paulo: Iluminuras, 2007.

[4] Instituto Patrícia Galvão. Plataforma: Violência contra as Mulheres em Dados. Acessada em 20.03.2021. Disponível em: https://dossies.agenciapatriciagalvao.org.br/violencia-em-dados/.

(trabalho e política)[5]. Elas são 51,8% da população brasileira[6] e mesmo assim são discriminadas, sub representadas e menos remuneradas. Estão em desvantagem, não só em relação aos homens, mas em todas as organizações sociais e de poder[7].

O presente artigo pretende abordar a conexão existente entre o afastamento ou as dificuldades das mulheres em relação às organizações que protagonizam a luta de classes. Por que mulheres e sindicatos ainda têm dificuldades de dialogar abertamente sobre as pautas de gênero? O que faz com que o movimento sindical ainda questione a legitimidade de inserção destas pautas como uma questão das categorias e não como uma demanda das mulheres?

Como elemento importante nesta discussão está a estrutura que mantém o desenvolvimento capitalista e a relação que a atribuição de um lugar para as mulheres ganha na evolução, não só no sistema econômico, mas também na manutenção das desigualdades na organização social do trabalho.

Haja vista o entrelaçamento das lutas feministas em relação à luta de classe, até porque o conteúdo das reivindicações do movimento feminista está cada vez mais claramente ancorado na questão do trabalho (trabalho reprodutivo, trabalho de cuidado, trabalho doméstico, que são trabalho tão estruturante como o trabalho 'produtivo'), é essencial pensar a ação sindical comprometida com a pauta de gênero, de modo a fazer surgir um sindicato efetivamente feminista.

Os estudos que envolvem o trabalho da mulher e a sociedade de classes ganham evidência nas décadas de 70 e 80. Os recortes enfatizavam a divisão sexual do trabalho e a constatação de que o processo de proletarização do trabalho feminino não alterou sua dimensão reprodutiva, mas aumentou sua intensidade, constituindo um processo de dominação-exploração das mulheres na sociedade capitalista. Como trabalho já era uma categoria bastante explorada pelas ciências sociais, a perspectiva de gênero, sobretudo as pesquisadoras feministas, viram

5 No Brasil, 36% das trabalhadoras já sofreram preconceito de gênero ou algum tipo de abuso por serem mulheres. Quando a pergunta é sobre assédio no trabalho, este percentual salta para 76%. dizem já haver sofrido preconceito ou abuso por serem mulheres; porém, quando apresentadas a diversas situações, 76% reconhecem já ter passado por um ou mais episódios de violência e assédio no trabalho. Instituto Patrícia Galvão e Locomotivas. Percepções sobre a violência e o assédio contra mulheres no trabalho. Acessado em 20.03.2021. Disponível em: https://dossies.agenciapatriciagalvao.org.br/dados-e-fontes/pesquisa/percepcoes-sobre-a-violencia-e-o-assedio-contra-mulheres-no-trabalho--instituto-patricia-galvao-locomotiva-2020/.

6 PNAD – Programa Nacional de Amostragem por Domicilio. IBGE Educa. Acessado em 29.04.2021. Disponível em: https://educa.ibge.gov.br/jovens/conheca-o-brasil/populacao/18320-quantidade-de-homens--e-mulheres.html#:~:text=Segundo%20dados%20da%20PNAD%20Cont%C3%ADnu,51%2C8%25%20de%20mulheres.

7 Instituto Brasileiro de Geografia e Estatística. Estatísticas de Gênero: indicadores Sociais da Mulher no Brasil. Acessado em 29.04.2021. Disponível em: bge.gov.br/estatisticas/multidominio/genero/20163--estatisticas-de-genero-indicadores-sociais-das-mulheres-no-brasil.html?=&t=o-que-e.

potenciais mudanças na realidade das mulheres trabalhadoras, na medida em que avançavam os resultados das pesquisas[8].

Dentre as muitas perspectivas teóricas, será feito um recorte proposto por mulheres que tinham suas bases teóricas fundamentadas no marxismo. O Feminismo, que usa o marxismo histórico como centro de análise, cria uma tensão dentro dos movimentos operários provocando a necessidade de que haja este recorte do feminismo dentro da teoria marxista. Um nome importante no cenário brasileiro é da Elizabete Souza Lobo – A Classe Operária tem Dois Sexos, que um trabalho de pesquisa volumoso com os sindicatos. Conforme Souza Lobo:

> não é o estágio das forças produtivas que determina a subordinação das mulheres no trabalho, mas as próprias relações de trabalho que são sexualizadas e vistas como portadoras da hierarquia de gênero[9]

No presente artigo, será analisado como trazer a demanda da reprodução como central para os movimentos de esquerda, os movimentos sociais e o movimento sindical. Isso porque o sexo da pessoa trabalhadora causa impactos na relação entre trabalho e capital. As mulheres estariam duplamente sujeitas: aos homens e ao capital. Por isso o uso do termo "dominação-exploração"[10] feminina na sociedade capitalista justifica esta abordagem.

E, a partir da bem sucedida experiência Argentina, narrada por Estela Diaz e Yamille Socolovsky, o objetivo do texto será demonstrar a necessidade e a fundamentalidade da inserção de pautas de gênero no movimento sindical, seja como vontade e demanda da categoria, seja para a construção de efetiva representatividade sindical.

2. CORPO E DOMESTICAÇÃO – ELEMENTOS FUNDAMENTAIS PARA A DOMINAÇÃO CAPITALISTA

O capitalismo funda suas bases na exploração do corpo da mulher. Sem a domesticação do corpo da mulher, sem o trabalho reprodutivo e sem os estereótipos de gênero, o capitalismo não se desenvolveria e não sobreviveria.

Considerando as circunstâncias históricas do surgimento do capitalismo, Federici aponta a perseguição às bruxas como elemento fundamental de consolidação do sistema:

8 PEREIRA, Maria Júlia Tavares. A dominação-exploração das mulheres na sociedade capitalista: um estudo bibliográfico. **Rev. Sociologias Plurais**, v. 5, n. 1, p. 469-487, jul. 2019.

9 SOUZA-LOBO, Elisabeth. **A classe operária tem dois sexos: trabalho dominação e resistência.** 2. ed. São Paulo: Editora Fundação Perseu Abramo, 2011, p. 166.

10 PEREIRA, Maria Júlia Tavares. A dominação-exploração das mulheres na sociedade capitalista: um estudo bibliográfico. **Rev. Sociologias Plurais,** v. 5, n. 1, p. 469-487, jul. 2019, p. 472.

> Existe um acordo generalizado sobre o fato de que a caça às bruxas buscou destruir o controle que as mulheres haviam exercido sobre sua função reprodutiva e serviu para preparar o terreno para o desenvolvimento de um regime patriarcal mais opressor [11].

Ela parte da análise da caça às bruxas no contexto das crises demográfica e econômica europeias dos séculos XVI e XVII e das políticas de terra e trabalho da época mercantilista. Dentre as tantas questões fundamentais para estruturação de um sistema baseado na exploração e na expropriação de corpos, Federici aponta uma espécie de genocídio de mulheres, aliado ao tráfico de escravos e os cercamentos como aspectos centrais da acumulação primitiva e da formação do proletariado moderno, tanto na Europa como nos países colonizados[12]:

> A acumulação primitiva não foi, então, simplesmente uma acumulação e uma concentração de trabalhadores explorados e de capital. Foi também uma acumulação de diferenças e divisões dentro da classe trabalhadora, em que as hierarquias construídas sobre o gênero, assim como sobre a "raça" e a idade, se tornaram constitutivas da dominação de classe e da formação do proletariado moderno[13].

A proposta da Silvia Federici é alçar a caça às bruxas ao *hall* de elementos expostos por Marx sobre a acumulação primitiva, tais como a expropriação agrária dos cercamentos ingleses, o colonialismo, a pirataria e a usura. O antagonismo de classe capitalista vem fundamentado por Marx através do processo de acumulação primitiva – favorecendo o lucro – como a Revolução Industrial que altera os modos de produção. A classe trabalhadora, antes camponeses, surge com a venda da força de trabalho.[14]

A recuperação da ideia de propriedade comunal como elemento de valorização da mulher no sistema produtivo é compartilhada por Angela Davis. Para ela, a desigualdade sexual da modernidade surge com a da propriedade privada. A divisão sexual do trabalho *era complementar e não hierárquica*. Enquanto homens eram caçadores, mulheres eram coletoras, funções igualmente importantes

---

11 FEDERICI, Silvia. **Calibã e a Bruxa:** mulheres, corpo e acumulação primitiva. São Paulo: Editora Elefante, 2017, p. 30.

12 Aqui o conceito de colonializados supera a ideia de colonização como um elemento de desenvolvimento civilizatório e recepciona a crítica do giro descolonial proposto GROSFOGUEL, Ramón. Para descolonizar os estudos de economia política e os estudos pós-coloniais: Transmodernidade, pensamento de fronteira e colonialidade global, Revista Crítica de Ciências Sociais [On-line], 80, Centro de Estudos Sociais da Universidade de Coimbra: Coimbra, 2008, p.41-96. Acessado em 20.03.2019. Disponível em: https://www.e-publicacoes.uerj.br/index.php/periferia/article/view/3428/2354 . Acesso em 20.09.2019.

13 FEDERICI, Silvia. **Calibã e a Bruxa:** mulheres, corpo e acumulação primitiva. São Paulo: Editora Elefante, 2017, p. 119.

14 MARX, Karl. **O Capital,** Volume I, Tomo I, São Paulo: Abril. 1984.

na sua essencialidade e para a sobrevivência de sua comunidade (*basicamente uma família estendida*), as mulheres eram, nesta perspectiva, membros ativos e valorizados no esquema produtivo da comunidade[15].

> As mulheres do período colonial não eram faxineiras. Eram trabalhadoras completas e realizadas no interior da economia baseada na casa. Elas não apenas produziam a maioria dos artigos de que sua família precisava, como também eram protetoras da saúde da família e da comunidade: Era responsabilidade [da mulher do período colonial] colher e secar as ervas selvagens usadas [...] como remédios; ela também atuava como médica, enfermeira e parteira em sua própria família e na comunidade[16].

Na economia agrária pré-industrial da América do Norte, uma mulher realizando seus afazeres domésticos era, portanto, fiadeira, tecelã, costureira e também padeira, produtora de manteiga, fabricante de velas e de sabão.

Federici dá um passo adiante na teoria marxista (para quem a expropriação do campesinato europeu cria a figura do trabalhador livre e subordinado). A acumulação primitiva ocorre a partir da disciplina dos corpos, tendo como perspectiva a transformação das pessoas em trabalhadoras ideais. Moldar corpos, criar corpos subordinados. A caça às bruxas derrotou as classes baixas, onde figuravam curandeiras e camponesas. Nas fogueiras estava a bioengenharia, a gama de relações sociais que foram a base do poder social das mulheres. Um conhecimento sobre ervas, sobre aborto, sobre métodos anticonceptivos[17].

Perseguição e controle produtivo da natalidade são dois eixos fundamentais da consolidação do capitalismo. A bruxa como elemento que a modernidade precisa destruir. Do processo resulta a divisão sexual do trabalho e as novas ordens patriarcais onde a mulher responde ao homem no âmbito doméstico e o homem ao burguês no espaço público. Uma das mais importantes hierarquias é a produzida pelo "Patriarcado do Salário"[18].

A estrutura patriarcal capitalista se consolida nesta distinção de quem recebe salário e quem não recebe salário, criando mecanismos hierárquicos baseados nesta remuneração que as mulheres não recebem pelo trabalho reprodutivo[19].

---

15 DAVIS, Angela. **Mulheres, raça e classe.** Tradução de Heci Regina Candiani. São Paulo: Boitempo, 2016, 244p, p. 215.

16 DAVIS, Angela. **Mulheres, raça e classe.** Tradução de Heci Regina Candiani. São Paulo: Boitempo, 2016, 244p, p. 217.

17 FEDERICI, Silvia. **Calibã e a Bruxa:** mulheres, corpo e acumulação primitiva. São Paulo: Editora Elefante, 2017.

18 FEDERICI, Silvia. **Calibã e a Bruxa:** mulheres, corpo e acumulação primitiva. São Paulo: Editora Elefante, 2017, p. 126.

19 FEDERICI, Silvia. **O Patriarcado do Salário**. Vol. I. São Paulo: Editora Boitempo, 2021.

Para Nancy Fraser, o gênero, além da divisão sexual, também vai estruturar uma divisão interna no trabalho remunerado, no qual entre as ocupações profissionais com maiores remunerações e prestígio predominam os homens, e as ocupações com baixos rendimentos e reconhecimento inferiorizado, a exemplo do trabalho doméstico, predominam as mulheres. Disso resulta uma estrutura econômico-política que constrói modos de exploração e marginalização[20].

Duas importantes autoras que vão tratar a divisão sexual do trabalho como categoria de análise são Hirata e Kergoat[21]. As autoras identificam papéis destinados a homens e papéis destinados às mulheres, na sociedade, nos espaços produtivos e políticos e apontam a hierarquização sexual, onde o trabalho reprodutivo é um trabalho gratuito, invisível e atribuído como natural à mulher (relacionado ao amor e à maternidade). O trabalho produtivo é compreendido enquanto responsabilidade masculina, assim como as funções sociais, políticas, religiosas e militares, enquanto o trabalho reprodutivo é prioritário para as mulheres [22].

A reprodução social (cuidar, prover, manutenção de seres humanos, laços sociais, trabalho afetivo, subjetivação) vai ter recorte de gênero e ocorre fora do mercado. O capital esconde as atividades de reprodução social. Isso quer dizer que o trabalho assalariado não existiria sem o trabalho doméstico.

Portanto, é fundamental repensar a forma como manejamos a inserção das lutas feministas no âmbito da luta de classes e, consequentemente, no movimento sindical.

3. MULHERES, O SURGIMENTO E O AFASTAMENTO DAS LUTAS SINDICAIS

Uma longa história se entrelaça nas origens do movimento sindical internacional, das demandas feministas e a da luta da classe operária.

Já anuncia Federici o protagonismo das mulheres na organização coletiva internacional na Idade Média ao estabelecer que o movimento herético[23] tenha proporcionado uma estrutura comunitária de dimensão internacional, permitindo aos membros viverem suas vidas com maior autornomia. E, completa a autora,

---

20 Fraser, Nancy. Da redistribuição ao reconhecimento? Dilemas da justiça numa era "pós-socialista". **Cadernos De Campo** *(São Paulo – 1991)*, *15*(14-15), p. 231-239. Acessado em 20.04.2007. Disponível em: https://www.revistas.usp.br/cadernosdecampo/article/view/50109/54229.

21 HIRATA, Helena. Globalização e divisão sexual do trabalho. **Cadernos Pagu,** n. 17-18, p. 139-156, Campinas, 2002. KERGOAT, Danièle. Novas configurações da divisão sexual do trabalho. Tradução Fátima Murad. In.: **Cadernos de Pesquisa,** v. 37, n. 132, p. 595-609, set./dez., 2007.

22 PEREIRA, Maria Júlia Tavares. A dominação-exploração das mulheres na sociedade capitalista: um estudo bibliográfico. **Rev. Sociologias Plurais**, v. 5, n. 1, p. 469-487, jul. 2019.

23 No movimento herético, as mulheres eram consideradas como iguais, tinham os mesmos direitos que os homens e desfrutavam de uma vida social e de uma libilidade que durante a Idade Média não se encontravam em outro lugar (VOLPE, 1971, p.20).

"não seria exagero dizer que o movimento herético foi a primeira internacional proletária"[24].

A heresia, nos ensina a autora[25], era popular, sobretudo, nas classes baixas, florescendo entre os proletários rurais e urbanos: camponeses, sapateiros e trabalhadores têxteis "aos quais se pregava a igualdade, fomentando seu espírito de revolta com predições proféticas e apocalípticas".[26]

Era, principalmente, entre os trabalhadores têxteis que se encontraram as formas mais radicais de protesto social e uma maior aceitação das ideias heréticas que pressupunha a igualdade entre homens e mulheres. Como exemplo, em Gante, em 1335, uma revolta da burguesia local foi superada por uma rebelião de tecelões que tentavam estabelecer uma democracia operária.

Desde os primórdios, a organização coletiva operária era entrelaçada às demandas por igualdade de gênero, ao combate à dominação-exploração.

Não é e nunca foi possível:

> reivindicar os direitos da maioria assalariada ou convocar a classe a se organizar para confrontar a opressão capitalista sem ao mesmo tempo denunciar o exploração dupla das mulheres e a forma como o patriarcado nos impõe como um princípio de ordem sobre e dentro do classe trabalhadora[27].

Descrevem Estela Diaz e Yamille Socolovsky[28], que o feminismo não vem de fora para o sindicato, como uma força completamente estranha que veio do movimento social para colocar pressão sobre as organizações, seus membros e sua dinâmica políticas. Antes, pelo contrário, o feminismo está dentro do sindicato desde seus primórdios, desde o início da organização coletiva da classe trabalhadora.

Porém, trata-se de uma luta invisibilizada e de vozes silenciadas o que acaba por demonstrar como o capitalismo influenciou sobremaneira o movimento sindical até o ponto de impor, em sua estrutura de organização, o patriarcado.

---

24 FEDERICI, Silvia. **Calibã e a Bruxa: mulheres, corpo e acumulação primitiva**. São Paulo: Editora Elefante, 2017, p. 70.

25 FEDERICI, Silvia. **Calibã e a Bruxa: mulheres, corpo e acumulação primitiva**. São Paulo: Editora Elefante, 2017, p. 87.

26 DI STEFANO, Antonino.1950, p. 776. *Apud* FEDERICI, Silvia. **Calibã e a Bruxa: mulheres, corpo e acumulação primitiva**. São Paulo: Editora Elefante, 2017.

27 DIAZ, Estela; SOCOLOVKY, Yamille. Feminismo y sindicalismo, la potencia de un encuentro: Algunas reflexiones en torno al caso argentino In: GOREN, Nora; PIETRO, Vanessa (Orgs.). **Feminismo y Sindicalismo en Iberoamerica.** 1a ed. – Ciudad Autonoma de Buenos Aires: CLACSO, UNPAZ, 2020, p. 128.

28 DIAZ, Estela; SOCOLOVKY, Yamille. Feminismo y sindicalismo, la potencia de un encuentro: Algunas reflexiones en torno al caso argentino In: GOREN, Nora; PIETRO, Vanessa (Orgs.). **Feminismo y Sindicalismo en Iberoamerica.** 1a ed. – Ciudad Autonoma de Buenos Aires: CLACSO, UNPAZ, 2020, p. 129.

Diante dessa imposição do patriarcado, a relação das mulheres com o movimento sindical passa a ser marcada por obstáculos, ou seja, se insere na luta secular das mulheres por equidade[29].

No Brasil, por exemplo, os primeiros passos da organização das mulheres se inserem no período histórico entre o final do século XIX e início do século XX, mais precisamente até 1934, quando as mulheres conquistam o direito ao voto. Compreender a trajetória de organização e luta das mulheres por direitos, igualdade e liberdade na sociedade brasileira implica reconhecer, inicialmente, que os caminhos nem sempre foram trilhados de forma consensual, homogênea e com horizontes comuns[30].

Safiotti diz que o afastamento das mulheres das organizações da classe trabalhadora se relaciona com o próprio conceito de classe operária. O operariado seria sinônimo de trabalho em oposição ao capital. Significa dizer que o operário está para o trabalho assim como o homem está para o conceito de humano. São modelos universalizantes e, ao mesmo tempo, homogeneízam a exploração e, consequentemente as lutas[31].

Conforme aponta Souza-Lobo está subjacente neste argumento que a ideia de homogeneidade significaria força, enquanto a heterogeneidade e a fragmentação significariam fraqueza. Logo, a força da classe trabalhadora não deveria ser quebrada por questões que acentuassem suas diferenças internas, como apontar a exploração sobre as mulheres ou discutir trabalho reprodutivo[32].

O gênero atua como *uma gramática social:*

> ...o gênero não é tão somente social, dele participando também o corpo, quer como mão-de-obra, quer como objeto sexual, quer, ainda, como reprodutor de seres humanos, cujo destino, se fossem homens, seria participar ativamente da produção, e, quando mulheres, entrar na engrenagem descrita[33].

---

29 Os debates sobre as desigualdades entre os gêneros começaram a ganhar evidência em alguns países nos séculos XVIII e XIX. Em 1791, durante a Revolução Francesa (1789-1799), Olympe de Gouges, defendeu a criação da Declaração dos Direitos da Mulher e da Cidadã (DALARI, Dalmo de Abreu. **Os Direitos da Mulher e da Cidadã por Olympe de Gouges.** São Paulo, Saraiva Editora, 2016). Um ano depois, na Inglaterra Mary Wollstonecraft, lançava o livro Reivindicação dos Direitos da Mulher (WOLLSTONECRAFT, Mary. (1971). **A vindication of the rights of woman**. 2 ed. New York: Dover Thrift, 1996). Enquanto a Idade Média havia cindido as experiências comunais das mulheres com o discurso da Bruxa (que conforme Federici se mantem. FEDERICI, Silvia. **Mulheres e Caça às Bruxas**. São Paulo: Boitempo, 2019**)**, a Idade Moderna construiria o homem como conceito de humanidade (vide a Declaração de Direitos do Homem e do Cidadão) FACIO, Alda. **Feminismo, género y patriarcado.** In: FRIES, Lorena; FACIO, Alda (eds.). *Género y Derecho*. Santiago de Chile, LOM Ediciones, La Morada, 1999.

30 Referências importantes aqui são Berta Lutz e Nísia Floresta.

31 SAFIOTTI, Heleieth. **A mulher na sociedade de classes**. São Paulo: Expressão Popular, 2013.

32 SOUZA-LOBO, Elisabeth. A classe operária tem dois sexos: trabalho dominação e resistência. 2. ed. São Paulo: Editora Fundação Perseu Abramo, 2011.

33 SAFFIOTI, Heleieth Iara Bongiovani. Gênero, patriarcado, violência. São Paulo: Editora Fundação Perseu Abramo, 2004, p. 215.

Contudo, essa artificial homogeneidade e invisibilidade do movimento feminista dentro do movimento sindical tem custado caro, tem contribuído para sua derrocada, para a enorme crise de representatividade pela qual o sindicato tem passado nas últimas décadas.

4. SINDICALISMO FEMINISTA: A BUSCA PELA AMPLIAÇÃO DA REPRESENTATIVIDADE

É cada vez mais evidente que a representatividade de uma entidade sindical, sua legitimidade e capacidade de responder pelas demandas de sua base, está intimamente ligada a seu intento de assumir que "a perspectiva de gênero não é acessória, mas sim constitutiva de uma concepção de ação sindical comprometida com a luta pela igualdade, a justiça social e a dignidade das pessoas"[34].

Assim, para a própria sobrevivência do sindicato, para se ampliar a representatividade, verifica-se a necessidade mais do que urgente da construção de um sindicalismo feminista.

E o que seria representatividade sindical?

A representatividade sindical, de acordo com Bruno Caruso, resume um sujeito coletivo de trabalho cuja ação de tutela coletiva é efetiva, perceptível e visualizável no mundo fenomênico.

Quanto maior for o amálgama formado pela estrutura sindical e os representados e representadas, mais tangível se apresentará a noção de porta-voz da categoria e, por consequência, de possibilidade efetiva de ação coletiva[35].

Na expressão 'representatividade' está incluída estruturalmente a capacidade da organização sindical para interpretar a vontade do grupo e não ser meramente a representação pelo recebimento de um mandato[36].

E não há como exprimir a vontade do grupo sem considerar as vontades e necessidades de todas e todos, sem considerar as mulheres trabalhadoras e suas demandas.

Nada mais distante da capacidade de representar coletivamente a classe trabalhadora, de modo efetivo e perceptível no mundo fenomênico do que continuar

---

34 DIAZ, Estela; SOCOLOVKY, Yamille. Feminismo y sindicalismo, la potencia de un encuentro: Algunas reflexiones en torno al caso argentino In: GOREN, Nora; PIETRO, Vanessa (Orgs.). **Feminismo y Sindicalismo en Iberoamerica.** 1a ed. – Ciudad Autonoma de Buenos Aires: CLACSO, UNPAZ, 2020, p. 131. Tradução livre de "*la perspectiva de genero no es accesoria, sino que debe ser constitutiva de una concepcion de la accion sindical comprometida con la lucha por la igualdad, la justicia social y la dignidad de las personas*".

35 KAUFFMAN, Marcus de Oliveira. Da formal representação à efetiva representatividade: problemas e sugestões em modelos de unicidade. **Revista do TST**, vol. 76, n.2, Brasília: abr-jun.2010.

36 SIQUEIRA NETO, José Francisco. **Liberdade sindical e representação dos trabalhadores nos locais de trabalho.** São Paulo, Ed. LTr, 2000.

com um imaginário social de classe operária como um trabalhador masculino, adulto, saudável, funcionalmente heterossexual, branco, sem responsabilidades diretas de cuidado.

Diante da atual complexidade do mundo do trabalho contemporâneo e da diversidade do tecido social, urge a necessidade da ampliação da representação do sindicato em uma sociedade em que a divisão sexual do trabalho ainda persiste e insiste na distribuição desigual de recursos, reconhecimento, conhecimento e poder[37].

De acordo com Alvarado e Medina[38], em seu artigo "A Resistência sindical tem rosto de mulher", a inserção efetiva das mulheres nas entidades sindicais não deve ser vista como um recurso instrumental, mas sim como vontade de construir poder político e como uma alternativa de revitalização sindical (por elas entendida como o compromisso de se estabelecer estratégias inovadoras e criativas que permita dar oxigênio aos sindicatos).

Ademais, o conteúdo das reivindicações do movimento feminista está cada vez mais claramente ancorado na questão do trabalho, o que representa um enorme avanço histórico na luta pela emancipação das mulheres.

Tendo em vista esse imbricamento histórico atual, o primeiro pressuposto a ser introjetado pelas lideranças das entidades sindicais é que trabalho de cuidado, trabalho doméstico é Trabalho, devendo, assim, colocar a denúncia da desigualdade gênero e suas consequências no campo concreto de condições sociais de produção e reprodução da vida.

> A crítica da forma como as mulheres entram no mundo do trabalho lança luz sobre a precariedade e a informalidade laboral, bem como sobre trabalho não remunerado e distribuição desigual das responsabilidades de cuidados e fornece uma visão sobre como em que o público e o privado, o trabalho e o doméstico se entrelaçam e se combinam para reproduzir a subordinação de mulheres e dissidentes ao patrão patriarcal[39].

---

37 DIAZ, Estela; SOCOLOVKY, Yamille. Feminismo y sindicalismo, la potencia de un encuentro: Algunas reflexiones en torno al caso argentino In: GOREN, Nora; PIETRO, Vanessa (Orgs.). **Feminismo y Sindicalismo en Iberoamerica.** 1ª ed. – Ciudad Autonoma de Buenos Aires: CLACSO, UNPAZ, 2020, p. 129.

38 ALVARADO, Alejandra C. Rivera; MEDINA, Iazmin I. Goicochea. La resistencia sindical tiene rostro de mujer. In: GOREN, Nora; PIETRO, Vanessa (Orgs.). **Feminismo y Sindicalismo en Iberoamerica.** 1ª ed. – Ciudad Autonoma de Buenos Aires: CLACSO, UNPAZ, 2020, p. 193.

39 DIAZ, Estela; SOCOLOVKY, Yamille. Feminismo y sindicalismo, la potencia de un encuentro: Algunas reflexiones en torno al caso argentino In: GOREN, Nora; PIETRO, Vanessa (Orgs.). **Feminismo y Sindicalismo en Iberoamerica.** 1ª ed. – Ciudad Autonoma de Buenos Aires: CLACSO, UNPAZ, 2020, p. 131. Tradução livre de: *"La critica de la forma en que las mujeres nos incorporamos al mundo del trabajo echa luz sobre la precarizacion y la informalidad laboral, asi como sobre el trabajo no remunerado y la desigual distribucion de las responsabilidades del cuidado y permite comprender el modo en que lo publico y lo privado, lo laboral y lo domestico, se entrelazan y combinan para reproducir la subordinacion de mujeres y dissidências al*

Um dos primeiros passos a ser dado nas entidades sindicais em que a maioria da diretoria é masculina, é promover junto aos homens, tanto das direções, quanto das categorias que eles representam, discussões sobre as masculinidades que afastam mulheres e sobre feminismo (desmistificando os equivocados conceitos que o senso comum dissemina), sobre linguagens não ofensivas, sobre abrir espaços para que mulheres participem abertamente das estruturas sindicais na condição de protagonistas, enfim, aproximar os homens da real possibilidade de mudança de um comportamento aprendido ao longo da vida.

Para se efetivar a representatividade da mulher no movimento sindical, para tornar o sindicalismo feminista, é necessário dar visibilidade, dar voz às mulheres, propiciar efetivamente que a presença das mulheres em posição de liderança, ocupando cargos de direção (não somente ocupar a Secretaria da Mulher, mas ocupar a presidência, a vice presidência, a tesouraria, a secretaria geral) e também se faz necessário inserir a pauta de gênero nas negociações coletivas.

A presença de mulheres feministas nas lideranças sindicais vai proporcionar uma revitalização sindical[40], de modo a politizar e trazer horizontalidade e democratização dentro da estrutra do sindicato.

Para além da ocupação de cargos de direção, para que se haja uma representatividade das mulheres trabalhadoras, suas demandas devem ser colocadas em pauta nas negociações, é urgente a inserção constante da pauta de gênero em todas as negociações coletivas.

O Acordo ou Convenção Coletiva de Trabalho faz lei entre as partes, cria "a roupa sob medida"[41] e representa conquistas históricas na criação do Direito do Trabalho.

Assim, ao ocupar as reivindicações nas negociações coletivas, surge a possibilidade de criação de históricas cláusulas com conteúdo que cumprem um duplo papel: inserir a questão de gênero nas normas coletivas e ao, mesmo tempo, mudar o perfil de conciliação da mulher no mercado para a corresponsabilidade entre homens e mulheres em relação ao trabalho reprodutivo.

Em relação ao êxito do aumento da representatividade sindical, de modo a constituir uma revitalização sindical, com base também no bem sucedido caso argentino, Diaz e Socolovsky[42] asseveram, com propriedade, que a união do sindicalismo ao feminismo propiciam importantes conquistas políticas em um setor

---

patron patriarcal. Y asi, posibilita entender la forma en que se multiplican, sobre esta matriz, la marginacion y las violencias.

40 ALVARADO, Alejandra C. Rivera; MEDINA, Iazmin I. Goicochea. La resistencia sindical tiene rostro de mujer. In: GOREN, Nora; PIETRO, Vanessa (Orgs.). **Feminismo y Sindicalismo en Iberoamerica.** 1ª ed. – Ciudad Autonoma de Buenos Aires: CLACSO, UNPAZ, 2020, p. 193.

41 VIANA, Márcio Túlio. Notas de aula, UFMG,2010.

42 DIAZ, Estela; SOCOLOVKY, Yamille. Feminismo y sindicalismo, la potencia de un encuentro: Algunas reflexiones en torno al caso argentino In: GOREN, Nora; PIETRO, Vanessa (Orgs.). **Feminismo y Sindicalismo en Iberoamerica.** 1a ed. – Ciudad Autonoma de Buenos Aires: CLACSO, UNPAZ, 2020, p. 137.

cada vez mais amplo da base que os sindicatos aspiram representar, organizar e mobilizar.

A construção de coalizão com as feministas traz importantes contribuições porque enriquece a ação sindical e estabelece parcerias com outras organizações, aumenta a capacidade de mobilização, revê debates e objetivos sindicais e inspira para uma nova visão de transformação social.

5. CONSIDERAÇÕES FINAIS

As lutas feministas devem fazer parte da agenda dos movimentos sociais porque estas lutas desafiam e redesenham as fronteiras que separam a produção, reprodução, exploração e expropriação. Todas estas categorias são estruturantes para os capitalistas. E neste sentido elas são tão fundamentais como a luta de classes, se ainda é possível isolar a luta de classe como uma única pauta emancipatória.

Se configurarmos classe, pensando conflito apenas como os econômicos, perdemos a noção de que tais conflitos sempre geraram conflitos hierárquicos, de status, simbólicos. Se entendemos que o racismo e o machismo são estruturais, isso que chamamos luta de classes precisa ser ampliado.

Debater pautas de mulheres na perspectiva do movimento sindical expressa, de certa forma, a necessidade de que o movimento operário repense as imagens que tem sobre uma falsa contradição entre questões de classe e questões de gênero. A feminilidade deve ser vista como um conjunto de significados associado ao exercício de diversos papéis: de mãe ou filha, esposa ou companheira, ativista e sindicalista, trabalhadora e classe operária.

As entidades sindicais devem promover políticas de integração das mulheres de suas categorias às entidades sindicais, mas é fundamental que haja um reconhecimento de que violência, desigualdades e discriminações sofridas pelas mulheres precisam estar inseridas nas chamadas mobilizações classistas.

A violência contra a mulher, dentro e fora do trabalho, impede a isonomia, impede a progressão da carreira, impede a organização política, impede a militância sindical de mulheres, enfim, reprime o corpo, a alma e a ação.

Conhecer a história das mulheres trabalhadoras, dar visibilidade às suas lutas e conquistas é urgente e necessário para construção de uma tutela coletiva efetiva, perceptível e visualizável no mundo fenomênico, ou seja, para ampliar o grau de representatividade e assim reconhecer demandas feministas que se insiram como pauta de reivindicação nas negociações coletivas.

REFERÊNCIAS BIBLIOGRÁFICAS

ALVARADO, Alejandra C. Rivera; MEDINA, Iazmin I. Goicochea. La resistencia sindical tiene rostro de mujer. In: GOREN, Nora; PIETRO, Vanessa (Orgs.). **Feminismo**

y Sindicalismo en Iberoamerica. 1ª ed. – Ciudad Autonoma de Buenos Aires: CLACSO, UNPAZ, 2020.

CASTRO, M. G. **Gênero e Poder no espaço sindical.** [S.l.]: Estudos Feministas, 1995.

DAVIS, Angela. **Mulheres, raça e classe.** Tradução de Heci Regina Candiani. São Paulo: Boitempo, 2016, 244p, p. 215.

DIAZ, Estela; SOCOLOVKY, Yamille. Feminismo y sindicalismo, la potencia de un encuentro: Algunas reflexiones en torno al caso argentino In: GOREN, Nora; PIETRO, Vanessa (Orgs.). **Feminismo y Sindicalismo en Iberoamerica.** 1ª ed. – Ciudad Autonoma de Buenos Aires: CLACSO, UNPAZ, 2020.

FEDERICI, Silvia. **Calibã e a Bruxa**: mulheres, corpo e acumulação primitiva. São Paulo: Editora Elefante, 2017.

FEDERICI, Silvia. **O Patriarcado do Salário**. Vol. I. São Paulo: Editora Boitempo, 2021.

FRASER, Nancy. Da redistribuição ao reconhecimento? Dilemas da justiça numa era "pós-socialista". ***Cadernos De Campo*** *(São Paulo – 1991), 15*(14-15), p. 231-239. Acessado em 20.04.2007. Disponível em: https://www.revistas.usp.br/cadernosdecampo/article/view/50109/54229.

GROSFOGUEL, Ramón. Para descolonizar os estudos de economia política e os estudos pós-coloniais: Transmodernidade, pensamento de fronteira e colonialidade global, **Revista Crítica de Ciências Sociais** [On-line], 80, Centro de Estudos Sociais da Universidade de Coimbra: Coimbra, 2008, p.41-96. Acessado em 20.03.2019. Disponível em: https://www.e-publicacoes.uerj.br/index.php/periferia/article/view/3428/2354. Acesso em 20.09.2019.

HIRATA, Helena. Globalização e divisão sexual do trabalho. **Cadernos Pagu**, n. 17-18, p. 139-156, Campinas, 2002.

INSTITUTO BRASILEIRO DE GEOGRAFIA E ESTATÍSTICA. Estatísticas de Gênero: indicadores Sociais da Mulher no Brasil. Acessado em 29.04.2021. Disponível em: bge.gov.br/estatisticas/multidominio/genero/20163-estatisticas-de-genero-indicadores-sociais-das-mulheres-no-brasil.html?=&t=o-que-e.

INSTITUTO PATRÍCIA GALVÃO E LOCOMOTIVAS. Percepções sobre a violência e o assédio contra mulheres no trabalho. Acessado em 20.03.2021. Disponível em: https://dossies.agenciapatriciagalvao.org.br/dados-e-fontes/pesquisa/percepcoes-sobre-a-violencia-e-o-assedio-contra-mulheres-no-trabalho-instituto-patricia-galvao-locomotiva-2020/.

INSTITUTO PATRÍCIA GALVÃO. Plataforma: Violência contra as Mulheres em Dados. Acessada em 20.03.2021. Disponível em: https://dossies.agenciapatriciagalvao.org.br/violencia-em-dados/.

KAUFFMAN, Marcus de Oliveira. Da formal representação à efetiva representatividade: problemas e sugestões em modelos de unicidade. **Revista do TST**, vol. 76, n.2, Brasília: abr-jun. 2010.

KERGOAT, Danièle. Novas configurações da divisão sexual do trabalho. Tradução Fátima Murad. In.: **Cadernos de Pesquisa**, v. 37, n. 132, p. 595-609, set./dez., 2007.

MARX, Karl. **O Capital, Volume I, Tomo I**, São Paulo: Abril 1984.

PEREIRA, Maria Júlia Tavares. A dominação-exploração das mulheres na sociedade capitalista: um estudo bibliográfico. **Rev. Sociologias Plurais**, v. 5, n. 1, p. 469-487, jul. 2019.

PIMENTA, Sara D. Cardoso. **Participação, Poder e Democracia – Mulheres Trabalhadoras no Sindicalismo Rural**. 1º Seminário Internacional Fazendo Gênero 10 (Anais Eletrônicos), Florianópolis, 2012.

PLATH, Sylvia. **Poemas**. São Paulo: Iluminuras, 2007.

PNAD – Programa Nacional de Amostragem por Domicilio. IBGE Educa. Acessado em 29.04.2021. Disponível em: https://educa.ibge.gov.br/jovens/conheca-o-brasil/populacao/18320-quantidade-de-homens-e-mulheres.html#:~:text=Segundo%20dados%20da%20PNAD%20Cont%C3%ADnu,51%2C8%25%20de%20mulheres.

SAFFIOTI, Heleieth Iara Bongiovani. **Gênero, patriarcado, violência.** São Paulo: Editora Fundação Perseu Abramo, 2004, p. 215.

SAFIOTTI, Heleieth. **A mulher na sociedade de classes**. São Paulo: Expressão Popular, 2013.

SIQUEIRA NETO, José Francisco. **Liberdade sindical e representação dos trabalhadores nos locais de trabalho.** São Paulo, Ed. LTr, 2000.

SOUZA-LOBO, Elisabeth. **A classe operária tem dois sexos: trabalho dominação e resistência**. 2. ed. São Paulo: Editora Fundação Perseu Abramo, 2011.

CAPÍTULO 27

ORGANIZAÇÃO SINDICAL, RELAÇÃO DE TRABALHO DA MULHER E PANDEMIA

Maria Cecília de Almeida Monteiro Lemos[1]
Silvia Cristina Carvalho Sampaio Santana[2]
Alline Bessa de Meneses[3]

1. INTRODUÇÃO

Nas últimas décadas, as mulheres vêm conseguindo maior participação no mercado de trabalho e em espaços de poder, como resultado de anos de luta contra a cultura do patriarcado. Estudo apresentado recentemente pelo IBGE apresenta estatísticas de gênero que demonstram que a ampliação de políticas sociais, ao longo dos anos, fomentou a melhora de alguns indicadores sociais para as mulheres, em especial na área de saúde e educação, embora persistam desigualdades expressivas entre homens e mulheres em outras esferas, principalmente no mercado de trabalho[4].

Apesar das mulheres representarem quase a metade da população brasileira empregada[5] e possuírem mais tempo de educação formal que os homens, passan-

---

1 Professora e Coordenadora Adjunta do Programa de Mestrado em Direito das Relações Sociais e Trabalhistas do UDF-Centro Universitário. Doutora em Direito, Estado e Constituição pela Universidade de Brasília (UnB). Mestra em Direito das Relações Sociais pela Pontifícia Universidade Católica de São Paulo (PUC-SP). Pós-graduada em Direito e Processo do Trabalho pela Pontifícia Universidade Católica de São Paulo (PUC-SP) e em Direito Constitucional do Trabalho pela Universidade de Brasília (UnB). Editora-Executiva da Revista Direito das Relações Sociais e Trabalhistas – Periódico do Programa de Mestrado do UDF. Integrante do Grupo de Pesquisa Direitos Humanos Sociais, Políticas Públicas e Meio Ambiente do Trabalho (UDF) e do Grupo de Pesquisa Trabalho, Constituição e Cidadania (UnB). Assessora de Ministra do Tribunal Superior do Trabalho.

2 Mestre em Direito das Relações Sociais e Trabalhistas pelo Centro Universitário do Distrito Federal – UDF. Integrante do Grupo de Pesquisa "Sindicalismo" (UDF/CNPq). Advogada trabalhista. Professora de Graduação e Pós-Graduação. Conselheira Seccional da OAB/PI. Membro das Comissões de Ensino Jurídico e de Apoio à Docência.

3 Mestre em Direito das Relações Sociais e Trabalhistas pelo UDF – Centro Universitário, em Brasília-DF. Integrante do Grupo de Pesquisa sobre Sindicalismo, liderado pelo Mestrado em Direito do UDF. Especialista em Direito e Processo do Trabalho pela Universidade de Goiás (UFG). Auditora-Fiscal do Trabalho.

4 IBGE. Instituto Brasileiro de Geografia e Estatística. **Pesquisa Nacional por Amostra de Domicílios (PNAD) Contínua – 2019.** Disponível em: https://www.ibge.gov.br/estatisticas/sociais/trabalho/9171-pesquisa-nacional-por-amostra-de-domicilios-continua-mensal.html. Acesso em: 25.nov.2021.

5 Segundo dados do IBGE, em 2019, as mulheres representavam 44,6% da população empregada. IBGE. Instituto Brasileiro de Geografia e Estatística. **Pesquisa Nacional por Amostra de Domicílios (PNAD)**

do a ser maioria entre as pessoas matriculadas no curso superior[6], as mulheres trabalhadoras ainda enfrentam obstáculos para se inserir, permanecer e ascender no mercado de trabalho.

Essa situação se agravou, nos últimos meses, em razão do advento da pandemia decorrente do coronavírus, que se revelou uma grave crise sanitária de proporção mundial. Além da morte de milhares de pessoas em todo o mundo[7], a pandemia gerou severos impactos políticos, econômicos e sociais.

No Brasil, foram determinadas diversas medidas para conter a disseminação da doença, incluindo o isolamento social e a fechamento temporário de estabelecimentos. Estas medidas trouxeram impactos diretos aos trabalhadores, em especial à mulher trabalhadora. Nota-se que a presença feminina é marcante nas atividades econômicas mais afetadas por medidas restritivas, sobretudo no setor de serviços e, em razão disso, as mulheres foram bastante prejudicadas com a perda de trabalho e renda· O impacto foi sentido não apenas no Brasil, em toda a América Latina o número de mulheres no mercado formal de trabalho caiu 9,4%, sobretudo devido à grande participação das mulheres no setor de serviços, alimentação e manufatura[8].

Ademais, mesmo aquelas que mantiveram seus trabalhos e puderam exercer suas atividades profissionais de forma remota, tiveram que enfrentar várias dificuldades. Com o isolamento social e fechamento de empresas e escolas, além de cumprirem sua jornada de trabalho remota, essas mulheres trabalhadoras tiveram que acumular outras funções referentes ao cuidado de seus lares, da família, de idosos e de atenção à educação dos filhos, o que certamente gerou uma sobrecarga e desgaste físico e mental.

O presente artigo, portanto, tem por objetivo lançar luz sobre os impactos que a pandemia decorrente do coronavírus gerou sobre o trabalho da mulher e, diante da inexistência de políticas governamentais especificas, como os sindicatos, na qualidade de entidades coletivas de representação e promoção da melhoria das condições de vida e trabalho, poderiam atuar na proteção das mulheres trabalhadoras.

2. CONSIDERAÇÕES GERAIS SOBRE A DESIGUALDADE DE GÊNERO NAS RELAÇÃO DE TRABALHO

A relação de trabalho da mulher é historicamente marcada pela realização de atividades consideradas "do lar", na sua grande maioria não remuneradas ou mal remuneradas,

Contínua – 2019. Disponível em: https://www.ibge.gov.br/estatisticas/sociais/trabalho/9171-pesquisa-nacional-por-amostra-de-domicilios-continua-mensal.html. Acesso em: 25.nov.2021.

6 IBGE. Instituto Brasileiro de Geografia e Estatística. **Estatísticas de Gênero – Indicadores sociais das mulheres no Brasil.** Disponível em: <https://www.ibge.gov.br/estatisticas/multidominio/genero/20163-estatisticas-de-genero-indicadores-sociais-das-mulheres-no-brasil.html?=&t=publicacoes>. Acesso em: 01 nov. 2021.

7 Segundo dados da Organização Mundial de Saúde, 5.469.303 milhões de pessoas, em todo o mundo, morreram em decorrência do coronavírus. Dados disponíveis em: https://covid19.who.int/. Acesso em: 10.jan.2022.

8 Pandemia reduz em 9,4% número mulheres no mercado de trabalho nas Américas. **VALOR INVESTE**. Disponível em: https://valorinveste.globo.com/objetivo/empreenda-se/noticia/2021/07/19/pandemia-reduz-em-94percent-numero-mulheres-no-mercado-de-trabalho-nas-americas.ghtml Acesso em: 10.jan.2022.

tais como: cozinhar, alimentar, lavar, passar, vestir e amparar as pessoas, atividades que, tradicionalmente, o senso comum já imagina uma mulher as executando[9].

Desde os primórdios, a divisão sexual do trabalho impôs uma distinção de lugares e tarefas consideradas femininas e masculinas. Assim, aos homens eram destinados os trabalhos relacionados à esfera produtiva e ao sustento da família, enquanto às mulheres cabiam as atividades relacionadas à esfera reprodutiva, ao cuidado e às tarefas domésticas.

Nesse sentido, o patriarcado, como um sistema de dominação e subordinação da mulher pelo homem, incorpora os mecanismos, as ideologias e estruturas sociais que permitiram aos homens, historicamente, manter seu domínio e controle sobre as mulheres, conforme explicam Daniel Cerqueira, Rodrigo Moura e Wânia Pasinato. Para os autores, nas diferentes vertentes de discussão sobre o patriarcado entre as teorias feministas, algumas características são comuns em sua definição, entre as quais destaca-se a separação entre o espaço público – destinado aos homens como lugar da produção, do exercício da política e do poder – e o espaço privado – destinado às mulheres e definido como lugar da reprodução, subsistência, preservação do núcleo familiar[10].

Na visão de Camila Azevedo, Ney Maranhão e Loiane Verbicaro, a divisão sexual do trabalho é uma das principais responsáveis pela promoção de desigualdades de gênero no mercado de trabalho, que se reproduz e prejudica, diretamente, a inserção e permanência das mulheres no ambiente laboral[11].

Moara Silva Vaz de Lima apresenta interessante análise sobre aspectos históricos e sociológicos do papel da mulher na sociedade capitalista e democrática, relatando que:

> nas sociedades históricas pré-capitalistas, de maneira geral, eram reservados à mulher local e papel socioeconômicos restritos: as atividades familiares e reprodutivas, ao lado de determinadas atividades econômicas manuais na periferia e nos interstícios do sistema econômico. Na sociedade capitalista, estruturada pela Revolução Industrial, passou a ocorrer a inserção da mulher no interior do próprio sistema econômico, como força produtiva direta, ao lado da força de trabalho masculina, embora em manifesta posição de superexploração, vulnerabilidade e precariedade.[12]

---

9 MENCONI, Amanda. A Greve Feminista e sua contribuição para a relação entre sindicalismo e feminismo. In: MARTUSCELLI, Danilo Enrico (org.) **Os desafios do feminismo marxista na atualidade**. 1. ed. – Chapecó, Coleção marxismo21, 2020, p. 13.

10 CERQUEIRA, Daniel; MOURA, Rodrigo; PASINATO, Wânia. **Participação no Mercado de Trabalho e Violência Doméstica contra as Mulheres no Brasil**. Rio de Janeiro: IPEA. 2019. Disponível em: https://ipea.gov.br/portal/images/stories/PDFs/TDs/td_2501.pdf. Acesso em: 03 ago 2021.p 12.

11 AZEVEDO, Camyla Galeão de; MARANHÃO, Ney; VERBICARO, Loiane Prado. Divisão sexual do trabalho: impactos promovidos na inserção e permanência das mulheres no mercado de trabalho. **Revista de Estudos Jurídicos UNESP**, a.23, n.38, 2019, p. 235.

12 LIMA, Moara Silva Vaz de. **O trabalho da mulher no ordenamento jurídico brasileiro**: perspectiva do Direito Trabalhista. Dissertação apresentada ao programa de Pós-Graduação *Stricto Sensu* em Direito das Relações Sociais e Trabalhistas do Centro Universitário do Distrito Federal – UDF Brasília, 202, p. 18.

Segundo a autora, as bases sociais e culturais de construção do papel que a mulher deveria desempenhar na esfera privada ou na esfera pública no bojo do desenvolvimento do sistema de produção capitalista serviriam como referência para a construção de todo um conjunto de normas que regulam ou protegem a mulher trabalhadora[13].

De fato, ao longo dos anos, as mulheres alcançaram avanços históricos em direção à não discriminação e promoção da igualdade de gênero, inclusive com a previsão expressa de direitos e garantias à mulher trabalhadora na Constituição Federal de 1988 e em normas infraconstitucionais. Contudo, em que pese essa construção histórica de normas que tentassem mitigar as desigualdades de gênero no mercado de trabalho, as desigualdades ainda persistem e são expressivas, conforme demonstram as Estatísticas de Gênero divulgadas em março de 2021, pelo Instituto Brasileiro de Geografia e Estatística (IBGE).

O estudo indica que a participação das mulheres no mercado de trabalho aumentou pelo 5º ano seguido, contudo, em 2019, apenas 54,5% das mulheres com 15 anos ou mais integravam a força de trabalho no país, enquanto, entre os homens, esse percentual foi de 73,7%. No tocante a salários e rendimentos, também se verifica uma expressiva desigualdade entre homens e mulheres, uma vez que, no ano de 2019, as mulheres receberam pelo mesmo trabalho, em média, 77,7% do montante auferido pelos homens. Esse estudo também apresenta dados importantes sobre a ocupação por gênero de cargos gerenciais e espaços de poder: em 2020, 62,6% dos cargos gerenciais eram ocupados por homens e somente 37,4% desses cargos eram ocupados por mulheres[14].

A pesquisa do IBGE citada ainda evidencia que a responsabilidade por afazeres domésticos e cuidados, quase duas vezes maior para as mulheres do que para os homens, ainda é fator limitador importante para uma maior e melhor participação da mulher no mercado de trabalho.

Amanda Menconi reflete sobre dados importantes da pesquisa sobre o trabalho das mulheres:

> Segundo o Instituto Brasileiro de Geografia e Estatística (IBGE), em 2018, quase a totalidade da população brasileira feminina de 14 anos ou mais trabalhou o dobro de horas semanais nos afazeres domésticos e no cuidado de pessoas, se comparada aos homens. O rendimento médio das mulheres ocupadas entre 25 e 49 anos de idade (R$ 2.050) equivalia a 79,5% do recebido pelos homens (R$ 2.579). Dentre as profissões com maior concentração de mulheres estão os trabalhadores dos serviços domésticos (95,0%), professores do ensino fundamental (84,0%), trabalhadores de limpeza (74,9%) e trabalhadores

---

13 LIMA, Moara Silva Vaz de. *Ob. Cit*, p. 20.

14 IBGE. Instituto Brasileiro de Geografia e Estatística. **Estatísticas de Gênero – Indicadores sociais das mulheres no Brasil.** Disponível em: <https://www.ibge.gov.br/estatisticas/multidominio/genero/20163-estatisticas-de-genero-indicadores-sociais-das-mulheres-no-brasil.html?=&t=publicacoes>. Acesso em: 01 nov. 2021.

> de centrais de atendimento (72,2%). Se analisarmos a categoria de professores do ensino fundamental, o salário chega a ser 30% menor que a média de profissionais com a mesma escolaridade (curso superior). Mesmo dentro da categoria de professores do ensino fundamental, as mulheres recebem 90,5% do rendimento dos homens. É, portanto, interesse das mulheres que todos os trabalhadores conquistem um salário digno, uma vez que são justamente elas as que recebem menor remuneração.[15]

Esses indicadores revelam certas disfuncionalidades ainda existentes no mercado de trabalho brasileiro quando se fala sobre a perspectiva de gênero, sobretudo a dificuldade que as mulheres enfrentam para ingressar no mercado de trabalho, a desigualdade de oportunidades existente entre homens e mulheres e a desvalorização do trabalho da mulher, geralmente menos remunerado.

Para Fabiola Moraes Silva Nascimento ainda existe um longo caminho a trilhar em busca da igualdade e, embora as estatísticas de gênero apresentadas aparentemente demonstrem avanços, a sociedade está muito distante da paridade entre homens e mulheres. Dados apresentados no Relatório Anual *Global Gender Gap Report*[16], divulgado no *World Economic Forum* (WEF) em 2018 preveem somente para 2219 o alcance da igualdade de gênero no mundo do trabalho[17].

Destaca-se que tal situação foi mais agravada recentemente com a pandemia causada pela Covid-19. De acordo com o *Global Gender Gap Report* 2021, apresentado no Fórum Econômico Mundial, com o impacto causado pela pandemia da COVID-19, a redução da lacuna global de gênero aumentou em uma geração, subindo de 99,5 anos para 135,6 anos[18].

3. A PANDEMIA DECORRENTE DA COVID-19 E OS IMPACTOS NO TRABALHO DA MULHER

Diante da facilidade de contágio e propagação do novo coronavírus e dos escassos recursos médicos e hospitalares disponíveis para o enfrentamento da crise sanitária instalada em decorrência da pandemia, a Organização Mundial da Saúde – OMS propôs medidas de emergência a serem adotadas para contenção da doença. No Brasil, embora o Governo Federal tenha hesitado em reconhecer a gravidade da crise sanitária[19], autoridades públicas estaduais e municipais editaram atos

---

15 MENCONI, Amanda. A Greve Feminista e sua contribuição para a relação entre sindicalismo e feminismo. In: MARTUSCELLI, Danilo Enrico (org.) **Os desafios do feminismo marxista na atualidade**. 1. ed. – Chapecó, Coleção marxismo 21, 2020, p. 13.

16 Relatório Anual *Global Gender Gap Report*. Disponível em: https://www.weforum.org/reports/the-global-gender-gap-report-2018. Acesso 17 ago 2021.

17 NASCIMENTO, Fabíola Moraes Silva. **Impactos da Lei n.º 13.467/2017 sobre os Direitos das Mulheres Trabalhadoras.** Dissertação apresentada ao programa de Pós-Graduação *Stricto Sensu* em Direito das Relações Sociais e Trabalhistas do Centro Universitário do Distrito Federal – UDF Brasília, 2021, p. 17.

18 Disponível em https://www.weforum.org/reports/ab6795a1-960c-42b2-b3d5-587eccda6023. Acesso 17 ago 2021.

19 CNS denuncia internacionalmente governo brasileiro por violação de direitos humanos durante pandemia. Disponível em: http://conselho.saude.gov.br/ultimas-noticias-cns/2071-cns-denuncia-inter-

determinando medidas restritivas de caráter individual e coletivo. Estas medidas de isolamento social implicaram na interrupção de atividades econômicas e fechamento temporário de lojas, restaurantes, bares, escolas, academias, entre outros.

Vários estabelecimentos industriais e comerciais tiveram que reduzir ou até mesmo encerrar suas atividades, tendo como consequência direta o aumento do número de demissões e perda de postos de trabalho, em especial no setor de comércio e serviços. Como a presença feminina é bem expressiva dentro destes setores, tanto em relação ao trabalho formal quanto informal (vendedoras, manicures, cabeleireiras, diaristas), as mulheres foram mais afetadas pelo desemprego e perda de fonte de renda neste período. Segundo dados da Relação Anual de Informações Sociais (RAIS) do Ministério do Trabalho, em 2020, o Brasil perdeu 480 mil postos de trabalho formais, destes 462 mil (96%) eram ocupados por mulheres[20], o que comprova que a desigualdade de gênero, já existente, foi acentuada na pandemia.

Amanda Menconi preleciona ainda que a importância de atividades relacionadas à sobrevivência da humanidade ficou mais evidente durante a pandemia causada pela Covid-19. Embora reconhecidas como essenciais, as atividades como as da área da saúde, limpeza, alimentação e cuidados, fortemente marcadas pela presença de mulheres trabalhadoras, foram as mais precarizadas[21]. Ressalta-se que o primeiro trabalhador que oficialmente foi a óbito por Covid-19 foi justamente uma trabalhadora doméstica, idosa, de 63 anos[22].

Ademais, mesmo aquelas trabalhadoras que mantiveram seus trabalhos e puderam exercer suas atividades profissionais de forma remota, tiveram que enfrentar várias dificuldades. Isto porque, não obstante os avanços no sentido da igualdade, boa parte das tarefas domésticas e relacionadas aos cuidados ainda continua sendo exercida pelas mulheres que, com o isolamento social e fechamento de empresas e escolas, além de cumprirem sua jornada de trabalho remota, tiveram que acumular outras funções referentes às atividades de "dona de casa", cuidadora da família, dos idosos e educadora dos filhos. Esse incremento e acúmulo de atividades certamente gerou uma sobrecarga e desgaste físico e mental à estas mulheres trabalhadoras.

---

nacionalmente-governo-brasileiro-por-violacao-de-direitos-humanos-durante-pandemia Acesso em: 10.jan.2022.

20 FERNANDES, Anais. Brasil fecha 480,3 mil vagas formais totais em 2020 e 96% são de mulheres, aponta Rais. **Valor Econômico.** Publicado em: 06/12/2021. Disponível em: https://valor.globo.com/brasil/noticia/2021/12/06/brasil-fecha-4803-mil-vagas-formais-totais-em-2020-e-96percent-sao-de-mulheres-aponta-rais.ghtml Acesso em: 19.12.2021.

21 MENCONI, Amanda. A Greve Feminista e sua contribuição para a relação entre sindicalismo e feminismo. In: MARTUSCELLI, Danilo Enrico (org.) **Os desafios do feminismo marxista na atualidade**. 1. ed. – Chapecó, Coleção marxismo21, 2020, p. 13.

22 LEMOS, Vinicius. Ministério Público do Trabalho analisa morte de doméstica no RJ após patroa ter coronavírus**. BBC News Brasil.** Publicada em 20 mar 2020. Disponível em https://www.bbc.com/portuguese/brasil-51982465. Acesso 30 de ago 2021.

Como explicitado por Veronica Ferreira, a vulnerabilidade e a precariedade são características do trabalho das mulheres no capitalismo e antes dele, assim como a desvalorização social do trabalho reprodutivo e a "invisibilidade" do trabalho doméstico realizado pelas mulheres, tanto nas zonas urbanas como nas zonas rurais[23].

A pandemia do coronavírus expôs ainda mais a cultura do patriarcado e contribuiu para o recrudescimento da desigualdade de gênero no mercado de trabalho e das adversidades enfrentadas pelas mulheres diariamente, incluindo a discriminação e violência, que impedem que a mulher tenha acesso à dignidade humana e igualdade, não só formal, mas também material[24].

A análise de dados estatísticos e da situação da mulher trabalhadora frente à pandemia contribui para se refletir sobre a importância da participação efetiva da mulher como representante junto aos sindicatos, como forma de proteger sua relação de trabalho.

Com a pandemia, o desemprego, o isolamento social e a necessidade de sobrevivência aprofundam a divisão dos trabalhadores e a precarização do trabalho, despertando a importância da organização sindical para proteção dos direitos historicamente conquistados. Nesse sentido, pautas específicas decorrentes da precarização do trabalho da mulher na pandemia não prescindem de uma abordagem sob a perspectiva coletiva e sindical.

4. IMPORTÂNCIA DA PARTICIPAÇÃO DA MULHER NAS PAUTAS E ATIVIDADES SINDICAIS

Mauricio Godinho Delgado leciona que os sindicatos são entidades associativas permanentes, que representam trabalhadores vinculados por laços profissionais e laborativos comuns, visando tratar de problemas coletivos e defender os interesses das respectivas bases representadas, com o objetivo de alcançar melhores condições de labor e vida[25].

Uma entidade sindical, em regra, deve representar os interesses de todos os trabalhadores da respectiva categoria profissional de uma determinada base territorial. Contudo, sabe-se que, tradicionalmente, os sindicatos são espaços de participação masculina, com acesso diferenciado para homens e mulheres. Essa situação é evidenciada na ocupação, majoritariamente masculina, de cargos de

---

23 FERREIRA, Veronica. O novo e o velho no trabalho das mulheres. In: SILVA, Carmen; ÁVILA Maria Betânia; FERREIRA Verônica (orgs) **Mulher e trabalho: encontro entre feminismo e sindicalismo**. Recife: SOS Corpo – Instituto Feminista para a Democracia; São Paulo: Secretaria Nacional sobre a Mulher Trabalhadora da CUT, 2005, p. 34.

24 ARRUDA, Kátia Magalhães. Martins, Luísa Bastos; BEGA, Mariana Ferrucci. Reflexo do Patriarcado na dignidade da mulher trabalhadora diante da COVID-19. In: PEREIRA, Ricardo J. Britto; ARRUDA, Kátia Magalhães; MONTEIRO, Maria Cecilia Almeida. **Trabalho e Direitos Sociais em Tempos de pandemia**. Belo Horizonte: RTM, 2020, p. 520.

25 DELGADO, Mauricio Godinho. **Direito Coletivo do Trabalho.** 7.ª edição. São Paulo: LTr. 2017. P. 100.

diretoria e liderança nas entidades sindicais, inclusive em segmentos cuja base é equilibrada em termos de empregos femininos e masculinos.

Mesmo com a participação histórica das mulheres trabalhadoras em várias lutas coletivas e sua expressiva contribuição para o adensamento do movimento sindical no período entre o final da década de 1970 e início da década de 1980 – quando emergiram as lutas por democracia e direitos políticos e sociais no País –, fato é que elas sempre tiveram dificuldades para participar e se integrar às entidades sindicais, como reflexo histórico do patriarcado e da divisão sexual do trabalho.

Mariane Camargo D'Oliveira e Maria Aparecida Santana Camargo registram que apesar de participarem ativamente das grandes mobilizações de trabalhadores, as mulheres sofriam uma evidente discriminação dentro dos sindicatos, além de verem suas demandas "específicas" serem constantemente menosprezadas pelos próprios colegas sindicalistas. As autoras destacam ainda que, com o tempo, buscando brechas e pressionando pela inclusão de suas reivindicações, as sindicalistas conseguiram abrir alguns espaços políticos, mas ainda assim, as mulheres que conseguiam fazer parte das lideranças dificilmente tinham voz, em razão da monopolização do poder pelos homens[26].

Não se pode deixar de referenciar que a inserção feminina no mercado de trabalho foi marcada por uma sistemática de precariedade. De maneira geral, as mulheres foram inseridas em postos de trabalho de menor qualificação, com salários mais baixos, e sofrendo os impactos diferenciados no tocante a mudanças e inovações no processo produtivo. Além disso, recaiu sobre elas o fardo da dupla ou tripla jornada de trabalho, uma vez que foram ao mercado de trabalho, mas continuaram sendo as responsáveis pela maioria das atividades domésticas e de cuidados familiares[27].

Nesse sentido, Grijalbo Fernandes Coutinho explica que a inserção da mulher no mercado de trabalho sempre se deu em condições precárias e em níveis de exploração superiores àqueles dispensados aos trabalhadores do sexo masculino, o que foi potencializado com o sistema capitalista de produção. Esta situação também contribuiu para a reduzida participação feminina no movimento sindical, uma vez que os empregos precários tendem a gerar um clima de isolamento[28] e, portanto, dificultam a formação de uma identidade coletiva. O autor defende ainda que:

---

26 D'OLIVEIRA, Mariane Camargo; CAMARGO, Maria Aparecida. Participação sindical feminina: estratégia de efetivação do direito do trabalho da mulher. **Revista eletrônica do Tribunal Regional do Trabalho da 9ª Região**, Curitiba, PR, v. 9, n. 83, out./nov. 2019, p. 33.

27 SILVA, Sandro Pereira e André Gambier Campos. **Sindicalismo e Gênero no Brasil: a dinâmica recente.** IPEA – Instituto de Pesquisa Econômica Aplicada. Disponível em fileSindicalismo%20e%20genero%20-%20Gambier%20IPEA.pdf. Acesso 20 ago 2021. p. 55-56.

28 COUTINHO, Grijalbo Fernandes. Feminismo, Sindicalismo e o Direito do Trabalho no contexto da globalização capitalista patriarcal: a relevância das normas e orientações da OIT para respeitar os direitos à organização sindical e banir as discriminações de gênero nas relações de trabalho. *In:* ROCHA, Cláudio Jannotti da; PORTO, Lorena Vasconcelos; ALVARENGA, Rúbia Zanotelli; PIRES, Rosemary de Oliveira (Orgs.) **A Organização Internacional do Trabalho: sua história, missão e desafios**, v. 1, [livro eletrônico]. 1ª ed. São Paulo: Tirant lo Blanch, 2020, p. 230.

> torna-se inquestionável que a mão de obra feminina precarizada é extremamente útil para o regime econômico ávido pela apropriação das taxas mais elevadas do valor – trabalho não remunerado, incluindo o período atual, no qual é possível verificar o seu deslocamento para o setor terciário, com extrema precarização e inúmeros obstáculos à organização sindical[29].

Fato é que o movimento feminista no Brasil assumiu várias formas de luta, com diferentes bandeiras e facetas, sendo apresentado como sufragista, anarquista, socialista, comunista, burguês e reformista. Devendo reverenciar, nos primeiros anos do século XX, as sufragetes brasileiras, lideradas por Bertha Lutz[30], iniciaram a luta pela conquista do voto, tendo o direito sido conquistado em 1932.

Elida Franco de Oliveira destaca a influência do movimento feminista sobre a participação das mulheres no sindicalismo. Para a autora, no interior do movimento feminista são construídas reflexões sobre as especificidades femininas, como a dupla jornada de trabalho, os salários inferiores em relação aos homens, dentre outras. Algumas das exigências discutidas pelo movimento, a exemplo da descriminalização do aborto, chegam a orientar as reivindicações dos movimentos populares, das plataformas sindicais, mas só algumas serão reconhecidas como direitos constitucionais. De acordo com a autora, nas organizações sindicais, as trabalhadoras discutem as questões femininas por dois ângulos. Primeiro sobre o cotidiano do trabalho, a desvalorização salarial, a segregação ocupacional, ausência de assistência às trabalhadoras gestantes; e, segundo, percebem as dificuldades que enfrentam para participar do movimento sindical[31].

Reforçando a afirmação acima, Maria Betânia Ávila, afirma que "o feminismo realizou uma conquista fundamental na transformação das relações de gênero ao instituir as mulheres como sujeito político do processo de transformação social", sendo essa sua grande contribuição histórica para o movimento das mulheres no geral. A partir dessa ruptura, foram abertas as possibilidades de as mulheres se transformarem em cidadãs[32], o que significa ter existência própria dotada de autonomia e direitos[33].

---

[29] COUTINHO, Grijalbo Fernandes. Ob. Cit. p. 231.

[30] BERTHA, Luz foi uma bióloga, cientista de importância, que retornou ao Brasil após estudar no exterior, em 1910, e iniciou a luta pelo voto. Ela também foi uma das fundadoras da Federação Brasileira pelo Progresso Feminino, organização que fez campanha pública pelo voto.

[31] OLIVEIRA, Élida Franco de. **Ação sindical e a questão de gênero**: um estudo sobre a participação das mulheres nas direções da Central Única dos Trabalhadores – CUT. Dissertação (mestrado) – Universidade Federal da Bahia. Faculdade de Filosofia e Ciências Humanas, Salvador, 2017. P. 18.

[32] Viabiliza-se o que Arendt (1988) definiu como o direito a ter direitos, uma vez que a conquista desse direito exige um sujeito que anuncie seu projeto e que tenha ação na esfera política, participando, assim, do conflito, que deve ser inerente à democracia.

[33] ÁVILA, Maria Betânia. Feminismo e sujeito político. In: SILVA, Carmen; ÁVILA Maria Betânia; FERREIRA Verônica (orgs) **Mulher e trabalho: encontro entre feminismo e sindicalismo**. Recife: SOS Corpo –

No tocante à atuação sindical brasileira, é importante destacar que, no contexto atual, capitaneado pela ideologia neoliberal e prevalência dos interesses econômicos e em que as políticas públicas de trabalho, proteção social e de direitos humanos, construídas durante décadas de consolidação democrática, estão sob constante ameaça, tem sido intenso o debate em torno das funções e importância dos sindicatos.

A par disso, essas entidades além de terem que lidar com a crise, já há algum tempo presente, e com vários desafios relativos a questões internas – como, por exemplo, organização, democracia sindical e custeio –, os sindicatos ainda precisam demonstrar seu papel e importância na proteção dos trabalhadores e voltar suas atenções ao enfrentamento de problemas sociais. Nesse quadro, as entidades sindicais, diante de uma incessante modificação das relações de trabalho e de uma de uma sociedade cada vez mais complexa e plural, necessitam incluir em suas atividades e pautas de reivindicação segmentos sociais tradicionalmente excluídos, entre eles as mulheres.

E apesar de o Brasil constituir um Estado Democrático de Direito fundamentado em uma Constituição humanística e social, que defende a diversidade, a inclusão e a não discriminação, verifica-se que ainda são vários os caminhos de exclusão das mulheres na nossa sociedade. Isso se tornou especialmente evidente com o advento da pandemia do coronavírus, em que as mulheres foram as mais afetadas, conforme já exposto anteriormente.

Poucas e insuficientes medidas governamentais dirigidas ao segmento feminino foram adotadas para proteger o trabalho e minimizar os efeitos da crise sanitária decorrente do coronavírus. Neste sentido, o sindicalismo tem um importante papel na promoção de melhores condições de vida e trabalho para as mulheres trabalhadoras. As negociações coletivas ao contemplar pautas de reivindicação femininas poderiam se consolidar como um importante instrumento progressista e como meio de promoção da equidade de gênero nas relações de trabalho.

Assim, considerando o momento bastante adverso para os trabalhadores e para os direitos sociais, o sindicato precisa se fortalecer na diversidade e retomar suas funções históricas de representação, proteção e elevação das condições de vida e trabalho de **todos** os trabalhadores, sem qualquer exceção, promovendo uma gestão social do trabalho mais justa e igualitária. E isso inclui não somente integração das mulheres aos quadros e lideranças sindicais, mas a agregação de suas demandas para a pauta política dos sindicatos para que, assim, elas se sintam efetivamente representadas.

Instituto Feminista para a Democracia; São Paulo: Secretaria Nacional sobre a Mulher Trabalhadora da CUT, 2005, p. 50.

5. CONCLUSÃO

Ao longo dos anos, as mulheres conseguiram substanciais avanços no tocante a sua participação no mercado de trabalho e em espaços de poder. Contudo, a histórica divisão sexual do trabalho e o pensamento hegemônico patriarcal persistem e ainda impedem o acesso das mulheres a condições de labor justas e igualitárias.

Esta situação ficou bem evidente com o surgimento da pandemia decorrente da Covid-19 que levou muitas mulheres a perderem seus empregos e fontes de renda ou impôs, de forma inesperada e emergencial, um novo modo de trabalhar que multiplicou as suas tarefas e jornadas de trabalho e, por conseguinte, as sobrecarregaram ainda mais.

Em situações claramente adversas às mulheres trabalhadoras, como a enfrentada com o advento da pandemia do coronavírus, o sindicato, ante a ausência de políticas públicas e medidas governamentais específicas para a proteção do trabalho deste segmento, possui uma importante função progressista ao inserir em suas pautas de discussão medidas de proteção à mulher e visando à diminuição da desigualdade de gênero.

É sempre importante lembrar que os sindicatos estão entre as mais importantes instituições intermediárias posicionadas entre a população e a sociedade política e são atores decisivos na construção e manutenção da Democracia na sociedade contemporânea. A atuação dinâmica e eficiente do sindicalismo e de suas entidades integrantes possibilita que os trabalhadores participem da vida profissional, social, cultural e política em que estão inseridos, propiciando uma gestão social do trabalho mais justa e igualitária.

Portanto, os sindicatos tem fundamental importância não só na garantia de direitos individuais e sociais dos trabalhadores, quanto na elevação das condições de vida e trabalho. Especificamente em relação às mulheres, estas entidades precisam urgentemente pensar em políticas de integração para esse numeroso e importante segmento social e incluir em suas pautas demandas femininas como qualificação, promoção de equidade, não discriminação, combate à violência, bem como acesso a oportunidades e espaços de poder, contribuindo assim para os processos de inclusão social e construção de cidadania.

6. REFERÊNCIAS

ARENDT, Hannah. **A Condição Humana**. Rio de Janeiro: Forense-Universitária, 1988.

ARRUDA, Kátia Magalhães. Martins, Luísa Bastos; BEGA, Mariana Ferrucci. Reflexo do Patriarcado na dignidade da mulher trabalhadora diante da COVID-19. In: Pereira, Ricardo J. Britto; ARRUDA, Kátia Magalhães; MONTEIRO, Maria Cecilia Almeida. **Trabalho e Direitos Sociais em Tempos de pandemia**. Belo Horizonte: RTM, 2020.

ÁVILA, Maria Betânia. Feminismo e sujeito político. In: SILVA, Carmen; ÁVILA Maria Betânia; FERREIRA Verônica (orgs.) **Mulher e trabalho: encontro entre feminismo e sindicalismo**. Recife: SOS Corpo – Instituto Feminista para a Democracia; São Paulo: Secretaria Nacional sobre a Mulher Trabalhadora da CUT, 2005.

AZEVEDO, Camyla Galeão de; MARANHÃO, Ney; VERBICARO, Loiane Prado. Divisão sexual do trabalho: impactos promovidos na inserção e permanência das mulheres no mercado de trabalho. **Revista de Estudos Jurídicos UNESP**, a.23, n.38, 2019, p. 233-258.

CERQUEIRA, Daniel; MOURA, Rodrigo; PASINATO, Wânia. **Participação no Mercado de Trabalho e Violência Doméstica contra as Mulheres no Brasil**. Rio de Janeiro: IPEA. 2019. Disponível em: https://ipea.gov.br/portal/images/stories/PDFs/TDs/td_2501.pdf. Acesso em: 03 ago 2021.

CNS denuncia internacionalmente governo brasileiro por violação de direitos humanos durante pandemia. Disponível em: http://conselho.saude.gov.br/ ultimas-noticias-cns/2071-cns-denuncia-internacionalmente-governo-brasileiro-por-violacao-de-direitos-humanos-durante-pandemia Acesso em: 10.jan.2022.

COUTINHO, Grijalbo Fernandes. Feminismo, Sindicalismo e o Direito do Trabalho no contexto da globalização capitalista patriarcal: a relevância das normas e orientações da OIT para respeitar os direitos à organização sindical e banir as discriminações de gênero nas relações de trabalho. *In:* ROCHA, Cláudio Jannotti da; PORTO, Lorena Vasconcelos; ALVARENGA, Rúbia Zanotelli; PIRES, Rosemary de Oliveira (Orgs.) **A Organização Internacional do Trabalho: sua história, missão e desafios**, v. 1, [livro eletrônico]. 1ª ed. São Paulo: Tirant Io Blanch, 2020.

DELGADO, Mauricio Godinho. **Direito Coletivo do Trabalho.** 7.ª ed. São Paulo: LTr. 2017.

D'OLIVEIRA, Mariane Camargo; CAMARGO, Maria Aparecida. Participação sindical feminina: estratégia de efetivação do direito do trabalho da mulher. **Revista eletrônica do Tribunal Regional do Trabalho da 9ª Região**, Curitiba, PR, v. 9, n. 83, out./nov. 2019.

FERNANDES, Anais. Brasil fecha 480,3 mil vagas formais totais em 2020 e 96% são de mulheres, aponta Rais. **Valor Econômico.** Publicado em: 06/12/2021. Disponível em: https://valor.globo.com/brasil/noticia/2021 /12/06/brasil-fecha-4803-mil-vagas-formais-totais-em-2020-e-96percent-sao-de-mulheres-aponta-rais.ghtml Acesso em: 19.dez.2021.

FERREIRA, Veronica. O novo e o velho no trabalho das mulheres. In: SILVA, Carmen; ÁVILA Maria Betânia; FERREIRA Verônica (orgs) **Mulher e trabalho: encontro entre feminismo e sindicalismo**. Recife: SOS Corpo – Instituto Feminista para a Democracia; São Paulo: Secretaria Nacional sobre a Mulher Trabalhadora da CUT, 2005.

IBGE. Instituto Brasileiro de Geografia e Estatística. **Pesquisa Nacional por Amostra de Domicílios (PNAD) Contínua – 2019.** Disponível em: https://www.ibge.gov.

br/estatisticas/sociais/trabalho/9171-pesquisa-nacional-por-amostra-de-domicilios--continua-mensal.html. Acesso em: 25.nov.2021.

IBGE. Instituto Brasileiro de Geografia e Estatística. **Estatísticas de Gênero – Indicadores sociais das mulheres no Brasil.** Disponível em: <https://www.ibge.gov.br/estatisticas/multidominio/genero/20163-estatisticas-de-genero-indicadores-sociais--das-mulheres-no-brasil.html?=&t=publicacoes>. Acesso em: 01 nov. 2021.

LEMOS, Vinicius. Ministério Público do Trabalho analisa morte de doméstica no RJ após patroa ter coronavírus. **BBC News Brasil.** Publicada em 20 mar 2020. Disponível em https://www.bbc.com/portuguese/brasil-51982465. Acesso 30 ago 2021.

LIMA, Moara Silva Vaz de. **O trabalho da mulher no ordenamento jurídico brasileiro: perspectiva do Direito Trabalhista**. Dissertação apresentada ao programa de Pós-Graduação Stricto Sensu em Direito das Relações Sociais e Trabalhistas do Centro Universitário do Distrito Federal – UDF Brasília, 2020.

MENCONI, Amanda. A Greve Feminista e sua contribuição para a relação entre sindicalismo e feminismo. In: MARTUSCELLI, Danilo Enrico (org.) **Os desafios do feminismo marxista na atualidade**. 1. ed. – Chapecó, Coleção marxismo21, 2020.

NASCIMENTO, Fabíola Moraes Silva. **Impactos da Lei n.º 13.467/2017 sobre os Direitos das Mulheres Trabalhadoras.** Dissertação apresentada ao programa de Pós-Graduação *Stricto Sensu* em Direito das Relações Sociais e Trabalhistas do Centro Universitário do Distrito Federal – UDF Brasília, 2021.

OLIVEIRA, Élida Franco de. **Ação sindical e a questão de gênero**: um estudo sobre a participação das mulheres nas direções da Central Única dos Trabalhadores – CUT. Dissertação (mestrado) – Universidade Federal da Bahia. Faculdade de Filosofia e Ciências Humanas, Salvador, 2017.

Pandemia reduz em 9,4% número mulheres no mercado de trabalho nas Américas. **VALOR INVESTE**. Disponível em: Acesso em: 10.jan.2022.

Relatório Anual *Global Gender Gap Report*. Disponível em: https://www.weforum.org/reports/the-global-gender-gap-report-2018. Acesso 17 ago 2021.

SILVA, Sandro Pereira e CAMPOS, André Gambier. **Sindicalismo e Gênero no Brasil: a dinâmica recente.** IPEA – Instituto de Pesquisa Econômica Aplicada. Disponível em file /Sindicalismo%20e%20genero%20-%20Gambier%20IPEA.pdf. Acesso 20 ago 2021.

TECNOLOGIA E SINDICALISMO

CAPÍTULO 28

REVOLUÇÃO 4.0: DESAFIOS E ESTRATÉGIAS PARA GARANTIA DA LIBERDADE SINDICAL E DA PROTEÇÃO DOS TRABALHADORES

Guilherme Guimarães Feliciano[1]
Gabriela Marcassa Thomaz de Aquino[2]

Sumário • Introdução – 1. As revoluções industriais e as mudanças no mundo do trabalho – 2. A 4ª revolução industrial: desafios da efetivação dos direitos de liberdade sindical e negociação coletiva – 3. Estratégias para o gerenciamento das externalidades da revolução 4.0 – Considerações finais – Referências.

INTRODUÇÃO

A assim chamada ***4ª Revolução Industrial*** – caracterizada pela inteligência artificial, pelo uso intensivo da computação em nuvem e do chamado *"big data"* (que paulatinamente se ressignifica como *"smart data"*), pela *internet* das coisas (*IoT*), pela manufatura hibrida, pela comunicação intermáquinas (originalmente a partir da arquitetura *OSI*[3]), pela robótica avançada, pelas tecnologias *blockchain* e 5G e pela gestão por algoritmos, entre outros elementos característicos – é uma realidade que tem se espraiado inexoravelmente, em todos os pontos do planeta

---

1 Professor Associado II do Departamento de Direito do Trabalho e da Seguridade Social da Faculdade de Direito da Universidade de São Paulo (USP). Livre-Docente em Direito do Trabalho e Doutor em Direito Penal pela FDUSP. Doutor em Direito Processual Civil pela Faculdade de Direito da Universidade de Lisboa. Coordenador do Núcleo de Estudos "O Trabalho além do Direito do Trabalho", vinculado à Faculdade de Direito da Universidade de São Paulo. Presidente da Associação Nacional dos Magistrados da Justiça do Trabalho no biênio 2017-2019. Titular da Cadeira n. 53 da Academia Brasileira de Direito do Trabalho.

2 Mestra e Doutoranda em Direito do Trabalho e da Seguridade Social pela Faculdade de Direito da Universidade de São Paulo (USP). Graduada em Direito pela Faculdade de Ciências Humanas e Sociais da Universidade Estadual Paulista (UNESP). Pesquisadora junto ao Núcleo de Estudos "O Trabalho além do Direito do Trabalho", vinculado à Faculdade de Direito da Universidade de São Paulo, e junto ao Núcleo de Pesquisa e Observatório Jurídico: (Re)pensando o Direito do Trabalho Contemporâneo, vinculado à Faculdade de Ciências Humanas e Sociais da Universidade Estadual Paulista.

3 *Open Systems Interconnection.* Lançado em 1984 *International Organization for Standardization,* é um modelo-padrão, referência da ISSO, para protocolos de comunicação entre diversos tipos de sistema. Sua arquitetura divide as redes de computadores em sete camadas.

(ainda que sob velocidades absolutamente díspares) e com consequências diretas sobre o mundo do trabalho.

Com a maior difusão tecnológica, houve quem defendesse inclusive o *fim dos empregos* – ou mesmo *o fim do trabalho* – em um futuro mais ou menos próximo.[4] Nessa visão de futuro, o trabalho humano produtivo (de tipo essencialmente *não criativo*), como legado universal do modelo de produção fordista-taylorista, estaria fadado à "desumanização", ante a paulatina substituição da mão de obra humana pela ação das *máquinas* (o que ora se compreende na mais larga expressão semântica, alcançando desde as máquinas que reproduzem predicamentos do *corpo humano*, o que remonta à *automação* da 3ª Revolução Industrial, até as máquinas que reproduzem predicamentos da *mente humana*, o que nos remete à *ciberização*[5] da 4ª Revolução Industrial).

O momento presente, todavia, sinaliza uma condição socioeconômica mais imediata, grave e eloquente. A inovação tecnológica tem promovido, indubitavelmente, larga substituição/eliminação de postos de trabalho.[6] Mas, em paralelo a esse processo, o que se observa é mesmo uma poderosa onda de *precarização do trabalho*, com a ampliação do subemprego. E, diante desse cenário, surge a necessidade de pensarmos na proteção dos trabalhadores contra as externalidades negativas da revolução 4.0. Um dos principais atores aptos a garantir essa proteção é precisamente o **sindicato.**

---

4 Cfr., por todos, RIFKIN, Jeremy. **O fim dos empregos.** Trad. Ruth Gabriela Bahr. São Paulo: Makron Books, 1996, passim.

5 A expressão reporta o conjunto de plataformas – máquinas e programas – conectadas em rede, como base da comunicação e do comportamento contemporâneos, possibilitando relações ontologicamente novas; ou, ao menos, relativamente novas. Cfr., *e.g.*, MUCHERONI, Marcos Luiz; MARTINEZ, Vinício C. Direito virtual: breve ontologia e conceito. **Revista Em Tempo**, Marília, v. 5, 1º/8/2003, p.161-176. Disponível em: https://revista.univem.edu.br/emtempo/article/view/195. Acesso em: 19/11/2021. Para a ressignificação das categorias gramscianas ao fenômeno da "ciberização" do mundo, sugere-se ainda o interessante ensaio discente de MAIER (MAIER, Friedrich. Gramsci online? Um estudo preliminar sobre a aplicabilidade das categorias gramscianas ao ciberespaço. **Agenda Política:** Revista de Discentes de Ciência Política da UFSCAR, São Carlos, v. 5, n. 3, set./dez. 2017, p. 304-327. Disponível em: https://www.agendapolitica.ufscar.br/index.php/agendapolitica/issue/archive. Acesso em: 19/11/2021). MAIER posteriormente apresentou à UNESP a dissertação "*A revolução da informação e o poder cibernético: Um mapeamento conceitual na obra de Joseph S. Nye Jr.*", sob a orientação do Prof. Rodrigo Duarte Fernandes dos Passos.

6 Cfr., *e.g.*, WELLER, Jürgen; GONTERO, Sonia; CAMPBELL, Susanna. **Cambio tecnológico y empleo**: una perspectiva latinoamericana. Riesgos de la substitución tecnológica del trabajo humano y desafíos de la geración de nuevos puestos de trabajo. [Serie Macroeconomía del Desarrollo, n. 201]. CEPAL: [s.l.], 2019, *passim.* Disponível em: https://www.cepal.org/es/publicaciones/44637-cambio-tecnologico-empleo-perspectiva-latinoamericana-riesgos-la-sustitucion. Acesso em: 19/11/2021. Na dicção dos autores, "[e]*n las 12 industrias cubiertas en el informe se estima que, mientras en 2018 los humanos realizan um promedio del 71% del total de horas de tareas y 29% las máquinas, para el año 2022 este promedio habría cambiado a 58% de horas de trabajo realizadas por humanos y 42% por máquinas. Em términos de ocupaciones, se estima que entre 2018 y 2022 el cambio tecnológico podría llevar a la pérdida de 75 millones de empleos existentes. Sin embargo, estos se compensarían por la generación de nuevos empleos con lo que el panorama general para las ocupaciones sería positivo*" (p.18-19). A grande questão, nesse caso, seria a de se saber *a quem* – *e em que países* – aproveitarão esses novos empregos de tipo "4.0".

Pois bem. Tendo em vista a centralidade das entidades sindicais para a tutela dos direitos sociais – especialmente os ditos direitos sociais *"stricto sensu"* (i.e., os direitos trabalhistas) – e considerando que a liberdade sindical é um direito fundamental do trabalho, assim disposto na Declaração sobre os Princípios e Direitos Fundamentais no Trabalho (1998), sem o qual os sindicatos perdem a plena aptidão para cumprir suas funções sindicais (CRFB, art. 8º, III), o presente estudo tenciona identificar os desafios para a garantia desse direito fundamental na chamada "sociedade 4.0".

A isto.

1. AS REVOLUÇÕES INDUSTRIAIS E AS MUDANÇAS NO MUNDO DO TRABALHO

As ditas "revoluções industriais" sucedem-se no tempo cronológico, pela leitura de diversos historiadores, como ciclos característicos de um fenômeno histórico maior, indivisível e progressivo de transformação das bases produtivas da sociedade contemporânea – diríamos, em expressão única e indistinta, ***a*** Revolução Industrial –, fenômeno esse que é inerente ao modo capitalista de produção e se confunde com a própria ideia-força subjacente à sua natural cambialidade: a **inovação.** A inovação, com efeito, tem sido responsável por profundas alterações na sociedade, impulsionando essencialmente a chamada "destruição criativa" schumpeteriana. Tais mudanças se deram – e se dão – em diversos campos: econômico, político, social, cultural; e, é claro, no mundo do trabalho. Na dicção do próprio SCHUMPETER,[7]

> [o] capitalismo é, por natureza, uma forma ou método de transformação econômica e não só não é, como não pode ser estacionário. E o caráter evolucionário do processo capitalista não se deve meramente ao fato de a vida econômica transcorrer em um ambiente social e natural que se transforma incessantemente e cujas transformações alteram os dados da ação econômica; esse fato é importante e essas mudanças (guerras, revoluções e assim por diante) geralmente condicionam as mutações industriais, mas não são a sua principal causa motriz. Esse caráter evolucionário também não se deve a um crescimento quase automático da população e do capital ou aos caprichos dos sistemas monetários, que tampouco figuram entre as suas principais causas motrizes. **O impulso fundamental que põe e mantém em movimento a máquina capitalista é dado pelos novos bens de consumo, os novos métodos de produção ou transporte, os novos mercados e as novas formas de organização industrial criadas pela empresa capitalista.** [...] Do mesmo modo, a história do aparato produtivo de uma fazenda típica, a partir do início da racionalização dos cultivos, da lavra e da engorda até a mecanização atual – somada aos silos e às ferrovias – é uma história de revoluções. E de revoluções é a história do aparato produtivo da indústria do ferro e do aço, desde o forno a carvão até o de hoje, e a do aparato produtivo de energia, desde a roda hidráulica até a usina moderna, e a do transporte desde a diligência até o avião. A abertura de novos mercados, estrangeiros ou nacionais,

7 SCHUMPETER, Joseph A. **Capitalismo, socialismo e democracia.** Trad. Luiz Antônio Oliveira de Araújo. São Paulo: UNESP, 2017, p. 119-120.

> e o desenvolvimento organizacional da oficina de artesão e da manufatura para os conglomerados como a U. S. Steel ilustram o mesmo processo de mutação industrial que **revoluciona incessantemente a estrutura econômica *de dentro para fora,* destruindo incessantemente a antiga, criando incessantemente a nova. Esse processo de destruição criativa é o fato essencial do capitalismo.** O capitalismo consiste nesse processo e é nele que toda empresa capitalista tem de viver. (g.n.)

Como dizíamos: a rigor, *um único fenômeno* – ***a*** Revolução Industrial –, didaticamente descrito a partir de diversos ciclos. Em todos eles, as mesmas marcas genéticas: a *inovação* e, por ela, a *destruição criativa.*

Pois bem.

Seguindo essa ordem de ideias, a **1ª Revolução Industrial** (1760-1830/1840) inaugurou um novo tipo de comércio, sem precedentes nas décadas anteriores. Assim é que, se originalmente – como o chamado "renascimento comercial" – o comércio era marcado predominantemente pela produção manual, com a existência de poucas máquinas (imprensa e moinhos hidráulicos), a descoberta da utilidade do carvão como fonte energética possibilitou, a partir do século XVIII, o uso massivo das máquinas (ou, na expressão dos historiadores, o "maquinismo"), o que permitiu, segundo DATHEIN, a substituição da força humana e animal por uma força de natureza inanimada, com eficiência multiplicada; permitiu, mais, a aceleração da troca da capacidade humana por instrumentos mecânicos; e ensejou, enfim, a descoberta e/ou a melhoria de métodos de obtenção e elaboração de matérias-primas.[8]

Ademais, essa primeira etapa da Revolução Industrial, devidamente compreendida como processo socioeconômico complexo e inacabado, terminou por concentrar os trabalhadores nas fábricas, empreendendo uma transformação radical no mundo do trabalho e colocando, de um lado, o capital e os meios de produção; de outro, os trabalhadores, que começariam a se autorreconhecer como "classe social".[9] O renascimento urbano, marcando o fim do regime feudal e a "desruralização" paulatina da Europa ocidental, consubstanciou um degrau indelével nesse processo, como seu pressuposto e como sua consequência; e, nesse ensejo, deu-se a formação de núcleos urbanos com a concentração das famílias nas proximidades das fábricas, de que resultou uma *organização social* voltada para o trabalho. Era algo essencialmente diverso do que antes se conhecia, quando predominava o trabalho manual. Essa maior proximidade dos trabalhadores, aliada à falta de regulamentação das relações de trabalho e às condições precárias nas fábricas, resultaram no surgimento de movimentos de reação: em um primeiro

---

8 DATHEIN, Ricardo. **Inovação e Revoluções Industriais**: uma apresentação das mudanças tecnológicas determinantes nos séculos XVIII e XIX. Publicações DECON Textos Didáticos 02/2003. DECON/UFRGS, Porto Alegre, fevereiro, 2003. Disponível em: https://www.ufrgs.br/napead/projetos/descobrindo-historia-arquitetura/docs/revolucao.pdf. Acesso em: 1º/8/2021.

9 CAVALCANTE, Zedequias Vieira; SILVA, Mauro Luis Siqueira. **A importância da revolução industrial no mundo da tecnologia**. p.6. Disponível em: https://www.unicesumar.edu.br/epcc-2011/wp-content/uploads/sites/86/2016/07/zedequias_vieira_cavalcante2.pdf. Acesso em: 1º/8/2021.

momento, ações coordenadas de resistência, de violência e inclusive de destruição das máquinas (*e.g.*, ludismo); e, mais tarde, lutas políticas mais ou menos organizadas para a instituição de direitos políticos e trabalhistas (*e.g.*, cartismo).[10]

É nesse período da 1ª Revolução Industrial que, no escólio de BELTRAN, temos a primeira manifestação concreta do Direito do Trabalho,[11] com a promulgação, em 1802, do *Peel's Act* (*"Act for the preservation of the Health and Morals of Apprentices and others, employed in cotton and other mills, and cotton and other factories"*). Tal legislação preocupou-se em legislar sobre o trabalho de crianças e adolescentes nas fábricas, instituindo a proibição do labor superior a doze horas por dia[12], além de condições de higiene mínimas no meio ambiente laboral para todos os trabalhadores (*e.g.*, existência de janelas para a circulação do ar).[13-14]

Percebe-se assim que, no surgimento do Direito do Trabalho, são centrais duas preocupações: **(a)** o trabalho de crianças e adolescentes, que mais tarde tornou-se um dos princípios fundamentais do trabalho da Organização Internacional do Trabalho; e **(b)** as condições de saúde e segurança dos trabalhadores.

Por sua vez, **2ª Revolução Industrial** (1850/1870-1945) avançou, em relação à primeira, com a descoberta da eletricidade, a substituição do ferro pelo aço e a universalização da siderurgia, os avanços tecnológicos – e a respectiva incorporação – no âmbito dos transportes e dos meios de comunicação e, para mais, o desenvolvimento da indústria química e de outros setores.[15]

No que diz respeito ao mundo do trabalho, a produção em massa passou a ser padronizada, com processos automatizados e com uso de correia transportadora. As empresas tiveram um aumento de escala em um processo de concentração de capital, o que gerou uma economia oligopolizada.[16]

---

10 PASSOS, André; SIZANOSKI, Raquel. **Sindicalismo 4.0**: A (R)evolução necessária. Disponível em: https://www.oabes.org.br/artigos/sindicalismo-40-a-revolucao-necessaria-90.html. Acesso em: 1º/8/2021.

11 BELTRAN, Ari Possidonio. **Direito do trabalho e direitos fundamentais**. São Paulo: LTr, 2002, p. 282.

12 The Health and Morals of Apprentices Act, 1802: *"IV – (...) That no apprentice (...) shall be employed or compelled to work for more than 12 hours in any one day, (reckoning from 6 of the clock in the morning to 9 of the clock at night), exclusive of the time that may be occupied (...) in eating the necessary meals: provided always, that from and after 1 June 1803, no apprentice shall be employed (...) between the hours of 9 (...) at night and 6 (...) in the morning".*

13 The Health and Morals of Apprentices Act, 1802: *"II – That all (...) rooms and apartments in or belonging to any such mill or factory shall, twice at least in every year, be well and sufficiently washed with quick lime and water over every part of the walls and ceiling thereof; and that due care and attention shall be paid (...) to provide a sufficient number of windows and openings in such rooms (...) to ensure a proper supply of fresh air (...)".*

14 DARTMOUTH. **Working Conditions**: The Health and Morals of Apprentices Act, 1802. Disponível em: <http://www1.umassd.edu/ir/resources/workingconditions/>. Acesso em: 1º/8/2021.

15 GASPARIN, João Luiz; SILVA, Márcia Cristina Amaral. **A segunda revolução industrial e suas influências sobre a educação escolar brasileira**. p.6. Disponível em: https://timelinefy-space-001.nyc3.digitaloceanspaces.com/files/4/4_XOKIYEOCSTZD9YY7QDQBUIIPQICIPYEM.pdf. Acesso em: 1º/8/2021.

16 HOBSBAWM, Eric J. **Da Revolução Industrial Inglesa ao Imperialismo**. Rio de Janeiro: Forense-Universitária, 1983.

Os processos automatizados, de sua parte, geraram perdas de postos de trabalhos, o que, para CARSALADE MARTINS e DAL POZ, demonstra que o desemprego tecnológico não surge na modernidade, mas caminha junto com o desenvolvimento e a incorporação tecnológica.[17]

A produção padronizada se deu pela adoção de processos como o taylorismo e o fordismo. O taylorismo trouxe a preocupação com o desperdício e com a eficiência produtiva, mirando a extração máxima dos proveitos da força de trabalho por meio da substituição de métodos empíricos por métodos científicos cartesianos, envolvendo a cronometrização das tarefas e a divisão do trabalho intelectual e mecânico seguindo critérios de inferioridade mental.[18] Não por acaso, Frederick Winslow Taylor – engenheiro mecânico por formação[19] – é usualmente referido como o "pai" da administração científica.[20] Já o fordismo, modelo de organização de trabalho originalmente concebido por Henry Ford, caracterizou-se pelo trabalho mecanizado via esteira de montagem, com a padronização de poucos modelos de produção de carros, incorporando elementos do modelo taylorista.

Como se vê, o taylorismo e o fordismo não se confundem, mas historicamente se combinaram. De acordo com Erika Batista,

> [p]ela comparação entre as técnicas de Ford e Taylor, a separação entre execução e planejamento, fragmentação e tempo controlado do trabalho se mantêm na produção em massa fordista, dando continuidade ao modelo de acumulação capitalista concentrado na exploração do trabalho e combinando os dois tipos de organização. Paralelamente, o gerenciamento da produção fordista parece mais desenvolvido se considerar o valor dado à dimensão subjetiva do trabalhador e à redução dos níveis hierárquicos, sugerindo uma descontinuidade dialética com os fundamentos do método de Taylor.[21]

Assim, a organização do trabalho passou a se pautar sistematicamente pela lógica utilitarista, assimilando em definitivo o conceito de divisão do trabalho. O trabalhador não possuía mais o controle daquilo que produzia, sendo apenas parte de um processo de produção. "*Tempos Modernos*" (1936), de Charles Chaplin, reflete vigorosamente essa realidade.

---

17 MARTINS, Maria Inês Carsalade; POZ, Mario Roberto Dal. **A qualificação de trabalhadores de saúde e as mudanças tecnológicas**. p. 129. Disponível em: https://www.scielosp.org/pdf/physis/1998.v8n2/125-146/pt. Acesso em: 1º/8/2021.

18 BATISTA, Erika. **Fordismo, taylorismo e toyotismo**: apontamentos sobre suas rupturas e continuidades. P. 3-5. Disponível em: http://www.uel.br/grupo-pesquisa/gepal/terceirosimposio/erika_batista.pdf. Acesso em: 1º/8/2021.

19 Taylor chegou a presidir a *American Society of Mechanical Engineers* no início do século XX.

20 Cfr., *e.g., KANIGEL, Robert.* ***The One Best Way:*** *Frederick Winslow Taylor and the enigma of efficiency. New York: Viking, 1997, passim.*

21 BATISTA, Erika. **Fordismo, taylorismo e toyotismo**: apontamentos sobre suas rupturas e continuidades., p. 7. Disponível em: http://www.uel.br/grupo-pesquisa/gepal/terceirosimposio/erika_batista.pdf. Acesso em: 1º/8/2021.

Com tamanha mudança no mundo do trabalho, os trabalhadores viram-se na contingência inadiável de se organizarem coletivamente e ocuparem espaços políticos. MARX e ENGELS bem refletiram esse sentimento, com a célebre expressão *"Proletarians of all countries, unite!"*.[22] A organização coletiva levaria às *ações* coletivas; e, a partir delas, à paulatina conquista de direitos trabalhistas e previdenciários. No berço do fordismo – os Estados Unidos da América –, tais pressões conduziriam, décadas depois, à proposta do *New Deal* (1935), com metas de recuperação da economia e geração de empregos[23].

A **3ª Revolução Industrial,** de sua parte, é caracterizada pela intensificação do uso da ciência no modelo de produção: passa-se a empregar a robótica,[24] a microeletrônica e automação, entre outras técnicas, com a superação progressiva dos modelos de gestão e produção taylorista. Alguns identificam-na com a própria *revolução digital.*[25] Ganha forma e conteúdo sobretudo entre os anos 1950 e os anos 1970, ante as inovações tecnológicas à altura incorporadas pela indústria mundial, com ênfase para a expansão do uso de computadores digitais, dos sistemas de automação industrial e de novos sistemas de telecomunicações. Nessa derradeira perspectiva, engendra-se – e absorve-se – a revolucionária tecnologia *telemática* (= telecomunicações + informática): no final da década de 1960, nos EUA, surgiria a *Arpanet,* interligando eletronicamente bases militares e universidades que realizavam pesquisas de interesse governamental; estavam assim lançadas as bases para a *World Wide Web* – a *Internet,* como a conhecemos –, que se estabeleceria no início dos anos noventa do século XX. [26]

Implementou-se, ao ensejo da 3ª Revolução Industrial, o chamado *capitalismo de acumulação flexível,* com a redução do porte da atividade econômica associada ao uso de novas tecnologias.[27] Conjuntamente, deu-se a radical internacionalização do

---

22 Cfr. *MARX, Karl; ENGELS, Friedrich.* **The Communist Manifesto**. *London: Penguin, 2002, passim.*

23 MARTINS, Maria Inês Carsalade; POZ, Mario Roberto Dal. **A qualificação de trabalhadores de saúde e as mudanças tecnológicas**. p. 129. Disponível em: https://www.scielosp.org/pdf/physis/1998.v8n2/125-146/pt. Acesso em: 1º/8/2021.

24 Essa robótica, porém, é a que emula os *movimentos humanos*; não, ainda, a que emula o *intelecto humano,* própria da 4ª Revolução Industrial. Já o dissemos e, adiante, voltaremos a isso.

25 Cfr., *e.g.,* https://en.wikipedia.org/wiki/Digital_Revolution (acesso em 19/11/2021). Noutros contextos, porém, a expressão já aparece associada à própria 4ª Revolução Industrial. V. BOJANOVA, Irena. The digital revolution: What´s on the horizon? **It Professional**, IEE Computer Society, [s.l.], jan./feb. 2014, p. 8-12. Disponível em: https://www.researchgate.net/publication/260604267_The_Digital_Revolution_What's_on_the_Horizon/link/5bec8f3da6fdcc3a8dd60204/download. Acesso em: 19/11/2021.

26 Cfr., *e.g.,* FELICIANO, Guilherme G. **Informática e criminalidade.** Ribeirão Preto: Nacional de Direito, 2001, *passim* (notadamente o Capítulo 1).

27 PRIEB, Sérgio. **A classe trabalhadora e a terceira revolução industrial**. p. 1-2. Disponível em: https://www.unicamp.br/cemarx/anais_v_coloquio_arquivos/arquivos/comunicacoes/gt4/sessao1/Sergio_Prieb.pdf. Acesso em: 1º/8/2021. A expressão *"acumulação flexível"* é atribuída à obra de DAVID HARVEY, onde se apresenta em contraponto à "rigidez" própria do fordismo. Nessa direção, a acumulação flexível apoia-se na "[...] *flexibilidade dos processos de trabalho, dos mercados de trabalho, dos produtos e padrões de consumo*", caracterizando-se pelo "[...] *surgimento de setores de produção inteiramente novos, novas maneiras de fornecimento de serviços financeiros, novos mercados e, sobretudo, taxas altamente intensificadas de inovação comercial, tecnológica e organizacio-*

mercado, com o predomínio da dimensão financeira.[28] O novo modelo de produção é pautado no método "*just in time*" – e já não o "*just in case*" fordista – , em que a economia de escala é substituída pela *economia de escopo*, invertendo-se a ordem da cadeia de produção tradicional e focando-se na encomenda do produto. Com tal modelo, dá-se o enxugamento das estruturas de organização do mundo do trabalho[29], por meio das mais variegadas inovações no plano organizacional (*downsizing*,[30] *outsourcing*[31] – ou, no neologismo português, *terceirização* –, *empowerment*[32] etc.).

Com a implantação dessas novas técnicas e tecnologias, levando ao referido enxugamento das estruturas laborais, muitos autores – dentre os quais SCHAFF, GORZ, AZNAR, OFFE, HABERMAS e RIFKIN – passaram a defender que o trabalho e a classe trabalhadora estavam destinados a desaparecer. A tese está calcada na ideia de uma sociedade pós-industrial, onde o trabalho deixaria de ter os valores qualitativos e quantitativos que outrora tivera.[33]

Esse prognóstico, porém, não é demonstrável a curto e médio prazos, ao menos pelas informações atualmente disponíveis. Dados do Panorama Laboral de 2020 da Organização Internacional do Trabalho (OIT) demonstram que, de 2016 a 2019, a taxa de desocupação na América Latina e Caribe manteve-se em torno dos 8%, enquanto a taxa de ocupação, no mesmo período, apresentou uma pequena elevação, passando de 57,3%, em 2016, para 57,8%, em 2019. Cabe destacar ainda que, entre 2010 e 2019, a taxa de ocupação vinha se mantendo estável, em torno de 57,8%.[34] As séries anteriores igualmente não revelam abismos ou quedas vertiginosas no nível de emprego.

Mais recentemente, é claro, a pandemia da Covid-19 determinou modificações significativas no panorama global do emprego. Nos três primeiros

---

nal" (HARVEY, David. **Condição pós-moderna:** Uma pesquisa sobre as origens da mudança cultural. Trad. Adail Ubirajara Sobral; Maria Stela Gonçalves. São Paulo: Edições Loyola, 1992, p.121).

28 MARTINS, Maria Inês Carsalade; POZ, Mario Roberto Dal. **A qualificação de trabalhadores de saúde e as mudanças tecnológicas**. p. 132. Disponível em: https://www.scielosp.org/pdf/physis/1998.v8n2/125-146/pt. Acesso em: 1º/8/2021.

29 MARTINS, Maria Inês Carsalade; POZ, Mario Roberto Dal. **A qualificação de trabalhadores de saúde e as mudanças tecnológicas**. p. 132-133. Disponível em: https://www.scielosp.org/pdf/physis/1998.v8n2/125-146/pt. Acesso em: 1º/8/2021.

30 Rompendo-se com o "gigantismo" tendencial de base fordista, inclusive em perspectiva físico-geográfica (grandes plantas industriais).

31 Rompendo-se com a concentração produtiva e com os pendores absolutistas de controle do fordismo originário, que deixavam sob o comando do empresário todas as atividades permanentes da empresa (inclusive as ditas "atividades-meio").

32 Rompendo-se com as rígidas cadeias hierárquicas da organização fordista.

33 PRIEB, Sérgio. **A classe trabalhadora e a terceira revolução industrial**. p. 2. Disponível em: https://www.unicamp.br/cemarx/anais_v_coloquio_arquivos/arquivos/comunicacoes/gt4/sessao1/Sergio_Prieb.pdf. Acesso em: 1º/8/2021.

34 ORGANIZAÇÃO INTERNACIONAL DO TRABALHO. Panorama Laboral 2020: América Latina y el Caribe. p.30. Disponível em: https://www.ilo.org/wcmsp5/groups/public/---americas/---ro-lima/documents/publication/wcms_764630.pdf. Acesso em: 1º/8/2021.

trimestres de 2020, a taxa de desocupação chegou a 10,6%, enquanto a taxa de ocupação chegou a 51,2%. Segundo o relatório, essa contração econômica foi evidenciada sobretudo no segundo trimestre de 2020, em que cerca de um sexto das ocupações foram destruídas, enquanto uma proporção semelhante saiu do mercado de trabalho. No terceiro semestre de 2020, com a flexibilização das medidas de isolamento, houve um retorno parcial da mão de obra laboral e uma recuperação parcial da taxa de ocupação,[35] o que segue se verificando em 2021.

As variações ocorridas neste período podem ser visualizadas no gráfico abaixo:

Gráfico 1: América Latina e Caribe (14 países): variação interanual da taxa de ocupação, da taxa de desocupação e da taxa de participação. Trimestres 2014 a 2020 (pontos percentuais)

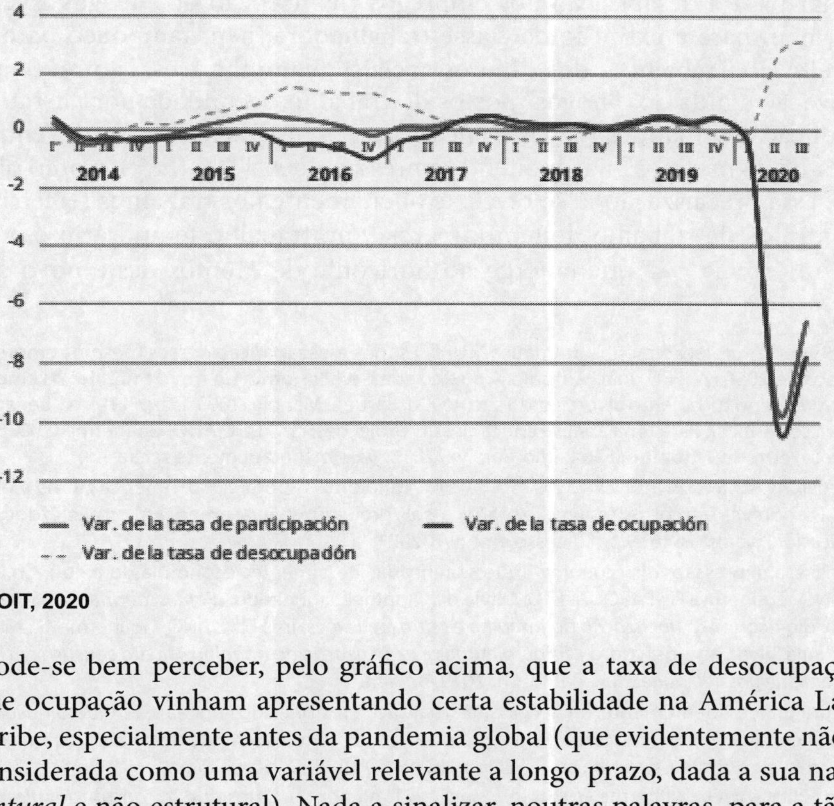

Fonte: OIT, 2020

Pode-se bem perceber, pelo gráfico acima, que a taxa de desocupação e a taxa de ocupação vinham apresentando certa estabilidade na América Latina e no Caribe, especialmente antes da pandemia global (que evidentemente não pode ser considerada como uma variável relevante a longo prazo, dada a sua natureza *conjuntural* e não estrutural). Nada a sinalizar, noutras palavras, para a tão propalada desaparição da classe trabalhadora; não, ao menos, com a velocidade que se pontificou.[36]

35 *Ibid*, p. 31.

36 RIFKIN (*op. cit., passim*) chega a predizer que os empregos correntes, ainda baseados no modelo fordista-taylorista, estariam fadados ao desaparecimento até a primeira quinta parte do século XXI (e *já chegamos a ela,* sem esse cenário apocalíptico; vale recordar que o autor publicou originalmente

Por outro lado, a Organização Internacional do Trabalho destaca em seu relatório que o surgimento das plataformas digitais do trabalho tem gerado mudanças na gestão e na organização laboral, como ainda na própria *morfologia* dos postos de trabalho. O relatório ainda observa que a pandemia acelerou essa revolução digital, na medida em que, com o isolamento social, a demanda dos serviços de entrega, por exemplo, aumentou.[37] Nessa direção, aliás, uma das principais preocupações da OIT com os trabalhos em plataformas digitais está na *precarização do trabalho*, uma vez que tais postos de trabalho têm se caracterizado pelas jornadas de trabalho extenuantes, pela baixa remuneração, pela falta de proteção social e pela insuficiência de garantias sociais mínimas.[38]

Nessa ensancha, e por tudo o que se disse, parece claro que, ao menos neste século e no seguinte, as viscerais mudanças no mundo do trabalho não farão caminhar para a desaparição dos empregos (na acepção dos artigos 2º e 3º da CLT[39]), nem para a extinção da classe trabalhadora, nem tampouco para o fim do Direito do Trabalho e dos direitos sociais;[40] caminhar-se-á, ao revés, para a precarização aguda dos "novos" postos do trabalho, secundada por narrativas de ressignificação semântica (e, nesse encalço, o advento de multidões de "empreendedores-de-si-mesmos", na eloquente expressão de ANTUNES[41]). Como observa PRIEB, essa precarização já se revela explicitamente nos trabalhos terceirizados, nos contratos de trabalho de tempo parcial, no trabalho temporário e nos trabalhos informais.[42] O que emerge no horizonte de eventos deste novo século,

em 1995). Em projeção menos dramática, ZUFFO supôs a desaparição desses mesmos empregos até meados de 2050 (ZUFFO, João Antonio. **A sociedade e a economia no novo milênio:** os empregos e as empresas no turbulento alvorecer do século XXI. Barueri: Manole, 2003, l. 2, p. 110), o que tampouco deverá se verificar. Para uma análise crítica dessas projeções, cfr. FELICIANO, Guilherme G. **Curso crítico de Direito do Trabalho.** São Paulo: Saraiva, 2013, *passim* (notadamente seção 1.3).

37 ORGANIZAÇÃO INTERNACIONAL DO TRABALHO. Panorama Laboral 2020: América Latina y el Caribe. p.83. Disponível em: https://www.ilo.org/wcmsp5/groups/public/---americas/---ro-lima/documents/publication/wcms_764630.pdf. Acesso em: 1º/8/2021.

38 Daí, aliás, a expressão *"gig economy"* (que significaria, literalmente, "economia do bico"). Cfr., *e.g.*, FELICIANO, Guilherme G.; PASQUALETO, Olívia de Quintana Figueiredo. *(Re)descobrindo o Direito do Trabalho*: gig economy, *uberização do trabalho e outras reflexões*. In: FELICIANO, Guilherme G.; MISKULIN, Ana Paula Silva Campos (coord.). *Infoproletários e a uberização do trabalho: Direito e Justiça em um novo horizonte de possibilidades*. São Paulo: LTr, 2019, *passim*.

39 Sem prejuízo, evidentemente, da necessária atualização histórica do conceito de *subordinação* (ou, na dicção celetária do *caput* do art. 3º, "dependência") para os atuais tempos de comunicação telemática e controle algorítmico. V., ainda aqui, FELICIANO, PASQUALETO, *cit.*, *passim*.

40 V., *e.g.*, FELICIANO, Guilherme G. **Curso...**, seção 4.1. Ali pontificamos que *"o constitucionalismo social está bem longe de ser um sarcófago de idealismo romântico enterrado nas primícias do século XX. Bem ao contrário, é um eixo constitucional permanente que não deixou de render frutos sequer durante os governos autoritários que infestaram os novecentos, inclusive no Brasil* [...]. *E que, a par de resistências e acomodações conjunturais, deverá seguir cumprindo o seu papel civilizatório no século XXI"*.

41 Cfr., *e.g.*, ANTUNES, Ricardo. **O privilégio da servidão**: um novo proletariado de serviços na era digital. São Paulo: Boitempo, 2018, *passim*.

42 PRIEB, Sérgio. **A classe trabalhadora e a terceira revolução industrial**. p. 5. Disponível em: https://www.unicamp.br/cemarx/anais_v_coloquio_arquivos/arquivos/comunicacoes/gt4/sessao1/Sergio_Prieb.pdf. Acesso em: 1º/8/2021.

portanto, não é o esvaecimento – ou a "descentralização" – do trabalho subordinado, mas a *potencialização dos processos de exploração do trabalho*. E é nesse cenário de mudanças que se situa a fenomenologia da 4ª Revolução Industrial.

2. A 4ª REVOLUÇÃO INDUSTRIAL: DESAFIOS DA EFETIVAÇÃO DOS DIREITOS DE LIBERDADE SINDICAL E NEGOCIAÇÃO COLETIVA

Como já antecipamos (*Introdução*), a ***Quarta Revolução Industrial*** é distingue-se dos ciclos anteriores pelo uso massivo e profundo de tecnologias de informação e comunicação (TIC) e pela ampliação dos processos automatizados e robotizados – ao nível da emulação dos predicamentos intelectuais do ser humano – em toda a cadeia de valor. Isso envolve, uma vez mais, o processo de destruição criativa schumpeteriana[43] (*supra*) e a introdução de toda forma de inovação tecnológica que sequer eram cogitáveis em meados do século XX. Elencamo-las – as novas tecnologias – acima, sem nenhuma pretensão de exauriência, pois outras tantas poderiam ser (e ainda serão) agregadas: gestão por algoritmos, inteligência artificial, *big data*, *IoT*, realidade virtual/aumentada, impressão 3D, sistemas de simulação, manufatura hibrida, comunicação intermáquinas, robótica avançada, fabricação aditiva, tecnologias *blockchain* e 5G, neurotecnologias, novas tecnologias energéticas etc.

Na esteira do escólio de SCHWAB, é preciso reconhecer que as tecnologias 4.0 foram e ainda são concebidas *a partir* dos conhecimentos adquiridos nas revoluções passadas (e, em particular, a partir dos recursos digitais incorporados ao longo da 3ª Revolução Industrial). Nada obstante, representam um salto qualitativo (automação → ciberização), especialmente porque passam a sinalizar a chamada "transumanização".[44] E, já por isso, representam um universo ainda insondável: pelos mesmos caminhos, as próximas décadas nos brindarão com novas ideias, capacidades e tecnologias cuja existência ainda não podemos supor.[45]

---

43 Basta ver que, na viragem do século XX para o século XXI, gigantes do cenário global simplesmente desapareceram, ante a sua inaptidão para incorporar as inovações e acompanhar os novos tempos (e os novos mercados). Citem-se, entre tantas, a Kodak, a Blockbuster, a Yahoo!, o MySpace, a American OnLine (AOL), a Xerox, a BlackBerry e a Atari.

44 Podemos entender por "transumanização" a *superação do atual estágio de humanidade* (do *"Homo sapiens sapiens"*) já não pelas mãos da Natureza (i.e., pela via do evolucionismo darwinista), mas pelas mãos do próprio ser humano, com o gradativo aperfeiçoamento da entidade humana por intermédio de simbioses proporcionadas pelo avanço das ciências e das técnicas (assim, *e.g.*, com a biotecnologia, a nanotecnologia, a robótica avançada, as neurociências etc.). Cfr., *e.g.*, KURZWEIL, Ray. **The singularity is near**: When humans trascend biology. London: Penguim Viking, 2005, *passim*.

45 SCHWAB, Klaus. **Aplicando a quarta revolução industrial**. Trad. Daniel Moreira Miranda. São Paulo: Edipro, 2018, p.16. Algumas, mais "compreensíveis" para os nossos atuais padrões, já são especuladas (ou mesmo começam a se realizar): as entregas por drones, os automóveis autônomos, as viagens com o *Hyperloop*, as roupas e próteses ultratecnológicas (em 2016, o jovem britânico James Young acrescentou um drone à prótese de seu braço), o ensino com realidade virtual, os robôs domésticos, os mundos simulados *a la Matrix* sob conexão cerebral direta (via *plugs* nanotecnológicos) etc.

Um tal futuro, porém, não é necessariamente – ou absolutamente – benfazejo. Como observa Ricardo Antunes, esse novo processo produtivo, conduzido pelo maquinário digital, pela "*internet* das coisas, pela inteligência artificial, pelo *big data* e pelos demais elementos há pouco referidos, tem uma faceta irremediavelmente negativa: *reduz-se o trabalho vivo*, na medida em que se substituem as atividades manuais por ferramentas automatizadas, sob o comando informacional-digital.[46] Aproximamo-nos, a passos largos, dos níveis últimos de possibilidades de extração da *mais-valia relativa*, na conhecida expressão de MARX;[47] e, portanto, de estágios cada vez mais abrangentes/absolutos de subsunção real do trabalho ao capital.[48]

Dessa forma, de novo na dicção de Antunes (convergindo para o entendimento aqui antes perfilhado), é certo que:

> [...] a força de trabalho de perfil mais manual ou que exerce atividades em processo de desaparição tornará o trabalho vivo mais "residual" nas plantas tecnológica e digitalmente mais avançadas. Sabemos que **essa processualidade não levará à extinção da atividade humana**, pois, além das enormes diferenciações, por exemplo, entre Norte e Sul, entre ramos e setores de atividade cujo trabalho manual é insubstituível etc., há um outro elemento ontológico fundamental: **sem alguma forma de trabalho humano, o capital não se reproduz, visto que as máquinas não criam valor, mas o potencializam**. (g.n.) [49]

---

46 ANTUNES, Ricardo. Trabalho digital, "indústria 4.0" e uberização do trabalho. In: CARELLI, Rodrigo de Lacerda; CAVALCANTI, Tiago Muniz; FONSECA, Vanessa Patriota. **Futuro do Trabalho**: os efeitos da revolução digital na sociedade. Brasília: ESMPU, 2020, p.350. Disponível em: http://escola.mpu.mp.br/publicacoes/obras-avulsas/e--books-esmpu/futuro-do-trabalho-os-efeitos-da-revolucao-digital-na-sociedade. Acesso em: 1º/8/2021.

47 Cfr. MARX, Karl. **O Capital**. Trad. J. Teixeira Martins; Vital Moreira. Coimbra: Centelha, 1974, l. I, *passim* (notadamente a seção 4, sobre "*A produção da mais valia relativa*"). Diferentemente da mais-valia absoluta, que se obtém pela extensão do desgaste dos trabalhadores (maiores jornadas, ritmos mais acelerados, menores pausas etc.), a mais-valia relativa se obtém a partir dos maquinismos e das tecnologias, sob o pressuposto de que tais inovações, que teoricamente levam, à diminuição dos custos e do tempo de produção, não se traduzem em melhorias para o trabalhador. Daí porque esse conceito de mais-valia relativa também nos remete *necessariamente* aos processos de precarização inerentes à indústria 4.0: como pondera LEBOWITZ, a tecnologia é concebida para que os ganhos de produtividade possam ser basicamente absorvidos *pelo capital*; e, já por isso, é desenhada para dividir os trabalhadores. Daí que o progresso técnico – ou, diríamos nós, a *inovação* schumpeteriana –, ao diminuir o valor das mercadorias e aumentar o grau de divisão entre os trabalhadores, termina fazendo com que os salários nominais caiam. Do contrário, os trabalhadores absorveriam os frutos da maior produtividade na forma de uma cesta de consumo maior, o que efetivamente não ocorre (LEBOWITZ, Michael A. Trapped inside the box? Five questions for Ben Fine. **Historical Materialism.** Leiden, Brill, jan./2010, n. 18, p. 131-149, especialmente p. 132). Nessa medida, *a própria tecnologia é (pré-)moldada como um instrumento de reprodução acumulada do capital*; ou, na dicção de LEBOWITZ, como um "instrumento da luta de classes".

48 Cfr. MARX, Karl. **O Capital***:* Livro I: Capítulo VI (Inédito). Trad. Eduardo Sucupira Filho. São Paulo: Ciências Humanas, 1978, *passim*. Para MARX, "[d]*o mesmo modo por que se pode considerar a produção da mais-valia absoluta como expressão material da subsunção formal do trabalho ao capital, a produção da mais-valia relativa pode ser considerada como a de subsunção real do trabalho ao capital*" (*op. cit.*, p. 56).

49 ANTUNES, Ricardo. Trabalho digital, "indústria 4.0" e uberização do trabalho. In: CARELLI, Rodrigo de Lacerda; CAVALCANTI, Tiago Muniz; FONSECA, Vanessa Patriota. **Futuro do Trabalho**: os efeitos da revolução digital na sociedade. Brasília: ESMPU, 2020, p.350. Disponível em: http://escola.mpu.mp.br/

Logo, insista-se: a 4ª Revolução Industrial, marcada pelos processos produtivos altamente automatizados e robotizados (ou, quiçá mais apropriadamente, processos *ciberizados*), *não acabará com o trabalho subordinado*; e tanto menos acabará com o trabalho *"tout court"*.[50] Nada obstante, decerto produzirá, nos anos vindouros, uma onda de precarização e subemprego sem precedentes.

Na visão de SCHWAB,[51] para que a 4ª Revolução Industrial gere alguma melhoria na qualidade de vida das pessoas, será preciso superar três desafios: **i)** garantir que os benefícios gerados pela revolução 4.0 sejam distribuídos de forma justa; **ii)** gerenciar as externalidades da revolução 4.0 no que diz respeito aos seus possíveis riscos e danos (especialmente, dizemos nós, os ambientais e os sociais); e **iii)** garantir que a revolução 4.0 seja liderada por humanos e para humanos (o que nos devolve aos desafios da incorporação da inteligência artificial nos processos produtivos, algo que não poderá ser desdobrado neste espaço[52]). E é no segundo desafio, sobretudo, que se pode cristalizar a preocupação hodierna com a precarização do trabalho e com a representação dos trabalhadores da indústria 4.0.

Vejamos com maior vagar.

Como bem se sabe, ao aprovar a Declaração sobre os Princípios e Direitos Fundamentais no Trabalho (1998), a Organização Internacional do Trabalho pretendeu estender a todos os seus Estados-membros o compromisso internacional de se sujeitarem aos *standards* de proteção internacionalmente deliberados para os quatro eixos fundamentais ali designados, independentemente do fato de terem ou não ratificado as convenções específicas sobre cada tema. Essa obrigação derivaria da condição mesma de pertencerem à OIT; e, nesse sentido, obrigam-se a respeitar, promover e tornar realidade os bem conhecidos quatro princípios do respectivo art. 2º:

> a) **liberdade sindical e o reconhecimento efetivo do direito de negociação coletiva;**
>
> b) eliminação de todas as formas de trabalho forçado ou obrigatório;
>
> c) abolição efetiva do trabalho infantil; e
>
> d) eliminação da discriminação em matéria de emprego e ocupação.[53] (g.n.)

---

publicacoes/obras-avulsas/e-books-esmpu/futuro-do-trabalho-os-efeitos-da-revolucao-digital-na-sociedade. Acesso em: 1º/8/2021.

50 Como, *e.g.*, parece sugerir, em sua utopia do "ócio criativo", o italiano DE MASI. Cfr. DE MASI, Domenico. **O Ócio Criativo:** Entrevista a Maria Serena Palieri. 2ª ed. Trad. Léa Manzi. Rio de Janeiro: Sextante, 2000, passim.

51 SCHWAB, Klaus. **Aplicando a quarta revolução industrial**. São Paulo: Edipro, 2019, p. 23-25.

52 Sobre esse tema, no que diz respeito especificamente ao *tratamento de dados pessoais* (que, pela atual redação da Lei 13.709/2018 – e ao contrário do que se dá no Regulamento 2016/679 do Parlamento Europeu e do Conselho, que é o novo *Regulamento Geral sobre a Proteção de Dados* da União Europeia –, pode ser *realizado* e *revisado* apenas por *softwares* de inteligência artificial), cfr. FELICIANO, Guilherme G. **Inteligência artificial e Direito do Trabalho**: Módulo 19. Congresso Internacional da Advocacia e Ciência Jurídica, ESA/OAB/SP, 2021. Disponível em: https://www.youtube.com/watch?v=nLIpd7N9BMA. Acesso em: 19/11/2021.

53 ORGANIZAÇÃO INTERNACIONAL DO TRABALHO. **Declaração sobre os Princípios e Direitos Fundamentais no Trabalho.** Disponível em: https://www.ilo.org/public/english/standards/declaration/declaration_portuguese.pdf. Acesso em: 1º/8/2021.

Verifica-se, portanto, que a representação coletiva de trabalhadores na sociedade ciberizada e, pela via da negociação coletiva, as garantias sindicais de proteção contra riscos e danos externalizados pela revolução 4.0 estão certamente compreendidas no marco dos princípios fundamentais do trabalho de 1998. Consequentemente, devem ser asseguradas por todos os países-membros da OIT (inclusive o Brasil), em quaisquer contextos (inclusive o da indústria 4.0).

Basicamente, são as Convenções 87 e 98 da Organização Internacional do Trabalho aquelas que dispõem, em termos gerais, sobre a proteção desses dois direitos (a saber, o da representação coletiva – ou, mais especialmente, da liberdade sindical[54] – e o da negociação coletiva e das garantias sindicais). Em relação à liberdade sindical (Convenção 87), a OIT entende que todos os trabalhadores e empregadores, sem distinção de qualquer espécie, têm direito de constituir organizações, sem autorização prévia, e têm igualmente o direito de se afiliar a essas organizações, sob única condição de se conformar com os seus estatutos.[55] Esse direito – também insculpido constitucionalmente entre nós, *"ex vi"* dos artigos 5º, XVII, e 8º, V da CRFB – seguramente se estende aos trabalhadores ditos "uberizados", como já sói acontecer ao redor do mundo.[56]

Por óbvio, a busca pela plenitude da liberdade sindical é uma questão que não engloba apenas os trabalhadores inseridos em atividades impactadas pela 4ª Revolução Industrial. O modelo sindical brasileiro foi pensado para se estruturar sobre um tripé: unicidade sindical, representatividade obrigatória e custeio das entidades sindicais por meio da contribuição sindical obrigatória. A Reforma Trabalhista de 2017, que extinguiu a contribuição sindical obrigatória, subtraiu um dos pilares desse modelo sem, no entanto, modificar os outros dois; e, já por isso, gerou inconsistências internas que já produzem efeitos negativas em termos de representatividade e eficiência.[57] Os desafios e dificuldades, porém, tendem a se potencializar quando estamos diante de categorias impactadas – ou, ainda pior, organizadas – sob o pálio da tecnologia 4.0.

Importante relembrar que, segundo ACKERMAN, a liberdade sindical possui duas expressões que são inseparáveis: a expressão individual e a expressão coletiva. A liberdade sindical individual é o direito de trabalhadores e empregadores de se organizarem sindicalmente, de se afiliarem, de constituírem entidades sindicais e de elegerem e serem eleitos nessas mesmas entidades. Dentro da

---

[54] Porque, como se sabe, a OIT encampou a lógica da *dupla via de representação sindical,* pelos sindicatos e também pelas comissões de trabalhadores nos estabelecimentos (Convenção OIT 135).

[55] ORGANIZAÇÃO INTERNACIONAL DO TRABALHO. **Convenção 87**. Disponível em: https://www.ilo.org/brasilia/temas/normas/WCMS_239608/lang--pt/index.htm. Acesso em: 1º/8/2021.

[56] No Brasil, veja-se, p. ex., o caso do STATTESP (Sindicato dos Trabalhadores com Aplicativos de Transportes Terrestres), intermunicipal, filiado à Força Sindical (http://stattesp.com.br/, acesso em 19/11/2021). O STATTESP é, nessa categoria, uma das entidades sindicais mais antigas; já há, porém, várias outras.

[57] V. ADI 5.794-DF (com mais outras dezoito ADIs – ADI 5.912, ADI 5.923, ADI 5.859, ADI 5.865, ADI 5.813, ADI 5.887, ADI 5.913, ADI 5.810, ADI 5.811, ADI 5.888, ADI 5.815, ADI 5.850, ADI 5.900, ADI 5.945, ADI 5.885, ADI 5.892, ADI 5.806 e ADI 5.950 – e a ADC n. 55), notadamente o voto de S. Ex.ª o Min. Luiz Edson Fachin.

liberdade sindical individual encontra-se também o direito de não afiliação, já reportado (no Brasil, art. 8º, v).[58] Já a liberdade sindical coletiva está relacionada aos conceitos de autonomia e de independência sindical. Significa que as organizações de empregadores e trabalhadores têm autonomia e independência perante o Estado e perante as outras organizações e partidos políticos[59], como ainda perante as próprias organizações sindicais de suas contrapartes sociais. Isto, porém, não as autoriza a descumprirem os compromissos fundamentais da Organização Internacional do Trabalho (OIT), que também as alcançam.

Assim, um primeiro obstáculo para a superação do desafio de garantia de proteção contra riscos e danos externalizados pela revolução 4.0, no âmbito coletivo, consiste em *repensar o modelo sindical brasileiro de modo a assegurar que os trabalhadores e empregadores possam se organizar de modo a se sentirem representados integralmente, sem limitação de um sindicato por base territorial.* Isso passa a ser particularmente importante quando consideramos que, nas novas morfologias do trabalho, o labor *deslocaliza-se*: o empregador é cada vez mais onipresente, o trabalhador é cada vez mais nômade (pense-se no teletrabalho, que tem evoluído do *"home office"* para o chamado *"anywhere office"*)[60] e as respectivas relações laborais são cada vez mais líquidas. Nessa nova realidade, a *rigidez geográfica* do atual modelo sindical brasileiro simplesmente perde qualquer sentido. Insista-se, pois: diante das novas configurações de trabalho, com intermediação algorítmica e afastamento físico dos trabalhadores, um modelo sindical rígido contribui para a ampliação de vulnerabilidades; não o contrário. Ou, como dissemos alhures (com base em MELHADO[61]),

> [...] o metabolismo mais elementar do sistema capitalista reside em sua recorrente liquidez, inerente ao ciclo dinheiro-mercadoria-dinheiro. O capital não tem vínculos culturais ou geográficos (diversamente do trabalho), deslocando-se com facilidade de um ponto a outro do planeta e de um segmento a outro da economia. Noutras palavras, o capital é onipresente. Essa característica basal, que se acentua na fase do capitalismo financeiro (*supra*, tópico 2.2.2), tem repercutido na condição de mobilidade espacial do trabalhador, contraditória e historicamente limitada (*"immotu"*), seja pelos vínculos culturais e afetivos, seja pelas barreiras legais em mercados de trabalho protegidos contra a imigração. No entanto, embora o movimento migratório interfronteiriço ainda remanesça contido (exceção feita aos mercados comuns, como na União Europeia, em que vigora a livre circulação de trabalhadores), a velocidade dos meios telemáticos e a globalização econômica permitem dispensar a presença física do trabalhador e reduzem a duração do ciclo de rotação do capital a níveis jamais vistos,

---

58 ACKERMAN, Mario. **Liberdade sindical e trabalho decente**. Rev. TST, Brasília, vol. 78, no 2, abr./jun. 2012, p. 144. Disponível em: https://juslaboris.tst.jus.br/handle/20.500.12178/31456. Acesso em: 1º/8/2021.

59 *Id., ibid.*

60 V., *e.g.*, BERTOSI, Marcos. O trabalho *home office* e suas complicações jurídicas. **Jusbrasil,** [s.l.], 6/8/2015. Disponível em: https://bertosi.jusbrasil.com.br/artigos/217056364/o-trabalho-home-office-e-suas-complicacoes-juridicas. Acesso em: 19/11/2021.

61 MELHADO, Reginaldo. **Metamorfoses do capital e do trabalho:** Relações de poder, reforma do judiciário e competência da justiça laboral. São Paulo: LTr, 2006, p.155-160.

> sedimentando um conceito de "empresa em sistema-mundo" e instaurando uma arena de competitividade econômica mundializada, com impactos fortemente negativos nas organizações sindicais, que já tem dificuldades para identificar suas bases de representatividade e perdem capacidade de mobilização e de reivindicação na medida em que seus interlocutores capitalistas podem simplesmente buscar negócios ou espaços em territórios nos quais os sindicatos sejam mais "dóceis".[62]

Nesse mesmo sentido, PASSOS e SIZANOSKI[63] destacam que a representação sindical não pode ser mais pensada considerando apenas categorias específicas, como tradicionalmente se fez no Brasil (CLT, art. 511), mas deve ser concebida como uma representação da força de trabalho humano no geral, de modo a incluir autônomos, "empreendedores" (especialmente os já reportados "empreendedores-de-si-mesmos"), tarefeiros, informais e inclusive desempregados.[64] Na visão dos autores – e concordamos com isso –, esse passo é deveras importante, porque os novos modelos de trabalho têm fragilizado a identidade dos trabalhadores, muitas vezes afastando-os da concepção novecentista de "profissão". Assim, um sistema sindical que supere o modelo de representação por categorias profissionais e econômicas e caminhe para um modelo de representação baseado em macrossetores de produção e serviços (a exemplo do alemão) tende a conferir maior proteção, principalmente considerando o novo cenário laboral produzido pela revolução 4.0.

Para mais, considerando esse cenário de globalização e avanços tecnológicos, GUSMÃO CUNHA defende que os sindicatos rompam com o localismo nacionalista, promovendo a criação de vínculos internacionais entre os trabalhadores, de modo a caminhar para um *sindicalismo transnacional*.[65] Diante de novas atividades laborais que não se restringem a apenas uma localidade específica do globo, o diálogo entre trabalhadores de diferentes países é essencial para o fortalecimento do setor. Entretanto, na análise sobre a possibilidade da transnacionalização dos sindicatos, COSTA identifica algumas dificuldades nesse processo, a saber:

> [...] raízes sindicais predominantemente nacionais; fraca teorização sobre o tema; diferenças de país para país em matéria legislativa; interferência (quer por oposição, quer por conveniência) de actores patronais e estatais; competitividade intra-sindical; atitudes sindicais proteccionistas; insuficiente apoio de instituições regionais de regulação laboral; excessivo apego a interesses exclusivamente sindicais, etc.[66]

---

62 FELICIANO, Guilherme G. **Curso...**, seção 2.4.

63 PASSOS, André; SIZANOSKI, Raquel. **Sindicalismo 4.0**: A (r)evolução necessária. Disponível em: https://www.oabes.org.br/artigos/sindicalismo-40-a-revolucao-necessaria-90.html. Acesso em: 1º/8/2021.

64 A referência aos tarefeiros e aos informais deu-se por nosso acréscimo.

65 CUNHA, Mariana Moreno de Gusmão. **Sindicalismo transnacional**: novos paradigmas de atuação perante a globalização. Coimbra, 2015. Dissertação (Ciências Jurídico-Empresariais/Menção em Direito Laboral) – Faculdade de Direito, Universidade de Coimbra, 2015, p. 107. Disponível em: https://estudogeral.uc.pt/bitstream/10316/31356/1/Sindicalismo%20transnacional.pdf. Acesso em: 1º/8/2021.

66 COSTA, Hermes Augusto. Sindicalismo e integração regional: uma visão sobre Portugal e Brasil. In: **Sociologia, Problemas e Práticas**, nº 36. Lisboa: Editora Mundos Sociais, 2001, p.1-2. Disponível em: https://repositorio.iscte-iul.pt/bitstream/10071/411/1/36.06.pdf. Acesso em: 1º/8/2021.

A despeito dessas dificuldades, porém, o autor entende que dois caminhos para essa transnacionalização devem ser trilhados: a uma, o da cooperação entre sindicatos de um mesmo bloco regional (*e.g.*, União Europeia, Mercosul etc.), o que, diga-se, sempre permitirá azeitamentos institucionais; e, a duas, o da cooperação entre sindicatos de blocos regionais distintos, de modo a permitir que haja um compartilhamento de experiências e reflexões.[67]

Ponto importante a ser destacado é que, no caminho de transnacionalização, as entidades sindicais terão que ampliar a sua base de diálogo, passando a ter como interlocutores novos sujeitos coletivos. COSTA traz algumas exemplificações: associações de consumidores, associações de ambientalistas, organizações não governamentais (ONGs), grupos de defesa de direitos humanos etc.[68]

O que se percebe a partir dessa derradeira observação é que, no marco da revolução 4.0, os sindicatos devem mesmo se reinventar. Para que o direito de representação de trabalhadores seja pleno e efetivo, será preciso que os sindicatos ampliem não só a sua área geográfica de atuação e os seus universos representativos, mas também as próprias matérias sob as quais se debruçam, de modo a garantir, a uma, proteção aos trabalhadores encontrados à margem de uma relação de trabalho tradicional; e, a duas, proteção de matriz mais plural, alcançando direitos trabalhistas específicos e também inespecíficos.[69]

Enfim, considerando tal necessidade de ampliação das margens de atuação das entidades sindicais (abrangência territorial, setores representados,

---

67 COSTA, Hermes Augusto. Sindicalismo e integração regional: uma visão sobre Portugal e Brasil. In: **Sociologia, Problemas e Práticas**, nº 36. Lisboa: Editora Mundos Sociais, 2001, p. 13. Disponível em: https://repositorio.iscte-iul.pt/bitstream/10071/411/1/36.06.pdf. Acesso em: 1º/8/2021.

68 Ibid, p. 11.

69 Pense-se, *e.g.*, nas indenizações civis derivadas de acidentes de trabalho provocados por máquinas defeituosas, cada vez mais frequentes no dia a dia das economias periféricas (inclusive em função do acesso quase ilimitado aos mercados internacionais, que virtualmente oferecem tudo, a qualquer preço...). Atualmente, a questão da responsabilidade civil resolve-se basicamente com base na condenação do empregador, mercê do art. 7º, XXIX, da CRFB e dos artigos 186 e/ou 927 do Código Civil. A responsabilidade do fabricante, do produtor, do construtor ou importador – que para o consumidor tem regulação no art. 12 da Lei 8.078/1990 (Código de Defesa do Consumidor), com natureza objetiva – simplesmente é ignorada. Em uma perspectiva mais plural de negociação coletiva, sindicatos de trabalhadores e associações de consumidores poderiam construir alternativas que vinculassem, a um tempo, empregadores, fabricantes, produtores, construtores e importadores, também por seus sindicatos ou associações (valendo lembrar, a propósito, que o próprio CDC já prevê, no art. 107, a figura da convenção coletiva de consumo). Isto tudo, é claro, sem prejuízo da possibilidade que a nosso ver *já existe*, à luz dos artigos 927, par. único, do CC, 14, §1º, da Lei 6.938/1981 e 12, *caput*, do CDC, de reclamar essa indenização de empregador e fabricante/produtor/construtor/importador, na Justiça do Trabalho (STF, Súmula 736), em regime de solidariedade passiva, independentemente de outras fontes formais (como acordos convenções coletivas de trabalho); mas a tese é certamente polêmica. Cfr. FELICIANO, Guilherme G. **Responsabilidade civil no meio ambiente do trabalho**: Nexo causal, nexo normativo e teoria da imputação objetiva. São Paulo: Revista dos Tribunais, 2021, *passim*.

interlocutores diretos e indiretos, matérias afetadas) – e, por ela, os primeiros contornos de enfrentamento do precitado desafio de lidar com a proteção contra as externalidades associadas aos novos riscos laborais da sociedade 4.0 –, é preciso discutir *novas estratégias de atuação*, de modo a garantir uma maior distribuição dos benefícios trazidos pela difusão da tecnologia.

Eis o nosso derradeiro tema.

3. ESTRATÉGIAS PARA O GERENCIAMENTO DAS EXTERNALIDADES DA REVOLUÇÃO 4.0

Além dos fatores relacionados à estrutura de organização sindical, a revolução 4.0 também impacta a negociação coletiva de outras formas. Uma delas, de imensa relevância, diz respeito ao avanço da tecnologia e à correspectiva obsolescência de determinados tipos de trabalho. Para lidar com essa circunstância, RODRÍGUEZ FERNÁNDEZ[70] sugere três estratégias, que agora agregamos às ideias-força deste estudo.

A primeira estratégia diz com *políticas públicas de adequação profissional*. Os sindicatos devem demandar, junto aos poderes constituídos (notadamente o Poder Executivo e o Poder Legislativo, em todos os âmbitos federativos), políticas públicas de formação, "reciclagem" e requalificação profissional para garantir que a maior parte dos trabalhadores – ou tantos quantos seja possível – logre fazer a transição para os novos empregos e/ou se (re)integrar a um mercado de trabalho sensivelmente redesenhado. No Brasil, ainda que de modo muito incipiente, já se percebem, a propósito, alguns primeiros movimentos, como a recém-lançada "Escola do Trabalhador 4.0".[71]

---

70 RODRÍGUEZ FERNÁNDEZ, María Luz. **Sindicalismo y negociación colectiva 4.0**. TEMAS LABORALES núm. 144/2018. p.30. Disponível em: https://dialnet.unirioja.es/servlet/articulo?codigo=6757570. Acesso em: 1º/8/2021.

71 Lançada no primeiro semestre de 2021, ainda sob a égide do Ministério da Economia, a "Escola do Trabalho 4.0" é um programa de capacitação profissional em habilidades digitais capitaneado pela Secretaria Especial de Produtividade, Emprego e Competitividade (Sepec), tendo como foco todos os trabalhadores maiores de 18 anos em busca de emprego – a ambiciosa meta anunciada era a de alcançar 5,5 milhões de trabalhadores até fevereiro de 2023 –, desde que cadastrados na plataforma Sine (Sistema Nacional de Emprego), e tendo por objetivo capacitar os alunos para as novas necessidades do mercado de trabalho na sociedade 4.0. Há licenças gratuitas da *Microsoft* para os discentes e o programa se desdobra em onze trilhas de aprendizagem *"que englobam mais de 45 cursos de Tecnologia em diferentes níveis, com base nas principais competências exigidas pelo mercado de trabalho – desde a alfabetização digital até módulos mais avançados de computação em nuvem, inteligência artificial e ciência de dados"*. Entre os cursos disponíveis, encontram-se alguns bem interessantes, como "Escrever seu primeiro código C#" e "Criar um site simples usando HTML, CSS e JavaScript"; e outros mais básicos, como os cursos de Word, Excel, Powerpoint, Outlook, Teams, OneNote, OneDrive e Sharepoint. Cfr. https://www.gov.br/pt-br/noticias/trabalho-e-previdencia/2021/03/programa-qualificara-mais-de-5--milhoes-de-jovens-e-adultos-ate-2023 (acesso em 20/11/2021). Ao que se sabe, porém, a iniciativa – por si mesma elogiável –nasce com um sério vezo de origem: as entidades sindicais laborais mais re-

A segunda estratégia sugerida diz com as *pautas de negociação coletiva*. As negociações coletivas devem, doravante, passar a atentar para os conteúdos diretamente ligados à ciberização da sociedade. Estão inseridos nesse âmbito de regulamentação, entre outros temas, o teletrabalho (item expressamente inserido no inciso do art. 611-A, VIII, 1ª parte, da CLT[72] pela Reforma Trabalhista), o direito à desconexão, a proteção de dados pessoais, de um modo geral, e o direito do trabalhador à privacidade nos ambientes digitais (*"right to privacy"*). Trata-se, aqui, de dar tratamento jurídico, por fontes formais autonômicas – mais célere e flexível que o tratamento heterônomo (= leis, decretos, portarias etc.) –, às tensões próprias da sociedade 4.0 (ou, dir-se-ia, da "dupla face" da Janus tecnológica): se, por um lado, a tecnologia abre novos horizontes de ganho, conforto e autonomia para os trabalhadores em geral (permitindo, p. ex., uma maior possibilidade de conciliação de responsabilidades laborais e familiares), também apresenta, por outro lado, efeitos negativos como a diluição das fronteiras entre a vida privada e a vida profissional e, bem assim, das fronteiras entre o tempo pessoal e o tempo laboral (facilitando, p. ex., ensejos atípicos e "naturalizados" de prorrogação da jornada de trabalho).[73] Tendo em conta esses aspectos negativos, as entidades sindicais devem elaborar novas pautas de reivindicações, adaptadas à nova realidade, trazendo tais demandas para o bojo da negociação coletiva (que, bem se sabe, tende a ser mais ampla e protetiva que as negociações individuais).[74] Nesse sentido, segundo RODRÍGUEZ

---

presentativas não foram devidamente ouvidas para a formatação do programa. Há que abrir, também aqui, o diálogo social.

72 *"**Art. 611-A.** A convenção coletiva e o acordo coletivo de trabalho têm prevalência sobre a lei quando, entre outros, dispuserem sobre*: [...] *VIII – teletrabalho, regime de sobreaviso, e trabalho intermitente;* [...]".

73 Cfr. RODRÍGUEZ FERNÁNDEZ, María Luz. **Sindicalismo y negociación colectiva 4.0**. TEMAS LABORALES núm. 144/2018. p.31. Disponível em: https://dialnet.unirioja.es/servlet/articulo?codigo=6757570. Acesso em: 1º/8/2021.

74 Veja-se, a propósito, o infeliz teor do art. 75-D da CLT (introduzido pela Lei 13.467/2017), no sentido de que "[a]*s disposições relativas à responsabilidade pela aquisição, manutenção ou fornecimento dos equipamentos tecnológicos e da infraestrutura necessária e adequada à prestação do trabalho remoto, bem como ao reembolso de despesas arcadas pelo empregado, **serão previstas em contrato escrito***" (g.n.); ou seja, serão definidas mediante negociações diretas entre empregador e teletrabalhador. Evidentemente, qualquer negociação individual nessa matéria tenderá a favorecer o interesse patronal, dada a sua proeminência econômica – e a correspondente vulnerabilidade social do trabalhador – nas relações de emprego. Neste momento, à luz da legislação infraconstitucional brasileira, a única alternativa para uma pactuação equilibrada a tal respeito passa pela imprescindível *negociação coletiva* do tema (que, já o dissemos, tem previsão expressa – que sequer seria necessária – no art. 611-A, VIII, da CLT). E, não por acaso, entidades sindicais mais robustas já se aperceberam dessa contingência e se apropriaram da temática: em 2020, p. ex., na 22ª Conferência Nacional dos Bancários (18/7), *a Confederação* Nacional dos Trabalhadores do Ramo Financeiro (Contraf-CUT) apresentou a todas as suas entidades filiadas, como minuta-padrão, um texto de convenção coletiva de trabalho para a campanha nacional unificada da categoria dos bancários, incluindo uma série de previsões específicas para o teletrabalho e modalidades similares: a necessidade de formalização dos contratos de trabalho à distância (que não poderá ser unilateralmente imposto ao empregado já contratado para postos presenciais) sob a forma escrita, a respectiva anotação em CTPS, a igualdade de tratamento entre trabalhadores presenciais e à distância (inclusive quanto à remuneração e aos direitos trabalhistas em geral), a prestação

FERNÁNDEZ, é importante que as negociações coletivas caminhem no sentido de elaborar protocolos de atuação que demarquem as capacidades e os limites de controle das atividades laborais por parte das empresas, de modo a criar um marco de segurança no gozo de direitos e liberdades fundamentais de trabalhadores e empresas.[75]

Por fim, a terceira estratégia diz respeito à *política de renda (e de subsistência)* para os trabalhadores nos albores da sociedade 4.0. Uma das mais sérias preocupações com o futuro próximo, com efeito, é a falta de renda que acompanhará a perda dos postos de trabalho ao longo dos próximos anos. Um estudo da consultoria McKinsey sugeria, em meados de 2019, que algo entre 400 milhões e 800 milhões de trabalhadores seriam substituídos por máquinas, até 2030, ao ensejo da 4ª Revolução Industrial.[76] Mais modesto em seus números, o Fórum Econômico Mundial estimou que 75 milhões de empregos desapareceriam até 2022, no mundo, por conta das tecnologias 4.0 (e, em especial, da automação).[77] O que fazer? Ainda na compreensão de RODRÍGEZ FERNÁNDEZ,[78] uma das opções para lidar com o problema é a articulação de uma fonte de renda que substitua as remunerações auferidas com o trabalho, de modo a garantir que os benefícios gerados pela revolução 4.0 sejam distribuídos mais amplamente. É a partir dessa lógica que se começa a pensar na instituição de uma *renda básica universal*, de discussão e instituição imprescindíveis para a segunda metade do século XXI. É também como pensamos. Temos dito, aliás, que o futuro próximo do Direito do Trabalho, nos estertores deste século, será o de se "reencontrar" e se recombinar com o Direito da Seguridade Social; o de tornar a ser pensado de modo mais holístico e abrangente, não a partir

---

de serviço de forma presencial por ao menos uma vez à semana (evitando o completo isolamento dos trabalhadores à distância e, em especial, dos teletrabalhadores) e, no que diz respeito ao precitado art. 75-D, a garantia de que *os bancos* fornecerão as ferramentas e os equipamentos necessários ao desempenho das funções à distância, equipados com dispositivos de segurança, em consonância com as normas regulamentadoras em vigor, a fim de preservar a saúde e a integridade dos (tele)trabalhadores. E, para mais, a minuta prevê a obrigação dos bancos de suportarem todos os custos com a execução das atividades do trabalhador que atua à distância, inclusive o respectivo material de escritório. Cfr., *e.g.*, https://www.bancariosrio.org.br/index.php/noticias/item/4929-bancarios-aprovam-minuta-da-cct-indice-e-normas-de-teletrabalho (acesso em 20/11/2021).

75 RODRÍGUEZ FERNÁNDEZ, María Luz. **Sindicalismo y negociación colectiva 4.0**. TEMAS LABORALES núm. 144/2018. p.33. Disponível em: https://dialnet.unirioja.es/servlet/articulo?codigo=6757570. Acesso em: 1º/8/2021.

76 McKINSEY GLOBAL INSTITUTE. **Jobs lost, jobs gained: What the future of work will mean for jobs, skills, and wages.** 28 nov. 2017. Disponível em: https://www.mckinsey.com/featured-insights/future-of-work/jobs-lost-jobs-gained-what-the-future-of-work-will-mean-for-jobs-skills-and-wages#. Acesso em: 20/1/2021.

77 Cfr. https://www.terra.com.br/noticias/dino/o-que-e-industria-40-e-como-ela-pode-afetar-o-emprego-de-muitos-profissionais,d9257c5a51165d89661a2b56fd93309dqrhdzo7j.html (acesso em 20/11/2021) – citando, inclusive, os dados do McKINSEY GLOBAL INSTITUTE.

78 RODRÍGUEZ FERNÁNDEZ, María Luz. **Sindicalismo y negociación colectiva 4.0**. TEMAS LABORALES núm. 144/2018. p.34. Disponível em: https://dialnet.unirioja.es/servlet/articulo?codigo=6757570. Acesso em: 1º/8/2021.

da condição técnico-jurídica da força de trabalho (= relação de emprego), mas a partir de suas necessidades sociais e subsistenciais (= direitos sociais fundamentais mínimos, aí incluso o direito a uma *renda mínima subsistencial*, esteja ou não associada ao trabalho). Eis, na verdade, o maior dos desafios: pelas veredas do diálogo social tripartite – e quiçá dos pactos sociais que se possam estabelecer a partir dessa iniciativa –, as entidades sindicais terão, nos próximos anos, um papel fundamental a cumprir na reabertura (a sério) desse debate público.

Como se percebe, as três estratégias *supra* são essenciais para assegurar, em um primeiro momento, garantias mínimas aos trabalhadores diretamente afetados pelas externalidades da revolução 4.0. Devem, ademais, estabelecer-se como novo paradigma de ação sindical, porque a cambialidade da pós-modernidade não permitirá tréguas.[79] Anuncia-se já, algures, uma "revolução 5.0", agravando os ainda mal sentidos efeitos da tecnologia 4.0.[80] A ser assim, as referidas estra-

---

[79] Na insuperável verve baumaniana, "Rockefeller pode ter desejado construir suas fábricas, estradas de ferro e torres de petróleo altas e volumosas e ser dono delas por um longo tempo (pela eternidade, se medirmos o tempo pela duração da própria vida ou pela da família). Bill Gates, no entanto, não sente remorsos quando abandona posses de que se orgulhava ontem; é a velocidade atordoante da circulação, da reciclagem, do envelhecimento, do entulho e da substituição que traz o lucro hoje – não a durabilidade e a confiabilidade do produto. Numa notável reversão da tradição milenar, são os grandes e poderosos que evitam o durável e desejam o transitório, enquanto os da base da pirâmide – contra todas as chances – lutam desesperadamente para fazer suas frágeis, mesquinhas e transitórias posses durarem mais tempo. Os dois se encontram hoje em dia principalmente nos lados opostos dos balcões das mega-liquidações ou de vendas de carros usados" (v. BAUMAN, Zygmunt. **Modernidade líquida.** Trad: Plínio Dentzien. Rio de Janeiro: Zahar, 2003, p. 20 e ss.).

[80] A ideia de uma "indústria 5.0" aparentemente nasce no Japão, no final da segunda década deste século, com a perspectiva de "reumanizar" os processos produtivos – basicamente na perspectiva do consumidor (e nem tanto na do trabalhador) – e caminhar para uma sedizente "indústria colaborativa", com um tal nível de flexibilidade produtiva que seria possível oferecer aos consumidores produtos com *alto grau de personalização*, mesmo na fabricação em grande escala. Já não estaríamos sob o império dos *robots*, mas dos *cobots*, inerentes à dita "robótica colaborativa", em que máquinas e seres humanos trabalham em sincronia e simetria (*"symmetrical innovation"*) e se complementam funcionalmente (algo que nos aproxima, uma vez mais, das teses de "transumanização" propostas por KURZWEIL, já referidas acima). Cfr., *e.g.*, https://www.universal-robots.com/br/blog/ind%C3%BAstria-50--o-retorno-do-toque-humano/ (acesso em 20/11/2021). Com um corte mais técnico, entendem que *"Industry 5.0 is about building complex and hyper-connected digital networks without compromising long term safety and sustainability of an innovation ecosystem and its constituents. Considering built-in orthogonal safe exits from the digital networks, recognizing the need for both acceleration/deceleration, and innovation in global governance for technology policy are three measures to bring about a 3D symmetry in future applications of Industry 5.0"* (ÖZDEMIR, Vural; HEKIM, Nezih. Birth of Industry 5.0: Making sense of Big Data with artificial intelligence, "the Internet of Things" and next-generation technology policy. **OMICS**: A Journal of Integrative Biology, New Rochelle, Mary Ann Liebert, Inc., jan./2018, n. 22(1), p. 31-32. Disponível em: 10.1089/omi.2017.0194. Acesso em: 20/11/2021). De nossa parte, cremos ser prematuro, neste momento histórico – especialmente se considerarmos as características da capacidade industrial atualmente instalada no Brasil –, tratar de uma "indústria 5.0". A rigor, ressalvadas exceções bem pontuais, a indústria brasileira ainda transita entre a 2ª e a 3ª Revolução Industrial. As próprias divergências semânticas sobre o que seja a indústria 5.0 (e as referências de leitura desta nota a revelam) insinuam a necessidade de se maturar melhor os conceitos. As preocupações ínsitas a uma tecnologia 5.0 – seja ela qual for – decerto virá, a seu tempo. Mas, até lá, ao menos no contexto brasileiro, há desafios mais imediatos a enfrentar.

tégias precisarão ser perenizadas, sem prejuízo de outras, quiçá mais inovadoras, que deverão ser concebidas e implementadas muito rapidamente.

O tempo – cada vez mais incomplacente – nos dirá.

CONSIDERAÇÕES FINAIS

As revoluções industriais – ou, dir-se-ia talvez melhor, os *ciclos* da Revolução Industrial – são inerentemente revoluções tecnológicas. Representam mutações intrínsecas do modo capitalista de produção, ao sabor das inovações cada vez mais vertiginosas e da inclemente destruição criativa schumpeteriana. E, já por isso, sempre trouxeram mudanças intensas, quando não violentas, no mundo do trabalho. A 4ª Revolução Industrial, ao ampliar os processos de automatização e de robotização e prenunciar a ciberização da sociedade, não acabou – e nem acabará – com o trabalho humano subordinado, ou tanto menos com o trabalho humano "apropriável" pelos processos capitalistas de captura da força de trabalho e da própria subjetividade dos trabalhadores, independentemente das respectivas formas jurídicas de vinculação. É certo, porém, que o seu advento intensificará os ensejos de precarização e de subemprego, como já se pode claramente observar, notadamente pela predita via da captura das subjetividades (como, *e.g.*, nas narrativas atuais de "empreendedorismo", para tudo e para todos).

Diante dessa nova realidade, as entidades sindicais obreiras têm diante de si um papel histórico a cumprir, ingente e essencial: o de fomentar, articular e garantir a proteção dos trabalhadores contra os riscos e danos engendrados pela revolução 4.0; ou, em um polissêmico "economês", contra as *externalidades* da 4ª Revolução. Para dar cobro a esse papel, porém, deverão se reinventar.

A revolução 4.0 impõe desafios conjunturais, estruturais e materiais às entidades sindicais. No caso do Brasil, antes mesmo da necessária ampliação das bases sociojurídicas de representação sindical (na perspectiva geográfica, na perspectiva da segmentação setorial e na perspectiva dos interesses e matérias afetadas), da transnacionalização sindical e da difusão na base de diálogo dos sindicatos, será preciso conferir *plenitude* à liberdade sindical, ultimando a inflexão jurídico-dogmática deficientemente iniciada com a Lei 13.467/2017, que tratou de eliminar apenas um dos pilares do antigo modelo sindical corporativo brasileiro (e, ao fazê-lo, não contribuiu realmente para a refundação do sindicalismo nacional; antes, bastou-se com o seu enfraquecimento, como bem ponderou o Min. Luiz Edson Fachin no voto para a ADI 5.794-DF). A liberdade sindical, não é ocioso repisar, constitui um direito fundamental do trabalho, consoante a Declaração da OIT sobre os Princípios e Direitos Fundamentais no Trabalho (1998); logo, o Brasil tem a obrigação internacional de efetivá-la, notadamente quanto aos conteúdos mínimos vazados nas Convenções OIT ns. 87 e 98 (*a despeito* de tê-las ratificado ou não). Não poderá fazê-lo, entretanto, enquanto preservar, em sua tessitura positivo-constitucional, a unicidade sindical, a organização por categorias (à maneira do obsoleto art. 511 da CLT) e a rigidez geográfica da representação. Por outro lado, tais restolhos do modelo corporativo não poderão ser superados sem a estatuição cuidadosa de um bem pensado período de transição.

Vencido esse primeiro obstáculo, o sindicalismo brasileiro poderá finalmente alçar voos mais elevados. E, concomitantemente a isto, na persecução de ambiências normativas melhor adaptadas à realidade cambiante da sociedade 4.0, as entidades sindicais podem debruçar-se desde logo sobre três estratégias fundamentais, concernentes às *políticas públicas de adequação profissional* (e, com elas – ou mesmo *antes* delas – *políticas sindicais* de mesma direção), à *ampliação das pautas de negociação coletiva* (alcançando conteúdos diretamente ligados à ciberização da sociedade) e à *política de renda (e de subsistência)* para os trabalhadores da sociedade 4.0 (mormente para a universalização de programas de renda básica de cidadania).

Sobretudo em tempos líquidos, o novo não espera a prontidão. As estruturas sindicais começam a se aperceber dessa inexorável encruzilhada; e, por percebê-la, devem buscar formas igualmente flexíveis, cada vez mais dúcteis, adaptando-se às características da atual fase do capitalismo mundial (descrita, não sem razão, como a da "acumulação flexível"). Não há outro caminho; e tem de ser agora. Repetindo Fernando Pessoa (pelo seu heterônimo Bernardo Soares), "[v]*ivo sempre no presente. O futuro, não o conheço. O passado, já o não tenho.*

REFERÊNCIAS

ACKERMAN, Mario. **Liberdade sindical e trabalho decente**. Rev. TST, Brasília, vol. 78, no 2, abr/jun 2012. Disponível em: https://juslaboris.tst.jus.br/handle/20.500.12178/31456. Acesso em: ago. 2021.

ANTUNES, Ricardo. **O privilégio da servidão**: um novo proletariado de serviços na era digital. São Paulo: Boitempo, 2018.

ANTUNES, Ricardo. Trabalho digital, "indústria 4.0" e uberização do trabalho. In: CARELLI, Rodrigo de Lacerda; CAVALCANTI, Tiago Muniz; FONSECA, Vanessa Patriota. **Futuro do Trabalho**: os efeitos da revolução digital na sociedade. Brasília: ESMPU, 2020. Disponível em: http://escola.mpu.mp.br/publicacoes/obras-avulsas/e-books-esmpu/futuro-do-trabalho-os-efeitos-da-revolucao-digital-na-sociedade. Acesso em: 1º/8/2021.

BATISTA, Erika. **Fordismo, taylorismo e toyotismo**: apontamentos sobre suas rupturas e continuidades. Disponível em: http://www.uel.br/grupo-pesquisa/gepal/terceirosimposio/erika_batista.pdf. Acesso em: 1º/8/2021.

BAUMAN, Zygmunt. **Modernidade liquida.** Trad: Plínio Dentzien. Rio de Janeiro: Zahar.

BELTRAN, Ari Possidonio. **Direito do trabalho e direitos fundamentais**. São Paulo: LTr, 2002.

BERTOSI, Marcos. O trabalho *home office* e suas complicações jurídicas. **Jusbrasil,** [s.l.], 6/8/2015. Disponível em: https://bertosi.jusbrasil.com.br/artigos/217056364/o-trabalho-home-office-e-suas-complicacoes-juridicas. Acesso em: 19/11/2021.

BOJANOVA, Irena. The digital revolution: What´s on the horizon? **It Professional**, IEE Computer Society, [s.l.], jan./feb. 2014, p. 8-12. Disponível em: https://www.researchgate.net/publication/260604267_The_Digital_Revolution_What's_on_the_Horizon/link/5bec8f3da6fdcc3a8dd60204/download. Acesso em: 19/11/2021.

CAVALCANTE, Zedequias Vieira; SILVA, Mauro Luis Siqueira. **A importância da revolução industrial no mundo da tecnologia**. Disponível em: https://www.unicesumar.edu.br/epcc-2011/wp-content/uploads/sites/86/2016/07/zedequias_vieira_cavalcante2.pdf. Acesso em: 1º/8/2021.

COSTA, Hermes Augusto. Sindicalismo e integração regional: uma visão sobre Portugal e Brasil. In: **Sociologia, Problemas e Práticas**, nº 36. Lisboa: Editora Mundos Sociais, 2001. Disponível em: https://repositorio.iscte-iul.pt/bitstream/10071/411/1/36.06.pdf. Acesso em:1º/8/2021.

CUNHA, Mariana Moreno de Gusmão. **Sindicalismo transnacional**: novos paradigmas de atuação perante a globalização. Coimbra, 2015. Dissertação (Ciências Jurídico-Empresariais/Menção em Direito Laboral) – Faculdade de Direito, Universidade de Coimbra, 2015. Disponível em: https://estudogeral.uc.pt/bitstream/10316/31356/1/Sindicalismo%20transnacional.pd. Acesso em: 1º/8/2021.

DARTMOUTH. **Working Conditions**: The Health and Morals of Apprentices Act, 1802. Disponível em: <http://www1.umassd.edu/ir/resources/workingconditions/>. Acesso em: 1º/8/2021.

DATHEIN, Ricardo. **Inovação e Revoluções Industriais**: uma apresentação das mudanças tecnológicas determinantes nos séculos XVIII e XIX. Publicações DECON Textos Didáticos 02/2003. DECON/UFRGS, Porto Alegre, fevereiro, 2003. Disponível em: https://www.ufrgs.br/napead/projetos/descobrindo-historia-arquitetura/docs/revolucao.pdf. Acesso em: 1º/8/2021.

DE MASI, Domenico. **O Ócio Criativo:** Entrevista a Maria Serena Palieri. 2ª ed. Trad. Léa Manzi. Rio de Janeiro: Sextante, 2000.

FELICIANO, Guilherme G. **Curso crítico de Direito do Trabalho.** São Paulo: Saraiva, 2013.

FELICIANO, Guilherme G. **Informática e criminalidade.** Ribeirão Preto: Nacional de Direito, 2001.

FELICIANO, Guilherme G. **Inteligência artificial e Direito do Trabalho**: Módulo 19. Congresso Internacional da Advocacia e Ciência Jurídica, ESA/OAB/SP, 2021. Disponível em: https://www.youtube.com/watch?v=nLIpd7N9BMA. Acesso em: 19/11/2021.

FELICIANO, Guilherme G. **Responsabilidade civil no meio ambiente do trabalho**: Nexo causal, nexo normativo e teoria da imputação objetiva. São Paulo: Revista dos Tribunais, 2021.

FELICIANO, Guilherme G.; PASQUALETO, Olívia de Quintana Figueiredo. (Re) descobrindo o Direito do Trabalho: *gig economy*, uberização do trabalho e outras reflexões. In: FELICIANO, Guilherme G.; MISKULIN, Ana Paula Silva Campos (coord.). **Infoproletários e a uberização do trabalho**: Direito e Justiça em um novo horizonte de possibilidades. São Paulo: LTr, 2019.

GASPARIN, João Luiz; SILVA, Márcia Cristina Amaral. **A segunda revolução industrial e suas influências sobre a educação escolar brasileira**. Disponível em: https://timelinefy-space-001.nyc3.digitaloceanspaces.com/files/4/4_XOKIYEOCSTZD9YY7QDQBUIIPQICIPYEM.pdf. Acesso em: 1º/8/2021.

HARVEY, David. **Condição pós-moderna:** Uma pesquisa sobre as origens da mudança cultural. Trad. Adail Ubirajara Sobral; Maria Stela Gonçalves. São Paulo: Edições Loyola, 1992.

HOBSBAWM, Eric J. **Da revolução industrial inglesa ao imperialismo**. Rio de Janeiro: Forense-Universitária, 1983.

KANIGEL, Robert. **The One Best Way:** Frederick Winslow Taylor and the enigma of efficiency. New York: Viking, 1997.

KURZWEIL, Ray. **The singularity is near**: When humans trascend biology. London: Penguim Viking, 2005.

LEBOWITZ, Michael A. Trapped inside the box? Five questions for Ben Fine. **Historical Materialism.** Leiden, Brill, jan./2010, n. 18.

MAIER, Friedrich. Gramsci online? Um estudo preliminar sobre a aplicabilidade das categorias gramscianas ao ciberespaço. **Agenda Política:** Revista de Discentes de Ciência Política da UFSCAR, São Carlos, v. 5, n. 3, set./dez. 2017, pp. 304-327. Disponível em: https://www.agendapolitica.ufscar.br/index.php/agendapolitica/issue/archive. Acesso em: 19/11/2021.

MARTINS, Maria Inês Carsalade; POZ, Mario Roberto Dal. **A qualificação de trabalhadores de saúde e as mudanças tecnológicas**. Disponível em: https://www.scielosp.org/pdf/physis/1998.v8n2/125-146/pt. Acesso em: 1º/8/2021.

MARX, Karl. **O Capital**. Trad. J. Teixeira Martins; Vital Moreira. Coimbra: Centelha, 1974. v. I.

MARX, Karl. **O Capital**: Livro I: Capítulo VI (Inédito). Trad. Eduardo Sucupira Filho. São Paulo: Ciências Humanas, 1978.

MARX, Karl; ENGELS, Friedrich. **The Communist Manifesto**. London: Penguin, 2002.

McKINSEY GLOBAL INSTITUTE. **Jobs lost, jobs gained: What the future of work will mean for jobs, skills, and wages.** 28 nov. 2017. Disponível em: https://www.mckinsey.com/featured-insights/future-of-work/jobs-lost-jobs-gained-what-the-future-of-work-will-mean-for-jobs-skills-and-wages#. Acesso em: 20/1/2021.

MELHADO, Reginaldo. **Metamorfoses do capital e do trabalho:** Relações de poder, reforma do judiciário e competência da justiça laboral. São Paulo: LTr, 2006.

MUCHERONI, Marcos Luiz; MARTINEZ, Vinício C. Direito virtual: breve ontologia e conceito. **Revista Em Tempo**, Marília, v. 5, ago. 2003, pp.161-176. Disponível em: https://revista.univem.edu.br/emtempo/article/view/195. Acesso em: 19/11/2021.

ORGANIZAÇÃO INTERNACIONAL DO TRABALHO. **Convenção 87**. Disponível em: https://www.ilo.org/brasilia/temas/normas/WCMS_239608/lang--pt/index.htm. Acesso em: 1º/8/2021.

ORGANIZAÇÃO INTERNACIONAL DO TRABALHO. **Declaração sobre os Princípios e Direitos Fundamentais no Trabalho**. Disponível em: https://www.ilo.org/public/english/standards/declaration/declaration_portuguese.pdf. Acesso em: 1º/8/2021.

ORGANIZAÇÃO INTERNACIONAL DO TRABALHO. **Panorama Laboral 2020:** América Latina y el Caribe. Disponível em: https://www.ilo.org/wcmsp5/groups/public/---americas/---ro-lima/documents/publication/wcms_764630.pdf. Acesso em: 1º/8/2021.

ÖZDEMIR, Vural; HEKIM, Nezih. Birth of Industry 5.0: Making sense of Big Data with artificial intelligence, "the Internet of Things" and next-generation technology policy. **OMICS**: A Journal of Integrative Biology, New Rochelle, Mary Ann Liebert, Inc., jan./2018, n. 22(1), p. 31-32. Disponível em: 10.1089/omi.2017.0194. Acesso em: 20/11/2021.

PASSOS, André; SIZANOSKI, Raquel. **Sindicalismo 4.0**: A (r)evolução necessária. Disponível em: https://www.oabes.org.br/artigos/sindicalismo-40-a-revolucao--necessaria-90.html. Acesso em: 1º/8/2021.

PRIEB, Sérgio. **A classe trabalhadora e a terceira revolução industrial**. Disponível em: https://www.unicamp.br/cemarx/anais_v_coloquio_arquivos/arquivos/comunicacoes/gt4/sessao1/Sergio_Prieb.pdf. Acesso em: 1º/8/2021.

RIFKIN, Jeremy. **O fim dos empregos.** Trad. Ruth Gabriela Bahr. São Paulo: Makron Books, 1996.

RODRÍGUEZ FERNÁNDEZ, María Luz. **Sindicalismo y negociación colectiva 4.0**. TEMAS LABORALES núm. 144/2018. Disponível em: https://dialnet.unirioja.es/servlet/articulo?codigo=6757570. Acesso em: 1º/8/2021.

SCHUMPETER, Joseph A. **Capitalismo, socialismo e democracia.** Trad. Luiz Antônio Oliveira de Araújo. São Paulo: UNESP.

SCHWAB, Klaus. **Aplicando a quarta revolução industrial**. Trad. Daniel Moreira Miranda. São Paulo: Edipro, 2018.

WELLER, Jürgen; GONTERO, Sonia; CAMPBELL, Susanna. **Cambio tecnológico y empleo**: una perspectiva latinoamericana. Riesgos de la substitución tecnológica del trabajo humano y desafíos de la geración de nuevos puestos de trabajo. [Serie Macroeconomía del Desarrollo, n. 201]. CEPAL: [s.l.], 2019, *passim*. Disponível em: https://www.cepal.org/es/publicaciones/44637-cambio-tecnologico-empleo-perspectiva-latinoamericana-riesgos-la-sustitucion. Acesso em: 19/11/2021.

ZUFFO, João Antonio. **A sociedade e a economia no novo milênio:** os empregos e as empresas no turbulento alvorecer do século XXI. Barueri: Manole, 2003. l. 2.

CAPÍTULO 29

TECNOLOGIAS E O FUTURO DOS SINDICATOS

FRANCISCO GÉRSON MARQUES DE LIMA[1]

Sumário • 1. Problematização e aspectos metodológicos – 2. Tecnologias do nosso quotidiano – 3. O trabalho em números e a crise de representatividade sindical – 4. Tecnologias a favor do sindicalismo – 5. Considerações finais – Referências,

1. PROBLEMATIZAÇÃO E ASPECTOS METODOLÓGICOS

Muitas preocupações cercam as relações de trabalho, tanto pelos desafios atuais, como a universalização da retirada de direitos e a precarização galopante, quanto pelo impacto das tecnologias, que modificam o comportamento do consumidor, trazem novos hábitos e exigem novo perfil dos trabalhadores, com substituição de postos de trabalho e de profissões. Existem outros fatores, claro, como o orquestramento do grande capital para a precarização das relações laborais e o aumento na concentração de renda.

Uma dessas consequências é a forma como os sindicatos possam ou devam se comunicar com sua base, cada vez mais pulverizada e composta por membros que já não se dispõem a participar das assembleias. De fato, percebem-se um esvaziamento das assembleias e uma legitimidade em decadência. E isso pode facilmente ser constatado por meio de alguns dados estatísticos. O comportamento dos trabalhadores mudou muito do século XX para o século XXI, sem que os sindicatos tenham se preparado para isso. Mesmo as tecnologias disponibilizadas ainda são pouco utilizadas pelos sindicalistas, causando um natural afastamento da base e uma crise de representatividade.

Este artigo doutrinário se origina de simpósio promovido pela Escola Superior do Ministério Público da União (ESMPU), ocorrido em agosto de 2019, em Fortaleza – CE, de que o autor fez parte ao lado dos professores Rodrigo Carelli, Vanessa Patriota e Ricardo Antunes, acerca do impacto das novas tecnologias nas relações de trabalho. O objetivo destas considerações reside em deixar registrado o tema exposto por este autor no citado simpósio como contributo às reflexões sobre o sindicalismo, nos tantos desafios atuais e futuros.

---

[1] Procurador Regional do Trabalho. Professor da Universidade Federal do Ceará. Integrante do Grupo de Pesquisa "Sindicalismo" (UDF/CNPq).

O texto se escuda em dados estatísticos e na observação da realidade sindical, especialmente da brasileira. As lições sobre as tecnologias são extraídas da doutrina e da verificação de informações divulgadas pelas próprias empresas em seus sites oficiais e na grande mídia. O presente artigo se deterá na realidade do sindicato de trabalhadores; mas, na verdade, *mutatis mutandis*, estas considerações se aplicam, também, às entidades de empregadores.

2. TECNOLOGIAS DO NOSSO QUOTIDIANO

A imensa transformação no mundo do trabalho revela o surgimento de novas formas de relações laborais, profissões recém-surgidas, atividades que aparecem do dia para a noite (às vezes, somem com a mesma rapidez), novo perfil de trabalhadores e pouquíssima consciência de política sindical. Deveras, os sindicatos estão perdendo base! E muitos não querem perceber isso.

As oficinas de automóveis fabricados na tecnologia estritamente mecânica e as oficinas de relógios de funcionamento por engrenagens e roldanas minguaram sensivelmente. São tecnologias ultrapassadas. Os jornais impressos têm seus dias contados, mas já amargam a estupenda redução de leitores, com prejuízos à indústria gráfica. Outros exemplos também podem ser visíveis em campos como o da revelação de fotografia, que outrora implicava microfilmes e tinha uma rede de serviços e da indústria envolvida. Com as novas tecnologias, grandes empresas do setor fecharam suas portas e encerraram suas atividades no mundo todo, dando sumiço a inúmeros empregos.

O mercado de livros físicos encontra-se em franco declínio, em meio a uma juventude leitora cada dia mais ligada em livros digitais, que pouco conhece o agradável perfume da tinta emanada das páginas impressas e dos cafés que as livrarias dispunham como espaço para leitura e bate-papo. Consequentemente, grandes livrarias, gráficas e editoras têm fechado, o que repercute diretamente na vida dos autores, dos professores e de todos que lidam com este mercado, além de mudar os costumes e hábitos de leitura, numa vertente completamente anárquica e com muito lixo disponível aos jovens. Agora, os livros são vendidos nos mesmos locais que vendem geladeiras, móveis de escritório, perfumes, ventiladores e sapatos. O tradicional trabalhador da indústria gráfica tende a desaparecer, escapando para as gráficas rápidas ou migrando para outras atividades.

Hoje, já se fala abertamente na iminência de carros sem motoristas humanos, serviço de transporte automatizado, aparelhos domésticos que encantarão as donas de casa, inteligência artificial em diversos setores etc. Além de experiências reais e de sucesso em lojas sem caixas humanos (ex.: Amazon Go), dos serviços profissionais oferecidos *on-demand*, do sistema cada dia mais usual de autosserviço, da expansão do comércio eletrônico, entre outros.

No geral, essas mudanças estão sendo aprovadas pelas empresas desses novos tempos e pelos consumidores. Há benefícios a ambos, com estimativa de bilhões de dólares a circular nos próximos anos, inclusive com perspectiva de se expandirem as moedas eletrônicas, como o *bitcoin*.

Fenômenos próprios desta nova fase nas relações de trabalho, decorrentes da tecnologia da chamada "Revolução 4.0", manifestam-se na *uberização*, nos serviços de *ifood*, nas atividades que utilizam plataformas eletrônicas, com substituição dos empregos e precarização do trabalho de sobrevivência. A noção de organização de trabalhadores se esvai, consome o ímpeto de coletividade e cria um sistema de concorrência eletrônica, virtual, em que o trabalhador não tem tempo para as reuniões sindicais nem para as assembleias. Na verdade, mergulhados no individualismo laboral das plataformas e dos aplicativos, esses novos trabalhadores são escravizados pela tecnologia do novo século e não largam os aparelhos que os convocam a mais uma tarefa a qualquer momento. Se não atenderem ao chamado ou se forem mal avaliados, podem perder o posto de trabalho. A quase totalidade nem é empregada, trabalha por conta própria ou pensa que labora assim.

Esses são, obviamente, alguns exemplos quotidianos do avanço das tecnologias nos últimos anos, que fizeram surgir novas empresas como Google, Amazon e Apple, alterando o modelo produtivo ou o paradigma econômico. E vieram as plataformas, inúmeros aplicativos e outras formas similares de prestação de serviços, influindo diretamente na forma de contrato de trabalho e na relação entre as empresas, os consumidores, os trabalhadores e... os sindicatos.

Martin Ford (2016) analisa que, no passado, a eliminação de empregos em razão do aparecimento de novas tecnologias levava o trabalhador a mudar de atividade econômica. Contudo, hoje, esse processo é mais difícil porque a modernização se dá praticamente em todos os setores, ao mesmo tempo. Ademais, o número de ofícios criados por novas tecnologias é inferior ao dos empregos perdidos.

Felipe Miguel Carrasco Fernández (2016) observa que há a implantação de novos paradigmas do Direito do Trabalho, sendo uma de suas características, similares na maioria dos países, o debilitamento da ação sindical, baseada na problemática da desocupação e na precarização do emprego. A isto:

> se agrega a alta rotatividade, que traz como consequência a heterogeneidade das relações de trabalho, e por isso uma dificuldade material dos sindicatos de representação dos trabalhadores. (CARRASCO FERNÁNDEZ, 2016, p. 35).

William Bridges (1995) previu o processo de desaparecimento dos empregos *(dejobbing)*, referindo-se à redução do trabalho subordinado e a uma profunda alteração nas relações laborais. Quanto aos sindicatos, o autor chamava a atenção para o perfil do trabalhador do futuro, sendo apropriado que os sindicatos focassem mais na *atividade* em si ("na prática") do que nos empregos. Essas entidades passariam a cumprir um indispensável papel educacional e de capacitação dos trabalhadores ao mercado, além de se constituírem em instrumentos de assistência e consultas, muitas por vias eletrônicas. Também funcionariam como organizações de facilitação de vantagens aos trabalhadores em grupo, que não conseguiriam sozinhos (planos de saúde, seguros etc.). A representação de categorias específicas seria substituída por unidades que promoveriam interesses compartilhados, na perspectiva de ensejarem oportunidades econômicas. Enfim, o apoio coletivo continuaria necessário, porém mediante a reinvenção do sindicalismo.

É necessário estudar o processo tecnológico sob um ponto de vista dinâmico:

> Os efeitos positivos das novas tecnologias têm um caráter progressivo e difusor, pelo que é necessário impulsionar este processo para que seus efeitos benéficos alcancem as zonas sociais até agora excluídas ou as que apenas sofrem seus efeitos negativos. (BIFO, 2003, p. 136).

3. O TRABALHO EM NÚMEROS E A CRISE DE REPRESENTATIVIDADE SINDICAL

O primeiro obstáculo ao crescimento sindical se encontra na tentativa de restringir sua representação somente aos *empregados*, isto é, aos que possuem vínculo formal subordinado. Num país em que quase 40% dos trabalhadores vivem na informalidade e que mais de 24 milhões laboram por conta própria, números estes em franca ascensão, os sindicatos não se sustentarão por muito tempo se continuarem olhando para um modelo trabalhista em nítida desconstrução e inexorável substituição. Portanto, os sindicatos precisam pensar em representar, também, os trabalhadores informais, os autônomos, os intermitentes, os terceirizados, os que laboram por conta própria, os eventuais, os trabalhadores de aplicativos ou plataformas, entre outros. Essa ampliação na base é fundamental e pode muito bem constituir uma das bandeiras da reforma sindical que o governo brasileiro pretende apresentar em breve.

Estudos da Organização Internacional do Trabalho, divulgados em junho de 2019, indicam que a sindicalização dos trabalhadores da economia informal pode impulsionar a renovação do movimento sindical, o que é obtenível graças ao aumento de filiados e à realização de negociação coletiva dos trabalhadores da economia informal a fim de proteger os direitos laborais, fortalecer a voz coletiva e influenciar nas políticas sociais e econômicas (ORGANIZAÇÃO INTERNACIONAL DO TRABALHO, 2019a).

A preocupação da OIT também é sentida noutro estudo, do qual se destaca (ORGANIZAÇÃO INTERNACIONAL DO TRABALHO, 2019b):

Según estimaciones recientes de la Organización Internacional del Trabajo (OIT), el empleo independiente, las microempresas y las pequeñas empresas tienen un papel infinitamente más importante como proveedores de empleo de lo que se creía.

Los datos recogidos de 99 países indican que, en conjunto, estas "pequeñas unidades económicas", según su denominación, representan el 70 por ciento del empleo total, por lo que son quienes más empleo generan.

Las conclusiones tienen repercusiones "sumamente importantes" para las políticas y los programas sobre creación de empleo, calidad del empleo, nuevas empresas, productividad de las empresas y formalización del empleo, los que, según indica el informe, tienen que centrarse más en estas pequeñas unidades económicas.

El estudio revela además que un promedio del 62 por ciento del empleo de estos 99 países corresponde al sector informal, donde las condiciones de trabajo en general tienden a ser inferiores, (o sea: falta de seguridad social, salarios más bajos, y deficiencias, tanto en materia de seguridad y salud en el trabajo, como de relaciones laborales). El nivel de informalidad varía mucho, desde más del 90 por ciento en Benín, Cote d'Ivoire y Madagascar, hasta menos del cinco por ciento en Austria, Bélgica, Brunei Darussalam y Suiza.

A pulverização sindical, no Brasil, apesar da unicidade imposta no art. 8º, II, CF, tem sido uma das responsáveis pela falta de representatividade. As categorias viraram pó e, muitas, tornaram-se nanicas, com entidades fragilizadas, sem nenhum poder na política trabalhista. Num sistema tripartite, os sindicatos de trabalhadores precisam estar aptos a influenciar a classe patronal e o Poder Público, assegurando efetivamente sua participação no diálogo social. A perda dessa qualidade reflete a falta de representatividade.

Muitas atividades, anteriormente exploradas por empresas e seus empregados, hoje são oferecidas por meio de plataformas e aplicativos, em que profissionais oferecem seus serviços, ora por conta própria (ex.: trabalho *on-demand*), ora de forma organizada por outrem (ex.: *crowdwork*). Essas pessoas, com algumas raras ressalvas, não são formalmente empregadas nem possuem qualquer regulamentação estatal, não contribuem com a previdência social nem mantêm qualquer proximidade com os sindicatos. Muitas são nômades digitais, que trabalham em qualquer lugar, sem nenhuma viabilidade de visitar o sindicato. Isso é fruto da descentralização produtiva, que justifica um repensar sobre o âmbito de abrangência do Direito do Trabalho (ARGÜELLES, 2017, p. 351), ainda erguido sobre a escasseante relação de emprego.

De alguma maneira, os sindicatos não podem mais esperar o comparecimento pessoal dos trabalhadores aos locais físicos de reuniões ou assembleias. Esses trabalhadores possuem uma forma própria de se comunicar e, em breve, provavelmente quererão resolver seus problemas por aplicativo.

No Brasil, atualmente, a força de trabalho (pessoas aptas ao trabalho) é de 106,1 milhões, incluindo os ocupados e os desocupados. A população ocupada é de 93,3 milhões, registrando-se 38,15% que vivem na informalidade e 11,5 milhões sem carteira de trabalho assinada. Trabalham por conta própria 24,1 milhões, número que está em franca ascendência, sendo 19,4 milhões sem CNPJ. A taxa de desocupados é de 12%, cerca de 12,8 milhões, com uma população de desalentados composta de 4,4% (4,87 milhões) Esses são dados do Instituto Brasileiro de Geografia e Estatística (IBGE)/Pnad Contínua de 31.7.2019 (INSTITUTO BRASILEIRO DE GEOGRAFIA E ESTATÍSTICA, 2019).

Em 2014, o mesmo IBGE apontara que somente 61% dos trabalhadores eram regidos por relação de *emprego*, percentual que decresce ano a ano, em desfavor dos empregados, considerando o avanço do trabalho informal e do trabalho por conta própria, sobretudo em razão das plataformas eletrônicas e do comércio eletrônico. Vale dizer: ao tempo da pesquisa, 39% não eram formalmente empregados, número bastante expressivo na sua exclusão da representação sindical. A mesma pesquisa indicara que possuíam carteira assinada 57,9% dos trabalhadores, percentual que tende a diminuir, haja vista a ausência de fiscalização do trabalho em razão da extinção do Ministério do Trabalho em 2019, após o seu impiedoso processo de desmonte.

Quanto aos sindicatos, os dados carecem de atualização, considerando o impacto da reforma trabalhista de 2017, que abalou seriamente o sindicalismo brasileiro. Em 2015, o IBGE registrara que a média de filiação era de 16% dos empregados, do que se infere que 84% dos trabalhadores subordinados não eram filiados. Informações do extinto Ministério do Trabalho e Emprego apontavam que, em 2017, somente 4,8 milhões de trabalhadores eram sindicalizados. Num cálculo rápido, considerando que os sindicatos têm uma média de 16% de filiados, de um percentual de 61% dos trabalhadores empregados (formais), significa que, na realidade, são filiados menos de 10% desses trabalhadores ativos (16% de 61% de 100% = 9,7%), portanto excluídos os desocupados. Para a obtenção de um número exato atual, seria preciso que os órgãos públicos atualizassem as informações sindicais, o que não ocorreu; daí porque esses cálculos são apenas aproximados. Considerando que há, no Brasil, mais de 16 mil entidades sindicais, das quais quase 12 mil são de trabalhadores, percebem-se a diluição e a fluidez do vínculo dos trabalhadores com suas entidades associativas.

Facilmente se vê que os sindicatos são pouco representativos. Só o número de trabalhadores sem CTPS assinada é próximo ao quádruplo dos filiados. O número de desalentados é praticamente igual ao de associados. Enfim, o percentual de filiados é o menor contido nos dados do mundo do trabalho, mencionados acima. Mesmo assim, os sindicatos representam, por força do art. 8º, CF, *todos os trabalhadores da categoria*, o que implica um acréscimo médio de 84% ao seu poder de representação, fator que, em tese, fortalece as entidades sindicais. Logo, se os sindicatos defenderem a representação restrita aos filiados, como desejam algumas centrais sindicais na reforma sindical que se avizinha, vão perder muito do seu poder de representação dos trabalhadores. Será uma redução drástica na abrangência da representação sindical. E abrirá espaço para o surgimento de outras entidades de trabalhadores, tendência natural ao fenômeno político de espaços não ocupados.

Note-se que o quadro de trabalhadores informais e dos que trabalham por conta própria aumenta inexoravelmente. Os sindicatos estão perdendo a dimensão de sua representação, voltando os olhos, ainda, só para os *empregados* e, pior, para os que *contribuem* financeiramente com as entidades, estabelecendo, assim, uma relação de consumo com a base, fulcrada na venda dos serviços de representação, que nem sempre são bons ou sequer existem. Entrementes, sabe-se que o estabelecimento de relação de consumo requer serviços de qualidade, preços justos, maiores responsabilidades e concorrência. Os sindicatos ainda não estão preparados para isso.

Se não houver uma reviravolta sindical, as entidades continuarão perdendo a representatividade, a legitimidade e, consequentemente, a representação dos trabalhadores, conceitos não abordados neste breve estudo.

4. TECNOLOGIAS A FAVOR DO SINDICALISMO

É preciso considerar a falta de utilização, pela grande maioria do sindicalismo, de ferramentas modernas, de instrumentos democráticos mais práticos, rápidos e abrangentes e de facilidades que a tecnologia pode proporcionar, com redução de custos e maior agilidade perante a categoria, tanto nos serviços de informação quanto nos de defesa e de diálogo coletivo.

Premissas de tecnologia sindical. O emprego das facilidades oferecidas pelas tecnologias aos sindicatos deve ter as seguintes premissas:

- nenhuma tecnologia substitui plenamente o contato sindical presencial com a base;
- as tecnologias devem facilitar o acesso da base às entidades, promovendo e facilitando o diálogo;
- a tecnologia deve servir à representação sindical, não podendo ser utilizada para finalidade diversa;
- a tecnologia deve abranger todos os representados, não apenas uma cúpula política ou de abastados em recursos tecnológicos; e
- as homologações nas rescisões e os cálculos indenizatórios devem ter tratamento especial, rápido e transparente aos trabalhadores.

Em síntese, os instrumentos tecnológicos devem se pautar na finalidade da função sindical, nos interesses da categoria e na atividade de representação. Não seria apropriado que as tecnologias se voltassem apenas para dentro da entidade, como forma de cobrar contribuições ou somente facilitar o trabalho administrativo interno.

Política de comunicação. Muitos trabalhadores se queixam da falta de informação pelos sindicatos e da ausência de transparência em seus atos. Algo fácil de resolver, tecnicamente, através da correta utilização do site da entidade, a começar pela publicação do estatuto sindical e de um sistema de "disparo" de informações aos filiados, além, é claro, das redes sociais. Considerando que há categorias com muitos trabalhadores ainda leigos, é imperiosa a adoção de uma política de inclusão digital, iniciando-se por disponibilizar e-mail a todos e orientá-los a utilizar as redes sociais de que o sindicato participe. As fichas de filiação sindical não podem dispensar a informação de e-mail e WhatsApp dos filiados e de quantos forem possíveis, mesmo não sendo filiados. Afinal, com informações bem elaboradas e uma política de comunicação eficiente, os não filiados podem despertar o interesse na filiação.

A estrutura dos sites pode apresentar, ainda, mecanismos de tira-dúvidas *on-line*, de cálculos trabalhistas automáticos (pelos próprios trabalhadores), de avaliação institucional da entidade e de fornecimento de sugestões e reclamações. A prestação de contas, a refletir a necessária transparência, pode ser apresentada no site institucional, com detalhamento restrito aos filiados, por exemplo.

Instrumentos de exercício da democracia sindical. É possível e recomendável que as entidades desenvolvam plataformas próprias de consulta aos trabalhadores, de plebiscitos e referendos, ampliando, assim, a participação dos representados e propiciando um modelo mais democrático no concerto dialogal. Um *software* bem elaborado cumpriria essa missão.

Eleições sindicais. A quase totalidade dos sindicatos ainda utiliza, atualmente, um modelo arcaico de eleições para escolha de suas diretorias. São urnas físicas, cédulas de papel e uma burocracia tão imensa quanto ineficiente para combater fraudes e a judicialização das eleições. Os custos com impressão de cédulas, listas de filiados, envelopes, tesouras, clips, fitas gomadas, canetas e réguas; e as despesas com transporte de urnas, pagamento de diárias e alimentação aos mesários e fiscais, entre outros, são elevados. Um processo eletrônico bem idealizado poderia facilitar, baratear e otimizar tudo isso, com baixíssimo risco de judicialização. Os cuidados que se deve ter, nesse sentido, são: a) se o sistema foi bem desenvolvido e se apresenta interface apropriada, com recursos corretos e intuitivos; b) se quem o administrará nas eleições é de confiança e se tem experiência em processos eleitorais sindicais; e c) se o sistema é seguro e torna o processo auditável, em nome da transparência. A credibilidade e o sucesso em qualquer processo eleitoral dependem de uma boa condução pela Comissão Eleitoral e do envolvimento de toda a categoria. A judicialização de aspectos das eleições, normalmente, causa mais transtorno do que solução.

Assembleias. Sabe-se que a tecnologia atual já permite a realização de reuniões à distância ou *on-line*, como a videoconferência, e a utilização de mecanismos em que há manifestações em tempo real. Muitas empresas trocaram as onerosas reuniões presenciais de seus CEOs, gerentes e funcionários – custos de passagens aéreas, hospedagem, alimentação, computação na jornada, assunção de riscos trabalhistas, acidentes etc. – por modalidades não presenciais, que a tecnologia possibilita.

Atualmente, audiências judiciais são realizadas por videoconferências, depoimentos de réus são tomados virtualmente, acordos são feitos *on-line*. A legislação se curvou ao avanço tecnológico para permitir essas fórmulas, na ambiência mais formalista, que são as instâncias de aplicação da justiça estatal (arts. 236, § 3º; e 385, § 3º, CPC). Um exemplo que tem sido exitoso.

Não há impedimento legal para que as assembleias e reuniões sindicais ocorram por mecanismos virtuais, a exemplo da *web conference*, das videoconferências e das videochamadas, cuja instrumentalização permite, por exemplo, a gravação e a exposição de seus resultados e debates, com registro real. Tomando-se, por exemplo, a categoria dos comerciários de grandes centros, dá para imaginar que qualquer assembleia presencial será problemática. Estimando-se uma categoria de 200 mil trabalhadores na base, com 10% de filiados (20 mil) e generosos 10% de comparecentes (2 mil), facilmente se concluiu que a assembleia não será percentualmente representativa. Contudo, por outro lado, requererá espaço físico considerável e uma boa condução na ordem das intervenções e no modo de votação das propostas. Na verdade, se a assembleia fosse de fato representativa (suponha-se com 60% dos filiados = 12 mil), haveria grande possibilidade de transtorno em sua condução. Um *software* apropriado poderia abranger mais pessoas e enriquecer as manifestações, com menores intempéries. Lógico que as assembleias virtuais não poderiam constituir regra geral, mas seriam realizadas em algumas circunstâncias definidas pelos estatutos. O Sintrajufe/RS noticiou a realização, em 2018, de assembleia por videoconferência, em auditório que aglomerou vários participantes, instituindo-se a votação eletrônica nas eleições do sindicato.

Em princípio, a videoconferência, no meio sindical, é mais apropriada para as reuniões de diretoria (as diretorias colegiadas), comissões técnicas e grupos de trabalho. Eventualmente, seria apropriada para certas assembleias nas federações e confederações, uma vez que os integrantes da base são em número menor do que nos grandes sindicatos, além de dispensar as despesas de deslocamentos.

Em cada estado, poderia haver uma estrutura montada no auditório de alguma entidade, compartilhada e mantida por outras entidades sindicais, a fim de promover videoconferências e, assim, evitar deslocamentos de dirigentes a outras localidades, com despesas de hospedagens, passagens, alimentação, diárias, entre outras.

Tudo que é excepcional ou inovador merece clareza normativa. Assim, considerando que o ordinário são as assembleias presenciais, as formas extraordinárias devem ser *reguladas* por normas estatutárias ou, por sua autorização, em regimentos próprios, complementares aos estatutos e aprovadas pela *diretoria colegiada*.

Negociação coletiva à distância. Cabe aos sindicatos mapear as respectivas categorias e profissões, fazendo juízo de futurologia no sentido de verificar quais ameaças pairam no ar e quais proteções são adequadas aos trabalhadores. Algumas cláusulas se mostram essenciais nestes tempos, como a implementação do direito à desconexão e a que assegure direito de defesa na exclusão dos trabalhadores de plataforma. Direitos mínimos aos que trabalham sem vínculo de emprego ou sob condições de pressão e opressão devem ser assegurados nas negociações coletivas, já que a tendência do Estado é se afastar das relações laborais. É preciso pensar em cláusulas que reduzam o impacto ou os efeitos da tecnologia.

Num mundo com previdência social pública acessível apenas a alguns e, ainda assim, em condições precárias, é tempo de investir mais em planos de saúde, previdência complementar, seguros (de vida, de acidente, de desemprego) e condições de trabalho. A saúde e a proteção do meio ambiente de trabalho continuarão tendo forte apelo negocial, porque, ao fim, poderão ensejar indenizações elevadas às empresas.

A busca por empregabilidade será a tônica nestes tempos desafiadores. Surgindo equipamentos e tecnologia que substituirão vários trabalhadores, é preciso estabelecer políticas de transição, sem prejuízo do trabalho político que os sindicatos possam fazer fora da mesa da negociação.

O art. 7º, XXVII, da Constituição Federal assegura a "proteção em face da automação". Enquanto não é alterado, incumbe aos sindicatos se agarrar no referido dispositivo constitucional para minimizar o impacto nocivo das tecnologias no trabalho. Impedir o avanço tecnológico e científico não tem sentido, até porque significaria barrar o progresso e o avanço da humanidade.

Outro fator importante é o instrumental utilizado nas negociações que podem ocorrer por mecanismo *on-line*, ao menos em algumas etapas das tratativas. Isso se torna de suma relevância nas negociações regionais ou nacionais, que incluem deslocamentos dos envolvidos.

Nas relações de trabalho, caminha-se para que ocorram *conciliações judiciais* não presenciais, sob a coordenação de um magistrado do trabalho, conforme experiências já divulgadas pela imprensa, mesmo que, por enquanto, excepcionais. Afinal, a legislação já permite a realização de audiências eletrônicas (arts. 236, § 3º; 385, § 3º; e 453, § 1º, CPC).

Todavia, mecanismos de resolução de conflitos *diretamente entre empregado e empregador* não encontram permissão legal, considerando a evidente subordinação e a dependência de uma das partes. Contudo, a presença dos sindicatos poderia superar esse empecilho, não fosse a reforma trabalhista de 2017 ter retirado, por exemplo, salvo negociação coletiva, a assistência sindical nas rescisões contratuais, momento propício às conciliações. Trabalhadores despedidos e que retornam a seus locais de origem, distantes e sem condições de custear deslocamentos, poderiam se valer de conferências *on-line*, numa triangulação de sindicato, empresa e operário. Sob o ponto de vista técnico-jurídico, não há empecilho a tal mecanismo, se nenhuma outra nulidade comprometer o ato. Se houver norma coletiva estabelecendo essa possibilidade, com os cuidados devidos, pode facilitar a via negocial.

Moralidade sindical. Não obstante tudo que aqui se considerou, a crise do sindicalismo brasileiro atual recebe uma forte contribuição da crise moral causada pelas más práticas de alguns. São os mandatos exorbitantes (oito anos, dez anos), a falta de prestação de contas das diretorias, as fraudes e a violência nas eleições, os atos de desvio das finanças dos sindicatos, a perpetuação nas direções, entre outras. Enquanto o movimento sindical não promover, internamente, um processo de depuração, continuará à beira de um abismo ético, em que as boas diretorias são confundidas pelos trabalhadores e, de resto, pela população com as diretorias viciadas e vendidas.

Os recursos tecnológicos podem constituir um bom ou um mau caminho, a depender do ímpeto ético de quem os manuseie.

5. CONSIDERAÇÕES FINAIS

Novas tecnologias se instalam e modificam profundamente as relações de trabalho, que já não são unicamente baseadas no modelo dos anos 1940. As formas de labuta se modificaram ou foram substituídas entre o final do século XX e o começo do século XXI, sem que os sindicatos tenham conseguido acompanhar este mundo em constante transformação. As entidades deixam escapar por entre os dedos importantes recursos tecnológicos de contato com os membros de sua base, ao passo que perdem os representados para a indústria 4.0, que pulveriza os trabalhadores e os afasta da relação tradicional do contrato individual de trabalho e das organizações de classe.

Cabe aos sindicatos, então, buscar mecanismos de reaproximação dos trabalhadores e conquistar a legitimidade dos que não são (ou não se sentem) empregados. Afinal, estando a realidade a apontar a substituição inexorável da relação empregatícia por modelos diferentes, é chegado o momento de os sindicatos partirem para um esquema de representação mais ampla e moderna, extensível aos não empregados. Os meios tecnológicos podem auxiliar neste processo ampliativo da representação sindical.

REFERÊNCIAS

ARGÜELLES, María Antonia Castro. El derecho del trabajo ante los nuevos modelos organizativos y el emprendimiento. *In*: GOBIERNO DE ESPAÑA. Ministerio de Empleo y Seguridad Social. *El futuro del trabajo que queremos*. Conferencia Nacional Tripartita, 28 de marzo de 2017, Palacio de Zurbano, Madrid. Madrid: Subdirección General de Información y Publicaciones, 2017. p. 343-358. Disponível em: https://www.ilo.org/wcmsp5/groups/public/---europe/---ro-geneva/---ilo-madrid/documents/publication/wcms_615487.pdf. Acesso em: 27 maio 2020.

BIFO, Franco Berardi. *La fábrica de la infelicidad:* traficantes de sueños. Madrid: Queimada Gráficas, 2003.

BRIDGES, William. *Um mundo sem empregos (*jobshift*)*: os desafios da sociedade pós-industrial. São Paulo: Makron Books, 1995.

CARRASCO FERNÁNDEZ, Felipe Miguel. *Derecho del trabajo y nuevas tecnologías*. Ciudad de México: Editorial Porruá, 2016.

FORD, Martin. *Robôs*: a ameaça de um futuro sem emprego. Lisboa: Bertrand, 2016.

INSTITUTO BRASILEIRO DE GEOGRAFIA E ESTATÍSTICA. *Pesquisa Nacional por Amostra de Domicílios Contínua* – Trimestre móvel abr.-jun. 2019. Rio de Janeiro: IBGE, 2019.

ORGANIZAÇÃO INTERNACIONAL DO TRABALHO. El futuro sindical depende de la organización de la economía informal. *ACTRAV INFO*, Genebra, 20 jun. 2019a. Disponível em: https://www.ilo.org/actrav/mediacenter/pr/WCMS_711227/lang--es/index.htm. Acesso em: 20 out. 2019.

ORGANIZAÇÃO INTERNACIONAL DO TRABALHO. La mayor parte del empleo mundial procede de las pequeñas empresas y los trabajadores independientes, concluye un nuevo informe de la OIT. *OIT Notícias*, Genebra, 10 out. 2019b. Disponível em: https://www.ilo.org/global/aboutthe-ilo/newsroom/news/WCMS_723414/lang--es/index.htm. Acesso em: 20 out. 2019.

CAPÍTULO 30

NOVA MORFOLOGIA DO TRABALHO, CRISE DO SINDICALISMO E EMANCIPAÇÃO HUMANA NA CONTEMPORANEIDADE

Alzira Mitz Bernardes Guarany[1]

Sumário • A metamorfose do trabalho e sua nova morfologia – A metamorfose do mundo do trabalho no Brasil e a crise do movimento sindical – O processo de consciência, os sindicatos e a emancipação humana – Considerações finais – Referências.

A ascensão da burguesia no século XIX teve como uma de suas principais consequências a desnaturalização das desigualdades sociais e a libertação do homem do regime de servidão presentes nas sociedades pré-capitalistas com a constituição de um novo modo de produção. Criou condições para o homem tornar-se livre de forma a poder estabelecer um contrato de venda do seu produto ou daquilo que lhe pertencesse.

Se nada produzisse para vender, de qualquer forma estaria livre para comercializar o que lhe restava: sua força de trabalho. É nesse ponto que se instala um dos paradoxos presentes nesta forma de organizar a sociedade moderna, qual seja o fato do trabalho ser uma atividade explorada e alienante, quando caberia a ela dar o sentido de humano ao homem, segundo Marx (2004). Cabe(ria) à atividade laboral ser fomentadora de seu progresso intelectual, material e moral, entretanto na sociabilidade burguesa ela transforma-se em grilhão! No novo contexto, deixa de ser sinônimo de libertação e de realização, e passa a ser caminho de alienação e de sofrimento do trabalhador e sepulta, na maioria das vezes, sua capacidade criadora.

Ainda segundo o autor, a atividade criadora do homem, o trabalho, proporcionaria pouco a pouco pleno domínio sobre as forças da natureza graças ao completo desenvolvimento tecnológico e das forças produtivas, liberando o homem da dedicação dessa atividade em tempo integral. Nesta conjuntura a emancipação humana seria concreta e a vida seria baseada na associação livre de indivíduos

---

1 Assistente Social, doutora em Serviço Social pela ESS/UFRJ, professora adjunta da ESS/UFRJ, pesquisadora da área do trabalho e saúde do trabalhador; líder do grupo de pesquisa LEPPTraS/ESS/UFRJ.

moralmente iguais, à base da apropriação e controle comum dos meios de produção. Contudo, passado algum tempo desde sua ascensão, o capitalismo ainda busca estratégias para frear a única força capaz de superá-lo, a classe trabalhadora e ainda encontramo-nos muito longe de alcançar este patamar. Como afirma Iasi (2011) citando Marx: "Os seres humanos continuam eles mesmos fazendo sua própria história, embora não como desejariam". (2011, p. 74).

Sendo o trabalho um ato humano ontológico e ineliminável, constituiria caminho necessário para que o homem realizasse o projeto de emancipação humana, contudo a sociedade não tem uma evolução linear, pelo contrário, é marcada por luta de classes, avanços e retrocessos numa incessante correlação de forças.

Na sociabilidade burguesa a atividade laboral perdeu seu potencial libertador e realizador do humano, já que a geração de riqueza depende de que ela seja explorada e para tanto necessita do trabalhador e do trabalho alienados, para que a extração de mais-valia, absoluta e/ou relativa fosse realizada, além da expropriação do produto dela resultante. Hoje o labor encontra-se estruturalmente metamorfoseado e vive uma das suas mais profundas crises, afetando a classe-que-vive-do-trabalho[2] em seu cotidiano e também em seu potencial organizativo e de lutas.

Foram as lutas travadas pelo coletivo organizado dos trabalhadores que limitaram a avidez do capital, mas hoje o sindicalismo está abatido por diversos elementos externos e internos à sua estrutura, dentre eles a própria crise do trabalho, sua nova morfologia, a forma de organizar a produção, as dificuldades internas às organizações sindicais, bem como o ideário neoliberal investindo contra ele e contra qualquer forma de proteção ao trabalhador. Tudo isso conformando a necessidade de reposicionamento, reestruturação e projeção de outras e novas estratégias de luta, pois o trabalhador encontra-se cada vez mais vulnerável e acumulando perdas consideráveis das conquistas históricas do movimento, seja no plano internacional ou no Brasil.

Nesta conjuntura faz-se urgente realizarmos uma análise crítica, mesmo que superficial, no plano dos países capitalistas centrais e nos periféricos de avaliação das lutas sociais, dos movimentos sociais, e principalmente dos processos organizativos diante das investidas contra o trabalho, pois o resgate do projeto civilizatório e emancipatório dependem disto.

Diuturnamente o capital usa de todos os seus aparelhos ideológicos para nos convencer de que é o fim da história, mas a capacidade de reação e transformação

---

2 Um dos braços da crise é o desemprego estrutural, daí Antunes (2009) dizer que na atualidade não podemos falar em classe trabalhadora, mas sim em um conjunto ampliado e heterogêneo, composto pelo operariado industrial, o trabalhador rural assalariado, os assalariados de serviços, os terceirizados, além do desempregado.

estão sempre colocadas. Neste esforço o sindicalismo de classe[3] junto com outros atores sociais tem alguma chance de fazer frente ao capital de forma que a classe--que-vive-do-trabalho possa voltar a vislumbrar a possiblidade da construção de uma nova sociabilidade na qual haja mais igualdade concreta e oportunidades de uma vida justa.

A perspectiva de luta pela emancipação humana foi ou está sendo trocada pela acomodação social, pelo individualismo, pelo pragmatismo, pelo derrotismo, conformismo e até pelo colaboracionismo com o capital, ou como chama Alves (2000) pela postura proativa com o capital.

As lutas pelo controle social da produção que foram extremamente intensas nos anos 60/70 na Europa, e no Brasil nos anos 80, parece na conjuntura atual cada vez mais ausente do cenário político. Como diz Iasi (2011), hoje os trabalhadores e seu movimento organizativo parecem ser mais espectadores do processo do que expectadores, e não mais motor da história. Dão a crer que acabaram submetidos pelo capital. Apreender este momento político, econômico e social como fim da história é que leva ao derrotismo.

O movimento é processual, dialético e historicamente determinado, que por se dar sobre bases contraditórias, implica numa correlação de forças que em dado momento impõe retrocessos para mais adiante garantir avanços. Precisamos identificar neste momento as potencialidades presentes na conjuntura para continuar a lutar.

Este artigo é parte de um estudo mais amplo de caráter bibliográfico acerca do trabalho. Seu escopo é a partir de uma breve revisão da literatura apontar elementos presentes na crise do capital que levaram à metamorfose do trabalho, bem como identificar o impacto disto no movimento sindical.

A METAMORFOSE DO TRABALHO E SUA NOVA MORFOLOGIA

Temos sido defrontados na atualidade com a defesa da ideia de que não há mais centralidade do trabalho, pois não temos mais o proletário como motor da história nem o setor produtivo como espinha dorsal da economia. Daí termos superado a contradição histórica entre capital e trabalho e a luta de classes. Essa tese se apoia no argumento do não cumprimento das promessas do projeto civilizatório de modernidade (HARVEY, 1994) e na defesa de sociedade colaboracionista na qual haveria harmonia e solidariedade entre as classes e não antagonismo. Contudo, conforme Antunes (2009), na ontologia do ser social uma sociedade sem trabalho é impensável, pois é da exploração dele que o capital gera riqueza.

A história do trabalho na sociedade moderna foi e é marcada pela luta constante entre os trabalhadores, que tentam garantir um nível mínimo que os possibilite

---

3 Há diversos tipos de sindicalismo que serão definidos mais adiante.

(sobre)viver, e o capital, que sempre busca reduzir ao máximo este mínimo. Para tanto lançou mão de diversas ferramentas ao longo da história, dentre elas alguns modos de gestão do trabalho, como o taylorismo/fordismo e mais recentemente a escola japonesa ou toyotismo.

Sob a égide do taylorismo/fordismo a organização do trabalho era calcada na integração mecânica do trabalho. Hoje temos uma integração orgânica, na qual além do "fazer" e do "saber" do operário busca-se também capturar o seu consentimento, a sua subjetividade através da subsunção[4] real do "trabalho vivo", que ocorre sob a forma de gestão japonesa, ou toyotismo como aponta Alves (2000).

É uma nova forma de gerir a força de trabalho que se torna predominante na maioria das organizações em nível mundial entre as décadas de 60 e 70 do século passado. Promove estruturais mudanças na esfera laboral, algumas delas de caráter estrutural como o estímulo à fabricação globalizada, o deslocamento e a pulverização geográfica da produção, visando baratear o custo de produção.

A adoção desta nova organização do trabalho, de cariz mais flexível se baseava em algumas premissas, dentre elas a troca do trabalho vivo pelo trabalho morto, promovendo a liofilização organizativa, conforme aponta Guarany (2014) citando Antunes (apud LOURENÇO, 2010), que expurga mão de obra e emprega tecnologia, promovendo o desemprego estrutural, a precarização das relações de trabalho e a queda dos níveis salariais.

Hoje, o trabalho e a produção que resultam destes novos arranjos têm seus ambientes organizacionais marcados pela competição, pelo individualismo, inclusive na esfera pública.[5] Isto acaba por debilitar a classe trabalhadora nas dimensões objetiva e subjetiva, impondo ao trabalhador uma situação de instabilidade que prejudica seu processo de consciência com impactos decisivos na solidariedade de classe. O mundo do trabalho emerge deste cenário mais complexo, heterogêneo e fragmentado.[6]

Por mais que o desenvolvimento do capital e sua mundialização tenham aprofundado o estranhamento entre o trabalhador e o seu trabalho, este último continua sendo a preocupação central do capitalismo. Mesmo tendo sofrido estrutural reversão na esfera produtiva nas últimas décadas, aumentando seu quantitativo na esfera improdutiva e sofrendo com a flexibilização crescente, o trabalho continua a ser central na sociedade. O que mudou foi a sua forma e junto com

---

4 Subsunção, processo mais profundo que submissão, pois nesta última pode existir certa docilidade e aquiescência; já subsumir aponta para um processo permanente de medição de forças, precisando ser reiteradamente afirmada, como aponta Galvan, in Alves (2000).

5 Para saber mais sobre este processo ver Guarany (2014).

6 Boito, apud Santana e Ramalho, aponta que "[...] as classes trabalhadoras sempre apresentaram uma heterogeneidade e fragmentação socioeconômica muito grande. Essa fragmentação se renova e se transforma a cada nova etapa do capitalismo". (SANTANA; RAMALHO, 2003, p. 331)

ela o perfil do trabalhador requerido, já que nos ambientes de trabalho passou a imperar cada vez mais a flexibilidade.[7]

Dentre as várias experiências de arranjos produtivos para encontrar àquele que pudesse preservar o capital da crise de superprodução que se instalava, o toyotismo foi o que maior alcance obteve na economia mundial. Surgiu no Japão na década de 50 e junto com a ofensiva neoliberal foi um dos mais duros, se não o maior golpe sofrido pelo trabalho na correlação de forças histórica com o capital.

O trabalhador inserido no processo de produção toyotizado e flexível sofre a subsunção de sua dimensão objetiva, já que se submete à rotinização imposta pela organização de trabalho, além de também subsumir sua esfera subjetiva, na medida em que é alcançado pelas inúmeras estratégias de captura e manipulação de seu consentimento e de sua inteligência, que são então postas a serviço da valorização do capital.

Importante destacar que esta nova forma de gerir a força de trabalho não rompe com a anterior, qual seja o taylorismo/fordismo, mas a ela se soma e promove a captura da subjetividade do trabalhador, engendrando inclusive um novo perfil a ele requerido, mais adequado à nova etapa do capitalismo.

Na era puramente fordista/taylorista, o trabalhador era submetido à lógica do capital, porém os antagonismos de interesse eram mais claros e ele possuía consciência das contradições entre as classes e sabia a qual delas pertencia. No toyotismo forjam-se novas estratégias, como inovações organizacionais, institucionais e relacionais que acabam por promover a captura da subjetividade do trabalhador, logrando a manipulação da força de trabalho.[8]

É como Alves (2000) aponta, um processo que registra uma ruptura no interior de uma continuidade, ou ainda uma superação no sentido dialético, já que supera conservando. Há a maximização da intensidade do trabalho (promovida pela Revolução Tecnológica), mas que prescinde ainda da repetitividade na produção, com novas características (não mais de movimentos manuais). Os ideólogos do toyotismo e defensores do capital chamam essa nova estratagema de requalificação e polivalência do trabalhador, o que na realidade não passa de

7 A flexibilidade sempre esteve presente no mundo do trabalho, sendo conforme Alves (2000) algo intrínseco à produção capitalista, revolucionando de modo constante as condições de produção. Marx em *A ideologia alemã* (1985) já falava dela, mesmo que de forma superficial. Apontava a exigência que a indústria moderna tinha de variar o trabalho, dar-lhe fluidez e mobilidade, mas foi a partir da crise de 60 com a ofensiva neoliberal, que esta flexibilidade alcançou dimensões nunca antes realizadas, tendo como "momento predominante", toyotismo, segundo Alves (2000).

8 Interessante notar que já havia registros que davam conta da importância da captura da subjetividade do trabalhador antes mesmo no fenômeno de mundialização do capital. Alves (2000) aponta que no livro *Beyon Capital*, Mezsáros faz referência à Babbage, que já no século XIX defendia a importância desta captura para o capital.

desqualificação profissional e técnica, já que seu trabalho é totalmente esvaziado de conteúdo concreto.

O toyotismo adula o trabalhador individualmente, estabelecendo, por exemplo, a relação entre salário e produtividade, promovendo a meritocracia que "destaca" os melhores, incentivando a competição entre eles, defendendo ainda o aumento da participação do trabalhador no processo de trabalho por meio dos Círculos de Controle de Qualidade (CCQ), gestão participativa e sistema de sugestões.

Todas estas iniciativas são postas para os trabalhadores como sendo a preocupação da organização em promover a participação dos mesmos na estrutura, como reconhecimento pelo seu esforço e envolvimento e é assim que elas são incorporadas pelos mesmos, de forma positiva, pelo menos por uma significativa parcela daqueles que estão inseridos no mercado. Mas em verdade, na essência são todas estratégias voltadas para a maximização da produção e do lucro e não visam o bem-estar da mão de obra trabalhador. São inovações gerenciais e organizacionais que concorrem para a captura da subjetividade operária.

Verifica-se o surgimento de uma nova classe operária e o aprofundamento da desigualdade social, que têm como marcas um nível de educação formal mais elevado e alta qualificação, além de uma crescente fragmentação em seus aspectos de gênero, cultura e etnia. A classe trabalhadora sofre uma redução numérica no centro do processo de produção, mas têm seu crescimento registrado nas zonas periféricas e precárias do mesmo processo. Ocorre ainda o crescimento da subproletarização,[9] na medida em que surge e cresce o número de trabalhadores temporários, subcontratados, escondendo sob o fenômeno da quantidade, a questão da qualidade dos empregos criados, já há uma grande parcela dos trabalhadores que a tecnologia e a robotização expulsaram do mercado e eles acabam indo para a informalidade, para o trabalho precário ou para as ruas, gerando uma nova exclusão.

A flexibilidade que passa a marcar o trabalho, bem como todas as táticas usadas pelo capital somadas ao ideário neoliberal, produz um panorama que aprofunda as desigualdades surgidas no decorrer do século XX, forjando novas exclusões sociais, configurando mais um duro golpe a já frágil solidariedade de classe.[10]

---

9 Alves (2000) salienta que esta população é o equivalente contemporâneo do proletariado sem direitos, empobrecido e superexplorado do capitalismo primário. Somada a este grupo há os desempregados estruturais.

10 Senett (1999) em seu livro *A corrosão do caráter*, baseado no relato de duas gerações, promove uma discussão sobre a fragilidade dos valores morais e éticos impostos e necessários por este novo padrão de acumulação flexível e os impactos disto no caráter do homem.

A desestruturação do mundo do trabalho leva a classe trabalhadora a viver num clima de insegurança crescente e contínuo. Como diz Dejours (DEJOURS in SNELZWAR, 2004), temos um sofrimento que é causado pela organização do trabalho, mas que acaba por ser aprofundado pelos fracos laços que os trabalhadores estabelecem entre si: [...] todas as formas clássicas de solidariedade estão em processo de desestruturação – e não apenas as estratégias coletivas de defesa (p. 17).

Diante deste cenário os sindicatos parecem ter perdido parte de sua vitalidade e força. Os elementos que contribuíram para tanto são diversos, mas Marx (1978) já sinalizava a necessidade de se tomar cuidado com as estratégias utilizadas pela luta organizada, pois em sua opinião desde os primórdios o movimento:

> [...] luta contra os efeitos, mas não contra as causas; [...] logra conter o movimento descendente, mas não fazê-lo mudar de direção; [...] aplica paliativos, mas não cura a enfermidade. (MARX, 1978, p. 99).

Ao falar no Conselho Geral da Associação Internacional dos Trabalhadores em 1865, Marx sugeriu que se empreendesse uma luta para garantir não somente o imediato, os meios básicos de subsistência ou artigos de primeira necessidade, mas que visasse a superação do sistema calcado na exploração do trabalhador. Em outras palavras, já pressentindo que para superar a desigualdade não poderia haver concessões, a oposição deveria ser total, pois para ele estava posto o risco de se perderem no processo de luta.

Até os últimos anos do século XIX a tendência mais expressiva, mas não hegemônica do movimento operário clássico foi a de romper e promover a transformação social. A partir do início do século XX ganhou força a disposição social-democrata, que acreditava "inocentemente" em reformar o capitalismo e instaurar o socialismo "aos poucos".

Este tipo de sindicalismo conhecido como de resultado passa a ser preponderante e atribui ao tipo de classe e de confronto um duro golpe, agravado por dois fatores: a ofensiva neoliberal e a predominância do toyotismo no mundo do trabalho.

Segundo Alves (2000), ao longo da história do movimento organizado dos trabalhadores algumas estratégias sindicais podem ser destacadas:

1) resistência operária de confronto, que se negava a colaborar com o capitalismo;
2) influência defensiva, caracterizada pela negociação com o capital, visa minimizar os impactos das ofensivas do capital sobre o trabalho;
3) e por fim aquela que Alves (2000) chamou de influência propositiva, que dominou o sindicalismo brasileiro nas últimas décadas, e se propôs a dialogar com o capital e agir limitado à sua ordem.

Entretanto cremos que a crise do sindicalismo moderno marcada pelo declínio da representação sindical é mais complexa. Além do desemprego estrutural há outros elementos que precisam ser avaliados quando falamos no baixo número de sindicalizados. Dentre eles podemos elencar, além de questões equivocadas relacionadas as suas estratégias:

1) a nova divisão internacional do trabalho, que em função do processo de mundialização do capital agregada à migração de milhares de empregos dos setores industriais (de altos e históricos índices de sindicalização) para o setor de serviços (historicamente de difícil sindicalização);
2) feminização do mercado (mulheres historicamente tem baixos índices de sindicalização);
3) crescimento do subproletariado tardio que pelas condições de vida e de trabalho, os leva a ter como preocupação primária sobreviver, são pouco suscetíveis à sindicalização para além das estratégias de luta escolhidas;
4) fatores socioinstitucionais: por muito tempo os sindicatos se organizaram em um modelo burocrático de cariz vertical e corporativo, que dominou o período da grande indústria, mas que não cabe mais no cenário atual;
5) e finalmente os fatores político-ideológicos os quais apontavam para a cooperação com o capital.

O movimento organizado da classe trabalhadora emerge no início do XXI combalido e enfraquecido. A maioria dos sindicatos adere à lógica do capital tornando-se cooperativos às empresas e realizando um sindicalismo de resultados, forjando o que Alves (2000) chama de "novo egoísmo de fração",[11] criando um sindicalismo que aprofunda o processo de burocratização dos sindicatos e inscreve o neocorporativismo no movimento.

A METAMORFOSE DO MUNDO DO TRABALHO NO BRASIL E A CRISE DO MOVIMENTO SINDICAL

O capitalismo brasileiro se desenvolveu sob a proteção e apoio do Estado que investiu em infraestrutura de forma a dar condições para a instalação das fábricas, além de também conceder "incentivos" fiscais e conferir favores para atrair o capital estrangeiro.

Por ser um país de capitalismo tardio o Brasil sempre se colocou como subordinado aos interesses e necessidade dos países centrais, o que marcou a história da classe trabalhadora brasileira bem como do seu movimento sindical.

[11] Segundo Gramsci "egoísmo de fração" é a manifestação de interesses de ordem particular e individualista, sem a perspectiva de reivindicações nem de uma consciência de classe.

A classe trabalhadora brasileira mesmo tendo começando a se forjar com a mistura entre os escravos libertos e os europeus imigrantes, e apresentando desde então um potencial contestatório à superexploração do trabalho, foi somente nos anos 50 que se consolidou e se massificou, fortalecendo-se como classe neste período.

O processo de industrialização no Brasil se deu a partir do financiamento de capital estrangeiro com a instalação de plantas industriais na década de 50, principalmente de indústria de produção de bens de consumo duráveis, congregando um enorme número de trabalhadores, constituindo o trabalhador coletivo e facilitando o "reconhecimento" e a insurgência contra a exploração a que eram submetidos. Neste período, sob predomínio da organização do trabalho taylorista-fordista nas indústrias, emerge um novo proletariado metalúrgico nacional.

Submetida na época da ditadura militar a uma exploração sem precedentes na história, com uma extensa, intensa e extenuante jornada de trabalho e recebendo como pagamento um salário que ia paulatinamente sendo depreciado, a classe operária brasileira, juntando-se ao restante da sociedade, vai engendrar um processo de luta que acaba por extrapolar a esfera do trabalho e pela primeira vez na história do Brasil consegue a participação da sociedade como um todo na discussão dos rumos do país.

Para retomar o controle da força de trabalho o Estado articulou um fordismo mais violento e adotou um toyotismo chamado por Alves (2000) de restrito,[12] mas que já demonstrava a preocupação do capital em buscar novas formas de gerir a produção capitalista brasileira.

A agenda dos sindicatos no Brasil na década de 1980 exigia uma maior participação dos trabalhadores no processo decisório e no debate contra a superexploração do trabalho. Somava-se a isto o momento político e econômico pelo qual o Brasil passava: uma economia ainda protegida pelo Estado da concorrência mundial, saindo de uma ditadura civil-militar e com participação crescente da sociedade civil nos debates sobre o rumo do país, exigindo uma nova Constituição. Marcava o sindicalismo desta época um perfil classista e combativo, representado, dentre outras, pela Central Única dos Trabalhadores (CUT) que tinha claramente o compromisso com a construção de uma nova sociedade de cariz socialista.

O aumento da participação dos trabalhadores de setores da classe média e "universitária", como professores, funcionários públicos, médicos entre outros, além do avanço do sindicalismo rural, também é um elemento determinante para

[12] Alves (2000) chama o toyotismo nascente no Brasil de toyotismo restrito porque na sua implantação ele enfrentou o caráter classista e de confronto que marcava na época os sindicatos vinculados à CUT, e que resistiam à cooptação ideológica do operariado.

a consolidação do movimento sindical no Brasil, em contraste com a crise profunda vivida pelo sindicalismo nos países centrais.

Este período coincide com uma nova ofensiva do capital no mundo e que alcança um novo patamar nos anos 80. A despeito disto ou até por isso também, diante das diversas mobilizações e reações da classe trabalhadora brasileira contra o capital, começou a ser implantada em muitas fábricas brasileiras a Qualidade Total, tendo como carro chefe os Círculos de Controle de Qualidade (CCQ), que pregavam a intervenção do operário no processo de produção e nas condições de trabalho.

A adoção dos CCQs era na verdade uma nova tentativa do capital para controlar o trabalho, pois a participação que o capital buscava não era genuína, mas trazia a intenção de cooptar a inteligência do trabalhador e colocá-la a serviço da maximização dos lucros. Entretanto algumas mudanças nas condições de trabalho foram realizadas, mas em verdade escondiam interesses do capital com os novos e grandiosos investimentos da modernização do parque industrial.

Este período foi marcado por deslumbramento e otimismo da parte de uma parcela do movimento organizado dos trabalhadores, apontando uma tendência da formação de uma parceria do trabalho com o capital, deixando cada vez mais de lado a postura classista e de enfrentamento que marcou a luta dos trabalhadores até então.

Foi somente a partir da adoção do neoliberalismo que o capital conseguiu impingir ao trabalho e ao seu movimento de luta brasileiro o mais duro golpe. Dentre outras consequências para a classe-que-vive-do-trabalho, podemos enumerar:

1) alteração da percepção da existência de uma sociedade constituída por classes antagônicas;
2) obstaculização da possibilidade de perceber a luta de classes e a correlação de forças entre elas nos diversos complexos sociais;
3) além de dificultar com tudo isso a tomada da consciência, pois conseguiu aos poucos promover uma parceria entre capital e trabalho, adotando o toyotismo e outras novas estratégias de gestão do trabalho, como também de investidas em outras esferas da vida social.

Os anos 90 são marcados por um cenário no qual os principais centros de resistência dos trabalhadores são duramente atingidos, contribuindo para o surgimento do que Boito in Santana e Ramalho (2003) chama de sindicalismo de cariz neocorporativo. No Brasil a implantação da flexibilidade se dá por intermédio da negociação entre os trabalhadores e o capital, como por exemplo, a adoção de banco de horas ao invés de pagamento das horas-extras, o que revela a prostração do movimento sindical diante da ofensiva do capital neste momento histórico.[13] Aliada à postura "cooperativa" dos trabalhadores está o desmonte da legislação de proteção ao trabalhador, permitindo legalmente a flexibilização. A partir de 1987 o sindicalismo no Brasil consolida uma nova direção tendo como marco histórico o III Congresso da CUT no qual se adotou a negociação em detrimento do enfrentamento.

Frente a isto, o sindicalismo opta por estabelecer uma parceria com o capital, de forma a tentar alcançar as metas e os objetivos das empresas, pensando que o alcance deles teria como contrapartida a melhoria da qualidade de vida do trabalhador, saindo de cena a postura classista e as reivindicações de classe, adotando a cooperação conflitiva.[14] O sindicalismo passa a ser propositivo e "parceiro" do capital, ocasionando o que Alves (2000) chama de inflexão político-ideológica do movimento sindical.[15]

Alguns autores avaliam este novo posicionamento como um avanço, pois acreditam que a adoção de uma postura propositiva e a abertura do diálogo com as empresas nestas bases represente um progresso. Os sindicatos passam a ser chamados a opinar, negociar e propor.

Os anos 90 trouxeram um avanço para os sindicatos, mas este não vem da adoção desta postura e sim pelo fato deles terem deixado de ser tutelados pelo Estado, abandonando o corporativismo de Estado estabelecido desde a era Vargas, e só. Em contrapartida perdem e muito, pois passam a ser tutelados pelo capital. Opinam e participam, mas a decisão de onde e quando serão feitos os investimentos, o que se vai produzir continua a ser dos capitalistas.

O movimento sindical brasileiro manteve-se dentro da lógica e das estratégias de enfrentamento classista adotadas até este período,[16] não permitindo uma análise crítica e realista do contexto social de forma a poder, a partir da antecipação, traçar ações à altura do golpe que o neoliberalismo e o toyotismo, desferiram nos sindicatos de cariz classista.

---

[13] É interessante apontar que o desenvolvimento das forças produtivas deveria ser acompanhado por uma correspondente liberação do trabalhador do tempo dedicado ao trabalho, de forma a que ele pudesse dispor deste tempo para sua plena realização, mas o que assistimos acontecer é uma constante e mais violenta usurpação dele.

[14] Erro que como citamos em páginas anteriores Marx (1978) apontava que o movimento sindical morreria no século XIX.

[15] Segundo Gramsci ocorre com os sindicatos o "egoísmo de fração" que é a manifestação de interesses de ordem particular e individualista, sem a perspectiva de reinvidicações nem de uma consciência de classe. Para este autor e outros marxistas, como Rosa de Luxemburgo, Lenin, entre outros, os limites dos sindicatos está justamente em sua lógica ontológica e histórica, que os manteve e ainda os mantém na ordem do capital.

[16] Cabe aqui destacar que em verdade a presença do sindicalismo classista era hegemônica, mas não total, já que junto à CUT havia a Força Sindical, que desde sua fundação defendia um sindicalismo de resultados (ROSSI, GERAB, 2009).

Alves aponta alguns elementos presentes nesta dificuldade:

1) a estrutura descentrada, fragmentada e dispersa do movimento sindical;
2) um amplo espectro de sindicatos com pouca expressão representativa e de força no conjunto do movimento;
3) os poucos empreendimentos de caráter coletivo e unificado dos trabalhadores como um todo e ainda a parca inserção e a falta de raiz no interior das empresas, sendo naquele momento uma estrutura externa a estas.

Somada a tudo isto ainda há a dificuldade de empreender ações horizontais que congregassem a classe trabalhadora como um todo, o que acabou ficando ainda mais difícil diante do padrão descentralizado imposto pela reestruturação produtiva.

Havia ainda dentro da própria CUT um debate entre os socialistas, que defendiam o confronto e a luta aberta de classes e outros (de cariz) social-democrata que eram favoráveis à estratégia da participação dentro da lógica do capital para aos poucos ir dominando e emparedando o capital, além da Força Sindical, que desde sua criação em 1990 defendia o sindicalismo de resultados.

Com a mudança do cenário econômico no planeta, a mundialização do capital, a reestruturação produtiva, a ofensiva neoliberal, e a financeirização da economia, o cariz propositivo e de resultados torna-se hegemônico no movimento sindical, firmando uma parceria com o capital.

Esta nova direção deixa o trabalho ainda mais refém da lógica capitalista, na medida em que hoje não apenas o domina pela força, mas apropria-se de sua dimensão subjetiva, conquistando sua permissão para o processo de exploração e submissão, enfraquecendo a possibilidade e a potencialidade de tomada de consciência de classe e de reação diante das investidas do capital.

Consolida-se, a partir deste momento a via da concertação social no meio sindical, que busca "dissolver" o antagonismo de classes, estabelecer a cooperação conflitiva, adotando a política do ganha-ganha e da convergência de interesses, propõem-se a abertura de diálogo com o capital. Diálogo este que acabou sendo limitado, na medida em que permaneceu dentro da sua lógica. Até conseguiu impor alguns limites às investidas do capital, mas permaneceu consultivo, sem poder decisório efetivo, já que esta prerrogativa sempre foi e continua sendo do capital.

A partir dos anos 90 a crise que se abateu sobre o movimento sindical de cariz classista e de enfrentamento conforma um colapso estrutural no movimento organizado dos trabalhadores que passam a adotar uma direção neocorporativista e propositiva.

Os analistas da crise que se abate sobre o movimento sindical e a inércia em reagir, imputam essa desesperança ao abatimento sofrido pelo fracasso das experiências de socialismo real. Este fato pode ter sido um dos determinantes, mas com certeza não foi o único. Estão presentes neste cenário e que não podem ser desprezados, a mudança do processo de produção com a introdução de um padrão toyotista flexível, a reestruturação produtiva e a ofensiva neoliberal. Todos convergindo para mais uma vez abater o poder da classe trabalhadora na luta contra o capitalismo.

O contexto que se forjou a partir da confluência de todos estes elementos foi um cenário no qual o trabalhador emerge com grande dificuldade de identificar qual seu lugar na luta contra o capital, além de ele passar a "consentir" a exploração, não se percebendo como explorado, graças às novas estratégias de gerenciamento da força de trabalho que promovem a subsunção do trabalhador e a captura de sua subjetividade, além de produzir uma nova exclusão social,[17] que aparece reificada para aqueles que a vivem e para a sociedade como um todo.

O PROCESSO DE CONSCIÊNCIA, OS SINDICATOS E A EMANCIPAÇÃO HUMANA

No movimento real, a classe proletária ao não concluir o seu ciclo revolucionário acaba por novamente se imiscuir na situação que sua ação teria tentado negar e superar, e "retorna" à sociedade e à posição de indivíduos em concorrência, não mais se reconhecendo como sujeitos históricos universais, únicos capazes de construir, pela ação revolucionária, novas relações de produção e sociabilidade.

Iasi (2011) ao falar sobre emancipação faz uma distinção necessária entre emancipação política e emancipação humana. A primeira só é possível dentro da sociabilidade burguesa, contudo é abstrata. Já a última é a que verdadeiramente resgata o mundo e as relações sociais e o restitui ao próprio homem. Seu alcance está necessariamente implicado com a capacidade de organização e articulação da classe proletária, mas também e talvez primariamente com o processo de consciência, que segundo Iasi (2011) não é linear, muito menos contínuo. Ele implica elementos subjetivos, históricos, familiares, e se dá dentro de um movimento dialético, no qual há rupturas e superações com continuidades, onde o novo está sempre na presença do antigo e vice-versa. Ora avançando e, em outros momentos, retrocedendo.

No Brasil, o momento presente configura exatamente este processo. Após passar por uma fase de agudização da luta de classes na qual ficaram claro os interesses antagônicos, na qual houve forte mobilização e controles sociais, via

[17] Só para ilustrar esta relação, com o fenômeno da terceirização, os índices de ausência de equipamentos de segurança, trabalho sem registro e jornadas mais extensas não ultrapassam 5% da força empregada por esta modalidade, o que demonstra uma efetiva melhora nas condições de trabalho, mas alarma saber que a diminuição dos benefícios sociais para a força de trabalho terceirizada alcança 72,5%, bem como os salários pagos aos terceiros é mais baixo do que para aqueles com contrato permanente em 67,5% dos casos. (ALVES, 2000, p. 269).

partidos, movimentos sociais e sindicatos os quais se fizeram muito presentes nos debates e nas instâncias decisórias, conseguiram impingir ao capital algumas derrotas, como muitos dos itens constantes na Constituição de 88, o cenário hoje é de retrocesso sem precedentes.

O ciclo foi encerrado com o retorno do "movimento" à lógica e à sociabilidade burguesas em diversas dimensões, entretanto se percebido como ciclo e não como fim da história, traz em si a potencialidade de vir a ser diferente, traz em si a possibilidade de se construir outro cenário, cabendo ao sujeito histórico retomar seu papel, reconstruir-se, reconfigurar-se, reencontrar-se para mais uma vez avançar na luta pela construção de uma nova sociedade capaz de estabelecer-se a partir da emancipação humana.

CONSIDERAÇÕES FINAIS

Marx, através de sua teoria social, forneceu aos homens em geral e aos trabalhadores em particular subsídios e bases para que lutássemos pela construção de uma sociedade mais justa e igualitária onde não deveria haver necessidade de adaptação do homem a qualquer organização do trabalho, mas sim do trabalho ao homem.

O sindicalismo mundial bebeu desta fonte, e teve sua trajetória de lutas marcada pelo paradigma marxiano, mas não conseguiu ainda hoje, superar o modelo capitalista nem tão pouco suas mazelas; no máximo impôs limites que não ameaçavam a lógica do capital. A história mostrou que pelo contrário, enquanto os movimentos coletivos dos trabalhadores reivindicavam melhores condições objetivas de trabalho, o capital promoveu estudos e pesquisas neste ramo, produzindo inovações gerenciais que vêm prometendo "felicidade", identidade e realização para aqueles que se adaptarem à sua cultura organizacional, se apropriando da dimensão subjetiva na relação do homem com o trabalho.

O próprio Marx que "n'*O Manifesto Comunista*" (1977) colocou uma visão mais estruturalista da sociedade dividindo-a entre capital e trabalho, avançou e ampliou sua análise a partir da apreciação e estudos que fez da revolução promovida por Napoleão na França exposto no texto *O 18 brumário*" (2011), no qual identifica 13 classes e frações de classes envolvidas naquela luta, naquele contexto, demonstrando que suas análises e julgamentos precisariam desvendar e identificar as diversas mediações e determinações presentes.

Em seu livro *O Capital*, vol. 1, o autor também identificou diversos elementos envolvidos na correlação de forças na sociedade capitalista que não necessária e logicamente estariam claras, como quando reconheceu o papel dos inspetores de fábrica, agentes do Estado britânico como guardiões dos direitos do trabalhador.

Sua análise da formação social acabou se complexificando e reconhecendo que há muito mais interesses em cena do que os de somente duas classes sociais antagônicas, o que nos levar a inferir que olhar para a esfera do trabalho e ver apenas trabalhadores vítimas do capital é subestimar a força desta classe e tirar deles e de outros atores sociais a possibilidade de reação e transformação da realidade, não percebendo as reais mediações presentes.

A crise estrutural enfrentada pelos sindicatos hoje não significa o fim do movimento sindical classista, mas um momento de reestruturação, oportunidade de retomar os laços políticos com a luta pela emancipação humana, a partir da análise do passado e da aproximação com outros atores e movimentos sociais.

Conforme aponta Alves (2000) as saídas estão colocadas dentro do próprio contexto de crise que vivemos e Marx já falava que o capital é uma contradição viva, mas a contradição em si não resulta num processo revolucionário, ela é apenas a possibilidade. Precisamos apreender estas contradições. Na negatividade encontraremos a possibilidade de erigir um novo movimento de resistência e oposição à lógica e à ordem do capital de forma a poder caminhar na direção de sua superação.

No cenário contemporâneo, o sindicalismo continua sendo uma arma do trabalho contra os abusos do capital e um ator fundamental na construção de uma nova sociabilidade, mas para tanto é necessário que o mesmo retome sua potencialidade de se contrapor à ordem capitalista. A estratégia adotada pelo movimento sindical a partir dos anos 90 se revela um círculo vicioso perverso, pois debilitou o poder sindical na medida em que o coloca cooperativo e dentro da lógica de mercado, enfraquecendo seu poder de representatividade e de engendrar obstáculos efetivos ao avanço deste capital. Esta postura precisa ser superada. É importante que se diga que esta (re)tomada de consciência de classe tem como espaço prioritário a esfera do trabalho, já que esta sempre foi e continua sendo um dos espaços capazes de instaurar uma nova sociabilidade e na qual a contradição da sociedade capitalista se assenta e se estabelece.

A existência de classes antagônicas é condição ontológica do capitalismo, e entre as formas de resistência engendradas no decorrer da história contra o capital, somente aquelas que optaram pelo confronto sem perder o cariz classista conseguiram ser interlocutoras capazes de impor limites ao capital. Mas hoje esta resistência não pode mais se circunscrever à esfera da produção, é preciso generalizar a resistência, agregar-se a outros movimentos sociais, unificar a bandeira de lutas e entender que o cerne de toda desigualdade social e injustiça está na ordem burguesa e não se circunscreve a diferenças outras presentes, "secundárias" diante da contradição capital X trabalho. O movimento sindical dos trabalhadores é fundamental, mas não é suficiente.

Precisamos pensar estratégias para as ações que cooptam a subjetividade do trabalhador e estimulem um olhar crítico para a realidade, para que percebam que continuam sendo explorados, mas que hoje isto é consentido. Estratégias que podem ser forjadas em outras esferas que não só a da produção. Precisamos estabelecer alianças, solidariedade de classes com atores e movimentos sociais, inserir os "novos" excluídos sociais neste movimento, que também não se conformam com a lógica do egoísmo de fração, como denunciou Gramsci, para construir a consciência de classe, superando a visão estreita de que suas agendas reivindicatórias estão circunscritas àquilo que as atinge e que são conflitantes.

Existem focos de resistência, devemos identificá-los e nos unir a eles, há insatisfações e contradições objetivas (e estruturais, segundo Alves (2000)). Precisamos retomar a luta em escala planetária e não mais como práxis sindical, mas como práxis política e ideológica de classe (ALVES, 2000). É necessário resgatar a solidariedade como valor universal do proletariado,[18] superar a fragmentação imposta pela sociabilidade burguesa e pelo ideário neoliberal, pois se continuarmos com movimentos sociais pautados no egoísmo de classe e com sindicalismo propositivo e colaborativo a potência da classe trabalhadora continuará cada vez mais neutralizada. "Abrimos mão do nosso desejo e nos rendemos à satisfação da sobrevivência imediata". (IASI, 2011, p. 34).

Precisamos superar a posição de indivíduos em concorrência e reconhecer a nossa situação de injustiça na injustiça do outro, superar o sentimento de revolta e torná-lo força organizativa capaz de engendrar ações para alterar o que efetivamente causa a desigualdade.

Fazendo nossas as afirmações de Iasi (2011), "O que se exige é um esforço do indivíduo capaz de conceber, ao mesmo tempo, a fraqueza da pessoa, seu caráter transitório e a percepção no outro, a continuação da obra coletiva que é a história" (op cit, 2011, p. 41). Pode parecer um sonho, mas "Para aqueles que encontrám um ponto de inserção adequado à sua sobrevivência dentro da ordem do capital, esta é uma alternativa, mas para a humanidade não". (op cit, 2011, p. 74).

REFERÊNCIAS

ALVES, Giovanni. **O novo (e precário) mundo do trabalho**: reestruturação produtiva e crise do sindicalismo. São Paulo: Boitempo, 2000.

ANTUNES, Ricardo. **Os sentidos do trabalho.** São Paulo: Boitempo, 2009.

GUARANY, Alzira M. B. **Trabalho docente, carreira doente**: elementos que impactam a saúde mental dos docentes da Universidade Federal do Rio de Janeiro. Tese de doutorado, apresentada à ESS/UFRJ, dez/2014.

HARVEY, David. **Condição pós-moderna**: uma pesquisa sobre as origens da mudança cultural. Rio de Janeiro: Edições Loyola, 1994.

IASI, Mauro Luis. **Ensaios sobre consciência e emancipação.** São Paulo: Expressão Popular, 2011.

[18] Segundo Iasi (aulas no Programa de Pós-Graduação da ESS/UFRJ) o proletariado hoje não é o mesmo daquele descrito por Marx, mas foi e continua sendo a única força motriz revolucionária, sua negatividade diante do capital é a única capaz de enfrentá-lo e superá-lo.

MARX, K. **O 18 brumário de Luís Bonaparte**. São Paulo: Boitempo, 2011.

________. **O capital** – O processo de produção do capital. Livro 1, v. 1. Rio de Janeiro: Civilização Brasileira, 2004.

________. **Coleção Os Pensadores,** São Paulo: Abril, 1978.

MARX, Karl; ENGELS, F. **A ideologia alemã**. 9. ed., São Paulo: Hucitec, 1993.

________. **Manifesto comunista.** Coleção Textos, vol. III. São Paulo: Edições Sociais, 1977.

ROSSI, Waldemar; GERAB, William Jorge. **Para entender os sindicatos no Brasil**: uma visão classista. São Paulo, Expressão Popular, 2009.

SANTANA, M. A.; RAMALHO, J. R. **Além da fábrica.** São Paulo: Boitempo, 2003.

SENETT, Richard. **A corrosão do caráter**. Rio de Janeiro: Record, 1999.

SZNELWAR, Laerte I.; LANCMAN, Selma (orgs.). **Christophe Dejours**: da psicopatologia à psicodinâmica do trabalho. Rio de Janeiro: Fiocruz, 2004.

CAPÍTULO 31

REPRESENTAÇÃO COLETIVA DOS TRABALHADORES EM PLATAFORMAS DIGITAIS

SIDNEI MACHADO[1]

1. INTRODUÇÃO

A transformação digital das empresas e a economia de plataformas são um processo social em desenvolvimento, cujos impactos sociais e limites ainda não estão definidos. As mudanças provocadas pela digitalização do trabalho devem ser mediadas por fatores tecnológicos, sociais e institucionais e, também, pelos atores sociais.

No âmbito do mundo do trabalho, a revolução tecnológica dos últimos vinte anos suscita muitas questões sobre emprego, condições de trabalho, qualificação jurídica do serviço, proteção social e relações coletivas de trabalho, para mencionar alguns temas nucleares. No campo específico do trabalho mediado por plataformas digitais, as condições flexíveis e precárias de execução do serviço, em geral por meio do modelo "independente", se dão sem a garantia de um trabalho decente. Esse é o panorama apresentado num amplo informe da Organização Internacional do Trabalho, resultado de uma pesquisa aplicada em 75 países (OIT, 2019).

O trabalho em plataformas digitais em muitos aspectos se assemelha aos modelos de trabalho clássicos. A diferença principal é o emprego de tecnologia como intermediário e, por outro lado, o uso do modelo de trabalho independente. Do ponto de vista específico do exercício dos direitos coletivos, a questão central é como garantir a esses trabalhadores a representação coletiva e os direitos derivados da liberdade sindical e da negociação coletiva.

1 Professor Adjunto de Direito do Trabalho da Universidade Federal do Paraná (UFPR). Pós-Doutor em Direito pela Université Paris Nanterre.

Os objetivos deste artigo são dois: primeiro, analisar os desafios e as possibilidades de representação coletiva ou de intervenção sindical no trabalho mediado por plataformas a partir de modelo de representação sindical brasileiro; segundo, inventariar algumas práticas de organização e representação coletiva, institucionalizadas ou não, em emergência.

2. O DESAFIO DA REPRESENTAÇÃO

A partir de um quadro mais amplo de generalização da precariedade do trabalho, os impactos tecnológicos concorrem com o fenômeno da globalização, financeirização, transformações no modelo de emprego e fragmentação das cadeias produtivas. Esses fatores, que colocam novos desafios a respeito de como proteger esse trabalho, assegurando direitos individuais e coletivos, se agregam aos problemas tradicionais de capacidade de representação e de contratação coletiva dos trabalhadores.

Afora a natureza fragmentária do trabalho por plataformas digitais, a ela também se associa o movimento de desregulação do trabalho, a exemplo da Reforma Trabalhista brasileira de 2017, que reforça o trabalho por conta própria e promove e valoriza o autoempregado. Esse movimento reformista também fragiliza a organização e atuação dos sindicatos, na medida em que as categorias construídas a partir do modelo fordista do contrato de trabalho e da negociação coletiva são desmanteladas.

São muitas questões derivadas desse panorama de riscos e ameaças aos movimentos sociais e sindicais, com o perigo de instituição de um mercado de trabalho paralelo e precário (DEGRYSE, 2017). No entanto, a preocupação central, a partir da perspectiva do Direito do Trabalho, é que essas plataformas promovem o trabalho independente e, portanto, não respeitam os direitos dos trabalhadores a um contrato de trabalho e, consequentemente, aos direitos coletivos inerentes à organização sindical e à negociação coletiva.

No caso brasileiro, a expansão das plataformas digitais pode ter impacto mais acentuado ante a combinação de fatores estruturais de precariedade do mercado de trabalho com as formas introduzidas pela ampla desregulação do trabalho na Reforma Trabalhista de 2017 (Lei n. 13.467/2017).

Uma outra perspectiva de análise de direitos coletivos indica que o exercício do direito liberdade de associação e de negociação coletiva não deve estar vinculado à qualificação do contrato de trabalho dos trabalhadores por plataformas. A OIT, em seu informe de abril de 2016, destaca sua declaração de 2006 a respeito dessa garantia. Da perspectiva da Declaração de Princípios e Direitos Fundamentais do Trabalho, editada em 1998 pela Organização Internacional do Trabalho, à qual os Estados-Membros da OIT se vinculam, um dos quatros eixos é precisamente o compromisso de promoção da liberdade sindical e reconhecimento efetivo do direito à negociação coletiva (OIT, 2006). A Declaração aplica-se a todos, independentemente de estarem ou não regidos por uma relação de trabalho.

Em conflito coletivo de trabalho na Argentina entre a empresa RAPPI ARG S.A.S. e trabalhadores organizados (Asociación de Personal de Plataformas), apreciado pela Justicia Nacional del Trabajo através do Juzgado Nacional de Primera Instancia del Trabajo n. 37 de Buenos Aires, em 19 março de 2019 (EXPTE n. 46618/2018), discutiu-se precisamente a existência ou não de direito à liberdade sindical desses trabalhadores, criando um importante precedente judicial em matéria de direitos coletivos. A empresa RAPPI havia descredenciado das plataformas um grupo de trabalhadores vinculado à Asociación de Personal de Plataformas, por terem realizado denúncias sobre condições de trabalho na qualidade de dirigentes sindicais. A sentença reconheceu que o bloqueio dos membros da comissão diretiva implicou uma "*franca transgresión a la garantía de libertad sindical que reconoce nuestra Carta Magna en sus artículos 14 bis, el Convenio 87 de la OIT*". A decisão também incorporou uma importante premissa de que "*la ley laboral establece que si hay prestación de servicios se 'presume la existencia del contrato de trabajo*'"; ou seja, os direitos coletivos dos trabalhadores estão assegurados independentemente de prévia qualificação da natureza trabalhista da relação, bastando para tanto a mera presunção.

De fato, a legislação brasileira não faz nenhuma proibição do exercício desse direito por trabalhadores autônomos. É verdade que a negociação coletiva clássica é baseada na relação de emprego, e seu reconhecimento automaticamente motivaria o exercício desses direitos coletivos. Contudo, a Constituição brasileira não impõe restrição à liberdade de associação e de negociação coletiva aos trabalhadores independentes. A questão é que o modelo regulado na legislação infraconstitucional está estruturado numa relação de trabalho subordinado e numa organização de trabalhadores pelo critério de categoria profissional. Entretanto, a representação coletiva mais geral, para além da categoria profissional, tem amparo no texto da nossa Constituição. Desse modo, restrições à liberdade sindical não podem ser impostas aos trabalhadores de plataformas, sob pena de se caracterizarem atos discriminatórios e antissindicais.

3. A FUNÇÃO DA REPRESENTAÇÃO COLETIVA

A segunda questão que surge, de uma perspectiva coletiva da representação do trabalho por plataformas, é o dilema da estratégia e modo de ação do movimento social e sindical: defender os empregos tradicionais no mercado de trabalho e seus direitos ou organizar os novos trabalhadores precários, externalizados e contratados basicamente por tarefas, num espaço totalmente desregulado. Num contexto de mercado desregulado, inexiste o contrato de trabalho, não há contribuição à seguridade social ou outra obrigação legal, e o trabalho é vendido no preço do mercado. Nesse espaço, o Direito do Trabalho e os sindicatos estão totalmente excluídos (DEGRYSE, 2017). Assim, precede ao Direito e à organização coletiva em sindicatos uma tomada de posição destes perante as plataformas digitais.

Na hipótese de uma estratégia por meio de uma ação de representação sindical, surge para os sindicatos o fato de que as plataformas digitais, por seu próprio modelo de negócios, não se consideram empregadoras e se encontram dispersas e ocultas no negócio das plataformas. O outro obstáculo é como organizar coletivamente esses trabalhadores para a negociação coletiva, já que atuam em diferentes modelos de plataformas, com distintos modos de remuneração e estrutura local ou global. Uma das características da economia digital é a sua flexibilidade externa do tipo pós-fordista, o que gera uma dificuldade de enquadramento no modelo clássico de representação sindical.

Além do problema generalizado do uso do contrato por conta própria como mecanismo para que a empresa se exima das obrigações decorrentes do contrato de trabalho, entre elas o exercício do direito coletivo dos trabalhadores, há outras duas questões: como podem participar os sindicatos na representação dos trabalhadores por plataformas digitais? Como ingressar nessas empresas digitais?

Sobre a primeira questão, o problema é o desafio de atuação, considerando que o modelo normativo da organização sindical brasileira ainda permanece delimitado pela noção de "categoria profissional" (CLT, art. 511). É impreciso justificar a ideia de "categoria" de trabalhadores por plataformas. Em relação à segunda questão, o problema é que a "empresa digital" se apresenta como um ente deslocalizado e difuso, de difícil identificação e localização, não raro organizado com distintas identidades opacas e ocultas, o que também representa um desafio para fixação de uma base de representação.

Por sua vez, o problema central da representação é a heterogeneidade cada vez maior desses contratos de serviços. O acesso aos direitos sindicais é muito problemático para os trabalhadores que atuam sob demanda, com características de uma atividade intermitente e independente que, de tempos em tempos, vincula o trabalhador ao empregador ou ao cliente. A perda do sentido de pertencimento ao coletivo gera dificuldades para unificar o interesse coletivo heterogêneo e fragmentado e, também, para mobilizar e organizar de maneira eficiente a representação.

Por último, a liberdade sindical é admitida quando há um correto enquadramento da relação de trabalho entre prestador e plataforma digital tomadora. Ocorre que o trabalho por meio de plataforma digital tem similaridade com um regime de trabalho subcontratado, que no caso brasileiro não tem um regime especial de representação, pois o modelo nacional é ainda ancorado na representação pelo critério do enquadramento da categoria profissional.

4. CARACTERÍSTICAS DA PRÁTICA DA AÇÃO COLETIVA

A despeito dos muitos impasses de representação coletiva, a ação coletiva dos trabalhadores em plataformas digitais é movimento em ascensão no Brasil e em diversos países. A partir de uma pesquisa avançada em publicações, notícias, portais de internet, páginas de Facebook e redes sociais de Twitter e grupos de WhatsApp, constata-se um número significativo de coletivos organizados. Essas organizações se dão em grande diversidade de formas: sindicatos, associações ou coletivos de redes sociais não institucionalizados. A descrição das principais características desses grupos é um elemento relevante para detectar as tendências dessas práticas que se instituem. No Brasil, no âmbito das plataformas digitais, em diversos estados, foram criados sindicatos, principalmente no setor de transporte de passageiros e de entregas em domicílio, conforme os exemplos que se seguem.

O Sindicato dos Motoristas Autônomos de Transporte Privado Individual por Aplicativos (Sindmaap),[21] criado em Brasília, organiza motoristas privados que trabalham por meio de convênio com aplicativos. Segundo seus estatutos, a entidade pretende garantir melhores condições de trabalho e conseguir direitos para essa categoria. Seus principais objetivos são reduzir as taxas dos aplicativos e o valor do combustível e dos veículos para fins exclusivos de trabalho nesse setor.

Com características similares, há o Sindicato dos Trabalhadores com Aplicativos de Transportes Terrestres (STATTESP), criado no Estado de São Paulo.[32] Entre suas pautas encontram-se também as reivindicações da isenção de IPVA, da possibilidade de utilização de corredor quando estiver com passageiro e do Fundo de Amparo ao Trabalhador, facilitando a compra de veículos zero km.

No Pará, o Sindicato de Motoristas de Transportes por Aplicativo (Sindtapp), criado em 2018, informa promover segurança e apoio aos motoristas, disponibilizando "advogado, seguro de vida, planos especiais de empresa de telefonia, plano de saúde, facilidades para aquisição de carro próprio, serviço de rastreamento próprio" e, ainda, um aplicativo de transporte de passageiros em que o motorista fica com 100% do faturamento: o Lets Go Drivers, aplicativo que é do próprio Sindtapp para uso gratuito por seus filiados coproprietários.[43] No Estado da Bahia, o Simactter-BA, criado em 2017, atua como Sindicato dos Motoristas por Aplicativo e Condutores de Cooperativas do Estado da Bahia.[54]

No âmbito das associações de motoristas de aplicativos criadas nos últimos três anos, estas têm como finalidades atender às necessidades básicas de seus associados, disponibilizar benefícios variados, além de estabelecer parcerias que viabilizam condições mais adequadas para seus afiliados. Exemplos são a AMPA-RS,

---

2 http://sindmaap.org.br.

3 http://stattesp.com.br/.

4 https://pt-br.facebook.com/sindicatodemotoristadeaplicativo.

5 https://pt-br.facebook.com/simactterba/.

Associação dos Motoristas Particulares e de Aplicativos do Rio Grande do Sul,[65] e a AMASP, associação de São Paulo.[76]

As redes sociais se tornaram um meio de reunir os motoristas para que possam dialogar, trocar informações e promover ações coletivas. Há um grande número de grupos no Brasil, a exemplo do Driver Elite Club (DEC) e do Spartas Drivers.

Na ação coletiva, tanto os sindicatos de aplicativos quanto as associações têm atuações bastante similares, de natureza preponderantemente assistencial, com o fornecimento de serviços, e não se identifica em seus estatutos a ênfase na representação coletiva dos trabalhadores.

Os grupos de redes sociais de auto-organizações, em regra não formais, sem grande hierarquia, atuam como fonte de informações, com possibilidade de mobilizações pontuais para reivindicar melhoria nas condições básicas de trabalho, a exemplo de demandas por melhor atendimento da plataforma e de aumento de remuneração. Diferentemente de organizações de outros países que reivindicam o reconhecimento da relação de trabalho – a exemplo do Sindicato Free Riders, da Espanha, e do Riders Union Bologna, na Itália –, esses grupos não se organizam como esse objetivo central. Os grupos organizados em redes sociais surgem basicamente daqueles que exercem a mesma tarefa (entrega de comida, por exemplo) e a suas reivindicações são muito específicas (problema de comunicação com a plataforma, por exemplo).

Não há registro de experiências no Brasil de atuações visando ao estabelecimento de processo de negociação coletiva, ou mesmo a reivindicação do estabelecimento de um código de conduta pelas plataformas digitais, com padrões de trabalho justo, que reforcem as melhores práticas na relação entre plataformas digitais e seus prestadores de serviços.

5. CONSIDERAÇÕES FINAIS

O impacto da expansão das plataformas digitais e das redes de subcontratação tem efeitos desiguais nas diversas regiões, sugerindo ser necessário garantir um modelo básico de representação e de ação coletiva desses trabalhadores. Para além da dicotomia trabalho subordinado *vs.* autônomo, é preciso garantir o direito à liberdade sindical e à negociação coletiva, direitos esses que têm, no caso brasileiro, amparo no texto constitucional.

Por outro lado, constata-se que há no Brasil iniciativas de representação e de ação coletiva, mas elas não reivindicam o modelo de representação tipicamente sindical. Embora algumas entidades tenham sido criadas como sindicatos, suas

---

6 https://pt-br.facebook.com/ampars999/.

7 https://amasp.org/.

ações têm características assistenciais (caso de sindicatos e associações) ou de iniciativa de resistência e denúncias (caso dos grupos de Facebook e WhatsApp).

Uma efetiva representação coletiva pode ter impacto na melhoria das condições laborais desses trabalhadores. São diversos os possíveis espaços de intervenção via representação na negociação em temas de remuneração, tempo de trabalho, formação profissional e em segurança e saúde. Os direitos de personalidade também podem ser objeto de regulação, em especial quanto à conjugação das regras convencionais existentes nesta matéria com as regras em matéria de proteção de dados.

REFERÊNCIAS

BRASIL. *Decreto-Lei n. 5.452, de 1º de maio de 1943*. Disponível em: http://www.planalto.gov.br/ccivil_03/Decreto-Lei/Del5452 .htm. Acesso em: 1º nov. 2019.

DEGRYSE, Christophe. *Façonner le monde du travail dans l'économie digitale*. Institut Syndical Européen (ETUI), Janvier 2017. Disponível em: http://www.etui.org/fr/Publications2/Notes-de-prospective/Faconner-lemonde-du-travail-dans-l-economie-digitale. Acesso em: 31 out. 2019.

FAIOLI, Michele. Jobs APP gig-economy e sindacato. *Rivista Giuridica del Lavoro e della Previdenza Sociale*, n. 2, p. 291-305, apr. 2017.

FUCHS, Christian. Dallas Smythe and Digital Labor. *The Routledge Companion to Labor and Media*, New York, p. 51-62, 2015.

OIT – ORGANIZAÇÃO INTERNACIONAL DO TRABALHO. *Digital labour platforms and the future of work*: Towards decent work in the online world. Geneva: OIT, 2018. Disponível em: https://www.ilo.org/global/publications/ books/WCMS_645337/lang--en/index.htm. Acesso em: 1º nov. 2019.

OIT – ORGANIZAÇÃO INTERNACIONAL DO TRABALHO. Oficina Internacional del Trabajo. *Freedom of association:* Digest of decisions and principles of the Freedom of Association Committee of the Governing Body of the ILO. 5. ed. rev. Ginebra: OIT, 2006. [Ed. esp.: La libertad sindical: recopilación de decisiones y principios del Comité de Libertad Sindical del Consejo de Administración de la OIT, Ginebra, OIT, 2006, 5. ed. rev.].

OIT – ORGANIZAÇÃO INTERNACIONAL DO TRABALHO. Oficina Internacional del Trabajo. *Las plataformas digitales y el futuro del trabajo:* Cómo fomentar el trabajo decente en el mundo digital. Ginebra: 2019.

SÖDERQVIST, Carl Fredrik; BERNHARDTZ, Victor. *Labor Platforms with Unions.* Discussing the law and economics of a swedish collective bargaining framework used to regulate gig work. March 15, 2019. Disponível em: https://entreprenorskapsforum.se/wp-content/uploads/2019/03/WP_57.pdf. Acesso em: 1º nov. 2019.

TREBOR, Schols. *Cooperativismo de plataforma.* Contestando a economia do compartilhamento corporativa. Tradução e comentários de Rafael A. F. Zanatta. Fundação Rosa Luxemburgo. 2016. Disponível em: http://www. bibliotecadocomum.org/files/original/3095b4a7fcfc0766a9321bb65f5e9d93.pdf. Acesso em: 1º nov. 2019.

CAPÍTULO 32

LA LEY 10/2021 DE 9 DE JULIO, DE ESPAÑA, SOBRE EL TRABAJO A DISTANCIA: ¿UN MARCO NORMATIVO QUE SATISFACE EL EJERCICIO DEL DERECHO DE REPRESENTACIÓN DE LOS TRABAJADORES A DISTANCIA?[1]

Fernando Fita Ortega[2]

1. OBSOLESCENCIA DE LA NORMATIVA SOBRE REPRESENTACIÓN UNITARIA EN EL ÁMBITO DEL TRABAJO A DISTANCIA Y LA OPORTUNIDAD DERIVADA DE LA NORMATIVA DE EMERGENCIA COMO CONSECUENCIA DE LA PANDEMIA DE LA COVID-19

La normativa laboral, surgida de la contestación social a la situación de explotación laboral en la industria a finales del siglo XIX y principios del siglo XX, sigue manteniendo, en buena medida, una visión de las relaciones laborales anclada en aquella realidad. Este es un escenario constatable a pesar de las innumerables reformas que han sufrido los textos normativos laborales con objeto de aproximar la ley al mutable contexto político, social y económico en el que ha tenido que aplicarse. Así, si bien es cierto que la norma laboral española se ha amoldado con relativa rapidez a los variables contextos políticos (incorporando, por ejemplo, las reformas necesarias para adaptar, con mejor o peor fortuna, el

---

[1] Este trabajo se inscribe en el trabajo y resultados del Proyecto DER2017-83488-C4-3-R "Los derechos fundamentales ante el cambio del trabajo subordinado en la era digital" financiado por el Ministerio de Ciencia, Innovación y Universidades, la Agencia Estatal de Investigación y FEDER. El texto del artículo ya fue publicado en la revista TEMAS LABORALES. Revista andaluza de trabajo y bienestar social. núm.156/2021. P gs. 125-148.

[2] Profesor T.U. de Derecho del Trabajo y de la Seguridad Social de la Universidad de València (España). Miembro del Grupo de Investigación "Sindicalismo" (UDF/CNPq).

texto del Estatuto de los Trabajadores a las exigencias normativas de la Unión Europea) y económicos (dotando de adaptabilidad a la norma laboral en nombre de la flexibilidad primero, y de la llamada "flexiguridad" después, con objeto, según se nos dice, de proteger la eficiencia productiva de las empresas en un contexto de mundialización económica), no ha sucedido lo mismo con los cambios productivos que han incidido en la realidad sobre la que descansan los intereses a regular en el seno de las relaciones de trabajo.

De este modo, la normativa laboral se sigue construyendo en torno a una imagen de relaciones bilaterales, que contrapone intereses de trabajadores frente a los de empresarios, en un modelo productivo que continúa girando en torno a la empresa (ampliación de aquella fábrica que dio origen a la cuestión social, génesis de derecho del trabajo, pero compartiendo la idea de coexistencia de los trabajadores en un mismo espacio geográfico y temporal), y en una dimensión estrictamente nacional, cuando la realidad productiva ha hecho saltar por los aires ese corsé bilateral, fabril, y nacional, al incluir, con la descentralización productiva, a terceros sujetos hasta no hace tanto inexistentes; al ubicar a los trabajadores fuera del espacio geográfico de la empresa; y, por último, al superar las fronteras nacionales como consecuencia de las deslocalizaciones, de la competencia internacional, así como del desplazamiento internacional de trabajadores.

Dejando de lado, en este análisis, la dimensión supranacional de las relaciones de trabajo – intensificada como consecuencia de los anteriores factores-, interesa aquí destacar la falta de adaptación de la norma laboral al nuevo contexto productivo, y, en particular, insistir en el hecho de cómo la dimensión colectiva de las relaciones de trabajo no ha evolucionado en función del cambio experimentado en el modo de producir. Y ello a pesar de la oportunidad que ha brindado la nueva normativa de emergencia aparecida a raíz de la COVID-19. Como ejemplo de esta situación cabe referirse a la regulación sobre el trabajo a distancia, que escasa preocupación suscitó en el legislador en el pasado[3], hasta la convulsión que en las relaciones laborales ha supuesto la pandemia COVID-19, sucediendo algo parecido con la afectación de las nuevas tecnologías al mundo del trabajo

---

[3] El artículo 13 del Estatuto de los trabajadores de 1980, inicialmente intitulado "contrato de trabajo a domicilio" solamente fue afectado, hasta la aparición del Real Decreto-ley 28/2020, de 22 de septiembre, por una modificación legal en el año 2012 (Real Decreto-ley 3/2012 de 10 de febrero, posteriormente convertido en la Ley 3/2012, de 6 de julio, que efectúa una mínima modificación en el texto del artículo al hablar de formación profesional para el empleo en lugar de formación profesional continua), por la que, además de modificarse el título del precepto por el de "trabajo a distancia" se reforzaron los derechos de estos trabajadores en aspectos tales como protección de la seguridad e higiene, aspectos formativos, movilidad a un trabajo presencial a efectos de facilitar su promoción o equiparación de derechos a los trabajadores presenciales, más allá de las condiciones meramente retributivas. Sin embargo, se perdió una primera oportunidad para incidir en los derechos de representación de los trabajadores (NIETO ROJAS, P., *La representación de los trabajadores en la empresa. Estructura, ámbito y función*, 2015. p., 325) Tesis doctoral. Disponible en: https://earchivo.uc3m.es/bitstream/handle/10016/21492/patricia_nieto_tesis.pdf?sequence=1&isAllowed=y (último acceso, 25 noviembre 2020).

dependiente y por cuenta ajena[4] o con el derecho a la desconexión, que, si bien se recogió en la normativa española poco tiempo antes de la pandemia COVID-19, ha sido a partir de este momento cuando se ha desarrollado una mayor conciencia sobre este derecho. En todo caso, la crítica que cabe realizar a la atención del legislador sobre estos temas no alcanza solamente al retraso temporal, si no a lo limitado de la intervención normativa, en, cuando menos, el ámbito del derecho a la representación de los trabajadores en la empresa.

2. LA INCIDENCIA DE LA PANDEMIA EN LA REGULACIÓN DE LA REPRESENTACIÓN DE LOS TRABAJADORES A DISTANCIA EN LA EMPRESA

La incorporación de nuevas regulaciones dirigidas, bien a superar la situación de emergencia provocada por la COVID-19 en el ámbito de las relaciones de trabajo, bien a dar respuesta a las lagunas normativas de algunas instituciones jurídicas que se han revelado insuficientes, ha afectado, aunque de forma más tímida de lo deseable, al rediseño de algunas instituciones del derecho laboral español. De este modo, y por lo que se refiere a las actuaciones normativas del legislador español, cabe referirse a la Ley 10/2021, de 9 de julio, por la que se ha efectuado una regulación más cercana a la realidad del trabajo a distancia.

Las reacciones de los legisladores en la situación de emergencia provocada por la pandemia ha sido muy similar en muchos países de Europa y América, consistiendo una de las primeras medidas adoptadas en fomentar el teletrabajo como vía más eficiente de combinar la restricción de la movilidad, el aislamiento social (ambas indispensables para intentar controlar el avance de la pandemia) y la continuación de la actividad productiva, tan necesaria para no hacer colapsar el sistema económico y productivo. De este modo, en el caso español, el Real Decreto-ley 8/2020, de 17 de marzo, fue la primera de esta normativa de la emergencia en reconocer la trascendencia del trabajo no presencial *"para poder conjugar las necesarias medidas de aislamiento y contención en la propagación del virus y, al mismo tiempo, garantizar la continuidad en el ejercicio de numerosas actividades empresariales, económicas y sociales"*, fijando el carácter preferente del trabajo a distancia (art. 5).

En ese momento, la normativa laboral española contenía una regulación del trabajo a distancia que no diferenciaba entre el mismo y el teletrabajo, no definía qué debía entenderse por actividad prestada en régimen de teletrabajo, no

---

[4] Hasta la aparición del Real Decreto-ley 28/2020 (precedente de la Ley 10/2021), la repercusión de la introducción de nuevas tecnologías en el ámbito de las relaciones de trabajo se hizo descansar en la previsión como causa extintiva del contrato de la falta de adaptación a las innovaciones tecnológicas operadas en el puesto de trabajo, así como en la recepción de las disposiciones comunitarias acerca de la protección de datos de los trabajadores.

contemplaba las limitaciones del empresario, ni de los trabajadores, a la hora de optar por el teletrabajo, ni regulaba, entre otros aspectos, la distribución de costes del teletrabajo entre empresarios y trabajadores. Esa misma normativa, y por lo que se refiere a los derechos colectivos, únicamente efectuaba una referencia al derecho a la representación colectiva, remitiendo a la normativa general en materia de representación, con la única referencia específica consistente en fijar la obligación de adscribir a estos trabajadores a un centro de trabajo concreto, como consecuencia de ser éste la circunscripción electoral en torno a la cual gira la institución de la llamada representación unitaria, de base electiva, de los trabajadores en la empresa.

2.1. La representación de los trabajadores a distancia en la empresa antes de la COVID-19

Como se ha señalado, la normativa previa a la última reforma legislativa sobre el trabajo a distancia llevada a cabo por el Real Decreto-ley 28/2020, de 22 de septiembre (posteriormente convertido en la Ley 9/2021), se limitaba a declarar aplicable, a quienes trabajasen siguiendo este modelo productivo, las disposiciones generales en materia de representación, sin cuestionarse las dificultades que esta forma de trabajo pudiera conllevar para la efectiva participación de dichos trabajadores al proceso electoral. Partiendo de las diferencias entre censo laboral y censo electoral que se puede encontrar en la normativa electoral laboral española, pudiera concluirse que el legislador se interesó porque estos trabajadores no quedaran fuera del primero (censo laboral) por el que se determina si un empresa debe contar con órganos de representación unitaria, en su caso, qué tipo (si delegados de personal o comités de empresa) y, por último, el número de representantes a elegir, cuestiones todas ellas de indudable interés para los sindicatos, toda vez que su representatividad se mide en función del criterio de la audiencia electoral obtenida en estos procesos electorales, y puesto que contar con un mayor número de representantes refuerza su presencia en las empresas y centros de trabajo. De ahí que la norma se preocupase por adscribir a los trabajadores a distancia a un centro de trabajo específico donde se centralizarán todos los actos del proceso electoral, incluido el acto de la votación.

Sin embargo, ninguna preocupación se mostró acerca de cómo estos trabajadores podrían participar en un proceso electoral cuyas principales manifestaciones se iban a producir en el seno de unas instalaciones de las que, por definición, se encontrarían alejados[5]. Así, por ejemplo, si la condición de electores y elegibles

[5] Antes de la nueva ley, el trabajo a distancia se definía como aquel en que la prestación de la actividad laboral se realizase de manera preponderante en el domicilio del trabajador o en el lugar libremente elegido por este, de modo alternativo a su desarrollo presencial en el centro de trabajo de la empresa. En sentido similar, la Ley 9/2021 lo define como la forma de organización del trabajo, o de realización

se supedita al hecho de contar con una cierta antigüedad en la empresa (un mes y seis meses, respectivamente) dada la necesidad de que exista, por pate de electores y elegibles, un conocimiento mínimo previo de la empresa, de los compañeros y, en definitiva, del contexto en el que el trabajo se desarrolla, ninguna previsión dirigida a alcanzar dicho objetivo se contempla respecto de los trabajadores a distancia. Ni tan siquiera la regla dirigida a facilitar el voto en los casos de dispersión geográfica de los trabajadores parece estar pensada en quienes lo ejecutan en la modalidad a distancia, pues las disposiciones relativas a la mesa itinerante (art. 7 del Real Decreto 1844/1994, de 9 de septiembre) tienen como destinatarios a quienes no presten su actividad en el mismo lugar con carácter habitual (trabajadores agrarios empleados para recolecta de cosechas, etc.).

En definitiva, la atención del legislador parece haberse puesto más en la institución representativa que en la participación de los trabajadores en el proceso de elección de sus representantes, olvidándose de las personas. Esa misma impresión se infiere del Acuerdo Marco Europeo sobre Teletrabajo, suscrito por los interlocutores sociales europeos en julio de 2002 y revisado en 2009, en el que, respecto de los derechos colectivos, y tras señalar que los teletrabajadores tienen los mismos derechos colectivos que el resto de trabajadores de la empresa y que el teletrabajo no es obstáculo para la comunicación con los representantes de los trabajadores, se limita a reconocer que los teletrabajadores están incluidos en el cálculo determinante de los umbrales necesarios para las instancias de representación de los trabajadores[6].

Ahora bien, semejante "olvido" también redunda en perjuicio de los intereses de quienes promueven el proceso electoral y desean participar en él presentando candidaturas. Conocida es la dificultad de los sindicatos para conformar sus candidaturas, sin que se hayan arbitrado mecanismos para que los sindicatos puedan dialogar con los trabajadores a distancia para convencerles a formar parte de las mismas, o, simplemente, a que voten en favor de la candidatura por ellos propuesta. Las dificultades de acceso a estos trabajadores, así como los obstáculos, derivados de su ubicación en otro espacio, para que los mismos accedan a la

---

de la actividad laboral, conforme a la cual ésta se presta en el domicilio de la persona trabajadora o en el lugar elegido por esta, durante toda su jornada o parte de ella, con carácter regular.

6 En la Recomendación nº 184, de 1996, de la OIT sí se contempla alguna obligación adicional. Así, en su apartado V (Derecho de sindicación y derecho a la negociación colectiva) se dispone que se identifiquen y supriman las restricciones legislativas o administrativas, u otros obstáculos, al ejercicio del derecho de los trabajadores a domicilio a constituir sus propias organizaciones o a afiliarse a las organizaciones de trabajadores que escojan y a participar en las actividades de esas organizaciones. De este modo, si una de las actividades de las organizaciones sindicales consiste en la promoción de elecciones sindicales, debería, según esta Recomendación, identificarse y suprimirse los factores que obstaculizan la participación de los trabajadores a domicilio (término sustituido en el ordenamiento español, en 2012 por el de trabajo a distancia) en los procesos de elección de representantes.

propaganda desplegada en el centro de trabajo, entorpecen en buena medida la participación de los mismos en los procesos electorales.

2.2. La representación de los trabajadores a distancia en la empresa tras la COVID-19

La falta de adecuación de la normativa sobre representantes de los trabajadores al nuevo contexto productivo ha sido abordada por la doctrina[7], destacando cómo aquella no ha tomado en consideración ni los fenómenos de descentralización productiva (por la que se reduce el número de trabajadores empleados por la empresa que obtiene sus servicios y, de este modo, afectando a las estructuras de representación, que se establecen teniendo en cuenta el número de trabajadores de la circunscripción electoral) ni la implantación de nuevas tecnologías en los procesos productivos, lo que se ha puesto en evidencia con la nueva realidad productiva que ha irrumpido con la denominada *gig economy*, donde el trabajo a través de aplicaciones tecnológicas ha puesto en entredicho muchas instituciones jurídico-laborales, no solamente las relativas a la dimensión colectiva de las mismas.

La regulación normativa durante la pandemia, en la cual nos seguimos encontrando a principios de noviembre de 2020, ha recogido la necesidad de reforzar los derechos colectivos del trabajo a distancia, ya se preste mediando teletrabajo o sin que en el proceso productivo intervengan elementos telemáticos[8]. El necesario refuerzo de esta particular forma de trabajar se ha producido con la Ley 10/2021, de 9 de julio, de trabajo a distancia. Sin embargo, el alcance de dicho refuerzo ha sido limitado, quedando lejos de incorporar unas previsiones legislativas realmente eficaces que fortalezcan los derechos de

---

7 Entre otros, CASAS BAAMONDE, M.E., "El modelo español de representación de los trabajadores en la empresa: Un modelo en crisis" en *Sindicalismo y Democracia*. Comares. Granada. 2017; FITA ORTEGA, F., "La incidencia de la descentralización productiva sobre las estructuras de representación en la empresa". *Documentación Laboral* nº 107. Año 2016-Vol II; FITA ORTEGA, F., "El impacto del actual contexto productivo en los derechos de participación y representación de los trabajadores en Europa", *Revista General de Derecho del Trabajo y de la Seguridad Social*, nº. 46, 2017; FITA ORTEGA, F., "Los derechos colectivos de los trabajadores en la economía digital: ¿hacia un movimiento obrero digital?, *Revista de Direito do Trabalho*. Especial Cielo Laboral 2018 – Uruguay. Disponible en: http://roderic.uv.es/handle/10550/74985; QUINTANILLA NAVARRO, B., "La necesaria adaptación de las estructuras de representación en la empresa". *Cuadernos de Relaciones Laborales*, nº. 2/2007; VALDÉS DAL-RÉ, F., y MOLERO MARAÑÓN, M.L., *La representación de los trabajadores en las nuevas organizaciones de empresa*. Ministerio de Trabajo e inmigración. 2010.

8 Téngase en cuenta que trabajo a distancia y teletrabajo no designan una misma realidad, pues mientras el primero se refiere a la *"forma de organización del trabajo o de realización de la actividad laboral conforme a la cual esta se presta en el domicilio de la persona trabajadora o en el lugar elegido por esta, durante toda su jornada o parte de ella, con carácter regular"*, el teletrabajo designa a *"aquel trabajo a distancia que se lleva a cabo mediante el uso exclusivo o prevalente de medios y sistemas informáticos, telemáticos y de telecomunicación"* (art. 2 de la ley 10/2021).

representación de los trabajadores a distancia. Semejante apreciación se deriva del hecho de que la normativa deja en manos de la negociación colectiva las "*condiciones para garantizar el ejercicio de los derechos colectivos de las personas trabajadoras a distancia*", lo que en materia de derechos de representación no va a resultar tan sencillo, habida cuenta del carácter de norma de derecho necesario que los preceptos reguladores del proceso electoral tienen atribuido. Todo ello sin olvidar que, como consecuencia de la irrecurribilidad de las sentencias de los juzgados de lo social que decidan sobre los recursos presentados frente a los laudos arbitrales dictados en las disputas electorales[9], la normativa que regula los procesos electorales va a ver acrecentada su ya considerable dosis de inseguridad jurídica.

Así pues, la desvinculación de los trabajadores respecto de un lugar y tiempo que el trabajo a distancia conlleva, ha sido escasamente considerada por la nueva normativa a los efectos de la participación de quienes trabajen bajo esta modalidad en los procesos electorales. En efecto, si bien la norma impone la obligación de la empresa de suministrar a la representación legal de los trabajadores ("personas trabajadoras" en la terminología inclusiva incorporada a partir del Real Decreto-ley 6/2019, de 1 de marzo) *los elementos precisos para el desarrollo de su actividad representativa, entre ellos, el acceso a las comunicaciones y direcciones electrónicas de uso en la empresa y la implantación del tablón virtual, cuando sea compatible con la forma de prestación del trabajo a distancia*, no acaba de aclarar los posibles límites a dicha obligación[10].

Hasta la aparición de esta ley, ha sido la jurisprudencia la que ha tenido que adaptar la interpretación de la norma al contexto histórico en el que la misma debe ser aplicada sin que, en esta materia, haya propiciado una interpretación extensiva del marco jurídico regulador[11]. En este sentido, la obligación contenida en el artículo 8.2 de la Ley Orgánica de Libertad Sindical relativa a la obligación de las empresas de poner un tablón de anuncios a disposición de las secciones sindicales de los sindicatos más representativos, así como de aquellos que tengan representación en los comités de empresa o cuenten con delegados de personal, o los correspondientes de las Administraciones públicas[12], ha sido entendida en el sentido de que, en una interpretación extensiva del derecho a

---

9 La reforma laboral operada por la Ley 11/1994, de 19 de mayo, introdujo un sistema arbitral de solución de las controversias suscitadas durante el proceso electoral.

10 Disposición que refleja el deber del empresario de no obstaculizar la comunicación con los representantes de los trabajadores recogida en el Acuerdo Marco Europeo sobre teletrabajo.

11 NAVARRO NIETO, F., "Art. 81. Locales y tablones de anuncios", en GOERLICH PESET, J.M., *Comentario al Estatuto de los Trabajadores, Libro homenaje a T. Salas Franco*, Tirant Lo Blanch, 2016, pp. 1427 y ss.

12 La norma establece, con objeto de facilitar la difusión de aquellos avisos que puedan interesar a los afiliados al sindicato y a los trabajadores en general, la obligación de la empresa de poner a disposición de tales secciones sindicales un tablón de anuncios, que deberá situarse en el centro de trabajo y en lugar donde se garantice un adecuado acceso al mismo de los trabajadores.

un tablón de anuncios, el derecho a un tablón virtual encuentra fundamento en el art. 8.1 c) LOLS, que no adjetiva el medio a través del cual los afiliados y trabajadores en general podrán recibir en la empresa la información del sindicato, proporcionando una "lectura actualizada de la norma legal"[13]. Ahora bien, el Tribunal Constitucional[14] ha señalado que semejante derecho – así como el uso del correo electrónico profesionalse encontraría limitado por una serie de requisitos, pues si bien un ingrediente importante de la actividad sindical en la empresa es la comunicación y la difusión de información de interés laboral o sindical entre los sindicatos y los trabajadores, y aunque la actividad sindical en el seno de la organización productiva forma parte del contenido esencial del derecho de libertad sindical de las organizaciones sindicales, tal comunicación no podrá perturbar la actividad normal de la empresa y, en el caso del empleo de un medio de comunicación electrónico, creado como herramienta de la producción, no podrá perjudicarse el uso específico empresarial pre-ordenado para el mismo, ni pretenderse que deba prevalecer el interés de uso sindical. Por lo demás, el Tribunal Constitucional ha destacado que, en ningún caso, la utilización del instrumento empresarial podrá ocasionar gravámenes adicionales para el empleador, significativamente la asunción de mayores costes, dado que carece de fundamento en derecho semejante carga empresarial[15].

De este modo, la obligación empresarial respecto al tablón virtual y uso de medios electrónicos de comunicación, se limita, según las sentencias del Tribunal Constitucional hasta la fecha, a no obstaculizar injustificada o arbitrariamente el ejercicio del derecho de libertad sindical en su vertiente de actividad sindical, en cualquiera de sus distintas manifestaciones, debiendo "soportar" la misma cuando no suponga perjuicios para la actividad productiva, pero sin que exista una obligación de implementar estos recursos[16]. Con la actual normativa, debe entenderse que dicha obligación existe, pero surgen dudas acerca de si su limitación podrá mantenerse en similares términos a los vigentes hasta la fecha, singularmente por lo que se refiere a la cuestión de la afectación del uso pre-ordenado de las herramientas informáticas, o a la de los costes que de su implantación puedan derivarse para la empresa[17]. El hecho de que la norma restrinja el derecho a estas herramientas de comunicación a aquellos casos en que sean compatibles *"con la forma de prestación del trabajo a distancia"*, pese a proporcionar un criterio

---

[13] STSJ de Cantabria de 16 octubre 2009 (Recurso de Suplicación nº. 722/2009).

[14] STC 281/2005, de 7 de noviembre.

[15] Ibídem, fundamento jurídico octavo.

[16] Criterio seguido por el Tribunal Supremo. Así, entre otras, STS (Social) de 17 mayo 2012 (recurso nº. 202/2011); de 16 febrero 2010 (recurso nº. 57/09); de 3 de mayo de 2011 (recurso 114/10) de 24 de marzo de 2015 (recurso 118/14) o de 13 septiembre 2016 (recurso nº. 206/2015).

[17] En cuanto a la necesidad de que la actividad sindical no se afecte al proceso productivo, cabe recordar que el artículo 8.1.b de la LOLS es claro a señalar que la información debe producirse fuera de las horas de trabajo y sin perturbar la actividad normal de la empresa.

de interpretación, no termina de zanjar plenamente la cuestión, al introducir un concepto jurídico indeterminado como el de la "compatibilidad con la forma de prestación del trabajo a distancia", y debiendo interpretarse a la luz de otras normas, como la relativa a la protección de datos[18].

Sobre este último particular, cabe recordar los criterios jurisprudenciales y judiciales emanados de los tribunales laborales, así como los criterios mantenidos por la Agencia Española de Protección de Datos (AEPD), no siempre plenamente coincidentes. Así, en la relación de los Delegados Sindicales con los afiliados a su sindicato los tribunales laborales han considerado que facilitar al Delegado los correos electrónicos y teléfonos de carácter profesional, y no los privados[19], no colisiona con la protección de datos de carácter personal, en cuanto se trata de instrumentos para la gestión de los temas sindicales entre trabajadores afiliados[20], criterio este que cabe encuadrar en las excepciones a la necesidad de consentimiento para llevar a cabo el tratamiento de datos personales previsto en la actualidad en el artículo 6 del Reglamento 2016/679.

Conviene precisar, en todo caso, que no es el carácter profesional del correo lo que evita considerar que se incurre en una vulneración de la protección de datos, sino la finalidad a la que se destina el correo electrónico de los trabajadores, teniendo el sindicato derecho a acceder a ciertos datos de los trabajadores cuya representación ostentan para dar cumplimiento a la función que constitucionalmente tienen atribuida, *"sin que tal función se limite en todos los casos a sus propios afiliados, pues será la concreta necesidad y finalidad de su ámbito de actuación la que servirá para delimitar el tipo de dato y el alcance del contenido de la información que se precise"*[21]. En este sentido, la Agencia Española de Protección de Datos (AEPD) ha señalado que también los correos profesionales pueden ser considerados datos de carácter personal. Entiende la

---

[18] Mayor claridad respecto del alcance de estos derechos habría dado la incorporación de algunas modificaciones de los artículos 81 ET y 8 de la LOLS, incorporando expresamente la obligación de dotar a los representantes de estos medios telemáticos de comunicación, por lo menos en aquellas empresas o centros donde las nuevas tecnologías se encuentren suficientemente implantadas (en este sentido, Nieto Rojas, P., *La representación de los trabajadores en la empresa…, cit.*, p. 324).

[19] Respecto de éstos, el TS ha considerado que el trabajador no puede verse obligado a proporcionar su teléfono móvil y su cuenta de correo electrónico, sino que solamente será posible si voluntariamente consiente, siendo nula la cláusula incorporada en un contrato/tipo de trabajo por la que este indica que proporciona voluntariamente estos datos por ser contraria a la normativa sobre protección de datos dado que, *"al ser el trabajador es la parte más débil del contrato, ha de excluirse la posibilidad de que esa debilidad contractual pueda viciar su consentimiento a una previsión negocial referida a un derecho fundamental, y que dadas las circunstancias-se trata del momento de acceso a un bien escaso como es el empleobien puede entenderse que el consentimiento sobre tal extremo no es por completo libre y voluntario"* (STS – Social – de 21 septiembre 2015 – recurso nº. 259/2014-).

[20] En este sentido, STSJ de Madrid, de 19 julio de 2019 (recurso nº. 137/2019).

[21] STS (Social) de 7 febrero 2018 (recurso nº. 78/2017) Es, por consiguiente, la finalidad a la que se dirigen los datos personales lo que permite que los mismos lleguen a manos del sindicato sin que ello suponga una vulneración de la normativa de protección de datos.

Agencia, en su informe 0437/2010[22], que pueden darse dos situaciones: una primera, en la que la dirección de correo esté integrada por datos que permitan la identificación directa del titular del correo (como sucede en los casos en los que la dirección contiene el nombre y apellidos del trabajador) de tal modo que sea posible identificarlo plena y directamente; una segunda, en la que el correo esté compuesto por combinaciones alfanuméricas o de otro tipo, que no permitan la identificación directa del individuo. En estos casos, entiende la AEPD, nos encontramos ante un dato personal, incluso si no es posible la identificación directa de la persona, pues al ir referenciada la dirección de correo a un dominio concreto, podría identificarse al titular mediante la consulta al servidor en que se gestione dicho dominio, sin que pueda considerarse que ello conlleva un esfuerzo desproporcionado por parte de quien procede a la identificación.

En un sentido similar, la Agencia Vasca de Protección de Datos, en su Dictamen CN11-037, de 14 de febrero de 2012[23], estimó que la dirección de correo electrónico solamente ha de ser considerada como dato de carácter personal cuando "*contenga información acerca de su titular, o en la medida en que permita proceder a la identificación del mismo, por lo que, cuando no concurran dichas circunstancias su utilización, cesión o nivel de seguridad no estarán sometidos a la normativa de protección de datos*". De este modo, concluye, que "*la consideración como dato de carácter personal de la dirección del correo electrónico, bien podría decirse que dependerá precisamente de si la dirección ... proporciona elementos suficientes que identifiquen o permitan razonablemente identificar al titular de la misma, de no ser así y correspondiendo la verificación de tal extremo al responsable del fichero..., no se le aplicará la normativa de protección de datos*".

En todo caso, el criterio mantenido por las agencias de protección de datos se cohonesta con lo que posteriormente a sus resoluciones ha señalado en el considerando vigésimo sexto del Reglamento de protección de datos de la Unión Europea (Reglamento (UE) 2016/679,de 27 de abril de 2016) en el que se indica que los datos personales seudonimizados, los cuales cabría atribuir a una persona física mediante la utilización de información adicional, deben considerarse información sobre una persona física identificable, de modo que a los mismos deberán aplicarse los principios de la protección de datos. Ciertamente, la aplicación de la seudonimización a los datos personales puede reducir los riesgos para los interesados afectados, pero no los excluye, motivo por el que el considerando vigésimo octavo del Reglamento señala que la introducción explícita de la «seudonimización» en el Reglamento no pretende excluir ninguna otra medida relativa a la protección de los datos. Distingue el referido

---

22 Disponible en https://www.aepd.es/es/documento/2010-0437.pdf (último acceso 25 noviembre 2020).

23 https://www.avpd.euskadi.eus/contenidos/dictamen_avpd/d12_008/es_def/adjuntos/CN11-037_DIC_D12-008.pdf (último acceso 25 noviembre 2020).

Reglamento, pues, entre datos seudonimizados y datos anonimizados. Siendo los primeros aquellos datos personales sometidos a un tratamiento de manera tal que ya no puedan atribuirse a un interesado sin utilizar información adicional, (art. 4.5 del Reglamento), los datos anonimizados serían aquellos sometidos a un tratamiento de manera tal que ya no sea posible identificar al interesado[24] (considerando 26 de la derogada Directiva 95/46/CE, de protección de datos) rompiéndose la cadena de identificación de las personas, de modo que se evite esta identificación y se garantice, además, que cualquier operación o tratamiento que pueda ser realizado con posterioridad a la anonimización no conlleva una distorsión de los datos reales[25].

El consentimiento del trabajador no es, por tanto, necesario para que el empresario facilite el correo profesional de los trabajadores a los sindicatos con objeto de permitirle el cumplimiento de sus fines[26], tal y como se desprende del art. 6.1 del Reglamento UE 2016/279[27]. Otra cuestión consiste en la de determinar si el trabajador pudiera ejercer un derecho de oposición a esta cesión de datos, tal y como se recoge en el artículo 21 del Reglamento UE 2016/279.

Este precepto permite que el interesado se oponga, por motivos relacionados con su situación particular, a que datos personales que le conciernan sean objeto de un tratamiento que sea lícito por resultar necesario para el cumplimiento de una misión realizada en interés público o en el ejercicio de poderes públicos conferidos al responsable del tratamiento; o que cuya licitud derive del hecho de ser necesario para la satisfacción de intereses legítimos perseguidos por el responsable del tratamiento o por un tercero, siempre que sobre dichos intereses no prevalezcan los intereses o los derechos y libertades fundamentales del interesado que requieran la protección de datos personales (apartados e y f del art. 6.1 del Reglamento). En este caso, *"el responsable del tratamiento dejará de tratar los datos personales, salvo que acredite motivos legítimos imperiosos para el tratamiento que*

---

[24] Sometido, en palabras de la derogada Ley Orgánica de Protección de Datos de 1999, a un procedimiento de disociación por el que la información que se obtenga no pueda asociarse a persona identificada o identificable (art. 3.f).

[25] En estos términos se refiere al proceso de anonimización la Guía de la AEPD Orientaciones y garantías en los procesos de anonimización de datos personales (2016).

[26] *"Así pues, la facultad de recabar datos por parte de los sindicatos y representantes de los trabajadores debe limitarse según un principio de pertinencia y, por consiguiente, ceñirse a aquellas circunstancias personales de los trabajadores que sean necesarias para desarrollar el cometido que tienen atribuido. Parece evidente que haya de rechazarse que tal facultad abarque los datos personales en cualquier circunstancia, puesto que, de no concurrir aquella conexión con la función, sí será necesario el consentimiento expreso de los trabajadores interesados"* (STS – Social – de 7 febrero 2018, recurso nº. 78/2017).

[27] Cabe recordar que, según este precepto, el consentimiento del interesado no es la única condición cuyo concurso otorga licitud al tratamiento de datos, existiendo otras que pueden darse alternativamente.

prevalezcan sobre los intereses, los derechos y las libertades del interesado, o para la formulación, el ejercicio o la defensa de reclamaciones" (art. 21 del Reglamento).[28]

Sobre el particular la AEPD, en las orientaciones sobre "La protección de datos en las relaciones laborales", señala que el derecho a la libertad sindical prevalece sobre el respeto a la protección de datos, por lo que no es admisible el derecho de oposición, si bien se refiere únicamente al supuesto de elecciones sindicales, haciendo referencia a su resolución TD/01119/2008[29]. Este razonamiento busca superar las posibles trabas que pudieran plantearse para el adecuado desenvolvimiento de los procesos electorales. Sin embargo, el hecho de que se vincule el reconocimiento de inadmisibilidad al derecho de oposición al derecho de libertad sindical podría dejar fuera de esta garantía a otros sujetos con intereses electorales al no ser titulares de aquel derecho, como podría suceder con las candidaturas integradas por un grupo de trabajadores que no apareciesen bajo las siglas de ningún sindicato[30]. En este caso habría que acudir a otros razonamientos jurídicos (la necesidad de garantizar la igualdad de trato, por ejemplo, en la participación de un proceso electoral) para extender el derecho a remitir comunicaciones a los trabajadores, aun contra su voluntad, a estos otros colectivos desprovistos del derecho a la libertad sindical.

Por otra parte, la guía de la AEPD "La protección de datos en las relaciones laborales"[31], elaborada con relación a la normativa anterior a la actualmente vigente, recoge una serie de consideraciones de indudable interés al respecto. Así, recuerda la existencia de procedimientos automatizados que pueden permitir la satisfacción del derecho a la libertad sindical sin necesidad de realizar una cesión y, por tanto, minimizando los riesgos y las obligaciones de cumplimiento

---

28 Obviamente, la activación de una cuenta de correo electrónico en la empresa para su uso por los sindicatos para el desarrollo de su actividad sindical exigirá que se cumpla con todo el régimen relativo a la protección de datos, como la designación de un responsable (esto es, la persona física o jurídica, autoridad pública, servicio u otro organismo que, solo o junto con otros, determine los fines y medios del tratamiento) y un encargado (esto es, la persona física o jurídica, autoridad pública, servicio u otro organismo) del tratamiento, sin que esta exigencia pueda considerarse como una obstrucción al derecho de la libertad sindical (STS – Social – de 16 febrero 2010, recurso nº. 57/2009).

29 *"A tenor de las previsiones contenidas en la LOPD acerca del derecho de oposición, debe reconocerse el derecho de los trabajadores a mostrar su oposición a la recepción de mensajes con contenido sindical y, consiguiente, la obligación de los Sindicatos de cesar en el tratamiento de los datos de los solicitantes. No obstante, en lo referente a la información sindical remitida a los trabajadores en período electoral, debe concluirse que en periodo electoral debe prevaler el derecho a la actividad sindical consagrado en el artículo 2.1 de la Ley Orgánica de Libertad Sindical sobre el derecho fundamental a la protección de datos. Así las cosas, los trabajadores durante el proceso electoral sindical, no pueden oponerse al tratamiento de sus datos personales, siempre que el uso que realice el Sindicato sea adecuado para los fines del propio proceso electoral".*

30 En este mismo sentido, PÉREZ DEL PRADO, D., "Representación de los trabajadores y protección de datos de carácter personal como fuente de poder", *Documentación Laboral*, nº 119/2020, p. 69.

31 https://sie.fer.es/esp/Asesorias/Mercantil/Legislacion_Mercantil/Proteccion_Datos/Documentos_Interes/Guia_La_proteccion_datos_relaciones_laborales/webFile_15034.htm (último acceso 25 noviembre 2020).

normativo para el empresario y el sindicato. Sería el caso, por ejemplo, de la creación de listas distribución que permite que el sindicato remita la información a una dirección corporativa, sin acceso a los datos de los destinatarios[32]. Sobre este particular cabe destacar que de procederse de esta manera en el ámbito de las relaciones sindicales podría facilitar conductas antisindicales del empresario, toda vez que no existiría la posibilidad de controlar fácilmente, por parte del sindicato remitente, a los destinatarios finales de los correos, pudiendo el empresario reducir el número de los mismos excluyéndolos del listado.

Ahora bien, no es la posibilidad de comunicarse por vía electrónica el único medio para contactar con trabajadores que no se encuentren habitualmente en un centro de trabajo geográficamente localizado. Al respecto cabe destacar que ninguna referencia se realiza a otra de las cuestiones que han resultado controvertidas en los procesos de elecciones sindicales, como es la posibilidad de facilitar el domicilio de los trabajadores a los sindicatos, o dar una mayor difusión al censo laboral[33].

Con relación al derecho a conocer el domicilio de los trabajadores, la STSJ de Andalucía, Granada de 18 julio de 2007 (recurso nº. 1986/2007) rechazaba dicha posibilidad, al considerar, siguiendo la doctrina del Tribunal Supremo, que en estos casos el interés en juego es meramente individual (el del propio del sindicato a obtener, para el ejercicio de su actividad sindical, el domicilio de los trabajadores) y no del conjunto de los trabajadores, entendiendo que *"existen otros medios con menor incidencia en el derecho de los trabajadores, para obtener el fin legitimo pretendido de promocionar el Sindicato, como son... solicitar reuniones y asambleas de los mencionados trabajadores"*[34]. En todo caso, cabe recordar que el Tribunal Supremo no ha reconocido a los sindicatos el derecho a convocar asambleas referidas al conjunto general de los trabajadores[35] (derecho reconocido a los

---

32 Junto a ello, recuerda que si se trata de datos personales, cabe incorporar la información exigida por la normativa de protección de datos en los pies de los correos y automatizar la cancelación y la oposición a los tratamientos mediante las bajas en las listas a petición del usuario (Informe 0101/2008); que la comunicación de datos se limitará a los estrictamente necesarios; que el dato debe utilizarse estrictamente para la finalidad para la que fue cedido; y que el sindicato como cesionario está obligado a cumplir con las previsiones en materia de protección de datos.

33 Respecto al censo, la STS (Social) de 27 de septiembre de 2007 (recurso nº. 78/2006) admitió que mediante acuerdo colectivo pudiera ampliarse la obligación legal de dar publicidad al censo – que contiene datos de carácter personal, como el documento nacional de identidade imponer la obligación de entregarlo en soporte informático a los sindicatos que así lo solicitasen. Esta sentencia valida la argumentación de la sentencia recurrida según la cual, si la totalidad de los datos profesionales y personales que contienen los censos laboral y electoral de la empresa demandada son objeto de la publicidad prevista y ordenada legalmente en el artículo 74.3 del ET, es claro que no se produce la conculcación del derecho a la intimidad y protección de datos por el simple hecho de que a tal publicidad se le pueda añadir otra complementaria.

34 La SJS nº 1 de Cáceres de 28 de mayo de 2018 (Procedimiento 128/2018), por el contrario, reconoció el derecho de una formación sindical a que se le facilitase el domicilio de los trabajadores (quienes prestaban servicios de asistencia a domicilio de personas que no podían valerse por sí mismas) para poder dirigirse a ellos con objeto de conformar su candidatura.

35 STS (Social) de 11 de febrero de 2003 (recurso nº. 1118/2002).

propios trabajadores y a sus representantes unitarios – art. 77 ET) pues la LOLS solamente les reconoce este derecho con relación a los afiliados a su sindicato, los cuales, en un proceso de elecciones sindicales, son los que menos estímulo necesitarán para formar parte de la candidatura del sindicato o, simplemente, para convencerles de que les otorguen su voto.

Tampoco la AEPD considera lícita la comunicación del domicilio de los trabajadores a un sindicato por motivos electorales. Así, en su Resolución 0042/2011[36], de 2 marzo 2011 considera que la comunicación, por parte de la empresa, del domicilio particular de los trabajadores a un sindicato, al que la mayoría no está afiliada, para el envío de propaganda electoral, efectuada sin contar con el consentimiento de los mismos, supone una infracción de la normativa de protección de datos puesto que la normativa electoral no contempla el domicilio como dato a incluir en el censo[37]. Quizá el establecimiento de la necesidad de que, en el caso de los trabajadores a distancia, figurase este dato en el censo, junto con la obligación de remitir el mismo no solamente a la mesa electoral (art. 6.2 del Real Decreto 1844/1994), sino a todos aquellos que deseen participar en el proceso electoral, pudiera contribuir a superar este escollo y permitir un contacto directo con estos trabajadores, favoreciendo, entre otros aspectos, la conformación de candidaturas o la promoción misma del proceso electoral, si el centro cuenta con menos de 11 trabajadores[38]. Por otra parte, las funciones de vigilancia del cumplimiento de las obligaciones laborales por parte de los representantes de los trabajadores avalarían que éstos conociesen, no solamente el nombre de los trabajadores que prestan sus servicios a distancia, sino también sus domicilios o lugares elegidos para la prestación del servicio, a efectos de comprobar el cumplimiento de la normativa laboral y de prevención de riesgos (tal y como se contempla en el artículo 16 de la Ley 10/2021), pero también para poder desplegar su acción "sindical".

La comunicación entre trabajadores a distancia y representantes debe ser una prioridad, para lo que deberían facilitarse todas las herramientas posibles que permitan alcanzar ese objetivo. Para ello resulta esencial garantizar que el empresario pueda contactar con ellos, lo que supone conocer su dirección de correo y, en su caso, su domicilio, aspectos sobre los que la Ley 10/2021.

Por otra parte, la pérdida de la oportunidad de actualización normativa que han brindado el Real Decreto-ley 28/2020 primero, y la Ley 10/2021 después, consecuencia de la extensión del teletrabajo a raíz de la pandemia provocada por la COVID-19, es patente cuando se analizan sus previsiones respecto del aseguramiento de la efectiva participación de los trabajadores a distancia en las

---

36 Disponible en: https://es.calameo.com/read/000707367a76b40f718e3 (último acceso, 25 de noviembre 2020).

37 Criterio que ya había sostenido la SAN (Contencioso-administrativo) de 10 marzo 2010 (recurso nº. 274/2009).

38 Recuérdese que cuando la empresa tenga entre seis y diez trabajadores la promoción de elecciones requiere el acuerdo mayoritario de los trabajadores (art. 62.1 ET).

actividades organizadas o convocadas por su representación legal o por el resto de las personas trabajadoras en defensa de sus intereses laborales[39], *"en particular, su participación efectiva presencial para el ejercicio del derecho a voto en las elecciones a representantes legales"*.

La oportunidad perdida para instaurar un sistema de voto electrónico para unos trabajadores que pueden encontrarse realmente alejados del centro de trabajo al que queden adscritos, en lugar de mantener la necesidad de un voto presencial, al contrario de facilitar la participación de estos trabajadores en los procesos electorales, la dificulta[40], pues podría interpretarse la actual disposición como una prohibición legal a que la negociación colectiva o la práctica electoral seguida en las empresas permitan este tipo de voto, validando como único modo posible de voto no presencial el voto por correo, regulado en el artículo 69.1 ET, y desarrollado por el artículo 10 del Real Decreto 1844/1994[41]. Semejante conclusión podría verse reforzada por la circunstancia de que la actual regulación resulta mucho más estricta que la que se contemplaba en el texto originario del Estatuto de los Trabajadores de 1980 que, en su artículo 75, disponía que el voto por correo se debía efectuar siguiendo las normas que al respecto *"deberán incluirse en la convocatoria electoral"*, dejando libertad a los promotores de las elecciones a establecer reglas para efectuar el voto por correo.

Igualmente se echa en falta una modificación que introdujese la posibilidad de celebración de asambleas por video-conferencia, modificando los artículos 77 y siguientes del Estatuto de los Trabajadores para introducir esta posibilidad, eliminando la disposición que impone que el lugar de celebración de la asamblea sea el centro de trabajo (art. 78 ET) y recogiendo, en el artículo 80, la posibilidad de que las votaciones se produzcan de forma telemática, cuestiones alguna de las cuales ya se encuentran incorporadas en derecho comparado[42], habiéndose ampliado su régimen jurídico durante la Covid-19 al haberse considerado una herramienta idónea para el desempeño de las actividades de representación en época de pandemia[43].

---

[39] Previsión que evoca lo dispuesto en el apartado V de la Recomendación nº 184, de 1996, de la OIT, anteriormente citada.

[40] Pocos han sido, hasta la fecha, los conflictos derivados de votos telemáticos en procesos de elecciones sindicales. La Sentencia del juzgado de lo Social nº. 25 de Madrid (Procedimiento nº. 542/2015) desestimó un recurso contra un laudo que dio validez al voto telemático por entender que la norma no lo prohíbe, sino que se limita a exigir que el sufragio sea personal, directo, libre y secreto, por lo que, cumpliéndose tales garantías en el modo de votación seguido en el supuesto enjuiciado, desestimó el recurso.

[41] El art. 69.1 ET reconoce la posibilidad de que el voto se emita por correo, *"en la forma que establezcan las disposiciones de desarrollo de esta ley"*. En este sentido, el artículo 10 del RD 1844/1994 dispone que quien desee efectuar el voto por correo debe notificarlo previamente a la mesa electoral (órgano encargado de dirigir el proceso electoral y velar por su correcto desarrollo) *"a partir del día siguiente a la convocatoria electoral hasta cinco días antes de la fecha en que haya de efectuarse la votación"*.

[42] En el caso del ordenamiento francés se contempla la posibilidad del uso de la video conferencia en las reuniones del Comité Social y Económico (art. L2315-4 *Code du travail*), así como el voto electrónico (art. D. 2315-1 *Code du travail*).

[43] *Ordonnance n° 2020-389 du 1er avril 2020 portant mesures d'urgence relatives aux instances représentatives du personnel.*

En definitiva, el reforzamiento de todo el entramado de medidas que facilite el contacto entre representantes y representados resulta imprescindible, en el caso del trabajo a distancia, para a paliar la falta de proximidad física entre ellos mediante el incremento de su proximidad comunicacional, de tal manera que se permita reconstruir las relaciones de confianza que dan pie al surgimiento del interés colectivo que se encuentra en la base de la organización obrera[44].

3. CONCLUSIONES

Todo lo expuesto permite concluir, pues, que, en buena medida, el legislador sigue a remolque de las decisiones judiciales. No avanza grandes cambios, sino que incorpora algunos de los avances impulsados desde la judicatura. De este modo, la nueva legislación sobre el teletrabajo, propiciada por una situación de emergencia derivada de la pandemia de la COVID-19, no ha sido aprovechada plenamente para impulsar los cambios normativos en materia de representación que demanda el trabajo a distancia que, en el actual contexto productivo y sanitario, ha experimentado un innegable incremento. Como consecuencia de ello no cabe entender que la normativa contenida en la Ley 10/2021 pueda considerarse, a pesar de lo que se indica en su exposición de motivos, que la misma constituya ese un marco de derechos que satisface, entre otros, el ejercicio de los derechos colectivos, por lo menos en lo que se refiere al ejercicio de los derechos de representación.

Se trata de una oportunidad perdida en un momento en el que se está poniendo de relieve la necesidad de fortalecer los instrumentos de representación y negociación de nuevos colectivos de trabajadores a distancia, tanto los que trabajan *on-line* como los que lo hacen *off-line*. Los *riders* han sido pioneros en este sentido[45], pero los movimientos en búsqueda de autotutela de quienes desempeñan actividades económicas hasta la fecha desconocidas, o especialmente desprotegidas, no paran de sucederse, como está ocurriendo, entre las actividades emergentes, con los *influencers* de Instagram o Youtube[46], o los diseñadores de videojuegos[47]; o en actividades tradicionales cuyos trabajadores cada vez más frecuentemente prestan sus servicios a través de plataformas digitales, tales como

---

44 ROSANVALLON, J., "Travail à distance et représentations du collectif de travail, *Revue Interventions économiques*, nº. 34/2006, p. 2.

45 https://www.ridersxderechos.org/.

46 En este sentido, véase el artículo publicado en *The Guardian*: "Influencers are being taken advantage of': the social media stars turning to unions". Disponible en https://www.theguardian.com/media/2020/oct/10/influencers-are-being-taken-advantage-of-the-social-media-stars-turning-to-unions (último acceso el 14 de octubre de 2020).

47 Es el caso de la aparición del *Game Workers United UK*, sindicato que persigue, según la declaración que cuelga en su página web (https://www.gwu-uk.org) acabar con la práctica institucionalizada, en el sector del diseño de videojuegos, de excesivo abuso de realización de horas extra, en muchas ocasiones no retribuidas; promover con la inclusión y diversidad; informar a los trabajadores de sus derechos, apoyar a quienes hayan sido objeto de abuso, acoso o necesiten representación, así como asegurar unos ingresos estables y justos.

con las trabajadoras al servicio del hogar familiar o encargadas de actividades de cuidado[48], las camareras de piso[49], o incluso con las trabajadoras sexuales[50] (en femenino, pues se trata de sectores claramente feminizados). Actividades para las que la tradicional organización sindical, históricamente vinculada a partidos políticos, no parece estar dando respuestas, visto el afloramiento de esos nuevos fenómenos auto-organizativos en defensa de unos intereses puramente profesionales más allá de la ideología política – un motivo más de su alejamiento del sindicato tradicional-, y cuya vulnerabilidad se ha visto enormemente acrecentada como consecuencia de la pandemia de la COVID-19, al partir de una situación de mayor desprotección propiciada, en buena medida, por la invisibilidad de estos colectivos.

Su movilización, tratándose de sujetos habitualmente excluidos del juego político institucional, viene a reforzar la conclusión de que la representación y la acción colectiva constituyen una de las formas de expresión colectiva de los descontentos sociales, y la normativa debería propiciar su organización. La pandemia COVID-19 no ha hecho si no hacer más evidente esa necesidad de adaptar la normativa a la nueva realidad, una adaptación que permita canalizar eficazmente las reivindicaciones de los colectivos más desfavorecidos y a los que la pandemia ha colocado en situación de mayor vulnerabilidad.

El legislador debería, pues, anticiparse a estos fenómenos o, cuando menos, no demorar su respuesta ante las nuevas realidades que se presentan en los procesos productivos, para evitar la vulneración de las reglas aplicables al trabajo[51] o situaciones de explotación[52] (tal y como ha comenzado a hacer la Unión Europea respecto del derecho de negociación colectiva para los trabajadores autónomos[53]) objetivo

---

48 En el caso español, agrupadas en torno al recientemente creado Sindicato de Trabajadoras del Hogar y Cuidados (SINTRAHOCU).

49 Agrupadas en torno a la asociación laskellys (https://laskellys.org) surgida mediante la movilización a través de las redes sociales en 2014, lo que condujo a su auto-organización y presentación formal en 2016, exigiendo la prohibición – o, por lo menos – limitación de la externalización de sus servicios.

50 Así ha ocurrido en España con el trabajo sexual, donde la *Organización sindical de Trabajadorxs Sexuales* (OTRAS) surgió en 2018, como consecuencia *"de la necesidad de garantías sociales y políticas de un grupo amplio de personas involucradas en un cambio profundo y necesario que deriva, entre otras cosas, del momento de convulsión ideológica mundial con el auge de las derechas radicales por un lado, y los feminismos, por otro"* (https://www.sindicatootras.org/-que-decimos-.html).

51 Tal y como se ha hecho recientemente en Francia, con relación al trabajo infantil, con la proposición de ley sobre la explotación comercial de la imagen de los menores de dieciséis años en plataformas en línea (proposición n°. 3133) aprobada por la Asamblea Nacional francesa el 6 de octubre de 2020.

52 Como es el caso de la aparición del *Game Workers United UK*, sindicato que persigue, según la declaración que cuelga en su página web (https://www.gwu-uk.org) acabar con la práctica institucionalizada de excesivo abuso de realización de horas extra, en muchas ocasiones no retribuidas; promover con la inclusión y diversidad; informar a los trabajadores de sus derechos y apoyar a quienes hayan sido objeto de abuso, acoso o necesiten representación, así como asegurar unos ingresos estables y justos.

53 Comunicado de prensa de la Comisión Europea. *"Competition: The European Commission launches a process to address the issue of collective bargaining for the self-employed"*, Bruselas 20 junio 2020 (disponible en https://ec.europa.eu/commission/presscorner/detail/en/IP_20_1237 – último acceso, 25 noviembre 2020).

para el que el reforzamiento de sus derechos de representación, tanto sindical como unitaria[54], y los medios de acción de los representantes, resulta indispensable.

En cualquier caso, la falta de mayores avances en el aspecto aquí tratado que cabría reprochar a la reciente normativa seguramente no puede achacarse plenamente al legislador. En efecto, teniendo en cuenta que se trata de una norma surgida del diálogo social, las presumibles reticencias de la patronal a incorporar mayores garantías para fortalecer las estructuras de representación podrían explicar – que no justificar-las carencias detectadas.

BIBLIOGRAFÍA

Agencia Española de Protección de Datos, *Orientaciones y garantías en los procesos de anonimización de datos personales*, 2016. Disponible en: https://www.aepd.es/sites/default/files/2019-09/guia-orientaciones-procedimientos-anonimizacion.pdf.

Agencia Española de Protección de Datos, *La protección de datos en las relaciones laborales* https://sie.fer.es/esp/Asesorias/Mercantil/Legislacion_Mercantil/Proteccion_Datos/Documentos_Interes/Guia_La_proteccion_datos_relaciones_laborales/webFile_15034.htm.

Casas Baamonde, M.E., "El modelo español de representación de los trabajadores en la empresa: Un modelo en crisis" en *Sindicalismo y Democracia*. Comares. Granada. 2017.

Fita Ortega, F., "La incidencia de la descentralización productiva sobre las estructuras de representación en la empresa". *Documentación Laboral* nº 107. Año 2016-Vol II.

Fita Ortega, F., "El impacto del actual contexto productivo en los derechos de participación y representación de los trabajadores en Europa", *Revista General de Derecho del Trabajo y de la Seguridad Social*, nº. 46, 2017.

Fita Ortega, F., "Los derechos colectivos de los trabajadores en la economía digital: ¿hacia un movimiento obrero digital?, *Revista de Direito do Trabalho*. Especial Cielo Laboral 2018 – Uruguay. Disponible en: http://roderic.uv.es/handle/10550/74985.

Navarro Nieto, F., "Art. 81. Locales y tablones de anuncios", en Goerlich Peset, J.M., *Comentario al Estatuto de los Trabajadores, Libro homenaje a T. Salas Franco*, Tirant Lo Blanch, 2016, pp. 1427 y ss.

Nieto Rojas, P., *La representación de los trabajadores en la empresa. Estructura, ámbito y función*, 2015. Tesis doctoral. Disponible en: https://e-archivo.uc3m.es/bitstream/handle/10016/21492/patricia_nieto_tesis.pdf?sequence=1&isAllowed=y.

Pérez Del Prado, D., "Representación de los trabajadores y protección de datos de carácter personal como fuente de poder", *Documentación Laboral*, nº 119/2020.

Quintanilla Navarro, B., "La necesaria adaptación de las estructuras de representación en la empresa". *Cuadernos de Relaciones Laborales*, nº. 2/2007.

Valdés Dal-Ré, F., y Molero Marañón, M.L. *La representación de los trabajadores en las nuevas organizaciones de empresa*. Ministerio de Trabajo e inmigración. 2010.

[54] Aunque se considere que la necesaria reorganización y adaptación de la representación colectiva que demandan estos trabajadores se encauce, de manera preferente, por la vía sindical. ROJO TORRECILLA, E., "La declaración del centenario de la OIT. A propósito de la importancia del reconocimiento de la libertad sindical y la negociación colectiva", en *Revista Derecho Social y Empresa*, nº. 13/2020, p. 18.

REFORMA TRABALHISTA NEOLIBERAL E SINDICALISMO

CAPÍTULO 33

REFORMA TRABALHISTA: IMPACTOS IMEDIATOS SOBRE OS SINDICATOS E PRIMEIRAS REAÇÕES

Roberto Véras de Oliveira (UFPB)[1]
Andreia Galvão (UNICAMP)[2]
Anderson Campos (UNICAMP/PT)[3]

INTRODUÇÃO

O presente artigo tem como propósito principal analisar as primeiras repercussões da Reforma Trabalhista aprovada em 2017 sobre o sindicalismo brasileiro, assim como as estratégias por este utilizadas para enfrentá-la. Não é exagero dizer que a Lei 13.467/2017 alterou os fundamentos da regulação das relações de trabalho no Brasil, lançados a partir dos anos 1940. As pressões "modernizantes", inspiradas nas políticas de corte neoliberal e que vêm repercutindo no país desde os anos 1990, ganharam novos impulsos mais recentemente, com a aprovação da Reforma e outras medidas de mesma natureza (KREIN, GIMENEZ e SANTOS, 2018; VÉRAS DE OLIVEIRA, 2018). Uma dimensão, dentre as mais relevantes, de suas repercussões diz respeito ao tema do sindicalismo, foco deste artigo.

Os dados aqui apresentados são de caráter inicial, tendo resultado de pesquisa exploratória realizada no âmbito da Rede de Estudos e Monitoramento Interdisciplinar da Reforma Trabalhista – REMIR[4], com o fim de identificar as

---

1 Professor Associado da Universidade Federal da Paraíba – UFPB no Departamento de Ciências Sociais e no Programa de Pós-Graduação em Sociologia, do qual foi coordenador entre 2013 e 2015. Professor permanente na Pós-Graduação em Ciências Sociais da Universidade Federal de Campina Grande. E-mail: roberto.veras.2002@gmail.com.

2 Doutora em Ciências Sociais (UNICAMP – 2003). Professora do Departamento de Ciência Política da Unicamp. E-mail: agalvao@unicamp.br.

3 Especialista em Economia do Trabalho e Sindicalismo pelo (CESIT-UNICAMP). Assessor político – Partido dos Trabalhadores. E-mail: andersoncampos13@gmail.com.

4 Tendo contado com a colaboração de dezenas de pesquisadores de todas as regiões do país.

implicações imediatas da Reforma Trabalhista sobre os sindicatos brasileiros, assim como as primeiras reações destes frente a tais implicações. A pesquisa foi desenvolvida por meio de entrevistas com dirigentes sindicais, procurando destacar as principais repercussões e as primeiras estratégias sindicais. O questionário compreendeu 40 questões, distribuídas em 5 blocos: identificação do sindicato, organização sindical, posição político-ideológica, negociação coletiva e estratégias sindicais.

A amostra não se baseou em critério estatístico, não cabendo, portanto, proceder a partir dos seus resultados a generalizações estatisticamente precisas. Contudo, buscou ser o mais ampla possível e expressiva da diversidade de situações presentes no universo sindical brasileiro, isto é, filiados a diferentes centrais sindicais, abrangendo diversas regiões do Brasil e representando trabalhadores de vários setores de atividade (indo do privado ao público, do rural ao urbano, da indústria aos serviços).

Foram realizadas 94 entrevistas, entre setembro e novembro de 2018. O presente artigo, contudo, limitou-se à análise de 79 entrevistas. Os sindicatos contemplados envolvem pelo menos 30 cidades[5], 11 Estados e o Distrito Federal, com maiores concentração no Nordeste (43%), Sudeste (32%) e Sul (23%). Em relação aos setores de atividade, predominaram os serviços (57%), seguido da indústria (27%), comércio (11%) e agricultura (5%). Em conjunto, tais sindicatos representam (oficialmente) cerca de 2,5 milhões de trabalhadores na base, contando com cerca de 690 mil filiados. Na média, perfazem uma taxa de sindicalização de 27%, superior à média nacional (de 18%, segundo a PNAD de 2015). 17% dos sindicatos não são filiados a nenhuma central sindical, 47% são filiados à CUT, 10% à Força Sindical, 9% à CTB, 7% à Conlutas, 6% à UGT e os demais à Intersindical, CSB e Nova Central Sindical, com 1% cada.

Passado um ano de vigência da Reforma Trabalhista, ao que se depreende da consulta, entre os mais importantes impactos produzidos sobre o sindicalismo se destaca o tema da sua sustentação financeira. A ausência, por outro lado, de uma estratégia sindical orientada a enfrentar as mudanças profundas nas relações de trabalho e na sociedade coloca-se como limitação preponderante nas respostas sindicais à ofensiva liberal-conservadora em curso no Brasil. Com isso, as respostas *ad hoc* prevalecem, restringindo as iniciativas à busca da preservação das estruturas das entidades, sem qualquer ênfase sobre a necessidade de se repensar sua representatividade junto aos trabalhadores e o seu papel junto à sociedade.

O texto está organizando em três seções, além desta introdução. Na primeira, discutimos os impactos da Reforma Trabalhista sobre o sindicalismo, no que diz respeito à representação, à organização e à sustentação financeira. Na segunda seção, analisamos as respostas sindicais para a resistência à Reforma, observando

[5] Sendo que cerca de 50% dos sindicatos é intermunicipal, isto é, abrange mais de um município.

limites econômicos e políticos. Por fim, apresentamos reflexões sobre o processo de transição da organização sindical a partir das tendências já visíveis.

A REFORMA TRABALHISTA EM UM CONTEXTO DE ATAQUE AO SINDICALISMO

Análises preliminares indicaram que a Reforma Trabalhista aprofunda o processo de deterioração do mercado de trabalho e fragiliza as instituições públicas do trabalho, a exemplo da Justiça do Trabalho e das entidades sindicais. A disseminação de uma gama diversa de tipos de contratos precários afeta a base de representação dos sindicatos, historicamente ancorada nos assalariados formalizados, aumentando o percentual de trabalhadores não filiados a sindicatos e não cobertos por convenções e acordos coletivos[6]. Desse modo, ela promove a fragmentação da classe trabalhadora e a pulverização da representação dos sindicatos, pois a legislação sindical brasileira estabelece que os trabalhadores contratados de modo diferente pertencem a categorias profissionais distintas, ainda que exerçam a mesma atividade e atuem no mesmo local de trabalho (GALVÃO *et al.*, 2017; DIEESE, 2017).

Outros aspectos da Reforma impactaram negativamente os sindicatos. A prevalência do negociado sobre o legislado e a inversão da hierarquia dos instrumentos normativos esvaziam o papel do sindicato na negociação coletiva. A negociação no local de trabalho por intermédio de comissão de representantes dos trabalhadores, a possibilidade de negociação individual no caso de trabalhadores com salários duas vezes superiores ao teto da previdência e a homologação da rescisão contratual sem a participação do sindicato concorrem para a descentralização da negociação e promovem a transferência para a empresa, ou, até mesmo, para o trabalhador individual, de tarefas antes exercidas pelos sindicatos. Embora a Reforma não tenha alterado a redação do artigo 7° da Constituição Federal, ela possibilita a negociação da aplicação daqueles direitos cujo conteúdo é especificado apenas em normas infraconstitucionais, como a forma de gozo das férias, o percentual do FGTS, a remuneração do trabalho noturno, entre outros. Em um contexto marcado pela ofensiva neoliberal, de um lado, e por um mercado de trabalho desfavorável, de outro, é possível que grande parte dos sindicatos negocie acordos rebaixados, consagrando, assim, a perda de direitos definidos em lei. Por fim, ao tornar a contribuição sindical facultativa, a Reforma ameaça a sobrevivência das entidades sindicais.

---

6 Pesquisa recente destaca as diferenças na remuneração dos assalariados sindicalizados e não sindicalizados. Tendo por base os dados da PNAD, Gambier e Moura (2017) constatam que a remuneração direta dos trabalhadores celetistas sindicalizados era 33,5% superior à dos não sindicalizados em setembro de 2015. Essa defasagem também é observada na remuneração indireta, isto é, relativa ao acesso a benefícios, como auxílio alimentação, transporte e saúde.

A pesquisa confirma que o principal impacto estrutural sobre a organização sindical ocorreu no tema da sustentação financeira. No primeiro ano de vigência da Reforma, são ainda baixos os impactos diretos desta sobre a representação e a organização sindical.

ORGANIZAÇÃO E REPRESENTAÇÃO SINDICAL

No que se refere aos aspectos organizativos, o gráfico 1 indica que a maior parte dos entrevistados (39%) mencionou que não houve alteração no número de filiados em sua base após a implementação da Reforma, 23% revelou que houve redução no número de filiados e 22% que houve alteração, não sendo, porém, possível precisar sua causa, se à Reforma ou ao aumento do desemprego, da informalidade e da precarização decorrentes da queda de atividade econômica verificada desde 2015. Por fim, 16% perceberam aumento no número de filiados após a Reforma entrar em vigor, o que pode estar relacionado ao reforço das campanhas de sindicalização, uma das estratégias adotadas para compensar a perda de receita ocasionada pelo fim do imposto sindical, como veremos adiante.

Gráfico 1 – Número de filiados após a Reforma

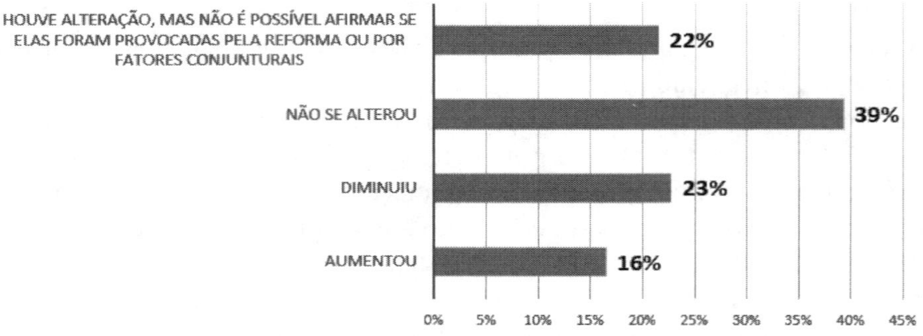

Fonte: Pesquisa Sindical REMIR

A Reforma Trabalhista expressa a estratégia empresarial de ajustar seus lucros preferencialmente pela via da redução dos custos com o trabalho. As mudanças nas formas contratuais (terceirização, pessoa jurídica, microempreendedor individual, autônomo em uma relação de emprego disfarçada) precederam, contudo, a sua implantação. Quando a nova lei entrou em vigor, encontrou sindicatos mais fragilizados para resistir, diante de trabalhadores mais inseguros e menos dispostos à luta coletiva. Tudo isso concorre para deteriorar o poder de negociação dos trabalhadores, sobretudo nos setores caracterizados por uma maior precariedade, isto é, aqueles em que os salários e o nível de qualificação dos trabalhadores tendem a ser mais baixos, a rotatividade mais elevada e em que a incidência da terceirização é mais frequente, como operadores de telemarketing, motoboys, motoristas, trabalhadores de limpeza, segurança e construção civil (GALVÃO; TEIXEIRA, 2018).

Uma das novidades introduzidas pela Reforma foi a possibilidade de criação de comissões de representação dos empregados nas empresas, sem a mediação dos sindicatos e em concorrência com eles. Nesse sentido, ao contrário do que propugnavam os defensores da Reforma, a descentralização da negociação, ao invés de valorizar, tem concorrido para o enfraquecimento do sindicato. No entanto, ao que tudo indica, esse instrumento não obteve êxito no primeiro ano de vigência da Reforma Trabalhista. Como se observa no gráfico 2, um percentual muito pequeno dos entrevistados (9%) respondeu que foi criada alguma comissão de representação dos empregados nas empresas após a implementação da Reforma. Alguns poucos entrevistados relataram tentativas patronais de criar tais comissões, logo rechaçadas pelos sindicatos. Outros relataram a estratégia sindical de adiantar-se à iniciativa patronal e incluírem nas convenções e acordos coletivos a rejeição à sua criação.

Gráfico 2 – Criação de comissão de representação dos empregados nas empresas após a implementação da reforma

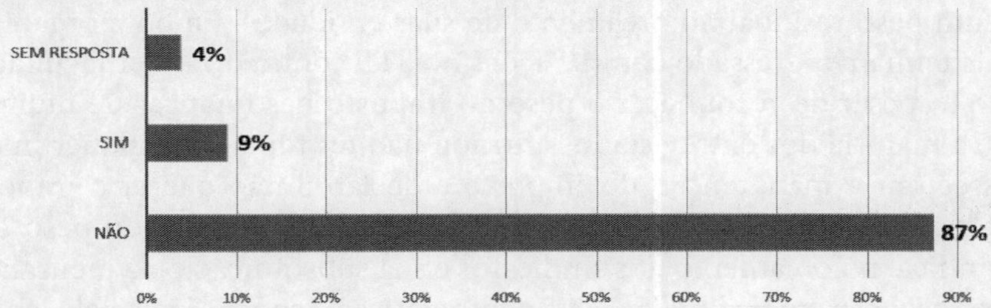

Fonte: Pesquisa Sindical REMIR

É possível que a fragilização dos sindicatos, pelas razões anteriormente apontadas, tenha tornado a criação das comissões de empregados nos locais de trabalho pouco atrativa para as empresas. A baixa organização no local de trabalho é uma característica da organização sindical brasileira e a Reforma, até o presente momento, não produziu nenhuma alteração nesse aspecto.

Sustentação financeira

No que se refere ao tema do financiamento, o imposto sindical, tornado facultativo, perdeu expressão como fonte de arrecadação e a mensalidade e a taxa negocial se tornaram as principais formas de sustentação financeira dos sindicatos após a Reforma. Quando perguntados sobre a importância de cada uma das fontes de financiamento em seu orçamento (imposto sindical, taxa negocial, contribuição confederativa, mensalidade e outras), o imposto sindical deixou de figurar como principal fonte em 86% dos casos em que fora mencionado anteriormente. A mensalidade ganhou importância como primeira fonte em 40% dos casos e a taxa negocial, como segunda, em 35%, como mostra o gráfico 3.

Gráfico 3 – Posição das principais formas de sustentação financeira dos sindicatos antes e após a reforma (hierarquizadas pelos entrevistados em 1º e 2º lugar)

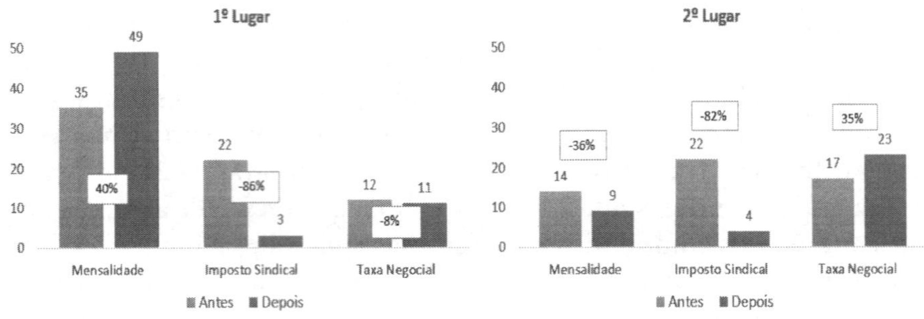

Fonte: Pesquisa Sindical REMIR

Apesar dos dados não serem estatisticamente precisos, um percentual muito pequeno dos sindicatos investigados em nossa pesquisa disse manter o recolhimento do imposto, e seus dirigentes sustentam que esta fonte de financiamento possui um peso residual no orçamento de suas entidades. Embora organizações sindicais tenham ingressado com 19 ações no STF contra o caráter facultativo do imposto e apesar de reconhecer o peso do imposto nas finanças de muitos sindicatos, a maioria dos entrevistados afirmou não ter tomado qualquer iniciativa para assegurar a manutenção do imposto e declarou não querer o imposto de volta. Os dados levantados indicam uma redução significativa do peso do imposto sindical no orçamento dos sindicatos e sua substituição pela mensalidade e pela taxa negocial, consideradas mais democráticas e controláveis pelo sindicato, já que é este quem define seus valores e acompanha diretamente seus repasses. A primeira, porém, requer a ampliação do quadro de associados. A segunda, depende da inclusão em acordos e convenções coletivas mediante a aprovação da assembleia. A taxa negocial está sendo introduzida pela primeira vez em algumas categorias via negociação coletiva[7]. Embora o STF tenha adotado a resolução de que o desconto, além de aprovado em assembleia, só poderá incidir sobre os associados, cláusulas relativas ao desconto para toda a categoria estão figurando nos instrumentos coletivos, com direito à oposição individual e ressalvas explícitas de que a entidade de representação dos trabalhadores assume toda a responsabilidade em caso de ações de denúncia questionando a decisão[8].

7 Levantamento feito pelo Salariômetro (Fipe) com base nos dados do Mediador mostra que "A contribuição para sindicatos de trabalhadores foi o terceiro item mais frequente nas negociações" ao longo de 2018, estando presente em 49,8% dos acordos e convenções daquele ano (Boletim Salariômetro, janeiro de 2019). Quando observamos cada uma das contribuições isoladamente, é possível constatar que a taxa negocial foi a forma de contribuição mais negociada nos acordos e convenções celebrados em 2018: 38,2% das negociações introduziram a taxa negocial, 25,0% a contribuição assistencial, 3,6% a contribuição confederativa, 6,4% o imposto sindical, 4,4% a cobrança por serviços e 3,7% outras contribuições, sendo que um mesmo instrumento pode ter aprovado mais de uma dessas formas de contribuição.

8 Em 2017, o STF confirmou o Precedente normativo 119 do TST, de 2014, que restringia a contribuição assistencial aos associados. Tendo em vista a nova realidade normativa pós-Reforma, o MPT manifestou-se de modo distinto alegando que a mudança nas condições financeiras demanda

De todo modo, observa-se uma mudança na forma de financiamento das entidades, com maior dependência da negociação coletiva, por meio da taxa negocial e/ou outras formas de taxação por acordos coletivos. Tem sido cada vez mais frequente condicionar acordos de banco de horas e participação nos lucros ou resultados a uma taxa cobrada individualmente. Verifica-se também, embora com menor expressão, a ampliação de serviços prestados à categoria como forma de atrair novos sócios e diversificar as fontes de receita. É necessário observar se o tamanho do sindicato, o setor de atividade econômica no qual se encontra inserido e a central sindical à qual está filiado impacta sua capacidade de se sustentar financeiramente e de que maneira esse impacto se dá. Historicamente, as entidades menores, com menor poder de negociação e pulverizadas, tendem a ser mais dependentes do imposto sindical. Desse modo, é plausível supor que as entidades mais estruturadas e com maior poder de negociação serão mais bem-sucedidas na substituição do imposto sindical pela mensalidade e pela taxa negocial, mas não há qualquer garantia e/ou evidências de que isso será efetivado.

AS RESPOSTAS SINDICAIS CONFORMAM UMA ESTRATÉGIA DE ENFRENTAMENTO?

Quando perguntados sobre a posição do sindicato a respeito da Reforma Trabalhista, a esmagadora maioria dos 79 respondentes (94,9%) se colocou contra, sendo que apenas 2,5% do total avaliaram que havia, mesmo assim, alguns pontos positivos, enquanto 92,4% se colocaram em defesa de sua revogação completa. Chama a atenção o fato de que, mesmo se tratando de sindicatos filiados a diversas centrais sindicais, situados em todas as regiões do país e representando diferentes categorias profissionais, a posição contra a Reforma foi praticamente unânime.

Gráfico 4 – Posição em relação à reforma trabalhista

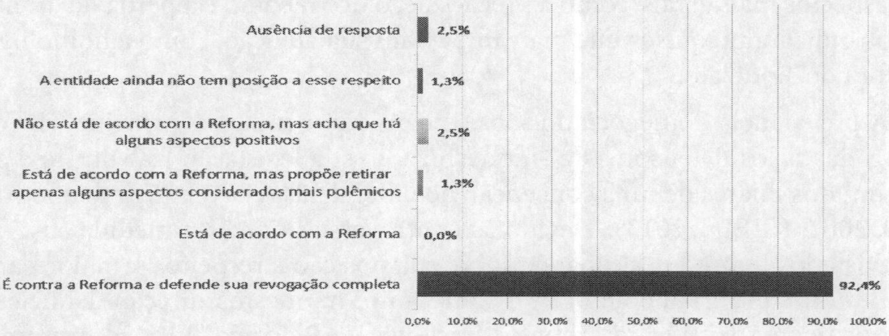

Fonte: Pesquisa Sindical REMIR

um outro entendimento, para assegurar a sobrevivência das organizações sindicais (ver Nota Técnica n. 2, 2018). A MP 873/2019, porém, limitou a cobrança de quaisquer contribuições aos sindicalizados, definindo também que o direito de oposição deve ser exercido de modo individual, e não votado em assembleia, além de impedir o desconto das contribuições em folha de pagamento.

Entretanto, quando perguntados sobre a existência de algum aspecto positivo na Reforma, um percentual um pouco maior (10,1%) dos 79 entrevistados respondeu afirmativamente. Três deles apontaram a prevalência do negociado sobre o legislado como uma forma de fortalecer o sindicato. Isso indica que alguns dirigentes apostam em sua capacidade de negociação para melhorar o que a lei estabelece, o que pode expressar sua adesão à tese da "modernização" da legislação trabalhista. Porém, como veremos adiante, essa é uma questão controversa. O fim do imposto também é destacado como algo positivo porque combate o paternalismo e obriga o dirigente sindical a "sair do comodismo". Mas esse também é um tema polêmico, sobre o qual voltaremos ao final deste artigo.

Gráfico 5 – Identificação de algum aspecto positivo na Reforma Trabalhista

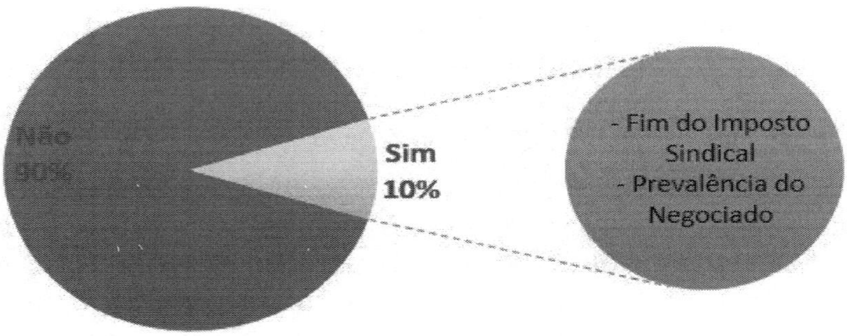

Fonte: Pesquisa Sindical REMIR

Do mesmo modo, foi perguntado se o sindicato identificava algum aspecto negativo na Reforma, ao que 100% dos entrevistados responderam que sim. A Reforma em si foi considerada uma medida negativa, sendo que alguns destacaram aspectos mais gerais, como a precarização do trabalho e a perda de direitos, e outros indicaram aqueles que mais impactam sua atuação, como a homologação por fora do sindicato.

A prevalência do negociado sobre o legislado é uma das principais medidas advogadas pelos defensores da "modernização" da legislação trabalhista e constitui um dos pilares de uma concepção neoliberal das relações de trabalho (GALVÃO, 2007; KREIN, 2013). Devido às controvérsias que essa medida suscita, os entrevistados foram questionados sobre sua posição a respeito. A maior parte se manifestou contrariamente (72%). Entretanto, na mesma direção daqueles que anteriormente identificaram pontos positivos na Reforma, 14% admitiram essa possibilidade, a depender do tema, e 9% se declararam a favor (gráfico 6).

Gráfico 6 – Posição sobre a prevalência do negociado sobre o legislado

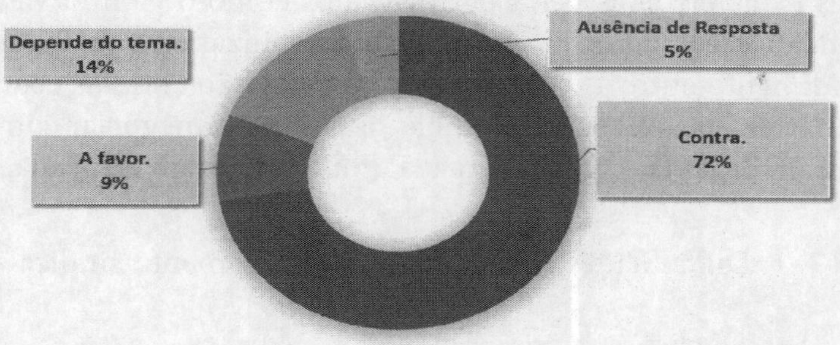

Fonte: Pesquisa Sindical REMIR

Os contrários à medida a identificam com o enfraquecimento do sindicato e temem a possibilidade de que prevaleça um conjunto de direitos abaixo do patamar assegurado pela lei. Os favoráveis acreditam que a medida dá ao sindicato a oportunidade de melhorar aquilo em que a lei é ruim, levando ao fortalecimento da entidade. Estes últimos desconsideram o fato de que a legislação vigente anteriormente à Reforma já permitia a negociação de norma mais favorável à lei, de modo que a prevalência do negociado significa, na prática, a possibilidade da negociação derrogar o que a lei garante, impondo perdas aos trabalhadores. Por fim, entre os que consideram que depende do tema, alguns entendem que deve haver um conjunto de direitos inegociáveis e que a possibilidade de a negociação melhorar a lei está condicionada à força do sindicato.

Em que medida a posição preponderantemente contrária à Reforma se traduziu em uma ação efetiva dos sindicatos consultados junto a sua base, em contrário à sua aprovação? A maioria absoluta dos entrevistados (96,2%) revelou que o sindicato buscou informar e discutir a Reforma com os trabalhadores antes de sua aprovação. Entre os instrumentos citados prevaleceram o meio impresso e digital, o uso de redes sociais e reuniões presenciais. Durante a tramitação da Reforma, cerca de 25% dos sindicatos manteve a prática de discussão com a base como principal estratégia. Menos de 20% disse ter adotado formas de ação que envolviam um maior nível de confronto, como participação em mobilizações e greves. Ao que tudo indica, a reação sindical ficou muito aquém da gravidade das medidas que estavam sendo debate e que ao final foram aprovadas.

O bloco de perguntas sobre posicionamento político-ideológico foi encerrado com uma questão sobre as dificuldades enfrentadas pelo movimento sindical para barrar a aprovação da Reforma. Foram mencionadas razões de ordem política (66%), como a crise, o *impeachment*, a ausência de representação dos trabalhadores no Parlamento, a atuação da mídia em favor da Reforma. A estas acrescentaram razões relacionadas mais diretamente à política sindical – como a aposta de parte do movimento sindical na negociação de uma medida provisória com o então Governo Temer –, a persistência do corporativismo sindical, o peleguismo, a crescente distância das direções em relação às bases. Foram citadas, ainda, razões caracterizadas pelos entrevistados como organizativas (25%), tais como: falta de direção, falta de capacidade de mobilizar os trabalhadores, ausência de entendimento entre as centrais sindicais, divisão entre as centrais sobre a Reforma, uma vez que, enquanto algumas optaram por negociar com o governo, outras buscaram organizar greves gerais. Por último, foram elencadas razões materiais (9%).

Gráfico 7 – Dificuldades enfrentadas pelo movimento sindical para barrar a Reforma

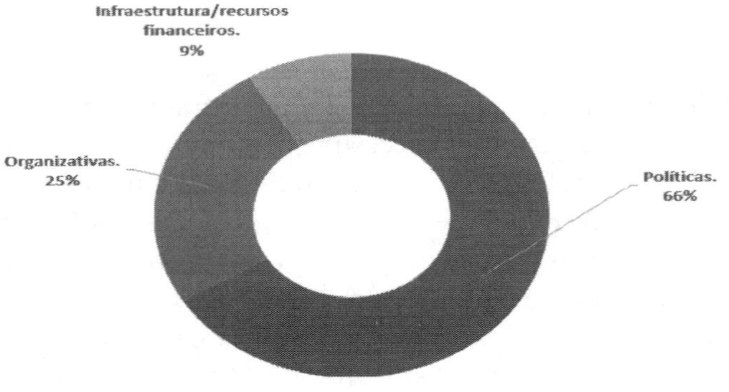

Fonte: Pesquisa Sindical REMIR

O que se nota no conjunto dessas respostas é que não se mostrou claro o diagnóstico sobre a ordem de dificuldades enfrentadas pelo sindicalismo diante do desafio de enfrentar a aprovação da Reforma. Mesmo sob a referência majoritária a razões "políticas", foram elencadas motivos tão diversos como os relacionados ao contexto político mais geral e outros de caráter mais interno como a persistência da cultura sindical corporativista. Provavelmente, a dificuldade em produzir um diagnóstico preciso sobre as razões dessa derrota política tem a ver com uma incapacidade mais geral do movimento sindical em definir um diagnóstico mais consistente e mais comum sobre sua condição atual, desafios e possibilidades.

O IMPACTO SOBRE AS NEGOCIAÇÕES COLETIVAS

No que se refere à negociação coletiva, há evidências de que se tornaram um campo mais adverso à defesa dos direitos dos trabalhadores. Menos de 10% dos sindicalistas entrevistados afirmaram não sofrer pressões adicionais para firmar convenções e acordos coletivos com condições menos favoráveis para os trabalhadores. Em contrapartida a grande maioria dos entrevistados sustentou que houve alteração, para pior, nas condições de negociação, o que contraria o argumento de que a Reforma viria para fortalecer as negociações. De modo geral, prevaleceu a avaliação de que os sindicatos passaram a sofrer maior pressão patronal para aceitar a flexibilização de direitos no processo de negociação e têm menos dinheiro para a realização de suas atividades.

Segundo os entrevistados, a pressão patronal está ocorrendo mais sobre as convenções coletivas do que sobre os acordos coletivos. Isso poderia representar uma tentativa de esvaziamento da convenção, que constitui uma forma de regulação mais geral, evidenciando a preferência patronal pela negociação mais descentralizada. No entanto, os dados do Mediador mostram que houve uma queda mais acentuada dos acordos, o que contraria o objetivo da Reforma de descentralizar as negociações[9]. Ressalte-se que, em ambos os casos, houve redução no número de negociações. Conforme os dados da pesquisa, os sindicatos têm resistido a negociar as alterações introduzidas pela Reforma, seja via acordos por empresa, seja via acordos individuais: 62% disse não ter realizado acordo por empresa para negociar pontos da Reforma; 66% alegou não ter realizado acordo por empresa para negociar banco de horas e 76% afirma não ter realizado acordos individuais para tratar das alterações introduzidas pela nova lei.

Nossa hipótese é que, em um contexto assim, mais desfavorável, os sindicatos se tornaram mais cautelosos no processo de negociação, o que levou ao impasse nas negociações: de um lado, os sindicatos, mesmo os pequenos e com menos tradição de luta, resistem a introduzir as medidas que consideram mais prejudiciais aos trabalhadores; de outro, buscam preservar as cláusulas anteriormente pactuadas e introduzir salvaguardas (por exemplo, a manutenção das prerrogativas sindicais, como a homologação com participação dos sindicatos, a introdução da taxa negocial para compensar as perdas financeiras[10]).

A preservação das cláusulas existentes nos instrumentos normativos requer capacidade de organização e resistência política. Seja devido à resistência, à cautela, ou à própria crise econômica, que não possibilita uma significativa recuperação do nível de emprego, várias das mudanças introduzidas pela Reforma foram pouco negociadas em seu primeiro ano de vigência. Por outro lado, apesar de, em sua maioria, defenderem a sua revogação completa, antes mesmo de sua implementação os sindicatos já negociavam o que não estava na lei, promovendo uma flexibilização na prática (GALVÃO; TEIXEIRA, 2018). O fato de a lei legalizar práticas já existentes no mercado de trabalho ajuda a entender a ausência de mudanças mais substantivas na negociação, ao menos nesse momento inicial.

Outros aspectos que contribuem para a baixa incidência de mudanças mais profundas na negociação dizem respeito ao caráter autoritário da gestão patronal no Brasil e ao baixo custo da ilegalidade. Tradicionalmente, as empresas buscam retirar ou descumprir direitos. Para a maioria dos entrevistados, não aumentou o nível de

---

9 Os acordos caíram de 41.008 em 2017 para 30.282 em 2018, uma redução de 26,2%. As convenções sofreram uma queda de 23,7%, passando de 5.515 para 4.204 no mesmo período.

10 Tema que, segundo os entrevistados, enfrenta a oposição patronal. Porém, como revelam os dados do Salariômetro supramencionados, tem sido introduzido em cerca de 1/3 das negociações. Os dados também indicam que, em alguns poucos casos, o pagamento das contribuições tem sido assumido pelas empresas. Embora o percentual seja pequeno, isso nos parece digno de nota. Ver: http://salariometro.fipe.org.br/negociacao-coletiva/contribuicoes-profissionais/associativa.

descumprimento das cláusulas inscritas nas convenções e acordos coletivos. No entanto, 25% assinalaram que pós-Reforma há um crescimento do desrespeito aos itens constantes nos instrumentos coletivos assinados pela entidade sindical. Os mais frequentes casos de desrespeito aparecem na homologação, no cumprimento da jornada, na terceirização e no corte do vale refeição. Além disso, a Reforma amplia as possibilidades de perdas, ao tornar legal o que anteriormente era ilegal. Quando o sindicato resiste a negociar, formas de flexibilização são implantadas unilateralmente pelas empresas. Foi o que avaliaram 54% dos entrevistados, referindo-se ao contexto pós-Reforma.

Em relação ao conteúdo das negociações, nossos entrevistados corroboraram a avaliação do Dieese, fundada nos dados do Mediador, de que o tema da jornada é o que aparece de forma mais recorrente nas convenções coletivas, tanto antes quanto após a Reforma, com destaque para: compensação da jornada horária; banco de horas; jornada 12 por 36; fracionamento ou redução do intervalo intrajornada (DIEESE/CUT, 2018). Outras cláusulas mencionadas dizem respeito à terceirização[11], parcelamento de PLR e parcelamento de férias. As formas de contratação precárias ainda aparecem pouco, talvez porque o mercado de trabalho brasileiro já é bastante flexível e com grande incidência de trabalho informal. Diante dessa característica estrutural, o ajuste tende a ser feito sobre o uso do tempo de trabalho.

Uma situação mais desfavorável nas negociações levou as entidades a estabelecerem estratégias complementares para evitar maiores perdas nos instrumentos normativos coletivos. As estratégias passaram, fundamentalmente, por informar e mobilizar a categoria (60% das respostas). Mas, não é desprezível o número de entidades que recorreu às instituições públicas para evitar perdas (28%), especialmente à Justiça do Trabalho e ao Ministério Público do Trabalho.

A redução do número de homologações das rescisões contratuais pode ser contabilizada como um impacto direto da Reforma, que fragilizou a capacidade das entidades sindicais de acompanharem o cumprimento dos direitos trabalhistas. A queda das homologações afeta a principal demanda reclamatória trabalhista, qual seja, a cobrança de verbas rescisórias. Desse modo, observa-se, também, uma expressiva queda nas ações trabalhistas, apresentada por 59% dos entrevistados, o que coincide com os dados da Justiça do Trabalho (o Tribunal Superior do Trabalho informou uma queda de 40% no número de processos trabalhistas nos seis primeiros meses da Reforma). Esse dado está relacionado às custas de sucumbência, mas não significa que o sindicato tenha deixado de representar os trabalhadores de sua base junto à Justiça. Nota-se, antes, uma tendência de

---

[11] Esse é um ponto que requer mais investigação: anteriormente à Reforma, as menções à terceirização nos instrumentos normativos eram feitas com o intuito de coibir essa modalidade de contratação. Após a Reforma, esse ponto deixou de estar presente em várias convenções nas quais a regulamentação era feita de modo restritivo. Como a Reforma liberou a terceirização para qualquer tipo de atividade, é possível que essa cláusula tenha sido eliminada não para impedir a prática, mas para ser negociada via acordos de empresa.

mudança na forma de acionar a Justiça, mediante a substituição de ações individuais por ações coletivas. A questão da quitação anual das obrigações trabalhistas aparece, no primeiro ano, em 13% das respostas, o que indica que não é uma prática majoritária, mas que começa a ser implementada, pois é uma questão totalmente nova introduzida pela Reforma. É importante continuar observando se essa prática crescerá no decorrer do tempo.

RESISTÊNCIA NO IMEDIATO

Por fim, é possível observar que os sindicatos têm procurado desenvolver formas de resistir, para se adequar ao novo contexto. São iniciativas tanto políticas, quanto organizativas e estão destacadas no gráfico 8.

Gráfico 8 – Estratégias sindicais citadas para enfrentar a Reforma

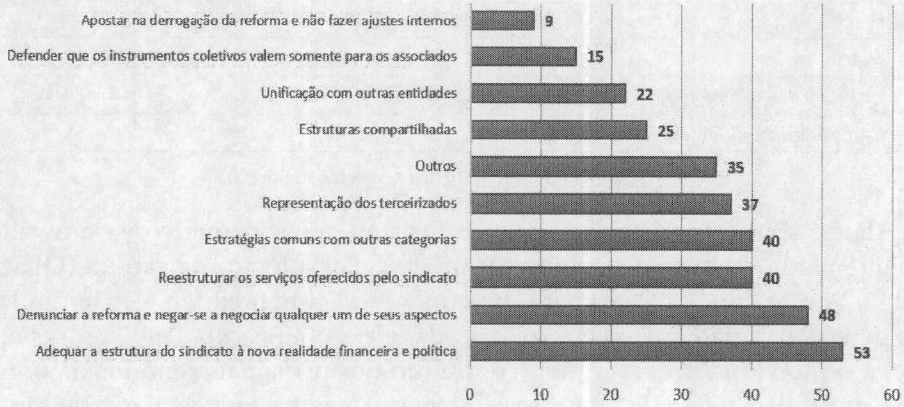

Fonte: Pesquisa Sindical REMIR

Todavia, não há, na fala dos entrevistados, uma definição muito clara sobre o que seria uma estratégia sindical. Por vezes, confundem iniciativas políticas, organizativas ou burocráticas. O que se destaca é a importância dada à necessidade de adequação à nova realidade financeira. Quando instados a mencionar mudanças organizativas, os entrevistados se referem à redução de custos, mostrando preocupação com a questão dos recursos materiais. Nesse quesito, apontam as seguintes medidas: reestruturação dos serviços oferecidos pelo sindicato, demissão de funcionários[12], redução de patrimônio, fechamento de subsedes[13] e redução de

12 O Caged indica redução de vínculos de emprego em entidades sindicais laborais em todos os meses, desde abril de 2017 (DIEESE, 2018). Por sua vez, os entrevistados mencionaram uma ligeira queda no número de diretores, da ordem de 6%, e uma queda um pouco mais acentuada no número de dirigentes "liberados" (licenciados do local de trabalho ficando disponíveis para o sindicato) após a Reforma, de 13%.

13 A venda de sedes de centrais e o fechamento de subsedes foi anunciada pela imprensa. Ver: https://economia.uol.com.br/noticias/estadao-conteudo/2019/03/05/sindicatos-perdem-90-da-contribuicao-sindical-no-1-ano-da-reforma-trabalhista.htm.

visitas em locais de trabalho. Alguns entrevistados, porém, destacam a necessidade de aumentar os serviços prestados ao invés de reduzi-los, como forma de atrair novos sócios.

A campanha de sindicalização se destaca entre as principais medidas adotadas para compensar a perda de arrecadação (tabela 1). A segunda iniciativa mais importante é a adoção da taxa negocial ou associativa, o que, como já mencionamos, depende da concordância patronal para ser incluída na convenção coletiva. A cobrança de certos serviços para compensar perdas financeiras é, também, uma tendência que começa a ser observada.

Tabela 1 – Principais iniciativas citadas pelos sindicatos para compensar a perda de arrecadação financeira (em números absolutos)

Iniciativa	Repostas
Medidas judiciais	11
Outros	19
Inclusão de taxa de negociação na convenção	29
Campanha de sindicalização	59

Fonte: pesquisa sindical REMIR (Respostas múltiplas)

Alguns sindicatos defendem que os instrumentos normativos sejam válidos somente para os associados, como forma de evitar a lógica da carona (OLSON, 2011)[14]. Porém, ainda é cedo para dizer que esta é uma tendência. De um lado, essa perspectiva não favorece a solidariedade e a politização. Pelo contrário, ela reforça o individualismo, jogando contra um dos principais sentidos da organização sindical: a defesa de interesses coletivos. De outro lado, a não extensão dos acordos é contraproducente, pois desorganiza as empresas que podem, no limite, demitir todos os sindicalizados. Assim, ao invés de estimular a sindicalização, essa medida pode ir contra tal objetivo.

Há outras inovações organizativas no horizonte, tais como o compartilhamento de estruturas e a fusão de entidades[15]. Essas medidas, se adotadas, podem fortalecer os sindicatos, produzindo um efeito diverso do imaginado pelos formuladores da Reforma. A representação dos terceirizados pelo sindicato da

[14] Olson é um estudioso da ação coletiva que analisa o engajamento a partir de uma racionalidade econômica, pautada no cálculo entre custo/benefício. O autor relaciona a ação coletiva à existência de benefícios privados (incentivos à adesão, serviços disponíveis somente para os filiados) e punição para os passageiros clandestinos ou caronistas, isto é, para aqueles que se beneficiam sem contribuir para o resultado da ação.

[15] Por exemplo, a fusão anunciada entre o Sindicato dos Empregados na Indústria Alimentícia de São Paulo e os sindicatos de trabalhadores da área de alimentação de Santos e região, de laticínios e de fumo do Estado. Cf. https://economia.estadao.com.br/noticias/geral,fusao-e-alternativa-encontrada--por-sindicatos-para-sobreviver-a-crise,70002734555.

categoria preponderante também é um ponto a ser enfrentado, mas isso requer a implosão da noção de categoria profissional atualmente vigente. Tais inovações, no entanto, foram apresentadas como temas em debate em algumas direções sindicais, não conformando uma resposta estratégica para enfrentar o quadro atual[16].

Do ponto de vista político, os entrevistados argumentam que sua principal estratégia é denunciar a Reforma e negar-se a negociar qualquer um de seus aspectos. No entanto, é preciso ir além de uma postura defensiva, é necessário combater ativamente a ideologia e a política neoliberal, que favorecem o individualismo e o imobilismo.

No que se refere à resistência, as centrais sindicais foram apontadas como as principais articuladoras de um posicionamento conjunto, seguidas pela federação e pela confederação. No entanto, as iniciativas mais frequentes são informes e orientações, e não uma mobilização efetiva, por meio de protestos, paralisações e greves. Cumpre notar que a pesquisa foi realizada durante a campanha eleitoral de 2018, num momento de indefinição do quadro político. Naquele momento, prevaleceu o entendimento de que o enfrentamento da Reforma passava pelo engajamento sindical na campanha eleitoral, motivados em eleger uma bancada parlamentar ou apoiar candidaturas presidenciais favoráveis à revogação da Reforma Trabalhista. Porém, diferentemente das eleições de 2010 e, mesmo da de 2014, as centrais se dividiram de modo mais pronunciado em relação às candidaturas apresentadas (KREIN *et al.*, 2017). Esse aspecto chama a atenção já que os sindicalistas atribuíram à situação política as dificuldades de enfrentamento da Reforma Trabalhista.

Por fim, a sobrevivência dos sindicatos está ameaçada por razões de ordem financeira. A contribuição sindical obrigatória caiu 90% entre abril de 2017 e abril de 2018 (DIEESE, 2018), o mesmo se verificando para os doze meses de 2018[17]. A queda na arrecadação decorrente do fim da obrigatoriedade do imposto foi de grande magnitude, situação agravada pela desestruturação do mercado de trabalho (desemprego, queda da renda e informalidade) e pela crise econômica. Essas perdas, porém, não decretam o fim dos sindicatos: eles continuam a ter um papel fundamental na defesa dos interesses dos trabalhadores, ainda mais num contexto em que seus direitos são vilipendiados.

---

16 Essas inovações não representam exatamente uma novidade, na medida em que correspondem às respostas encontradas por sindicatos da OCDE para enfrentar a crise do sindicalismo dos anos 1990. Rodrigues (2002) as classifica em respostas coletivas (representação de novos contingentes de trabalhadores, como jovens, mulheres e migrantes), individualistas (oferecimento de serviços) e organizatórias (fusões). Isso indica que os desafios são comuns a diferentes configurações sindicais, que esses desafios se recolocam em diferentes conjunturas político-econômicas e que as alternativas concebidas são parecidas, a despeito das diferenças político-ideológicas entre as organizações que as promovem.

17 Cf. https://economia.uol.com.br/noticias/estadao-conteudo/2019/03/05/sindicatos-perdem-90-da-contribuicao-sindical-no-1-ano-da-reforma-trabalhista.htm.

O SINDICALISMO EM BUSCA DE PRESERVAÇÃO E FORTALECIMENTO

A ausência de nitidez sobre uma estratégia sindical que enfrente as mudanças profundas verificadas nas condições e relações de trabalho coloca-se como limitação preponderante nas respostas sindicais à ofensiva liberal-conservadora em curso no Brasil. Com isso, as respostas *ad hoc* prevalecem, restringindo as iniciativas à busca da preservação das estruturas das entidades, sem discutir de modo mais abrangente o papel do movimento sindical na sociedade.

A luta pela sobrevivência requer mudanças organizativas, mas também, e principalmente, políticas, o que requer repensar a questão da representatividade. A alta informalidade que historicamente assola o mercado de trabalho brasileiro faz com que um percentual pequeno de trabalhadores seja representado por sindicatos. Do ponto de vista das relações de trabalho, outro aspecto que compromete a capacidade de representação sindical é a tendência de flexibilização das relações laborais, que é anterior à Reforma e com ela se intensifica, com destaque para o crescimento das contratações atípica s (GALVÃO; KREIN, 2019).

Alguns dirigentes sindicais defendem o fim do imposto sindical justamente por considerar que ele estimula a criação de sindicatos acomodados e sem representatividade. Mas, em sua maior parte, defendem a substituição do imposto por outro tipo de contribuição prevista em lei (como a taxa negocial), o que indica que os sindicatos brasileiros continuam a confiar mais no Estado do que em suas próprias forças. A preservação e o fortalecimento dos sindicatos dependem de um trabalho intenso de formação sindical, de construção de laços de solidariedade, de um sentido de unidade e de coletividade que torne os sindicatos mais representativos dos trabalhadores e menos dependentes do Estado.

CONSIDERAÇÕES FINAIS

A Reforma Trabalhista apresentou novidades e aprofundou tendências já em curso. Sua aplicação integral tem potencial de impactar sobre a independência dos sindicatos, provocar maior fragmentação das bases sindicais, de esvaziar o papel dos sindicatos nas negociações coletivas e de asfixiar as entidades sindicais financeiramente.

A pesquisa que aqui apresentamos nos permite constatar, embora em caráter exploratório, que as respostas sindicais, num primeiro momento, estão centradas na sustentação financeira das entidades. Mas a sobrevivência dos sindicatos depende também de mudanças políticas e organizativas, as quais não têm ganhado, por enquanto, maior prioridade, conformando um paradoxo: há uma transição em curso na forma de sustentação financeira das entidades sindicais sem que exista, no entanto, uma estratégia sindical que aponte para uma transição na forma de representar e organizar os trabalhadores. Assim, as repostas configuram-se como reações imediatas às ofensivas patronais e não se relacionam com os desafios mais gerais para a permanência das organizações sindicais.

Conformando um quadro de baixa presença do debate sobre estratégias político-organizativas ou sobre sua revitalização sindical (KREIN; DIAS, 2017), a resistência contra a asfixia das entidades sindicais assume centralidade. Os dados demonstram que ganha importância a mensalidade, seguida da taxa negocial, como instrumento de sustentação financeira dos sindicatos. A resistência também é exercida via negociações coletivas, na tentativa de impedir a inclusão de novas formas de precarização das relações de trabalho formalizadas pela Reforma Trabalhista de novembro 2017.

As medidas atuais, além da própria Reforma Trabalhista, visam alterar ainda mais a correlação de forças que, desde o golpe de 2016, favoreceram uma perspectiva conservadora, neoliberal e retrógrada. Não é apenas um ajuste entre uma nova forma de regulação das relações de trabalho e práticas de empregadores que apontam para a flexibilização e precariedade do trabalho. As medidas tomadas apontam para o maior revés social da história do país. Isto coloca um pesado fardo sobre o sindicalismo, que tem de reagir simultaneamente ao ataque aos direitos dos trabalhadores e às garantias básicas para a ação sindical (VERAS DE OLIVEIRA, 2018).

A despeito das adversidades, cumpre lembrar a importância do sindicato para a proteção do trabalhador, para a garantia e a ampliação de direitos, para a redução das desigualdades, para a democracia. Sabemos que nem todos os sindicatos conseguem alcançar um grau mais efetivo de organização e representação, com as negociações coletivas indo além do estabelecido em lei. Mas isso não nega o papel fundamental dos sindicatos. Cabe aos trabalhadores dinamizá-los. E as dificuldades, paradoxalmente, podem oferecer essa oportunidade.

REFERÊNCIAS

DIEESE. **Subsídios para o debate sobre a questão do financiamento sindical**. Nota Técnica n. 200, novembro 2018.

DIEESE/CUT. **Acompanhamento das negociações coletivas pós reforma trabalhista**, 2018.

DIEESE. **A reforma trabalhista e os impactos para as relações de trabalho no Brasil**. Nota Técnica n. 178, maio 2017.

GALVÃO, Andréia; TEIXEIRA, Marilane. Flexibilização na lei e na prática: o impacto da reforma trabalhista sobre o movimento sindical. In: KREIN, José Dari; GIMENEZ, Denis Maracci; SANTOS. **Dimensões críticas da reforma trabalhista no Brasil**. Campinas: Curt Nimuendajú, 2018, p. 155-181.

GALVÃO, KREIN, BIAVASCHI e TEIXEIRA (org.) Dossiê Reforma Trabalhista. In: Teixeira et al. (org.) **Contribuição Crítica à Reforma Trabalhista**. Campinas: Unicamp/Cesit, 2017. Também disponível em: http://www.cesit.net.br/wp-content/uploads/2017/06/Dossie-14set2017.pdf

GALVÃO, Andréia. **Neoliberalismo e reforma trabalhista no Brasil**. Rio de Janeiro: Revan, 2007.

GALVÃO, Andréia; KREIN, José Dari. Dilemas da representação e atuação sindical dos trabalhadores precários. In: Iram Jácome Rodrigues (org), **Trabalho e ação coletiva no Brasil:** contradições, impasses, perspectivas (1978-2018). São Paulo: Annablume, 2019. pp. 203-233.

GAMBIER, André; MOURA, Ana Carolina. **Diferenças de remuneração entre trabalhadores sindicalizados e não sindicalizados**: evidências sobre o mercado de trabalho brasileiro.

IPEA, **Texto para Discussão 2323**, 2017.

KREIN, José Dari, **As relações de trabalho na era do neoliberalismo no Brasil**, São Paulo, LTr, 2013.

KREIN, José Dari. COLOMBI, Ana Paula; LEMOS, Patrícia R.; DIAS, Hugo R. As reformas regressivas no Brasil e o posicionamento das Centrais Sindicais. In: **Anais do Congresso da Latin American Studies Association,** Lima: 2017.

KREIN, José Dari; DIAS, Hugo. Os caminhos do sindicalismo nos anos 2000. **Revista Ciências do Trabalho**, n.8, 2017.

KREIN, D.; GIMENEZ, D.; SANTOS, A. **Dimensões críticas da Reforma Trabalhista no Brasil**. Campinas: Curt Nimuendajá, 2018.

MINISTÉRIO PÚBLICO DO TRABALHO. **Nota Técnica n. 02**, de 26 de outubro de 2018.

OLSON, Mancur. **A lógica da ação coletiva**. São Paulo: Edusp, 2011.

RODRIGUES, Leôncio Martins. **Destino do sindicalismo**. São Paulo, SP: USP/FAPESP, 2002. p. 273-305.

VÉRAS DE OLIVEIRA, Roberto. Brazilian Labour Reform in Historical Perspective. **Global Labour Journal**, 9(3), 2018.

CAPÍTULO 34

A EFETIVIDADE DA PROTEÇÃO DO DIREITO DO TRABALHO PÓS-REFORMA E O CASO FORD

Sayonara Grillo[1]

Denise de Almeida Guimarães[2]

Jean Filipe Domingos Ramos[3]

INTRODUÇÃO

No Brasil, mesmo após a reforma na legislação do trabalho assalariado introduzida pela Lei 13.467, de 2017, subsiste um questionamento quanto ao objeto/sujeito tutelado ante a existência de uma "nova" estrutura regulatória para as relações de trabalho assalariado como suposto remédio para conter o desemprego diante da crise econômica. E mesmo essa nova normativa que prioriza a ampliação da liberdade contratual nas relações sociais trabalhistas e institui verdadeira flexibilização negativa do Direito do Trabalho,[4] parecendo demonstrar o nítido afasta-

---

1 Professora Associada IV de Direito e Processo do Trabalho da Faculdade Nacional de Direito da Universidade Federal do Rio de Janeiro, onde integra o PPGD – Programa de Pós-Graduação em Direito, PPGD/UFRJ. Líder do grupo Configurações Institucionais e Relações de Trabalho. Integrante do Grupo de Pesquisa "Sindicalismo" (UDF/CNPq). Desembargadora do Trabalho no Tribunal Regional do Trabalho da 1ª Região. Doutora em Ciências Jurídicas pela PUC-Rio. Mestra em Teoria do Estado e Direito Constitucional pela PUC-Rio. E-mail: sayonara@direito.ufrj.br.

2 Professora Substituta de Legislação Social da Faculdade de Direito na Universidade Estadual do Rio de Janeiro. Doutoranda no PPGD – Programa de Pós-Graduação em Direito, PPGD/UFRJ. Mestre em Direito Constitucional pelo PPGDC/UFF. Integrante do grupo CIRT – Configurações Institucionais e Relações de Trabalho e do Projeto de Extensão DIATrab – Trabalho, Diálogo e Ação, ambos da UFRJ. E-mail: dealgui@hotmail.com.

3 Professor Assistente do Departamento de Direito da Universidade Federal de Juiz de Fora. Doutorando no PPGD – Programa de Pós-Graduação em Direito, PPGD/UFRJ. Mestre em Direito pelo PPGD/UFMG. Integrante do grupo CIRT – Configurações Institucionais e Relações de Trabalho da UFRJ. E-mail: jean.filipe@ufjf.edu.br.

4 António Casimiro Ferreira (2012, p.30) explica que as reformas trabalhistas norteadas pela "inevitável" austeridade em razão de crises econômicas constituem verdadeiras "medidas de flexibilização negativa", pois para atender ao "bom desempenho" do mercado, é necessária a diminuição total da função tuitiva do direito do trabalho através do distanciamento da democracia laboral caracterizada pelos diálogos sociais, negociação coletiva e pela participação dos trabalhadores.

mento do interesse estatal em regê-las para proteção do trabalhador, não é capaz de impedir que empresas transnacionais, como a Ford, decidam ao seu puro alvedrio, e de modo socialmente prejudicial ao Estado, aos trabalhadores e às comunidades locais afetadas, o encerramento das suas atividades em Camaçari/BA, Taubaté/SP e Horizonte/CE. Como resultado do fim da produção de veículos pela montadora no país, a iminência da dispensa em massa e, consequentemente, o desemprego de milhares de trabalhadores ligados à montadora Ford, às empresas prestadoras de serviços terceirizados e demais componentes da cadeia produtiva, a perda de arrecadação fiscal nos estados e no Produto Interno Bruto, sem contar o efeito dominó em outros segmentos econômicos e sociais da cadeia de provimentos.[5]

Apesar dos vultosos gastos – estimados na cifra de US$ 4,1 bilhões[6] – para a reestruturação da empresa em outros países, é bastante significativa que essa ação financeira tenha provocado de imediato o aumento do seu valor patrimonial, inclusive a cotação de suas ações no mercado, diante da perspectiva de lucro certo aos seus investidores.[7] Existe, aliás, uma aparente contradição, pois a montadora, que alegou que a sua decisão baseou-se na queda das vendas/produtividade, também anunciou que continuará com a comercialização dos seus carros no país, mas com a produção na América do Sul centrada na Argentina. O aumento do valor patrimonial da empresa significa o tiro certeiro da decisão estratégica de saída do Brasil para melhorar a sua posição econômica no mercado automobilístico, porém desprestigiando por completo toda a mais valia obtida de inúmeros trabalhadores e dos investimentos públicos realizados ao longo de mais de um século de operação no país.

---

5 Em Camaçari/BA estimam-se perdas econômicas na cifra de R$ 5 bilhões, o que representa o valor de dois por cento do PIB do estado baiano, segundo a Superintendência de Estudos Econômicos e Sociais da Bahia. Além da perda dos empregos diretos e indiretos, os trabalhadores perderão os planos de saúde em momento de sobrecarga do SUS em razão da Covid-19 e ainda acarretará a perda de recolhimentos fiscais. Disponível em: https://www.cartacapital.com.br/economia/fim-das-operacoes-da-ford-gera-prejuizo-de-r-5-bilhoes-para-a-bahia/. Acesso em: 18 ago. 2021.

6 Dados obtidos na BBC News Brasil. Disponível em: https://www.bbc.com/portuguese/brasil-55627352#:~:text=A%20decis%C3%A3o%20faz%20parte%20de,est%C3%A1%20trabalhando%20para%20encontrar%20compradores. As ações da Ford subiram mais 3% (três por cento) em Nova York após o anúncio de encerramento de suas atividades no Brasil. Acesso em: 19 ago. 2021. Em fevereiro corrente a montadora Ford anunciou investimentos de US$ 1 bilhão em fábrica na Africa do Sul. Disponível em: https://media.ford.com/content/fordmedia/feu/en/news/2021/02/02/ford-invests-1-billion--r15-8--to-modernize--expand-south-afric.html. Acesso em: 05 ago. 2021.

7 Dados obtidos na InfoMoney. Disponível em: https://www.infomoney.com.br/negocios/ford-fecha-fabricas-anuncia-fim-da-producao-de-carros-no-brasil-em-2021-e-demite-mais-de-5-mil-funcionarios/. Acesso em: 19 ago. 2021. Dados obtidos na página de internet da UOL Economia. Disponível em: https://economia.uol.com.br/noticias/redacao/2021/01/11/acoes-da-ford-sobem-na-bolsa-de-nova-york-apos-fim-de-operacao-no-brasil.htm. Acesso em: 19 ago. 2021. Situação semelhante ocorreu, também, no fechamento da fábrica de São Bernardo do Campo/SP em 2019. As ações fecharam em alta de 3,4% a US$ 8,83 na bolsa de Nova Iorque após a notícia do fechamento da unidade de São Bernardo do Campo/SP. Disponível em: https://auto.economictimes.indiatimes.com/news/industry/ford-to-close-oldest-brazil-plant-exit-south-america-truck-biz/68072930#:~:text=x-,Ford%20to%20close%20oldest%20Brazil%20plant%2C%20exit%20South%20America%20truck,end%20losses%20around%20the%20world. Acesso em: 18 ago. 2021.

Em que pesem as recentes reformas na legislação do trabalho incluindo aquelas decorrentes do estado de calamidade pública em razão da Covid-19, as questões do trabalho no Brasil permanecem sendo influenciadas por arranjos, políticos e privados, ligados aos incentivos financeiros com recursos públicos destinados às empresas transnacionais e no sentido de conferir maior segurança econômica e jurídica ao ambiente do negócio. Com esta política, defende-se a produtividade e assegura-se, a empresa a todo custo. E onde se encontra a segurança social e jurídica da população local trabalhadora que a Reforma Trabalhista (Lei 13.467, de 2017) prometera com a geração de empregos, mas que, ao mesmo tempo, afirma a equiparação entre dispensas coletivas, individuais e plúrimas, sem exigir autorização pública ou controle sindical expresso, abrindo espaço para a uma afirmação de um poder privado de dispensa como *prima ratio*? Qual foi o comprometimento social da empresa transnacional, considerado em seu planejamento estratégico para a tomada de decisão quanto ao fechamento das suas fábricas produtoras do país?

Assim, o que se pretende investigar é a efetividade protetiva do Direito do Trabalho pós-reforma e em plena pandemia e a sua correlação ao caso Ford quanto aos temas da deslocalização, da dispensa em massa e da responsabilidade social corporativa trabalhista. Trata-se de um problema complexo por ser constituído de diversos fatores que se entrelaçam em diferentes contextos, ou seja: i) da subida ao poder de um grupo financista e avesso aos direitos sociais, porém favorável à redução de tributação da renda das grandes empresas e desfavorável à taxação de lucros e dividendos; ii) do cenário de crise sanitária que envolve a retração da economia; iii) da conjuntura de uma dura reforma trabalhista que já havia debilitado previamente a posição econômica e social de trabalhadores assalariados; iv) do agravamento da situação de vulnerabilidade econômica das populações locais onde ocorrem o fechamento das fábricas, em razão da perda de postos de trabalho, diretos e indiretos, da diminuição ao desaparecimento de toda uma cadeia produtiva, da perda de arrecadação tributária local e, consequentemente, do encolhimento da economia local; v) dos subsídios financeiros dos Estados e da União, bem como dos financiamentos públicos (via Banco Nacional de Desenvolvimento – BNDES), concedidos em condições contratuais desconhecidas do público em geral, que não sabem quais são as obrigações e as contrapartidas da Ford perante os trabalhadores, a população local e o Estado; vi) da responsabilidade social corporativa, que apresenta as perspectivas atitudinais da empresa transnacional com o conjunto da sociedade; e vii) da responsabilidade da empresa transnacional com seus trabalhadores diretos em razão do fechamento das fábricas, no modelo de negócio preponderantemente voltado para os resultados financeiros e para os interesses dos acionistas e investidores.

A pesquisa objetiva realizar uma reflexão crítica sobre a efetividade da função regulatória estatal do trabalho assalariado, principalmente em tempos de crise econômica e pandêmica global em razão da Covid-19 diante dos fenômenos da deslocalização e da dispensa em massa. Visa também a compreender a possibilidade de condicionamento do encerramento das atividades à responsabilidade social corporativa trabalhista da empresa transnacional neste processo de reestruturação produtiva e apontar algumas soluções possíveis para minimizar a insegurança e o dano social acarretado pelo fechamento das fábricas da Ford no país.

A metodologia utilizada para o estudo do fenômeno é a pesquisa exploratória concretizada através do procedimento de pesquisa bibliográfica em doutrina nacional e estrangeira e, como método qualitativo, o estudo de caso.

1. DA EFICÁCIA E EFETIVIDADE DA PROTEÇÃO DA NORMA TRABALHISTA

Um dos significados do termo "regulação" que guia o raciocínio da análise a respeito da extensão e do conteúdo aplicável às relações de trabalho assalariado é aquele apresentado por Hans Dieter Jarass (1988, p. 77), a despeito de haver outras possíveis conceituações existentes na literatura nacional e estrangeira. Para o autor, regulação em um sentido estrito é apenas um tipo de instrumento para implementação da política econômica pelo Estado, não sendo sinônimo de atividades estatais relacionadas com a economia e nem de intervenção estatal na economia privada. Neste sentido, afirma Jarass (1988, p. 77), regulação significa "regras estatutárias ou outras regras estabelecidas pelo Estado para reger a condução econômica dos negócios privados. As normas estabelecidas podem proibir certas atividades às empresas privadas ou prescrever um determinado curso de ação". Vital Moreira (1997, p. 34), que adota a classificação de Jarass, dirá que a regulação, nessa concepção restrita, representa apenas o condicionamento normativo da atividade econômica privada e que ela limita-se a estipular regras de conduta da atividade econômica, por meio de lei ou outro instrumento normativo.[8]

No que se refere ao trabalho assalariado, o conceito aplicável é o da atividade regulatória do Estado em sentido estrito, na medida em que é necessária a edição de leis trabalhistas ou de outra fonte normativa, a exemplo dos instrumentos coletivos de trabalho, para conferir certo equilíbrio à sociedade enquanto organismo social dentro do sistema capitalista.[9] Os fundamentos da regulação dependem do papel do Estado na economia de acordo também com diversos interesses em jogo.[10]

---

8 Para Vital Moreira (1997, p. 34), a regulação "(a) Em sentido amplo, é toda forma de intervenção do Estado na economia, independentemente dos seus instrumentos e fins; (b) num sentido menos abrangente, é a intervenção estadual na economia por outras formas que não a participação directa na atividade económica, equivalendo, portanto, ao condicionamento, coordenação e disciplina da atividade económica privada; (c) num sentido restrito, é somente o condicionamento normativo da atividade económica privada (por via de lei ou outro instrumento normativo)."

9 A expressão "organismo social" é no sentido atribuído por Émile Durkheim (1999), que compreendeu a sociedade como um organismo vivo em que todos os indivíduos contribuem através de suas próprias ações e de forma solidária para o bem estar comum.

10 Cabe aqui fazer duas observações, consoante a lição de Diogo R. Coutinho (2014, p. 108-112) sobre o termo (genérico) "regulação": a primeira é a de que não há uma teoria geral ou uniforme da regulação, podendo esta decorrer de razões econômicas e não-econômicas (sociais). Dependendo do sistema jurídico de cada país é que se darão os contornos mais ou menos sociais ou redistributivos da ação estatal. A outra observação é a de que o papel redistributivo da regulação verificou-se até os dias atuais em países desenvolvidos, em relação aos quais, *a priori*, a redistribuição por meio da regulação tem

A regulação social trabalhista surge para conter o poder exploratório patronal em relação à apropriação da mais valia do labor do empregado, compensando parcialmente a inferioridade econômica deste através de um tratamento legal diferenciado e, portanto, com função mediata de proteção ao trabalho como uma forma de diminuir a desigualdade social. Mas eficácia jurídica da norma trabalhista, em termos de sua aplicabilidade ou exigibilidade, não significa necessariamente que ela possua efetividade. Para tanto, faz-se a diferenciação entre eficiência, eficácia e efetividade (GUSTIN; DIAS; NICÁCIO, 2020, p. 67-69). A eficiência implica na regularidade de atos para a promoção de efeitos desejados e, ainda, pode se constituir como um critério econômico, em que há a busca pela máxima de um resultado com o uso de menores recursos possível. No que tange à eficácia, analisa-se a consecução dos objetivos previstos pela norma, o que permite o exame de seus efeitos no mundo prático. A efetividade, por sua vez, busca superar a eficiência e a eficácia, para a análise de sua correspondência às demandas da comunidade e suas necessidades. Assim, temos que uma norma relativa a uma determinada política pública produz efeitos específicos na sociedade, mas pode não haver a produção dos efeitos esperados pelo querer coletivo, principalmente quando as relações sociais trabalhistas estão inseridas em um sistema econômico que privilegia o mercado.

A economia de mercado segundo Karl Polanyi (2000, p. 93) é um projeto político de mudança institucional pautado por interesses de grupos específicos dentro de uma dinâmica em que sucede o processo de mercantilização do trabalho (e também da terra e do dinheiro). Como explica Polanyi (2000, p. 77), "em vez de a economia estar embutida nas relações sociais, são as relações sociais que estão embutidas no sistema econômico". Segundo o autor, a sociedade humana se transformou em um acessório do sistema econômico.[11] Isso expressa a desvinculação da economia de mercado e até mesmo a diluição da responsabilidade dos seus grupos representativos quanto às relações sociais trabalhistas.

---

um *status* secundário ou residual, considerando o alto grau de desenvolvimento socioeconômico e de distribuição de renda.

[11] Karl Polanyi (2000, p. 166-183) apresentou a estrutura do capitalismo industrial inglês e analisou as bases do liberalismo, ou seja, a existência de um mercado de trabalho livre, com salários determinados pela liberdade de competitividade; a força monetária do padrão-ouro e o livre comércio (mercado autorregulador). Para Polanyi (2000, p. 94; 92-95), o tratamento coisificado de seres humanos e da natureza, cujo preço era determinado pelas forças do mercado, revelava que as pessoas tornaram-se subordinadas ao mercado autorregulador. Neste sentido, o autor afirma: "Sabemos que num sistema [de mercado] como esse os lucros só podem ser assegurados se se garante a auto-regulação através de mercados competitivos interdependentes. Como o desenvolvimento do sistema fabril se organizara como parte de um processo de compra e venda, o trabalho, a terra e o dinheiro também tiveram que se transformar em mercadorias para manter a produção em andamento. É verdade que eles não puderam ser transformados em mercadorias reais, pois não eram produzidos para venda no mercado. Entretanto, a ficção de serem assim produzidos tonou-se o princípio organizador da sociedade. Dos três elementos, um se destaca mais: trabalho (mão de obra) é o termo técnico usado para os seres humanos na medida em que não são empregadores, mas empregados. Segue-se daí que a organização do trabalho mudaria simultaneamente com a organização do sistema de mercado. Entretanto, como a organização do trabalho é apenas um outro termo para as formas de vida do povo comum, isto significa que o desenvolvimento do sistema de mercado seria acompanhado de uma mudança na organização da própria sociedade. Seguindo este raciocínio, a sociedade humana tornara-se um acessório do sistema econômico" (POLANYI, 2000, p. 97).

Nos atuais tempos de crise sanitária e econômica, a efetividade protetiva da norma trabalhista no Brasil tem sido desafiada constantemente diante das assimetrias existentes na relação entre aqueles cuja subsistência os fazem depender do emprego e os que propiciam o emprego ou o trabalho, considerando ainda a inserção dessa relação em um sistema de mercado autorregulador. Quanto maior for esse estado de dependência dos trabalhadores e segundo as regras de mercado, mais haverá o favorecimento da mercantilização do trabalho e, consequentemente, do trabalhador. O contrário também é verdadeiro, ou seja, quanto menor esse estado de absoluta sujeição do trabalhador ao mercado, mais chances haverá para a desmercantilização desse labor. Daí a importância da regulação social do trabalho, pois, como bem compreendeu Polanyi (2000, p. 51-58, 95), o Estado gerido no interesse único do capital organiza as condições de submissão da sociedade ao mercado por meio de um mecanismo que denominou de "moinho satânico", no qual os indivíduos tornam-se dispensáveis e condenados a servir de forma não efetivamente autônoma. O Direito do Trabalho pós-reforma pode estar perdendo a sua qualidade histórica protetiva para iniciar o trabalhador em uma outra Era, que é de poucos direitos e de pouca proteção, a fim de mantê-lo em um estado de tênue autonomia individual de fato de modo a fragilizar a sua ação/reação diante de situações como a deslocalização da Ford e a dispensa em massa sem prévia negociação coletiva, expostas a seguir.

2. ENTENDENDO MELHOR O CASO FORD, OS FENÔMENOS DA DESLOCALIZAÇÃO E DA DISPENSA EM MASSA

David Harvey (2005, p. 117-122; 142) já tinha dito que, após a formação do capital superacumulado, as empresas promovem a sua expansão ou reestruturação geográfica através de um "ajuste espacial", criando novas fontes de produção para a absorção daquele capital excedente em outras regiões e também novos espaços de consumo. Oscar Ermida Uriate (2007, p. 2) conceitua a deslocalização (*offshoring*, em inglês) como sendo "a transferência de atividades produtivas, no sentido amplo, em outro lugar". O autor ainda faz a distinção entre a deslocalização e a simples expansão da empresa em outro lugar em razão do seu crescimento, que permanece funcionando apesar de nova empresa ter sido instalada no estrangeiro. A deslocalização é a quarta etapa da multinacionalização da empresa, caracterizada "pela substituição dessa instalação no estrangeiro por outra em outra parte do mundo" (ERMIDA URIARTE, 2007, p. 3).[12] A deslocalização industrial como pontos positivos pode trazer o desenvolvimento da estrutura local em termos de empregabilidade,

---

[12] Ermida Uriate (2007, p. 3) explica o processo de multinacionalização da empresa da seguinte forma: "El proceso de multinacionalización de una empresa nacional tiene, normalmente, una primera fase o antecedente, simplemente en la exportación; la segunda etapa es la instalación de una oficina comercial en el país de destino; la tercera es instalar la fábrica en el exterior para producir directamente en el ese otro país, momento éste en el cual puede ya aparecer alguna confusión o coincidencia con la deslocalización; y el punto de contacto más claro con nuestra preocupación de hoy (la deslocalización) estaría en lo que podría ser visto como una cuarta etapa de la multinacionalización de la empresa: la sustitución de esa instalación en el extranjero por otra en otra parte del mundo".

energia elétrica, transporte e, também, o aumento da receita pública dos governos federal e local. Por outro lado, a deslocalização é favorecida pelos custos baixos de produção (nos transportes, na mão de obra barata, na legislação trabalhista e ambiental mais flexível, etc.), pela busca de novos mercados para o consumo, matéria-prima e, também, para controlar os mercados visando à facilitar as exportações de seus produtos. O processo de deslocalização industrial foi exatamente o que aconteceu recentemente, quando a empresa Ford decidiu encerrar as suas atividades de produção de veículos no Brasil para mantê-la na Argentina e na África do Sul.

Uma das primeiras empresas transnacionais a ser instalada no Brasil, em 1919, foi a Ford Motors Company, criada em 1903 nos Estados Unidos da América, na cidade de Dearborn, no Michigan. O idealizador e fundador da Ford, Henry Ford, buscou formar uma linha de montagem contínua para o consumo em massa, tornando-se um modelo de produção e gestão industrial. Com o crescimento dos negócios ultrapassando as fronteiras, novas linhas de montagem foram instaladas no Canadá, França, Inglaterra, Irlanda e na América Latina, primeiro na Argentina e, depois, no Brasil, na cidade de São Paulo.[13]

Em 1928, foi fundada uma vila de nome Fordlândia no interior do Pará, para o cultivo de seringueiras para a produção de borracha e fabricação de pneus, projeto que foi suspenso em 1933 em razão de epidemia nos seringais. Novamente, em 1934, o projeto dos seringais foi implementado na cidade de Santarém/PA e, mais uma vez, atingido por uma epidemia, sendo devolvido ao governo federal, no início da II Guerra Mundial, em 1939, mediante o pagamento de US$ 5.000, valor considerado simbólico pela montadora.[14]

Em São Paulo, capital, a Ford foi inaugurada em 1953 onde funcionavam a sede administrativa e a fábrica de caminhões que foi fechada em 2000. Em São Bernardo do Campo, no ABC Paulista, em 1968, foi instalada uma fábrica de veículos e, em 1976, uma fábrica de tratores.[15] Em 1974, foi criada uma fábrica de motores e fundição em Taubaté/SP. De 1987 a 1995, Ford e Volkswagen passaram a operar juntas no Brasil e na Argentina, com a criação da *holding* Autolatina.[16] A produção de veículos da Troller é inaugurada em 1995, em Horizonte/CE. Em 2001, é inaugurado o Complexo Industrial Ford Nordeste, em Camaçari/BA. Em 2017, comemorou-se a produção de um milhão de unidades do automóvel modelo Ka no Brasil.[17]

Em 2019, a unidade de São Paulo, em São Bernardo do Campo, foi fechada e, em 11 de janeiro corrente, a Ford anuncia o fim das suas atividades de produção

---

13 Informações obtidas na página de internet da Ford. Disponível em: https://www.ford.com.br/sobre-a-ford/historia/. Acesso em: 18 ago. 2021.

14 Informações obtidas na página de internet da Ford. Disponível em: https://www.ford.com.br/sobre-a-ford/historia/. Acesso em: 18 ago. 2021.

15 Informações obtidas na página de internet do DIEESE. Disponível em: https://www.dieese.org.br/notaimprensa/2021/nota_imprensa_Ford.pdf. Acesso em: 18 ago. 2021.

16 Informações obtidas na página de internet da Ford. Disponível em: https://www.ford.com.br/sobre-a-ford/historia/anos-1980-carro-a-alcool/. Acesso em: 18 ago. 2021.

17 Informações obtidas na página de internet da Ford. Disponível em: https://www.ford.com.br/sobre-a-ford/historia/anos-2010/. Acesso em: 18 ago. 2021.

de veículos e motores no Brasil, com a alegação de "criar um negócio saudável e sustentável" em Camaçari/BA, Taubaté/SP e Horizonte/CE, sendo esta última com previsão de fechamento no terceiro trimestre de 2021.[18] Continuam operando no país, apenas o Centro de Desenvolvimento de Produtos, em Camaçari/BA e o Campo de Provas em Tatuí/SP, este inaugurado em 1978.[19]

Em nota à imprensa, o Departamento Intersindical de Estatística e Estudos Socioeconômicos – DIEESE (2021) informa que a Ford apontou como motivo da saída do país o cenário nacional, os impactos da crise gerada pela pandemia, a imprescindibilidade de melhorar os indicadores de balanço ligados à produção.[20] Segundo o DIEESE (2021), as operações de manufatura nos Estados da Argentina e do Uruguai serão mantidas e o mercado de veículos no Brasil será guarnecido pelas importações desses países.

Em 14 de janeiro de 2021, apenas alguns dias após a tomada de decisão quanto à dita reestruturação, o presidente da empresa, Bill Ford, anuncia que aumentará a produção de veículos elétricos na América do Sul, sendo parte do seu plano investir US$ 11 bilhões na produção de caminhões e carros híbridos ou elétricos até 2022.[21] Por outro lado, o relatório anual de 2017, referente ao ano fiscal de 2016, enviado para a Comissão de Valores Mobiliários dos Estados Unidos,[22] consta, na indicação de "fatores de risco", os processos administrativos e judiciais (estes acompanhados ou não de garantias de depósitos judiciais) que a Ford americana estava enfrentando no Brasil a respeito da cobrança de encargos relativos ao cálculo da empresa dos incentivos fiscais concedidos pelo estado da Bahia, incluindo uma questão de caráter constitucional também quanto aos incentivos fiscais e ao sistema tributário nacional, pendente no Supremo Tribunal Federal. O documento destaca que a diminuição ou a cessação dos incentivos fiscais poderia resultar em "impacto adverso substancial na condição financeira e nos resultados operacionais da empresa".[23] O Relatório de 2018,

---

18 Disponível em: https://www.bbc.com/portuguese/brasil-55627352#:~:text=A%20decis%C3%A3o%20faz%20parte%20de,est%C3%A1%20trabalhando%20para%20encontrar%20compradores. Disponível em: https://www.ford.com.br/reestruturacao-ford-brasil/?utm_source=google_search&utm_medium=cpc&utm_content=320x50_alwayson-search-ford-crise-2021_98027_intention&utm_campaign=always-. Acesso em: 18 ago. 2021.

19 Informações obtidas na página de internet do DIEESE. Disponível em: https://www.dieese.org.br/notaimprensa/2021/nota_imprensa_Ford.pdf. Acesso em: 19 ago. 2021.

20 Informações obtidas na página de internet do DIEESE. Disponível em: https://www.dieese.org.br/notaimprensa/2021/nota_imprensa_Ford.pdf. Acesso em: 18 ago. 2021.

21 Disponível em: https://www.nbcnewyork.com/news/business/money-report/ford-to-end-manufacturing-in-brazil-sees-4-1-billion-in-charges-from-south-american-restructuring/2824280/. https://www.dw. com/pt-br/ford-vai-investir-us-11-bilh%C3%B5es-em-carros-el%C3%A9tricos/a-42149736. Acesso em: 24 ago. 2021.

22 *Securities and Exchange Commission* (SEC), de acordo com o *Securities Exchange Act*, uma lei estadunidense de 1934 que rege o mercado secundária de valores mobiliários nos Estados Unidos. Disponível em: https://www.sec.gov/. Acesso em: 24 ago. 2021.

23 O texto integral da nota do Relatório é o seguinte: "We receive economic benefits from national, state, and local governments in various regions of the world in the form of incentives designed to encourage manufacturers to establish, maintain, or increase investment, workforce, or production. These incentives may

referente ao ano fiscal de 2017, está nos mesmos termos e dá conta da inquietação da Ford quanto ao sistema tributário nacional e os processos administrativos e judiciais em andamento.[24] Porém, não há informação nos Relatórios sobre as garantias de execução, quanto aos valores que estão sendo discutidos, no caso de eventual decisão definitiva desfavorável à Ford nesses processos judiciais de natureza tributária.

Para o DIEESE (2021), sem uma política industrial para o setor automotivo, a economia brasileira não oferece atrativos para as montadoras, embora essas recebessem incentivos fiscais.[25] De acordo com o portal da transparência do BNDES, a Ford Motor Company Brasil Ltda está no trigésimo primeiro lugar no ranking dos maiores clientes do banco de investimentos, com 5.512 milhões

take various forms, including grants, loan subsidies, and tax abatements or credits. The impact of these incentives can be significant in a particular market during a reporting period. For example, most of our manufacturing facilities in South America are located in Brazil, where the state or federal governments have historically offered, and continue to offer, significant incentives to manufacturers to encourage capital investment, increase manufacturing production, and create jobs. As a result, the performance of our South American operations has been impacted favorably by government incentives to a substantial extent. In Brazil, however, the federal government has levied assessments against us concerning our calculation of federal incentives we received, and certain states have challenged the grant to us of tax incentives by the state of Bahia, including a constitutional challenge of state incentives that is pending in Brazil's Supreme Court. A decrease in, expiration without renewal of, or other cessation or clawback of government incentives for any of our business units, as a result of administrative decision or otherwise, could have a substantial adverse impact on our financial condition and results of operations." Disponível em: https://www.sec.gov/Archives/edgar/data/37996/000003799617000013/f1231201610-k.htm. Acesso em: 24 ago. 2021.

24 O texto integral dessa nota no Relatório é o seguinte: "Brazilian Tax Matters. Two Brazilian states and the Brazilian federal tax authority currently have outstanding substantial tax assessments against Ford Brazil related to state and federal tax incentives Ford Brazil receives for its operations in the Brazilian state of Bahia. All assessments have been appealed to the relevant administrative court of each jurisdiction. Our appeals with the State of São Paulo and the federal tax authority remain at the administrative level. In the State of Minas Gerais, where three cases are pending, one remains at the administrative level and two have been appealed to the judicial court. To proceed with an appeal within the judicial court system, an appellant may be required to post collateral. To date we have not been required to post any colateral." Disponível em: https://www.sec.gov/Archives/edgar/data/37996/000003799618000015/f1231201710k.pdf. Acesso em: 24 ago. 2021.

25 Já houve política industrial que condicionava os incentivos fiscais às empresas do setor automobilístico com a contrapartida de investimentos no país e do aumento da eficiência energética dos veículos automotores. O programa "Inovar-Auto" foi um programa de incentivo à inovação tecnológica e adensamento da cadeia produtiva de veículos automotores, criado pela Lei 12.715, de 2012, mas que foi condenado pela Organização Mundial do Comércio por aumentar o Imposto sobre Produtos Industrializados (IPI) para os veículos importados. O programa "Inovar-Auto" sofreu diversas alterações até ser substituído, em definitivo, pelo Programa "Rota 2030" instituído pela Medida Provisória 843, regulamentado pelo Decreto 9.557 e pela Lei 13.755, de 2018. A Portaria 19.343, de 09/11/2020 (DOU 17/11/2020) do Secretário Especial de Produtividade, Emprego e Competitividade do Ministério da Economia descredenciou o BNDES como instituição coordenadora de programa prioritário do Programa Rota 2030 – Mobilidade e Logística e do Programa Prioritário P&D e Engenharia para a cadeia produtiva do setor automotivo, considerando a Deliberação 62/2020-BNDES, de 05 de março de 2020, na qual o banco denuncia unilateralmente o Acordo de Cooperação Técnica 07, de 2019. Disponível em: http://www.planalto.gov.br/ccivil_03/_ato2011-2014/2012/Lei/L12715.htm; http://www.planalto.gov.br/ccivil_03/_ato2015-2018/2018/decreto/D9557.htm; https://www.in.gov.br/en/web/dou/-/portaria-n-19.343-de-9-de-novembro-de-2020-288536644. Acesso em: 24 ago. 2021.

de reais em financiamentos.[26] A montadora ainda possui empréstimos ativos no BNDES no valor de R$ 335 milhões para o desenvolvimento de novos veículos e ações sociais.[27] Um dos contratos de financiamento com a Ford no valor de R$ 178.686.000,00, firmado em 2014 para o desenvolvimento de um novo veículo de entrada com plataforma global e apoio a aquisição de máquinas e equipamentos para a linha de montagem da unidade de Camaçari/BA, ainda está ativo.[28] Por outro lado, observa-se que não houve transparência pública de como foi o processo de negociação (não divulgado) entre os governos dos Estados afetados e federal e a Ford até a decisão ter sido divulgada pelos meios de comunicação.

A negociação de investimentos públicos e de benefícios fiscais à Ford, sem a contrapartida de garantias jurídicas e sociais às comunidades locais e, principalmente, às relações de trabalho decorrentes das operações da empresa montadora, revela-se prejudicial à sociedade civil e aos Estados. É no mínimo discrepante que a montadora queira assegurar e receber dividendos/lucros com a produção de seus produtos no país e, ao mesmo tempo, sempre se utilize do custeio público mediante incentivos e auxílios governamentais (contratos de financiamentos, isenção de impostos, legislações trabalhistas/fiscais ultraflexíveis) sobre a promessa de gerar empregos, mas sem dar quaisquer garantias sociais trabalhistas quanto aos investimentos/recursos públicos realizados.

Independente dos verdadeiros motivos que levaram a Ford a decisão de reestruturação em outro país, o fato é que no Brasil haverá cerca de 5.000 (cinco mil) desempregados, com significativa perda de postos de trabalho, entre diretos, indiretos e induzidos (mais de 118.864 mil), em um momento de crise sanitária e econômica e alta taxa de desemprego.[29]

O instituto da dispensa em massa foi introduzido no nosso ordenamento laboral com a Lei 13.467, de 2017 (artigo 477-A da CLT), tornando desnecessária a precedência de autorização expressa por acordo ou convenção coletiva firmados com entidades sindicais.[30] Para Lorena Vasconcelos Porto e Augusto Grieco Sant'Anna Meirinho (2020), a precedência da negociação coletiva é

---

26 Ranking atualizado até 18/06/2020. Disponível em: https://www.bndes.gov.br/wps/portal/site/home/transparencia/consulta-operacoes-bndes/maiores-clientes. Acesso em: 18 ago. 2021.

27 Informações obtidas na página de internet do BNDES. Disponível em: https://www.bndes.gov.br/wps/portal/site/home/transparencia/consulta-operacoes-bndes/. Acesso em: 18 ago. 2021.

28 Informações obtidas na página de internet do BNDES. Disponível em: https://www.bndes.gov.br/wps/portal/site/home/transparencia/consulta-operacoes-bndes/consulta-a-operacoes-bndes?busca={%22termo%22:%22cnpj:(03470727000120)%22}. Acesso em: 18 ago. 2021.

29 De acordo com o DIEESE, a taxa de desemprego no país foi de 14,3% (outubro/2020) com 14 milhões de desempregados e 34,4 milhões de trabalhadores no trabalho informal. Disponível em: https://www.dieese.org.br/notaaimprensa/2021/nota_imprensa_Ford.pdf. Acesso em: 18 ago. 2021.

30 O artigo 477-A da CLT preceitua que as dispensas imotivadas individuais, plúrimas ou coletivas equiparam-se para todos os fins, não havendo necessidade de autorização prévia de entidade sindical ou de celebração de convenção coletiva ou acordo coletivo de trabalho para sua efetivação. Vale observar, contudo, que tal regra necessita ser interpretada à luz da Constituição, do Direito Internacional do Trabalho, nele incluído não somente as convenções provenientes da Organização Internacional do Trabalho – OIT, bem como as normas oriundas do Sistema Interamericano de Direitos Humanos, bem como levando em

condição *sine qua non* para a validade da dispensa em massa, devendo o empregador comprovar a impossibilidade de tomada de outras medidas menos prejudiciais aos trabalhadores.[31] A par disso , os autores firmam o entendimento quanto à inconstitucionalidade do artigo 477-A da CLT, em violação ao art. 7º, inciso I que consagra a proteção contra a dispensa arbitrária ou sem justa causa mediante Lei Complementar (e não simples lei ordinária como a Lei 13.467, de 2017), e ao artigo 8º, inciso III, que dispõe sobre a participação obrigatória dos sindicatos na defesa dos interesses coletivos e individuais da categoria. A dispensa em massa, em plena pandemia e sem prévia negociação coletiva ou adoção de alguma outra medida não extrema de ordem provisória que não seja a perda abrupta do emprego, além de violar normas constitucionais que valorizam o trabalho humano e a função social da propriedade, ofende vários tratados internacionais de direitos humanos reconhecidos pelo Brasil.[32] Há todo um prejuízo não só aos trabalhadores, mas à própria sociedade.[33] Em razão do grave impacto social às regiões afe-

consideração a distinção conceitual entre o procedimento de negociação coletiva prévio e obrigatório, com o resultado de um processo bem sucedido de convenção ou acordo coletivo.

31 Os autores entendem que há outras práticas previstas nas Medidas Provisórias 927 e 936, de 2020 a evitar a dispensa em massa, devendo esta ser a última alternativa a ser adotada pela empresa, somente em caso de comprovada impossibilidade de outras opções, tendo em vista a caracterização do abuso do direito decorrente de ato ilícito, a teor do artigo 187 do Código Civil Brasileiro, aplicado subsidiariamente (artigo 8º, §1º da CLT). A Medida Provisória n. 927, de 22 de março de 2020 dispunha sobre as medidas trabalhistas para enfrentamento do estado de calamidade pública e de emergência de saúde pública de importância internacional decorrente do coronavírus (Covid-19). O seu prazo de vigência encerrou em 19 de julho de 2020, tendo em vista a sua não conversão em lei pelo Congresso Nacional. A Medida Provisória n. 936, de 1º de abril de 2020 que instituiu o Programa Emergencial do Emprego e da Renda e dispôs sobre medidas trabalhistas complementares foi convertida na Lei n.14.020, de 6 de julho de 2020.

32 Lorena Vasconcelos Porto e Augusto Grieco Sant'Anna Meirinho (2020) ao citarem a Diretriz Orientativa do Ministério Público sobre a MP 927, de 2020 apontam violações em relação às Convenções ns. 98, 135, 141 e 151, e à Recomendação n. 163 da Organização Internacional do Trabalho. Indicam, ainda, violação da Resolução n. 1, de 10 de abril de 2020, da Comissão Interamericana de Direitos Humanos (CIDH) intitulada "Pandemia e Direitos Humanos nas Américas" (item 5); Declaração n. 1, de 9 de abril de 2020, da Corte Interamericana de Direitos Humanos (Corte IDH). Os autores também alertam para a necessidade de controle de convencionalidade das leis internas pelos Juízes do Trabalho, com base no art. 5º, § 2º da CRFB/88 em relação aos tratados internacionais de direitos humanos ratificados pelo Brasil (artigo 2.2 do Pacto Internacional de Direitos Civis e Políticos de 1966, da ONU; artigos 1º e 2º da Convenção Americana sobre Direitos Humanos de 1969, da OEA; artigo 2º do Protocolo Adicional à Convenção Americana sobre Direitos Humanos na seara dos Direitos Econômicos, Sociais e Culturais, de 1988, da OEA).

33 Em 2009, o Ministro do Tribunal Superior do Trabalho, Maurício Godinho Delgado foi o relator do processo trabalhista ED-RODC-30900-12.2009.5.15.000 e fixou a premissa de que "a negociação coletiva é imprescindível para a dispensa em massa de trabalhadores" com fundamento nos princípios democráticos do Estado de Direito, em normas constitucionais e no Direito Comparado. Trata-se da ação coletiva que tramitou no TRT da 15ª Região, envolvendo a dispensa em massa de mais de 4.000 empregados da Empresa Brasileira de Aeronáutica S.A – EMBRAER por razões econômicas. O TRT da 15ª Região declarou a abusividade da dispensa coletiva. O acordão do TST está sendo discutido no Supremo Tribunal Federal no Recurso Extraordinário nº 999.435 (São Paulo), com repercussão geral (Tema 638). O relator do processo Ministro Marco Aurélio votou contra a necessidade de precedência de negociação coletiva, pois não há proibição ou condição para a dispensa coletiva, uma vez que o ato de demissão é unilateral do empregador e não exige concordância do trabalhador e dos sindicatos.

tadas, o Procurador Geral do Trabalho, através da Portaria n. 48, de 2021, criou o Grupo Especial de Atuação Finalística com o objetivo de atuação uniforme do Ministério Público do Trabalho em todo território nacional.[34]

Raimundo Simão de Melo e Cláudio Jannotti da Rocha (2018, p.183) observam que as dispensas coletivas não atingem somente um empregado determinado, mas uma pluralidade concomitante de empregados, ou seja, "a categoria de trabalhadores (coletivo *stricto sensu*), a sociedade e até mesmo o Estado, indistintamente, por meio de um ato único (ou de atos sucessivos)", razão pela qual é ato que interfere na ordem econômica local, assumindo a configuração de lesões a direitos individuais homogêneos ou até mesmo assumindo ares de violação a direitos difusos. A diversidade dos fatos jurídicos que envolvem dispensa individual, dispensa plúrima e dispensa coletiva exige a compreensão de cada qual dentro do ramo juslaboral específico. Dessa forma, sendo a despedida coletiva, "um fato coletivo regido por princípios e regras do Direito Coletivo do Trabalho, material e processual, não existe e não pode existir essa liberdade, porque o Direito Coletivo do Trabalho é regido por normas de ordem pública" (MELO, ROCHA, 2018, p. 191). Os autores consideram que apesar de não haver vedação para a despedida coletiva, esta deve ser submetida a "um procedimento de negociação coletiva para evitar que a empresa, de forma unilateral, sem estabelecer negociação coletiva com o sindicato, simplesmente demita seu quadro funcional." (MELO, ROCHA, 2018, p. 191). Deste modo, diante da relevância dos efeitos gerados pelos despedimentos em massa, há a necessidade de justificação da necessidade imperiosa fundada em motivos técnicos, econômicos ou tecnológicos específicos, com respeito a critérios objetivos e motivos comprovados.

Sabe-se que as empresas transnacionais utilizam a descentralização produtiva como meio para reduzir os custos de produção e aumentar os seus lucros. Da mesma forma, a preferência pela dispensa em massa sem antes adotar outras escolhas menos danosas aos trabalhadores ou reparar as consequências lesivas à comunidade local integrada na cadeia produtiva e comércio desenvolvido no entorno dos

---

O voto foi seguido pelos Ministros Nunes Marques e Alexandre de Moraes. O Ministro Edson Fachin abriu divergência e entendeu que a negociação coletiva é um direito do trabalhador (art. 7º, inciso XXVI da CRFB/88) e pode ser interpretado constitucionalmente pelos princípios dos direitos sociais fundamentais, da dignidade da pessoa humana, além de outras normas internacionais ratificadas pelo Brasil. O Ministro Luís Roberto Barroso, com fundamento nos artigos 7º, inciso XXVI e 8º, incisos III e VI da CRFB/88 votou no sentido de que a negociação coletiva prévia é um devido processo legal mínimo para a dispensa em massa e que esta não se confunde com autorização prévia da entidade sindical ou celebração de convenção ou acordo coletivo de trabalho. O julgamento do RE está suspenso desde 20/05/2021 ante o pedido de vista do Ministro Dias Toffoli. Disponível em: http://portal.stf.jus.br/processos/detalhe.asp?incidente=5059065. Acesso em: 07 ago. 2021.

34 O Ministério Público do Trabalho vem atuando na defesa dos interesses dos trabalhadores da Ford com vias a assegurar a manutenção dos postos de trabalho, impedir a dispensa coletiva de trabalhadores sem prévia negociação coletiva com o Sindicato da categoria, obrigar a empresa a fornecer todas as informações necessárias às negociações coletivas, entre outros pedidos, na Ação Civil Pública Cível n. 0010097-70.2021.5.15.0102 em trâmite no TRT da 15ª Região e na Tutela Cautelar Antecedente n. 0000053-72.2021.5.05.0133 no TRT da 5ª Região.

estabelecimentos extintos.[35] Contudo, isso não significa que essas empresas estejam completamente isentas de responsabilidades trabalhistas, seja no campo da regulação social, seja no âmbito da regulação pública e responsabilização jurídica.

3. RESPONSABILIDADE SOCIAL CORPORATIVA TRABALHISTA

Um dos efeitos da deslocalização, além da perda de empregos, é o aumento dos gastos sociais (ERMIDA URIARTE, 2007, p.8). Com a dispensa em massa de 5.000 trabalhadores, surgem gastos significativos pela Previdência Social com o seguro desemprego. No nosso ordenamento jurídico laboral, não existe previsão de uma reparação compensatória em razão da despedida arbitrária ou sem justa causa, além da indenização dos 40% sobre os depósitos do FGTS.[36] A situação agrava-se porque, em plena pandemia pela Covid-19, não houve qualquer comunicação precoce que possibilitasse um planejamento social ou projeto de recolocação no mercado ou de qualificação profissional dos trabalhadores dispensados em massa. Observa-se, também, perda econômica para os trabalhadores informais, aqueles ligados aos serviços terceirizados e ao comércio local, em razão do efeito cascata das dispensas diretas. Além disso, não se tem notícias de um estudo prévio a respeito do impacto das dispensas coletivas (diretas e indiretas) para a economia local e para o resto do país. A redução do número de associados aos sindicatos (desempregados não absorvidos por outras empresas do setor), como consequência, resultará na perda da base territorial de representatividade sindical e na fragmentação do movimento sindical da categoria local.

---

[35] Raimundo Simão de Melo e Cláudio Janotti da Rocha (2018, p.192) defendem a existência de um dever das partes, no procedimento de negociação coletiva, de "assegurar medidas progressivas de dispensa fundadas em critérios objetivos e de menor impacto social, como, por exemplo, a abertura de plano de demissão voluntária, o remanejamento de empregados para outras plantas do grupo econômico, a redução de jornada de trabalho e de salários, a suspensão dos contratos de trabalho para capacitação e requalificação profissional dos trabalhadores e, se depois de tudo isso ainda se tornarem necessárias as demissões, que sejam distribuídas no tempo de modo a minimizar os impactos sociais, devendo atingir preferencialmente os trabalhadores em vias de aposentadoria e aqueles com menores encargos familiares. Conforme o caso, como tem sido praxe em alguns casos, também podem as partes negociar alguma indenização suplementar para os trabalhadores poderem fazer face às despesas familiares até que consigam nova colocação no mercado de trabalho, prorrogação do plano médico, concessão de cesta básica por algum período e algo a mais que seja possível em cada situação, sem esquecer de que a empresa, além de obter lucro com a suta atividade, também tem função social a cumprir."

[36] A Convenção 158 da OIT, que versa sobre o término da relação de trabalho por iniciativa do empregador, tem disposições relativas à proteção contra dispensa arbitrária, que consideram o pagamento de uma indenização em caso de sua ocorrência. Essa convenção foi ratificada pelo Brasil em 05/01/1995, porém foi denunciada em 20/11/1996. A constitucionalidade da denúncia foi arguida na ADI 1625, sem julgamento concluído até o momento. Desse modo, a Convenção 158 da OIT e sua respectiva recomendação (Recomendação 166 da OIT) não vieram a ser aplicadas no direito brasileiro. O art. 7º, inciso I, da Constituição da República Federativa do Brasil – CRFB/88 estabelece a proteção da relação de emprego "contra despedida arbitrária ou sem justa causa" dos trabalhadores urbanos e rurais, que terão direito a uma indenização compensatória que será instituída por lei complementar. Como esta lei complementar não existe até os dias atuais, aplica-se o art. 10, inc. I do Ato das Disposições Constitucionais Transitórias, que prevê uma indenização correspondente a 40% sobre os depósitos do FGTS.

Em relação às medidas do Estado, não há nenhum projeto de lei ou estudo prevendo o implemento de políticas públicas para mitigação dos prejuízos tanto economicamente em razão da perda na arrecadação com os impostos quanto socialmente. O Estado pode prever a criação de códigos de conduta e outras formas de responsabilidade social (ERMIDA URIARTE, 2007, p. 15) em seus contratos de financiamento ou concessão de subsídios com contrapartidas, bem como estabelecer outros sistemas compensatórios e reparatórios, tudo isso como forma de limitar os efeitos do despedimento em massa.

De toda forma, a deslocalização gera consequências não só econômicas positivas para os acionistas (maior eficiência e lucratividade) e negativas (perda de receita pública local), mas também sociais. O impacto social de uma deliberação de deslocalização industrial envolve duas questões que a empresa tem que lidar, quais sejam, o número de demissões de funcionários e as percepções do compromisso social corporativo das empresas (ABDELZAHER et al., 2017, p. 75-76).

Howard Rothmann Bowen (2013, p. 6) conceituou a responsabilidade social corporativa (RSC)[37] como "as obrigações dos *businessmen*[38] de seguir essas políticas, de tomar essas decisões, ou de seguir as linhas de ação que são desejáveis em termos dos objetivos e valores de nossa sociedade". Para o autor, os valores socialmente aceitos não devem ser desconsiderados ou tampouco os *businessmen* podem colocar os seus próprios valores acima dos da sociedade (BOWEN, 2013, p. 6). A RSC compreende várias dimensões (econômica, sistêmica, política, histórica e institucional) e que envolve uma teoria do bem-estar coletivo (BOWEN, 2013, p.x-xi).

Na esfera trabalhista, a decisão de deslocalização industrial abrange questões de RSC que vão desde a qualidade do produto, as condições de trabalho dos trabalhadores sob as quais estes produtos são fabricados além fronteiras mas, também, está associada a uma menor responsabilidade social para com a comunidade global em geral (ABDELZAHER et al., 2017, p. 78).[39]

A responsabilidade social corporativa proporciona o comprometimento das empresas com processos e produtos que não gerem efeitos negativos no âmbito social ou ambiental. Estabelece um comedimento dos agentes econômicos por lucros desmedidos ante as consequências sociais de suas atividades. Contudo, a responsabilidade social corporativa constitui, também, um importante instrumento de absorção de impactos de crises sociais, políticas e econômicas em favor da manutenção de empregos. O cenário de crise sanitária da Covid-19 evidenciou os impactos negativos que ações de gestão corporativa podem produzir em uma comunidade local, regional ou até mesmo em toda a sociedade, que exige igual comprometimento das empresas em relação às suas pretensões de deslocalização e da dispensa em massa.

---

[37] Howard Rothmann Bowen foi um dos primeiros autores a pesquisar sobre "*social responsabilities of businessmen*". A primeira edição do seu livro "*Social responsibilities of the businessmen*" pela Harper & Row, New York, data de 1953.

[38] O termo *businessmen* refere-se aos gerentes e diretores das grandes corporações (BOWEN, 2013, p.6).

[39] Para tal conclusão os autores utilizaram dados e informações de pesquisa efetuada por Robertson, C. J., Lamin, A., & Livanis, G., **Stakeholder perceptions of offshoring and outsourcing**: The role of embedded issues. Journal of Business Ethics, 95(2): 167-189, 2010.

4. ALGUMAS "ALTERNATIVAS" POSSÍVEIS PARA A MANUTENÇÃO DOS EMPREGOS

A mera deslocalização, por si só, não pode ser encarada como um fato consumado, na medida em que não há escusa para a inação governamental e omissão estatal em relação à saída da empresa de determinada região ou país sem maiores garantias de proteção aos seus trabalhadores demitidos. O atual quadro de desemprego estrutural exige a busca de alternativas viáveis para a necessária proteção do trabalhador e da manutenção de empregos, sem paralogismos populistas. Dessa forma, a fim de preservar os postos de trabalho e a recolocação dos trabalhadores, uma saída possível está na venda das fábricas ou das linhas de produção, ou na incorporação destas por outras empresas ou, ainda, na substituição da produção baseada na adoção de tecnologias modernas, como a de carros elétricos, por empresas concorrentes, dando-se, assim, continuidade às atividades de produção de veículos, tratores e peças, seja para o consumo interno, seja para exportação.

Outra possibilidade residiria na criação de uma empresa autogestionária com o auxílio do sindicato da categoria constituindo, assim, um modelo de gestão solidária pelos trabalhadores. A ação coletiva através de um sistema de autogestão apresenta-se como uma opção viável, a partir de deliberações coletivas organizadas, como a criação de Conselhos de Fábrica e com a participação democrática dos trabalhadores no controle da produção e na administração das fábricas. A alternativa de criação de cooperativas para a administração e manutenção do trabalho via autogestão dos trabalhadores é mais comum para a hipótese de empresas em vias de falência. A UNISOL Brasil – Central de Cooperativas e Empreendimentos Solidários, que é uma organização não governamental, constitui-se em uma central de âmbito nacional que aglutina cooperativas, associações produtivas e empreendimentos solidários com o objetivo de desenvolver a economia solidária no país ao promover a recuperação de empresas pelos trabalhadores em um modelo em que as responsabilidades são compartilhadas (PINHO et al., 2017). Vanessa Moreira Sígolo, Fernanda Santos Araújo et al. (2020, p. 320) compreendem as experiências de recuperação de empresas em autogestão como estratégia de resistência dos trabalhadores, capaz de criar relações sociais pautadas na igualdade de gênero, no fomento de relações responsáveis e solidárias com os atores sociais envolvidos e com os recursos naturais, na eficiência da produção, com distribuição de benefícios e excedentes.[40]

Embora o caso Ford não se trate do fechamento de fábricas em razão de falência ou de um endividamento crescente provocado por inadimplemento de obrigações trabalhistas e fiscais, a mobilização dos trabalhadores organizados em sindicatos, assumindo a gestão e o funcionamento das fábricas com a manutenção

[40] Interessante a pesquisa dos autores Vanessa Moreira Sígolo, Fernanda Santos Araújo, Flávio Chedid Henriques, Vicente Nepomuceno e Tarcila Mantovan Atolini (2020) que, a partir de algumas experiências no Brasil, fizeram o mapeamento de recuperação de empresas por trabalhadores em autogestão apontando as condições e os avanços dos processos nos quais as relações sociais são mais democráticas e emancipatórias.

do parque fabril em atividade, resguardaria os postos de trabalho e a produção e ainda impediria o sucateamento do maquinário e o prejuízo dos bens disponíveis para o pagamento dos passivos trabalhista, tributário, dos financiamentos e de outros fornecedores. O que se cogita neste modelo de empresa autogestionária é a possibilidade de que os meios de produção sejam controlados pelos trabalhadores e, desta forma, viabilizar-se a retomada dos postos de serviço, a modernização da produção e até, quem sabe, a conquista de novos mercados.

CONSIDERAÇÕES FINAIS

Uma razão importante para essa investigação crítica é perceber como foi difícil, ao longo dos anos, alcançar a efetividade – ainda que não plena – dos direitos sociais trabalhistas pós Constituição de 1988 e, no entanto, como foi eficaz a Reforma Trabalhista e outras normativas (Lei 13.467, de 2017; Medidas Provisórias 927 e 936, convertida na Lei 14.020, de 2020) pautada por uma racionalidade econômica neoliberal baseada no lucro e no interesse de acionistas, mas de nítido rebaixamento social.

A neoliberalização das relações laborais por meio da facilitação do despedimento através da dispensa coletiva, do barateamento da rescisão trabalhista por "mútuo acordo", da fragilização da negociação coletiva e da autorização irrestrita da terceirização de serviços, entre outras medidas, é senão para aumentar ainda mais a lucratividade das empresas. A regulação social trabalhista pública caso observasse o querer coletivo dos trabalhadores daria maiores garantias à manutenção dos empregos, sem criar dificuldades legais à resistência organizada desses trabalhadores, sem facilitar as negociações individuais nos locais de trabalho, desprovidas da tutela sindical, que nada mais são do que imposições patronais de condições de trabalho ultraflexíveis. Essas medidas de acordo com as necessidades desse "querer coletivo" atuam na perspectiva da desmercantilização da força de trabalho e do bem-estar coletivo.

Observa-se nessa deslocalização industrial da Ford, que é quase um "Fordxit"[41], porém sem o respectivo pagamento compensatório pela "saída", a falta de comprometimento social na dinâmica da empresa transnacional em sua decisão estratégica global de "reestruturação na América do Sul" e no Brasil e que poderá servir de estímulo para outras montadoras do setor automobilístico fazerem o mesmo, tamanha incomplexidade do vantajoso processo. Como afirmou Ermida Uriarte (2007, p. 4), a "deslocalización es una forma más de comercio". Após um centenário de vantagens lucrativas, de

[41] Salvaguardadas as devidas diferenças dos processos de saída, "Fordxit" equivaleria ao "Brexit" da Ford, ou seja, uma analogia a sigla "Brexit" formada a partir da junção das palavras "Britain" e "exit" referindo-se a saída do Reino Unido da União Europeia (UE) em 31 de janeiro de 2020 que no início do processo tinha a intenção em deixar a UE, porém mantendo-se as vantagens econômicas da integração. Embora o Brexit tenha decorrido de uma decisão apurada em plebiscito (2016), com a criação de um acordo de retirada que demorou algum tempo até ser aceito pelo Parlamento, o Reino Unido deverá pagar à UE cerca de 30 bilhões de libras (R$ 170 bilhões) e cumprir outras obrigações. Disponível em: https://www.bbc.com/portuguese/internacional-46335938. Acesso em: 24 ago. 2021.

empréstimos (ainda ativos) e de benefícios fiscais com o único objetivo de maximização de lucro, de aproveitamento da mais valia da classe trabalhadora, a saída da Ford do país deixa transparente um rastro de facilidades para a exploração da força de trabalho do país com dinheiro público. A falácia da retórica da Ford de dizer que não teve lucro, não significa necessariamente que teve prejuízo, ainda mais quando anuncia à mídia que pretende fazer investimentos de bilhões de dólares para a produção de modelos sustentáveis, como carros elétricos, em outro país vizinho, que igualmente está enfrentando uma crise econômica agravada pela pandemia da Covid-19.

A vida de um trabalhador que depende do seu direito ao trabalho, um direito humano fundamental, e a obrigação social constante de melhorias sociais durante o curso de suas atividades no país é decorrente de responsabilidade social corporativa. O estudo prescinde de mais dados e reflexões, mas é possível considerar que a adoção de estratégia empresarial pautada no auto interesse econômico cuja eficiência decisória satisfaça basicamente os interesses privados dos seus investidores deve ser responsabilizada ante os danos sociais e econômicos gerados pelo mau uso dos recursos públicos.

O estudo do caso Ford permite detectar a não efetividade da atual regulação social trabalhista pública diante da deslocalização e da dispensa em massa em termos de efetiva segurança social e jurídica para os trabalhadores, sendo necessário o aprofundamento do debate sobre a inter-relação entre os diversos atores e instituições envolvidas para o aperfeiçoamento da regulação social trabalhista pública mais condizente, de fato, à sua função histórica de ser garantidora de direitos e minimizar os perversos efeitos distributivos da desigualdade social no país.

REFERÊNCIAS

ABDELZAHER, Dina; NEWBURRY, William; KUNDU, Sumit K.. The hidden costs to Offshoring: exploring the mediating effects of social responsibility and employee layoffs. **International Business: Research, Teaching, and Practice**, [S.l.], v. 7, n. 1, p. 75-92, mar. 2017. Disponível em: https://aibse.monmouth.edu/index.php/ibrtp/article/view/6. Acesso em: 24 ago. 2021.

BOWEN, Howard Rothmann. **Social responsibilities of the businessman**. Iowa: University of Iowa Press, 2013.

BRASIL. Banco Nacional de Desenvolvimento – BNDES. Disponível em: https://www.bndes.gov.br/wps/portal/site/home/transparencia/consulta-operacoes-bndes/maiores-clientes; https://www.bndes.gov.br/wps/portal/site/home/transparencia/consulta-operacoes-bndes/consulta-a-operacoes-bndes?busca={%22termo%22:%22cnpj:(03470727000120)%22}. Acesso em: 18 ago. 2021.

BRASIL. Departamento Intersindical de Estatística e Estudos Socioeconômicos – DIEESE. Disponível em: https://www.dieese.org.br/notaaimprensa/2021/nota_imprensa_Ford.pdf. Acesso em: 10 ago. 2021.

BRASIL. Supremo Tribunal Federal – STF. Recurso Extraordinário 999435. Origem SP – São Paulo. Disponível em: http://portal.stf.jus.br/processos/detalhe.asp?incidente=5059065. Acesso em: 07 ago. 2021.

COUTINHO, Diogo R. **Direito e economia política na regulação de serviços públicos**. São Paulo: Saraiva, 2014.

DURKHEIM, Émile. **A divisão do trabalho social**. 2. ed. Trad. Eduardo Brandão. São Paulo: Martins Fontes, 1999.

ERMIDA URIARTE, Oscar. **Deslocalización, globalización y derecho del trabajo**. IUSLabor. Revista d'anàlisi de Dret del Treball, [en línea], 2007, n.º 1. Disponível em: https://www.upf.edu/documents/3885005/3890596/Latinoamericaoscar.pdf/e9b4dec8-8c00-48af-a534-12e56c7425d9. Acesso em: 18 ago. 2021.

FERREIRA, António Casimiro. **Sociedade da Austeridade e direito do trabalho de exceção**. Porto: Vida Económica, 2012.

GUSTIN, Miracy Barbosa de Sousa; DIAS, Maria Tereza Fonseca; NICÁCIO, Camila Silva. **(Re)pensando a Pesquisa Jurídica**: teoria e prática. 5. ed. rev., ampl. e atual. São Paulo: Almedina, 2020.

HARVEY, David. **A produção capitalista do espaço**. São Paulo: Annablume, 2005.

JARASS, Hans D. Regulation as an Instrument of Economic Policy. *In*: DAINTITH, Terence (ed.). **Law as an instrument of economic policy**: comparative and critical approaches. Berlin: Walter de Gruyter, 1988.

MELO, Raimundo Simão de; ROCHA, Cláudio Jannotti. A dispensa coletiva na reforma trabalhista e os seus maléficos efeitos econômicos, sociais e humanos. In: SILVA, Sayonara Grillo Coutinho Leonardo da; EMERIQUE, Lilian Balmant; BARISON, Thiago (orgs.). **Reformas institucionais de austeridade, democracia e relações de trabalho**. São Paulo: LTr, 2018, p.181-196.

MOREIRA, Vital. **Auto-regulação profissional e administração pública**. Coimbra: Almedina, 1997.

PINHO, Leonardo P. et al (Org.). **Empresas recuperadas por trabalhadores e trabalhadoras**: cooperativismo solidário em tempos de crise. São Bernardo do Campo: UNISOL Brasil, 2017. Disponível em: http://portal.unisolbrasil.org.br/wp-content/uploads/2020/03/20180327_UNISOL_Cartilha-ERT.pdf. Acesso em 18 ago. de 2021.

POLANY, Karl. **A grande transformação**: as origens da nossa época. Trad. Fanny Wrobel. 7. ed. Rio de Janeiro: Campus, 2000.

PORTO, Lorena Vasconcelos; MEIRINHO, Augusto Grieco Sant'Anna. A dispensa em massa e a pandemia do Covid-19. **Revista do Tribunal Regional do Trabalho da 3. Região**. Belo Horizonte, Edição Especial, T. II, p. 477-507, jul. 2020.

SÍGOLO, Vanessa Moreira; ARAÚJO, Fernanda Santos; HENRIQUES, Flávio Chedid; NEPOMUCENO, Vicente; ATOLINI, Tarcila Mantovan. Recuperação de empresas em autogestão no Brasil atual: resistências das classes trabalhadoras e populares em tempos de crise pandêmica? **Revista da ABET**, v. 19, n. 2, p. 317-345, jul.-dez. 2020.

UNITED STATES. Securities and Exchange Commission (SEC). Disponível em: https://www.sec.gov/Archives/edgar/data/37996/000003799617000013/f1231201610--k.htm.;https://www.sec.gov/Archives/edgar/data/37996/000003799618000015/f1231201710k.pdf. Acesso em: 24 ago. 2021.

REDES SINDICAIS INTERNACIONAIS

CAPÍTULO 35

TRABALHO E AÇÃO SINDICAL EM REDES GLOBAIS DE PRODUÇÃO[1]

José Ricardo Ramalho
Rodrigo Salles Pereira dos Santos

Sumário • Introdução – Corporações transnacionais e redes globais de produção – RGPs como redes de trabalho incorporado – Sindicatos como agentes constitutivos de RGPs – Conclusão – Referências Bibliográficas.

INTRODUÇÃO

Reconhecer e investigar o papel do trabalho em uma sociedade capitalista articulada globalmente tornou-se um verdadeiro desafio para os cientistas sociais. Mudanças significativas nos processos produtivos, ocorridos nos últimos quarenta anos, afetaram o perfil dos trabalhadores, fragilizaram os laços de emprego e intimidaram os órgãos de representação política dos trabalhadores. Legislações de proteção laboral foram gradativamente reconfiguradas em função das demandas corporativas e estatais por flexibilidade como eixo de estratégias corporativas e de políticas de desenvolvimento.

Nesse processo, a expansão do alcance geográfico das atividades empresariais e a reconfiguração organizacional da produção sob a forma de sistemas transnacionais reconstituíram de forma dramática a eficácia dos recursos e formas de exercício do poder dos trabalhadores e suas organizações de representação em várias escalas.

Desde então, diferentes perspectivas teóricas – em boa medida, interdisciplinares – foram desenvolvidas de modo a dar conta dos processos e impactos provocados pelo capitalismo contemporâneo global. Entre as mais destacadas estão aquelas que construíram modelos interpretativos tomando como base a constituição de sistemas transnacionais de produção (STPs), ao enfatizar, em variadas escalas, estratégias corporativas dispersas espacialmente, embora integradas sob o ponto de vista da funcionalidade de seus processos de acumulação.

Não obstante, considerando que as estratégias corporativas só se materializam através de interações assimétricas com agentes políticos e sociais, nossa intenção é demonstrar a necessidade da integração do trabalho e da ação sindical nos modelos de

[1] Este artigo se beneficia de dados e bibliografia de projetos de pesquisa apoiados pelo CNPq e pela FAPERJ.

interpretação acerca da ação econômica coordenada por corporações transnacionais (CTNs), identificando novos mecanismos de contestação às formas de acumulação de capital. Em particular, este artigo busca realizar um balanço da incorporação da temática do trabalho na abordagem das redes globais de produção (RGPs), discutindo seus limites analíticos e demonstrando seu potencial para uma compreensão relacional do conflito capital-trabalho.

Esquematicamente, além desta seção introdutória, o texto se divide em quatro seções. Em primeiro lugar, apresentamos a abordagem das RGPs a partir das dimensões das relações interfirma e multiagente, destacando suas principais ferramentas analíticas, reunidas em torno dos conceitos de valor, poder e enraizamento. A seção seguinte enfoca as lacunas do modelo quanto à incorporação dos trabalhadores e apresenta um panorama da evolução recente dos principais trabalhos empíricos inspirados por essa concepção. Finalmente, o artigo situa o debate recente sobre o papel dos sindicatos e das novas formas de organização da ação coletiva dos trabalhadores como constituintes da globalização econômica, pretendendo contribuir para um entendimento das RGPs como redes propriamente laborais. A seção conclusiva resume o debate, apresentando seus desafios e potenciais desenvolvimentos futuros.

CORPORAÇÕES TRANSNACIONAIS E REDES GLOBAIS DE PRODUÇÃO

A partir de meados dos anos 1980 (Granovetter, 1985), a noção de rede passou a integrar o equipamento conceitual das ciências sociais. No que diz respeito à globalização econômica e suas relações com o mundo do trabalho, tal noção passou a ser decisiva na investigação da diversidade organizacional e abrangência geográfica crescente das firmas (Gereffi e Korzeniewicz, 1994; Dicken, 2010) e de seus impactos sobre os padrões de ação coletiva dos trabalhadores, crescentemente estruturados sob formatos internacionalizados (Mello e Silva *et al.*, 2015; Rombaldi, 2016).

Considerando as diferentes expressões da transformação dos processos socioeconômicos sob a globalização, sua incorporação como artefato analítico parece refletir uma inflexão da natureza contemporânea das relações entre capital e trabalho, no que diz respeito às relações interfirma e intersindicais e às interações entre esses conjuntos de agentes sociais e econômicos. Nesses termos, estaríamos "testemunhando o surgimento [e a consolidação] de *redes de produção globais* (RPGs)" (Dicken, 2010, p. 38).

Segundo os formuladores dessa perspectiva, as redes globais de produção (RGPs) abrangem o:

> [...] nexo de funções e operações interligadas através das quais bens e serviços são produzidos, distribuídos e consumidos [...] [tendo se tornado] organizacionalmente mais complexas quanto cada vez mais globais em sua extensão geográfica. Essas redes não apenas integram firmas (e partes de firmas) em estruturas que obscurecem fronteiras organizacionais tradicionais – por meio do desenvolvimento de diversas formas de relações de equidade

> e não equidade –, mas também integram economias nacionais (ou partes dessas economias) de formas que possuem implicações colossais para seu bem-estar (Henderson *et al.*, 2011, p. 153).

Em um sentido propriamente sociológico, RGPs constituem sistemas transnacionais híbridos de coordenação da ação social de tipo econômico, combinando, de um lado, relações "estritamente" econômicas (Weber, 2006) que integram firmas (relações interfirma) a arranjos de controle independentes de propriedade (Gereffi *et al.*, 2005) e, de outro, relações economicamente condicionadas e/ou relevantes (Weber, 2006), isto é, estabelecidas entre agentes econômicos e não econômicos (Santos, 2011).

A dimensão das relações interfirma[2] enfoca as interações competitivas e/ou cooperativas no âmbito da economia "estrita". Embora integrados em mercados e setores específicos e, portanto, sujeitos a relações mais abrangentes, os agentes econômicos em rede constituem um ambiente relacional específico, caracterizado por assimetrias de recursos (poder), padrões de comportamento (enraizamento) e estratégias corporativas (valor) diversificados.

Em primeiro lugar, retomando a temática da coordenação, RGPs são conformadas e controladas por agentes econômicos coletivos racionais – ainda que em sentido restrito – cujo objetivo chave é o valor. A abordagem das RGPs concebe o valor como o resultado do processo de trabalho *stricto sensu*, que responderia por sua criação, combinado a formas de renda específicas (tecnológica, organizacional, relacional, de marca ou de política comercial), o que determinaria as condições de ampliação e captura de valor.

Em sentido prático, a formação do valor se desloca do interior da organização vertical integrada e se "espalha" na rede, de modo que CTNs configuram e lideram RGPs com o objetivo de criar, expandir e apropriar-se do valor criado por outras firmas integrantes da rede[3]. Nesse sentido, a reorientação estratégica das CTNs para as funções não produtivas – financeiras, de concepção e de mercado – expressa a complexidade dos processos relacionados ao valor, tendo "liberado" as CTNs líderes da incumbência de sua criação, em favor da configuração de mecanismos e arranjos organizacionais e institucionais progressivamente mais sofisticados para a ampliação e captura do valor.

Nesses termos, as relações entre firmas na rede são profundamente assimétricas. Ao longo das últimas décadas, as competências das CTNs em coordenar tais redes

---

2 Em grande medida, essa dimensão já vinha sendo explorada de maneira frutífera pelos modelos de cadeias globais de *commodities* (CGCs) e cadeias globais de valor (CGVs) (Gereffi e Korzeniewicz, 1994; Gereffi *et al.*, 2005).

3 Assim, desde a década de 1990, autores como Gereffi e Korzeniewicz (1994) e Castells (1999) apontavam a externalização de funções produtivas como elemento chave das estratégias corporativas nos setores têxtil e de telecomunicações. Abreu *et al.* (2000) demonstraram o mesmo mecanismo na implantação do Consórcio Modular da Volkswagen no Brasil, que se difundiria no setor automobilístico desde então.

têm se ampliado, de modo que arranjos voltados ao compartilhamento de custos, responsabilidades e riscos junto às firmas subordinadas se multiplicaram, promovendo inclusive teorização mais sofisticada acerca dos padrões de governança (Gereffi *et al.*, 2005) específicos a setores. Assim, o modelo das RGPs concebe as relações interfirma a partir da noção de poder corporativo, sendo este definido como capacidade de influência eficaz sobre as decisões corporativas (ação econômica) de outros agentes (econômicos) (Santos, 2011).

Desse modo, CTNs coordenadoras de redes acumulam recursos volumosos e diversificados – da liquidez de capital, passando pelo investimento em PED e chegando à confiança de *stakeholders* diversificados – e os mobilizam estrategicamente de modo a influenciar a ação econômica desempenhada por outros agentes da rede em benefício próprio, através, por exemplo, da incorporação de padrões técnicos modularizados e do fornecimento de bens intermediários customizados, da constituição de alianças estratégicas etc. Em paralelo, firmas secundárias em RGPs divergem grandemente quanto aos recursos que controlam, podendo ocupar posições diversas quanto à criação, ampliação e captura de valor. Próximas às firmas líderes, fornecedoras globais de primeira camada tendem a exibir trajetórias de *upgrading* industrial (Humphrey e Schmitz, 2002), enquanto as margens de ação de uma variedade muito grande de firmas permanecem restringidas por padrões de governança estritos – cativos, na terminologia das CGVs (Gereffi *et al.*, 2005) – e limitadas a funções produtivas de baixas tecnologia e valor adicionado.

O modelo das RGPs incorpora ainda uma noção específica de enraizamento apropriada à dimensão interfirma. Nesses termos, o enraizamento de rede opera como uma variável relacional-estrutural, conferindo relevância à cristalização das relações interfirma no que concerne a elementos de arquitetura, forma, duração e equilíbrio (Henderson *et al.*, 2011, p. 453; Santos, 2011, p. 137). Dessa forma, a interação repetida entre os agentes econômicos na rede tende a influenciar seus padrões de comportamento individual e coletivos futuros, promovendo estabilidade, o que Hess (2004) atribui à confiança como variante particular das relações entre agentes econômicos (Santos, 2011, p. 137).

Não obstante, a dimensão das relações multiagente introduz um componente propriamente inovador, que distingue o modelo das RGPs de outras formas de interpretação, ao conectar "aspectos dos arranjos sociais e espaciais nos quais aquelas firmas estão enraizadas e que influenciam suas estratégias e os valores, prioridades e expectativas dos gestores, trabalhadores e comunidades afins" (Henderson *et al.*, 2011, p. 159).

Essa abordagem coloca em perspectiva a "'superagência' das firmas centrais" (Santos, 2011, p. 131) nas relações interfirma (dimensão da "cadeia") não apenas a partir da performance das firmas subordinadas nos processos de valor. Questiona essa interpretação principalmente a partir da fragmentação da agência (*Idem*) e da incorporação, como variável endógena, de agentes não econômicos, políticos e sociais, tais como "sindicatos, associações patronais e organizações que promovem determinados interesses econômicos (por exemplo, as de pequenas empresas), ongs preocupadas com os direitos humanos, questões ambientais etc." (Henderson *et al.*, 2011, p. 158). Os processos relativos ao valor são, nesse sentido, intimamente relacionados às "condições sob as quais a força de trabalho é convertida em trabalho real através do processo de trabalho", remetendo aos "temas do emprego, qualificação, condições de trabalho e tecnologia de produção" (*Idem*, p. 156), assim como às dinâmicas da reprodução. Mais do que isso, agentes políticos e sociais diversificados são identificados como economicamente relevantes (Weber, 2006), sendo capazes de influir e mesmo definir as condições específicas de criação, ampliação e captura de valor.

O poder coletivo remete às possibilidades de influência que os agentes sociais desfrutam em relação aos agentes econômicos e políticos, condicionando a efetivação de estratégias corporativas. De maneira direta e/ou indireta, tais agentes produzem efeitos sobre as dimensões simbólica e material dessas estratégias, assim como contribuem para configurar as formas de regulação política de suas atividades por meio de práticas de contestação social (Hommel e Godard, 2005). Dentre eles, se destacam os movimentos sociais – classistas e não classistas – por suas capacidades organizacionais e institucionais de sustentar no tempo formas de ação coletiva confrontacional em face de agentes poderosos (Tarrow, 2009), políticos e econômicos.

Adicionalmente, o modelo incorpora variáveis estruturais como relevantes para o entendimento dos STPs contemporâneos. Nesses termos, além do condicionamento exercido pelas relações interfirma, os autores destacam o papel das "relações sociais *lato sensu* sobre a atividade econômica e seus agentes" (Santos, 2011, p. 136). Teoricamente, a noção ampla de enraizamento (Granovetter, 1985) concebe a ação econômica como constituída e inseparável de redes de relações sociais ininterruptas, que provocam efeitos estruturantes sobre o comportamento de agentes coletivos e individuais.

Dessa forma, autores como Hess (2004) destacaram a importância das instituições sociais "de origem" na constituição e na estruturação do comportamento dos agentes – econômicos e não econômicos. Nesses termos, o enraizamento social abrange os condicionamentos institucionais da ação social de tipo econômico, suportando e constrangendo as opções disponíveis às CTNs no plano de suas estratégias corporativas, em particular no que respeita às estruturas organizacionais e regulatórias nacionais[4].

O complemento à dimensão de origem do enraizamento no condicionamento da ação econômica é o "plano de destino". Considerando a desintegração espacial funcional da ação econômica das CTNs, os modos específicos de efetivação de suas estratégias corporativas em rede são concebidos como influenciados de maneira decisiva por dinâmicas socioeconômicas já existentes (Henderson *et al.*, 2011, p.

---

4 A categoria de enraizamento social remete a uma perspectiva centrada na diversidade institucional, com destaque para o debate das variedades de capitalismo (VDC) (Hall e Soskice, 2001).

160), promovendo uma espécie de "ancoragem territorial ou de lugar" (Santos, 2011, p. 137), que vem sendo continuamente demonstrada a partir de investigações empíricas (Ramalho, 2005; Ramalho *et al.*, 2013).

RGPS COMO REDES DE TRABALHO INCORPORADO

Não obstante as possibilidades abertas por esta abordagem, alguns autores identificam suas lacunas e limitações específicas quanto à incorporação do trabalho e dos trabalhadores. De modo geral, segundo Coe e Hess (2013), as análises empíricas das RGPs têm se limitado a apontar os desafios colocados aos trabalhadores e sindicatos pelo aprofundamento da fragmentação geográfica e integração funcional da atividade econômica. Em particular, a investigação amparada pelo modelo vinha se desenvolvendo, grosso modo, de maneira "independente da literatura sobre os impactos dos sistemas globais de produção sobre os trabalhadores e suas possíveis respostas" (*Idem*, p. 5). Nesses termos, para os autores, a literatura contemporânea sobre RGPs "tem se mantido, em grande medida, silenciosa sobre a questão da agência dos trabalhadores" (*Idem*).

Especificamente, autoras como Phillips (2011, p. 381) destacam que, "apesar da riqueza da produção acadêmica sobre informalidade e economias informais em todas as ciências sociais, [...] a atenção teórica e empírica à informalidade permanece bastante limitada na investigação contemporânea sobre RGPs". Essa literatura é, assim, acusada de compartilhar uma concepção de informalidade como "condição 'residual'" (*Idem*, p. 385). Em sentido contrário, a:

> [...] informalidade e a formalidade não existem como esferas da vida econômica e social distintas (e separadas), mas são interligadas de maneiras complexas. [...] Esta mescla estrutural é tanto um resultado do funcionamento de RGPs quanto um processo-chave em sua constituição e evolução (*Idem*, p. 382).

Entendida como elemento constitutivo de RGPs, a informalidade compõe processos de construção e reprodução de uma força de trabalho fundamentalmente estratificada (*Idem*, pp. 385-386). Essa conformação responde tanto às demandas de flexibilidade organizacional da firma quanto expressa uma "estratégia política para o disciplinamento da força de trabalho" (*Idem*, p. 386). Dessa forma, "o processo dinâmico de informalização é central para essa estratégia, dirigido conscientemente pelas firmas e, em um sentido estrutural, instaurado pelas características da operação de RGPs" (*Idem*).

Um desdobramento importante dessa discussão remete ao tema da agência. Embora tenha havido certa exortação para o maior engajamento de análises sobre STPs com os contextos socioeconômicos locais e as relações de trabalho, parece ser recente a emergência de posições teórico-metodológicas nesse campo que favoreçam uma interpretação das "pessoas da classe trabalhadora como seres sociais sensíveis que, tanto intencionalmente quanto sem querer, produzem geografias econômicas através de suas ações" (Herod, 2001, p. 15 *apud* Carswell e De Neve, 2013, p. 63). Mesmo os trabalhos que defendem concepções similares tendem a se apoiar em um "conceito bastante estreito de agência dos trabalhadores" (Carswell e De Neve, 2013, p. 63), vinculado à ação coletiva institucionalizada sob forma sindical, quando, em grande medida, o esforço central pretendido pelos autores busca "reconectar a acumulação e a reprodução do capitalismo às próprias práticas de sobrevivência e reprodução social dos trabalhadores" (*Idem*).

Mais importante, a agência dos trabalhadores, quando considerada, tem sido interpretada "primariamente em termos de resistência" (*Idem*), em detrimento da diversidade de maneiras pelas quais agentes sociais vivem e trabalham e acabam por influenciar as formas específicas de manifestação dos nós de RGPs. Essa debilidade específica se combina a uma "quase completa ausência de atenção a atos individuais e a práticas cotidianas e informais através das quais os trabalhadores constroem suas vidas de trabalho" (*Idem*, p. 64).

Desse modo, as autoras defendem uma tipologia da agência dos trabalhadores em termos de "resiliência, retrabalho e resistência" (Katz, 2004 *apud* Carswell e De Neve, 2013, p. 63). Assim, as formas concretas pelas quais trabalhadores se vinculam a RGPs podem ser vistas em sua multiplicidade, partindo das ações orientadas à adaptação e recuperação de situações adversas, passando por atos de redefinição de circunstâncias de opressão e/ou desigualdade e chegando mesmo às ações voltadas à subversão dessas condições de exploração (Carswell e De Neve, 2013, p. 63). Nessa concepção, as condições empíricas de manifestação da dialética resistência-consentimento (Burawoy, 1979; Beynon, 1995) adquirem importância central, em detrimento das formas "modelares" de agência.

Barrientos *et al.* (2011, p. 303) observam, entretanto, que "a literatura sobre RGPs tem se concentrado cada vez mais nas implicações em termos de *upgrading* e *downgrading* para os trabalhadores incorporados nessas redes globais"[5]. Essa corrente destaca, assim, as formas de incorporação de grupos específicos de trabalhadores, dando ênfase ao papel da subcontratação em RGPs em sua conformação. Assim, coloca em questão a dialética entre as pressões em rede para explorar a diversidade das práticas de rebaixamento dos custos com a força de trabalho e contrapressões sobre as firmas fornecedoras para crescentemente atingir padrões de qualidade e acessar trabalhadores mais qualificados (*Idem*, p. 305).

Os fundamentos desse corpo teórico são a concepção de um "déficit global de governança" e a emergência empírica de arranjos de "governança privada"

---

5 Os autores partem da crítica aos diferentes modelos de STPs quanto à sobrevalorização dos processos de *upgrading* econômico – por meio dos quais firmas e governos redefinem sua posição em cadeias de valor no que concerne ao valor adicionado, à tecnologia e às capacidades produtivas – e à subteorização das condições e relações de trabalho, compreendidas pela noção de *upgrading* social (Barrientos *et al.*, 2011, p. 301).

ou *multistakeholder* e formas transnacionais de organização dos trabalhadores (*Idem*). Em particular, esforços voltados à conformação de padrões trabalhistas mínimos quanto à liberdade de associação e à negociação coletiva – como as federações sindicais globais[6] e os acordos-marco internacionais[7] – tendem a inscrever o trabalho decente nas RGPs. Para os autores, são exatamente essas "instituições de governança híbridas e complementares, tanto públicas quanto privadas, operando em múltiplos níveis – global, nacional e local", que têm o potencial de "'reenraizar' os mercados globais" (*Idem*, p. 313).

Selwyn (2013, pp. 87-88) reconhece que a noção de *upgrading* social e a renovada ênfase por ela proporcionada às condições de trabalho constituem uma tentativa importante de suprir a deficiência em questão. Entretanto, o autor assume uma posição crítica ao conceito, derivado da agenda sobre trabalho decente impulsionada pela Organização Internacional do Trabalho (OIT). Para ele, essa agenda sintetiza uma "concepção de 'cima para baixo' de *upgrading* social", demonstrando certa "incapacidade de compreender a natureza da exploração capitalista e do trabalho indecente" (*Idem*, p. 76).

Os arranjos institucionais centrados no trabalho decente devem, portanto, ser entendidos como "resultados de e/ou respostas a lutas potenciais entre capital e trabalho" (*Idem*, p. 83). Para o autor, uma releitura da explicação marxiana do processo de trabalho permitiria superar essa debilidade, explicitando as causas do trabalho indecente e das formas de resistência dos trabalhadores, e assim desenvolver uma "concepção 'de baixo para cima'" (*Idem*, p. 76) de *upgrading* social. O autor apoia, então, uma interpretação da agência centrada na "indeterminação da força de trabalho" (*Idem*, p. 78), reforçando a ideia de que "a habilidade dos trabalhadores em transformar seu poder estrutural em associativo de modo a extrair concessões do capital constitui um determinante central da relação entre *upgrading* econômico e social" (*Idem*, pp. 83-84) em RGPs.

Quanto às modalidades "indecentes", começa a ocupar lugar relevante nas análises de RGPs mais recentes (Phillips e Sakamoto, 2012; McGrath, 2013) o tema das condições e relações de trabalho degradantes e restritivas à liberdade que constituem o trabalho escravo contemporâneo.

Em particular, o trabalho de McGrath (2013) defende que "as dinâmicas das redes de produção são fundamentais para a reprodução do trabalho escravo" (*Idem*, p. 32). Analisando o nó brasileiro da RGP do etanol, a autora demonstra como a ação econômica coordenada por compradores (*buyer-driven*) e pelo Estado brasileiro (*state-driven*), por meio de pressões encadeadas sobre as firmas subordinadas, conforma as relações sociais ao longo de toda a rede, sendo funcionais à sua reprodução. Dinâmicas estruturais são consideradas, ainda, fundamentais para "facilitar

---

6 Global Union Federations (GUF), no original em inglês.

7 International Framework Agreements (IFA), no original em inglês.

a imposição de restrições sobre a mobilidade dos trabalhadores, de condições degradantes e da intensificação do trabalho" (*Idem*, p. 32), sendo decisivos os processos de racialização. Levando em conta que identidades sociais incorporadas, como etnia, gênero etc., condicionam os julgamentos acerca do valor, grupos específicos de trabalhadores enfrentam situações desiguais para negociar suas condições específicas, de modo que "a reprodução do trabalho escravo [no Brasil] se sustenta em um processo de desvalorização do trabalho que opera através de ideologias de raça (e gênero)" (*Idem*, p. 38). Dessa forma, a autora apresenta uma importante contribuição para o entendimento do racismo como relação social de produção e dos mecanismos de desvalorização do trabalho a ele associados em RGPs.

Phillips e Sakamoto (2012) direcionam sua atenção para a relação entre as formas específicas e desiguais da integração em rgps e outra dinâmica estrutural, a saber, a da pobreza crônica. Dessa forma, os autores colocam em primeiro plano o conceito de "incorporação adversa" (*Idem*, p. 288) em rgps de modo a identificar os padrões de inclusão capazes de construir e sustentar a pobreza, dentre os quais o trabalho escravo se destaca como manifestação extrema.

Os autores defendem que as formas prevalentes de restrição à liberdade no nó brasileiro da RGP pecuária são antes contratuais e de curto prazo do que tradicionais (*Idem*, p. 292), sendo que os dados mobilizados demonstram que "não são os mais pobres entre os mais pobres os mais vulneráveis a essas formas extremas de exploração do trabalho" (*Idem*, p. 303).

A incorporação adversa é, portanto, entendida como um "fenômeno 'relacional'" (*Idem*, p. 296), isto é, dependente dos "*termos* nos quais diferentes grupos sociais são incorporados na atividade econômica global" (*Idem*, p. 297). Esses termos são continuamente reconfigurados pela vulnerabilidade desigual desses grupos, afetando os resultados de sua inclusão via trabalho a partir dos modos como os indivíduos que os integram agem orientados por resultados de curto prazo e necessidades práticas, comprometendo formas de satisfação de necessidades e de garantia de direitos no longo prazo.

Coe e Hess (2013, p. 4) identificam, por sua vez, uma preocupação exacerbada dos estudos empíricos de rgps "com a análise da produção de bens, à custa de considerações sobre o consumo final" e sobre o descarte. Considerando a importância dos processos de "'fatiamento' de cadeias de valor e de criação de novos circuitos de capital através de seu 'alongamento'" (*Idem*, p. 5) – do comércio popular à coleta de material reciclável –, esse descuido explica a baixa acuidade do modelo para incorporar o "trabalho formal e o informal e as [diversas] formas de ganhar a vida" (*Idem*, p. 4) periféricas às rgps. Entretanto, esses nós parecem ser decisivos no que diz respeito à governança de rgps, condicionando os processos relacionados ao valor[8]. Não obstan-

8 Através, por exemplo, de estratégias de responsabilização de CTNs líderes acerca das condições de trabalho ao longo das cadeias de valor e de "respostas" centradas em códigos de conduta, responsabilidade

te, McGrath-Champ *et al.* (2015) introduzem uma perspectiva inovadora à discussão, relacionando os "pontos cegos" do trabalho e do descarte e reconstituindo-os como eixos analíticos das rgps. Dessa forma, os autores deslocam a ênfase dos nós produtivos da rede para aqueles nos quais bens descartados são desmontados para processamento visando reuso e reciclagem, conformando, nesse sentido, "redes globais de destruição" (RGDs) (*Idem*, p. 626).

Consequentemente, entendido o valor como trabalho cristalizado que não se encerra na destruição do produto, as RGDs emergem como "indelevelmente imbricadas, e um Outro indispensável às rgps" (Herod *et al.*, 2014, p. 427 apud McGrath-Champ *et al.*, 2015, p. 631), vinculando "aqueles que trabalham no mercado de trabalho 'formal' produzindo novas mercadorias" ao "trabalho informal" daqueles trabalhadores que labutam em RGDs para recuperar partes úteis de mercadorias descartadas (McGrath-Champ *et al.*, 2015, p. 632).

Dessa forma, um enorme contingente de seres humanos considerados "estruturalmente redundantes para os processos globais de acumulação", isto é, "trabalhadores descartados" (*Idem*, p. 633), são entendidos como parte decisiva da construção da oferta dos fatores de produção para inúmeras redes de produção. Suas conexões tornam, assim, muito "mais porosas" (*Idem*, p. 635) as distinções entre os setores formal e informal.

Por fim, Cumbers *et al.* (2008) reintroduzem o trabalho no debate sobre rgps a partir de estratégias trabalhistas globais em rede (*Idem*, p. 371). Dessa forma, os autores pretendem redefinir o espaço do trabalho no debate dos sistemas transnacionais de produção, em favor de uma perspectiva que considera o controle do processo de trabalho como eixo de luta à medida que "as rgps são, em última instância, redes de trabalho incorporado" (*Idem*, p. 372).

SINDICATOS COMO AGENTES CONSTITUTIVOS DE RGPS

Considerando a categoria social trabalho como um espaço de "luta de classe contínua", torna-se necessário conceber o sindicato como forma de organização de interesses "que tanto ajuda a reforçar a acumulação de capital quanto oferece espaços de resistência" (Cumbers *et al.*, 2008, pp. 373-374). Essa perspectiva recoloca a dimensão propriamente política das estratégias sindicais, compreendidas sob o panorama contraditório das relações capital-trabalho, que tanto podem empoderar quanto marginalizar agentes sindicais por meio de rgps, "conduzindo a consideráveis conflito e tensões internas no âmbito de redes globais sindicais" (*Idem*, p. 375). As competências de "coordenação à distância" detidas pelas CTNs vêm permitindo, assim, explorar e articular estrategicamente uma grande diversidade das condições

social corporativa (RSC), mecanismos de governança privada e autorregulação, além de regulação pública estatal e interestatal (Coe e Hess, 2013, p. 5).

de vida e relações de trabalho no que diz respeito ao custo, qualificação e organização e à propensão ao conflito em escala global. Não obstante, as capacidades organizacionais e institucionais de coordenação distanciada da ação social de tipo econômico têm sido emuladas e reconstruídas a partir da experiência acumulada pelas organizações de representação sindicais.

Para Cumbers *et al.* (*Idem*, p. 371), "os antagonismos, entre cooperar e resistir à acumulação de capital, vão variar bastante entre diferentes grupos de trabalhadores dentro das redes globais de produção". Esses autores defendem que é com o desenvolvimento de uma perspectiva crítica do trabalho como agência que se deve interpretar o posicionamento dos sindicatos na economia global (ver também Munck, 1999).

Os autores (*Idem*, pp. 373-374) consideram que os sindicatos devem ser vistos "como organizações que representam elementos particulares de uma classe trabalhadora que tem geografias distintas". E, por consequência, identificam uma diversidade de posições, que vão desde organizações sindicais com a aspiração de unificar a classe operária contra o capital global ao nível ideológico até sindicatos mais conservadores que se comprometem com princípios da justiça social global. Para eles, as ações sindicais são cada vez mais complexas e divididas, refletindo as diversas realidades materiais dos trabalhadores que representam.

Para Gumbrell-McCormick e Hyman (2013), os sindicatos frequentemente ficam desorientados e sem clareza sobre seu papel no atual contexto, diante do poder corporativo das CTNs, assim como da incapacidade dos governos de resistir às pressões por integração econômica. No entanto, reconhecem que os sindicatos continuam a ser atores socioeconômicos relevantes e que os tempos difíceis "podem estimular um novo pensamento, trazendo novas oportunidades" (*Idem*, p. 1).

Parte das análises sobre os efeitos da globalização econômica tem enfatizado uma estratégia de enfraquecimento e destruição do movimento trabalhista e sindical. Mais recentemente, contudo, um grupo consistente de sociólogos e historiadores do trabalho (Burawoy, 2010; Evans, 2010; Munck, 2010; 2013; Ramalho, 2014; Webster, 2010) iniciou um processo de revisão dessa interpretação. Um dos postulantes dessa perspectiva, Evans (2010, p. 353), critica posições que enfatizam a destruição do movimento trabalhista pelo neoliberalismo e pela globalização. Para ele, a globalização econômica, tanto pelo encolhimento do espaço social e geográfico como pelas estruturas específicas do capitalismo neoliberal contemporâneo, estimula e facilita a mobilização da solidariedade do trabalho em nível transnacional, assim como a construção de organizações e redes do movimento trabalhista.

O autor alerta, entretanto, que "a eficácia da resposta do trabalho não se encontra na invenção de uma única forma organizacional, mas na interconexão de diferentes formas" (*Idem*, p. 354), diante dos desafios postos pelo contexto político e pelos diferentes tipos de capital. Ademais, o reconhecimento dessas oportunidades globais complementa a contínua centralidade dos conflitos políticos em níveis nacional e local nos quais se constituem os mecanismos de contestação. Dessa forma, sua contribuição direciona a atenção à arena global como uma fonte potencial de vantagem estratégica, em vez de pensá-la como a principal explicação para o declínio.

Evans (*Idem*, pp. 353-354) identifica assim a "diversidade de ações estrategicamente concatenadas" como condição necessária de reação às ameaças da transformação global da estrutura de emprego e do discurso da ausência do poder dos sindicatos diante da ofensiva do capital global. O autor ressalta que "o acúmulo gradual de experiência e construção institucional e a emergência contínua de novos casos" (*Idem*, p. 354) demonstra um processo de mobilização transnacional ascendente, e, ainda que suas expressões não tenham muito sucesso, elas podem estar na base de processos de fortalecimento institucional com potencial futuro significativo.

Na avaliação de Munck (2010, p. 220), a partir dos anos 2000, o movimento sindical internacional passou a investir na construção de "estratégias sindicais inovadoras", como forma de enfrentar os impactos negativos da globalização e suas expressões sob a forma de divisões nacionais, setoriais e ideológicas e do "velho problema de rotinização e burocracia do movimento trabalhista" (*Idem*, p. 227). Para Webster (2010, pp. 384-385), essa perspectiva indica que "o global está frequentemente no local e de que não é mais possível ver a organização sindical como uma atividade puramente local".

Para Munck (2013, p. 237), "mais recentemente, a teoria social crítica adicionou a mais do que necessária dimensão espacial na análise da economia política do trabalho", a partir da incorporação da noção de "escala". "O movimento trabalhista opera claramente nos níveis local, nacional, sub-regional, regional, subglobal e global através de diferentes formas organizacionais desde as confederações sindicais internacionais até os sindicatos locais" (*Idem*, p. 239). Para esse autor, as escalas de ação política do movimento sindical devem ser vistas de modo hierarquizado, e as organizações dos trabalhadores precisam "fazer conexões" através das escalas.

Dessa forma, a busca de formas sindicais inovadoras com vistas a uma articulação e uma atuação internacional tem fortalecido nas duas últimas décadas "uma textura em processo de institucionalização de regulação transnacional do trabalho" (Pries e Seeliger, 2013, p. 26). Para esses autores, "esse processo tem que ser entendido como uma forma de restringir a lógica dos mercados e dos interesses nacionais e corporativos e uma forma de institucionalizar a lógica dos padrões mínimos, dos atores coletivos e da sociedade civil" (*Idem*, p. 27). O argumento é o de que a pressão de sindicatos e outras organizações da sociedade civil reforça a criação de novas iniciativas de regulação dos padrões de trabalho e o desenvolvimento de novas dinâmicas de regulação que ultrapassam as fronteiras nacionais. Citam como exemplo, entre outros, os comitês mundiais de trabalhadores de empresas internacionais, as federações globais sindicais e os acordos-marco internacionais.

Pries e Seeliger (*Idem*, pp. 29-30) valorizam, nesse contexto, a presença em nível global de um conjunto mínimo de padrões de amplo alcance, tais como as "normas essenciais da OIT" (*ILO-core norms*), por constituírem "uma base ética favorável à formulação de requisitos básicos para as condições de trabalho e emprego em todo o mundo". E reconhecem que, diante da diversidade das condições de seu cumprimento, sua constituição é uma oportunidade para criar referenciais substantivos para as reivindicações por condições decentes de trabalho e definir novos marcos de legitimidade que afetam os agentes econômicos e políticos.

Na mesma linha argumentativa, Walby (2011, p. 141 *apud* Pries e Seeliger, 2013, p. 39) reconhece que, embora os direitos humanos possam ser vistos como "meramente uma lista de objetivos", eles se enraízam na estrutura de agentes políticos interestatais legítimos, como é o caso da OIT, e podem ser usados como ferramentas políticas[9] para melhorar as condições de trabalho, emprego e participação social.

Pries e Seeliger (2013, p. 31) insistem em reconhecer que os diferentes mecanismos de regulação transnacional do trabalho podem se institucionalizar e construir partes dos complexos campos organizacionais transnacionais. A "questão crucial é até onde diferentes mecanismos de regulação do trabalho coletivo e transnacional são percebidos e trabalham como padrões institucionalizados que forjam o comportamento de todos os atores no campo organizacional". Os autores atribuem importância aos acordos-marco como "ferramentas para reforçar o reconhecimento e a implementação dos padrões trabalhistas mínimos e como um contrato entre sindicatos e corporações transnacionais". Tais dispositivos têm quatro objetivos: (1) assegurar a concordância com os padrões mínimos de trabalho da OIT; (2) o reconhecimento da federação sindical mundial como parceiro de negociação; (3) a institucionalização de mecanismos coletivos globais de resolução de conflitos; e (4) a organização da solidariedade transnacional.

Nesse ponto, a agência é determinante. Para Pries e Seeliger (*Idem*, pp. 31-32), por exemplo, "os padrões trabalhistas mínimos estabelecidos pela OIT nas oito principais convenções assinadas pela maioria dos países em todo mundo não terão quase efeito sobre o trabalho e as condições de emprego se ao nível nacional não houver atores coletivos fortes (sejam agências do estado, movimentos sociais, sindicatos, organizações de consumidores) para promovê-los".

Nesses termos, Cumbers *et al.* (2008, p. 384) identificam uma tendência de crescimento do número de sindicatos que estabelecem suas próprias redes globais. Para esses autores, os sindicatos, nesse processo, percorrem um caminho delicado entre a cooperação com as CTNs e a criação de redes ligadas ao trabalho mais independentes.

Às vezes, o melhor meio de desenvolver efetivamente uma rede do trabalho transnacional é através dos próprios espaços das empresas multinacionais, mas os sindicalistas têm que ter sensibilidade para com a complexidade das posições ao lidar

---

9 Essa posição se defronta, no entanto, com leituras mais críticas sobre a efetividade de acordos globais tripartite. Para Munck (2013), seu apelo reformista coloca em dúvida sua capacidade como projeto de transformação do movimento trabalhista.

com as relações dialéticas entre capital e trabalho, em particular quando tentam traduzir as práticas nacionais para a escala transnacional (*Idem*, p. 385).

A contribuição de Hyman (2001) acerca do movimento sindical europeu fornece elementos para uma análise sociológica mais acurada da realidade vivida por sindicatos impactados pela globalização, obrigados a rever suas estratégias políticas e operacionais, principalmente no sentido da manutenção do emprego e da sua sobrevivência como instituição. Para ele (*Idem*, pp. 3-4), mercado, classe e sociedade constituiriam a "geometria do sindicalismo", conectados em um balanço triangular instável. Nesses termos, os focos no mercado, na sociedade ou na classe não existiriam sob forma pura, de maneira que "os sindicatos hoje tendem a se inclinar para uma mistura desses três tipos ideais"[10]. Assim,

> Como associações de empregados, [os sindicatos] têm uma preocupação central de regular a relação trabalhista-salarial: o trabalho que desempenham e o pagamento que recebem. Sindicatos não podem ignorar o mercado. Mas como organizações de trabalhadores, os sindicatos incorporam, além disso, uma concepção de interesses coletivos e identidade coletiva que divide os trabalhadores dos empregadores. Se endossam ou não uma ideologia da divisão de classe ou da oposição de classe, os sindicatos não podem escapar ao papel de agências de classe. No entanto, os sindicatos também existem e funcionam em uma base social que eles podem aspirar mudar, mas que constrangem suas escolhas atuais. Sobrevivência necessita coexistência com outras instituições e outras constelações de interesse (mesmo para aqueles sindicatos que proclamam um antagonismo imutável). Os sindicatos são parte da sociedade. (*Idem*, pp. 3-4).

Na avaliação de Fairbrother e Webster (2008, p. 310), "os sindicatos são um tipo de movimento social que contém dimensões progressistas e acomodatícias", e a questão que se coloca para os analistas é identificar "como e em que circunstâncias os sindicatos podem desafiar e questionar a relação capital/trabalho" (*Idem*, 2008, p. 310). Além disso, de acordo com Hyman e Gumbrell-McCormick (2010, p. 315), os "sindicatos não são apenas atores econômicos: eles são necessariamente protagonistas na arena política". Desse modo, sindicatos detêm e exercem formas de poder que vão do âmbito da regulação cotidiana das condições de compra e venda da força de trabalho no mercado de trabalho à influência indireta que exibem sobre as formas através das quais "o Estado molda as regras do jogo no mercado de trabalho, incluindo o seu direito de existir, para negociar coletivamente e para mobilizar para a ação coletiva" (Hyman, 2001, pp. 13-15).

Segundo Gumbrell-McCormick e Hyman (2015, pp. 12-13), sendo os sindicatos organizações primordialmente de base nacional, assim como as identidades coletivas

---

10 Essa interpretação reforça argumentos que consideram posições políticas e estratégias sindicais como fruto de avaliações permeadas pelos contextos locais, regionais e nacionais, de tradições políticas incorporadas historicamente às práticas sindicais, de conjunturas econômicas globais e nacionais e seus desdobramentos sobre o mercado de trabalho e o aumento do desemprego (Fairbrother e Webster, 2008).

e as concepções subjetivas de interesse comum que os sustentam, para serem efetivas, suas estratégias tiveram de ser desenvolvidas com base "na reciprocidade apesar das diferenças" nessa escala. Os desafios postos hoje a sua ação não apenas mudaram de escala, mas as atravessam de formas diversas. Esse elemento impõe desafios desiguais e combinados ao desenvolvimento de novas solidariedades no mundo do trabalho. Assim, para esses autores, formas múltiplas de solidariedade demandam aos sindicatos desafiar consistentemente as pressões centrífugas, corporativas e institucionais – os sindicatos têm que criar uma narrativa e um discurso alternativos. Nesse processo, o diálogo entre sindicalistas de diferentes nacionalidades é obviamente central, sendo necessariamente "multiescalar" (Gumbrell-McCormick e Hyman, 2015, p. 13). "Solidariedade é multifacetada e envolve elementos objetivos e subjetivos. Os interesses não são dados, mas socialmente construídos, em geral em situação desvantajosa" (*Idem*, p. 13). Para os autores, a tarefa básica dos sindicatos seria estimular a percepção dos trabalhadores com vistas a "um entendimento solidário de suas próprias situações em relação à posição dos outros e prover a base para relações de cooperação e ação comum" (*Idem*, p. 13).

CONCLUSÃO

A abordagem das rgps, em resumo, fornece um instrumental teórico sofisticado para analisar os STPs contemporâneos. Em particular, o referido enfoque se destaca por duas dimensões. Em primeiro lugar, o modelo teórico-metodológico das rgps valoriza as variadas possibilidades de influência que os agentes sociais desfrutam em relação aos agentes econômicos e políticos, condicionando a efetivação de estratégias corporativas centradas no valor, assim como perspectivas e trajetórias de desenvolvimento econômico. Entre esses agentes queremos enfatizar os movimentos sociais – classistas e não classistas –, tendo em conta suas capacidades organizacionais e institucionais de sustentar no tempo formas de ação coletiva confrontacional.

Dessa forma, a abordagem é promissora no que concerne a uma possível reconfiguração da forma como os estudos sobre o mundo do trabalho têm se desenvolvido – em particular, no âmbito da sociologia –, mantendo-se, em grande medida, afastados dos achados teóricos e empíricos acerca dos formatos organizacionais das firmas e da evolução para redes globais funcionais e desintegradas, coordenadas por CTNs. Nesses termos, uma compreensão relacional dos destinos de firmas e trabalhadores é não apenas necessária, como parece decisiva para a compreensão dos padrões de interação entre capital e trabalho no capitalismo contemporâneo.

Por sua vez, a abordagem também é sensível para as escalas diferenciadas nas quais a ação social – de tipos econômico e não econômico – se desenrola. Em sentido prático, diferentes grupos de trabalhadores vêm se movendo entre as escalas da ação política de sindicatos e outros movimentos sociais para contestar cotidiana, mas também estruturalmente, a efetivação de estratégias corporativas. Não obstante, em planos teórico e metodológico, as ferramentas mobilizadas na investigação dos diversos mundos do trabalho têm permanecido vinculadas a matrizes tipicamente locais e nacionais, caminhando de modo tímido por outras trilhas. Dessa forma, parece igualmente importante reconstruir as relações entre capital e trabalho em sentido multi e transescalar, com especial atenção aos aspectos inovadores da organização do poder coletivo dos trabalhadores.

Não obstante as possibilidades abertas pelo modelo, esse balanço de literatura também mostrou debilidades no que diz respeito ao "reconhecimento crescente das muitas formas diferentes de trabalho que estão inscritas em rgps" (Coe e Hess, 2013, p. 5) e que o modelo não vinha sendo operacionalizado no sentido de uma incorporação plena e dialética dos trabalhadores como agentes chave na conformação da globalização econômica.

Dessa forma, o conjunto de contribuições que visa preencher essa lacuna demonstra enorme potencial para reconstituir uma compreensão relacional da conformação das estratégias corporativas em rede e de uma classe trabalhadora profundamente estratificada, implicando condições mais complexas de consentimento e resistência. Nesses termos, parece central o aprofundamento das investigações acerca das formas de integração assimétrica e funcional das frações da classe trabalhadora, tendo em conta segmentações étnicas, de gênero, regional etc. e os processos estruturais de diferenciação que os sustentam – generificação, racialização, regionalização etc.

Mais importante, essas contribuições destacam a natureza fragmentada e contraditória, individual e coletiva, da agência dos trabalhadores. De fato, os trabalhadores e suas organizações de representação configuram uma matriz constitutiva da globalização econômica. Não obstante, sua conformação empírica não se reduz, de modo algum, a modelos de ação predeterminados, grandemente apoiados na experiência histórica de categorias organizadas de trabalhadores oriundas de segmentos da indústria e com forte componente idealizado.

De fato, a "fragmentação" da agência proposta pelo modelo das rgps precisa ser radicalizada e incorporada pelos estudos do trabalho, de modo a reconstituir as condições empíricas a partir das quais os trabalhadores se vinculam a cadeias de valor extensão, que partem da extração, passam pela produção, distribuição e consumo, mas não se esgotam no descarte, reconstituindo incessantemente tanto os ciclos de acumulação de capital quanto as condições de sua ruptura periódica.

Finalmente, longe de haver perdido centralidade, as formas organizacionais vinculadas à representação sindical vêm sendo reconfiguradas incessantemente, emulando práticas corporativas em rede, mas também se desenvolvendo a partir de repertórios históricos e inovações institucionais. Em grande medida, o debate internacional sobre o escalonamento da ação coletiva sindical vem demonstrando o renovado potencial político dos sindicatos e sua contínua capacidade de pautar a agenda pública em torno da melhoria das condições e relações de trabalho.

Retomando a ideia de que o mundo do trabalho é *per se* um espaço permanente da luta de classes, as opções abertas à reconfiguração dos rumos da globalização econômica pela agência dos trabalhadores continuam a passar pela forma sindicato e sua capacidade de se reinventar.

REFERÊNCIAS BIBLIOGRÁFICAS

ABREU, Alice *et al.* (2000), "'The dream factory': VW's modular production system in Resende, Brazil". *Work, Employment & Society*, 14 (2):265-282.

BARRIENTOS, Stephanie *et al.* (2011), "Decent work in global production networks: framing the policy debate". *International Labour Review*, 150 (3-4): 297-317.

BEYNON, Huw. (1995), *Trabalhando para Ford: trabalhadores e sindicalistas na indústria automobilística*. Rio de Janeiro, Paz e Terra.

BURAWOY, Michael. (1979), *Manufacturing consent: changes in the labor process under monopoly capitalism*. Chicago, University of Chicago Press.

________. (2010), "From Polanyi to Pollyanna: the false optimism of global labor studies". *Global Labour Journal*, 1 (2): 301-313.

CARSWELL, Grace & De Neve, Geert. (2013), "Labouring for global markets: conceptualising labour agency in global production networks". *Geoforum*, 44: 62-70.

CASTELLS, Manuel. (1999), *A sociedade em rede: a era da informação: economia, sociedade e cultura*. São Paulo, Paz e Terra.

COE, Neil M. & Hess, Martin. (2013), "Global production networks, labour and development". *Geoforum*, 44: 4-9.

CUMBERS, Andy *et al.* (2008), "Labour agency and union positionalities in global production networks". *Journal of Economic Geography*, 8 (3): 369-387.

DICKEN, Peter. (2010), *Mudança global: mapeando as novas fronteiras da economia mundial*. Porto Alegre, Bookman.

EVANS, Peter. (2010), "Is it labor's turn to globalize? Twenty-first century opportunities and strategic responses". *Global Labour Journal*, 1 (3): 352-379.

FAIRBROTHER, Peter & Webster, Edward. (2008), "Social movement unionism: questions and possibilities". *Employee Responsibilities and Rights Journal*, 20 (4): 309-313.

GEREFFI, Gary *et al.* (2005), "The governance of global value chains". *Review of International Political Economy*, 12 (1): 78-104.

GEREFFI, Gary & Korzeniewicz, Miguel (orgs.). (1994), *Commodity chains and global capitalism*. Westport/Londres, Praeger.

GRANOVETTER, Mark. (1985), "Economic action and social structure: the problem of embeddedness". *American Journal of Sociology*, 91 (3): 481-510.

GUMBRELL-MCCORMICK, Rebecca & Hyman, Richard. (2013), "Os sindicatos na Europa Ocidental: tempos difíceis, escolhas difíceis". *Global Labour Column*, 148: 1-3.

________. (2015), "International trade union solidarity and the impact of the crisis". *European Policy Analysis*, 1: 1-16.

HALL, Peter A. & Soskice (orgs.). (2001), *Varieties of capitalism: the institutional foundations of comparative advantage*. Oxford, Oxford University Press.

HENDERSON, Jeffrey *et al.* (2011), "Redes de produção globais e a análise do desenvolvimento econômico". *Revista Pós Ciências Sociais*, 8 (15): 143-170.

HESS, Martin. (2004), "'Spatial' relationships? Towards a reconceptualization of embeddedness". *Progress in Human Geography*, 28 (2): 165-186.

HOMMEL, Thierry & Godard, Olivier. (2005), "Contestação social e estratégias de desenvolvimento industrial: aplicação do modelo da gestão contestável à produção industrial de ogm". In: VARELLA, Marcelo Dias & Barros-PLATIAU, Ana Flávia (orgs.). *Organismos geneticamente modificados*. Belo Horizonte, Del Rey, pp. 251-284.

HUMPHREY, John & Schmitz, Hubert. (2002), "How does insertion in global value chains affect upgrading in industrial clusters?". *Regional Studies*, 36 (9): 1017-1027.

HYMAN, Richard. (2001), *Understanding european trade unionism: between market, class and society*. Londres, Sage.

HYMAN, Richard & GUMBRELL-MCCORMICK, Rebecca. (2010), "Trade unions, politics and parties: is a new configuration possible?". *Transfer: European Review of Labour and Research*, 16 (3): 315-331.

MCGRATH, Siobhán. (2013), "Fuelling global production networks with slave labour? Migrant sugar cane workers in the Brazilian ethanol gpn". *Geoforum*, 44: 32-43.

MCGRATH-CHAMP, Susan et al. (2015), "Global destruction networks, the labour process and employment relations". *Journal of Industrial Relations*, 57 (4): 624-640.

MELLO E SILVA, Leonardo et al. (2015), *Redes sindicais em empresas transnacionais: enfrentando a globalização do ponto de vista dos trabalhadores*. São Paulo, Friedrich-Ebert-Stiftung Brasil.

MUNCK, Ronaldo. (1999), "Labour dilemmas and labour futures". In: ________ & WATERMAN, Peter. *Labour Worldwide in the era of globalization: alternative union models in the new world order*. Basingstoke, Macmillan, pp. 3-23.

PETER. *Labour Worldwide in the era of globalization: alternative union models in the new world order*. Basingstoke, Macmillan, pp. 3-23.

________. (2010), "Globalization and the labour movement: challenges and responses". *Global Labour Journal*, 1 (2): 218-232.

________. (2013), "Global crisis: global opportunity? Trade unions, migration and social transformation". *Global Labour Journal*, 4 (3): 236-251.

PHILLIPS, Nicola. (2011), "Informality, global production networks and the dynamics of 'adverse incorporation'". *Global Networks*, 11 (3): 380-397.

PHILLIPS, Nicola & Sakamoto, Leonardo. (2012), "Global production networks, chronic poverty and 'slave labour' in Brazil". *Studies in Comparative International Development*, 47 (3): 287-315.

PRIES, Ludger & Seeliger, Martin. (2013), "Work and employment relations in a globalized world: the emerging texture of transnational labour regulation". *Global Labour Journal*, 4 (1): 26-47.

RAMALHO, José Ricardo. (2005), "Novas conjunturas industriais e participação local em estratégias de desenvolvimento". *Dados*, 48 (3): 491-524.

________. (2014), "Trabalho, sindicato e globalização". *Política & Trabalho*, 41: 25-43.

RAMALHO, José Ricardo *et al.* (2013), "Estratégias de desenvolvimento industrial e dinâmicas territoriais de contestação social e confronto político". *Sociologia & Antropologia*, 3 (5): 175-200.

ROMBALDI, Maurício. (2016), "Diferentes ritmos da internacionalização sindical brasileira: uma análise dos setores metalúrgico e de telecomunicações". *Caderno CRH*, 29 (28): 535-551. Santos, Rodrigo Salles Pereira dos. (2011), "Redes de produção globais (rpgs): contribuições conceituais para a pesquisa em ciências sociais". *Revista Pós Ciências Sociais*, 8 (15): 127-142.

SELWYN, Ben. (2013), "Social upgrading and labour in global production networks: a critique and an alternative conception". *Competition & Change*, 17 (1): 75-90.

TARROW, Sidney. (2009), *O poder em movimento: movimentos sociais e confronto político*. Petrópolis, Vozes.

WEBER, Max. (2006), *A "objetividade" do conhecimento nas ciências sociais*. São Paulo, Ática. Webster, Edward. (2010), "From critical sociology to combat sport? A response to Michael Burawoy's 'From Polanyi to Pollyanna: the false optimism of global labour studies'". *Global Labour Journal*, 1 (3): 384-387.

CAPÍTULO 36

A CONSTRUÇÃO DE SÓLIDAS REDES SINDICAIS INTERNACIONAIS COMO FORMA DE SUPERAR A CRISE DO DIREITO DO TRABALHO E DO SINDICALISMO

Adriana L. Saraiva Lamounier Rodrigues[1]

A emancipação social requeria um componente internacional onde a dinâmica econômica dos mercados, em constante expansão, não tinha fronteiras, as lutas locais tinham que se ligar internacionalmente.
(WEBSTER; LAMBERT, 2005)[2]

1. A EMANCIPAÇÃO SOCIAL, AS REDES E O SINDICALISMO INTERNACIONAL

Os novos arranjos produtivos impõem desafios aos sindicatos, velho protagonista das ações coletivas laborais: como promover projetos e ações comuns entre trabalhadores cada vez mais dispersos nas múltiplas empresas das redes produtivas? Como mobilizar e sindicalizar uma mão de obra em geral inexperiente

---

1 Advogada. Professora de Direito do Trabalho. Autora do livro "Redes Sindicais Internacionais" publicado em 2018 pela editora Canal 6, projeto editorial Práxis. Pós-Doutorado em Direito do Trabalho pela UFMG (2018). Doutora em Direito pela UFMG em cotutela com a Universidade de Roma Tor Vergata (2017). Master em Direito do Trabalho pela Universidade de Roma Tor Vergata (2012). Graduação em Direito pela UFMG (2011). Pesquisadora e integrante do Grupo de Pesquisas em Sindicalismo do PPGD do Centro Universitário do Distrito Federal (UDF/CNPq).

2 WEBSTER, Edward; LAMBERT, Rob. Emancipação Social e Novo Internacionalismo Operário: Uma perspectiva do sul. In: SOUSA SANTOS, Boaventura (Org.) **Trabalhar o mundo: os caminhos do novo internacionalismo operário.** Rio de Janeiro, Civilização Brasileira, 2005.

e com níveis salariais heterogêneos?[3] Como recuperar a solidariedade de classe, a identidade coletiva? Como se reinventar de modo a fazer um real contraponto ao capital pós-industrial, transnacional e em rede?

O presente texto objetiva construir uma análise dos efeitos da globalização e das formas de solidariedade trabalhista internacional de modo a se verificar as melhores maneiras de combate ao capital financeiro e de se fortalecer o Direito do Trabalho.

Diante da crise generalizada do movimento sindical da maioria dos países ocidentais, é imperioso o retorno ao debate acerca do internacionalismo operário.

Em 1971, Levinson, enquanto secretário-geral da Federação Internacional de Sindicatos dos Trabalhadores Químicos, já afirmava que os danos socioeconômicos das empresas multinacionais tinham que ser contrariados por meio do crescimento das negociações coletivas multinacionais, de forma a preservar o equilíbrio democrático.[4]

Apesar da visão de Levinson ter sido bastante otimista e eurocêntrica, a essência de seu recado deve ser levada adiante, principalmente, no que concerne ao contraponto que deve ser feito ao poderio econômico das corporações multi e transnacionais. A rede produtiva deve ser contrabaleanceada por uma estrutura de redes de organizações sindicais.

Assiste-se a um enfraquecimento do sindicalismo fordista apoiado na fração adulta, branca, masculina e nacional da classe trabalhadora dos países de capitalismo avançado[5]. De acordo com Braga e Santana[6], a mudança da estrutura industrial dos países do Norte global para os países do Sul global somada ao enfraquecimento da segurança sócio-ocupacional teria decretado "o advento de toda uma era de declínio do poder sindical em escala global, traduzido em queda nas taxas de sindicalização e na perda de influência política em escala nacional".[7]

A partir da proposição de Marx, de que qualquer reorganização da produção cria novas oportunidades para se combater à organização hegemônica, se "a globalização é uma característica central da transformação contemporânea do

3 LARANJEIRA, Sonia M.G. Reestruturação produtiva nos anos 90. Aspectos do contexto internacional no setor de serviços. In: **Revista Brasileira de Ciências Sociais**, 2004.

4 WEBSTER, Edward; LAMBERT, Rob. Emancipação Social e Novo Internacionalismo Operário: Uma perspectiva do sul. In: SOUSA SANTOS, Boaventura (Org.) **Trabalhar o mundo: os caminhos do novo internacionalismo operário.** Rio de Janeiro, Civilização Brasileira, 2005.

5 BEAUD, Stephane; PIALOUX, Michel. **Retorno à condição operária-investigação em fábricas da Peugeot na França**. São Paulo: Boitempo, 2009.

6 BRAGA, Rui; SANTANA, Marco Aurélio. Dinâmicas da ação coletiva no Brasil contemporâneo: encontros e desencontros da juventude brasileira. **Caderno CRH**, Salvador, v. 28, n. 75, p. 529-544, set./dez. 2015.

7 BRAGA, Rui; SANTANA, Marco Aurélio. Dinâmicas da ação coletiva no Brasil contemporâneo: encontros e desencontros da juventude brasileira. **Caderno CRH**, Salvador, v. 28, n. 75, p. 529-544, set./dez. 2015.

capitalismo, é suscetível de criar oportunidades globais para a contra-organização em nível global".[8]

O trabalho enfrenta, na atualidade, uma série de desafios diferentes. O movimento global de trabalho se vê pressionado a construir uma série de reforço de mútuas formas e estratégias organizacionais. De acordo com Evans, um eficaz meio de globalização do trabalho é a construção de uma "diversidade estrategicamente concatenada"[9].

Diante da hegemonia neoliberal, é premente a criação e desenvolvimento de "conexões de resistência anti-hegemônica – entre a exploração e a exclusão, entre a economia e a cultura, entre a fábrica e a comunidade, entre o local e o global"[10].

> Os resultados da globalização não são unívocos nem meramente destrutivos (...), pois podem fazer emergir novos horizontes de possibilidade emancipatória e capacidades de resistência, local e espacialmente vinculados, mas dirigidos à ação global[11].

Segundo Evans, "ao invés de descartar a arena global como o terreno em que o capital usa para barrar avanços locais, este debate deveria ser de como a arena global pode tornar-se um recurso para contrariar o declínio do trabalho a nível local e nacional"[12]. A visão de Peter Evans é acertada, demonstra os diversos aspectos em que se pode usar a globalização a favor do trabalho e propõe medidas práticas, conforme se verá.

Em relação ao entendimento de que o Estado antes do neoliberalismo era grande aliado do trabalho e dos movimentos dos trabalhadores, Evans desconstrói tal mito. De acordo com ele, momentos históricos em que os aparatos estatais nacionais têm sido confiáveis aliados do trabalho são excepcionais. Na verdade, esses momentos podem ser facilmente interpretados como consequências de eficaz mobilização do trabalho em vez de ser causa de aliança estatal[13].

---

8 EVANS, Peter. Is it Labor's turn to globalize? Twenty-first Century Opportunities and Strategic Responses. **Global Labour Journal**, Hamilton, v. 1, n. 3, 2010. p. 353.

9 EVANS, Peter. Is it Labor's turn to globalize? Twenty-first Century Opportunities and Strategic Responses. **Global Labour Journal**, Hamilton, v. 1, n. 3, 2010. p. 354.

10 ESTANQUE, Elísio. A reinvenção do sindicalismo e os novos desafios emancipatórios: do despotismo local à mobilização global. In: SOUSA SANTOS, Boaventura (Org.) **Trabalhar o mundo: os caminhos do novo internacionalismo operário**. Rio de Janeiro, Civilização Brasileira, 2005, p. 380.

11 SOUSA SANTOS, Boaventura. A crítica da razão indolente: contra o desperdício da experiência. Porto: Afrontamento, 2000.

12 EVANS, Peter. Is it Labor's turn to globalize? Twenty-first Century Opportunities and Strategic Responses. **Global Labour Journal**, Hamilton, v. 1, n. 3, 2010. p. 354. No original: Instead of dismissing the global arena as the terrain that capital uses to checkmate national or local advances, this debate would be about whether and how the global arena can become a resource for countering the decline of labor's power at the local and national level.

13 EVANS, Peter. Is it Labor's turn to globalize? Twenty-first Century Opportunities and Strategic Responses. **Global Labour Journal**, Hamilton, v. 1, n. 3, 2010. p. 352-379.

A visão do Estado como aliado essencial[14] pode ser plausível para o Estado de Bem-Estar social europeu de meados do século XX, mas o Estado como aliado ao capital e adversário implacável do trabalho é seu papel mais familiar nos países do hemisfério Sul[15].

Não é difícil perceber que nos regimes coloniais do Sul global o Estado foi duplamente hostil ao trabalho, uma vez que o trabalho era um dos componentes das lutas nacionalistas. Ainda quando os Estados ajudaram a implementar exigências do trabalho, "como no período de substituição de importações de produtos industrializados na América Latina, tais medidas foram sensíveis a apenas uma pequena proporção da força de trabalho"[16].

Até porque o corporativismo foi uma grande estratégia dos detentores do capital para fazer com que o próprio Estado cooptasse e silenciasse os movimentos sindicais. O capitalismo fez com que as estruturas dirigentes dos sindicatos mais expressivos se tornassem instrumentos da ação reguladora do Estado[17].

Segundo Leon Trotsky:

> Há uma característica comum no desenvolvimento ou, para sermos mais exatos, na degeneração das modernas organizações sindicais de todo o mundo: sua aproximação e sua vinculação cada vez mais estreitas com o poder estatal. Esse processo é igualmente característico dos sindicatos neutros, social-democratas, comunistas e anarquistas. Somente este fato demonstra que a tendência a "estreitar vínculos" não é própria desta ou daquela doutrina, mas provém de condições sociais comuns a todos os sindicatos.[18]

Ao se constatar que o Estado raramente foi aliado do trabalho, tendo sido, na maioria das vezes, coligado ao capital, a globalização neoliberal, ao reduzir a probabilidade do apoio do Estado, acaba forçando os movimentos laboristas nacionais a se afastarem das ilusões de que a lealdade nacional protegê-los-ia do poder do capital.

A globalização pode ser sim um novo momento de revanche do trabalho. Não é um mal em si, depende de como é usada e para quais fins.

---

14 TILLY, C. Globalization Threatens Labor's Rights. **International Labor and Working Class History 47** (Spring): 1-23, 1995.

15 EVANS, Peter. Is it Labor's turn to globalize? Twenty-first Century Opportunities and Strategic Responses. **Global Labour Journal**, Hamilton, v. 1, n. 3, 2010.

16 EVANS, Peter. Is it Labor's turn to globalize? Twenty-first Century Opportunities and Strategic Responses. **Global Labour Journal**, Hamilton, v. 1, n. 3, 2010, p. 356.

17 ESTANQUE, Elísio. A reinvenção do sindicalismo e os novos desafios emancipatórios: do despotismo local à mobilização global. In: SOUSA SANTOS, Boaventura (Org.) **Trabalhar o mundo: os caminhos do novo internacionalismo operário**. Rio de Janeiro, Civilização Brasileira, 2005.

18 TROTSKY, Leon. Trade unions in the epoch of imperialist decay. Revista Four International, fev. 1941. In: *Marxism and the Trade Unions* (New York: 1973), p. 9-10.

Os amplos meios de comunicação quase gratuitos são vantagens da globalização genérica para o movimento dos trabalhadores, assim como é para outros movimentos sociais transnacionais. Sem a possibilidade de comunicação global por meio da Internet, talvez não se teria construído uma miríade de novas organizações transnacionais de trabalho, a partir da Iniciativa do Sul sobre Globalização e Direitos Sindicais (SIGTUR), ao Rio Tiono Global UnionNetwork, à Rede Latino-Americano de Multinacional Empresa de Pesquisa[19].

De acordo com Sousa Santos[20], o primeiro conjunto de obstáculos ao internacionalismo operário advém das transformações estruturais do trabalho, decorrentes das revoluções informática e comunicacional. Segundo o autor, "o movimento operário, os sindicatos e os partidos operários se renderam, ao final dos anos 1960, à lógica capitalista a troco de benefícios sociais, tornando o capital no único horizonte possível de transformação social"[21].

Dentre os principais impactos de tais transformações, o supramencionado autor elenca a mercantilização da cultura humana, determinada por múltiplos aspectos socioeconômicos[22].

Contudo, a tecnologia é vista sob um outro prisma na "tese da revanche do trabalho", sustentada por Peter Evans[23]. Argumenta ele que as mudanças revolucionárias na comunicação combinam com o surgimento de uma cultura globalmente partilhada e práticas cotidianas para criar um novo potencial para a construção de uma solidariedade internacional.

Em relação ao alegado elemento cultural, Evans rebate que "tecnologias de comunicação globais remodelam possibilidades culturais"[24]. A difusão global contemporânea, continua ele, não apaga as divisões, mas a situação dos trabalhadores

---

19 EVANS, Peter. Is it Labor's turn to globalize? Twenty-first Century Opportunities and Strategic Responses. **Global Labour Journal**, Hamilton, v. 1, n. 3, 2010.

20 SANTOS, Boaventura de Sousa; COSTA, Hermes Augusto. Introdução: para ampliar o cânone do internacionalismo operário. SOUSA SANTOS, Boaventura (Org.) **Trabalhar o mundo: os caminhos do novo internacionalismo operário.** Rio de Janeiro, Civilização Brasileira, 2005.

21 SANTOS, Boaventura de Sousa. Teses para renovação do sindicalismo em Portugal, seguidas de um apelo. **Revista Vértice 68,** set/out. 1995, p. 133.

22 A ação das empresas transnacionais, que converte as economias nacionais em economias locais, dificultando os mecanismos sindicais de regulação nacional; o aumento do desemprego estrutural gerador de processos de exclusão social; a deslocalização dos processos produtivos e a predominância dos mercados financeiros sobre os mercados produtivos; uma crescente segmentação dos mercados de trabalho que conserva os segmentos degradados da força de trabalho abaixo do nível de pobreza; o desenvolvimento de uma cultura de massas dominada pela ideologia consumista, etc...(SANTOS, 1995, p. 134-135).

23 EVANS, Peter. Is it Labor's turn to globalize? Twenty-first Century Opportunities and Strategic Responses. **Global Labour Journal**, Hamilton, v. 1, n. 3, 2010, p. 357.

24 EVANS, Peter. Is it Labor's turn to globalize? Twenty-first Century Opportunities and Strategic Responses. **Global Labour Journal**, Hamilton, v. 1, n. 3, 2010, p. 357. No original: Global communication technologies reshape cultural possibilities.

do século XXI pode ser comparada com a situação dos trabalhadores do século XIX, em suas devidas proporções, pois assim como estes compartilharam o máximo de cultura que puderam no âmbito nacional, aqueles assim o podem fazer na arena global.

Segundo Webster e Lambert[25], da mesma forma que a destruição do trabalho artesanal pela máquina ameaçou o antigo artesão e seu respectivo sindicalismo e criou a base para uma nova forma de organização dos trabalhadores – o sindicalismo industrial, o capitalismo da era informacional criou agora uma crise semelhante no sindicalismo industrial, à medida que a restruturação global do trabalho ameaça a organização sindical do Norte.

E a crise (justamente porque, paradoxalmente, porta esperança) está abrindo oportunidades para novas formas e estratégias: "o sindicalismo empenhado na emancipação social e no desvanecer do estreito individualismo da globalização"[26]. A revolução na tecnologia das comunicações e a propagação global da cultura são exemplos de novas oportunidades estruturais para globalizar o movimento operário.

O segundo conjunto de obstáculos descrito por Sousa Santos [27] relaciona-se a uma gama de fatores que vão "desde a tensão entre escalas de atuação laboral nacional e transnacional, ao tipo de objetivos visados por uma ação transnacional, à fraca reflexão teórica sobre o tema"[28].

O primeiro fator seria a visão nacionalista, o privilegiar o movimento nacional ao internacional, sem ao menos tentar conjugá-los. Há uma priorização de estímulos de ordem nacional pelos sindicatos.

Outro fator derivaria da pouquíssima teorização acadêmica sobre o tema. O terceiro fator seria o orçamento apertado dos sindicatos obreiros, para suportar ações de cooperação internacional[29].

---

25 WEBSTER, Edward; LAMBERT, Rob. Emancipação Social e Novo Internacionalismo Operário: Uma perspectiva do sul. In: SOUSA SANTOS, Boaventura (Org.) **Trabalhar o mundo: os caminhos do novo internacionalismo operário.** Rio de Janeiro, Civilização Brasileira, 2005.

26 WEBSTER, Edward; LAMBERT, Rob. Emancipação Social e Novo Internacionalismo Operário: Uma perspectiva do sul. In: SOUSA SANTOS, Boaventura (Org.) **Trabalhar o mundo: os caminhos do novo internacionalismo operário.** Rio de Janeiro, Civilização Brasileira, 2005, p. 50.

27 SANTOS, Boaventura de Sousa; COSTA, Hermes Augusto. Introdução: para ampliar o cânone do internacionalismo operário. SOUSA SANTOS, Boaventura (Org.) **Trabalhar o mundo: os caminhos do novo internacionalismo operário.** Rio de Janeiro, Civilização Brasileira, 2005.

28 SANTOS, Boaventura de Sousa; COSTA, Hermes Augusto. Introdução: para ampliar o cânone do internacionalismo operário. SANTOS, Boaventura de Sousa (Org.) **Trabalhar o mundo: os caminhos do novo internacionalismo operário.** Rio de Janeiro, Civilização Brasileira, 2005, p. 20.

29 Inclusive no contexto europeu – onde são maiores as possibilidades de cooperação laboral transnacional do que em qualquer outro espaço regional ou mesmo mundial – a maior organização sindical, a Confederação Europeia de Sindicatos (CES), não dispõe de suporte financeiro suficiente proveniente

O quarto fator seria a possível incorporação de uma lógica competitiva e conflitual tanto entre trabalhadores como entre países nas estratégias de atuação laboral transnacional. "Para além das resistências das multinacionais, também as organizações sindicais dos países periféricos e semiperiféricos veem nos padrões laborais mínimos uma forma de protecionismo discriminatório por parte dos países ricos"[30].

O quinto fator é a oposição patronal. Por óbvio, a maioria das empresas transnacionais é avessa à ideia de uma cooperação transnacional de trabalhadores, uma vez que isso representa um contrapoder à soberania empresarial no globo. Por fim, o sexto fator seria a inexistência de uma coesa identidade sindical transnacional entre trabalhadores[31].

Em relação ao primeiro fator do conjunto de obstáculos, Evans contrapõe o fato de que a arena sindical internacional não impede o fortalecimento do âmbito nacional. Muito antes pelo contrário, o internacionalismo operário provoca a ascensão dos sindicatos nacionais e locais.

> Reconhecer oportunidades globais não significa ignorar a centralidade continuada de lutas a nível nacional ou as bases locais em contestação nacional em que está fundamentada. Isso significa prestar atenção à arena global como uma potencial fonte de vantagem estratégica, em vez de usá-lo como a explicação principal para o declínio[32].

Ao se fazer uma análise acurada do sindicalismo internacional, pode-se perceber que ele propicia a expansão sindical e o aumento da efetividade das ações sindicais, uma vez que concatenadas e com mais estratégias de negociação e luta, resultam em melhorias substanciais na vida de cada indivíduo trabalhador abarcado pelos sindicatos delas participantes.

O fator da ausência de teorização sobre o tema, realmente dificulta a expansão acentuada do internacionalismo e essa é uma das razões que justificam o presente texto e que justificaram a tese "Redes sindicais internacionais: uma

---

das organizações nela filiadas, razão por que se tornou demasiado dependente dos apoios da Comissão Europeia (WADDINGTON; HOFFMAN; LIND, 1997, p. 485).

30 SANTOS, Boaventura de Sousa. **Reinventar a democracia.** Lisboa, Gradiva (2ª edição), 1998, p. 50.

31 SANTOS, Boaventura de Sousa; COSTA, Hermes Augusto. Introdução: para ampliar o cânone do internacionalismo operário. SANTOS, Boaventura de Sousa (Org.) **Trabalhar o mundo: os caminhos do novo internacionalismo operário.** Rio de Janeiro, Civilização Brasileira, 2005.

32 EVANS, Peter. Is it Labor's turn to globalize? Twenty-first Century Opportunities and Strategic Responses. **Global Labour Journal**, Hamilton, v. 1, n. 3, 2010, p. 358 (tradução nossa). No original: Recognizing global opportunities does not mean ignoring the continued centrality of policial struggles at the national level or the local foundations on which national contestation is grounded. It does mean paying attention to the global arena as a potential source of strategic advantage rather than using it as the master explanation for decline.

contribuição ao fortalecimento do Direito do Trabalho na Itália e no Brasil". Tal tema merece pesquisas acadêmicas, diálogos do sindicato com as universidades e com a sociedade. Para que a teoria não seja vã, ela tem que descer à prática, propiciar mudanças sociais, porque o Direito deve ser transformador da realidade e não somente um retrato dela.

No que tange à lógica concorrencial, há sempre um desejo latente dos sindicatos tanto dos países do Norte quanto dos países do Sul de se estabelecer um padrão mínimo de condições de trabalho em todo o globo.

Evans entende, ainda, que há um nicho de empregos que criou uma força de trabalho global em que o emprego de base local domina. Tal nicho seria no setor de serviços em áreas como saúde e educação. Para a crescente proporção de postos de trabalho desses setores, tanto no Norte como do Sul, a concorrência transfronteiriça não é um problema, não existindo, portanto, conflito estrutural de interesse com base na geografia que possa obstar a solidariedade global[33].

Exemplifica o supracitado autor:

> Professores, enfermeiras e guardas de segurança no México não estão competindo com os professores, enfermeiras e guardas de segurança na África do Sul, e todos eles têm algo a ganhar lutando contra as políticas globalmente promovidas que colocam em desvantagem trabalhadores em ambos os países, e confrontando as corporações globais que cada vez mais determinam as condições de trabalho no setor de serviços em ambos os países. Embora possa parecer paradoxal, o crescimento global da participação dos empregos de serviços "de base local 'cria nova abertura estrutural às alianças transnacionais[34].

O quinto fator trata da oposição patronal, que é um obstáculo natural. Se ele existe é porque o internacionalismo operário, em seu sentido amplo, realmente significa um expressivo contrapoder. Do contrário, o patronato não teria tanto receio e não combatê-lo-ia com tanta veemência.

No que concerne ao argumento da ausência de identidade coletiva, Evans[35] afirma que vários elementos da globalização permitem a criação de uma maior

---

33 EVANS, Peter. Is it Labor's turn to globalize? Twenty-first Century Opportunities and Strategic Responses. **Global Labour Journal**, Hamilton, v. 1, n. 3, 2010.

34 EVANS, Peter. Is it Labor's turn to globalize? Twenty-first Century Opportunities and Strategic Responses. **Global Labour Journal**, Hamilton, v. 1, n. 3, 2010, p. 358. No original: Teachers, nurses and security guards in Mexico aren't competing with teachers, nurses and security guards in South Africa, and they all have something to gain by fighting the globally-promoted public policies that disadvantage workers in both countries and by confronting the global corporations that increasingly determine service sector working conditions in both countries. While it may seem paradoxical, the global growth in the share of 'place-based' service jobs creates new structural openness to transnational alliances.

35 EVANS, Peter. Is it Labor's turn to globalize? Twenty-first Century Opportunities and Strategic Responses. **Global Labour Journal**, Hamilton, v. 1, n. 3, 2010.

solidariedade entre os trabalhadores. O compartilhar de informações, cultura, experiências e até mesmo o sentir a mesma aviltância em relação à exploração e precarização do trabalho que se espraia pelo globo, representa uma profícua semente para o desenvolvimento de uma identidade coletiva internacional.

Peter Evans[36] afirma que a produção globalizada dá ao capital novas oportunidades de ameaças ao trabalho, mas a transformação global da estrutura de trabalho tem a possibilidade de reverter a vantagem empresarial.

O movimento global de trabalho é um conjunto histórico de formas organizacionais e institucionais que datam pelo menos 150 anos. Remontam, pelo menos, ao século XIX e à Primeira Internacional os esforços para formar confederações transnacionais de sindicatos nacionais.

Sempre houve um subconjunto de sindicatos interessados na formação de alianças transnacionais, por uma combinação de razões estruturais e ideológicas. "Marinheiros e estivadores são estruturalmente propensos a ser transnacionalistas. Em outros casos, a ideologia é o motor"[37].

Vista sob uma lente histórica, a solidariedade entre os sindicatos, e entre trabalhadores sempre esteve latente, manifestando-se de forma concreta mais evidentemente em alguns momentos e sendo preterido em outros. Mas, caracteriza-se um ideal sindical (atemporal) a ser alcançado.

E, como nos demonstra Evans, a globalização, a *contrario sensu,* tanto como encolhimento genérico do espaço geográfico e social como forma das estruturas específicas da economia política capitalista neoliberal contemporânea, estimula e facilita a mobilização da solidariedade de trabalho nas organizações sindicais. A globalização, passa então, de algoz a catalisador de solidariedade internacional e propulsão do sindicalismo em rede, conforme será exposto nos tópicos a seguir.

2. PRINCÍPIO DA SOLIDARIEDADE E O INTERNACIONALISMO OPERÁRIO

No âmbito do Direito Romano, o Digesto nº 45 já dispunha que solidariedade significa que o ato de outros não deve diminuir a responsabilidade de cada um.

No fim do século XIX, o grande mérito da solidariedade era o de assentar os arranjos do Direito Social sobre o Direito das Obrigações, e de preservar, assim, os princípios da igualdade e da liberdade individual que qualquer referência

---

36 EVANS, Peter. Is it Labor's turn to globalize? Twenty-first Century Opportunities and Strategic Responses. **Global Labour Journal**, Hamilton, v. 1, n. 3, 2010.

37 EVANS, Peter. Is it Labor's turn to globalize? Twenty-first Century Opportunities and Strategic Responses. **Global Labour Journal**, Hamilton, v. 1, n. 3, 2010, p. 366. No original: Seamen and dockworkers are structurally prone to being transnationalist. In other cases, ideology is the driver.

ligada a comunidades religiosas ou corporativas da era pré-industrial teria posto em perigo[38].

A Carta dos Direitos Fundamentais da União Europeia, adotada em Nice, em 2000, deu novos prolongamentos ao princípio de solidariedade. Nessa carta, a solidariedade recobra novos direitos fundamentais (direito à informação dos trabalhadores, direito de negociação e ação coletiva, direito de acesso aos serviços públicos), assim como certos princípios que se impõem aos poderes públicos e às empresas (proteção ambiental, aos consumidores). De acordo com Supiot, "um aspecto inovador do princípio da solidariedade exposto na Carta, é o de criar os direitos de agir, e não só os de proteção. Isso vale para o plano coletivo, pois é sobre essa base que são proclamadas a liberdade sindical e o direito de greve"[39].

A incorporação do valor da solidariedade das ações sindicais é a raiz da transnacionalidade. De acordo com Hermes Costa, a Política de Relações Internacionais da CGTP (Confederação Geral dos Trabalhadores Portugueses) está fundamentada em três fatores interconectados: "a regularidade das ações em âmbito internacional; a solidariedade enquanto valor permanentemente subjacente a tais ações e a indispensabilidade dos apoios financeiros para concretização do sindicalismo internacional"[40].

Osvaldo Bargas, já afirmava nos anos 80 que a Comissão de Solidariedade da CUT foi criada para buscar solidariedade aos problemas locais dos trabalhadores e para criar movimentos de solidariedade para com trabalhadores de outros Estados[41].

Como demonstrou Durkheim (1989), por efeito da divisão do trabalho, geram-se progressivamente na sociedade processos de solidariedade pela diferença (solidariedade orgânica), que vieram substituir processos de solidariedade pela semelhança (solidariedade mecânica). E assim, "a especialização, formalização e codificação progressivas que tocam diferentes funções no interior de um sindicato ilustram bem este processo"[42].

Os autores Ruzza (1996), Le Roux, Fouquet e Rechfeldt (2000) apontaram três níveis de atuação dos sindicatos no contexto europeu: nacional, regional e

---

38 SUPIOT, Alain. *O Espírito de Filadélfia*: A justiça social diante do mercado global. Porto Alegre, Ed. Sulina, 2014.

39 SUPIOT, Alain. *O Espírito de Filadélfia*: A justiça social diante do mercado global. Porto Alegre, Ed. Sulina, 2014, p. 145.

40 COSTA, Hermes Augusto Tadeu Moreira da. **Sindicalismo global ou metáfora adiada? Os discursos e as práticas transnacionais da CGTP e da CUT.** Coimbra, 2005. Tese (doutorado) – Universidade de Coimbra. Faculdade de Sociologia, p. 403.

41 BARGAS, Osvaldo. Perspectivas do movimento sindical internacional e os desafios colocados para a CUT, In: **CEDI, A CUT e o movimento sindical internacional**. CEDI: Rio de Janeiro/São Paulo, 1991, P. 9-32.

42 DE FILIPPO, A.; FALCO, M.; DASEN, C., Le syndicalisme dans L'Union Européenne. Suisse: **Seminário de Sociologia da Política Social** (mimeo.), 1993.

mundial. Tais níveis interligam-se por meio de outros níveis de intervenção, quais sejam, a empresa, o setor e a solidariedade global[43].

De acordo com Boaventura de Sousa Santos[44], a crise da contratualização moderna caracteriza-se pelo predomínio dos processos de exclusão. E não obstante os processos de inclusão chegarem mesmo a vigorar segundo formas avançadas que permitam uma compatibilização virtuosa dos valores da modernidade, como a liberdade, igualdade, justiça e solidariedade, "o que é certo é que tais processos se reportam a grupos cada vez mais restritos"[45].

A solidariedade global é o motor do internacionalismo operário. Não há como existir um sindicalismo internacional sem a presença de solidariedade global. Em contraposição à lógica concorrencial dos mercados, a solidariedade é o oásis e o laço que amarra as organizações sindicais de modo a propiciar a união dos trabalhadores do globo para resistirem juntos à exploração do capital global.

As ambições de emancipação e solidariedade operária internacional permanecem bem vivas em pleno século XXI, "sobretudo por ter sido o capital e não o trabalho a lograr internacionalizar-se com êxito"[46].

São muitos os obstáculos no atual mundo globalizado ao internacionalismo operário, mas também são muitas as potencialidades e as perspectivas de uma emancipação social[47] por meio da internacionalização do movimento operário, fundamentada na solidariedade internacional.

3. A EMANCIPAÇÃO SOCIAL DO SINDICATO E AS REDES

Face à globalização hegemônica, ao poderio planetário do mercado, o movimento sindical deve buscar a sua reinvenção, sua emancipação social. E essa intervenção emancipatória do movimento sindical deve passar justamente pela sua reconstituição como movimento social de combate à lógica de internacionalização do capital[48].

---

43 COSTA, Hermes Augusto Tadeu Moreira da. **Sindicalismo global ou metáfora adiada? Os discursos e as práticas transnacionais da CGTP e da CUT.** Coimbra, 2005. Tese (doutorado) – Universidade de Coimbra. Faculdade de Sociologia.

44 SANTOS, Boaventura de Sousa. **Reinventar a democracia.** Lisboa, Gradiva (2ª edição), 1998.

45 COSTA, Hermes Augusto Tadeu Moreira da. **Sindicalismo global ou metáfora adiada? Os discursos e as práticas transnacionais da CGTP e da CUT.** Coimbra, 2005. Tese (doutorado) – Universidade de Coimbra. Faculdade de Sociologia, p. 98.

46 SANTOS, Boaventura de Sousa; COSTA, Hermes Augusto. Introdução: para ampliar o cânone do internacionalismo operário. SANTOS, Boaventura de Sousa (Org.) **Trabalhar o mundo: os caminhos do novo internacionalismo operário.** Rio de Janeiro, Civilização Brasileira, 2005, p. 21.

47 SANTOS, Boaventura de Sousa; COSTA, Hermes Augusto. Introdução: para ampliar o cânone do internacionalismo operário. SANTOS, Boaventura de Sousa (Org.) **Trabalhar o mundo: os caminhos do novo internacionalismo operário.** Rio de Janeiro, Civilização Brasileira, 2005.

48 PUREZA, José Manuel. Para um internacionalismo pós-vestfaliano. In: SOUSA SANTOS, Boaventura (org.). **Globalização: fatalidade ou utopia?** Porto. Afrontamento, 2001.

A emancipação dar-se-á por meio da promoção de uma globalização solidária, pelas "novas redes de solidariedade emancipatória"[49], direcionada para a defesa do trabalho digno.

O sindicato tem reorientado a sua intervenção para o plano transnacional, procurando contrapor o localismo de exclusão e opressões locais[50] e nacionais a partir de uma inclusão internacional, de solidariedades globais. Surge a perspectiva de uma rede de atuação coletiva dos trabalhadores, como uma rede de resistência e esperança[51].

A emancipação social dos sindicatos se daria principalmente pelo aumento e fortalecimento das redes sindicais, por redes de resistência internacional. A estratégia da estrutura em rede é fundamental, uma vez que nessa os nós (organizações) possuem várias conexões e não estão sob o comando de outros nós. As redes são ágeis e flexíveis, respondem mais imediatamente a novas circunstâncias, "trocando a coordenação geral pela capacidade dos nós individuais ou subpartes da rede tomarem iniciativas oportunas"[52].

Tal estrutura revela inclusive um maior coeficiente democrático, propiciando participação de toda e qualquer organização sindical do globo na coordenação de estratégias de contrapoder às cadeias produtivas internacionais.

> A práxis internacionalista da estrutura sindical, ao buscar assumir um crescente protagonismo em plataformas de luta contra a globalização hegemônica neoliberal, lado a lado com outras formas de ativismo, orienta-se por uma estratégia de atuação que tanto pode contrariar e resistir aos efeitos demolidores das empresas multinacionais do setor como se esforça por inverter o processo de 'localização opressiva' que tem submetido as coletividades operárias e suas comunidades a 'sociabilidades conformistas', procurando dirigir sua ação num sentido anti-hegemônico[53].

A formação de redes contribui para a visibilidade dos problemas dos trabalhadores e para reforçar a cooperação e identidade coletiva de modo que proporcione a emancipação da solidariedade internacional.

---

49 ESTANQUE, Elísio. A reinvenção do sindicalismo e os novos desafios emancipatórios: do despotismo local à mobilização global. In: SOUSA SANTOS, Boaventura (Org.) **Trabalhar o mundo: os caminhos do novo internacionalismo operário**. Rio de Janeiro, Civilização Brasileira, 2005, p. 365.

50 ESTANQUE, Elísio. A reinvenção do sindicalismo e os novos desafios emancipatórios: do despotismo local à mobilização global. In: SOUSA SANTOS, Boaventura (Org.) **Trabalhar o mundo: os caminhos do novo internacionalismo operário**. Rio de Janeiro, Civilização Brasileira, 2005.

51 CASTELLS, Manuel. **Redes de indignação e esperança**: Movimentos sociais na era da internet. Rio de Janeiro, Zahar, 2013.

52 EVANS, Peter. Is it Labor's turn to globalize? Twenty-first Century Opportunities and Strategic Responses. **Global Labour Journal**, Hamilton, v. 1, n. 3, 2010, p. 361.

53 ESTANQUE, Elísio. A reinvenção do sindicalismo e os novos desafios emancipatórios: do despotismo local à mobilização global. In: SOUSA SANTOS, Boaventura (Org.) **Trabalhar o mundo: os caminhos do novo internacionalismo operário**. Rio de Janeiro, Civilização Brasileira, 2005, p. 397.

A voz da estrutura sindical "apoia-se nas vibrações ocultas da comunidade localizada para se erguer em sonoridade amplificada nos centros de contestação cosmopolita"[54].

Um dos principais objetivos do novo internacionalismo operário é o de construir um tipo de sindicalismo global comprometido com a emancipação social, desafiador do capitalismo da sociedade de rede, de forma a criar um centro de poder alternativo[55].

Nada mais combativo que se utilizar a mesma estratégia do capital para se estabelecer uma simetria de forças. Assim sendo, a melhor alternativa é a adoção das redes sindicais, visto que favorecem a troca de informações, ampliam o poder de negociação dos trabalhadores e seus representantes e, consequentemente, ajudam a melhorar as relações de trabalho. Enquanto as multinacionais se utilizam das vantagens corporativas e competitivas proporcionadas pela sua organização internacional em redes para buscar altos índices de lucratividade, os sindicatos também devem se interconectarem para conterem a precarização e estabelecerem contratos coletivos que objetivem melhorar as condições de trabalho em diversas partes do globo.

As redes de solidariedade constituem um desafio que "passa pela reinvenção do movimento operário, seja através da reabilitação de velhos objetivos, seja pela proposta de novas estratégias de luta emancipatória"[56].

3.1. Conceito de redes sindicais internacionais

As redes sindicais constituem um instituto baseado na experiência, como a maioria dos elementos do Direito Coletivo do Trabalho. A dinâmica dos fatos está sempre à frente da categorização do direito e, por isso, o mundo juslaborista precisa apressar-se para acompanhar e conceituar os novos movimentos e as múltiplas experiências dos atores sociais.

Tendo em vista a melhor adaptação e acompanhamento da Sociologia aos acontecimentos e protagonismos dos atores sociais, há somente conceitos sociológicos de redes de forças sociais.

O sociólogo Mance determina que as redes são constituídas por pessoas e organizações de diversas partes do mundo que:

---

[54] ESTANQUE, Elísio. A reinvenção do sindicalismo e os novos desafios emancipatórios: do despotismo local à mobilização global. In: SOUSA SANTOS, Boaventura (Org.) **Trabalhar o mundo: os caminhos do novo internacionalismo operário**. Rio de Janeiro, Civilização Brasileira, 2005, p. 395.

[55] SANTOS, Boaventura de Sousa; COSTA, Hermes Augusto. Introdução: para ampliar o cânone do internacionalismo operário. SANTOS, Boaventura de Sousa (Org.) **Trabalhar o mundo: os caminhos do novo internacionalismo operário.** Rio de Janeiro, Civilização Brasileira, 2005.

[56] SANTOS, Boaventura de Sousa; COSTA, Hermes Augusto. Introdução: para ampliar o cânone do internacionalismo operário. SANTOS, Boaventura de Sousa (Org.) **Trabalhar o mundo: os caminhos do novo internacionalismo operário.** Rio de Janeiro, Civilização Brasileira, 2005, p. 17.

> colaboram ativamente entre si, propondo transformações do mercado e do Estado, das diversas relações sociais e culturais a partir da defesa da necessidade de se garantir universalmente as condições requeridas para o ético exercício das liberdades públicas e privadas[57].

Assim como a sociedade contemporânea, o movimento social sindical também passou a adotar o formato das redes sindicais internacionais. Porém, não há um conceito jurídico depurado das redes sindicais internacionais.

De acordo com Reis, Nicoli, Miraglia e Boson[58], é importante analisar as primeiras linhas da repercussão jurídica das redes sindicais, ainda que elas estejam em pleno movimento, para que se possa compreender a extensão dos laços contratuais potencialmente resultantes. Afirmam eles que a expressão "sindicatos em rede" é arraigada de um "sentido etimológico que transpassa o mero significado linguístico das palavras, denotando a resistência operária face ao capitalismo vigente"[59].

De modo progressista, tais autores formularam um conceito jurídico *lato sensu* de redes sindicais internacionais:

> As redes sindicais internacionais seriam, portanto, a congregação de tradicionais e novos atores do mundo do trabalho, representantes dos interesses de categorias amplas e eventualmente transversais, em modelos nacionais variáveis, organizadas em função da troca de informações e estabelecimento conjunto de estratégias, de modo a apreender as relações coletivas de trabalho em escala transnacional, regidas pelos princípios jurídicos de liberdade e autonomia sindicais, com prerrogativas institucionais de mobilização e celebração de acordos-marco[60].

Contudo, apesar do progressismo da conceituação e de sua minuciosa descrição, pode-se notar alguns detalhes que fazem dele um conceito *lato sensu* de redes sindicais, ou melhor, um conceito de redes de forças sociais, uma vez que

57 MANCE, E. A. Redes de colaboração solidária: aspectos econômico-filosóficos complexidade e libertação. Petrópolis: Editora Vozes, 2002, p. 232.

58 REIS, Daniela Muradas; NICOLI, Pedro Augusto Gravatá; BOSON; Victor Hugo Criscuolo; MIRAGLIA, Lívia Mendes. **O sindicalismo e as empresas multinacionais**. Artigo apresentado no Congresso "Empresas Multinacionais e o Direito do Trabalho – Estudo Comparado entre Brasil e Uruguai". Universidade Federal de Minas Gerais, Belo Horizonte, 2014.

59 REIS, Daniela Muradas; NICOLI, Pedro Augusto Gravatá; BOSON; Victor Hugo Criscuolo; MIRAGLIA, Lívia Mendes. **O sindicalismo e as empresas multinacionais**. Artigo apresentado no Congresso "Empresas Multinacionais e o Direito do Trabalho – Estudo Comparado entre Brasil e Uruguai". Universidade Federal de Minas Gerais, Belo Horizonte, 2014, p. 18.

60 REIS, Daniela Muradas; NICOLI, Pedro Augusto Gravatá; BOSON; Victor Hugo Criscuolo; MIRAGLIA, Lívia Mendes. **O sindicalismo e as empresas multinacionais**. Artigo apresentado no Congresso "Empresas Multinacionais e o Direito do Trabalho – Estudo Comparado entre Brasil e Uruguai". Universidade Federal de Minas Gerais, Belo Horizonte, 2014, p. 14.

são compostas por uma congregação de tradicionais e novos atores do mundo do trabalho e não apenas de entidades sindicais.

Ademais, no referido conceito, coloca-se como objetivo a celebração de acordos-marco (*international framework agreements*) e não propriamente contratos coletivos transnacionais, sendo a diferença entre eles a profundidade conteudista e o detalhamento de cláusulas.

Diante disso, apresenta-se um conceito de redes sindicais internacionais (*stricto sensu*). Redes sindicais internacionais poderiam ser caracterizadas como *um conjunto de organizações sindicais de países diversos, podendo ser cada sindicato de qualquer nível, seja local, regional, nacional ou ainda federação ou confederação, que são interligadas com o intuito de compartilhamento de informações, conhecimento e estratégias para estabelecer um contraponto ao capital transnacional e ampliar os direitos dos trabalhadores, por meio de mobilização internacional, lutas coletivas (seja greve de solidariedade ou qualquer outra forma de resistência) e celebrar expressivos contratos coletivos transnacionais*[61].

De acordo com José Drummond[62], são muitos os escopos das redes sindicais: intercâmbio de informações e de experiências entre trabalhadores, cooperação solidária, reforço da cooperação internacional dos sindicatos, planejamento das ações comuns, e ainda a chance de sindicatos presentes em empresas no exterior obterem acesso direto à direção do grupo econômico.

Afirma ainda Reis et al que "as redes internacionais têm se afirmado como espaços de trânsito de informações, maturação e implementação de estratégias locais e globais de ação e resistência, expressão de solidariedade e concertação de forças"[63].

E, ainda, pelo fato de não se ter um quadro normativo bem delimitado, os elementos conceituais das redes sindicais reportam-se ao cenário da negociação coletiva transnacional, sendo essa "capaz de transpor as fronteiras de um Estado, buscando impor seus efeitos a diferentes sistemas nacionais de relações de trabalho"[64].

---

61 Conceito construído na tese de doutoramento. Tese essa que foi publicada em livro: RODRIGUES, Adriana L. Saraiva Lamounier. **Redes Sindicais Internacionais**. Bauru: Canal 6 Editora, 2018.

62 DRUMMOND, José. **Guia para a construção de redes sindicais**: sistematizando a experiência da CUT em empresas multinacionais. CUT-FNV. 2009. Disponível em: http://library.fes.de/pdf-files/bueros/brasilien/06900.pdf.

63 REIS, Daniela Muradas; NICOLI, Pedro Augusto Gravatá; BOSON; Victor Hugo Criscuolo; MIRAGLIA, Lívia Mendes. **O sindicalismo e as empresas multinacionais**. Artigo apresentado no Congresso "Empresas Multinacionais e o Direito do Trabalho – Estudo Comparado entre Brasil e Uruguai". Universidade Federal de Minas Gerais, Belo Horizonte, 2014, p. 14.

64 FRANCO FILHO, Georgeonor de Sousa. As empresas transnacionais e as entidades sindicais no Mercosul. **Revista do Tribunal Superior do Trabalho**, Brasília, n. 64, p. 60-67, 1995, p. 62.

3.2. Panorama Histórico das Redes Sindicais

Conforme já mencionado, o movimento sindical, relacionado a setores controlado por multinacionais, se viu necessitado de trocar experiências com sindicatos de outros países, de forma a construírem uma estratégia de resistência.

No final do século XX e início do século XXI, a criação de redes sindicais de trabalhadores de multinacionais, tornou-se fato importante para o movimento sindical, uma vez que representam uma nova direção no movimento sindical. A efetiva construção de redes sindicais em empresas multinacionais originou-se na década de 1990, conduzida por algumas Federações Internacionais de Sindicatos como a ICEM, FITIM e UITA, inicialmente como forma de ampliar a solidariedade sindical.

O objetivo primordial das redes era proporcionar mútuo apoio para reagir às movimentações das multinacionais, que já naquela época haviam iniciado transformações estruturais na organização do trabalho[65].

Também desde o final dos anos 90, trabalhadores de empresas como a Volkswagen, Cargill e BASF construíram suas redes internacionais. De acordo com o Relatório do Instituto do Observatório Social[66], em parceria com o DGH Bildungswerk da Alemanha, a BASF, por exemplo, tem a mais consolidada Rede de Trabalhadores (efetivada há mais de 11 anos), tornando-se um exemplo para as demais empresas multinacionais que desejam seguir os preceitos da Responsabilidade Social Empresarial (RSE), indicados pela Organização das Nações Unidas (ONU).

> As primeiras redes tiveram origem nos países desenvolvidos, onde os grandes sindicatos sentiram fortemente as ações das multinacionais que, depois de investir em países subdesenvolvidos, ampliar processos de produção em redes internacionais, conquistar áreas de livre comércio, voltaram aos seus países de origem com reestruturações dentro de uma lógica global. Como resultado, demissões em massa, ataques aos benefícios, reduções de salários, aumento da jornada de trabalho, entre outros[67].

Ressalta-se que a efetiva implementação das redes internacionais pelas Federações Internacionais (Global Union Federations – GUFs) se deu após greves de solidariedade (como a da *Firestone*[68] nos EUA em 1993 ou a da BASF em 1989, também nos EUA).

---

65 DRUMMOND, José. **Guia para a construção de redes sindicais**: sistematizando a experiência da CUT em empresas multinacionais. CUT-FNV. 2009. Disponível em: http://library.fes.de/pdf-files/bueros/brasilien/06900.pdf.

66 INSTITTUTO DO OBSERVATÓRIO SOCIAL. Relatório disponível em: http://www.observatoriosocial.org.br/ ?q= biblioteca.

67 DRUMMOND, José. **Guia para a construção de redes sindicais**: sistematizando a experiência da CUT em empresas multinacionais. CUT-FNV. 2009. Disponível em: http://library.fes.de/pdf-files/bueros/brasilien/06900.pdf, p. 08.

68 Quando os trabalhadores das plantações da Libéria controladas pela *Bridgestone-Firestone* fizeram uma greve sem o apoio do seu sindicato, os sindicatos da USW *Bridgestone-Firestone* nos Estados Unidos coletaram fundos de apoio aos trabalhadores grevistas (EVANS, 2015, p. 463).

No Brasil, os laços transnacionais referentes a direitos sindicais começaram a ser construídos nos anos 70, em torno de lutas com o regime militar brasileiro[69]. A título de ilustração, sindicalistas do IG Metall, que trabalhavam na Volkswagen na Alemanha, apoiaram os esforços dos trabalhadores da planta brasileira da Volkswagen em sua luta para conquistar direitos sindicais básicos.

Logo após, as lutas foram se aperfeiçoando. Os sindicalistas brasileiros estudaram o idioma alemão e se tornaram participantes ativos nos conselhos globais das grandes companhias automobilísticas alemãs[70]. Tal trabalho gerou frutos em 2001 quando a liderança da Central Única dos Trabalhadores – CUT – utilizou-se das conexões alemãs para "denunciar a intransigência de empresários de subsidiárias localizadas em São Paulo, para efetivar negociações com a sede da Volkswagen em Wolfsburg e mitigar várias dispensas planejadas"[71]. As coalizões Brasil-Alemanha também resultaram em ações solidárias para obstar que a VW compensasse perdas de produção em razão das greves com o aumento de horas extras no Brasil[72].

Ainda no ano de 2001, a CUT começa a se preocupar mais intensamente pela criação de redes sindicais, ao participar do congresso da Federação Holandesa de Sindicatos sobre a formação de Redes Internacionais de Solidariedade[73]. E assim, cria, nesse mesmo ano, o projeto "CUTMulti" de "Ação frente às multinacionais: construindo redes sindicais nas empresas multinacionais". Projeto esse que objetiva constituir redes sindicais de troca de informação entre trabalhadores das diversas fábricas de uma mesma empresa multinacional que opera no Brasil, de modo a criar um diálogo com a empresa e a fortalecer a posição dos trabalhadores nas negociações coletivas[74].

O projeto CUTMulti já possui para a consolidação das redes sindicais internacionais, o apoio de grandes confederações brasileiras[75], como, por exemplo,

---

69 ANNER, M. **Solidarity transformed**: labor responses to globalization and crisis in Latin America. Ithaca, Cornell University-ILR Press. 2011.

70 EVANS, Peter. Movimentos Nacionais de Trabalhadores e Conexões Transnacionais: a evolução da arquitetura das forças sociais do trabalho no neoliberalismo. **Caderno CRH**, vol.28 nº.75, Salvador, Set./Dez. 2015.

71 ANNER, M. **Solidarity transformed**: labor responses to globalization and crisis in Latin America. Ithaca, Cornell University-ILR Press. 2011, p.128.

72 ANNER, M. **Solidarity transformed**: labor responses to globalization and crisis in Latin America. Ithaca, Cornell University-ILR Press. 2011.

73 DRUMMOND, José. **Guia para a construção de redes sindicais**: sistematizando a experiência da CUT em empresas multinacionais. CUT-FNV. 2009. Disponível em: http://library.fes.de/pdf-files/bueros/brasilien/06900.pdf.

74 DRUMMOND, José. **Guia para a construção de redes sindicais**: sistematizando a experiência da CUT em empresas multinacionais. CUT-FNV. 2009. Disponível em: http://library.fes.de/pdf-files/bueros/brasilien/06900.pdf.

75 Além dessas, também a Confederação Nacional dos Trabalhadores do Ramo Financeiro (CONTRAF), Confederação Nacional dos Trabalhadores do Vestuário (CNTV), Confederação Nacional dos Trabalhadores do Setor Mineral (CNTSM), Confederação Nacional dos Vigilantes e Prestadores de Serviço

CNM – Confederação Nacional dos Metalúrgicos, CNQ – Confederação Nacional do Ramo Químico, CONTRACS – Confederação Nacional dos Trabalhadores no Comércio e Serviços. De acordo com o coordenador do CUTMulti, José Drummond[76], as confederações desempenham um papel substancial no processo de construção de redes sindicais, pois, com o apoio da Secretaria de Relações Internacionais da CUT, indicam as multinacionais mais problemáticas do setor e os sindicatos com maior aptidão para a função negocial.

> Com o auxílio do projeto CUTMulti "Ação Frente às Multinacionais" muitas redes sindicais brasileiras foram criadas. Algumas já estão consolidadas, com ações concretas e muitos benefícios diretos para os trabalhadores. Outras ficaram estagnadas após algumas atividades e desistiram por problemas de estrutura ou em alguns casos por divergências políticas. Há também aquelas que ainda estão na fase inicial de articulação com os sindicatos envolvidos, as quais chamamos de incubadoras[77].

A quinta fase de internacionalização da CUT, de acordo com a classificação de Hermes da Costa, é a fase do "internacionalismo sindical solidário" que marca um período de grande diversificação da atuação transnacional da CUT, caracterizada pela "unidade de setores sociais internacionais amplos", baseada na estratégia de edificação de um sindicato-cidadão local e global[78].

Além disso, laços com sindicatos de outros países e a participação em conselhos de trabalho foram complementadas pelos Acordos-Marcos Globais (*International Framework Agreements*), concebidos para vincular operações pelo mundo aos padrões aceitos pela companhia matriz em sua sede.

Em 2003, a expansão nacional e global da multinacional Gerdau, que se tornou a quarta maior produtora de aço do mundo, com filiais na América do Norte e na Europa[79], estimulou a criação do Conselho de Trabalhadores GWWC – Gerdau Workers World Council. No Brasil, a Confederação Nacional dos

---

(CNTV-PS), **Confederação** Nacional dos Trabalhadores nas Indústrias de Alimentação (CONTAC), Federação Nacional dos Urbanitários (FNU) e Confederação Nacional dos Sindicatos de Trabalhadores nas Indústrias da Construção e da Madeira (CONTICOM) apoiam a construção das redes. (DRUMMOND, 2009, p. 18).

76 DRUMMOND, José. **Guia para a construção de redes sindicais**: sistematizando a experiência da CUT em empresas multinacionais. CUT-FNV. 2009. Disponível em: http://library.fes.de/pdf-files/bueros/brasilien/06900.pdf.

77 DRUMMOND, José. **Guia para a construção de redes sindicais**: sistematizando a experiência da CUT em empresas multinacionais. CUT-FNV. 2009. Disponível em: http://library.fes.de/pdf-files/bueros/brasilien/06900.pdf, p. 18.

78 COSTA, Hermes Augusto Tadeu Moreira da. **Sindicalismo global ou metáfora adiada? Os discursos e as práticas transnacionais da CGTP e da CUT.** Coimbra, 2005. Tese (doutorado) – Universidade de Coimbra. Faculdade de Sociologia.

79 GRAY. C. **Metalúrgicos sem Fronteiras: Building a global Union at Gerdau.** Unpublished. MA Thesis, Cornell University. 2009, p. 89.

Metalúrgicos, filiada à CUT, construiu uma rede nacional de trabalhadores para defender seus direitos e salários contra a Gerdau. Ainda em 2003, os trabalhadores da Gerdau do Brasil, Argentina, Chile, Uruguai, Canadá e Estados Unidos reuniram-se para discutir a construção de uma rede transnacional[80].

Talvez o mais interessante caso de aliança entre trabalhadores do Brasil e EUA seja a colaboração do USW com os trabalhadores químicos da CUT na rede BASF e com trabalhadores metalúrgicos da CUT na campanha de 2007 contra a subsidiária da Gerdau Ameristeel[81]. Em ambos os casos, "a reversão da precarização envolveu trabalhadores brasileiros, usando seu contexto nacional mais amigável de trabalho para ajudar os trabalhadores norte-americanos a lidarem com o seu terreno hostil"[82].

O USW resolveu estender a campanha de conscientização ao país de origem da Gerdau por ter compreendido que só assim a campanha seria efetiva. Assim, pressionada tanto em casa quanto por uma campanha apoiada na rede da GWWC, o empresariado da Gerdau no Brasil decidiu, finalmente, adotar a postura negocial nos Estados Unidos e a USW pôde negociar contratos nas plantas onde a produção havia sido interrompida[83].

De acordo com Peter Evans[84], o Brasil oferece um horizonte, no que diz respeito à dinamização de estratégias e formas organizacionais no movimento dos trabalhadores global.

3.3. Experiências recentes de redes sindicais na Itália

Em relação à Itália, uma recente (abril de 2016) rede foi criada com os trabalhadores da Finmeccanica. Finmeccanica[85] e uma multinacional italiana que em-

---

80 GRAY. C. **Metalúrgicos sem Fronteiras: Building a global Union at Gerdau.** Unpublished. MA Thesis, Cornell University. 2009, p. 90.

81 GRAY. C. **Metalúrgicos sem Fronteiras: Building a global Union at Gerdau.** Unpublished. MA Thesis, Cornell University. 2009.

82 EVANS, Peter. Is it Labor's turn to globalize? Twenty-first Century Opportunities and Strategic Responses. **Global Labour Journal**, Hamilton, v. 1, n. 3, 2010, p. 366 (tradução livre). No original: Reverse whipsawing involved Brazilian workers using their more labor friendly national context to help U.S. workers deal with their exceptionally hostile local terrain.

83 EVANS, Peter. Movimentos Nacionais de Trabalhadores e Conexões Transnacionais: a evolução da arquitetura das forças sociais do trabalho no neoliberalismo. **Caderno CRH**, vol.28 nº.75, Salvador, Set./ Dez. 2015.

84 EVANS, Peter. Movimentos Nacionais de Trabalhadores e Conexões Transnacionais: a evolução da arquitetura das forças sociais do trabalho no neoliberalismo. **Caderno CRH**, vol.28 nº.75, Salvador, Set./ Dez. 2015, p. 04.

85 In base alle previsioni l'industria aerospaziale e difesa nel suo insieme continuerà a crescere nei prossimi anni (specie nell'aeronautica commerciale e civile) e continueranno ad essere della massima importanza nell'economia globale, con un'occupazione diretta di 8,7 milioni di persone e un totale di 58,1 milioni di posti di lavoro indotti.

prega 70% do total dos empregados italianos do setor aeroespacial e da Defesa e conta com importantes centros de produção no Reino Unido (CISL, 2016), EUA, França, Alemanha, Espanha, Polônia, Austrália, Índia, Brasil e Canadá. E 38% dos 34 mil trabalhadores italianos do setor são membros de sindicatos filiados ao IndustriALL Global Union (FIM-CISL, FIOM-CGIL e UILM-UIL).

Essa nova Finmeccanica reúne diferentes culturas e relações com os sindicatos e será essa rede que colocará aprova o esforço da empresa em respeitar a legislação trabalhista.

O diretor do IndustriALL Global Union para o setor Aeroespacial e Defesa, Brian Kohler acolheu positivamente a criação da nova rede global:

> O Plano de Ação adotado hoje por esse Grupo cria uma estrutura e um programa conjunto com a finalidade de estabelecer um diálogo social supranacional com a Finmeccanica. Em primeiro lugar, faremos um requerimento à empresa para que se institua um Comitê de empresa europeu do Grupo, em conformidade às obrigações legais e que seja em seguida reconhecida a nossa Rede Sindical Global[86].

Ressalta-se que a Rede já se solidarizou com os trabalhadores metalúrgicos da FIM, FIOM e UILM na realização de uma greve nacional ocorrida no dia 20 de abril de 2016, para manifestar a resistência ao ínfimo reajuste oferecido pela associação das empresas italianas na negociação para o contrato coletivo nacional.

Ainda em abril de 2016, redes sindicais internacionais realizaram a "Giornata di Azione Europea" em solo italiano, organizada pelos trabalhadores da multinacional *General Electric* (GE), na Itália, França, Espanha, Suíça, por meio de várias formas de luta, como protestos e greves internacionais. Isso porque a GE havia o plano de dispensa de 6500 trabalhadores em toda a Europa para efetivar sua reestruturação produtiva[87].

Também, há vários sindicatos que estão no processo de formação de redes internacionais, como por exemplo, os metalúrgicos da FIM que estão reivindicando o reconhecimento da rede FCA-CNHind. Para isso, sindicalistas de 70 países reuniram-se em Turim em junho de 2015 para expressar a clara vontade de continuar reforçando a solidariedade internacional e comprometendo-se a não cederem na firme posição de se conseguir o reconhecimento da rede sindical global. Requereram, inclusive, à IndustriAll Europe uma convocação de uma coordenação sindical europeia[88].

---

86 FIM-CISL, 2016, tradução livre. Disponível em: https://www.fim-cisl.it/2016/09/29/giornata-dazione-europea-sulla-siderurgia-manifestazione-a-bruxelles-il-9-novembre-2016/.

87 FIM-CISL, 2016. Disponível em: https://www.fim-cisl.it/2016/09/29/giornata-dazione-europea-sulla-siderurgia-manifestazione-a-bruxelles-il-9-novembre-2016/.

88 FIM-CISL, 2015. Disponível em https://www.fim-cisl.it/2015/06/14/comunicato-finale-della-rete-sindacale-globale-fca-e-cnhind/.

Um outro caso interessante envolvendo a FIM-CISL foi o de solidariedade aos operários egípcios da construção naval que estavam sob processo militar. Processo esse instaurado somente porque eles tinham se organizado para reivindicar melhores salários e condições de trabalho dignas. A polícia militar egípcia os prendeu com a acusação de 'incitamento à greve'[89].

Diante disso, aceitando o apelo dos sindicatos em todo o mundo, o secretário-geral da FIM-CISL, Marco Bentivoglio e o chefe do Escritório Internacional, Gianni Alioti escreveram uma carta ao Presidente da República Árabe do Egito Abdelfattah al-Sisi, expressando a solidariedade dos trabalhadores metalúrgicos com os trabalhadores da construção naval de Alexandria, sobre os quais pende um veredito do tribunal militar (FIM-CISL). Num país, em que a greve é ainda considerada um delito, o mais eficiente meio de luta é a via diplomática.

Como se pode observar, o mundo dos fatos está permeado de ricas experiências, ainda que necessitem ser aperfeiçoadas. Cabe ao Direito acompanhar essas mudanças, de modo a regular e estimular a criação e o fortalecimento de tal promissora forma de organização dos sindicatos.

3.4. O significado da rede como forma de organização sindical para o Direito do Trabalho

Diante do atual momento de crise do Direito do Trabalho, do Estado Nacional e da democracia, é imperioso que se articulem pontos de defesa em favor dos direitos sociais, em especial dos direitos trabalhistas, e que visem reduzir o déficit democrático.

De acordo com o professor Everaldo Gaspar Lopes de Andrade, o sindicato deve se valer "da articulação de redes comunicativas típicas da sociedade da informação, para superar o déficit de representação direta dos líderes sindicais e da representação político-partidária"[90].

As redes sindicais são uma forma de organização eficiente que se fundamentam em instrumentos democráticos: o diálogo, a participação efetiva dos membros, a coordenação de ideias e o fazer valer os interesses da coletividade.

As redes potencializam o índice democrático já inerente à essência do sindicato. Se já se sabe que o sindicato é um organismo democrático que se propõe a um fim democrático, qual seja, a emancipação do trabalho e que tende a operar segundo um método de gradualismo democrático, descrito por Fernando Santi[91], as redes sindicais propiciam o aumento do grau democrático.

---

89 FIM-CISL, 2016. Disponível em: https://www.fim-cisl.it/2016/08/29/giulio-regeni-e-le-lotte-sindacali-in-egitto/.

90 ANDRADE, Everaldo Gaspar Lopes de. Direito do Trabalho e Pós-Modernidade: Fundamentos Para Uma Teoria Geral. São Paulo: LTr, 2005, p. 264.

91 Bibliografia de Fernando Santi disponível em: http://www.archiviostorico.comune.parma.it/archivio/listPageDetail.asp?ID=72&IdVoceMenu=20.

As tratativas sindicais são estreitamente correlatas ao grau de democracia existente. De acordo com Hillary Clinton[92], as ações do mercado, se não são verificadas pela imprensa livre ou pelo sindicato, podem resultar na dominação do processo político pelo capital, desestabilizando a divisão entre rico e pobre, agravando ainda mais a desigualdade social mundial.

Nas palavras do sindicalista Bob King, presidente do sindicato americano UAW:

> Nenhuma democracia no mundo pode desenvolver-se e prosperar sem sindicatos democráticos. A noção de que as colossais empresas multinacionais podem agir com 'carta branca' – sem sindicatos para as considerar responsáveis, para reforçar a segurança e condições de trabalho, para dialogar com os operários no trabalho ou na praça pública – aumenta o espectro de um mundo reduzido ao benefício e lucro de poucos avantajados que possam dominar o mercado e o processo político[93].

Democracia política e sindicalismo, concebidos como resultado espontâneo da exigência associativa, são duas ordens de realidade indissoluvelmente ligadas. "Não há democracia consolidada sem a existência da liberdade sindical"[94]. Nesse sentido é o seguinte julgado do Tribunal Regional do Trabalho da 3ª Região (TRT3):

> EMENTA: DISSÍDIO COLETIVO – FORMALIDADES PARA O AJUIZAMENTO – REGRAS ESTATUTÁRIAS – VALIDADE. Os Estatutos da Entidade Sindical são como que a lei maior disciplinadora de suas atividades, dentre as quais se inclui a autorização da categoria para a instauração do dissídio coletivo de trabalho, sucedâneo natural da conciliação frustrada. A principal atribuição da Entidade Sindical é a defesa dos direitos e interesses coletivos da categoria, sobre cuja vontade respalda todos os seus atos. A organização do sindicato assemelha-se à do Estado: a) liberdade de filiação e desfiliação; b) direito de votar e de ser votado; c) assembleias deliberativas; d) conselho fiscal, etc. Existe, pois, um sistema de pesos e contrapesos aptos ao desenvolvimento da prática democrática. Neste contexto de liberdade e democracia, no qual prevalece a vontade da maioria, o Poder Judiciário deve interferir o mínimo possível nas questões "interna corporis". Quanto mais os integrantes da categoria participarem

[92] KING, Bob. Speech to the Center for Automotive Research Conference. Delivered to **Center for Automotive Research Conference, Aug. 2, 2010.**

[93] KING, Bob. Speech to the Center for Automotive Research Conference. Delivered to **Center for Automotive Research Conference, Aug. 2, 2010, p. 02.** Discurso de Bob King na Conferência do Centro de Pesquisa Automotiva. *Aug. 2, 2010. "No democracy on Earth can thrive and prosper without democratic unions. The notion of huge multinational corporations with carte blanche – no union to hold them accountable, no union to enforce safety and environmental standards, no union to speak for workers on the job or in the public arena — raises the specter of an Earth laid waste for the benefit and profit of a privileged few who can dominate not only the marketplace but also the political process".*

[94] SIQUEIRA NETO, José Francisco. **Liberdade sindical e representação dos trabalhadores nos locais de trabalho.** São Paulo, Ed. LTr, 2000, p. 372.

> da vida sindical, melhor será o resultado para os interessados diretos na relação capital-trabalho, assim como para toda a sociedade. O sindicato é a casa do trabalhador, assim como o parlamento é a casa do povo. Tudo deve ser feito para que o trabalhador frequente o sindicato e participe de sua vida, caso se deseje um modelo de sindicato autêntico, de veio e de veia, e não fraca e de fachada, com os cofres cheios e a assembleia vazia. O diálogo, a negociação e a transação coletiva constituem a principal ferramenta do entendimento diante do conflito coletivo de trabalho, pois ninguém melhor do que as próprias categorias para saber o que é bom para elas. A autêntica negociação coletiva nasce no chão de fábrica, mas não termina ali. É indispensável que ela passe por outras esferas, preenchendo todos os poros da atividade profissional, tal como a assembleia da categoria, órgão máximo deliberatório, que deve ser o reflexo da vontade da maioria dos trabalhadores, aos quais devem ser facultados a participação e o voto, segundo regras estatutárias, sendo certo que qualquer artificialismo, por melhor que seja a sua intenção, não supre essa formalidade essencial. As questões periféricas relacionadas com o controle do conteúdo e da publicação de edital de convocação, bem como a realização de plúrimas assembleias, ficam esbatidas em plano inferior sem infiltração significativa no procedimento de autorização da propositura da instância, mesmo porque até os jornais de grande circulação são pouco lidos, substituídos que foram, progressivamente, pelos telejornais. Efetiva e real divulgação dos atos da vida sindical ocorrem dentro do sindicato, nada, nem publicação em jornal de enorme circulação substitui. Em suma, a legitimidade da deliberação da assembleia está vinculada ao respeito das regras estatutárias, notadamente no concernente à votação, em cuja apuração estará estampada a real e verdadeira vontade da categoria, representada pela voz da maioria participativa. Preciosismos quanto a editais de convocação, suscitados pela categoria econômica correspondente, que possui interesses antagônicos, devem ser repelidos, pois o efeito prático pode ser contrário: maior afastamento dos membros da categoria, que nunca obterão uma perfeita compreensão da importância de sua efetiva participação na vida sindical, caso não percebam que a liberdade sindical é conquista dos trabalhadores, na qual o Poder Judiciário deve interferir o mínimo possível[95].

Em uma democracia representativa, sobretudo naquelas alicerçadas nos direitos fundamentais e no princípio da dignidade da pessoa humana, é imprescindível que os atores sociais tenham amplo espaço de atuação direta na transformação do espaço político em que vivem. Um dos espaços de maior relevância na participação direta dos cidadãos é o sindical, que reúne os trabalhadores para lutar pelos seus interesses diante de um fortemente articulado capital.

Os sindicatos efetuam a função de compensadores de forças na democracia. Sem as entidades sindicais, o sistema democrático seria solapado pela "hiperssuficiência" do capital e consequentemente o processo de decisão tornar-se-ia profundamente desequilibrado.

---

95 BRASIL. TRIBUNAL REGINAL DO TRABALHO DA 3.ª REGIÃO; Processo: 01720-2004-000-03-00-8 DC; Data de Publicação: 17/06/2005, DJMG, Página 1; Órgão Julgador: Seção de Dissídios Coletivos; Relator: Luiz Otavio Linhares Renault; Revisor: Emilia Facchini.

A meta a ser atingida é a de assegurar a agilidade democrática para a ação sindical, em conformidade com a sua função fundamental e sua razão de ser, que é a de "proteger o direito dos trabalhadores de organizar um sindicato e negociar coletivamente para obter justiça, dignidade e voz democrática"[96]. Sem a dialética sindical, arrisca-se desenvolver um sistema baseado na ditadura de uma minoria dominante do mercado.

Ademais, ao estimularem o diálogo social, a integração de diferentes culturas, a construção de estratégias conjuntas e a implementação de greves de solidariedade, as redes sindicais internacionais proporcionam uma maior representatividade dos interesses dos trabalhadores; e dão maior efetividade às ações sindicais, tendo em vista o seu fundamento na autonomia privada coletiva e a ampla publicização da vontade dos trabalhadores à sociedade, aos empregadores e aos governos.

Os sindicatos organizados em rede têm maior potencialidade de fazer valer a vontade dos trabalhadores, de dar voz às necessidades de seus representados, uma vez que ganham maior força, expressão política, detêm mais armas (como greve de solidariedade, publicização ampla sobre irregularidades das empresas), possuem mais estratégias conjuntas e compartilham internacionalmente informações que muitas vezes enfrentam antecipadamente ações empresariais.

Portanto, as redes sindicais internacionais, enquanto eficiente forma de organização dos sindicatos, constituem uma boa alternativa para a superação da crise da representatividade sindical.

As redes sindicais, ao impulsionarem o diálogo social, permitem que trabalhadores e empregadores tenham maior comprometimento com os objetivos da empresa e com os resultados a atingir, que também são definidos em comum, desde que sejam garantidos dois pressupostos fundamentais: a transparência nas informações da empresa e o reconhecimento pleno da liberdade sindical, a começar pelo próprio local de trabalho[97].

De acordo com o dirigente sindical do IGMettal Manuel Campos[98], as redes são os pontos de defesa "em favor dos postos de trabalho, do diálogo, da cogestão e da solidariedade internacional".

Continua o dirigente sindical explicando o papel das redes e relatando sua frutífera (profícua) experiência na gestão de redes para além das fronteiras alemãs.

---

96 SANTI, Fernando. 2012. http://biblioteche2.comune.parma.it/archivio/santi/sindacato.htm.

97 CUT MULTI, 2007. Ação de confrontação às multinacionais), que foi concebido para criar redes entre todos os sindicatos (dentro e fora da CUT) que organizam trabalhadores em uma corporação multinacional particular. JAKOBSEN, K. Estratégia sindical frente às empresas multinacionais. Nueva Sociedad, 211 Sep./Oct., p. 145-159. 2007.

98 CAMPOS, Manuel. Entrevista realizada em 2010, disponível em: http://www.smetal.org.br/noticias/manuel-campos-fala-da-importancia-do-intercambio-sindical/20100317183720_S_105, p. 05.

> Com as redes nós procuramos fazer valer, para os trabalhadores de todo o mundo, os valores sindicais que defendemos: Liberdade, Justiça, Igualdade, Solidariedade, Reconhecimento da Pessoa, Respeito e Dignidade Pessoal. Onde existem as redes sindicais, melhorou a situação. Em toda a sua variedade e profundidade, porém, eu considero-as apenas um Meio para chegar a um Fim maior: a melhoria das condições de trabalho e da posição de negociação, a imposição dos direitos sindicais e laborais (da OIT), a criação de estruturas de representação, alicerçadas no local de trabalho, bem como o respeito e o diálogo com os sindicatos e os trabalhadores[99].

4. CONSIDERAÇÕES FINAIS – NEGOCIAÇÃO COLETIVA TRANSNACIONAL

A negociação coletiva – "como a arena por excelência do diálogo e composição dos conflitos coletivos no universo do trabalho"[100]– é parte inerente ao processo de internacionalização dos sindicatos, da reinvenção sindical e da emancipação social do movimento operário.

De acordo com Silvana Sciarra, as ações de defesa e criação de postos de trabalho, no âmbito dos principais ordenamentos europeus, se valem de estratégias consolidadas consensuais, frequentemente baseadas na contratação coletiva[101].

Para o professor Antônio Álvares da Silva, "o Direito do Trabalho superou as ideias clássicas do contratualismo"[102], concluindo-se no direito coletivo, no qual "o trabalhador passa a lutar ativamente pela melhoria de sua classe, sem esperar a ajuda do legislador". A convenção coletiva transcende a pessoa do trabalhador sem, entretanto, extravasar os limites sociais da sua classe[103]. A convenção coletiva é, assim, a exteriorização do Direito Coletivo do Trabalho[104].

Aparece a negociação coletiva como a "mais autêntica e revolucionária experiência jurídica, na medida em que comprova não existirem exemplos semelhantes em nenhum outro ramo do direito"[105].

---

99 CAMPOS, Manuel. Entrevista realizada em 2010, disponível em: http://www.smetal.org.br/noticias/manuel-campos-fala-da-importancia-do-intercambio-sindical/20100317183720_S_105, p. 14.

100 REIS, Daniela Muradas; NICOLI, Pedro Augusto Gravatá. **A negociação coletiva transnacional no novo mundo do trabalho.** Revista Fórum de Direito Sindical. Belo Horizonte, Editora Fórum, 2015, p. 05.

101 SCIARRA, Silvana. Automotive e altro:cosa sta cambiando nella contrattazione collettiva nazionale e transnazionale. Opinione e rassegne. **Giornale di Diritto del Lavoro e di Relazioni Industriali**, n.30 anno XXXIII, Milano, 2011, 2. Franco Angeli, p. 345.

102 ÁLVARES DA SILVA, Antônio. **Direito coletivo do trabalho**. 1. ed., Rio de Janeiro, Forense, 1970, p. 203.

103 QUADROS, W. O milagre brasileiro e a expansão da nova classe média. Campinas: IE/Unicamp, 1991.

104 ÁLVARES DA SILVA, Antônio. **Direito coletivo do trabalho**. 1. ed., Rio de Janeiro, Forense, 1970, p. 203.

105 ALBUQUERQUE, Anneliese Ferreira de. **A negociação coletiva supranacional e os conflitos sociais contemporâneos**: do novo internacionalismo operário às lutas emancipatórias contra-hegemônicas.

Frente às novas exigências da sociedade globalizada e do êxito da internacionalização do capital, a negociação coletiva vem se adaptando. Em termos espaciais, passa a ser necessária a negociação de maneira invertida: do plano supranacional para os planos locais. Inversão essa, aliás, caracterizada como aspiração do internacionalismo operário do século XIX. Agora, mais do que nunca, na sociedade que se move em dimensão planetária, sob a égide do capitalismo neoliberal hegemônico, essa velha (e atual) bandeira deverá ser erguida[106]. E, conforme já se tem demonstrado, movimentos globais contra hegemônicos já se iniciaram.

Cada vez mais torna-se imperioso um processo negocial de formação de uma nova ordem jurídica supranacional que, a partir da predominância do trabalho livre, crie um novo modelo que privilegie o direito à existência e ao trabalho na categoria de direito humano fundamental[107].

Pode-se dizer que uma negociação coletiva transnacional bem sucedida é o ápice das ações das redes sindicais internacionais. E o estabelecimento de padrões mínimos seria o esplendor do Direito do Trabalho mundial.

Segundo Geraldo Cedrola Spremolla,

> a negociação coletiva que, no mérito dos atores participantes e nas matérias que pretende regular, é capaz de transcender as fronteiras de um Estado, buscando impor seus efeitos nos diversos sistemas nacionais de relações de trabalho. Essa modalidade de negociação coletiva se diferencia da nacional, na medida em que busca transcender o arcabouço de um sistema de relações de trabalho, atendendo a uma pluralidade de sistemas.[108].

As Convenções n.º 98 e 87 da OIT asseveram que a negociação coletiva internacional pode ser classificada como: geográfica, abrangendo uma região ou um conjunto de países de regiões diferentes; multinacional, quando acontece em uma empresa multinacional; e internacional de setor industrial, quando compreender diversas federações de vários países e toma a forma de acordos e convenções coletivas supranacionais, negociações supranacionais por empresa, comissões consultivas paritárias[109].

Recife, 2009. Dissertação (mestrado). Universidade Federal de Pernambuco, Faculdade de Direito, p. 132.

106 ANDRADE, Everaldo Gaspar Lopes. A desconstrução do paradigma trabalho subordinado como objeto do Direito do Trabalho. **Revista LTr**, São Paulo, ano 72, n. 8, ago. 2008, p. 200.

107 ALBUQUERQUE, Anneliese Ferreira de. **A negociação coletiva supranacional e os conflitos sociais contemporâneos**: do novo internacionalismo operário às lutas emancipatórias contra-hegemônicas. Recife, 2009. Dissertação (mestrado). Universidade Federal de Pernambuco, Faculdade de Direito.

108 SPREMOLLA, Geraldo Cedrola. SPREMOLLA, Cedrola**. Negociación colectiva internacional: realidad o utopía?** *In* Revista Relasur, nº 6,1995, p. 65.

109 ESTEVES, Juliana Teixeira. A negociação coletiva numa abordagem contextualizada em tempos de globalização. In: **Âmbito Jurídico**, Rio Grande, XV, n. 104, set 2012.http://www.ambitojuridico.com.br/site/?n_link=revista_artigos_leitura&artigo_id=12211.

A negociação coletiva transnacional é a "efetivação de um diálogo supranacional dirigido à resolução de conflitos e à formação normativa no âmbito das relações coletivas de trabalho"[110].

Diante do conceito amplo de negociação coletiva transnacional, o quadro de possibilidades é bastante complexo[111].

A negociação coletiva transnacional manifesta-se hoje em três níveis: códigos de conduta, acordos-marco e contratos coletivos transnacionais. Por se tratar de uma coletividade de âmbito internacional, sem as tradicionais amarras de classe e território, a negociação coletiva transnacional, em especial culminando com a celebração de contratos coletivos transnacionais, pode ser a resposta a que se buscou. Dar unidade em um mundo plural, trazer a solidariedade num mundo cada vez mais disperso e solitário, trazer o Direito do Trabalho, assim, para seu campo originário: o do debate coletivo, com trabalhadores agregados, que possam fazer frente ao capital.

BIBLIOGRAFIA

ALBUQUERQUE, Anneliese Ferreira de. **A negociação coletiva supranacional e os conflitos sociais contemporâneos**: do novo internacionalismo operário às lutas emancipatórias contra-hegemônicas. Recife, 2009. Dissertação (mestrado). Universidade Federal de Pernambuco, Faculdade de Direito.

ÁLVARES DA SILVA, Antônio. **Direito coletivo do trabalho**. 1. ed., Rio de Janeiro, Forense, 1970.

ANDRADE, Everaldo Gaspar Lopes. A desconstrução do paradigma trabalho subordinado como objeto do Direito do Trabalho. **Revista LTr**, São Paulo, ano 72, n. 8, ago. 2008.

ANNER, M. **Solidarity transformed**: labor responses to globalization and crisis in Latin America. Ithaca, Cornell University-ILR Press. 2011.

BARGAS, Osvaldo. Perspectivas do movimento sindical internacional e os desafios colocados para a CUT, In: **CEDI, A CUT e o movimento sindical internacional**. CEDI: Rio de Janeiro/São Paulo, 1991, P. 9-32.

BEAUD, Stephane; PIALOUX, Michel. **Retorno à condição operária – investigação em fábricas da Peugeot na França**. São Paulo: Boitempo, 2009.

---

110 ALBUQUERQUE, Anneliese Ferreira de. **A negociação coletiva supranacional e os conflitos sociais contemporâneos**: do novo internacionalismo operário às lutas emancipatórias contra-hegemônicas. Recife, 2009. Dissertação (mestrado). Universidade Federal de Pernambuco, Faculdade de Direito, p. 120.

111 REIS, Daniela Muradas; NICOLI, Pedro Augusto Gravatá. **A negociação coletiva transnacional no novo mundo do trabalho.** Revista Fórum de Direito Sindical. Belo Horizonte, Editora Fórum, 2015.

BRAGA, Rui; SANTANA, Marco Aurélio. Dinâmicas da ação coletiva no Brasil contemporâneo: encontros e desencontros da juventude brasileira. **Caderno CRH**, Salvador, v. 28, n. 75, p. 529-544, set./dez. 2015.

BRASIL. TRIBUNAL REGIONAL DO TRABALHO DA 3.ª REGIÃO. Seção de Dissídios Coletivos. Dissídio Coletivo nº **01720-2004-000-03-00**-8 Relator: Luiz Otavio Linhares Renault. Data de Julgamento: 17/06/2005, Data de Publicação: 24/06/2005.

CAMPOS, Manuel. Entrevista realizada em 2010, disponível em: http://www.smetal.org.br/noticias/manuel-campos-fala-da-importancia-do-intercambio-sindical/20100317183720_S_105.

CASTELLS, Manuel. **Redes de indignação e esperança**: Movimentos sociais na era da internet. Rio de Janeiro, Zahar, 2013.

COSTA, Hermes Augusto Tadeu Moreira da. **Sindicalismo global ou metáfora adiada? Os discursos e as práticas transnacionais da CGTP e da CUT.** Coimbra, 2005. Tese (doutorado) – Universidade de Coimbra. Faculdade de Sociologia.

DE FILIPPO, A.; FALCO, M.; DASEN, C., Le syndicalisme dans L'Union Européenne. Suisse: **Seminário de Sociologia da Política Social** (mimeo.), 1993.

DRUMMOND, José. **Guia para a construção de redes sindicais**: sistematizando a experiência da CUT em empresas multinacionais. CUT-FNV. 2009. Disponível em: http://library.fes.de/pdf-files/bueros/brasilien/06900.pdf. Acesso em 30 de agosto de 2016.

ESTANQUE, Elísio. A reinvenção do sindicalismo e os novos desafios emancipatórios: do despotismo local à mobilização global. In: SOUSA SANTOS, Boaventura (Org.) **Trabalhar o mundo: os caminhos do novo internacionalismo operário**. Rio de Janeiro, Civilização Brasileira, 2005.

ESTEVES, Juliana Teixeira. A negociação coletiva numa abordagem contextualizada em tempos de globalização. In: **Âmbito Jurídico**, Rio Grande, XV, n. 104, set 2012.http://www.ambitojuridico.com.br/site/?n_link=revista_artigos_leitura&artigo_id=12211.

EVANS, Peter. Is it Labor's turn to globalize? Twenty-first Century Opportunities and Strategic Responses. **Global Labour Journal**, Hamilton, v. 1, n. 3, 2010. p. 352-379.

EVANS, Peter. Movimentos Nacionais de Trabalhadores e Conexões Transnacionais: a evolução da arquitetura das forças sociais do trabalho no neoliberalismo. **Caderno CRH**, vol.28 nº.75, Salvador, Set./Dez. 2015.

FRANCO FILHO, Georgeonor de Sousa. As empresas transnacionais e as entidades sindicais no Mercosul. **Revista do Tribunal Superior do Trabalho**, Brasília, n. 64, p. 60-67, 1995.

GRAY. C. **Metalúrgicos sem Fronteiras: Building a global Union at Gerdau.** Unpublished. MA Thesis, Cornell University. 2009.

GOMES, Maira Neiva. **O Sindicato Reinventado:** possibilidades de construção do sindicalismo cosmopolita no século XXI. Belo Horizonte, 2012. Dissertação de mestrado Pontifícia Universidade Católica de Minas Gerais. Faculdade de Direito.

JAKOBSEN, K. **Estratégia sindical frente às empresas multinacionais**. Nueva Sociedad, 211 Sep./Oct., p. 145-159. 2007.

KING, Bob. Speech to the Center for Automotive Research Conference. Delivered to **Center for Automotive Research Conference, Aug. 2, 2010.**

LARANJEIRA, Sonia M.G. Fordismo e Pós-Fordismo. In: CATTANI, A.D. **Trabalho e Tecnologia: Dicionário Crítico**. Petrópolis, Ed. Vozes, 1997.

LARANJEIRA, Sonia M.G. Reestruturação produtiva nos anos 90. Aspectos do contexto internacional no setor de serviços. In: **Revista Brasileira de Ciências Sociais**, 2004.

MANCE, E. A. **Redes de colaboração solidária: aspectos econômico-filosóficos complexidade e libertação**. Petrópolis: Editora Vozes, 2002, p. 232.

NICOLI, Pedro Augusto Gravatá. **O sujeito trabalhador e o direito internacional social:** a aplicação ampliada das normas da Organização Internacional do Trabalho. Belo Horizonte, 2015. Tese (doutorado) – Universidade Federal de Minas Gerais, Faculdade de Direito.

PUREZA, José Manuel. Para um internacionalismo pós-vestfaliano. In: SOUSA SANTOS, Boaventura (org.). **Globalização: fatalidade ou utopia?** Porto. Afrontamento, 2001.

QUADROS, W. **O milagre brasileiro e a expansão da nova classe média**. Campinas: IE/Unicamp, 1991.

REIS, Daniela Muradas; NICOLI, Pedro Augusto Gravatá. **A negociação coletiva transnacional no novo mundo do trabalho.** Revista Fórum de Direito Sindical. Belo Horizonte, Editora Fórum, 2015.

REIS, Daniela Muradas; NICOLI, Pedro Augusto Gravatá; BOSON; Victor Hugo Criscuolo; MIRAGLIA, Lívia Mendes. **O sindicalismo e as empresas multinacionais.** Artigo apresentado no Congresso "Empresas Multinacionais e o Direito do Trabalho – Estudo Comparado entre Brasil e Uruguai". Universidade Federal de Minas Gerais, Belo Horizonte, 2014.

RODRIGUES, Adriana L. Saraiva Lamounier. **Redes Sindicais Internacionais: uma contribuição ao fortalecimento do Direito do Trabalho na Itália e no Brasil**. Bauru: Canal 6 Editora, Práxis, 2018.

ROMITA, Arion Sayão. Organização Sindical. **Revista de Direito do Trabalho**, n. 113, ano 30. São Paulo, Ed. RT, jan-mar, 2004.

SCIARRA, Silvana. Alcune linee di tendenza della recente giurisprudenza costituzionale in materia di rapporto di lavoro e previdenza. Convegno **Il diritto del lavoro nella giurisprudenza costituzionale-Sviluppi recenti**, Lisbona, 2015.

SCIARRA, Silvana. Automotive e altro:cosa sta cambiando nella contrattazione collettiva nazionale e transnazionale. Opinione e rassegne. **Giornale di Diritto del Lavoro e di Relazioni Industriali**, n.30 anno XXXIII, Milano, 2011, 2. Franco Angeli.

SIQUEIRA NETO, José Francisco. **Liberdade sindical e representação dos trabalhadores nos locais de trabalho.** São Paulo, Ed. LTr, 2000.

SOUSA SANTOS, Boaventura. **Reinventar a democracia**. Lisboa, Gradiva (2ª edição), 1998.

SOUSA SANTOS, Boaventura de Sousa. **Democratizar a Democracia: Os Caminhos da Democracia Participativa.** Rio de Janeiro, Civilização Brasileira, 2002.

SOUSA SANTOS, Boaventura; COSTA, Hermes Augusto. Introdução: para ampliar o cânone do internacionalismo operário. SOUSA SANTOS, Boaventura (Org.) **Trabalhar o mundo: os caminhos do novo internacionalismo operário.** Rio de Janeiro, Civilização Brasileira, 2005.

SPREMOLLA, Geraldo Cedrola. SPREMOLLA, Cedrola**. Negociación colectiva internacional: realidad o utopía?** *In* Revista Relasur, nº 6,1995.

SUPIOT, Alain. **O Espírito de Filadélfia**: A justiça social diante do mercado global. Porto Alegre, Ed. Sulina, 2014.

TILLY, C. Globalization Threatens Labor's Rights. **International Labor and Working Class History 47**(Spring): 1-23, 1995.

TROTSKY, Leon. *Trade unions in the epoch of imperialist decay*. Revista Four International, fev. 1941. In: **Marxism and the Trade Unions** (New York: 1973), p. 9-10.

VIANA, Márcio Túlio. Conflitos Coletivos de Trabalho. **Revista TST**, Brasília, vol. 66, nº1, jan/mar 2000.

WATERMAN, Peter. **Trade union internationalism in the age of Seattle**, Global Solidarity Dialogue, 2000. Disponível em: http://www.antenna.nl/~waterman/ ageseattle.html.

WEBSTER, Edward; LAMBERT, Rob. Emancipação Social e Novo Internacionalismo Operário: Uma perspectiva do sul. In: SOUSA SANTOS, Boaventura (Org.) **Trabalhar o mundo: os caminhos do novo internacionalismo operário.** Rio de Janeiro, Civilização Brasileira, 2005.

CAPÍTULO 37

DINÂMICAS ORGANIZATIVAS DO INTERNACIONALISMO SINDICAL CONTEMPORÂNEO

SANDRO LUNARD NICOLADELI[1]
PHELIPPE HENRIQUE C. GARCIA[2]

1. INTRODUÇÃO

A necessidade do rompimento de fronteiras estatais, regionais ou de países, objetivando a construção de desejada unidade operária internacional, sempre foi uma pauta premente ao movimento sindical mundial. A teorização dessa práxis organizativa vem idealizada, inicialmente, por Marx e Engels, posteriormente, refletida nos estudos de outros autores de recorte intelectual marxista: Trotsky, Mandel e Gramsci, e, contemporaneamente, por Boaventura de Sousa Santos e Hermes Augusto Costa[3], Michael Löwy[4] e Domenico Losurdo[5] dentre outros.

---

1 Doutor (2016) e Mestre (2004) em Direito pela Universidade Federal do Paraná/UFPR. Professor nas disciplinas de Prática Jurídica Trabalhista e Direito Sindical/UFPR. Especializou-se, em Lima, no Peru, em Liberdade Sindical pelo Escritório Regional da OIT (2008). Em Turim, na Itália, obteve o título de especialista em Normas Internacionais do Trabalho pela Escola de Formação da OIT (2009). Integrou o corpo técnico da delegação brasileira na Conferência Internacional do Trabalho da OIT (2014, 2015 e 2019), em Genebra/Suíça. É membro da Comissão de Direito do Trabalho do Instituto dos Advogados Brasileiros e da Comissão Especial de Direito Sindical do Conselho Federal da OAB. Integrante do Grupo de Pesquisas em Sindicalismo do PPGD do Centro Universitário do Distrito Federal (UDF/CNPq). email:sandrolunard@plcv.adv.br.

2 O acadêmico colaborou na primeira versão deste texto, atualmente é bacharel em Direito pela Universidade Federal do Paraná.

3 Costa, Hermes Augusto; Santos, Boaventura de Sousa. Para ampliar o cânone operário. (Org.) Trabalhar o mundo: os caminhos do novo internacionalismo operário. Rio de Janeiro: Civilização Brasileira, 2005.

4 LÖWY, Michael. Por um novo internacionalismo. REVISTA ELETRÔNICA DA PUC/SP. Disponível em: <http://www4.pucsp.br/neils/downloads/v5_artigo_michael.pdf.>. Acesso em: 17 fev. 2022.

5 LOSURDO, Domenico. A Luta de Classes – Uma História Política e Filosófica. São Paulo: Boitempo Editorial.

O internacionalismo operário, embora a propalada globalização seja portadora da narrativa da quebra das barreiras planetárias, convive com as incompreensões ideológicas e limitações institucionais (patronato, pensamento conservador ou de governos), os quais estabelecem um hiato entre fundamentos e valores previstos nos elementos discursivo-normativo dos entes internacionais (sistema ONU e a OIT) de proteção de direitos humanos, por outro lado, os desafios com sua complexa e difícil efetividade no plano local/regional. De todo modo, para além desse congestionamento ético-discursivo, como veremos nesse estudo, as entidades sindicais internacionais organizam e desenvolvem estratégias mundiais, regionais e locais o que, em última análise, tenta unificar a pauta do trabalho decente num sindicalismo potencialmente internacionalizado.

Ademais, para além da pretendida solidariedade virtuosa ao atingimento dos interesses supranacionais daqueles que vivem do trabalho, ao longo desse período, a atuação e organização internacional exigiu e exige inovações nas suas estratégias de formulação, reação e enfrentamento às políticas empresarias e governamentais. Exemplo disso, são as articulações sindicais internacionais, as quais demandam por construir alternativas e, por conseguinte, enfrentar o planejamento estratégico de empresas e governos conservadores, por meio de políticas de organismos internacionais (Organização Mundial do Comércio/OMC; Fundo Monetário Internacional/FMI, Banco Mundial[6] e Organização para Cooperação Organização para a Cooperação e Desenvolvimento Econômico/OCDE) adensado pelo planejamento, como dito, por políticas coordenadoras influentes e definidoras nas políticas econômicas dos países.

Por óbvio, toda essa coordenação tem por objetivo provocar fluidez à circulação de riqueza no sistema financeiro mundial e às cadeias produtivas internacionalmente organizadas. Essa política, internacionalmente engendrada nos organismos internacionais, estimula de modo direto ou velado o direcionamento dos investimentos para países com uma governança laboral frágil, estimulando até uma atuação predatória em matéria de direitos sociais e sindicais, particularmente, e de modo mais agressivo, em países de médio ou baixo desenvolvimento econômico-social.

Nesse sentido, é possível afirmar que o movimento sindical mundial buscou alicerçar suas estratégias de atuação, essencialmente, em duas linhas de ação: a primeira, na busca da legitimação do seu poder, a partir da estruturação sindical de organizações nacionais de base ou de organização sindical nos locais de trabalho; a segunda, fruto da construção de arquiteturas sindicais de atuação internacional conquistadas no último século, e que serão objeto de análise nesse artigo.

---

6 World Bank. Doing Business. Disponível em: <https://archive.doingbusiness.org/en/doingbusiness>. Acesso em: 04 mai. 2022.

2. UM BREVE HISTÓRICO ENTRE AS ALIANÇAS SINDICAIS MUNDIAIS: CONFEDERAÇÃO E FEDERAÇÕES SETORIAIS

No último século, o plano organizacional das entidades sindicais mundiais de atuação global é moldado, a partir da criação de arquiteturas institucionais sindicais internacionais, nascidas, especialmente, na conjuntura dos pós-guerras a saber: Confederação Internacional de Sindicatos Livres – CIOLS; Confederação Mundial do Trabalho – CMT e a Federação Sindical Mundial – FSM, todas essas entidades refletiram a ambivalência, polarização e atuação regionalizada marcantes de sua época de fundação.

O grau de institucionalização do movimento sindical internacional ocorre de forma mais estável e abrangente no decorrer do século XX. Prova disso, que após inúmeras divisões internas da então recém criadas Federação Sindical Internacional (1913), nascia em 1920, sob o nome de CISC (Confederação Internacional dos Sindicatos Cristãos), uma organização mais articulada e representativa, posteriormente denominada de Confederação Mundial do Trabalho – CMT.

Atuava de modo articulado à doutrina social da igreja católica e circunscrito territorialmente numa dimensão europeia. Finalizado o conflito bélico da segunda guerra mundial, rearticularam-se comunistas, socialistas e sociais-democratas para, posteriormente, fundar a Federação Sindical Mundial – FSM[7], nascida em Paris em 1945, intentando congregar o movimento sindical mundial.

Desse modo, tornou-se previsível no horizonte a incontornável cisão política entre o sindicalismo agrupado na FSM e as questões advindas do sindicalismo orientado a partir da ideologia capitaneada pelos EUA e a Inglaterra. Nesse ponto da história, as contingências históricas e políticas, levou-a unificar, em suas hostes, o movimento sindical abrigado nos países agrupados após a II guerra mundial sob a liderança da União Soviética.

Naturalmente, os impasses decorrentes da tensão política mundial empreendida pelos países agrupados no pós guerra, por conseguinte, detonaram novos conflitos internos promotores de novo rompimento político entre os organismos sindicais mundiais, agora, suscitando a criação da Confederação Internacional de Sindicatos Livres – CIOLS,[8] nascida em 1949.

Mais recentemente, essa teia organizativa sofreu nova redefinição estruturante no plano geral do sindicalismo mundial, quando, em 2006, a fusão da CIOSL e CMT constituiu a Confederação Sindical Internacional – CSI, resultado

---

7 Federação Sindical Mundial. Disponível em: http://wftufise.org/federacao-sindical-mundial-fsm-trincheira-internacional-da-luta-dos-trabalhadores/. Acesso em: 04 mai. 2022.

8 Movimento Sindical Internacional. Disponível em: <https://gestrado.net.br/verbetes/movimento-sindical-internacional/>. Acesso em: 04 mar. 2022.

da aliança global entre o sindicalismo europeu, nas matizes social-democrata e democrata-cristão, somada à experiência do sindicalismo norte-americano.[9]

A Confederação Sindical Internacional – CSI[10] é, portanto, a maior confederação internacional de sindicatos do mundo. A título exemplificativo, é importante dizer que as maiores centrais sindicais brasileiras – Central Única dos Trabalhadores – CUT, Força Sindical, União Geral de Trabalhadores-UGT e Nova Central Sindical – estão filiadas na CSI.

O reflexo dessa aliança nacional e internacional, combinada a expressividade do sindicalismo brasileiro no plano internacional, na última década, resultou, inclusive, na eleição do primeiro brasileiro na presidência mundial da CSI[11]. Por outro lado, a única central sindical nacional vinculada à FSM é a Central dos Trabalhadores e Trabalhadoras do Brasil-CTB, facilmente explicável em razão dos vínculos dos seus dirigentes com o Partido Comunista do Brasil – PCdoB.

Do ponto de vista metodológico, esclarece-se que este trabalho verticalizará sua investigação na atuação da CSI e de suas principais federações sindicais internacionais especializadas por ramo de atividade, essa opção investigativa decorre da pouquíssima fluidez de informações acerca do movimento sindical internacional nos diversos agrupamentos de ramos e categorias profissionais.

3. CONFEDERAÇÃO SINDICAL INTERNACIONAL – CSI

Como mencionado no tópico anterior, nasce a CSI (2006), atual herdeira da maior fusão sindical, por conseguinte, convertendo-se na maior central sindical mundial, fundada em Viena, tendo sua sede em Bruxelas/Bélgica. Como dito, sua origem é fruto da união de duas outras grandes organizações sindicais internacionais decidiram se unir para que ela fosse formada a saber: a Confederação Mundial do Trabalho e a Confederação Internacional dos Sindicatos Livres.

A criação da CSI traduziu-se na maturidade política e institucional do movimento sindical internacional de dotá-lo de uma direção unificada, além das afiliações ideológicas e religiosas. Esta fusão favoreceu, inclusive o adensamento de outras estruturas institucionais criando novas redes sindicais e novos tipos de colaboração intersindicais em vários países.

---

9 Framil Filho, Ricardo. O internacionalismo operário entre o local e o global: as redes sindicais de trabalhadores químicos e metalúrgicos no Brasil. (dissertação de mestrado). Faculdade de Filosofia, Letras e Ciências Humanas da Universidade de São Paulo. Disponível em: <file:///C:/Users/sandro.lunard/Downloads/2016_RicardoFramilFilho_VCorr.pdf.>. Acesso em: 04 mar. 2022. p. 59-65.

10 Confederación Sindical Internacional. Disponível em: <https://www.ituc-csi.org/?lang=es>. Acesso em: 04 mar. 2022.

11 João Felicio, dirigente das organizações nacionais de professores e da Central Única dos Trabalhadores do Brasil.

A organização tem como premissa a premente necessidade de que a luta sindical se internacionalize. A defesa da CSI está centrada na ideia de que é a forma mais adequada para que os trabalhadores e trabalhadoras consigam fazer frente ao capitalismo global.

A CSI tem como papel fundamental promover o crescimento e o fortalecimento do movimento sindical independente e democrático em âmbito mundial (trata-se aqui de um elemento distintivo em relação à FSM por conta de sua vinculação a países e governos de recorte socialista ou comunista), a fim de proteger, sem qualquer distinção, os direitos dos trabalhadores. Tem como objetivo, portanto, garantir condições de dignidade, justiça e segurança no trabalho, mas, também, na sociedade em geral[12].

Para tanto, propugna pela justa distribuição universal de bens, riquezas, educação e oportunidades de trabalho decente para todos que dele necessitam para viver, representa, portanto, "um contrapeso na economia global"[13]. A Confederação está distribuída geograficamente em todo o planeta e, no continente americano, representa-se pela Confederação Sindical das Américas (CSA).[14]

Com forte atuação em campanhas voltadas ao público consumidor, tem promovido ações de "propaganda negativa" para pressionar grandes empresas transnacionais para que cumpram a legislação e não pratiquem dumping social. Por exemplo, com o lançamento do novo e tecnológico *Galaxy S8*, celular da primeira linha da marca, foi desenvolvida campanha publicitária como forma de protesto contra a transnacional, porquanto vinha adotando práticas antissindicais e altamente prejudiciais aos trabalhadores.[15]

Do ponto de vista geral, a agenda global da CSI está focada nas cadeias de terceirização de atividades, eliminação da escravidão, mudanças climáticas e novas tecnologias, coerência global aos objetivos do milênio da ONU, constituição de mecanismos e ferramentas mundiais de gestão da circulação de trabalhadores migrantes, organização dos trabalhadores na economia formal e informal, monitoramento dos países em risco com alto potencial de violação aos direitos humanos e sindicais, proteção dos trabalhadores domésticos e da discriminação em matéria de emprego e ocupação por conta de gênero[16].

---

12 Confederación Sindical Internacional. Estatuto. Berlin, 2014, p. 7. Disponível em: <https://www.ituc-csi.org/IMG/pdf/ituc_constitution_es.pdf>. Acesso em: 17 fev. 2022.

13 Confederación Sindical Internacional. Estatuto. Berlin, 2014, p. 8. Disponível em: <https://www.ituc-csi.org/IMG/pdf/ituc_constitution_es.pdf>. Acesso em: 17 fev. 2022.

14 Confederación Sindical das Américas. Disponível em: http://www.csa-csi.org/. Acesso em 17 fev. 2022.

15 Confederación Sindical Internacional. Disponível em: <https://www.ituc-csi.org/galaxy-8-de-samsung-producto-de-la>. Acesso em 17 fev. 2022.

16 Confederación Sindical Internacional. Disponível em <https://www.ituc-csi.org>. Acesso em 17 fev. 2022.

A grande maioria das federações internacionais categoriais estão filiadas à CSI, sendo assim nos tópicos subsequentes, apresentaremos a configuração institucional e alguns elementos estratégicos de atuação da Federação Internacional dos Trabalhadores em Transportes (ITF), Federação Internacional dos Trabalhadores na área da Construção e da Madeira (ICM), União Global Industrial (IndustriALL), União Global dos Trabalhadores no Comércio, Turismo e Hospitalidade, Esportes, Meios de Comunicação, Tecnologia e Saúde (UNIGLOBAL).

3.1. Federação Internacional dos Trabalhadores em Transportes (ITF)

A origem da Federação Internacional dos Trabalhadores em Transportes – ITF[17] remonta ao final do século XIX, num período em que eclodiu uma série de organizações sindicais internacionais que ficaram conhecidas como "*International Trade Secretariats*" (ITSs)[18]. Essas iniciativas têm seu ponto de partida em território britânico, num momento de graves conflitos laborais no setor portuário daquele país (trabalhadores, donos de embarcação e empregadores portuários). Surge assim, a necessária impulsão associacionista, dando resposta a esses litígios, o nascimento da ITF. A concretização associativa e institucional dessa entidade sindical internacional é fruto, além da necessidade de organização dos trabalhadores ingleses, mas, particularmente, derivado do inevitável modelo organizativo de enfrentamento às violentas e sucessivas repressões de movimentos grevistas dos trabalhadores naquele período[19].

A federação internacional, portanto, surgiu da premente necessidade de conectar os interesses dos trabalhadores em transportes articulando-os na solidariedade internacional entre as organizações sindicais de transportes.

Seus métodos e objetivos gerais inscritos no seu Estatuto reafirmam os princípios gerais inscritos nas políticas da ONU e OIT previstas nas normas internacionais do trabalho (Convenções 87 e 98) e na Declaração de Filadélfia de 1944, sobretudo na promoção inclusiva de jovens e de igualdade de gênero no mercado de trabalho.[20]

---

17 Federação Internacional dos Trabalhadores em Transportes. Disponível em <http://www.itfglobal.org/pt/americas/>. Acesso em 04 mar. 2022.

18 LEWIS, Harold. **The International Transport Workers' Federation (ITF) 1945-1965:** an Organizational and Political Anatomy. 2003.Tese (Doutorado) – Curso de Sociology, University of Warwick, Conventry, 2003, p. 16-17.

19 LEWIS, Harold. **The International Transport Workers' Federation (ITF) 1945-1965**: an Organizational and Political Anatomy. 2003. 399 f. Tese (Doutorado) – Curso de Sociology, University of Warwick, Conventry, 2003, p. 17.

20 Federação Internacional dos Trabalhadores em Transportes. Estatuto. Disponível em <https://www.itfglobal.org/sites/default/files/node/page/files/ITF%20Constitution%202022_PT.pdf> Acesso em: 16 fev. 2022.

A estratégia de atuação consiste: a) em ativar a base de membros e o envolvimento dos membros no trabalho e no sindicalismo conduzido pelos trabalhadores em transportes jovens e mulheres; b) liderar e apoiar campanhas inovadoras que resultem em verdadeiras vitórias para trabalhadores em empresas, cadeias de suprimento e modos de transporte multinacionais; c) reivindicar uma política global e regional que traga justiça e sustentabilidade para o futuro do trabalho, o transporte e a economia global.[21]

A ITF está sediada em Londres, mas possui escritório regionais em diversos continentes além da Europa, como na África, Ásia e América. O escritório americano da ITF situa-se no Brasil, na cidade do Rio de Janeiro. A federação é integrada por cerca de 700 sindicatos e, apenas na América Latina, a ITF representa mais de 100 sindicatos. Representando mais de 16 milhões de trabalhadores, a ITF atua em diversos setores: *transporte marítimo, transporte portuário, transporte ferroviário, transporte rodoviário, na pesca, na aviação civil, no turismo e na navegação fluvial.*

Estendendo raízes por mais de 150 países, a ITF tem voz em organizações internacionais para tratar dos interesses dos seus representados, sua atuação é destacada na Organização Marítima Internacional, a Organização internacional de Aviação Civil e, sobretudo, na Organização Internacional do Trabalho – OIT.

A internacionalização do sindicalismo tem uma importância excepcional no âmbito do setor de transportes, exatamente porque a atividade logística exige deslocamento destes trabalhadores nos mais diversos países.

Com isso, as medidas tomadas por um país acerca dos interesses destes trabalhadores, evidentemente, ultrapassam as barreiras nacionais e, obviamente, acarretam incontornavelmente em repercussões internacionais. A ITF promove o diálogo entre as entidades sindicais dos vários países e presta auxílio quando os sindicatos entram em conflito com o governo ou com os empregadores, especialmente no ramo portuário. A atuação da ITF comporta diversas iniciativas que vão desde mensagens de apoio e protestos, até a deflagração de greves e organização de boicotes.

No sítio eletrônico é possível verificar sua estratégia global no exercício de interlocução dos interesses profissionais com "poderes substanciais de negociação e *lobby* perante governos e entidades internacionais". Reforçam sua força institucional informando que: "Nosso tamanho e estatura significam que somos capazes de coordenar campanhas contra multinacionais e governos que produzem resultados e provocam mudança."[22]

---

21 Federação Internacional dos Trabalhadores em Transportes. Disponível em < https://www.itfglobal.org/pt/about-us/four-levers>. Acesso em 04 mar. 2022.

22 Federação Internacional dos Trabalhadores em Transportes. Disponível em < https://www.itfglobal.org/pt/about-us/who-we-are>. Acesso em: 16 fev. 2022.

Além disso, a entidade conta com atuação em segmentos de política intersetorial, como questões relacionadas à educação dos trabalhadores, ao trabalho da mulher, ao trabalho dos jovens, dentre outras frentes temáticas, como a luta contra o HIV.

3.2. Federação Internacional dos Trabalhadores na área da construção e da madeira (ICM)

A *Building and Wood Workers' International – BWI ou ICM*[23] é uma federação sindical internacional, fundada em 2005, fruto da união da Federação Internacional dos Trabalhadores da Construção e da Madeira e da Federação Mundial dos Trabalhadores da Construção e da Madeira.

A entidade é dividida entre presidência, conselho mundial e comitês. Os comitês, por sua vez, são regionais ou mundiais, contando sempre com comitês de mulheres em todos os âmbitos.

Com sede em Genebra, na Suíça, a ICM congrega cerca de 320 sindicatos em mais de 130 países. Estima-se que a organização represente por volta de 12 milhões de trabalhadores empregados nas áreas da indústria da construção civil, da silvicultura, dos materiais de construção, dentre outros setores correlatos, como da extração de minerais não metálicos[24].

A estrutura sindical está distribuída globalmente nos mais diversos continentes, contando com escritórios no Brasil, no Panamá, na Índia, no Chile, na Tailândia, na Rússia, no Peru, dentre outros.

Dentre os principais objetivos estatutários, tem *(i) a formação, o crescimento e a consolidação de sindicatos independentes e democráticos no setor que representa; (ii) a reunião dos sindicatos, respeitando a autonomia de cada organização; (iii) a promoção da igualdade de gênero; (iv) assegurar que as multinacionais respeitem, em âmbito internacional, as normas da Organização Internacional do Trabalho – OIT; (v) a melhora da saúde e segurança para todos os trabalhadores do setor; (vi) assegurar que os sindicatos regionais tenham a oportunidade de serem consultados, além de promover o diálogo social entre empregadores e sindicatos*[25].

Sua atuação prioritária está concentrada nos estudos e atuação nas empresas multinacionais, projetos de infraestrutura, certificação florestal e eventos

23 Federação Internacional dos Trabalhadores da Construção e Madeira. Disponível em: <https://www.bwint.org/es_ES/>. Acesso em: 16 fev. 2022.

24 Internacional de Trabajadores de la Construcción y la Madera. Estatuto. Durban, 2017, Anexo 2. Disponível em: <https://www.bwint.org/es_ES/cms/estatutos-128.>. Acesso em: 16 fev. 2022.

25 Nesse sentido, cf. art. 2º do Estatuto. Internacional de Trabajadores de la Construcción y la Madera. Estatuto. Durban, 2017. Disponível em: <https://www.bwint.org/es_ES/cms/estatutos-128.>. Acesso em: 16 fev. 2022.

desportivos (copa do mundo e jogos olímpicos), com foco na questão de saúde e segurança no trabalho, trabalho precário e trabalhos na indústria florestal.

A ICM desempenha importante papel de fiscalização nas obras de construção civil nos grandes eventos desportivos. Pode-se destacar as ações executadas durante as obras para hospedar as Olimpíadas de Inverno de 2018 na Coréia do Sul.

Mais recentemente, a atuação sindical e fiscalização exercida nas obras para a Copa do Catar, tendo, inclusive, assumido a campanha internacional denominada "*Drible ou gol: acompanhando o legado do trabalho decente no Catar*"[26] o qual reúne um conjunto de ações e denúncias do governo local resultando num pedido de indenização milionário endereçado à FIFA[27] em razão dos inúmeros acidentes com números superlativos de óbitos contando com mais de 6.500 mortes ocorridas durantes as obras[28]. O resultado final da atuação da ICM na última década resultou no documento organizado por diversas instituições internacionais, dentre elas: Anistia Internacional, *Human Rights Watch*, *Migrant-rights*, *Fair Square*, *Business & Human rights resource Centre* requisitando posição firme da FIFA, seja quanto as violações e mortes, seja na adequação e adoção de medidas preventivas dos locais de trabalho, postulando urgente redefinição na organização dos canteiros de obras, particularmente com medidas preventivas na área de engenharia e saúde ocupacional, além disso pedido uma indenização compensatória de 440 milhões de dólares.

Por fim, o organismo sindical internacional atuou e atua numa série de apuração de denúncias acerca de violações às normas trabalhistas e da liberdade sindical[29].

3.3. União Global Industrial (IndustriALL)

Com filiados em mais de 100 países, a *IndustriALL*[30] está presente nas Américas, na África, na Europa, na Ásia e no Oriente Médio. Na América Latina, a

[26] Internacional de Trabajadores de la Construcción y la Madera. Disponível em: <https://www.bwint.org/es_ES/cms/regate-o-gol-icm-impulsa-propuestas-para-completar-reformas-laborales-en-qatar-2379 >. Acesso em: 04 mai. 2022.

[27] Amnistía Internacional. Qatar: La FIFA debería igualar los 440 millones de dólares de la dotación en premios de la Copa Mundial para financiar un gran programa de indemnización para la población trabajadora migrante objeto de abusos. Disponível em: <https://www.amnesty.org/es/latest/news/2022/05/qatar-fifa-should-match-440m-world-cup-prize-money-to-fund-compensation-programme-for-migrant-workers/>. Acesso em: 04 mai. 2022.

[28] The Guardian. Revealed: 6,500 migrant workers have died in Qatar since World Cup awarded. Disponível em: <https://www.theguardian.com/global-development/2021/feb/23/revealed-migrant-worker-deaths-qatar-fifa-world-cup-2022>. Acesso em: 04 mai. 2022.

[29] Recentemente, acerca das olimpíadas, a ICM divulgou relatório apontando as irregularidades e emitindo recomendações e que pode ser consultado no sítio <https://www.bwint.org/web/content/cms.media/825/datas/Construction%20worker%20rights%20violation%20at%20PyeongChang%20 2018%20-%20BWI-KFCITU.pdf>.

[30] União Internacional de Sindicatos. Disponível em: <http://www.industriall-union.org/es>. Acesso em: 04 mar. 2018.

IndustriALL está sediada em Montevidéu, no Uruguai. No Brasil, forças sindicais significativas e expressivas compõem a base da *IndustriALL*, como a Confederação Nacional dos Metalúrgicos, vinculada à Central Única dos Trabalhadores/CNM-CUT[31] e a Confederação Nacional dos Trabalhadores Metalúrgicos/CNTM[32] vinculada à Força Sindical.

Do ponto de vista da concentração de atividades sindicais, o campo de atuação INDUSTRIALL é bastante diversificado, abrangendo, os setores da indústria aeroespacial, automobilística, química, farmacêutica, energética, têxtil, metalúrgica, além dos respectivos ramos de serviços.

A *IndustriALL* tem como alguns dos seus principais propósitos estatutários (i) organizar e desenvolver o poder coletivos dos trabalhadores do mundo todo, além de promover e defender seus direitos e interesses, fazendo frente ao Estado e às empresas; (ii) fortalecer o movimento sindical mundial, unindo os trabalhadores em sindicatos, promovendo e coordenando as negociações coletivas; (iii) lutar por um desenvolvimento econômico democrático, equitativo e sustentável, buscando aumentar os salários, bem como melhorar o nível de vida e as condições de trabalho[33].

Com método de atuação bem delimitado, a *IndustriALL,* busca atingir seus objetivos apoiando as organizações nacionais afiliadas, com assistência técnica em áreas como suporte no estudo da legislação laboral, com investigação econômica e empresarial, política de comunicação, além de apoio na gestão organizativa e financeira das entidades.

3.4. União Global dos Trabalhadores no comércio, turismo e hospitalidade, esportes, meios de comunicação, tecnologia e saúde (UNI-Global Union)

Representando mais de 20 milhões de trabalhadores, a UNI-Global Union[34] representa mais de 900 sindicatos nas Américas, na África, na Europa e na Ásia. A Uni-Global Union congrega sindicatos globais dos mais variados setores, quais sejam: limpeza e segurança; comércio; finanças; jogos de azar; gráficos e embalagens; cabeleireiros e esteticistas; ICTS (informação, comunicação, tecnologia

---

31 A filiação da confederação é possível de identificar em visita ao sítio eletrônico. Disponível em: <http://www.cnmcut.org.br/>. Acesso em: 04 mar. 2022.

32 Essa confederação indica seu vínculo com Industriall via consulta em seu domínio na internet. <http://cntm.org.br/>. Acesso em: 04 mar. 2022.

33 Neste sentido, v. art. 2º do Estatuto. Industriall Global-Union. Estatuto. Rio de Janeiro. Disponível em: <http://www.industriall-union.org/es/quienes-somos/estatutos-del-industriall-global-union>. Acesso em: 16 fev. 2022.

34 União global de Trabalhadores. Disponível em: <http://www.uniglobalunion.org/es>. Acesso em: 16 fev. 2022.

da informação e serviços); meios de comunicação, espetáculos e artes; trabalho temporário; correio e logística; turismo; saúde e esportes.

A federação internacional celebrou pacto coletivo de trabalho supranacional com mais de 50 empresas e multinacionais[35], as quais foram signatárias de acordo marco com a UNI-Global Union. Os acordos globais ampliaram seu alcance para incluir questões da maternidade, o direito de desconexão, políticas para suprimir com qualquer forma de discriminação de violência de gênero, teletrabalho, assim como de saúde e segurança no trabalho.

A atuação marcante da UNI-Global Union[36] de maior impacto global foi verificada quando da ocorrência do grave acidente, no ano de 2013, no complexo fabril de Rana Plaza em Bangladesh, no qual morreram mais de mil trabalhadores da indústria da confecção. Nesse contexto, a federação internacional assumiu a iniciativa para que duzentas 200 marcas mundiais de moda[37] firmassem Acordo Marco sobre segurança laboral naquele país, além dessa ação sindical, finalizou essa intervenção naquele País com a garantia de indenização às vítimas e familiares no importe total de 30 milhões de euros.

No Brasil, um exemplo de caso que envolveu a atuação sindical da UNI ocorreu em face da empresa de transporte de valores Prosegur, caso em que a Confederação Nacional dos Vigilantes e Prestadores de Serviços – CNTV e seus sindicatos exigiam que a empresa cumprisse as normas de trabalho internacionalmente reconhecidas, reestabelecendo diálogo nacional e global com a finalidade de enfrentar e superar todas as dificuldades denunciadas, inclusive de gravíssimas violações de direitos humanos.[38]

CONCLUSÃO

O presente artigo teve por objetivo apresentar a arquitetura sindical internacional da Confederação Sindical Internacional, bem como suas federações sindicais internacionais setoriais mais relevantes, a exemplo: setores de transporte, indústria da construção civil e metalurgia, comércio e serviços, reunidos nas federações internacionais da ITF, INDUSTRIALL, UNION GLOBAL, ICM.

---

35 A título exemplificativo dois grandes bancos nacionais: Banco do Brasil e Itaú, além dessas empresas, várias multinacionais com operações no Brasil: Inditex/Zara (confecção), Carrefour(varejo), DHL (logística), Telefónica(telecomunicações). Acuerdos Globales. Disponível em: <https://uniglobalunion.org/es/workers-rights/global-agreements/>. Acesso em: 16 fev. 2022.

36 Industriall Global-Union. Derechos de los Trabajadores Acuerdo Internacional. Disponível em:<https://uniglobalunion.org/es/workers-rights/international-accord/>. Acesso em: 16 fev. 2022.

37 Industriall Global-Union. Disponível em: http://www.industriall-union.org/es/empresas-signatarias-del-acuerdo-de-2018. Acesso em: 16 fev. 2022.

38 União Global de Trabalhadores. Disponível em: <http://www.uniglobalunion.org/es/news/ponto-de-contato-da-ocde-na-espanha-pede-que-a-prosegur-investigue-e-acabe-com-violacoes-de>. Acesso em: 16 fev. 2022.

Dessa maneira, a ação sindical contemporânea, sem perder seus objetivos históricos e estratégicos, interage nas realidades nacionais coordenando e auxiliando o movimento sindical nacional, tendo essas intervenções costumeiras repercussões no plano das estruturas empresarias locais e transnacionais. Essas investidas organizadas globalmente, porém concretizadas localmente, têm como finalidade exigir posicionamento, para tanto, cobrando atuação dos governos locais frente aos problemas do mercado de trabalho, comportamento empresarial. As premissas de atuação da CSi e federações sindicais internacionais estão integralmente comprometidas com os direitos fundamentais previstos na declaração internacional do trabalho digno preconizado pela OIT, além do integral cumprimento da legislação nacional regulatória do trabalho existente.

Nesse espectro, a CSI cumpre o papel de interlocutora mundial dos interesses dos trabalhadores e suas federações internacionais projetando, desenvolvendo e executando estratégias de ordem categorial inseridos na complexa teia das relações econômicas internacionais.

Dessa maneira as dinâmicas do internacionalismo operário contemporâneo, embora executadas de forma pragmática e integrada na defesa intransigente dos direitos humanos laborais (sociais, trabalhistas e sindicais), pavimenta, na prática, uma intervenção unitária, categorial e global nas cadeias mundiais de exploração de trabalho, grandes multinacionais ou eventos desportivos de repercussão mundial. Com isso, resultam, ao final das contas, na otimização e melhoria do patamar civilizatório regulatório do trabalho mundial.

Finalmente, a atuação global centralizada na CSI, mas articulada categorialmente tem, em última análise, saldo qualitativo e reflexivo no eterno e incansável objetivo de resistência aos fluxos flexibilizatórios e precarizantes, contudo do ponto de vista histórico, mantém reavivado o eterno ideário de unidade e identidade mundial das lutas dos trabalhadores, permeados por valores de uma sociedade mundial mais justa, fraterna, inclusiva e igualitária.

REFERÊNCIAS

Amnistía Internacional. Qatar: La FIFA debería igualar los 440 millones de dólares de la dotación en premios de la Copa Mundial para financiar un gran programa de indemnización para la población trabajadora migrante objeto de abusos. Consultado no sítio eletrônico: <https://www.amnesty.org/es/latest/news/2022/05/qatar-fifa-should-match-440m-world-cup-prize-money-to-fund-compensation-programme-for-migrant-workers/>. Acesso em: 04 mai. 2022.

COSTA, Hermes Augusto; SANTOS, Boaventura de Sousa. Para ampliar o cânone operário. (Org.) Trabalhar o mundo: os caminhos do novo internacionalismo operário. Rio de Janeiro: Civilização Brasileira, 2005.

Confederação Nacional dos Metalúrgicos da CUT. Consultado no sítio eletrônico <http://www.cnmcut.org.br/>. Acesso em: 17 fev. 2022.

Confederação Nacional dos Metalúrgicos. consultado em seu domínio na internet. Disponível em: <http://cntm.org.br/>. Acesso em: 17 fev. 2022.

Confederación Sindical das Américas. Disponível em: http://www.csa-csi.org/. Acesso em 17 fev. 2022.

Confederación Sindical Internacional. Disponível em: <https://www.ituc-csi.org/IMG/pdf/ituc_constitution_es.pdf>. Acesso em: 17 fev. 2022.

Confederación Sindical das Américas. Disponível em: http://www.csa-csi.org/. Acesso em 17 fev. 2022.

________. Disponível em <https://www.itfglobal.org/pt/about-us/four-levers>. Acesso em 04 mar. 2022.

________. Disponível em <https://www.itfglobal.org/pt/about-us/who-we-are>. Acesso em: 16 fev. 2022.

Federação Sindical Mundial. Disponível em: http://wftufise.org/federacao-sindical--mundial-fsm-trincheira-internacional-da-luta-dos-trabalhadores/. Acesso em: 04 mai. 2022.

Federação Internacional dos Trabalhadores em Transportes. Disponível em <http://www.itfglobal.org/pt/americas/>. Acesso em 04 mar. 2022.

FRAMIL Filho, Ricardo. O internacionalismo operário entre o local e o global: as redes sindicais de trabalhadores químicos e metalúrgicos no Brasil. (dissertação de mestrado). Faculdade de Filosofia, Letras e Ciências Humanas da Universidade de São Paulo. Disponível em: <file:///C:/Users/sandro.lunard/Downloads/2016_RicardoFramilFilho_VCorr.pdf.>. Acesso em: 04 mar. 2018. p. 59-65.

Internacional de Trabajadores de la Construcción y la Madera. Disponível em: <https://www.bwint.org/es>. Acesso em 04 mar. 2022.

________. Disponível em: <https://www.bwint.org/es_ES/cms/regate-o-gol-icm-impulsa--propuestas-para-completar-reformas-laborales-en-qatar-2379>. Acesso em: 04 mai. 2022.

Industriall Global-Union. Disponível em: <http://www.industriall-union.org/es/quienes-somos/estatutos-del-industriall-global-union>. União global de Trabalhadores. Disponível em: http://www.uniglobalunion.org/es. Acesso em 04 mar. 2022.

________.Derechos de los Trabajadores Acuerdo Internacional. Disponível em: <https://uniglobalunion.org/es/workers-rights/international-accord/>. Acesso em: 16 fev. 2022.

________.Disponível em: http://www.industriall-union.org/es/empresas-signatarias-del--acuerdo-de-2018. Acesso em: 16 fev. 2022.

LEWIS, Harold. The International Transport Workers' Federation (ITF) 1945-1965: an Organizational and Political Anatomy. 2003. 399 f. Tese (Doutorado) – Curso de Sociology, University Of Warwick, Conventry, 2003, p. 17.

LÖWY, Michael. Por um novo internacionalismo. REVISTA ELETRÔNICA DA PUC/SP. Disponível em: <http://www4.pucsp.br/neils/downloads/v5_artigo_michael.pdf.>. Acesso em: 17 fev. 2022.

LOSURDO, Domenico. A Luta de Classes – Uma História Política e Filosófica. São Paulo: Boitempo Editorial.

Movimento Sindical Internacional. Disponível em: <https://gestrado.net.br/verbetes/movimento-sindical-internacional/>. Acesso em: 04 mar. 2022.

The Guardian. Revealed: 6,500 migrant workers have died in Qatar since World Cup awarded. Disponível em: <https://www.theguardian.com/global-development/2021/feb/23/revealed-migrant-worker-deaths-qatar-fifa-world-cup-2022>. Acesso em: 04 mai. 2022.

União Global de Trabalhadores. Disponível em: <http://www.uniglobalunion.org/es/news/ponto-de-contato-da-ocde-na-espanha-pede-que-a-prosegur-investigue-e--acabe-com-violacoes-de>. Acesso em: 16 fev. 2022.

World Bank. Doing Business. Disponível em: <https://archive.doingbusiness.org/en/doingbusiness>. Acesso em: 04 mai. 2022.

SINDICALISMO NA PANDEMIA

CAPÍTULO 38

SINDICALISMO NA PANDEMIA: EM BUSCA DE LEGITIMIDADE E PROTAGONISMO[1]

ANDERSON CAMPOS[2]

Sumário • Introdução – Ofensiva para fragilizar os sindicatos – Sentido da ação sindical – Considerações finais – Referências.

INTRODUÇÃO

Entre as análises pioneiras nos anos 1990 sobre o neoliberalismo, o balanço realizado por Perry Anderson (1995) firmou-se como referência obrigatória. Observava o autor que duas instituições foram alvos fundamentais dos questionamentos neoliberais: o Estado e os sindicatos. A receita apresentada era um Estado que rompesse com o poder dos sindicatos e, ao mesmo tempo, fosse firme na disciplina orçamentária para reduzir ao mínimo o gasto social. A pandemia do Covid-19 ao redor do mundo tem recolocado o debate sobre o papel dessas instituições. Por um lado, mostra o quanto o Estado é necessário para salvar vidas, aumentando o gasto social e intervindo na economia, ao mesmo tempo em que demonstra a impossibilidade de respostas às múltiplas crises desde políticas neoliberais. Por outro lado, a organização sindical dos trabalhadores, instituição questionada e fragilizada pela hegemonia neoliberal, tem buscado recuperar sua legitimidade e protagonismo como representante dos trabalhadores e exercer influência sobre decisões públicas que afetam a vida e as condições de trabalho.

Levando em consideração a difícil situação do sindicalismo no Brasil, o objetivo deste artigo é apreender o sentido da ação sindical durante a pandemia de COVID-19, o novo coronavírus. As pesquisas que temos realizado dão indícios de um sindicalismo que busca reafirmar sua legitimidade como instituição de representação dos trabalhadores e, no âmbito mais amplo na sociedade, percebe-se o esforço para se colocar como ator político relevante. Consideramos que a ação

---

1 Versão atualizada e ampliada de CAMPOS (2020c); artigo publicado em OLIVEIRA e POCHMANN (2020).

2 Pesquisador do Centro de Estudos Sindicais e de Economia do Trabalho – CESIT – IE/Unicamp, membro do GT Mundos do Trabalho e da REMIR – Rede de Estudos e Monitoramento Interdisciplinar da Reforma Trabalhista.

sindical no contexto de pandemia no Brasil objetiva: a) afirmar sua relevância na defesa da vida, dos direitos e dos empregos; b) recolocar-se como ator político que exerce influência nas decisões públicas; c) recuperar sua legitimidade junto as bases que busca representar e organizar.

Pesquisamos a ação sindical em categorias que sofreram impactos diferenciados entre si e cujas entidades de grau superior têm construído uma agenda sindical nesse período. Foram selecionados dois sindicatos em cada ramo, abrangendo as cinco regiões do país. São eles: o Sindicato dos Bancários de Porto Alegre e Região (SindBancários) e o Sindicato dos Empregados em Estabelecimentos Bancários do Estado do Pará (SEEB-PA), filiados à Contraf-CUT; o Sindicato dos Enfermeiros do Rio Grande do Sul (SERGS) e o Sindicato dos Trabalhadores Públicos da Saúde do Estado de São Paulo (SindSaúde-SP), filiados à CNTSS; o Sindicato dos Professores do Distrito Federal (Sinpro-DF) e o Sindicatos dos Trabalhadores/as em Educação do Estado de Alagoas (SINTEAL), filiados à CNTE. Utilizamos como fontes os sites e perfis dos sindicatos em redes sociais – observados de março a setembro – e entrevistas com dirigentes das entidades realizadas no mês de maio. Procuramos apreender como os dirigentes sindicais interpretam sua ação e entendem seu papel no atual contexto.

Os sindicatos analisados estão alinhados em torno de uma identidade ideológica (HYMAN, 2007), o que permite observar características em comum, além de todos serem filiados à CUT: possuem mecanismos de organização por local de trabalho, instâncias de participação de base, utilizam ferramentas de comunicação com centralidade na política da entidade, estão inseridos organicamente em suas respectivas confederações nacionais, reproduzem a agenda política da central no cotidiano e contam com considerável estrutura organizativa e material. Isto posto, esse artigo não tem o intuito de generalizar uma interpretação sobre o conjunto do sindicalismo brasileiro pois, como demonstrado por Campos *et al.* (2020), há sindicatos atuantes que não possuem posicionamento crítico sobre a conjuntura política e as medidas públicas tomadas no contexto de pandemia, nem realizam trabalho de base e, ainda, negociam a redução de direitos como forma de manter os contratos de trabalho. Portanto, consideramos que a características herdadas pelas trajetórias sindicais exercem influência sobre os repertórios de ação dos sindicatos (HYMAN, 2007).

O artigo está organizado em duas seções, além desta introdução e das considerações finais. Na primeira seção, recuperamos o quadro de fragilização dos sindicatos, que antecede a pandemia. A segunda seção desenvolve três esforços estratégicos dos sindicatos selecionados na pesquisa, com o objetivo de apreender o sentido da ação sindical no período em tela. Tais esforço se configuram mutuamente em torno dos objetivos elencados: a proteção da vida, dos empregos e dos direitos; as mobilizações unitárias para influenciar as decisões políticas; o enfrentamento dos limites para a organização sindical. Nas considerações finais, apontamos alguns limites e tensões presentes no sindicalismo no contexto de pandemia.

OFENSIVA PARA FRAGILIZAR OS SINDICATOS

A ação sindical foi fortemente fragilizada nos últimos quarenta anos por transformações no mundo do trabalho, por políticas de flexibilização e precarização das relações trabalhistas, pela reconfiguração da classe trabalhadora e pelo enfraquecimento das noções de solidariedade que alimentam a luta coletiva.

No Brasil, o sindicalismo tem sido impactado por mudanças no padrão de regulação social do trabalho, em linha com as características do capitalismo contemporâneo. O sentido é o de fortalecer a autorregulação dos mercados ao submeter o trabalhador a uma maior insegurança e ao ampliar a liberdade do empregador em determinar as condições de uso da força de trabalho (KREIN, 2013; GALVÃO *et al*, 2017; KREIN, GIMENEZ & SANTOS, 2018; KREIN, VÉRAS DE OLIVEIRA & FILGUEIRAS 2019). Desde 2015, a agenda de retirada de direitos vem ganhando expressão, com iniciativas como a votação da regulamentação da terceirização através do PL 4.302/98. Mas foi a partir do golpe de 2016, com a interrupção do Governo Dilma Rousseff, que a agenda de redução do gasto social, de reforma da previdência e de reforma trabalhista ganha impulso e concretude (KREIN, 2018).

Algumas pesquisas (GALVÃO *et al*, 2017; DIEESE, 2017; VERAS DE OLIVEIRA, GALVÃO & CAMPOS, 2019) têm indicado que a reforma trabalhista (Lei 13.467/2017) aprofunda o processo de deterioração do mercado de trabalho e fragiliza as instituições públicas do trabalho, a exemplo da Justiça do Trabalho e das entidades sindicais. A disseminação de uma gama diversa de tipos de contratos precários afeta a base de representação dos sindicatos, historicamente ancorada nos assalariados formalizados, aumentando o percentual de trabalhadores não filiados a sindicatos e não cobertos por convenções e acordos coletivos. Desse modo, ela promove a fragmentação da classe trabalhadora e a pulverização da representação dos sindicatos, pois a legislação sindical brasileira estabelece que a representação é distinta a depender da forma de contratação, ainda que exerçam a mesma atividade e atuem no mesmo local de trabalho. As alterações efetivadas na legislação trabalhista atacam frontalmente a legitimidade do ator sindical enquanto representante dos interesses da classe trabalhadora, com o objetivo de torná-lo um mediador entre as condições de competitividade da empresa e os trabalhadores (COLOMBI, LEMOS & KREIN, 2018). O descenso no número de sindicalizados já vinha ocorrendo desde 2012, ano em que a taxa de sindicalização se encontrava em 16,1%, conforme a PNAD-C. Mas a queda é mais acentuada a partir de 2017, recuando de 14,4% para 11,2% da população ocupada, em 2019, a despeito da pequena expansão da ocupação registrada nesse ano (IGBE, 2020).

Portanto, o início da pandemia no Brasil encontra as instituições públicas estatais e o sindicalismo fragilizados e sob constante ataque. Um sindicalismo que se encontrava restringido à busca de preservação das estruturas das entidades, marcado pela ausência de uma estratégia voltada para repensar sua representatividade junto aos trabalhadores e o seu papel junto à sociedade (CAMPOS, 2019). A principal agenda de resistência após a reforma trabalhista estava organizada em torno da sobrevivência dos sindicatos, ameaçada por razões de ordem financeira (VERAS DE OLIVEIRA, GALVÃO & CAMPOS, 2019). A contribuição sindical obrigatória caiu 90% entre abril de 2017 e abril de 2018 (DIEESE, 2018). A queda na arrecadação decorrente do fim da obrigatoriedade do imposto foi de grande magnitude, situação agravada pela crise econômica e consequente deterioração do mercado de trabalho.

SENTIDO DA AÇÃO SINDICAL

A crise instaurada no mundo pela pandemia assume contornos dramáticos no Brasil, cujo governo posicionou-se como obstáculo às medidas sanitárias de proteção da vida. O governo brasileiro também se destaca pelas medidas tomadas na contramão da proteção da renda, do emprego e da economia nacional. As medidas adotadas pelo governo federal em relação aos empregos têm implicado na redução da massa de rendimentos do trabalho, não representam de fato a proibição das despedidas e possibilitam alijar os sindicatos das negociações coletivas (KREIN & BORSARI, 2020; BIAVASCHI & VALLEJOS, 2020).

Ademais, as recomendações sanitárias impuseram limitações ao funcionamento das entidades sindicais e ao trabalho de base de suas lideranças relacionadas tanto às restrições à circulação de pessoas quanto ao fechamento de locais de trabalho, desafiando sua capacidade de diálogo e representação.

A centralidade do trabalho para o funcionamento da sociedade é afirmada na pandemia, adquirindo reconhecimento público por meio dos chamados *trabalhadores essenciais*. O emprego nas atividades essenciais corresponde a 78% das ocupações e significam em torno de 1/3 dos ocupados. Porém, sua condição de essencialidade contrasta com a desvalorização desses trabalhadores, com remuneração mais baixa que a média, jornadas mais elevadas – com exceção dos setores de saneamento, energia e comunicação (PNADCT/IBGE, 4º trimestre 2019). A centralidade do trabalho na pandemia também é contrastada pelas medidas do Governo Bolsonaro, que contribuíram para que o quadro brasileiro atual apresentasse tendências extremamente negativas, a exemplo da forte queda da massa salarial (MANZANO & BORSARI, 2020) e a intensificação de medidas legais que aumentam a liberdade empresarial na gestão dos contratos de trabalho, consolidando um processo já em curso desde a reforma trabalhista de 2017 (GT MUNDOS DO TRABALHO, 2020). A crise tem intensificado processos que a antecedem, aprofundando problemas estruturais do mercado de trabalho brasileiro.

A seguir, trataremos da ação sindical como força social atuante no contexto de pandemia, em torno de três esforços estratégicos para resgatar sua legitimidade. O primeiro e mais emergencial constitui o conjunto de iniciativas com o objetivo de proteger os trabalhadores diante dos impactos da pandemia e das medidas públicas desfavoráveis. Assim, destacamos as negociações coletivas, denúncias, protestos e ações judiciais. Trata-se da ação sindical orientada pela proteção da vida, dos empregos e dos direitos. O segundo esforço estratégico trata das mobilizações unitárias para influenciar as decisões políticas. Inclui desde a articulação das centrais em torno de iniciativas de proteção da saúde e do emprego, campanhas de ações solidárias, pressão pela aprovação do auxílio emergencial, coalização com frentes políticas e de movimentos sociais até a pressão de sindicatos por legislações favoráveis aos trabalhadores nas diversas esferas da administração pública – decretos sobre o fechamento de escolas, recursos para a educação básica, reconhecimento da covid-19 como doença ocupacional dentre outras. O terceiro esforço estratégico percebido no período analisado concentrou-se no enfrentamento dos limites para a organização sindical. Trata-se do empenho organizativo para manter o funcionamento das entidades e a relação com as bases, tanto de forma virtual quanto presencial, quando possível.

a) Proteção da vida, dos empregos e dos direitos

Diante das pressões patronais e governamentais para reduzir direitos e precarizar as condições de vida dos trabalhadores, inclusive ameaçando garantias legais constantes na CLT e em acordos e convenções coletivas, as entidades sindicais têm buscado se afirmar como instituição de representação e proteção dos trabalhadores organizados.

A partir da edição da MP 936 – que autorizou acordos individuais de redução salarial para certas faixas, sem participação dos sindicatos – as centrais sindicais passaram a orientar suas entidades filiadas em torno da mobilização para estar presente nas negociações, como forma de enfrentar imposições individuais pelos empregadores. Segundo levantamento realizado pelo DIEESE, é crescente o número de negociações que passaram a adotar as definições da MP. No entanto, vale destacar que muitas das negociações conquistaram garantias em condições superiores às estabelecidas na Medida, como, por exemplo, manutenção do rendimento líquido mensal dos trabalhadores, por meio de pagamento de ajuda compensatória mensal de natureza indenizatória (complementada pelo benefício emitido pelo governo); preservação dos benefícios já concedidos; e estabelecimento de mecanismos para assegurar a continuidade do processo de negociação coletiva, a fim de garantir maior equilíbrio na negociação entre patrões e empregados (DIEESE, 2020)[3].

A análise da ação sindical, de acordo com nossa amostra, indica um padrão que combina:

1. Pressão sobre empregadores (públicos e privados) para encaminhar as recomendações sanitárias para proteção da saúde dos trabalhadores;
2. Negociação e mobilização constante para manter contratos de trabalho;

3 Para esse levantamento, o DIEESE utilizou como fonte de informações os instrumentos coletivos divulgados por entidades sindicais representativas de trabalhadores, além de documentos reunidos pelos Escritórios Regionais e Subseções do DIEESE. Também foram consultados jornais da grande imprensa. Os dados referem-se a negociações de diversas categorias de trabalhadores: comerciários, metalúrgicos, químicos, bancários, condutores, entre outras.

3. Fiscalização, denúncia e busca de apoio público para garantir condições salubres de trabalho aos que não foram afastados de suas funções (seja no local de trabalho ou em trabalho remoto).

Os dirigentes de sindicatos de trabalhadores da saúde, que estão na linha de frente do combate ao novo coronavírus nos hospitais brasileiros, relatam o medo que paira, desde o início da pandemia, sobre todos os que trabalham na área, desde as funções administrativas até os médicos e enfermeiros. O cenário de insegurança foi acentuado pela ausência de preparação dos profissionais das equipes das diversas áreas. As entidades sindicais relatam que as denúncias feitas hoje fazem parte da ação sindical há muito tempo. Agora, assumiram um grau dramático[4]. Mesmo assim, foi apenas por meio de ações judiciais que os sindicatos conquistaram o afastamento de trabalhadores em grupo de risco, o fornecimento de EPIs e até mesmo o direito de negociação com os empregadores (sejam governos ou empresas privadas). Grande parte das ações judiciais não resulta em vitória e, mesmo quando estas ocorrem, necessitam passar por mediação da Justiça do Trabalho[5]. Portanto, foi depois do início da pandemia e após decisão judicial que a negociação com alguns sindicatos foi iniciada. Em sua luta pela legitimidade, o sindicato precisa recorrer à justiça para exercer o direito de negociar em nome dos trabalhadores.

> *Foi uma operação de guerra. Negociar com a Secretaria de Saúde, dialogar com os trabalhadores que estão na linha de frente e levar as demandas apresentadas por eles para o governo, que só abriu negociação por imposição da justiça (Entrevista com Celia Regina, Sindsaúde-SP).*

A plataforma de valorização do trabalho, reivindicada pelos sindicatos de trabalhadores da saúde, não tem o mesmo espaço midiático que os pedidos de aplausos e da retórica do reconhecimento deles como trabalhadores essenciais[6]. Os dirigentes sindicais chamam a atenção que o apoio público expressado a esses profissionais não vem acompanhado da defesa da valorização salarial e da ampliação do número de trabalhadores com a abertura de novos concursos públicos.

---

4 Pesquisa da Internacional dos Serviço Públicos (2020) sobre as condições de trabalho dos profissionais que exercem serviços essenciais durante a pandemia mostra que 77% dos respondentes alegam não ter passado por capacitação adequada para o trabalho junto à população, 63% afirmam que a quantidade de Equipamentos de Proteção Individual (EPI) no local de trabalho é insuficiente, enquanto 11% não têm sequer EPI para realização do trabalho.

5 No Rio Grande do Sul, o SERGS conseguiu participar do comitê de riscos de dois grandes hospitais públicos de referência no atendimento de Covid-19, por meio de ação no TRT. Em São Paulo, o Sindsaúde-SP tentava conversar com a Secretaria Estadual de Saúde desde fevereiro, para alertar sobre problemas relacionados à ausência de preparação das equipes, de EPIs e outros temas relacionados à Covid-19. Após perder na Justiça o pedido de afastamento de trabalhadores de grupos de risco, na mesma sentença foram dadas 48 horas para o Governo de São Paulo abrir negociação com o Sindicato.

6 Em várias cidades do mundo e no Brasil foram convocadas manifestações de apoio e agradecimento aos profissionais de saúde, por meio de aplausos nas janelas. Nos telejornais, proliferam-se reportagens especiais enaltecendo a importância dos "trabalhadores essenciais".

O trabalho bancário, por sua vez, firmou-se como um serviço essencial, devido à necessidade de pagamento do auxílio emergencial, do oferecimento de linhas de financiamentos e crédito para os negócios. É através do trabalho bancário que os recursos chegam à população. Com o afastamento de empregados em grupos de risco, o estabelecimento de *home office* para a maioria dos empregados dos bancos, combinado com o aumento da demanda pelos serviços bancários, os sindicatos relatam que a intensificação do trabalho e as incertezas sobre o futuro do teletrabalho são temas que assumiram o centro das preocupações. A existência de negociação nacional e organização ramificada, coordenada desde a Contraf-CUT, amenizou os impactos iniciais da pandemia sobre os bancários. Os dirigentes sindicais enfatizam a importância da rápida negociação no início da pandemia, com normatizações para afastamentos sem ônus salariais, sem despedidas ou punições, instauração de rodízios de empregados, iniciativas para evitar aglomerações nas agências, que passaram a contar com álcool em gel. Avaliam, ainda, que a ação sindical tem garantido a manutenção das conquistas no período de pandemia. Os sindicatos se posicionaram em vigilância cotidiana para que fossem efetivadas as medidas negociadas.

Na educação básica pública, os impactos não têm explicação pela essencialidade do serviço. Os trabalhadores na educação que possuem contratos efetivos são impactados de forma diferente daqueles contratados temporariamente. Estes sofrem a insegurança sobre a manutenção dos contratos e de suas remunerações. Os professores/as são pressionados a realizar aulas *on-line* e, no caso de funcionários/as de escola, a irem aos locais de trabalho, mesmo que estejam fechados. As mídias dos sindicatos, bem como as entrevistas com dirigentes relatam as vitórias quanto à manutenção de contratos, salários e benefícios dos precarizados e a resistência, via ações judiciais, para evitar o retorno às escolas, pressionando pela manutenção dos decretos locais sobre quarentena e isolamento domiciliar. Porém, o enfrentamento mais difícil relaciona-se à imposição de governos ao trabalho remoto, mesmo sem oferecer as condições materiais para sua execução. Além disso, os sindicatos veem aprofundar a assimetria na educação, quando se deparam com pais analfabetos, ausência de estrutura física nas casas dos estudantes para acompanhar aulas e a restrição no acesso à internet. Considerando a grande desigualdade de acesso à internet dos estudantes brasileiros[7], os sindicatos de trabalhadores da educação afirmaram, por meio de notas públicas divulgadas em suas mídias, que qualquer medida que não consegue chegar em toda a população tem como impacto o aprofundamento da desigualdade social. Em entrevista com dirigentes sindicais, os mesmos relatam impactos na saúde dos professores, com aumento da pressão dos gestores por relatórios e o desrespeito sobre horários e dias de trabalho. Uma das preocupações no trabalho de base, segundo os dirigentes, é impedir a prática do assédio moral, técnica utilizada pela gestão para forçar

7 OLIVEIRA, E. "Quase 40% dos alunos de escolas públicas não tem acesso a computador ou tablet em casa, aponta estudo". **G1**. 09 jun. 2020. Disponível em: https://g1.globo.com/educacao/noticia/2020/06/09/quase-40percent-dos-alunos-de-escolas-publicas-nao-tem-computador-ou-tablet-em-casa-aponta-estudo.ghtml. Acesso em: 16/09/2020.

os funcionários de escola a não se afastarem dos seus locais de trabalho, mesmo com decretos que obrigam o seu fechamento.

b) Mobilizações unitárias para influenciar as decisões políticas

As seis maiores centrais sindicais do país (CUT, FS, UGT, CTB, CSB, NCST[8]), de forma coordenada, buscaram construir posições conjuntas desde o início da pandemia. No centro das reivindicações está a defesa do emprego e dos salários e de políticas públicas que possibilitem às famílias o isolamento domiciliar. De forma conjunta, apresentaram propostas e realizaram iniciativas para evitar a expansão da crise sanitária e proteger os trabalhadores. Em nota unificada, publicada em 23 de março de 2020, as Centrais afirmaram:

> A exemplo de medidas adotadas por muitos países também assolados com o coronavírus, agora, mais do que nunca, é a hora do Estado exercer seu papel de regulador, protegendo empregados e empregadores e resguardando a renda e o funcionamento da economia. Proteger os empregos e a renda de todos os trabalhadores é a base para dar as condições e a segurança necessárias para que todos cumpram as medidas de isolamento e cuidados com a saúde. Ampliar as quarentenas, resguardando o trabalho dos setores estratégicos. Cuidar prioritariamente dos mais pobres e vulneráveis é tarefa do Estado e deve contar com o apoio de todos[9].

Em seguida, informaram, também em nota conjunta, que seus sindicatos, federações e confederações filiados colocaram à disposição das autoridades as suas estruturas como sedes, colônias de férias e clubes, para que fossem transformadas em postos de atendimento, com capacidade para criar cerca de 5 mil novos leitos.

No início da pandemia, o Ministério Público do Trabalho publicou uma nota técnica com recomendações sobre as condições de trabalho nos serviços de saúde. As medidas recomendadas[10] serviram de orientação aos sindicatos para pressionar empregadores e acionar a Justiça do Trabalho em várias partes do país.

Os diferentes impactos sobre os trabalhadores da saúde, bancários e da educação se referem não apenas à natureza do trabalho, mas também ao histórico de organização sindical de cada ramo. De maneiras diversas, as entidades de terceiro grau tratadas aqui – CNTSS, Contraf-CUT e CNTE – desenvolvem orientações, criam ferramentas para ação e conduzem negociações e mobilizações que buscam organizar verticalmente os sindicatos em torno de uma unidade setorial no

---

8 Central Única dos Trabalhadores, Força Sindical, União Geral dos Trabalhadores, Central dos Trabalhadores e Trabalhadoras do Brasil, Central dos Sindicatos Brasileiros, Nova Central Sindical dos Trabalhadores.

9 REDAÇÃO RBA. Para centrais, Congresso deve devolver MP 927, 'cruel, escandalosa, macabra'. **Rede Brasil Atual**. 23 mar. 2020. Disponível em: https://www.redebrasilatual.com.br/trabalho/2020/03/centrais-mp-027-congresso-deve-devolver/. Acesso em: 10/06/2020. A nota foi assinada também por outras duas centrais sindicais: Intersindical e CGTB.

10 Disponível em: https://mpt.mp.br/pgt/noticias/nota-tecnica-conjunta-02-2020-pgt-codemat-conap-1.pdf. Acesso em 10/10/2020.

ramo de atividade. Com isso, oportunizam aos sindicatos de base a ampliarem suas agendas em torno de lutas travadas nacionalmente.

O "*Dia Nacional de Lutas, Protestos e Paralisações, em defesa dos serviços públicos, empregos, direitos e democracia*", convocado pelas centrais para 18 de março, precisou ter seus atos públicos suspensos devido a deflagração da crise sanitária. Mas mantiveram orientações para realização de greves e paralisações nos locais de trabalho, desde que não colocasse em risco a segurança das pessoas. O setor da educação básica participou ativamente dessa estratégia ao mesmo tempo em que atuou ativamente na defesa da aprovação do novo Fundeb[11].

Os sindicatos de trabalhadores da educação básica pública articularam-se nacionalmente – coordenados pela CNTE – em campanhas pela aprovação do Fundeb, cuja vigência estava assegurada até 31 de dezembro de 2020. Após essa data, o regime de cooperação ficaria extinto, podendo comprometer o financiamento da educação em todo país. Assim, os sindicatos da educação básica pública batalharam simultaneamente pela aprovação de um novo Fundeb[12], na proteção de sua base de representação no contexto de impactos da pandemia, pressionando governos locais para não decretarem o retorno das aulas presenciais e para não reduzirem direitos nem remuneração dos trabalhadores em educação.

Impossibilitadas de realizar manifestações públicas de rua, as Centrais redimensionaram a estratégia, voltando-se para a pressão sobre Congresso Nacional, o STF, MPT e incentivando suas entidades sindicais filiadas no mesmo sentido, a utilização dos meios de comunicação disponíveis, principalmente as redes sociais. O alvo central dos questionamentos das Centrais foram as medidas do Governo Bolsonaro que reduzem direitos, enfraquecem as instituições públicas do trabalho e excluem os sindicatos das negociações coletivas.

Movimentos sociais populares e organizações de intelectuais do campo progressista apresentaram, propostas para o enfrentamento das crises provocadas pela pandemia, logo no seu início (CAMPOS, 2020a). Ignoradas pelos grandes meios de comunicação empresariais e pelo Governo Federal, tais propostas não foram tratadas no debate público, tampouco tiverem incidência sobre as decisões do Executivo. A exceção ocorreu com o enfrentamento na Câmara dos Deputados em torno do projeto de renda mínima emergencial. Inicialmente, a proposta de uma renda básica de cidadania era de um salário mínimo (R$ 1.045,00). O Governo apresentou proposta de auxílio emergencial de R$ 200,00. Após pressão sobre o Congresso Nacional, foi aprovado o valor de R$ 600,00, sendo possível dobrá-lo para os casos de mulheres chefes de família[13]. Após aprovação e sanção

[11] Fundo de Manutenção e Desenvolvimento da Educação Básica e de Valorização dos Profissionais da Educação.

[12] A mobilização nacional foi vitoriosa, com a aprovação do novo Fundeb no Senado Federal no dia 25 de agosto, por unanimidade.

[13] Antes de sua sanção, o Senado expandiu o alcance do auxílio emergencial, incluindo agricultores familiares, caminhoneiros, diaristas, garçons, catadores de recicláveis, manicures, camelôs, artistas, pescadores e taxistas.

da medida, a mobilização das organizações voltou-se para a liberação do pagamento do auxílio emergencial, envolvendo amplos setores artísticos, intelectuais, organizações e profissionais da cultura digital.

Assume força a participação sindical nas Frentes Brasil Popular e Povo Sem Medo, coalizões criadas em 2015. Nesse campo de atuação não se verifica o mesmo grau de unidade da Centrais. Na Frente Brasil Popular, participam CUT e CTB. Na Frente Povo Sem Medo, participam CUT, CTB e Intersindical – Central da Classe Trabalhadora. As duas coalizações subscreveram a *Plataforma Emergencial para Enfrentamento da Pandemia do Coronavírus e da Crise Brasileira* e a campanha pela taxação das grandes fortunas[14].

Da mesma forma, constroem uma campanha de solidariedade, orientando as entidades filiadas a cadastrarem suas iniciativas. As ações solidárias tornaram-se uma das linhas de atuação sindical. Trata-se de um conjunto de iniciativas para arrecadação de recursos, alimentos, refeições prontas, cestas básicas, itens de higiene pessoal e equipamentos de proteção individual, principalmente máscaras e álcool em gel.

Os sindicatos tornaram-se centrais para a expansão das ações solidárias devido a suas estruturas (física, financeira e de pessoal), capacidade de articulação e mobilização de diversos setores sociais. Os movimentos populares procuram as entidades sindicais para garantir suporte básico para a realização das iniciativas.

Um dilema fundamental permanece: a necessidade de relacionar as iniciativas de ações solidárias com o desenvolvimento da solidariedade de classe. Como transformar as centenas de iniciativas solidárias em novos laços com as populações e os trabalhadores, principalmente com os mais vulneráveis e precarizados? Trata-se do desafio de, no lugar de assistencialismo, promover a solidariedade de classe[15].

Os discursos dos dirigentes sindicais justificam a ênfase nas ações solidárias como resposta dos trabalhadores organizados aos efeitos imediatos da crise, como desemprego, perda de renda, insegurança com o futuro, combinada a incapacidade do Governo Federal de coordenar o enfrentamento à crise por meio de políticas coordenados com os estados e municípios. Este, ao mesmo tempo que é responsabilizado pelo aprofundamento da crise, é também denunciado pela ausência de políticas de proteção da renda e da vida da população. Os dirigentes

---

14 Disponível em: https://www.brasildefato.com.br/2020/03/31/movimentos-sociais-lancam-plano-de-60-propostas-contra-a-covid-19-e-a-crise-economica Acesso em: 20/06/2020; e em: https://www.redebrasilatual.com.br/cidadania/2020/04/campanha-taxarfortunas-para-reforcar-combate-ao-coronavirus/. Acesso em: 20/06/2020.

15 Há que se diferenciar as ações solidárias em curso com a concepção de assistencialismo corporativista. O assistencialismo, segundo a lógica do corporativismo sindical, é um dispositivo que busca produzir um mínimo de representatividade para legitimar a organização sindical como órgão de colaboração de classe, tutelado e controlado pelo Estado. Um sindicato prestador de serviço para sua categoria sindicalizada não organiza o conflito de classe em defesa dos interesses da classe trabalhadora. O ato de distribuir cestas básicas pode ser restringido ao sentido do assistencialismo. A entidade sindical não é reconhecida por seu caráter de classe por essa prática, permitindo confundi-la com organizações assistenciais e caritativas.

entrevistados demonstraram preocupações relacionadas às possibilidades de conscientização de suas bases sobre a situação dos trabalhadores e comunidades mais vulneráveis e, portanto, mais impactados do que eles pela crise:

> *Apesar de todo esse turbilhão de tarefas que recaem sobre o sindicato para negociar, cobrar e fiscalizar a implementação do que é negociado para a proteção dos trabalhadores da nossa base, nós também nos cobramos que o sindicato tem que ser um espaço de construção de valores e de solidariedade* (Entrevista com Tatiana Oliveira, SEEB-Pará).
>
> *É importante mostrar para os bancários que estão protegidos pela ação do sindicato que precisam olhar para o lado e ver que não é a realidade da maioria dos cidadãos, que precisam de apoio solidário para poder sobreviver* (Entrevista com Luciano Fetzner, Sindbancários de Porto Alegre).
>
> *Temos uma responsabilidade de enfrentamento da crise que não afeta apenas os trabalhadores da base do sindicato. Devemos enxergar a população que vive na vulnerabilidade. Achamos que ainda é pequeno o alcance, devido à grandeza da demanda e do impacto no desemprego e pobreza* (Entrevista com Consuelo Correia, SINTEAL).

No esforço estratégico de influenciar as decisões políticas, as onze centrais sindicais existentes no país lançaram de forma unificada uma campanha pela saída do presidente Jair Bolsonaro. Intitulada *"Pela democracia, emprego e renda, #ForaBolsonaro"*, a campanha foi lançada virtualmente por todas as centrais, no dia 18 de maio, com postagens nas redes sociais, colagem de milhares de cartazes e projeções em prédios de São Paulo. A campanha foi motivada pela postura do presidente em sabotar as medidas sanitárias de proteção à vida, os ataques à democracia, em particular aos sindicatos e pela ausência de iniciativas que protejam os empregos e a renda da sociedade.

É um posicionamento unitário inédito, uma vez que, desde o surgimento da maioria das centrais, na primeira década de dois mil, suas posições foram diversas em relação aos governos federais. O ineditismo é explicitado até mesmo se comparado com a forma distinta que as centrais sindicais enfrentaram a reforma trabalhista de 2017[16].

c) Enfrentamento dos limites para a organização sindical

Em condições inéditas para atuar, com diversos locais de trabalho fechados ou com acesso restrito devido às orientações sanitárias, sedes sindicais fechadas, bases e diretorias em isolamento domiciliar, as entidades pesquisadas buscaram adequar a forma de realizar o trabalho de base visando garantir o funcionamento da organização[17]. As experiências ampliaram inovações anteriores à crise, com

---

16 Pesquisa de Colombi, Lemos e Krein (2018) sobre posições e estratégias adotadas pelas duas maiores centrais sindicais, CUT e Força Sindical, mostra que, enquanto a FS investiu na negociação com o Governo Temer para corrigir aspectos negativos da reforma, a CUT buscou se contrapor a ela, por considera-la um instrumento de desconstrução de direitos e de precarização das relações de trabalho.

17 Sobre as possibilidades de adequação do trabalho de base nas condições restritas impostas pelas orientações sanitárias, ver Campos (2020b).

adequações digitais para manter a assistência sindical à base filiada e campanhas *on-line* voltadas para a sociedade. Todos as direções dos sindicatos pesquisados passaram a se reunir em salas virtuais de plataformas *on-line*.

Alguns sindicatos de abrangência estadual têm recorrido ao uso das plataformas de reunião *on-line* para manter o trabalho de base, assim como entidades de grau superior intensificaram o ritmo de reuniões ao utilizarem esses recursos digitais. Um conjunto de práticas tem sobressaído para o contato direto com trabalhadores de suas bases em forma de consultas públicas, retorno de demandas e resultados de negociações, orientações sobre ações sindicais e sanitárias, a realização de assembleias sindicais[18] e eleições de diretoria realizadas de maneira *on-line*[19].

Algumas inovações nas práticas de organização e trabalho de base foram percebidas em nossa pesquisa. São elas[20]:

1. Organização de grupos de contatos em aplicativos de mensagens definidos por local de trabalho, região ou cidade;
2. Utilização de plataformas de reunião *on-line* para realização de atividades de formação política, debates em coletivos setoriais (de mulheres, combate ao racismo, aposentados e outros) e organização de eventos com outros atores (Fóruns, Frentes, Comissões, Campanhas);
3. Criação de canais específicos para atendimento jurídico e de saúde (principalmente psicológico) dos trabalhadores da base;
4. Massificação do uso de *livestream*, que combinam a manutenção de atividades realizadas antes da pandemia com novas demandas e temas.

Diante das novas formas de comunicação e interação com suas bases, relatos de dirigentes sindicais apontam a percepção segundo a qual a procura dos trabalhadores por seus representantes aumentou em relação ao período em que as sedes físicas das entidades estavam abertas e funcionando normalmente.

> *"O contato direto da base com a diretoria do sindicato tem sido mais acentuado do que quando estávamos na sede do sindicato, tanto por telefone quanto nas lives"* (Entrevista com Consuelo Correia, SINTEAL).

Notícias sobre páginas web de entidades que ficaram fora do ar devido ao volume intenso de acessos reforçam a ideia de que a comunicação desses

---

[18] A Contraf-CUT registra a participação de 110 mil bancários nas assembleias virtuais realizadas para aprovação da CCT com a Febraban.

[19] O Sindbancários de Porto Alegre e Região realizou eleição *on-line* para a nova gestão no mês de agosto e o SEEB Pará fará o mesmo no mês de outubro. Diversos sindicatos têm realizado eleições *on-line* durante o período de pandemia. Estima-se uma redução de custos em torno de 85% na realização de eleição virtual.

[20] Os relatos sobre várias dessas experiências nos sindicatos pesquisados podem ser vistos em Campos (2020c).

sindicatos pode ter se consolidado como uma fonte segura de informação para os trabalhadores.

Outra percepção importante encontrada na pesquisa é que ocorre proximidade maior com outros atores políticos, como estudantes, intelectuais, parlamentares, artistas e influenciadores digitais. Aproximação que é viabilizada pela participação nas *livestream*, na divulgação de vídeos de apoio a alguma campanha promovida pelos sindicatos, nas atividades de formação e culturais realizadas *on-line*.

Entretanto, a ação sindical por meio da presença física nos locais de trabalho não foi completamente suspensa nesse período. Para os sindicatos de trabalhadores da saúde, por reunir uma série de atividades que não permitem o afastamento do local de trabalho, os recursos digitais não possuem tanta centralidade na organização, se comparados aos demais ramos de atividade analisados nesse artigo. Os trabalhadores da saúde não estão em isolamento domiciliar e os diretores dos sindicatos permanecem indo aos locais de trabalho, além da presença dos delegados sindicais de base. Os atos públicos também permanecem, sendo realizados principalmente nas portas dos hospitais. A avaliação apresentada pelas dirigentes entrevistadas é que a ação sindical foi mantida e que aumentou a consideração dos trabalhadores sobre a importância do sindicato nesse período. Os sindicatos de bancários e da educação básica pública também mantiveram a prática de visita aos locais de trabalho para fiscalizar, verificar denúncias e realizar protestos. Organizaram protestos públicos como o fechamento de agências que não atendiam aos protocolos de proteção ou manifestações contra projetos de lei desfavoráveis aos trabalhadores[21].

Outra prática de trabalho de base por meio de plataformas digitais é a realização de reuniões com representantes sindicais por locais de trabalho. Algumas entidades nomeiam por delegados de base ou sindical, outras por representante de base (no setor da educação, a nomenclatura geralmente utilizada é representante de escola). São reuniões de diversos formatos e tamanhos, podendo chegar a plenárias com duzentos participantes ou uma miríade de pequenas reuniões com cinco representantes de locais de trabalho.

De maneira geral, os sindicatos suspenderam a impressão de jornais das entidades, para evitar que os diretores sejam agentes de proliferação do vírus, na medida em que precisariam ir às bases distribui-lo. Ocorreu aumento no investimento em comunicação digital, que pode ser observado com contratação de plataformas *on-line* de reunião, de eventos e de consulta às bases, indicando a abertura de uma nova forma de relação com a base representada. A comunicação digital permite interatividade e facilidade no acesso aos dirigentes sindicais com maior rapidez na multiplicação das informações e opiniões. Mas também pode significar o estabelecimento de uma forma de contato com a base sem interação e debate, uma vez que ferramentas como *livestream* e listas de transmissão de

---

21 Alguns governos aproveitaram-se das restrições sanitárias aos atos públicos para encaminhar projetos às casas legislativas locais, com expectativas de baixa oposição sindical.

WhatsApp colocam o sindicalizado na posição de receptor da informação. As assembleias virtuais não parecem reproduzir a arena de debate presencial que ocorre nos auditórios dos sindicatos[22].

CONSIDERAÇÕES FINAIS

Nossa pesquisa permite apontar um dos caminhos possíveis do sindicalismo na pandemia. Ela traz indícios que mostram a busca de sindicatos com tradição de luta por legitimidade, reafirmando seu papel de representante dos interesses da classe trabalhadora, com o objetivo de influenciar na correlação de forças atual para proteger o emprego, a renda, a saúde e a segurança dos trabalhadores. Esse papel é exercido por meio de pressão sobre o Congresso Nacional; alianças em forma de frentes políticas com movimentos sociais, que erguem bandeiras gerais em defesa de políticas públicas; negociações coletivas; desenvolvimento de ações solidárias junto à população mais vulnerável à crise; e via esforço de manutenção da organização dos trabalhadores desde as suas bases. Os sindicatos destacam-se na defesa de suas categorias, e as centrais sindicais e confederações na coordenação de um processo de debate mais amplo, negociação e pressão junto a governos, parlamentos, Poder Judiciário ao setor patronal organizado.

Os esforços centrais das entidades sindicais pesquisadas demonstram sua capacidade de adaptação à nova realidade imposta, mantendo serviços aos associados e à organização sindical, por meio de ações que mesclam trabalho digital e presença física nos locais de trabalho. Desta forma, buscam recuperar sua legitimidade como representantes dos interesses dos trabalhadores nas negociações coletivas, agir em vigilância cotidiana para efetivação das medidas negociadas e proteção de direitos e condições salubres de trabalho, garantir a continuidade da assistência aos sindicalizados e do funcionamento da organização sindical (reuniões, assembleias de base, formação sindical, organização nos locais de trabalho).

Entretanto, as possibilidades de que as experiências de ação sindical em curso produzam alterações sobre a relevância do sindicalismo brasileiro, criando laços de solidariedade de classe e ampliando sua força de representação, esbarram em alguns limites observados em nossa pesquisa. Outrossim, a decisão de enfrentar tais limites está diretamente relacionado às opções políticas das direções das entidades. Trata-se da decisão política de enfrentar os limites postos à ação coletiva e à solidariedade de classe.

A ação coletiva constrói identidades individuais referenciadas no coletivo assalariado. Nesse sentido, a solidariedade afirma-se como o principal elemento identitário (CARDOSO, 2013). É na ação que tem por base o conflito que a consciência

22 No caso dos bancários, as assembleias permanecem um ou dois dias abertas para que os trabalhadores acessem a plataforma virtual em horários diversos e votem sobre as propostas apresentadas.

de classe se revela. Quando as pessoas se enxergam numa sociedade estruturada em modos determinados (não exclusivamente em relações de produção), experimentam a exploração, identificam pontos de interesse antagônico, começam a lutar por essas questões e no processo de luta se descobrem como classe (THOMPSON, 1981). A compreensão e defesa dos interesses comuns de toda a classe, base fundamental para o estabelecimento de solidariedade, está presente no *18 de Brumário*, quando Marx problematiza os interesses isolados e particulares.

> Os camponeses parceleiros constituem uma gigantesca massa, cujos membros vivem na mesma situação, mas não estabelecem relações diversificadas entre si. O seu modo de produção os isola uns dos outros, em vez de levá-los a um intercâmbio recíproco. O isolamento é favorecido pelos péssimos meios de comunicação franceses e pela pobreza dos camponeses. (...) Cada família camponesa é praticamente autossuficiente, produzindo diretamente a maior parte do que consome e obtendo, assim, os seus meios de subsistência mais da troca com a natureza do que do intercâmbio com a sociedade. Há a parcela, o camponês e a família; mais adiante, outra parcela, outro camponês e outra família. (...) Milhões de famílias existindo sob as mesmas condições econômicas que separam seu modo de vida, seus interesses e a sua cultura do modo de vida, dos interesses e da cultura das demais classes, contrapondo-se a elas como inimigas, formam uma classe. Mas na medida em que existe um vínculo apenas local entre os parceleiros, na medida em que a identidade dos seus interesses não gera entre eles nenhum fator comum, nenhuma união nacional e nenhuma organização política, eles não constituem classe nenhuma (MARX, 2011, p.142).

O isolamento dos trabalhadores em forma de indivíduos autossuficientes é resultante, hoje, da ascensão da subjetividade neoliberal[23]. As mudanças no mundo do trabalho sob hegemonia neoliberal apontam que as saídas para os problemas são responsabilidade de cada indivíduo, enfraquecem a solidariedade de classe e, portanto, as ações coletivas e a consciência de classe. O nível de consciência dos trabalhadores não é nem o produto automático do seu lugar no processo de produção, nem resulta automaticamente da sua experiência. Resulta de um conjunto de fatores muito mais complexos e a sua interação permite explicar as razões de um nível de consciência numa época determinada, num lugar determinado[24].

Por fim, destacamos três limites da atuação sindical analisada aqui, que podem ser configuradas como lacunas no próprio esforço estratégico. Primeiro, não encontramos, nos sindicatos pesquisados, forte adesão às bandeiras centrais dos sindicatos de outros ramos ou categorias, o que demonstra desarticulação na prática política entre eles. Nesse mesmo sentido, a solidariedade é exercida junto a comunidades periféricas, mas não com trabalhadores de outras categorias

---

23 Conforme aborda Brown (2019), o neoliberalismo nega a existência de sociedade, restando apenas os indivíduos e as famílias, orientados pelo mercado e pela moral conservadora.

24 A esse respeito, cf. Lenin (2015), Marx e Engels (2010), Brown (2019).

organizadas, trabalhadores precários e sindicatos mais frágeis política e estruturalmente[25]. As estruturas organizativas das entidades sindicais não têm sofrido alterações que permitam abrir portas aos trabalhadores até então invisíveis e às maiorias trabalhadoras que não estão inseridas no sistema de proteção social, muito menos no campo de visão das entidades sindicais[26].

O segundo limite está no caráter geral da prática da ação solidária junto aos trabalhadores, famílias e comunidades atingidas pela crise. Ao restringir as iniciativas ao caráter caritativo, tais ações solidárias não estão permeadas pela agenda da desmercantilização da vida, conforme proposta por diversos movimentos aliados do sindicalismo (alternativas para o acesso a bens públicos, como saúde, educação, energia, gás, água e a segurança alimentar).

Finalmente, outro limite relevante nas ações sindicais pesquisadas no período é o não desenvolvimento de ações articuladas territorialmente, entre movimentos populares, coletivos locais, organizações sindicais e a comunidade. Trata-se da ausência de conexão com o povo, de interação com as demandas dos trabalhadores no lugar onde vivem, onde estão os problemas de saúde básica, saneamento, moradia, segurança pública, mobilidade, atendimento aos idosos, a violência doméstica.

A possibilidade de impor uma pauta sindical em defesa dos trabalhadores na conjuntura nacional constitui um desafio central para o sindicalismo nesse contexto de pandemia: a defesa do emprego e dos salários, de condições dignas de trabalho, dos acordos coletivos e da legitimidade dos sindicatos como representantes dos interesses coletivos dos trabalhadores. O acerto na estratégia sindical, nesse momento, pode reposicionar os sindicatos de forma mais favorável se comparado aos últimos trinta anos no Brasil e se reconectar com uma perspectiva de classe mais ampla.

REFERÊNCIAS

ANDERSON, P. Balanço do neoliberalismo. *In*: SADER, E.; GENTILI, P. (org). **Pós-neoliberalismo**: as políticas sociais e o Estado democrático. Rio de Janeiro: Paz e Terra, 1995.

BIAVASCHI, M.; VAZQUEZ, B. **Medidas para o trabalho no contexto de pandemia**: um atentado contra a razão humana. GT-Mundos do Trabalho, Cesit – IE/Unicamp, 2020. Disponível em https://www.cesit.net.br/medidas-para-o-trabalho-no-contexto-de-pandemia-um-atentado-contra-a-razao-humana/. Acesso em: 16/09/2020.

[25] Apesar da participação de representantes desses sindicatos em protestos de outras categorias em luta, como os trabalhadores dos Correios.

[26] Sobre a baixa capacidade dos sindicatos brasileiros de representar os trabalhadores precários, cf. Galvão e Krein (2018).

BORSARI, P.; KREIN, J. D. **Pandemia e desemprego**: análise e perspectiva. GT Mundos do Trabalho, CESIT – IE/Unicamp, 2020. Disponível em: https://www.cesit.net.br/pandemia-e-desemprego-analise-e-perspectivas/. Acesso em: 16/09/2020.

BROWN, W. **Nas ruínas do neoliberalismo**: a ascensão da política antidemocrática no ocidente. São Paulo: Politeia, 2019.

CAMPOS, A. **As propostas de movimentos e organizações para redimensionar o Estado, valorizar o trabalho, a renda e a vida.** CESIT – IE/Unicamp, 2020a. Disponível em: https://www.cesit.net.br/as-propostas-de-movimentos-e-organizacoes-para-redimensionar-o-estado-valorizar-o-trabalho-a-renda-e-a-vida/. Acesso em: 16/09/2020.

CAMPOS, A. **Resistência sindical no Brasil**: entre a preservação das estruturas e a construção de novas estratégias. 16º Encontro Nacional da ABET, UFBA, Salvador, 2019.

CAMPOS, A. **Sindicalismo no contexto de pandemia no Brasil**: primeiras impressões. CESIT – IE/Unicamp, 2020c. Disponível em: https://www.cesit.net.br/sindicalismo-no-contexto-de-pandemia-no-brasil-primeiras-impressoes/. Acesso em: 16/09/2020.

CAMPOS, A. **Trabalho de base em tempos de confinamento físico**. Fundação Perseu Abramo, 2020b. Disponível em: https://fpabramo.org.br/2020/03/23/trabalho-de-base-em-tempos-de-confinamento-fisico/. Acesso em: 16/09/2020.

CAMPOS, A.; GALVÃO, A.; LEMOS, P.; TRÓPIA, P. **Ação sindical de trabalhadores em serviços essenciais na pandemia de COVID-19 no Brasil**. (mimeo), 2020.

CARDOSO, A. Para onde foram os sindicatos? *In*: KREIN, J. D. *et al.* (org.). **Regulação do trabalho e instituições públicas**. São Paulo: Fundação Perseu Abramo, 2013.

COLOMBI, A. P.; LEMOS, P. R.; KREIN, J. D. Entre negociação e mobilização: as estratégias da CUT e da FS frente à Reforma Trabalhista no Brasil. **Revista da ABET**, v. 17, n. 2, p.179-198, jul./dez, 2018. Acesso em: https://periodicos.ufpb.br/index.php/abet/article/view/44618. Acesso em: 16/09/2020.

DIEESE. **A reforma trabalhista e os impactos para as relações de trabalho no Brasil**. Nota Técnica n. 178, maio 2017.

DIEESE. **Acordos negociados pelas entidades sindicais para enfrentar a pandemia do coronavírus – Covid 19**, 2020. Disponível em: https://www.dieese.org.br/estudosepesquisas/2020/estPesq92AcordosCovidAtualizacao.html. Acesso em: 16/09/2020.

DIEESE. **Subsídios para o debate sobre a questão do financiamento sindical**. Nota Técnica n. 200, nov. 2018.

GALVÃO, A. *et al.* **Dossiê reforma trabalhista**. Campinas, Cesit/ie/Unicamp, 2017. Disponível em: http://www.cesit.net.br/dossie-reforma-trabalhista/. Acesso em: 16/09/2020.

GALVÃO, A.; KREIN, J. D. **Dilemas da representação e atuação sindical dos trabalhadores precários.** 16º Encontro Nacional da ABET, Salvador, 2018.

GT MUNDOS DO TRABALHO. **Emprego, trabalho e renda para garantir o direito à vida. Cesit – IE/Unicamp**, 2020. Disponível em: https://www.cesit.net.br/emprego-trabalho-e-renda-para-garantir-o-direito-a-vida/. Acesso em: 16/09/2020.

HYMAN, R. How can trade unions act strategically? **Transfer**. v. 13, n.2, p. 173-190, 2007. Disponível em: https://journals.sagepub.com/doi/10.1177/102425890701300204. Acesso em: 20/09/2020.

INSTITUTO Brasileiro de Geografia e Estatística. **Taxa de sindicalização cai a 11,2% em 2019, influenciada pelo setor público**, 2020. Disponível em: https://agenciadenoticias.ibge.gov.br/agencia-noticias/2012-agencia-de-noticias/noticias/28667-taxa-de-sindicalizacao-cai-a-11-2-em-2019-influenciada-pelo-setor-publico. Acesso em: 20/09/2020.

ISP – Internacional dos Serviços Públicos. **Trabalhadoras e trabalhadores protegidos salvam vidas**, 2020. Disponível em: http://trabalhadoresprotegidos.com.br/wp-content/uploads/2020/08/Apresentacao_Campanha_final.pdf. Acesso em: 20/09/2020.

KREIN, J. D. **As relações de trabalho na era do neoliberalismo no Brasil**. São Paulo: LTr, 2013.

KREIN, J. D. O desmonte dos direitos, as novas configurações do trabalho e o esvaziamento da ação coletiva: consequências da reforma trabalhista. **Tempo Social**, v. 30, n. 1, p.77-104, 2018.

KREIN, J. D.; GIMENEZ, D. M.; SANTOS, A. L. **Dimensões críticas da Reforma Trabalhista no Brasil**. Campinas: Curt Nimuendajú, 2018.

KREIN, J. D.; VÉRAS DE OLIVEIRA, R.; FILGUEIRAS, V. A. **Reforma Trabalhista no Brasil**: promessas e realidade. Campinas: Curt Nimuendajú, 2019.

LÊNIN, V. I. **O que fazer?** São Paulo: Expressão Popular, 2015.

MANZANO, M.; BORSARI, P. **Proposta do Governo de redução de jornada e salários vai empurrar o país para a depressão econômica**. 2020. Disponível em: https://www.cesit.net.br/proposta-do-governo-de-reducao-de-jornada-e-de-salarios-vai-empurrar-o-pais-para-a-depressao-economica/. Acesso em: 16/09/2020.

MARX, K. **O 18 de brumário de Luís Bonaparte**. São Paulo: Boitempo, 2011.

MARX, K.; ENGELS, F. **Manifesto comunista**, São Paulo: Boitempo, 2010.

OLIVEIRA, Dalila A.; POCHMANN, Marcio. (Orgs.). **A Devastação do trabalho:** a classe do labor na crise da pandemia. Brasília: Ed. Positiva, 2020.

THOMPSON, E. P. La sociedad inglesa del siglo XVIII: lucha de clases sin clases? *In*: **Tradición, revuelta y conciencia de classe**. Barcelona: Cátedra, 1978.

TORRES, M.; NOBRE, S. **Pandemia, indústria e soberania**. 2020. Disponível em: https://www.poder360.com.br/opiniao/coronavirus/pandemia-industria-e-soberanias-escrevem-miguel-torres-e-sergio-nobre/. Acesso em: 10/06/2020.

VERAS DE OLIVEIRA, R.; GALVÃO, A.; CAMPOS, A. Reforma Trabalhista: impactos imediatos sobre os sindicatos e primeiras reações. **Cadernos do CEAS: Revista Crítica de Humanidades**. Salvador, n.248, set./dez., p. 668-689, 2019.

CAPÍTULO 39

A COVID-19 E OS DESAFIOS PARA A RESSIGNIFICAÇÃO DO SINDICALISMO CONTEMPORÂNEO

Isabele Moraes D'Angelo[1]
Fábio Porto Esteves[2]

INTRODUÇÃO

A importância e a atualidade do tema é incontestável e interessa à toda a sociedade do trabalho. Vivemos já faz alguns anos uma crise sem precedentes no cenário laboral, na qual a necessidade de adequação do modelo sindical à sociedade pós-industrial já se entendia urgente, mesmo imprescindível, sob pena de total sucumbência do modelo sindical atual, que enfrenta uma profunda crise estrutural, pondo em xeque a própria estrutura e eficácia dos sindicatos e de todo o movimento sindical. Esta mesma crise se agravou ainda com a evidência da Covid-19 e expôs ainda mais as fraturas da representação sindical brasileira.

Os países do capitalismo central da América do Norte e da Europa Ocidental vivenciaram entre o final da década de 1940 e início dos anos 1970, um período de pujança econômica que se traduziu em melhorias sociais para a coletividade especialmente na Europa Ocidental. Durante este período vigorou o chamado Estado de Bem-Estar Social – *Welfare State*. O Estado era intervencionista, deixando de lado a ideia de Estado Mínimo em favor de uma concepção de Estado Social, baseado na centralidade do homem e da sociedade e na ideia de solidariedade.

---

1 **Isabele Moraes D'Angelo** é pós-doutoranda no Centro de Investigação Jurídico-Económica (CIJE) da Universidade do Porto (UP). Doutora e Mestra em Direito. Professora Adjunta da Universidade de Pernambuco (UPE) e da Pós-Graduação em Direitos Humanos (PPGDH).

2 **Fábio Porto Esteves** é Mestre em direito do trabalho. Conselheiro Estadual da OAB. Membro do Instituto ítalo-brasileiro de direito do trabalho. Membro da ANNEP – Associação Norte Nordeste de Professores de Processo. Advogado e professor.

Apesar desse enorme crescimento econômico experimentado, o *Welfare State* transformou o movimento sindical moderno em movimento meramente reivindicativo, pois houve um estímulo ao individualismo e ao consumismo que se traduziram na crescente pulverização da ação sindical, inibindo a tradição de luta do movimento operário, afastando-o definitivamente dos seus paradigmas mais importantes, sem os quais aquelas conquistas não teriam se realizado: a luta política, emancipatória e contra hegemônica. Na atualidade, a paralisia do movimento sindical diante das intensas revoluções sociais havidas nas últimas décadas e agravada pela evidência da pandemia oferece ameaça ainda maior à sua subsistência.

Tais mudanças alteraram significativamente o papel do sindicalismo, pois sua crescente influência no plano institucional, no desenhar das grandes reformas sociais enquanto parceiro do Estado, teve como contraponto uma progressiva perda de influência junto das bases, em especial no setor operário, o qual, entretanto, entrou em perda perante a rápida terceirização do emprego.

Diante dessa nova dinâmica que se impõe na sociedade contemporânea, sob a qual a exploração da classe trabalhadora se apresenta em diversas formas – parassubordinação, flexissegurança, empregabilidade, empreendedorismo, flexibilização, é possível afirmar que a relação entre a classe trabalhadora, consubstanciada no movimento sindical e os novos movimentos sociais libertários, têm a mesma natureza emancipatória?

Assim, o presente artigo pretende analisar esse fenômeno a partir da revisão bibliográfica e à luz dos estudos da teoria social crítica.

1. A CRISE DO SINDICALISMO CONTEMPORÂNEO SOB À PERSPECTIVA DA TEORIA SOCIAL CRÍTICA

A Teoria Social Crítica procura refutar e desconstruir o paradigma do trabalho subordinado como sendo o principal objeto de estudo do Direito do Trabalho. O sociólogo da Unicamp Ricardo Antunes, afirma que a classe-que-vive-do-trabalho, isto é, os homens e mulheres, produtivos e improdutivos, desprovidos de meios de produção e que são coagidos a vender sua força de trabalho no campo e na cidade em troca de salário; ou seja: o proletariado industrial e rural, os trabalhadores terceirizados, subcontratados, temporários, os assalariados do setor de serviços, além dos desempregados e dos não empregáveis.

Ressalta que o proletariado industrial é o seu núcleo principal, porque produz diretamente mais-valia. No entanto, estão excluídos gestores do capital e os que vivem de juros e da especulação, os pequenos empresários e a pequena burguesia urbana e rural proprietária, ainda que possam se constituir importantes aliados da classe trabalhadora no campo político.

A partir da teoria social crítica, pode-se afirmar que o movimento sindical brasileiro ignorou o corte epistemológico havido entre a modernidade e a pós-industrial, entre a sociedade industrial e a sociedade pós-industrial. Manteve-se estático, burocratizado, incapaz de acompanhar o desenvolvimento tecnológico e suas repercussões sociais.

Os sindicatos tornaram-se grandes organizações geridas e dominadas politicamente por dirigentes e membros que atuam, sobretudo, numa base profissional. Burocratizaram-se e moldaram-se à lógica do agir institucional e patronal, ao tempo em que se afastaram da realidade dos trabalhadores e ignorando as condições em que trabalham as camadas mais vulneráveis e desqualificadas da força de trabalho.

Embora se possa argumentar que tais características não são comuns a todas as experiências de organização e ação sindical, o certo é que os traços de rigidez, as restrições à democracia interna, a perda de capacidade inventiva e de dinamismo por parte das principais correntes do movimento sindical foram se tornando particularmente notórias, sobretudo a partir da ditadura militar implantada no país através do golpe de 01º de abril de 1964.

A seguir esse roteiro histórico, a economia mundial capitalista sofreu pesados processos de reestruturação em sua forma de produção, durante os anos de 1970 e 1980, e que afetaram sobremaneira toda a classe trabalhadora. Aliada a essa reorganização dos modos produtivos do capital, o mundo do trabalho presenciou o crescimento de políticas neoliberais, cujo objetivo era flexibilizar as leis trabalhistas visando a precarização do trabalho e do trabalhador, e por consequência, diminuir o poder e a influência da ação sindical. Todos esses fatores reunidos, resultaram em uma profunda crise do sindicato e do sindicalismo, que estão sendo abordados nesse item do presente estudo.

O professor Ricardo Antunes, em seu livro "Adeus ao Trabalho?", apresenta uma profunda análise de todo o itinerário da crise contemporânea do sindicalismo, fazendo uma radiografia dos impasses e desafios desse movimento na atualidade e, servirão de base para as próximas páginas desse estudo.

Refaz a trajetória da crise contemporânea do sindicalismo propondo responder a algumas questões que considera fundamental para entender as mudanças no mundo do trabalho e suas consequências na consciência do ser social daquele que labora. Para identificar e propor soluções, parte da discussão dos contornos e dimensões da crise; do enfretamento da indagação sobre se há crise no sindicalismo e, por fim, quais são as principais questões a serem enfrentadas pelo movimento sindical. (ANTUNES. 2016. p. 79).

Para discutir a crise do sindicalismo, em primeiro lugar, analisa a diminuição das taxas de sindicalização na atualidade, no Brasil e no Mundo no final do século

XX e início deste século. Para, em seguida, apresentar diversos e preocupantes dados sobre o fenômeno da dessindicalização na atualidade (2016. p. 81).

> A Europa Ocidental em seu conjunto, excluída a Espanha, Portugal e Grécia, reduziu de 41% em 1980 para 34% em 1989. Incorporando-se àqueles três países citados, as taxas seriam ainda menores. Pode-se lembrar, o Japão, cuja taxa caiu de 30% para 25%, no mesmo período, e os Estados Unidos, cuja redução foi de 23% para 16% (Visser, 1993, p. 18-19) Na Espanha, França, Grã-Bretanha, Países Baixos e, em menor medida, na Itália, Irlanda, Grécia e Portugal, houve forte queda nas taxas de sindicalização, bem como uma queda absoluta do número de membros (de que foram exemplos Espanha, França e Grã-Bretanha). Houve um ligeiro recuo, principalmente na segunda metade da década, na Bélgica, Luxemburgo, Alemanha Ocidental, Áustria e Dinamarca. Na Finlândia, Noruega e Suécia o sindicalismo viu aumentar os seus efetivos durante os anos 1980, mas uma mudança também começou a se verificar a partir de 1988 (idem, p. 19). O autor afirma ainda que um decréscimo dessa intensidade, nas taxas de sindicalização, não encontra similar em nenhum momento da história sindical do pós-guerra.

No Brasil o fenômeno da redução nas taxas de sindicalização também é sentido, ainda que de forma menos evidente pela falta de uma tradição de uma ação sindical mais agregadora e representativa. Embora as taxas de sindicalização foram mantidas em parte, devido a expressiva sindicalização dos funcionários públicos – os "estáveis", no dizer de Ricardo Antunes –, em decorrência da liberalização implantada pela Constituição Federal de 1988, bem como o aumento de trabalhadores em estabelecimentos de ensino e educação, como consequência de um aumento na oferta do ensino, que ampliou as vagas na burocracia estatal, a atingir trabalhadores que até então não participavam da administração pública.

Ao buscar respostas para os fatores que teriam desencadeado esta crise no movimento sindical, Antunes entende que o desenvolvimento e a expansão desta crise teriam como elemento decisivo o fosso existente entre trabalhadores "estáveis" e trabalhadores precarizados. Fato que, segundo o autor, reduziu fortemente o poder sindical, tendo em conta que os sindicatos sempre tiveram suas atividades voltadas aos trabalhadores estáveis. As modificações introduzidas nas relações de trabalho, aumentaram as dificuldades dos sindicatos em congregar o conjunto de interesses dos trabalhadores empregados e o universo dos trabalhadores desempregados, parciais, temporários, informais, dentre outros exemplos.

A percorrer esse mesmo caminho, o sociólogo da Unicamp menciona o desmoronamento do sindicalismo vertical – estrutura sindical corporativa e atrelada ao Estado, sem uma inserção orgânica dos trabalhadores, mantidos dispersos e sem participação, pois são organizados por ramo de atividade econômica, quando deveria ser por categoria, a buscar uma maior cooperação que pudesse agregar a classe obreira em sindicatos que incorporem os trabalhadores industriais, dos serviços, os desempregados – fruto do modelo fordista de organização dos trabalhadores, baseado na categoria profissional em sua acepção corporativista e que não foi enfrentado pelos sindicatos, quedando, porquanto, à deriva dos anseios do mundo concreto do trabalho, que clamava por um "sindicalismo mais horizontalizado, dotado de uma abrangência maior e que privilegie as esferas intercategoriais, interprofissionais, por um certo tipo de sindicalismo mais capacitado para aglutinar o conjunto dos trabalhadores desde os 'estáveis' até os precários". (ANTUNES, 2016. p. 82)

Acrescenta-se às análises, que, enquanto se verifica um crescimento do setor de serviços, observa-se um progressivo declínio das taxas de filiação sindical, embora elas se tenham mantido relativamente elevadas no funcionalismo público, o que se liga ao desenvolvimento de lógicas neocorporativistas de ação por parte dos sindicatos dos setores mais estáveis do emprego.

Os sindicatos têm dificuldades para agregar em seu movimento as mulheres, que, de maneira geral, têm números inferiores de sindicalização; os empregados de escritório; de pequenas empresas, aqueles que laboram no setor mercantil, além dos trabalhadores intelectualizados, cuja organização sindical ainda é precária, vivendo a reboque dos trabalhadores manuais, cuja base produtiva é formada por trabalhadores de baixa renda, segundo informa Giovanni Alves:

> (...) boa parte das vagas criadas no mercado de trabalho se concentram em postos de baixa qualidade. Esse movimento caracteriza o que o que os economistas caracterizam como precarização do mercado de trabalho, com um crescente inchaço do setor informal (ou a constituição de uma nova precariedade salarial). (ALVES, 2007. p. 258)

O movimento sindical por estar fundado no sindicalismo de classe, tem enormes dificuldades, dir-se-ia, até um grande desinteresse em agregar outros atores sociais diversos dos trabalhadores formais, pois, levando-se em conta a diversidade e fragmentação da classe – que-vive-do-trabalho, a precarização do trabalho na pós-industrial atinge não apenas o setor informal, imerso na precariedade estrutural, mas toda a coletividade do mundo do trabalho. E esse fato não pode ser desprezado pelo movimento sindical, caso queira se reinventar e buscar seu papel de protagonista nas lutas sociais coletivas.

Mais uma vez, afirma Giovanni Alves:

> Embora a nova precariedade seja mais visível nos estratos do setor informal, ela aparece, sob múltiplas formas, nos estratos formais do mercado de trabalho, seja

> através das perdas de direitos e benefícios trabalhistas, muitos deles por conta das novas formas de flexibilização do estatuto salarial; ou ainda da intensificação e extensão da jornada de trabalho, com as horas-extras não – pagas; seja através da insegurança no emprego e da carreira, como demonstram as reedições constantes dos Programas de Demissão Voluntária ou insegurança da representação sindical, abatida pela queda do poder de barganha da categoria assalariada, etc. (ALVES, 2007. p. 259)

Verifica-se, também, uma crescente burocratização e institucionalização dos entes sindicais, a procurar cada vez mais uma integração com o Poder Público, e fazem com que o movimento sindical busque uma nova forma de ação, levado pela dinâmica do capitalismo globalizado, afetando as centrais sindicais, em especial a Central Única dos Trabalhadores – CUT, a provocar um distanciamento entre a base e a direção, que se afasta das ações anticapitalistas e perde sua radicalidade social e o discurso mais combativo, que defendia a autonomia da classe frente ao Estado. (ANTUNES, 2007, p. 87)

O historiador da Universidade Federal Fluminense Teones França, exemplifica a institucionalização dos sindicatos a partir do adesismo aos recursos estatais provenientes do Fundo de Amparo ao Trabalhador – FAT.

> Dentre os aspectos que possibilitam caracterizar a adesão total à institucionalidade do movimento sindical brasileiro, a partir de meados da década de 1990, analisarei nesse momento apenas os programas de requalificação profissional, posto que estes soa promovidos pelas Centrais Sindicais com os recursos advindos do Fundo de Amparo do Trabalhador – que se torna uma mina de recursos para essa entidades – e as deixam cada vez mais presas às instituições vigentes, apesar das diferenças existentes ente a CUT e a Força Sindical. (FRANÇA, 2013, p. 174)

Os recursos do FAT eram originalmente destinados financiar o programa do seguro-desemprego. Passaram depois a serem aplicados em programas de requalificação profissional, fruto do Programa de Geração de Emprego e Renda – Proger, instituído em 1994. Dentro desse modo de atuação aliada à institucionalidade, a CUT passa a recomendar as entidades sindicais a ela filiadas, que busquem melhor orientação sobre o citado programa. É o que se verifica na diretriz implantada em um de seus congressos, o V Concut, realizado em agosto de 1994 "A formação profissional deve estar submetida ao controle direto do Estado e os trabalhadores devem intervir nesse processo, participando, através de suas organizações, da definição, da gestão, do acompanhamento e da avaliação das políticas e dos programas de formação profissional." (CUT, 1994, p 52).

De acordo com Mattos:

> Se, em 1999, 70% das despesas da CUT foram vinculadas aos Programas de Qualificação Profissional, percebe-se que mudou não apenas a linha política da formação

> cutista, como também se reduziu substancialmente seu grau de autonomia perante as agências do governo e as entidades empresariais (que participam do Conselho do FAT e dos acordos para rateio de verbas). (MATTOS, 2003, pp. 62 e 63)

Essa adesão das centrais sindicais aos programas de qualificação profissional implantados pelo Estado demonstra claramente o abandono das lutas revolucionárias em troca de pautas meramente reivindicativas, a ignorar as origens das lutas de classes dos entes sindicatos, como já observado nos capítulos iniciais desse estudo, e se distanciar das lutas anticapitalistas de precarização do trabalhador, a demonstrar preocupação, basicamente, com campanhas de negociação salarial.

A configuração atual dos sindicatos fez como que estes busquem uma ação mais defensivista, capaz de garantir a sobrevivência de suas bases sindicais e de todo seu aparato burocrático. Tal postura de afastamento das práticas de resistência contra hegemônica, se caracteriza além das baixas taxas de sindicalização, a perda da eficácia da ação sindical como veículo da práxis combativa capaz de criar esperanças para o trabalhador para combater a precarização do trabalho, implantada pela lógica neoliberal do capitalismo.

Carlo Benito Cosentino Filho, demonstra a necessidade de reformular e ampliar o objeto de estudo do direito coletivo do trabalho e do sindicalismo:

> (...) do pátio da fábrica, para incluir as questões relacionadas ao trabalho imaterial, aos trabalhadores do conhecimento, e ultrapassar a análise da teoria tradicional, formulada nos tempos da revolução industrial. Incluir a revolução informacional e todas as suas influências torna-se fundamental. (CONSENTINO FILHO, 2011, p. 129)

Ao sintetizar a atual fase do movimento sindical, Giovanni Alves afirma que a verdadeira crise do sindicalismo se mostra na perda de sua capacidade de ir além de seus limites, ou seja: "O sintoma é a sua identificação com o ideário da empresa; em busca do desempenho corporativo e da mera adaptação à ordem do capital, descartando o lastro utópico e político do sindicalismo". (ALVES, 2015, p. 470)

Deve, portanto, o sindicalismo romper com o ideário corporativista, que busca agregar e defender tão somente os trabalhadores de suas categorias obreiras, posto que se mostra "excludente, parcializador e que preserva e mesmo intensifica o caráter fragmentário e heterogêneo da classe trabalhador", conforme afirma Ricardo Antunes (ANTUNES, 2016. p. 89).

2. A ATUAÇÃO DOS ENTES SINDICAIS EM FACE DA COVID-19

A fragmentação ou pulverização dos entes sindicais identificada no sindicalismo atual, caracterizada pelo grande número de sindicatos obreiros e também apontada como uma das causas da crise vivenciada deve ser abandonada, tendo em vista não se estar diante de processos de saudáveis organizações de novas bases sindicais e sim trata de fragmentação de forças e objetivos dos trabalhadores.

A Organização Internacional do Trabalho – OIT aponta, em dados divulgados em 2006, que:

> Existem atualmente no país 7.827 sindicatos de trabalhadores e 3.776 sindicatos de empregadores, totalizando 11.603 sindicatos nos setores urbano e rural com cadastro ativo no Ministério do Trabalho e Emprego (dados de 19 de junho de 2008, do Cadastro Nacional de Entidades Sindicais do Ministério do Trabalho e Emprego). Do total de sindicatos de trabalhadores, 3.834 são filiados a alguma central sindical e 3.993 não são filiados. Dos 3.776 sindicatos de empregadores, 2.777 são urbanos e 999 são rurais. (OIT, 2006)

O Instituto de Pesquisa Economia Aplicada – IPEA, em pesquisa publicada no ano de 2016, por sua vez, apresenta números que demonstram a grande pulverização de entidade sindicais no Brasil.

> Atualmente, há 16.491 organizações de representação de interesses econômicos e profissionais no Brasil, reconhecidas pelas autoridades do MTE. Seguindo os níveis hierárquicos da estrutura oficial, de baixo para cima, há 15.892 sindicatos, 549 federações, 43 confederações e 7 centrais sindicais, totalizando 16.491 organizações que representam empregadores (5.251) e trabalhadores (11.240). (IPEA, 2016)

Contribui ainda para a fragmentação sindical, a criação de novas categorias de trabalhadores através da inovação tecnológica e pelo aumento do peso do setor de serviços no mundo capitalista, herdando da indústria o papel de força motriz da economia. É necessário que os entes sindicais já existentes desenvolvam estratégias de luta de organização para representar esses novos grupos de trabalhadores, dificultando, ou mesmo impedindo a consecução da fragmentação sindical.

Sobre o predomínio do setor de serviços como forma de obstaculizar a ação sindical, Andrade (2005. p. 93):

> O setor de serviços tem um peso significativo no setor formal, apresentando um quadro variável que abarca mais de cinquenta por cento da população ativa e constitui um claro fator de desarticulação do movimento sindical, contrapondo-se à horizontalidade organizacional das relações laborais exercitadas nas empresas da era industrial. Antes, era mais fácil aglutinar os operários. Mas, com a supremacia do setor de serviços, as categorias profissionais passam a ter um universo fragmentado, inclusive pela multiplicidade de gêneros empresariais característicos do próprio setor.

A verticalização das organizações sindicais em sindicatos de base e de cúpula se apresenta bastante danosa e segue um modelo ultrapassado e inadequado, não sendo capaz de representar o conjunto de forças do movimento sindical. Esse modelo, além de burocratizar a ação sindical como já apontado, apenas favorece a manutenção indiscriminada das direções sindicais, uma prática que deve ser absolutamente combatida e que se perpetua nas organizações dos trabalhadores e cria a figura do sindicalista profissional, nas palavras de Mattos:

> (...) estimulando o aparecimento de dirigentes mais preocupados em manterem-se à frente dos "aparelhos", desenvolvendo uma espécie de "carreira" sindical, do que em representarem efetivamente suas bases através da delegação conferida pelos mandatos sindicais. (MATTOS, 2003. pp. 62 e 63)

A pandemia Covid-19 no Brasil encontrou um cenário de instituições públicas a exemplo da Justiça do Trabalho e do Ministério Público do Trabalho e o próprio sindicalismo enquanto movimento social fragilizados e sob fogo cruzado ataque. Um sindicalismo, conforme já afirmamos, que já se encontrava atrelado à busca de preservação das estruturas das entidades e sem um planejamento estratégico para repensar e recuperar sua representatividade junto aos trabalhadores e o seu papel junto à sociedade. (VERAS DE OLIVEIRA e OUTROS, 2019)

O contexto brasileiro, quando da evidência da Covid, já apresentava tendências suficientemente negativas: explosão da taxa de desemprego e forte queda salarial, a retomada crescente da pobreza e aprofundamento da desigualdade, intensificação de medidas legais que aumentam a liberdade empresarial na gestão dos contratos de trabalho, consolidando um processo iniciado antes mesmo da Reforma Trabalhista de 2017.

As dificuldades impostas pela pandemia desencadearam pressões por parte dos empregadores e do governo com o propósito de reduzir (ainda mais) direitos e precarizar (mais) as condições dos trabalhadores, chegando a ponto de ameaçar garantias estabelecidas pela CLT e por acordos e convenções coletivas. Assim as entidades sindicais tem procurado se consolidar como instituição de representação e proteção dos trabalhadores organizados neste momento. "Quando da edição da MP 936 (02/04/2020), todas as centrais sindicais passaram a orientar suas entidades filiadas em torno da mobilização para estar presente nas negociações, como forma de enfrentar imposições individuais pelos empregadores." (CAMPOS, 2020, p. 8)

Em vários sindicatos cujos trabalhadores pertencem às categorias tidas como estratégicas para o enfrentamento e combate da Covid, a exemplo dos trabalhadores da saúde, dos trabalhadores no ensino e dos bancários, havia pautas urgentes e um perigo permanente de redução de suas condições de trabalho.

A pesquisa desenvolvida por Anderson Campos, intitulada Sindicalismo no contexto da pandemia no brasil: primeiras impressões, aponta esforços dos entes sindicais para se adaptaram às novas questões sociais impostas, os dados demonstraram que os sindicatos tem procurado recuperar sua legitimidade como representantes dos interesses dos trabalhadores tanto nas negociações coletivas, como na fiscalização do cumprimento das medidas negociadas sobre as condições de trabalho. (CAMPOS, 2020)

Por outro lado, não foram observadas na pesquisa, segundo o mesmo autor, ações articuladas entre movimentos populares, coletivos locais, organizações sindicais e a comunidade, no sentido de articulação em face das demandas dos trabalhadores no lugar onde vivem e onde certamente se localizam diversos problemas de saúde, saneamento, segurança pública, violência doméstica entre outros.

3. CONCLUSÃO

Os autores concluem ser imprescindível ao movimento sindical buscar novamente os ideais do sindicalismo revolucionário.

Faz-se necessário e urgente repensar o sindicalismo no Brasil e no mundo, pois as evidências empíricas e analíticas aqui apresentadas são bastante contundentes em demostrar a falência do atual sistema em combater a exploração do trabalhador e a precarização estrutural do trabalho; e o sindicalismo de raiz obreiro-reformista não desponta eficaz no combate as novas morfologias do trabalho que se apresentam na sociedade contemporânea, pois não procuram questionar a ordem capitalista vigente e o sistema de produção.

Os estudos apontam que:

> Ao abdicar das lutas políticas revolucionárias e priorizar as lutas meramente reivindicativas, ao ignorar a nova morfologia do mundo do trabalho, cada vez mais precarizado e a conviver fortemente com a acumulação flexível, o desemprego estrutural, o trabalho de tempo parcial, terceirização ilimitada, trabalhadores não empregáveis, os entes sindicais e o sindicalismo perdem seu protagonismo na sociedade contemporânea, como atores das lutas sociais emancipatórias. (D'ANGELO e ESTEVES, 2020, p. 89)

Nas ações sindicais desempenhadas no contexto da Covid-19 não se verificaram mecanismos capazes de confrontar o desemprego estrutural que se alastra em escala global.

Mesmo assim, apesar da já antecedente fragilização dos sindicatos o que se percebe é que as entidades sindicais estão tentando formas de manter a representação e a assistência da sua categoria.

Esperamos que estas experiências dos últimos tempos possam viabilizar alterações importantes no sindicalismo brasileiro, no sentido de reestabelecer os laços de solidariedade de classe e ampliar o de representação.

Finalmente, uma pauta em defesa dos trabalhadores que seja representativa, propositiva e passível de ser executada é um dos grandes desafios o sindicalismo contemporâneo para o reposicionamento do movimento sindical brasileiro.

REFERÊNCIAS

ALVES, Giovanni. **Dimensões da Reestruturação Produtiva: ensaios de sociologia do trabalho.** 2ª edição – Londrina: Praxis; Bauru: Canal 6, 2007.

ALVES, Giovanni. Trabalho e sindicalismo no Brasil dos anos 2000, dilemas da era neoliberal. In: **Riqueza e miséria do trabalho no Brasil.** São Paulo: Boitempo. 2015.

ANDRADE, Everaldo Gaspar Lopes de. **Direito do Trabalho e Pós-modernidade: Fundamentos Para Uma Teoria Geral**. São Paulo: Ltr, 2005.

ANTUNES, Ricardo. **Adeus ao Trabalho? Ensaios sobre as metamorfoses e a centralidade do mundo do trabalho**. 16ª ed. São Paulo: Cortez, 2016.

ANTUNES, Ricardo. **Os Sentidos do Trabalho: Ensaio sobre a afirmação e negação do trabalho.** 1 ed. São Paulo: Boitempo, 2013. 2ª Reimpressão.

CAMPOS. Anderson de S. **SINDICALISMO NO CONTEXTO DE PANDEMIA NO BRASIL:** primeiras impressões. Disponível em: https://www.cesit.net.br/wp-content/uploads/2020/06/Sindicalismo-no-contexto-de-pandemia-no-Brasil_andersoncampos.pdf. Acesso em: 25 de fevereiro de 2021.

COSENTINO FILHO, Carlo Benito, **Trabalho Imaterial e os Trabalhadores do Conhecimento:** as novas possibilidades de reinvenção das lutas coletivas. Dissertação (Mestrado em Direito). Faculdade de Direito do Recife da Universidade Federal de Pernambuco. Recife, 2011.

D'ANGELO. Isabele Bandeira de Moraes; ESTEVES, Fábio Porto. A sociedade do desenvolvimento e a crise do sindicalismo contemporâneo. In: **Revista Espaço Acadêmico**, n. 221, 2020.

FRANÇA, Teones. **Novo sindicalismo no Brasil: histórico de uma descontração.** São Paulo: Cortez. 2013.

IPEA. **Sindicatos no Brasil:** o que esperar no futuro próximo? http://www.ipea.gov.br/portal/images/stories/PDF s/TDs/td_2262.pdf. Acesso em 25 de fevereiro de 2021.

MATTOS, Marcelo Badaró. **Trabalhadores e sindicatos no Brasil.** 1a.. ed. São Paulo: Expressão Popular, 2009.

MATTOS, Marcelo Badaró. A CUT e os dilemas da adesão à ordem. **Revista Outubro**, nº 9, 2003.

OIT. **A Liberdade de Associação e a Liberdade Sindical na Prática:** Lições Aprendidas. Disponível em: http://www.oitbrasil.org.br/sites/default/files/topic/union_freedom/doc/resumo_relatorio_global_2 008_171.pdf. Acesso em 25 de fevereiro de 2021.

VERAS DE OLIVEIRA, Roberto; GALVÃO, Andréia; CAMPOS, Anderson. Reforma Trabalhista: impactos imediatos sobre os sindicatos e primeiras reações. **Cadernos do CEAS: Revista Crítica de Humanidades.** Salvador, n.248, set/dez, 2019.

CAPÍTULO 40

NEGOCIAÇÕES COLETIVAS E ASSEMBLEIAS SINDICAIS NA PANDEMIA: ASPECTOS PECULIARES DA DEMOCRACIA SINDICAL DIGITAL

Sandro Lunard Nicoladeli[1]
João Guilherme Walski de Almeida[2]
Adriano Carlesso[3]

1. INTRODUÇÃO

Este trabalho científico é o desdobramento mais aprofundado de estudos preliminares produzidos no âmbito da Comissão de Direito Sindical da Ordem dos Advogados do Brasil – Seccional Paraná[4], cujo objetivo inicial vislumbrava apresentar respostas à sociedade brasileira, particularmente aos atores sociais do mundo do trabalho. O foco do estudo intentava apresentar soluções jurídicas, com amparo nas ferramentas tecnológicas, enredando o campo de estudo para a necessidade de interação da democracia digital nas instituições, num contexto de necessidade de manutenção mínima da institucionalidade nas relações coletivas de trabalho durante a pandemia. Com o passar dos meses, as instituições orbitantes nas relações de trabalho produziram manifestações e diretivas orientativas, com objetivo de simplificar e

---

1 Doutor em Direito pela UFPR. Professor de Direito Sindical e Prática Jurídica Trabalhista na Faculdade de Direito da UFPR. Advogado. Presidente da Comissão de Direito Sindical da OAB/PR. Membro do Grupo de Pesquisa sobre Sindicalismo do Centro Universitário – UDF/CNPq.

2 Bacharel e Mestre em Direito pela UFPR. Advogado. Membro da Comissão de Defesa dos Direitos Humanos da OAB/PR.

3 Bacharel em Direito e Administração. Presidente do Sindicato dos Trabalhadores em Empresas Montadoras de Veículos, Chassis e Motores de Campo Largo/PR – SINDIMOVEC.

4 ORDEM DOS ADVOGADOS DO BRASIL. Comissão de Direito Sindical – Seccional Paraná. **Nota Técnica nº 01/2020**. Disponível em: < https://www.oabpr.org.br/comissao-de-direito-sindical-da-oab-parana-divulga-nota-tecnica-sobre-atuacao-de-sindicatos-no-periodo-de-pandemia/> Acesso em: 12 jul 2020.

facilitar a comunicação e a formalização dos atos negociais. Provas disso são a nota técnica do Ministério Público do Trabalho, a portaria do Ministério da Economia e as medidas legislativas do Poder Executivo Federal (MP 927 e MP 936). Essas medidas responderam às demandas por uma intervenção estatal mínima, fixando uma regulação orientativa durante a pandemia.

Para o nosso estudo, interessa-nos apresentar os vínculos entre a regulação, práticas deliberativas virtuais e uma inovadora ambiência de desenvolvimento de rodadas negociais e de convalidação dos interessados, via atos assembleares virtuais, sincrônicos com a participação dos interessados, em plataformas digitais.

Por fim, apresentaremos um caso concreto do uso das ferramentas digitais no âmbito das negociações coletivas por um sindicato de trabalhadores metalúrgicos da região metropolitana de Curitiba.

2. A PANDEMIA DE COVID-19 E O TRATAMENTO JURÍDICO TRABALHISTA

No ano de 2020, surgia uma pandemia que mudara o mundo. Até o primeiro semestre daquele ano, mais de 500 mil pessoas morreriam em todo o planeta, vitimadas pela COVID-19, doença proveniente do novo coronavírus. No Brasil, desconsiderando a inegável subnotificação de contaminações, foram contabilizados quase 2 milhões de infectados e mais de 80 mil mortes[5].

O Brasil enfrentou, além da grave crise sanitária, severos problemas de natureza econômica, política e social, de forte impacto na sociedade brasileira. Indiscutivelmente, trata-se da pior recessão econômica desde a Segunda Guerra Mundial, conforme dados do Banco Mundial[6]. A cruel pedagogia do vírus[7], título da obra de Boaventura de Sousa Santos, sinalizava que a comunidade internacional aprende – ou, pelo menos, deveria aprender – a recuperar a centralidade do pensamento científico e a eticidade de uma sociedade planetária interdependente. Ao não tomar essa atitude, pode potencialmente agudizar as diferenças sociais e econômicas e condenar os trabalhadores precários e vulneráveis a uma crescente pauperização. Os efeitos catastróficos da pandemia no mundo do trabalho, demonstrados na reflexão de Boaventura, são, lamentavelmente, corroborados por estudos da Organização Internacional do Trabalho[8].

---

5 JOHN HOPKINS UNIVERSITY AND MEDICINE. **Relatório de monitoramento global do COVID-19 produzido pela Universidade estadunidense John Hopkins.** Disponível em <https://coronavirus.jhu.edu/map.html> Acesso em: 21 jul 2020. No ano de 2022, O Brasil atingiu mais de 700.000 mortes decorrentes de COVID-19.

6 BANCO MUNDIAL. **Global Economic Prospects**. June 2020. Washington, DC: World Bank. Disponível em < https://www.worldbank.org/en/publication/global-economic-prospects> Acesso em: 13 jul 2020.

7 Santos, Boaventura Sousa. **A cruel pedagogia do vírus**. e-book. 1ª. Ed. São Paulo: Editora Boitempo.

8 ORGANIZACIÓN INTERNACIONAL DEL TRABAJO. **La COVID-19 y el mundo del trabajo.** Disponível em https://www.ilo.org/global/topics/coronavirus/lang--es/index.htm. Acesso em: 21 jul 2020.

Do ponto de vista jurídico, a pandemia da COVID-19, reconhecida pela Organização Mundial da Saúde em 11 de março de 2020, teve sua expressão jurídica introduzida no mundo da codificação pela Lei Federal 13.979/20, que institui "medidas para enfrentamento da emergência de saúde pública de importância internacional decorrente do coronavírus". O Congresso Nacional, por sua vez, reconheceu a situação de calamidade pública pelo Decreto Legislativo nº 6 de 2020[9].

No passado recente, a regulação do trabalho no Brasil sofre profundas modificações precarizadoras desde 2016, especialmente com a alteração de mandatário no Poder Executivo. Esse processo desconstituinte revela-se pelo esvaziamento substantivo do valor trabalho na ordem econômica, operado em sucessivos julgados em sede de controle de constitucionalidade, pelo Supremo Tribunal Federal. O tempo vivenciado pela ciência juslaboral mundial, nas palavras de Adoración Guamán e Joaquim Pérez Rey, reflete-se em uma normatividade laboral travestida conceitual e ideologicamente num potencial direito do trabalho do inimigo[10].

Para fins trabalhistas, foi reconhecida a situação de força maior, prevista no texto da CLT, no período de vigência[11] do art. 1º da Medida Provisória 927, editada em 22 de março de 2020[12]. Ou seja, há reconhecimento, pelo Poder Legislativo e pelo Poder Executivo, da situação de calamidade pública e da existência de força maior.

Ao afetar a vida das pessoas[13], a pandemia da COVID-19 abalou fortemente o mundo do trabalho, alterando as relações entre empresas e trabalhadores, empresas

---

9 **Art. 1º** Fica reconhecida, exclusivamente para os fins do art. 65 da Lei Complementar nº 101, de 4 de maio de 2000, notadamente para as dispensas do atingimento dos resultados fiscais previstos no art. 2º da Lei nº 13.898, de 11 de novembro de 2019, e da limitação de empenho de que trata o art. 9º da Lei Complementar nº 101, de 4 de maio de 2000, a ocorrência do estado de calamidade pública, com efeitos até 31 de dezembro de 2020, nos termos da solicitação do Presidente da República encaminhada por meio da Mensagem nº 93, de 18 de março de 2020.

10 GUAMÁN, Adoración; REY, Joaquim Pérez. Derecho del trabajo del enemigo: aproximaciones histórico-comparadas al discurso laboral neofascista. **Derecho Laboral: Revista de doctrina, jurisprudencia e informaciones sociales.** Tomo LXII – no. 274. abril-junio 2019. Fundación Cultura Universitaria. Montevideo. p. 211-239.

11 A MP 927 caducou e teve seu prazo de vigência encerrado no dia 19 de julho de 2020, por força do Ato Declaratório do Presidente da mesa do Congresso Nacional nº 92, de 2020.

12 **Art. 1º** (...)

Parágrafo único. O disposto nesta Medida Provisória se aplica durante o estado de calamidade pública reconhecido pelo Decreto Legislativo nº 6, de 2020, e, para fins trabalhistas, constitui hipótese de força maior, nos termos do disposto no art. 501 da Consolidação das Leis do Trabalho, aprovada pelo Decreto-Lei nº 5.452, de 1º de maio de 1943.

13 Em que pese a negação do óbvio por parte de autoridades e desrespeito às diretrizes sanitárias por setores econômicos e também da população, a realidade se apresenta de uma maneira diferente, sobretudo em função da necessidade de distanciamento social e isolamento, principalmente daqueles que compõem o grupo de risco. Segundo evidências científicas, o grupo de risco em relação à COVID-19 é composto por indivíduos acima de 60 anos; portadores de diabetes; hipertensão; doenças cardíacas; pulmonares e outras. Esse grupo, segundo estudo desenvolvido na Universidade Federal de São Paulo – UNIFESP, abrange 47,3% da população brasileira (REZENDE, Leandro; THOMÉ, Beatriz; SCHVEITZER, Mariana Cabral; et al. **Rev. Saúde Pública,** São Paulo, vol.54, Epub 15, p. 54:50, mai 2020).

e sindicatos e, também, a relação entre trabalhadores e entidades sindicais. O reconhecimento da força maior, por si só, possibilitaria alterações consensuadas no âmbito da negociação coletiva, ante a situação de profunda excepcionalidade. Nesse contexto, situações de emergência determinaram que decisões fossem tomadas de maneira rápida e eficaz, com o objetivo último de resguardar a vida humana, mas também considerando os inevitáveis impactos econômicos e sociais, que podem afetar negativamente a situação das empresas e dos trabalhadores.

Dessa forma, editou-se, por parte do Presidente da República, de Medidas Provisórias que alteraram a legislação trabalhista durante a pandemia, com o intuito de flexibilizar institutos jurídicos trabalhistas, a fim de garantir a manutenção dos postos de trabalho.

A Medida Provisória 927 trouxe mudanças no teletrabalho, o qual se tornou realidade para vários trabalhadores brasileiros, além de alterações na antecipação de férias individuais e na concessão de férias coletivas, no aproveitamento e na antecipação de feriados e, também, no banco de horas[14]. Embora a MP não estabelecera a necessidade de negociação coletiva, observou-se que várias empresas buscaram as entidades sindicais para que as mudanças legislativas ocorressem mediante negociação coletiva, desse modo, propiciando maior segurança jurídica[15]. No mesmo diapasão, sindicatos com perfil atuante e combativo negociaram coletivamente o estabelecimento de limites objetivos às referidas medidas, bem como eventuais contraprestações em função dessas inovações legislativas.

A Medida Provisória 936, por sua vez, instituiu o "Programa Emergencial de Manutenção do Emprego e da Renda", que possibilita a redução proporcional da jornada de trabalho e do salário, bem como a suspensão do contrato de trabalho, ambas hipóteses com pagamento de benefício emergencial. A depender do salário recebido pelo empregado e do faturamento da empresa, a redução e a suspensão poderão demandar o pagamento de ajuda compensatória mensal, combinada aos critérios legais do benefício emergencial.

As negociações coletivas no tempo de pandemia são experiências complexas, mas necessárias, inclusive por força legal. No entanto, encontram novos desafios, como a necessidade de distanciamento social e de reuniões ou assembleias por videoconferência, a necessidade de consulta remota aos trabalhadores da categoria e, por vezes, a necessidade de atuação *ex officio* dos dirigentes sindicais.

---

14 A MP 927 caducou e teve seu prazo de vigência encerrado no dia 19 de julho de 2020, por força do Ato Declaratório do Presidente da mesa do Congresso Nacional nº 92, de 2020, porém a matéria atinente ao teletrabalho foi novamente objeto de atenção do Poder Exceutivo por meio da MP 1108/2022.

15 Importante destacar o art. 30 da Medida Provisória 927, que faculta, ainda, ao empregador a possibilidade de impor a ultratividade na vigência dos instrumentos coletivos por até 90 dias, dentro do prazo de vigência fixado pela MP, *in verbis*: "Art. 30. Os acordos e as convenções coletivos vencidos ou vincendos, no prazo de cento e oitenta dias, contado da data de entrada em vigor desta Medida Provisória, poderão ser prorrogados, a critério do empregador, pelo prazo de noventa dias, após o termo final deste prazo."

3. NEGOCIAÇÃO COLETIVA DURANTE A PANDEMIA E DELIBERAÇÕES REMOTAS DOS TRABALHADORES: DESAFIOS DA DEMOCRACIA SINDICAL

A pandemia de COVID-19 tem exigido, em muitos casos, a negociação coletiva entre empresas e sindicatos, visando à adequação das condições econômicas de determinando segmento empresarial. A Medida Provisória 936, sobretudo, determinou que a aplicação de seus institutos, a saber, a redução proporcional da jornada de trabalho e do salário e a suspensão dos contratos de trabalho, só pode ocorrer, em determinados casos, com a possibilidade de celebração via instrumento coletivo de trabalho.

Contudo, o enfrentamento do coronavírus demanda especificidades e alterações na dinâmica de empresas, sindicatos e trabalhadores, já que essa relação é orientada pela diretriz sanitária que aponta a necessidade de distanciamento social. Como é de conhecimento amplo desde o início da pandemia e de acordo com orientações da OMS, a prevenção da doença depende, essencialmente, de evitar aglomerações de pessoas. Isso faz com que seja impossível a realização de assembleias presenciais – requisito fundamental para que convenções e acordos coletivos de trabalho sejam pactuados[16], na medida em que a concentração de trabalhadores amplia exponencialmente os riscos de contração de COVID-19 e potenciais danos à saúde dos envolvidos, assim como impossibilita o regular funcionamento da empresa. Assim, há flexibilização parcial dos requisitos formais da negociação coletiva especialmente.

A Medida Provisória 936, convertida na Lei Federal 14.020/2020, aponta a possibilidade de utilização de meios eletrônicos para atendimento dos requisitos formais para celebração de instrumentos normativos, "inclusive para convocação, deliberação, decisão, formalização e publicidade de convenção ou de acordo coletivo de trabalho[17]". Trata-se, portanto, de indispensável e necessária adequação ao período excepcional, numa aproximação das práticas sindicais em relação aos requisitos gerais de democracia digital nas instituições democráticas. As práticas dessa democracia vêm ganhando espaço em todas as dimensões da esfera pública e privada; embora pensadas inicialmente para as relações com o estado, podem, também, induzir mais transparência, publicidade, segurança jurídica e

---

[16] **Art. 612** - Os Sindicatos só poderão celebrar Convenções ou Acordos Coletivos de Trabalho, por deliberação de Assembleia Geral especialmente convocada para esse fim, consoante o disposto nos respectivos Estatutos, dependendo a validade da mesma do comparecimento e votação, em primeira convocação, de 2/3 (dois terços) dos associados da entidade, se se tratar de Convenção, e dos interessados, no caso de Acordo, e, em segunda, de 1/3 (um terço) dos mesmos.

[17] **Art. 17**. Durante o estado de calamidade pública de que trata o art. 1º:
II - poderão ser utilizados meios eletrônicos para atendimento dos requisitos formais previstos no Título VI da Consolidação das Leis do Trabalho, aprovada pelo Decreto-Lei nº 5.452, de 1943, inclusive para convocação, deliberação, decisão, formalização e publicidade de convenção ou de acordo coletivo de trabalho

estabilidade institucional em qualquer organização representativa, como investigado por Sivaldo Pereira da Silva[18].

Desse modo, a qualidade do processo deliberativo, sobretudo de participação e formação de opinião constituinte da vontade coletiva, pela via da deliberação *on-line*, pode resgatar uma cultura includente e participativa. Essa ideia de Raphaël Kies[19], embora pensada num contexto regular de relação dos cidadãos com o estado, pode e deve ser a solução possível para a quebra das barreiras impostas pela atual e pós-conjuntura pandêmica.

Nesse sentido, a utilização de tecnologias de informação e comunicação pela internet, tanto para consultar os integrantes da categoria acerca de possíveis deliberações, como para conceder publicidade aos atos das entidades sindicais, deve ser compreendida como necessária e eficaz[20], sobretudo se consideradas as necessidades urgentes decorrentes da crise promovida pela pandemia[21]. É possível afirmar que a utilização de aparelhos celulares com acesso a internet é parte integrante da rotina de grande parte dos empregados, sobretudo dos trabalhadores nos centros urbanos. Assim, deve ser compreendida também com uma possível arena democrática e verdadeiro *locus* político. Nesse sentido, Fábio César dos Santos Oliveira afirma que

> (...) se a pluralidade de ideias e posições políticas é desejável, torna-se importante que a discussão de tais posicionamentos seja permeável a novas visões e aberta aos seus opositores. A internet é um dos meios mais propícios à manutenção dessa diversidade pelos motivos já expostos, relacionados ao baixo custo de transmissão de informação e à redução das limitações geográficas e culturais à comunicação[22].

---

[18] Silva, Sivaldo Pereira da. **Transparência digital em instituições democráticas**. *In*: Mendonça, Ricardo Fabrino; Pereira, Marcus Abílio; Filgueiras, Fernando (coords.). Democracia digital – publicidade, instituições e confronto político. Belo Horizonte: Editora UFMG. 2016. p. 27-54.

[19] KIES, Raphaël. Deliberação on-line. *In*: MENDONÇA, Ricardo Fabrino; PEREIRA, Marcus Abílio; FILGUEIRAS, Fernando (coords.). **Democracia digital**: Publicidade, instituições e confronto político. Belo Horizonte: Editora UFMG. 2016. p. 203-225.

[20] "(...) as pessoas estão mais inclinadas a participar de deliberação on-line e mais dispostas a engajar sua faculdade crítica se o processo deliberativo realmente tem um impacto na decisão final e se essas pessoas se sentem responsáveis" (KIES, Raphaël. Deliberação on-line. *In*: MENDONÇA, Ricardo Fabrino; PEREIRA, Marcus Abílio; FILGUEIRAS, Fernando (coords.). **Democracia digital**: Publicidade, instituições e confronto político. Belo Horizonte: Editora UFMG. 2016. p. 224).

[21] Há, na doutrina, quem defenda a ideia de sindicalismo digital, o qual "consiste em forma moderna de organização sindical, exige que os sistemas que o integram sejam igualmente modernos para uma melhor prestação dos serviços que ele pode ofertar" (OLIVEIRA, Everton Lima de; ALMEIDA, Saulo Nunes de Carvalho. Desenvolvimento e difusão das premissas de um modelo de "sindicalismo digital". **Revista de Direito**. Viçosa. v. 09, n.01, p.41-62, 2017).

[22] OLIVEIRA, Fábio César dos Santos. Democracia e internet: A democracia digital e os desafios à representação política. **Revista de Informação Legislativa**. Revista de informação legislativa, v. 50, n. 199, p. 143-161, jul./set. 2013.

No momento vivenciado de calamidade pública, no qual a distância não decorria de limitações geográficas, mas de indispensável contenção da propagação do vírus, parece razoável aceitar que as deliberações presenciais fossem, naturalmente, substituídas por comunicações por meios telemáticos, enquanto perdurasse a pandemia e as aglomerações fossem danosas à saúde dos trabalhadores e prejudiciais à sociedade.

Contudo, para além da previsão anteriormente contida na MP 936 (atualmente Lei Federal 14.020/2020), a excepcionalidade do momento atual demandava, também, maior atuação dos representantes sindicais eleitos, pois eram detentores de responsabilidade pela tomada de decisões com potencial de abranger toda a categoria de trabalhadores representados pela entidade sindical. Essa condição foi imposta devido à urgência que aquela período demandava, mas também quando não fora possível a efetiva consulta da categoria pelos meios telemáticos para fins de apuração do posicionamento da categoria, considerada, também, a realidade material na qual os trabalhadores estavam imersos.

A representação da categoria e eventual tomada de decisão pela diretoria do sindicato não consiste, *per si*, em ato antidemocrático, devendo se considerar que a figura da representação política é aceita pela Constituição Federal, que a escolheu como forma de sistema de ocupação de cargos nos poderes legislativo e executivo. Além disso, conforme defendido por Hannah Pitkin, a representação político-sindical deve ser compreendida como uma atividade de *agir por outros*, existindo reciprocidade na relação entre representantes e representados, a qual não é meramente unilateral[23]. Na concretude ora enfrentada, significa dizer que os dirigentes sindicais só existem e só se mantêm pelos trabalhadores legitimamente representados .

Destaca-se, ainda, que os representantes sindicais foram devidamente autorizados a agir em nome dos trabalhadores, o que se dá por meio de eleições livres e democráticas. A ampla e abrangente atuação da direção sindical na negociação coletiva consta, geralmente, no rol de poderes elencados nos estatutos das entidades, os quais, geralmente, foram obrigatoriamente aprovados em assembleia categorial, sobretudo para o empoderamento do sindicato ao assumir as tratativas envolvendo a negociação coletiva e firmar instrumento coletivo. Além disso, existem momentos de incontornável prestação de contas da atuação representativa, tanto em assembleias próprias, como nas eleições sindicais futuras. Assim, os dirigentes sindicais, cientes de que terão que prestar contas, anteciparão as expectativas dos representados, com especial atenção aos impactos de suas decisões na vida dos integrantes da categoria[24], num verdadeiro *accountability* privado.

---

23 Nesse sentido, ver PITKIN, Hannah Fenichel. **The concept of representation**. Berkeley: University of California Press, 1972 e ver LOUREIRO, Maria Rita. Interpretações contemporâneas da representação. **Revista Brasileira de Ciência Política**, nº 1, pp. 63-93, Brasília, janeiro-junho de 2009.

24 Segundo Iris Young, a autorização, a prestação de contas e a antecipação são elementos essenciais das relações de representação legítimas (YOUNG, Iris Marion. **Representação política, identidade e minorias**. Lua Nova, São Paulo, 67, p. 139-190, 2006).

Há outorga constitucional de poderes de representação dos trabalhadores ao sindicato, os quais possuem obrigação de defender os interesses da classe trabalhadora, tanto em questões judiciais, como em questões administrativas[25]. Em questões judiciais, inclusive, a jurisprudência reconhece que a atuação do sindicato na defesa de interesses coletivos não necessita de autorização prévia por parte dos trabalhadores por ela representados[10]. A legitimidade assegurada aos sindicatos pela Constituição Federal garante, portanto, que o ente sindical atue em função dos interesses dos trabalhadores representados, o que inclui tomar decisões rápidas e eficazes quando necessário, ainda que forçosa a flexibilização temporária de requisitos impostos pela lei.

Deve-se partir do pressuposto de que a atuação do dirigente sindical na tomada de decisões e assinatura de instrumentos coletivos é legítima e consonante com o princípio democrático de representação, pois privilegia o sindicato enquanto representante dos interesses dos trabalhadores, nos moldes previstos pelo constituinte de 1988. Todavia, a atuação do dirigente sindical deverá ser referendada pelos trabalhadores, por meio de assembleia, devendo o sindicato valer-se de mecanismos digitais para a efetiva comunicação com os trabalhadores e para garantia de publicidade às decisões tomadas. Em tempo, é preciso destacar que as decisões aqui tratadas possuem natureza especial, decorrentes da situação excepcional enfrentada, e poderão, se o caso concreto assim demandar, ser convalidadas *ad referendum* pela assembleia geral de trabalhadores tão logo sua realização seja possível.

A dispensa temporária de requisitos formais da negociação coletiva com a consequente ausência de assembleias presenciais para celebração de norma coletiva, utilizando, quando necessário, meios digitais, também é orientada pelo Ministério Público do Trabalho, como se verifica na Nota Técnica Conjunta nº 06/2020 – Procuradoria Geral do Trabalho/CONALIS[26], intitulada "Diálogo social, negociação coletiva e adoção de medidas de proteção ao emprego e ocupação diante da pandemia da doença infecciosa COVID-19", como se denota:

> Diante de todo o quadro socioeconômico decorrente da pandemia pela COVID-19, e das fundamentações fático-jurídicas acima expostas, o MINISTÉRIO PÚBLICO DO TRABALHO, por meio da sua COORDENADORIA NACIONAL DE PROMOÇÃO DA LIBERDADE
>
> SINDICIAL (CONALIS) reputa essencial a adoção de medidas para a proteção do emprego e da ocupação, bem como de sustentabilidade das atividades econômicas

---

25 **Art. 8º** É livre a associação profissional ou sindical, observado o seguinte: **III** - ao sindicato cabe a defesa dos direitos e interesses coletivos ou individuais da categoria, inclusive em questões judiciais ou administrativas;

26 MINISTÉRIO PÚBLICO DO TRABALHO. Coordenadoria Nacional de Promoção da Liberdade Sindical (CONALIS). **Nota técnica conjunta n. 06/2020** – PGT/ CONALIS. Disponível em: <https://mpt.mp.br/pgt/noticias/nt-6-2020-conalis-mpt-1.pdf>. Acesso em: 21 jul 2021.

> das empresas, durante e após os impactos imediatos da pandemia sobre as relações de trabalho, de forma articulada com os diversos atores sociais, observados os seguintes pressupostos:
>
> (...)
>
> **VIII. POSSIBILITAR A FLEXIBILIZAÇÃO DOS REQUISITOS FORMAIS PARA A NEGOCIAÇÃO COLETIVA, como obrigatoriedade de assembleia presencial, diante de medidas de isolamento social e quarentena determinadas pelos órgãos públicos, podendo-se adotar meios telemáticos, céleres e eficazes para consulta aos trabalhadores e interessados (...)** (grifo nosso)

No mesmo sentido, a Subsecretaria das Relações de Trabalho, vinculada ao Ministério da Economia, orientou, a partir do Ofício Circular nº SEI nº 1022/2020/ME, que as Superintendências Regionais do Trabalho não exijam no momento as atas de assembleia para registro de instrumentos normativos, ante a impossibilidade de sua realização. Observe-se o teor do documento:

> A pandemia causada pelo vírus COVID-19 levou as autoridades a criarem medidas preventivas para redução da sua disseminação, dentre elas, o isolamento social. Nesse sentido, torna-se desaconselhável e, em alguns casos, proibida, a aglomeração de pessoas.
>
> É notório, ainda, o impacto negativo sobre as relações do trabalho decorrente da pandemia diante das paralisações abruptas de atividades decorrentes de tais medidas.
>
> Neste cenário, temos recebido diversas solicitações de entidades sindicais que, mesmo conseguindo negociar condições de trabalho para adoção de medidas alternativas de enfrentamento da atual situação, encontram óbice no registro dos instrumentos coletivos que pactuam, por não conseguirem promover assembleias e, assim, cumprir o exigido no art. 7º, § 2º, da IN 16/2016, a saber, cópia da ata da assembleia dos trabalhadores que aprovou o referido instrumento.
>
> A situação exige bom senso da Administração Pública, que deve atuar pautada nos princípios da eficiência, razoabilidade e proporcionalidade, dentre outros.
>
> **Assim sendo, ORIENTO as unidades responsáveis pelo registro de instrumentos coletivos de trabalho (acordos e convenções) que flexibilizem a exigência de ata de assembleia, como condição para o registro de instrumentos pactuados durante o período de isolamento social decorrente da pandemia.** (grifo nosso)

Como se observa, o *parquet* trabalhista e o órgão responsável pela fiscalização das relações sindicais possuem entendimento de que o momento ímpar vivenciado imprime a necessidade de flexibilização de exigências legais, ainda que de grande relevância. Torna-se, dessa forma, essencial o diálogo entre entidades sindicais, empresas e trabalhadores, com objetivo de proteção da vida, redução dos riscos do trabalho e contenção dos impactos econômicos negativos gerados pela pandemia.

Conclui-se, portanto, que a atuação sindical deverá ser orientada pelo princípio democrático, devendo os dirigentes sindicais se valerem de plataformas digitais e aparatos tecnológicos por videoconferência, assegurando a identificação do participante e a segurança do voto, inclusive por expressa disposição legal contida na Lei Federal 14.010/2020[27]. Com isso, deve-se realizar consulta aos integrantes da categoria profissional acerca de decisões de interesse coletivo, levando em consideração a realidade econômica, social e, principalmente, o cuidado com o nível de inclusão digital e cobertura por sinal de internet e/ou de telefonia móvel dos representados.

As decisões importantes para os interesses profissional e empresarial durante o período de calamidade pública, incluindo a celebração de convenções e acordos coletivos, deverão ser manejadas por meio de ferramentas digitais e aparatos tecnológicos disponíveis e de acesso factível aos representados. Ainda, os sindicatos deverão garantir ampla publicidade em relação às decisões tomadas durante as tratativas da negociação coletiva e aos instrumentos coletivos firmados, o que será feito, principalmente, a partir da internet, podendo ser flexibilizado, em caso de urgência, o requisito de publicação de edital em jornal de grande circulação ou diário oficial.

Por fim, entende-se que superada a situação de calamidade pública, tendo por premissa a boa-fé objetiva na prática de ato jurídico coletivo, os instrumentos coletivos firmados, cuja assembleia não pôde ser realizada em função da realidade social dos trabalhadores que integram a categoria, poderão ser submetidos à assembleia geral da categoria representada, nos moldes do art. 602 da CLT. Nessa excepcionalíssima condição, deverão ser considerados válidos os atos praticados até a decisão assemblear, já que celebrados em situação de reconhecida força maior.

4. UMA EXPERIÊNCIA SINDICAL DEMOCRÁTICA: O CASO DO SINDIMOVEC/PR

Visando instruir parâmetros de atuação democrática e com respeito à publicidade, analisa-se na sequência a negociação coletiva realizada entre o SINDIMOVEC, Sindicato dos Metalúrgicos de Campo Largo/PR, a partir das experiências negociais com as empresas FCA (Fiat-Crhysler Automobiles) e Caterpillar, apresentando as ferramentas utilizadas e metodologia de participação.

As possibilidades utilizáveis naquele momento, especialmente no início da pandemia, exigiam respostas rápidas, pois o cenário desafiava as necessidades laborais e empresariais, apresentando-se soluções de suspensão dos contratos de trabalho e/ou redução proporcional de jornada e salário, com o evidente objetivo de manutenção dos postos de trabalho.

[27] A Lei Federal 14.010/2020 fixou no seu artigo 5º: "Art. 5º A assembleia geral, inclusive para os fins do art. 59 do Código Civil, até 30 de outubro de 2020, poderá ser realizada por meios eletrônicos, independentemente de previsão nos atos constitutivos da pessoa jurídica. Parágrafo único. A manifestação dos participantes poderá ocorrer por qualquer meio eletrônico indicado pelo administrador, que assegure a identificação do participante e a segurança do voto, e produzirá todos os efeitos legais de uma assinatura presencial".

Parece claro que a realização de assembleias e votações on-line tem sido o melhor meio para a solução do problema das deliberações, além de poder se transformar em uma ferramenta a ser utilizada de forma habitual pelas entidades sindicais, mesmo após o fim da epidemia, tendo em vista a transparência, a agilidade e a otimização do processo consultivo. Outra vantagem desse processo é em relação à geração de documentos que dão ainda mais credibilidade ao processo eleitoral em qualquer situação.

Em que pese a existência de ferramentas virtuais nas quais oportunizavam-se "enquetes" de forma gratuita, como o "SurveyMonkey" e o "GoogleForms", pode-se dizer que a situação da operacionalização de assembleias virtuais não se trata de procedimento simples, pois se busca assegurar legitimidade, integridade da votação e segurança no cômputo geral do sufrágio assemblear (p.ex. voto duplicado, substituição do eleitor ou um eleitor votando por outros).

Dessa maneira, o caminho a ser percorrido pelo sindicato seria a contratação de uma plataforma digital que atendesse as preocupações da entidade sindical, de forma a apresentar dados pré-cadastrados ao sistema, o que poderia restringir o acesso somente às pessoas interessadas no processo decisório.

Dentro do mercado de votação on-line, existem várias empresas[28] prestadoras deste serviço, geralmente voltadas para eleições sindicais ou de membros de CIPA. Pode-se observar o uso dessas plataformas por algumas entidades sindicais com ferramentas próprias de votação[29].

O formato de realização das assembleias com as empresas FCA[30] e CATERPILLAR[31] foi estruturado nas seguintes etapas: a) publicação de Edital contendo

---

28 A maioria das empresas que prestam este serviço, como a "Tafner Solutions", a "Voto On Line", a "Eleja On Line" e a "Telemeeting", têm plataformas parecidas, com custos que variam de R$ 900,00 a R$ 6.000,00 por votação realizada. Essas empresas usam como base uma relação de informações do grupo de votantes, enviada pela entidade sindical, para garantir que somente as pessoas cadastradas consigam, efetivamente, participar da votação.

29 A título exemplificativo, verificar:
BANCÁRIOS E FINANCIÁRIOS CURITIBA E REGIÃO. **Último dia para votar na eleição do Sindicato.** Disponível em: <https://www.bancariosdecuritiba.org.br/Default/Noticia/35290/participe-da-eleicao-online-do-sindicato-vote-aqui>. Acesso em: 13 jul 2020.
SINDICATO DOS METALÚRGICOS DO ABC. **Assembleia online**. Disponível em: <https://smabc.org.br/assembleia-online/>. Acesso em: 13 jul 2020.
SINDICATO DOS COMERCIÁRIOS DE PORTO ALEGRE. **Em assembleia virtual, comerciários aprovam prestação de contas.** Disponível em: <https://sindec.org.br/em-assembleia-virtual-comerciarios-aprovam-prestacao-de-contas.htm>. Acesso em: 13 jul 2020.

30 SINDIMOVEC. **Sindimovec convoca Assembleia Virtual para os trabalhadores da FCA**. Disponível em: <http://www.sindimovec.com.br/atencao-sindimovec-convoca-assembleia-virtual-para-os-trabalhadores-da-fca/> Acesso em: 13 jul 2020.

31 SINDIMOVEC. **Sindimovec convoca Assembleia Virtual para os trabalhadores da CAT**. Disponível em: <http://www.sindimovec.com.br/atencao-sindimovec-convoca-assembleia-virtual-para-os-trabalhadores-da-cat/> Acesso em: 13 jul 2020.

explicações sobre o modelo de votação, com a justificativa legal da votação on-line consultável no sítio eletrônico do SINDIMOVEC, além de divulgação nas redes sociais e no whatsapp dos envolvidos, com item de pauta próprio para a deliberação; b) prévia divulgação de vídeo institucional do sindicato, de conteúdo explicativo, relatando a situação negocial e apresentando a proposta construída entre empresa e sindicato; c) inserção da minuta da proposta negociada, a qual fica hospedada no site do sindicato para publicidade dos seus termos e interação dos envolvidos na votação; d) hospedagem do link para votação na página do sindicato.

Enfim, a lamentável crise da pandemia produziu efeitos nefastos na vida das empresas e dos trabalhadores, por outro lado, oportunizou a criação de meios de otimização de procedimento de consultas sindicais, principalmente em relação às assembleias negociais, vez que qualquer trabalhador, independentemente do seu local de trabalho, poderia ter acesso aos assuntos de interesse da categoria, por meio do sítio eletrônico do sindicato, ou enviados pelo aplicativo whatsapp. Dessa forma, havia garantia, facilitação e preservação da manifestação de vontade dos componentes da categoria, seja pelo link do sítio eletrônico ou com poucos toques na tela do celular, além da otimização de gastos e de tempo para a apuração dos resultados.

5. CONCLUSÃO

O cenário pandêmico demandou o uso de ferramentas de consulta eficazes para os representados, em observância aos princípios da boa-fé, transparência e da licitude dos atos coletivos, com a finalidade de apurar seus interesses e tendências, ou consultas por meio eletrônico (*internet*), de forma a viabilizar a participação do maior número possível de trabalhadores, protegendo-os, no máximo possível, de qualquer vício nos aspectos formais do ato jurídico de natureza coletiva.

As direções sindicais possuem legitimidade legal, política e jurídica para viabilizar e demandar aparatos tecnológicos eficazes (videoconferência e sistemas eletrônicos de consulta), com qualidade no processo deliberativo, buscando condensar opiniões e formar conviccções acerca dos destinos da categoria profissional.

As particularidades quanto à ferramenta utilizada, a forma do debate sincronizado ou assincronizado, publicizado ou anônimo, devem conter, em útima análise, o resgate da lógica includente e da cultura participativa no processo político do sindicato. Essa forma de comunicação gera reflexos externos perante a comunidade e empresas interessadas, que testemunham uma forma diferente de o sindicalismo se colocar, além de impactar os processos decisórios dos sindicatos.

A pandemia elevou o patamar de exigência e qualidade nos serviços prestados pelos sindicatos. Sabe-se que as entidades têm seu poder negocial e financeiro consideravelmente esvaziado por iniciativas estatais de toda ordem (legislativas, judiciárias e institucionais). De todo modo, cabe às entidades sindicais, como compromisso civilizatório e de aprimoramento das instituições democráticas, promoverem a alfabetização e integração digital das categorias com maior déficit educacional e dificuldade geracional (etária) do quadro diretivo e dos componentes da sua base representativa.

A democracia digital promove a democracia interna das entidades sindicais com a virtualização do debate e facilitação da participação dos interessados. Portanto, a formação de opinião e expressão consolidada da somatória das opiniões particulares, daqui para frente, consistirá na construção da vontade coletiva, irremediavelmente, mediada pelo uso dos aparatos tecnológicos para reunião, consulta e deliberação por plataformas ou ferramentas on-line.

6. REFERÊNCIAS E FONTES CONSULTADAS

BANCÁRIOS E FINANCIÁRIOS CURITIBA E REGIÃO. **Último dia para votar na eleição do Sindicato.** Disponível em: <https://www.bancariosdecuritiba.org.br/Default/Noticia/35290/participe-da-eleicao-online-do-sindicato-vote-aqui>. Acesso em: 13 jul 2020.

BANCO MUNDIAL. **Global Economic Prospects.** 2020. Disponível em: <https://www.worldbank.org/en/publication/global-economic-prospects> Acesso em: 13 jul 2020.

FIOCRUZ. **Quais são as pessoas consideradas grupo de risco?**. 2020. Disponível em: <https://portal.fiocruz.br/pergunta/quais-sao-pessoas-consideradas-como-grupo-de-risco> Acesso em: 22 jun 2020.

GUAMÁN, Adoración; REY, Joaquim Pérez. Derecho del trabajo del enemigo: aproximaciones histórico-comparadas al discurso laboral neofascista. **Derecho Laboral: Revista de doctrina, jurisprudencia e informaciones sociales**. Tomo LXII – no. 274.. Fundación Cultura Universitaria. Montevideo, abril-junio, 2019.

JOHN HOPKINS UNIVERSITY AND MEDICINE. **Relatório de monitoramento global do COVID-19 produzido pela Universidade estadunidense John Hopkins**. Disponível em: < https://coronavirus.jhu.edu/map.html> Acesso em: 12 jul 2020.

KIES, Raphaël. Deliberação on-line. *In*: MENDONÇA, Ricardo Fabrino; PEREIRA, Marcus Abílio; FILGUEIRAS, Fernando (coords.). **Democracia digital**: Publicidade, instituições e confronto político. Belo Horizonte: Editora UFMG. 2016.

MINISTÉRIO PÚBLICO DO TRABALHO. Coordenadoria Nacional de Promoção da Liberdade Sindical (CONALIS). **Nota técnica conjunta n. 06/2020** - PGT/ CONALIS. Disponível em: <https://mpt.mp.br/pgt/noticias/nt-6-2020-conalis-mpt-1.pdf>. Acesso em: 21 jul 2021.

OLIVEIRA, Everton Lima de; ALMEIDA, Saulo Nunes de Carvalho. Desenvolvimento e difusão das premissas de um modelo de "sindicalismo digital". **Revista de Direito**. Viçosa. v. 09, n.01, p. 41-62, 2017.

OLIVEIRA, Fábio César dos Santos. Democracia e internet: A democracia digital e os desafios à representação política. **Revista de Informação Legislativa**. Revista de informação legislativa, v. 50, n. 199, p. 143-161, jul./set. 2013.

ORDEM DOS ADVOGADOS DO BRASIL, Comissão de Direito Sindical – Seccional Paraná. **Nota Técnica nº 01/2020**. Disponível em: < https://www.oabpr.org.br/comissao-de-direito-sindical-da-oab-parana-divulga-nota-tecnica-sobre-atuacao-de--sindicatos-no-periodo-de-pandemia/> Acesso em: 12 jul 2020.

ORGANIZACIÓN INTERNACIONAL DEL TRABAJO. **La COVID-19 y el mundo del trabajo.** Disponível em https://www.ilo.org/global/topics/coronavirus/lang--es/index.htm. Acesso em: 21 jul 2020.

PITKIN, Hannah Fenichel. **The concept of representation**. Berkeley: University of California Press, 1972 e LOUREIRO, Maria Rita. Interpretações contemporâneas da representação. **Revista Brasileira de Ciência Política**, nº 1. Brasília, janeiro-junho de 2009, pp. 63-93.

REZENDE, Leandro; THOMÉ, Beatriz; SCHVEITZER, Mariana Cabral; et al. **Rev. Saúde Pública,** São Paulo, vol.54, Epub 15, p. 54-50, mai 2020.

SANTOS, Boaventura de Sousa. **A cruel pedagogia do vírus**. São Paulo: Editora Boitempo, 2020.

SILVA, Sivaldo Pereira da. **Transparência digital em instituições democráticas**. *In*: MENDONÇA, Ricardo Fabrino; PEREIRA, Marcus Abílio; Filgueiras, Fernando (coords.). Democracia digital – publicidade, instituições e confronto político. Belo Horizonte: Editora UFMG, 2016.

SINDICATO DOS METALÚRGICOS DO ABC. **Assembleia online**. Disponível em: <https://smabc.org.br/assembleia-online/>. Acesso em: 13 jul 2020.

SINDICATO DOS COMERCIÁRIOS DE PORTO ALEGRE. **Em assembleia virtual, comerciários aprovam prestação de contas.** Disponível em: <https://sindec.org.br/em-assembleia-virtual-comerciarios-aprovam-prestacao-de-contas.htm>. Acesso em: 13 jul 2020.

SINDIMOVEC. **Sindimovec convoca Assembleia Virtual para os trabalhadores da FCA**. Disponível em: <http://www.sindimovec.com.br/atencao-sindimovec-convoca--assembleia-virtual-para-os-trabalhadores-da-fca/> Acesso em: 13 jul 2020.

SINDIMOVEC. **Sindimovec convoca Assembleia Virtual para os trabalhadores da CAT**. Disponível em: <http://www.sindimovec.com.br/atencao-sindimovec-convoca--assembleia-virtual-para-os-trabalhadores-da-cat/> Acesso em: 13 jul 2020.

YOUNG, Iris Marion. **Representação política, identidade e minorias**. São Paulo: Lua Nova, 2006.

CAPÍTULO 41

A DISPENSA EM MASSA E A PANDEMIA DO COVID-19

LORENA VASCONCELOS PORTO[1]
AUGUSTO GRIECO SANT'ANNA MEIRINHO[2]

1. CONSIDERAÇÕES INICIAIS

Atualmente os diversos países do mundo, entre eles o Brasil, vivenciam os efeitos causados pela pandemia do novo coronavírus (COVID-19), reconhecida como tal pela Organização Mundial de Saúde (OMS). No Brasil, o estado de calamidade pública foi reconhecido pelo Decreto Legislativo n. 6, de 20 de março de 2020, tendo sido editada também a Lei n. 13.979, de 6 de fevereiro de 2020, para dispor sobre medidas que poderão ser adotadas para enfrentamento da emergência de saúde pública de importância internacional decorrente do COVID-19.

No âmbito trabalhista, foram editadas Medidas Provisórias pelo Poder Executivo Federal, podendo ser citadas as MPs n. 927, de 22 de março de 2020, e n. 936, de 1º de abril de 2020, as quais contêm diversos dispositivos inconstitucionais e inconvencionais, tais como aqueles que visam a permitir a redução de jornada

---

1 Procuradora do Ministério Público do Trabalho. Doutora em Autonomia Individual e Autonomia Coletiva pela Universidade de Roma "Tor Vergata". Mestre em Direito do Trabalho pela PUC-MG. Especialista em Direito do Trabalho e Previdência Social pela Universidade de Roma "Tor Vergata". Bacharel em Direito pela UFMG. Professora Convidada do Mestrado em Direito do Trabalho da *Universidad Externado de Colombia*, em Bogotá, e da Pós-Graduação da Universidade Presbiteriana Mackenzie. Pesquisadora. Autora de livros e artigos publicados no Brasil e no exterior.

2 Doutor em Direito das Relações Sociais pela Pontifícia Universidade Católica de São Paulo. Mestre em Direito Previdenciário (PUC-SP). Especialista em Direito do Trabalho e Processo do Trabalho pela Universidade de São Paulo. Especialista em Relações Internacionais pela Universidade Cândido Mendes do Rio de Janeiro. Bacharel em Ciências Náuticas pela Escola de Formação de Oficiais da Marinha Mercante (Rio de Janeiro). Pesquisador do Centro de Estudos em Direito do Mar "Vicente Marotta Rangel" da Universidade de São Paulo (Cedmar). Professor Universitário. Procurador do Trabalho do Ministério Público da União.

de trabalho e de salário e a suspensão temporária de contrato de trabalho por mero acordo individual, isto é, sem convenção ou acordo coletivo de trabalho.[3]

Nesse contexto, assume grande relevância o tema das dispensas em massa, isto é, o desligamento de um número considerável de trabalhadores, em um determinado lapso temporal, por motivos econômicos, tecnológicos, estruturais ou análogos. Com efeito, em razão da crise econômica decorrente da pandemia do COVID-19, não são poucas as empresas que vêm efetuando a dispensa de grande número de trabalhadores. Como veremos, a despedida coletiva deve necessariamente ser precedida pela negociação coletiva com os sindicatos profissionais por força das normas constitucionais vigentes no país e dos tratados internacionais de direitos humanos ratificados pelo Brasil.

Cumpre notar que, mesmo em situações institucionais e sociais potencialmente mais sérias do que a calamidade pública causada pelo COVID-19, como o Estado de Defesa e o Estado de Sítio, os direitos fundamentais, inclusive aqueles previstos nos artigos 7º, 8º e 9º da CF/88, não podem ser colocados à parte pelos poderes da República.[4] Os direitos fundamentais trabalhistas são cláusulas pétreas (artigo 60, § 4º, IV, da CF/1988)[5], em razão da própria indivisibilidade e interdependência dos direitos fundamentais, não podendo, pois, ser afetados, abolidos ou suprimidos nem mesmo pelo Poder Constituinte Derivado, por meio de emenda constitucional.

Lenio Streck ressalta que os juristas e operadores do Direito têm um papel fundamental na garantia dos preceitos constitucionais em contextos de crise, pois são os vigilantes da Constituição: "[...] não se pode confundir um Estado de emergência sanitária com uma exceção do Estado Democrático de Direito e cabe a nós, da comunidade jurídica, sermos vigilantes." As violações a direitos humanos causadas pelos regimes ditatoriais nazifascistas e no período da Segunda Guerra Mundial nos deram essa lição: é o Direito que deve filtrar a política, a moral, a economia, e não o contrário.[6] Não se pode permitir, portanto, a adoção de medidas de emergência no contexto da pandemia do COVID-19 com a finalidade

---

3 Essa questão é tratada no seguinte artigo publicado também nesta Revista: PORTO, Lorena Vasconcelos. *Medidas Provisórias n. 927/2020 e 936/2020*: negociação coletiva e controle de convencionalidade.

4 Vide GOMES, Ana Cláudia Nascimento; CARELLI, Rodrigo de Lacerda. *Quem tem medo dos sindicatos?* A redução salarial e a negociação coletiva, uma questão de pacto social. Disponível em: https://rodrigocarelli.org/2020/04/14/quem-tem-medo-dos-sindicatos-a-reducao-salarial-e-a-negociacao-coletiva-uma-questao-de-pacto-social-artigo-de-rodrigo-carelli-e-ana-claudia-nascimento-gomes/. Acesso em: 21 abr. 2020.

5 Vide SARLET, Ingo Wolfgang. Direitos sociais: o problema de sua proteção contra o poder de reforma na Constituição de 1988. *Revista de Direito Constitucional e Internacional*, São Paulo: Revista dos Tribunais, ano 12, n. 46, p. 42-73, 2004. p. 64; BONAVIDES, Paulo. *Curso de direito constitucional*. 21. ed. São Paulo: Malheiros, 2007. p. 373 e 642-645; MAGALHÃES, José Luiz Quadros de. *Direitos humanos na ordem jurídica interna*. Belo Horizonte: Interlivros Jurídica de Minas Gerais, 1992. p. 280.

6 STRECK, Lenio. *O papel dos operadores do direito na garantia dos preceitos constitucionais*. Entrevista concedida em 14.04.2020 à ESMPU. Disponível em: http://escola.mpu.mp.br/a-escola/comunicacao/tv-esmpu/a-pandemia-do-coronavirus/o-papel-dos-operadores-do-direito-na-garantia-dos-preceitos-constitucionais. Acesso em: 20 abr. 2020.

de supressão ou redução de direitos fundamentais trabalhistas, em verdadeiro processo desconstituinte.[7]

Esta posição ficou bem evidenciada na Nota Técnica sobre a Medida Provisória n. 936/2020 editada pelo Ministério Público do Trabalho em 20 de abril de 2020, ressaltando a necessidade de se observarem os limites constitucionais:

> Por mais grave e excepcional que seja a presente crise, ao menos as balizas constitucionais e supralegais hão de ser respeitadas pelo legislador ordinário e, notadamente, pela Chefia do Poder Executivo Federal na edição de Medidas Provisórias emergenciais.[8]

Não por acaso, a Comissão Interamericana de Direitos Humanos (CIDH), por meio da Resolução n. 1/2020, de 10 de abril de 2020, intitulada "Pandemia e Direitos Humanos nas Américas", exorta os Estados-membros, entre eles o Brasil, em seu item 5, a assegurarem o respeito aos direitos econômicos, sociais, culturais e ambientais de sua população. Ademais, recomenda que os Estados-membros garantam rendas e meios de subsistência a todos os trabalhadores, priorizando a proteção dos empregos, dos salários, da liberdade sindical e da negociação coletiva, bem como outros direitos, laborais e sindicais. Os Estados também devem exigir que as empresas respeitem os direitos humanos e sejam responsabilizadas por possíveis abusos e impactos negativos sobre estes últimos, inclusive em relação aos trabalhadores.[9]

A Corte Interamericana de Direitos Humanos (Corte IDH) também emitiu a Declaração n. 1/20, de 09 de abril de 2020, relativa à "COVID-19 e direitos humanos: os problemas e desafios devem ser abordados a partir de uma perspectiva de direitos humanos e com respeito às obrigações internacionais."[10] Nesse documento, a Corte recomenda que as medidas de enfrentamento à pandemia global causada pelo coronavírus COVID-19 sejam "[...] tomadas no âmbito do Estado de Direito, em plena observância aos instrumentos interamericanos de proteção dos direitos humanos e à jurisprudência deste Tribunal." A Corte IDH exorta os Estados-membros a terem "[...] o cuidado para que se preservem os postos de trabalho e se respeitem os direitos trabalhistas de todos os trabalhadores e trabalhadoras." Desse modo, não podem ser adotadas medidas de enfrentamento à

---

[7] Como ressalta Cristiano Paixão, "Em tempos de crise, que a postura seja de afirmação da Constituição, contra toda e qualquer manifestação de oportunismo desconstituinte." PAIXÃO, Cristiano. *Covid-19 e o oportunismo desconstituinte*. Disponível em: http://www.transformamp.com/covid-19-e-o-oportunismo-desconstituinte/. Acesso em: 30 abr. 2020.

[8] Disponível em: https://mpt.mp.br/pgt/noticias/nota-tecnica-mp-936-versao-final-pdf-2.pdf. Acesso em: 15 maio 2020.

[9] CIDH. *Resolución n. 1/2020. Pandemia y derechos humanos en las Américas (Adoptado por la CIDH el 10 de abril de 2020)*. Disponível em: http://www.oas.org/es/cidh/decisiones/pdf/Resolucion-1-20-es.pdf. Acesso em: 21 abr. 2020.

[10] CORTE IDH. *Declaración de la Corte Interamericana de Derechos Humanos 1/20 de 9 de abril de 2020*. Disponível em: http://www.corteidh.or.cr/tablas/alerta/comunicado/declaracion_1_20_ESP.pdf. Acesso em: 21 abr. 2020.

pandemia causada pelo COVID-19 que violem os tratados firmados no âmbito da OEA e ratificados pelo Brasil, como o Pacto de São José da Costa Rica e o Protocolo de San Salvador, e, portanto, que não respeitem os direitos dos trabalhadores, como a garantia da negociação coletiva prévia à dispensa em massa.

Os direitos sociais baseiam-se na solidariedade e esta é fundamental para o enfrentamento de qualquer pandemia, inclusive daquela atual causada pelo COVID-19.[11]

2. A DISPENSA EM MASSA E A REFORMA TRABALHISTA

Até o ano de 2017, momento em que a reforma trabalhista foi elaborada, aprovada e promulgada, a dispensa coletiva não era regulamentada de maneira específica pelo ordenamento jurídico brasileiro, que regulava apenas a dispensa individual. Não havendo, no Direito pátrio, uma distinção entre os dois tipos de dispensa, o empregador poderia efetuá-la por qualquer motivo, ou mesmo sem motivo, independentemente do número de trabalhadores envolvidos, devendo pagar-lhes tão somente a indenização calculada sobre os depósitos do Fundo de Garantia do Tempo de Serviço (FGTS).

Apesar da omissão legislativa, o fenômeno das dispensas coletivas, isto é, daquelas que envolvem um grande número de empregados e são ocasionadas por razões ligadas à empresa, sempre ocorreu no Brasil. A dispensa coletiva reveste-se de uma importância particular, por afetar um grupo considerável de trabalhadores e gerar consequências para a própria sociedade. Desse modo, ela deve ser regulamentada de forma adequada, seja para evitar as dispensas, seja para reduzir o número de empregados envolvidos, seja para atenuar os seus efeitos, ressarcindo os obreiros dispensados e auxiliando-os a encontrar outro posto de trabalho, prevenindo, assim, conflitos maiores.

Face à omissão legislativa, a jurisprudência, embora timidamente e apenas duas décadas após a promulgação da Constituição Federal de 1988, começou a interpretá-la no sentido de extrair uma diferenciação de tratamento para a dispensa coletiva. No dissídio coletivo relativo à despedida maciça de empregados pela EMBRAER causada por graves dificuldades econômicas, a Seção de Dissídios Coletivos do Tribunal Superior do Trabalho (TST), por maioria, firmou o entendimento, aplicável a situações futuras à data do julgamento (10.08.2009), de que a negociação coletiva com o sindicato profissional é imprescindível para a dispensa em massa de trabalhadores, a fim de atenuar os seus efeitos sociais e econômicos.[12]

---

11 Como ressalta Yuval Harari, "Sem confiança e solidariedade globais não seremos capazes de parar a epidemia do coronavírus, e é provável que enfrentemos mais epidemias desse tipo no futuro. [...] a história indica que a proteção real vem da troca de informação científica confiável e da solidariedade global." HARARI, Yuval Noah. *Na batalha contra o coronavírus, faltam líderes à humanidade*. São Paulo: Companhia das Letras, 2020. p. 7 e 10.

12 TST-RODC 309/2009-000-15-00.4, Relator Min. Mauricio Godinho Delgado, data de julgamento: 10.08.2009, DEJT de 04.09.2009.

Com o advento da reforma trabalhista (Lei n. 13.467/2017), a dispensa coletiva passou a ser regulamentada, de maneira parcial e parca, pelo ordenamento jurídico brasileiro, por meio do art. 477-A da CLT, que assim dispõe:

> As dispensas individual, plúrima e a coletiva equiparam-se para todos os fins, não havendo necessidade de autorização prévia de entidade sindical ou de celebração de convenção ou acordo coletivo de trabalho para sua efetivação.

Esse dispositivo legal, no entanto, apenas prevê que não é necessária a autorização do sindicato, o que jamais foi exigido, não mencionando em momento algum que não é necessária a negociação coletiva prévia.

Em verdade, não se compreende por que o legislador decidiu se referir a uma "autorização prévia de entidade sindical" para a dispensa coletiva, já que tal hipótese não era sequer aventada.

Cumpre notar que o propósito maior da reforma trabalhista, insistentemente mencionado pelos seus defensores, é o de valorizar e fortalecer o papel das negociações coletivas, o que coincide com os fundamentos da jurisprudência produzida pelos tribunais trabalhistas com relação ao tema da dispensa coletiva.

De fato, na justificativa do Substitutivo apresentado pela Comissão Especial da Câmara dos Deputados, sob a relatoria do deputado federal Rogério Marinho, que viria a se transformar na Lei n. 13.467, consta o propósito da nova Lei:

> O projeto em análise tem por objetivo aprimorar as relações do trabalho no Brasil, por meio da valorização da negociação coletiva entre trabalhadores e empregadores. [...] propõe-se que haja um fortalecimento da negociação coletiva. [...] Um dos pilares do projeto encaminhado para apreciação por esta Casa Legislativa é a possibilidade de que a negociação coletiva realizada por entidades representativas de trabalhadores e empregadores possa prevalecer sobre normas legais, em respeito à autonomia coletiva da vontade. [...] o foco que se almeja com a presente reforma é a expansão das condições de negociação dos sindicatos diante das rígidas regras da CLT, sem comprometer os direitos assegurados aos trabalhadores.

E é exatamente isso que se assegura, por meio da jurisprudência pacífica do TST: prestigia-se a autonomia coletiva, e garante-se que um problema de contornos inconfundivelmente coletivos seja resolvido com a valorização da negociação entre empresas e sindicatos.

Assim, a única interpretação possível para o art. 477-A da CLT, compatível com os propósitos do novo diploma, é o condicionamento das dispensas coletivas à prévia negociação, a fim de que os seus impactos negativos sejam atenuados.

Ressalta-se que, caso a redação do dispositivo legal fosse outra, e ele de fato afastasse a necessidade de prévia negociação coletiva, isso apenas conduziria, forçosamente, ao reconhecimento de sua incompatibilidade com a Constituição Federal de 1988.

Nesse sentido foi o entendimento adotado na 2ª Jornada de Direito Material e Processual do Trabalho, realizada recentemente em Brasília pela Associação Nacional dos Magistrados do Trabalho (ANAMATRA), na qual foi aprovado o seguinte enunciado:

> 57. DISPENSA COLETIVA: INCONSTITUCIONALIDADE O ART. 477-A DA CLT PADECE DE INCONSTITUCIONALIDADE, ALÉM DE INCONVENCIONALIDADE, POIS VIOLA OS ARTIGOS 1º, III, IV, 6º, 7º, I, XXVI, 8º, III, VI, 170, *CAPUT*, III E VIII, 193, DA CONSTITUIÇÃO FEDERAL, COMO TAMBÉM O ARTIGO 4º DA CONVENÇÃO N. 98, O ARTIGO 5º DA CONVENÇÃO N. 154 E O ART. 13 DA CONVENÇÃO N. 158, TODAS DA OIT. VIOLA, AINDA, A VEDAÇÃO DE PROTEÇÃO INSUFICIENTE E DE RETROCESSO SOCIAL. AS QUESTÕES RELATIVAS À DISPENSA COLETIVA DEVERÃO OBSERVAR: A) O DIREITO DE INFORMAÇÃO, TRANSPARÊNCIA E PARTICIPAÇÃO DA ENTIDADE SINDICAL; B) O DEVER GERAL DE BOA FÉ OBJETIVA; E C) O DEVER DE BUSCA DE MEIOS ALTERNATIVOS ÀS DEMISSÕES EM MASSA.

A realização de uma dispensa em massa sem negociação coletiva prévia com o sindicato profissional também viola o dever de informação, que é um dos corolários naturais da boa-fé objetiva contratual. Conforme ressaltado na decisão do Magistrado Danilo Gonçalves Gaspar, que concedeu a liminar na ação civil pública n. 0000673-48.2019.5.05.0006 ajuizada pelo Ministério Público do Trabalho:

> Nos termos do art. 113 do CC/2002, aplicável ao Direito do Trabalho por força do art. 8º da CLT, "Os negócios jurídicos devem ser interpretados conforme a boa-fé e os usos do lugar de sua celebração". Ademais, § 1º, III, do referido artigo, com redação dada pela Lei n. 13.874/2019, contempla que "A interpretação do negócio jurídico deve lhe atribuir o sentido que: III – corresponder à boa-fé;". Por sua vez, prevê o art. 422 do CC/2002, também aplicável ao Direito do Trabalho por força do art. 8º da CLT, que "Os contratantes são obrigados a guardar, assim na conclusão do contrato, como em sua execução, os princípios de probidade e boa-fé". Desse modo, verifica-se que a boa-fé objetiva é um dos elementos integrantes e norteadores do contrato, inclusive do contrato de trabalho, exigindo dos sujeitos contratantes um comportamento leal e escorreito, não apenas durante a formação, como também durante a execução, o cumprimento, do contrato. Baseia-se, portanto, a boa-fé objetiva, na noção de comportamento ético, na ideia de lealdade e confiança, sendo sua violação (extrapolação dos limites impostos pela boa-fé) considerado abuso de direito e, portanto, ao ilícito (art. 187 do CC/2002). É justamente a partir dessa cláusula geral de boa-fé que se desdobram diversos direitos e deveres dos contratantes, entre os quais se destaca o dever de informação.

Também deve ser aferida a compatibilidade do art. 477-A da CLT com os instrumentos internacionais, o que significa realizar o denominado controle de convencionalidade.

3. O CONTROLE DE CONVENCIONALIDADE DO ARTIGO 477-A DA CLT

No âmbito do controle de convencionalidade, destaca-se a recente sentença proferida pela Corte Interamericana de Direitos Humanos, no Caso Lagos del Campo vs. Peru, em 31 de agosto de 2017, que condenou o Estado do Peru face à conclusão de que a estabilidade laboral é um direito protegido nos termos da Convenção Americana de Direitos Humanos, estando os Estados signatários obrigados a proteger os trabalhadores contra as dispensas indevidas. Foram reafirmados os princípios da progressividade, da vedação ao retrocesso social e da proteção da relação de emprego contra a despedida arbitrária, em relação a todos os países que compõem o sistema interamericano de direitos humanos, entre os quais o Brasil.

Destarte, a Corte Interamericana de Direitos Humanos, em interpretação harmônica e sistemática da Convenção Americana de Direitos Humanos (Pacto de São José da Costa Rica) –, da qual o Brasil é signatário, tendo-a promulgado por meio do Decreto n. 678, de 1992 –, considerou que os seus artigos 26 e 29 resguardam tanto o direito à progressividade social quanto a proteção do emprego contra a despedida arbitrária.

Ressalta-se que o Supremo Tribunal Federal reconheceu o estatuto da supralegalidade aos tratados e convenções internacionais ratificados pelo Brasil, consoante decisão de seu órgão plenário de 03.12.2008, (HC 87.585/TO e RE 466.343/SP). Nesse sentido, a lei ordinária não pode contrariar as normas internacionais. A eficácia supralegal é estendida até mesmo às normas internacionais que não tratam de direitos humanos.

Assim, deve-se adotar uma interpretação que torne o disposto no artigo 477-A da CLT compatível com o ordenamento transnacional, em sede de controle de convencionalidade, que se impõe a todos os membros do Poder Judiciário brasileiro.

Com efeito, o Poder Judiciário nacional, inclusive os juízes de primeira instância, tem a obrigação jurídica de realizar o controle de convencionalidade das leis internas *ex officio*, por serem agentes estatais vinculados às normas de Direito Internacional dos Direitos Humanos. Devem os magistrados, portanto, deixar de aplicar as normas internas que contraponham este último. Essa obrigação jurídica decorre do artigo 5º, § 2º, da Constituição Federal de 1988, bem como de tratados internacionais de direitos humanos ratificados pelo Brasil (artigo 2.2 do Pacto Internacional de Direitos Civis e Políticos de 1966, da ONU; artigos 1º e 2º da Convenção Americana sobre Direitos Humanos de 1969, da OEA; e artigo 2º do Protocolo Adicional à Convenção Americana sobre Direitos Humanos em matéria de Direitos Econômicos, Sociais e Culturais, de 1988, da OEA). Tal entendimento, inclusive, já foi consagrado pelo Supremo Tribunal Federal e pela Corte Interamericana de Direitos Humanos, cuja jurisdição foi reconhecida pelo Brasil por meio do Decreto Legislativo n. 89, de 1998.[13]

---

[13] Podem ser citadas, ilustrativamente, a decisão do STF no RE 466.343 (data de julgamento: 03.12.2008), bem como as seguintes decisões da Corte Interamericana de Direitos Humanos: Caso Tribunal Consti-

Ressalta-se, ainda, a Convenção n. 158 da OIT, relativa ao "Término da Relação de Trabalho por Iniciativa do Empregador". Esse tratado internacional foi aprovado pelo Brasil por meio do Decreto Legislativo n. 68, de 1992, e promulgado pelo Decreto n. 1.855, de 1996, tendo sido, no entanto, denunciado de forma unilateral e inconstitucional pelo Presidente da República à época, por meio do Decreto n. 2.100/1996, o que é objeto da ADI n. 1.625, pendente de julgamento pelo STF.[14] Tal Convenção, em seu art. 13, prevê que o empregador:

> [...] oferecerá aos representantes dos trabalhadores interessados, o mais breve que for possível, uma oportunidade para realizarem consultas sobre as medidas que deverão ser adotadas para evitar ou limitar os términos e as medidas para atenuar as consequências adversas de todos os términos para os trabalhadores interessados.

Assim, o art. 13 da Convenção n. 158 prevê a necessidade de participação dos representantes dos trabalhadores na dispensa em massa.

Considerando que a denúncia unilateral da Convenção n. 158 da OIT é inconstitucional, não sendo, portanto, válida, esse tratado internacional permanece em vigor na ordem jurídica brasileira[15], podendo ser utilizado como parâmetro para o controle de convencionalidade do art. 477-A da CLT. Também podem ser utilizados como parâmetros para essa finalidade o art. 4º da Convenção n. 98 e o art. 5º da Convenção n. 154, ambas da OIT e ratificadas pelo Brasil, os quais consagram a importância e a valorização da negociação coletiva.[16]

---

tucional Vs. Perú. Mérito, Reparações e Custas. Sentença de 31 de janeiro de 2001. Série C. N. 71; Caso Bámaca Velásquez Vs. Guatemala. Mérito. Sentença de 25 de novembro de 2000. Série C. N. 70; Caso Paniagua Morales e outros Vs Guatemala. Mérito. Sentença de 8 de março de 1998. Série C. N. 37; Caso Albán Cornejo e outros. Vs. Equador. Mérito, Reparações e Custas. Sentença de 22 de novembro de 2007. Série C. N. 171; e Opinião Consultiva OC-14/94, sobre a responsabilidade internacional por promulgação e aplicação de leis violadoras da Convenção (arts. 1 e 2 da Convenção Americana sobre Direitos Humanos). *In:* BELTRAMELLI NETO, Silvio. *Direitos humanos*. 4. ed. Salvador: Juspodivm, 2017.

14 Cabe observar que esta ADI foi autuada em 19 de junho de 1997, estando tramitando, portanto, há mais de vinte anos no STF.

15 Esse mesmo entendimento de que a Convenção n. 158 da OIT não foi validamente retirada da ordem jurídica brasileira foi adotado pelo Procurador-Geral da República no parecer no Recurso Extraordinário com Agravo 647.651 (caso Embraer), o qual se encontra pendente de julgamento pelo STF.

16 A Convenção n. 98 da OIT foi aprovada pelo Decreto Legislativo n. 49, de 1952, e promulgada pelo Decreto n. 33.196, de 1953. Trata-se de uma das convenções fundamentais da OIT, relativa ao direito de organização e negociação coletiva, que prevê, em seu art. 4º, o seguinte: "Deverão ser tomadas, se necessário for, medidas apropriadas às condições nacionais para fomentar e promover o pleno desenvolvimento e utilização de meios de negociação voluntária entre empregadores ou organizações de empregadores e organizações de trabalhadores, com o objetivo de regular, por meio de convenções coletivas, os termos e condições de emprego." A Convenção n. 154 da OIT, por sua vez, trata do incentivo à negociação coletiva, tendo sido aprovada pelo Decreto Legislativo n. 22, de 1992, e promulgada pelo Decreto n. 1.256, de 1994. Em seu art. 5º, prevê o seguinte: "1. Deverão ser adotadas medidas adequadas às condições nacionais no estímulo à negociação coletiva. 2. As medidas a que se refere o parágrafo 1 deste artigo devem prover que: a) a negociação coletiva seja possibilitada

Desse modo, em consonância com o disposto no art. 13 da Convenção n. 158, art. 4º da Convenção n. 98 e art. 5º da Convenção n. 154, todas da OIT, bem como nos arts. 26 e 29 da Convenção Americana de Direitos Humanos, consoante a interpretação autêntica adotada pela Corte Interamericana de Direitos Humanos, no Caso Lagos del Campo vs. Peru, em sede de controle de convencionalidade, deve o art. 477-A da CLT ser interpretado no sentido de que não eliminou do ordenamento jurídico pátrio a necessidade da negociação coletiva prévia para a validade da dispensa em massa.

O entendimento ora defendido foi adotado pela Seção de Dissídios Coletivos do TRT da 15ª Região, no julgamento do mandado de segurança n. 0008367-78.2017.5.15.0000, tendo mantido, por unanimidade (doze votos a zero), a liminar concedida em primeiro grau nos autos da ação civil pública n. 0012176-33.2017.5.15.0079 ajuizada pelo Ministério Público do Trabalho (MPT), determinando à ré, Raízen Energia S.A., a reintegração de todos os seus empregados dispensados em massa sem prévia negociação coletiva com o sindicato profissional.

Tal entendimento também foi adotado em decisão do Tribunal Regional do Trabalho da 3ª Região, que concedeu liminar no mandado de segurança n. 0011778-65.2017.5.03.0000, impetrado pelo Sindicato dos Professores do Estado de Minas Gerais nos autos da ação civil pública n. 0011794-49.2017.5.03.0184 por ele ajuizada em face da Sociedade de Ensino Superior Estácio de Sá Ltda.

Do mesmo modo, no julgamento da ação civil pública n. 1000446-88.2018.5.02.0061, o Juízo da 61ª Vara do Trabalho de São Paulo, em sentença proferida em 25.09.2018, complementada pela sentença dos embargos de declaração de 03.12.2018, adotou o mesmo entendimento e julgou procedentes em parte os pedidos formulados pelo MPT e pelo Sindicato dos Jornalistas Profissionais do Estado de São Paulo (atuando na qualidade de assistente litisconsorcial). A sentença foi confirmada pelo TRT da 2ª Região em acórdão prolatado em 20.08.2019.

4. A DISPENSA EM MASSA E O DIREITO COMPARADO

No que tange à conceituação da dispensa coletiva, pode-se recorrer ao Direito comparado, o qual é fonte formal subsidiária do Direito brasileiro, nos termos do *caput* do art. 8º da CLT.

Nesse sentido, a Diretiva n. 59, de 1998, da União Europeia, em seu artigo 1º, considera como dispensa coletiva quando forem desligados "[...] num período de

a todos os empregadores e a todas as categorias de trabalhadores dos ramos de atividade a que se aplique a presente Convenção; b) a negociação coletiva seja progressivamente estendida a todas as matérias a que se referem os anexos a), b) e c) do artigo 2 da presente Convenção; c) seja estimulado o estabelecimento de normas de procedimento acordadas entre as organizações de empregadores e as organizações de trabalhadores; d) a negociação coletiva não seja impedida devido à inexistência ou ao caráter impróprio de tais normas; e) os órgãos e os procedimentos de resolução dos conflitos trabalhistas sejam concedidos de tal maneira que possam contribuir para o estímulo à negociação coletiva."

90 dias, no mínimo 20 trabalhadores, qualquer que seja o número de trabalhadores habitualmente empregados nos estabelecimentos em questão." (art. 1º)

Na Itália, a Lei n. 223, de 1991, prevê que a dispensa coletiva se configura quando o empregador que possua mais de quinze empregados, em consequência de uma redução ou transformação da atividade ou do trabalho, efetue, no mínimo, cinco dispensas, no lapso de 120 dias, em cada unidade produtiva, ou em mais unidades produtivas, desde que situadas no âmbito territorial de uma mesma província (art. 24).

Na França, há dispensa coletiva quando são desligados ao menos 10 empregados no período de 30 dias (art. L1233-46 do Código do Trabalho).

Na Espanha, há dispensa coletiva quando são desligados ao menos 30 empregados nas empresas que ocupam 300 ou mais trabalhadores (art. 51).

Em Portugal, há dispensa coletiva quando o empregador, simultânea ou sucessivamente, no período de três meses, proceda ao desligamento de, pelo menos, dois ou cinco trabalhadores, conforme se trate, respectivamente, de microempresa ou de pequena empresa, por um lado, ou de média ou grande empresa, por outro (art. 359 do Código do Trabalho).

Na Dinamarca, há dispensa coletiva quando são desligados ao menos 30 trabalhadores em empresas que normalmente empregam no mínimo 300 empregados (Lei sobre as Dispensas Coletivas, que repete os critérios previstos na Diretiva n. 59, de 1998, da União Europeia).[17]

Na Finlândia, há dispensa coletiva quando são desligados ao menos 10 trabalhadores em empresas que empregam no mínimo 20 empregados (Lei sobre as Dispensas Coletivas, que repete os critérios previstos na Diretiva n. 59, de 1998, da União Europeia).[18]

Na Inglaterra, há dispensa coletiva quando são desligados ao menos 20 empregados, nos termos do "*Collective Redundancies and Transfer of Undertakings (Protection of Employment) (Amendment) Regulations*."[19]

Nos Estados Unidos, há dispensa coletiva quando são desligados ao menos 50 empregados, em empresas que ocupam no mínimo 100 trabalhadores, no período de 30 dias, conforme o "*Worker Adjustment and Retraining Notification Act*."[20]

---

17 HASSELBALCH, Ole. *Denmark*. *In:* Roger Blanpain (ed.). *International Encyclopaedia for Labour Law and Industrial Relations*. v. 5. The Hague: Kluwer Law International, 2005. p. 168-170.

18 SUVIRANTA, A. J. *Finland*. *In:* Roger Blanpain (ed.). *International Encyclopaedia for Labour Law and Industrial Relations*. v. 6. The Hague: Kluwer Law International, 1999. p. 73 e ss.

19 HONEYBALL, Simon. BOWERS, John. *Textbook on Labour Law*. 8. ed. Oxford: Oxford University Press, 2004. p. 222.

20 GOLDMAN, Alvin L., WHITE, Rebecca H. *United States of America*. *In:* Roger Blanpain (ed.). *International Encyclopaedia for Labour Law and Industrial Relations*. v. 14. The Hague: Kluwer Law International, 2002. p. 98.

No Japão, há dispensa coletiva quando são desligados mais de 30 empregados no período de 1 mês, conforme o "*Worker Adjustment and Retraining Notification Act*."[21]

Cumpre notar que o Direito comparado, mais especificamente, o Código do Trabalho de Portugal, foi citado expressamente nas decisões do TRT-3 e do TRT-2, acima referidas, para fins de caracterização da dispensa coletiva, com fundamento no artigo 8º da CLT.

As normas do Direito comparado acima vistas caminham na mesma direção: arrolam os elementos fático-jurídicos de uma dispensa coletiva, trazendo os critérios quantitativos, qualitativos e temporais; determinam que a dispensa em massa deve ser precedida de negociação coletiva prévia como condição de validade e estabelecem que a dispensa em massa se encontra sob o controle do Poder Judiciário.

Foram justamente o Direito comparado (*caput* do art. 8º da CLT), as normas constitucionais e os tratados internacionais ratificados pelo Brasil que fundamentaram o precedente constituído nos autos do dissídio coletivo n. 0309/2009 no âmbito do TST, como vimos.[22] Por isso, ele deve continuar a ser aplicado, no sentido de a negociação coletiva prévia ser requisito de validade da dispensa coletiva, sob pena de reintegração dos empregados desligados.

5. CONSIDERAÇÕES SOBRE A NEGOCIAÇÃO COLETIVA

Por outro lado, a negociação coletiva, para ser considerada como tal, e, portanto, para ser válida, deve necessariamente implicar a transação, isto é, concessões recíprocas por parte dos sujeitos envolvidos na negociação. Conforme ensina Mauricio Godinho Delgado:

> A negociação coletiva é um dos mais importantes métodos de solução de conflitos existentes na sociedade contemporânea. [...] A negociação coletiva enquadra-se, como citado, no grupo das fórmulas autocompositivas. Contudo, é fórmula autocompositiva essencialmente democrática, gerindo interesses profissionais e econômicos de significativa relevância social. Por isso não se confunde com a renúncia e muito menos com a submissão, devendo cingir-se, essencialmente, à transação (por isso fala-se em transação coletiva negociada). [...] Desse modo, ela não prevalece se concretizada mediante ato estrito de renúncia (e não transação). É que ao processo negocial coletivo falece poderes de renúncia sobre direitos de terceiros (isto é, despojamento unilateral sem contrapartida do agente adverso). Cabe-lhe, essencialmente,

---

21 HANAMI, Tadashi A., KOMIYA, Fumito. *Japan. In:* Roger Blanpain (ed.). *International Encyclopaedia for Labour Law and Industrial Relations*. The Hague: Kluwer Law International, 2006. p. 126 e ss.

22 Podem ser citados, por exemplo: Convenções n. 11, 98, 135, 141 e 158 da OIT e as regras e princípios constitucionais relativos à dignidade da pessoa humana (art. 1º, III, CF), a valorização do trabalho e, sobretudo, do emprego (arts. 1º, IV, 6º e 170, VIII, CF), a subordinação da propriedade à sua função socioambiental (arts. 5º, XXIII, e 170, III, CF) e a intervenção sindical nas questões coletivas trabalhistas (art. 8º, III e IV, CF).

> promover transação (ou seja, despojamento bilateral ou multilateral, com reciprocidade entre os agentes envolvidos), hábil a gerar normas jurídicas[23].

Consoante diversos precedentes do Comitê de Liberdade Sindical da OIT, o objetivo da negociação coletiva, nos termos da Convenção n. 154 da OIT, é melhorar as condições de vida e de trabalho daqueles que o sindicato representa. Assim, não há negociação coletiva com renúncia a direitos mínimos assegurados em lei. Do mesmo modo, não há real negociação coletiva sem a previsão de contrapartidas adequadas, concessões mútuas, entre as partes estipulantes. Nesse sentido, vejam-se as seguintes decisões do Comitê de Liberdade Sindical da OIT:

> 881. O direito de negociar livremente com empregadores a respeito das condições de trabalho constitui um elemento essencial da liberdade de associação, e sindicatos deveriam ter o direito, pela via da negociação coletiva e outros meios legais, de procurar melhorar as condições de vida e de trabalho daqueles que o sindicato representa.[24]
>
> A negociação coletiva, que implica um processo de concessões mútuas e uma certeza razoável de que se manterão os compromissos negociados, ao menos durante o convênio, já que este é resultado de compromissos contraídos por ambas as partes sobre certas questões, e de certas demandas de negociações deixadas de lado de forma a obter outros direitos aos quais se deu maior prioridade pelos sindicatos e seus membros. [...][25]

---

23 DELGADO, Mauricio Godinho. *Curso de direito do trabalho*. 16. ed. São Paulo: LTr, 2017. p. 1.557-1.558 e 1.596.

24 Tradução livre do original: "*881.The right to bargain freely with employers with respect to conditions of work constitutes an essential element in freedom of association, and trade unions should have the right, through collective bargaining or other lawful means, to seek to improve the living and working conditions of those whom the trade unions represent. The public authorities should refrain from any interference which would restrict this right or impede the lawful exercise thereof. Any such interference would appear to infringe the principle that workers' and employers' organizations should have the right to organize their activities and to formulate their programmes.*" "*Freedom of Association: Digest of decisions and principles of the Freedom of Association Committee of the Governing Body of the ILO.* Disponível em: http://www.ilo.org/wcmsp5/groups/public/—ed_norm/—normes/documents/publication/wcms_090632.pdf. Acesso em: 27 jul. 2018. *In* PORTO, Lorena Vasconcelos; BELTRAMELLI NETO, Silvio; RIBEIRO, Thiago Gurjão Alves. *Manual do grupo de trabalho de controle de convencionalidade do Ministério Público do Trabalho*: Temas da Lei n. 13.467/2017 ("reforma trabalhista") à luz das normas internacionais. Brasília: Procuradoria-Geral do Trabalho, 2018.

25 Tradução livre do original em inglês: "*941.Collective bargaining implies both a give-and-take process and a reasonable certainty that negotiated commitments will be honoured, at the very least for the duration of the agreement, such agreement being the result of compromises made by both parties on certain issues, and of certain bargaining demands dropped in order to secure other rights which were given more priority by trade unions and their members. If these rights, for which concessions on other points have been made, can be cancelled unilaterally, there could be neither reasonable expectation of industrial relations stability, nor sufficient reliance on negotiated agréments.*" Disponível em: http://www.ilo.org/wcmsp5/groups/public/—ed_norm/—normes/documents/publication/ wcms_090632.pdf. Acesso em: 27 jul. 2018. *In* PORTO, Lorena Vasconcelos; BELTRAMELLI NETO, Silvio; RIBEIRO, Thiago Gurjão Alves. *Manual do grupo de trabalho de controle de convencionalidade do Ministério Público do Trabalho*: Temas da Lei n. 13.467/2017 ("reforma trabalhista") à luz das normas internacionais. Brasília: Procuradoria-Geral do Trabalho, 2018.

Portanto, à luz das Convenções n. 98 e n. 154 da OIT e da interpretação autêntica realizada pelo Comitê de Liberdade Sindical, pelo Comitê de Peritos e pelo Departamento de Normas da OIT, a negociação coletiva, para ser considerada como tal, deve visar à melhoria da proteção social dos trabalhadores e deve prever contrapartidas adequadas, concessões mútuas, entre as partes estipulantes.

Em virtude do *status* supralegal das Convenções n. 98 e n. 154 da OIT, o art. 477-A da CLT deve ser interpretado nesse sentido, isto é, que não há verdadeira negociação coletiva e, portanto, a dispensa em massa é inválida, se o seu objetivo é apenas a redução da proteção mínima prevista em lei, ou se não são estabelecidas contrapartidas adequadas.

Por outro lado, no Direito do Trabalho vige o princípio da primazia da realidade sobre a forma, consagrado na ordem jurídica brasileira (arts. 9º e 442, *caput*, da CLT). Segundo tal princípio – que goza de vigência universal, segundo a OIT[26] –, deve-se dar maior importância aos fatos do que à forma; a essência se sobrepõe à aparência.

Desse modo, a realização de algumas reuniões pela empresa com o sindicato profissional, ou a tentativa de impor-lhe uma proposta unilateral, sem aceitar modificá-la frente a contrapropostas apresentadas pelo ente sindical, não corresponde a uma verdadeira negociação coletiva, pois não implica real transação (concessões recíprocas). Ademais, a apresentação pela empresa de uma proposta que implique a redução da proteção mínima prevista em lei (por exemplo, o pagamento das verbas rescisórias dos trabalhadores dispensados em diversas parcelas e sem correção monetária) não pode ser considerada como negociação coletiva.

Por fim, cumpre notar que a existência de supostos prejuízos em seus balanços patrimoniais não exime a empresa de realizar a negociação coletiva antes de efetuar a dispensa coletiva. O empregador deve assumir todos os riscos da atividade econômica empreendida, nos termos do art. 2º da CLT (princípio da alteridade), não podendo transferi-los unilateralmente aos trabalhadores.

Há de se ressaltar, ainda, a inconstitucionalidade do art. 477-A da CLT, já que o inciso I do art. 7º da Constituição da República determina que o direito à proteção contra a dispensa deve ser regulamentado por lei complementar. Sendo a Lei n. 13.467/2017 uma lei ordinária, torna-se clara a inconstitucionalidade do art. 477-A da CLT. Destaca-se, ainda, que o art. 477-A da CLT também viola o inciso III do art. 8º da Carta Magna, o qual prevê a participação obrigatória dos sindicatos na defesa nos interesses coletivos e individuais da categoria.

Desse modo, em conformidade com as normas constitucionais e os tratados internacionais de direitos humanos ratificados pelo Brasil, o art. 477-A da CLT deve ser interpretado no sentido de que é necessária a negociação coletiva prévia para a validade da dispensa em massa.

---

26 OIT. *La relación de trabajo. Conferencia Internacional del Trabajo.* 95a Reunião. Genebra: OIT, 2006. p. 24.

6. A DISPENSA EM MASSA NO CONTEXTO DA PANDEMIA DO COVID-19

Em razão ou a pretexto da pandemia do COVID-19, várias empresas vêm procedendo à dispensa em massa de seus empregados. Primeiramente, como acima exposto, a dispensa coletiva é inválida se não for precedida de negociação coletiva com o sindicato profissional. Ademais, as MPs n. 927/2020 e n. 936/2020 previram mecanismos, tais como a antecipação de férias individuais, a concessão de férias coletivas, o aproveitamento e a antecipação de feriados, o banco de horas, a redução da jornada e do salário e a suspensão do contrato de trabalho, os quais, pelo fato de manterem em vigor o contrato de trabalho, são menos prejudiciais aos obreiros do que a dispensa. Desse modo, deve a empresa comprovar também a impossibilidade de adoção desses mecanismos, sob pena da invalidade da dispensa em massa praticada, em razão do abuso do direito, o qual torna o ato ilícito (art. 187 do Código Civil c/c § 1º do art. 8º da CLT).

A dispensa de trabalhadores deve ser, portanto, a última alternativa a ser adotada pela empresa, por configurar a consequência mais gravosa entre as opções previstas nas medidas provisórias acima referidas. Ademais, cabe atenção especial à exposição de motivos das MPs n. 927 e n. 936, já que indicam as linhas diretivas de justificação da produção normativa no contexto da crise sanitária decorrente da pandemia da COVID-19. Vejamos o que diz trecho da exposição de motivos da MP n. 927/2020[27]:

> 3. As medidas de isolamento e de quarentena necessárias à contenção da transmissão do vírus e, consequentemente, à redução no número de casos da doença Covid-19 e de mortes, provocam um forte impacto no setor produtivo e nas relações de trabalho, considerando as normas trabalhistas vigentes. Como forma de mitigar os danos à economia, são apresentadas uma série de medidas que poderão ser adotadas pelos empregadores para preservar o emprego e a renda durante esse período.
>
> 4. A edição de uma Medida Provisória se justifica em função da necessidade de implementação de medidas urgentes e imediatas de isolamento dos trabalhadores em suas residências, com a manutenção, na medida do possível, dos vínculos trabalhistas, com segurança jurídica. (grifos nossos)

Esse entendimento consta expressamente na Diretriz Orientativa sobre a Medida Provisória n. 927/2020 – Força Maior e seus Efeitos nos Contratos de Trabalho, editada pelo Ministério Público do Trabalho em 05.05.2020. Confira-se:

> 8. Na hipótese de dispensa coletiva, a qual deve ser precedida de outras medidas de garantia de emprego e renda e somente ser adotada como *ultima ratio*,

[27] A exposição de motivos da MP n. 936/2020 segue a mesma diretriz: "Assim sendo, como forma de mitigar os danos sociais e econômicos, são apresentadas opções adicionais que contribuirão para a manutenção dos vínculos empregatícios durante esse período." (grifos nossos)

> recomendam-se também os parâmetros constantes na Orientação n. 6 da Conalis, segundo a qual, "considerando os princípios constitucionais da dignidade da pessoa humana (art. 1º, III), da democracia nas relações de trabalho e da solução pacífica das controvérsias (preâmbulo da Constituição Federal de 1988), do direito à informação dos motivos ensejadores da dispensa massiva e de negociação coletiva (art. 5º, XXXIII e XIV, art. 7º, I e XXVI, e art. 8º, III, V e VI), da função social da empresa e do contrato de trabalho (art. 170, III e Cód. Civil, art. 421), bem como os termos das Convenções n. 98, 135, 141 e 151, e Recomendação n. 163 da Organização Internacional do Trabalho (OIT), a dispensa coletiva será nula e desprovida de qualquer eficácia se não se sujeitar ao prévio procedimento da negociação coletiva de trabalho com a entidade sindical representativa da categoria profissional." (grifos nossos)

Como observado pela Magistrada Elaine Cristina Dias Ignacio Arena, na decisão de concessão de liminar na ação civil pública n. 0000252-41.2020.5.12.0002 ajuizada pelo MPT,

> [...] a dispensa coletiva dos empregados, sem ao menos demonstrar que efetivamente adotaram as medidas permitidas pelo governo por meio da edição de MP n. 936/2020 com a finalidade de manutenção dos contratos, se mostra desarrazoada, desproporcional e potencializa o estado de miserabilidade social.

A MM. Juíza destacou, ainda, a necessidade de observância da função social da propriedade, pois as empresas demandadas utilizam recursos disponibilizados pelo BNDES nas atividades de fomento, "[...] o que gera uma expectativa de contraprestação, socialmente falando, ainda maior por parte das rés." Tal decisão, no entanto, foi suspensa em decisão monocrática, a nosso ver equivocada, proferida pelo TRT da 12ª Região em mandado de segurança impetrado pelas rés.

Salienta-se que o MPT, na ação civil pública n. 0010532-08.2020.5.15.0093 ajuizada em face do Banco Nacional de Desenvolvimento Econômico e Social (BNDES), requereu a condenação deste último para que condicione o deferimento da suspensão do pagamento de financiamentos, em operações diretas e indiretas, anunciada no dia 22 de março de 2020, ao reconhecimento, pelo cliente interessado no benefício, da obrigação, a ser assumida contratualmente, de preservar o número de empregados na empresa, durante o período em que perdurar o benefício. Com efeito, conforme matéria veiculada no sítio institucional do próprio BNDES, o objetivo principal dessa medida de suspensão do pagamento de financiamentos, calculada em 30 bilhões de reais, é a preservação de contratos de trabalho (empregos) no país, durante o momento de crise atual, com o escopo de "[...] manter mais de 2 milhões de empregos."[28]

---

[28] Disponível em: https://www.bndes.gov.br/wps/portal/site/home/imprensa/noticias/conteudo/bndes-lanca-primeiras-medidas-para-reforcar-caixa-de-empresas-e-apoiar-trabalhadores-que-enfrentam-efeitos-do-coronavirus. Acesso em: 04 maio 2020.

O BNDES, todavia, se recusou a condicionar a suspensão de pagamento de financiamentos à obrigação, a ser assumida pela empresa interessada em tal benefício, em manter o número de empregos. O referido banco, portanto, recusou-se a observar aquilo que ele próprio anunciou publicamente como indispensável e fundamental, no bojo da crise gerada pela pandemia, que é a preservação dos empregos, o que ensejou o ajuizamento da referida ação civil pública do MPT. Tal ação, no momento em que se escreve este artigo, encontra-se em grau de recurso em virtude da declaração, a nosso ver equivocada, pelo juízo de primeiro grau da incompetência material da Justiça do Trabalho para julgá-la.

Como também observado pelo Magistrado Marcelo Carlos Ferreira, na decisão de concessão de liminar na ação civil pública n. 0010493-35.2020.5.15.0085, ajuizada pelo sindicato profissional,

> [...] a própria miríade de Medidas Provisórias aplicáveis às relações de trabalho em período de Pandemia do COVID-19, patentemente questionáveis quanto à constitucionalidade, seja em sua dimensão nomodinâmica, seja em sua dimensão nomoestática, editadas por governo de visão algo distorcida e francamente liberal, não prevê como solução a mera dispensa dos empregados, procurando, em verdade, a manutenção dos postos de trabalho a partir da redação de diversas alternativas prévias.

No julgamento domandado de segurança n. 0006324-66.2020.5.15.0000, o Desembargador Francisco Alberto da Motta Peixoto Giordani, do TRT da 15ª Região, manteve a referida decisão, tendo ressaltado o seguinte:

> Na hipótese, a despedida coletiva de empregados da impetrante ocorreu de forma repentina, arbitrária, embora sob o período da crise, sem qualquer negociação coletiva, em momento de transe do País, do orbe, é dizer, quando esta é mais ainda necessária. Caso se queria levar a questão à ótica das MPs 927 e 936, havia ser demonstrado, cabalmente, além da implementação, mormente a insuficiência de mecanismos alternativos. [...] o interesse patronal, particular, nesse momento de aflição nacional e internacional, de não ter lucro ou mesmo algum prejuízo (desde que não comprove ser insuportável sob o ângulo não só financeiro, mas também econômico), não há como prevalecer, em prejuízo do interesse social na manutenção dos vínculos de emprego, dos que, ainda que com algum esforço, possam ser mantidos. Não se pode concluir que a redução dos pedidos decorrentes da Covid-19, simplesmente, inviabiliza a atividade da empresa e o cumprimento das obrigações trabalhistas, e aqui de invocar, também, o artigo 2º, do Diploma Consolidado!

Cumpre notar que a perda de emprego, fonte de subsistência do trabalhador e de sua família, se já é demasiadamente grave e prejudicial em qualquer circunstância, torna-se ainda mais nociva no período da pandemia do COVID-19 pela extrema dificuldade em se obter um novo posto de trabalho em razão da suspensão ou redução das atividades econômicas e do isolamento social. Como ressaltado pela Magistrada Ângela Maria Konrath, nos autos da ação civil pública n. 0000399-37.2020.5.12.0012 ajuizada por sindicato profissional:

> [...] a pandemia que assola o mundo nos nossos dias apela para a solidariedade, para a responsabilidade social, e não para o abandono. São tempos difíceis, de dúvidas, de incertezas que envolvem todas as pessoas do mundo, pois não há blindagem contra o vírus que se espalha e mata, e vitimiza sempre os mais vulneráveis. É inegável a precipitação do empregador que rompe os contratos de trabalho, até mesmo desprezando as demais alternativas viáveis sinalizadas pelo Executivo, em questionáveis Medidas Provisórias editadas para contornar o drama vivenciado por quem vive do trabalho diante das políticas de contenção ao novo Coronavírus, sendo que nenhuma das alternativas propostas pelo Governo Federal aponta para a rescisão contratual. [...] Não fora isso e a despedida em massa seria passível de questionamento, porquanto não precedida de negociação coletiva. [...] Negar o trabalho e desprezar o diálogo social significa negar a própria possibilidade de sobrevivência de quem depende do esforço diário para prover seu sustento, o que se eleva em grau de perversidade quando a pessoa é despedida num momento em que está impedida de sair de casa para contenção de um vírus fatal que assola o mundo e sem negociar alternativas com o Sindicato para as pessoas que serão atingidas. O que poderia ser mais cruel que isso?

Na referida decisão, a MM. Juíza concedeu a liminar requerida pelo sindicato e determinou a reintegração imediata dos trabalhadores desligados em razão do COVID-19 e que a empresa se abstenha de rescindir os contratos de trabalho de seus empregados durante a pandemia.

Por meio do Decreto n. 9.654, de 23 de abril de 2020, o Governo do Estado de Goiás suspendeu a fruição de benefícios fiscais concedidos a empresas nos casos de dispensa sem justa causa ou suspensão do contrato de trabalho de empregados enquadrados no grupo de risco para infecção pelo COVID-19. Tais trabalhadores são aqueles que possuem uma ou mais das seguintes condições: idade igual ou superior a 60 (sessenta) anos, cardiopatias graves ou descompensados (insuficiência cardíaca, cardiopatia isquêmica); pneumopatias graves ou descompensados (asma moderada/grave, doença pulmonar obstrutiva crônica); imunodepressão; doenças renais crônicas em estágio avançado (graus 3, 4 e 5); diabetes mellitus, conforme juízo clínico; doenças cromossômicas com estado de fragilidade imunológica e gestação de alto risco.[29]

Interessante observar, também, decisão prolatada no bojo de ação ajuizada pelo Sindicato dos Trabalhadores em Empresas Intermunicipais de Transportes Rodoviários no Estado da Bahia (processo n.), em que a Magistrada Isabella Borges de Araújo, da 3ª Vara do Trabalho de Salvador, reverteu a dispensa de trabalhadores que fora fundamentada na teoria do fato do príncipe, prevista no artigo 486 da CLT. Em sua decisão, a MM. Juíza deixou consignado o seguinte:

---

[29] Disponível em: http://diariooficial.abc.go.gov.br//ver-flip/4193/#/e:4193/ p:1?find=Decreto%20n%-C2%BA%209.654. Acesso em: 04 maio 2020.

> Assim, sem adentrar propriamente na questão da legitimidade das despedidas coletivas e necessidade de negociação coletiva, para que sejam válidas, questão disciplinada pelo art. 477-A da CLT, reputo que assiste razão ao sindicato autor quanto à plausibilidade de reintegração de empregados dispensados com fulcro no fato do príncipe, com vistas a viabilizar adesão ao programa emergencial instaurado pela MP 936/2020 com vistas à manutenção de empregos.
>
> Ainda, defiro concessão de tutela inibitória para que a ré se abstenha de promover dispensas enquanto mantido o benefício emergencial concedido pelo Governo em virtude da pandemia atual (MP 936/2020), pois reputo que a suspensão contratual nesse momento é medida idônea a manter empregos e amenizar os prejuízos econômicos de empresas.

Cumpre notar que diversos países, tais como a Argentina (Decreto de Emergência Pública n. 329/2020), a Espanha (*Real Decreto-ley* n. 9/2020) e a Itália (Decreto-lei n. 18, de 17 de março de 2020, denominado Decreto Cura Italia, o qual foi convertido, com modificações, na Lei n. 27, de 24 de abril de 2020), de maneira explícita e direta proibiram a dispensa de trabalhadores durante a pandemia.

No Brasil, José Eduardo de Resende Chaves Júnior e Paulo Eduardo Queiroz Gonçalves sustentam que o § 3º do artigo 3º da Lei n. 13.979/2020 dispõe que as faltas ao trabalho decorrentes das medidas previstas no mesmo artigo, como o isolamento e a quarentena, serão consideradas justificadas. Desse modo, os trabalhadores sujeitos a isolamento e quarentena têm abonadas, legalmente, suas ausências ao trabalho. No Direito do Trabalho, as faltas abonadas pelo legislador são consideradas, tecnicamente, como interrupção do contrato de trabalho, de maneira que o empregado não presta os seus serviços, mas recebe a sua remuneração, e não pode ser dispensado sem justa causa pelo empregador (art. 471 da CLT). Nesse sentido, não poderiam ser dispensados imotivadamente

> [...] não somente os trabalhadores doentes ou os suspeitos de contaminação, mas todos os trabalhadores, desde que trabalhem para empresas atingidas por restrição ou fechamento decorrente de atos dos poderes públicos.[30]

7. CONSIDERAÇÕES FINAIS

O artigo 477-A da CLT, introduzido pela Lei n. 13.467/2017 (reforma trabalhista), deve ser interpretado à luz das normas constitucionais vigentes, dos tratados internacionais de direitos humanos ratificados pelo Brasil e dos princípios fundamentais do Direito do Trabalho.

30 CHAVES JÚNIOR, José Eduardo de Resende; GONÇALVES, Paulo Eduardo Queiroz. *Os trabalhadores de atividades que sofreram restrição ou fechamento por parte dos poderes públicos não podem ser dispensados durante a pandemia.* Disponível em: https:// jornalggn.com.br/a-grande-crise/os-trabalhadores-de-atividades-que-sofreram-restricao-ou-fechamento-por-parte-dos-poderes-publicos-nao-podem-ser-dispensados-durante-a-pandemia/. Acesso em: 04 maio 2020.

Nesse sentido, a única interpretação possível, especialmente em sede de controle de convencionalidade, é a de que a negociação coletiva prévia é imprescindível para a validade da dispensa em massa. Para a conceituação da dispensa coletiva, pode-se recorrer ao Direito comparado, o qual, por força do 8º, *caput*, da CLT, é fonte formal subsidiária do Direito brasileiro. Tal entendimento já foi adotado por tribunais trabalhistas pátrios, inclusive após a vigência da reforma trabalhista.

Por outro lado, não há verdadeira negociação coletiva e, portanto, a dispensa em massa é inválida, se o seu objetivo é apenas a redução da proteção mínima prevista em lei, ou se não são estabelecidas contrapartidas adequadas. Tal entendimento encontra-se em conformidade com as Convenções da OIT ratificadas pelo Brasil, inclusive com a sua interpretação autêntica realizada pelo Comitê de Liberdade Sindical, pelo Comitê de Peritos e pelo Departamento de Normas da OIT.

No contexto atual de pandemia causada pelo COVID-19, o empregador também deve comprovar cabalmente a impossibilidade de adoção das medidas alternativas previstas nas Medidas Provisórias n. 927/2020 e n. 936/2020, que asseguram a manutenção do contrato de emprego, sob pena de invalidade da dispensa coletiva, a qual, portanto, somente pode ser realizada como *ultima ratio*.

REFERÊNCIAS

BELTRAMELLI NETO, Silvio. *Direitos humanos*. 4. ed. Salvador: Juspodivm, 2017.

BONAVIDES, Paulo. *Curso de direito constitucional*. 21. ed. São Paulo: Malheiros, 2007.

CHAVES JÚNIOR, José Eduardo de Resende; GONÇALVES, Paulo Eduardo Queiroz. *Os trabalhadores de atividades que sofreram restrição ou fechamento por parte dos poderes públicos não podem ser dispensados durante a pandemia*. Disponível em: https://jornalggn.com.br/a-grande-crise/os-trabalhadores-de-atividades-que-sofreram-restricao-ou-fechamento-por-parte-dos-poderes-publicos-nao-podem-ser-dispensados-durante-a-pandemia/. Acesso em: 04 maio 2020.

CIDH. *Resolución n. 1/2020. Pandemia y derechos humanos en las Américas (Adoptado por la CIDH el 10 de abril de 2020)*. Disponível em: http://www.oas.org/es/cidh/decisiones/pdf/Resolucion-1-20-es.pdf. Acesso em: 21 abr. 2020.

CORTE IDH. *Declaración de la Corte Interamericana de Derechos Humanos 1/20 de 9 de abril de 2020*. Disponível em: http://www.corteidh.or.cr/tablas/alerta/comunicado/declaracion_1_20_ESP.pdf. Acesso em: 21 abr. 2020.

DELGADO, Mauricio Godinho. *Curso de direito do trabalho*. 16. ed. São Paulo: LTr, 2017.

GOLDMAN, Alvin L., WHITE, Rebecca H. *United States of America. In:* Roger Blanpain (ed.). *International Encyclopaedia for Labour Law and Industrial Relations*. v. 14. *The hague: kluwer law international*, 2002.

GOMES, Ana Cláudia Nascimento; CARELLI, Rodrigo de Lacerda. *Quem tem medo dos sindicatos?* A redução salarial e a negociação coletiva, uma questão de pacto social. Disponível em: https://rodrigocarelli.org/2020/04/14/quem-tem-medo-dos-sindicatos-a-reducao-salarial-e-a-negociacao-coletiva-uma-questao-de-pacto-social-artigo-de-rodrigo-carelli-e-ana-claudia-nascimento-gomes/. Acesso em: 21 abr. 2020.

HANAMI, Tadashi A., KOMIYA, Fumito. *Japan. In:* Roger Blanpain (ed.). *International Encyclopaedia for Labour Law and Industrial Relations.* The Hague: Kluwer Law International, 2006.

HARARI, Yuval Noah. *Na batalha contra o coronavírus, faltam líderes à humanidade.* São Paulo: Companhia das Letras, 2020.

HASSELBALCH, Ole. *Denmark. In:* Roger Blanpain (ed.). *International Encyclopaedia for Labour Law and Industrial Relations.* v. 5. The Hague: Kluwer Law International, 2005.

HONEYBALL, Simon. BOWERS, John. *Textbook on labour law.* 8. ed. Oxford: Oxford University Press, 2004.

MAGALHÃES, José Luiz Quadros de. *Direitos humanos na ordem jurídica interna.* Belo Horizonte: Interlivros Jurídica de Minas Gerais, 1992.

OIT. *La relación de trabajo. Conferencia Internacional del Trabajo.* 95ª Reunião. Genebra: OIT, 2006.

PAIXÃO, Cristiano. *Covid-19 e o oportunismo desconstituinte.* Disponível em: http://www.transformamp.com/covid-19-e-o-oportunismo-desconstituinte/. Acesso em: 30 abr. 2020.

PORTO, Lorena Vasconcelos; BELTRAMELLI NETO, Silvio; RIBEIRO, Thiago Gurjão Alves. *Manual do grupo de trabalho de controle de convencionalidade do Ministério Público do Trabalho*: Temas da Lei n. 13.467/2017 ("reforma trabalhista") à luz das normas internacionais. Brasília: Procuradoria-Geral do Trabalho, 2018.

SARLET, Ingo Wolfgang. Direitos sociais: o problema de sua proteção contra o poder de reforma na Constituição de 1988. *Revista de Direito Constitucional e Internacional,* São Paulo: Revista dos Tribunais, ano 12, n. 46, p. 42-73, 2004.

STRECK, Lenio. *O papel dos operadores do direito na garantia dos preceitos constitucionais.* Entrevista concedida em 14.04.2020 à ESMPU. Disponível em: http://escola.mpu.mp.br/a-escola/ comunicacao/tv-esmpu/a-pandemia-do-coronavirus/o-papel-dos-operadores-do-direito-na-garantia-dos-preceitos-constitucionais. Acesso em: 20 abr. 2020.

SUVIRANTA, A. J. *Finland. In:* Roger Blanpain (ed.). *International encyclopaedia for labour law and industrial relations.* v. 6. The Hague: Kluwer Law International, 1999.

SINDICALISMO E LIMITES À NEGOCIAÇÃO COLETIVA

CAPÍTULO 42

O PRINCÍPIO DO DIREITO E DEVER DA INFORMAÇÃO OU DA TRANSPARÊNCIA NA NEGOCIAÇÃO COLETIVA TRABALHISTA

LUIZ EDUARDO GUNTHER[1]
MARCO ANTÔNIO CÉSAR VILLATORE[2]

Sumário • 1. Introdução – 2. Negociação coletiva – a funcionalidade e os princípios – 3. O princípio do direito e dever da informação ou da transparência nas negociações coletivas trabalhistas – 4. Considerações finais – Referências.

1. INTRODUÇÃO

Num mundo em globalização acentuada e com crescimento espetacular da tecnologia, de que forma poderiam os trabalhadores invocar o princípio da informação em suas negociações coletivas com os empregadores?

A negociação coletiva apresenta a grande justificativa de poder ser rápida e eficiente para melhorar as condições de trabalho, solucionando-se eventual conflito pelos próprios interlocutores sociais, tendo os sindicatos à frente, como verdadeiros entes coletivos, para justificarem o equilíbrio relativamente ao poder empresarial.

Detectando-se dificuldades que envolvem a nova negociação coletiva em uma economia mundializada, na qual as empresas assumem papel diferente do que ocupavam antes da década de cinquenta do século passado, indaga-se: quais aspectos

1 Professor da Graduação e do Programa de Pós-graduação (Mestrado e Doutorado) em Direito do Centro Universitário Curitiba – UNICURITIBA. Desembargador do Trabalho do TRT 9. Membro da Academia brasileira de Direito do Trabalho. Integrante do Grupo de Pesquisas em Sindicalismo do PPGD do Centro Universitário do Distrito Federal (UDF/CNPq). E-mail: luizgunther@uol.com.br. Lattes: http://lattes.cnpq.br/1314611892212586. https://orcid.org/0000-0001-7920-3406.

2 Professor Concursado Permanente da Graduação e do Programa de Pós-graduação (Mestrado e Doutorado) em Direito da UFSC. Coordenador da Especialização em Direitos e Processos do Trabalho e Previdenciário da Academia brasileira de Direito Constitucional (ABDConst). Advogado. Membro da Academia brasileira de Direito do Trabalho. Integrante do Grupo de Pesquisas em Sindicalismo do PPGD do Centro Universitário do Distrito Federal (UDF/CNPq). E-mail: marcovillatore@gmail.com. Lattes: http://lattes.cnpq.br/6658857270253086. https://orcid.org/0000-0001-6365-6283.

devem ter maior relevância no debate a se travar sobre as garantias mínimas devidas em benefício dos trabalhadores?

A resposta a essa pergunta, como é evidente, não pode ser absoluta, mas tem passagem obrigatória pelas garantias dos direitos fundamentais e de personalidade assegurados à pessoa humana, em especial a que vive da venda da sua força de trabalho, o assalariado.

Pode-se, então, falar no princípio da informação como indispensável a uma negociação coletiva adequada, com transparência. Sem dúvida a negociação coletiva é um direito da maior expressão no que diz respeito a criar o próprio regulamento das relações entre trabalhadores e empregadores.

Determinados fatores universais exigem o manto protetor outorgado pelos direitos humanos no que diz respeito especialmente à esfera das relações entre particulares, diante da desigualdade gritante, da opressão e da injustiça que permeiam essas relações.

Deve-se utilizar o princípio do direito e dever da informação para albergar o fenômeno da negociação coletiva?

Tendo havido modificação no relacionamento entre instituições políticas e econômicas, tornou-se imprescindível elaborar um novo ordenamento que considere técnicas e categorias conceituais divergentes das que são empregadas nos modelos culturais dominantes, no campo do Direito do Trabalho.

Para essa tarefa de reordenamento, a pesquisa acadêmica no campo das relações do trabalho é essencial, pois assimila novos padrões comportamentais dos trabalhadores e novas técnicas empresariais, e assegura, sempre, e em qualquer hipótese, a preservação dos direitos fundamentais e de personalidade, ingredientes essenciais da cidadania e da civilização humana.

Desse modo, é essencial a tarefa de examinar, e conceituar, qual o sentido unívoco do princípio jurídico da informação na negociação coletiva trabalhista.

Após essa pesquisa e constatação, torna-se importante examinar a viabilidade de inserir, no modelo trabalhista brasileiro, o princípio da informação, para assegurar o real significado da negociação coletiva em toda a sua plenitude, especialmente na doutrina de Direito Coletivo de Trabalho e nas decisões judiciais trabalhistas.

Para reconhecer, de forma efetiva, a negociação coletiva, amplamente criadora de direitos e solucionadora de conflitos, deve-se implementar o desafio de dar guarida aos trabalhadores quando alijados desse procedimento. O princípio da informação se desenvolve na medida em que, num mundo cada vez mais integrado, todos os acontecimentos, tanto os econômicos como os sociais, devem ser conhecidos para um diálogo produtivo e eficiente.

Considera-se, dessa forma, incontroversa a necessidade de perquirir-se o alcance, quando se trata do particularismo da negociação coletiva, do princípio do direito e dever da informação ou da transparência.

Verificando-se, na doutrina, que trata dos direitos humanos, referências importantes à existência desse princípio, seria possível conceituá-lo e descobrir-lhe as características que lhe são próprias? Tendo em vista o disposto na Constituição brasileira de 1988, poder-se-ia daí extrair a convicção de que o princípio da informação tem assento constitucional? A fundação da Organização Internacional do Trabalho, e sua atividade normativa, poderiam justificar a existência e a efetividade ao princípio da informação?

A questão mais importante que se pretende colocar, à luz da retrospectiva formulada, quanto ao princípio da informação, é: em que medida é possível constatar a existência desse princípio no Direito brasileiro: seja pelo exame da Constituição de 1988, seja pela aplicabilidade das normas da OIT em território brasileiro; seja pela consideração do Direito Coletivo do Trabalho, especialmente no que diz respeito ao impacto nas negociações coletivas de trabalho.

2. NEGOCIAÇÃO COLETIVA – A FUNCIONALIDADE E OS PRINCÍPIOS

A negociação coletiva é considerada uma modalidade de autocomposição de conflitos advinda do entendimento entre os interlocutores sociais, sendo uma forma de conciliação de interesses entre as partes, que adaptam diferentes entendimentos em debate, visando encontrar uma ideia comum capaz de pôr fim às diferenças. A negociação coletiva significa, também, um processo que visa formalizar a convenção ou acordo coletivo de trabalho. As partes conciliam seus interesses e resolvem o conflito, possibilitando a convivência entre empregadores e trabalhadores.

Dentre as diversas formas de classificar esse instituto, pode-se ficar com aquela de Alfredo Ruprecht, que a cinde em quatro tipos ou categorias: a) negociação coletiva de criação; b) negociação coletiva de modificação; c) negociação coletiva de substituição; d) negociação coletiva de esclarecimento[3].

A negociação coletiva de criação ocorre quando dá origem, solucionando o conflito, a uma convenção coletiva que não existia antes. A de modificação se dá para mudar cláusulas de uma convenção já em vigor. A de substituição acontece quando se substitui uma convenção coletiva vigente por outra nova. Finalmente, a de esclarecimentos tem por objetivo celebrar outra convenção coletiva para esclarecer conceitos ou situações confusas ou ambíguas que se registraram em convenção coletiva anterior.

---

3 RUPRECHT, Alfredo. **Conflitos coletivos de trabalho.** Trad. José Luis Ferreira Prunes. São Paulo: LTr, 1979. p. 219.

À negociação coletiva podem se atribuir funções jurídicas, políticas e econômicas, ordenadoras e sociais. As funções jurídicas podem ser normativas, obrigacionais e compositivas.[4] A função **jurídica-normativa** permitiria a criação de normas aplicáveis às relações individuais de trabalho, atuando no espaço em branco deixado pela lei. A função jurídica-obrigacional determinaria obrigações e direitos para as partes envolvidas. E a função jurídica-compositiva teria como finalidade de superar os conflitos entre as partes, em razão dos interesses antagônicos, buscando equilíbrio e paz entre o capital e o trabalho. A função **política** incentivaria o diálogo, para as partes poderem resolver as divergências entre elas próprias; a função econômica teria por finalidade distribuir riquezas; a função **ordenadora** surgiria em épocas de crises ou recomposição salarial; e, finalmente, a **social** quando se garantisse aos trabalhadores participação nas decisões empresariais.

Ao lado da funcionalidade da negociação coletiva, encontram-se, de forma não menos importante, os princípios que a fundamentam. Mozart Victor Russomano, relativamente à negociação coletiva, enumera os seguintes princípios: a) da livre negociação; b) da lealdade; c) da ampliação progressiva do elenco das unidades de negociação coletiva; d) da boa-fé; e) do efeito *erga omnes* das convenções coletivas de trabalho; f) da sobrevivência dos direitos concedidos através de convenções ou acordos coletivos após a extinção dos mesmos; g) da interpretação das convenções coletivas de trabalho segundo o critério de aplicação da cláusula mais favorável ao trabalhador[5].

A negociação coletiva, segundo João de Lima Teixeira, está sob os influxos dos princípios gerais do Direito, deles se extraindo a seiva para a formulação de princípios mais restritos. Tratam-se de postulados éticos ou normas de conduta das partes que permeiam, de fato, um processo negocial não regrado e a ele imprimem, a cada exercício, valores e conteúdo pedagógico que progressivamente o aperfeiçoam[6].

Também Hugo Gueiros Bernardes possui um fundamentado estudo sobre os princípios da negociação coletiva, no qual apresenta uma "ética da negociação", buscando definir parâmetros necessários para o desenvolvimento da atividade negocial, visando o comportamento das próprias partes negociadoras. Com base nessa ideia central, elabora uma teoria que classifica os princípios em quatro grandes grupos: a) relativos à boa-fé ou lealdade; b) referentes ao procedimento;

4 MARTINS, Sergio Pinto. **Direito do Trabalho.** 30. ed. São Paulo: Atlas, 2014. p. 779.

5 RUSSOMANO, Mozart Victor. Princípios do direito coletivo do trabalho. *In:* RIBEIRO, Lélia Guimarães Carvalho; PAMPLONA FILHO, Rodolfo. **Direito do Trabalho** – estudos em homenagem ao Prof. Luiz de Pinho Pedreira da Silva. São Paulo: LTr, 1998. p. 441-449.

6 TEIXEIRA FILHO, João de Lima. Negociação coletiva de trabalho. *In:* SÜSSEKIND, Arnaldo; MARANHÃO, Délio; VIANNA, Segadas; TEIXEIRA, Lima. **Instituições de Direito do Trabalho**. 22. ed. São Paulo: LTr, março 2005. v. II. p. 1193-1194.

c) concernentes ao direito de greve; d) ligados à responsabilidade das partes[7]. Esses princípios, na verdade, devem servir como uma espécie de "caminho mínimo" pelo qual os intérpretes devem se orientar, já que inexistem normas rígidas para o exercício da negociação coletiva.

Aliás, a esse respeito, G. Von Potobsky assevera constituir a negociação coletiva a atividade profissional mais importante das organizações sindicais. Enfatiza que o exercício dessa atividade afirma e consolida as organizações, qualquer que seja o nível em que for praticada. Por isso, em seu modo de pensar, a fixação por via legislativa de um âmbito único e uniforme para o contrato coletivo desvirtuaria um dos objetivos básicos da negociação coletiva, ou seja, "a criação de normas em função de uma realidade trabalhista multifacetada para os interlocutores sociais melhor situados para tratar dos problemas implicados"[8].

Podem ser assim listados os princípios regentes da negociação coletiva de trabalho em seu aspecto formal: a) autonomia coletiva; b) inescusabilidade negocial; c) obrigatoriedade da atuação sindical; d) contraposição; e) paz social; f) transparência; g) razoabilidade; e h) igualdade.

Pelo princípio da autonomia coletiva (a), cada coletividade organizada é livre para determinar para si própria o que é melhor e o que é pior, sem a interveniência de terceiros ou do Poder Público.

Pelo princípio da inescusabilidade negocial (b), o ente coletivo (sindicato ou empresa) não pode se recusar a buscar o entendimento, uma vez provocada a fazê-lo.

Pelo princípio da obrigatoriedade da atuação sindical (c), para que uma negociação possa ser considerada apta a produzir efeitos vinculantes coletivamente, é essencial que ela conte com a participação do sindicato, tal qual preceitua o art. 8°., VI, da Constituição de 1988.

Pelo princípio da contraposição (d), a negociação coletiva de trabalho encerra pretensões que são em si conflitantes: de um lado a classe de empregados sempre busca a melhoria (a preservação) de seu *status* profissional, enquanto, de outro, é da essência da atividade empresarial a maximização de resultados, sendo a redução de custos com encargos trabalhistas caminho para tanto.

O princípio da paz social (e) tem duplo prisma, transmite a ideia de que a negociação coletiva tem por finalidade a pacificação de um conflito em potencial, o

---

7 BERNARDES, Hugo Gueiros. Princípios da negociação coletiva. *In:* TEIXEIRA FILHO, João de Lima (Coord.). **Relações coletivas de trabalho** – estudos em homenagem ao Ministro Arnaldo Süssekind. São Paulo: LTr, 1989. p. 357-370.

8 POTOBSKY, G. Von. Nível e âmbito da negociação e dos contratos coletivos. In BARROS JR., Cássio de Mesquita. **Tendências do direito do trabalho contemporâneo** – coletânea de estudos em homenagem ao Prof. A. F. Cesarino Júnior, proposta pelo Instituto dos Advogados de São Paulo. São Paulo: LTr, 1980. p. 72.

apaziguamento de ânimos contraditórios e afirma que as partes, também, devem negociar sempre em clima de paz, buscando o entendimento e o diálogo.

Ante o princípio de transparência (f), as partes devem agir compromissadas com a verdade, isto é, franqueando uma à outra os meios de verificar as reais condições de cumprir com as exigências feitas mutuamente.

Pelo princípio da razoabilidade (g), as partes envolvidas devem agir de forma razoável, sem exageros, conforme a razão.

O princípio da igualdade (h) afirma que, em âmbito coletivo, "não haveria que se falar em tutela do hipossuficiente ou incidência do princípio protetivo, porquanto os sujeitos de direito das relações coletivas encontrar-se-iam em igualdade de condições"[9].

Deve-se afirmar, também, como primado da negociação coletiva, a cláusula geral de boa-fé, que tem por conteúdo negativo a vedação de qualquer conduta ou omissão passível de causar desequilíbrio na equação de forças existentes entre o empregador e o sindicato obreiro.

No ângulo positivo, o dever em apreço impõe a adoção de comportamentos imbuídos do real propósito de discutir os aspectos pertinentes às relações de trabalho, que interessam tanto à empresa quanto à generalidade dos trabalhadores e de "buscar soluções acordadas, de modo a zelar pela igualdade substancial entre os referidos atores sociais"[10].

O princípio da boa-fé determina que os agentes, desarmando-se, orientem-se da seguinte forma: a) atuando com a finalidade de atingir o consenso; b) formulando pretensões razoáveis e factíveis; c) proporcionando meios para que as normas sejam cumpridas; d) agindo com transparência; e) buscando o equilíbrio qualitativo das pretensões ao final da negociação; f) permitindo uma abertura para o diálogo futuro, em caso de alterações nas condições estruturais que criem uma situação de onerosidade excessiva para qualquer das partes[11].

Todo o processo de formulação de reivindicações, bem como a atuação na negociação, deve pautar-se, primordialmente, pelos ditames da boa-fé e da lealdade, que devem estar presentes objetivamente: "a) na convocação da assembleia; b) na definição das reivindicações da categoria; c) no processo negocial de exigências; d) nas concessões realizadas; e, e) na prestação de contas aos membros da categoria"[12].

---

9 GÓIS, Luiz Marcelo Figueiras de. Princípios da negociação coletiva trabalhista. **Revista LTr,** v.74, n.02, fev.2010. São Paulo. LTr, 2010. p.216-220.

10 EBERT, Paulo Roberto Lemgruber. O direito à negociação coletiva e as despedidas em massa. Os deveres de participação do sindicato profissional nas tentativas prévias e de atuação das partes segundo a boa-fé. **Revista LTr**, v. 74, n. 04, abr. 2010. São Paulo: LTr, 2010. (p. 435-453). p. 452.

11 GÓIS, Luiz Marcelo Figueiras de. *Op. cit.* p.223.

12 GÓIS, Luiz Marcelo Figueiras de. Princípios da negociação coletiva trabalhista. **Revista LTr.** V. 74, n. 02, fev. 2010. São Paulo: LTr, 2010. (p. 213-224). p. 216-217.

Exatamente neste momento se indaga qual o papel que a informação, como princípio jurídico, representaria na viabilidade da negociação coletiva de trabalho. Parece adequado fazer referência à Constituição de 1988, que, no seu preâmbulo, garantiu a necessidade de assegurar determinados valores para a existência de uma sociedade fraterna[13].

Se a Constituição tem em vista uma sociedade fraterna, a negociação coletiva é essencial, nas relações de trabalho, para que esse parâmetro se viabilize. Desse modo, é justo afirmar a informação como integrante do rol dos princípios importantes atribuídos a esse instituto trabalhista.

A informação, como princípio jurídico, deve, assim, ser incluída como essencial à negociação coletiva, pela qual os trabalhadores e os empregadores se apresentam na arena dos conflitos coletivos enxergando-se, um ao outro, não como oponentes, mas como partes interessadas em encontrar um ponto comum para solucionar as divergências existentes.

3. O PRINCÍPIO DO DIREITO E DEVER DA INFORMAÇÃO OU DA TRANSPARÊNCIA NAS NEGOCIAÇÕES COLETIVAS TRABALHISTAS

Não há qualquer dúvida que, no capitalismo, as negociações coletivas de trabalho devem não só ser reconhecidas, mas também incentivadas. Consideram-se oportunidades importantes em que os entes coletivos que representam os trabalhadores (entidades sindicais obreiras) podem sentar-se à mesa de negociação e discutirem, de igual para igual, com os entes coletivos empresariais (empresas, sindicatos patronais), a melhoria das condições de trabalho dentro da empresa.

É possível reconhecer na doutrina do Direito Coletivo do Trabalho o princípio do direito à informação como um dos mais relevantes.

João de Lima Teixeira Filho registra princípios marcantes das negociações coletivas, ressaltando que esse rol não exclui a existência de outros. Os princípios que reconhece como devidos à negociação coletiva são os seguintes: inescusabilidade negocial; boa-fé; direito de informação; razoabilidade e paz social. Ao tratar do direito de informação, como princípio da negociação coletiva, assevera que a informação faz parte da natureza mesma do processo de entendimento. Como esclarece, para que a pauta de reivindicações possa ser adequadamente formulada, "os pleitos devem ser substanciados a fim de permitir a compreensão de suas razões, contrapostas, ou esclarecimentos, e dar início à negociação"[14].

Ao lado de um direito à informação, é possível, também, falar em um dever de informação. Segundo esse princípio (dever de informação), as partes se prestarão

---

13 GUNTHER, Luiz Eduardo: Villatore, Marco Antônio César. **Negociações coletivas de trabalho:** as decisões judiciais e o princípio da fraternidade. Curitiba: Juruá, 2018. p. 120-137.

14 TEIXEIRA FILHO, João de Lima. *Op. cit.*, p. 1.185.

reciprocamente as informações necessárias à justificação de suas propostas e respostas. Não há dúvida que o princípio interessa mais à representação dos empregados, pois esta habitualmente sente forte carência de dados a respeito da situação econômica, financeira e comercial da empresa. Naturalmente surgem resistências patronais, "mas as informações pertinentes, direta ou indiretamente, à negociação, não podem ser negadas sem que se caracterize má-fé do negociador"[15].

Esse dever de informação pela empresa e direito à informação pelos empregados, quando da negociação coletiva, deve ser melhor explicitado. Parece sensato que sejam conhecidas as reais condições econômicas-financeiras da empresa ou dados do segmento econômico e sua capacidade de conceder determinados pleitos que os representados julgam cabíveis. Entretanto, essas informações devem ser prestadas não apenas nos momentos de dificuldade financeira (para gerar medidas de superação da crise via negociação coletiva), mas sempre, mesmo nas épocas de prosperidade. Dois cuidados devem ser tomados a esse respeito, porém: a) não é crível o empregador adotar atitude de recusa às reivindicações escudando-se em informações pretensamente secretas; b) mas, também, não é possível exigir a divulgação de informações estratégicas que possam colocar a empresa em risco, a pretexto de terem que ver com o processo negocial[16].

A Organização Internacional do Trabalho, sobre essa temática, editou a Recomendação nº. 163, sobre a Promoção da Negociação Coletiva (art. 7.2.a), na qual estabelece que os empregadores, a pedido da organização de trabalhadores, devem pôr à sua disposição informações sobre a situação econômica e social da unidade negociadora e da empresa em geral, se necessárias, para negociações significativas. Portanto, essas informações devem ser necessárias. Por outro lado, pode-se exigir a confidencialidade da informação, isto é: "no caso de vir a ser prejudicial à empresa a revelação de parte dessas informações, sua comunicação pode ser condicionada ao compromisso de que será tratada como confidencial na medida do necessário"[17]. Desse modo, a informação deve guardar pertinência à negociação e às matérias que nesse campo serão debatidas, e "o direito de informação não pode servir de escape para, de alguma maneira, frustrar o entendimento direto[18].

O Conselho de Administração da Repartição Internacional do Trabalho da OIT, em 1977 (com a Emenda de 2000), adotou a Declaração Tripartite de Princípios sobre as Empresas Multinacionais e a Política Social. No título que trata da negociação coletiva, item 7, sugere às empresas multinacionais (deveriam!):

---

15 BERNARDES, Hugo Gueiros. Princípios da negociação coletiva. *In:* TEIXEIRA FILHO, João de Lima (Coord.). **Relações coletivas de trabalho**: estudos em homenagem ao Ministro Arnaldo Süssekind. São Paulo: LTr, 1989. (p. 357-370). p. 361-362.

16 TEIXEIRA FILHO, João de Lima. *Op. cit.*, p. 1.185-1.186.

17 SCALÉRCIO, Marcos; MINTO, Túlio Martinez. **Normas da OIT organizadas por temas**. São Paulo: LTr, 2016. p. 377-378.

18 TEIXEIRA FILHO, João de Lima. *Op. cit.* p. 1186.

proporcionar aos representantes dos trabalhadores as informações necessárias à celebração de negociações eficazes com a entidade em questão e, de conformidade com a legislação e as práticas locais, deveriam também proporcionar informações para que os trabalhadores possam dispor de dados adequados e fidedignos sobre as atividades da unidade em que trabalham ou, quando apropriado, do conjunto da empresa[19].

Digna de menção, ainda, é a Recomendação nº. 129, da OIT, sobre as comunicações entre a direção e os trabalhadores dentro da empresa, de 1967. Merece especial atenção o artigo 15.1, ao estabelecer que as informações a serem prestadas pela administração deve, tendo em conta a sua natureza, ser dirigida aos representantes dos trabalhadores ou aos trabalhadores e deve, na medida do possível, incluir todos os assuntos de interesse dos trabalhadores relativos à operação e ao futuro perspectivas do empreendimento e da situação presente e futura dos trabalhadores, na medida em que a divulgação da informação não venha a causar prejuízo às partes[20].

Em dissertação apresentada ao Programa de Pós-Graduação em Direito pela Faculdade de Direito da Universidade Federal da Bahia, em março de 2011, Ícaro de Souza Duarte estudou o tema do direito de informação na negociação coletiva. Nesse importante estudo, o autor procurou evidenciar o reconhecimento do direito de informação na negociação coletiva como decorrência da aplicação do princípio da boa-fé objetiva.

Tanto trabalhadores quanto empregadores necessitam, no âmbito da negociação coletiva, informações sobre os fatos e acontecimentos que se relacionam aos interlocutores sociais, para que a negociação seja frutífera. A elaboração de estratégias e o manejo de argumentos racionais e lógicos dependem do domínio e conhecimento adequado dos temas e matérias objeto da negociação, para as quais é vital a informação[21].

Considera-se, assim, que o princípio da boa-fé objetiva representa fonte originária do dever de informar, atuando nas fases pré-contratual, de execução contratual e pós-contratual, garantindo, dessa forma, o exercício de liberdade negocial entre o sindicato profissional e determinada empresa ou grupo de empresas, ou mesmo o sindicato econômico da categoria.

Torna-se desse modo inquestionável afirmar-se que o dever de informação possibilita uma negociação mais justa, consciente, que protege a saúde, a integridade, a segurança da categoria de trabalhadores envolvida, e direciona para as consequências econômicas que a relação laboral pode acarretar, isto é, melhores condições de trabalho, com a certeza de que se fez a melhor negociação[22].

---

19 GUNTHER, Luiz Eduardo. **A OIT e o Direito do Trabalho no Brasil.** Curitiba: Juruá, 2013. p. 184-190.

20 SERVAIS, Jean Michel. **Derecho Internacional del Trabajo**. Buenos Aires: Heliasta, 2011, p. 124.

21 DUARTE, Ícaro de Souza. **O reconhecimento de informação na negociação coletiva como decorrência da aplicação do princípio da boa-fé objetiva**. Disponível em <https://repositorio.ufba.br/ri/handle/ri/10769>. Acesso em 09/09/2021.

22 DUARTE, Ícaro de Souza. *Op. cit.*, p. 209-210.

Observe-se, no entanto, a restrição feita por uma parcela da doutrina quanto ao cabimento do direito à informação relativamente à representação obreira.

Distinguem-se liberdade de expressão e direito à informação. Esta conceitua-se como a possibilidade, assegurada pelo ordenamento jurídico, de exteriorizar pensamentos, crenças, ideias, opiniões, juízos de valor. No que tange ao direito à informação, compreende-se como o direito de transmitir informações, o de colher, informações e o de ser mantido informado. Segundo Arion Sayão Romita, o que a Constituição assegura é o chamado direito de se informar, porém, assegura, que no caso do Direito Coletivo do Trabalho, "não há garantia de que a representação dos trabalhadores na empresa (representantes dos trabalhadores sindicais) tenha o direito de ser informado pelo empregador sobre os assuntos da empresa"[23].

Embora não exista uma regra que traduza, claramente, a necessidade de observância do princípio da informação, no território brasileiro, quando se trata da negociação coletiva, pode-se extrair como um "dever anexo" da cláusula geral de boa-fé do art. 422 do Código Civil, que se aplicaria a todo o ordenamento jurídico trabalhista por intermédio do art. 8º da CLT: "aliado a isso, o 'direito à informação' – reverso do dever de informar – é considerado um direito fundamental no ordenamento brasileiro, consoante prescreve o art. 5º, XIV, da Constituição"[24].

O direito de informação firmou-se como direito fundamental em diplomas constitucionais, como é o caso da Constituição da República Federativa do Brasil de 1988, no art. 5º.:

> (...) XIV – é assegurado a todos o acesso à informação e resguardado o sigilo da fonte, quando necessário ao exercício profissional; (...)
>
> (...) XX – ninguém poderá ser compelido a associar-se ou a permanecer associado; (...)
>
> (...) XXIII – a propriedade atenderá a sua função social (...)[25].

Também no art. 220, *caput*, da Constituição brasileira, de forma clara, assegura-se o reconhecimento desse princípio: "a manifestação do pensamento, a criação, a expressão e a informação, sob qualquer forma, processo ou veículo não sofrerão qualquer restrição, observando o disposto nesta Constituição"[26].

---

23 ROMITA, Arion Sayão. **Direitos fundamentais nas relações de trabalho.** 4. ed. rev. e aument. São Paulo: LTr, 2012. p. 301.

24 PRAGMÁCIO FILHO, Eduardo. **A boa-fé nas negociações coletivas trabalhistas.** São Paulo: LTr, 2011. p. 100.

25 BRASIL. Constituição da República Federativa do Brasil. Promulgada em 05 de outubro de 1988. Disponível em <http://www.planalto.gov.br/ccivil_03/constituicao/constituicao.htm>. Acesso em 06/09/2021.

26 BRASIL. Constituição da República Federativa do Brasil. Promulgada em 05 de outubro de 1988. Disponível em <http://www.planalto.gov.br/ccivil_03/constituicao/constituicao.htm>. Acesso em 09/09/2021.

É possível afirmar, com segurança, que, no plano das relações coletivas de trabalho, o direito à informação, dada à sua conexão com os mecanismos de autotutela sindical, assume um caráter típico dos institutos de Direito Coletivo do Trabalho, ou seja, "um caráter instrumental, mediante o qual contam as organizações sindicais e unitárias de trabalhadores para o exercício de suas missões constitucionais e legais[27].

Relativamente à negociação coletiva, inexistindo norma direta e expressa que imponha o dever de informar, torna-se imprescindível fazer com que os entes que negociam, superando traços corporativistas, passem a ter verdadeira representatividade, observando, em todas as fases da negociação, a boa-fé. Compreende-se, para o empresariado, no sentido de olhar os trabalhadores como parceiros, inclusive na gestão do negócio, o que enseja a abertura de informações para negociação. Quanto à representação dos trabalhadores, incumbe a guarda do sigilo das informações prestadas[28].

Com efeito, não haveria sentido algum que as informações fossem prestadas pelo empregador e os trabalhadores pudessem usá-las em prejuízo da atividade empresarial. É esta que justifica, por sua atividade econômica, a existência da própria negociação coletiva.

Pode-se, assim, emitir o sentido de um direito coletivo à informação. Na dicção de César Arese, o reconhecimento do direito de informação na negociação coletiva, e, em geral, no tratamento coletivo, é a chave da democracia, da cidadania dos trabalhadores na empresa e da construção de um modelo participativo das relações de trabalho. Segundo esse autor:

> Toda sociedade democrática verdadeira deve garantir o conhecimento já que toda forma de tomada de decisão deve estar fundamentada em uma base de informação. A liberdade informativa ou de acesso à informação é uma condição essencial a todo processo participativo[29].

Frise-se que, da obrigação de negociar de boa-fé pode decorrer a necessidade de fornecer informações à outra parte, seja para justificar a prestação apresentada, seja para legitimar a recusa à oferta feita. Isso é absolutamente compreensível, pois o desenvolvimento do processo de negociação supõe conhecimento da situação sobre a qual se discute. Como se pode negociar em torno do desconhecido?

---

27 KAUFMANN, Marcus de Oliveira. A representação dos trabalhadores na empresa: dogmatização mínima e incompletude sistêmica na tutela do direito à informação e no combate aos atos antirrepresentativos. **Revista LTr.** Vol. 84, n. 1, janeiro de 2020, (p. 97-119), p. 110.

28 PRAGMÁCIO FILHO, Eduardo. **A boa fé nas negociações coletivas trabalhistas.** São Paulo: LTr, 2011. p. 100-101.

29 ARESE, César**. Direitos humanos trabalhistas:** teoria e prática de um Novo Direito do Trabalho. Tradução Luiz Eduardo Gunther e Marco Antônio César Villatore. Curitiba: Instituto Memória, 2020, p. 386-387.

Não é viável. Dessa forma, a Recomendação nº. 163 da Organização Internacional do Trabalho, que tem o objetivo de estimular a negociação coletiva, enfatizou a necessidade de adoção de medidas para que as partes tenham acesso às informações necessárias para poder negociar com conhecimento de causa[30].

O Real Decreto Lei nº. 9, de 2021, publicado em 11 de maio de 2021, na Espanha, garantiu os direitos trabalhistas das pessoas que se dedicam às entregas nos domínios das plataformas digitais, não somente estabelecendo a presunção plena de contratação dos trabalhadores de entrega de alimentos através das plataformas digitais,

> Mas também desenvolvendo um direito à informação a favor dos representantes dos trabalhadores sobre os parâmetros, regras e instruções nos quais se baseiam os algoritmos ou sistemas de inteligência artificial que determinam o conjunto das relações de trabalho[31].

Há um setor nas relações de trabalho onde o direito à informação é particularmente sensível. Trata-se do meio ambiente do trabalho, que, pode e deve, muitas vezes, ser objeto de negociações coletivas de trabalho. Indaga-se, assim, em que medida o direito à informação ambiental constitui um direito coletivo do trabalhador e de que forma esse direito deve ser efetivado. Considera-se necessário registrar que a informação, tratada como bem ambiental, possui três níveis: a) o primeiro é o direito de informar, no qual se compreende a liberdade de transmitir ou comunicar informações a outrem; b) o segundo, é o direito de se informar, que se dá pela liberdade de buscar informações e não ser impedido para tanto; c) o terceiro, e último nível, é o direito de ser informado, a versão positiva do direito de se informar, ser mantido informado (pelos meios de comunicação, pelos poderes públicos e pelo empregador, naturalmente!). Deve-se afirmar que o direito à informação não se restringe ao simples ato de tomar conhecimento sobre determinado fato, mas, evidentemente, ser advertido e deter compreensão sobre o objeto tratado.

O alerta a ser feito é que, no meio ambiente de trabalho, em que as atividades exercidas pelos empregados possuam índices significativos de insalubridade ou periculosidade, existe um direito da coletividade obreira a tomar conhecimento e consciência sobre os riscos aos quais ficam expostos de maneira constante. Mais do que isso, é preciso afirmar: simplesmente fornecer os equipamentos de proteção individual e emitir alertas de segurança não garante o direito à informação ambiental na atividade laboral. É necessária, e fundamental, "a conscientização

---

30 MALLET, Estêvão. A obrigação de negociar de boa-fé no direito coletivo do trabalho norte-americano. **Revista da Faculdade de Direito da Universidade de São Paulo**. v. 99, de 2004, (p. 333-348), p. 334.

31 BAYLOS, Antonio. **Às voltas com o algoritmo na Espanha: direitos de informação e negociação coletiva.** Disponível em <https://www.dmtemdebate.com.br/as-voltas-com-o-algoritmo-na-espanha-direitos-de-informacao-e-negociacao-coletiva/>. Acesso em 06/09/2021.

dos trabalhadores através da informação ambiental, uma vez que esta configura um direito coletivo obreiro atinente ao meio laboral"[32].

Não há qualquer dúvida que a observância do princípio do direito e dever de informação, durante a negociação coletiva, é imposto a ambas as partes. Devem os empregadores e empregados, e suas representações sindicais, estar dispostos a fornecer informações convenientes e necessárias para conduzir as negociações. A parte que recebe informações deve comprometer-se a não se valer destas em prejuízo da parte que as fornecer. Assim, é imperioso acentuar:

> Fazer divulgações públicas sobre assuntos sigilosos, se utilizar dos dados fornecidos numa outra negociação; mais ainda, se envolver em situações que possam interferir na livre concorrência do mercado, são condutas absolutamente contrárias ao princípio ora estudado[33].

Devem ser referidas manifestações expressas da Organização Internacional do Trabalho sobre esse princípio, que não significa apenas uma "regra de boas intenções", mas uma orientação efetiva de como as negociações coletivas devem acontecer, partindo-se do pressuposto de igualdade de forças entre os entes coletivos atuantes.

A Recomendação nº. 143, de 1971, trata da proteção e facilidades a serem dispensadas a representantes de trabalhadores na empresa. Nesse documento, ressalta-se o parágrafo 16, ao sugerir à empresa que coloque à disposição dos representantes dos trabalhadores as facilidades materiais e as informações que sejam necessárias para o exercício de suas funções[34].

Outro documento significativo da OIT é a Declaração Tripartite de Princípios sobre Empresas Multinacionais e Política Social, de 1977, a qual, no parágrafo 55, orienta que as empresas multinacionais deveriam dar aos representantes dos trabalhadores as informações necessárias para celebrar negociações eficazes com a entidade em causa. Essa Declaração assinala que, de acordo com a legislação e práticas locais, também as empresas multinacionais deveriam proporcionar informação para que os trabalhadores possam dispor dos dados adequados e confiáveis, sobre as atividades da unidade na qual trabalham ou, quando apropriado, no conjunto da empresa. Esse documento também se refere ao poder público, indicando que os

---

32 DARCANCHY, Mara Vidigal; GUNTHER, Luiz Eduardo; FERREIRA, Leonardo Sanches. O direito à informação e o meio ambiente do trabalho: para além do ato de informar. **Revista PERCURSO UNICURITIBA**. vol. 02, n. 25, Curitiba, 2018, p. 10-13.

33 MEIRELLES, Davi Furtado. **Negociação Coletiva no Local de Trabalho:** a experiência dos metalúrgicos do ABC. São Paulo: LTr. 2008. p. 67.

34 ORGANIZAÇÃO INTERNACIONAL DO TRABALHO. **Recomendação n. 143/ 1971, sobre a proteção e facilidades a serem dispensadas a representantes de trabalhadores na empresa.** Disponível em <https://www.ilo.org/brasilia/convencoes/WCMS_242718/lang--pt/index.htm#:~:text=(1)%20Aos%20representantes%20de%20trabalhadores,de%20benef%C3%ADcios%20sociais%20e%20adicionais.>. Aceso em 06/09/2021.

governos deveriam proporcionar aos representantes das organizações dos trabalhadores, a pedido dos mesmos, e sempre que a legislação e a prática o permitam "informação sobre as indústrias onde a empresa opera, a fim de contribuir na determinação de critérios objetivos nos processos de negociação coletiva"[35].

Verificando-se com acuidade as sugestões trazidas nos documentos da OIT, torna-se possível afirmar que há:

> Uma série de cuidados que devem ser observados para que o direito e o dever de informação sejam resguardados, para que o sigilo (que o cumprimento deste princípio exige) seja respeitado e para que; acima de tudo, a desinformação não sirva de obstáculo para o êxito nas negociações entre as partes[36].

Por esse fundamento, fala-se no princípio da transparência, que não se pode confundir com publicidade. Há aspectos negociais que não podem, e não devem, ser dados a conhecimento público, pois podem inviabilizar a atividade empresarial com a descoberta de segredos de fabricação de produtos, ou de estratégias comerciais, por exemplo.

O princípio, ou dever, de transparência engloba prestações negativas e ativas. As primeiras consubstanciam-se em não obstar que a outra parte torne conhecimento das condições sociais, públicas e econômicas que motivam as posturas adotadas durante a negociação. As segundas exigem posturas no sentido de facilitar acesso à informação, de parte a parte[37].

O princípio da transparência, pois, além de evitar o clima beligerante durante o processo de diálogo, as partes devem agir compromissadas com a verdade, isto é, franqueando uma à outra os meios de verificar as reais condições de cumprir com as exigências feitas mutuamente. Parece também direcionar-se nesse sentido o Ministro e Professor Mauricio Godinho Delgado, quando considera o princípio da lealdade e da transparência na negociação coletiva como:

> premissas essenciais ao desenvolvimento democrático e eficaz do próprio processo negocial coletivo. Afinal, o Direito Coletivo objetiva formular normas jurídicas e não apenas cláusulas contratuais –, razão porque a lealdade e o acesso a informações se inscrevem no núcleo de sua dinâmica de evolução[38].

---

35 ORGANIZAÇÃO INTERNACIONAL DO TRABALHO. **Declaração Tripartite de Princípios sobre Empresas Multinacionais e Política Social (1977).** Disponível em <https://www.ilo.org/wcmsp5/groups/public/---ed_emp/---emp_ent/---multi/documents/publication/wcms_211136.pdf >. Acesso em 06/09/2021.

36 DARIO, Francislaine. **Negociação coletiva e crise.** Dissertação em Mestrado em Ciências Jurídico-Empresariais, com menção em Direito Laboral. Coimbra – Portugal: Universidade de Coimbra, julho de 2016. Disponível em <https://eg.uc.pt/bitstream/10316/43067/1/Francislaine%20Dario.pdf >. Acesso em 06/09/2021.

37 GÓIS, Luiz Marcelo Figueiras de. Princípios da Negociação Coletiva de Trabalho. **Revista IOB Trabalhista e Previdenciária.** Ano XX, n. 238, abril de 2009. (p. 49-71). p. 61-62.

38 DELGADO, Mauricio Godinho. Constituição da República, Estado Democrático de Direito e Negociação Coletiva Trabalhista. **Revista do Tribunal Superior do Trabalho**. Vol. 82, n. 4 – out. a dez. – 2016, (p. 214-245). p. 223-224.

No mesmo texto, registra-se a fundamentalidade do "acesso a informações". A transparência que se exige é maior daquela estabelecida para negócios jurídicos estritamente individuais: "aqui é mais largo o acesso a informações adequadas a formulação de normas compatíveis ao segmento social envolvido"[39].

A Organização Internacional do Trabalho vem repisando a necessidade, a importância do princípio do direito e dever da informação, ou da transparência, na negociação coletiva trabalhista. É fundamental, para que as negociações coletivas sejam significativas, que as partes tenham acesso à informação. Criam-se, com o atendimento desse princípio, as condições certas para que as partes possam apresentar e discutir as suas perspectivas de maneira informada.

As atividades positivas sempre são reforçadas, dessa maneira, na mesa de negociação. Como é um processo de tomada de decisões, na negociação coletiva as partes precisam de informações para fazer as escolhas mais adequadas. Acentua-se, assim, que "a partilha de informações representa uma forte indicação de que uma parte reconhece a legitimidade da outra enquanto representante na negociação e que está a agir de boa-fé"[40].

O princípio do direito e dever de informação, durante a negociação coletiva, tem causas e efeitos desde que se iniciam as tratativas, durante o exercício do diálogo entre os entes coletivos e as partes e naturalmente depois de encerrada, quando se firmam os instrumentos decorrentes. Desse direito e dever, como já se assinalou, decorre o compromisso de sigilo ou confidencialidade, que pode, e deve, fazer parte das negociações.

Em tempos de pandemia do novo coronavírus fica evidente o quanto é importante aplicar-se o princípio do direito à informação, com seu correspondente dever de informação. No âmbito das negociações coletivas, o direito à informação é essencial para a continuidade empresarial e preservação dos empregos, atentando-se para a função social da propriedade, do contrato e da empresa.

Com certeza, teremos muita discussão sobre o impacto do princípio do direito e dever da informação, ou da transparência, na negociação coletiva trabalhista em confronto com a proteção de dados dos trabalhadores.

4. CONSIDERAÇÕES FINAIS

A Constituição de 1988 estabeleceu a obrigatoriedade da participação dos sindicatos nas negociações coletivas de trabalho (art. 8º., VI).

Se a Carta Magna do Brasil tem em vista uma sociedade fraterna, conforme expresso em seu preâmbulo, a negociação coletiva é essencial nas relações

---

39 DELGADO, Mauricio Godinho. *Op. cit.*, p. 225.

40 ORGANIZAÇÃO INTERNACIONAL DO TRABALHO. **Negociação coletiva:** guia de políticas. Genebra: OIT, 2015. p. 46.

de trabalho, para que esse parâmetro se viabilize. Desse modo, é justo afirmar a informação como integrante do rol dos princípios importantes atribuídos a esse instituto trabalhista.

Pode-se afirmar, assim, que o direito e o dever da informação, ou da transparência, como princípio jurídico, é essencial à negociação coletiva, na qual os trabalhadores, por intermédio de seus sindicatos, e os empresários (com ou sem seus sindicatos patronais) apresentam-se na arena dos conflitos coletivos enxergando-se, uns aos outros, não como oponentes, mas como partes interessadas em encontrar um ponto comum para solucionar as divergências existentes.

A autonomia privada coletiva deve ser apresentada como uma nova categoria teórica, superada a perspectiva individualística. Imbrica-se, assim, de forma visceral, com a efetivação da democracia, mediante reflexão coletiva, e liberdade de atuação pelos interlocutores representativos para a concretização de melhores condições de trabalho.

A informação, como princípio que se reconhece, deveria inspirar e nortear a criação do conjunto de normas jurídicas, além de apresentar, também, um importante critério interpretativo dessas mesmas normas.

Nessa direção, não é tarefa apenas do Poder Judiciário revitalizar o princípio da informação, mas de todas as instituições privadas e de cada um e de todos os entes coletivos em negociação trabalhista.

Propõe-se assim, que o princípio do direito e dever da informação, ou da transparência, como macroprincípio dos Direitos Humanos, garantido na Constituição, faça parte integrante também dos princípios orientadores das negociações coletivas de trabalho no Brasil.

REFERÊNCIAS

ARESE, César. **Direitos humanos trabalhistas**: teoria e prática de um Novo Direito do Trabalho. Tradução Luiz Eduardo Gunther; Marco Antônio César Villatore. Curitiba: Instituto Memória, 2020.

BAYLOS, Antonio. **Às voltas com o algoritmo na Espanha:** direitos de informação e negociação coletiva. Disponível em <https://www.dmtemdebate.com.br/as-voltas-com-o-algoritmo-na-espanha-direitos-de-informacao-e-negociacao-coletiva/>. Acesso em 06/09/2021.

BERNARDES, Hugo Gueiros. Princípios da negociação coletiva. *In:* TEIXEIRA FILHO, João de Lima (Coord.). **Relações coletivas de trabalho** – estudos em homenagem ao Ministro Arnaldo Süssekind. São Paulo: LTr, 1989. p. 357-370.

BRASIL. **Constituição da República Federativa do Brasil.** Promulgada em 05 de outubro de 1988. Disponível em <http://www.planalto.gov.br/ccivil_03/constituicao/constituicao.htm>. Acesso em 06/09/2021.

DARCANCHY, Mara Vidigal; GUNTHER, Luiz Eduardo; FERREIRA, Leonardo Sanches. O direito à informação e o meio ambiente do trabalho: para além do ato de informar. **Revista PERCURSO UNICURITIBA**, vol. 02, n. 25, Curitiba, 2018, p. 10-13.

DARIO, Francislaine. **Negociação coletiva e crise.** Dissertação em Mestrado em Ciências Jurídico-Empresariais, com menção em Direito Laboral. Coimbra – Portugal: Universidade de Coimbra, julho de 2016. Disponível em <https://eg.uc.pt/bitstream/10316/43067/1/Francislaine%20Dario.pdf>. Acesso em 06/09/2021.

DELGADO, Mauricio Godinho. Constituição da República, Estado Democrático de Direito e Negociação Coletiva Trabalhista. **Revista do Tribunal Superior do Trabalho.** Vol. 82, n. 4 – out. a dez. – 2016, p. 214-245.

DUARTE, Ícaro de Souza. **O reconhecimento do direito de informação na negociação coletiva como decorrência da aplicação do princípio da boa-fé objetiva.** Disponível em <https://repositorio.ufba.br/ri/handle/ri/10769>. Acesso em 09/09/2021.

EBERT, Paulo Roberto Lemgruber. O direito à negociação coletiva e as despedidas em massa. Os deveres de participação do sindicato profissional nas tentativas prévias e de atuação das partes segundo a boa-fé. **Revista LTr**, v. 74, n. 04, abr. 2010. São Paulo: LTr, 2010. p. 435-453.

GÓIS, Luiz Marcelo Figueira de. Princípios da Negociação Coletiva de Trabalho. **Revista IOB Trabalhista e Previdenciária.** Ano XX, n. 238, abril de 2009. p. 49-71.

GÓIS, Luiz Marcelo Figueiras de. Princípios da negociação coletiva trabalhista. **Revista LTr**, v. 74, n. 02, fev. 2010. São Paulo. LTr, 2010. p. 213-224.

GUNTHER, Luiz Eduardo; Villatore, Marco Antônio César. **Negociações coletivas de trabalho**: as decisões judiciais e o princípio da fraternidade. Curitiba: Juruá, 2018.

GUNTHER, Luiz Eduardo. **A OIT e o Direito do Trabalho no Brasil.** Curitiba: Juruá, 2013.

KAUFMANN, Marcus de Oliveira. A representação dos trabalhadores na empresa: dogmatização mínima e incompletude sistêmica na tutela do direito à informação e no combate aos atos antirrepresentativos. **Revista LTr.** vol.84, n.1, janeiro de 2020, p. 97-119.

MALLET, Estêvão. A obrigação de negociar de boa-fé no direito coletivo do trabalho norte-americano. **Revista da Faculdade de Direito da Universidade de São Paulo.** v. 99, de 2004, p.333-348.

MARTINS, Sergio Pinto. **Direito do Trabalho.** 30. ed. São Paulo: Atlas, 2014.

MEIRELLES, Davi Furtado. **Negociação Coletiva no Local de Trabalho:** a experiência dos metalúrgicos do ABC. São Paulo: LTr. 2008.

ORGANIZAÇÃO INTERNACIONAL DO TRABALHO. **Declaração Tripartite de Princípios sobre Empresas Multinacionais e Política Social (1977).** Disponível em <https://www.ilo.org/wcmsp5/groups/public/---ed_emp/---emp_ent/---multi/documents/publication/wcms_211136.pdf>. Acesso em 06/09/2021.

ORGANIZAÇÃO INTERNACIONAL DO TRABALHO. **Negociação coletiva**: guia de políticas. Genebra: OIT, 2015. p.46.

ORGANIZAÇÃO INTERNACIONAL DO TRABALHO. **Recomendação n. 143/ 1971, sobre a proteção e facilidades a serem dispensadas a representantes de trabalhadores na empresa.** Disponível em <https://www.ilo.org/brasilia/convencoes/WCMS_242718/lang--pt/index.htm#:~:text=(1)%20Aos%20representantes%20de%20trabalhadores,de%20benef%C3%ADcios%20sociais%20e%20adicionais>. Aceso em 06/09/2021.

POTOBSKY, G. Von. Nível e âmbito da negociação e dos contratos coletivos. *In:* BARROS JR., Cássio de Mesquita. **Tendências do direito do trabalho contemporâneo** – coletânea de estudos em homenagem ao Prof. A. F. Cesarino Júnior, proposta pelo Instituto dos Advogados de São Paulo. São Paulo: LTr, 1980.

PRAGMÁCIO FILHO, Eduardo. **A boa-fé nas negociações coletivas trabalhistas.** São Paulo: LTr, 2011.

ROMITA, Arion Sayão. **Direitos fundamentais nas relações de trabalho.** 4. ed. rev. e aument. São Paulo: LTr, 2012.

RUPRECHT, Alfredo. **Conflitos coletivos de trabalho.** Trad. José Luis Ferreira Prunes. São Paulo: LTr, 1979.

RUSSOMANO, Mozart Victor. Princípios do direito coletivo do trabalho. *In:* RIBEIRO, Lélia Guimarães Carvalho; PAMPLONA FILHO, Rodolfo. **Direito do trabalho** – estudos em homenagem ao Prof. Luiz de Pinho Pedreira da Silva. São Paulo: LTr, 1998. p. 441-449.

SCALÉRCIO, Marcos; MINTO, Túlio Martinez. **Normas da OIT Organizadas por temas**. São Paulo: LTr, 2016.

TEIXEIRA FILHO, João de Lima. Negociação coletiva de trabalho. *In:* SÜSSEKIND, Arnaldo; MARANHÃO, Délio; VIANNA, Segadas; TEIXEIRA, Lima. **Instituições de direito do trabalho**. 22. ed. São Paulo: LTr, março 2005. v. II.

CAPÍTULO 43

SINDICALISMO E NEGOCIAÇÃO COLETIVA TRABALHISTA: LIMITES CIVILIZATÓRIOS – A NULIDADE DE CLÁUSULA CONVENCIONAL COLETIVA QUE RESTRINGE COTAS DE APRENDIZAGEM

João Batista Martins César[1]
Noemia Galduroz Cossermelli[2]
Renata Prieto Furriel[3]

> "A interpretação jamais se dará em abstrato, como se a lei (o texto) fosse um objeto cultural. Há, sempre, um processo de concreção, que é a *applicatio*, momento do acontecer do sentido, que ocorre na diferença ontológica. Não há textos sem normas; não há normas sem fatos. Não há interpretação sem relação social. É no caso concreto que se dará o sentido, que é único; irrepetível".[4]

---

1 Desembargador do Tribunal Regional do Trabalho 15ª Região – Campinas/SP. Diretor da Escola Judicial do TRT15. Integrante da Comissão de Erradicação do Trabalho Infantil e de Estímulo à Aprendizagem do TST e CSJT. Presidente do Comitê de erradicação do trabalho infantil e estímulo à aprendizagem do TRT15. Ex-Procurador do Ministério Público do Trabalho. Especialista em Interesses Difusos e Coletivos pela Escola Superior do Ministério Público do Estado de São Paulo. Mestre em Direito pela UNIMEP. Especialista pelo Instituto Europeu de Relações Industriais – Os Direitos Fundamentais inespecíficos do trabalhador na empresa. Sevilha, Espanha, setembro/2010. Curso Avançado em Direito do Trabalho para Pós-graduados, Universidade de Sevilha, Espanha, setembro/2010. Autor pela Editora LTr. Professor universitário (FADI – Sorocaba – prática trabalhista). Doutorando em direito pelo Instituto Toledo de Ensino – ITE – Bauru-SP. Integrante do Grupo de Pesquisa "Sindicalismo" (UDF/CNPq).

2 Advogada trabalhista e professora de Direito do Trabalho e Processual do Trabalho. Atuou como procuradora jurídica na Prefeitura Municipal de Sorocaba. Fez Mestrado e Doutorado na Pontifícia Universidade Católica de São Paulo (PUC-SP), investigando temas relacionados ao Direito do Trabalho na Comunidade Europeia. Participou do Programa de Treinamento e Estudos Avançados da Organização Internacional do Trabalho (OIT), Itália. Como professora visitante, participou do Programa de Investigação e Transferência, da Universidade de Sevilha, e da Equipe de Investigação para Consolidação de Projetos de Investigação, da Universidade de Deusto, Espanha.

3 Bacharel em Direito pela Faculdade de Direito da Universidade de São Paulo – FADUSP. Especialista em Direito e Processo do Trabalho pela Verbo Jurídico Educacional. Autora de artigos publicados pela editora LTr. Assessora de Desembargador – TRT/15.

4 STRECK, Lenio Luiz. *Dicionário de Hermenêutica*: quarenta temas fundamentais da teoria do direito à luz da crítica hermenêutica do Direito. Belo Horizonte: Letramento, 2017.

1. INTRODUÇÃO

As entidades sindicais dos trabalhadores são veículos fundamentais para a construção e preservação da Democracia no âmbito da sociedade civil e da sociedade política, sendo, nessa medida, pilares imprescindíveis ao Estado Democrático de Direito estruturado pelo Constitucionalismo Humanista e Social, paradigma seguido pela Constituição de 1988 no Brasil.

Os sindicatos obreiros representam e tutelam os interesses dos trabalhadores representados e a representar, incorporando uma cultura de valorização e proteção de toda a comunidade trabalhista. Com isso, cumprem o objetivo constitucional de se construir no País uma sociedade fraterna, livre, justa e solidária, com maior igualdade formal e substancial entre as pessoas, em atenção aos princípios constitucionais do trabalho – todos democráticos, inclusivos e firmemente vinculados à ideia de justiça social.

A incorporação de novos trabalhadores à categoria profissional é fator de elevado interesse para o sindicato de trabalhadores, não apenas pelo aperfeiçoamento da diversidade da composição de sua base representada, como também por traduzir uma concretização de políticas públicas inclusivas e democráticas, as quais compõem a lógica histórica de criação, de aperfeiçoamento e de avanço do sindicalismo. Se não bastasse, tal conduta comprova a firme presença das entidades sindicatos ao lado e em favor das melhores práticas democráticas estruturadas pelo Estado, no sentido da inclusão profissional e socioeconômica de pessoas vulneráveis, sejam os adolescentes e jovens, sejam as pessoas com deficiência, sejam as pessoas em recuperação previdenciária, sejam as mulheres, seja a população negra. As cotas de inclusão de pessoas vulneráveis são, portanto, parte integrante da mais nobre função das entidades sindicais, enquanto construtoras e aperfeiçoadoras da Democracia na sociedade humana.

Nesse quadro, é o que se passa com as cotas de aprendizagem, de pessoas com deficiência, com inclusão e empoderamento das mulheres, com inclusão e empoderamento da população negra e assim sucessivamente.

No caso concreto em análise neste artigo se trata de cotas de trabalhadores em contratos de aprendizagem. Porém, como dito, diversas ponderações aqui lançadas poderiam, sim, ser estendidas a outras situações de inclusão de trabalhadores vulneráveis, como parte de políticas de diferenciação positiva, políticas inclusivas e democráticas de proteção a pessoas humanas trabalhadoras.

Com relação às crianças e aos jovens, conforme se sabe, a Constituição Federal de 1988 adotou a doutrina internacional da proteção integral da criança e do adolescente ao estabelecer, no art. 227, como prioritária a ação conjunta do Estado e da sociedade, com o escopo de garantir às crianças e aos adolescentes direitos necessários para o exercício de sua cidadania plena.

Assim, a sistemática jurídica brasileira sobre o atendimento de crianças e adolescentes, encontra-se em total harmonia com as normativas da comunidade internacional, como a Declaração Universal dos Direitos Humanos, que prescreve ser acessível a todo esse grupo social o direito à instrução técnico-profissional (artigo 26 da DUDH). Por sua vez, o Pacto Internacional sobre Direitos Econômicos, Sociais e Culturais (PIDESC) trata sobre a formação técnica e profissional, a elaboração de programas, normas e técnicas apropriadas para um desenvolvimento econômico, social e cultural constante e o pleno emprego produtivo (artigo 6º). Na mesma linha, a Convenção da Organização das Nações Unidas (ONU) trata dos Direitos da Criança. Em conjugação com esses diplomas internacionais, a Convenção nº 138 da OIT aborda a idade mínima para admissão no emprego, ao passo que a Convenção nº 182 da OIT fixa norma sobre as piores formas de trabalho infantil.

No plano da legislação infraconstitucional, o Estatuto da Criança e do Adolescente (ECA) busca conferir efetividade ao comando constitucional sobre a prioridade de preferência na formulação e na execução das políticas sociais públicas (art. 4º, parágrafo único, alínea "c", da Lei n. 8.609/1990). A seu lado, a Consolidação das Leis do Trabalho (CLT) afirma que estabelecimentos de qualquer natureza estão obrigados a empregar e matricular nos cursos dos Serviços Nacionais de Aprendizagem – ou em entidades qualificadas em formação técnico-profissional metódica (art. 430, CLT) – número de aprendizes equivalente a cinco por cento, no mínimo, e quinze por cento, no máximo, dos trabalhadores existentes em cada estabelecimento, cujas funções demandem formação profissional (art. 429).

Nesse quadro, a estabelecimento de cotas para a contratação de aprendizes constitui hoje uma importante política pública para a qualificação e inserção dos jovens no mercado de trabalho.

Contudo, nos últimos anos, verifica-se o surgimento de instrumentos coletivos (acordos ou convenções coletivas de trabalho) que apresentam clausulas que restringem as cotas sociais, em especial de aprendizagem. Ora, ao negociarem cláusulas desse jaez, manifestamente prejudiciais aos jovens trabalhadores, sendo obviamente anti-inclusivas e antidemocráticas, as entidades sindicais afastam-se de seus objetivos históricos de representação e melhoria das condições de vida e trabalho dos trabalhadores na economia e na sociedade. Tais entidades se afastam, injustificadamente, de seus objetivos históricos de construtores e agente de aperfeiçoamento do Estado Democrático de Direito próprio do Constitucionalismo Humanista e Social seguido pela Constituição de 1988.

Assim, o objetivo deste artigo é discutir sobre a nulidade dessas clausulas que restringem as cotas de aprendizagem, bem como a importância e papel dos sindicatos na promoção das políticas sociais de inclusão e democratização da sociedade em que eles se inserem.

2. A IMPORTÂNCIA DAS POLÍTICAS PÚBLICAS DE INCLUSÃO E O PAPEL DOS SINDICATOS

A Constituição Federal de 1988 preconiza que constituir uma sociedade livre, justa e solidária, garantir o desenvolvimento nacional, erradicar a pobreza e marginalização, reduzir as desigualdades sociais e promover o bem-estar de todos, sem preconceito de origem, raça, sexo, cor, idade e quaisquer outras formas de discriminação, constituem os objetivos fundamentais do Estado Brasileiro. Nesse sentido, o Estado, como entidade política, tem a responsabilidade precípua de organizar, fomentar e implementar, a partir das demandas da sociedade civil, políticas públicas que garantam a igualdade e a justiça social[5].

As políticas públicas de inclusão, portanto, traduzem-se em ações por parte do Estado, a partir de um diálogo democrático entre a sociedade civil e o governo, voltadas à garantia e à efetiva concretização de direitos fundamentais.

Nessa toada, cabe destacar que as entidades sindicais são instituições intermediárias que possibilitam que os trabalhadores, importante segmento da sociedade civil, se organizem coletivamente e, assim, tenham aptidão para participar e interferir na vida política e social em que estão inseridos. Por corolário, o movimento sindical tem papel fundamental para a concretização da democracia e para o justo funcionamento de um Estado Democrático de Direito, que deve ser, evidentemente, social e inclusivo[6].

Os sindicatos são atores sociais que podem desempenhar um significativo papel tanto na etapa de discussão e construção das políticas públicas, dando voz aos trabalhadores e apresentando suas demandas ao poder político (no plano da sociedade política, portanto), quanto na garantia e promoção de sua implementação (no plano da sociedade civil, portanto). Além disso, em um mundo do trabalho em constante modificação, com oportunidades de emprego cada vez mais escassas, e considerando ainda seu dever institucional de representar a todos os trabalhadores de sua base, as entidades sindicais devem se aproximar de segmentos tradicionalmente excluídos, como os jovens (a par de outros grupos

---

5 BLEY, Regina Bergamashi. Estado, Sociedade e Políticas Públicas para as mulheres. In: SILVA, Eduardo F.; GEDIEL, José A. P.; TRAUCZYNSKI, Sílvia C. *Direitos Humanos e Políticas Públicas*. Curitiba: Universidade Positivo, 2014. p. 331.

6 DELGADO, Maurício Godinho; MENESES, Alline Bessa. A Constituição Federal de 1988 e o Sindicalismo no Brasil: avanços democráticos e desafios persistentes. *Revista Magister de Direito do Trabalho*, v. 102, mai-jun, 2021. p. 7.

vulneráveis), e se aliar aos movimentos sociais para reivindicar a ampliação das políticas públicas de inclusão social e no mercado de trabalho.

Especificamente quanto aos jovens, as cotas de contratação de aprendizes consistem em uma importante política de sua ação afirmativa que, ao lhes viabilizar o acesso à qualificação e oportunidades de trabalho decente, vão ao encontro da proteção integral conferida pela Constituição da República. Nesse sentido, os sindicatos, ao fomentar a aprendizagem e a implementação concreta dessa política, exercem um relevante papel progressista e de proteção ao jovem trabalhador – além de ampliar a sua própria base de representação.

3. A POLÍTICA PÚBLICA DE INCLUSÃO DO JOVEM TRABALHADOR E O CONTRATO DE APRENDIZAGEM

O contrato de aprendizagem é um contrato especial e tem como sujeitos o empregador e o aprendiz maior de quatorze e menor de vinte e quatro anos, ressalvando-se que o limite máximo de idade que não se aplica às pessoas com deficiência (art. 428, § 5º, CLT). Exige a lei que o contrato de aprendizagem seja celebrado por escrito, com prazo não superior a dois anos, exceto para os trabalhadores com deficiência, para os quais não há limite do termo final.

O aprendiz deve ser inscrito em programa de formação técnico-profissional metódica, compatível com o seu desenvolvimento físico, moral e psicológico. As atividades do aprendiz, necessárias para sua formação, devem ser realizadas com zelo e diligência, cabendo ao empregador se certificar de que tais exigências legais sejam respeitadas (art. 428, CLT, parte final). O jovem deve ter registro em Carteira de Trabalho e Previdência Social, matrícula e frequência na escola, caso não haja concluído o ensino médio, e inscrição em programa de aprendizagem desenvolvido sob orientação de entidade qualificada em formação técnico-profissional metódica (art. 428, § 1º, CLT).

Por se tratar de contrato especial que envolve direitos fundamentais e universais, seus requisitos de validade e elementos essenciais devem ser rigorosamente observados, como a capacidade laboral do aprendiz, a licitude do objeto e adequação à legislação pertinente (art. 104 do CCB).

Os aprendizes têm garantia do salário-mínimo hora, salvo condição mais favorável em Acordo Coletivo ou Convenção Coletiva de Trabalho; de gozo das férias após 12 meses de trabalho, que devem coincidir com as férias escolares, e recolhimento mensal para o Fundo de Garantia por Tempo de Serviço (FGTS) na alíquota de 2% sobre sua remuneração.

Infere-se do artigo 429 da CLT, que os estabelecimentos de qualquer natureza estão obrigados a empregar e matricular nos cursos dos Serviços Nacionais de Aprendizagem – ou em entidades qualificadas em formação técnico-profissional metódica (art. 430 CLT) – número de aprendizes equivalente a cinco por cento, no mínimo, e quinze por cento, no máximo, dos trabalhadores existentes em cada estabelecimento, cujas funções demandem formação profissional.

O Decreto n. 9.579/2018 faz referência às funções que demandam formação profissional, listadas na Classificação Brasileira de Ocupações do Ministério do Trabalho (art. 52, caput), e que serão aferidas para o cálculo da cota de aprendizes, independentemente de serem proibidas para pessoas com idade inferior a dezoito anos (art. 52, § 2º). Estão excluídas desse rol as funções que demandem, para o seu exercício, habilitação profissional de nível técnico ou superior, bem como os cargos de direção, gerência ou confiança (art. 52, § 1º).

Desta análise sucinta, denota-se a importância de dar efetividade ao arcabouço jurídico, criando oportunidades de trabalho com a execução dos programas de formação técnico-profissional metódica, além de incentivar e promover políticas públicas de aprendizagem.

Fatores relacionados à educação, à renda familiar e ao desempenho no processo de formação de crianças e adolescentes, bem como um ambiente que não seja propício ao regular desenvolvimento humano, impactam substancialmente na formação profissional de jovens aprendizes.

Assim, preencher cotas de aprendizagem, conforme determina a lei, não depende exclusivamente da vontade do legislador, mas também de despertar a sociedade empresarial, administradores públicos, políticos, entidades sem fins lucrativos e os demais atores sociais (como, por exemplo, a rede de proteção prevista no art. 88, incisos V e VI, da Lei n. 8.069/90 – ECA). É preciso ressaltar que a aprendizagem é um investimento promovido em prol de toda a sociedade (adolescente/jovem, empresa, família, comunidade), pois garante a preparação adequada dos jovens trabalhadores para os desafios do novo mercado de trabalho, qualificando-os por meio de uma formação técnico-profissional metódica.

As empresas, a família, os jovens e os integrantes da rede de proteção devem compreender o potencial da aprendizagem como ferramenta de conexão entre a educação e o valor social do trabalho, que contribui para o desenvolvimento profissional, moral, psicológico e social dos aprendizes e que produz benefícios para os jovens, as famílias, as empresas e a sociedade.

Nesse sentido, a aprendizagem, além de assegurar o acesso dos adolescentes ao sistema educacional, também é a única política pública do estado brasileiro[7],[8]

[7] A aprendizagem é uma política pública que impacta positivamente em vários problemas da sociedade brasileira: educação, inclusive da pessoa com deficiência, pode diminuir a violência, o desemprego, a pobreza e a desigualdade social.

[8] Em audiência pública – 2018, a Comissão de Direitos Humanos e Legislação Participativa (CDH) do Senado, especialistas no tema avaliaram que o país tem um enorme potencial de candidatos a uma atividade que una trabalho e treinamento, mas não encontram oportunidades. De acordo com levantamentos de 2018 do Ministério do Trabalho e do Instituto Brasileiro de Geografia e Estatística (IBGE),

para a inclusão de seus jovens trabalhadores no mercado de trabalho. Ressalte-se ainda que lei da aprendizagem prioriza a inclusão de jovens e adolescentes em situação de vulnerabilidade social, enaltecendo a importância do direito à profissionalização como meio para romper o ciclo perverso, excludente e hereditário de miséria e pobreza. Por outro lado, as empresas também ganham ao cumprirem as cotas de aprendizagem, por viabilizarem a formação de mão de obra especializada, conferirem oportunidades de empregabilidade no futuro, além de mostrarem a sua relevância e solidariedade e responsabilidade social.

O Programa Internacional de Avaliação de Estudantes (Pisa), considerado o maior estudo sobre educação do mundo, informa que os estudantes brasileiros de escolas públicas estão classificados com "baixo desempenho" e um quarto dos jovens entre 15 a 24 anos não está estudando nem trabalhando. Esse cenário decorre, em parte, das diferenças socioeconômicas, da formação do indivíduo, da situação econômica e de questões relacionadas ao gênero e etnia (Pisa 2018).[9]

Assim, é necessário que jovens aprendizes estejam integrados num sistema educacional de qualidade, para obterem conhecimentos básicos e desenvolverem habilidades, principalmente aquelas exigidas pelo atual e futuro mercado de trabalho.

O desenvolvimento *mental, moral, espiritual e social* de crianças e adolescentes tem sido objeto de pesquisas e investigações científicas, incluindo enquetes sobre as aspirações dos alunos em relação à aprendizagem escolar e, também, perspectivas de futuro na carreira. Formaram-se dois grandes grupos: os que acreditam na sua própria capacidade de desenvolvimento e os que estão desinteressados e com baixo desempenho. O curioso é que, em ambos os grupos, são baixas as expectativas em relação ao ingresso no mercado de trabalho.

No Brasil, a criança e o adolescente gozam de todos os direitos fundamentais inerentes à pessoa humana, sem prejuízo da proteção integral de que trata a Lei nº 8.069/1990 (ECA). Tais direitos estão assegurados por lei ou por outros meios, com todas as oportunidades e facilidades, a fim de lhes facultar o desenvolvimento físico, mental, moral, espiritual e social, em condições de liberdade e de dignidade. Entretanto, o amparo previsto em lei nem sempre corresponde à realidade.

A OCDE divulgou, em 2021, relatório baseado nos resultados do *Programme for International Student Assessment* – Pisa – de 2018 relativos à satisfação de vida

---

se o piso da cota fosse cumprido, o Brasil poderia ter cerca de 960 mil aprendizes em atividade. Esse número poderia chegar a 3 milhões em caso de cumprimento do percentual de 15%.

9 ORGANIZAÇÃO PARA A COOPERAÇÃO E DESENVOLVIMENTO ECONOMICO – OCDE. *A educação no Brasil: uma perspectiva internacional.* Publicado originalmente em inglês sob o título: Education in Brazil: an international perspective 2021. Disponível em <https://todospelaeducacao.org.br/wordpress/wp-content/uploads/2021/06/A-Educacao-no-Brasil_uma-perspectiva-internacional.pdf>, Acesso em 09.09.21.

dos alunos em relação aos estudos; sentimentos relacionados ao estado de felicidade, orgulho, satisfação, empolgação, medo e tristeza. O estudo apontou que entre 80% e 90% dos alunos relataram que, às vezes ou sempre, se sentem felizes, empolgados, alegres e animados; 65% relataram sentir orgulho com a mesma frequência (p. 287). Por outro lado, cerca de 40% dos alunos, às vezes ou sempre, se sentem assustados, tristes e infelizes, e cerca de metade dos alunos relatou sentir medo com a mesma frequência (p. 283). Fator relevante e identificado nas pesquisas é que o ambiente familiar tem forte influência no desenvolvimento das crianças e adolescentes, principalmente em relação à cognição, educação, trabalho e saúde.

A OCDE identificou quatro tipos de problemas entre as crianças e adolescentes: em primeiro lugar, o clima escolar brasileiro não é muito favorável à aprendizagem ou ao bem-estar dos alunos; em segundo lugar, os alunos vêm poucas opções, além de um diploma universitário, que sejam atrativas para suas futuras carreiras acadêmicas e profissionais; em terceiro lugar, existem ações suficientes para promover o bem-estar das crianças; em quarto lugar, o relacionamento com os pais e o ambiente doméstico nem sempre são capazes de auxiliar na educação dos filhos (p. 89).

Os dados do Pisa 2018 constantes do relatório da OCDE de 2021, aqui trazidos de forma abreviada, servem de indicadores para uma reflexão mais profunda a respeito do futuro das crianças e adolescentes com "baixo desempenho" e sobre como isso pode afetar, ainda mais, no cumprimento das cotas de aprendizagem.

4. CONTINGENCIAMENTO DA COTA DE APRENDIZAGEM POR NORMA COLETIVA

A atuação e a representação dos entes sindicais, valoradas pelo princípio da *autonomia privada coletiva*[10] e da *liberdade sindical*[11], precisam conjugar, simultaneamente: a) a harmonia com a vontade expressiva de seus representados; b) a conformidade com o sistema de garantias fundamentais previstas na Constituição da República e nos tratados internacionais de que o Brasil seja signatário; e c) respeito às normas infraconstitucionais cogentes, de indisponibilidade absoluta ou de interesse público.

Os ajustes convencionados garantem a efetivação de direitos consagrados, além de permitir que as regras sejam adaptadas à realidade socioeconômica e às necessidades pontuais dos interlocutores sociais, empresarial e obreiro.

---

[10] Art. 7º São direitos dos trabalhadores urbanos e rurais, além de outros que visem à melhoria de sua condição social: (...) XXVI – reconhecimento das convenções e acordos coletivos de trabalho. http://www.planalto.gov.br/ccivil_03/constituicao/constituicaocompilado.htm.

[11] Convenções nº 87 e nº 98 da Organização Internacional do Trabalho (OIT). https://www.ilo.org/brasilia/lang--es/index.htm.

Na doutrina do ilustre professor Amauri Mascaro Nascimento,[12]

> o modelo negociado funda-se na *concepção autotutelar do direito do trabalho* que tem como pressupostos a omissão, proposital, ou não, do Estado que é abstencionista nas relações de trabalho.

No *modelo negociado* pode haver desvantagem, ensina Mascaro Nascimento. Isso ocorre:

> quando a autonomia da vontade deixa sequelas, a faculdade das partes de fixar, por si próprias, o conteúdo das relações individuais de trabalho com a abstenção do Estado mesmo onde possa haver situações de desequilíbrio de forças que, sendo soltas para a livre composição segundo as exigências do mercado, podem não resolver as questões trabalhistas de forma justa e equitativa.

As cláusulas de convenção coletiva de trabalho[13] ou acordo coletivo de trabalho[14] normatizam interesses coletivos com reflexos nos contratos individuais de trabalho e podem, em regra, integrar direitos na lacuna da lei, ampliar aqueles conferidos por lei e, em circunstâncias muito especiais, como de crise econômica, reduzir direitos, desde que respeitado o patamar civilizatório mínimo constituído de parcelas tuteladas pelo interesse público.

As parcelas de indisponibilidade absoluta são identificadas nas normas heterônomas extraídas da Constituição Federal, nos tratados e convenções internacionais vigentes no Brasil e nas normas legais infraconstitucionais que, segundo Maurício Godinho Delgado, asseguram patamares de cidadania ao indivíduo que labora (preceitos relativos à saúde e segurança no trabalho, normas concernentes a bases salariais mínimas, normas de identificação profissional, dispositivos antidiscriminatórios etc.).[15]

Os princípios que embasam a estrutura normativa coletiva, segundo o referido jurista, estão relacionados aos seguintes grupos: *a – a existência do ser coletivo e das organizações coletivas* relacionada à liberdade de associação e que se

---

[12] NASCIMENTO, Amauri Mascaro. *Direito Contemporâneo do Trabalho*. São Paulo: Editora Saraiva, 2011, p. 53.

[13] CLT. Art. 611. Convenção Coletiva de Trabalho é o acordo de caráter normativo, pelo qual dois ou mais Sindicatos representativos de categorias econômicas e profissionais estipulam condições de trabalho aplicáveis, no âmbito das respectivas representações, às relações individuais do trabalho.

[14] CLT. Art. 611. § 1º – É facultado aos Sindicatos representativos de categorias profissionais celebrar Acordos Coletivos com uma ou mais empresas da correspondente categoria econômica, que estipulem condições de trabalho, aplicáveis no âmbito da empresa ou das empresas acordantes às respectivas relações de trabalho.

[15] DELGADO, Maurício Godinho. *Curso de Direito do Trabalho*. São Paulo: Editora LTr, 2019, p.1579.

materializa com a agregação, esporádica ou permanente, entre pessoas e com o objetivo de discutirem problemas em comum[16].

Neste primeiro grupo, identificamos o princípio da autonomia sindical que garante a autogestão das organizações associativas e sindicais dos trabalhadores, sem interferência do Estado, ou mesmo de empresários, como a livre atuação externa dos entes sindicais[17]; a liberdade na estrutura interna, desvinculados de controles administrativos ou em relação ao empregador; e a independência econômica e financeira.[18]

O segundo grupo de princípios (*b – a relação entre os seres coletivos empresarial e obreiro*) *são* circunstâncias em que ocorre a interveniência sindical na normatização coletiva, tida como a função mais relevante dos sindicatos no processo negocial coletivo, gerando equilíbrio e equivalência entre os sujeitos frente aos interesses contrapostos (art. 8º, incisos III e VI, da CR/88), tendo por objetivo estabelecer o consenso entre os interessados.[19] A equivalência dos contratantes coletivos se expressa na identidade jurídica que possuem, ou seja, são entidades representativas da categoria profissional e da categoria econômica, que se operacionaliza por meio da negociação, reconhecidamente como um meio de atuação e pressão, sem perder a lealdade e transparência nas negociações coletivas.[20]

O terceiro desse grupo de princípios (*c – relações e efeitos entre as normas autônomas do direito coletivo e as normas heterônomas do direito individual do trabalho*), segundo o autor, supõe que os entes sindicais fazem uso da *criatividade jurídica na negociação coletiva,* interpretando a sistemática jurídica em relação aos fatos; a cada conflito de interesses identifica-se o real sentido da norma a ser aplicada, transformando os conflitos coletivos em instrumentos que normatizam os interesses sociais ou econômicos por meio dos acordos coletivos ou das convenções coletivas de trabalho.

Finalmente, neste terceiro grupo de princípios desponta o relevante *princípio da adequação setorial negociada*, o qual encontra raiz na pluralidade normativa do Direito do Trabalho que determinará quais os limites da negociação coletiva,

---

16 CR/88, Art. 5º. XVI – todos podem reunir-se pacificamente, sem armas, em locais abertos ao público, independentemente de autorização, desde que não frustrem outra reunião anteriormente convocada para o mesmo local, sendo apenas exigido prévio aviso à autoridade competente.

17 CR/88, Art. 8º. É livre a associação profissional ou sindical, observado o seguinte: I – a lei não poderá exigir autorização do Estado para a fundação de sindicato, ressalvado o registro no órgão competente, vedadas ao Poder Público a interferência e a intervenção na organização sindical.

18 DELGADO, Mauricio Godinho. Ob. cit., p. 1553-1565.

19 CLT. Art. 617 – Os empregados de uma ou mais empresas que decidirem celebrar Acordo Coletivo de Trabalho com as respectivas empresas darão ciência de sua resolução, por escrito, ao Sindicato representativo da categoria profissional, que terá o prazo de 8 (oito) dias para assumir a direção dos entendimentos entre os interessados, devendo igual procedimento ser observado pelas empresas interessadas com relação ao Sindicato da respectiva categoria econômica.

20 DELGADO, Maurício Godinho. *Curso de Direito do Trabalho*. São Paulo: Editora LTr, 2019, p.1565-1573.

ora se valendo de normas heterônomas, ora da criatividade jurídica (normas autônomas). O equilíbrio e a harmonização entre normas heterônomas e autônomas conferem validação à boa hermenêutica jurídica e que, nas palavras de Maurício Godinho Delgado:[21]

> Reside na pesquisa e aferição sobre os critérios de validade jurídica e extensão da eficácia das normas oriundas de convenção, acordo ou contrato coletivo do trabalho em face da legislação estatal imperativa, que tanto demarca o ramo justrabalhista individual especializado.

A legislação que prescreve regras de contratação e de cotas de aprendizes é composta por um conjunto de textos normativos positivados de forma lógico-sistemática na Constituição da República, na CLT e em outros diplomas do sistema jurídico brasileiro. Ressalte-se que, no Brasil, a aprendizagem e o não trabalho, antes da idade mínima, são direitos fundamentais previstos no art. 7º, inciso XXIII, e nos arts. 203 e 227 da CR/88. Mas é por meio dos fatos e da compreensão dos textos normativos que o Direito se torna dinâmico, movimentando-se entre os campos da abstração e da concreção.

Ensina o ilustre jurista Lenio Luiz Streck:

> A hermenêutica é universal. Todos os objetos, atos, etc. são textos. E sempre são interpretados. Mas isso nunca ocorre no vácuo: quem quer compreender um texto deve deixar que o texto lhe diga algo[22].

O entrelaçamento entre as normas coletivas e individuais pode, em determinadas situações, desencadear um dilema. Mas o próprio sistema se incumbe de apresentar soluções para tais dilemas jurídicos, e são os verdadeiros intérpretes que apresentam mecanismos eficazes como o *princípio da adequação setorial negociada*[23].

No processo de concreção do direito, as normas jurídicas convencionais coletivas, destinadas aos grupos da categoria profissional, podem, em determinadas circunstâncias, ser mais adequadas do que as normas heterônomas, de natureza individual.

Conforme preleciona Maurício Godinho Delgado, são dois os critérios adotados:

> a) quando as normas autônomas juscoletivas implementam um padrão setorial de direitos superior ao padrão geral oriundo da legislação heterônoma aplicável;

---

[21] DELGADO, Maurício Godinho. *Curso de Direito do Trabalho*. São Paulo: Editora LTr, 2019, p.1579.

[22] STRECK, Lenio Luiz. *Dicionário de Hermenêutica*: quarenta temas fundamentais da teoria do direito à luz da crítica hermenêutica do Direito. Belo Horizonte: Letramento, 2017.

[23] DELGADO, Maurício Godinho. *Curso de Direito do Trabalho*. São Paulo: Editora LTr, 2019, p.1575.-1579.

b) quando as normas autônomas juscoletivas transacionam setorialmente parcelas justrabalhistas de indisponibilidade apenas relativa (e não de indisponibilidade absoluta).

Comenta o ilustre autor que as normas juscoletivas que transacionam direitos de indisponibilidade relativa são as qualificadas pela natureza jurídica da parcela ou mesmo pela permissão da norma heterônoma. Ainda assim, essa permissão não é absoluta e encontra "limites objetivos à adequação setorial negociada; limites jurídicos objetivos à criatividade jurídica da negociação coletiva trabalhista"[24].

Os distintos diplomas legais podem ser interpretados e aplicados sistematicamente, buscando o verdadeiro significado e propósito no contexto social. O campo das normas cogentes da ordem pública é amplo no mundo das relações de trabalho e, como ensina o saudoso Mestre Miguel Reale,

> A imperatividade é uma das características essenciais do Direito que deve deixar de ser interpretada como expressão da "vontade", do querer de um Chefe ou do Estado, para ser vista antes como uma expressão axiológica do "querer social", tal como se acha consubstanciado nas valorações que as regras jurídicas consagram.[25]

Há autores como Hans Kelsen e Duguit, que defendem que o Direito apenas esboça uma direção que pode ou não ser obedecida pelo destinatário da norma, a depender de sua vontade ou predisposição.[26]

Para Miguel Reale "o Direito é sempre *voluntas*" e que "o reconhecimento da imperatividade como uma das características da regra de direito envolve também o reconhecimento de que há vários tipos ou manifestações dessa imperatividade.

A norma heterônoma sobre cota de aprendizagem expressa claramente que os estabelecimentos, independentemente de sua natureza, estão obrigados a empregar e matricular nos cursos dos Serviços Nacionais de Aprendizagem – ou em entidades qualificadas em formação técnico-profissional metódica (art. 430, CLT) – número de aprendizes equivalente a cinco por cento, no mínimo, e quinze por cento, no máximo.

As exigências da lei para a contratação de aprendizes como, por exemplo, matricular os aprendizes nos cursos do Sistema "S" – ou em entidades qualificadas em formação técnico-profissional metódica (art. 430 CLT) –, são irrenunciáveis e tampouco transacionáveis, sob pena de gerar nulidade, nos termos do que dispõe a CLT:

---

24 DELGADO, Maurício Godinho. *Curso de Direito do Trabalho*. São Paulo: Editora LTr, 2019, p. 1577.

25 REALE, Miguel. *Lições Preliminares de Direito*. São Paulo: Editora Saraiva. 2002, p. 128.

26 REALE, Miguel. Ob. Cit. p. 129.

> Art. 9º – Serão nulos de pleno direito os atos praticados com o objetivo de desvirtuar, impedir ou fraudar a aplicação dos preceitos contidos na presente Consolidação.

Portanto, e a nosso sentir, pertencem à classe de direitos fundamentais e imantados de indisponibilidade absoluta, no que se refere à contratação de aprendizes e à cota de no mínimo 5% e no máximo 15%. A legislação deixa claro que a função da formação profissional a ser exercida pelo aprendiz está baseada em critérios exclusivamente objetivos, validados por meio de requisitos de contratação (art. 104, CCB); preservando o seu desenvolvimento com proteção integral; criando e lhe assegurando, por todos os meios, oportunidades de um desenvolvimento físico, mental, moral, espiritual e social, em condições de liberdade e dignidade (art. 3º, ECA)[27].

Ainda no plano infraconstitucional, mesmo a Lei nº 13.467/2017 introduziu o art. 611-B à CLT, que impõe limites à negociação coletiva e veda a supressão ou a redução de medidas de proteção legal de crianças e adolescentes, ao estabelecer que são objeto ilícito de negociação (art. 611-B, inciso XXIV, da CLT). A medida encontra-se inserida no Capítulo IV da CLT, que trata das cotas de aprendizagem (arts. 424 a 433).

Curiosamente, com a publicação do Decreto nº 9.579/2018, a restrição foi reiterada, pois o seu art. 69 estabelece que as normas coletivas estenderão suas cláusulas sociais ao aprendiz apenas nos casos expressamente previstos e desde que não excluam ou reduzam o alcance dos dispositivos tutelares que lhes são aplicáveis.

Entretanto, apesar da previsão expressa no art. 611-B, inciso XXIV, da CLT, de que as medidas de proteção legal às crianças e adolescentes não poderem ser mitigadas por meio da negociação coletiva – e da tutela explícita oriunda da própria Constituição da República, conforme visto –, o fato é que, nos últimos anos, verifica-se que algumas entidades sindicais estão firmando instrumentos coletivos em que são fixadas cláusulas permissivas da redução das cotas de contratação de aprendizes, em uma clara contradição com os objetivos e fins históricos e institucionais do sindicalismo obreiro, em manifesta afronta ao Estado Democrático de Direito da Constituição de 1988, bem como em evidente prejuízo aos jovens que pretendem ingressar ao mercado de trabalho. Se não bastasse, trata-se de disposição convencional a respeito de direitos de terceiros, tidos como vulneráveis pela ordem jurídica – inclusive constitucional – e merecedores de tutela jurídica imperativa e mais intensa.

---

27 Estatuto da Criança e do Adolescente. (ECA). Art. 3º A criança e o adolescente gozam de todos os direitos fundamentais inerentes à pessoa humana, sem prejuízo da proteção integral de que trata esta Lei, assegurando-se-lhes, por lei ou por outros meios, todas as oportunidades e facilidades, a fim de lhes facultar o desenvolvimento físico, mental, moral, espiritual e social, em condições de liberdade e de dignidade.

Para ilustrar, cite-se a Cláusula 26ª da Convenção Coletiva de Trabalho, com vigência 2018/2019, firmada entre o Sindicato das Empresas de Segurança Privada, Segurança Eletrônica, Serviços de Escolta e Cursos de Formação do Estado de São Paulo – SESVESP, a Federação dos Trabalhadores em Segurança e Vigilância Privada, Transporte de Valores, Similares e Afins do Estado de São Paulo (FETRAVESP) e sindicatos da categoria:

> CLÁUSULA VIGÉSIMA SEXTA – DA APRENDIZAGEM NA SEGURANÇA PRIVADA. Considerando que para a atuação de Aprendiz como profissional de vigilância é obrigatória a observância dos requisitos apontados na Lei nº 7.102/83 ou a que vier a substituí-la, principalmente no que tange a idade mínima de 21 (vinte e um) anos; a exigência de porte de arma para desempenho da função; e que obtenham curso de formação regular de vigilante realizado em escola especializada em segurança, atendendo a mesma carga horária exigida dos demais candidatos à habilitação profissional, e por isso, caso não se tenha a demanda necessária ao cumprimento das cotas do artigo 9º do Decreto nº 5.598/2005, de jovens que atendam as suas especificidades e da Polícia Federal, principalmente pelo fato de o Regulamento determinar através do parágrafo único do artigo 11, neste caso, como Aprendiz, o jovem a partir da idade de 18 anos, **o atendimento à porcentagem exigida na cota de Aprendizagem, deve ser feito através do dimensionamento do setor administrativo** (grifos nossos).

O Ministério Público do Trabalho – Procuradoria do Trabalho no Município de Ribeirão Preto/SP – apresentou, na Justiça do Trabalho, Ação Civil Pública com pedido de tutela provisória de urgência, sob o argumento, entre outros, de que:

> A aprendizagem está inserida, ainda, na rede de proteção às crianças e adolescentes como mecanismo de promoção da profissionalização e educação, direitos assegurados com prioridade a essa parcela da população, tal qual estabeleceu o ar. 227, *caput*, da CF/1988.
>
> Do ponto de vista constitucional, a aprendizagem é um mecanismo de **erradicação da pobreza** e do **trabalho infantil** e instrumento de promoção da educação e profissionalização dos adolescentes, cuja relevância é ressaltada desde as origens do texto constitucional vigente.

O Protocolo de ação conjunta n. 01/2018, de 15.5.2018 – Coordinfância – Conalis – Coordigualdade – MPT, ressalta a "impossibilidade de acordo coletivos ou convenções coletivas de trabalho alterarem a base de cálculo da cota de aprendizes e de pessoas com deficiência ou reabilitadas". Para o Ministério Público do Trabalho, o que vincula o número de contratação de aprendizes é o treinamento necessário às funções desempenhadas pelos empregados, tendo como único critério a formação técnico-profissional.

O não cumprimento da cota de aprendizagem é uma condição inaceitável, por si só, por se tratar, conforme visto, de norma legal imperativa, insuscetível de flexibilização por negociação coletiva trabalhista. Ora, o contingenciamento da cota legal por norma coletiva nos leva a temer que alguns sindicatos profissionais tenham negligenciado ou perdido o senso de suas funções históricas, sociológicas, profissionais, institucionais e democráticas, ao menos ao encararem este específico problema, perdendo o senso também de sua maior função, que é a da representatividade.

Sobre o tema, oportuno transcrever ementa de decisão recentemente proferida em grau de Recurso Ordinário[28], de relatoria do Desembargador João Batista Martins César, que demonstra o desvirtuamento das normas de proteção social de crianças e adolescentes:

> **CONTINGENCIAMENTO DA COTA DE APRENDIZAGEM POR NORMA COLETIVA. IMPOSSIBILIDADE. ALTERNATIVA DE CUMPRIMENTO DA COTA DE APRENDIZES POR MEIO DA APRENDIZAGEM SOCIAL.** 1. O art. 7º, XXVI, da CR assegura o reconhecimento das convenções e acordos coletivos de trabalho, elaborados e firmados pelos entes coletivos, cuja autonomia de vontade, manifestada mediante os instrumentos normativos autônomos, encontra limite nas normas heterônomas de ordem cogente, que tratam de direitos de indisponibilidade absoluta e normas constitucionais de ordem e de políticas públicas. A Lei nº 13.467/2017 considera as medidas de proteção legal de crianças e adolescentes objeto ilícito de negociação (art. 611-B, XXIV, da CLT). Tais medidas se encontram inseridas no capítulo IV da CLT, o qual inclui as cotas de aprendizagem (art. 424 a 433). A limitação da base de cálculo da cota prevista no artigo 429 da CLT por norma coletiva transpassa o interesse coletivo das categorias representadas, para alcançar e regular direito difuso dissociado das condições de trabalho dos trabalhadores (direito indivisível cuja titularidade abrange pessoas indeterminadas e ligadas por circunstâncias de fato, no caso, os jovens aprendizes). Trata-se de matéria de ordem e de políticas públicas, que não é passível de negociação coletiva, sob pena de violação do art. 611 da CLT. 2. Acrescente-se que, com a publicação do Decreto nº 9579/2018, a referida flexibilização foi, uma vez mais, rechaçada pelo ordenamento jurídico, como se extrai da redação do seu artigo 69. **BASE DE CÁLCULO DA COTA DE APRENDIZAGEM. FUNÇÃO DE VIGILANTE. PREVISÃO NA CLASSIFICAÇÃO BRASILEIRA DE OCUPAÇÕES. NÃO ENQUADRAMENTO NA EXCEÇÃO PREVISTA NO § 1º DO ART. 52 DO DECRETO Nº 59.579/2018. DIFERENCIAÇÃO ENTRE O CURSO DE FORMAÇÃO DE VIGILANTES E A HABILITAÇÃO PROFISSIONAL DE NÍVEL TÉCNICO OU SUPERIOR.** 1. Depreende-se do artigo 429 da CLT que os estabelecimentos de qualquer natureza são obrigados a empregar e matricular nos cursos dos Serviços Nacionais de Aprendizagem número de aprendizes equivalente a cinco por cento, no mínimo, e quinze por cento, no máximo, de todos os seus trabalhadores, sem qualquer distinção, desde

[28] Tribunal Regional do Trabalho da 15ª Região, 6ª Turma, Recurso Ordinário, Processo n. 0011419-41.2018.5.15.0067, j. 22.06.21.

que o exercício de suas atividades demande formação profissional. 2. A definição das funções a serem contabilizadas para fins de cálculo da cota dos aprendizes é dada pelo § 2º do artigo 52 do Decreto nº 9.579 /2018, que estabelece a inclusão de "todas as funções que demandem formação profissional, independentemente de serem proibidas para pessoas com menos de dezoito anos". O Decreto nº 59.579/2018, em seu art. 52, caput, dispõe que as funções que demandam formação profissional são aquelas previstas na Classificação Brasileira de Ocupações – CBO, elaborada pelo antigo Ministério do Trabalho e Emprego – MTE. Logo, o enquadramento, para fins de composição da base de cálculo de aprendizes, é objetivo. Excetuam-se apenas as funções previstas no § 1º do art. 52 do Decreto nº 59.579/2018, quais sejam: aquelas que exigem habilitação técnica ou de nível superior, assim como os cargos de direção, de gerência ou de confiança, nos termos do inciso II e do parágrafo único do artigo 62 e do § 2° do artigo 224 da CLT. 3. O curso de formação específico à profissão de vigilante (art. 16, IV, da Lei n° 7.102 /83) não se confunde com a habilitação profissional de nível técnico ou superior a que alude o § 1º do art. 52 do Decreto nº 59.579/2018 e, portanto, não configura óbice à aprendizagem nessa área. **IDADE MÍNIMA PARA O EXERCÍCIO DA FUNÇÃO E A PARA UTILIZAÇÃO DE** ARMAS DE FOGO**.** 1. As empresas de vigilância não estão isentas. da obrigação de cumprir a cota de aprendizagem profissional por conta da idade mínima para o exercício da função de vigilante (21 anos) ou em virtude do Estatuto do Desarmamento (25 anos para uso de arma) pois não há ressalva legal expressa nesse sentido. 2. A Lei 11.180/2005 ampliou o limite de idade do aprendiz para 24 (vinte e quatro) anos e as atividades do aprendiz, monitoradas dentro da esfera do aprendizado, podem ser organizadas sem a necessidade de porte de arma de fogo. Ademais, os estabelecimentos cujas peculiaridades da atividade constituam embaraço à realização das aulas práticas podem ministrar as aulas práticas nas entidades qualificadas em formação técnico profissional e requerer, junto à unidade descentralizada do Ministério do Trabalho, a assinatura de termo de compromisso para o cumprimento da cota em entidade concedente da experiência prática do aprendiz (Aprendizagem Social). Logo, os limites de idade para o exercício da função e para uso de armas não influenciam na base de cálculo da cota de aprendizagem. **CONTRATANTES CUJAS PECULIARIDADES DA ATIVIDADE OU DOS LOCAIS DE TRABALHO CONSTITUAM EMBARAÇO À REALIZAÇÃO DAS AULAS PRÁTICAS. APRENDIZAGEM SOCIAL. FACILITAÇÃO DO CUMPRIMENTO DA COTA LEGAL. ATIVIDADE DE SEGURANÇA PRIVADA. POSSIBILIDADE DE ESTABELECIMENTO DA APRENDIZAGEM SOCIAL.** 1. Parte expressiva dos empregadores se negam a formalizar contratos de aprendizagem, alegam a incompatibilidade do instituto com as peculiaridades de suas atividades. Tal circunstância diminuí a eficácia social da Lei de Aprendizagem, com prejuízo ao direito à profissionalização dos adolescentes, atraindo a necessidade de elaboração de normas que restabelecessem o equilíbrio social, conferindo força normativa à CR (art. 227) e às leis incidentes à matéria, contexto que deu ensejo ao Decreto Presidencial nº 8.740, de 04.5.2016. O referido decreto foi revogado pelo Decreto nº 10.086, de 2019 e a matéria é regida, atualmente, pelo Decreto 9.579/2018, cujo art. 66, caput e § 1º, dispõe que o estabelecimento contratante cujas peculiaridades da atividade ou dos locais de trabalho constituam embaraço à realização das aulas práticas, além de poder ministrá-las exclusivamente nas entidades qualificadas em

> formação técnico profissional, poderá requerer junto à unidade descentralizada do Ministério do Trabalho a assinatura de termo de compromisso para o cumprimento da cota em entidade concedente da experiência prática do aprendiz (aprendizagem social). 2. Os empregadores poderão pactuar convênio com órgãos públicos, organizações da sociedade civil e unidades do sistema nacional de atendimento socioeducativo – SINASE para que os jovens contratados tenham a experiência prática da aprendizagem nestes locais, de modo a não expor o jovem aos riscos inerentes às atividades econômicas prejudiciais a seu desenvolvimento. Nesses casos, ficam responsáveis pelas obrigações contratuais, pagamento de salários, férias e recolhimento dos encargos sociais obrigatórios, bem como pelo registro em CTPS dos aprendizes. 3. Essa nova forma de contratação, nominada de aprendizagem social, apresenta-se, portanto, como opção conferida às empresas para superar as alegadas dificuldades para o cumprimento da cota de aprendizagem. 4. Compete ao Ministério do Trabalho definir os setores da economia em que a aula prática poderá ser ministrada nas entidades concedentes. 5. Na hipótese, a Portaria MTE nº 693, de 23.5.2017, que dispõe sobre a formação de aprendizes em entidade concedente da experiência prática do aprendiz, nos termos do art. 66 do Decreto nº 59.579/2018, definiu a atividade de segurança privada como um dos setores da economia em que se afigura cabível o estabelecimento da aprendizagem social (art. 1º, II). Recurso não provido, para manter a sentença que condenou a requerida a contratar aprendizes de modo a preencher o percentual mínimo do art. 429, caput, da CLT.

Percebe-se que a decisão judicial destacada não deu guarida à cláusula da negociação coletiva trabalhista que tinha o escopo de restringir a cota de aprendizagem, suprimindo direito fundamental assegurado pelos arts. 7º, inciso XXXIII e 227 da CR88. Note-se que, conforme entendimento do Supremo Tribunal Federal, por sua 1ª Turma, no julgamento da RCL 40.013 AGR/MG, a controvérsia jurídica em torno do cumprimento das cotas de aprendizes e de pessoas com deficiência tem previsão nos artigos 7º, XXXIII, 203 e 227, *caput* e § 1º, II, da CR88, o que faz com que a matéria não seja abrangida pelo Tema 1046 (validade de norma coletiva de trabalho que limita ou restringe direito trabalhista não assegurado constitucionalmente).

No mesmo sentido, decisão do Tribunal Superior do Trabalho (TST) de relatoria da Ministra Kátia Magalhães Arruda:

> AÇÃO ANULATÓRIA. CONVENÇÃO COLETIVA DE TRABALHO FIRMADA ENTRE O SINDICATO NACIONAL DAS EMPRESAS AEROVIÁRIAS E O SINDICATO NACIONAL DOS AERONAUTAS. 1. CONTROVÉRSIA JURÍDICA QUE GIRA EM TORNO DO CUMPRIMENTO DAS COTAS DE CONTRATAÇÃO DE PESSOAS COM DEFICIÊNCIA E APRENDIZES. PREVISÃO EM CONVENÇÃO COLETIVA DE TRABALHO DE SUPRESSÃO DE FUNÇÕES PARA COMPOSIÇÃO DA BASE DE CÁLCULO. NÃO APLICABILIDADE AO CASO CONCRETO DO QUE DECIDIDO NO AGRAVO EM RECURSO EXTRAORDINÁRIO 1.121.633 (TEMA 1.046 DA REPERCUSSÃO GERAL). A 1ª Turma da Suprema Corte decidiu, no julgamento da RCL 40.013 AGR/MG, que a controvérsia jurídica

> que gira em torno do cumprimento das cotas para a contratação de aprendizes e pessoas com deficiência tem assento constitucional previsto nos arts. 7º, XXXI, 203, IV, e 227, caput e § 1º, II. Dessa forma, concluiu que a referida matéria não está abarcada pelo Tema 1046 da Repercussão Geral (Validade de norma coletiva de trabalho que limita ou restringe direito trabalhista não assegurado constitucionalmente). (...) 4. CLÁUSULA 3.1.20. APRENDIZ. O art.7º, XXVI, da Constituição Federal de 1988, assegura o reconhecimento das convenções e acordos coletivos de trabalho, que são elaborados e firmados pelos entes coletivos. Nos termos do art. 611 da CLT, a autonomia coletiva dos seres coletivos, assegurada pela Carta Magna, abrange a elaboração de normas de natureza coletiva, atinentes às condições aplicadas no âmbito das relações bilaterais de trabalho. No caso, observa-se que, ao excluir os aeronautas do cômputo na base de cálculo da cota prevista no artigo 429 da CLT, também esta cláusula atinge interesse difuso, que transpassa o interesse privado passível de negociação pelas categorias representadas, regulando direito dissociado das condições de trabalho dos trabalhadores e, portanto, não deve constar em instrumento normativo autônomo, por afronta do disposto nos arts. 611 da CLT e art. 104 do CCB. Desse modo, forçoso declarar a nulidade da cláusula. Registre-se que, por óbvio, a declaração de nulidade da cláusula não elide as limitações e exclusões fixadas em regramento normativo estatal vigente, para efeito do cálculo do percentual de contratação de aprendizes. Julga-se procedente esta ação anulatória, a fim de declarar nula a Cláusula 3.1.20 da Convenção Coletiva de Trabalho da Aviação Regular – 2017/2018 – SNA/SNEA – registro no MTE Nº MR085025/2017. (...)[29]

Assim, por qualquer ângulo que se examine o tema, não subsiste fundamento para prevalecer a negociação coletiva em detrimento da cota legal imperativa. Não se pode deixar de mencionar a contradição existente na atuação desses sindicatos de trabalhadores, lamentavelmente. É que, na análise da origem e desenvolvimento do Direito do Trabalho, percebe-se que grande parte das normas se destinavam a limitar o trabalho das crianças e adolescentes e das mulheres, de modo que a atuação desses entes coletivos deveria voltar-se à melhoria da condição social desses jovens trabalhadores – necessariamente com idade superior a 14 anos, destaque-se –, ao invés de brandirem cláusula voltada à sua exclusão socioeconômica e profissional.

5. CONSIDERAÇÕES FINAIS

Criar oportunidades para jovens ingressarem no mercado de trabalho é dever do Estado, da sociedade, dos sindicatos, de empresas, das entidades não governamentais e da família, o que demanda um processo de conscientização amplo. É indispensável despertar a comunidade empresarial para a importância de formar profissionais com habilidades. As empresas ganham ao cumprirem

29 Tribunal Superior do Trabalho, Seção Especializada em Dissídios Coletivos, AACC 1000639-49.2018.5.00.0000. Rel. Min. Kátia Magalhães Arruda, j. 27.11.2020.

as cotas de aprendizagem e, por motivos de relevância e solidariedade social, pelos atos de responsabilidade social (artigo 5º, XXIII, e 170, III, CR/88) e de cidadania (artigo 1º, II, CR/88). A verdadeira atuação sindical é universalmente reconhecida pelos princípios da liberdade e da autonomia sindicais, valores universais reconhecidos por normas internacionais que tratam dos valores sociais do trabalho e das oportunidades de desenvolvimento pessoal e profissional, com o propósito de manter a esperança e de construir um futuro melhor, com igualdade de oportunidades.

A negociação coletiva não pode ser utilizada com o escopo de reduzir ou suprimir a cota de aprendizes, restringindo direito fundamental assegurado pelos arts 7º, inciso XXXIII, e 227 da CR/88. Essa matéria não está abarcada pelo Tema 1046 do STF (validade de norma coletiva de trabalho que limita ou restringe direito trabalhista não assegurado constitucionalmente).

Os sindicatos de trabalhadores devem atuar tendo em mente as suas origens, ou seja, a melhoria da condição social desses jovens trabalhadores. E como os sindicatos têm o dever de representar os interesses de todos os trabalhadores de uma respectiva categoria profissional, essas entidades devem se aproximar de segmentos tradicionalmente excluídos, como os jovens, e trazer as demandas deste segmento para a sua pauta de reivindicação. Em outras palavras, os sindicatos deveriam lutar pela ampliação das políticas públicas de inclusão de jovens trabalhadores, como a aprendizagem profissional, ao invés de negociarem coletivamente a sua redução.

Os diversos atores sociais: comunidade empresarial, administradores públicos, políticos, entidades sem fins lucrativos e demais integrantes da rede de proteção, todos devem ser conscientizados sobre a importância da aprendizagem, que é um investimento promovido em prol de toda a sociedade (adolescente/jovem, empresa, família, comunidade etc.), que garante a preparação adequada de novos profissionais aptos a enfrentar os desafios do mercado de trabalho atual e futuro (mundo globalizado, indústria 4.0 e tecnologia 5G).

É necessário que o jovem aprendiz esteja integrado em um sistema educacional de qualidade para obter conhecimentos básicos e desenvolver habilidades para ser um cidadão pleno.

Por fim, cite-se que o ano de 2021 foi definido como o ano internacional de combate ao trabalho infantil pela Organização das Nações Unidas (ONU), que tem entre suas metas a eliminação de todas as formas de trabalho infantil até 2025 (Objetivo 8, meta 8.7). Caso o Brasil não efetive políticas públicas para a eliminação dessa chaga, poderá sofrer sanções por parte dos organismos internacionais, bem como, por prática de *dumping* social, pelos mesmos organismos internacionais.

6. REFERÊNCIAS

BLEY, Regina Bergamashi. Estado, Sociedade e Políticas Públicas para as mulheres. In: SILVA, Eduardo F.; GEDIEL, José A. P.; TRAUCZYNSKI, Sílvia C. **Direitos Humanos e Políticas Públicas**. Curitiba: Universidade Positivo, 2014.

DELGADO, Maurício Godinho. **Curso de Direito do Trabalho**. São Paulo: Editora LTr, 2019.

DELGADO, Maurício Godinho; MENESES, Alline Bessa. A Constituição Federal de 1988 e o Sindicalismo no Brasil: avanços democráticos e desafios persistentes. **Revista Magister de Direito do Trabalho**, v. 102, mai-jun, 2021.

NASCIMENTO, Amauri Mascaro. **Direito Contemporâneo do Trabalho**. São Paulo: Editora Saraiva, 2011.

ORGANIZAÇÃO PARA A COOPERAÇÃO E DESENVOLVIMENTO ECONOMICO – OCDE. **A educação no Brasil: uma perspectiva internacional.** Publicado originalmente em inglês sob o título: Education in Brazil: an international perspective 2021. Disponível em <https://todospelaeducacao.org.br/wordpress/wp-content/uploads/2021/06/A-Educacao-no-Brasil_uma-perspectiva-internacional.pdf>. Acesso em 09.09.21.

REALE, Miguel. **Lições Preliminares de Direito**. São Paulo: Editora Saraiva. 2002.

STRECK, Lenio Luiz. **Dicionário de Hermenêutica:** quarenta temas fundamentais da teoria do direito à luz da crítica hermenêutica do Direito. Belo Horizonte: Letramento, 2017.

CAPÍTULO 44

SINDICALISMO E NEGOCIAÇÃO COLETIVA TRABALHISTA NAS PLATAFORMAS DIGITAIS DE CONSUMO: UMA ANÁLISE DA SITUAÇÃO FÁTICA E JURÍDICA DOS DIVULGADORES DIGITAIS

Gabriela Neves Delgado[1]
Valéria de Oliveira Dias[2]
Carolina de Assis[3]

---

[1] Professora Associada de Direito do Trabalho dos Programas de Graduação e Pós-Graduação da Faculdade de Direito da UnB. Pós-Doutorado em Desigualdades Globais e Justiça Social pela Faculdade Latino-Americana de Ciências Sociais – FLACSO/Brasil. Pós-Doutorado em Sociologia do Trabalho pela UNICAMP. Doutora em Filosofia do Direito pela UFMG. Mestre em Direito do Trabalho pela PUC Minas. Pesquisadora coordenadora do Grupo de Pesquisa "Trabalho, Constituição e Cidadania" (UnB/CNPq). Advogada.

[2] Doutoranda e mestre em Direito, área de concentração Direito, Estado e Constituição pela Universidade de Brasília – UnB. Integrante dos Grupos de Pesquisa "Trabalho, Constituição e Cidadania" (UnB/CNPq) e "Sindicalismo" (UDF/CNPq). Especialista em Direito Constitucional do Trabalho pela UnB. Bacharel em Direito pelo Centro Universitário de Brasília – UniCEUB e em Administração pela UnB. Assessora de Ministro do Tribunal Superior do Trabalho.

[3] Mestre em Direito, Estado e Constituição pela Universidade de Brasília (UnB). Integrante do Grupo de Pesquisa Trabalho, Constituição e Cidadania (UnB/CNPq). Especialista em Docência Universitária pela PUC Goiás. Bacharel em Direito pela Universidade Federal de Goiás (UFG). Licenciada em Letras-Português pela Universidade Federal de Goiás (UFG). Servidora efetiva do Instituto Federal de Educação, Ciência e Tecnologia Goiano (IF Goiano) – Campus Trindade.

INTRODUÇÃO

As metamorfoses da era digital têm provocado impactos significativos sobre o mundo do trabalho, com destaque para o surgimento de novas formas de trabalho estruturadas com recursos tecnológicos de ponta.

No setor de serviços, as contradições entre o avanço tecnológico e a restrição da proteção trabalhista em trabalhos plataformizados são ainda mais evidentes. No âmbito do comércio, já é possível notar a presença de alguns trabalhos plataformizados, cuja presença traz uma série de desafios no campo do Direito do Trabalho.

Tais metamorfoses na configuração do mundo do trabalho digital, cuja implementação ganhou fôlego em tempos de pandemia, motivaram a Confederação Nacional dos Trabalhadores no Comércio (CNTC) a solicitar pesquisa concentrada no trabalho de *marketing* de afiliados realizado pelos divulgadores digitais. O objetivo era identificar o perfil laboral do comerciário que se ativa nas relações de trabalho virtuais, bem como as atividades por ele desenvolvidas e os impactos dessa relação virtual no meio ambiente de trabalho. Objetivou compreender, ainda, como as condições de trabalho em plataformas digitais do comércio repercutem na saúde psicofísica e nas perspectivas de efetivação de um trabalho digno.

O marketing de afiliados é aquele desenvolvido por pessoas físicas, que se afiliam a plataformas digitais de consumo de empresas que atuam na área do *e-commerce*. O trabalho prestado pelo *afiliado* ou *divulgador digital* circunscreve-se, regra geral, à divulgação (*marketing*) – por meio de suas redes sociais (*Facebook* e *Instagram*, por exemplo) e de aplicativo multiplataforma de mensagens instantâneas (*WhatsApp*, por exemplo) – e à venda de produtos da empresa contratante, recebendo, como contraprestação, o pagamento de comissões que incidem exclusivamente sobre as vendas realizadas.

Para compreender o trabalho de *marketing* de afiliados e formular bases jurídicas que devem sustentar as relações de trabalho dos divulgadores digitais inseridos em plataformas digitais de consumo, desenvolveu-se farta pesquisa bibliográfica, cuja chave analítica foi o conceito de *plataformização do trabalho*, além de três pesquisas empíricas.

A primeira pesquisa empírica desenvolvida foi uma pesquisa de campo exploratória e descritiva, em nível nacional. Objetivou-se compreender as impressões que os trabalhadores em plataformas digitais de consumo têm em relação ao próprio trabalho e as dificuldades e limitações por eles enfrentadas. A segunda pesquisa empírica, por sua vez, consubstanciou-se na análise da jurisprudência do Poder Judiciário Trabalhista da 2ª Região com a finalidade de identificar eventuais lides trabalhistas de divulgadores que atuam em plataformas digitais de consumo. A terceira, baseou-se na análise dos instrumentos coletivos da categoria dos comerciários do Estado de São Paulo. O objetivo perquirido nas segunda e terceira pesquisas era verificar a presença (ou não) de um padrão regulatório para as relações de trabalho no *e-commerce*, no Estado de São Paulo.

Os resultados, na íntegra, das referidas pesquisas bibliográfica e empíricas encontram-se disponíveis no livro intitulado *Plataformas Digitais de Consumo: perspectivas e desafios de proteção justrabalhista para o divulgador digital*[4]. O presente artigo objetiva sintetizar, em parte, tanto os resultados das pesquisas registrados na referida obra jurídica quanto as reflexões deles decorrentes, de modo a afirmar a efetivação de um patamar civilizatório mínimo de direitos fundamentais trabalhistas a todo e qualquer trabalhador, na linha do direito fundamental ao trabalho digno, especialmente aqueles relacionados ao direito fundamental da pessoa trabalhadora à tutela sindical.

1. A PRECARIZAÇÃO DO TRABALHO EM PLATAFORMAS DIGITAIS DE CONSUMO

Numa via de crescente expansão, o setor de serviços vem agregando cada vez mais recursos tecnológicos em suas relações de trabalho. Especificamente no comércio, observa-se uma forte ligação entre a consolidação da era digital e o crescimento vertiginoso do comércio eletrônico (ou *e-commerce*) por todo o mundo.

Na realidade brasileira, a expansão do comércio e dos recursos eletrônicos ganhou corpo ao atravessar três momentos cruciais. O primeiro se situa no final dos anos 2000 e início da década de 2010, com a popularização do acesso à internet para grande parte dos brasileiros. O segundo remonta à difusão do uso de smartphones, após 2015. O terceiro momento resgata o contexto pandêmico, a partir de março de 2020, quando as pessoas optaram pelas compras virtuais e por receberem seus produtos em casa, com objetivo de evitar aglomerações e assegurar o distanciamento social, em razão do avanço da pandemia da Covid-19[5].

O e-commerce teve origem nos Estados Unidos, na década de 1980, inaugurado pelo contato remoto firmado entre grandes empresas varejistas e seus fornecedores e ainda entre a indústria automobilística e seus fornecedores. Posteriormente, o próprio avanço da internet possibilitou que as mudanças oriundas do comércio eletrônico também alcançassem os destinatários finais da cadeia de consumo, isto é, os consumidores[6].

---

[4] DELGADO, Gabriela Neves; DIAS, Valéria de Oliveira; DI ASSIS, Carolina. *Plataformas Digitais de Consumo:* perspectivas e desafios de proteção justrabalhista para o divulgador digital. Salvador: Editora Juspodivm, 2022. Disponível em: https://www.editorajuspodivm.com.br/plataformas-digitais-de-consumo-perspectivas-e-desafios-de-protecao-justrabalhista-para-o-divulgador-digital-2022?ordem=maisvendidos.

[5] CRUZ, Wander Luis de Melo. Crescimento do *e-commerce* no Brasil: desenvolvimento, serviços logísticos e o impulso da pandemia de Covid-19. *GeoTextos*, v. 17, n. 1, p. 67-88, jul. 2021. Disponível em: https://tinyurl.com/2p8zkcve. Acesso em: 15 dez. 2021. p. 69.

[6] *Ibid*. p. 70.

A respeito do comportamento dos consumidores na exponencial ampliação de operações pelo *e-commerce*, observou-se uma mudança gradativa[7].

Inicialmente, nem todos os consumidores tinham confiança para realizarem compras pela internet, sobretudo porque a operação virtual demanda o uso de dados bancários em sítios eletrônicos sem que se tenha contato físico com a loja vendedora. Entretanto, com o tempo, a quantidade de empresas que começou a disponibilizar produtos para venda pela internet foi crescendo, inclusive no caso de marcas muitos tradicionais no mercado, o que culminou na mudança de perfil do consumidor, que passou a confiar no negócio virtual[8].

No Brasil, entre 2011 e 2020, houve crescimento de 351,3% no faturamento do e-commerce, destacando-se, nesse percentual, o crescimento impactante do *e-commerce* no ano de 2020 (na ordem de 41%), comparativamente ao ano de 2019. Este crescimento se justifica pelo fato de o ano de 2020 ter sido marcado, na história mundial, pela pandemia da Covid-19. A região Sudeste é a que concentra a maior quantidade de vendas eletrônicas (44%) em comparação às demais regiões do País[9].

Com a finalidade de viabilizar o crescimento do comércio eletrônico por meio da conquista de maior público, as empresas têm investido em estratégias amplificadas de contato remoto entre o setor de vendas e os consumidores, fundadas em premissas gerenciais já conhecidas desde a implementação do modelo de gestão toyotista, como a máxima eficiência e o pronto atendimento. Uma dessas estratégias revela-se no investimento em *plataformas digitais de consumo*, geralmente vinculadas a *programas de afiliação* ou *de divulgadores*.

2. O TRABALHO EM PLATAFORMAS DIGITAIS DE CONSUMO

O investimento em *plataformas digitais de consumo* não significou que a estrutura das lojas físicas das empresas tenha sido abandonada em favor do *e-commerce*. O que se observou é que os estabelecimentos tendem a manter tanto lojas físicas quanto comércio eletrônico, viabilizando uma grande interação entre esses canais de venda[10]. Essa estratégia chamada *omnicanal* permite, por exemplo, que o cliente compre no sítio eletrônico da empresa e que retire o produto na loja mais próxima do seu endereço residencial ou no local de sua preferência.

---

7 *Idem*.

8 CRUZ, Wander Luis de Melo. Crescimento do *e-commerce* no Brasil: desenvolvimento, serviços logísticos e o impulso da pandemia de Covid-19. *GeoTextos*, v. 17, n. 1, p. 67-88, jul. 2021. Disponível em: https://tinyurl.com/2p8zkcve. Acesso em: 15 dez. 2021. p. 70.

9 *Ibid.*, p. 75-78.

10 MESQUITA, Flávio Rivelli; MESQUITA, Fabrício Rivelli; FERNANDES, Roberto Fabiano. Projeções e desafios do dropshipping na era omnichannel. *Brazilian Journal of Development*, Curitiba, v.8, n.1, jan. 2022. p. 331.

A estratégia da *omnicanalidade* realiza-se a partir da "integração de múltiplos pontos de contato com o cliente, com a finalidade de proporcionar uma melhor experiência de compra, unificando as lojas físicas e virtuais"[11], bem como os meios de comunicação da empresa. Por meio dessa estratégia oferecem-se variadas formas de atendimento ao consumidor, agregada à possibilidade de acesso simultâneo às *lojas físicas tradicionais* das empresas, às *lojas virtuais* e ao *e-commerce*[12].

As *lojas físicas tradicionais* representam o comércio mais convencional, pois o cliente se dirige até a loja, verifica diretamente com o vendedor o estoque físico disponível, escolhe o produto desejado, efetiva a compra e, regra geral, sai de lá com a mercadoria em mãos.

Já as *lojas virtuais* correspondem a um modelo híbrido. Embora tenham estrutura física e empregados bem treinados para atender presencialmente os consumidores, são escritórios onde os vendedores efetivam as vendas por meio de computadores, considerando que há pequena exposição de mercadorias ou nenhum estoque[13]. Frise-se que esta seria uma grande vantagem das lojas virtuais em relação às lojas físicas por garantir um menor custo de investimento por parte das empresas. Ao mesmo tempo, a opção é interessante para o consumidor, visto que ele pode tirar dúvidas diretamente com o vendedor sobre as especificações técnicas daquilo que pretende comprar.

Por fim, o *e-commerce* representa a venda totalmente on-line de produtos próprios ou de outras empresas parceiras. No caso da comercialização de produtos de empresas parceiras, concretiza-se o conceito de *marketplace* – "espaço livre onde compradores e vendedores podem fazer negócios" –, funcionando o modelo na prática como um *shopping* virtual. A ideia é atrativa, pois os consumidores podem comparar preços e avaliações dos produtos e serviços. Na mesma linha, os vendedores divulgam seus produtos de forma on-line com objetivo de conquistar mais clientes. Além disso, a empresa proprietária do *marketplace* lucra com a intermediação dos negócios[14].

Além da estratégia da *omnicanalidade*, as plataformas digitais de consumo têm adotado importante estratégia de incremento de vendas denominada *marketing de afiliados* ou, ainda, programa de afiliados ou de divulgadores digitais.

---

11 MAFFI, Tiago Kiritschenko; SILVA, Gabriel Santos Nascimento; UHLMANN, Erwin Alexander. Desenvolvimento de sistema gerenciador de estoques fragmentados para omnicanalidade para fidelização do público em empresas varejistas multicanal. *Revista Computação Aplicada*, v. 8, n. 1, p. 29-35, 2019. Disponível em: https://tinyurl.com/ywurs2dx. Acesso em: 18 nov. 2021. p. 32.

12 MESQUITA, Flávio Rivelli; MESQUITA, Fabrício Rivelli; FERNANDES, Roberto Fabiano. Projeções e desafios do dropshipping na era omnichannel. *Brazilian Journal of Development*, Curitiba, v.8, n.1jan. 2022. p. 330-331.

13 CZAJKOWSKI JR., Sérgio. A Sociedade da Informação e as Novas Tecnologias Aplicadas ao Varejo no Brasil. *Brazilian Journal of Development*, Curitiba, v.7, n.3, p. 31817-31838 mar 2021. p. 31829.

14 KUVIATKOSKI, Carol. *Marketplace*: o que é, exemplos e como criar um marketplace. 14 dez. 2021. Disponível em: https://www.ideianoar.com.br/marketplace/#o-que-e. Acesso em: 28 fev. 2022.

O marketing de afiliados é um programa no qual a empresa contrata pessoa física e/ou outra empresa para realizar determinadas tarefas, como, por exemplo, venda de produtos.

Esta pesquisa enfoca precisamente o caso dos divulgadores digitais, ou seja, das pessoas físicas contratadas por empresa do varejo para realizar a tarefa de divulgar produtos da contratante em redes sociais próprias (*Facebook* e *Instagram*, por exemplo) e por meio de aplicativo multiplataforma de mensagens instantâneas (*WhatsApp*, por exemplo) com o objetivo de realizar vendas. Após a efetivação da venda, a pessoa física contratada recebe a respectiva comissão[15]. Tudo isso sem se preocupar com logística para armazenamento e distribuição de produtos, que permanecem a cargo da empresa contratante.

Diversas empresas do ramo do comércio varejista de bens têm adotado essa estratégia, a qual se intensificou em tempos de pandemia da Covid-19. Aliás, *o marketing de afiliados tem se consolidado como um dos principais canais de marketing e vendas para muitas lojas que se utilizam de plataformas digitais de consumo*, especialmente se considerada a ampliação exponencial dos pontos de contato com o consumidor[16].

2.1. Como se configura juridicamente o trabalho em plataformas digitais de consumo?

Considerando que, na atualidade, as plataformas digitais de consumo são a grande aposta das empresas do varejo, é preciso refletir sobre a natureza da relação de trabalho firmada entre o divulgador e as plataformas digitais de consumo.

No domínio da Administração, a doutrina refere-se ao enquadramento dos divulgadores digitais no *marketing de afiliados*. Como visto, o *marketing de afiliados* é um tipo de *marketing* on-line que tem por objetivo divulgar e anunciar produtos de terceiros em troca do recebimento de uma comissão assim que a venda for efetivada.[17]

Há estudiosos que indicam a vinculação do trabalhador divulgador às plataformas digitais de consumo por meio *de franquias virtuais* ou *franquias digitais*. As franquias virtuais seriam um desdobramento do tradicional setor de franquias

---

15 WEINBERG, Gabriel; MARES, Justin. *Tração*: Domine os 19 canais que uma startup usa para atingir aumento exponencial em sua base de cliente. Rio de Janeiro: Alta Books, 2020.

16 *Idem*.

17 ROCHA, Luiz Fernando Perrotta da. *"Como ganhar dinheiro da internet?"*: a construção da carreira do empreendedor digital. 2021. 82 f. Dissertação (Mestrado em Administração de Empresas) – Departamento de Administração, Pontifícia Universidade Católica do Rio de Janeiro, Rio de Janeiro, 2021. Disponível em: https://www.maxwell.vrac.puc-rio.br/55705/55705.PDF. Acesso em: 02 mar. 2022. p. 26-27.

empresariais[18], no qual a rede franqueadora vende o seu modelo de negócios aos franqueados, permitindo a estes a utilização de sua marca. Nas franquias virtuais, a internet é utilizada como o meio mais importante de comercialização de produtos e serviços, especialmente pela via das redes sociais[19].

Outra perspectiva de análise se encontra no campo do Direito do Trabalho, visto que há real possibilidade de enquadramento do trabalhador divulgador como empregado, na condição de vendedor digital da empresa a que se filia. Esta hipótese se configura se presentes e confirmados os elementos fático-jurídicos da relação de emprego.

Note-se que os divulgadores são trabalhadores *pessoas físicas* que executam com pessoalidade e permanência a atividade laboral de *marketing* e de vendas de produtos, como se fossem vendedores/gerentes da própria empresa a que estão afiliados. Esses trabalhadores são remunerados por comissão e dirigidos pela empresa de forma subordinada (subordinação algorítmica), não possuindo liberdade para organizar de forma autônoma o trabalho prestado.

Trata-se, portanto, de consultoria a respeito do catálogo de produtos e de efetivação das vendas por canais multimídia. A única distinção entre o divulgador das plataformas digitais de consumo das empresas varejistas e o empregado dessas empresas seria o *modus operandi do trabalho realizado*: na loja física, o trabalhador empregado se ativa no trabalho de maneira presencial, enquanto o divulgador o faz de maneira remota, utilizando-se das ferramentas digitais próprias para o trabalho de divulgação e venda. Por isso, esta pesquisa caminha no sentido de indicar a possibilidade de enquadramento do trabalho do divulgador como relação de emprego, dada a presença dos pressupostos fático-jurídicos descritos na CLT, conforme se verá na sequência.

2.2. Como se caracteriza a gestão do trabalho em plataformas digitais de consumo?

A gestão do trabalho de divulgadores no âmbito das plataformas virtuais de consumo detém algumas aproximações com a gestão do trabalho plataformizado em geral.

Conforme ensina Ludmila Costhek Abilio, a plataformização do trabalho é hoje uma forte tendência em nível global que abrange diferentes trabalhadores com variados níveis de qualificação, rendimento e condições de trabalho, e

---

[18] A regulação das franquias empresariais é feita pela Lei nº 13.966, de 26 de dezembro de 2019. Cf. BRASIL. *Lei nº 13.966, de 26 de dezembro de 2019*. Dispõe sobre o sistema de franquia empresarial e revoga a Lei nº 8.955, de 15 de dezembro de 1994 (Lei de Franquia). Disponível em: http://www.planalto.gov.br/ccivil_03/_ato2019-2022/2019/lei/L13966.htm. Acesso em: 11 out. 2021.

[19] KUVIATKOSKI, Carol. *Franquia digital:* o que é, exemplos, e como ser uma franqueadora digital. 01 fev. 2022. Disponível em: https://www.ideianoar.com.br/franquia-digital/. Acesso em: 29 mar. 2022.

envolvidos em diversos setores da economia. Trata-se de um fenômeno que foi amplamente reconhecido com a entrada da empresa Uber no mercado, o que levou à divulgação do termo "uberização".[20]

Todavia, hoje constata-se que o novo cenário transborda os limites de atuação da Uber, alcançando muitas outras empresas e expandindo as possibilidades de controle e gestão do trabalho. Infelizmente, ressalta a autora, a plataformização do trabalho revela vasto processo de exploração e informalização do trabalho, pautado em flexibilização e na transferência de custos e riscos do empreendimento ao trabalhador, além da eliminação de direitos no âmbito da regulação estatal e da negociação coletiva[21].

Isso posto, é relevante evidenciar *quatro características* da uberização ou plataformização do trabalho descritas por Ludmila Costhek Abilio, uma vez que esses aspectos podem também ser observados no trabalho desenvolvido pelos divulgadores afiliados a empresas do ramo do comércio varejista de bens.

O primeiro atributo diz respeito *ao propósito de identificação do sujeito como trabalhador autônomo*. A narrativa prevalecente vem no sentido de que este trabalhador detém disponibilidade perpétua para o trabalho por ser considerado um trabalhador *just in time*, autônomo, o que em tese justificaria a ausência da fruição de direitos fundamentais trabalhistas, mormente no que tange à remuneração digna e à limitação de jornada, o que é um grande equívoco, diga-se de passagem[22].

No caso dos divulgadores digitais, a pesquisa de campo empreendida revelou que 59% dos trabalhadores divulgadores se percebem como empregado (23,4%) ou gerente/vendedor da Empresa (36,17%). Por outro lado, 28% da amostra se identificou como trabalhador autônomo, embora desempenhe atividades finalísticas empresariais: divulgação e venda de produtos do varejo, ou seja, atividade típica de vendedor acrescida da atribuição de expansão do marketing empresarial.

Uma das hipóteses a ser considerada é que o trabalhador se considere autônomo por exercer a atividade de venda de forma atípica – por meio de plataforma, em ambiente virtual, distante da planta física empresarial –, embebido pelo discurso neoliberal digital que conclama o empreendedorismo de si mesmo e naturaliza a desproteção sociotrabalhista.

A segunda característica permeia o *gerenciamento algorítmico do trabalho*, no qual imperam novos formatos de subordinação (sobretudo a subordinação algorítmica) e de controle do trabalho que desafiam a regulamentação existente.[23]

---

20 ABILIO, Ludmila Costhek. Uberização: a era do trabalhador *just-in-time*? *Estudos Avançados*, v. 34, n. 98, p. 111-126, 2020. Disponível em: https://tinyurl.com/238rj8uz. Acesso em: 20 jan. 2022. p. 112.

21 ABILIO, Ludmila Costhek. Uberização: a era do trabalhador *just-in-time*? *Estudos Avançados*, v. 34, n. 98, p. 111-126, 2020. Disponível em: https://tinyurl.com/238rj8uz. Acesso em: 20 jan. 2022. p. 112.

22 *Ibid.*, p. 114.

23 *Idem.*

A respeito da *subordinação algorítmica*, Gabriela Neves Delgado e Bruna Vasconcelos de Carvalho pontuam que ela se refere a uma expressão da subordinação jurídica típica do modelo de gestão do trabalho por plataformas digitais. O conceito indicaria a forma pela qual o poder diretivo é exercido, sendo distinto das modalidades tradicionais que dependem de um espaço geográfico bem definido e de um controle rígido do horário de trabalho. Nesse cenário, os algoritmos se valem de um controle difuso para administrar, controlar e direcionar o trabalho, o que permite à plataforma mapear as atividades executadas e registrar a percepção do consumidor sobre o serviço prestado.[24]

No caso do *marketing* de afiliados, constatou-se que o trabalhador divulgador não possui estoque de produtos, dependendo inteiramente do estoque oferecido pela empresa; não maneja os meios de pagamento, sendo vedado a ele receber diretamente dos clientes; e diante de dúvidas, é necessário entrar em contato com o suporte da empresa. Face a essas circunstâncias, depreende-se que o conceito de subordinação algorítmica anteriormente articulado se amolda perfeitamente à sua realidade de trabalho.

O autogerenciamento subordinado também se mostrou inerente às atividades do divulgador digital. A pesquisa de campo empreendida demonstrou que mais de 80% dos respondentes declararam ter liberdade para utilizar seu estilo pessoal para realizar vendas. Tal dado evidencia que a empresa incentiva a criatividade para que o atendimento prestado pelo divulgador seja personalizado e adequado às peculiaridades regionais e locais, diretriz essa que se alinha aos objetivos de expansão do marketing empresarial e das vendas.

Apurou-se, ainda, que mais de 60% da amostra declarou possuir liberdade para organizar a prestação de serviços da forma desejada, inclusive no tocante ao tempo de trabalho, sem que haja, aparentemente, qualquer tipo de controle de jornada. A incentivada liberdade quanto ao gerenciamento do tempo e do modo de prestação de serviços reforça também a presença do *autogerenciamento subordinado*, ou seja, concede-se ao trabalhador divulgador o encargo de gestão de seu tempo e da forma de realização do trabalho, tudo de forma subordinada à organização do trabalho empresarial e às suas prescrições e, ainda, com potencial transferência dos riscos da atividade.

Essas considerações antecipam a terceira característica da plataformização do trabalho segundo Ludmila Costhek Abilio, qual seja, a definição de *crowdsourcing*. Há, assim, um movimento de pulverização: de categorias organizadas de

[24] DELGADO, Gabriela Neves; CARVALHO, Bruna Vasconcelos. Direitos fundamentais trabalhistas para quem? Reflexões sobre o trabalho plataformizado na perspectiva do Direito Constitucional do Trabalho. *In*: PORTO, Noemia; LOURENÇO FILHO, Ricardo; CONFORTI, Luciana Paula. (org.). *Plataformas digitais de trabalho*: aspectos materiais e processuais. Brasília: Associação Nacional dos Magistrados da Justiça do Trabalho; Escola Nacional Associativa dos Magistrados da Justiça do Trabalho, 2021. *E-book*. p. 34-53. Disponível em: https://tinyurl.com/2p86pvtr. Acesso em: 01 mar. 2022. p. 42-43.

trabalhadores cujo trabalho é regulado passa-se a uma "multidão de trabalhadores disponíveis", com perfil profissional, tempo de trabalho e remuneração indeterminados. Nessa conjuntura, não é o Estado que fiscaliza o trabalho, mas os próprios consumidores, sendo que estes também gerenciam e controlam parte do trabalho executado.[25]

Importante destacar que, nesse aspecto, o fato de uma empresa se utilizar do trabalho plataformizado para destinar, a um número indefinido de pessoas, a realização de sua atividade-fim empresarial não inviabilizaria a possibilidade de reconhecimento de vínculo de emprego. Além disso, pondere-se que prestar serviços relativos à atividade-fim para além dos espaços intramuros empresariais em modalidade equivalente ao *teletrabalho* não descaracteriza, considerado o caso dos divulgadores digitais, a realização de atividade típica de vendas de produtos de consumo. Tais considerações conduzem à ilação de que seria possível ainda o enquadramento sindical do trabalhador divulgador na categoria dos comerciários.

Imperioso afirmar que todo esse cenário estimula o fortalecimento da identidade de "trabalhadores amadores", o que converge para a quarta característica descrita pela autora: *o crescimento do trabalho informal.*[26] É exatamente essa a dinâmica das relações de trabalho no comércio virtual em que as empresas comumente reforçam a narrativa de que os divulgadores trabalham por conta própria, como se fossem trabalhadores autônomos.

Não restam dúvidas de que a informalização da relação de trabalho dos divulgadores afiliados a empresas, especialmente do ramo do comércio varejista de bens, de seu tempo de trabalho e da remuneração recebida podem culminar em graves prejuízos à garantia de seus direitos fundamentais trabalhistas, na linha da efetivação do pressuposto constitucional do direito fundamental ao trabalho digno.[27]

2.3. Quem são os divulgadores digitais? Há sistema de proteção para o trabalho por eles desenvolvido?

Com a finalidade de compreender o perfil sociodemográfico e laboral dos divulgadores digitais, bem como as atividades por eles desenvolvidas em plataformas digitais de consumo e os impactos dessa relação virtual no meio ambiente de trabalho, foi desenvolvida pesquisa de campo exploratória e descritiva, em nível nacional, envolvendo pessoas que exerciam a atividade laboral, em

[25] ABILIO, Ludmila Costhek. Uberização: a era do trabalhador *just-in-time*? *Estudos Avançados*, v. 34, n. 98, p. 111-126, 2020. Disponível em: https://tinyurl.com/238rj8uz. Acesso em: 20 jan. 2022. p. 114.

[26] *Id.*

[27] DELGADO, Gabriela Neves. *Direito fundamental ao trabalho digno*. 2. ed. São Paulo: LTr, 2015.

condição de anonimato. A pesquisa de campo empreendida contou ainda com questionário que buscou avaliar os riscos psicossociais relacionados ao trabalho do divulgador[28].

Em seguida foram realizadas duas outras pesquisas empíricas com a finalidade de compreender a regulação jurídica do trabalho no *e-commerce* – especificamente no tocante às relações de trabalho de divulgadores em plataformas digitais de consumo: pesquisa na jurisprudência do Tribunal Regional do Trabalho da 2ª Região e em instrumentos coletivos da categoria dos comerciários situados no Estado de São Paulo.

2.3.1. *Pressupostos metodológicos*

O instrumento de coleta de dados foi elaborado no *Google* Formulários em versão on-line autoaplicável individualmente e de forma anônima, cujo *link* foi divulgado por meio de redes sociais (*Facebook* e *Instagram*) por serem os meios de comunicação comumente utilizados para a divulgação e venda de produtos no comércio digital do varejo. Além disso, a divulgação da pesquisa contou com a importante participação da CNTC, que contatou os dirigentes sindicais situados no Estado de São Paulo, via *WhatsApp*, solicitando a mobilização das respectivas bases sindicais para divulgar amplamente o formulário de pesquisa.

O formulário on-line para participação na pesquisa esteve disponível do dia 7 de novembro de 2021 ao dia 7 de janeiro de 2022. Ou seja, foram dois meses de coleta de dados.

Foram contabilizados 52 respondentes, todos em condição de anonimato, entre os quais cinco não responderam integralmente o formulário. Assim, a pesquisa contou com 47 questionários válidos. As respostas compiladas foram analisadas em conjunto utilizando-se o *software IBM SPSS Statistics 28.0.1.1 (14)*.

Por fim, ressalte-se que, embora não haja parâmetros para delinear o efetivo percentual de respondentes em face da totalidade de trabalhadores divulgadores que se ativam em plataformas digitais de consumo, há indícios de que esta pesquisa apresenta pequeno contingente amostral, sobretudo se considerada a expansão desse tipo de relação de trabalho desde a revolução digital e, sobretudo, a partir do contexto pandêmico.

---

28 Sobre o tema, consultar: DELGADO, Gabriela Neves; DIAS, Valéria de Oliveira; DI ASSIS, Carolina. *Plataformas Digitais de Consumo:* perspectivas e desafios de proteção justrabalhista para o divulgador digital. Salvador: Editora Juspodivm, 2022. Disponível em: https://www.editorajuspodivm.com.br/plataformas-digitais-de-consumo-perspectivas-e-desafios-de-protecao-justrabalhista-para-o-divulgador-digital-2022?ordem=maisvendidos.

2.3.2. Perfil sociodemográfico e de trabalho da amostra

Constatou-se que a maioria dos respondentes atuantes como divulgadores em plataformas digitais de consumo são mulheres (72,34%) e declaram ter de 21 a 40 anos de idade (91,49%).

Predominaram, entre os respondentes, aqueles que se autodeclaram de cor parda (51,06%), os que possuem o ensino médio completo (76,60%), os que se declararam casados ou em união estável (57,45%) e os residentes no Estado de São Paulo (70,21%).

O quantitativo de respondentes associados ao sindicato da categoria dos comerciários chama a atenção: 55,32%. Tal dado aponta para o fato de esses trabalhadores divulgadores serem ou terem sido empregados de alguma empresa do comércio varejista de bens. Tal hipótese foi confirmada na pesquisa, na medida em que 44,68% dos respondentes afirmaram ter tido vínculo formal de emprego reconhecido com empresa do ramo do varejo.

Considerando a amostra, constatou-se que 68,09% dos respondentes não acumulavam a atuação como divulgador com outro trabalho ou emprego, o que denota a amplitude e a importância desse trabalho para o sustento dos trabalhadores que lá atuam.

No tocante ao tempo de atuação como divulgador digital, apurou-se que cerca de 60% dos respondentes possuíam tempo de atuação como divulgador de até 2 anos. Tal dado sinaliza que a pandemia da Covid-19 e a decorrente elevação do índice de desemprego acirraram a procura por esse tipo de trabalho, o que contribuiu para a expansão das relações virtuais no comércio.

A renda mensal auferida como divulgador foi outro dado relevante apurado. Constatou-se que quase 30% da amostra declarou renda média mensal inferior ao salário-mínimo, entre os quais quase 20% declararam auferir menos de R$ 500,00 por mês. Em contrapartida, cerca de 11% da amostra declarou possuir renda média mensal superior a R$ 2.500,01.

Importante destacar que a análise da renda mensal auferida pelos respondentes, a partir do sexo, demonstrou que as mulheres predominaram no grupo que informou renda auferida como divulgador inferior a R$500,00 mensais.

Quanto à jornada de trabalho em divulgação e vendas de produtos declarada pelos participantes da pesquisa, sobretudo se consideradas a frequência semanal e a renda mensal auferida, os dados impressionam.

Mais de 10% dos respondentes declararam jornada de trabalho entre 8 e 10 horas por dia; 4,26%, entre 10 e 12 horas por dia; e 4,26%, mais de 12 horas por dia. Ou seja, quase 20% dos respondentes declararam a inobservância dos limites da jornada de trabalho delimitados na Constituição da República. Por outro lado, apurou-se que 21,28% dos respondentes afirmaram trabalhar como divulgador até 1 hora por dia; 17,02%, até 6 horas por dia; e 17,02%, entre 6 e 8 horas por dia. Registre-se que 25,53% da amostra optou por não responder essa questão.

Quase 15% dos pesquisados declararam trabalhar aos sábados e domingos. Quase 45% da amostra declarou trabalhar aos sábados, domingos e feriados. No total, cerca de 60% dos respondentes trabalharam sem a garantia do repouso semanal remunerado, preferencialmente aos domingos, estabelecido na Constituição Federal de 1988 (art. 7º, XV).

Considerando-se o apurado a partir do cruzamento de dados, 6,38% dos pesquisados laboram excedendo o limite constitucional de jornada e sem o exercício do direito ao repouso semanal remunerado para auferir renda média mensal de até um salário-mínimo. Por outro lado, para auferir renda superior ao salário-mínimo, 48,93% da amostra declarou trabalhar além dos limites de jornada estabelecidos na Constituição Federal de 1988 e em desrespeito ao repouso semanal remunerado e à desconexão.

2.3.3. *A regulação do trabalho de marketing e vendas em plataformas digitais de consumo*

Com a finalidade de compreender a regulação jurídica do trabalho no *e-commerce* – especificamente no tocante às relações de trabalho de divulgadores em plataformas digitais de consumo, realizou-se duas pesquisas empíricas, uma na jurisprudência do Tribunal Regional do Trabalho da 2ª Região e outra em instrumentos coletivos da categoria dos comerciários situados no Estado de São Paulo.

A pesquisa empírica empreendida no sítio do Tribunal Regional do Trabalho da 2ª Região, referente ao período de 02/01/2011 a 31/01/2022, não obstante a utilização de critérios de pesquisa diversificados, não retornou decisão prolatada (sentença e/ou acórdão) que tratasse da regulação judicial do trabalho de *marketing* e vendas realizado pelos divulgadores da plataforma digital de consumo no Estado de São Paulo.

Tal constatação sinaliza que a Justiça do Trabalho da 2ª Região não é comumente acionada, considerado o resultado de pesquisa aqui posto, para se manifestar sobre temas relacionados à relação de trabalho dos divulgadores digitais. A partir dos critérios utilizados, verificou-se que sequer houve demanda no sentido de avançar no sistema de proteção jurídico-constitucional ao trabalhador divulgador que se ativa em plataformas digitais de consumo.

A outra pesquisa empírica foi empreendida no sítio do Ministério do Trabalho e Emprego, no Sistema de Negociações Coletivas de Trabalho – MEDIADOR.

Optou-se pela análise qualitativa dos instrumentos coletivos cuja vigência estivesse compreendida, ainda que de modo parcial, entre os anos de 2020 e 2022. Esse recorte temporal justifica-se pelo fato de esta pesquisa ter apurado que cerca de 60% dos respondentes declararam possuir tempo de atuação como divulgador de até 2 anos.

A partir desse recorte, apurou-se a existência de nove instrumentos coletivos que atenderam ao critério temporal delimitado, entre os quais dois estavam vigentes e os demais com vigência expirada.

A análise qualitativa dos nove instrumentos coletivos identificados denotou que as cláusulas tratam, predominantemente, de *jornada de trabalho* – duração, distribuição, controle, faltas e horário –, de regras para a negociação coletiva, tais como, solução de conflitos, aplicação, descumprimento do instrumento coletivo e sua renovação/rescisão, entre outras, todas relacionadas à relação de emprego do comerciário.

Em suma, a pesquisa empreendida revelou a ausência de dispositivo negociado que trate da regulação do trabalho de *marketing* e venda de produtos realizado pelo trabalhador divulgador que se ativa em plataformas digitais de consumo para a comercialização de produtos de varejo – embora esta pesquisa tenha apurado que mais de 55% dos respondentes sejam associados ao sindicato da categoria.

Esses dados sinalizam que o grande desafio em pauta é garantir aos trabalhadores divulgadores que se ativam em plataformas digitais de consumo a concretização do *direito fundamental do trabalhador à tutela sindical.*

3. PARÂMETROS CONSTITUCIONAIS PARA A PROTEÇÃO DO TRABALHO À LUZ DO DIREITO FUNDAMENTAL AO TRABALHO DIGNO: ALGUMAS REFLEXÕES NA PERSPECTIVA DAS RELAÇÕES DE TRABALHO DOS DIVULGADORES NAS PLATAFORMAS DIGITAIS DE CONSUMO

A Constituição Federal de 1988 faz ampla referência à dignidade da pessoa humana, sobretudo no art. 1º, III, em que é afirmado esse princípio como fundamento da República, e no art. 170, *caput*, que preconiza que a "ordem econômica, fundada na valorização do trabalho humano e na livre iniciativa, tem por fim assegurar a todos a existência digna".

O trabalho é constitutivo da condição de dignidade que o ser humano pode alcançar em vida se prestado em respeito aos direitos fundamentais trabalhistas. Ou seja, é o trabalho protegido que oferece um feixe de condições concretas para a materialização da dignidade da pessoa humana. Por isso, diante das transformações que se consolidam sob o panorama do mundo digital, é preciso pensar em estratégias que possam dar guarida àqueles que vivem do seu trabalho.

Esta pesquisa buscou demonstrar as similitudes que o trabalho de vendas executado em plataformas digitais de consumo, especificamente pelos divulgadores, guarda com a relação de emprego e a importância do reconhecimento jurídico desse vínculo, caso presentes os elementos fático-jurídicos da relação de emprego. Contudo, frise-se, ainda que não haja esse reconhecimento, se for o caso, o trabalhador divulgador plataformizado tem direito ao rol de direitos fundamentais trabalhistas garantido na Constituição, cujo pressuposto de proteção ao trabalho em condições de dignidade é amplo, estando direcionado a todo e qualquer trabalhador. Ademais, não podem ser ignorados outros dispositivos constitucionais que também protegem direitos atinentes ao sujeito trabalhador, como o direito à saúde, previsto no art. 6º, e o direito ao meio ambiente de trabalho ecologicamente equilibrado, depreendido da leitura conjunta entre o art. 200, VIII, e o art. 225, CF/1988.

No bojo da discussão a respeito do tema, verifica-se, face aos resultados da pesquisa de campo, que os trabalhadores divulgadores digitais enfrentam dificuldades inerentes à tutela do direito fundamental ao trabalho digno, inclusive em suas dimensões socioambiental[29] e coletiva.

O presente artigo deter-se-á à dimensão coletiva do direito fundamental ao trabalho digno, que será analisada na perspectiva do *direito fundamental da pessoa trabalhadora à tutela sindical.*

3.1. Direito fundamental da pessoa trabalhadora à tutela sindical

A tutela sindical é temática que vem provocando discussões recentes, face ao espaço que as relações de trabalho digitais conquistam dia após dia. Muitos trabalhadores digitais carecem de efetiva representação coletiva, justamente por estarem ligados a ofícios para os quais ainda não foi criada uma organização sindical específica, como no caso dos trabalhadores plataformizados.

A liberdade de associação profissional ou sindical é direito garantido pela Constituição Federal de 1988, conforme redação do art. 8º, *caput.* Os incisos desse dispositivo estabelecem que: a base territorial da organização sindical não pode ser inferior à área de um município, sendo vedada a criação de mais de uma organização sindical representativa de categoria profissional ou econômica (inciso II); ao sindicato cabe defender os direitos e os interesses coletivos ou individuais da categoria (inciso III); a filiação a sindicato não constitui obrigação (inciso V); e a participação dos sindicatos nas negociações coletivas de trabalho é obrigatória (inciso VI).

Conforme leciona Mauricio Godinho Delgado, a salvaguarda à liberdade associativa e sindical e o reconhecimento da importância de acordos coletivos e convenções coletivas de trabalho (direito exarado no art. 7º, XXVI) foram grandes

---

[29] Sobre o tema, consultar: DELGADO, Gabriela Neves; DIAS, Valéria de Oliveira; DI ASSIS, Carolina. *Plataformas Digitais de Consumo:* perspectivas e desafios de proteção justrabalhista para o divulgador digital. Salvador: Editora Juspodivm, 2022. Disponível em: https://www.editorajuspodivm.com.br/plataformas-digitais-de-consumo-perspectivas-e-desafios-de-protecao-justrabalhista-para-o-divulgador-digital-2022?ordem=maisvendidos.

avanços proporcionados pela Constituição de 1988[30]. Entretanto, quando se trata de trabalhadores que se ativam por meio de plataformas digitais, há um espaço de indefinições e incertezas no plano do Direito Coletivo do Trabalho. É que esses trabalhadores, inclusive os divulgadores digitais, estão equivocadamente às margens das tutelas jurídicas proporcionadas pela via coletiva.

Os dados apurados nesta pesquisa conduzem à ilação de que há situações em que os trabalhadores que se ativam em plataformas digitais de consumo, especialmente como divulgadores, deveriam ter vínculo de emprego reconhecido, uma vez que o trabalho por eles exercido conjuga todos os elementos fático-jurídicos da relação de emprego e se identifica com a atividade empresarial preponderante do ramo do comércio. Por essa razão, inclusive, é que, no plano do Direito Coletivo do Trabalho, tais trabalhadores deveriam ser enquadrados na profissão de comerciário.

Verificou-se, ainda, que o trabalho realizado pelo divulgador se assemelha às atividades desenvolvidas pelos empregados vendedores que trabalham presencialmente nas empresas do varejo de bens. A diferença é que o divulgador digital trabalha de forma remota, com o uso de tecnologias de informação e comunicação, mas o trabalho de marketing e venda é o mesmo.

Conforme visto, compreende-se que o trabalho do divulgador digital se assemelha ao teletrabalho, numa típica relação de emprego[31]. Para que se configurem os pressupostos da relação de emprego, no qual a prestação de serviços se realiza por meio de teletrabalho, os meios telemáticos e informatizados de comando, controle e supervisão devem se equiparar, para fins de subordinação jurídica, aos meios pessoais e diretos de comando e supervisão do trabalho alheio (art. 6º, parágrafo único, da CLT). Vale lembrar que, com o avanço tecnológico e a expansão do teletrabalho no contexto pandêmico, foram desenvolvidos e aprimorados *softwares* de monitoramento utilizados por muitas empresas para supervisionar e controlar a jornada de trabalho de seus empregados.

A respeito do teletrabalho, com a recente publicação da Medida Provisória nº 1.108, de 25 de março de 2022, foi incluído o § 7º ao art. 75-B da CLT, passando esse dispositivo a prever que "Aos empregados em regime de teletrabalho aplicam-se as disposições previstas na legislação local e nas convenções e acordos coletivos de trabalho relativas à base territorial do estabelecimento de lotação do empregado[32]".

---

30 DELGADO, Mauricio Godinho. *Curso de Direito do Trabalho:* obra revista e atualizada conforme a lei da reforma trabalhista e inovações normativas e jurisprudenciais posteriores. 18. ed. São Paulo: LTr, 2019. p. 134,148.

31 Sobre o tema, consultar, por exemplo, https://veja.abril.com.br/economia/como-as-empresas-estao-monitorando-os-funcionarios-no-home-office/.

32 A referida MP nº 1.108, de 25 de março de 2022, foi aprovada pelo Congresso Nacional, com modificações pontuais, e foi encaminhada para sanção da Presidência da República. Até o término deste artigo, a sanção presidencial ainda não havia sido publicada.

Fica claro então, no texto legal, posicionamento já adotado por esta pesquisa de que o regime de teletrabalho apenas acrescenta viés tecnológico à prestação do trabalho de forma remota, modificando, assim, o *modus operandi*, mas não a relação de emprego em si. *O teletrabalhador tem direito à tutela sindical como todo e qualquer trabalhador*.

De toda forma, registre-se que o trabalho dos divulgadores e o trabalho dos empregados que atuam presencialmente nas lojas físicas das empresas do ramo do comércio realizando *marketing* e venda de produtos empresariais são *modalidades de trabalho que muito se assemelham, havendo distinção apenas no modo como o trabalho é exercido, o que seguramente não desvirtua a função de comerciário ocupada pelo divulgador.*

Por isso, a mudança no modo como o trabalho é executado parece não conferir às empresas a possibilidade de retirar do trabalhador a parcela fixa do salário ajustado – piso salarial da categoria (art. 4º da Lei n. 12.790/2013), ainda que proporcional ao tempo trabalhado, se for o caso (OJ 358, I, da SBDI-1/TST[33]) – nem os demais direitos e garantias trabalhistas a que o divulgador teria direito, como, por exemplo, a limitação constitucional da jornada de trabalho e sua proteção pela via da negociação coletiva, nos termos do art. 3º, *caput* e §§1º e 2º, da Lei n. 12.790/2013.

De forma didática, é possível verificar um exemplo que bem ilustra que a mudança no modo de exercer o trabalho não desvirtua a ocupação do trabalhador. No cenário de pandemia da Covid-19, embora várias empresas e órgãos públicos tenham admitido modalidades de teletrabalho para seus empregados e servidores, isso não implicou em perda do *status* jurídico de empregado/servidor público, nem a desconfiguração de qual categoria o trabalhador integra. Logo, de maneira semelhante, a plataformização do trabalho seria apenas um aperfeiçoamento tecnológico no *modus operandi* do trabalho executado, não devendo significar perda de direitos fundamentais para os trabalhadores que lá ativam sua força de trabalho. Tampouco deveria significar a ausência de tutela jurídico-trabalhista pelos entes sindicais.

Como se sabe, a Constituição Federal de 1988 e a CLT adotam o modelo de organização sindical por categorias econômica e profissional e, para fins de enquadramento sindical, deve-se observar a atividade econômica empresarial

---

[33] OJ 358/SBDI-1/TST. SALÁRIO MÍNIMO E PISO SALARIAL PROPORCIONAL À JORNADA REDUZIDA. EMPREGADO. SERVIDOR PÚBLICO (redação alterada na sessão do Tribunal Pleno realizada em 16.02.2016) – Res. 202/2016, DEJT divulgado em 19, 22 e 23.02.2016
I – Havendo contratação para cumprimento de jornada reduzida, inferior à previsão constitucional de oito horas diárias ou quarenta e quatro semanais, é lícito o pagamento do piso salarial ou do salário mínimo proporcional ao tempo trabalhado.

preponderante[34] (art. 581, § 2º, da CLT), exceto no caso de categoria profissional diferenciada e de empregados regidos por lei especial (art. 511, § 3º da CLT).

Ressalte-se que, no caso dos trabalhadores divulgadores, a atividade de marketing e vendas por eles realizadas se enquadra no rol de atividades típicas dos integrantes da categoria profissional de empregados do setor do comércio. De igual modo, as empresas que se utilizam da prestação de serviços de divulgadores, regra geral, possuem como atividade econômica preponderante a comercialização de bens de consumo.

Ora, a realidade fática denota que a atividade de marketing e vendas típica dos divulgadores guarda intrínsecas semelhanças com a atividade de marketing e vendas desenvolvida pelo empregado do comércio varejista de bens que se ativa, presencialmente, em lojas físicas e/ou virtuais. O diferencial marcante é a prestação de serviços nos moldes do teletrabalho, ou seja, distante, fora da planta empresarial.

O art. 511 da CLT vincula a organização sindical à solidariedade de interesses econômicos dos que empreendem atividades idênticas, similares ou conexas, vinculando-a, ainda, à similitude de condições de vida oriunda de trabalho em comum vinculado a determinada atividade econômica[35].

Já o art. 577 da CLT, que apresenta o quadro de atividades e profissões em vigor, fixando o plano *básico* do enquadramento sindical, não apresenta rol taxativo, de modo que se poderia inferir que, embora os trabalhadores divulgadores não integrem o antigo rol originário de categorias profissionais, a atividade realizada se equipara a dos empregados no comércio varejista de bens.

Além disso, não se pode desconsiderar o fato de o conceito de categoria profissional adotado pela CLT ter sido construído a partir dos modelos tayloristas/fordistas de contratação e gestão da força de trabalho obreira. No contexto da plataformização do trabalho e de intenso avanço tecnológico, a realidade dos fatos que se apresenta requer a ressignificação desse conceito – e de outros, como a exemplo do conceito de subordinação –, o que não encontra óbice no plano constitucional brasileiro.

Assim, partindo dessas premissas e pela leitura do art. 8º, inciso VI, da Constituição de 1988, é importante ressaltar que, embora a tutela sindical seja frequentemente relacionada aos trabalhadores que possuem vínculo de emprego

---

34 Art. 581 da CLT (...) § 2º Entende-se por atividade preponderante a que caracterizar a unidade de produto, operação ou objetivo final, para cuja obtenção todas as demais atividades convirjam, exclusivamente em regime de conexão funcional.

35 Art. 511 da CLT. É lícita a associação para fins de estudo, defesa e coordenação dos seus interesses econômicos ou profissionais de todos os que, como empregadores, empregados, agentes ou trabalhadores autônomos ou profissionais liberais exerçam, respectivamente, a mesma atividade ou profissão ou atividades ou profissões similares ou conexas.

reconhecido, apura-se que *as negociações coletivas de trabalho (as quais exigem a participação do sindicato) não são restritas aos trabalhadores empregados*. Nessa linha, afirma Ricardo Lourenço Filho que "o direito à negociação coletiva pode ser conquistado e exercido independentemente do reconhecimento da relação de emprego. E a sua concretização estaria também amparada no texto constitucional"[36].

Dessa forma, considera-se que os trabalhadores plataformizados podem (e devem) ser tutelados pelas entidades sindicais. Se existe a premissa de que o direito fundamental ao trabalho digno deve ser assegurado a todo e qualquer trabalhador, independentemente do tipo de vínculo de trabalho que ele detenha, então a negociação coletiva, na condição de direito fundamental, também deve ser garantida a todos os trabalhadores, em qualquer tipo de relação de trabalho.

Por certo que os trabalhadores que se ativam em plataformas digitais de consumo como divulgadores devem ser alcançados por todos os direitos e garantias constitucionais por sua condição de trabalhadores. Por isso, a premissa do *direito fundamental à tutela sindical*, que decorre do direito fundamental de todos os trabalhadores à negociação coletiva, deve ser efetivada.

Na pesquisa empírica em torno dos instrumentos coletivos negociados não foram encontrados acordos coletivos de trabalho que tivessem delineado qualquer tipo de proteção justrabalhista, sobretudo no campo dos direitos fundamentais, aos trabalhadores divulgadores – embora, como visto, 53,32% dos respondentes tenham declarado associação ao sindicato dos comerciários.

Tais dados reforçam a integração dos trabalhadores divulgadores no escopo de atuação dos sindicatos da categoria comerciária. A Lei n. 12.790/2013, que dispõe sobre a regulamentação do exercício da profissão de comerciário, representa grande conquista para esta categoria, sobretudo no tocante à afirmação do *direito fundamental dos trabalhadores à tutela sindical.*

Observe-se que referida legislação reafirma a relevância concedida pelo Texto Constitucional às negociações coletivas mediadas pelos sindicatos profissionais, especialmente se consideradas a jornada de trabalho e o piso salarial da categoria, pontos que requerem atenção especial quando se trata de trabalhadores que se ativam em plataformas digitais de consumo.

Por certo que os sindicatos dos comerciários têm dificuldade de mapear e de acessar os trabalhadores plataformizados, como é o caso dos divulgadores, o que impõe obstáculos à tutela de suas demandas coletivas junto ao Poder Judiciário Trabalhista. Essa constatação se alinha à afirmação de Ricardo Lourenço Filho de que, ao se examinar os sindicatos oficialmente constituídos, isto é, aqueles que

---

[36] LOURENÇO FILHO, Ricardo. O individual e o coletivo no trabalho por plataformas digitais: possibilidades de compreensão da Constituição a partir da experiência do "breque dos apps". *REJUR – Revista Jurídica da UFERSA*¸ Mossoró, v. 4, n.8, p. 72-93, jul./dez. 2020. Disponível em: https://periodicos.ufersa.edu.br/index.php/rejur/article/view/10139. Acesso em: 01 mar. 2022. p. 87.

são reconhecidos pelo Ministério do Trabalho[37], que se submetem à regra da unicidade sindical, que recebem contribuições e que têm a possibilidade de recorrer à Justiça do Trabalho pelo exercício do poder normativo, pode-se depreender o enorme desafio que essas entidades enfrentam para alcançarem os trabalhadores por plataformas digitais.[38]

Isso posto, percebe-se como a situação é delicada e necessita de novas análises. Não há dúvida que o sistema constitucional brasileiro de proteção trabalhista deve ser efetivado no âmbito das relações de trabalho das plataformas digitais de consumo. Para isso, o direito à tutela sindical se mostra como estratégia indispensável à luta pelo direito fundamental ao trabalho digno em favor das demandas de todos e quaisquer trabalhadores.

CONSIDERAÇÕES FINAIS

Com o advento da era digital, o mundo do trabalho vem sofrendo significativos impactos derivados das transformações tecnológicas, sobretudo no que tange às modalidades de trabalho digitais. Essas modalidades apresentam obstáculos variados, visto que a tecnologia interfere diretamente no tempo, no espaço e na execução das tarefas de trabalho. Dessa forma, o trabalhador é submetido a novos (mas também antigos) desafios no que concerne à preservação do direito fundamental ao trabalho digno.

No caso do trabalho de divulgador em plataformas digitais de consumo, embora sob a perspectiva empresarial o trabalho plataformizado seja uma estratégia lucrativa de ampliação de negócios e, para o trabalhador, uma oportunidade de auferir renda, os grandes desafios postos dizem respeito à preservação dos direitos e garantias fundamentais que devem ser assegurados a todo e qualquer trabalhador, na linha do direito fundamental ao trabalho digno.

Assim, face aos entrelaçamentos da pesquisa bibliográfica realizada em torno do trabalho plataformizado e da pesquisa de campo empreendida junto a trabalhadores divulgadores digitais, é possível depreender algumas considerações finais, entre as quais se destaca a necessidade de as negociações coletivas de trabalho alcançarem os trabalhadores plataformizados.

---

37 Vale comentar que o Ministério do Trabalho já foi referido sob diversas nomenclaturas, tendo chegado a se tornar meramente uma secretaria especial do Ministério da Economia em janeiro de 2019. Porém, a Medida Provisória nº 1.058/2021 recriou o Ministério sob a denominação de Ministério do Trabalho e Previdência. Informações obtidas no sítio eletrônico do Senado Federal. Disponível em: https://tinyurl.com/2p96smny. Acesso em: 03 mar.2022.

38 LOURENÇO FILHO, Ricardo. O individual e o coletivo no trabalho por plataformas digitais: possibilidades de compreensão da Constituição a partir da experiência do "breque dos apps". *REJUR – Revista Jurídica da UFERSA*, Mossoró, v. 4, n. 8, p. 72-93, jul./dez. 2020. Disponível em: https://periodicos.ufersa.edu.br/index.php/rejur/article/view/10139. Acesso em: 01 mar. 2022. p. 85.

Tendo em vista especificamente as pesquisas empreendidas no site do Tribunal Regional do Trabalho da 2ª Região e no sítio do Ministério do Trabalho e Emprego, no Sistema de Negociações Coletivas de Trabalho – MEDIADOR, constata-se a importância de se assegurar o direito constitucional à tutela sindical ao trabalhador divulgador, como meio de luta pela preservação de seus direitos trabalhistas.

Quanto a este último aspecto, é preciso mais uma vez registrar que a atuação sindical nas relações de trabalho plataformizadas encontra cristalino respaldo no Texto Constitucional, que enuncia o *direito fundamental do trabalhador à tutela sindical*. Observe-se que não há, no âmbito constitucional brasileiro, regra que limite a negociação coletiva às relações de emprego (art. 7º, inciso XXVI). Ao contrário, o que se tem estabelecida é a obrigatoriedade da participação dos sindicatos nas negociações coletivas de trabalho (art. 8º, inciso VI). Ou seja, a Constituição Federal de 1988 confere aos sindicatos, pela via da negociação coletiva, a construção de caminhos jurídicos-institucionais para a efetivação da tutela constitucional trabalhista em favor de todo e qualquer trabalhador, inclusive os que se ativam em plataformas digitais de consumo, como é o caso dos divulgadores.

Embora haja desafios a serem ultrapassados para se garantir acesso sindical aos trabalhadores que atuam como divulgadores de empresas do ramo do comércio varejista de bens, é preciso que as entidades sindicais da categoria busquem meios para alcançá-los, de modo que suas demandas passem a compor obrigatoriamente as pautas de reivindicação da categoria dos comerciários, com intuito de reafirmar o sistema constitucional e legal de proteção trabalhista edificado na premissa básica do direito fundamental ao trabalho digno.

REFERÊNCIAS

ABILIO, Ludmila Costhek. *O make up do trabalho*: uma empresa e um milhão de revendedoras de cosméticos. 2011. 307 f. Tese (Doutorado em Ciências Sociais) – Programa de Doutorado em Ciências Sociais, Universidade Estadual de Campinas, Campinas, 2011. Disponível em: http://www.repositorio.unicamp.br/handle/REPOSIP/280166. Acesso em: 10 nov. 2021.

ABILIO, Ludmila Costhek. *Uberização*: a era do trabalhador *just-in-time*? *Estudos Avançados*, v. 34, n. 98, p. 111-126, 2020. Disponível em: https://tinyurl.com/238rj8uz. Acesso em: 20 jan. 2022.

CRUZ, Wander Luis de Melo. Crescimento do e-commerce no Brasil: desenvolvimento, serviços logísticos e o impulso da pandemia de Covid-19. *GeoTextos*, v. 17, n. 1, p. 67-88, jul. 2021. Disponível em: https://tinyurl.com/2p8zkcve. Acesso em: 15 dez. 2021.

CZAJKOWSKI JR., Sérgio. A Sociedade da Informação e as Novas Tecnologias Aplicadas ao Varejo no Brasil. *Brazilian Journal of Development*, Curitiba, v.7, n.3, p. 31817-31838 mar 2021.

DELGADO, Gabriela Neves. *Direito fundamental ao trabalho digno*. 2. ed. São Paulo: LTr, 2015.

DELGADO, Gabriela Neves; CARVALHO, Bruna Vasconcelos. Direitos fundamentais trabalhistas para quem? Reflexões sobre o trabalho plataformizado na perspectiva do Direito Constitucional do Trabalho. *In*: PORTO, Noemia; LOURENÇO FILHO, Ricardo; CONFORTI, Luciana Paula. (org.). *Plataformas digitais de trabalho*: aspectos materiais e processuais. Brasília: Associação Nacional dos Magistrados da Justiça do Trabalho; Escola Nacional Associativa dos Magistrados da Justiça do Trabalho, 2021. *E-book*. p. 34-53. Disponível em: https://tinyurl.com/2p86pvtr. Acesso em: 01 mar. 2022.

DELGADO, Gabriela Neves; DIAS, Valéria de Oliveira; DI ASSIS, Carolina. *Plataformas Digitais de Consumo*: perspectivas e desafios de proteção justrabalhista para o divulgador digital. Salvador: Editora Juspodivm, 2022.

DELGADO, Mauricio Godinho. *Curso de Direito do Trabalho:* obra revista e atualizada conforme a lei da reforma trabalhista e inovações normativas e jurisprudenciais posteriores. 18. ed. São Paulo: LTr, 2019.

DIAS, Valéria de Oliveira. *A Dimensão Socioambiental do Direito Fundamental ao Trabalho Digno*: uma análise a partir do assédio organizacional nos bancos do Distrito Federal. São Paulo: LTr, 2020.

KUVIATKOSKI, Carol. Franquia digital: o que é, exemplos, e como ser uma franqueadora digital. 01 fev. 2022. Disponível em: https://www.ideianoar.com.br/franquia-digital/. Acesso em: 29 mar. 2022.

KUVIATKOSKI, Carol. Marketplace: o que é, exemplos e como criar um marketplace. 14 dez. 2021. Disponível em: https://www.ideianoar.com.br/marketplace/#o-que-e. Acesso em: 28 fev. 2022.

LEMOS, Maria Cecilia de Almeida Monteiro. *O dano existencial nas relações de trabalho intermitentes*: reflexões na perspectiva do direito fundamental ao trabalho digno. São Paulo: LTr, 2020.

LOURENÇO FILHO, Ricardo. O individual e o coletivo no trabalho por plataformas digitais: possibilidades de compreensão da Constituição a partir da experiência do "breque dos apps". *REJUR – Revista Jurídica da UFERSA*, Mossoró, v. 4, n.8, p. 72-93, jul./dez. 2020. Disponível em: https://periodicos.ufersa.edu.br/index.php/rejur/article/view/10139. Acesso em: 01 mar. 2022.

MAFFI, Tiago Kiritschenko; SILVA, Gabriel Santos Nascimento; UHLMANN, Erwin Alexander. Desenvolvimento de sistema gerenciador de estoques fragmentados para omnicanalidade para fidelização do público em empresas varejistas multicanal. *Revista Computação Aplicada*, v. 8, n. 1, p. 29-35, 2019. Disponível em: https://tinyurl.com/ywurs2dx. Acesso em: 18 nov. 2021.

MESQUITA, Flávio Rivelli; MESQUITA, Fabrício Rivelli; FERNANDES, Roberto Fabiano. Projeções e desafios do dropshipping na era omnichannel. *Brazilian Journal of Development*, Curitiba, v.8, n.1, p. 314-338, jan. 2022.

ROCHA, Luiz Fernando Perrotta da. "Como ganhar dinheiro da internet?: a construção da carreira do empreendedor digital. 2021. 82 f. Dissertação (Mestrado em Administração de Empresas) – Departamento de Administração, Pontifícia Universidade Católica do Rio de Janeiro, Rio de Janeiro, 2021. Disponível em: https://www.maxwell.vrac.puc-rio.br/55705/55705.PDF. Acesso em: 02 mar. 2022.

SARLET, Ingo Wolfgang. Algumas considerações em torno do conteúdo, eficácia e efetividade do direito à saúde na Constituição de 1988. *Revista Eletrônica sobre a Reforma do Estado (RERE)*, Salvador, n. 11, p. 1-17, set./out./nov. 2007. Disponível em: https://tinyurl.com/yyqwv2pj. Acesso em: 15 fev. 2022.

TALÉNS VISCONTI, Eduardo E.; DEL VALLE CALZADA, Estrella. Tiempo de trabajo y desconexión digital en el centenario de la OIT: perspectivas sobre la evolución de su regulación y situación actual en España. *In*: ROCHA, Cláudio Jannotti da; PORTO, Lorena Vasconcellos; ALVARENGA, Rúbia Zanotelli de; PIRES, Rosemary de Oliveira (org.). *A Organização Internacional do Trabalho*: sua história, missão e desafios. São Paulo: Tirant lo Blanch, 2020. v. 1. *E-book*. (Coleção Internacional do Trabalho).

WEINBERG, Gabriel; MARES, Justin. *Tração*: Domine os 19 canais que uma startup usa para atingir aumento exponencial em sua base de cliente. Rio de Janeiro: Alta Books, 2020.

EDITORA
JusPODIVM
www.editorajuspodivm.com.br

Impresso por:

Docuprint
CNPJ 01.036.332/0001-99